एक साहित्यिक के प्रेमपत्र

(धर्मवीर भारती के पत्र पुष्पा के नाम)

सम्पादन

पुष्पा भारती

भारतीय ज्ञानपीठ

लोकोदय ग्रन्थमाला : ग्रन्थांक 1163
ग्रन्थमाला सम्पादक
रवीन्द्र कालिया
सह-सम्पादक
गुलाबचन्द्र जैन

ISBN 978-93-263-5089-1

एक साहित्यिक के प्रेमपत्र
(पत्राचार)
सम्पादन : पुष्पा भारती

पहला संस्करण : 2013
मूल्य : 650 रुपये

प्रकाशक : **भारतीय ज्ञानपीठ**
18, इन्स्टीट्यूशनल एरिया, लोदी रोड, नयी दिल्ली-110 003

मुद्रक : विकास कम्प्यूटर ऐंड प्रिंटर्स, दिल्ली-110032

आवरण-सज्जा : ज्ञानपीठ कला प्रभाग

EK SAHITYIK KE PREMPATRA
(A collection of Letters)
Edited by Pushpa Bharati

Published by
Bharatiya Jnanpith
18, Institutional Area, Lodi Road
New Delhi-110 003
e-mail : jnanpith@satyam.net.in, sales@jnanpith.net
website : www.jnanpith.net

First Edition : 2013
Price : Rs. 650

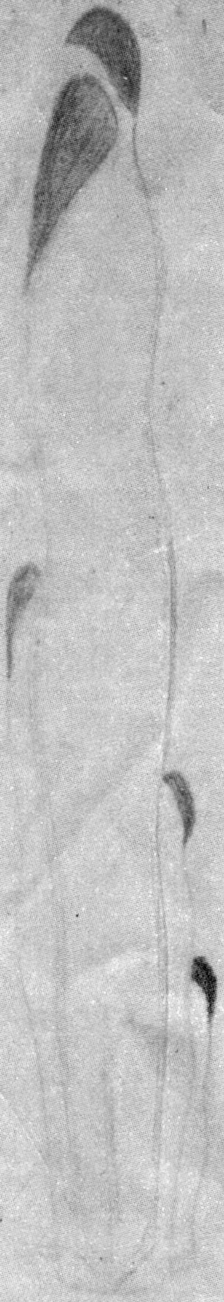

FOR MY SURYA
WHO could not
check her tears
when train moved

A PASSAGE FROM LIFE OF CHRIST.

She weeps not only
at the thought of her
former sorrow and shame,
but also because of the new
sweetness of life upon which she
is entering. They are also tears of
joy and relief as well. She
weeps at the thought of her soul snatched
from the clutches of evil and fear, of
the purity that has been miraculously
restored to her, of the death,
fear and pain that has been
repealed for all times, for
eternity. Her tears are those
of happiness at her rebirth,
of exultation at the discovery
of truth, in the regaining of
her soul, which seemed lost,
in the marvellous faith that
has raised her to a supreme
spiritual enlightenment.

yet it is not for
herself ~~that~~ alone that she weeps, not for
her own pain only and her own happiness
The tears that rain
on the feet of Jesus
are for Him also . . . .
. . . .

And so the weeping
woman continues
to shed her tears upon the feet of Jesus,
amidst the stupefaction of all present,

, who do not know, who cannot understand. And the feet of the Liberator, of HIM who is doomed to die, are wet with her tears... The poor soul does not know where with to dry those feet .... Suddenly she remembers hair, her lovely, beautiful hair. Quickly she loosens her braids, and removes pins and combs and the blue black curly mass falls on her ~~shoul~~ shoulders. With handful of these flowing tresses she slowly dries the feet ~~of~~ that have brought ~~her~~ KING (राजा) to her home.

Now she has ceased to weep. All her tears are shed and dried. She has performed her pooja and Jesus alone has understood her silence.

AUGUST 19th.

EVENING : DEEP & CALM.
After receiving a wire
from Surya.

निवेदन

भारती जी के पत्रों का यह संकलन मात्र संकलन नहीं है, यह तो प्रतिबिम्ब है उस बिम्ब का जिसे 'प्रेम' कहा जाता है। जिसे शास्त्रों ने अगम, अगोचर और अनिर्वचनीय कहा है, और जिसे युगों-युगों से साहित्यकारों और कलाकारों ने अपने-अपने ढंग से अभिव्यक्त करने की कोशिश की है, फिर भी यह लगता रहा है कि बहुत कुछ है जो अनकहा रह गया है।

नेत्रहीना हेलेन कीलर ने कहा था न, कि —''दुनिया की सबसे श्रेष्ठ और सबसे ख़ूबसूरत चीज़ वह है जिसे देखा नहीं जा सकता, छुआ भी नहीं जा सकता—जिसे केवल महसूस किया जा सकता है।'' साहित्य और कलाओं का इतिहास गवाह है कि हेलेन की इस बात को बहुतों ने महसूस किया और जाना है कि यही है प्रेम का तत्त्व। तुलसीदास ने राम के मुख से कहलाया है –

''तत्त्व प्रेम कर मम अरु तोरा।
जानत प्रिया एकु मन मोरा॥
सो मनु सदा रहत तोहि पाहीं।
जानु प्रीति रसु एतनेहि माहीं॥''

सदियों से प्रेम के तत्त्व को तरह-तरह से व्याख्यायित किया जाता रहा है। पर कभी उसकी व्याख्या सम्पूर्णत: की ही नहीं जा सकी है। सच तो यह है कि शून्य की क्या व्याख्या करेंगे आप? शून्य तो वह तत्त्व है जो स्वयं में पूर्ण है। शून्य में से शून्य निकाल दीजिए, शून्य ही बचा रहेगा और शून्य जोड़ दीजिए तो भी शून्य ही बना रहेगा—

''पूर्णस्य पूर्णमादाय पूर्णमेवावशिष्यते।''

मेरे लिए ये पत्र प्रेम का ही नहीं, ज्ञान का वह कोश है जिसके सहारे मैंने ज़िन्दगी जीने का ककहरा सीखा है। अगणित हीरे जवाहरात, माणिक मोतियों का अमूल्य खजाना है यह संकलन, जिसके एक-एक मोती ने मुझे जीवन जीना सिखाया है...''पायो री मैंने राम रतन धन पायो''... पचासों बरस से कंजूस की

कौड़ी की तरह इस मंजूषा को मैं छिपाये, सहेजे रही हूँ। किन्तु अब, जीवन की सन्ध्यावेला में सोचती हूँ कि इन ख़तों को केवल अपनी निजी सम्पत्ति मानकर एक हिमाक़त कर रही हूँ मैं। यह तो साहित्य की वह मूरत है जो परिभू है, स्वयंभू है। इस मूर्ति को किसी शिल्पकार ने जानबूझ कर रचा, गढ़ा नहीं है। यह ख़त यह सोचकर थोड़े ही लिखे गये होंगे कि कभी यह प्रकाशित हो जाएँगे —इसीलिए तो कहती हूँ कि मेरे लिए यह संकलन 'पुष्पांजलि' ही है जो अनायास प्रगट हो गयी है। इसलिए अब इस अनमोल खजाने को मैं आप सबके बीच बाँट देना चाहती हूँ—या यों कह लूँ कि आप सबके साथ इन ख़तों को साझा जीना चाहती हूँ। राष्ट्रकवि मैथिलीशरण गुप्त की 'विष्णुप्रिया' के शब्दों में कहूँ तो "मेरे प्रभु सबके हों—मैं केवल उन्हीं की रहूँ।"

इन पत्रों से आप जान सकेंगे कि आपके प्रिय रचनाकार डॉ. धर्मवीर भारती की सारी सृजन-यात्रा किस खोज में लगी रही थी, उनकी जीवनदृष्टि किन क्षितिजों को मापना चाह रही थी, उन्हें उन कौन से मूल्यों की तलाश थी जो उनके अस्तित्व की वास्तविक पहचान बन सकें। क्या वह रचनाकार अपने सत्य को पहचान सका? जी सका? उससे साक्षात्कार कर सका? या फिर जीवन भर किन्हीं बीहड़ों और कन्दराओं में भटकता ही रहा?— नहीं जानती मैं। मैं तो सिर्फ़ इतना जानती हूँ कि ये पत्र साक्षी हैं उस अनथक, अनवरत तपस्या के जिसमें से गुज़रने के बाद मैंने वह चीज़ जान ली थी जिसके लिए जिगर साहब ने लिखा था—

"ये इश्क नहीं आसाँ, इतना ही समझ लीजे
इक आग का दरिया है, और डूब के जाना है।"

हाँ, मैंने उस दरिया में डूब कर ही उसे जाना है। मैंने कबीर की उस बात को भी जी कर जाना है कि सिर को उतार कर भूमि पर रख देने के बाद ही इस घर में प्रवेश किया जा सकता है। इस घर के नज़ारे को मैंने अपना घर फूँक कर ही देखा था! और देखने के बाद?... देखने के बाद तो—

"हमन है इश्क मस्ताना हमन को होशियारी क्या..."

सच, कुछ भी करने के लिए किसी भी होशियारी की ज़रूरत ही नहीं पड़ी। जान लिया कि अरे! "अति सूधो सनेह को मारग है", समझ गयी थी कि इस अति सीधे मार्ग पर चलने के लिए मुझे सिर्फ़ इतना करना है कि कबीर की बात मान कर अपना आपा मेट देना है। उसके नन्हे-नन्हे टुकड़े करके बिल्कुल पीस डालना है, तभी इस सँकरी गली में घुस पाऊँगी। उन्हें और ख़ुद को दो मानकर चलूँगी तो तनहा रह जाऊँगी। ख़ुद को सम्पूर्णतः समर्पित करके ये बूँद

भी समन्दर बन जाएगी। और बस, सिर्फ़ इतना ही किया... इसके अतिरिक्त और कुछ करना ही नहीं पड़ा और समझ में आने लगा—

"जो बिछुड़े हैं पियारे से, भटकते दर-बदर फिरते,
हमारा यार है हममें, हमन को इन्तज़ारी क्या!
न पल बिछुड़े पिया हमसे, न हम बिछुड़े पियारे से,
उन्हीं से नेह लागा है, हमन को बेकरारी क्या!"

धर्म, कर्म, मान, मर्यादा, दायित्व, विधि विधान सबकुछ स्वयंभू प्रेम तत्त्व पर न्योछावर करके उसे सम्पूर्ण रूप में जीकर जानना चाहा था भारती जी ने। मेरी सार्थकता तो केवल इतनी थी कि मैं उन्हें वह सब दे सकी, जिसको आधार बना कर उन्होंने इस तत्त्व का साक्षात्कार करने की कोशिश की। जब जिस रूप में उन्होंने प्रेम को जीना चाहा वह आधार मैंने देने की कोशिश की। 'सूर्या' के रूप में मैं उनकी पत्नी थी, 'आर.बी.' यानी राधनभारती के रूप में मैं उनकी प्रेयसी थी, 'राजे' और 'पुस्सन' के रूप में मैं उनकी मित्र थी, 'बेनू', 'बावरिया' बनकर मैं उनकी बहन थी और 'बिटिया' या 'गुड़िया' कहला कर उनकी बेटी थी, शिष्या थी! यहाँ तक कि सृजन के क्षणों में 'केष्टो नगर की सरस्वती' के रूप में उनकी 'आराध्या' भी थी। 'अगस्त्य के उजले कटावदार फूल' जिन्हें कहते थे वे—अपने उन पैरों से चलकर उनके साथ हिमयात्रा का संकल्प ले चुकी उनकी 'सहयात्री' बन गयी थी मैं!

बड़ी बेख़ौफ़, बेलौस, बेख़बर, निश्चिन्त यात्रा थी वह! अब इन पत्रों के माध्यम से फिर-फिर उस यात्रा पर निकल पड़ती हूँ। हर बार पाती हूँ कि ये वही पगडंडियाँ हैं, वही मोड़-दर-मोड़ लेते रास्ते हैं जिन पर सदियों से चलती चली आई हूँ....सदियों तक चलती चली जाऊँगी....

न्योता देती हूँ आपको भी इन रास्तों को चलकर देखने का। देखूँ, शायद आपको भी ये ख़त डुबा लें—

"तन्त्री नाद कवित्त रस, सरस राग रति रंग,
अनबूड़े बूड़े, तिरे जे बूड़े सब अंग।"

डूब कर देखिए, शायद ऐसे ही किसी दरिया में आपको भी अपनी परछाईं दिखाई देने लगे—इन पगडंडियों पर आपको भी अपने पदचिह्न दिखाई देने लगें!

शुभास्ते पन्थानः सन्तु...

—पुष्पा भारती

3.11.56

मेरी ½ पागल + ½ विद्वान

पुस्सी!

आख़िरकार यह स्थिति पैदा करके कि तुम्हारी तबियत ख़राब है, तुमने मुझे चिन्ता में डालकर यह ख़त लिखवा ही लिया। वरना ख़त लिखना मुझे दुनिया की सबसे बड़ी ज़हमत लगती है। आनन्द भाई को तो इसलिए तुरन्त जवाब दिया कि उनका मेरा प्रथम पत्र-परिचय था। अब क्या हाल है, अब भी उस दिन शाम की तरह तकियों में मुँह छिपाये अचेत-सी पड़ी हो, या उठ खड़ी हुई हो और बदस्तूर कामधाम में लग गयी हो? और डॉक्टर की रिपोर्ट क्या आयी है? देखो पुष्पा, लापरवाही मत करना, और जब तक तबियत बिल्कुल सुधर न जाये तब तक न घर का काम करना और न लाइब्रेरी जाना। समझीं!

सिर्फ़ धूप में कुर्सी डालकर, शॉल ओढ़कर बैठना, जीजा जिज्जी से बातें करना, बच्चों के लिए ऊन की गुड़ियाँ बनाना, दिवास्वप्न बुनना, नीमा झील की याद करना, आस्कर वाइल्ड की कहानियाँ पढ़ना, रूपर्ट ब्रुक की कविताएँ दोहराना, और चोरी छिपे दो-चार कविताएँ लिख भी डालना।

और क्यों पुस्सन जी, यह subjective बीमारी क्या होती है—जिसका ज़िक्र तुमने अपने ख़त में किया है? देखो पुष्पा! जीवन के गहन-से-गहन संकट में मैंने कभी अपने माथे पर शिकन भी नहीं आने दी, बड़े-से-बड़े तूफ़ानों को अन्दर-ही-अन्दर पीकर एक हल्की-से-हल्की मुस्कान में उसे टाल दिया, और किसी कारण से जब बहुत बड़ी पीड़ा हुई तो अपने ऊपर जी खोलकर ठहाके लगा लिये—और फिर मुझे लगा कि मन अमृत में नहाकर ताज़ा हो आया है, और तुम हो कि ऐसा छुई-मुई मन लिये बैठी हो कि बिना बात के एक Subjective बीमारी ओढ़ ली है। सुनो, गहन-से-गहन पीड़ा सहकर गहरी बनो। बीमार मत बनो। वरना जानती हो क्या होगा?—यह जो ज़िन्दगी है न—मुझे बड़े ताने देगी, कहेगी, "कहिए भारती जी, बड़ा अपने को लगाते थे, अपनी अँगुलियों के इशारों पर नचाते थे मुझे। मेरे बड़े से बड़े आघात को अपनी उन्मुक्त हँसी से टाल जाते थे, पर अपनी मित्र को ज़रा-सा ज़िन्दगी जीना नहीं सिखा सके। लीजिए, आपका

बदला हमने आपकी मित्र से निकाल लिया।'' तो मेरी दुलारी, मेरी अभिमान! अगर मेरी इज़्ज़त बचाने का ध्यान हो तो इस subjective बीमारी को तुरन्त तिलांजलि दे दो।

कहती हो तुम कि वहाँ सब ठीक है, और तुम्हें लगता है कि जैसे तुम्हारा दायित्व पूरा हो गया है, और एक बड़ी सूनी, उदास, उजड़ी हुई-सी शान्ति तुम्हारे मन पर बसती जा रही है। तुम मुझे कुछ बहुत छोटी नादान बच्ची-सी भी लगती हो! जी होता है कि तुम्हें बैठकर प्यार से समझाऊँ कि पगली, यह कोई नयी बात नहीं, यह कोई अनहोनी बात भी नहीं, प्यास में विक्षोभ है, परितृप्ति में शान्ति है। तुमने प्रसाद का एक वाक्यांश पढ़ा होगा—''उत्सव के बाद का अवसाद''—सो तुम्हारे अत्यन्त सुकुंवार और भावुक मन में अगर उत्सव के बाद का अवसाद आ भी गया तो क्या वह तुम्हें प्यारा नहीं लगता?

वैसे तुम्हें अपना एक अनुभव बताऊँ। मैंने अपने जीवन में जब बहुत चरम सुख का अनुभव किया है, उसके बाद बिना किसी अपवाद के मेरा मन उसी प्रकार की सूनी शान्ति और अकारण विषाद से आच्छन्न हो उठा है जिसका अनुभव तुम कर रही हो कलकत्ता पहुँचकर। तुमने काव्यशास्त्र और मध्यकालीन साहित्य ख़ूब पढ़ा है। क्या तुम भूल गयीं कि प्रत्येक रस की परिणति निर्वेद में होती है। निर्वेद क्या है? शान्त रस। शान्त रस क्या है? एक प्रकार का वैराग्य, एक प्रकार की राग-शून्यता—सूनापन—गहरा सूनापन—जिसका अनुभव तुम कर रही हो।

पर उससे डरना क्या? मैंने भी वह अनुभव किया है, और चूँकि कहीं-न-कहीं दूसरों की तरह मैं अपना भी तीखा और निर्मम विश्लेषण कर लेता हूँ, इसलिए मैंने बार-बार अनुभव किया है कि यही स्वाभाविक स्थिति है—मनुष्य जब अपने को पूर्णतया अर्पित कर देता है—कहीं भी, किसी के प्रति भी—किसी प्रभु के प्रति, किसी व्यक्ति के प्रति, किसी कुटुम्ब के प्रति, किसी संस्था के प्रति, किसी आदर्श के प्रति—तब केवल एक निर्वेद की स्थिति शेष रह जाती है। मध्यकाल के सन्त मानते थे कि यह निर्वेद ही परम साध्य है। अत: एक बार उसी सूनी शान्ति में पहुँचकर फिर वे वहाँ से लौटना नहीं चाहते थे, फिर ममता में फँसना नहीं चाहते थे—इसी सूनेपन को—जिसमें लगता है अब सब को सब मिल गया, मुझे अब क्या लेना-देना—अब मैं निरपेक्ष हूँ, निर्लिप्त हूँ, मेरी कोई विशेष आवश्यकता किसी को नहीं—इसी को वे समाधि, भाव-समाधि मानते थे, वैराग्य मानते थे, मुक्ति मानते थे—मुक्ति, यानी छुटकारा—

पर मैं या तुम या हम जैसे लोग सन्त नहीं हैं, न होना चाहते हैं। हमारे लिए तो संसार बार-बार अपनी ममता के जाल फेंकता है और हम खुशी-खुशी

उसमें फँस जाते हैं। यही नहीं बल्कि ममता की उन डोरों में उलझे बिना चैन भी नहीं पाते हैं। ऐसे लोगों की स्थिति अजीब होती है पुष्पा! वे क्षण-क्षण ममता पाने और ममता देने को आकुल रहते हैं। क्षण-क्षण ममता पाकर और ममता देकर फिर निर्वेद और विरक्ति या तुम्हारे शब्दों में सूनी शान्ति का अनुभव करते हैं—पर फिर कुछ ही समय बाद वह शान्ति अशान्ति में परिवर्तित होने लगती है, वह मुक्ति निस्सार और फीकी लगने लगती है। भ्रमरगीत की गोपियों की तरह हमारा मन ऊधो से कहने लगता है कि तुम्हारी इस मुक्ति से तो हमारा वह विरह ही अच्छा था जिसमें दिन-रात हम व्याकुल घूमते रहते थे, उद्‌भ्रान्त, विकल अन्तर्मथित! इस तरह सूनी शान्ति का भयावना क्षण और ममता की खोज का चरम व्याकुल क्षण, इन्हीं दो के बीच हमारे प्राण निरन्तर भटकते रहते हैं।

मेरी एक कविता है—जो मैंने एक बार ऐसी ही मन:स्थिति में लिखी थी—

प्रभु,
इस रस को
इस नये रस को क्या कहते हैं?
जिसमें शृंगार की आसक्ति नहीं
जिसमें निर्वेद की विरक्ति नहीं...

पूरी कविता फिर से पढ़कर देखना—उसमें इसी अन्तस्संघर्ष का चित्रण किया था मैंने। तुम्हें आज एक बात बताऊँ; अगर साल दो-साल पहले मैं वैवाहिक बन्धन में न बँध गया होता तो सम्भव था आज मैं सब कुछ छोड़-छाड़कर विरक्त हो गया होता। मैंने जिनको हृदय की गहनतम ममता दी—वे सब अपने परिवार में सुखी-सन्तुष्ट और सार्थक थे और एक अजीब 'सूनी शान्ति' रोम-रोम में व्याप गयी थी। मैंने वैराग्य नहीं लिया। पर जानती हो पुस्सो! किसी रूप-पाश में किसी सौन्दर्य-बन्धन में बँधकर भी मेरा बैरागी मन न जाने किन घोर तपोवनों में घूम आता है, कभी-कभी न जाने कैसी हिमकन्दराओं में जाकर समाधिस्थ हो जाता है—कभी-कभी कान्ता कहती भी है—"कहीं तुम किसी दिन सब कुछ छोड़-छाड़कर साधु न हो जाओ"...पर नहीं, मैं होऊँगा नहीं—मुझे यह सुख-दुख, राग-द्वेष, कटुता, माधुर्य वाला संसार बहुत प्रिय है—बेहद प्रिय! फिर भी वैराग्य या जिसे तुम 'सूनी शान्ति' कहती हो उसकी एक गहरी रेखा मेरे मन पर है ज़रूर। तुमने यह बिल्कुल ठीक पहचाना है कि मुझे क्रीम कलर पसन्द है। जानती हो क्यों? क्रीम रंग गेरुए रंग के निकट है—गेरुआ वैराग्य का रंग है। यानी मुझे वैराग्य नहीं वैराग्य के निकट का-सा भीतरी अनुभव होता है जिसमें राग भी घुला मिला

है—जो इस बात का स्पष्ट संकेत है कि मुझमें कोई प्यास है—जो किसी को खोज रही है—नहीं जानता हूँ कौन है वह? क्या है वह? वैराग्य और प्यास का मिला-जुला विचित्र अनुभव होता है मुझे!

पर यह सब मेरे लिए उचित है—पुरुष के लिए। तुम्हारे लिए नहीं—नारी के लिए नहीं—"नारी तुम केवल श्रद्धा हो, विश्वास रजत नग पद तल में—" क्योंकि ममता तुम्हारी मूल प्रकृति है। आदिशक्ति माँ! तुम्हें याद है न विष्णु का वह ख़त और उसमें माँ वाली बात!

और फिर एक और कारण से तुम्हें उस 'सूनी शान्ति' को स्वयं पर विजय नहीं पाने देनी चाहिए। पता नहीं कब इस मित्र के वैरागी मन को ही तुम्हें अपनी ममता का आवरण देना पड़े। तुमने कभी सम्राट हर्ष की कथा पढ़ी है? प्रयाग में संगम के तट पर कुम्भ मेले में सम्राट हर्ष आते थे और अपना सारा खजाना दान दे डालते थे। खजाना चुक जाने पर अपने आभूषण, अपना मुकुट, अपने अस्त्र-शस्त्र तक दान दे डालते थे। यह भी चुक जाने पर अपने स्वर्ण खचित वस्त्र भी दान में देकर अन्त में नंगे सिर, नंगे पाँव, नंगे बदन केवल एक धोती पहने गंगा के तट पर अपना सबकुछ स्वेच्छा से लुटाकर वह चक्रवर्ती सम्राट खड़ा रहता था, तब बगल में खड़ी उसकी ममतामयी बहन राज्यश्री आँखों में आँसू भरे उन्हें एक सादा रेशमी उत्तरीय लाकर देती थी जिसे ओढ़कर वे अपने शिविर में लौटते थे। सोचो अगर तुम भी बैरागन होने लगोगी तो कैसे काम चलेगा—नहीं पुस्सन, तुम्हें मेरी तरह जीना होगा—मैं मनसा विरक्त होकर भी मुक्ति को निस्सार समझता हूँ। ममता के पाश को व्यक्तित्व की एकमात्र सार्थकता मानता हूँ। और तुम तो मुझसे भी कहीं ज्यादा गहरा, ऊँचा, प्रगाढ़ स्नेह देती हो अपने इष्ट-मित्रों, अपने परिवार को। उनके प्रति भी तुम्हारा यह दायित्व है कि सदा खिले कमल की तरह उत्फुल्ल रहो, जलभीगी रहो, सुवासित रहो, इसी में मेरा और तुम्हारे प्रति मेरी ममता का भी गौरव है कि तुम जितना पाती हो उससे दस गुना देती चलो।

तो, अब जो यह subjective बीमारी है न, उसे हुगली नदी के किनारे जाकर धारा में विसर्जित कर आओ, और कलकत्ते की उस हाट में वह जो नीले फूल मिलते हैं न, उन्हें लाकर अपने जूड़े में सजाओ और कुछ अपनी पढ़ने की मेज़ पर सजाओ। तुम देखोगी कि महक मुझे यहीं बैठे-बैठे मिल जाएगी। जल्दी से अच्छी हो जाओ और ठाठ से अपनी रिसर्च की पढ़ाई करो और शान्ति निकेतन घूम आओ और अभी बैठकर झट से ख़त लिखो और लौटती डाक से पूरे हाल-चाल भेजो!

-आशीर्वाद और प्यार!

2.1.57

प्रिय पुस्सी,

हम लोग परसों रात को दिल्ली से लौटे। अकस्मात् मुझे एशियाई कॉन्फ्रेंस में जाना पड़ गया। आते ही तुम्हारे दोनों पत्र मिले। अभी तो तुरन्त तुम्हें एक पत्र शान्ति निकेतन के लिए भेज रहा हूँ। वहाँ जाते ही, फाटक में प्रवेश करते ही दूसरी या तीसरी इमारत हिन्दी-भवन की है। उसमें श्री शिवनाथ जी रहते हैं। वहाँ अध्यापक हैं, मेरे मित्र हैं। उन्हें साथ वाला पत्र दे देना। वे वहीं तुम्हारे ठहरने का प्रबन्ध करा देंगे। किसी कारण से यदि वे वहाँ न हों तो तुम हिन्दी विभाग के अध्यक्ष डॉ. रामसिंह तोमर से मिल लेना। वे भी मुझे भली-भाँति जानते हैं और मुझ पर स्नेह रखते हैं। प्रयाग के हिन्दी विभाग में थे। तुम्हें पूरी सहायता पहुँचाएँगे।

अभी सारा घर अव्यवस्थित पड़ा है। जल्दी-जल्दी में यह ख़त तुरन्त भेज रहा हूँ—तुम्हें विस्तृत ख़त-बाद में।

अपने स्वास्थ्य का ध्यान रखना। इलाज अच्छी तरह करा लो। ज़रा भी लापरवाही मत करना।

अपनी जिज्जी और जीजा को मेरा प्रणाम कहना। कान्ता का दिल्ली से भेजा हुआ पत्र मिल गया था न!

सस्नेह
भारती

1.5.57 + 2.5.57

प्रिय पुसी,

कल सुबह जब तुम्हारा, पिता जी और शोभा दीदी का पत्र मिला उस समय मैं कॉपियाँ जाँचकर marks slip भर रहा था। अब आज पहली मई है—मैं वह सब यूनिवर्सिटी जाकर दफ़्तर में सौंप आया हूँ। अब कापियों के बंडल बनाकर भेज देंगे, कोई जल्दी नहीं है, आराम से आठ-दस दिन में चली जाएँगी।

पर हाँ, जिस समय से कॉपियों को जाँचने का काम ख़त्म हुआ है, उसी समय से हम दोनों को तुम्हारी—बेहद याद आने लगी है। आइस्क्रीम खाते समय, सुबह उठकर पीले फूल देखते समय—अब समय की क्या कहें? हर समय-असमय तुम्हारी घनघोर याद आती है।

अब आज से कॉन्फ्रेंस की तैयारी में डूबना होगा। 3,4,5 कॉन्फ्रेंस चलेगी। अत: अपने उन पन्द्रह दिनों की गिनती तुम 5 तारीख़ के बाद से करना।

तुम्हारे ब्रह्मा भाई साहब आये या नहीं? देवदत्त जी को या अपनी भाभी को ख़त लिखना तो मेरा प्रणाम ज़रूर लिख देना।

2.5.57

कल इतना लिखकर रखा था कि उसके बाद कॉन्फ्रेंस की भागदौड़ शुरू हो गयी और रात को बारह बजे तक जागना पड़ा। फिर दो बजे उठकर स्टेशन जाना पड़ा। श्री ताराशंकर बनर्जी उसी समय आने वाले थे। और मेरे ही यहाँ ठहरने वाले थे। गाड़ी ढाई घंटा लेट थी। अतः दो बजे के स्टेशन गये-गये सुबह के छः बज गये।

समय तो वही था जब मैं अक्सर जाग जाता हूँ।—रात दो बजे से सुबह छः बजे तक। पर, न चारों ओर मसहरी, न अपना आँगन, न आँगन का आम का पेड़, न सुबह चार बजे से बोलने वाले अनजान पाखी, न हवाओं में तैरती सुबह की सोनमछली!...

सुबह जब छः बजे स्टेशन से आया, ताराशंकर जी को घर पर टिकाकर कॉन्फ्रेंस के काम से निकल गया। अभी बारह बजे लौटा हूँ। तारा बाबू नहा रहे हैं। समय निकालकर तुम्हारा पत्र पूरा कर रहा हूँ। बेहद थकान और नींद, राजे!...

बस तीन दिन और...फिर!...

सस्नेह

भा.

4.5.57

दोपहर 1 बजे

पुसिया,

प्यार।

कान्ता का और मेरा एक-एक ख़त मिल चुका होगा। हमारे यहाँ कुल एक मेहमान आने की बात थी, लेकिन एक की जगह चार मेहमान आ गये हैं। कान्ता पर बहुत भार पड़ गया है। परसों से उसे एक क्षण फ़ुर्सत नहीं मिल पा रही है कि तुम्हें पत्र लिखे। इस समय हम लोग कॉन्फ्रेंस से लौटे हैं। चार मेहमान तथा उनसे मिलने आने वाले दस-बारह लोग, सारे घर में भरे पड़े हैं, चाय चढ़ी है, खाने का इन्तज़ार है। मेरा प्यारा फूल बसा घर बिल्कुल सराय हो गया है।

कल कॉन्फ्रेंस का उद्घाटन हो गया। यदि 'अमृत बाज़ार पत्रिका' या 'लीडर'

या 'भारत' वहाँ तुम्हारे काँठ में आता हो तो उसमें समाचार देखना। वैसे कल रात को साढ़े नौ बजे ऑल इंडिया रेडियो से कॉन्फ्रेंस की कुछ रिकार्डिंग ब्रॉडकास्ट हुई थी, लखनऊ से। पता नहीं तुम लोगों ने सुनी या नहीं। उसमें मेरे भाषण का काफ़ी अंश था। आज सुबह की परिगोष्ठी भी हो गयी। अब आज शाम की गोष्ठी, कल सुबह की गोष्ठी और कल शाम की परिसमाप्ति गोष्ठी बाकी है। उसके बाद मेहमानों की विदाई और उत्सव के बाद का अवसाद आदि आदि।

तुमने लिखा है—धूप में ज़्यादा न घूमूँ। पुस्सन मेरी, आजकल चौबीस घंटे का श्रम है, पर काम बहुत बड़े पैमाने का हुआ है। हिन्दी में अभी तक ऐसी कॉन्फ्रेंस कभी नहीं हुई।

कपिला जी आयी हुई हैं। मेरे घर ताराशंकर बनर्जी टिके हुए हैं। तुमने उनका मनवन्तर, कालिन्दी और रायकमल तो पढ़ा ही है—और भी किताबें दूँगा तुम्हें—वह मेरे लिए लेते आये हैं। दूसरे हैं आसाम के प्रख्यात कवि बी.के. भट्टाचार्य (इनका नाम मैंने तुम्हारे मुँह से नहीं सुना है)—इन्हें भी पढ़ना। तीसरे मेहमान हैं दिल्ली के कवि और 'प्रतीक' के भूतपूर्व सम्पादक रघुवीर सहाय—(मुझे याद है अपने एक ख़त में तुमने इनकी एक कविता का ज़िक्र किया था) और हमारे चौथे मेहमान हैं विन्ध्यप्रदेश वाले एक्समिनिस्टर श्री महेन्द्र कुमार 'मानव'। तुम होती तो सबसे मिलकर खुश होती—वे सब तो खुश होते ही—यह मुझे मालूम है।

अच्छा, अब सब लोग मेरा इन्तज़ार कर रहे हैं। जा रहा हूँ।

कान्ता कह रही है मेरा बहुत-बहुत प्यार लिख दो।

पिता जी, माता जी को सादर प्रणाम। शोभा दीदी को रामराम। सुरेश महेश को प्यार।

सस्नेह

भा.

16.5.57

पुस्सी रानी,

आज सोलह तारीख है, कल 17 होगी—और उस दिन को पूरा एक महीना गुज़र जाएगा जब तुमने अपनी नीली गुड़िया वाली टीकोज़ी और शोभा दीदी ने कुन्द के फूलों का हार लाकर दिया था। शोभा दीदी का वह हार अभी तक सरस्वती की मूर्ति पर चढ़ा हुआ है। हम अक्सर दोपहर को सरस्वती की वह मूर्ति एक साथ देखते हैं और उनके असली स्वरूप की याद कर लेते हैं।

यहाँ आजकल एक नुमाइश लगी हुई है। शाम को जब उस नुमायश से

लौट रहे थे तो वह दिन याद आ रहा था जिस दिन नुमायश से लौटकर हमारी तथाकथित आध्यात्मिक मित्र मालती परुलकर का मूड बिगड़ गया था और तुम बाहर चाँदनी में घूमने चली गयी थीं। उस दिन बेहद ठंड थी—पर आज यहाँ बहुत उमस और घुटन-सी है। लेकिन उस दिन भी चाँदनी रात थी, आज भी चाँदनी रात है। हमारे यहाँ एक छोटा-सा कमल कल से खिला है। वह नीला है पर उतना नीला नहीं जितना तुमने ब्रह्मा भाईसाहब के टाई केस पर पेंट किया था, और जिस पर भूल से पानी गिर गया था। तुम जो वाटर कलर का डिब्बा ले गयी हो वह पैलिकन का था और श्यामलता जो पैन उपहार में दे गयी हैं वह भी पैलिकन का है। सोने की निब है, कैप भी सोने की है—कीमती तो ज़रूर होगा पर उससे जो कुछ लिखा जाएगा वह उतना कीमती थोड़े ही होगा जितने कीमती वह चित्र होते हैं जो हमारी पुस्सन अपने पैलिकन वाटर कलर से बनाती है। उस कलम से जिन दो कहानियों को एक में गूँथकर लिखा है—वह साथ में रख रहा हूँ। तूने जो कहानी, कविता या गद्यखंड लिखा हो वह तुरन्त भेजो-चित्र भी! या केवल अपना उधार वसूलना ही आता है तुम्हें?

तेरे फ़ेयरीलैंड वाले वे पीले सूरजमुखी अब धीरे-धीरे सूखने लगे हैं। फिर भी वही हल्की ठंडी चाँदनी है और छनती हुई सफ़ेद चाँदनी से भरा हुआ बन्द मसहरी का जालीदार कमरा...आँगन का पेड़ बार-बार गदराते हुए आमों के सौरभ वाला जादूवाला जाल फेंक रहा है...पर इस समन्दर में तो सिर्फ़ सिवार है...ख़ाली सीपियाँ हैं—न मोती हैं न मूँगे! और न सोनमछलियाँ...

बहुत उदासी है चारों तरफ़—

सस्नेह

भा.

18.5.57

पुस्सो,

पिछली बार कान्ता ने तुझे एक तस्वीर भेजी थी—रद्दी सद्दी-सी। इस बार मैं अपने खींचे ये तीन स्नैप भेज रहा हूँ। बाहर के लॉन में बुद्ध की मूर्ति के सामने तूने वह नाँद लगाई थी न, जिसमें हमने कमल के फूल उगाये थे उसी नाँद में यह पहला फूल निकला है, अभी कली ही है। दूसरा चित्र है बेहद चपल बिल्ली मिन्नी का। डलिया में बैठी हैं, कटहल के तने के पास और ऊपर लटके हुए कटहल को खूब मोटा चूहा समझ कर ललचाई दृष्टि से देख रही हैं, और तीसरे चित्र में कान्ता के साथ खड़ी हुई जानती है कौन हैं? ये हैं बिबिया—शान्ति

की बड़ी बहन। वही जिनके बारे में मैंने बताया था न कि रास्ता चलते बैठ जाती थीं कि आइस्क्रीम खाये बिना आगे नहीं बढ़ेंगे और रात आठ-नौ बजे पाँव में चप्पल डालकर कभी भी घुमक्कड़ी करने को तैयार। और सिनेमा देखने निकलीं तो यह हाल कि तीन-तीन फ़िल्मों का पोस्टर बाहर से देखकर यह कह दिया—"बच्चन यह फ़िल्म मत देखो, तुम पर बुरा असर पड़ेगा।" और अन्त में चुनी वही फ़िल्म जो सबसे Cheapish हो, और बाद में explanation यह कि बच्चन के पैसे का जब तक अधिक-से-अधिक दुरुपयोग न हो तब तक मुझे चैन ही नहीं आता। इस बार भी आयी थीं तो आठ दिन तक घर नहीं आयीं, वहीं से कहला भेजा कि जब तक बच्चन आकर ले नहीं जाते तब तक नहीं जाऊँगी, और आयीं तो सुबह की चाय पर, और गयीं रात का खाना खाकर। कहा अब परसों आएँगी और दो दिन यहीं रहेंगी। उनका बड़ा लड़का दो-एक साल में इंजीनियरिंग कर लेगा—पर इनकी हालत अब भी यह है कि इनकी शरारतों के आगे मैं हार चुका हूँ। जिस दिन आयीं, आते ही आम चुराये, कटहल तोड़ा, फालसे तोड़ लायीं और बोलीं—"कहाँ है वह ठेला जो बच्चन ने ख़रीदा है (मेरी प्यारी गाड़ी उनकी नज़र में ठेला है) उसी पर लद के सब जाएगा।" और सचमुच मुझे अपने उड़नखटोले पर कटहल लदवाकर पहुँचाना पड़ा।

मैं इस नतीजे पर पहुँचा हूँ कि बहनें बुरी जन्तु होती हैं और ज्यों-ज्यों बड़ी होती जाती हैं त्यों-त्यों और बुरी होती जाती हैं।

सबको मेरा यथायोग्य।

सस्नेह
भारती

11.6.57

पुस्सी,

कितने दिन हो गये तुझे, न कोई कहानी भेजी न कविता। पर मेरा स्वास्थ्य और यहाँ का भयावना मौसम कुछ भी काम नहीं करने दे रहा है। इसलिए कोई नयी कहानी, कविता नहीं लिख पाया। पर विश्वास रख, ज़रा सी ताक़त आते ही मैं नयी कृतियों से लाद दूँगा तेरी डाक!

इधर कुछ पढ़ने का भी जी नहीं हो रहा, उस दिन गया, अर्नेस्ट हैमिंग्वे की एक पुस्तक लाया—अफ्रीका के जंगलों पर लिखी हुई, दो घंटे में आधी पढ़कर रख दी। जी ऊब गया। फिर सोचा कुछ ऐसे उपन्यास पढ़े जाएँ जो पहले बहुत अच्छे लगे थे। ग्राहमग्रीन का एक उपन्यास मुझे और फ़ादर एक्सट्रॉस को बहुत

पसन्द था। उसे पढ़ना शुरू किया फिर सारी कथा मालूम थी तो ध्यान उसकी शैली और शिल्प पर जाने लगा। दो-एक अध्याय और पढ़े पर फिर वह भी नहीं चला। कल सुबह से एक किताब बहुत याद आ रही थी 'A Pair of blue eyes' Thomas Hardy की लिखी। पर वह मेरे पास थी ही नहीं। आठ बजे ही गाड़ी लेकर The Books गया। वहाँ वह किताब थी। खड़े-खड़े उलटा पलटा। पर जिन दृश्यों ने सात साल पहले रुला दिया था वे आज अत्यन्त कृत्रिम और बनावटी लगने लगे। सोचा इसे पढ़कर जो पिछला ज़ायका बसा हुआ है इस उपन्यास का, उसे क्यों बिगाड़ा जाय।

बेहद थकान, बेहद क्लान्ति और बेहद भारीपन महसूस हो रहा था और मैंने The Life of Christ उठायी। मार्था और मेरी वाला अध्याय और उससे अकस्मात् वह चित्र याद आ गया जो तुझे भी फ़ादर एक्सट्रॉस ने चर्च में दिखाया था। वह जहाँ ईसा को सूली से उतारकर लाया गया है और Three Mary's—मैरी मैग्दालेन, वर्जिन मैरी, और ईसा की मुँहबोली बहन मैरी—तीनों उनके शव के पास हैं। और उसके बाद मैंने पुस्तक बन्द कर दी, और ऐसा लगा जैसे मृत्यु की वह भावना मेरे मन के किसी कोने में ऐसी बस गयी कि मैं कह नहीं सकता। तीन-चार बरस पहले मुझे उपनिषद् अच्छे लगते थे और मैं सुबह उठकर उनका पाठ करता था। उनमें बराबर मृत्यु के प्रति जिज्ञासा है, मृत्यु की व्याख्या है। मृत्यु के मर्म को, भेद को समझाने की कोशिश की गयी है। बहुत आशावादी है उनका स्वर, उन्होंने मृत्यु की प्रक्रिया का सारा भय और खेद हरकर उसे भी आनन्दप्रद बनाने की चेष्टा की है—पर अब मुझे वह दृष्टिकोण नहीं भाता। इधर अक्सर मैं मृत्यु के बारे में बिल्कुल बौद्धों की तरह सोचता रहा हूँ। जीवन एक चेतना प्रवाह है, अकस्मात् झटके से टूट जाता है। जैसे अँधेरे में ज्योतिशिखा अकस्मात् जल उठे और फिर एक फूँक से बुझकर विलीन हो जाय। वैसा ही है मेरा अस्तित्व। मृत्यु में न कोई अवसाद, न आनन्द! [तू जानती है इतने तटस्थ रूप से मैं क्यों सोच पाता हूँ। सच मानो पुस्सी, ऐसा लगता है जैसे मैं अपनी मृत्यु के बारे में नहीं सोच रहा—वह कोई और है—कोई भारती नाम का व्यक्ति जिसका मेरा दूर का परिचय है—]

और कल से एक और अजीब बात सोच रहा हूँ। पुस्सी, मृत्यु शायद किसी एक अमंगल क्षण में घटित होने वाली विभीषिका नहीं है। वह एक निरन्तर चलने वाली प्रक्रिया है। कहीं-न-कहीं हमारा कोई-न-कोई अंश प्रतिक्षण मरता रहता है। कभी-कभी क्या ऐसा नहीं लगता कि पाँच साल पहले किसी एक व्यक्ति, किसी एक आदर्श, किसी एक भावना को हमारे जिस व्यक्तित्व ने बेहद प्यार किया था, अपने को उत्सर्ग कर दिया था, आज हमारा वह व्यक्तित्व मर चुका है, ठंडा

पड़ चुका है, विलीन हो चुका है। पर कभी-कभी इसके बिल्कुल विपरीत बात भी लगती है। हमारे व्यक्तित्व का कोई भी अंश कभी भी नहीं मरता। जाने कहाँ बीज की तरह परत-दर-परत ज़मीन के अन्दर दबा रहता है। मौक़ा पाकर उसमें अकस्मात् जीवन का संचार हो उठता है, हरियाली दौड़ आती है।

सचाई कहाँ है पुस्सी, मैं आजतक नहीं समझ पाया। मैं उस मृत्यु की चिन्ता नहीं करता जो अकस्मात् झटके से साँसों की डोर को तोड़ देगी। मैं उस मृत्यु के बारे में अक्सर सोचता हूँ जो क्षण-क्षण घटित हो रही है—हममें, तुममें, सबमें। वह किन क्षणों को, किन स्मृतियों को, किन उल्लासों को, किन समर्पणों को, किन ममताओं को, किन पवित्रताओं को कब कण-कण रिता डालेगी, इसका कुछ पता नहीं। और जब सब रीत जाएगा, सब छीज जाएगा, सब नष्ट हो जाएगा तब क्या बचेगा—इस शरीर में भोगे हुए जीवन की एक अवसादपूर्ण थकान और इस मन में सारे खोये हुए सुखों और सान्त्वनाओं की एक कटुतामात्र!

वैष्णवों ने इस समस्या को अनुभव किया था। तूने तो पढ़ा होगा अपने एम.ए. के क्लास में कि वे मानते थे कि ये सारी ममताएँ, स्नेह, काम, क्रोध, अभिमान तक परिशोधित हो जाते हैं, यदि ये कृष्णार्पण कर दिये जाएँ। फिर ये मरते नहीं—कबीर ने लिखा है न—"हम न मरैं मरिहै संसारा, अब मोहि मिला है जियावनहारा।" पर वे लोग किसी मानवोपरि सत्ता ईश्वर में विश्वास करते थे। इसीलिए उनका सारा मानवीय प्रेम, राग, मोह सभी उस प्रभु को अर्पित था और मानते थे वे कि वे क्षण, वे उल्लास, वे विश्वास, वे प्रेम जो कृष्णार्पित हैं फिर मरते नहीं।

मेरा संकट यह है कि आज मुझे लगता है ये उनकी मन समझाने की बात थी। क्योंकि या तो प्रभु हैं नहीं या हैं भी तो उनको इसकी कोई चिन्ता नहीं कि मनुष्यों को क्या होता है क्या नहीं। न वे कोई समर्पण स्वीकारते हैं न किसी को अमरत्व प्रदान करते हैं।

इसीलिए अक्सर मुझे ध्यान आता है कि यह जो चरम उल्लास, विश्वास, ममता, प्यार, आदर्श, उत्सर्ग का क्षण हम जी रहे हैं वह कल मर गया तो? और जैसे-तैसे मेरे मन में जीवित रहा—पर दूसरों के मन में मर गया तो?

इसीलिए पुस्सी, मैंने श्यामलता जी वाले पत्र में अन्त में लिखा था कि कौन जाने लालकनेर का गुच्छा लेकर आने वाला सिर्फ़ मृगजाल साबित हो और अँधेरे में जाती हुई लालटेन वाली नाव सिर्फ़ एक छलना मात्र हो। पर कभी-कभी पुस्सन, यह भी लगता है कि मैं भी जाने हूँ या नहीं या मेरा अस्तित्व भी एक प्रत्याभास मात्र है। पहाड़ों पर अक्सर चरवाहे खूब ज़ोर से गीत की एक कड़ी गाते हैं और गाकर चुप हो जाते हैं। पर उसके बाद एक गूँज उसकी बड़ी देर तक घाटियों से सिसकती रहती है। वह गूँज गीत नहीं होती। गीत तो कब का बन्द हो चुका

होता है। गूँज एक अवास्तविक प्रत्याभास मात्र होती है। वैसे ही लगता है कि मैं किसी ऐसे निर्जन पहाड़ी संगीत की प्रतिध्वनि हूँ जो कब का समाप्त हो चुका है, केवल उसकी गूँज-अनुगूँज हूँ, मैं जो ऊबड़-खाबड़ घाटियों से टकरा-टकरा कर बार-बार अपने को दोहरा रहा हूँ और धीरे-धीरे मिटती हुई क्षीण ध्वनि की तरह चीड़ के जंगलों में खो जाऊँगा।

...आज से वर्षों पहले पुसिया, मैंने अपनी डायरी में ब्राउनिंग की एक कविता उतारी थी। बहुत मशहूर कविता है वह-'Prospice' मृत्यु पर ही है वह कविता-कविता का भावार्थ संक्षेप में यों है—

"मृत्यु से भय?—कंठ में घुटता हुआ कोहरा
और चेहरे पर धुँधली छायाएँ महसूस करना!
जब हिमपात प्रारम्भ हो जाय और झँझाओं का गर्जन सूचित करे
कि हम उस स्थान के निकट आ रहे हैं—

रात की प्रगाढ़ता, तूफ़ान का आवेग
और शत्रु जहाँ खड़ा है
शत्रु, साकार सन्देह, भय...

मगर जो शक्तिशाली है वह जाएगा, रुकेगा नहीं
क्योंकि सफ़र ख़त्म हो रहा है, चढ़ाई ख़त्म हो रही है
अवरोध समाप्त हैं

यद्यपि अभी एक आख़िरी युद्ध बाकी है—
पर कोई बात नहीं
मैं योद्धा रहा हूँ—अतः एक युद्ध और—
सबसे खूँखार और सबसे आख़िरी!
मैं नहीं चाहता कि मैं आँख पर पट्टी बाँधकर
काँपते, रेंगते हुए जाऊँ
न, मैं उसे सम्पूर्णतः जानूँगा, निर्बन्ध,
सब सहूँगा—जीवन के सुखों का मूल्य चुकाऊँगा
दर्द से, अँधेरे से, संगदिली से—
क्योंकि अकस्मात् साहसी के लिए, सब बदल जाता है
काला क्षण तत्क्षण समाप्त हो जाता है
और प्रकृति का उत्पात और चीत्कार करती हुई प्रेत-ध्वनियाँ

जर्जर पड़ती हैं, घुलमिल जाती हैं
फिर बदल जाती हैं—दर्द से उभरती हुई एक शान्ति में

फिर एक ज्योति और फिर तुम्हारा कोमल वक्ष—

ओ मेरी आत्मा की आत्मा! मैं तुम्हें फिर बाँहों में समेट लूँगा
और फिर हम प्रभु में निमज्जित हो जाएँगे
सब कुछ उन्हीं के हाथों में छोड़कर!...''

ब्राउनिंग की यह कविता मुझे बहुत पसन्द थी—मुझे एक नये संघर्ष की प्रेरक भी लगती थी! पर धीरे-धीरे क्यों वह अदम्य विश्वास भी टूटता गया।

शायद ब्राउनिंग की यह कविता या उसकी अन्य कविताएँ अच्छी लगने का एक कारण था, जो अब नहीं रहा। इस बार लखनऊ में कान्ता ने किसी से तुम्हारी भेंट करायी थी न! मेरी एक कविता की एक पंक्ति क्या उसे देखकर तुम्हें याद नहीं आयी—''वही झुकी मुँदी पलक सीपी में खाता हुआ पछाड़—बेज़ुबान समन्दर!''

—तो ब्राउनिंग की एक कविता थी जो मुझे बेहद अच्छी लगती थी और जिसे मैंने पहली बार उसकी कापी में पढ़ा था। और तब मुझे पहली बार यह अहसास हुआ था कि गहनतम ममता में कैसे शरीर और आत्मा, दिव्य और भौतिक, लौकिक और पारलौकिक बिल्कुल घुलामिला रहता है—वह कविता है—"A Woman's last word." जिसमें एक स्त्री के भावनात्मक समर्पण का चरम क्षण दिखाया गया है। वह कहती है—

Let's contend no more, love! strive, nor weep;
All be as before, love! only sleep.
Be a God, and hold me with a charm!
Be a man, and fold me with thine arm!
Teach me, only teach, love! as I ought
I will speak thy speech, love, think thy thought
Meet, if thou require it both demands
Laying flesh and spirit in thy hands.
Must a little weep, love (foolish me!)
And so fall asleep, love! loved by thee.

[आओ अब कलह समाप्त करो, न झगड़ो, न दुःखी होओ

जैसे पहले थे वैसे हो जाओ प्रिय, चुपचाप नींद में डूब जाओ]
[*तुम मेरे लिए ईश्वर बन जाओ प्रिय! मुझे मन्त्रों से बाँध दो—*
तुम मेरे लिए मात्र पुरुष रह जाओ, प्रिय! भुजाओं में बाँध लो!]
[*तुम मेरे निर्देशक बन जाओ प्रिय! शिक्षा दो कि मैं क्या करूँ*
मैं तुम्हारी ही बोली बोलूँगी प्रिय! तुम्हारे विचार ही मेरे विचार होंगे—]
[*तुम्हें आवश्यकता हो तो मुझे दोनों स्तरों पर स्वीकार करो*
मैंने शरीर और आत्मा दोनों तुम्हें अर्पित कर दिये हैं]
[*अब मुझे थोड़ा रो लेने दो प्रिय, (आह मैं नासमझ भी तो हूँ!)*
और रोकर सो जाने दो प्रिय, तुम्हारे प्यार में डूबकर!...]

इस कविता के दूसरे stanza का एक बहुत अच्छा रूपान्तरण मुझे अज्ञेय की प्रारम्भिक काव्य-पुस्तिका 'चिन्ता' में मिला था—

''ईश्वर बन कर मन्त्रशक्ति से छू दे मेरा भाल
मात्र पुरुष रह, भुजबन्धन से मर्माहत कर डाल!''

यह तो समझ लो एक भावनात्मक प्रतीति थी। इसके बाद मैंने और जाना वह यह था कि समर्पण के किसी एक स्तर पर हमारा सारा भौतिक जीवन केवल एक प्रतीक मात्र रह जाता है हमारे आरम्भिक जीवन का। हमारे प्यार, हमारी ममताएँ, हमारे सम्बन्ध, हमारी कामनाएँ—उन सबको बहुत गहरा नया अर्थ मिल जाता है और वह अर्थ शारीरिक नहीं होता—वह शरीर से बहुत ऊपर उठा हुआ होता है—और उस स्तर पर शरीर या तो केवल माध्यम मात्र होता है या कभी-कभी होता ही नहीं। शरीर की चेतना भी हममें नहीं रह जाती। हम सिर्फ़ भावना मात्र बन जाते हैं। एक दिवास्वप्न, एक अदृश्य संगीत, एक अशरीरी समर्पण!

यह सब मैंने पाया था, अनुभव किया था बरसों पहले...और उन दिनों मन में एक अदम्य विश्वास था—मृत्यु के प्रति भी...

...लेकिन ज्यों-ज्यों दिन बीते एक-दूसरा कटु सत्य भी उदित हुआ। यह भी...यह भी मरणशील है। इस भावना की भी मृत्यु सम्भव है। और मैंने देखा है...धीरे-धीरे समय के गुज़रने के साथ इस भावना को मरते हुए! उन झुकी, मुँदी पलक सीपियों में आज भी समन्दर लहराता है—पर उसमें सबकुछ मर चुका है। मूँगे के हरे-भरे द्वीप मर चुके हैं। फेनोज्ज्वल उत्ताल लहरें, लहरों की ढलान में बहती हुई चन्द्रमा की मोतिया छायाएँ, झूमती हुई नमकीन समुद्री हवा, सब कुछ मर चुका है—वह अब एक मुर्दा समुद्र है—***Dead sea***!

और मैंने अनुभव किया कि जब चीज़ें मरने लगती हैं तो सिर्फ़ यही होता है कि उनके गहरे अर्थ खोने लग जाते हैं, वह केवल अर्थहीन छिछली बेजान-सी होकर रह जाती हैं। कितना उल्टा है यह चित्र ब्राउनिंग के दिये हुए चित्र से, जहाँ अँधेरा, उलझन, पीड़ा, धुन्ध सब कुछ पहले एक शान्ति में बदलता है, फिर एक ज्योति में ('प्रातकिरन' में) और फिर...।

...लेकिन यहाँ मैं अपने को पाता हूँ एक मुर्दा समुद्र के किनारे अकेले खड़ा हुआ—क्रमिक मृत्यु के सामने...मृत्यु जो क्षण-क्षण घुन की तरह हमको अन्दर से खा रही है। लगता है एक अन्धा प्रवाह है जिसमें हम बहे जा रहे हैं...तूने पुष्टिमार्ग के बारे में पढ़ा है न, निरोध का सिद्धान्त। सभी इस भावप्रवाह में बहे जा रहे हैं, पर भक्त-जनों को प्रभु जल में अपनी अंजलि डालकर निरुद्ध कर लेते हैं, फूल की भाँति। मैं जानता हूँ कि अब कोई अंजलि नहीं जो मुझे निरुद्ध कर सके—कोई नहीं, क्योंकि मैं तो प्रवाह में बहता हुआ फूल भी नहीं हूँ—मैं तो तट पर छूटी हुई सूखी रेत हूँ। (निराला ने लिखा है कहीं—''स्नेह निर्झर बह गया है, रेत सा तन रह गया है) सो मैं—वह सूखी रेत, किसी की भी अंजलि में कब तक रुकूँगा। चाहे वह प्रभु की ही अंजलि क्यों न हो। कभी तूने नदी किनारे बालू का खेल खेला है? सूखी महीन रेत अंजलि में भरना कितना अच्छा लगता है पर ज्यों-ज्यों मुट्ठी कसो त्यों-त्यों और भी तेज़ी से रेतकण खिसकते जाते हैं...

और क्या मैं बिल्कुल उन्हीं रेतकणों-सा नहीं हूँ? सभी की स्नेहभरी अंजुलियों से बेबस मजबूर खिसक कर धूल में मिलता हुआ?

कोई है जिसके लिए मैं बहुत छोटा हूँ, इतना छोटा कि वक्ष में छिपाकर, आँचल में दुबकाकर—उसकी इच्छा होती है—कि मुझे लेकर उड़ जाय, कोई है जिसके लिए मैं इतना बड़ा हूँ इतना महान कि उसकी इच्छा होती है कि श्रद्धा से विनत होकर, विश्वास से भरकर वह मुझे सब कुछ उत्सर्ग कर दे, कोई है जिसके लिए मैं बराबर का हूँ—जिसकी कामना होती है कि मन का रेशा-रेशा खोलकर अपने को मेरे समक्ष बिल्कुल उन्मुक्त कर दे...और मैं क्या कहूँ अपने लिए? जानती हो—

सिर्फ़ एक ऐसा व्यक्ति जो न बड़ा है, न छोटा, जो हर क्षण अपनी मृत्यु का क्षण जी रहा है, और जानती हो न तुम कि मृत्यु के क्षण में मनुष्य सब का अतिक्रमण कर जाता है—आयु का, भावनाओं का, बन्धनों का...वह कुछ नहीं रह जाता!

ऐसा हूँ मैं पुसनिया! बाकी सब जो है न! मेरा अत्यन्त हँसमुख स्वभाव, मेरा लिखना-पढ़ना, मेरे फूल पौधे, मेरे प्यार, मेरी ममताएँ, सब नक़ाबें हैं, सब

आवरण हैं जिनसे मैं अपनी इस क्रमिक मृत्यु की आन्तरिक ट्रैजेडी को बराबर ढाँके रहता हूँ, भूले रहता हूँ। सिर्फ़ कभी-कभी एकदम वह मुझे आक्रान्त कर लेती है, और उस क्षण में वैसा ही अग्राह्य, सूदूर हो जाता हूँ जैसा उस दिन सुहागी की पहाड़ियों पर महाकाल के मन्दिर में सायं की आरती के समय मैं हो गया था और उस समय तुमने क्या कहा, कान्ता ने क्या कहा, शोभा दीदी ने क्या कहा, साही ने क्या कहा, जगदीश ने क्या कहा—मुझे कुछ पता नहीं, मैं वहाँ था ही नहीं।

कभी-कभी ऐसी स्थिति में जो सचमुच बड़े लोग होते हैं—वे चले जाते हैं तो फिर आगे ही चलते चले जाते हैं। लौटते नहीं। मैं तो कमज़ोर हूँ न, बेहद कमज़ोर—इसीलिए लौट आता हूँ। वापस—इस क्षणिक मृत्यु और अगणित मृगतृष्णाओं के देश में—लौट आता हूँ इस डेड सी के तट पर—यह बेज़बान समन्दर जो मुझे अब कुछ नहीं दे सकता।...

अच्छा पुस्सी-बस! तुम नाराज़ थीं न कि मैं तुम्हें 'ठीक ठीक' से ख़त नहीं लिखता। लो, मैंने इतना लिख डाला। जाड़ों के दिनों में अक्सर जब तुम और शोभा घर आ जाती थीं तो शाम को हम सब अपने नीले कमरे में बैठते थे। शोभा दीदी ज़्यादातर अपनी किताबों में डूबी रहती थीं और मैं इधर-उधर की बेकार की बातें करता रहता था या अँग्रेजी कविताएँ सुनाता रहता था। कमरे में एक नीली बत्ती जलती रहती थी...और धूपबत्ती के सुगन्धित धुएँ की टेढ़ी-मेढ़ी लहरें...ठीक वैसा ही इस ख़त को समझना—बस एक शाम की हल्की-फुल्की गपशप...अच्छा अब जाओ—अपनी रिसर्च की पढ़ाई में डूब जाओ—बस!

भारती

20 जून 57

...लेकिन मेरी पुसिया पगलिया इस प्रकार अकारण उदास होने से कैसे काम चलेगा! जब तू गयी ही है तो अब वहाँ अपने कामधाम में लग। समझ ले कि यह तेरा कलकत्ता प्रवास इस बार तेरी ट्रेनिंग का पीरियड है। स्वावलम्बन की पूरी शिक्षा लेनी है तुझे। सचमुच तू अन्दर से शक्तिशाली और संयमित बनेगी तो जीवन भर यह अभ्यास तेरे काम आएगा। और इलाहाबाद या लखनऊ से कलकत्ता बहुत दूर थोड़े ही है। अगर तू इतवार सोमवार की छुट्टी लेकर आए तो एक गाड़ी से आकर दूसरी से जा सकती है। जब तू चाहेगी इसी तरह कान्ता तुझे देख आएगी, पिता जी जा सकते हैं।

अभी मुझे पता चला है कि उसी कॉलेज में हिन्दी विभाग में श्रीमती किरण जैन हैं। वे हमारे अर्थशास्त्र के अध्यापक श्री पी.सी. जैन की छोटी बहन हैं और बहुत भली हैं। कुछ दिनों पहले वे कलकत्ते से आयी थीं तो अपने भाई के साथ मुझसे मिलने आयी थीं। बहुत सुरुचि-सम्पन्न और भली मालूम दीं। वे बहुत ही अच्छी हैं। उनका तेरा साथ अच्छा रहेगा। वैसे कलकत्ते के हिन्दी-भाषियों के साहित्यिक या सामाजिक जीवन में बहुत घुलना-मिलना मत। वे लोग ख़ासे उच्छृंखल और असंस्कृत लगे हैं मुझे। पर अगर दो-चार लोगों का भी एक वृत्त तूने बना लिया तो जैसी तू है—सब तुझे ख़ूब प्यार करने लग जाएँगे। फिर भी तेरा मन न लगे तो कह तो तेरी निर्मला गुप्ता को मालगाड़ी पर लदवाकर भिजवा दूँ। सवारी गाड़ी तो शायद फेल कर जाय।

26 तारीख़ को मुक्त यहाँ से जा रहे हैं। उनके हाथ तेरी बरसाती, सैलीन की गोलियों का पैकेट और जो तुझे मँगाना हो—भेज देंगे।

पुस्सी, पिछली बार चाहे न दे सका होऊँ पर इस बार तो तेरे हर ख़त का जवाब तुरन्त दे रहा हूँ न!

पुस्सी! वहाँ बांग्ला पढ़ना अब नियमित रूप से शुरू कर दे। मैं यहाँ कर रहा हूँ। जुलाई के अन्त तक चाहे 10 लाइन ही सही मुझे बांग्ला में ख़त लिखना... अच्छा! अगर तू मन में ठान लेगी कि मुझे बांग्ला में लिखकर चकित कर देगी—तो एक महीने में बांग्ला आ जाएगी।

सस्नेह
भारती

21.6.57

पुस्सी,

तबियत मेरी इधर ठीक नहीं है। अक्सर लम्बी बीमारियों के पहले मेरा जो हाल हो जाता था। वैसा-सा हो रहा है। जुलाई-अगस्त किसी तरह बीत जाय तो सितम्बर अक्टूबर दो महीने पूरे मैं कौसानी या हिमालय में कहीं भी बिल्कुल अकेले चुपचाप जाकर रहना चाहता हूँ। मैं बेहद थक गया हूँ पुस्सन! सारा सुख-दुख, अशान्ति, विक्षोभ मैं अन्दर-ही-अन्दर पीता रहता हूँ। उसने अन्दर से मुझे बहुत जर्जर कर दिया है। अक्सर सोचने बैठता हूँ तो लगने लगता है कि दिमाग़ में विचार नहीं—करोड़ों टूटे धागों के उलझे गुंझल हैं जिनमें केवल उलझाव है। इसलिए नहीं कि सुलझाने की राह नहीं है, इसलिए कि बेहद थक गया हूँ। कभी-कभी बड़ी-से-बड़ी भावनात्मक हिलोर आती है और मैं घाट के किनारे टूटे पत्थर-

सा निष्प्राण पड़ा रहता हूँ—कारण कुछ नहीं केवल थकान—केवल शून्यता! बहुत लड़लड़ कर, पीड़ा भोग-भोग कर अब जैसे थक गया हूँ। कभी-कभी सबसे छुटकारा पाने की तबियत होती है। सफ़र में बहुत थककर जैसे आदमी ऊनी लबादा उतार देता है—वैसी ही भावना होने लगी है।

पर यह कहाँ से मैंने ख़त शुरू कर दिया? हटा, अब तेरी बात करें। 18 को तेरा इंटरव्यू हो गया होगा। आज 19 है—लैक्चरार साहब मेरी बधाई स्वीकार करें। सच पुस्सी, कितना घमंड होता है मुझे जब सोचता हूँ कि अब तू छात्र से आचार्य वर्ग में आ गयी। दो-एक साल में जब तू डॉक्टर भी हो जाएगी तब तो मेरे अभिमान का कोई अनुमान नहीं कर सकता। पर इसके लिए एक बात ज़रूरी है पुस्सन जी, कि वहाँ मन लगाकर अपना काम करना, मुख्यतया अपने काम में ही मन लगाना, इधर-उधर भटकना नहीं। न खुद किसी के लिए उलझनें पैदा करना, न किसी को अपने लिए उलझनें पैदा करने देना। अपने इस बार के कलकत्ता प्रवास को बिल्कुल तप:पूत समझना—ये एक-डेढ़ वर्ष का स्वावलम्बन तुझे जीवन भर के लिए दृढ़, आत्मविश्वासी और तेजस्विनी बनाएगा। फिर चाहे उपयुक्त समय पर उपयुक्त साथी पाकर तू विवाह करे या जीवन भर इसी प्रकार अध्ययन और साधना में लगाना चाहे; दोनों स्थितियों में स्वावलम्बन की यह शिक्षा चरित्र निर्माण में सहायक ही होगी। इसी दृष्टि से कान्ता के बार-बार यह कहने पर भी कि पुसिया को कलकत्ते जाने से रोक लो—मैंने तुझे रोका नहीं।

वैसे तूने भी यह शिकायत की कि मैंने रोका क्यों नहीं—पर पुस्सी, तू तो मन-ही-मन जा भी चुकी थी कलकत्ते! तू यहाँ थी ही कहाँ? मैं रोकता किसे? टैगोर की एक कविता पहले मुझे बहुत भाती थी—"आमि सुदूरेर पियासी" सो उसी सुदूर और 'विपुल सुदूर' की पुकार तुझे जब सुनाई दे गयी तो भला तू रुकती? और मैं, घाट का थका निष्प्राण पत्थर क्या किसी अतुल वेगवती लहर को रोक सकता हूँ, बाँध सकता हूँ! नहीं पुस्सी! और तेरे लिए जो फूल लाये थे न, वे भी चरण-गति को बाँधने के लिए नहीं थे, सिर्फ़ इसलिए थे कि सुदूर की पुकार पर अकस्मात् घर छोड़कर चल देने वाली के पाँवों तले ये फूल बिछे रहें, काँटे न मिलें। हमारा घर क्या? रैन बसेरे की डाल छोड़कर पंखिनी को चहक कर उड़ जाने में क्या कोई मोह लगता है? लेकिन हाँ, उस डाल पर लिया विश्राम अगर उसके पँखों को शक्ति दे सके, असीम आकाश को थाहने का साहस दे सके तो उस मूक डाल का अस्तित्व सार्थक हो जाता है न?

पर पुसिया, मैंने तुझसे कहा था एक बार कि मैं बहुत कमज़ोर हूँ कहीं कहीं। बिल्कुल तेरी उम्र का था न, उन्हीं दिनों में शान्ति की बड़ी बहन के यहाँ रुदौली जाया करता था। धूल भरी पगडंडियाँ, अरहर के खेत, आम के दरख़्त,

स्टेशन पर लाल कनेर के पौधे, देवकाली का टूटा-फूटा मन्दिर, कंकरीले टीले और कोकाबेली से भरे हुए नीले-नीले ताल, और उनके बीच लखौरी ईटों की बनी हमारे जीजा और बहन की हवेली। मेरे पहुँचते ही कस्बे भर में शोर मच जाता था। हीरो के छोटेवाले भइया आए हैं। और बड़े से चौके में हीरो बहन का सारा नियम बन्धन तोड़कर चूल्हे के पास मचिया डालकर बैठ जाता था मैं और आलू के पापड़ खाता जाता था। चाय पीता जाता था और अपना सबसे प्रिय काम करता जाता था—यानी शान्ति की भूरि-भूरि निन्दा और शिकायतें, ज़ोरदार शिकायतें और जब बहन कह देतीं—अरे शान्ती जनम की स्वार्थिन है। तब चित्त को संतोष होता और तब मुँह हाथ धोने की सुधि आती।

अक्सर बहुत थकान और निराशा के क्षणों में मुझे बार-बार वही घर याद आया है और जब-जब मैं बहन के पास जाकर चार दिन भी रह आता था तो सारे जख़्म भर जाते थे। शान्ति से भी ज़्यादा मुझे बहन का प्यार मिला है— पर अब—अब उस घर में भी कुछ नहीं रहा। घर तो प्रतीक था। असल चीज़ तो थी वातावरण और स्नेह! अब वहाँ भी सबकुछ टूट-फूट गया है। वक्त ने, संकटों ने दीमक की तरह उस घर को कुतर डाला है। कुछ वर्ष पहले मैंने अपनी एक कविता में उस घर का ज़िक्र करते हुए लिखा था, ''कोई छाया थी जो छूट गयी थी और वह अब फिर मेरे माथे पर झुककर कह रही है कि तुम कहीं भी बेबात भटको पर अपनी हर यात्रा के बाद थक कर यहीं लौटोगे।'' पर अब वह भी सम्भावना नहीं रही। कहीं लौटकर संतोष या आश्वासन पाने का प्रश्न नहीं। अब तो सिर्फ़ यात्रा है, यात्रा—अनन्त यात्रा—पर कोई गंतव्य नहीं कुछ भी नहीं। यात्रा किसी सुहाने गाँव में जाकर ख़त्म नहीं होगी। यात्रा तो तभी ख़त्म होगी जब चलने वाला थककर गिर जाए। असीम आत्मबल से अब केवल इतना चाहता हूँ कि जब तक थककर गिर न जाऊँ तब तक तन कर चलूँ, नपे तुले कदमों से चलूँ, कभी पाँव बहकें नहीं, माथे पर शिकन न आवे, कोई यह न कहे कि राह ने इसे चुनौती दी पर यह कायर निकला! अब तक यह स्वाभिमान निभाता आया हूँ। कुछ दिनों की बात और—ईश्वर से प्रार्थना करता हूँ कुछ दिन और निभ जाय। पर थक ज़रूर गया हूँ, बहुत ज़्यादा—और लबादे की तरह इस सबको उतार फेंकने की इच्छा होती है।

इधर मेरा उड़नखटोला, बहुत अच्छा चल रहा है, पर उसका कुछ उपयोग नहीं हो पाता। वैसे कल और परसों शाम को शोभादीदी की फ़ीस जमा करने तेरे होस्टल के ऑफ़िस तक गया था। बहुत दिनों बाद गाड़ी उधर गयी थी। मैंने पहली बार अन्दर की इमारत देखी।

इधर मैं कुछ नहीं लिख पाया। तीसरे पहर से ही इतना तेज़ सिर दर्द शुरू हो जाता है जो सुबह नौ-दस बजे तक रहता है। अब शायद पानी गिरे तो स्वास्थ्य कुछ ठीक हो। मुक्त को कहलाया है कि जाने के पहले तुम्हारा रेनकोट लेते जाएँ। और जो कुछ मँगाना हो लिख देना।

तुमने कुछ लिखा इधर?

क्या तुम्हारे घर के पड़ोस में कहीं फ़ोन है? ऐसी जगह जो तुझे तुरन्त घर से बुलवा सकें अगर ट्रंक काल करूँ तो! देख अगर ऐसा प्रबन्ध हो जाए तो...

सस्नेह

भा.

23.6.57

प्रिय,

अभी-अभी तुम्हारा पत्र और एक पोस्टकार्ड आया। आशा है इस पत्र के पहुँचते-पहुँचते तुम्हें तीन ख़त हमारे और कान्ता के मिल चुके होंगे। तुम्हारा पहला ख़त यहाँ 18 को मिला। 19 को बैठकर हम दोनों ने तुम्हें ख़त लिखा, 20 को सुबह जाकर कचहरी पोस्ट ऑफिस में डाला। उसी सुबह तुम्हारा दूसरा ख़त मिला जिसका उत्तर लिखकर हम दोनों ने 20 की रात को स्टेशन जाकर लेट फ़ी लगाकर कालका मेल में छोड़ा। उसी सम्बन्ध में एक मज़ेदार घटना भी हो गयी।

यहाँ आकर कान्ता को बेहद depression और एक दिन वह horrible भी हो गया। तय हुआ कि डॉ. कुँवर वाली दवाएँ खिलाते हुए भी किसी लोकल डॉक्टर को तुरन्त यह depression और weakness दूर करने की सलाह ली जाय। पर कान्ता ने कहा पहले चलकर पुस्सन का ख़त डाल आया जाय। कालका मेल लेट थी, करीब 8.30 पर आयी। लौटते समय मैं डर रहा था कि डॉक्टर कहीं चले न जाएँ। मैंने बहुत तेज़ गाड़ी भगायी। बेहद। पर मुश्किल से एक फलांग पर वह खूबसूरत पत्थर वाला गिरजा है न, बीचोंबीच चौराहे पर, वहाँ मोड़ लेते ही देखा दायीं ओर से एक मोटर बहुत तेज़ चली आ रही है। उसने न हार्न दिया था, न उसने संकेत किया था कि सीधे जाएगी या मुड़ेगी। मुझे भी जाने क्या हुआ, मैंने गाड़ी स्लो तो की पर रोकी नहीं। एकदम मुझे यह आभास हुआ कि अब वह गाड़ी आकर टकरा जाएगी। अच्छा यह था कि पहले मैं ही पड़ता। एकदम मुझे सूझा, मैंने पूरा एक्सेलेरेटर दबा दिया। गाड़ी बिल्कुल उछल गयी। एक-दो फुट के अन्तर से एक्सीडेंट तो बचा, पर होश सँभालते-सँभालते मैंने

पाया कि मेरी गाड़ी भयंकर तेजी से गिरजे के पाटक के पत्थरवाले खम्भे की ओर सीधी जा रही है। नर्वस मैं इतना था कि सब याद रहा, यह भूल गया कि गाड़ी में ब्रेक नाम की कोई चीज़ होती है। बजाय डेड स्टाप करने के मैंने दायीं ओर पूरा स्टीयरिंग घुमा दिया, खम्भे से तो गाड़ी बची पर दायीं ओर सड़क के किनारे-किनारे पेड़ लगाने के लिए ज़मीन गोड़ी गयी थी। मिट्टी के बड़े-बड़े ढोंके। उन पर मोटर का जो हाल हुआ होगा तुम कल्पना नहीं कर सकती। जैसे-तैसे मोटर सड़क पर आयी तो मैं पसीने से तरबतर था। गनीमत यह थी कि टायर वायर सही सलामत थे। कान्ता की तारीफ़ करूँगा कि बिल्कुल टस से मस नहीं हुई अन्दर चाहे जो भय समा गया हो। फिर भी अगले चौराहे पर बेचारी बोली—"जरा धीमे चलाया करो न!" बस इस पर मैं खाहमख़ाह बरस पड़ा। फिर तो हम लोग खूब लड़े घर आकर।

हाँ तो यह हुआ तुम्हें डाले हुए दूसरे ख़त का हाल। तीसरा ख़त तुम्हें कल रात को डाला गया। मुझे तो कल डॉ. तिवारी के यहाँ तुम्हारी सहपाठिनी की शादी में जाना था। कान्ता बोली, "मैं आज भी कालका मेल में जाकर चिट्ठी छोड़ूँगी।" मैंने अपनी मजबूरी बतायी तो आप बहुत अकड़कर बोलीं—"मैं अपने boy friend के साथ चली जाऊँगी।" मैंने हक्का-बक्का होकर पूछा कि ये कौन सज्जन हैं तो पता चला श्री विजयदेव नारायण साही को उन्होंने अपना boy friend बनाया है। साही जी आये हुए थे और बड़े पुलकित थे। मालूम हुआ कि वे बेचारे जिस विवाह से निराश हो चुके थे वह अब शायद दिसम्बर में हो जाय, ऐसी सम्भावना है। फिर उन दोनों को मैंने स्टेशन उतारा और तब तिवारी जी के यहाँ गया।

इस प्रकार अब तक यानी 22 तारीख की शाम तक तुम्हें 3 लिफ़ाफ़े मिल जाने चाहिए। इस समय शाम को 5 बजे हैं और अभी तुम्हारा पोस्टकार्ड और नीला लिफ़ाफ़ा मिला है। अभी बैठकर तुम्हें मैं भी लिख रहा हूँ और कान्ता भी और फिर उसी प्रकार शाम को जाकर स्टेशन पर छोड़ेंगे। पर अब यह ख़त तो तुम्हें शायद सोमवार को ही मिलेगा। कल इतवार है।

कान्ता को कमज़ोरी बेहद है और मुझे लगता है टेम्प्रेचर भी रहता है। आज टेम्प्रेचर लेंगे। तबियत मेरी भी अन्दर से बेहद सुस्त है पर कान्ता की वजह से मैं ऊपर से बिल्कुल चुस्त दुरुस्त हूँ। 26 को मुक्त के हाथ हम लोग सामान तुझे भेज देंगे Rain coat वगैरह।

तेरे जीजा भी आ गए? कल पिता जी का एक बहुत स्नेहपूर्ण पोस्टकार्ड आया है। ब्रह्मा जी के पत्र की प्रतीक्षा उनकी भाभी बड़ी बेचैनी से कर रही हैं।

-भा.

1.7.57

प्रिय पुष्पा,

तुम्हारा पत्र मिला। मैं तो सोच रहा था कि तुम वहाँ अब पढ़ाई भी शुरू कर दोगी, तंदुरुस्त भी हो जाओगी और दूसरी स्थितियों को भी सँभाल लोगी। पर...

देखो पुस्सी, आज तुमसे कुछ गम्भीर बातें करना चाहता हूँ। सारा काम छोड़कर बैठो और ज़रा जितनी भावुकता और विक्षोभ और यह सबकुछ है न, इसको छोड़कर, इस मूड में बैठो कि अपनी कल्पना वाली दुनिया छोड़कर यह जो यथार्थ दुनिया है न, इसके बारे में कुछ कटु सत्य सुन सको। उससे भागो मत, बल्कि उसी का सामना करने लायक दृढ़ता अपने में उत्पन्न कर लो। अब तुम अपने नये जीवन में उतर रही हो, कमोबेश अपने पाँवों पर खड़े होना चाहती हो। अतः अब मैं तुम्हें अपने बराबर का समझता हूँ। और इसीलिए तुमसे कुछ स्पष्ट बातें कर लेना अपना कर्तव्य समझता हूँ।

पुसनिया, हम सब पर हिन्दू परिवारों के पुराने संस्कारों का बड़ा गहरा असर है। उनमें अच्छे संस्कार भी हैं और बुरे भी। हम चाहे जितना बदल जाएँ पर कहीं-न-कहीं वह संस्कार बोल उठते हैं। संस्कार पुराने हैं परिस्थितियाँ नयी। इसीलिए असंगतियाँ उत्पन्न होती हैं। अभी तक हिन्दू परिवार अपने में एक बन्द मंजूषा हुआ करते थे। इसलिए कोई प्रश्न ही नहीं उठता था कि घर के लड़के-लड़कियाँ बाहर जाएँ। बरसों दूर रहें, दूसरों के सम्पर्क में आएँ, उनसे अपनत्व स्थापित करें। स्नेह और अपनत्व का दायरा कुटुम्बियों तक सीमित था या अधिक-से-अधिक बिरादरी तक। नयी परिस्थितियों में परिवार बिखर रहे हैं। कोई कहीं रहता है, कोई कहीं। ऐसी स्थिति में मनुष्य शून्य में तो रह नहीं सकता। भाई के स्नेह की पूर्ति, बहन के स्नेह की पूर्ति, माता-पिता के स्नेह की पूर्ति वह उन लोगों से करता है जिनके सम्पर्क में आता है। यह स्वाभाविक है। बिल्कुल नैसर्गिक और जीने के लिए अनिवार्य!

लेकिन यह भी स्वाभाविक है कि परिवार वालों को यह बहुत अटपटा-सा लगता है। कुछ लोग ऐसे होते हैं जो उदार मन होते हैं। वे इस स्थिति को समझते हैं। कुछ में संकीर्णता या कह लो कि एक अधिकार भावना होती है। उन्हें यह नहीं अच्छा लगता कि कोई भी व्यक्ति जो सगा सम्बन्धी नहीं है वह सगे सम्बन्धियों से अधिक प्रेम जताए। उन्हें विश्वास भी नहीं होता कि इसके पीछे शुद्ध निश्छल स्नेह है। यह भी आशंका उठती है कि पता नहीं इसके पीछे क्या हो? कैसा हो? यह सारा-का-सारा स्वाभाविक है। इसलिए दुखी नहीं होना चाहिए।...मनोवैज्ञानिक स्थिति है—बस इसी तरह लेना चाहिए और अपने को न

चिन्ता में डालना चाहिए, न क्षुब्ध होना चाहिए। तुमने तो क्या मैंने तो यह आरोप कितना अधिक सहा है कि बच्चन को तो परिवार से दुश्मनी है। बस अपने मित्रों और उनके घर वालों के लिए ही इनका सारा स्नेह है। यहाँ तक कि एक बार यह तक कहा गया कि बहनों में अपनी सगी बहन के लिए बच्चन इतना कभी नहीं करते जितना पद्मा जिज्जी के लिए। मैं यह शब्द एक कान से सुनता हूँ दूसरे से निकाल देता हूँ। न इससे अपनी मान्यताओं पर कोई असर पड़ने देता हूँ और न कहने वालों के प्रति कोई क्षोभ या कटुता आने देता हूँ। जानता हूँ यह वे नहीं कह रहे हैं, युग-युग के संचित हमारे सड़े-गले संस्कार उनसे कहला रहे हैं।

साथ ही एक बात और है। स्नेह एक चीज़ है, दृष्टि की उदारता, हृदय की विशालता और स्तर की ऊँचाई दूसरी चीज़ है। वह बहुत कुछ जीने और भोगने और खोने और Suffer करने से आती है। किसी परिजन के स्नेह में सन्देह नहीं करता पर लगता है कि उस स्नेह को तपाकर गलाकर सोने की तरह निखार देने वाली आग में से जब वे एक बार गुज़र जाएँगे, तभी उनमें भावना के साथ नयी दृष्टि भी आएगी। पर तब तक उनकी दृष्टि में विस्तार और गहराई नहीं है तो नहीं है। इसमें चिन्तित होने की क्या बात। अपने स्थान पर वे कुछ ग़लत नहीं सोच रहे हैं। वे बिल्कुल ठीक हैं पुस्सी!

तीसरी बात, हर आदमी दूसरे आदमी के असली रूप से परिचित नहीं हो पाता। तुम स्वत: देखो अक्सर हम अपने डिप्रैशन के कारण भी कुछ-का-कुछ समझ लेते हैं और कहीं का रोष और कुंठा और क्षोभ कहीं और प्रकट कर बैठते हैं। उससे क्षुब्ध नहीं होना चाहिए, उसको सहानुभूतिपूर्वक समझ कर उसे बिसार देना चाहिए, बिना विचलित हुए अपने रास्ते पर चलते रहना चाहिए। और उस व्यक्ति के स्नेह में सन्देह नहीं करना चाहिए। दूसरे के मन में संस्कारवश, किसी अपनी परिस्थितिवश, केवल स्नेह के अतिरेक के कारण भी यदि कोई भँवर उत्पन्न हो गयी है तो उसे न रोकने की चेष्टा करनी चाहिए न मिटाने की। अपनी बात दृढ़तापूर्वक कहकर अपने काम में लग जाना चाहिए। समय धीरे-धीरे खुद सब ठीक कर देगा।

पुष्पा! तुमने रूढ़ि छोड़कर ऐसा पथ ग्रहण करने का निश्चय किया है जो कम-से-कम हम मध्यमवर्गीय परिवारों में अभी बहुत कम अपनाया जाता है। इसलिए इतना तुम्हें बता देना फिर अपना कर्तव्य मानता हूँ कि पुस्सी, इस रास्ते के सुख भी हैं—दु:ख भी। पग-पग पर अपमान, सन्देह, संशय, क्षोभ, तिरस्कार, गलतफ़हमियाँ—सब मिलेंगे। जीवन हाथ में स्वागत-माला लिए तुम्हें मिलेगा यह बात नहीं है। तुम पाओगी कि सामान्य लड़कियों का जीवन अपेक्षाकृत अधिक

शान्त है, सन्तुष्ट भी है। पर साथ ही इसके अच्छे पक्ष भी हैं। तुम्हें लगेगा कि तुम्हारा स्वाभिमान कभी टूटा नहीं है, तुममें अपना व्यक्तित्व है, तुम सिर्फ़ खिलौना नहीं हो, सिर्फ़ यन्त्र भी नहीं हो। यह सुख वही जानता है जो सारे अवरोधों को कुचलकर अपनी अन्तरात्मा के द्वारा चुने हुए पथ को ही सत्य मानकर चलना सीख लेता है। इस कमजोर, कायर, दोमुँहे समाज में बहुत कम लोग ऐसे होते हैं जिनमें इस राह को चुनने का साहस होता है, इसके संकटों को हँसते-हँसते सह लेने की सामर्थ्य होती है। डर कर समझौता कर लेनेवाले, टूट जानेवाले, रेंगकर, घिसट-घिसटकर जीवन बिताने वाले अनगिनत होते हैं। मगर तनकर, अपने पाँव पर खड़े होकर अपने भाग्य का खुद मनचाहा निर्माण करने वाले दो-एक ही होते हैं। वे चूँकि असाधारण होते हैं, अत: उनका व्यक्तित्व, उनकी जीवन पद्धति सबको पच नहीं पाती। उन्हें लगता है कि यह भी हमारी तरह क्यों नहीं रहता। यह भी समझौता क्यों नहीं कर लेता, यह भी हमारी तरह कमज़ोर, कायर, दोमुँहा क्यों नहीं है, खोखला क्यों नहीं है—इसके मुख पर तेज दीप्ति क्यों है? अत: वे तुम्हारे बारे में अजीब-अजीब बातें करेंगे, सोचेंगे, कल्पना करेंगे—पर वह सब उनके मन की हीन ग्रंथि होती है— inferiority complex। विश्वास रखो कि अंतरतम में उनकी वह खीज तुम्हारे ऊपर नहीं है अपने ऊपर है। तुम्हें देखकर वे अपनी लघुता को जानने लगते हैं और उससे मुक्त होने का कोई रास्ता न पाकर अपनी खीज तुम पर उतारते हैं।

पर यह तो उन लोगों की बात है जो पराये हैं, जो अपने हैं, जो स्नेह करते हैं, उनके मन में भी सन्देह और आशंकाएँ, उत्पन्न होती हैं। वे सन्देह और आशंकाएँ आवश्यक नहीं कि उनके स्नेह का अभाव सूचित करें। वे असल में स्नेह से ही उपजती हैं। उन्होंने, गुरुजनों ने, बड़ों ने, अपने अनुभव से देखा है कि यह संसार बहुत विश्वसनीय नहीं है, इससे जूझने वाली स्त्री अक्सर अपने को संकटों में डाल लेती है। उसमें भावना अधिक होती है विवेक कम। दृढ़ता कम होती है, वे जल्दी प्रलोभन में भी आ जाती हैं। उनकी दया भावना को जगाकर लोग उनका कुछ भी दुरुपयोग करने में समर्थ हो जाते हैं। आदि-आदि।

ऐसी स्थिति में, इस लम्बे अनुभव के बाद यदि वे कहीं तुम पर सन्देह करें, आशंका करें, चेतावनी दें तो इतना ध्यान रखो कि वह आशंका तुम्हारे प्रति नहीं है। वह उस नारी के प्रति है जो दुर्बल है जिसमें भावना है पर विवेक नहीं है, जिसमें दृढ़ता नहीं है जिसमें संसार के इस क्षुरस्य धारा पथ पर अपने को बिना आहत हुए चलकर निकाल ले जाने की क्षमता है ही नहीं। यदि तुम समझती हो कि तुम उस आशंका की अधिकारिणी नहीं तो यह सिर्फ़ तुम्हारे कह देने भर से नहीं मान लिया जाएगा। आगे आने वाले वर्षों में तुम्हें यह सिद्ध करना होगा

कि तुम उस परम्परागत दुर्बल, विवेकशून्य नारी से पृथक हो। तुममें दृढ़ता भी है, विवेक भी, संयम भी, अनुशासन भी! ज्यों-ज्यों तुम दृढ़तापूर्वक अपनी राह पर चलती चली जाओगी और अपने को खरा सोना साबित करती जाओगी त्यों-त्यों यह स्थिति सँभलती जाएगी। उस बीच में सिर्फ़ यह करना चाहिए पुस्सी, कि किसी के भी स्नेह के प्रति अविश्वास नहीं लाना चाहिए और अपने रास्ते चुपचाप दृढ़ता से चलते जाना चाहिए। हर बड़े आदमी को जीवन में इस दौर से गुज़रना पड़ा है और तू मेरी अभिमान! अपने जीवन में बहुत बड़ी बनेगी न...बहुत बड़ी!

टैगोर की एक कविता सुनेगी—उन्होंने कहा है—जो आज तुम्हें नहीं समझ पाता, उससे कुछ मत कहो—क्योंकि

'आज के जो तोर के मन भेबे
अंगे तोरे धूला देबे
काल के प्रात
माला हाते
आशबे शे तोर पिछू-पिछू'

आज जो तुम्हारे प्रति विमुख हो रहे हैं, तुम्हारे शरीर पर धूल फेंक रहे हैं—कल सुबह वही हाथ में माला लेकर तुम्हारे पीछे-पीछे आएँगे।

लेकिन इसके पहले कितने इम्तिहान आएँगे, कितनी अँधेरी घाटियाँ आएँगी, कितना सुनसान रेगिस्तान पड़ेगा। और तब कहीं जाकर तू अपने व्यक्तित्व को पूर्णतः स्थापित कर सकेगी।

पर सवाल यह है कि क्या इस सफ़र के लिए तू अपने को तैयार कर सकेगी? क्या तूने इसकी तैयारी कर ली है? क्या तू इसकी तैयारी में लगी है? क्या तूने अपने मन को खूब जाँच परख लिया है कि वह कहीं विवेक का आसरा छोड़ तो नहीं देगा? कहीं वह कोई ऐसा कदम तो नहीं उठाएगा कि जितने लोगों ने असीम विश्वास से तुझे अकेले कलकत्ता भेज दिया है, उनको कल यह सुनना पड़े "कहिये पुष्पा के कलकत्ते भेजने के पक्ष में तो आप भी थे न?"

वह जो तेरा अभी तक का व्यक्तित्व था न, भावुक, कल्पनाप्रवण, रसमग्न, पिता जी की लाड़ली, अम्मा की दुलारी, भाई-बहनों के बीच चंचल, नटखट—कभी-कभी झगड़ालू—उससे अब काम नहीं चलेगा। अब तेरा व्यक्तित्व अन्दर

से कहीं-न-कहीं बहुत दृढ़ होना चाहिए जिसमें हृदय पर बुद्धि का सम्पूर्ण अनुशासन होना ज़रूरी है। भावना का आवेग जब जैसा बहाकर ले जाय वैसे ही बहती चली जाय, इससे काम नहीं चलेगा। हर क्षण तुझे अपने कदम जाँचने होंगे, हर बात तौलकर करनी होगी, हर निगाह परख कर उठानी होगी। तब तू देखेगी कि तेरे व्यक्तित्व में एक नयी गरिमा आ रही है, एक अदम्य दृढ़ता आ रही है।

और अगर तू सचमुच मुझे अपने जीवन में महत्त्व देती है तो तुझे यह सिद्ध करना होगा कि तू मेरे सपनों के अनुरूप अपने को ढाल रही है।

है न?

तो बनेगी न?

चाहे उसमें अपने मन को अभी खूब बाँधना पड़े, पर आगे देखेगी कि यह संयम, अनुशासन तुझे कितना परिमार्जित करेगा, कितना गहराव देगा।

आओ समय की पगडंडी पर तुम्हें कुछ और पीछे ले चलें। वसंत पंचमी के दिन जब घर पर सरस्वती का पूजन हुआ था और सबने मिलकर प्रार्थना की थी तो तुमने कहा था कि अपने साथ-साथ मेरी शान्ति और कल्याण के लिए भी आप ही कुछ माँग लें।" मैंने चुपचाप माँग लिया था। बाद में तुम बहुत ज़िद करके पूछने लगी कि मैंने क्या माँगा तो मैंने तुम्हें बताया था कि मेरी प्रार्थना थी कि तुम अपने जीवन में एक अच्छी माँ बनो। उससे मेरा तात्पर्य यह अवश्य था कि उचित समय पर तुम अपने लिए एक उपयुक्त जीवन साथी ढूँढ़ो, और एक सुखद, मर्यादायुक्त परिवार की अधिष्ठात्री बनकर अपने को सार्थक करो।

लेकिन पुस्सी! उसके अर्थ केवल इतने नहीं थे। नारी तो जन्मजात माँ होती है। अपनी गोद में गुड़िया चिपका कर उसके लिए घरौंदा सजाने वाली और झूठ-मूठ के चूल्हे में झूठ-मूठ का खाना बनाने वाली चार-पाँच बरस की अबोध बालिका भी माँ के सिवा और कुछ नहीं है। वह माँ होती है केवल माँ। अपने पिता जी के लिए बार-बार अकुला उठने वाली, उनकी बीमारी का हाल सुनकर आँखें भर-भर लाने वाली या फिर मेरी बीमारी में फूल और ममता से मुझे लाद देने वाली तू अन्ततोगत्वा माँ ही है। अधिकारमयी, ममतामयी, दयामयी! इसीलिए जिस चीज़ पर तू अपने को अपराधिनी मानते हुए कुंठित-सी थी, अपने में घुट रही थी—उसके लिए मैंने आग्रह किया है तुझसे कि उसे तू दूसरे दृष्टिकोण से भी देख और उसे स्वस्थ मन से ग्रहण कर। तेरी ममता वस्तुतः बहुत ऊँची है। उसमें स्वार्थ, अधिकार और संकीर्णता न होकर आत्मदान और निःस्वार्थ स्नेह अधिक है, इसलिए तुझे यदि कुछ ऐसा करना पड़े जिसमें अभी तुझे अपने को

नियन्त्रित रखना पड़े। (चाहे वह थोड़ा मनोनुकूल न भी हो) तो तुझे वह सहर्ष करना चाहिए।

एक बात और तुझे तो जीसस का जीवन बहुत प्रिय है। 'न्यू टेस्टामेंट' में जीसस ने एक स्थान पर कहा है Judge not अर्थात् किसी के कृत्य पर जज बनकर फैसला मत दो कि यह अच्छा है या बुरा। उस बात को उसी के पक्ष से समझने की कोशिश करो तो उसमें बहुत कुछ सार नज़र आएगा। हम लोग यह कहते हैं कि जिनसे हमें स्नेह मिलता है, जिनसे विश्वास मिलता है, उनकी बातों पर फैसला नहीं देते, उनको हर तरह उचित ही साबित करते रहते हैं पर जिनसे स्नेह न मिलकर अविश्वास मिलता है उन पर निःसंकोच फैसला दे डालते हैं। पर अगर दिल के बड़प्पन का सबूत हमें देना है तो हम तभी दे सकते हैं जब जिनसे हमें अविश्वास और स्नेह और आशंका मिलती है। उनके पक्ष को भी हम सहानुभूतिपूर्वक समझें और कटुता के बदले उनको कटुता न देकर प्यार ही दें। यह बात मैं किसी एक प्रसंग में तो खैर कह ही रहा हूँ पर सामान्यतया भी तुझे अपने को ऐसा ही बनाना है। केवल तभी तेरे व्यक्तित्व का ऐसा विकास हो पाएगा जिस पर हम सबको गर्व हो सके।

भावना से कर्तव्य ऊँचा होता है यह तो तू समझती ही है पर अब एक बात और समझ ले कि भावना को भी ऐसा ऊँचा रूप दिया जा सकता है कि वह जीवन को असीम विस्तार और अथाह गहराई दे। नदी होती है न, आवेश उसमें भी होता है, लेकिन वह जब अनियन्त्रित होती है तो खेत-खलिहान और गाँव-के-गाँव डुबाते हुए हाहाकार मचा देती है, पर वही नदी बँधकर जीवनदायिनी हो जाती है, कितने बंजर खेतों को हरियाली का आशीर्वाद देती है, विद्युत उपजा कर कितने अँधेरे में डूबे ग्राम नगरों को आलोकित कर देती है। अपनी भावनाओं को मनुष्य कौन-सा रूप दे—विध्वंसात्मक या रचनात्मक—यह उसके अपने हाथ में रहता है। मुझे तेरे हाथों पर पूरा भरोसा है!

तो मेरी छोटी मित्र! "बहुत छोटे को आँचल में छिपाकर, दुबकाकर कहीं पार उड़ने" की बात सोचने वाली छोटी-सी, दुबली-पतली अबोध अनुभवहीन माँ जैसी ममता वाली अपने पूरे घर परिवार की गुड़िया अब मुझे तेरे ऐसे ख़त नहीं मिलेंगे कि अमुक परिस्थिति ने तुझे upset कर दिया, तू खोखली हो जाएगी, तुझसे पढ़ा-लिखा नहीं जाएगा। नहीं कभी नहीं। अब तेरे ख़तों में यह होगा कि कैसे तूने अमुक परिस्थिति में अपने को सँभाला, कैसे अमुक बात को अपने प्यार से सँवारा, कैसे अपना अप्रत्यक्ष प्रभाव डालकर अमुक वातावरण को बदल दिया।

मेरी मित्र—शिरीष फूलों से भी कोमल, कहीं वज्र से भी कठोर!

मैं चाहता था कि तेरे कलकत्ते जाने से पहले तुझसे ये सारी बातें कर डालूँ—पर तू जानती है कि उन दिनों मैं कितना व्यस्त हो गया था। उम्मीद है यह पत्र तुझे 2 जुलाई तक मिल जाएगा। तू पहली बार आचार्या का गुरुतर पद ग्रहण करने जा रही है—ये सारे शब्द मेरे आशीर्वादों की तरह लेना पुस्सी!

मैं आज घमंड से फूला नहीं समा रहा कि मेरी ज्ञान-पिपासु छात्रा! मेरी मित्र आज जीवन में पहला सशक्त स्वाधीन कदम रखने जा रही है।

स्वाधीनता की शोभा है मर्यादा!

सड़े-गले संस्कारों की खोखली, झूठी, नीरस, जीवनहीन मर्यादा नहीं, वरन् मन की सारी सहज स्वाभाविक वृत्तियों को पूरा विकास देने वाली, मन को फूल की तरह खिला हुआ रखकर चारों ओर दिग्-दिगंत को भीनी सुवास से महका देने के लिए प्रेरित करने वाली मर्यादा!

सुदूर की पुकार पर चल दी है तू-तुझे मेरा अमित स्नेह। हमारे यहाँ फूलों के साथ आशीर्वाद देने की परम्परा है न, तो तुझे ये फूल भेज रहा हूँ—एक है तेरे प्रिय करौंदे के फूलों का गुच्छा-दूसरे को पहचानती है? इसके दो नाम हैं—एक है 'नीलकान्ता' और दूसरा 'अपराजिता'—तुझे शुभ हों ये फूल।

अपने पहले दिन की क्लास का अनुभव लिखना!

अमित अमित अमित आशीष-भारती

29.7.57

प्रिय पुष्पा,

कल तक तुम्हारा ख़त न आने से कान्ता और मैं, बहुत चिन्तित रहे। खास तौर से तुम्हारे स्वास्थ्य की बेहद फ़िक्र थी। यहाँ मैं और कान्ता भी अस्वस्थ थे और होस्टल में बेचारी शोभा को इन्फ्लुएंजा हो गया था। मिस त्रिपाठी ने बुखार की हालत में उसे घर भेजने को मना कर दिया था। परसों, 25 जून को एक लिफ़ाफ़ा तुम्हें भेजा गया है और कल सुबह कान्ता ने एक पत्र चिन्तित होकर आनन्द बाबू को लिखा है। कल शाम को तुम्हारा दो छोटे-छोटे पृष्ठों वाला ख़त मिला।

मेरे नाम तुम्हारा जो पत्र था उसमें तुम बेहद नाराज़ होकर बहुत कुछ ऐसा लिख गयी हो जो तुम खुद अगर दोहराती तो काट देती। यह ठीक है कि मैं इधर पिछले 3 हफ़्तों तक तुम्हारे पत्रों का उत्तर न दे पाया पर उसका कारण भी मैंने तुम्हें लिख ही दिया था। पर तुम अपेक्षाकृत सुखी हो इसलिए तुम्हारे प्रति मैं

अपनी जिम्मेवारी ख़त्म समझता हूँ, यह भावना कैसे तुम्हारे मन में समा गयी? यह बार-बार ऐसी बातें क्यों तुम्हारे मन में आने लगती हैं। तुम हम लोगों की अपनी हो और हमारे और कान्ता के 24 घंटों में से कौन सा क्षण ऐसा जाता है जब प्रत्यक्ष या परोक्ष रूप में हम लोगों को तुम्हारा ध्यान न बना रहता हो। और यह 'कृपा' और 'परोपकार' क्या होता है। पिछले साल तुम इतना कान्ता के लिए, मेरे लिए करती रहीं—वह क्या 'कृपा' थी? यह शब्दावली आचार्य पुष्पलता शर्मा लेक्चरार ने कब से व्यवहार करनी शुरू कर दी। और अगर बहुत गुस्सा होकर तुमने यह लिखा कि मुझे बहुत गहरी चोट पहुँचे—तो यह जानकर सुखी हो जाओ कि तुम्हारा लक्ष्य सन्धान ठीक रहा—मुझको तुम्हारे इस पत्र से काफ़ी पीड़ा पहुँची। मैं कभी अनुमान नहीं करता था कि तुम इस प्रकार भी सोच सकने में समर्थ हो कि मैंने दुखी जानकर तुम पर परोपकार किया आदि-आदि।

खैर तुम छोटी हो। हम लोगों की अमित ममता की एकमात्र अधिकारिणी हो। हम लोग हैं ही किस लायक कि तुम्हारे लिए कुछ कर सकें और तुम करने भी क्या देती हो? पर फिर भी अगर इस प्रकार की बातों से हमें मर्माहत करके भी तुम्हें सुख मिलता है तो हमें उस चोट को भी स्वीकार करना चाहिए। इसी नाते मैं चुपचाप इसे स्वीकार करता हूँ। अब तो खुश हो।

हम लोगों पर झल्लाने और जो मन में आये उसे लापरवाही से कह डालने का यह अमित स्नेहाधिकार तुम्हारा सदा बना रहे—जो कुछ बच गया हो वह यहाँ आकर कह लेना अब भी सन्तुष्ट नहीं हो?

× × ×

अच्छा सुनो—

अब गुस्सा शान्त हो गया हो तो ज़रा फ़ोन की डाइरेक्टरी उठाओ या अपने जीजा जी से पूछ लो कि वहाँ गुलाब किस नर्सरी में सबसे अच्छे मिलते हैं। जहाँ तक मेरा ख्याल है ग्लोब और इम्पीरियल—इम्पीरियल वाले ज्यादा ईमानदार हैं। उनसे पूछो कि क्या उनके यहाँ निम्नलिखित गुलाब तैयार हैं—

1. Independence
2. Peace
3. Black prince
4. Night
5. Masqurade
6. Maiden's flush of colossal
7. Pickure allahabad

8. Prelude
9. Comlesse Vandal
10. Autumn
11. Bridal robe
12. Cameo
13. Karl Hrbst

इसके अतिरिक्त एक गुलाब-लता होती है Spanish beauty, उसका दूसरा नाम है Muse. Gregoire Staechelin यदि वह न हो तो पूछना हल्के गुलाबी रंग के फूलों वाली दूसरी कोई गुलाब लता है या नहीं? और हाँ एक गुलाब और—

14. Moulin Rouge

इनमें से कौन हैं और उनके दाम कितने हैं यह टेलीफोन पर बैठकर लिख डालो और वह सूची अपने खत के साथ रखकर मुझे भेज दो। तत्काल। क्योंकि इनमें से चुनकर तुम्हें लिखूँगा और अपने साथ इन्हें लेकर आओगी। समझीं, श्री दुर्वासा लता शर्मा!

इस बार मैंने जो गुलाब लगाए हैं इनका नाम सुनोगी? सुनो huna (अर्थात् चाँद), Megredy sunset, charles mallerin, Nigrelte (अर्थात्—नीग्रो कन्या अर्थात् काला गुलाब) Meqredy I vory (हाथी दाँत), Golden dawn (स्वर्ण प्रभात या 'प्रात किरण'

Gimson glory. Donald pior, orange triump (अर्थात् सिन्दूरी विजय), Gensal Nactrltur, hady ltillingdon, Sigrora, hlida, और दो गुलाब लताएँ हैं—Marchal Neil और Geony di drou.

अभी तक कभी-कभी गुनाहों का देवता के बर्टी के ऊटपटांग विचार मुझको बहुत प्रभावित कर जाते रहे हैं अब लगता है उस कम्बख़्त का शौक़ भी गुलाबों वाला मेरे सिर चढ़ गया है।

उस साहित्यकोष के काम से फ़ुरसत पाकर ज़िन्दगी में फिर कुछ सार्थकता नज़र आने लगी है। फिर मेरे फूल हैं, मेरा अकेलापन है, मेरे ख़ब्त हैं।

अच्छा मित्र अब धधकता हुआ क्रोधानल शान्त हुआ या नहीं? अगर अब भी न शान्त हुआ हो तो कुछ थोड़ा-सा वहीं किसी पर उतार लो।

वहाँ से किस दिन चल रही हो? 5 से मुहर्रम की छुट्टियाँ हैं।

सस्नेह

भा.

3.8.57

पौ फटने के ज़रा पहले का वक्त जब पूरी तरह उजाला नहीं होता पर घोंसलों में सोये हुए तमाम पक्षी पता नहीं कैसे रात का जाना जान जाते हैं और एक उनींदी-सी अर्द्धजागृत चहचहाहट से मेरे फूल बसे आँगन की खामोशी को कँपा जाते हैं, जैसे ताल में कंकड़ी डाल देने पर हल्की हिलकोर उठती है और फिर उसकी वर्तुलाकार लहर चारों ओर फैलती ही जाती है, उसी तरह मेरे आँगन का यह कलरव पहले मेरे बँगले के अहाते के सभी पेड़ों के घोंसलों में दुबके पंछियों द्वारा प्रतिध्वनित होता है और फिर यहाँ वहाँ और दूर-दूर से जाने कितने पक्षी चौंक कर जागकर बोलने लगते हैं। इधर गवर्नमेंट हाउस के अहाते से मोर अपनी लम्बी गहरी केका फेंकते हैं—'कहाँऽऽ! कहाँऽऽ!' छोटी-सी प्यारी पंडुक बोलती है—'तुरु तुश्तू, उठ नित्तू' 'एक कोई पक्षी है वह पता नहीं कैसे घबराए स्वर में बोलता है—'नहीं, नहीं, नहीं! नहीं! स्पष्ट चार 'नहीं' उसके गले से निकलते हैं—और फिर आम के घने हरे गाछ में से किसी अधसोये अधजागे पक्षी का बड़ा लय भरा गायन सुन पड़ता है—'सोनमछरिया आजा! सोनमछरिया आ जा!''

और मेरी सोनमछली का ख़त मिला है कि वह आ रही है, आ रही है!

इतना लिखते-लिखते अँधेरा रात में आँजे हुए काजल की तरह हल्का पड़ गया है और बड़े प्यारे से लैवेंडर के रंग का अँधेरा घुला हुआ उजाला सारे आँगन में फैल गया है और अँधेरे में से धीरे-धीरे लान, पगडंडियाँ, दो बरसाती गुलाब, दो-तीन बड़े-बड़े उजले बेले दीखने लगे हैं।

रात मैं बड़ी जल्दी सो गया था। कल दिन भर मैंने अपनी गाड़ी पर कम-से-कम पच्चीस-तीस मील का चक्कर तो काटा होगा। काम क्या था? एक ज़मीन पसन्द करनी थी। वह कल पसन्द कर ली गयी। अब अगर दाम पट जाता है तो उसका बयाना दे दिया जाएगा। रजिस्ट्री दो महीने बाद होगी। रेडियो स्टेशन के पीछे जिस ऊँची ख़ूबसूरत सड़क पर एक बार हमारी गाड़ी फ़ेल हो गयी थी और सामने दूर पर गंगा थी और शाम बड़ी मनभावनी लग रही थी न! उसी दिन मैंने सोच लिया था कि मकान अपना बनेगा तो यहीं कहीं—और अन्त में लो वहीं एक नायाब जमीन ढूँढ़ ली गयी। ज़मीन एक एकड़ की है अर्थात् लगभग 4800 वर्ग गज़। बहुत खुली, बहुत चौरस, बहुत ऊँची—ज़मीन पर खड़े हो तो सामने दूर पर तापस बाला-सी, रेशमी लकीर-सी गंगा एक लम्बा नाज़ुक घुमाव लेते नज़र आती है। और मुझे याद आता है कि मेरी सोनम का जनम गंगा-दशहरा को ही तो हुआ था! अगर वह ज़मीन तय हो गयी तो अगले साल तो नहीं पर

उसके बादवाले साल गंगा दशहरा अपनी नयी सुन्दर हल्के नीले शीशों की खिड़कियों वाली स्टडी में मनेगा। सामने आशीर्वाद देती गंगा दीख पड़ेगी। ज़मीन कई लोगों ने देखी है। पं. उमाशंकर शुक्ल, डॉ. बाहरी को नापसन्द है। हमें, रामस्वरूप चतुर्वेदी को, विजय पुरवार को, वाचस्पति पाठक को और शोभा दीदी को बेहद पसन्द है।

अच्छा सुनो, जो कोश था न उसका कुछ काम बाकी रह गया था। अब कल उसकी पांडुलिपि प्रकाशक को दे दी गयी। अब उस मुसीबत से मुक्ति मिली। अब जमकर कुछ कहानियाँ लिखूँगा। न इधर कविताएँ लिखी न कहानियाँ, न डायरी—कोश के काम से थक जाता था तो बागवानी करता था। वह ज़मीन मिल गयी तो मकान बाद में बनेगा, सबसे पहले पौधे लगेंगे ताकि मकान बनते-बनते वे ख़ूब बड़े हो जाएँ। और पीछे एक ख़ूबसूरत ढलवाँ कटान है। उसमें लगेंगे तेरे प्रिय सफ़ेद गुलाबी करौंदे के झाड़!—मैं लिख रहा हूँ और बरामदे की जाफ़री के पार करौंदा लदा खड़ा है। और छोटी-छोटी नाँदों में जलकुंभी की नीली फूल छड़ियाँ खिली हुई हैं।

अच्छा सुनो—गुलाबों का दाम वहाँ ज़्यादा है। उसके मुक़ाबले में देवघर नर्सरी से मँगवाना सस्ता रहेगा और ज़्यादा अच्छी नस्ल भी मिलेगी। पर कुछ और पौधे तुम लेती आओ—

1. IXORA– एक्ज़ोरा फूल कई रंगों का होता है। सफ़ेद और गहरा लाल मत लेना। ये दोनों किस्म मेरे पास हैं। तुम सिन्दूरी रंग का (जिसका अँग्रेज़ी नाम chinensis है) लेना, Profuse जो orange scarlet रंग का होता है, Roser जो गुलाबी होता है और Garden beauty जो चन्दनी रंग का होता है—ये चार किस्में ले आना।

2. स्वर्ण चमेली (Humile)

3. स्वर्ण जूही (Floridum)

4. कुछ लताएँ—(क) derodendron Splenders
(ख) Hoya carrosa (wax thowse)
(ग) Jaequimontia violaeea (Blue)
(घ) passiflora middle to niana
(ङ) passiflora quadran gularis

इनके दाम आठ आने, बारह आने, या एक डेढ़ रुपया होते हैं—ये पौधे इम्पीरियल नर्सरी में मिलें तो ठीक नहीं तो, मौडेल नर्सरी 5/1 तिल जाता रोड कलकत्ता-से ले लो। वहाँ सभी पौधे मिल जाएँगे। ख़ूब अच्छी तरह पैक कराकर चीड़ के खुले बक्स में रखवा लेना। वह बक्स बुक करवाकर ब्रेक वैन में रखवा लेना।

तुम्हारे आने की ख़बर से ही मेरे सपने शक्ल लेने लगे हैं—किस ट्रेन से आओगी—तार से सूचना दो—

भारती

13.8.57

सिद्ध श्री उपमा जोग लिखा पुसनिया जी को हम सबका राम नाम पहुँचे। यहाँ सब कुशल है आगे आपकी कुशलता श्री हुगली जी से नेक मनाता हूँ। आगे समाचार यह है कि मैं पिछले दो दिन से हर बार कलम लेकर बैठा कि आपको बिस्तार से पत्री लिखूँ पर हर बार यही सोचा कि अभी व्यस्तता है फुरसत से लिखूँगा। इसी में सारा समय बीतता गया और आज मंगलवार की रात 9 बजे जब हम लोग अज्ञेय जी को स्टेशन पहुँचाने जा रहे हैं तब जल्दी-जल्दी ये लाइनें घसीट रहा हूँ क्योंकि कान्ता का ख़त कल से लिखा पड़ा है।

पुसनिया जी लिखना न जाने कितना है पर पहली बार मुझे—जिसे लोग भाषा का राजकुमार कहते हैं—पहली बार मुझे लगता है कि वह कितना जाने कैसे लिख पाऊँगा? मैं शब्दों का निर्धन लग रहा हूँ। पता नहीं क्यों? तुम कुछ बताओगी पुसनिया रानी।

मैं इधर एक पुस्तक पढ़ रहा हूँ एक चीनी लेखिका की—A many splendourd things उसकी अद्‌भुत जीवन गाथा है—बहुत सुकुमार बिल्कुल Chekhov in my life की तरह। कल कान्ता को बिठाकर उसके दो अध्याय सुनाए। तुम्हारी बेहद याद हम दोनों कर रहे थे।

एक बहुत अच्छा-सा खत लिखोगी? बहुत बहुत बहुत बहुत बहुत अच्छा लिखो पुसनिया जी—इस समय मुझे बेहद ज़रूरत है उसकी—

13.8.57
रात 9.30

15.8.57

वही जाली वाला बरामदा, बादलों में लिपटी चाँदनी रात और वही बड़े-बड़े बादामों जैसी आँखों वाली कान्ता...

इधर आँगन की रातरानी गहगहा कर फूल उठी है और जब घर की सारी

बत्तियाँ बुझ जाती हैं और मैं बरामदें में खड़ा रहता हूँ या आँगन में टहलता रहता हूँ, तब एक बेहद नशीली महक मुझे आकर बहा ले जाती है। सुनो, इस छोटे से फूलबसे घर में मुझे कभी-कभी बड़े अजीब अनुभव हुए हैं। उनमें से एक फूलों की सुगन्ध के बारे में है। मुझे अकसर ये लगा कि ये फूल निरन्तर यकसाँ नहीं महकते, रह-रहकर सुगन्ध की लहरें फेंकते हैं। एक जगह खड़े हो जाओ, तेज़ खुशबू आएगी, फिर मन्द पड़ जाएगी, फिर तेज़ हो जाएगी। जैसे समुद्र-किनारे खड़े हो न...एक उत्ताल लहर आएगी, दूर बालू पर छहरती हुई आएगी, आपके पाँव भिगोकर लौट जाएगी; थोड़ी देर बाद फिर आएगी।

ठीक वैसे ही आजकल अपने बरामदे में लेटे रहो तो लगेगा कि अँधेरे में सुगन्ध के किसी अथाह समुद्र के किनारे हम पड़े हैं। सब शान्त हैं। अकस्मात् सुगन्ध की एक लहर आती है, हमारे अंग-अंग भिगोकर, रोम-रोम सिहराकर फिर लौट जाती है। लगता है सुगन्ध से हमारे केश भीग गये हैं, और हमारे कन्धों पर टप-टप सुगन्ध चू रही है। ऐसी है यह हमारे घर के आँगन की ढीठ, भरपूर खिली हुई चंचल रातरानी...मिनिट-मिनिट के बाद अँधेरे में सुगन्ध के सागर की भाँति लहराकर कभी मुझे कभी कान्ता को जादू में बाँध देने वाली बहुत बेईमान और बहुत पवित्र और बहुत निडर और बहुत-बहुत सुकुमार।

सुनो! तुम्हें याद है उस दिन मानिक आये और कमरे के अन्दर उनमें और क. महारानी में खूब उदात्त स्वर में शास्त्रार्थ होने लगा तो हम उस कमरे में से डर के मारे भाग आये। थोड़ा पानी बरस चुका था और आँगनवाला लॉन भीगा था और दोपहर को न सो सकने से मन पर अजब आलस्य था और चाय की प्रतीक्षा करना भी बेहद सुखद लग रहा था और तुम घूम-घूम कर हमारे गुलाबों की जाँच कर रही थीं। तब मैंने गुलदाऊदी के नये गमले दिखाकर कहा था कि अगर मेरा वश चले तो मैं एक नया कैलेंडर जारी करूँ जिसमें दिन, सप्ताह, मास, वर्ष से गिनती न होकर फूलों के बोने, उगने, फूलने और झरने से महीनों और बरसों की माप की जाया करे। जिस साल गुलदाऊदी न खिले...उस साल मान लिया जाय कि कोई बँधकर...पुर नहीं जाएगा पर जिस साल गुलदाऊदी खूब फूले, सब अपने बिस्तर बाँध कर, रंगबिरंगे ओवरकोट पहनकर, एक अत्यन्त सुन्दर चेन और मेडल बायीं ओर लटकाकर गर्दन झटकारते हुए कहें—"सुनो! अब तो हम कलकत्ते जाएँगे" और जब क्यारियों में रंगबिरंगे फ्लाक्स फूल आवें और लॉन बहुत सुन्दर हो जाय तब सब लोग बाहर से लौट आवें और लौटते समय अपनी उँगली खिड़की की चौखट पर रखकर ऊपर से शीशा गिरा दें और फिर आकर दरी बिछाकर हरी घास पर हल्की रेशमी धूप में बेसुध सो जाएँ। या जब लम्बे-लम्बे तीरों जैसे ल्यूपिन के नीले छड़ीदार फूल सड़क के किनारे किसी अकेले

बँगले में फूलें तब सब अपनी टूटी मोटरें लेकर पुल पार कर, गंगा पार कर, देहाती सड़क पर चलते चले जाएँ...और जहाँ कोल्हू लगा हो, अलाव सुलगा हो वहाँ उतरकर गन्ने के रस की खोज करते रहें और लौटते समय नीले छड़ीदार फूल चुरा लावें। और जब नीबू के फूल फूलें तभी बसन्तपंचमी मान ली जाय और बसन्ती साड़ियों पर रुपहले गोटे टाँक लिये जाएँ। लेकिन जब आँगन में खामोश खड़ा आम का बौर लदा पेड़ अँधेरे के सागर में सौरभ के जाल फेंकने लगे तब? और गर्मियां शुरू हो जाएँ और बेला फूलने लगे तो हरेक को इजाज़त मिले कि सुबह-सुबह उठकर ओस से भीगे बेले के शाहजादे जैसे फूल चुन-चुन कर अँजुली भर-भरकर किसी तारघर में शरारत से फेंककर भाग जाय और भरी बरसात में जब जूही फूल उठे तो तभी हुक्म हो कि जूही की गझिन सफ़ेद मालाएँ अपनी कलाइयों में लपेटकर लोग रात-रात बातों में डूबे रहें...और यह जो मैक्ग्रेडी आइवरी नाम का हाथी दाँत जैसा सफ़ेद और मैक्ग्रेडी सनसेट नाम का पीला स्वर्णिम गुलाब है...ये दोनों जब फूलें...तभी सलूनों मान ली जाय और बहनें राखी बाँधने आवें और ये दोनों गुलाब साक्षी रहें क्योंकि एक का रंग स्वर्णिम है राजसी रंग, जिससे मालूम हो कि बहनों में किसी का नाम राज्यश्री भी है।

ज़िन्दगी को फूलों से तौलकर, फूलों से मापकर फेंक देने में कितना सुख है। तुम कभी आगरे के किले गयी हो। वहाँ एक पत्थर का हौज़ बताया जाता है जिसमें नूरजहाँ गुलाब के फूल भरवाकर नहाया करती थी। उसी में उसने इत्र का आविष्कार किया था। अगर मध्ययुग में पैदा हुआ होता न...तो मैं नहीं कह सकता कि मैं शेर अफ़गन और जहाँगीर दोनों से ज्यादा नूरजहाँ को न प्यार करने लगता...इसलिए नहीं कि वह सुन्दर थी...उँह, कोई कान्ता से ज्यादा सुन्दर थोड़े ही रही होगी पर फिर भी मैं उसे इसलिए प्यार करने लगता कि वह फूलों से नहाती थी।

मेरे एक दोस्त केशवचन्द्र वर्मा हैं न! उनका असली घर फैज़ाबाद में है। फैज़ाबाद में आसफ़ुद्दौला का बनवाया हुआ एक बड़ा हसीन छोटा-सा चौक है। सैकड़ों मेहराबें, कँगूरे, ताख, कारनिसें, छोटे-छोटे घर। उसके मुख्य चौराहे पर गरमी के दिनों में शाम को बीसियों माली खड़े रहते हैं...बेला, मलौंदी, नेवाड़ी, मालती, जूही के इतने मोटे-मोटे गजरे कि बस पूछो मत और हर गजरे का दाम दो पैसे, एक आने। मैं हर गरमी की छुट्टियों में एक हफ्ते को उनके घर फैजाबाद जाता था सिर्फ़ इसलिए कि हर शाम को एक रुपये की पचीस-छब्बीस मालाएँ खरीदता था और घर पहुँचकर माँ को, भाभी को, उन्हें, उनके पिता को, उनके छोटे भाइयों को मालाओं से लाद देता था और फिर फूलों से लदे-फँदे हम सभी ऊपर की ठंडी छत पर अमृत-सी चाँदनी में जाकर बैठ जाते थे और अपने निहायत

महीन और दर्द भरे स्वर में छुटकी गाना शुरू करती थी, "ये रातें, ये मौसम, ये हँसना-हँसाना—इन्हें ना भुलाना, हमें भूल जाना।" और वह दर्द भरा स्वर चाँदनी रात में लहराता था और कब हम लोग सब उसी के साथ-साथ झूमते हुए वही गुनगनाने लगते थे—इसका पता भी नहीं चलता था और गीत बढ़ता चलता था, "ये बदली का चलना, ये बूँदों की रुमझुम, ये मस्ती का आलम, ये खोये से हम तुम। तुम्हारा मेरे पास ये गुनगुनाना—इन्हें ना भुलाना, हमें भूल जाना।" गुड्डी न केवल नाम की, बल्कि अवस्था की भी तब बिल्कुल गुड़िया थी और उसकी आदत थी कि जब गाते-गाते बहुत विभोर हो जाती थी तब उसके आगे जो बैठा हो वह अपनी छोटी-छोटी गुड़ियों की-सी कोहनियाँ उसके कन्धे पर रख लेती थी और झूमती हुई गाती रहती थी। और जब गाना खत्म हो जाता था तब सब अपने में बहुत गहरे-गहरे डूब जाते थे और तब बेचारी अम्मा सबको अपने-अपने बिस्तर की राह बताती थीं। और मैं सिर्फ़ महक से अपना बिस्तर पहचान लेता था क्योंकि बची हुई सारी मालाएँ मेरे बिस्तर पर रख दी जाती थीं। और मालूम है मैं कैसे सोता था?...तकिये से काफ़ी नीचे खिसक जाता था और बेले के फूलों में अच्छी तरह अपना मुँह छिपा लेता था और माथे पर, होठों पर, पलकों पर बेले का शीत स्पर्श मुझे आच्छादित कर लेता था।...बेचारी अम्मा मुझे रात में जगाकर कहती थीं..."राम! राम! कैसे सोये हो भारती? आधी खटिया तो छोड़ दिये हौ...कहीं फूल में इतना मुँह डालकर सोवा जात है। ठंड लग जइहै भइया!" पर कहाँ की ठंड और कहाँ की बीमारी जो खुद ही बीमार हो उसे कहाँ की बीमारी लगेगी? बीमारी तो मुझे हो चुकी थी...बेले की शीतोज्ज्वल ढेरियों में, माथा, पलक, होठ दुबकाकर घुल जाने की...इतना बड़ा हो गया पर वह बीमारी अभी तक गयी नहीं। आज तक बेले के फूल मेरी कमज़ोरी हैं।

और एक बात तुम्हें बताऊँ। ये जो जड़ी-बूटियाँ हैं न! इनसे भी ज़्यादा बीमारियों में फूल फायदा करते हैं। अगर मुझे दो-तीन जीवन केवल फूलों में ही बिताने दिये जाएँ तो मैं बिल्कुल बता सकता हूँ कि कौन-सा फूल कौन-सी बीमारी में फ़ायदा करता है। फिर भी कुछ अनुभव इस जीवन का ही है। उसके आधार पर बता सकता हूँ कि जब किसी को बहुत तेज़ बुखार हो तो उसके सिरहाने चाँदी के तश्त में ढेर-सी गुलाब की पँखुरियाँ रख दो, उसमें धूपबत्तियाँ खड़ी कर सुलगा दो। ज्यों-ज्यों राख के छोटे-छोटे स्तूप पंखुरियों के ढेर पर बनते जाएँगे त्यों-त्यों बुखार कम होता जाएगा। टाइफ़ाइड के लिए दूसरी दवा है। जब टाइफ़ाइड वाले को देखने जाइए, रास्ते में पान के से पत्तों वाली एक लतर दीवार पर, खपरैल पर फैली मिलेगी। उसमें घंटीदार नीले फूल खिलते हैं।

उन फूलों को टहनियों सहित तोड़ लीजिए—ले जाकर चुपके से सिरहाने रख आइए। टाइफ़ाइड दो दिन में हवा! एक फूल तो मुझे मालूम है जो पास में रहे तो कोई बीमारी आस-पास तक नहीं फटक सकती। जानती हो कौन-सा फूल?...लाल कनेर!

कुछ फूल बड़े खराब होते हैं। उनसे यथासम्भव आदमी को बचना चाहिए। मसलन यहाँ एक बाग है। उसमें ऐसे ज़ोरदार फूल खिलते हैं, ऐसे ज़ोरदार, कि सुनते हैं एक बार बेचारी माँ आनन्दमयी तक उनके बीच में बिल्कुल अपनी सुध-वुध खो बैठीं और विराग से घनघोर अनुराग की तन्मयता में सदा-सदा के लिए डूब गयीं। मुझको जब से किसी ने यह बताया तो मारे डर के मैं उधर पाँव नहीं रखता। कौन जाय ऐसी खतरनाक जगह ख्वामख्वाह अपनी जान बवाल में डालने।

कुछ फूल हैं, उनमें भी करीब-करीब यही तासीर है पर वे मुझे डराते नहीं क्योंकि उनका ज़िक्र मेरे प्रिय कवि जायसी ने किया है। मध्यकाल के कवियों में केवल जायसी ही ऐसा लगा है जो सचमुच बाग और उपवन भटक-भटककर फूलों के जादू में डूबा रहा है। तुम्हें यकीन न हो तो पद्मावत उठाकर देखो—बसन्त खंड खोलो—

"आजु बसन्त नवल ऋतुराजा। पंचमि होइ जगत सब साजा।।"

और जब बसन्त-पूजन के लिए सब सखियाँ निकलती हैं तो वह कहता है—

"पुनि बीनहिं सब फूल सहेली। खोजहिं आस पास सब बेली।।
कोई केवड़ा, कोई चम्प नेवारी। कोई केतकि मालति फुलवारी।।
कोई सदबरंग, कुंज, कोई करना। कोई चमेलि, नगेसर बरना।।
कोई मौलसिरि, पुहुप, बकौरी। कोई रूपमंजरी गौरी।।
कोई सिंगारहार तेंहि पाहाँ। कोई सेवती कदम की छाँहाँ।।
कोई चन्दन फूलहि जनुफूली। कोई अजान बीरो तर भूली।।
फल फूलन्ह सब डार ओन्हाई। झुंड बाँध के पंचमि गाई।।
नवल बसन्त नवल सब बारी। सेन्दुर बुक्का होइ धमारी।।"

यहाँ तक कि उन्हें सारी सृष्टि फूलों का जाल लगती है और वे उसका तत्त्व समझना चाहते हैं—

"आइ बसन्त जो छपि रहा, होइ फूलन्ह के भेस।।
केहि बिधि पावौं भौंर होइ, कौन गुरू उपदेस।।"

मुझे भी कभी-कभी लगता है कि मैं समय को फूलों के कैलेंडर में बाँध दूँ, दिशाओं को फूलों की पँखुरियों में बसा दूँ, मन के हर आरोह-अवरोह को और भावना के हर आवेग को फूलों की पर्तों में दबा दूँ और यह निखिल सृष्टि फूलों का जाल बन जाय और मैं इसका रसमर्म पाने के लिए उतना ही आकुल हो उठूँ जितने जायसी...केहि विधि पावौं भौंर होइ?'

इसके अलावा जैसे अब और न कोई मुझे जिज्ञासा रही है, न कोई प्यास। मैं तो खुद फूलों में डूब-डूबकर, वही हो गया हूँ। बेले की शीतोज्ज्वल ढेरियों में घंटों डूब-डूबकर पवित्र हुआ माथा, खुमार-भरी रातरानी की वेगमयी गन्धलहरों से नम हुआ मन, तीन जरी के फूलों वाली एक डोर में गुथी हुई मर्यादा जिसकी पवित्रता अनिर्वचनीय है और लाल कनेर और नीले कमल और मेरे बचपन का प्रिय नैस्टरशियम।

इस पुनीत अवसर पर यह अपने फूल-शब्द तुम्हें अर्पित करता हूँ—ये शब्द मुझसे भी ज्यादा मूल्यवान हैं क्योंकि मेरे बाद भी बने रहेंगे। जायसी ने भी कहा है—

''गलि सोइ माटी होइ लिखने हारा बापुरा।
जो न मिटावै कोइ, लिखा रहे बहुतै दिना।।''

सो मैं तो लिखने वाला हूँ, गलकर मिट्टी हो जाऊँगा। यह जो लिखा है मैंने वह बना रहेगा, जब तक कोई अपने हाथों से मिटा न दे...

अमित स्नेह

भारती

16 अगस्त '57

पुसनिया रानी

आज, 16 अगस्त को दोपहर दो बजे से हम और कान्ता घुमक्कड़ी करते रहे। घर में मन इस बुरी तरह उचट रहा था कि क्या बताएँ? नतीजा यह कि निकल पड़े। पहले आवारागर्दी करने का एक सहज बहाना था कि हम लोग दूर-दूर जाकर ज़मीन देखा करते थे। ज़मीन तो ले ली गयी। अब एक बहाना ढूँढ़ा है मोटर खरीदने का। मन को कहाँ लगाया जाय? कैसे लगाया जाए? सो कई मोटरें देखीं, लैम्ब्रोटा देखा। घूमते रहे। मानिक मिल गया। एक पुरानी जीप ले आया था हम लोगों को दिखाने। उस पर फ़ुल स्पीड चलाते हुए सिविल लाइन्स की हरी-भरी सड़कों पर चक्कर काटते रहे। फिर अपनी गाड़ी दौड़ाते रहे। यहाँ तक कि उसका डाइनेमो

गड़बड़ हो गया फिर कारखाने में गाड़ी छोड़कर अभी घर लौटे तो तुम्हारा लिफ़ाफ़ा पड़ा मिला। सब काम छोड़कर हम दोनों एक साँस में तुम्हारा ख़त पढ़ गये, फिर अलग-अलग शुरू से आखिर तक हम दोनों ने पढ़ा, फिर कान्ता ने पूरा पढ़कर सुनाया, और अब फिर बीच-बीच में से वह पढ़ रही है।

[इतना लिखा था, मुझे सहसा स्मरण आया कि मैंने अभी तक पिता जी के उस पोस्टकार्ड का जवाब नहीं दिया जो परसों नरसों आया था जिसमें उन्होंने श्री रामनाथ शर्मा के विषय में विस्तृत सूचना माँगी थी। सो अभी उन्हें सारी सूचना लिख दी और अब फिर तुम्हें लिख रहा हूँ]

कल सन्तोला का ख़त आया है। उसके बच्चे बीमार थे। ओंकार शायद बाहर गये थे अतः वह राखी नहीं भेज सकी। शान्ति ने तुम्हें बहुत याद किया है और कान्ता से कहा है कि पुष्पा का विस्तृत हाल लिखना। हमारी पुसनिया जब सबसे प्यार पाती है तो मुझे बड़ा गर्व होता है उस पर।

16 अगस्त को डाकखाने से एक विशेष frist day cover बिका था। उसमें मैंने और कान्ता ने एक-एक बहुत विस्तृत ख़त तुम्हें भेजा है। अब उसके उत्तर की प्रतीक्षा है। तब फिर लिखूँगा।

अमित स्नेह से

भा.

23.8.57

पुस्सन,

साढ़े सात बजे हैं। लक्ष्मीनारायण लाल के साथ एक सिनेमा देखकर लौटा हूँ। तेरा ख़त पढ़ा। अभी अगर लम्बा ख़त लिखने बैठा तो Bombay mail निकल जाएगी। आज रात को लिखूँगा।

सुनो किसी भी हालत में कलकत्ते की नौकरी नहीं छोड़नी है, न वहाँ से लौटना है। यह कायरता होगी। इसके अर्थ होंगे उस झूठे आरोप को सच सिद्ध करना। जो झूठ है वह चाहे जितना भयंकर रूप धरकर आवे उसके मुँह को ठोकरों से तोड़ देना चाहिए। मैं अभी यह नहीं सोच पा रहा हूँ कि तू तुरन्त hostel में shift करे या एक आध सप्ताह बाद। अच्छा एक काम कर कि पिता जी को लिख दो कि तुम वहाँ inconvenient feel कर रही हो, केवल पढ़ाई ही नहीं वरन् खाने-पीने और वातावरण की दृष्टि से भी। साथ ही यह भी स्पष्ट कर दो कि यह वर्ष तुम वहाँ पूरा करोगी ही। वहाँ से लौटने का कोई प्रश्न नहीं है। तुम कायर नहीं हो—चाहे एक दिन सबका सहारा छूट जाय। उस दिन भी तू अपने

अन्तर के चरम सत्य के साथ जिस भावना से कलकत्ते गयी है वह तेरे साथ कवच की तरह रहेगी। तू इतना निश्चय जान कि ये झूठ, ये विकृतियाँ, ये दूसरों के inferiority complexes हैं—इनसे डरने की कोई बात नहीं। इनमें स्वयं अन्दर कोई दम नहीं होता। तूने बहुत सहिष्णुता दिखाई है। अब थोड़ी तेजस्विता भी अपना। यह भी मत भूल कि हमारे जीवन की मधुरिमा, हमारे जीवन का रस भी एकमात्र तू ही है। तुझे कुछ भी विचलित करे और तू कहे, "आश्चर्य है कि मैं ज़िन्दा क्यों और कैसे हूँ?"—यह कहने का अब तुझे कोई हक नहीं है—तू स्वयं अपने पास मेरी थाती है। तुझे खुद को सँभालना ही होगा।

—भा.

शनिवार 24 अगस्त 1957
दोपहर 2.00 बजे

प्रिय पुष्पा

कल शाम को तेरा 21 का लिखा ख़त मिला। कल दोपहर में तेरे 19 वाले ख़त का जवाब भेजा है—मिला होगा। कल के ख़त में जो कुछ मैंने लिखा है उसकी सारी-की-सारी बातों का जवाब तेरे इस ख़त में ही मिल गया है। तूने वहाँ कोई जादू सीख लिया है क्या—कि ख़त बिना पढ़े ही जवाब लिख भेजा है। जादू हो या न हो पर यह मैं अच्छी तरह जान गया हूँ कि मेरी पुसिया के मन में जहाँ स्नेह और ममता की मृदुलता अपनी पूरी गहराई पर है वहीं अपनी मर्यादा की रक्षा करने की उसकी चेतना भी पूर्णतः सजीव है। 19 वाला ख़त तो तूने इसलिए लिखा था कि मुझे संतोष हो, और इसलिए अपने मन की बहुत सी प्रतिक्रियाएँ और अन्तर्द्वन्द्व तू उसमें छिपा ले गयी थी। पर तू जानती है बहुत सी दिशाओं में तू जितना अपने को जानती है उससे भी कहीं ज्यादा मैं तुझे जानता हूँ। इसीलिए जो अपूर्ण पत्र, थोड़ा-थोड़ा झूठमूठ का ख़त तूने 19 अगस्त को लिखा था उससे मुझे संतोष नहीं हुआ था बल्कि एक ऐसी बेचैनी मन में छूट गयी थी कि मैं कुछ समझ ही नहीं पा रहा था। पर तेरे कल के ख़त से मन बिल्कुल आश्वस्त है क्योंकि यह ख़त तेरे संकट का ठीक-ठीक रूप प्रस्तुत करता है, अतः उसका समाधान भी सोचा जा सकता है।

मेरे मन पर बेहद ग्लानि की छाया भी छा रही है कि जिसे इतने दिनों से चारों तरफ़ से सहेज कर रखा था वह किस नरक में जा पड़ी है। वहाँ तेरे चारों ओर जो ईर्ष्या, अविश्वास, छोटापन, असत्य और कलुष का वातावरण तुझे चारों ओर से घोटने का प्रयास कर रहा है उस पर बेहद क्रोध भी आ रहा है।

और तुझ पर झुँझलाहट भी आ रही है कि तूने एक क्षण को भी यह क्यों सोचा कि तू उससे हार जाए, उससे ऊब कर जीवन से निराश हो बैठे। तुझे लोहे की तरह कठोर होकर उसको चीर देने के लिए हर क्षण तैयार रहना चाहिए। इन तमाम चीज़ों के प्रति कभी भी भय की भावना नहीं होनी चाहिए। सिर्फ़ Contempt की भावना होनी चाहिए—सिर्फ़ Contempt.

तू यह जानती है कि तेरे मन का जो निश्छल स्नेह है, उसे कोई भी गलत समझे—यहाँ तक कि दूसरों के कुंठापूर्ण विचारों और कलुषित दृष्टियों से आतंकित होकर तू स्वयं भी अपने को अपराधिनी समझकर एक हानिकर अस्वस्थ guilt complex से पीड़ित होकर अपना अध्ययन, अपनी कला, अपने मानसिक विकास को नष्ट करने लगी थी—पर मैं तेरे अन्तर के सत्य को उसकी सही-सही पृष्ठभूमि में समझता रहा हूँ। मैंने तुझसे स्पष्ट कहा था कि दूसरों के छोटे मन और कलुषित दृष्टियों से तू अपने मन के सत्य को क्यों देखती है, दूसरों के चश्मों से अपने मन के सत्य को क्यों देखती है, अपने स्वयं को खुद समझ। तू जानती है कि हमारे बहुत पुराने चिन्तकों ने यह कहा है कि जीवन जीने की सबसे पहली शर्त है 'आत्मानं बिद्धि'—अपने को जानो। स्वयं अपने अन्तर के सत्य का साक्षात्कार करो। उस पर आस्था रखो—वही चरम आत्मविश्वास देता है, उसी से आत्मबल प्राप्त होता है, उसी से व्यक्तित्व में एक तेजस्विता, एक दर्द पैदा होता है, एक ज्योति पैदा होती है जो अन्दर और बाहर के कलुष को जलाकर मन और तन को कंचन की तरह निर्मल बनाती रहती है। मेरी पुसनिया, अगर किसी भी कसौटी पर उस कंचन की रेख पीतल की सी पड़ती है तो जान रख कि वह कंचन अशुद्ध नहीं है, वह कसौटी झूठी है, वह कसौटी जाली है, वह कसौटी कूड़े पर फेंक दी जाने योग्य है—तुलसी ने स्पष्ट कहा है न—"जाके प्रिय न राम वैदेही—तजिये ताहि कोटि बैरी सम, जदपि परम सनेही"—और राम वैदेही कौन हैं? वही न जो तेरे मन में, मेरे मन में, सभी के मन में प्रेम, करुणा, सहानुभूति, शील, सौन्दर्य, शक्ति और सबसे बढ़कर मर्यादा के रूप में विद्यमान हैं। अपने अन्तर में बसे हुए उन राम वैदेही को, उस परम सत्य, उस परम अनुराग, उस परम मर्यादा को जिस अंश तक हम दूसरे व्यक्ति में पाते हैं उसी अंश तक हमारा मन उसकी ओर झुक जाता है। और जिसमें हमें वह नहीं मिलता उसमें हम अपने मन की निकटता कभी नहीं स्थापित कर पाते—सांसारिक सम्बन्ध कोई भी क्यों न हो।

यह बात खूब भली-भाँति समझ लेनी चाहिए, बिल्कुल स्पष्ट, बिना किसी संशय के—क्योंकि इससे एक और निष्कर्ष निकलता है, वह यह कि जिसको हम सचमुच अपने मन के निकटतम रखना चाहते हैं, जिसे हम अपने स्नेह अपनी शील—चेतना, अपनी मर्यादा बुद्धि, अपनी रागात्मक अनुभूति का परमप्रिय भागीदार

बनाना चाहते हैं, यह आवश्यक है कि वह भी हमारे अन्तर के सत्य को उसी रूप में समझे, हमारी मर्यादा की पवित्रता को उसी रूप में समझे। उसके भी हृदय में 'राम वैदेही' उसी रूप में विद्यमान रहें—तभी—तभी केवल तभी हमारा स्नेह निश्छल हो सकता है, हमारा जीवन उदात्त हो सकता है, हमारा मन ऊर्ध्वोन्मुख हो सकता है। जीवन के गहरे से गहरे आकर्षण में हमें यह कभी नहीं भुलाना चाहिए वरना हम अपने हाथों अपने निश्छल प्रेम को, अपनी मर्यादा बुद्धि को, अपनी कला—चेतना को समाप्त कर डालेंगे—इसका हमें कोई अधिकार नहीं है। इसका तो उसे भी अधिकार नहीं होता जिसे हम सारे अधिकार सौंप बैठते हैं। तू तो खुद विद्वान है, विद्वान पिता की बिटिया, विद्वान भाई की दुलारी बहन—तूने तो पढ़ा ही होगा कि तुलसी अपने राम को कितनी तन्मयता से प्यार करते थे। उन्होंने निःसंकोच लिखा है—"कामिहि नारि पियारि जिमि, लोभिहिं प्रिय जिमि दाम।" पर जब तुलसी को यह लगा कि वह राम भी उनके अन्तर के राम से मेल नहीं खा रहे, उनका ऐसा रूप है जो उनके अन्तर के राम की मर्यादा से गिरा हुआ है तो उन्होंने स्पष्ट कहा था—तन कर कहा था—बिना किसी संकोच के कहा था—

"कहा कहौं छवि आज की भले बने हौ नाथ
तुलसी मस्तक तब नवै धनुष बान ल्यो हाथ।"

मेरी दुलार, जब तुलसी के राम ने दूसरा बानक धारण किया जो तुलसी के अन्तर के सत्य से मेल नहीं खाता तो तुलसी ने साफ-साफ कह दिया "सुनो मेरे प्रभु तुम मेरे मन के, तन के, कण-कण के स्वामी हो। मैंने तुम्हें सारे अधिकार दिये हैं। पर इसका अधिकार मेरे राम, तुम्हें भी नहीं है कि मेरे अन्तर के सत्य को झुठलाओ, उसे विकृत करो, उसे धुँधला बनाओ, उसे नष्ट करो। नहीं, तुम्हारे प्रति मेरी जो अनन्य भक्ति है, अद्वितीय प्रेम है उसी का तकाज़ा है कि इस स्तर पर मैं तुमसे भी समझौता नहीं करूँगा, नहीं करूँगा—सिर्फ़ इसीलिए तुम्हारे प्रति मेरा अनन्य प्यार मेरे अन्तरतम के सत्य से उद्भूत है। वह मुझसे भी बड़ा है और तुमसे भी। हम दोनों उसी के आलोक से उज्ज्वल हैं, उसी की गंध से सुवासित हैं। अनन्त आलोक, अनन्त रसमयता, अनन्त गहराई के मूल स्रोत उस अन्तर के परम सत्य को कुंठित और दूषित और विकलांग करने का अधिकार किसी को नहीं है—न इस संसार को, न मुझे और न तुम्हें!"

मैं स्वाभिमान के निर्वाह की बात जब सोचता हूँ पुष्पा, तो इसी स्तर पर सोचता हूँ। मैं मानता हूँ कि अपने स्वाभिमान को खो देने के बाद फिर मनुष्य पशु और कीड़ों से भी गया-गुज़रा हो जाता है। पर यह 'स्वाभिमान' है क्या?

कुछ लोग जो inferiority complex से पीड़ित होते हैं उनमें एक अस्वस्थ प्रवृत्ति होती है कि वह दूसरों के साधारण-से-साधारण कार्य से आतंकित हो उठते हैं और उन्हें लगता है उनका व्यक्तित्व नष्ट हो रहा है। स्वाभिमान की इस धारणा को मैं मानसिक रोग मानता हूँ यह आत्मविश्वास की कमी से पैदा होता है और धीरे-धीरे हमें असहिष्णुता, मिथ्या अहंकार, दूसरों के प्रति ईर्ष्या और दूसरों के दृष्टिकोण को न समझ सकने की अस्वस्थ मन:स्थिति की ओर ले जाता है। स्वाभिमान का दूसरा और सही रूप इससे पृथक है—उसके अर्थ यह होते हैं कि हम अपने और सभी के अन्तरतम के परम अनुराग, परम सत्य पर अटूट श्रद्धा रखते हैं और हम मानते हैं कि चूँकि वह सत्य हममें जाग गया है, इसीलिए हम सार्थक हैं, इसीलिए हमारी प्रतिभा सार्थक है, इसीलिए हमारा अस्तित्व सार्थक है। क्योंकि वह हममें है इसीलिए हममें अभिमान है। और यदि वह न रहे तो हमारा सबकुछ निरर्थक, विकलांग और कुंठित हो जाय। जब हम कहते हैं कि हम सबकुछ खोकर भी अपना स्वाभिमान बचाएँगे तो हमारा यह अर्थ नहीं होता कि हम अपने झूठे अहंकार की तृप्ति करेंगे चाहे सबकुछ नष्ट क्यों न हो जाय—बल्कि उसका अर्थ यह होता है कि हमारे व्यक्तित्व में वह जो सत्य है, जो परम है जिससे हम सार्थक हैं जिससे हमारा अनुराग सार्थक है—हम किसी वातावरण, किसी भी रूढ़ि, किसी भी व्यक्ति, किसी भी समूह को यह नहीं करने देंगे कि वह अन्तर के उस सत्य को घोंट सके। जब उस सत्य पर आँच आएगी तो हम फ़ौलाद की तरह दृढ़ होकर, ग्रेनाइट की चट्टान की तरह अडिग होकर उसके सारे प्रयत्नों को विफल कर देंगे। इसकी शक्ति अगर हमें कहीं से नहीं मिलती तो वही अन्तर का सत्य हमारी शिरा-शिरा में पिघला फौलाद बन जाएगा, वही अन्तर का सत्य हमारी दृष्टि में अग्निशिखा बन जाएगा, और यदि संघर्ष में कहीं हमें गहरी चोटें लगीं तो चाहे कोई हमें सहारा देने वाला न हो, वही अन्तर का सत्य हमारी चोटों पर शीतल फाहा भी बन जाएगा। इसीलिए मेरी अभिमान! मैंने तुझसे कहा कि डर मत, जो असत्य सौ सौ रूप धारण कर, कभी ईर्ष्या बनकर, कभी आरोप बनकर, कभी कलुष बनकर, कभी इस रूप में कभी उस रूप में कभी इस व्यक्ति के माध्यम से कभी उस व्यक्ति के माध्यम और कभी खुद अपने ही मन में दुर्बलता, Confusion और पलायन और निराशा के रूप में पैठकर—तेरे मन के प्रदीप्त सत्य को ग्रसने बार-बार आता है—उससे डर मत—तूने अपने अन्तर के सत्य की शक्ति को जाँचा नहीं है, उसे कभी पुकारा नहीं है—उसे जब पुकारेगी वह कभी राम का बाण बनकर कभी कृष्ण का सुदर्शन बनकर असत्य को चीर देगा। डर मत, यह सुदर्शन और बाण कुछ और नहीं है—यह वही है

जो दूसरे क्षणों में वंशी है, पीताम्बर है, जो आत्मा का परम सत्य है, जो अनुभूति का अकलुष आनन्द है।

इसीलिए मैं अपने मन में बिल्कुल स्पष्ट हूँ, मुझे इस दिशा में कोई भी संशय नहीं मेरी मित्र! कि अनुराग के निर्वाह के लिए स्वाभिमान को घोंट देना ज़रूरी हो—यह गलत approach है, बिल्कुल उल्टी दृष्टि है। वास्तविकता यह है कि अपने व्यक्तित्व की पवित्रता, तेजस्विता, दर्द, विकासोन्मुखता, कला—चेतना, रसमयता, निर्द्वन्दता, मर्यादा और शील की रक्षा अनिवार्य है—यदि हम अनुराग का वास्तविक निर्वाह करना चाहते हैं। अपने मन को बौना और तेजहीन बना डालोगी तो तुम देखोगी कि उससे जिया जाने वाला अनुराग भी बौना और तेजहीन हो जाएगा। अपने मन को कुंठित और विकलांग बना डालो तो तुम देखोगी कि उससे जिया जाने वाला जीवन, उससे सोचे जाने वाले विचार, उससे दिया जाने वाला स्नेह—सबकुछ कुंठित और विकलांग हो जाएगा। इसीलिए पुष्पा, मैं स्वाभिमान के निर्वाह को केवल भावुकता नहीं मानता, मैं उसको कर्तव्य मानता हूँ, पवित्रतम दायित्व— जिसके बिना हमारा यह दावा झूठा और निस्सार है कि हमारा अनुराग निश्छल है, हमारा आत्मदान निःस्वार्थ है। कोई भी व्यक्ति, कोई भी वातावरण, कोई भी सिद्धान्त और कोई भी मान्यता चाहे वह कितनी भी महत्त्वपूर्ण क्यों न हो, या खुद तेरे ही मन का मोह चाहे वह कितना ही प्रबल क्यों न हो—अगर तुझे इस बात के लिए विवश करता है या प्रेरित करता है, या उसके अधीन होकर तू धीरे-धीरे अपने व्यक्तित्व की तेजस्विता, निश्छलता, मर्यादाशीलता, विकासोन्मुखता, कलात्मकता, रसात्मकता, गाम्भीर्य और भावप्रवणता को खोने लगती है और दिनों-दिन खोखली और जर्जर और कुंठित और विकलांग बनने लगती है—तो विश्वास रख कि तू इसे चाहे अनुराग के नाम से पुकारे चाहे त्याग के नाम से—यह केवल पराजय है, पतनोन्मुखता है, रुग्ण प्रवृत्ति है, मानसिक अस्वास्थ्य है। वास्तव में तो तू अपने मन के वास्तविक अनुराग, वास्तविक पवित्रता, सत्य के प्रति विश्वासघात करती है।

पीड़ा (suffering) तभी तक अच्छी है जब तक हम उसे अपने अन्तर के सत्य को, अपने अनुराग की उदात्तता को बचाने के लिए, अपने व्यक्तित्व को कंचन की तरह निखारने के लिए सहें, लेकिन बिना बात के आदमी पीड़ा के यन्त्रणाचक्र में पिसता रहे, यह बात मैं कभी नहीं समझ पाता। वह पीड़ा निरर्थक पीड़ा है, वह हमें रुग्ण बनाती है। जब हमारा शरीर रुग्ण होता है तो उस पर छोटी-छोटी फुंसियाँ निकल आती हैं, वे कष्ट देती हैं हम उन्हें खुजलाते हैं, वे और कष्ट देती हैं, हमें उस कष्ट में रस मिलने लगता है, हम और खुजलाकर अपने को

कष्ट देते हैं—यहाँ तक कि नाखूनों का ज़हर सारे बदन में फैल जाता है—ठीक उसी तरह हमारा मन भी अक्सर जब रोगी हो जाता है तब अपने को कष्ट पहुँचाने में रस लेने लगता है। यह अस्वस्थ और हानिकर प्रवृत्ति है। यह त्याग नहीं है, सच पूछो तो यह एक प्रकार की क्रूरता है, नृशंसता है।

बताऊँ कैसे? सुन—

मुझे अच्छी तरह याद है, बचपन में मैं कुत्ते बिल्ली के साथ तोते और पहाड़ी चूहे भी पालने का आदी था। पहाड़ी चूहों के लिए एक ख़ास तरह का पिंजड़ा आता था। उसमें एक चरखी सी बनी रहती थी और उसके बीच में रोटी का एक टुकड़ा रख दिया जाता था। उस टुकड़े के लिए वे सुन्दर सफ़ेद चूहे उस चरखी पर दो पाँव रखकर चढ़ते थे—वह चरखी पाँव रखते ही घूम जाती थी। वे दूसरी तीली पर पाँव रखते और धीरे-धीरे उनके चारों पाँव चरखी की चारों तीलियों पर स्थापित हो जाते और वे अपनी जान खूब ज़ोर से चारों पाँवों से भागते थे और चारों पाँवों की हरकत से चरखी खूब तेज़ी से घूमती थी और वे घबराकर और तेज़ी से चारों पाँव चलाते थे और चरखी और भी तेज़ हो जाती थी—यहाँ तक कि घंटे आधे घंटे वे बेतहाशा चारों पाँव चलाते और फिर बेदम होकर थककर गिर पड़ते थे। हम बच्चे बहुत प्रसन्न होकर देखते रहते थे और जब चूहे उस चरखी में नहीं फँसते थे तो रोटी का नया टुकड़ा लटका दिया करते थे। जब वे बेदम होकर गिरते थे तो थोड़ी निराशा होती थी—'अरे इस यन्त्रणा चक्र से इतनी जल्दी मुक्ति ये क्यों पा गये?

आज उस बचपन की बात को सोचता हूँ तो मन ग्लानि से भर जाता है। कितनी नृशंसता का काम करता था मैं! कितना अमानवीय!

और आज भी अगर किसी को देखता हूँ कि ख़्वाहमख़्वाह अपने मन को सफ़ेद चूहों की तरह यन्त्रणाचक्र में उलझाकर उसे थका-थका कर बेदम कर डालने का उपक्रम कर रहा है तो विश्वास रख कि मन को सुख नहीं मिलता—ग्लानि होती है। सोचने लगता हूँ कि आदमी अपने मन को पवित्र क्यों नहीं मानता? रक्षणीय क्यों नहीं मानता? सम्मान के योग्य क्यों नहीं मानता? यह उसे चूहों की तरह थका क्यों रहा है? इस थके हुए बेदम मन से वह जो भी अनुराग करेगा क्या वह स्वस्थ अनुराग होगा? जो भी जीवन जिएगा, क्या वह स्वस्थ जीवन होगा? जो भी सपने देखेगा क्या वे स्वस्थ सपने होंगे? अगर नहीं, तो अनुराग के ही नाम पर सही—उसे अपने मन को थका-थका कर बेदम कर डालने का क्या अधिकार है? बिना बात इस रुग्ण प्रवृत्ति को क्यों प्रश्रय दिया जाये? ज़िन्दगी जीने का, अनुराग और विराग दोनों साधनों का, अपने अन्तर के स्नेह का निर्वाह करने का, अपने अन्तर के स्नेह का साक्षात्कार करने का एक और तरीका भी तो

है। तेजस्वितापूर्ण, स्वाभिमानपूर्ण, साहसपूर्ण, विवेकपूर्ण, मर्यादापूर्ण और अपने व्यक्तित्व का सर्वांगीण विकास करने वाली पद्धति का तरीका!

इस यन्त्रणा चक्र में चूहे की तरह थक-थककर हम अपने अन्तर के अनुराग को कुंठित क्यों करें? उसको एक ज़्यादा ऊँचे स्तर पर क्यों न विकसित करें? जिससे हमारा अनुराग ज्योतिर्मय हो, जिसमें हमारे व्यक्तित्व का विकास हो और हममें जो पावन है, दिव्य है, वह मरने न पावे।

और जितनी प्रतिभा, जितना गहरा हृदय, जितनी जीवन्त प्रेरणा, जितने अच्छे संस्कार तुम्हें मिले हैं—वे कितनों को मिल पाते हैं। तुम्हें तो अपने को पारस बनाना चाहिए कि जो भी सम्पर्क में आये, धीरे-धीरे सोना बन जाय। दुनिया की सारी कसौटियाँ अगर चीख़-चीख़ कर, क्रोधित होकर, गला फाड़कर कहें कि "सुन, तेरे हृदय में जो है वह पीतल है, सोना नहीं।" चाहे दसियों बरस तक यही कहते रहें तो भी तुम्हें उस सारे कोलाहल के बीच शान्त चित्त से अपना काम करते रहना चाहिए—इनका सारा उद्वेग तेरे अन्तर के स्वर्ण के एक कण को भी पीतल नहीं बना सकता। इनके सारे कोलाहल से घबराकर अपने कर्तव्य क्षेत्र से विमुख होना भी कायरता है। नितान्त कायरता। किसी का मन दिग्भ्रमित है इसका दंड हम क्यों भोगें। कोई हमारी गहराई को नहीं समझ पाता, इसका दंड हम क्यों भोगें। क्यों? लेकिन क्यों? जिनकी अपराधी मनोवृत्ति है उनको तो हम क्षमा करते चलें और हमारे मन का जो सत्य निरपराध है उसको हम दंड देते चलें। क्या यह न्याय है? क्या निरन्तर इस तरह का अन्याय करके हम अपने ही मन को पतित और जर्जर नहीं बनाते चलते? मन तो पूजा-फूल की तरह है। तुझे मालूम है कि जो फूल कीड़े खाये हुए होते हैं—वे पूजा में कभी नहीं चढ़ाये जाते। अपने निश्छल पावन अनुराग में तू अपने मन से किसी की भी पूजा कर—क्या उसी अनुराग की पावनता का यह तकाज़ा नहीं है कि तू अपने मन को पूजा फूल की तरह पवित्र, सुवासित, उत्फुल्ल और रंगमय रख?

इसीलिए मैं कहता हूँ कि पुसनिया जी अगर मन बार-बार दिग्भ्रमित होकर यन्त्रणाचक्र में उलझता हो तो तुम बेबस होकर बैठो यह कर्तव्यघात है, यह जानबूझकर अपने अनुराग को कुंठित और विकलांग बनाना है। जितनी दृढ़ता से दूसरों के आरोपों का जमकर खंडन करो उतनी ही दृढ़ता से अपने मन की रास खींचो और उसे उसी दिशा में चलाओ जिधर तुम्हारा व्यक्तित्व कुंठित न हो, तुम्हारा विकास न रुके, तुम्हारे अन्तर का सत्य अवमानित न हो, तुम्हारी उज्ज्वलता धुँधली न पड़े। तभी तुम्हारा अनुराग सारा जीवन पूजा-फूल की तरह पावन, उज्ज्वल और सुवासित होगा।

तूने फूलों से तुलादान वाली बात लिखी है न! तो मेरी गुड़िया—फूलों को फूलों से ही तौला जा सकता है न! मुझे इस बात का गर्व है कि तूने स्वाभिमान भी निभाया और मुक्त हृदय से क्षमा भी कर दिया। वास्तव में किसी के प्रति भी कटुता रखना व्यर्थ है। किसकी कितनी सीमाएँ हैं, किसको कौन से संस्कार कहाँ पर कुंठित कर गये हैं, इसे हम अगर विवेक और हमदर्दी से समझ लें तो अपने मन को भी यन्त्रणा से बचा सकते हैं और दूसरों को भी। कभी भी जीवन में किसी के प्रति अपने मन के स्नेह में रत्ती भर कमी नहीं आने देनी चाहिए। कमी तो तब आएगी जब तू विवेक और मर्यादा और स्वाभिमान को खंडित कर एक अकारण यन्त्रणा के प्रवाह में बहती चली जाएगी। तब तू देखेगी कि तू ऐसी धार में फँस गयी है कि तू हाथ-पाँव फेंकती है, लेकिन जिसे पाना चाहती है उसके ठीक उल्टी दिशा में विवश बहती चली जा रही है और तू खीजेगी और कातर होकर पुकारेगी और कुछ भी हाथ नहीं आएगा। पर अगर तू कृत संकल्प होकर अपने पाँव जमाकर अपने सत्य पर दृढ़ होकर खड़ी हो जाएगी और जीवन प्रवाह में बेबस बहते जाने की बजाय अपने विवेक, अपनी मर्यादा और अपनी पावन उदात्तता के प्रति अपने पूरे दायित्व को निभाते हुए निर्द्वन्द्व मन से जीवन जिएगी तो तू देखेगी कि तुझमें एक नयी आत्मज्योति आ गयी है। मेरा तो जीवन के बारे में यही दृष्टिकोण है। न तो मैं इस पक्ष में हूँ कि हम जीवन को काले कोयलों का एक ढेर समझें और पास जाते भी डरें कि कहीं एक कलुष की रेख न लग जाए और न मैं इस पक्ष में हूँ कि उन कोयलों को सुलगता हुआ देखकर अग्नि के अबाध आकर्षण से मन्त्रमुग्ध होकर जलती हुई चिता में आँख मूँदकर कूद पड़ने को ही निष्ठा समझूँ। दोनों ही अतिवाद हैं, दोनों ही त्याज्य हैं। जीवन की इस अग्नि से न भागना चाहिए न इसमें नष्ट होना चाहिए—इसे तो मशाल की तरह अपने हाथ में ले लेना चाहिए मज़बूत हाथों में—इस संकल्प के साथ कि न तो हम किसी भी हवा के झोंके में इसे बुझने देंगे और न इसकी लपटों से अपने को जला डालेंगे—हम तो इसे अपने हाथों में, अपने वश में रखेंगे और इसके पुनीत आलोक में कदम-ब-कदम अपनी राह पर निरन्तर आगे बढ़ते रहेंगे। इस राह में जितने भी संघर्ष आयें, न कभी हममें निराशा आएगी, न कटुता। इसलिए यदि तू घर छोड़कर होस्टल भी जाती है तो इसे किसी कटुता या अवमानना के रूप में न ले। इसे स्वस्थ मन से ग्रहण कर। थोड़ी-सी दूरी अगर सम्बन्धों को मधुर बनाती है और कटुता में कमी लाती है तो इसमें हानि क्या है? बल्कि मेरा तो निश्चित मत है कि जब तक तुझे रिसर्च करनी है तब तक यह अधिक श्रेयस्कर है कि तुझे अध्ययन के लिए अधिक-से-अधिक एकान्त मिले। तू पिता जी को

भी इस स्थानान्तरण की सूचना जब दे तो उसके इसी पक्षी के आधार पर कि तेरे अध्ययन, मानसिक सन्तुलन, शान्ति और बेहतर भविष्य के लिए यही व्यवस्था सर्वोत्तम है। यदि पिता जी अनुमति देते हैं (क्योंकि बिना उनकी अनुमति के कुछ भी निर्णय लेना ठीक न होगा) तो अभी तो तू Y.W.C.A. में कमरा बुक करा ले। बाद में कोई-न-कोई अच्छा और सुविधाजनक प्रबन्ध करा देंगे।

पुष्पा, मैंने जो कुछ लिखा है बहुत-बहुत सोचकर जिस परिणाम पर पहुँचा हूँ वह तुझे लिखा है। तू बहुत समझदार है। हो सकता है मेरे शब्द कहीं-कहीं मेरे मंतव्य की ठीक-ठीक अभिव्यक्ति न कर पाए हों। पर तू मेरी हर बात समझ जाती है। अगर इनमें से किसी बात से तू सहमत न हो या तुझे लगे कि कहीं पर मैं तुझे और तेरी स्थिति को ठीक नहीं समझ पा रहा हूँ तो बिना किसी संकोच के तू स्पष्ट लिख। तेरी इच्छा तेरा विचार मेरे लिए सर्वोपरि है। लेकिन किसी भी हालत में मेरी अभिमान! तू ज़रा भी भयभीत न हो, कुंठित न हो क्योंकि पराजय या कायरता मुझे किसी भी कीमत पर स्वीकार नहीं। अपना पूरा ध्यान अपनी थीसिस और अपने सर्वांगीण विकास पर ही लगाओ।

शेष तेरा पत्र आने पर—

अमित स्नेह और आशीष

–भारती

1.9.57

पुसनिया,

एक हफ्ते के इन्तज़ार के बाद कल मलकए मुअज़्ज़मा श्री पुष्पलता शर्मा एम.ए. का कॉलेज में बैठकर पेंसिल से लिखा डेढ़ कागज़ों का ख़त मिला। हमारी झूठी-मूठी तारीफ़ करने के बजाय अगर मलका ने अपनी तबियत का हाल लिखा होता तो हम ग़रीब रियाया के दिल की कली खिल गयी होती। पर भला अपनी ऐसी किस्मत कहाँ? एक मलका के उस्ताद हैं यहाँ जो अपने को किसी नवाब सिराजुद्दौला से कम नहीं समझते और हमेशा इत्र, फूल, जागीर और दरबार में डूबे रहते हैं। एक उनकी शागिर्द हैं जो परदेस जा बसी हैं। देखने में बहुत सीधी पर असल में इतनी चतुर कि बड़े-बड़े डिप्लोमैट उनके आगे पानी भरें। ख़त उनसे दो दर्जन लिखवा लो, पर क्या मजाल कि किसी भी ख़त में काम की एक बात भी निकल जाय। कोई हर्ज़ नहीं। अब हम भी नहीं बताएँगे कि ब्रह्मा भाई साहब ने अपने बहुत प्यारे से ख़त में क्या-क्या लिखा है—यह भी नहीं बताएँगे

कि अगले हफ्ते पिता जी यहाँ आ रहे हैं। यह भी नहीं बताएँगे कि रामनाथ शर्मा कौन हैं, क्या हैं? और यह भी नहीं बताएँगे कि बहुत दूर से एक माता अपने पुत्र को साथ लेकर कु. पुष्पलता को पूछते हुए किस प्रकार Women's college के hostel पहुँची और पुष्पा के न होने पर सारी जोखिम बेचारी हमारी शोभा दीदी को उठानी पड़ी।

बस बाक़ी तो वही—जो आप अपने ख़तों में लिखती हैं—आदि आदि...

ख़ुदा हाफ़िज़

आपका

एक ग़रीब बंदा

भा.

2.9.57

प्रिय पुष्पा जी,

आपको मैं तीन पत्र डाल चुका हूँ। किन्तु ऐसा लगता है कि आप बहुत Busy हैं। चूँकि इस बार आप हमें कसम देकर गयी थीं कि हम लगभग प्रतिदिन आपको पत्र लिखेंगे। इसलिए मैं अपना सारा गुस्सा पीकर आपको प्रतिदिन ख़त लिखना जारी रखे हूँ। परसों शनिवार को दिन भर आपके कृपा पत्र की बेहद प्रतीक्षा कर शाम को आपको एक पत्र डाला। आज सोमवार को सुबह और शाम की दोनों डाक देखकर इस समय फिर लिखने की धृष्टता कर रहा हूँ। श्री पुष्पा जी यदि आपको कलकत्ते में हमारी पुसिया मिले तो उससे कह दीजिएगा कि—नहीं उससे कुछ मत कहिएगा। व्यर्थ में आप कष्ट क्यों करें। आपसे केवल एक प्रार्थना है कि आप एक-दो लाइन का पत्र यहीं डाल दें कि आपको न ख़त पाने की फ़ुर्सत है ना ख़त लिखने की। उसके बाद मैं आपको नहीं लिखूँगा। बहुत मन घबराएगा तो आपकी जिज्जी को लिखकर आपका हाल पूछ लिया करेंगे। या कलकत्ते जाकर शिक्षायतन के दरवाजे खड़े होकर दूर से आपको देखकर लौट आया करेंगे।

आशा है आप इस पत्र लिखने की धृष्टता को दयालु मन से क्षमा कर देंगी। आप बड़ी बूढ़ी हैं—व्यस्त हैं—इसलिए प्रणाम।

भवदीय

भा.

6.9.57

पुसनिया,

तुम्हारे पत्र से आनन्द भाई की बीमारी का समाचार पाकर मन बहुत चिन्तित हो उठा था, पर इतना विश्वास था कि हम सब की शुभकामनाओं से वे शीघ्र अच्छे हो जाएँगे। मैं तो पुसनिया की स्नेह-सुश्रूषा के जादू जैसे प्रभाव को जानता हूँ न, पारसाल जब मुझे टायफायड हुआ था और कान्ता बगल के कमरे में बैठकर तुम्हारी गोद में मुँह छिपाकर रोया करती थीं, तब तुमने जिस तरह हम दोनों को सँभाल लिया था, उसी अनुभव से मुझे विश्वास था कि रोग तुमसे लड़कर तुरन्त अस्त्र रख देता है। आनन्द को हम दोनों का अमित स्नेह और अगणित शुभकामनाएँ देना। रघुनाथ को प्यार। और जब समय मिले तो तुरन्त वहाँ की सूचना दे दिया करना। शोभा दीदी प्रसन्नचित्त हैं। उन्हें वार्षिक उत्सव में एक स्वर्ण पदक और आठ पुस्तकें इनाम में मिली हैं। हम और कान्ता उन्हें एक दिन Roman Holiday दिखाने ले गये थे। वे अपने यहाँ की शायद साहित्यिक सचिव हो गयी हैं। तुम्हारे मुक़ाबले में हमारी शोभा दीदी बहुत अच्छी हैं। अभी उस दिन कोई एक उड़ीसा की बुढ़िया माई लखनऊ से पिता जी से शोभा का पता लेकर उससे मिलने आयीं। उनके सपूत भी साथ में थे। शोभा दीदी ने बेहिचक उड़िया-बुढ़िया को interview grant किया और बुढ़िया ने जब संगीत, चित्रकला आदि के बारे में बहुत ज्यादा पूछना पाछना शुरू किया तो शोभा दीदी ने साफ़ कह दिया कि यह सब बेकार की चीज़ें हैं, आपको पसन्द हों तो अभी टिकट कटाकर कलकत्ते, भवानीपुर कंसारीपारा रोड चली जाइए वहाँ हमारी जिज्जी से मिल लीजिए।

मुझे ऐसी लड़कियाँ अच्छी और भली लगती हैं। तुम्हारी तरह नहीं कि जहाँ शादी का नाम लिया कि बस आँगन में लोट गयीं और लगीं हाथ-पाँव पटक-पटककर रोने बिसूरने—हाय पिता जी! हम शादी नहीं करेंगे! हाय कान्ता! हमें बचाओ! हाय! हमें ब्याह नहीं करना है।

आनन्द भाई से कहना कि लम्बी मेडिकल लीव लेकर आराम करें। यदि उनके यहाँ दुर्गा पूजा की लम्बी छुट्टियाँ होती हों तो उनसे कहो कुछ दिन वे यहाँ हम लोगों के पास रह जाएँ। शायद पिता जी इन छुट्टियों में जिज्जी को विदा कराने कलकत्ते जाएँ। ऐसा उन्होंने कुछ दिनों पहले मुझे लिखा था। जिज्जी अगर लखनऊ जाएँ तो आनन्द से कहो इलाहाबाद चले आवें—बाद में लखनऊ से जिज्जी को भी यहाँ बुलवा लिया जाएगा। कलकत्ते के व्यस्त जीवन के बाद इलाहाबाद का शान्त जीवन बहुत ही उपयोगी होगा। अगर जिज्जी की तरह उन्हें भी विदा करवाने की ज़रूरत पड़े तो तुम उन्हें बड़ी बूढ़ी की तरह विदा करवाती लाना। यदि बहुत मान मनौती वाले हों तो फिर कान्ता जी को ही भेजा जाय।

उनके साथ N.C.C. की यूनीफार्म में शोभा कप्तान को बन्दूक लेकर भेज दिया जाय। तब तो आवेंगे।

अच्छा...स्नेहाशीष

भारती

14.9.57

धूपबत्ती के धुएँ की पतली लकीरों को पकड़ना जितना कठिन होता है न, और आँधी में हिलती पीपल पत्तियों को गिनना जितना कठिन होता है न, तुम्हारे Moods को समझना भी उससे कम कठिन नहीं है। सोमवार से शुक्रवार तक तुम्हारे तीन पोस्टकार्ड, दो लिफ़ाफ़े आए हैं और पाँचों में मन की लहरें कम-से-कम पन्द्रह तो होंगी ही। पहले दो-एक पत्रों का उत्तर लिखा पर हर नये ख़त पर, पिछले उत्तर को कैंसिल करना पड़ा। अब एक ख़त आज मिला है जिसमें आप तो सँभल गयी हैं पर सारी आफ़त बेचारी लिफ़्ट पाने के लिए नमस्कार करने वाली लड़कियों और टिम्मी की मम्मी और डॉ. रमेश और ग्रोवर पर उतरी है। यह मूड का नया रंग है! क्यों? मैं अचरज और कभी-कभी चिन्ता और कभी-कभी कौतुक से देख रहा हूँ कि पुसनिया जी का मन है कि यह उड़ा, वह गया!...और पुसनिया जी हैं कि अंचल पट कटि में कोंछ कछोटा मारे ताबड़तोड़ मन के पीछे-पीछे भागी जा रही हैं, और नहीं पकड़ाई में आता तो छोटी-छोटी मुन्नी-मुन्नी बच्चियों की तरह रास्ते पर ही मचल कर बैठ जाती हैं और लगती हैं रोने—"हाय मेरा मन कहाँ उड़ गया, अरी मेरी अम्मा मेरा मन कैसे, कहाँ चला गया, हाय! मेरा कितना प्यारा मन था! हाय, तुमने उसे बाँधकर क्यों नहीं रखा?"...और ऐसी हालत में मेरी इच्छा यही होती है कि तेरे पास जाकर धीरे-धीरे धमकाऊँ—"चुप! चुप! नहीं तो सिपाही जी पकड़ ले जाएँगे।" और कान्ता तुझे गोद में भरकर कहें—"रो मत मेरी गुड़िया, मेरी बिटिया, मेरी बन्नो! चला गया तो चला जाने दे। तुझे नया मन ख़रीद दूँगी। अच्छा-सा मन ख़रीद दूँगी। रंगबिरंगा मन ख़रीद दूँगी।" और मैं इसी बीच में फुटपाथ पर टोकरी वाले से एक हरी-हरी मुलायम ककड़ी खरीदकर तेरे आँसू भीगे मुँह में चुप्पे से रख दूँ। और तू सारा रोना धोना भूलकर हँसने लगे। कहो कैसी रही!

अच्छा सुनो! पहले तो दो-तीन दिन हम तुझसे बहुत नाराज़ रहे। तब जब एक पोस्टकार्ड में तीन लाइनें लिखी आ जाएँ—जिसमें एक लाइन सरासर झूठ कि "हम ठीक हैं"। न हम दोनों के पिछले ख़तों का उल्लेख, न उनमें पूछी गयी

बातों का जवाब। लगता था आजकल मैडम को ख़त लिखने की फुर्सत तो है ही नहीं। ख़त पढ़ने की भी फुर्सत नहीं है। ख़ैर हम कर भी क्या सकते थे? उसके बाद आनन्द की बीमारी का समाचार मिला तो चिन्ता हुई। फिर जब तेरा लम्बा ख़त मिला तो हम विह्वल हो गये। पर, हम तुझसे कहते भी क्या? बस ईश्वर से प्रार्थना करते रहे। सुख भी तेरा अपना है, बिल्कुल निजी, दुःख भी तेरा अपना है। और अब जाने क्यों तू अपने सुख में भी और अपने दुख में भी हमें भुला देने की चेष्टा करने लगी है। हम तो बस तेरी खुशियों के लिए दुआ ही कर सकते हैं। सो आज वाला ख़त आया तो मालूम हुआ कि ईश्वर के दफ़्तर में हमारी अर्ज़ी मंजूर हो गयी!

अच्छा, अब इस ख़त को बन्द किया जाता है। अगर मन आया तो बहुत कुछ जो लिखने को शेष रह गया है, और तेरे कई प्रश्नों का जवाब—वह शाम को लिखूँगा। हालाँकि मेरे सभी प्रश्नों को दूध की तरह पीकर बिल्कुल पचा गयी—चंट, चतुर, पगली बिल्ली!

अपनी तबियत अगर ज्यादा ख़राब रक्खी न, कलकत्ते में, तो इन छुट्टियों के बाद लौटने नहीं पाओगी। समझीं!

सस्नेह

भा.

12.10.57

अम्मा आज सुबह से तुम्हारी और पद्मा जिज्जी की याद कर रही हैं। मैं सुबह से चला गया था घूमने, 11 बजे लौटा। मामा जी, मामी जी और सभी बच्चे आए थे। हवन हुआ, पूजा हुई, टीके हुए, खाना खाया गया, सब लौट गये और अब फिर घर पर दोपहर का घना, उदास, अलसाया हुआ सन्नाटा है। अम्मा और कान्ता थककर सो गयी हैं। कान्ता यहीं सो रही है, पास में और बीच में चौंक कर जागती है—"पुसिया को खत लिख दो ताकि आज ही निकल जाए अभी शुरू नहीं किया"—और फिर नींद में डूब जाती है।

आज सुबह उठकर मैं चौक गया और वहाँ से अपने प्रिय पीले चिकने कागज और उनकी कॉपियाँ लाया—जानती हो क्यों? ताकि तुमसे जिन चीजों का वायदा किया है, उनको लिखने में हाथ लगा सकूँ। अब पुस्सी जब तुम यह लिखोगी कि तुम वहाँ सारे चक्रों से निरपेक्ष अपने में दृढ़ रह रही हो और अपने विकास में प्रतिक्षण तल्लीन हो और स्वास्थ्य भी ठीक हो रहा है तुम्हारा। पढ़ाई

भी ठीक चल रही है, संगीत भी चल रहा है, तब विश्वास रक्खो, पुस्सी कि बिना किसी टॉनिक के तुम्हारी कान्ता का स्वास्थ्य बढ़ने लगेगा, बिना किसी अवरोध के मेरा कला-सृजन बढ़ने लगेगा। मेरे माथे पर असली टीका तो तुम्हारा स्वर्णिम दीप लौ-सा तेजस्वी व्यक्तित्व है— उसकी आभा कभी कहीं से मन्द न होने पावे। वह बड़े-से-बड़े झंझावात में भी काँपे नहीं, हिले डुले नहीं, डगमगाए नहीं, अपना तेज बरकरार रक्खे—नहीं तो अपना माथा मैं ऊँचा नहीं रख सकूँगा। अभी तो मैं देवताओं के आगे भी माथा ऊँचा करके चल सकता हूँ, है किसी के पास इतनी पवित्र, इतनी प्रगाढ़, ममतामयी धरोहर? और फिर तेरी फूल-सी कन्तो अपनी पुस्सी को जरा-सा विचलित देखकर मुरझा जाने वाली और उसे ठीक देखकर तुरन्त खिल-खिल उठने वाली तुझे याद है, कन्तो ने तुझे क्या शपथ, दिलायी थी? कि तू अपने व्यक्तित्व को पुष्प की तरह विकसित और सुवासित रखेगी! उसी बात को याद दिलाने के लिए मैं और कुछ तुझे नहीं भेज रहा हूँ, सिवाय इसी पृष्ठ पर ऊपर तीन फूल-एक डाल पर खिले हुए—दुनिया में है कहीं ऐसी अद्वितीय दिव्यत्रयी! फिर किस निराशा, किस अन्धकार, किस कलुष का साहस है, कि अब हम तीनों में से किसी को भी छू सके।

नहीं अब सारे द्वन्द्वों प्रतिघातों से मुक्त होकर हम सभी को अपने-अपने काम में लग जाना है। अपने व्यक्तित्व में जो प्रतिभा है उसका उपयोग न कर उसे धीरे-धीरे क्षरित होने देना अक्षम्य अपराध है, प्रभु के प्रति और उनके प्रति जो हमें स्नेह करते हैं। मैं भी तेरे लिए अच्छी-अच्छी चीजें लिखूँगा, ऐसी चीजें जो मनुष्य में जो सर्वश्रेष्ठ हैं, उदात्त हैं उसे उद्घाटित करेंगी—जीवन में जो कुंठा है, घुटन है, उससे मुक्त होने का साहसपूर्ण सन्देश मनुष्य को देंगी—झूठी और खोखली मर्यादाओं का खंडन कर यथार्थ पर आधारित नयी मर्यादाएँ कायम करेंगी और मनुष्य का यह जीवन जो विकृत-विकलांग छायाओं में भटकता हुआ, पीड़ा की गहरी अन्धी घाटियों में थक-थक कर चलता है—उसका वास्तविक अर्थ खोजेंगी। मेरा व्यक्तित्व दिव्य होगा, तेजस्वी, ज्योतिपुंज, चिर नवीन, और फिर भी छौने-सा निश्छल, सरल, मातृत्व की पावन छाया में निश्चिन्त बालक-सा बेसुध और विभोर—

और तुम भी संगीत को उस सीमा तक ले जाओगी जहाँ वह मनुष्य के अन्दर के प्रभु को जगा देता है—जहाँ हर स्वर कृष्ण की जादूभरी वंशी का स्वर बन जाता है, जहाँ कंठ से उठने वाली तान और सितार के काँपते तारों की झंकार में लिपटा हुआ तुम्हारा समस्त व्यक्तित्व किसी विराट् सत्य, किसी विराट् सौन्दर्य की पूजा में अर्पित फूल बन जाता है—उन्हीं का छोटा प्रतिरूप बन जाता है—और तुम्हारा यह पावन ज्योतिकण न केवल स्वरों में प्रगटेगा, वरन् शब्दों में भी और

तुम लिखोगी बहुत कुछ–रससिक्त–मधुर, और जो कटुताएँ मिल रही हैं न, वे सब सीझ-सीझ कर मधुरताएँ बन जाएँगी। तुम्हारे जीवन का एक अध्याय अब बीत गया पुसनिया। जहाँ तुमने 'यामा' की कविताओं को प्यार किया था पीड़ा में तिल-तिल घुलने और मिटने को उद्देश्य मान लिया था—अब तुम-जैसे चाँद बादलों को चीर कर निकलता है—वैसे तुम उस मन:स्थिति का अतिक्रमण कर मोतिया आब में लिपटी हुई निकल आयी हो—नीले निरभ्र आकाश के विस्तार में और अब मैं तुम्हें तुम्हारी प्रिय लेखिका की अगली पुस्तक 'दीपशिखा' के एक गीत की याद दिलाना चाहता हूँ—पढ़ा है कभी वह गीत? 'पंथ होने दो—

अन्य होंगे चरण हारे
और हैं जो लौटते दे शूल को संकल्प सारे,
दु:खव्रती, निर्माण-उन्माद
यह अमरता मापते पद
बाँध देंगे अंक संसृति से क्षितिज में स्वर्ण वेला।
दूसरी होगी कहानी,
शून्य में जिसके मिटे स्वर, धूलि में खोई निशानी
आज जिस पर प्रलय विस्मित
मैं लगाती चल रही नित
मोतियों की हाट औ चिंगारियों का एक मेला!

यह जीवन दर्शन क्या यामा के जीवन-दर्शन से अधिक प्रौढ़, अधिक उदात्त, अधिक शानदार नहीं है? और इसमें एक शब्द पर ध्यान दिया तुमने? 'निर्माण उन्मद' हमेशा निर्माण में संलग्न। स्वरों के माध्यम से, शब्दों के माध्यम से, जीवन प्रक्रिया के माध्यम से निर्माण-निरन्तर निर्माण! उस दिन तुम मेरा नाटक संकलन खोल कर वे पक्तियाँ फिर ढूँढ़ रही थीं न-फिर सुना दूँ तुम्हें—"कुदरत की माँग बिल्कुल दूसरी होती है। कुदरत चाहती है आदमी पीढ़ी-दर-पीढ़ी अपनी ज़िन्दगी को संगमरमर के महल के मानिन्द खूबसूरत, ठोस और आरामदेह बनाता चले। इस ज़िन्दगी में इतना दु:ख दर्द आता है, कि आदमी उन्हें सहे और ठोस बनता चले। बस इतनी चीज़ काम की है। इसके अलावा प्यार नफ़रत सब परछाइयाँ हैं। तुम क्यों परछाइयों के बीच भटकती हो?"

सुनो पुस्सी कभी-कभी जब मैं तुम्हें बहुत व्याकुल या कमज़ोर या हारा हुआ पाता हूँ न तो मुझे बहुत ग्लानि होती है। मेरी सपन क्यों नहीं पानी चढ़ी तलवार की धार की तरह तेज और जाज्वल्यमान बनती? अब वह भावना महसूस करने का अवसर नहीं दोगी न? तुम्हें याद दिलाऊँ कि तुम मेरे माथे पर पतली लम्बी तिलक रेखा की तरह हो न?

इतना मैं लिख चुका था, कि अकस्मात् बाहर बरामदे में न जाने कितना परिचित टूटा-टूटा डूबा हुआ स्वर सुन पड़ा—अम्मा को पुकार कर कहते हुए—''लो अम्मा! आ गये हम भी!'' बताओ किसका स्वर था। सन्तो का! फिर सन्तो ने रोचना किया, लड़-लड़ कर इमरती खिलाई और मुश्किल से आधे घंटे रुक सकी। उनकी अम्मा की हालत काफ़ी खराब थी, और बिटिया को भी बुखार आ रहा था। तुम अब स्टेशन जाने की तैयारी कर रही होगी। जिस ट्रेन से तुम कलकत्ते जा रही हो यह मेरी बहुत परिचित ट्रेन है। यह दरियाबाद, रुदौली होते हुए फैजाबाद से गुजरती है न! इस ट्रेन से पूछना कि आज से पाँच-छह साल पहले जो लड़का अपनी दो-दो बहनों पद्मा जिज्जी और बहन (हीरो) से रोचना करा कर कम-से-कम दो-तीन सौ कोका बेली के फूल साथ बँधवा कर रुदौली पर बैठकर फैजाबाद पर उतर गया था, क्या उसकी याद है, इस ट्रेन को या अगर वह घटना इस ट्रेन को न याद होगी तो वह तो याद ही होगी जब लखनऊ में सन्तो से बुरी तरह लड़-झगड़ कर मुँह फुलाकर उदास होकर इंटर के डिब्बे में बैठकर खिड़की पर चुपचाप मुँह रक्खे चला था—तब यह ट्रेन लखनऊ से चार बजे शाम को चलती थी—और जाड़े के दिन थे और सूरज डूब रहा था, और गन्ने के खेतों पर सुनहली धूप की चादर बिछी हुई थी और वह लड़का सोच रहा था अब मैं सन्तो दीदी से कभी नहीं बोलूँगा— कभी नहीं बोलूँगा और रुदौली पहुँचकर उसने पद्मा जिज्जी से और बड़ी बहन से सन्तो की खूब शिकायत की थी और जब तक दोनों से सन्तो की खूब निन्दा नहीं सुन ली थी तब तक चाय भी नहीं पी थी, और जब तीन प्याला चाय पी ली तब गहरी साँस लेकर कहा—''लेकिन तुम लोग सन्तो से कुछ कहना नहीं। झगड़ा है तो मेरा है।'' तो बड़ी बहन हँसकर बोली'' यह क्या हम लोग जानते नहीं। तुम दोनों आपस में कट मर जाओगे पर तीसरा कोई बोलेगा तो उसे मिल कर फाड़ खाओगे—ना बाबा!'' यह ट्रेन रुदौली पर रुकी थी? तुम जाग रही थी या सो रही थीं?

अच्छा कल से तुम बराबर लिखती रहना कि तुम्हारे—1. स्वास्थ्य का क्या हाल है? 2. थीसिस का क्या काम हो रहा है? 3. रेडियो टाक कब दे रही हो? 4. A many splendoured thing पढ़ डाली? कैसी लगी? विस्तार में? 5. अब कौन सी पुस्तक पढ़ना प्रारम्भ कर रही हो? 6. उस चीज का पहला चैप्टर कब भेज रही हो?

मेरे अमित अमित अमित आशीर्वाद—

भा.

25.10.57

कल 24 को एक पत्र हमने और कान्ता ने स्टेशन जाकर तुम्हें छोड़ा था। या तो आज (25 की) शाम को मिल गया होगा या कल सुबह मिलेगा। लखनऊ से जो तुम्हारा पत्र 24 को चला था वह आज मिल गया। मुझे ब्रह्मा भाई साहब या पिता जी के रुख पर आश्चर्य होता है। खैर हम क्यों आशा करें कि दुनिया में सभी हमारी तरह सोचें समझें, पर साथ ही किसी और के कारण मैं अपनी जीवन पद्धति क्यों बदलूँ या जिसे निश्छल अकलुष सत्य समझता हूँ, उसे क्यों अवमानित करूँ। कई बार ज़िन्दगी ने सदलबल मुझे चुनौती दी है, कई बार लगा कि इस लड़ाई में मेरे पाँव उखड़ जाएँगे पर नहीं, अन्त में किसी बहुत बड़ी कान्ति ने इस तरह सँभाल लिया और जो असीम अँधेरा प्रतीत होता था, वह साँझ के बादलों की तरह फट गया। फिर इस बार तो मैं अकेला नहीं हूँ। हम तीन साथ हैं। किसका साहस है कि हमें छू भी सके! सत्य जीतता है, सत्य ही जीतता है, अतः डर की कभी कोंई बात नहीं–सत्यम् जयति, नानृतं, मा भैः–'सत्य ही जीतता है, अनृत (असत्य) नहीं अतः डरो मत!' मैंने तुम्हें लिखा था न–गुरुदेव की वाणी—

आज के जो तोरे केमन भेबे
अंगे तोरे धूला देबे
काल के प्राते
माला हाते
आशबे शे तोर पिछु-पिछु
''आज जो तुझसे विमुख है,
तुझ पर कीचड़ उछाल रहे हैं,
कल प्रातः काल
हाथ में मालाएँ लेकर
वे तेरे पीछे-पीछे आएँगे।''

ख़ैर जी मारो गोली इस सबको। जीवन में बड़ी बातें हैं सोचने की। घास-फूस खाकर गाय-भैंस की तरह जीने-मरने वाले सभी लोग तो चाहते ही हैं, कि हमें बड़ी बातें सोचने का अवसर न मिले। हम उन्हें अपनी विजय अनुभव करने का अवसर क्यों दें? नहीं उनकी तमाम इधर-उधर की व्यर्थ की बातों के बावजूद हम अपने रास्ते पर अथक, अडिग, अबाध बढ़ते रहेंगे क्योंकि हम सब की प्रगति एक-दूसरे पर मुनहसर है, हम में से प्रत्येक को दूसरे को आगे बढ़ते

देख कर अपनी राह पर बढ़ने का साहस मिलता है। है न बिल्लो! कुन्तल का इस बार का खिला चेहरा याद है न!

* कम-से-कम उसके लिए तुम्हें निरन्तर शक्ति से आगे बढ़ते चलना है। अभी भी वह बिल्कुल ठीक नहीं हुई है।
* तुम वहाँ का सारा हाल विस्तार से लिखना। किसी भी स्थिति में चिन्तित मत होना।

* मैं अब लिखना शुरू करने वाला हूँ। चाहे पोस्टकार्ड ही सही तुम कान्ता को लिखने में एक दिन का भी नागा मत करना अच्छा। 'Chekhov in my life'—वाली पुस्तक अब शुरू कर देना। Radio talk तो दे दी होगी। 4 को किस समय है? इस बार हम लोग ज़रूर सुनेंगे।

थीसिस का काम शुरू कर दो। तुम और कान्ता साथ degree लोगी—यह मेरी विनम्र इच्छा है। इसे तुम दोनों पूरी करोगी न! यदि तुमने काम में ढील दिया तो कान्ता भी छुएगी नहीं रिसर्च को-यह तो तुम जानती ही हो।

एक दीवाली अभिनन्दन तेरे नाम यहाँ मेरे पते पर express delivery से आया था। उसे इसी में रखकर भेज रहा हूँ।

अच्छा, असीम स्नेह, आशीष।

25.10.57

हाँ सुनो पुसिया, एक पत्र मैंने यहाँ से दीवाली के दिन डाला था जिसमें एक पत्र पिता जी के नाम। एक देवदत्त जी के नाम—उसी के पीछे तेरे नाम—और एक खत कुन्तल का उसी में तेरे लिए था। लिफाफे पर पता पिता जी का था। वह पत्र तुझे मिला? उसके बाद एक पत्र कान्ता ने पोस्टकार्ड पर तेरे लिए लखनऊ के पते पर डाला था। शायद वह रिडाइरेक्ट होकर मिले। और एक पत्र तुझे शिक्षायतन के पते पर तो मिल ही चुका होगा। कान्ता का चिर परिचित हरा लिफ़ाफ़ा।

28.10.57
सोमवार रात नौ बजे

25 की शाम को डाला हुआ तुम्हारा पत्र आज 28 को हमें मिला है, उससे मालूम हुआ कि 25 को तुम्हें हमारा कोई पत्र नहीं मिला। हमने तथा कन्तो ने 24 को

पहला पत्र तुम्हें शिक्षायतन के पते पर भेजा था। वह तुम्हें 26 को अवश्य मिल गया होगा। उसके बाद दूसरा पत्र तुम्हें 25 को डाला है। 26 को यहाँ से पत्र गये कान्ता के जिसमें से एक में मिसेज़ अश्क का पत्र गीता बनर्जी के नाम भी था। 26 को इतवार था पर एक लम्बा पत्र कान्ता ने 26 को भी छोड़ा था, जो आज 28 को निकला होगा। आज तक वह चिन्ता बराबर थी कि वहाँ जाने पर क्या हुआ? आज तक तुम्हारा कुछ-न-कुछ प्रबन्ध हो गया होगा। L.c. Jain का कोई पता नहीं है। वे शायद देहरादून में हैं, तभी गीता बनर्जी को लिखवाया। तुम्हारा कहाँ प्रबन्ध हुआ क्या प्रबन्ध हुआ, वहाँ कौन लोग रहते हैं, अम्मा कब तक रहेंगी आदि सब लिखना। मन लगा हुआ है।

वहाँ पहुँच कर जो तुम्हारे मन पर प्रथम प्रतिक्रिया हुई स्वाभाविक थी। पर बेलो अब तुम्हें अपने वर्तमान को देखना है। अपने भविष्य को देखना है। मैं जानता हूँ मेरी दीपशिखा कि अब तुम काँपोगी नहीं, डगमगाओगी नहीं। निष्कम्प निर्मल ज्योति! अन्धकार की विराट् घाटी में जो ज्योति के नवीन कपाट खुल गये है, वे अब बन्द नहीं हो सकते नहीं हो सकते। ज्योति का निर्झर तुम्हारे हृदय में फूट पड़ा है और उसे तिमिर की सौ हथेलियाँ नहीं ढँक सकतीं, नहीं ढँक सकतीं।

मैं तुम्हें बराबर अपने पत्रों में आशीर्वाद देता था न—मेरी ज्योतिर्मयी, अदम्य, अपराजेय! आज मेरे प्रणाम स्वीकार करो जैसे प्रणाम कभी छौने यीशु ने अपनी अखंड ज्योतिवाहिनी माँ मरियम को किये होंगे।

प्रणाम, शत शत प्रणाम—"के बोले माँ! तोमि अबले!" कौन कहता है, माँ तुम निर्बल हो?

सस्नेह

भा.

रात्रि 3.30 (या मंगलवार प्रात: 3.30)

इतना लिखकर सो गया। सुबह 3.30 बजे नींद खुली है। बीच में अधसोये, अधजागे कुछ सोचता रहा। कुछ सूत्र अपने आप मन में उलझते सुलझते रहे- तुम्हारी समस्या को लेकर नहीं केवल बाइबिल की कतिपय घटनाओं को लेकर। तुम्हें याद है, मेरी तीन थीं—वर्जिन मेरी (मरियम-यीशु की अखंडकल्याणमयी माँ) लज़ारस की बहन मेरी (लज़ारस जो मर गया था और बाद में जागा) और मैगदालीन मेरी जो समस्त एशिया की सर्वश्रेष्ठ सुन्दरी थी और जीसस के साथ चल दी थी।

तो मैंने सोचा—या देखा कि एक प्रशस्त भव्य गिरजाघर के अहाते में शाम हो गयी है। डूबते सूरज का सिन्दूर चारों तरफ़ बिखर गया है और गिरजे की सड़क पर दो व्यक्ति चले आ रहे हैं—उदास खोए-खोए, मगर आशातुर! उनमें से एक तो मरे हुए व्यक्ति की भाँति यान्त्रिक गति से चल रहा है, और उसके साथ है उसकी छोटी बहन मेरी-चलते-चलते रुककर वह मरे स्वर में पूछता है—''मैं कहाँ जा रहा हूँ? क्या मरने के बाद भी चलने से अवकाश नहीं? तुम कौन हो?'' बहन असीम ममता से भरकर कहती है—''मैं तुम्हारी बहनिया हूँ! राजा भइया मुझे पहचानते नहीं? कोई बात नहीं! जी जाओगे तो पहचानोगे। मैं तुम्हें लाई हूँ माँ मरियम के पास। वह देखो उस सघन वृक्ष की छाँह में— जहाँ छोटी-छोटी गोल पत्तियों वाली हरी खुशनुमा घास लगी है न, वहीं संगमरमर के परिवेश में खड़ी हैं माँ मरियम! उसको विश्वास नहीं होता पर जाता है।

लज़ारस के आगे बढ़ते ही जैसे सारी चीजें धुआँ-धुँआ-सी होकर उड़ने लगती हैं, कुछ शेष नहीं बचता केवल हल्का सुगन्धित चन्दन धूप का अत्यन्त पवित्र धुआँ, जो लहराता है—लहराता है। वह प्रगाढ़ नील धूम हल्का पड़ता है और हल्के धुएँ में से एक कक्ष-एक मर्म भरे रहस्यमय कक्ष की रूपरेखा झलकने लगती है। उस कक्ष में कितनी अलसाई सुबहें खामोश दोपहरें-अनमनी शामें कैद हैं। लज़ारस उस कक्ष में देखता है—मरियम और यीशु विभोर, तन्मय। पर यह क्या? ये तो दोनों पहचाने से हैं? लो मरियम तो और कोई नहीं-मेरी ही तो है, और यीशु? वाह जी-वही जो मर कर लज़ारस था—जी कर जीसस हो गया है।

लज़ारस कुछ पूछता नहीं पर मरियम—पहाड़ी रास्तों पर गुजरने वाली गायों के गले में बजने वाली घंटियों के से मधुर मगर झँकारते हुए स्वर में खिलखिला कर कहती है—''राजा भइया! इस कौतुक को भी नहीं समझते! इतनी जल्दी भ्रम में पड़ जाते हो! मैं मेरी हूँ। मैं ही मरियम हूँ। और कल अगर बहुत कमजोर लड़की बनकर मरियम की मूर्ति के सामने खड़ी होकर कहूँ मुझे शक्ति दो-मुझे शक्ति देती रहो तो मैं चाँद की कलाओं सी बढ़ूँ तो उस समय भी भ्रम में मत पड़ना। मैं जो दुर्बल बनी दीखती हूँ, और जिससे शक्ति माँग रही हूँ, दोनों मेरे ही दो रूप हैं।''

लज़ारस असमंजस में पड़ जाता है, ''लेकिन यह सब तो अप्रामणिक है बाइबिल में लिखा ही नहीं!''

''वह तो बाइबिल जेरुसलम की थी न! अब तो भारत में हूँ। यहाँ देवता लोगों की लीला करने की परम्परा रही है न, सो लीला करती हूँ। लीला करूँगी। कभी कुछ, कभी कुछ—मूलतः वही एक अपरिवर्तित, अखंड, अशेष! अपराजित।''

''पर यह कौतुक, यह लीला करती क्यों हो?''

"हाय मेरे पागल, मेरे राजा-इतना भी नहीं समझते। कौतुक की-लीला की कहीं कोई योजना होती है? पर हाँ मेरा प्रयोजन तो है?"

"क्या? मर्यादा स्थापित करना?"

"धऽऽत्! ऐसी राम लीला मुझे नहीं माफिक़ आती। मर्यादा वर्यादा तुम स्थापित करते रहो—एक सीता ऐसी दे दी है तुम्हें-(ज़रा रावण लोगों से बचाए रहना) मैं तो यह लीला करती हूँ—कमज़ोर बनने की-कभी माँ को, कभी तुम दोनों को पुकारने की-कभी भटक जाने की, जानते हो क्यों? सिर्फ़ तुम दोनों को खिजाने घबराने के लिए। वरना मैं कमज़ोर हूँ? धत् दूसरों को अदम्य शक्ति देती हूँ; खुद कमज़ोर रहूँगी?"

"तब बाबा! यह सब क्यों करती हो?"

"क्यों न करूँ? ज़रूर करूँगी। सौ बार करूँगी? नहीं करूँ तो पल पल, कणकण तुम दोनों मुझमें कैसे डूबोगे? कैसे एक-एक क्षण मेरा मुँह देखकर जियोगे, कैसे मैं तुम दोनों की जान प्राण बनूँगी? वरना मैं कमज़ोर हूँ। धत्, कहो तुम दोनों को कितनी शक्ति माँगों दे दूँ। और दी नहीं है तुम दोनों को समय-समय पर? यह तो कौतुक में disturb करती हूँ।"

अच्छा भइया! रात तीन बजे जगाकर काफ़ी disturb कर चुकी हो। अब सोने दोगी? अब सो जाने दो बेले के फूलों में मस्तक, अधर, कपोल डुबाकर अचेत विभोर! अच्छा, सोने जा रहा हूँ।

मंगलवार सुबह...

20 अक्टूबर, बुधवार
रात्रि 11 बजे

मल्कए मुअज्जमा गुलबदन कान्ता बानू बेगम कन्धे पर एक नागिन-सी चोटी लहराए, बगल में, बड़ी-बड़ी पाँखुरियों-सी पलकें गिराए 'हिन्नी' सी आँखें बन्द किये लेटी हैं, और नींद भरे स्वर में कह रही हैं कि सुबह मैं पुसिया को लम्बा खत लिख चुकी हूँ जिसके हाशिए पर तुमने चन्द वाक्य लिखकर डाल दिया था, अतः इस समय तुम्हारी बारी है, कि तुम उसको ख़त लिखो। उनके हुक्म का बन्दा हूँ। ताबेदार हूँ, लिख रहा हूँ। हालाँकि अब भी दिल में कसक इस बात की है कि आज शाम को जो तुम्हारा खत आया है, कल 28 को छोड़ा हुआ उसमें मेरे लिए तीन पन्नों का खत है और कान्ता के लिए आठ पन्नों का—और कान्ता रानी शाम से मुझ पर रोब ले रही हैं, और मारे अकड़ के दोहरी हुई जा

रही हैं कि जाओ हमारी पुसिया हमको जितना चाहती है, उतना किसी को नहीं चाहती। अच्छा जनाब कोई बात नहीं, आओ तुम 24 नवम्बर को और विदा करा ले जाओ इन्हें कलकत्ते। यहाँ मैं अपने घर में अकेले रहूँगा। मैं, टिम्मी, मिन्नी और हमारे सुन्दर-सुन्दर फूल पत्ते। और अगर तुम दोनों में से कोई आएगा भी वापस तो मैं अपनी मकान मालकिन से बँगले का बाहर का ही फाटक बन्द करवा दूँगा। वहीं सड़क पर खड़े रहकर कलकत्ते वापस लौट जाना तुम दोनों!

कोई बात हुई? आखिर मैं कुछ हूँ ही नहीं! जब तक पुसिया का सुन्दर-सुन्दर आश्वासन भरा खत न आये तब तक मैं पड़ा-पड़ा ठंडी साँसे भरता रहूँ, रातों पर रातें गुजार दूँ कोई पुरसा हाल नहीं किसी से कुछ पूछो तो झल्लाहट भरा जबाब मिले "हमने कह दिया कि हमारा मन बहुत घबरा रहा है। हमारा चित्त ठीक नहीं। जब तक पुसिया की ओर से मन नहीं निश्चिन्त होता हमें कुछ नहीं अच्छा लगता!" और जिस दिन पुसिया का खत आ जाय और उसमें झूठझूठ को भी लिखा हो—'सुनो कुन्नो रानी! तुम चिन्ता क्यों करती हो? तुम्हारी पुसिया! अब तुम्हीं में डूब चुकी है—'' आदि-आदि झूठी-झूठी मीठी बातें उस दिन देखिए मल्कए मुअज्जमा कान्तुन्निसा बेगम को! बस हुक्म होगा गरीबों को कम्बल बटवा दिए जाएँ, मछलियों को मोती चुगाए जाएँ, बागीचे को केसर के पानी से सींचा जाय बिस्तरों को चन्दन के धुएँ से बसाया जाए, चादरों पर चमेली और जूही की पर्तें बिछा दी जाएँ और नील कमलों और बेले की कलियों का तो कोई हिसाब ही नहीं! और फिर चाहे दूसरे दिन मुझे पहले ही पीरियड में एम.ए. को आधुनिक आलोचना के गहनतम निगूढ़ कर्म पर सारगर्भित भाषण क्यों न देना हो, पर सुबह आठ बजे तक जाग-जाग कर कान्तुन्निसा बेगम की खुशियाँ मनाता रहूँ उनके हुक्म पूरे करता रहूँ।

मैं बाबा बाज़ आया ऐसी नौकरी से! आप लोगों ने अगले जन्म के लिए जो कार्यक्रम स्थगित कर रक्खा है, वह अभी शुरू कर लें। मेरा इस्तीफा! इतना लिखते मन बहुत भर आया... और कहा गया है कि मन जब बहुत भर आये तो आदमी को चुपचप सो जाना चाहिए। सो-सो गया। अभी नींद खुली तो पौ फट चुकी थी। कमरे में अँधेरा था पर सामने की खिड़की में से फूल पत्ते डाली टहनी के जाल में से सुबह के आकाश का एक चौकोर जालदार टुकड़ा झाँक रहा था। यह खिड़की भी बेहद नुकसानदेह है एक बार पारसाल मार्च, अप्रैल, मई के दिनों में इसमें से ख्वाहमख्वाह एक कोयल की कुहू-कुहू चली आया करती थी। वह कम्बख्त बगलवाले बँगले के एक विशाल छायादार पेड़ की डालियों में छिपकर टहूका करती थी, और यहाँ फ़र्श पर एक बड़े तकिए पर सर रख कर आसमान की ओर देखती हुई पुष्पकान्ता की जोड़ी बेचैन हो जाया करती थी,

खिड़की के पास खड़ी होकर कोयल को ज़ोर-ज़ोर से चिढ़ाया करती थी—और भगवान भला करे उन खिड़की के सीखचों का वरना दोनों तो यही चाहती थीं कि पंख खोलें और फुर्र से उड़ जाएँ। खैर उनमें से एक तो उड़ ही गयी 'पूरब दिशि में उड़ी कोयलिया सूनी अम्बवा की डार रे!, और दूसरी यहीं छूट गई है, और अभी तक वह कान्ता-कोयल कुहू-कुहू कर अपनी सहेली को पुकारती है। नतीजा यह है कि उसकी निरन्तर रट से इस कमरे में हम जैसे भले लोगों का सोना मुहाल है। एक वो हैं मिस्टर चाँद। न वक्त न बेवक्त कब झाँकना चाहिए कब नहीं झाँकना चाहिए, इसकी तमीज़ ही नहीं सीखी। जब मौका मिला टुप्प से झाँक लिये। एक दिन तो शायद तुम्हीं ने उन्हें झाँकते हुए पकड़ लिया था। उस दिन ज़रा उनकी गोशमाली कर देतीं तो हमेशा के लिए उनकी आदत छूट जाती। तुम जो कह किसी और को रही थीं आप समझे यह सब उनको कहा जा रहा है। लगे आम की डालियों में से खिड़की में झाँकने। फिर एक दिन हमने और कान्ता ने मिल कर खूब डाँट पिलाई। अब आजकल रात भर उधर आँगन में रहते हैं खिड़की की ओर आने की हिम्मत नहीं होती। अब दिसम्बर-जनवरी के दिन आ रहे हैं। इस खिड़की में से फ्लाक्स और गुलाब, और गुलदाऊदी और डहलिया के फूल झाँक सकेंगे बस!

एक पत्र परसों सुबह (29 को) तुम्हें डाला था। मरियम के स्वप्न वाला। मिला! अब एक अच्छा लम्बा-सुन्दर पत्र नहीं आता तो मैं लिखना कैसे शुरू करूँगा?

31 अक्टूबर प्रात:

शुक्रवार 9 नवम्बर
2 बजे दोपहर, '57

आज सुबह एक खत कान्ता ने तुम्हें छोड़ा है, जिसमें मेरी थोड़ी-सी शिकायत भी लिखी थी और हाशिए पर मैंने तुम्हें उसकी सफाई भी दे दी थी। असल बात यह है कि जब तक एक असली, अच्छा-सा, बड़ा-सा पत्र नहीं आता तब तक मैं लिखना कैसे शुरू करूँ। इसलिए अगर 4 के बाद वैसा पत्र आएगा तो विश्वास करो कि उस पत्र के आते ही मैं लिखने बैठ जाऊँगा। पर यह भी तो बताओ न कि पहले कौन-सी चीज़ तुम्हें चाहिए। थीम तो मैंने सभी तुम्हें बता दी थी। बात यह है कि मेरे साथ अब बिल्कुल विवशता यही है कि बिल्कुल put to order काम करूँगा वैसे नहीं।

उम्मीद है तुम्हें अब तक उस दिन वर्जिन मेरी की फैन्टेसी वाला और उसके तीसरे दिन भी एक मेरा ही लिखा हुआ खत मिल चुका होगा। कल तुम्हारे लाल पैड पर लिखे कान्ता के नाम लम्बे खत के नीचे जो केवल सरसरी तौर पर दो लाइनें लिखी थीं, उससे कान्ता मारे खुशी के दोहरी हो गई हैं। रात भर मुझे चिढ़ाती रहीं। आज बहुत प्रसन्न होकर सजधज कर फ़ाइल लेकर रिसर्च करने गयी हैं। कह रही हैं कि हम दोनों साथ-साथ डिग्री लेंगे और तुम टापते रहोगे। ईश्वर उसके और तेरे इस उत्साह को दिन दूना रात चौगुना बढ़ाता रहें। मेरे रोम-रोम से आशीर्वाद है कि दोनों खूब उन्नति करें— गंगातट पर जल की साक्षी देकर सदा के लिए एक ही में बँधी अंजुलियाँ संसार की बड़ी से बड़ी उपलब्धि जीत लावें। त्रैलोक्य का कोई भी अवरोध उनकी गति को बाधित न कर सके।

आज मेरा बेहद व्यस्त कार्यक्रम है और शाम को आठ बजे तक घर नहीं पहुँच सकूँगा। अतः खाली पीरियड में बैठ कर यह छोटा-सा पत्र तुझे लिख रहा हूँ, इस दुराशा में कि आज शुक्रवार है, कल शनिवार। शायद तुझे कल यह पत्र मिल जाय, वरना कल शायद तुझे सामान वगैरह ठीक करना हो और तू जल्दी चली जाय।

आज मैंने M.A. Previus में स्कन्दगुप्त पढ़ाना शुरू किया है। आज से जाने कितने दिन पहले जब इन्टरमीडिएट में स्कन्दगुप्त कोर्स में था। मैंने पहली बार स्कन्दगुप्त किसी को पढ़ाया था। मुझे आज तक याद है, वही कमरा—नीली बिजलियों वाला—मैंने देवसेना का चरित्र पढ़ाया था, उस दिन घंटे भर तक मैं किन सूक्ष्म वायवीय तरंगों में घुल गया था, किन सतरंगे पंखों पर मेरी भाषा किसका सन्देश कह रही थी मुझे मालूम नहीं था, पर मुझे यह क्षीण चेतना थी कि यह जो सम्मुख बैठा है विभोर-नतशिर-तन्मय-इसकी शिरा-शिरा में मैं स्वर्णरक्त प्रवाहित कर रहा हूँ-इसकी काया में नयी आत्मा भर रहा हूँ। आज कभी मुड़ कर उधर देखता हूँ तो कैसी अजीब भावना होती है, कैसी अजीब! स्वर्णरक्त तो क्या, लगता है सोने की कलई को भी वक्त ने धीरे-धीरे उतार दिया अब चन्द सुनहरे धब्बे बाकी रह गये हैं। पर मैं तेरी तरह हार कर निराश होकर बैठा नहीं, कभी नहीं। कितनी राहें झूठी पड़ेंगी, कितनी पगडंडियाँ धोखा देंगी, कितने हमसफ़र रास्ते में छोड़ कर चले जाएँगे? जाने दो। अब तो जिसे खोना है उसे खोकर प्रौढ़ बनेंगे गहरे बनेंगे, विवेकवान् बनेंगे और उसके बाद एक छोटी-सी आत्मा की select society होगी-पर वह स्थायी होगी। खरी होगी। एमिली डिकिन्सन ने कहीं लिखा है कि आत्मा अपने कक्ष को अब जलने नहीं देगी उसमें एक-दो कुछ आत्मा के सच्चे चुने हुए मित्रों को आमन्त्रित कर फिर आसानी से हर 'ऐरे गैरे' को जीवन में नहीं आने देगी और फिर उनकी ममता के अजीब

से वातावरण में हर दिन अमृत होगा, हर रात मधुमयी होगी सारी उम्र एक मधुर वार्तालाप-सी मीठी होगी। आज स्कन्दगुप्त को हाथ में उठाते ही यह बातें मन में एकदम से कौंध गयी। कौंध गयी एक लड़की प्यारी, भोली, मधुर। कौंध गयी शिवकुटी की वह सूर्यास्तमयी बेला जब आकाश में गुलाबों के बादली खेत लहरा रहे थे और गंगा चुप अपने में डूबी थी-और गंगा की लहरों को किंचित थपकी देकर मैंने पूछा था। क्या? और कौंध गया वह आम का विशाल वृक्ष और सौरभ का मधुर रस लेकर अटूट पाश! और कौंध गये बेले के फूल और गुलाबों लिपा तिल-सजा एक तारघर। और कौंध गयीं गर्म दोपहर में हेस्टिंग्स रोड पर बिकती हुई हरी मुलायम ककड़ियाँ और कान्ता के चेहरे का मधुर-शरारती मगर असीम आशीर्वाद भरा भाव।

अच्छा। अभी कान्ता आयी थी। वार्ष्णेय जी से अपने रिसर्च के बारे में कुछ सलाह लेने। बड़ी प्यारी लग रही थी। लड़ने का जी हो आया। आज अम्मा मामा जी के यहाँ गयी हैं, कल तक लौटेंगी। आज कन्तो से ज़रूर लड़ाई करूँगा। बहुत दिन खाली गुज़रे हैं, अम्मा के डर से लड़ नहीं पाते थे—

अच्छा, अमित दुलार—

सस्नेह

भा.

शुक्रवार, 1 नवम्बर, 57, 2 बजे अपराह्न

4.11.57

पुस्सन, तुम्हारा express delivery खत कल यानी रविवार 3 नवम्बर को दोपहर में मिला। शुक्र और शनि को कोई खत न पाकर मैं बहुत चिन्तित था। यह तो आभास नहीं था कि इतना सब हो जाने के बाद भी ये लोग इतने निर्मम होंगे कि फिर तुम्हे परेशान करेंगे, पर आशंका यह थी कि कहीं तू बीमार न हो। कल तेरा पत्र पाकर बहुत क्षोभ हुआ। तूने जितना स्नेह, जितनी निश्छल ममता, जितना प्यार इन लोगों को दिया, काश कि उसके शतांश का अर्थ भी वे लोग समझ पाते तो आज उनके व्यक्तित्व में भी दूसरी ही उदारता होती। पर वे नहीं कर पाये। उल्टे आहत अहंकार, छिपी कायरता और अतृप्त विकृतियों ने उन्हें बिल्कुल उल्टी राह चला दिया। जो कुछ पवित्र था, ऊँचा था तेरे उनके बीच, उसे उन्होंने भाँति-भाँति से तोड़ने, विकलांग करने का काम ही किया और इस बात पर जब

उनका अन्त:करण उन्हें धिक्कारे तो उसकी खीज तुम पर उतारने की कोशिश उन्होंने की। तू इस पर क्रोधित न हुआ कर, तू उन पर सिर्फ़ तरस खाया कर, दुखी मत हुआ कर न मन में ग्लानि पाल। वे अभागे हैं, सचमुच अभागे हैं जो प्रकाश से डरकर अँधेरी गुफाओं में छिपने लगते हैं। वे अभागे हैं जिनके सामने मूर्तिमान स्नेह, मूर्तिमान सौन्दर्य, मूर्तिमान सत्य आया, पर जिनमें साहस नहीं था कि उसे उसी पवित्रता से ग्रहण करते, पर साहस की बात भी नहीं, असली बात यह है कि वे जानते ही नहीं कि गहरा प्यार होता क्या है। ऐसे लोग तो जीवन भर झूठ, दिखावे, गोपनीयता और दोमुँहेपन को कवच बनाकर हृदयहीन हो जाते हैं उससे उनके उद्धार की क्या राह है जब तक वे स्वयं अपनी प्रवृत्तियों से मुक्त न हों। तू क्या कर सकती है, मैं क्या कर सकता हूँ, कोई क्या कर सकता है? ईश्वर भी भला उनके लिए क्या कर सकता है? ऐसे लोग स्वयं अपने अन्त:करण को बार-बार झुठलाते, बहकाते और धोखा देते रहते हैं और अन्तत: उसे घोट डालते हैं। एक दिन उनका घायल, दम तोड़ता हुआ अन्त:करण ही उन्हें दंड देता है तो वे अपने पराजित अन्तर की खीज तुम पर उतारते हैं। इसका कोई इलाज नहीं सिवा इसके कि तू इन सबों से बहुत ऊपर उठ जा। 'डुबकी मारी समुद में निकसा जाय अकास!' सूर्य की भाँति तू नि:स्संग रूप से अपने में प्रकाशित होती रह, जो उस प्रकाश के योग्य होगा वह उसे खुद ले लेगा, जो नहीं ले सकेगा वह सूर्य की निन्दा करेगा पर उसका परिणाम? कुछ नहीं, केवल वही अपने बौनेपन पर खीज कर हाथ-पाँव पटक कर चुप हो जाएँगे। कर लेने दे पुस्सी। इन्हें अपने हाथ-पाँव पटक लेने दे। बेचारे अपने अन्दर की बेचैनी कैसे व्यक्त करें। वह अन्धकार जो इन्हें भटकाता रहा, वह इनके व्यक्तित्व पर कीचड़ की तरह लगा है। काश कि उसे अपने मन की उदारता से पोंछकर ये दोनों तेरे तेजस्वी व्यक्तित्व को अपनी चार बाँहों में समेट लेते। पर नहीं, असल में इन्हें उस कीचड़ से ज्यादा मोह है, तुझसे कम। जब देखते हैं कि तू अलग धातु की बनी है, ये तुझसे छोटे पड़ रहे हैं, तो उस कीचड़ को बार-बार तुझ पर उछालने की चेष्टा करते हैं। कर लेने दे इन्हें यह भी। बीमार आदमी जब राहत का कोई तरीका नहीं पाता तो चीखता है, चिल्लाता है, खीजता है, चिड़चिड़ाता है और अपनी परिचर्या करने वाले स्नेहियों पर दोषारोपण करता है। उन पर दवा फेंक देता है, उनकी शक्ल नहीं देखना चाहता। करने दो उसे, स्वयं तटस्थ रहो। अपनी गौरवपूर्ण आन पर अटल, अपने व्यक्तित्व की महत्ता, अपनी तेजस्विता, अपने हृदय के अन्दर बसे प्यार की असीमित शक्ति से सम्पन्न-अपराजित, अडिग...

और जो तुम भोग रही हो वह क्या है पुस्सन! ऐसे व्यक्तियों के प्रति कायरों

ने क्या-क्या नहीं किया है? कभी जीसस के जीवन के आखिरी अध्याय पढ़ो। वह जिसने तमाम मध्य एशिया में नये प्राण फूँक दिये थे। जिसने पैदल घूम-घूम कर देश-देश में मानवीय व्यक्तित्व को पशुता के स्तर से ऊँचा उठाकर, उसको नये अर्थ देने की कोशिश की थी, जिसने रोगियों को रोगमुक्त किया था, उनके घावों को खुद सहलाया था। मृतकों को अपने प्राण की बाज़ी लगाकर जिलाया था, उसको जीवन ने जानती हो न क्या दिया था? उसके केवल बारह शिष्य रह गये थे जिन्हें वह प्राणों से अधिक प्यार करता था। यहूदियों ने उसे जब मारने का षड्यन्त्र किया तो सिर्फ़ सोने के चन्द सिक्कों पर उसके प्रियतम शिष्य जूडास ने उसे बेच दिया, और जानती हो क्या समझौता हुआ था? जब वह राज्याधिकारी और यहूदी आएँगे तो यह पहचानने के लिए कि इनमें से जीसस कौन हैं, जूडास अपने स्वामी के पास जाएगा और बड़े स्नेह का दिखावा करते हुए उसके कपोल चूम लेगा—and thus judas betrayed his master with a kiss.

और तुम सोचो कि जीसस को इस बात का आभास हो गया था। जिस दिन जीसस को बन्दी बनाकर उन्हें मृत्युदंड दिया जाने वाला था उसके पहले आखिरी रात को ईसा ने अपने सब शिष्यों को साथ बिठाकर भोजन किया। वह घटना Last supper के नाम से प्रख्यात है। उसका वर्णन करते हुए जानती हो तुम्हारे प्रिय लेखक Jiouami Papini ने क्या लिखा है?—"He has always loved them, ever since they have dwelt together loved them one and all, even judas. He has loved them with a love surpassing all others, with a love so overwhelming that their narrow hearts have not always been able to hold it all." ऐसा महान था जीसस का प्यार कि उनके संकीर्ण हृदय कभी उस प्यार को उसकी सम्पूर्णता में ग्रहण ही नहीं कर पाये। और जीसस ने यह सब जानते हुए भी कहीं स्वयं को डिगने नहीं दिया। उसने आखिरी Supper में पहले अपने सभी शिष्यों के पैर धोये, जूडास के भी, पर थोड़ी देर बार जब उसके शिष्य उसके प्रेम के प्रति अपनी वफ़ादारी की बातें कर रहे थे तो उसने बहुत शान्त चित्त से यह कहा कि 'तुममें से एक सुबह होने के पहले ही मुझे बधिकों के हाथ सौंप देगा।' पर फिर भी वह शान्त था। जानती हो उसने क्या कहा—'The lord is on my side. I will not fear, what can man do in to me? They compassed me about like be as; they are quenched as the fire of thorns...I shall not die but live...open to me the gate of rituousness, I will go into them and praise the Lord...The stone which builders refused is became the head stone of the corner.'

'ईश्वर (सत्य) मेरे पक्ष में है, मुझे कोई डर नहीं। मनुष्य मेरा क्या बिगाड़ सकते हैं। वे बर्रों की तरह मुझे घेरे रहें, उनके कंटकमय अग्निमय डंक मुझमें चुभकर बुझ जाएँगे। मैं मर नहीं सकता, ... मैं जीवित रहूँगा... ज्योति का, पवित्रता का, सत्य का द्वार खोल दो। वे द्वार मेरे लिए खुलेंगे। मैं उनमें जाऊँगा और अपने सत्य का गायन करूँगा... इन सांसारिक भवन बनाने वालों ने जिस पत्थर को अपनी इमारत के लिए अयोग्य समझ कर फेंक देना चाहा है, उन अभागों को क्या मालूम कि उस पत्थर पर स्वर्ग की नींव पड़ेगी। (वह अभी तक के कुंठाग्रस्त जीवन के नये मोड़ का आधार बनेगा।)

Last supper के बाद जीसस ने अपने मन में ये वाक्य कहे और फिर वह फौलाद हो गया। काश उसके बाद के स्थल तुम पढ़तीं। जूडास जेब में सोने के सिक्के डाले, यहूदियों को बुलाने चला गया। अँधेरी रात में, उसके शेष ग्यारह शिष्य सो रहे थे। केवल वह जाग रहा था। वह जानता था कि अब अन्त निकट है वह उस समय अकेला था, बिल्कुल अकेला। वह जानता था, उसके इन शिष्यों ने भी आसन्न संकट से घबरा कर उसे मन-ही-मन छोड़ दिया है। यहूदियों के सामने डर कर वे ईसा का परित्याग कर देंगे और सारा कष्ट सारा दंड उसे अकेले भोगना पड़ेगा। और "He who gave his whole being, will get nothing in return" जीसस जिसने अपने सम्पूर्ण को इन लोगों को अर्पित कर डाला, उसे बदले में कुछ भी नहीं मिलेगा।

और उसके बाद घाटियों में पगध्वनियाँ सुनाई पड़ने लगीं। यहूदी पुरोहित दूर दुबके हुए थे, सिपाही हाथों में लालटेन लिये आ रहे थे। चारों ओर हल्के टिमटिमाते प्रकाशवृत्त घाटियों और चट्टानों पर रेंगने लगे। जूडास सिपाहियों को लेकर आ रहा था। और पीछे भीड़ थी कायर यहूदियों की। सैकड़ों सशस्त्र यहूदी एक निहत्थे ईसा को पकड़ने आ रहे थे। और सिपाही पहचानते नहीं थे। इनमें असली 'अपराधी' कौन है। वह जूडास बताएगा। कैसे? पास आकर, प्यार का नाटक करके, उसे चूमकर! सिपाही दूर थम गये, यहूदी गुफाओं में दुबक गये। जूडास आगे आया। उसका गला सूख रहा था। अन्दर से वह थरथर काँप रहा था, पर वह अपने को बेच चुका था। जेब में सिक्के थे। उसने आगे चढ़कर ईसा के कपोल चूम लिये... Neither the spit and blows on mouth and cheek of the jewish mob were so intolerable as was that kiss from one who has called him 'master' had drank from the same cup and eaten from the same dish. विश्वासघात भरे चुम्बन की चोट बेहद दर्दनाक थी। पर पुस्सी! ईसा ने उसको शान्त होकर सहा। इस कृतघ्नता को भी! पर अन्त यहीं नहीं था। उसे वे रोमन अदालत में ले गये।

उन दिनों सीज़र का एक प्रतिनिधि पायलेट वहाँ का शासक था। अदालत में ईसा पर क्या-क्या तो अभियोग लगाए गये। हर कायर यहूदी जो चरित्रभ्रष्ट था, अत्याचारी था, पापी था उसने ईसा के हाथ बँधे पाकर उसके निकट जाकर उस पर थूका, उसके शरीर में भाले चुभाए। पायलेट ने यहूदियों के आरोप सुनकर स्पष्ट कहा कि उसे समझ में नहीं आता कि ईसा का क्या अपराध है? पर यदि प्रजा ईसा को दंड देना ही चाहती है तो वह ईसा को यहूदियों को सौंप देगा। और निरपराध करार देकर भी ईसा को उन यहूदियों को सौंप दिया गया। और जानती हो व्यंग्य से उसके माथे पर काँटों का मुकुट पहनाया गया, उसका क्रास उसी के कन्धे पर लादा गया, जब वह उतना भारी क्रास लाद कर चल नहीं पा रहा था, गिर-गिर पड़ता था तो उसे कोड़े मारे जाते थे...भीड़ में कुछ लोग अपने आँसू पोंछ रहे थे, रो रहे थे और कुछ उस पर कीचड़ फेंकते थे, व्यंग्य करते थे...उस पर गन्दा पानी, सड़े फल और तेज़ाब फेंकते थे...

पुष्पा! इतना बर्दाश्त करने पर भी वह डगमगाया नहीं! सोच इतना सब करके भी क्या वे उसे मार सके? आज वे मर चुके हैं। वे यहूदियों की भ्रष्ट व्यवस्थाएँ, वे कायर पुरोहित...सब खत्म हो चुके हैं...ईसा आज भी जीवित है। साहस के रूप में, सत्य के रूप में, करुणा के रूप में। सो मेरी फौलाद संगिनी! तूने वह निर्गुण दोहा पढ़ा है न—"डुबकी मारी समुद में..." सो याद रख कि उसके बाद और एक स्थिति है— 'हम न मरैं-मरिहै संसारा, अब मोहिं मिला जियावनहारा।' सो, अपने फौलाद को बनाए रख, तेरा बाल भी बाँका कोई नहीं कर सकेगा। इन सब बौनों को तरस के योग्य समझ। कुछ दिनों बाद ये हास्यास्पद लगने लगेंगे। चूहे जो अपने बनाए जाल में उलझ गये हैं, बस!

जो सतही होता है, छिछला होता है, जिसमें कोई गहरा विश्वास नहीं होता वह दुख सहकर विकल हो जाता है। जिसमें 'कुछ' होता है, जो किसी का 'जानप्राण' होता है वह सब झेल ले जाता है और दुखों को खेल समझता है। उनसे खेल कर और मँज जाता है, गहरा बन जाता है। समुद्र में डुबकी मारकर आकाश में निकलता है। फिर कोई उस पर थूके थूकने दो, उलट कर उसी के मुँह पर गिरेगा। वह सच्ची ज्योति सच्चे प्यार में जीता है, और वह सच्ची ज्योति सच्चा प्यार सच्ची करुणा ही तो वह आत्मतत्व है पुसिया जिसके लिए कृष्ण ने कहा था, 'नैनं छिन्दन्ति शास्त्राणि, नैनं दहति पावकः' न उसे हथियार काट सकते हैं, न आग जला सकती है। मेरी जन्म-जन्म की अपनी! हमारी आबद्ध अंजुलियों में गंगाजल की तरह क्या सुरक्षित है जिसे सदा अक्षुण्ण रखने की शपथ हमने खाई थी। वही विराट् सत्य, वही अप्रतिहत शक्ति, वही अमर फौलाद जिसे

न हथियार काट सकते हैं, न आग जला सकती है। और इसलिए हम न मरैं-मरिहै संसारा...

अमित आशीर्वाद

पुनश्च—याद कर लिया कर अपनी प्रिय महादेवी-

"पथ मेरा निर्वाण बन गया,
प्रति पग शत वरदान बन गया!
पारद-सी गल हुई शिलाएँ
दुर्गम नभ चंदन आँगन-सा
अंगराग धनसार बनी रज,
आतप सौरभ आलेपन-सा।
शूलों का विष मृदुकलियों के
नव मधुपर्क समान बन गया"

एक आधुनिक अस्तित्ववादी दार्शनिक है कीर्केगार्द, पता नहीं तूने उसे पढ़ा है या नहीं, उसने लिखा है—'यन्त्रणा हमारे हृदय की हर सांसारिक आवाज़ को तोड़ देती है। खामोश कर देती है...पर मनुष्य के अन्दर की जो सत्य की पुकार है उसे दबा नहीं पाती। या उसे दूसरे पक्ष से देखें तो सत्य की आवाज़ ही मनुष्य के अन्दर की एकमात्र आवाज़ है जो सुनी जाने योग्य है। प्रभु हमें यन्त्रणा इसीलिए देते हैं कि यन्त्रणा में पिसकर धीरे-धीरे जितनी निरर्थक दुनिया की आवाज़ें हैं वे धीमी पड़ जाएँ, खामोश हो जाएँ और सिर्फ़ चरम सत्य का स्वर अन्त में बच रहे और उस स्वर को मनुष्य डूब कर सुने और फिर कभी उसे अनसुना न कर सके।'

मेरी वह कविता याद है न तुझे—

ये घड़ियाँ, ये शामें, ये लम्हे,
जो मन पर कोहरे से जमे रहे
अर्पित होने के क्रम में
क्या इनका कोई अर्थ नहीं?
जाने क्यों कोई मुझसे कहता
मन में कुछ ऐसा भी है रहता
जिसको छू लेने वाली कोई भी पीड़ा
जीवन में फिर जाती व्यर्थ नहीं।
अर्पित है पूजा के फूलों सा जिसका मन

अनजाने दुख कर जाता उसका परिमार्जन
अपने से बाहर की व्यापक सच्चाई को
नत मस्तक होकर वह कर लेता सहज ग्रहण
ये सब बन जाते पूजा गीतों की कड़ियाँ
यह पीड़ा, यह कुंठा, ये शामें, ये घड़ियाँ
इनमें से क्या है
जिसका कोई अर्थ नहीं
कुछ भी तो व्यर्थ नहीं!

प्रिय पुष्पा,

तुम्हारे Hostel में तुरन्त स्थान न मिलने के समाचार से हम लोग बहुत चिन्तित हो गये हैं। एक पत्र आज गीता को कौशल्या जी ने भेजा है कि वह खुद तुमसे मिल लें। तुम्हारा स्कूल का पता उन्हें भेज दिया है। वैसे यदि तुम श्री मोहनसिंह सेंगर को रेडियो या नया समाज कार्यालय में फोन करो तो वे तुम्हें गीता का Phone no. भी बता सकेंगे। पर मुझे आशा है कि गीता खुद तुमसे मिल लेगी। कौशल्या जी का कहना है कि गीता थोड़ी लड़ाका है, ज़बान की तेज़, मगर हृदय की स्वच्छ निर्मल और अत्यन्त स्नेहमयी। उस पर बहुत विश्वास किया जा सकता है। वैसे मैंने उन्हें केवल एक बार देखा है और कोई भी impression नहीं बना सका।

दूसरा पता तुम्हें Mrs. P. k. verma का जा रहा है। उन्हें तुरन्त फ़ोन करो। इसी खत के साथ उनके नाम कान्ता भी खत भेज रही है, और कौशल्या जी भी। वे जीवन भर शिक्षा विभाग में रही हैं, सौम्य, सुन्दर, दृढ़ और वृद्धा किन्तु विचारों में बहुत अग्रगामी। यदि तुम्हें अकेले भी रहना होता तो उनके पास दस-पन्द्रह दिन निस्संकोच रुक जाने के लिए मैं कह देता। वे अभी 4 दिन पहले यहाँ आयी थीं कान्ता ने उनसे तुम्हारा जिक्र किया था। पर तब तक हम लोगों को यह विश्वास हो चुका था कि तुम्हारा Hostel में तय हो गया है। अन्यथा उनसे कुछ-न-कुछ यहीं तय कर लेते।

हम दोनों बेहद चिन्तित हैं। यहाँ बैठे क्या करें। लक्ष्मीचन्द्र जैन वहाँ हैं ही नहीं। और किसी अपने पुरुष मित्र से मैं इस विषय में सहायता लेने का साहस नहीं करता। यदि तुम ज़रा भी समझो कि कान्ता के वहाँ आ जाने से तुम्हें सहायता

मिलेगी या कम-से-कम मानसिक आश्वासन मिलेगा—तो मैं तुरन्त उन्हें भेज दूँ या पहुँचा जाऊँ कान्ता Mrs. verma के यहाँ टिक जाएगी।

सस्नेह

भारती

बुधवार

6.11.57

प्रात: 6 बजे,

सुनो एक बात और हम लोगों ने Mrs. verma को लिखी है कि यदि वहाँ किसी दूसरे hostel में कोई लड़की रह रही हो और उसके अतिथि रूप में प्रबन्ध हो जाय तो तुम 1 दिसम्बर तक वैसे रह लो। या Y.W.C.A. में भी प्रबन्ध हो जाय तो कर लो। रुपए की चिन्ता मत करना, एक महीना किसी तरह काटना है (1 दिसम्बर तक) फिर Ray Sheet वाले हॉस्टल में चली जाना। कान्ता जाकर तेरे पास रह लेंगी। और वहाँ रहकर दूसरा प्रबन्ध भी कर देंगी।

यदि तेरी छात्रा 'सुशील' एक कमरा दे और किराया ले ले (उसे समझाओ) या बदले में उसे घंटा, आधा घंटा पढ़ा सको तो 1 दिसम्बर तक रह जाने में कोई हानि नहीं। पर यदि अम्मा साथ रहें तो? वैसे क्या स्थिति है, यह तू बेहतर समझ सकती है।

12.11.57

तेरा 9 का लिखा लाल पैड वाला पत्र अभी 5:30 बजे शाम मिला। चाहता हूँ, तुझे बहुत-बहुत लिखूँ—पर कल 13 हो जाएगी। कल का छोड़ा पत्र तुझे 15 के पहले मिले न मिले अत: अभी लिख रहा हूँ छोटा-सा ही सही पर 7:30 बजे कालका मेल से निकल कर कल तुझे मिल जाय।

सुन मिनिया, ऐसे व्यग्र और व्याकुल होने से काम नहीं, चलेगा, गलत। आते हैं न, विराट् सूनेपन के क्षण आने दे। वे मन को सूना नहीं विराट् बना जाएँगे। आती है न, वृद्ध होने की-सी भावना। आने दे। वह वृद्ध नहीं परिपक्व बनाएगी। आती है न यह भावना कि सब कुछ निरर्थक है। आने दे बेनो—वह सिर्फ़ यही बताने आती है कि हर चीज के जो छिछले सतही अर्थ अभी तक तूने जाने थे वे काम नहीं आते। गहरे अर्थ आएँगे आएँगे आएँगे।

मैंने यह सब जिया है, भोगा है, पर मरा नहीं। सिर्फ़ और गहरा बना। ठोस बना, सुन 'ठंडा लोहा' है? या खो दिया तूने। उसकी आखिरी कविता ज़रा फिर से पढ़ डाल—वह "फूल मोमबत्तियाँ और टूटे सपने।"—उसकी आखिरी पंक्ति है—"हर एक दर्द को नये अर्थ तक जाने दो!"

मेरी जनम-जनम की अपनी मधुर दुलार—ज़िन्दगी के दाँव पर लगी हुई हम दोनों की बाजी! तू इन सबके पार निकल आयी है। यह सिर्फ़ सफ़र की थकान है और किनारे की कीचड़।

यह बात नहीं कि जो रह-रहकर तेरे मन में घुमड़ आता है, वह अवास्तविक है—नहीं पर उसकी वास्तविक सार्थकता भी अभी तेरे मन में आएगी। जानती है, मैं दर्द को, दुख को ज़िन्दगी का फूल नहीं मानता। उसे सिर्फ़ खाद मानता हूँ। बहुत वास्तविक, बहुत आवश्यक—अभी तू यह जानेगी कि जैसे खाद जड़ों के आसपास चुपचाप दबा दी जाती है वैसे इन सबको मन में गहरे दबा देना चाहिए। किसी दिन ये, जो उपयोग न जानने पर तड़पाते हैं, बेचैन कर देते हैं, अन्दर से कचोट-कचोट डालते हैं—ये दर्द ही ज़िन्दगी की मिट्टी में लीन हो जाएँगे, पर रंगत बनकर खिलेंगे, सुगन्ध बनकर महकेंगे। सारी दुनिया के लिए।

एक लेखक है Beardyeav उसकी बात सुन,

"As leon Bcoy has well said: suffering disappears but The fact of having suffered remains always with us." What has once been lived through cannot be effaced, but it should exist in transfigured form. Man creates and moulds himself in and through his experiences of life, through Spiritual conflict, and through those various trials which his destiny imposes upon him"

और तुझे एक कहावत सुनाएँ डेनमार्क की। वे कहते हैं God is never too busy to attend even a sparrow's sickness"— ईश्वर अपनी तमाम व्यस्तता में से भी समय निकाल कर छोटी-से-छोटी गौरैया की बीमारी में भी उसके सिरहाने पहुँच जाता है। और जानती हो नन्हीं गौरैया क्या करती है? दुबक कर इठलाते उनींदे स्वर में कहती है—"तोमी आमार के, आमी तो जानिना, बाबा!" और फिर चहकती हुई जाग जाती है, और असीम आकाश में अपने पर तोलती है, और असीम को मापने उड़ चलती है। और फिर उस गौरैया का नाम अपराजिता हो जाता है।

अच्छा, अब बाकी कल—

भा.

13.11.57

चिन्तन, चिन्तन, चिन्तन... सुबह उठकर कोहरे से ढँकी, ओस से भीगी सर्द ठिठुरी घास पर घूमते हुए, अपनी प्रिया बिना उदास श्लथ अस्तव्यस्त कमरे में टहलते हुए, दोपहर को यूनिवर्सिटी में अध्यापन, फिर अध्यापक कक्ष में उन्मुक्त ठहाकों के बीच भी अन्दर से उन्मन उदास और अपने में डूबे हुए : शाम की थकावट को चाय के प्यालों से नहलाते हुए : रात 8-9 बजे अपने उस चिरपरिचित उजड़े हुए घर में बैठकर बिबिया की चहकती हुई और कान्ता और शान्ति की उदास भटके हुए स्वर वाली बातचीत सुनते हुए भी दूर कहीं दूर भागता हुआ मन...और उस मन का अनवरत चिन्तन, विचारों और विश्लेषण के ताने बाने, उधेड़बुन—निरन्तर, निरन्तर, निरन्तर। और जैसे दुसूती पर छोटे-छोटे चौकोर खानों में रेशम की कढ़ाई से किसी चेहरे का आभास उभरने लगता है न! वैसे ही उस तमाम उधेड़बुन के तानों बानों में से एक चेहरा उभरने लगता है! पर मन में कुछ भी थिर नहीं है न, सो वे चौकोर खाने तेजी से जगहें बदलते हैं और चेहरा वही है, पर मुद्राएँ बदल जाती हैं। आह! लगता है जैसे यही चेहरा है जो मेरे सारे चिन्तन की अथ और इति बनता जा रहा है। क्यों? क्यों? और कैसी मुद्राएँ...मन की इस नम धरती पर कैसी-कैसी छापें छूट गयी हैं?

सुहागी की बेडौल रहस्यमयी पहाड़ियों पर बिल्कुल अलग एक चट्टान पर बैठा हुआ मैं—डूबते सूरज के साथ किसी में डूबता हुआ, गहराती हुई शाम की तरह गहराता हुआ—और कोई जो नीचे फैली हुई असीम सौन्दर्यमयी और भेदभरी घाटी की तरह बिल्कुल निकट...बिल्कुल...पर फिर भी मीलों दूर...घाटी...प्यारी...हरी भरी...जिसमें मेरे सूरज डूब रहे हैं, जिसमें मेरी शामें गहरा रही हैं...दूर इतनी और निकट भी इतनी कि गोया चाय का प्याला लेकर अनगढ़ चट्टानों पर अपने को बैलेंस कर लहरा कर—आकर पीछे खड़ी हो गयी है...''लीजिए चाय!''

और अकस्मात् शाम काँपती है, और हज़ारों किरनें चारों ओर से झरनों की तरह झरने लगती हैं और धूप खिल जाती है, दिसम्बर-जनवरी की धूप, छोटा-सा फूलमय आँगन और अमरूद की प्यारी-प्यारी चितकबरी छाँह और धूप में पारदर्शी आँचल मुँह पर लपेटकर कोई सो रहा है—निश्चिन्त और वक्त की लहरों पर बहती हुई इस छवि को सदा के लिए आकारों में बाँध लेने की ललक और उसके बाद एक कैमरा चुपके से दबे पाँव आता है—खटाक् और मालूम हुआ कि इस छवि को एक सेलोलाइड की जेल में आजीवन कारावास दे दिया गया।

मन है न, पीछे भागने लगे तो कोई सीमा थोड़े ही है। अब भागता चला जाएगा। पीछे और पीछे...'पियर पात दुःख झरे निपाते...ऊपर से गिरता धुआँ और तानपूरे की गूँजती हुई झंकार में लहरें लेता हुआ एक कँवल कली-सा जिस्म—

वह जिस्म एक पर्दा है, महज़! और जानती हो कैसा? मैंने एक पर्दा कहीं देखा है। पता नहीं कहाँ। शायद केवल सपने में। एक चन्दन द्वार है। छोटे-छोटे गोरे-गोरे पतले शंखों की लड़ियाँ गूँथ-गूँथ कर टाँग दी गई हैं। उन्हीं में कहीं-कहीं छोटी-छोटी घंटियाँ गुँथी हैं। चन्दन द्वार पर यह पर्दा टँगा है, जरा-सी हवा भी झँकार दे तो अनगिनत मीठी-मीठी घंटियाँ झँकार उठती हैं। वह जिस्म है कँवल कली का। यह परदा है।

इसे हल्के दुलार भरे स्पर्श से परे खिसका दो। इस शंख और घंटियों की लहरधारियों वाले जिस्म के परदे को! अन्दर संगीत है। संगीत—केवल संगीत। प्रकाश-सा उज्ज्वल लहरों-सा तरल, इस कँवलकली की हर पाँखुरी उसी संगीत की लय पर खुलती, उसी संगीत की लय पर मुँदती है। उसी की आलाप पर सूरज उठने लगता है, सम पर, क्षितिज पर उतर आता है!

Dont be too etherial Mr. Bharati, Come back to some thing more solid... और मैं लौट आता हूँ। होली के आसपास का मौसम। एक प्यारा-सा मगर बेहद उदास कर जाने वाला छोटा-सा झगड़ा, बेमानी, बेमतलब। झगड़कर भी अगर कोई आ गया तो आ जाने दो। मैं क्या करूँ? मैं क्यों बोलूँ? अन्याय मेरे प्रति हुआ है और मैं अपने तख़्त पर चुपचाप बैठा हूँ। अकस्मात् पीछे से दो पतले मृणाल आकर कन्धों को घेर लेते हैं, और पीठ पर बेले की फूल ढेरियों का शीतल दाहक परिवेष्ठन! हायरी सुहागी की घाटी—इतनी निकट... और इतनी सुदूर...अग्राह्य।

और अब सब काँप रहा है। उँह यह क्या, यह तो महज़ एक झीना पवित्र शंखों और घंटियों की लहरधारियों का परदा है।

वास्तव तो है आत्मा—संगीत भरी—स्वर्णिम संगीत!

ओ मेरे आँगन के आम्रवृक्ष पर निवास करने वाले यक्षों! मैं तुम्हारी वन्दना करता हूँ, मैं तुम्हें अगरुधूम, चन्दन और केसर से नहला दूँगा, मैं तुम पर अशोक के ईंगुरी फूल चढ़ाऊँगा, मैं तुम्हें मधु दूँगा, स्वर्णखचित चीनांशुक दूँगा—ज़रा अपना पतला जाल तो निकालो। संगीत के उफ़ान में तारों पर सोनमछली सी निरन्तर थिरकती हुई इस जिस्म के परदे में छिपी इस आत्मा को ज़रा बाँध तो लाओ। बार-बार भटकने लगी है। थकने लगी है। ले तो आओ ज़रा इसमें उत्ताल तरंगों का वेग भर दूँ। इसमें अगणित मणियों की आभा भर दूँ, इसमें समुद्र की अथाह नीली गहराई भर दूँ। ज़रा मजबूती से बाँधना पर ध्यान से, जाल की कोई भी डोर जरूरत से ज्यादा खींची तो ठीक न होगा, कितनी सुकुंवार है तुम क्या जानो? कोई क्या जाने?

रविवार 24 नवम्बर, 1957

लेकिन उस समय यह सब मैं थोड़े ही जानता था, जब किसी ने कान के बहुत पास, इतने पास कि नम और काँपते होठों की आर्द्रता और उष्णता को मैं खूब महसूस कर रहा था—इतने पास, किसी ने कितने डूबे स्वर में कहा था—'जितने तुम मेरे हो उतने किसी के नहीं।' उस समय तो सिर्फ़ इतना हुआ था कि मुझे लगा था कि पिघले हुए गुनगुने उल्लास की एक गहरी गुलाबी लहर कर्णमूलों के पास से छहरती हुई, कंठ में होती हुई, वक्ष को अन्दर से चीरती हुई पाँवों तक उतरती चली जा रही थी—सारा शरीर मेरा पीपल के पत्ते-सा काँप उठा था—इतना हुआ था, केवल इतना! और एक अजीब-सी मूर्च्छना!

पर एक आभास मेरे उस विभोर तन्मय मन को उस समय भी हो गया था, कि आज कुछ ऐसा हुआ है जो आज तक कभी मेरे जीवन में घटित नहीं हुआ है। इसी जीवन में नहीं जन्म—जन्मान्तर में यह कुछ है जो पहली बार और अन्तिम बार घटित हो रहा है। कोई गाँठ है जो इतने जन्म जी लेने के बाद भी नहीं खुली थी—आज, आज प्राणपण का बल लगाकर किसी ने यह गाँठ ढीली कर दी, खोल दी—कोई अदृश्य परिधि थी जो आज तक नहीं टूटी थी, किसी ने हल्की थाप से उसे खोल दिया—और मैंने देखा अजीब गैलरी है, द्वार के अन्दर द्वार के अन्दर द्वार खोलकर कोई चलता चला जा रहा है, अन्दर-अन्दर और अन्दर। ऐसा मैंने कभी नहीं जाना था—कभी नहीं।

ऐसा नहीं कि पहले कभी ममता नहीं दी। अशेष ममता दी। ऐसी जो आज भी चुकाए नहीं चुकती, लौट-लौट कर छा लेती थी— पर यह आभास बना रहा कि यह जिसे ममता दे रहे हैं यह कोई है मेरा अत्यन्त प्रिय—जो मुझसे छिन गया है, मुझसे दूर है, कैसे उसे हाथ बढ़ा कर छू लूँ। पर हाय! यह अनुभूति तो कभी हुई नहीं थी कि इन हाथों को बढ़ाकर छुऊँ किसे? इन हाथों में, इनके रोम-रोम में इनके कण-कण में और है कौन? इन नसों में अब कौन कहता है कि स्वर्ण रक्त बहता है? रिल्के ने सिर्फ़ कहा था 'यदि मेरी दृष्टि, मेरे श्रवण, मेरे हाथ, मेरा हृदय सब कुछ छीन लो तो मैं अपने रक्त के प्रवाह में तुम्हें धारण करूँगा'—पर आज मैं तो जानता हूँ कि मेरे रक्त की बूँद-बूँद कोई और है ही नहीं, सिवा उसके जिसने कहा था कि 'जितने तुम मेरे हो...'

मैं करूँ तो क्या? मुझे याद नहीं आता। याद उसकी आती है जो दूर हो, पर इस बार यह क्या हुआ है। दूर? अपनी पलकों पर पलक गिरती है, अपने होंठ

पर होंठ बन्द होते हैं, अपने हाथ पर हाथ पड़ जाते हैं, अपने माथे पर अपने बाल बिखरते हैं तो सारा जिस्म पीपल के पत्ते-सा काँप उठता है। यह मेरी काया तो वही है जिसे जन्म से जाना है। इसमें क्या कोई दूसरी आत्मा बस गयी है? यह हुआ क्या है?

कुछ हुआ ज़रूर है। कुछ ऐसा जो समय और स्थान के परे है। शायद अनुभूति के भी परे है। वक्त जैसे गुजरता ही नहीं, कहीं आकर बँध गया है। ऐसा तो कभी हुआ ही नहीं था। कभी नहीं। मैं किससे बताऊँ, कोई दूसरा है ही नहीं। हो भी तो उससे बताए कौन—मैं तो अब हूँ ही नहीं। मैं तो रहा ही नहीं। यह किसने, मुझे मदिरा के घूँट की तरह पी लिया। सुना तो था किसी के मुख से कि एक बार... एक बार चाहे एक घूँट ही सही—मुझे पीकर देखना ज़रूर है, पर यह मुझे क्यों नहीं बताया गया कि वह एक घूँट कोई नहीं सिवा मेरे!

सच कैसा अजीब है जी, तुम क्या ज़ानो इसे। मैंने बताया न कि कुछ ऐसा घटित हुआ है, जो सभी के परे है। ...रूप के, रंग के, शब्द के, ये सारी चीज़ें अकस्मात् मेरे लिए निरर्थक हो गयी हैं। कल रात को उधर से गुज़रा। एक तेज़ महक सर को घुमा गयी। साथ में कोई था जिसने कहा रातरानी महक रही है। मुझे सिर्फ़ ये लगा कि कोई अभी-अभी नहा कर आया है, स्नानगृह से और अभी-अभी पुँछे एक शीतल जिस्म के हल्के आवर्त में किसी ने कण-कण मुझे कस लिया है। और सुबह उठ कर बिना चप्पल पहने ओस भीगी हरी घास पर पाँव रक्खा न तो सच पूछो—न घास थी, न ओस, लगा मेरे पाँव किसी ने आहिस्ते से दुलाई में खींच कर बाँहों में घेर कर वक्ष के पास दुबका लिये हैं। और शाम आज आयी न, उदास-सी-तो ऐसा लगा जैसे अभी-अभी कोई ट्रेन छूट गयी है, और यह शाम धुला आँगन थोड़े ही है—यह तो सूना प्लेटफार्म है, और ट्रेन दूर चली जा रही है, चाँदनी में।

रूप, रंग, शब्द, स्पर्श वाली पहली दुनिया कहाँ चली गयी जी!

इसके पहले दुनिया थी। उस दुनिया में कोई था। उसे मैंने अमिट स्नेह दिया था। पर ऐसा तो कभी नहीं हुआ था, कि सृष्टि ही अकस्मात् किसी की साँसों में घुल जाय बिल्कुल—और जो शेष रह जाय वह कोई दूसरी ही दुनिया हो। यह नहीं कि कोई दुनिया है, उसमें कोई है, उसे प्यार करूँ! नहीं जी, केवल वही है केवल वही— और कोई दुनिया नहीं, वही खुद मेरी निखिल सृष्टि बन जाय...

आकाश, धरती, फूल, वनस्पति, रात-दिन, शाम, सुबह—केवल वही... केवल वही... केवल। मैं भी यदि रहूँ तो घूँट की तरह पिया हुआ। पिया जाकर उसके रक्त के बूँद-बूँद में घुला हुआ, उसके कण-कण में बसा हुआ, दो तितली-सी आँखों में खुमार के लाल डोरों की तरह, जागरण के आलस्य की तरह, बेले की ढेरियों में पड़े नील कमलों के पर्तों में मीठे दुलारे दर्द की तरह, थकान की तरह, नींद की तरह, मूर्च्छना की तरह, मौन की तरह!

अँजुरी भर धूप-सा
मुझे पी लो!
कण-कण
मुझे जी लो!
जितना मैं आज तक हुआ हूँ, किसी का भी
बादल नहाई घाटियों का
पगडंडी का
अलसाई शामों का
जिन्हें नहीं लेता कभी उन भूले नामों का
जिनको बेबसी में पुकारा है
जिनके आगे मेरा सारा अहम हारा
हरियाली छाँहों का
रंगरचे फूलों का
अनदेखे सागर के
फेन सजे कूलों का
जितना इन सबों का हूँ
उतना कुल मिलाकर भी
थोड़ा पड़ेगा
मैं जितना तुम्हारा हूँ
जी लो मुझे कण-कण!
पी लो मुझे!

भा.

27.11.57

My dear Sweet little child,

बुधवार की शाम को लिख रहा हूँ। कल एक पोस्टकार्ड ब्रह्मा का और

एक पिता जी का आया है। ब्रह्मा को तेरे आने के बाद शायद मेरा कार्ड मिला। उन्होंने धन्यवाद का एक formal पत्र भेजा है। पिता जी का पत्र कुछ गहरा है। उन्होंने लिखा है कि मै कान्ता को लाने प्रयाग जा रहा था कि पुष्पा के पत्र के कारण रुक गया। साथ ही यह भी उन्होंने लिखा है, कि वे अकारण हम लोगों की खिन्नता के कारण बने इसका उन्हें दुख है। मैं कल उन्हें एक लम्बा, बहुत ही शान्त और आश्वासनपूर्ण पत्र लिखूँगा। ईश्वर चाहेगा तो वे हमारे stand और तेरे stand को समझ लेंगे। हमारी पुसिया की विजय निश्चित है। सत्य में बड़ी ताकत होती है न, वह सबको कभी-न-कभी झुका ही लेता है। तुम विश्वास करो मेरा पत्र पिता जी को सुख ही पहुँचाएगा, यद्यपि मैं कहीं भी कोई झूठी बात नहीं लिखूँगा। झूठी से मतलब ऐसी जो केवल formal हो, हृदय से निकली हुई न हो। 4 को लखनऊ जाने पर मिलूँगा भी।

आज अपना पुराना कोट पहनने पर उसकी जेब में वह काग़ज निकल आया जिसमें परमानन्द जी के यहाँ कुण्डली दिखा कर Point note किये थे। उसे साथ रख कर भेज रहा हूँ।

उनकी 16 नवम्बर की तिथि तो तेरे लिए बहुत सही निकली। अब वे कह रहे हैं, 16 दिसम्बर से और भी अच्छी स्थिति आएगी तेरी।

अच्छा अब तेरा पत्र आने पर...

24 हैमिल्टन रोड
इलाहाबाद

सस्नेह
भा.

22 हैमिल्टन रोड
प्रयाग
29.11.57

My little honey child,

तुझे अब तक कई पत्र मिल चुके होंगे। कौन-सा मिला लिखना। मैंने अपने पिछले पत्र में पिता जी के ख़त का उल्लेख किया था। पिता जी ने सचमुच काफ़ी उदासी की मन:स्थिति में वह लिखा था। पर उनकी बातों में कितनी उनके मन में टिकती हैं, कितनी वे क्षण के आवेश में कह जाते हैं—इसका मुझे अब कोई अनुमान नहीं रहा। फिर भी मुझे जो बात लिखनी थी उसे अत्यन्त मर्यादित भाषा में मैंने उन्हें लिख दिया। आशा है तुझे यह ख़त ठीक लगेगा। इसीलिए कान्ता इसकी एक प्रतिलिपि करके तुझे भेज रही है। मेरे मन में सचमुच कहीं किसी पर कोई कटुता नहीं सिर्फ़ तरस आता है। आदमी कैसे-कैसे भावजाल अपने आप

अपने चारों ओर बुन लेता है, और फिर उसमें विद्ध कुरंग-सा छटपटाता रहता है।

अच्छा सुन एक बहुत ज़रूरी काम है। आज लीडर में Alld, university का एक विज्ञापन निकला है। उसमें हिन्दी में एक अध्यापिका की Want निकली है। उसके लिए रजिस्ट्रार के यहाँ से एक Prescribed form पर apply करना पड़ता है। वह Form खरीद कर मैं आज दोपहर को रजिस्ट्री से भेज रहा हूँ। उसमें अर्ज़ी तो डाल ही दो। 20 दिसम्बर तक अर्ज़ी भेजने की आखिरी तिथि है। हो या न हो, इससे थोड़ा लाभ ही होता है। तेरा कुछ बिगड़ता है नहीं। अच्छा और एक अर्ज़ी तैयार करके भेज दे, अम्मा पूछ रही थीं।

अब सारा काम छोड़ कर अपनी रिसर्च और अध्ययन में जुट जा। इस ख़त के उत्तर में पूरा विवरण भेज कि तूने क्या काम शुरू कर दिया। कौन-सी बाहरी पुस्तकें पढ़ रही है। तुझे जो काम अपने जीवन में करना है, वह बहुत बड़ा है, बहुत बड़ा! तुझसे बड़े तूफ़ानों ने ज़ोर आजमाइश करके देख लिया तू ही जीती। हम दोनों को कितना गर्व है? यह गर्व बना रहे। तेरे कहने के बावजूद हम दोनों तुझसे आशा करते हैं करते रहेंगे। तुझसे आशा नहीं करेंगे तो किससे करेंगे। और हम दोनों का कौन है?

सस्नेह

भा.

प्रात:काल 8 बजे

2.12.57

सुबह के 6 बजे हैं। कल रात विजयदेव नारायण साही का विवाह था। तेरी कितनी याद आयी। बारात निकलने के पहले मंडप के नीचे विजयी मौर पहने बैठे थे, तू होती तो हँसती और हम तुझे टेढ़ी आँख करके बरजते। इन लोगों के यहाँ एक रस्म होती है, कि बारात वधू के घर जाने के लिए निकले उसके पहले बहन हाथ में दूब और फूल लेकर अपने भाई के दोनों पाँव, घुटने, फिर हाथ की हथेलियाँ, और बाँहे छूती जाती है, और एक गीत गाती जाती है, जिसका अर्थ है "मेरे भइया तेरे पाँव चूमूँ, तेरे हाथ चूमूँ, तेरा माथा चूमूँ, तू मेरा भइया फूल-सा है—मेरी भाभी हरी-हरी दूब-सी है। तुम दोनों हमारे हृदय में हमेशा रहना।" कितना समृद्ध है हमारे लोकगीतों का संसार और कितनी मधुर हैं हमारी छोटी-छोटी परम्पराएँ और रीति रिवाज़!

यों मैं सोच रहा हूँ कि शादी मेरे मित्र की थी पर तू मुझे क्यों याद आ

रही थी, आखिर! असल में बात यह है, मेरी बावरिया कि तू हम लोगों के मन में इस कदर बस गयी है, कि अब वहाँ और किसी के लिए गुंजाइश ही नहीं बची। बस अब तो केवल डाकिए का इन्तजार करना ही अच्छा लगता है और यह मन करता है कि इलाहाबाद में दिन में दो बार की जगह 4 बार डाक बँटती और चारों डाक से तेरे पत्र आते। ख़ैर यह तो महज़ ख़ामखयाली है—खत लिखने के मामले में तू निहायत नालायक और लापरवाह है। एक मैं हूँ कि प्रतिदिन ही लिख रहा हूँ। परसों यानी शनिवार की शाम को तुझे एक पत्र और साथ में एक ताज़ी कविता भेजी है, उसे जब Post करने रोज़ की तरह स्टेशन गये तो साढ़े आठ बज चुके थे—लगा अब तो गाड़ी छूट जाएगी। फिर भी भागे-भागे गये R.M.S. में टिकिट लेने गाड़ी छूटने ही वाली थी कि कान्ता ने देखा कि गार्ड तो उसकी किसी सहेली के भाई हैं। उनसे कहा एक सेकेंड गाड़ी रोक लीजिए और यह ख़त R.M.S. के डिब्बे में डाल देने दीजिए—बहुत ज़रूरी चिट्ठी है—सो साहब, गाड़ी रुकी, ख़त डाल दिया गया और तब गाड़ी छूटी। हे महारानी, ये कौन जानता होगा, कि इस भारतवर्ष में रेलगाड़ियों पर तुम्हारा वैसा ही राज्य है जैसा इंग्लैंड में महारानी एलिज़ाबेथ का। तेरे लिए गाड़ियाँ रुकती ही थीं, अब तेरे खत के लिए भी रुकने लगीं। नेहरूजी को मालूम हो जाए तो निसन्देह लाल बहादुर शास्त्री की जगह हमारी पुष्पलता शर्मा को ही रेलमंत्री बना दें—

अच्छा चल, अब झटपट खत लिखने बैठ जा-

सस्नेह
भा.

9.12.57

दुत पगली, कहीं इस तरह घबराया करते हैं। नहीं किसी को कुछ नहीं हो सकता। थकान थी, ठंड थी। ठीक हो गयी। हालाँकि उसी दौरान में वह 20 पृष्ठों का जो लेख लिखना पड़ा उससे दिमाग बहुत थक गया है। वह लिखना ज़रूरी था। धीरेन्द्र जी का आदेश था और मैं तेरी तरह उन शिष्यों में नहीं जो आज्ञा के उल्लंघन में ही सुख पाते हैं।

आज तुझे वह ख़त मिला होगा जो यहाँ से शनिवार 7 तारीख को हम लोगों ने डाला है जिसके पीछे A Cat on a Scooter का चित्र बना है। उसे बनाने में बड़ी मेहनत पड़ी है, और वह भी बीमारी और थकान की हालत में बनाया गया... उसका मूल्य मैं झटपट तुम्हारी कुन्तों से वसूल करूँगा क्योंकि कान्ता को

तुमने जो मेरी Formal खत भेजने की शिकायत लिखी थी उसी पर मुझे वह खत और वह चित्र बनाना पड़ा। स्कूटर के पीछे की छोटी पालना गाड़ी में जो तीन मार्जार-शिशु बने थे उनका नामकरण हम दोनों ने कर लिया है। जब तुम ढाई घंटे वाली कथा बताओगी तो हम लोग यह भी बता देंगे।

इधर महाभारत बहुत जोरों पर है, सन्धि प्रस्ताव कई बार आ चुके हैं पर तुम जानती हो कि मैं आधे राजपाट को तो कुछ समझता नहीं जब तक कि राई-राई भूमि मेरी न हो जाय। तूने भी कोई ऐसी खबर नहीं भेजी कि किसी बहाने 'खुशियाँ मनाइयाँ' का कार्यक्रम होता। अत: महाभारत बदस्तूर जारी है।

कान्ता 8.9 को कलकत्ते पहुँच जाती पर यह जो 9 को एकेडेमी की कान्फ्रेंस हो गयी और उसमें मुझे निबन्ध लिखने का काम दे दिया गया-उसकी वजह से सारा कार्यक्रम उलट पुलट गया। अब 15 तक पहुँचने की उम्मीद हैं। यदि मानिक का कलकत्ते जाने का कार्यक्रम पहले बन गया तो उसके पहले!

अच्छा सुनो—आज अपनी मोटरिया चली गयी। उसे निकालते समय थोड़ा-सा कलक तो लगा पर उसकी हालत ऐसी थी पुस्सी कि उसे न निकालते तो बहुत परेशानी में पड़ जाते। वैसे मार्च तक दूसरी गाड़ी ले लेने का पूरा कार्यक्रम है पर पहली गाड़ी को मैंने जितना प्यार किया उतना ही अन्दर से उसमें धोखा निकला।

सन्तो यहाँ से 6 ता. को चली गयी। मेरी तबीयत 2 ता. से ही खराब थी अत: न मैं जा पाया न कान्ता। बेहद नाराज़ बैठी थी। 5 को जब उनका जाना निश्चित हुआ तब शाम को 6 बजे झटकती पटकती मुँह फुलाये आयी। मुझे कम्बल में लिपटा पड़ा देख—गुस्सा एकदम शान्त हो गया। पर उस दिन मेरा मूड बेहद उखड़ा और बहका हुआ था। मैं ठीक से दो बातें भी नहीं कर पाया। बाद में पछताता रहा। जाते समय बिबिया भी इस बार बहुत रोईं। बिबिया इस बार बक-झक कर मुझसे बहुत लड़ती रहीं। बताओ कोई कह सकता है कि बिबिया मुझसे इतनी बड़ी हैं। 5 ता. को रुदौली वाली बहन आयी थीं मैंने उनसे कहा कि अब मैं एक बार रुदौली आना चाहता हूँ तो एकदम फूट-फूटकर रो पड़ीं। कैसी अजीब-भावना की दुनिया उस घर में बन गयी है, मुझको केन्द्र बना कर! पर अब टूट गयी। यह आखिरी आवर्त था उसका। अब अम्मा के बाद कभी उस घर में न ये सब वैसे आएँगे न वे दिन लौटेंगे। दिन तो कभी नहीं लौटते थे।

इस बार पता नहीं कैसे शोभा दीदी में पुरानी ममता उमड़ आयी। उधर बेचारी बहुत दूर-दूर और कटी-कटी रहती थी। घर भी नहीं आती थीं। मैंने समझा कि ब्रह्मा भाई साहब ने कोई आर्डिनेन्स बेचारी पर लगा दिया हो। पर शोभा

दीदी 2 ता. को आयीं। होस्टल से ऊबी हुई थीं। 5 को कान्ता उन्हें बुला लायीं। आज तक यहीं हैं। कल होस्टल जाएँगी। उस दिन बुधवार के बाद से कितनी चीज़ें उमड़ रही थीं मन में—पर सिवा उस कविता के कुछ नहीं लिख सका। सब इस निबन्ध की वजह से रह गयीं। पर तुमने भी तो कुछ नहीं भेजा, तुमने कहा था Chekhov in my life वाली चीज़ भेजने को, उसका एक अक्षर नहीं भेजा। तुमने कहा था, A many Splendoured things पर अपने Impression भेजने को वह भी नहीं भेजा। तुमने कहा था... पर जाने दो तुम्हें कह कर कितना याद रहता है? मेरी तरह थोड़े ही कि अगर मैंने 'लिफ़ाफ़ा' बोल दिया तो वह भी पत्थर की लकीर की तरह जड़ गया दिमाग़ में।

अच्छा सुनो—तुम्हें कई अपने थीम बताएँ। एक बेनोमा हैं—उनके बारे में बहुत कुछ लिखना चाहता हूँ। पर कहाँ से शुरू करूँ यह समझ में ही नहीं आता। उनसे तुम्हें अभी तक मिला नहीं पाया। मिलाऊँगा। वह एक ऐसी individuality है, जिनको मैं आज तक समझ ही नहीं पाया। स्वभाव की अत्यन्त विचित्र हैं। क्षण-क्षण पर मन बदलती हैं। छायाओं के पीछे दौड़ती हैं, पर हैं बेहद ममतामयी। जिनसे मिलती हैं उन्हें निरस्त कर उन्हें बिल्कुल वशीभूत कर लेती हैं। मैं उनसे बहुत दिनों से खीझना चाहता हूँ। मौका नहीं मिल पाता। उन्हें अमित स्नेह देना चाहता हूँ दे नहीं पाता। उन पर कुछ लिखूँगा!

एक लिखना चाहता हूँ इस खिड़की से आने वाली प्रात किरण पर। उस प्रात किरण की पलकों में मैंने अकसर बेले की उज्ज्वल राशियाँ महकती देखी हैं। उनके सौन्दर्य के लिए अभी तक दुनिया की किसी भाषा में कोई शब्द ईजाद हुआ हो मैं नहीं जानता। जब भी वे शब्द प्रस्फुटित होंगे—मैं लिखूँगा। इतना जानता हूँ कि संसार की मधुरतम कृति में से वह कृति होगी। उस प्रात किरण की आँखों में बसी बेले की उजली-नील कमल मिश्रित राशियों पर लिखी वह कृति।

एक लिखना चाहता हूँ गुलाब की पतली लम्बी पाखुरियों पर जिनमें अमृत है। पर ऐसा अजीब कि जितना पियो उतना और भरता जाता है।

हाँ, गुलाब पर याद आयी। तुमने राजश्री का पात्र किस दिन पढ़ाया था वहाँ बृहस्पतिवार को? उसी दिन यहाँ Mac grady Sunset फूला था। अभी तक खिला है।

कान्ता कह रही है कि पुसिया कलकत्ते में क्या करती है, इसकी खबर हमारा बाग़ हमें दे देता है। क्योंकि आजकल तारघर ने तो खबर भेजनी बन्द कर दी है।

अच्छा अब बस सोमवार 9 दिसम्बर रात 9 बजे

15.12.57 / साढ़े सात बजे सायं

गाड़ी चलने के पहले जब पान की तलाश में हम गये थे, तो मैंने तुमसे कहा था कि... पहली बार मैं न जाने कौन-सी प्रौढ़ता अनुभव करने लगा हूँ।... गाड़ी चलने के बाद मुझे नींद आ गयी। मैं नहीं जानता कब सिरहाने अटैची पर रखा हुआ रजनीगन्धा की मालाओं का पूरा पैकेट धक्के से मेरे माथे पर आ गिरा। मेरी नींद खुल गयी और मुझे बिलकुल ध्यान नहीं था कि यह ट्रेन है—मैंने धीमे से अपने माथे पर अपने हाथ यों रखे कि कोई अंजलि रजनीगन्धा के फूलों की मिलेगी—पर नहीं—वहाँ केवल वे मालाएँ थीं जो ट्रेन में धक्के से माथे पर आ गिरी थीं।

और उसके बाद नींद नहीं आयी। ट्रेन की भयानक धड़धड़ के बीच केवल एक ध्वनि मुझे सुनाई पड़ रही थी, रजनीगन्धा की अगणित ताज़ी कलियों का झरझर गिरना... उलझे रूखे केशों से फिसलती हुई कलियाँ सिमटे आँचल के खुलते छोरों से गिरती हुई कलियाँ, बेले की उभरी राशियों की मध्यवर्ती गहराई से झरती कलियाँ, और उन कलियों, के मन्द मर्मर की लय पर अन्धकार में घुलता हुआ एक मींड़ की तरह काँपता—अस्पष्ट अदृश्य जिस्म! वह स्वर बाहर कहीं से नहीं आ रहा था—मेरे तन के अन्दर वह जैसे कण-कण, रोम-रोम में बिंधा हुआ था।

लगता है जैसे नियति ने निर्णय ले लिया है। गहरा, अटल, अमिट! और लगता है जैसे आज से सबकुछ इसीलिए है कि वह निर्णय चरितार्थ हो किसी अगले जन्म-जन्मान्तर या अज्ञात भविष्य में वहीं वरन् इसी जन्म में! हमारे पार्थिव और मानसिक अस्तित्व दो नहीं हो सकते। उनके अलग होते ही विकृति और कायरता पनपती है। रजनीगन्धा के झरते हुए फूलों ने उस दिन यही कहा था—और मैं उससे प्रतिश्रुत हूँ।

समय की इस नदी के धूमिल प्रवाह के किनारे बैठकर मैं प्रतीक्षारत हूँ। इन्तजार कर रहा हूँ। कभी मैंने इसे आशीर्वाद दिया था कि घाट के पत्थरों को छोड़कर बह जाओ। वह अब स्थगित है। अब तो प्रतीक्षा कर रहा हूँ। समय का प्रवाह अगर वस्तुओं को मुझ तक नहीं लाता तो मुँह लटकाकर शाम को किनारे से उदास लौट आने का इरादा अब नहीं है। समय के प्रवाह को उलटने का हौसला रखता हूँ। और आज तक जिसका इरादा किया, उसे अधूरा नहीं छोड़ा।

मेरी एक कविता थी जिसमें एक घर की छाया मुझसे कहती है, "लौटोगे अपनी हर यात्रा के बाद यहीं!" वही अब मैं कहता हूँ। तुम्हें या जिसे, जो यात्रा

करनी हो, कर ले, अन्त में यहीं लौटना है, यहीं लौटना है!

16.12.57

अभी स्टेशन जाकर एक एक्सप्रेस डिलीवरी लिफ़ाफ़ा डालकर लौटा हूँ। कालका मेल जा चुकी थी। बम्बई मेल जाने वाली थी। शिक्षायतन में ख़त पहुँचा होगा।

कालका मेल जिससे मैं आया था—आज 4 घंटे लेट पहुँचा। अत: सुबह की गोष्ठी में शामिल नहीं हो सका। शाम की गोष्ठी में बेहद इन्तज़ार था मेरा। नहाते, कपड़े बदलते शाम की गोष्ठी का समय हो गया। गया उसमें। गोष्ठी ख़त्म होते-होते सात बज गये। सर्दी आजकल यहाँ कल्पनातीत है। कलकत्ते से यहाँ की कल्पना ही नहीं हो सकती। ख़ैर। लौट कर साढ़े सात बजे ख़त लिखा। स्टेशन जाकर छोड़ना इस सर्दी में मरणान्तक कष्ट था। पर जाना था और छोड़ना ही था। बेचारा रामस्वरूप स्टेशन तक चलने को राज़ी हुआ। वहाँ मालूम हुआ बॉम्बे मेल की डाक बँध गयी है। अब गाड़ी में ही छोड़ना होगा और बॉम्बे मेल है दो घंटे लेट, क्या करें? इतने में आर.एम.एस. के एक बहुत पुराने सहपाठी दिखे। उन्होंने ख़त लिया। उसमें एक्सप्रेस डिलीवरी का टिकट लगवाया। और कहा आप जाएँ। जो आदमी आर.एम.एस. का यहाँ से जा रहा है, वही इसका सारा प्रबन्ध कर देगा। उन्होंने आश्वासन दिलाया कि सोमवार की शाम को यह यथास्थान पहुँच जाएगा।

मैंने रास्ते में ही मुगलसराय में ख़त छोड़ा होता— पर गाड़ी इतनी लेट पहुँची थी कि वहाँ भी छोड़ने से कोई लाभ नहीं था। फिर आर.एम.एस. जाना भी कठिन था।

इस समय रात के ग्यारह बजे हैं। शमशेर बहादुर सिंह, शंभूनाथ सिंह और तमाम लोग आये थे। अभी-अभी गये हैं।

इतना लिखते-लिखते बेहद गहरी नींद आ गयी और मैं बिना बिजली बुझाए ही सो गया। न कोई सपना, न कोई ख़याल! क्या सुबह तीन बजे आज किसी ने मुझे याद नहीं किया! लगता है रविवार को ख़ूब थककर सोई हो। हाँ सुनो, कल रात बड़ा मज़ा आया। उस गोष्ठी में—थोड़ी देर बाद श्याम लता जी और उनकी दीदी—डॉ. कंचन लता सब्बरवाल हॉल में आयीं और मंच के सामने से होती हुई महिलाओं में जाकर बैठ गयीं। थोड़ी देर बाद मैं उठकर हॉल के बाहर जहाँ तमाम लोग निकलकर टहल रहे थे मैं भी निकलकर टहलने लगा। थोड़ी देर बाद वे दोनों भी निकलीं और बिल्कुल सामने से होती हुईं जाकर अपनी गाड़ी के पास खड़ी हो गयीं। मैंने ऐसा दिखाया गोया मैं जानता ही नहीं—पहचानता ही नहीं—आराम से टहलता रहा, पान खाता रहा, लोगों से प्रेमपूर्वक बातें करता

रहा। थोड़ी देर बाद देखा कि राजेंद्र यादव उनके पास खड़े बातें कर रहे हैं। मैं मन-ही-मन हँसता रहा। बताओ, एक झूठ छिपाने के लिए सौ झूठ कल्पित करने से क्या लाभ? अन्त में जब मैं नहीं ही गया तो उन्होंने राजेंद्र यादव को वहाँ भेजा। यादव मुझे बुला ले गया। तब उन्होंने इसकी बेहद शिकायत की कि वे दो बार सामने से गुजरीं तब भी मैं उनसे मिलने क्यों नहीं आया, एक बार उन्होंने संकेत भी दिया, आदि-आदि।

मन में तो आया कि कह दूँ... पर कुछ सोच कर चुप रह गया। कहने लगीं, मैं तो आप से जी खोलकर लड़ना चाहती थी, आपको इसीलिए छेड़ कर ख़त भी लिखा पर आपने तो तुरन्त हथियार डाल दिए— मैंने सिर्फ़ इतना ही कहा, "मैंने लड़ने की आदत छोड़ दी है।" बस! यह कैसे बताता कि लड़ने की सारी क्षमता बचाकर रख रहा हूँ, क्योंकि जानता हूँ एक दिन मुझे लड़ना पड़ेगा—पता नहीं किससे-किससे जब नीलकमल मंडित बेले की सुगन्ध भरी राशियाँ जो मेरी हैं, केवल मेरी, केवल मेरी, केवल मेरी—वे छौने को भूलने लगेंगी, उस दिन बकौल Prospice के—I have been a fighter all my life so one fight more, the best and the last... इसीलिए अब किसी से इधर-उधर लड़ाई करता नहीं घूमता। योद्धा की सिद्धि एक लक्ष्य और उस एक लक्ष्य के भी निश्चित बिन्दु को जाने बिना गहन शून्य में निरुद्देश्य छोड़े गये तीर की तरह कहाँ तक भटकूँगा? क्यों भटकूँगा? न! रजनीगन्धा के नशीले संगमरमरी फूलों से गुँथे तेज़ नुकीले फूल-तीर की तरह पैठता जाऊँगा—पहले अगस्त्य पुष्पों जैसे पाँवों में, उनमें से होता हुआ सीधे वेतसलता के अंजलिबद्ध गुलाबों तक, और वहाँ से तन के कण-कण में, मन के प्रत्येक स्पंदन में—प्रत्येक श्वास प्रश्वास में—प्रत्येक क्षण में—क्योंकि कण-कण क्षण-क्षण मैं ले चुका हूँ—सब मेरा है, निर्बन्ध, बाधाहीन मेरा है मेरा! केवल मेरा! शेष जो भी है वह मुझमें होकर है, मुझसे परे नहीं है! मुझे छोड़कर नहीं है।

मैंने कई बार तुम्हें बताया है, पुस्सन—कि अकसर हमारी ममता के चरम उद्‌बुद्ध क्षणों में हम न जाने कितने सम्बन्धों की विविध प्रकृतियों का मिला-जुला स्वाद पाते हैं। और उनकी व्याख्या करना चाहें तो कहते हैं इसमें वात्सल्य भी है—करुणा भी है, सख्य भी है, प्रीति भी है और... पर एक अनुभूति और भी होती है—जहाँ राग की समस्त प्रवृत्तियाँ, उनके नाम रूप-मात्र आवरण लगते हैं और यह कहना कि यह भावना अमुक है अमुक है या अमुक और अमुक का मिश्रण है, यह सब केवल उस भावना को आवरण से ढँकना या पोशाकें पहनाना है। कहीं-न-कहीं ये सारे आवरण निरर्थक लगने लगते हैं और हमारा अस्तित्व इनका तिरस्कार कर देता है। और उस गहन अनुभूति के अत्यंन्त तीव्र पीड़क क्षण

में केवल एक वस्तु शेष रहती है, इन सब आवरणों से परे जो हम हैं—वास्तव में—मूलभूत रूप हमारा जो इन समस्त सांसारिक रिश्ते बनने के पहले था और इन समस्त सांसारिक रिश्तों के टूटने के बाद भी रहेगा। ये रिश्ते तो हमने होश सँभालने के बाद बनाए—हम तो उसके पहले भी थे (और यह जो हम हैं—इन सबके परे 'वह' केवल आत्मा नहीं है—वह एक सुनिश्चित अस्तित्व है जिसमें हमारी सारी चेतना प्रक्रिया हमारे जिस्म के कण-कण, रोम-रोम से गुँथी हुई है—दोनों अलग नहीं है—एक हैं—एकमेक) तो यह जो हमारा अस्तित्व है मन और तन को अपने में एक करके घुलाए हुए—बराबर तो वह अस्तित्व सांसारिक रिश्तों, रागात्मक सम्बन्धों की परिधि में घूमता रहता है, वह उनकी सीमाएँ हैं, माँ का, पुत्र का, बहन का, भाई का, हाँ, पति और पत्नी का भी, पर कहीं वह इन समस्त सीमाओं को उठाकर एक ओर रख देता है—और हमारा सम्पूर्ण अस्तित्व निर्बन्ध रूप से इसके किसी सम्पूर्ण अस्तित्व के सीमाहीन रूप में एकाकार हो जाता है। अगर नहीं एकाकार होता तो भी हम यदि यह अनुभव भी करते हैं, कि एक सम्पूर्ण सीमाहीन अस्तित्व—सारे सांसारिक सम्बन्धों के परे, वात्सल्य के परे, करुणा के परे, मैत्री और प्रीति के परे, दाम्पत्य भाव के भी परे, हर क्षण हमारे साथ चल रहा है—तो मन में जाने कैसा अदम्य उत्साह जाने कैसा उल्लास भर जाता है!... सांख्य में पढ़ता था कि पहले समस्त सृष्टि में मात्र शून्य था, दो तत्व पुरुष और प्रकृति के सामंजस्य से अकस्मात् फूल खिल गये, नदियाँ बहने लगीं, धूप जगमगाने लगी, चाँद उग आया, रजनीगन्धा फूलने लगी... गौर करो पुस्सन—'पुरुष' को उसने किसी भी सांसारिक सम्बन्धों वाली संज्ञा से अभिहित नहीं किया—और दूसरे तत्त्व को भी उसने किसी नाम रूप में बाँधकर केवल 'प्रकृति' कहा— नारी भी नहीं—केवल प्रकृति! (क्योंकि नारी में कुछ जन्मजात दुर्बलताएँ होती हैं और इसीलिए उस दिन जब तुमने पूछा था कि यह क्या मुझे मालूम नहीं—तुम बार-बार क्यों बताते हो? क्यों पूछते हो? तो मैंने कहा था इसलिए कि after all you are a Woman!) पर पता नहीं क्यों उस दिन जब तमसाच्छन्न नीरवता को झकोरती हुई अगणित रजनीगन्धा की कलियाँ झरझर केशों से, आँचल में से, वेतसलता के गुलाबों के अन्तराल से—गिरने लगीं उस क्षण जैसे एक ग्रन्थि और खुल गयी तुम नारी भी नहीं रही, प्रकृति मात्र प्रकृति—(शक्ति आद्यरूपिणी)

Now, do you remember that strange poem- whose few lines you picked up and read out and I was astonished to find that these were the very lines that charmed me...

"these were not real. This only was real, beyond all surmise of why and how: her questioning thighs enfolding their own response, her body's warm agony charged with oblivion her final kiss...

Can I forget all this..."

...No, I can not forget, never, never!

लौटते समय जिस दिन मैं आ रहा था, बड़ा बाजार क्षेत्र के भयंकर ट्रैफ़िक जैम में फँसी हमारी गाड़ी—और उस अनन्त प्रवाह के बीच स्थिरता का वह क्षण—and not only thighs but the whole existence (body and soul and all) questioning and questioning and enfolding in their own response...

यह अपनी प्रतिक्रियाओं से दूसरे के व्यक्तित्व को चारों ओर से आच्छादित कर लेने की बात भी कैसी अजीब है। मुख से एक शब्द नहीं, कभी-कभी जिस्म में भी कोई हरकत नहीं—यहाँ तक कि आँखों की चमक और ओंठों का स्पंदन भी नहीं— फिर भी एक व्यक्तित्व दूसरे को धूम्रवलय की तरह घेर लेता है। जकड़ लेता है। कस लेता है। और मैं प्रतिक्षण अपने को पिया हुआ, कसा हुआ अनुभव करता हूँ... तो इसमें अस्वाभाविक क्या है?

सस्नेह

भा.

18.12.57

9:30 सुबह

मेरी पुसनिया,

यह चित्र कैसा आदर उत्पन्न करने वाला है—मेरे लिए, यह तुम्हें कैसे समझाऊँ। वाल्ट व्हिटमैन ने लिखा है न ऐसे लोगों के बारे में जिनके पाँवों तले शताब्दियाँ बिछ जाती हैं—इस समय वैसी ही लग रही है तू। कितने दिनों भटकती रही पर जब तेरा इस्पात उभरा तो क्या मजाल कि कोई झुका तो ले! कितना गर्व है मुझे तुझ पर मैंने पिता जी को सही लिखा था मैं तेरा आदर करता हूँ।

मैंने अपने जीवन में ऐसे भी लोगों को देखा है, तू जानती है— जो राह नहीं बना पाए, जिनके आगे जब रूढ़ियाँ, परम्पराएँ, वर्जनाएँ, आशंकाएँ, विरोध धन, ऐश्वर्य, षड्यन्त्रपूर्वक खड़े हो गये तो वे न तो लौटे, और न इस तरह आगे बढ़े कि वह भीड़ उनके सामने काई की तरह फट जाती। वे उसी में खो गये। कुछ क्षण लहरों में उनका आभास मिला फिर धीरे-धीरे वे अदृश्य हो गये। कभी-कभी जब मैं बेहद अविश्वासी, संशयग्रस्त, संदिग्ध हो उठता हूँ न तो सोचता हूँ कि पता नहीं जिस ज़मीन पर चल रहा हूँ वह कब जर्जर और पोली साबित हो, इसीलिए अक्सर सब छोड़-छाड़ कर कहीं और... कहीं और चले जाने की

बलवती भावना बार-बार मन में ज्वार की तरह उमड़ती है। पर अब रोक रहे हैं, वेतसलता के रहस्यमय और बेहद सूक्ष्म बन्धन!... इतना अपने लिए जानता भी हूँ कि जब तक मैं अपने से भागता रहूँ तब तक दूसरी बात है—पर जिस क्षण किसी ओर उन्मुख होकर चल पड़ता हूँ तो आज तक मेरे आगे कोई विरोध, आशंका रूढ़ि टिकी नहीं—

तेरे खत में पढ़ी यह लाइन "कब कहाँ कैसे मिल गये हैं हम—कहाँ जाएँगे?" ...और याद आ गयी है मुझे वाल्ट व्हिटमैन की वह कविता जिसका खत शुरू करते समय मैने जिक्र किया है सुन पूरी कविता—

कितने विपन्न लगते हैं तर्क, एक साहसपूर्ण कृत्य के सम्मुख

महानतम नगरों का सारा आल-जाल कैसे
काँप-काँप उठता है, किसी
हिम्मत वाले पुरुष या स्त्री
की दबंग निगाहों के आगे।
सब कुछ अपनी जगह पर ठिठका रहता है,
या अपनी जगह से खिसका रहता है,
जब तक कोई सशक्त व्यक्ति
नहीं आता!
और ज्यों ही वह आया कि सारा संसार उससे काँप
उठता है—
आत्मा को लेकर चलने वाले विवाद बन्द हो जाते हैं,
(क्योंकि उनमें आत्मा पूर्णतः जाग्रत रहती है)
पुराने रस्म रिवाज, रूढ़ियाँ, और शब्दावली, उठा
कर फेंक दी जाती है, या उन्हें
वह व्यक्ति आहिस्ते से मोड़ देता है!
कहाँ है, तुम्हारा धन का गर्व?
कहाँ हैं, तुम्हारी आभिजात्य—संस्कार-जन्य वर्जनाएँ
कहाँ हैं, तुम्हारा कर्म, नीतिशास्त्र, शिक्षा, समाज, परम्पराएँ
आईन, कानून?
कहाँ हैं, तुम्हारे व्यंग्य और ताने?
कहाँ हैं, तुम्हारे आत्मा सम्बन्धी विवाद?
तुम उन्हीं पर फूलते थे न? वे ही तुम्हारे अचूक
अस्त्र थे?
देखो कि तुम्हारी सारी रूढ़ियाँ, आशंकाएँ, विरोध,

व्यंग्य, धन, ऐश्वर्य, षडयन्त्र—जो
भीड़ लगा कर राह में खड़े थे—
वे दाएँ बाएँ हटकर राह बना
रहे हैं,
आज्ञानुवर्ती हैं
क्योंकि कोई सशक्त पुरुष
या स्त्री अपनी राह पर
अग्रसर है
इतिहास की अगणित शताब्दियाँ
और उन शताब्दियों में विकसित हुआ
सारा धर्म, नीतिशास्त्र, रूढ़ियाँ
राजनीति, व्यवस्था और विज्ञान
बिछ गया है पाँवों तले
किसी सशक्त साहसी
स्त्री या पुरुष के—
जो अपनी राह पर चल पड़ा है!''
'कहाँ जाएँगे' का उत्तर मिल गया न!

भा.

बुद्धवार, 9:30 सुबह
19.12.57

कल तुझे भेजी है वाल्ट व्हिटमैन की कविता—तूने देखा—क्या ऐसा नहीं लगता जैसे उसने हमें ऐसे यात्रियों के रूप में चित्रित किया है जो इतिहास की पिछली अगणित शताब्दियों को कुचल कर, रूढ़ियाँ, परम्पराएँ, विधि निषेध के तमाम झूठे बन्धन तोड़कर आगे बढ़ रहे हैं। हमारे व्यक्तित्व की सार्थकता इसी में है कि हम अपने को मारें नहीं। कुचलें नहीं, खंडित नहीं करें। जो हमारा सहज प्राप्य है, उसे जब तक न पहचानें तब तक चाहे जहाँ भटकते रहें पर... लेकिन, जिस क्षण उसे पहचान लेते हैं उस क्षण संसार की कोई ताकत ऐसी नहीं रह जाती जो हममें और हमारे प्राप्य में बाधक बन सके। सारे झूठे समझौते—व्यर्थ के आदर्श हमको तिल-तिल कर खा जाने वाली रूढ़ियाँ—इन सबको निर्ममता से ठुकरा देते हैं हम! और जिसको देकर हमारा जीवन सार्थक हो सकता है, उसी लक्ष्य को

हम अपना जीवन अर्पित कर देते हैं।

उस दिन जब Train धीमे से चलने लगी थी, और तू खिड़की पकड़े खड़ी थी, तब मैंने तेरे कान में जो कहा था उससे तुझे नहीं लगा क्या कि अब हम लोगों की दिशा तय है। अब जो भी हमारे जीवन में आता है, उसे अन्ततोगत्वा या तो हमारे साथ चलना होगा या फिर हमें गैरिक वसन धारण कर हिमालय के पथ पर बढ़ जाना होगा। पर ऐसा होगा नहीं क्योंकि हम जिस पथ पर चल निकले हैं, वही, केवल वही सत्य है सार्थक है—अब चलना है तो इसी पथ पर चलना है—वरना चलेंगे ही नहीं। हमने इसी पथ को अपना 'सम्पूर्ण' अर्पित कर दिया है और देख सम्पूर्ण देने के बाद भी सम्पूर्ण ही बचा रह गया है—यात्रा अशेष है—

भा.

21 दिसम्बर 57
शनिवार

पुस्सन!

हर दिन नहीं—कोई-कोई दिन ही ऐसा बीतता है। उसका बीतना सिर्फ़ सूरज डूबने-निकलने या आँख के खुलने और बन्द होने, या सुबह होने या शाम होने तक ही महदूद नहीं होता—उस दिन का बीतना ऐसा लगता है गोया मन के इस खाली-खाली प्याले में जो दो-चार बूँदें बच गयी हैं, उनमें से एक-आध और रीत गयी; इस सूनी-सूनी अंजलि में दो-चार फूल बच गये हैं उनमें से एक-आध और बिखर गये...ऐसे दिन अपने बीतने के बाद एक अजीब से खालीपन का प्रभाव छोड़ जाते हैं। लगता है जैसे सूनापन, उदासी एक पुरानी चोट है, जो ऊपर-ऊपर से सूख गयी थी और यह दिन एक बेदर्द ठोकर है जिसने उस घाव को फिर अनावृत कर दिया, फिर उसमें टपकन पैदा कर दी।

इधर-उधर घूमने के बाद जब अपने घर के उदास फाटक पर लौटा तो रात हो गयी थी—चारों ओर खामोशी थी, सर्दी थी, ठिठुरन थी और कोहरा था। होठ मेरे सूखे थे—माथा ठंडी हवाओं के शीत स्पर्श से शान्त था, हाथ जेबों में ठिठुरे थे और पाँव यन्त्रचालित गति से चल रहे थे—अकस्मात् कोई तेज़ी से चमका—वह चमक ऐसी थी जैसे अँधेरे की विराट् झील में अकस्मात् कोई चमकदार मछली उछल कर फिर तह में बैठ जाय। मैं ठिठक गया...कौन था? और कौन होता—वह था शुक्र—तारा उशनस्! पँख फड़फड़ाती हुई उजली तितलियों से जिनकी उपमा देता हूँ न—जो मुझे बेहद मनभावन लगती हैं—बिलकुल उन्हीं आँखों के बराबर बड़ा—दिप्-दिप् दमकता हुआ उशनस्—सहसा मेरे मन में कीट्स के उस प्रख्यात

सॉनेट की पहली पंक्ति गूँज गयी:

Bright Star! would I were steadfast as thou art

(ओ जगमगाते नक्षत्र! काश कि मैं उतना ही अविचल होता जितने तुम हो!)

इस बार जब यह पंक्ति याद आयी तो पता नहीं क्यों इस पंक्ति के पीछे एक अजब-सा रहस्य था। लगा जैसे मैंने आज तक इसे ठीक-ठीक नहीं समझा था—आज पहली बार मैं इसे समझ पा रहा हूँ—क्योंकि शायद पहली बार मैं उस मन:स्थिति से गुज़र रहा हूँ जिसमें से कीट्स गुज़रा होगा। कीट्स ने उस सॉनेट में उस अदम्य जाज्वल्यमान नक्षत्र से स्थिरता की कामना की थी। जैसे युग-युगों से अपने स्थान पर जड़ा हुआ वह नक्षत्र स्थिर है, अचल है—काश कि कीट्स भी वैसा ही हो पाता! लेकिन कीट्स कैसा है? क्षण-क्षण आशंका, भय, कामना, अलगाव, लालसा, अतृप्ति, पीड़ा और परिवर्तन के भँवरजाल में फँसा हुआ, क्षण-क्षण नीचे डूबता हुआ, एक पीले पत्ते की भाँति! और वह उस क्षण-क्षण के आलोड़न-विलोड़न में कहीं भी पाँव टिकाने का आधार नहीं पाता, कहीं भी समय के इस अजस्र प्रवाह को ऐसे बिन्दु पर नहीं पकड़ पाता जहाँ वह सौन्दर्य का ऐसे सृजन कर सके कि इस जीवन की निरन्तर गतिशीलता में वह सौन्दर्य का क्षण स्थिर हो, अक्षय हो, कभी घटे नहीं, कभी क्षरित न हो! कभी-कभी—कभी वह समाप्त न हो। कलाकृति हमेशा चिरन्तन गतिशील जीवन को एक ऐसे बिन्दु पर बाँध लेती है जहाँ जादू से वह चलता-फिरता जीवन हमेशा-हमेशा के लिए बँध जाता है। मुझे याद आ गया कीट्स का 'ओड टु द ग्रीशन अर्न' जिसमें उस पुराने यूनानी पात्र पर चित्रित दृश्य के प्रति कीट्स कहता है कि इसमें जो बाँसुरी बज रही है वह अब कभी भी न रुकेगी—जो युवक और युवती वृक्ष-तले बाहु-पाश में आबद्ध खड़े हैं, वे बाहु-पाश अब कभी भी न खुलेंगे—वह सदा इसी प्रकार तन्मय रहेगा और तरुणी सदा-सदा के लिए इसी प्रकार वेतस-लता की भाँति सुकुमार बनी रहेगी—सदा-सदा के लिए—सृष्टि के अन्तिम क्षण तक के लिए—कला ने उन्हें इस चिरन्तनता में बाँध दिया है।

कीट्स मेरी जाति का था (कलाकार था), अत: आज उसकी पीड़ा ठीक-ठीक मुझे समझ में आती है। इस निरन्तर तेज़ी से बदलते हुए जीवन-प्रवाह में मैंने कितनी आतुरता से उन क्षणों को खोजा है जिनमें यह परिवर्तन प्रवाह स्वयम् जादू की तरह बँधकर स्थिर हो जाता है—फिर कभी नहीं बदलता, कभी नहीं बदलता। जब तक वह स्थिरता का क्षण नहीं मिलता हम कला-सृजन नहीं कर पाते। जीवन जिएँ—साँस लें—उम्र बीतती जाए—पर जब तक वे क्षण नहीं मिलते—हम सृजन नहीं कर पाते—नहीं कर पाते। सौन्दर्य-सृजन के लिए बहुत ज़रूरी है

कि एक ऐसी मनोभूमि मिल सके जहाँ हम सारे परिवर्तन के मँझधार में खड़े होकर उस परिवर्तन प्रवाह को अपने साथ अनुभव करें मगर उसमें भी स्थिर खड़े रहें, उसका आस्वादन करें और उसे अपने शरीर में, अपनी तूलिका में बाँध लें। यों तो सबकुछ बदल चलता है—क्षण-क्षण, लेकिन उसी बीच में कहीं भी अगर ऐसा प्यार, ऐसा आश्वासन, ऐसा आश्रय मिल जाए कि उसके बीच हमारा विश्वास स्थिर हो जाय—मन की कुतुबनुमाँ को कोई उत्तर में स्थित ध्रुवतारा मिल जाय—जिस पर वह स्थित रह सके तो मनुष्य उस परिवर्तित होते हुए जीवन की एक अनुभूति को जादू की तरह बाँध लेने में समर्थ हो जाता है, पर अगर मन को वह स्थिरता नहीं मिलती तो बस उस परिवर्तन-प्रवाह की तीव्र भँवर में वह चक्कर खाता रहता है—और कहीं भी नहीं पहुँच पाता और न कुछ लिख पाता है। यह न लिख पाने—सौन्दर्य का सृजन न कर पाने और इस वात्याचक्र में विवश से बहते जाने की पीड़ा कितनी मर्मान्तक होती है, यह बताया नहीं जा सकता। जो योगी होता है, स्थितप्रज्ञ होना चाहता है उसके लिए तो सरल मार्ग है। अपने मन को इंजेक्शन दे कर बंजर बना लो। उसमें रागद्वेष, मोह-माया की कोई प्रतिक्रिया ही नहीं होगी। फिर आराम से स्थिर रहो—पर वह स्थिरता निष्फल है, सौन्दर्य का सृजन नहीं कर सकती।—कलाकार का रास्ता दूसरा होता है—वैराग्य नहीं, मोह-अनुराग-ममता। और उस ममता को, जो क्षण-क्षण परिवर्तनमयी, मोहमयी, छलनामयी, रूप बदलने वाली लहर में प्रतिबिम्बित तारे की तरह कभी लुकने और कभी चमकने वाली है, उस प्रीति को, उसी राग को, उसी आत्मदान को, कलाकार अविचल स्थिरता की मनोभूमि बनाना चाहता है—कितना कठिन है यह रास्ता?

इसलिए न, कीट्स उसी तारे से कहता है कि "काश मैं तुम जैसा अचल होता—पर स्थितप्रज्ञ विरक्त योगी की तरह नहीं जैसे तुम हो—बिलकुल अलग—अभिमान में भरे बहुत ऊँचे, गहन निशा में स्थिर जड़, अपनी शाश्वत पलकें खोल निर्निमेष जागते हुए"—लेकिन वह चाहता है दूसरे प्रकार की अचलता:

...yet still steadfast, still unchangeble,

pillowed upon my fair-love's ripening breast, to feel for ever its soft fall & swell,

awake for ever in a sweet unrest;

... फिर भी स्थिर, अपरिवर्तित
—अपनी रम्य प्रिया के धीरे-धीरे खिलते हुए
वक्षस्थलों पर अपना माथा रखे

उसके श्वासान्दोलित स्पन्दन की अनुभूति में
सदा-सदा के लिए डूबे
सदैव एक मधुर बेचैनी से जागते हुए...

और जब बँगले में प्रवेश करते हुए शिरीष और गन्धराज के वृक्ष-शिखरों पर से उशनस् को जगमगाते देखा तो कीट्स की इस कविता की यह निहित पीड़ा अकस्मात् मन के आगे अनावृत हो पड़ी। इसके पहले भी यह कविता पढ़ी थी, बार-बार पढ़ी थी पर आज अनुभव हुआ कि वास्तव में उस तारे को देखकर कीट्स केवल अपनी संगिनी का स्नेह नहीं खोज रहा था वरन् इस तेजी से बदलते हुए जीवन-प्रवाह के बीच एक स्थायित्व का द्वीप खोज रहा था—और यहाँ तक कि उसने 'अपनी रम्य प्रिया के खिलते हुए वक्ष-फूलों को' यहाँ मात्र शरीर के रूप में नहीं लिया है। यहाँ अनुभूति की घनी प्रगाढ़ता में वह शरीर भी प्रतीक हो गया है—अँधेरे के अज्ञात विराट् सागर में वेतसलता के हल्के सीपिया गुलाबों का रचा हुआ एक प्रवाहद्वीप जहाँ कोई भी आश्रय खोज सकता है—उत्ताल तरंगों और प्रलयंकर उद्वेग के बीच स्थायित्व खोज सकता है। उस स्थायित्व की मनोभूमि के बिना कोई कलाकार एक शब्द नहीं लिख सकता क्योंकि वह पाँव टिकाकर (कहीं उलझ कर भी और तटस्थ होकर भी) जीवन का आस्वादन ही नहीं कर सकता।...

और फिर मुझे अकस्मात् उस दिन की याद आयी—गंगा-तट की वह एकान्त नीरवता, और यद्यपि इतने दिन हम लोग एक-दूसरे में डूबे रहे हैं, पर उस दिन पहली बार मैंने तुम्हें बताया था कि कैसे वह द्वीप जिसे मैंने कभी स्थायित्व का आधार माना था—(पता नहीं वह सत्य था या नहीं) आज लहरों में बिखर चुका है। यदि वह मनोभूमि केवल शरीर पाने से मिल जाती होती तो क्या कीट्स के मन में भी इतनी व्यथा होती? न!-वह सूक्ष्म और स्थूल, आत्मा और शरीर के कितने जटिलतम अन्तर्मिश्रण से मिलती है! पता नहीं उस दिन मैं अपने को ठीक-ठीक व्यक्त कर भी पाया था या नहीं!...

और उसके बाद कितनी तेज़ी से घटनाचक्र घूमता रहा। और सोचता हूँ यह बहुत अच्छा हुआ। ज़िन्दगी ने कितनी जल्दी दो-तीन महीनों में हमें पका दिया—बहुत गहरा—और बहुत कुछ जो अनावश्यक था कट गया, छँट गया; रह गया केवल यह ज्ञान, यह स्थापना कि—

जितना आज तक मैं हुआ हूँ किसी का भी...
उतना कुल मिलाकर भी

थोड़ा पड़ेगा, मैं जितना तुम्हारा हूँ!

वह प्रथम दिन था जब अकस्मात् मेरा सारा अस्तित्व झनझना उठा था—मुझे लगा था, कि वह जो मैंने उस दिन पाना चाहा था मुझे मिल रहा है क्या?

लेकिन केवल इतना नहीं। जैसा मैंने और कहीं लिखा है, कि उस अर्द्ध-रात्रि की चाँद-भीगी नीरवता में, उस नीलिमा-स्नात कक्ष में जब रूखे केशों से, सीपिया कन्धों की ढलानों से, वेतसलता के गुलाबों की घाटियों से रजनीगन्धा की श्वेत नशीली कलियाँ झर-झर करती हुई गिरी थीं—उस समय एक गाँठ और खुल गयी थी। ये जो सारे सम्बन्ध हैं, जिन्हें हम संज्ञा और व्याख्या में बाँध सकते हैं—मित्र का, संगिनी का, बहन का, पत्नी का, प्रेमिका का, माँ का, अभिभाविका का— ये सारे इस परिवर्तन-प्रवाह में बह जाने वाले सम्बन्ध हैं—इनका अतिक्रमण कर कहीं हम जो सम्बन्ध जोड़ते हैं, वह न आत्मा का होता है न शरीर का; वह अपने सम्पूर्ण अस्तित्व का दूसरे के सम्पूर्ण अस्तित्व से सम्बन्ध होता है। पर वह भी कैसा अनिवर्चनीय होता है न? उसमें सबकुछ समाहित होता है, फिर भी वह सबसे परे होता है, सबसे परे...और उसके सम्मुख हम कैसी विवशता-सी अनुभव करने लगते हैं, और उसे ठीक-ठीक समझें या न समझें पर उसे हम अपनी इच्छा या अनिच्छा से ग्रहण नहीं करते—वह अपने-आप हम पर आच्छादित होता जाता है। या शायद आच्छादित नहीं होता—हमारे अन्दर हमारे रक्त की बूँद-बूँद में अपने-आप प्रस्फुटित होता है। प्राणों के स्थान पर वही रह जाता है। श्वास-प्रश्वास में वही संचरित होता रहता है और इसीलिए न, उसे खोकर हम जीवित रहने की कल्पना ही नहीं कर पाते। इसीलिए न कीट्स ने कहा था।

And so live ever; or else swoon to death!

—"और इस तरह या तो सदा के लिए अमर हो जाऊँ या मृत्यु में विलीन।"

चलते-चलते उस भयानक जन-संकुल प्लेटफार्म पर मुसाफ़िरों, असबाबों, डाक के थैलों, और फेरीवालों के घने जंगल में तेज़ी से, तुम्हारा हाथ पकड़ लगभग दौड़ते हुए—मैंने तुमसे जो कहा था, पता नहीं उसमें मैंने अपने को ठीक-ठीक अभिव्यक्त किया था या नहीं? मैंने तुमसे कहा था—"आज पहली बार मुझे यह लग रहा है, कि मैं कैशोर्य से मुक्त होकर सहसा बड़ा हो गया हूँ, और हम दोनों आज अकस्मात् बड़े हो गये हैं—बड़े, गहन, गम्भीर (गहरे और अथाह!) ...पता नहीं यह शब्दावली वस्तुस्थिति को ठीक-ठीक समझा पाती है, या नहीं। हुआ शायद यह है कि हमारी उम्र के चारों ओर दिशा और काल की जो परिधि

थी, उसे अर्द्ध-रात्रि के उस रजनीगन्धा-क्षण में हमने तोड़ दिया। अब हम वक़्त में बँधे नहीं रह गये, उसे चीरकर अकस्मात् एक ऐसे क्षेत्र में प्रविष्ट हो गये जहाँ कुछ बदलता नहीं, घटता नहीं, खोता नहीं, नष्ट नहीं होता—एक अजीब से जादू का रहस्यमय देश जहाँ कुछ भी वृद्ध नहीं होता। न यह गुलाब-लदा तन और न मोम-दीप-सा मन!

वह एक सर्वथा नवीन सृष्टि है, जहाँ आधी रात की साँवली कसौटी पर कसी हुई कंचन रेखा-सी, तुम्हारे चम्पकवर्णी जिस्म की दिव्य आभा कभी मलिन नहीं होगी। उस बड़े गुलाब की पाँखुरी से जिसे मापा था—वह अकलुष मन सदा-सदा के लिए—अर्द्ध-उल्लसित, लज्जित गति से धड़कता जाएगा, कभी भी मन्द नहीं पड़ेगा। जैसे कीट्स की 'ग्रीशन अर्न' वाली कविता में किसी चित्रकार ने प्राचीन ग्रीस के एक क्षण को अकस्मात् चिरन्तनता में बाँध दिया था न, वैसे ही शायद किसी बहुत बड़े चितेरे ने उस रजनीगन्धा-क्षण में हमें एक अजीब-सी चिरन्तनता में बाँध दिया—स्थायित्व और गहनता की विचित्र-सी चिरन्तनता में!... इस चिरन्तनता में ऐसी विशेषता थी जो इसके पहले मैंने कभी नहीं जानी थी—जिसकी कभी कल्पना भी नहीं की, वह यह कि इसके पहले भी लोगों ने प्रेम के अमरत्व की कल्पना की, पर सूक्ष्मता के स्तर पर उतरकर, स्थूल का, शरीर का बहिष्कार कर! हमने एक ऐसी चिरन्तनता पा ली थी जिसमें किसी का बहिष्कार नहीं था—न सूक्ष्म का न स्थूल का! न मन का न जिस्म का! जिसमें अधूरापन नहीं था, सम्पूर्णता थी—सम्पूर्ण, सम्पूर्ण, सम्पूर्ण—ऐसा पूर्ण जिसके लिए कहा गया है—"पूर्णस्य पूर्णमादाय पूर्णमेवावशिष्यते!" यदि उस पूर्ण में से पूर्ण बाद दें तो भी पूर्ण ही बचा रहता है। इसीलिए जब हम एक-दूसरे में अपने सम्पूर्ण अस्तित्व को डुबो देते हैं, तब भी हममें कहीं कुछ कम नहीं होता, हम कहीं खंडित नहीं होते, कहीं विभाजित नहीं होते, कहीं घटते नहीं, कहीं खोते नहीं—एक-दूसरे की सम्पूर्णता को आत्मसात् कर हम जाने कैसे-कैसे हो उठते हैं, विभोर, तन्मय, अलौकिक और वह खुमार जाता ही नहीं!

रजनीगन्धा-क्षण को तो जाने दो, उस दिन अपनी छोटी-सी गाड़ी पर लौटते हुए भीड़-भाड़ वाले बाजार का अनुभव याद है! अकल्पनीय भीड़-भाड़ से भरी वह सड़क कैसी थी—जैसे किसी विशाल चौड़े पाट की बरसाती नदी हरहरा कर बह रही हो, नगरों को ध्वस्त करती हुई, जंगलों को उखाड़ कर बहाती हुई, गरजती हुई—और उसके बीच हमारी छोटी-सी गाड़ी एक नाव थी, जिसमें सब शान्त था, चिरन्तन था, वक़्त का बहाव थम गया था, और हमारा सम्पूर्ण अस्तित्व एक-दूसरे को घेरकर, कसकर, अणु-अणु, कण-कण बाँधकर दिशा और काल

के परे चला गया था और मेरी अँजुलियों में फूल थे और उन अँजुलियों पर तुम्हारी अँजुलियाँ थीं और एक हलकी नीली आग थी जो मेरे माथे से चरणों तक नशे की तरह छायी हुई थी—वर्तमान जीवन के उस विराट् जल-प्रलय में हमने एक चिरन्तनता का द्वीप खोज लिया था!

द्वीप से एक बात और याद आ गयी—आज से हज़ारों वर्ष पूर्व की। यूनान में एक बहादुर जहाजी था यूलिसिस। जिन तूफ़ानों को कोई न झेल पाए उन्हें वह झेल सकता था, जिन देशों को कोई न खोज पाए उन्हें वह खोज निकालता था, जिन द्वीपों में कोई न पहुँच सके वहाँ वह अपने जहाज़ उतार देता था। उसे बराबर अपनी यात्राओं में आठ-आठ, या दस-दस वर्ष लग जाते थे। उसकी और उसके साथियों की पत्नियाँ यहीं यूनान में प्रतीक्षा करते-करते वृद्धा हो चलीं, तूफ़ानों में लड़ते-लड़ते उनके केश श्वेत हो गये, जिस्म पर झुर्रियाँ पड़ गयीं, पर वे अपने देश लौटकर शान्त जीवन न बिता सके! एक दिन यात्रा करते-करते वे एक ऐसे द्वीप में पहुँचे जहाँ केवल कमल फूलता था—जल में, स्थल पर, चट्टानों के बीच, सर्वत्र कमल, केवल कमल! ...और वहाँ वे पराग से लदे झकोरों में पलक मूँदकर बैठ गये और बोले, 'अब हम कहीं नहीं जाएँगे, हमीं को क्या पड़ी है, कि हम अज्ञात देशों को जीतें, अन्याय के विरुद्ध युद्ध ठानें। यहाँ शान्ति है, यहाँ खुमार है, यहीं नींद में डूबे हम अपना सारा जीवन बिता देंगे।' कैसा मधुर चित्रण किया है, टेनीसन ने इस मन:स्थिति का, इस द्वीप का—

There is sweet music here that softer falls,
than petals from blown roses on the grass,
or night dews on still waters, between walls of shadowy
granite in a gleaning pass,
Music that gentle on the spirit lies,
than tired eye lids upon tired eyes;
Music that brings sleep down from the blissful skies.
Here are cool mosses deep,
And through the mosses the iris-creep
And in the stream the long leaved flowers weep,
And from the craggy ledge the poppy hangs in sleep

और इस वातावरण में सबकुछ भुलाकर एकमात्र कामना यही है, कि भूल

जाएँ सबकुछ—यात्राएँ, तूफ़ान, परिश्रम और संघर्ष—केवल अधमुँदी पलकों से समुद्र की ओर बहती हुई नदी को देखना, मानो नींद में, सपने में—हम सपने में डूब रहे हैं, एक-दूसरे की मधुर कानाफूसी को सुनते हुए, कमलों का मधु चूसते हुए...क्योंकि यहाँ हर बंजर चट्टान की दरार में कमल खिलते हैं, हर घुमाव पर कमल खिलते हैं—तमाम दिन हवा धीमे स्वर में बहती रहती है, और गन्धमादन ढालों पर कमलों का पीला पराग उड़ता रहता है।...

The lotus blooms below the barren peaks,
The lotus blows by every winding creek;
All day the wind breaths low with mellower tone
Through every hollow cave and alley alone
Round and Round the spicy down the yollow lotus-dust is blown.

एक द्वीप मेरा भी है—पता नहीं किन तूफ़ानों को झेलता हुआ, कैसे वहाँ पहुँच गया हूँ। वह द्वीप जहाँ लाल कमल की दो लम्बी पाँखुरियों में न जाने कितना मधु भरा है, वह द्वीप जहाँ उन पाँखुरियों पर दो बहुत प्यारी तितलियाँ हरदम पंख फड़फड़ाते हुए मँडराती रहती हैं, वह बेले की उजली ढेरियों और बड़े-बड़े गुलाबों का द्वीप—वह द्वीप जिसमें हर ढलान पर, हर घाटी में, हर मोड़ पर, हर घुमाव पर नील कमल खिलते हैं, बेहद नशीले, बेहद मादक! पर इस नील कमलों के द्वीप में पहुँच कर मैं यूलिसिस के जहाज़ियों की तरह थककर बैठ नहीं जाना चाहता...मैं इस स्थायित्व के द्वीप में पहुँच कर प्रत्येक परिवर्तित होते हुए क्षण को सौन्दर्य में, जादू में बाँध लेना चाहता हूँ—प्रत्येक तूफ़ान की संगति, प्रत्येक विक्षुब्ध समुद्र के अन्तर का संगीत खोज निकालना चाहता हूँ—इस नील कमल द्वीप को अपना आधार बनाकर, अपना, केन्द्र-बिन्दु बनाकर वहाँ पहुँचना चाहता हूँ, जहाँ तक अभी कोई नहीं पहुँचा।

कभी धोखा होने लगता है। लगता है अभी द्वीप नहीं मिला—अभी भी बहाव में हूँ। हो सकता है यह मात्र भ्रम हो—ठीक जैसे लम्बी ट्रेन-यात्रा करके आओ और रात को अपने चिरपरिचित नीले कमरे में सोओ तो अकस्मात् मालूम पड़ता है, कि कमरा नहीं यह भी रेल का डिब्बा है, तेजी से हिलता-डुलता भागा जा रहा है। यात्रा का, बहाव का संवेदन नसों में इतना गहरा उतर जाता है कि वे अपने-आप उसे बार-बार दोहराती रहती हैं। पिछले वर्षों में जो मिला है उसके संवेदन अब भी कभी-कभी अपने को दोहरा कर भटकाने लगते थे। पर अब नहीं—अब तो निश्चित है—यह द्वीप केवल मेरा है...केवल मेरा। यह याद करना भी कितना सुखद है, नीले कमलों का द्वीप उसने खोज निकाला है, तुम उसके

एक-एक कण एक-एक अणु को आत्मसात कर चुके हो।

इधर कितने दिनों से मैं कुछ भी नहीं पूरा कर पाया। उस दिन आम्र वृक्ष के कौतुक-प्रिय यक्षों ने जो जाल फेंका उसमें उलझकर भी लिख नहीं पाया। इसलिए कि लिखने के लिए, सौंदर्य सृजन के लिए, जो स्थायित्व की मनोभूमि मिलनी चाहिए वह नहीं मिल पायी थी। जिस आश्वासन से स्थायित्व आता है वह भी क्या मुझे मिला था? नहीं मुझे तो जो मिला था उसकी चोट खाकर चुप रह गया था। लेकिन कब तक न मिलता। जो मेरा है, जन्मजन्मान्तर से मेरा है, केवल मेरे लिए है—कब तक न मिलता। मिला! और अब एक के बाद एक स्थायी क्षणों की चेतना मेरे द्वीप को रच रही है, सजा रही है—विशालतर बना रही है।

ओ मेरे द्वीप! अब मैंने तुम्हें पा लिया है, जीत लिया है, लम्बी बाँहों में घेरकर बाँध लिया है, मेरे चिन्तन में अब भी कहीं, समुद्री खारापन है, मेरी गति में अब भी कहीं समुद्री यात्राओं का निरुद्देश्य भटकाव है—पर अब मैं तुम्हें पा गया हूँ। आकाश के नीले समुद्र में द्वीप की भाँति जड़े हुए ओ मेरे शुक्र। ओ उशनस्। अब मैं तुम्हें पा गया हूँ। अब इस स्थायित्व को पाकर चाहता हूँ, सारे संसार की विक्षुब्धताओं, असंगतियों, विषमताओं और वेदनाओं का अंतर्निहित संगीत और सामंजस्य खोज निकालूँ।

पुराने अभ्यास से, पुराने अनुभवों और संवेदनों से अब भी कभी-कभी मन भटकने लगता है। ओ मेरे द्वीप अब भी मुझे भटकने दोगे क्या? बाँध लो, कस लो, मेरे एक-एक स्वप्न को, एक-एक अंग को, आत्मा के एक-एक संवेदन को—पूरी तरह बाँध लो। आशीर्वाद दो। अपने अस्तित्व के एक-एक कण से यह आश्वासन दे दो कि अब मैं पहुँच गया हूँ—वहाँ-जहाँ के लिए अब मुझे भटकना नहीं है।

ओ बेले की उज्ज्वल राशियों, बड़े-बड़े गुलाबों और रजनीगन्धा—क्षणों से बुने हुए द्वीप!

सुखद है यह सोचना कि अब भटकने वाली निरुद्देश्य यात्राओं का अन्त आ गया है। अब मुझे स्थायित्व का द्वीप मिल गया है।

मंगलवार
रात्रि : दस बजे
24.12.57

केवल दो घंटे और—फिर बुधवार शुरू हो जाएगा, वह बुधवार जो किसी का

भाग्योदय दिवस है: और चूँकि मेरा भाग्य उसके भाग्य से एकात्म हो गया है, अत: जो मेरा भी भाग्योदय का दिन है। अभी-अभी मैंने बैठकर एक कार्यक्रम बनाया है, जिसके अनुसार कल से मेरी नियमित पढ़ाई शुरू हो जाएगी और लेखन भी। क्योंकि बेनोमा छौने की कलम का जादू देखना ही चाहती है। कालिदास कैसा लिखते हैं, यह तो बेनोमा ने देख ही लिया-उससे तो अच्छा ही लिखूँगा इतना तो निश्चित है!

कौन जानता था कि यह अभिशापग्रस्त मन भी एक दिन शापमुक्त होकर उड़ान भर सकेगा! पर पता नहीं किसने इसको जड़ता से स्वतन्त्र किया, कैसे किया, क्या भर दिया इसमें...बूँद-बूँद अमृत! चन्दन की शीतलता, मर्यादा का तेज, अमित ममता की तन्मयता, अक्षय वात्सल्य! देवि, माँ, सहचरि, प्राण। मन के राग की पूर्णतम अभिव्यक्ति—विराट्, अबाध, गहरी, अमित रूपों वाली! और हर रूप गुलाबों के एक गहरे मुधर नशे में डूबा हुआ। वे गुलाब जो हल्के जोगिया रंग के ऊन में से छन-छन कर झलकते हैं।

लेकिन क्या भरोसा इन भाग्योदय और शकुन-अशकुन वाले दिनों का! मेरा तो कुछ ऐसा भाग्य है कि जो भी कैलेंडर बनाता हूँ वह बिगड़ जाता है। सोचा था एक फूलों का कैलेंडर बनाऊँगा—कभी गुलाब खिलेंगे कभी गेंदा, कभी गुलदाउदी, कभी डहलिया! मगर यहाँ पता नहीं किस गलत प्रेस में कैलेंडर छप गया कि हर दिन बेला फूलता है। दिन भी बेला रात भी बेला एक-एक क्षण मन में बेले की ढेरियाँ महकती हैं, टीस-टीस उठती हैं, माथे पर धधक-धधक उठती हैं, होंठों पर पुलकती रहती हैं, अंजलियों में सजती सँवरती हैं, पलकों पर बिखर-बिखर जाती हैं। जैसे कभी-कभी रेकार्ड पर अगर कहीं सुई अटक-अटक जाती हो तो रेकार्ड घूमता रहता है, पर गीत आगे नहीं बढ़ता—बराबर, लगातार वही शब्द बजता जाता है...वैसे ही ये कम्बख्त बेले के फूल हैं बस खिले ही जाते हैं, खिले ही जाते हैं, बीतते ही नहीं, बन्द ही नहीं होते, मुरझाते ही नहीं, बासी ही नहीं पड़ते और कैलेंडर का जो भी पन्ना खोलो—फिर वही उज्ज्वल कपूरी बेले के फूलों की शीतल गन्धस्नात ढेरियाँ।

किसी काम का नहीं रह गया यह मेरा फूलों का कैलेंडर! भला ऐसे गलत कैलेंडर से कोई काम चलेगा? पता नहीं किस प्रेस ने मेरा यह कैलेंडर गलत छाप दिया!

पर एक हो तो उसकी कहो। अब ये हैं प्रात किरण। धूप रानी। सुबह मेरे कमरे की खिड़की से झाँकती हैं। चिक पार कर नीले पर्दे पार कर। दो एक दिन दुष्ट छौने ने अपने हिस्से की ममता की एक हल्की सी झलक इन्हें दे दी न,

तो अब इन्हें चाट पड़ गयी है। रोज सुबह खिड़की में से चली आती हैं। आज सुबह परेशान घूम रही थीं। सुबह देर में आँख खुली मेरी, देखा आप आ गयी हैं, तकिए पर, बिस्तर पर, बाँहों के घेरे में...न जाने किसे ढूँढ़ रही हैं। मैंने कहा—''बाबा! यहाँ कोई नहीं है—सिर्फ़ मैं हूँ, इसलिए आप तशरीफ ले जाएँ!'' थोड़ी देर चुपचाप कालीन पर पड़ी रहीं फिर चली गयीं।

मैंने सोचा बला टली! पर कहाँ! चाय पीने लॉन पर बैठा—वहाँ भी धूप रानी मौजूद! रूखे सुनहरे उलझे केशों से अठखेलियाँ करने की आदत पड़ गयी थी न उनकी। पर अब कहाँ मयस्सर हों वे केश वे केश "hair that spread their straw—for the imfant cod." खैर बेचारी बहुत दुःखी रहीं आज! धूपरानी को आज मेरा फूल बसा घर भी बहुत उजाड़, दुखी और उदास लगता रहा।

नींद का अन्तराल :: सोता रहा 12 बजे से प्रात: 5:30 बजे तक।

बुधवार 6 बजे : अगर कोई इसे पढ़े और पूछे तुम उठे 5:30 बजे, और 6 बजे हैं, आधे घंटे तक क्या करते रहे?

Now begins the grand lucky day. where will it lead me to? To new horizons of experience to new successes of writing to new and serene joys of great love of my Madonna?

मोती रची हुई सीपी-सी—
पूर्ण काम बन मेरी प्रतिभा
अब गहरे-गहरे उतरेगी
अब तक डोल रही थी प्यासी
जो सतहों पर बहकी-बहकी
पावन छाया नयी सुबह की
मेरे मन पर!

31.12.57
मंगलवार
8 बजे प्रात:

प्रिय पगडंडियों,

तुम्हें कितनी दूर पहुँच कर खत लिख रहा हूँ, तुम कल्पना भी नहीं कर सकती। जिस्म की सीपियाँ ढलानों में, गुलाबी घाटियों के रहस्यमय पठारों पर ओ संवेदन की पगडंडियों! तुम मुझे कितने आहिस्ते से कितने दुलार से सँभाल

कर आगे लेती आयीं और अन्त में जिस जादू की घाटी में छोड़कर तुम रीतती जा रही हो उस घाटी में कौन है जो फूलों के आलिंगन की तरह कस भी लेता है और शाश्वत प्रश्नचिह्न की तरह बराबर अग्राह्य भी बना रहा है। प्यारी पगडंडियों! तुम मेरी कितनी दुलारी सहेलियाँ हो लेकिन यहाँ छोड़ जाने के पहले जिसके पास छोड़ गयी हो उसका कुछ तो परिचय दे गयी होती। ओ अधरों पर से डूब-डूब कर जाने वाली मिश्री रची पगडंडी! ओ तितली की तरह बेचैन पलकों की छाँह में लुक छिपकर चलने वाली पगडंडी। ओ गुलाबों की घाटियों में घनी गहरी छाँह में सोई हुई अजान अदृश्य पगडंडी! तुम सबों पर चलकर मैं यहाँ पहुँचा हूँ तुम सबका मोह मुझे अब भी घेरे है, पुलक की तरह, व्याकुलता की तरह, तन्मयता की तरह, विस्मृति और मोह की तरह। वह जिसके पास मुझे छोड़ गयी हो कैसा है, क्या वह तुम सबके साथ मुझे समूचा अपनी बाँहों में समेट लेगा या कहेगा कि अन्त में जब तुम हमारे पास आओ तब तुम्हारे पास कोई न हो कोई न हो। यहाँ तक कि जिन पगडंडियों पर चलकर आये हो, उनकी धूल भी अगर पाँव पर पड़ी है तो उसे बाहर के पाँवपोश पर पोंछकर अन्दर आओ।

द्वार पर बैठा खत लिख रहा हूँ। नहीं जानता वह महल कैसा है, जिसमें जाना है, कौन जानता है, उसमें एक बार जाकर तुम सबका अस्तित्व ही न रह जाय। कौन जानना है, कि मैं भी न शेष रहूँ। उसमें डूब जाऊँ घुल जाऊँ, जहाँ जा रहा हूँ। इसीलिए मेरे सफ़र की प्यारी सहेलियों! तुमको यह खत लिख रहा हूँ। आगे जो भी है वह तो पूर्णनिश्चित है, उसका स्वरूप क्या होगा यह पूर्ण अनिश्चित है। इस निश्चय और अनिश्चय के बीच वाला मेरा दृढ़, अधीर और जिज्ञासु प्यार स्वीकार करो। अगर लिखना हुआ तो फिर लिखूँगा। नहीं तो बेले की उज्ज्वल राशियों से या अगस्त्य के फूलों से मेरा हाल पूछती रहना। कहीं भी जाऊँ कुछ भी करूँ अन्तिम साँस तक इन दोनों को मेरा पूरा-पूरा पता रहेगा। अच्छा फिर से एक बार प्यार-बहुत डुबान वाला!

भारती

(8 बजे प्रात:)

31.12.57

9:20 सुबह

मित्रवर,

तुम्हारी पतली गोरी रजनीगन्धा की झूमती हुई मालाओं जैसी बाँहों की परिधि में इतना विशाल, इतना फैला हुआ रहस्यमय प्रदेश घिरा हुआ है, यह मैंने

अपनी यात्रा के शुरुआत में नहीं जाना था। इन बाँहों का एक प्रगाढ़ आलिंगन कैसी विरोधी स्थितियाँ उत्पन्न करता है, एक ओर वह तुम्हारे अन्तस्तल में निकट और निकट मुझे खींच लाता है लेकिन दूसरी ओर उस रहस्यमय प्रदेश के अँधेरे पथ पर मुझे और दूर और दूर अनजानी दिशाओं को मापने और अनजीते हुए प्रदेशों को जीतने के लिए भेज देता है।

सुनो मित्र, इस अज्ञात प्रदेश में मैंने एक चन्दन की मंजूषा पायी है। कैसे दुर्गम स्थान में पता नहीं कौन, पता नहीं कितनी शताब्दियों पहले वह रहस्यमय चन्दन मंजूषा यहाँ रख गया है। जहाँ वह मंजूषा थी उसके चारों ओर प्रवंचना की घनी कँटीली लताएँ गुफाओं के द्वारों पर लटकी हुई थीं। मिथ्या आदर्शों जैसे ऊँचे-ऊँचे चट्टानी पहाड़—झुलसे हुए काले और भयावने पहाड़-चारों ओर से उस घाटी को घेरे थे। उसमें जितने रास्ते थे, वे सब पहले बहुत आकर्षक दीखते थे। लेकिन अन्त में वे मरण की खूँखार घाटियों में ले जाते थे। राह पर चलते चलते मेरे मित्र! हवाओं का एक अपरिचित झकोरा उस चन्दन मंजूषा की हल्की सुगन्ध मुझ तक ले आया। कितनी कठिनाई से मैंने उस मंजूषा तक पहुँचने की राह खोजी। प्रवंचना की कटीली लताएँ राह देने को तैयार न थीं, मिथ्या आदर्शों के ऊँचे पहाड़ ऊपर से नीचे गिराकर चकनाचूर कर देने की धमकी देते थे। लेकिन मेरे मित्र! इस यात्रा में तुमको याद करता हुआ मैं आगे बढ़ता गया, राह सुगम होती गयी, और अन्त में मैं उस चन्दन मंजूषा तक जा पहुँचा। मैंने पाया कि वह एक अलभ्य धन है। पता नहीं कितने युग पहले, पता नहीं कौन उस चन्दन मंजूषा को वहाँ रख गया था और उसके नीचे पत्थरों पर एक शिलालेख अंकित था जिसका आशय था कि चाहे जितने युग बीत जाएँ किन्तु यह चन्दन मंजूषा उसी को मिलेगी जिसके लिए, मात्र जिसके लिए यह बनी है। युगों के बाद वह आएगा। और केवल वही रहस्य जानेगा कि यह मंजूषा कैसे खुलती है और इसके अन्दर भोजपत्र पर फूलों के रस से किसी अत्यन्त रहस्यमय लिपि में एक महान सन्देश लिखा हुआ है। यदि इस मंजूषा को कोई खोल भी लेगा तो भी वह सन्देश उसके लिए अग्राह्य रहेगा। इस सन्देश को भी वही पढ़ सकेगा जिसे यह रहस्यमय लिपि पढ़नी आती है। कहते हैं कितने यात्री बार-बार उस मंजूषा तक पहुँचने के प्रयास में भटक गये। मैं ज्योंही उस ओर बढ़ा कटीली लताओं में फूल खिल आये—ऊँचे पहाड़ों ने सर झुका दिया-पगडंडियाँ पाँवों के नीचे बिछती गयीं चारों ओर एक हल्का नीला आलोक फैल गया और पास की डाल पर बैठी एक रंग-बिरंगी चिड़िया ने गीत गा-गा कर मुझे बताया कि मैं ही वह हूँ, जिसके लिए युगों पहले यह मंजूषा सहेज कर रख दी गयी थी। मेरे मित्र! तुम्हें विश्वास नहीं होगा कि उस क्षण से मुझे पक्षियों की भाषा भी समझ में आने लगी। मेरे पहुँचते ही मेरे एक

हल्के से फूल परस से उस चन्दन मंजूषा ने अपनी पलकें खोलीं। वह भोजपत्र पर लिखा हुआ अज्ञात रहस्यमय सन्देश मेरे सामने और वह अपरिचित लिपि मुझको थोड़ी-थोड़ी अवश्य भटका रही है, लेकिन मैं जानता हूँ, कि बहुत ही शीघ्र वे निरर्थक संवेदन की आड़ी तिरछी रेखाएँ अक्षरों का आकार ग्रहण कर लेंगी। उनसे शब्द बन जाएँगे और फिर उनसे मैं अर्थ ग्रहण करूँगा।

मेरे मित्र! तुम्हें सुनकर कितना आश्चर्य होगा कि वह चन्दन मंजूषा कोई और नहीं है, तुम खुद हो। युगों पहले से तुम्हारी प्रतिष्ठा प्रारम्भ हुई थी। जिन गुलाबों, बेले की ढेरियों, अगस्त्य के फूलों वेतस लताओं से तुम्हारे व्यक्तित्व का निर्माण हुआ है, उन्होंने कितनी शताब्दियों से निर्मित होना प्रारम्भ कर दिया था। जाने कितनी बार धरती ने सूर्य के चारों ओर चक्कर काटकर, फूलों का रंग, सौरभ की मिठास, वेतसलता की कोमलता संचित की होगी। फिर वे सारे के सारे समय की जाली में छाने गये होंगे। और उनमें जो भी सर्वश्रेष्ठ कण बचे होंगे उनसे मेरे मित्र! तुम्हारा निर्माण हुआ होगा। लेकिन तुम्हारा यह चन्दन मंजूषा जैसा जिस्म और रहस्यमय लिपि के अज्ञात सन्देश जैसा मन केवल मेरी केवल मेरी प्रतीक्षा में स्थापित था। मेरे आने से उस लिपि को पढ़कर उस सन्देश को खोज लेने से उसकी सार्थकता सिद्ध हो गयी। और तुमको खोज निकालने से मेरी यह सारी यात्रा सार्थक सिद्ध हो गयी। मित्र मेरे! हम दोनों की सार्थकता एक-दूसरे के आस्तित्व में है। मैं उस अज्ञात सन्देश से जिसके अर्थ का आभास तो होने लगा है, लेकिन जिसकी ठीक-ठीक रूपरेखा अभी नहीं बन पायी उस सन्देश से इतना भरा हुआ हूँ, कि तुमको इस वक्त अपना प्यार भी नहीं भेजूँगा। लेकिन तुमसे आशीर्वाद ज़रूर माँगूँगा कि अपने खोजने में अपने को पाने में, अपने को पढ़ने में, तुम सदा मेरी सहायता करते रहना। जैसे तुम केवल मेरे लिए चट्टानों की इस बीहड़ घाटी में प्रतिष्ठित थे, वैसे ही मैं केवल तुम्हीं को पाने के लिए इस यात्रा में निकल पड़ा था। अपनी इन पतली-गोरी रजनीगन्धा की मालाओं जैसी बाँहों को दिनों-दिन कसते चलो ताकि उस अज्ञात रहस्यमय प्रदेश का विस्तार थोड़ा कम हो और मैं, सन्देश पढ़कर विजयी होकर तुम्हारे पास लौट सकूँ। तुम्हारा आशीर्वाद ही इस अजब से रास्ते में मेरा एकमात्र सम्बल है।

भारती

31.12.57
1.25 मध्याह्न

My dear world,

ईसा की इस बीसवीं शताब्दी में युद्ध और क्रान्तियों, परिवर्तन और विप्लव, प्रलय और विस्फोट से भरे हुए आग से नाचते हुए गोले की तरह पागल, लक्ष्यभ्रष्ट, निरुद्देश्य, सूरज के चारों ओर तुम चक्कर लगाते रहे। इतिहास का भयानक दावानल तुमको अग्नि और इस्पात के विराट् चक्र में घेरे रहा। सेनाएँ आती रहीं, क्रान्तियाँ होती रहीं, किसी ने आकाश जीता, किसी ने प्रकृति को जीता, लेकिन मेरे प्यारे विक्षुब्ध संसार। मैं तुम्हारे प्रमुख राजमार्ग से हटकर जाड़े की हल्की दोपहर में फूलों के बीच बैठकर Gladolai की तरह पतली लहराती हुई लड़की के चम्पाई तन की हल्की उष्णता महसूस करता रहा, उसके रूखे खुले केशों को अपनी तर्जनी में लपेट-लपेट कर छोड़ता रहा। नदी किनारे की गीली बालू में उँगली से उसका नाम लिख-लिख कर हथेलियों से मिटाता रहा। नीले फूल तोड़कर उसे खतों में भेजता रहा। काँपते हुए ओठों से उसके शरीर के चारों ओर एक अटूट जाल बिनता रहा। कीचड़ में दबे हुए उसके मन के बीज को अपनी आँखों का आलोक देकर, अपने आँसुओं की नमी देकर, अपनी साँसों से प्राणवायु देकर, फूल के मानिन्द खिलाता रहा। सारा वर्तमान भूलकर उससे फूलों की, चाँदनी की, परियों की, सपनों की बातें करता रहा।

सुनो मेरे प्यारे संसार क्या मैंने इतिहास नहीं बनाया है। घृणा, कटुता, वैषम्य, इनके विशाल जल प्रलय में अगर दो ओठों के बराबर एक छोटा मूंगिया द्वीप मैंने खोज लिया। क्या वह बिल्कुल नयी सृष्टि का केन्द्रबिन्दु नहीं बन सकता है। लेकिन मेरे प्यारे संसार वास्तव में जो हुआ है इससे बिल्कुल पृथक है, उसकी प्रकृति इससे बिल्कुल अलग है। हमने सोचा था कि हम केवल प्यार कर रहे हैं—लेकिन हमने पाया—बिल्कुल ही अनजाने हमने अपना बिल्कुल निजी संसार बनाने का रहस्य जान लिया है—संवेदनाओं की, स्मृतियों की, स्वप्नों की, तन्मयता की, भावाकुलता की, एक बिल्कुल नयी सृष्टि हमने रच ली है—जो ऐसा लगता है अपने में पूर्ण है— अपने में यथेष्ट है। अपनी इस सृष्टि को सजाने के लिए हम ज़बरदस्ती तुमसे, इस पुराने संसार से, कितनी चीज़ें लूट ले गये हैं, और ले जाकर उन सबके अर्थ बदल दिये हैं, और अपनी सृष्टि में उनको बिल्कुल नये ढंग से सजाया है। तुम्हारे गुलाब, तुम्हारे बेले, तुम्हारी वेतसलताएँ—ये सब हमारी सृष्टि में जाकर बिल्कुल नयी चीज़ों के द्योतक हो गये हैं। यही नहीं, मौलिक वस्तुएँ, सूक्ष्म अलौकिक तत्वों में बदल गयी हैं। तुम्हारे यहाँ एक रजनीगन्धा का फूल होता है—सफ़ेद, नशीला, हमारी सृष्टि में वो फूल जानते हो क्या बन गया है—वो फूल नहीं रहा वो समय में परिवर्तित हो गया है, वो क्षणों में बदल गया है। चरम तन्मयता के, चरम आत्म साक्षात्कार के बेहद नशीले क्षण जो प्रकृति है! विराट् प्रकृति! वो उस समय की स्वामिनी है, यह अगणित

रजनीगन्धा के क्षण मालाओं में गूँथकर, लड़ों में पिरोए जाकर पाँवों में पाज़ेब, कटि में मेखला, हाथों में कंगन, और गले में कंठहार बनकर सजे रहते हैं। वह जो प्रकृति है महामाया है दिशा और समय की अधिष्ठात्री है। मैंने तुम्हारे इन तमाम रजनीगन्धा के फूलों को लेकर उनको क्षणों में बदल कर उस प्रकृति को, महामाया को गन्धपाश में जकड़ लिया है। वह मेरा संसार है।

सुनो! मेरे प्रिय संसार मैंने सिर्फ़ प्यार नहीं किया है, मैंने तुम्हारे मुकाबले में अपनी एक अलग सत्ता कायम की है, अपना अलग राज्य स्थापित किया, अपनी अलग भाषा बनायी है, अपना समुद्र, अपना आकाश, अपने पर्वत, अपनी घाटियाँ, तुमसे बिल्कुल अलग बनायी हैं। तुमने पूरी शताब्दी भर जो कुछ किया है वह सब कल मिट जाएगा—सेनाएँ धरती में दब जाएँगी, इतिहास पुस्तकालयों में बन्द कर दिया जाएगा। लेकिन मेरा प्यार फूल बनकर खिलता रहेगा। सारे इतिहास के प्रवाह में जहाँ सब बह जाता है, वह तट पर बनी संगमरमर की सीढ़ियों की तरह सदा-सदा स्थापित रहेगा। ताकि जब तुम सब थक जाओ युद्ध से, राजनीति से, महत्त्वाकांक्षाओं से, भोग से, और धर्म साधनाओं से तब...तब तुम एक प्यारी-सी शाम वहाँ आकर बिता सको; अनमने, उदास, अपने में डूबे हुए, पानी में उड़ते हुए बादलों की छाँह देखते हुए, संगमरमर की शीतलता में अपना सारा ताप घुलाते हुए—संगमरमर की सीढ़ियाँ, जो मेरा प्यार हैं—सुनो! मेरे प्रिय संसार अपनी चरम तन्मयता के क्षण में भी हम दोनों खोए नहीं-तुम्हारे लिए एक उजले भविष्य की सम्भावना का निर्माण करते रहे। यह बात दूसरी है, कि उसका अर्थ केवल तुम समय आने पर समझ पाओगे। तुम अपनी गति से चलते रहो—हमें चिन्ता नहीं—क्योंकि हम चुपचाप, फूलों और सपनों से घिरे हुए हैं—अपना काम करते चल रहे हैं—और चलते जाएँगे।

—भारती

31.12.57
समय 6 बजे शाम

प्रिय डॉक्टर भारती,

अपने आँगन के लॉन पर शुभ्र खद्दर सिल्क का उदास मटमैले गेरुए रंग का कुरता पहने, नीचे सर झुकाए कितनी देर से तुम चुपचाप घूम रहे हो। जाड़े के दोपहर की धूप तिरछी होकर पड़ रही है और तुम्हारी लम्बी तिरछी छाया कभी वरबीना, कभी गुलाब और कभी गुलदाऊदी के पौधों पर फिसलती हुई, कभी आगे जा रही है, कभी पीछे लौट रही है। ढलती हुई दोपहर में एक अजीब-

सी उदासी भी होती है, और एक अजीब-सा अवसाद, लेकिन तुम सिर्फ़ धूप के हल्के गर्म स्पर्शों से नहाए हुए—उस अवसाद में नहीं घिरे हो—तुम कुछ और सोच रहे हो—जो शायद बहुत सुखद नहीं है, यद्यपि कटु या दुखद भी नहीं प्रतीत होता—वह क्या है?

पता नहीं ऐसा क्यों लगता है, कि तुम आज अपने इसी जन्म में जिये हुए कुछ पिछले जन्मों को याद कर रहे हो—अपने उन तमाम रूपों को खो देना अच्छा हुआ या नहीं—यह तुम सोच रहे हो—तुम्हें याद आता है अपना वह रूप जब तुम बी.ए. में थे—बेहद भावुक, बहुत कच्चे, लेकिन बहुत तेज़—बहुत अधिक तीखे और लपलपाती तलवार की तरह पैने—तब तुम आत्मपूजक थे—तुम यह मानते थे कि तुम मूलतः कलाकार हो—और इसीलिए तुम्हारे जीवन में केवल ऐसे ही प्यार की महत्ता हो सकती है, जो तुम्हें प्रेरणा दे—लेकिन सारी प्रेरणा लेकर भी तुम उससे बँधो नहीं—तुम एक के बाद दूसरे प्यार को ग्रहण करो, फिर उसका निषेध कर तुम आगे चले जाओ—उसमें जिसे तुम प्यार करते हो—उसको अगर तुम्हें खिलौने की तरह तोड़ भी देना पड़े तो तुम्हें उसके लिए रत्ती भर संकोच नहीं होगा। उसी समय कोई तुम्हारे जीवन में आया—लेकिन वह व्यक्ति बहुत अजीब। तुम तलवार की तरह तीखे थे फिर भी तुम उसे काट नहीं पाए क्योंकि वह व्यक्ति जल की तरह तरल था। तुम अपने सारे आवेग के साथ उसके व्यक्तित्व को चीर देना चाहते थे, और जल की धार थोड़े हिलकोरे लेकर फिर ज्यों की त्यों खड़ी हो जाती थी। घुल मिलकर एक हो जाती थी। वह पहला मोड़ था, जब तुमने आत्मपूजा के वृत्त से बाहर निकल कर ममता की शक्ति को पहचाना था। तुमने यह जाना था कि अहम् के परे कुछ होता है, और उसके बाद तुम्हारे जीवन में दूसरी प्रक्रिया आरम्भ हुई अर्थात् आत्म-पूजा की बजाय तुमने पर-पूजा आरम्भ की, दूसरे के प्यार में अपने को मिटा देना एकमात्र श्रेय लेकिन वह मिटाना—उस व्यक्तित्व में अपने को घुलाना नहीं है। वह व्यक्तित्व उसे स्वीकार करे या न करे—स्वीकार करने की स्थिति में हो या न हो—पर तुम अपने को देते जाओ।

वर्षों बाद तुमने यह देखा कि तुम देते चले गये मन, चिन्तन, स्वास्थ्य, प्रतिभा, कलासृजन, सबकुछ लेकिन, सिर्फ़ देने वाली अँजुलियाँ उठती थीं पर लेने वाली अँजुलियाँ थीं ही नहीं। और अन्त में सब देकर तुमने यह पाया कि तुमने जो कुछ दिया उसकी कोई सार्थकता ही नहीं, वह कहीं पहुँचा ही नहीं- केवल तुम रहे सब कुछ खोए हुए—सबकुछ देकर रिक्त हुए।

उसके बाद तुम बने डॉ. भारती गम्भीर, अपने में सिमटे तने हुए, किसी के सामने न खुलने वाले, बाहर से सख़्त अन्दर से चूर-चूर, टूटे हुए—एक आहत

अभिमान था, तुममें कि तुम टूट गये हो पर तुम किसी को नहीं मालूम होने दोगे कि तुम टूट गये हो—ये तो कतई नहीं कि तुम किसके कारण टूटे हो—जिसके कारण टूटे हो, उसके प्रति यदि मन में कुछ है भी—तो उसे इतने गहरे दबा दोगे कि तुम खुद ये भूल जाओ कि तुम्हारे मन में कितना हाहा कार उस व्यक्ति के प्रति है, जिसने तुम्हारे दिए हुए को न ग्रहणकर सारी दुनिया से छोटे और कायरतापूर्ण समझौते करके तुम्हारे व्यक्तित्व को तुम्हारी ही दृष्टि में तुच्छ और निरर्थक सिद्ध कर दिया।

अभी लॉन पर टहलते हुए यह भी सोच रहे थे, कि वो डॉ. भारती का व्यक्तित्व चाहे अन्दर से टूटा हुआ हो— पर अन्दर से सख़्त था—उसमें इतनी आन थी कि कोई छू नहीं सकेगा उसे!

अब! अब कहाँ गया तुम्हारा निजत्व—तुम्हारा व्यक्तित्व—सबकुछ किसी को समर्पित कर कितने भरे भरे हो चुके हो तुम—कितने पूर्णकाम! कितने सुखी!

—भारती

31.12.57
रात्रि 9:30 बजे

मेरी पूज्या भागवत्,

आज जिस क्षण में मैंने राधा को पाया है, मैं तुम्हें भूल नहीं सकता। तुम्हें याद है आज से बरसों पहले जब मैंने अपनी मृत्यु पर एक कल्पित गीतांजलि लिखी थी—तब मैंने तुमको अपने जीवन की भागवत् कहकर पुकारा था—कितना सच निकला वह आज—भागवत् में सबकुछ था पर राधा का उल्लेख कहीं भी न था—पर भागवत् सम्प्रदाय में बाद में राधा केवल राधा, सम्पूर्णतः आच्छादित होती गयीं। देखा भागवत् का महत्त्व यह था, उसकी सार्थकता यही थी कि उसने सारी भूमिका प्रस्तुत कर दी थी, उसने पाँवड़े बिछा दिए थे, कि कृष्ण कथा में राधा आये और जो उसका पथ थी—जिस पर चलकर राधा कृष्ण-काव्य में अवतरित हुई हैं। इसीलिए भागवत् आज इस क्षण में राधा प्रतिष्ठित हो चुकी है। मैं तुम्हें इस समय बहुत कृतज्ञता से याद कर रहा हूँ—अभी तक मेरे मन में कहीं-न-कहीं थोड़ा-सा विक्षोभ, था लेकिन इस क्षण मैं अनुभव कर रहा हूँ कि तुम्हारा जीवन-दर्शन अधूरा था, एकांगी था, सम्पूर्णतः मुझे तुम्हारा देय था भी नहीं-वह तो राधा को ही मिलना चाहिए था, तुम मुझे उस दिशा में उन्मुख कर बीत गयी।

मैं जानता हूँ कि जब तुम लिखी गई थीं तब तुम्हें राधा का नाम भी नहीं मालूम था, लेकिन इतना तुम अवश्य जानती थी और जानती हो कि तुम राधा

के परम एकात्म की पीठिका मात्र हो। पहले कभी मैं यह सोचता था कि तुम यह क्यों नहीं हुईं—वह क्यों नहीं हुईं पर अब सोचता हूँ यह सब सोचना बिल्कुल निरर्थक है। कहीं-न-कहीं सबकुछ पूर्ण निश्चित है, जन्म-जन्म पहले निश्चित हो चुका है। इसलिए तुम अपना काम करके बीत गयी। राधा का स्थान तुम ले भी कैसे सकती थी। कोई भी कैसे ले सकता था? जन्म-जन्मान्तर से कृष्ण कथा की यह धारा प्रवाहित होती रहती थी कि यह राधा में आकर समाहित हो जाए फिर भी तुम्हारे पृष्ठों में पहली बार मुझे यह संस्कार मिला था कि मैं राधा को बहुत पवित्र, बहुत उदात्त, और बहुत गहरे स्तर पर ग्रहण कर सकूँ—अपने में घुला मिलाकर एक कर सकूँ। इसलिए हे प्रिय भागवत् आज इस क्षण में जब तुम बीत गयी हो अपना काम पूरा कर समाप्त हो गयी हो—मैं तुम्हें कृतज्ञता पूर्वक प्रणाम करता हूँ, और तुम्हीं से आशीर्वाद भी माँगता हूँ, अपनी कथा के, अपनी लीला के चरम उन्माद के क्षण और गहनतम अलौकिक अर्थ साथ-साथ जी सकूँ। फिर वह भूल न हो, कि स्थूल और सूक्ष्म में, आत्मा और शरीर में एक विभाजक रेखा खींच दी जाए और जीवन का सत्य खंडित विकलांग, असत्य में, विकार में परिणित हो जाए। नहीं भागवत् इस बार वो सम्पूर्ण रहे, एक रहे, अखंडित रहे जिसमें आत्मा और शरीर की पृथकता मात्र भ्रम मानी जाय। जो सम्पूर्ण है—वह सम्पूर्ण है—वह राधा है-वह मैं हूँ। तुम्हें फिर प्रणाम...!

[कैसे कहूँ कि हम दोनों की ओर से-क्योंकि 'हम' और 'दोनों' ये भ्रामक शब्द हैं। मेरी और राधा की एकात्मता का बोध नहीं करा पाते।]

2 जनवरी 1958

पुसिया,

सच-सच बताओ कि पहली तारीख को लगभग एक बजे क्या तुमने मुझे और कान्ता को बहुत याद किया था? हम आँगन में बैठे धूप में खाना खा रहे थे कि अकस्मात् कान्ता को लगा कि जैसे उसके हाथ-पाँव में शक्ति नहीं रह गयी और बड़ी तेज़ी से दिल धड़कने लगा, कान के पास सचमुच लगा जैसे कोई बार-बार पुकार रहा है कान्ता...कन्तोला..ये ज़रूर तेरी शरारत थी। ये क्यों किया तूने या सिर्फ़ हमारा भ्रम था? अपने आप तो तू ऐसी है कि हम दोनों को सम्पूर्णत: तूने बाँध लिया है। अब तो कहीं कुछ शेष भी नहीं है, फिर भी ये नाटक क्यों किया करती हो कि मन में सदा बसी रहने पर भी इतनी दूर चली गई हो और दूर जाकर ऐसी आकुलता से पुकारती हो।

चलो एक बात की खुशी है कि इतना-इतना भटककर अन्त में तूने अपने

को पहचान तो लिया। बहुत दिन पहले जब एक बार कान्ता तुझे गर्मियों की दोपहर में तेरे घर दारागंज से यहाँ अपने घर ले आयी थी और तू चारों ओर से सिमटकर अपने पाँवों तक को ढँककर लजीली गुड़िया बनकर हम दोनों के बीच बैठी थी। उस दिन तू कुछ-कुछ उदास भी थी पर हमारे बीच आकर पुलकित भी थी। तेरी वो मुद्रा देखकर मैं मन-ही-मन हँस रहा था कि हमारी ये मित्र कितनी मधुर और अबोध है। जीवन को देखने का इसका ढंग अभी कितना अपरिपक्व है, कितने ऊपरी धरातल का है। मन इसका स्फटिक स्वच्छ है, पर ये अपने को बिल्कुल पहचानती ही नहीं।

कुछ लोगों में कुछ अजीब-सा रहस्यभरा जादू रहता है न! देखो कृष्ण को योगीश्वर कहा गया है। वे कहीं-न-कहीं योगी भी हैं जैसे योगी किसी का भी माथा छूकर त्रिकुटी उद्घाटित कर उसे ऐसी दिव्य दृष्टि दे देते हैं कि वह एक क्षण में अपने सामने कण-कण खुलने लगता है जैसे मानो त्रिकालदर्शी हो गया हो। अतीत वर्तमान और भविष्य को बिल्कुल स्पष्ट देखने लगता है और तमाम दुनिया के कीचड़-कान्दों में बेबस पड़ा हुआ स्वयं को तिनके समान न समझकर अकस्मात् अपने सच्चे महत्त्व को जान लेता है। अपने अभिमान, कुंठा, निराशा, भ्रम का जो संसार उसने अपने चारों ओर बना लिया है जिसमें फँसा हुआ वो अपने को बिल्कुल लाचार पाता था वह संसार उसे कितना तुच्छ, कितना नगण्य जान पड़ने लगता है। यह तू एक दिन जानेगी ज़रूर और उसे जान लेने के बाद कितने गहरे अर्थ समझ में आने लगते हैं। अपने समूचे व्यक्तित्व के। अपने मन का हर सपना कितना रंगीन हो उठता है। अपने शरीर का एक-एक कण कितने असीम सौन्दर्य से भर-भर उठता है। सारा संशय पीछे छूट जाता है। तू उठाकर देख अपनी थीसिस में मैंने पहले पृष्ठ पर अपभ्रंश की दो पंक्तियाँ लिखी थीं उनका अर्थ है, "जैसे विष का भोग करते रहने से फिर मनुष्य को विष मारता नहीं वैसे ही भव को भोगते रहने से मनुष्य पर भव का प्रभाव नहीं पड़ता।" सचमुच अब तक का जीवन जी कर मैंने भी कुछ ऐसी ही आस्था पायी है। वो इसलिए कि मेरे प्यार करने का ढंग यही है कि मैं किसी पर कुछ लादता नहीं। चारों ओर से प्रेमास्पद को मुक्त करता रहता हूँ। कहीं-न-कहीं प्यार में एक अत्यन्त चतुर शिल्पी की तरह जीना होता है पुस्सी। शिल्पी किसी भी अनगढ़ पत्थर के ढोंके को उठा लेता है जिसे दूसरे लोग बिल्कुल निरर्थक समझेंगे, पर धीरे-धीरे शिल्पी की उँगलियों का चमत्कार दीखने लगता है। उस पत्थर के अनावश्यक कोने टूटेंगे और उँगलियों के एक-एक स्पर्श से धीरे-धीरे वह प्रतिमा स्पष्ट होने लगेगी जो उस पत्थर की कारा में बन्दी और कुंठित थी, कितने ही युगों से धूल में पड़ी हुई इसकी प्रतीक्षा कर रही थी कि कोई शिल्पी आएगा और इस अनगढ़

पत्थर में छिपी मुझको पहचानेगा। और मुझको मुक्त कर देगा।

तेरे पास मेरा 'चाँद और टूटे हुए लोग' कहानी संग्रह है न? बता उसकी कौन-सी कहानी तुझे अभी याद आयी—वही न जहाँ शिल्पी बन पत्थर की मूर्ति में मैंने राधा को प्रतिष्ठित किया। उस कहानी में राधा की दृष्टि में मैंने स्वयं को देखा। उसमें पूजा ने कहा है न 'सुदूर ग्रामों से आभीर कन्याएँ प्रणय और रास के गीत गाती हैं—उनसे पूछना है मुझे, कौन-सी वो विशेष गोपी है जिसने अपनी एकान्त आराधना से शिशु गोपाल को भगवान बना दिया था। मगर अब तो कृष्ण बन ही गये, अब उस आराधिका से किसी को क्या मतलब! नक्षत्र, तुम हो कलाकार—तुम्हीं अगले आचार्य होने वाले हो—तुम्हें अपने देवता के जीवन में अज्ञातनामा राधिका को स्थापित करना ही होगा। उसके बिना तुम्हारा देवता अपूर्ण रहेगा—और तुम भी अपूर्ण रहोगे।'

यह तो मैंने राधा की दृष्टि से कृष्ण को देखा है अब कृष्ण की दृष्टि से राधा को देखने वाली भी कितनी ही चीजें मैंने इधर लिखी हैं 'फूल सागर सीपी' से लेकर 'अँजुरी भर धूप-सा मुझे पी लो'। इन सबों में उसी की वंदना है न जिसके लिए बिहारी ने लिखा है—'जा तन की झाईं परे श्याम हरित दुति होय'। मुझे लेकिन यहीं पर समाप्ति नहीं करनी, अभी तो मुझे न जाने कितना लिखना है। 'उस' तन की झाईं उसके एक-एक शब्द और उन शब्दों से बने हुए जीवन के बहुत बड़े चित्र को बहुत गहरा, बहुत सार्थक, बहुसम्पन्न बना देना है और तुम्हीं से कहता हूँ कि आशीर्वाद दो मुझे मैं ऐसा कर सकूँ—ऊँचे हिमशिखरों पर तुम्हारे चरण चिह्नों पर बिछे फूल उड़ाते बिखराते, तुम्हें घेरते, तुम पर फूलों जैसी ममता बिखेरते चलना है मुझे ओ मेरी ममता!

—भारती

पुनश्च—तुम्हारी 'बाणभट्ट की आत्मकथा' तो यहीं छूट गयी। आज ही रजिस्टर्ड डाक से भेज दूँगा।

शनिवार 4 जनवरी 58
समय 10:30 प्रात:

...राजे!

कभी मैंने यह मन:स्थिति नहीं जी थी जो आज जी है। सुबह उठा, मन ठीक ही-सा था। पर 9 बजते-बजते मन इस बुरी तरह अकुला उठा कि पूछो मत। अकारण, बिल्कुल अकारण। उठकर बाहर टहलने लगा, पर ऐसा लग रहा था जैसे हाथ-पाँव में ताकत नहीं है। पर लगता था बैठूँगा तो फिर उठ नहीं पाऊँगा

इस जीवन में। जैसे नकली साँस मुँह से भर कर डूबे हुए व्यक्ति की साँस प्रक्रिया जगायी जाती है,वैसे ही ज़बर्दस्ती टहल-टहल कर जैसे अपने में गति का संचार कर रहा था। लगता था कि बैठा कि सदा के लिए पंगु, निष्क्रिय हो जाऊँगा। एक घंटा ऐसी ही दशा में टहलता रहा। घर से फाटक, फाटक से घर तक बस घूमता रहा। 10:30 से यूनिवर्सिटी थी, मैंने ड्रेसिंग गाउन तक नहीं उतारा था। इतना तो समझ ही रहा था कि आज मैं इस लायक नहीं हूँ कि पढ़ा सकूँ या कहीं आ जा सकूँ।

अब आधे घंटे बाद उस स्थिति का विश्लेषण करता हूँ, तो मालूम है मुझे क्या लगता है? मुझे लगता है मेरा मन, मेरी चेतना, मेरी आत्मा यहाँ थी, मेरा शरीर यहाँ नहीं था। मेरा जिस्म ज़रूर कहीं चला गया था। यह तो मैंने कई बार अनुभव किया है कि मेरा शरीर यहीं रहा है, पर मेरा मन दूर कहीं चला गया है, पर ऐसा कभी नहीं हुआ था कि मन पीछे छूट जाये और जिस्म अपने आप दूर चला जाये—वीणा का स्वर सुनकर बेसुध भागने वाले मृगछौने ही तरह। आज यह अनुभूति नहीं हुई होती तो कभी-कभी भी—मुझे विश्वास नहीं होता कि देह भी इस तरह आँख मिचौनी, इस तरह लीला कर सकती है। और एक विचित्र बात लगी मुझे कि मुझे पूरा आभास हो रहा था कि ऐसा अघटित घटित हो रहा है।

और कितनी अकुलाहट थी! हम इस धरती पर टिके रहते हैं, आसपास संसार रहता है, ऊपर आकाश का चन्दोबा रहता है। अकस्मात् यह सब हटा लिया जाये और हम अथाह शून्य में पाँव टिकाने को एक कण स्थान भी न पायें और निराधार तड़पें, अकुलाएँ, ठीक वैसी ही गति इस मन की हो रही थी। यह मन चारों ओर जिस्म के आवरण से ढँका, जिस्म की पीठिका पर टिका आश्वस्त रहता है—पर जिस्म के बिना निरावृत, निराधार इस बुरी तरह अकुला रहा था कि उस अनुभव का वर्णन नहीं किया सकता। मैंने परकाया प्रवेश सुना था—कि आत्मा एक शरीर का परित्याग कर दूसरे शरीर में प्रवेश कर उसी को जीती है, दूसरा शरीर जड़ निस्पन्द पीछे पड़ा रहता है। पर यह तो कभी नहीं जाना था कि एक शरीर ही एक मन को पीछे छोड़कर खुद दूसरे मन को घेर ले, उस पर छा जाये। और उसका पूर्ववासी मन यहाँ उसी तरह अकुलाता हुआ छूट जाये जैसे अभी मेरा मन छूट गया था। यह कैसे अनुभव होने लगे हैं मुझे?

10 बजकर 20 मिनट पर डाक आयी। चिट्ठियाँ खोलीं। कुछ प्रकृतिस्थ हुआ। पर फिर भी इस योग्य नहीं कि यूनिवर्सिटी जा सकूँ। हाथ-पाँव अन्दर से इस बुरी तरह बिखर-बिखर गये थे कि लगता है सैकड़ों मील की यात्रा पर एक साँस में गये हों और एक साँस में लौटे हों। कहाँ गये थे ये? किसने बुलाया था? क्या मध्यकाल के वे जादू टोने, तन्त्र-मन्त्र की बातें सत्य हैं कि लोग मन्त्र

पढ़ कर सैकड़ों योजन दूर स्थित लोगों को सशरीर बुला लेते थे? क्या अब भी मानव जीवन का अन्तिम सत्य रहस्य से आवृत्त है? क्या अब भी मन और शरीर हमारे—किसी अद्‌भुत रहस्य लीला के उपकरण मात्र हैं। वह लीला जिसके लिए सूर ने कहा था—"मन बानी सो अगम अगोचर, सो जानै जो पावै।" क्या यह सच है कि युग युगों पूर्व राधा ने किसी को सशरीर पुकारा था—वह आवाज़ समाप्त नहीं हुई, आज भी गूँज रही है—जिस शरीर में उसने अपनी अनुगूँज पायी उसे इसी तरह खींच ले गयी। क्योंकि वही तो है जिसको खोजते हुए वह कितने युगों से, कितने जन्मों से भटक रही है। निश्चित यह वही एक है—वही एक—वरना हर युग में, हर जन्म में कितने आकारों से यह आवाज़ टकराई होगी, कितने अधरों पर इसने बेचैन तितली की तरह क्षण भर बैठ कर पंख तोले होंगे, कितनी बाँहों के घेरे में से यह फिसल आयी होगी—पर अपनी वह प्रतिध्वनि इसने कहीं भी नहीं पायी होगी जो यहीं जागती है, केवल यहीं, केवल यहीं, इसीलिए क्या यह आवाज़ इस शरीर को खींच ले गयी थी, पता नहीं कहाँ!

इस सैकड़ों योजन की अद्‌भुत रहस्यमयी यात्रा से लौट कर अभी मन ठीक-ठीक विश्राम भी नहीं ले पाया था और सच पूछो तो हाथ-पाँव अन्दर-ही-अन्दर बुरी तरह छेड़े हुए सितार के तार की तरह काँप रहे थे, फिर मैं उसी समय 10:30 बजे, तुम्हें यह पत्र लिखने बैठ गया। क्योंकि जब नहाते समय गंगा की प्रबल धार में आदमी का जिस्म बहने लगता है तब वह एक बार प्राणपण से चेष्टा कर बालू में ही सही, जोर से अपने पाँव गड़ा देता है—ठीक वैसे ही इस भटकते तीव्र प्रवाह में मैं कलम लेकर लिखने बैठ ही गया कि कुछ भी लिखूँगा, कुछ भी लिखूँगा—बुरी तरह बहते हुए धार में विवश—मुझको कुछ तो आधार मिलेगा टिकने का। लिखने बैठा तो बाँयीं ओर लिखा शनिवार 4 जनवरी 58 और दायीं ओर लिखा समय 10:30 प्रात: और इतना लिखने के बाद—बिल्कुल शून्य! लगा जैसे किसी ने अँगुलियों की सारी सक्रियता अन्दर से पी ली है। ओठों पर से भाषा का एक-एक कण पी लिया है, वक्ष पर ओठ रखकर अन्दर का एक-एक स्पन्दन पी लिया है। मैं क्या लिखूँ? किसे लिखूँ? कौन लिखे? यहाँ है कौन?

कभी आज तक मुझे—कलम लेकर जब बैठा हूँ तब —ऐसी अजीब अनुभूति नहीं हुई। मेरे पास भाषा ही नहीं थी, लिखता क्या? और जिस भाषा से कल तक लिख रहा था वह क्या हुई? पता नहीं, ऐसा लगा जैसे ऊर्णनाभ अपने अन्तर के द्रव से बाहर इतना बड़ा जाल बुन देती है और फिर उसे अपने अन्दर समाहित कर लेती है और वह जाल लुप्त हो जाता है—ठीक वैसे ही मेरी भाषा, मेरी रंगबिरंगी शब्दावली, मेरी सतरंगी शैली, मेरे हिचकोरे लेते हुए वाक्य—सब किसी के अन्तर के रहस्यमय द्रव से बुने हुए एक आकर्षक जाल थे और जिसने उन्हें

फैलाया था उसी ने इस क्षण उन्हें खींच कर अन्दर समाहित कर लिया है, और मैं भाषाविहीन हूँ।

वह ऊर्णनाभ कौन है? और उसने ऐसा छल मेरे साथ किया क्यों? समझ गया! शायद वह नहीं चाहता कि उसके अदम्य प्रवाह में जब मैं बह रहा होऊँ तो कहीं मुझे पाँव टिकाने की अँगुल भर जगह भी मिले! वह नहीं चाहता कि मैं रुकूँ, ठिठकूँ, हिचकूँ, ठहरुँ। बहाव है तो बह जाऊँ—बिल्कुल बह जाऊँ। भाषा को पकड़ कर क्यों रुकूँ! नहीं! वह यह नहीं चाहता! बहाव है तो बह जाओ, डूब जाओ—अणु, अणु, कण, कण! इसीलिए न, भाषा छीन ली गयी है और लिखने बैठा हूँ और सामने कोरा पृष्ठ है! लिखूँ तो क्या?

कुछ देर हतप्रभ बैठा रहा, फिर उठा और बाहर टहलने लगा। क्या कर रहा हूँ, क्या सोच रहा हूँ इसकी कोई चेतना नहीं थी—एक कण भी नहीं! कैसे-कैसे निरर्थक काम करता रहा टहल-टहल कर! एक डहलिया में कली आ गयी है, बड़े से बटन के बराबर उसकी हरी पाँखुरियों के बीच वाले सिरे पर गहरा कत्थई रंग आभा देने लगा है! उसे खड़ा देखता रहा, बड़ी देर तक। पनसुतिया की लाल गुलाबी पत्तियाँ देखता रहा। सोचता रहा इन गुलाल रंग की पत्तियों को क्या साड़ी की तरह पहना जा सकता है? एक नीला कार्नफ्लावर खिल रहा था, कुछ काँसमास खिले थे, दो-तीन बैंगनी स्वीट पी खिल आयी थी, और मैं उनके सामने देर तक खड़ा रहा चुपचाप। वक्त गुज़र रहा था—विचार शून्य, भाषा विहीन।

पहले भी ऐसी आकुलता आयी है जब मैं घबरा कर इसी प्रकार लॉन में फूलों के बीच घूमता रहा हूँ पर तब मेरे मन में सदा एक अव्यक्त चिन्ता रही है, एक anxiety और उस चिन्ता में मैंने पता नहीं किससे अनगिनत प्रश्न पूछे हैं, मन-ही-मन—और उसने उन भाँति-भाँति के प्रश्नों का इन फूलों, इन हरियालियों के माध्यम से केवल एक उत्तर दिया है...I am, you anxious one Do you not hear me rush to claim you with each eager sense. पर इस बार यह भी उत्तर उन फूलों ने नहीं दिया क्योंकि मैं इस बार anxious होकर किसी को पुकार नहीं रहा था—मैं पुकारता किसे—मैं तो था ही नहीं, या नहीं, शायद था, और वही था। अलग नहीं था। इसलिए यह आश्वासन भी अब नहीं चाहता था कि जानूँ कि कोई है या नहीं! मैं हूँ अत: वह है! one who rushed to claim me with each eager sense has not only claimed me, but has made me one and the same, has made me completely merge in her self. इसीलिए मुझे अकस्मात् लगा कि यह तमाम फूलों बिखरी हरियाली अब एक भाषा है, पर मैं उससे पृथक् नहीं हूँ कि मुझसे वह भाषा बोली जाये, या मैं उसे बोलूँ। वह भाषा है मैं उसका अर्थ हूँ। मैं हूँ—मैं अर्थ हूँ तभी न वह भाषा है, वरना वह एक निरर्थक ध्वनि

होती! फिर मुझे लगा यह किसी के जिस्म जैसी फूलों बिखरी हरियाली एक बहुत बड़ा हरित नील समुद्र है और ये लाल, नीले, पीले फूल उसमें बिखरे हुए माणिक, पन्ना, पुखराज हैं—पर मैं उस समुद्र से पृथक् नहीं हूँ कि उसे तैर कर पार जाऊँ, मैं उसी समुद्र की लहर हूँ, उसी की उठान हूँ, उसी का आवेग हूँ। इसीलिए अब मैं उससे अलग हूँ ही नहीं। वह भाषा है, मैं अर्थ हूँ, वह जल है मैं लहर हूँ। 'गिरा अरथ जल बीचि सम कहियत भिन्न न भिन्न!' पर नहीं अब तो 'कहियत भिन्न' भी असह्य है, निरर्थक लगता है—कहने में भी भिन्न क्यों? पृथक क्यों? अब तो I am, you anxious one में से am और you के बीच का कॉमा भी हटा कर सिर्फ़ इतना सार्थक है I am you.

और यह सोचता हुआ मैं चुपचाप टहलता रहा। आज सुबह से कुछ बादल छाये थे और अजीब-सी बरसाती सरदी थी और घास और लतरें कुछ अधिक हरे थे और मेरे मन में बार-बार यही एक बात आ रही थी कि पनसुतिया की पतली लाल पत्तियाँ जिसके होठ हैं, वह बार-बार मुझसे कह रही हैं I am you, I am you, I am you, I am you.......ऐसे मैंने कभी नहीं अनुभव किया था! सच! मैंने चरम ममता के क्षण जिये हैं, चरम उन्माद के क्षण जिये हैं, चरम डुबान के क्षण जिये हैं पर यह एकात्मकता कभी नहीं जानी जहाँ अकस्मात् यह लगने लगता है कि यह दूसरा व्यक्ति नहीं है, हमारा ही जिस्म है, हमारे ही व्यक्तित्व का प्रतिरूप भी नहीं—हमारा ही व्यक्तित्व है, हमीं हैं जो दो में विभक्त हो गये हैं, ताकि युग-युग तक जन्म-जन्म तक भटकें और एक-दूसरे को पुकारें और मिलें और डूबें और ज़ब जाने कि हम एक हैं—मन से, तन से, अस्तित्व के कण-कण से—तब उस अनुभूति के चरम आवेग को धारण भी न कर पायें। मैंने कभी पढ़ा था कि वस्तुत: प्रारम्भ में एक ही तत्त्व था—केवल क्रीड़ा करने के लिए कृष्ण ने अपनी ही योगमाया को राधा का शरीर दे दिया था। वह बात पहले नहीं समझ पाता था। अब उसके अर्थ धीरे-धीरे स्पष्ट होने लगे हैं। अपने जन्म-जन्मान्तर के अस्तित्व को धीरे-धीरे इस जन्म में जानने लगा हूँ।

और सच है—जन्म जन्मान्तर की बात निरर्थक नहीं—वह एक या पौन घंटा चरम तन्मयता का—क्या उस सप्ताह, उस दिन, उस दोपहर को एक घंटा था—न! अगर हम समय को—युग-युग और जन्म-जन्म की निस्सीम अवधि को एक विराट् समुद्र माने तो वह एक घंटे का समय उसका एक पृथक् खंड नहीं था, वह एक लहर थी! समुद्र का धरातल जहाँ सबसे ऊपर उठ जाता है वहीं तो लहर होती हैं न! पर क्या लहर कहीं से समुद्र पर आरोपित कर दी जाती है? न! सारा समुद्र का धरातल कितनी दूर से विक्षुब्ध होता आता है, उद्वेलित होता है, कण-कण संचित होता है, दबता है, उभरता है, तब वह लहर बनती है। लहर

समुद्र के सम्पूर्ण अस्तित्व की चरम सार्थकता की उदात्ततम घोषणा होती है। उसी में समुद्र अपने को सचमुच जानता है।

पर क्या लहर उठ कर समाप्त हो जाती है? नहीं! एक बार लहर उठी कि फिर लहर पर लहर...और धीरे-धीरे सारा समुद्र जो प्रसुप्त, निश्चेष्ट, मृत और जड़वत् था वह अपनी सार्थकता से सजीव अपने सम्पूर्ण विस्तार को ऊँची-ऊँची लहरों से आभूषित कर अपनी सार्थकता को बार-बार पाता है, बार-बार उपलब्ध करता है—लहर पर लहर पर लहर...

यह जो, सजीव, सार्थक, सक्रिय, तरंगित जीवन समुद्र है कितना पृथक् है यह 'डैड सी' से—"जहाँ फेनोज्ज्वल उत्ताल लहरें, लहरों की ढलान में बहती हुई चन्द्रमा की मोतिया छायाएँ, झूमती हुई नमकीन समुद्री हवा-सब मर चुके हैं।" किसी ने 'डैड सी' पढ़कर मन में चुनौती दी थी कि यह सब वह बदल देगा। उसे क्या मालूम था कि वह विराट् समुद्र वह खुद है जो जीवन है, जो अमृत है, जो मेरा 'अपनापन' है, मेरी 'तन्मयता' है। जिसको पाने के लिए मैंने जन्म-जन्मान्तर की यात्रा पार की है। भटका हूँ अपने को दो खंडों में बाँटकर!

और इसमें भी कोई सन्देह नहीं कि मैंने उस एक घंटे में कितने जन्म कितने युग दोहराये हैं! गुजरे हुए पौराणिक और ऐतिहासिक गाथाओं के कितने क्षण उस एक घंटे में फिर से मेरे जिस्म और मेरी चेतना में फिर से अपने को दोहरा गये हैं।

उसी थोड़ी-सी काल अवधि में वह क्षण भी आया जब राधा ने बहुत उत्सुक होकर, बहुत आतुर होकर यह जानना चाहा है कि कृष्ण आखिर उनमें क्या रस पाते हैं? उसमें वह भी रहस्यमय क्षण आया है जब भाषा की अधीश्वरी सरस्वती (केष्टो नगर की) खुद भाषा भूल गयी हैं और तन्मय व्याकुल होकर उन्होंने हंस के पंखों में अपनी लम्बी पतली उँगलियाँ उलझाते हुए अपने को विवश छोड़ दिया है। वैसे नीले समुद्र में लाल कमलों का खिलना बताया गया—पर उसमें ऐसे भी क्षण आये जब गुलाबी झिलमिलाती लहरों में अकस्मात् एक छोटा-सा नील कमल खिल आया—कभी न मुरझाने वाला! और, और...

न, मैं लिख नहीं सकता! कभी नहीं लिख सकता। मेरे पास उस अनुभूति को व्यक्त करने के लिए शब्द नहीं हैं। शब्दों ने वह अनुभूति कभी नहीं पायी अत: उसे व्यक्त कैसे करेंगे। भाषा की व्याख्या है—कि वह एक ही अनुभूति दूसरे तक पहुँचाये, पर यहाँ दो रहा ही कौन! अनुभूति अगर है तो दो की नहीं! वह तो अनुभूति का एकत्व है। एक की, मात्र एक की!

भाषा एक आवरण है, पहने हुए मोटे वस्त्र की भाँति! भाषा दूरी है, भाषा पृथकता है। आओ भाषा को आहिस्ते से हटा दें!

अब एकत्व है, मौन है, तन्मयता है...
लहर पर लहर...

भारती
7 जनवरी 1958

कल 'ठेले पर हिमालय' का आखिरी फ़र्मा भी प्रैस में दे दिया। अब रह गये उसके प्रारम्भिक पृष्ठ जो सबसे बाद में छपते हैं। जिनमें शीर्षक, भूमिका, सूची और समर्पण रहते हैं। मैंने तीन समर्पण लिखे। कान्ता ने जिसे सबसे ज्यादा पसन्द किया अब वही उस पर जा रहा है। किताब छप तो जाएगी दो-तीन दिन में, पर इरादा अब उसे वसन्त पंचमी पर रिलीज़ करने का है।

पहली जनवरी को मैंने बहुत चाहा था कि डायरी लिखना शुरु करूँ पर पता नहीं मन किस रहस्यमय प्रदेश में, किस चन्दन मंजूषा में आबद्ध-सा लगा, कितना तन्मय था कि अपने को व्यक्त करना भी जैसे नीरस कार्य लगता था। दिन में एक मित्र के साथ 'गैस लाइट' नामक चित्र देखने गया। शाम को साही दम्पती और गिरधर दम्पती आ गये फिर हम क्वालिटी में कॉफी पीने गये, फिर यूनिवर्सल गये कि वहाँ से कोई किताब खरीदेंगे पर कोई ढंग की मिली नहीं।

25 दिसम्बर को अपनी एंगेजमेंट डायरी में लम्बी कविता वाली बात लिख ली थी। वह देखो मैंने पूरी कर दी। यूँ मैं कब लिख पाया, अब तो कोई है जो लिखाता है। सच इसका गर्व कब का टूट चुका है कि मैं कुछ लिखता हूँ। वो नहीं लिखाता तो मैं महीनों नहीं लिख पाता और वो लिखाने पर तुल जाता है तो आठ-नौ घंटे के अन्दर चार-चार अद्वितीय कृतियाँ लिख डालता हूँ। वही लिखाएगा—और मैं लिखूँगा..समय की विशाल पीठिका पर अपने रसस्नात शब्दों से एक छवि अंकित करूँगा—मूर्तिमान माधुर्य की, मूर्तिमान पवित्रता की, सरस्वती की मूर्ति—केष्टो नगर की चतर्भुजी सरस्वती की पावन गैरिक मूर्ति! हर कलाकार एक विशाल कृति का निर्माण करने के लिए जन्म लेता है। वही उसकी सार्थकता है। उसी में वह जीता है, उसी के लिए जीता है, उसी की छाया में जीता है, वही बनकर जीता है, उसमें एकात्म हो जाता है...संगिनी मेरी! उस सरस्वती को आकार दूँगा मैं। मेरा हर क्षण, मेरी हर साँस, मेरा हर शब्द, मेरा हर उन्माद, मेरा हर आवेश, मेरी हर अनुभूति, छेनी की हल्की-हल्की चोट हैं जो उसी मूर्ति को उभार रही हैं। एक-एक कटाव, एक-एक उभार, एक-एक अंग, एक-एक भंगिमा! जब वो मूर्ति पूरी उभर आएगी—हिमाच्छादित पावन शिखरों की छाया में गैरिक वस्त्र पहने

और वस्त्रों में से फूटती हुई चन्दन तन की ज्योतिर्मय आभा! तब देखना मेरी सहयात्री!

अच्छा अब नहीं लिखूँगा तुझे। लिखते-लिखते कहाँ पहुँच गया मैं?...

भारती

9 जनवरी 1958

कल बुधवार को तेरा वो पत्र मिला जिसमें तूने तीन लाल फूल, तीन पीले फूल और उनके बीच आधा प्रगट और आधा अप्रगट एक नीला फूल बनाया है—ये फूल क्या सरोवर तट के पुखराज मानिक और नीलम हैं...इनसे तो तेरे पत्र का शृंगार मात्र हुआ है, पर पत्र तेरा कितना अनमोल है ये तू क्या जाने...हम दोनों ने पढ़ा, बार-बार पढ़ा, एक-दूसरे से छीन-छीनकर पढ़ा...क्या था उस जादुई खत में कि पढ़ने के बाद कोई भी काम करने में मन ही न लगे। न पढ़ने में, न लिखने में, न किसी से बात करने —बस यूँ ही लॉन पर सिर्फ़ टहलते रहे, टहलते रहे—खाना भी ज्यों-त्यों खाया, पता नहीं कैसी खुमारी थी कि बेवक्त ही नींद आने लगी और मैं मन्त्रबद्ध-सा सोने चला गया। रात में अकस्मात् नींद खुल गयी—घड़ी की ओर देखा तो वो बन्द पड़ी थी—मेरे जीवन का समय और दिशा तो सब तेरे निर्देश पर ही चलते हैं सो बन्द पड़ी इस निर्जीव घड़ी को मैं चलाना ही भूल गया...मुझे क्या जरूरत है समय के इस नकली माप की! इस समय एक स्वप्न देखते-देखते मेरी नींद टूटी। मैं समझ गया ज़रूर इस समय वही रात के अपने ठीक तीन बजे होंगे—दूसरे कमरे में जाकर देखा—हाँ, ठीक—वही तीन ही तो बजे थे! और फिर तो इस तीन बजने के सारे सन्दर्भ याद आते रहे और याद करते-करते वही डुबान महसूस करता रहा जो इधर सोते भी, जागते भी, अर्द्ध स्वप्न में भी जाने कैसी अलौकिक तन्मयता की डुबान आती है जिसे केवल मन में नहीं, रोम-रोम में महसूस करता रहता हूँ और फिर तो बस भोर फूटने के पहले उसी डुबान में जो कविता काग़ज़ पर उतर आयी है उसे तू पढ़ेगी तो ज़रूर मुझे इनाम में वो देगी जो मैं माँगूँगा—देने से इनकार कर ही नहीं सकेगी तू—कविता की केवल पहली पंक्ति बताऊँगा। पूरी कविता रात को फेयर करके भेजूँगा, सुन पहली पंक्ति है—

'आज की रात
हर दिशा में अभिसार के संकेत क्यों हैं?'

अच्छा अब जाता हूँ, यूनिवर्सिटी जाना है। यन्त्रवत् वो सब कुछ करना है जिसे करने में अब बिल्कुल मन नहीं लगता...मेरे प्यार! कह दो अगस्त्य के फूलों जैसे उन नाज़ुक पाँवों से कि वे अब हिमालय की यात्रा पर निकल पड़े हैं—इस चरम राग और विराग वाली यात्रा का कोई अन्त नहीं है—थकने का अब

प्रश्न ही नहीं मेरे सहयात्री!

—भारती

10 जनवरी 1958

बावरिया

तू कहाँ है? उफ़् कितनी दूर...यहाँ हमारे पास क्यों नहीं?...पर ये भी कैसे कहें कि तू यहाँ नहीं रहती। यहाँ की कौन-सी चीज़ ऐसी है जिसमें तू नहीं है—अब ये देख कि आजकल जाड़े के दिन सुबह उठते ही धूप की ओर मन खिंचता है, लेकिन मेरे घर में आनेवाली धूप कभी आगे लॉन में, कभी पीछे के आँगन में सब जगह तेरी यादों में बसी हुई, तेरी यादों में घुली मिली हुई आती है। पारसाल जिस दिन तू हॉस्टल से आयी थी नारंगीवाले पेड़ के पास जो खाट पड़ी थी उस पर बैठी कान्ता स्वेटर बिन रही थी और तू मुँह पर आँचल डालकर वहीं सो गयी थी। मैं तीन बजे तक यूनिवर्सिटी से लौटा, देखा तू कैसी बेखबर बेहोश पड़ी सो रही थी और मैंने झट से कैमरे से तेरी वो छवि कैद कर ली थी, है न तेरे पास या कहीं फेंक-फाँक दी...फिर दिन की धूप याद आयी, बहुत दिन पहले की जब आँगन में आरामकुर्सी डालकर हम लोग बैठे थे, बातें हो रही थीं। मेरी किसी बात पर आहत होकर या शायद तमककर कहा था कि मेरी ममता से इतना दुख होता है तो कहो तो उसे लौटा लूँ। मैं तो स्तब्ध! उसके बाद बात अधूरी ही रह गयी क्योंकि बीच ही में मानिक आ गये और उसके थोड़ी देर बाद विष्णु...और फिर तो वह झगड़ा होली पर ही जाकर अपने चरम उत्कर्ष पर पहुँचा था। फिर याद आती है उस दिन की धूप जब लौटते हुए तेरी ऊँगली में चोट आ गयी थी तू सो गयी थी और कान्ता ने जाकर तुझे कितनी ममता से जगाया था...सो पुस्सनी आजकल जाड़े की धूप दिनभर मेरे घर पर छाई रहती है और तेरे लिए उसी तरह टीसती रहती है जैसे छोनू-मोनू के गुलाब टीसते रहते हैं। धूप तो धूप रात को भी तू चैन नहीं लेने देती। रजनीगन्धा के जो फूल हम लोग अपने साथ लेकर कलकत्ता से लौटे थे गुलदस्ते में लगे-लगे आज भी उनमें से कई फूल ताज़ा बने हुए हैं और आधी रात होते-होते सौरभ का ऐसा झीना और मज़बूत जाल इस कमरे में फैला देते हैं जैसा जाल आम्र वृक्ष के यक्षों ने सोन मछली के लिए फैलाया था। रात में जब भी नींद खुले, यही लगता है कि रजनीगन्धा के ये चार-पाँच फूल नहीं हैं, यह चार-पाँच हज़ार...चार-पाँच लाख फूल हैं। और इसी तरह आधी रात की नीरवता को कँपाते हुए झर-झर झरते जा रहे हैं जैसे भवानीपुर के अपने उस छोटे-से कमरे में झरते थे...वो तेरा कमरा कैसे अद्भुत क्षण का साक्षी बन गया है—कि मेरा बस चले तो उस कमरे

को ज्यों-का-त्यों (माइनस सुमनजी) अपने हेस्टिंग्स रोड वाले प्लॉट पर स्थापित करवा लूँ। वो कमरा हो तो फिर और कुछ बनवाने की ज़रूरत ही नहीं...तुझे याद है, उस दिन हम लोग पीली गुलदाउदी के बड़े-बड़े फूल लाये थे पर उनसे भी प्यारे थे वे बहुत छोटे-छोटे सफ़ेद सितारों जैसे फूल। फूल हमने सुमनजी के दीवालगीर गुलदस्ते में लगा दिये थे। याद आ रही हैं वे धूपबत्तियाँ जो प्रयाग से मैं ले आया था। उन धूपबत्तियो के धुएँ के साये में हम घंटों रवीन्द्रनाथ ठाकुर की 'मालाकार' की जादूभरी पंक्तियाँ बारी-बारी से एक-दूसरे को पढ़कर सुना रहे थे। जाने कहाँ बहा ले गयी थीं वे पंक्तियाँ! समय की, आयु की, संसार की हर झूठी परिधि को तोड़ते हुए कैसी अलौकिक तन्मयता के देश में पहुँच गये थे हम!

अच्छा मेरी केलिसखी! ये तो बताओ कि तुम्हारी खिड़की के बाहर नीम का जो छतनार पेड़ है जिसके पीछे चाँद उगता था—उसका क्या हाल है? अब तो लगभग वही तिथियाँ आ रही हैं—चाँद वैसे ही बारह-एक बजे के आसपास उगा करता होगा। धीरे-धीरे उठकर नीम की उन छतनार टहनियों के पीछे से झाँकेगा—और तू अपने सिरहाने की खिड़की के ऊपर वाले पल्ले खोल देगी और कमरे के गहन अँधेरे में सिर्फ़ तेरे तख्त पर चाँदनी की रुपहली पट्टी बिछ जाया करती होगी। आज इस बेला में जब कि अब रात लगभग बीत चुकी है—कलकत्ते के बहुत से लोगों को प्रणाम भेजने की इच्छा हो रही है...उस नीम के छतनार वृक्ष को मेरा प्रणाम कहना—जग्गू बाज़ार के उन फूल बेचनेवालों को मेरा प्रणाम कहना जो रजनीगन्धा की जादूभरी मालाएँ मुझे देते समय हल्का-सा मुस्कुरा दिया करते थे, अपनी शान्त सूनी गली के उन बंगाली छोकड़ों को भी नमस्कार कहना जो दिनभर शोर मचाते हुए कंचे गोली खेला करते थे, जिनका अनवरत शोर हम लोगों के दोपहर के तन्मयता के सुख में पता नहीं क्यों बाधक भी नहीं लगता था, मधुर लगता था और सजीवता का आभास देता था। हावड़ा प्लेटफ़ॉर्म की उस अपरम्पार भीड़भाड़ को नमस्कार कहना जिसके बीच हाथ पकड़कर लगभग दौड़ते हुए हम अपने डिब्बे तक आये थे और उस दिन उस भीड़भाड़ के बीच अकस्मात् मुझे लगने लगा था कि हम अचानक बड़े हो गये हैं—परिपक्व, दृढ़ और सम्पूर्ण! कभी मिल जाये तो उस टैक्सीवाले को भी नमस्कार कहना जो उस दिन भवानीपुर से हावड़ा ले गया था। उसी दिन पंडित नेहरू ने इलैक्ट्रिक ट्रेन का उद्घाटन किया था। उसकी वजह से ट्रैफिक जहाँ-तहाँ रोक दिया गया था, वो झुँझला रहा था, किन्तु सच तो यह है कि हम लोगों ने तो सचमुच समय को बिल्कुल बाँध दिया था...उसकी टैक्सी को अनन्त प्रवाह में एक स्थिर द्वीप मान लिया था। बेचारे टैक्सीवाले बोंगाली मोशाय का नाराज़ होना स्वाभाविक

भी था। उनको ज़रूर मेरा नमस्कार कहना...नीरा रेस्तराँ के उन ऑर्केस्ट्रा वालों को भी नमस्कर कहना जिन्होंने उस शाम जो भी संगीत प्रस्तुत किया था उसे हमने सुना ही नहीं था क्योंकि हमारे प्राणों में तो एक दूसरा ही संगीत गूँज रहा था...रजनीगन्धा की अनगिनत कलियों के झर-झर झरने का संगीत। दूसरे किसी संगीत को सुनने की गुँजाइश ही कहाँ थी

रहिमन भरी सराय लखि, आन पथिक फिर जाय।...

अच्छा अब पाँच बज गये हैं। सुबह की मेरी प्रात किरन तुझे भी नमस्कार।

भारती

शनिवार 11.1.58

मैं अपने आँगन के अमरूद के पेड़ के नीचे आरामकुर्सी डाले पड़ा हूँ। दो बजे हैं और सूरज अपनी पूरी तेज़ी पर है। मैं आँखें बन्द किये हूँ और मेरी बाँहों पर, मेरी जाँघों पर, मेरे माथे पर, मेरे होठों पर, मेरी कनपटियों पर, मेरे पाँवों पर—तेज़ धूप झर रही है।

ऐसे में मिला तुम्हारा वह पत्र जिसमें तुमने एक तस्वीर भेजी है। मेरी बन्द आँखों में वह तस्वीर ही तैर रही है; कृष्ण के अंक में राधा, राधा के हाथ में तीन कमल, कृष्ण के हाथ में बाँसुरी! तस्वीर के पीछे पेंसिल से लिख दिया गया है—'क्षण पहचानो तो...'

मैं प्रश्न नहीं सुन रहा हूँ—या सुन रहा हूँ पर समझ नहीं रहा हूँ। न समझने की चेष्टा ही कर रहा हूँ। मुझे अच्छी तरह याद है ठीक ऐसा ही अनुभव मुझे कौसानी में हुआ था। दोपहर का वक्त, मैं गोमती में नहाने के लिए उतर गया था। कस्बे से दूर-बहुत दूर, अनगढ़ पत्थरों, चट्टानों पर पाँव रखते, झिझकते, डरते मैं उतर गया नदी में। उसकी काँपती धारा में हिमालय की बर्फ़ीली परछाईं तैर रही थी और ऊपर से उसकी तीखी गरम नरम-नरम धूप-सुनहली, लच्छे पर लच्छे। धूप और जल मेरे अंग-अंग में, पोर-पोर में भिदते जा रहे थे। मैं उस धूप में...सिर्फ़ उस धूप में डूबा हुआ था। मैंने अपनी आँखें बन्द कर ली थीं—अपने एक-एक अंग में बस एक तन्मयता का अनुभव कर रहा था। मेरे सिरहाने एक बड़ी-सी चट्टान पर से गोमती की धारा अनवरत स्वर से झर रही थी—झर झर झर झर! कुछ प्रश्न पूछ रही थी मुझसे—और मैं सिर्फ़ आँखें बन्द कर डूबा हुआ था। प्रश्न सुन ही नहीं रहा था। या सुन भी रहा था तो समझने की कोई चेष्टा नहीं कर रहा था। मैं केवल डूबा हुआ था और मेरा केवल

एक उत्तर था—लाख-लाख प्रश्नों का एक उत्तर—मैं डूबा हुआ हूँ, मैं डूबा हुआ हूँ, मैं डूबा हुआ हूँ, मैं डूबा हुआ हूँ।

उस दिन से हिमालय के उन उत्तुंग शिखरों पर बहनेवाली धारा की आदत पड़ गयी है। जब किसी को अपने में डूबा हुआ पाती झर झर झर झर प्रश्न पूछने लगती है—'क्षण पहचानो तो!

मैंने उसके लाख प्रश्नों का एक उत्तर सीख लिया है—मैं डूबा हुआ हूँ, मैं डूबा हुआ हूँ, मैं डूबा हुआ हूँ!

क्षणों को पहचानने की अब कोशिश नहीं करता। न ही व्यक्तियों को। मेरे जीवन में अब केवल दो-चार क्षण हैं। वे ही मेरे पहचाने हैं, बाकी सब क्षण जैसे अनपहचाने, अपरिचित लगने लगे हैं। रोज़ाना की ज़िन्दगी जीता हूँ तो लगता है अपरिचित, सर्वथा अपरिचितों की विराट् भीड़भाड़ में बस दो-चार पहचाने क्षणों के हाथ-में-हाथ डाले घूम रहा हूँ। उन दो-चार क्षणों की परिधि के बाहर जो भी है वह सब पता नहीं किसके जीवन का है। पता नहीं कैसे मैं जी रहा हूँ उसे। हर क्षण जो पहचान में आता है वह उन्हीं दो-चार में से कोई-न-कोई होता है।

इसलिए पहचानूँ तो, न पहचानूँ तो—डूबा हुआ तो हूँ ही। इस समय तुम उजली सुनहली धूप बन कर मेरे माथे पर, मेरी पलकों पर, मेरे होठों पर, मेरी बाँहों पर, मेरे अंग प्रत्यंग पर झर रही हो, मेरे रोम-रोम में भिद रही हो—तुम प्रश्न पूछो—तो पूछती रहो—मैं उत्तर नहीं दूँगा। मैं तो सिर्फ़ डूबता जाऊँगा—गहरे, गहरे और गहरे...

इस अजीब से क्षण में अकस्मात् दोस्तावयस्की के कुछ वाक्य याद आ रहे हैं—देखूँ ढूँढूँ—शायद मिल जायें— हाँ दोस्तावयस्की अपने एक पात्र का अनुभव लिखता है—He wandered aimlessly. The sun setting. A special form of misery had began to opress him of late. There was nothing poignant, nothing accute about it but there was a feeling of permanance of eternity about it brought a foretaste of an eternity on a square yard of space... जब मैंने ये चन्द वाक्य पढ़े थे तब इन्होंने अजीब ढंग से मेरा मन मरोड़ दिया था, पर इनका अर्थ ठीक-ठीक रूप मैं समझ नहीं पाया था। बस ऐसा लगा था कि ये वाक्य पृष्ठ खोलते ही मेरी ओर देखने लगे—कुछ ऐसा भाव था उनकी निगाहों में कि मुझे बेहद आकुल कर गया। पर उसका अर्थ क्या है यह मैं समझ नहीं पा रहा था। आज अकस्मात् जब तुम्हारा यह प्रश्न मैंने पढ़ा तो पता नहीं क्यों वह अर्थ अकस्मात् समझ में आ गये। यद्यपि शायद तुम्हारे प्रश्न और इन पंक्तियों में अन्तर्निहित भाव में कोई ऐसा प्रत्यक्ष सम्बन्ध नहीं है—फिर भी मन कब कहाँ

कौन-सा सूत्र पकड़ लेता है इसका कोई निश्चित विधान तो होता नहीं हैं न!

मुझे अकस्मात् आज से ठीक एक वर्ष पूर्व जाड़ों की वे सुबहें याद आयीं जब मैं दिल्ली की एशियाई कॉन्फ्रेंस से लौटा था और मेरे लॉन तथा आँगन के ढेर के ढेर विलायती फूल फूले थे और उनकी अलसायी मादक गन्ध घर भर में छायी रहती थी और मैं धूप में अक्सर आँख मूँद कर बैठता था तो मेरा मन एक अजब पीड़ा से भर जाता था और दोस्तायवस्की के पात्र की भाँति उस पीड़ा में कोई दंश नहीं था, कहीं कोई आवेग भी नहीं था। सिर्फ़ जब मन पिरा उठता था तो एक अस्पष्ट भावना स्थायित्व की, 'शाश्वतता की जाग जाती थी'—या शायद वह भावना नहीं—दोस्तायवस्की के शब्दों में केवल उसका foretaste एक अग्रिम स्वाद और मेरा यह धूप में धीरे-धीरे सिंकता और मधुर-मधुर पिराता हुआ जिस्म मानो वह Square yard of space है जिस पर शाश्वतता अवतरित हो रही है। ठीक जैसे उन पंक्तियों का अर्थ उस समय नहीं समझ पाया था, वैसे ही उस अनुभव का ठीक-ठीक अर्थ नहीं समझ पाया था—इसीलिए उस अपार पीर को मैंने बार-बार सोचा, डायरी में लिखा, कि पता नहीं यह ममता मुझे दुख देती है, उदास बना जाती है—और उसका अर्थ मैं न स्वतः ठीक-ठीक समझ पाया था और न तुम्हें ठीक समझा पाता था अतः एक बहुत रोचक झगड़े का सूत्रपात हुआ था उस दिन...जिसका अन्त...मुझे आज तक याद है। बरामदे में होली के पकवान पक रहे थे। फागुन की अलसायी गरम दोपहर शान्त शीतल नीला कमरा—बाहर से फ्लाक्स, डहलिया और आम के बौरों की मिली जुली गन्ध खिड़की में से छनकर आ रही थी। मैं अपने तख्त पर झुका बैठा था कि अकस्मात् मेरी पीठ पर गुलाबों का मृदुल भार...कंठ से रजनीगन्धा की लम्बी पतली श्वेत मालाएँ...मेरे जिस्म (Square yard of space) पर शाश्वतता...eternity अवतरित हो गयी थी। वह भी उन क्षणों में से एक था जब मेरे सिरहाने हिमशिखरों पर बहनेवाली उच्छल धारा ने झर झर झर झर पूछा था—"क्षण पहचानो तो?" पर मैंने न उस समय वह क्षण पहचाना और हाय! न यही उत्तर दिया कि मैं डूब गया हूँ...

पर कौन कहता है कि वह क्षण भी अनपहचाना चला गया। अनपहचाना चला गया होता तो आज भी ये प्राण इस तरह निधि की तरह उसे क्यों सहेजे रखे होते! इस जीवन प्रवाह में न जाने कब का वह बह गया होता—तिरस्कृत फूल की तरह!...

अब तो जान लिया न कण-कण जान लिया न? "सुनो, तुम अभी तक मुझे पहचान नहीं पाये। अपनी योगमाया को? अपनी लीला की जन्म-जन्म की संगिनी को? बताओ तो मैं कौन हूँ? तुम्हारी तन्मयता! तन्मयता को क्या नाम दिया

गया है?''—मुझे नहीं मालूम क्या नाम दिया गया है? मैं क्या जानूँ? सच कहता हूँ—उसके नाम बिल्कुल नहीं मालुम! क्या नाम है? कहाँ रहती है? किसके गाँव की है—''कहाँ रहति, काकी है बेटी, देखी नहीं कहूँ ब्रज खोरी बूझत स्याम कौन...'' यही राधा है—नहीं जी! छोटी-सी, चंचल तेज़, तुर्श—'' नील बसन, फरिया कटि पहिरे, बेनी पीठि रुलति झकझोरी''

सुनो सूरदास, तुमने तभी यह देख लिया था क्या कि जिस क्षण मैं इसे पहली बार जानूँगा—यह ''नील बसन'' पहने होगी सुन्दर बेनी पीठ पर झकझोरती हुई!! पर यह छोटी-सी राधा—जन्म-जन्मान्तर की यात्रा पूरी करेगी—हिमशिखरों पर—अरे पगली तुझे विश्वास क्यों नहीं होता। सूरदास तो जानते थे—''तुम जानति राधा है छोटी...चतुराई अंग-अंग भरी है, पूरन ज्ञान, न बुधि की मोटी...सूरदास प्रभु वै अति खोटे, यह उनहूँ तैं अति ही खोटी—...

हटाओ तुम खोटे लोगों के प्रश्नों का उत्तर क्यों हूँ? क्षण पहिचानो तो? क्यों पहचानूँ? नहीं पहचानूँगा। (हज़ार बार नहीं पहचानूँगा। मैं तो सिर्फ़ डूबा हुआ हूँ— गहरे, गहरे, गहरे...

लो, अभी अकस्मात् बाहर लॉन पर दो पक्षी डालों पर ज़ोर-ज़ोर से चहकने लगे। उस दिन दोपहर को जब वह एक घंटे की रसमय लहर आयी थी तब भी ये सभी बाहर बुरी तरह चहक रहे थे। अगणित कंठों से। वैसा कलरव उनका कभी नहीं सुना था—आज उस तरह नहीं चहक रहे हैं। पर अकस्मात् चहक कर इन्होंने याद दिला दिया है कि क्षण हमें याद है—तुम पहचानो या न पहचानो—हम पहचानते हैं। हमें नहीं भूला है।

अरे पगलो! मुझे भी कहाँ भूला है! एक वही तो याद रह गया है। शेष तो सब भूलता जा रहा हूँ, दिशा—काल, जन्म, मृत्यु...

भारती

12.1.58

प्रिय पुसनिया,

कल रात हम लोगों ने साही जी और मिसेज साही को खाने पर बुलाया था। शान्ती और वैकुंठ मेहरोत्रा भी थे। तेरी बहुत याद आती रही खासकर उस दावत की जब तू होली पर यहाँ थी और अज्ञेय दम्पती खाने पर आये थे और साही जी ने अपनी parodies सुनायी थीं।

इस समय रविवार की शाम है। मन बहुत उदास है...क्या कुछ कर दिया है तूने इस घर को कि इसे छोड़ कर कहीं जाने की इच्छा नहीं होती!

पुस्सन जी, तुम्हारे हारमोनियम लेने या न लेने से मुझे क्या! तुमने तो मुझे सितार भी नहीं सुनाया। पर फिर भी..."unheard melodies are sweeter than those heard"...अनसुने हुए संगीत सुने हुए संगीत से मधुर होते हैं। तुम अपनी सतत साधना, अभ्यास और अभिरुचि से मेरे समस्त कलास्वप्नों को स्वरों में साकार कर दो। मैंने तुमसे कहा था कि शुक्ल ने तुम्हारी कुंडली देख कर कहा था कि तुम्हारा विकास संगीत में है और साहित्य में। और यह भी कहा था कि ये सारी कला और अन्त:करण की जितनी भी वृत्तियाँ हैं—अन्तर के निगूढ़तम मर्म का स्वामी जानती हो कौन ग्रह है? तुम्हारा लग्नेश कुम्भ। और मेरी राशि है कुम्भ! सुनो पुस्सन—यह ज्योतिष भी है बड़ी रहस्यमय विद्या—जो वर्ष तुम्हारे सर्वश्रेष्ठ हैं वही कुम्भ राशि के भी हैं। अभी कल मैं डायरी में देख रहा था कि यह 1958 ऐसा वर्ष है जो बुधवार को प्रारम्भ हो रहा है और बुधवार को ही समाप्त हो रहा है। पहली जनवरी को भी बुधवार है और 31 दिसम्बर को भी! और बुधवार किसका lucky day है?...और अभी इस सप्ताह का भारत देख रहा था तो उसमें कन्या और कुम्भ दोनों राशियों के सर्वोत्तम दिन बिल्कुल समान हैं।

कहीं पर कुछ-न-कुछ पूर्वनिश्चित होता है क्या? मनुष्य पैदा होता है उसके युगों पूर्व यह निश्चित हो चुका होता है कि उसके अंत:करण का स्वामी कौन होगा! उसका विकास किस दिशा में होगा! कैसा अजब रहस्य है। अब बताओ सूरदास पढ़ रहा था उसमें अकस्मात् पढ़ा कि राधा के बारे में उन्होंने लिखा है—''पहरे नील बसन फरिया कटि पहिरे बेनी पीठि रुचिर झकझोरी!'' तो एकदम चौंक उठा। क्या यह भी पूर्वनिश्चित है कि राधा नील बसन पहने? आखिर सूर ने क्यों लिखा?...

अच्छा, पुस्सन, तुम खूब उन्नति करो। तुम्हारे जीवन का हर दुख, दर्द, पीड़ा, और सुख, उल्लास, तन्मयता—जो कुछ तुमने खोया है वह भी और जो कुछ पाया है वह भी सारा-का-सारा तुम्हारे स्वरों में सीझ कर उदात्त और मधुर और महान बन उठे। मलय पवन उसे छत्र-छाया दे—चन्दन उसमें घुल जाये, मिल जाये, बस जाये, कसले! 'सा' पर हाथ रखकर तुम्हारे कंठ से जो स्वर 'भा' निकला वह कभी मलिन न हो। तुम उसे कभी बिसारना भी चाहो तो बिसार न पाओ। और यह पाओ कि शेष सातों सुरों की सार्थकता उसी एक में है जो तुम्हारा बिल्कुल अपना स्वर है। अगस्त्य के फूलों पर अधरों से, जिह्वा से अंकित किया जाता रहा है—किस दिन के लिए? इसी दिन के लिए न, कि जब तुम 'सा' पर उँगली रखो तो तुम्हारे अनजाने ही वह स्वर निकले।

तुम कलाकार हो, शब्दों के भी, स्वरों के भी। तुम्हें एक बात बता दूँ। यह कला का रास्ता बहुत अजीब रास्ता है। तुमने 'बाणभट्ट की आत्मकथा' पढ़ी?

(अब तो मिल गयी होगी, या शायद कल मिले), उसमें कुछ मेरे अत्यन्त प्रिय स्थल चिह्नित हैं। उन्हें देखना। उनमें कई बार मैंने तुम्हें जो समझाया है उनका स्रोत मिलेगा। कितने स्पष्ट शब्दों में उसमें लेखक ने कहा है : किसी से भी न डरना, वेद से भी नहीं, गुरु से भी नहीं, मन्त्र से भी नहीं। सारे शास्त्र जहाँ ये कहते हैं कि तुम अपने सत्य को मारो वहाँ वे झूठ कहते हैं। तुमसे बड़ा सत्य कोई नहीं है। सारे शास्त्र, सारे धर्म यदि उस सत्य तक नहीं पहुँचाते तो झूठे हैं।

जानता हूँ तुमने इस बात को पहले से ही हृदयंगम कर लिया है। इस बार कलकत्ते जाते हुए कहा था कि "मैं क्या यह जानती नहीं कि मेरे अन्तरतम के सत्य का तुम्हारे लिए सबसे अधिक मूल्य है। तुम अपनी किसी भी इच्छा को मेरी इच्छा से बड़ा नहीं मानते।" फिर ट्रेन चलते-चलते तुम बोली थीं, "मैं जानती हूँ कि तुम नहीं चाहते कि मैं कभी भी अपने अन्दर के सत्य को मारूँ। तुम कुंठित व्यक्तित्व नहीं चाहते।—बनना है मुझे, वैसा ही बनना है।"

बस यही आस्था वह...आठवाँ स्वर है जो तेरे कंठ से फूट पड़ा था। जब कभी भी तू 'सा' पर उँगली रखेगी (जिससे समझौता निकलता है) तो तू पाएगी कि तेरे अनजाने ही वह आठवाँ स्वर निकल पड़ा है जो 'सा' के बिल्कुल पृथक् है, जो तेरे अन्तर का निगूढ़तम सत्य है। उस सत्य को अपने एक-एक स्वर से अपनी एक-एक श्वास से तू ध्वनित करे। कभी उसे उदात्त स्वर से घोषित करने में हिचके नहीं, भयभीत न हो, पुलकित ही होती रहे, तन्मय ही होती रहे यही मेरा आशीर्वाद है तुम्हें, मेरी पवित्रतम धरोहर!

एक समय ऐसा होता है जब मनुष्य अपने ही अन्दर के महानतम सत्य से डरता है, भयभीत होता है। क्योंकि हमारा जो बाह्य व्यक्तित्व है न, वह तो संसार से मिले हुए संस्कारों से बना होता है, अतः वह अन्दर से रिक्त, जर्जर, अर्थहीन, कुंठित, भ्रमित और निरर्थक होता है। जब उसे चीर कर अन्तर का सत्य प्रतिभासित होने लगता है तो हम अकारण आशंकित हो उठते हैं, भयभीत हो उठते हैं। अपने पुराने चीथड़े संस्कारों से चिपकने लगते हैं, जैसे आँधी आते देखकर शुतुरमुर्ग रेत में मुँह छिपा लेते हैं वैसे ही हम मृग तृष्णाओं में, भ्रमों में, मिथ्या धारणाओं में, झूठे समझौतों में मुँह छिपाने की चेष्टा करते हैं—यह सब डर का रास्ता है, मृत्यु का रास्ता है, 'डेड सी' का रास्ता है—नहीं पुष्पा! डरना नहीं—वेद से भी नहीं, गुरु से भी नहीं, मन्त्र से भी नहीं! तन कर निर्भीकता पूर्वक अपने अन्दर के सत्य को पहचानना, उसे धारण करना—मेरे माथे पर लम्बी पतली तिलक रेखा की तरह ऊर्ध्वोन्मुख रहना! मलिन मत होना—यज्ञशिखा की तरह प्रज्ज्वलित रहना!

जानती हो यज्ञशिखा के लिए, अग्नि के लिए भागवत में क्या कहा है?

"तेजी यसां न दोषाय वन्हे सर्वभुजो यथा।" जो तेजस्वी है उनको दोष, पाप, मलिनता आच्छादित नहीं करती जैसे अग्नि समस्त पदार्थों (चाहे वे अच्छे हों या मलिन) का भक्षण करती है पर अग्नि पर उनका कोई प्रभाव नहीं पड़ता।

ओ मेरी तेजस्विनी! तुम वैसी ही हो। अग्निशिखा। पड़ने दो उसमें सबको, जो भी आता है। जो आसुरी होगा भस्म हो जाएगा—जो प्रह्लाद होगा, राम का होगा—उसे कौन मारेगा? वही तो वह आठवाँ स्वर है जो तुम्हारे कंठ से, रोम-रोम से, श्वास से ध्वनित हो उठा है। अगर एक दिन सब बाज़ी पर लग जाये—प्रतिष्ठा, मर्यादा, जीवन—उस दिन भी जो कलाकार नाम का प्राणी है उसे सब त्याग देना पड़ता है—सब! सिर्फ़ इस अग्नि पुंज को बचाना पड़ता है जो उसके प्राणों में प्रतिष्ठित है—जो उसके जन्म-जन्मान्तर का सत्य है! तेरा हर स्वर उसी आस्था में जीवन्त रहे तेरा हर क्षण उसी आलोक से भासित रहे, उसी तेज से प्रदीप्त रहे—इसके अतिरिक्त और क्या आशीर्वाद दूँ तुझे !

रविवार
सायंकाल 6:00 बजे
19.1.1958

कल शनिवार को दोपहर एक बजे तुझे एक तार तथा रात को Bombay mail पर जाकर एक express delivery खत कान्ता ने छोड़ा है। तार जब भेजा था तब तक केवल तेरा बुधवार वाला पोस्टकार्ड मिला था। उसके बाद तेरी शुक्र को भेजी express delivery और बृहस्पति को भेजा कान्ता के नाम लिखा लिफ़ाफ़ा मिला। उन दोनों का उल्लेख शाम के एक्सप्रेस डेलीवरी खत में था जो तुझे घर के पते पर गया है और शनि इतवार को मिल जाना चाहिए था।

अपने कलवाले खत में मैंने विस्तार में तुझे लिखा है कि यहाँ क्या परिस्थिति थी। तूने अपनी बीमारी का कुछ हम लोगों को आभास नहीं दिया था। तेरी नाटक की तिथि हम लोगों को मालूम नहीं थी। मेरा स्वास्थ्य यहाँ मंगल, बुध, बृहस्पति को बहुत ही खराब रहा। ऐसी हालत में कान्ता सुबह-शाम कितनी आकुलता से तेरे पत्र की प्रतीक्षा करती होगी। यह तू अनुमान कर सकती है। सच मान, बिटिया, मंगलवार से कल तक नहीं खाया। शुक्रवार को तो उसने चूल्हा भी नहीं जलाया और रोती रही कि ज़रूर मेरी किसी बात से पुस्सी नाराज़ हो गयी है। यदि मैं सामान्य स्थिति में होता तो भी ठीक था—मेरी हालत बहुत गड़बड़ थी। शारीरिक से भी अधिक मानसिक कष्ट था मुझे—और...अब तू 23 को आएगी

तभी तुझे हम दोनों विस्तार में बताएँगे! पता नहीं क्या हो गया था मुझे? ऐसा तो मुझे कभी नहीं हुआ था और उसका कोई शारीरिक विशेष कारण न होते हुए भी मंगल और बुध को तो इतना कष्ट था कि मैंने ऐसी अजीब बात सोच ली कि जैसे घोर-से-घोर कष्ट में कभी नहीं सोची थी—इतना नैराश्य, इतना अन्धकार, मेरे सामने आ गया था मैं समझ नहीं पाता! ज़रूर मेरी शक्ति, मेरी योगमाया, मेरी सरस्वती ने मेरे किसी अपराधवश मुझे दंड दिया था। मुझे ऐसा लगता था कि मुझमें प्राण तो हैं ही नहीं—व्यर्थ में यह जीने का नाट्य कर रहा हूँ मैं। और एक आध बार तो—तुझसे छिपाऊँगा नहीं—यह भी भावना आयी कि ऐसे प्राणहीन अस्तित्व को सचमुच क्यों न समाप्त कर दिया जाये।

बृहस्पति तक यह स्थिति मेरी रही! मैं बुध और बृहस्पति को यूनिवर्सिटी गया, ताकि मैं घर में अकेला न रहूँ। ज्योंही मैं अकेला होता था ऐसा लगता था जाने कौन-सी विराट् अज्ञात अँधेरी छाया है जो मुझे चारों ओर से घेर कर इस तरह सोखना शुरू कर देती है जैसे रेत जलकण को और उससे भी अजब यह हो कि यह लगे कि उसने पता नहीं कैसे मेरी वाणी भी कुंठित कर दी है कि मैं कंठ में सारी शक्ति खींच कर सरस्वती को, योगमाया को, पुकारना चाहता हूँ पर मुँह से एक शब्द नहीं निकलता और सच बताऊँ तुम्हें, कान्ता ऐसी लगे जैसे कोई अपरिचित लड़की हो। हाँ, ज्यों ही मैं यूनिवर्सिटी में पहुँच जाऊँ तो यह तो लगे कि मैं बेहद थका हुआ हूँ, अन्दर से बिल्कुल रिक्त हूँ पर वह छाया जैसे परे हट गयी है। बुधवार को सुबह मैंने तुझे inland लिखा—पर क्या तुझे यह नहीं लगा कि मैं चाहे दो लाइन लिखूँ पर उसमें मैं बोलता हूँ। उसमें मैंने इतना formal लिखा कि मैं लिख कर खुद पढ़ने लगा तो आश्चर्य में पड़ गया। शुक्रवार को सुबह मैं एक भयानक दु:स्वप्न देख कर जाग गया और मैंने सोचा कि डायरी सामने रख कर कुछ-न-कुछ लिख डालूँ चाहे चार वाक्य ही सही—इससे शायद मन:स्थिति कुछ पकड़ में आवे। लिखना शुरू किया—20 वाक्य लिखने के बाद पढ़ा तो अचरज में पड़ गया—इतना नीरस इतना गद्यात्मक, इतना सारहीन—कौन लिख रहा है? मैं तो नहीं? इससे मुझे बेहद मानसिक धक्का लगा। और तुझसे नहीं छिपाऊँगा—मुझे एक बहुत अशुभ घटना याद आ गयी। मोपांसा के बारे में कहा जाता है कि वह बीमार पड़ा। बीमारी में उसने एक दर्पण देखा तो उसे लगा कि दर्पण में उसकी छाया पड़ ही नहीं रही है। वह सामने खड़ा है और दर्पण ज्यों-का-त्यों साफ चमक रहा है। वह एकदम सामने से हट गया और उसको ऐसा लगा कि वह तो है ही नहीं। दर्पण के सामने एक शून्य खड़ा है जिसकी कोई छाया नहीं पड़ती। बहुत कुछ मेरा लिखना भी मुझे वैसा ही लगा—

दर्पण जिसमें मेरी छाया झलक ही नहीं रही है! उसके बाद मैंने अपनी डायरी में दो बातें लिखीं—एक हर्ष की प्रार्थना राजश्री से। और दूसरी लिखी सम्पूर्ण देकर भी सम्पूर्ण बच जाने वाली बात! और मुझे एक क्षण को यह लगा कि यह छाया यह अमंगल छाया कोई भी क्यों न हो यह मुझे सम्पूर्ण निगल ले तब भी मैं सम्पूर्णतया बच जाऊँगा क्योंकि मैं तो अर्पित व्यक्तित्व हूँ। और सम्पूर्ण बच कर फिर सार्थक होऊँगा—निर्मल अखंडित पर नहीं, यहाँ पर कुछ ग़लत कह रहा हूँ—उस समय तो बेहद घबराहट थी—यह बात "सम्पूर्ण बच जाओगे उसी को पुनः अर्पित होने के लिए"—यह आश्वासन मन में कल रात को आया जब मैंने लेट कर शुक्रवार की सुबह 3 बजे लिखा हुआ तेरा पत्र फिर पढ़ा रात को और इसके ये वाक्य पढ़े—"एक दिन आएगा जब किसी की प्रज्ञा की पूर्णिमा होगी—और बस उसी दिन हिमालय की यात्रा की ओर बढ़े कदम रुकेंगे नहीं, थमेंगे नहीं—वहीं पहुँच कर दम लेंगे—जिसके आगे राह नहीं!"

मैंने सोमवार को वह ययाति वाली थीम के notes लेने शुरू किये थे ताकि उसे लिख सकूँ वसन्त की सरस्वती पूजा के लिए पर मंगल से मैं बिल्कुल भूल गया था। आज प्रातःकाल से फिर जैसे वह लौट आयी है। 23 तक, 24 तक उसकी रूपरेखा तैयार हो जायेगी। तुम्हारे आने पर तुम्हें मिलेगी।

ऐसी स्थिति में तुम सोचो कान्ता का क्या हाल हुआ होगा। शारीरिक व्याधि के लिए कोई भी कुछ कर सकता है, इस मानसिक व्याधि के लिए क्या करे। पर पिछले खत में (कल शनिवार को जो घर के पते पर express गया है) उसने यह जो लिखा कि उसने कण-कण जैसे मृत्यु के मुख से छीना है यह मानसिक स्तर पर बिल्कुल सच है। और वह रोज़ सुबह-शाम तुम्हारी चिट्ठी की प्रतीक्षा करे और न आने पर आँख में आँसू भर कर कहे कि ऐसे समय में पुसिया ने भी मुझे अकेला छोड़ दिया है। मैं किससे यह कष्ट कहूँ। उसने एक पत्र भी तुम्हें लिखा पर मैंने रुकवा दिया कि तुम्हारा नाटक पता नहीं हो गया है या नहीं! पत्र पाकर तुम सम्पूर्ण चित्त से नाटक में नहीं लग पाओगी। इसलिए तुमको लिख कर भी कान्ता का जो मन थोड़ा-बहुत हल्का हो सकता था वह भी नहीं हो सका। उस घुटन में वास्तविक बात तो वह बेचारी मेरे मना करने से कह नहीं पायी और तमाम बातें लिखती रही। और जैसा मैंने तुझे लिखा कि उन तीन-चार दिनों पता नहीं क्यों मुझे यह लगा कि कान्ता भी कितनी दूर है—कितनी अपरिचित—उसका पहले दिन तो Reaction कान्ता के मन पर यह हुआ कि वह बुरी तरह लड़ गयी पर दूसरे ही क्षण जब उसने मेरी आन्तरिक मनःस्थिति की कुछ-कुछ झलक पायी तो एकदम शान्त हो गयी और फिर एकदम निराश और

घबरायी हुई और बेहद.......—और मेरे मना करने से तुझे कुछ भी लिख न पाये—फिर उसने मुझसे कहा—जो उसने कल के खत में शायद तुम्हें लिखा भी है कि हमारे दाम्पत्य जीवन में हम और तुम तो मात्र दुपट्टे हैं पर पुस्सी हम दोनों की अटूट गाँठ है—अटूट मंगल बन्धन! ज़रूर वह दुखी है किसी कारण या नाराज़ है किसी कारण जिससे यहाँ हम लोग इतने बेचैन हैं। फिर रोकर कहे मैंने तो पुसिया के चरणों पर माथा रख कर यह कहा कि तू मुझसे बहुत बड़ी है—फिर मेरी किसी बात पर क्यों नाराज़ हो गयी है। और इस तरह व्याकुल होकर जब वह मेरी ओर देखे तो एकदम अपने को साध ले—और चुप होकर मेरा ध्यान बँटाने की कोशिश करे।

क्या था पुसिया? यह कैसी अमंगल छाया इस तेरे धूप लिपे घर पर छा गयी थी? पत्र में मैं कितना लिखूँ—तू आएगी तो हम दोनों तुझे विस्तार में बताएँगे। तभी मन हल्का होगा। वैसे अब चिन्ता मत करना। मैंने कहा न कि मैं तो कल से ययाति वाली थीम भी लिखना शुरू कर रहा हूँ—पर 23 को तेरे आने पर ही जैसे पूजाघर का उल्लास लौटेगा! अभी भी उसका अवसाद हम दोनों के मन पर काफ़ी गाढ़ा है!

अच्छा अमित स्नेह! नाटक के अपने Snaps और रिपोर्ट की Cutting ज़रूर लेती आना। वे अत्यन्त आवश्यक हैं। यहाँ लीडर में देना है। मछलियों में एक angel fish और चार कोई छोटी handy किस्म की एक-एक रुपये वाली ले आना—जेब्रा के अलावा। और मेरी प्रिय रजनीगन्धा की मालाएँ अवश्यमेव!

हम दोनों को 23 तक एक-एक क्षण काटना पहाड़ हो रहा है।

20.1.58

यह जो अमंगल एक काली आँधी की तरह मुझे झंझोड़ गया, कुछ दिनों तक तो ऐसा लगा जैसे मैं जड़ सहित उन्मूलित हो गया हूँ, यह क्या था? मुझमें एक शक्ति अभी तक रही है कि अपने मन में घटित होने वाली प्रक्रियाओं को तटस्थ दृष्टा के रूप में देख सकता हूँ। जीवन का उपभोग करते हुए भी कहीं उससे पृथक् होकर उसका विश्लेषण कर सकता हूँ, पर इस बार यह नहीं कर पा रहा हूँ। हुआ केवल इतना है कि मैं हाथ पर हाथ धर कर बैठ गया कि अगर कोई आकर मुझे उबार ले तो उबर जाऊँगा, नहीं तो इस बार मुझे नष्ट हो जाने दो—कण-कण बिखर जाने दो—भूल जाने दो कुछ दिन बाद सबको कि मैं भी कोई

था—मुझे धूल में मिल जाने दो—पराजित, आत्महारा, निरर्थक, नगण्य! यहाँ तक कि मैं उसे भी कंठ भर कर पुकारने में अपने को असमर्थ पा रहा था जो मेरी शक्ति है—जो मेरी प्रतिभा है, जो मेरी सरस्वती है, जो मेरी तन्मतया है, योगमाया है!

हाँ, इतना ज़रूर हुआ कि बृहस्पति से मुझे यह लगने लगा कि यह अन्धड़ मुझे बहुत गहरी चोट पहुँचा गया है, अन्दर से इसने मुझे काफ़ी तोड़ा फोड़ा है, पर फिर भी पूरी तरह नष्ट नहीं कर सका और कि मुझमें साँसें बाकी हैं, और वह सब शेष है जो मुझमें अमृत है, पावन है, प्रांजल है—जो किसी को अर्पित है—जो रजनीगन्धा की तन्मय सुरभि से बसा हुआ है, जो छौनू के गुलाबों की घाटियों में टिका हुआ है! क्या वही, मात्र वही, स्थायी तत्त्व है मेरे जीवन का? क्योंकि मुझे यह स्वीकारने में आज कोई संकोच नहीं कि उस अन्धड़ में सबकुछ बिखरता दीख पड़ा—भागवत के एक-एक पृष्ठ उड़ते दीख पड़े—जैसे उनकी सींवन कितनी कमज़ोर थी—और यह भी मुझे स्वीकारने में कोई संकोच नहीं कि यह जानकर ही मुझे मर्मान्तक कष्ट हुआ कि भागवत के पृष्ठ पीपल के मृत पीले पत्तों की भाँति इस अन्धड़ में उड़ते जा रहे हैं और मैं उन्हें रोक नहीं सकता। बाँसुरी पर से मेरी उँगलियाँ बार-बार फिसल गयीं, ओठों से बाँसुरी लगा कर मैं उसमें साँसें नहीं फूँक सका—मेरी भाषा भी जैसे छूट गयी—सब जो मेरा था, मैंने संचित किया था वह उखड़ता दीख पड़ा, समाप्त होता दीख पड़ा...शेष रहा केवल वह जो उस रजनीगन्धा क्षण में प्रकृति ने मुझे दिया था—जो बेले की उज्ज्वल राशियों ने मुझे दिया था—जो रजनीगन्धा की झरती कलियों ने मुझे दिया था, जो नील कमल ने मुझे दिया था!

तो क्या यह सारा अन्धड़ इसलिए आया था कि मुझे यह भान करा दे कि यह सब जो मैंने अपने चारों ओर बटोर रखा था वह सब अस्थायी है—स्थायी केवल वही है जो तुमसे तन्मयता के क्षणों में पाया है। स्थायी केवल वही है जो Bright Star ने दिया है—उशना तारक ने! क्या यह अन्धड़ इसलिए आया था कि मुझे यह बता दे कि तुम्हारे पास केवल एक वस्तु है—केवल एक वस्तु 'तन्मयता'—और शेष सब विभ्रम है। उस एक तन्मयता के बिना तुम विपन्न हो—बिल्कुल निर्धन—बिल्कुल दरिद्र—मैं नहीं जानता! और कुछ ऐसा हुआ है कि इस बार मुझे लग रहा है कि यह जो कुछ हुआ है इसका अर्थ मैं जान ही नहीं सकता। उसका अर्थ केवल केष्टोनगर की सरस्वती को ही ज्ञात है और केवल उसी से मालूम हो सकता है और जैसे मेरा तन, मन, चेतना, प्राण सबकुछ निश्चेष्ट होकर बैठ गया है कि कब सरस्वती अवतरित हों और अपनी गोद में मेरे मेघाच्छन्न

चिन्तित माथे को मन्त्राभिषिक्त कर मुझे इस पीड़ा का अर्थ बतावें और केवल तभी मैं एक भी अक्षर आगे लिख सकने में समर्थ हो सकता हूँ। लगता है बिना वह अर्थ जाने, बिना आगे उनका निर्देश पाये, अब मेरा लिखा एक अक्षर भी सप्राण, सजीव और सार्थक नहीं हो पा रहा है। मैं हार कर बैठ गया हूँ। मैंने दो दिन प्रयास किया कि ययाति वाला काव्य प्रारम्भ करूँ पर लगा कि व्यर्थ है जब तक सरस्वती का निर्देश नहीं है तुम एक अक्षर सार्थक नहीं लिख सकते—इसलिए प्रयास व्यर्थ है। केवल एक-एक क्षण प्रतीक्षा करो—एक दिन, दो दिन, तीन दिन!!!...और जब वे अवतरित हों तब निःसंकोच उनके सामने अपनी सारी मर्म व्यथा रख दो—वही अर्थ देंगी—वही राह देंगी—वही वाणी देंगी—प्रतीक्षा केवल प्रतीक्षा...सारे प्राण आकर आँखों में सिमट गये हैं, वे आँखें जो प्रतिक्षण राह देख रही हैं। ऐसी प्रतीक्षा उन्होंने कभी नहीं की—किसी की नहीं की...लगता है जैसे सबकुछ बाज़ी पर लगा हुआ है—लगता है जैसे हर्ष का सबकुछ लुट गया है—किरीट, छत्र, सिंहासन, सैन्यशिविर, साम्राज्य, मणि-माणिक्य, साथी-सामन्त...और हर्ष रिक्त-हस्त खड़े हैं साधनहीन, निराधार—राज्यश्री से एक वस्त्रखंड पाने की प्रतीक्षा में!

प्रतीक्षा—मात्र प्रतीक्षा—क्योंकि T.S.Eliot की भाँति मैंने यह जाना है इस बार कि चाहे श्रद्धा हो, चाहे आशा, चाहे प्रेम—ये सब निरर्थक शब्द हैं बिना उसके, उस तन्मयता के, बिना उस सरस्वती के—श्रद्धा गलत चीजों की श्रद्धा होगी, बिना उसके प्रेम गलत चीजों का प्रेम होगा, बिना उसके, आशा गलत चीजों की आशा होगी—

"I said to my soul, be still and wait without hope
For hope would be hope for wrong thing without love
For love would be love of wrong thing : there is yet faith
But faith and hope and love are all in the waiting!"

(Eliot)

और अब न केवल श्रद्धा, प्यार, आशा ही प्रतीक्षा में हैं पर एक-एक साँस प्रतीक्षा में है, एक-एक रोम प्रतीक्षा में है—कि सरस्वती, तन्मयता कब किस दिन, किस क्षण अवतरित हो, क्योंकि बिना उसके श्रद्धा का कोई अर्थ नहीं, प्यार का कोई अर्थ नहीं, लिखने का कोई अर्थ नहीं, जीने का भी कोई अर्थ नहीं...वह आकर सब को अर्थ दे तो सभी अकस्मात् सार्थक हो उठेगा...

And so I say to my soul, my love, my faith, my hope, my thought, my pen, and my life

Be Still and wait...for one who is the meaning of my life.

एक-एक क्षण प्रतीक्षा का...

कब आओगी? प्यार!

भारती

बुधवार 5 फरवरी 58

सायंकाल 3:11 बजे

पुसनिया,

कल सुबह की डाक से तेरा वह पत्र मिला जो तूने शान्तिनिकेतन से भेजा था, 'उदयन' की आम्रलताओं के कुँज की छाया का आस्वादन कर लेने के बाद। कल तुझे लिखना चाहता था पर डाक का समय हो गया था और कन्तो को जल्दी थी और उसने एक बहुत मधुर खत तुझे लिखा था और तीन रुपहले फूलों का कार्ड बनाया था। अत: प्रसन्नचित्त मेरे आलस्य पर टिप्पणी करते हुए उन्होंने लिखना बन्द कर दिया पर मैंने कल शाम को तुझे लिखा नहीं पर कुछ और करता रहा—(जो तुझे शीघ्र मिलेगा)

इस समय , कान्ता मेरे कमरे में चन्दन का धुआँ सुलगा कर आँगन में बैठी टाइपराइटर ठीक कर रही है, कमरे में नीलांजन और चन्दन गन्ध का जाल बिछा है और खिड़की से सुबह की धूप आकर सिलवट पड़े बिस्तरों, बिखरे तकियों पर पता नहीं किसे खोज रही है और लॉन पर दो-तीन चिड़ियाँ मन्द स्वर में पता नहीं क्या-क्या कह रही हैं।

कल से माघ समाप्त हुआ (पूर्णिमा थी) और आज फागुन लग गया। आज एक फ़रवरी है, आज से ठीक एक माह बाद 5 मार्च को होली होगी। आज से मौसम जैसे बदल गया है और सुबह से पता नहीं क्यों कबीर की वे पंक्तियाँ मेरे मन में बार-बार गूँज रही हैं :

ऋतु फागुन नियरानी पी को रूप कहां लौ बरनूँ, रुपहि माहि समानी
जो रंग रँगे सकल छवि छाके, तन मन सभी भुलानी
यो मन जाने पहिरे फाग है, यह कछु अकह कहानी
कहत कबीर सुनो भई साधो, यह गति बिरले जानी
ऋतु फागुन नियरानी...

बृहस्पतिवार 6.2.58

सायंकाल 6:11 बजे

पुस्सन,

आज तुझे मैंने सुबह गिरधर गोपाल के वे दोनों गीत भेजे हैं जो मेरे अत्यन्त प्रिय गीत हैं—तू उन्हें स्वरबद्ध करना। दोपहर को अपनी तीन नयी कविताएँ रजिस्ट्री से भेजी हैं। उन कविताओं से सम्बन्धित कुछ बताऊँ! तूने तो पढ़ा होगा वैष्णव साहित्य के सिलसिले में कि यह समस्त सृष्टि लीला है और प्रभु के इस लीला विस्तार के मूल में है उनकी इच्छा, उनका संकल्प—बृहदारण्यक में यह कहा गया है कि आरम्भ में वह अकेला था। उसने लीला की इच्छा से दूसरे को—प्रकृति को उत्पन्न किया—शक्ति को उत्पन्न किया। गौड़ीय मत में एक और बड़ी मधुर बात है। प्रभु की शक्तियों की तीन अवस्था हैं—सन्धिनी, सम्वित और ह्लादिनी। ह्लादिनी अवस्था वह है जिसमें शक्ति केवल आह्लाद देने के लिए होती है। यह शुद्धतम अवस्था है और राधारूप में शक्ति इसी की सम्पूर्ति के लिए तन धारण करती हैं। अपने इसी शुद्धतम रूप को उपलब्ध करने के लिए शक्ति के अन्य रूपों का क्षरण होता है और केवल राधा भाव का उदय और विकास होता है। वहीं यह भी कहा गया है कि मूलतः दोनों एक हैं किन्तु वह अनन्त उपभोक्ता है अतः बिना अनन्त उपभोग्य के वह अपने स्वरूप का साक्षात्कार नहीं कर पाता। इसीलिए राधा का विकास होता है और शक्ति (अनन्त उपभोग्य) भी अपनी सार्थकता बिना उसके नहीं पाती। इसी सार्थकता को उपलब्ध करने के लिए दोनों पृथक होते हैं और इसी सार्थकता को उपलब्ध करने के लिए एक होते हैं। ये सारी बातें कहीं-न-कहीं मेरे मन में ज़रूर थीं जब इन तीनों कविताओं की धारणा पहले मेरे मन में आयी। पर इन कविताओं के पीछे की दार्शनिक धारणाएँ केवल सुदूर पृष्ठभूमि में बजने वाली दिव्य बाँसुरी-सी हैं जो बैकग्राउंड म्यूजिक-सी कभी-कभी गूँज जाती है। पर उनकी पंक्तियों में जो मूल संवेदना है वह पूर्णतः मानवीय है।

लेकिन मेरी विद्वान मित्र कहेगी बन्धु कैसी बातें करते हो तुम? क्या मानवीय और दिव्य कोई पृथक स्तर होते हैं? हाँ मित्र, मेरी-तेरी यह बात मानता हूँ। मानवीय और दिव्य पृथक नहीं हैं, हो ही नहीं सकते। दिनोंदिन यह बात मेरे सामने खुलती जा रही है। जो कहीं-न-कहीं दिव्य नहीं है वह पूर्णतः मानवीय हो ही नहीं सकता। पूर्णतः मानवीय से मेरा अर्थ यह है कि उनका वास्तविक अर्थ, गहनतम अर्थ स्पष्ट हो ही नहीं सकता। जहाँ हमने दिव्यता के सन्दर्भ में मानवीयता को समझना प्रारम्भ किया कि अकस्मात् जीवन की वही प्रक्रियाएँ, वही मनोराग, वही इच्छाएँ, जो पहले अधिक-से-अधिक एक रोमांच एक ऐन्द्रिक sensation देती थीं—अकस्मात् कितना गहरा आह्लाद देने लगती हैं, जिनमें केवल हमारे एक अंश को नहीं वरन् हमारे सम्पूर्ण को, हमारे गहनतम अस्तित्व को, हमारे जन्म-जन्मान्तर

के अस्तित्व को एक नया अर्थ मिलने लगता है। याद है तुझे उस दिन ब्रह्म मुहूर्त में हम सब लॉन पर बैठे थे और सड़क किनारे से गंगास्नान को जाती कोई टोली एक पूजागीत गाती हुई निकल गयी थी। क्या तुमको नहीं लगा था कि उस सर्वथा मानवीय सुख को कैसे गहरे अर्थ मिल रहे थे, वैसे क्षण—बिना किसी दिव्यता की प्रतिष्ठा के सर्वथा अलभ्य होते हैं। टैगोर की लीला सम्बन्धी, निमन्त्रण सम्बन्धी जो पंक्तियाँ मैंने तुझे लिखी थीं उसमें उन्होंने यह कहा है न कि वह दिव्य अपनी लीला में सम्मिलित होने का आमन्त्रण हमको हर क्षण भेजता है—पर हम पहचान नहीं पाते, जान नहीं पाते और जिस दिन जान लेते हैं उस दिन अत्यन्त उल्लसित और विस्मित होकर walt whitman की तरह कह उठते हैं—"Oh how long we were fooled"—"आह हम कितने दिन छले गये"...

हम भटकते रहते हैं—हर गलत सहयात्री को पुकारते रहते हैं, हर झूठे द्वार को खटखटाते रहते हैं, छले जाते हैं, आहत होते हैं, कुंठित होते हैं, पर जिस दिन इस दिव्य से हमारे तार जुड़ जाते हैं, वह हमारे प्राण की एक-एक झंकार में, हमारे जिस्म के एक-एक संवेदन में बजने लगता है, उस दिन जैसे अकस्मात् सबकुछ बदल जाता है। हमें सहसा जैसे दिव्य दृष्टि मिल जाती है और हमारे आसपास बहुत कुछ जो था, पर हमें नहीं दिखता था, सहसा दीखने लगता है—बहुत से गान जो दिव्य की वीणा पर बिल्कुल हमारे पास बजते रहे हैं पर हम सुन नहीं पाते थे उसे सुनने लग जाते हैं। हमारा हर वस्तु, हर परिस्थिति से बिल्कुल नये स्तर पर रागात्मक सम्बन्ध जुड़ जाता है—कैसा अजीब होता है वह सम्बन्ध! हम इस समस्त सृष्टि में एक निरर्थक, क्षुद्र प्राणी नहीं रह जाते जो सबके द्वारा ठगा हुआ है, प्रवंचित है—अकस्मात् हम इस सारी सृष्टि के अभिप्राय बन जाते हैं—लगता है जैसे हमारे ही व्यक्तित्व के गहनतम, पवित्रतम अर्थों को उभारने के लिए सारी सृष्टि का निर्माण हुआ है—इसने हमें जो आह्लाद दिया है वह तो है ही—जो वेदना, दुःख, पीड़ा दी है वह भी सार्थक है। वह न होती तो हम शायद इस अर्थ को ग्रहण करने योग्य प्रौढ़, परिपक्व और गहरे न हो पाते। सब सार्थक है आदिम भय भी, मर्मान्तक पीड़ा भी, सब एक अज्ञात दिव्य और मानवीय लीला है—जिसमें सब अर्थवान है—क्या किसी ऐसे ही क्षण में तुलसी ने कहा था—सियाराम मय सब जग जानी, करहुँ प्रणाम जोड़ जुग पानी—सचमुच मन कितना शीतल, कितना परिशमित हो जाता है—चन्दन जैसा—तू मुझे चन्दन कहती है न—हाँ सपन! न कोई कटुता, न प्रभुताप, न क्षोभ, न अन्तर्द्वन्द्व—केवल एक आन्तरिक सम्पूर्ण और एक दृढ़ आवेशहीन वज्र निश्चय कि अब तक जो जीवन भटक-भटक कर नष्ट किया सो किया, अब नष्ट नहीं करेंगे—"अब लौं नसानी, अब न नसैहौं" मेरी चिन्तामणि! अब तू मिल गयी है—अब उसे हृदयरूपी

हाथ से कभी छिटक कर खोने नहीं दूँगा, जन्म-जन्मान्तर भटक कर अब हमें वह राह मिल पायी है जिसके लिए हम बने थे, वे चरण मिल पाये हैं जिन पर अंकित होने में हमारी सार्थकता है—अब तो मिल गया है—वह क्या खोने के लिए है? और कितना सर्वांगपूर्ण होता है वह दान—अगस्त्य के फूल, नील कमल, गुलाब के फूल और आम के बौरों से बनी वह माला—सभी एक दिव्यता के सूत्र में गुँथे हुए! दुनिया अपनी दृष्टि से केवल खंडों को, टुकड़ों को देख सकती है—अगस्त्य के फूल अलग, कमल अलग, गुलाब अलग, और आम्रमंजरी अलग—पर सबकी सम्मिलित सम्पूर्णता, और सबको एक सूत्र में बाँधने वाली दिव्यता—उसे कौन जान सकता है सहचरी!—सिवा उसके जिसके गले में दिव्य ऐसी माला डाल दे—

पर दिव्य अपने वरण के उपयुक्त जानकर यह माला जिसके कंठ में पहना देता है उसे क्या केवल निश्चिन्तता और निश्चेष्टता ही प्राप्त होती है? क्या वह आराम से बैठे जाता है? नहीं पुस्सन—उसके अन्दर ही तो जैसे उसकी जीवन प्रक्रिया वास्तविक रूप में सक्रिय हो उठती है—उसके नयन, उसकी वाणी, उसका हृदय, उसका मस्तिष्क एक नये रस से अभिभूत होकर एक नये अर्थ का साक्षात्कार करने के लिए उद्दीप्त हो उठता है। और यह सरल नहीं है—कितना साधना पड़ता है इसमें अपने को, कितना बचाना पड़ता है अपने को जर्जर गलित संस्कारों, कायर वृत्तियों, समझौतों से,—बिल्कुल वैसा रास्ता है जैसा उपनिषदों में कहा गया है 'क्षुरस्य धारा पथ'—'तलवार की धार पर धावनो' जैसा। क्या इसीलिए रवीन्द्रनाथ टैगोर ने कहा है—'ए तो माला नय गो, ए ये तोमारि तरवारि'। यह माला नहीं है हे दिव्य! यह तो तुम्हारी तलवार है। पर कैसा उल्लास है इस तलवार की धार पर चलने में भी। क्योंकि चलते समय क्षण-क्षण हम अनुभव करते हैं कि कुछ है जो तीव्रता से कटता जा रहा है। उसके कटने से हमें आशंका भी होती है, भय भी होता है, त्रास भी होता है—पर कितना आश्चर्य होता है अकस्मात् यह देखकर कि इस तलवार ने क्षण-क्षण जिसे काटा है वह हम नहीं हैं—वह तो संसार है—हमारे खंडित संस्कारों, मिथ्या मोहों, संकीर्ण दृष्टियों से बना हुआ संसार—वह क्षण-क्षण कटता गया है—हम तो समूचे के समूचे बच गये हैं—संसार कट गया है—"हम न मरैं मरि है संसारा!"

और यह अमरत्व का बोध, या निश्चिन्तता, कैसी गहरी दृढ़ता देती है। लगता है सारी हदें हम पार कर आये हैं—बेहद के देश में पहुँच गये हैं—जहाँ कोई चिन्ता नहीं अब—हद्द छाँड़ि बेहद भया, रहा निरन्तर सोच। बेहद के मैदान महि रहा कबीरा सोच! और इस बेहद के मैदान में गुलाबों के बीच सोते हुए अक्सर तुमने मुझे देखा है—निश्चिन्त अबोध बालक की तरह, छौने की तरह!

आधे घंटे की वह नींद जैसे विष्णु की वह निद्रा होती है जिसमें कल्प बीत जाते हैं। और रवीन्द्र के शब्दों में 'अब यहाँ न ठेलमठेल है, न बाजारू शोरगुल, हाय, हाय, चीख़ पुकार! ओ कवि तू अब यहीं अपनी कुटी छवा ले। पथ की धूल चरण से झाड़ दे, बोझ उतार कर रख दे, सितार के तार बाँध ले और अब खोज बन्द कर दे।' (क्योंकि तेरा गंतव्य तेरा लक्ष्य तो यही था—अब बेचैन क्यों हैं?) ''नाहक पथे ढेला ढेलि, नाहक हारे गेल, ओरे कवि एह खाने तोर कुटीर खानि तोल। धुए फेल रे पथेर घुलो, नादिये देरे बोझा, बेंधे ने तोर सन्तार, देखे दे तोर खोजा''...

लिखते-लिखते दिन डूब गया है। लॉन पर चहकने वाले पक्षी चुप हो गये हैं। घर भर की बत्तियाँ जल गयी हैं। कमरे में स्वर्ण नील आलोक में मेरे सिरहाने स्टील फ्रेम में जड़ी, माथे पर सफ़ेद ऊनी शाल को अर्द्धावगुंठन की भाँति लपेटे वर्जिन मेरी सी मेरी दिव्य वधू—तेरा चित्र आशीर्वाद और ममता और भी कितने ही अर्थों से संयुक्त ज्योतिर्मय दृष्टि से देख रहा है। आज प्रणाम स्वीकार करो।

—भारती

पुनश्च: तेरा 4 तारीख वाला खत तो कल 5 की शाम को मिल गया था। 5 को यदि लिखा होगा तो शायद कल सुबह मिले। हाँ बन्धु, दोनों गीतांजलि अलंकृत करके अब भेज ही दो, विद्यापति मत भेजना—पहले भी लिख चुका हूँ।

शुक्रवार 7 फरवरी 1958
(सायं 6 बजे)

पुस्सन प्रिय,

आज सुबह मैं सोकर उठा तो तबियत कुछ सुस्त थी। चाय-वाय पीने के बाद मैं कम्बल डाले कमरे में ही बैठा रहा। कान्ता तुझे पत्र लिखने बैठ गयी और लिख-लिखकर मुझे सुनाती रही। उसी समय सचमुच बहुत दिनों बाद बाहर चातक बोल रहा था। कान्ता ने उसका भी ज़िक्र अपने खत में कर दिया। वो इनलैंड कान्ता ने सुबह लिखकर तुझे घर के पते पर डाला है।

आज शायद कुछ विशेष नक्षत्र प्रबल थे हमारे घर के। चातक के बाद नौ साढ़े नौ बजे क्या देखा दो उजले बेहद पवित्र से लग रहे हंस जिनके पंखों की कुछ छाया रेखाएँ बिल्कुल स्वर्णाभ-सी थीं—उड़े चले आ रहे हैं और एक नीलकमल खिला हुआ है। और उनके पंखों की नि:शब्द उड़ान में सचमुच

जैसे 'संगीतमय मौन की असीमता' गुंजरित हो रही थी 'जिसके समक्ष परिमित शब्द असमर्थ हो जाएँ' चातक के उस कलरव और हंस युग्म के उस प्रात: आगमन ने हमें इतने उत्साह और तन्मयता से विभोर कर दिया कि तय यह हुआ कि आज यूनिवर्सिटी से छुट्टी ली जाय और इस गमनोद्यत जाड़े की एक दोपहर कॉफ़ी के प्याले पर सिविल लाइन में बितायी जाय। सुबह मिलने वाले नीलकमल का अलस उन्माद मेरे ऊपर बेहद छाया हुआ था।

आज शुक्रवार था अत: छुट्टी लेने पर भी दो बजे कक्ष की चाय में जाना ज़रूरी था, सो गये।

तेरे पत्र हम लोगों को सब नियमित मिल रहे हैं।

कल की रजिस्ट्री से तुझे तीन कविताएँ भेजी हैं। वह मैंने सोमवार, मंगलवार, बुध और बृहस्पति को लिखी थीं, पर पता नहीं क्यूँ कल उन्हें लिखने के बाद बड़ी थकान महसूस होने लगी। यद्यपि वे तीन ही कविताएँ हैं—चार-चार पृष्ठों की, पर उनका स्पैन इतना विराट् था कि लगता था कि जैसे मैंने एक पूरी पुस्तक लिखकर खत्म की हो, अत: अब आज की छुट्टी ले रहा हूँ। कल से फिर लिखूँगा।

हे मेरी केष्टोनगर की सरस्वती! तू चैन थोड़े ही लेने देगी। मैंने कलवाले अपने पत्र में टैगोर की एक पंक्ति तुझे लिखी थी 'ये माला नहीं है उस दिव्य की यह तो तलवार है।'' ठीक वैसा ही है सरस्वती का आदेश। पर कितना पैना और फिर भी कितना सुखद।

सुनो मैंने लिखा था कि विद्यापति और जयदेव अभी मत भेजना। हम लोग आएँगे तो वहाँ से कुछ और अपने आप चुनकर जिद करके तुझसे लेंगे। ऐसी कोई रेयर किताब जो कलकत्ते में ही मिल सके।

तू दोनों गीतांजलि भेज दे तुरन्त रजिस्टर्ड बुक पोस्ट से। सचित्र करके। उनकी आतुर प्रतीक्षा है। अच्छा, अमित स्नेह।

—भारती

फरवरी 58

शनिवार रात्रि 8:00 बजे

अतार्किक उदासी की तरह कुछ अतार्किक सुख होते हैं। वे जिन कामों में मिलते हैं उनके पीछे कोई तर्क नहीं होता, कोई कारण नहीं होता पर उन कामों में सुख मिलता है—बस! जैसे अतार्कित सुखों में एक काम है किसी नये पैड पर पत्र लिखना

और वह भी उस नये पैड के प्रथम पृष्ठ पर प्रथम वाक्य उसके प्रति लिखना जिसे मन सदा देखता रहता है, सुलझता रहता है, नयी साँवरी यादों में खोया रहता है। फिर चाहे उस समय उसे लिखने के लिए कुछ भी न हो, चाहे सामने पैड खोलकर हाथ में क़लम लिये आप चुपचाप बैठे रहिए, और उसकी चम्पकवर्णी छवि को अपने मन में बन्द कर गुनते रहिए और बाँहों में उसका सलोना स्पर्श अनुभव दोहराते रहिए, कन्धों पर उसके केशों का रस संचित संवेदना अनुभव करते रहिए,—और गुमसुम खोये-खोये बैठे रहिए और लिखिए नहीं एक अक्षर भी, तब भी कितना सुख मिलता है!

और कितनी सुकुँवार कितनी नाज़ुक होती है वह अनुभूति उसमें उत्तेजना नहीं होती। पीड़ा भी नहीं होती, मन भी नहीं पिराता, दुखता भी नहीं, कसकता भी नहीं—बस ऐसा लगता है कि वह एक बहुत नाज़ुक फूल है—ज़रा-सी हवा लगते कहीं—कुम्हला न जाय, बहुत-बहुद नाज़ुक एक मोमदीपिका है, ज़रा-सी हवा लगते कहीं बुझ न जाय—बहुत दिन पहले एक उर्दू का शेर पड़ा था—तब उस अनुभूति की कोमलता नहीं समझ पाता था—अब समझता हूँ "तेरी याद शामये हयात है, तो मैं कैसे हिज्र में साँस लूँ कि ये नर्म-नर्म हवाएगम कहीं ये कँवल भी बुझा न दे।' "तेरी याद मेरे जीवन की अनन्य आलोक शिखा है—तो मैं तुझसे बिछड़ कर साँस भी कैसे लूँ—कि यह दुख की नर्म-नर्म उसाँस भी कहीं ज्योति के कँवल को बुझा न दे।

WE TWO – HOW LONG WE WERF FOOLED.

हम दोनों—आह हम कितने दिनों तक छले गये!
अब रूपान्तरित होकर हम मुक्त हो गए हैं—जैसे प्रकृति मुक्त है—निर्बन्ध!
हमीं प्रवृत्ति हैं—कब तक हम निर्वासित रहे, पर अब हम लौट आये।
हम रूपान्तरित हो रहे हैं पौधों में, पत्तियों में, हरियाली में, जड़ों में, छाल में!
हम धरती में आबद्ध हैं—हम चट्टानें हैं।
हम महावृक्ष हैं—मैदानों में खुलेआम एक-दूसरे के पास उगे हुए।
हम चरागाहों में घूम रहे हैं—उन्मुक्त वनजीवों की भाँति—आडम्बर विहीन!
हम समुद्र में साथ तैरते हुए मछलियों के जोड़े हैं—
हम आम्र मंजरियाँ हैं : सुबह-शाम गलियों में सुगन्ध उड़ाते हुए।
हम दो पक्षिराज हैं—ऊपर बादलों में मंडराते हुए—नीचे धरती को देखते हुए!
हम दो सूर्य हैं—स्थिर साथ-साथ, एक-दूसरे को अपने प्रबल आकर्षण से स्तम्भित करते हुए; हम दो धूमकेतु हैं।
हम दो मेघखंड हैं : दोपहर के समय ऊपर नभ में उन्मुक्त विचरण

करते हुए—

हम दो महासागर हैं—एक-दूसरे में मिलते हुए—ये गगनचुम्बी महान उत्ताल तरंगें हमारी हैं। एक-दूसरे में समाविष्ट होती हुईं। एक-दूसरे को क्षत-विक्षत करती हुई। एक-दूसरे को आलिंगन में कसती हुई, एक-दूसरे को रस में नहलाती हुई!

हम दोनों वायुमंडल हैं : पारदर्शी, ग्रहणशील।

हम हिम हैं, वर्षा हैं, शीत हैं, तिमिर हैं—हम भूमंडल की प्रत्येक वस्तु हैं, प्रत्येक तत्व हैं।

हम भटकते रहे हैं, भटकते रहे हैं—पर अब हम अपने स्थल पर पहुँच गए हैं : हम दोनों साथ-साथ।

और यहाँ तक पहुँचते-पहुँचते हमने सब कुछ रिता दिया है सिवा अपनी असीम स्वतन्त्रता के और अनन्त उल्लास के!

WALT WHITMAN
From "Leaves of grass"

LOOk! WE HAVE COME THROUGH!

छोटी-सी नदी—गोधूलि में कलकल बहती हुई, धूमिल सुनहला आकाश—विस्मय से देखता हुआ—अपलक! यही जैसे स्वर्ग है और हर चीज़ फूलों की तरह मुँद गयी है और नींद में डूब गयी है, तमाम दुख, चिन्ताएँ, तकलीफें गोधूलि में विलीन हो गयी हैं। केवल गोधूलि, और सरिता का मर्मर जो अनन्त हैं—

और अन्त में मुझ पर प्रकट होने लगा है कि यही तुम्हारे प्रति मेरा प्यार है। मैं उसे देख रहा हूँ—गोधूलि की तरह सम्पूर्ण—विस्तृत—इतना विस्तृत कि मैं उसके असीम विस्तार को पहले कभी दृष्टि भर कर देख ही नहीं पाया क्योंकि उस गोधूलि के अथाह साँवरेपन को छोटी-छोटी ज्योतियाँ, चिनगारियाँ और बाधाएँ विकृत कर जाती रहीं दुख, चिन्ताएँ, तकलीफ़ें! तुम पुकार और मैं तुम्हारा प्रत्युत्तर, तुम कामना हो और मैं उसकी सम्पूर्ति, तुम रात्रि हो और मैं उज्ज्वल प्रभात, और क्या चाहिए? यही सम्पूर्ण है! तुम और मैं! और क्या चाहिए? लेकिन सुनो, फिर भी यह सम्पूर्णता इतनी क्यों सालती है?

—डी. एच. लॉरेन्स

11.2.58

पता नहीं तुझे कभी ऐसा अनुभव हुआ है या नहीं, पर मैं बहुत घूमा हूँ और

जहाँ-जहाँ मुझे बेहद शान्ति मिली है, बेहद उल्लास मिला है—जैसे कौसानी, शान्तिनिकेतन, वृन्दावन, एलोरा—पता नहीं क्यों, जब इन स्थलों को याद करता हूँ तो यह लगता है कि मैं तो इन स्थलों को नहीं भूल पाया हूँ, ये स्थल भी मुझे नहीं भूल पाये होंगे। वैसे तो प्रतिदिन सैकड़ों, हज़ारों चरण इन स्थानों को छूते हुए गुज़र जाते होंगे—न जाने कहाँ के देश से आकर, न जाने किधर दूसरे देश को चले जाते होंगे। उनमें से किसे ये स्थल याद रखते होंगे भला! पर पता नहीं क्यों, मुझे यह लगता है कि मेरे चरणों को ये स्थल भी नहीं भूल पाये होंगे। कितनी अदम्य प्यास भरे हैं ये मेरे चरण; और कितने अज्ञात लोकों, नक्षत्रों और तारक पथों की धूल मेरे इन अनथक चरणों पर ज़रूर हैं, जिन्हें इन चरणों ने पार किया है—कहाँ पहुँचने के लिए? उसी तन्मयता तक न, जिसका मानुषी नाम वे खुद नहीं जानते थे—असंख्य चरणों में से इन तमाम स्थलों ने केवल मेरे इन दो चरणों में एक ऐसी विशेषता पायी होगी जो संसार के किसी, किसी, किसी अन्य चरण में नहीं थी, हो ही नहीं सकती थी—ये चरण जाने या अनजाने तन्मयता की ओर बढ़ रहे थे...जन्म-जन्मान्तर की यात्रा पार कर यहाँ तक आ गये थे उसी तन्मयता की खोज में भटकते-भटकते! सच-सच बताना मेरी पुसनिया, तुझसे वहाँ की गेरुआ धरती ने मेरी बातें की थीं? तुझसे वहाँ की आम्रलताओं ने आज से छह-सात साल पूर्व आनेवाले उस भावुक, किशोर, सर्वथा अबोध युवक की कथा कही थी, जो उन आम्रलताओं के नीचे पता नहीं क्यों उदास हो जाता था? पता नहीं किसे पुकारता था, पर पुकार नहीं पाता था। पुकारता कैसे—उसका लीलानाम तो उसे मालूम ही न था!

जब मैं शान्तिनिकेतन गया था तब फागुन बीत गया था और चैत आ गया था। पलाश फूल आये थे और विशेष रूप से हिन्दी भवन के सामने वाला पलाश—और शिरीष के सफ़ेद झब्बेवाले, बेहद नशीली महकवाले फूल और आमों में कुछ में बौर थे, पर अधिकांश में छोटी-छोटी अमियाँ और धरती की घास सूखी-सूखी हो गयी थी...और शाम को हम लोग घूमते-घूमते दूर निकल जाते थे और वहाँ एक छोटी-सी दुकान थी, जहाँ और सामानों के साथ कॉफ़ी का एक प्याला भी मिल जाता था; और दुकानदार मोशाई की एक छोटी-सी लड़की थी कणा—जो प्याले में कॉफ़ी भर-भरकर दे जाती थी और वहाँ सिर्फ़ दो-चार मोढ़े थे, बाकी सारे ग्राहक अपना-अपना प्याला लेकर सामने मैदान पर सूखी घास पर बैठ जाते थे और कॉफ़ी पीते जाते थे और चारों ओर शान्तिनिकेतन पर शाम का धुँधलका-सा उतरता आता था—पता नहीं वह दुकान है या नहीं? वह छोटी-सी बच्ची कणा अब पूर्ण विकसित तरुणी हो गयी होगी, कौन जाने अब कहाँ है? किस

घर में है? और वहाँ कैसे अजीब-अजीब मित्र हो गये थे मेरे। दक्षिण भारत का एक नर्तक लड़का, बिहार का चित्रकार राजनीति सिंह, जो पिछले दिनों इटली में था, और एक बूढ़े बंगाली हरिदासजी और दूसरे वृद्ध बंगाली जो मानते थे कि गोरखनाथ और मत्स्येन्द्रनाथ अब भी जीवित हैं और नेपाल व बंगाल के बॉर्डर पर हिमालय की गहन उपत्यकाओं में अब भी वे साधना कर रहे हैं और उनके पास त्रिशूलधारी साधकों की विशाल सेना है। जापानियों ने जब कोहिमा और इम्फ़ाल पर हमला किया तो उन्होंने उनके साधना स्थलों को जान लिया था, इसलिए लौट गये—और एक मेरी परिचित थी एक गुजराती लड़की सुशीला बेन, कितनी कच्ची निर्मल दूधिया हँसी थी उसकी! गोल मुँह, चमकती-हँसती आँखें—बाद में सुना कि वह शान्तिनिकेतन से निकाल दी गयी और पंजाबी लड़कियाँ, जिनमें से एक खोपड़ी के ठीक बीचोंबीच ऊँचा जूड़ा बनाती थी (उसे मैं शंकर भगवान कहता था), एक जिसके सारे चेहरे पर मुँहासे थे और बेहद कठोर अभिव्यक्ति थी जिसकी (उसे मैं 'दी गार्जियन' कहता था) और एक दुबली-पतली सलवार-कुरता धारिणी जो चकर-चकर बेहद बातें करती थी (उसे मैं छिपकली कहता था)—और इन तीनों के पीछे मेरे चित्रकार मित्र महोदय राजनीति सिंह अपनी सारी स्कॉलरशिप बरबाद करते थे—और चीना भवन में पीला-पीला चीवर पहनकर भी अत्यन्त रसिक बातें करनेवाले बौद्ध भिक्षु श्री शान्तिभिक्षुजी और मोटा सिगार मुँह में लगाकर पांडुलिपियों और तिब्बती ग्रन्थों में डूबे रहनेवाले डॉ. बागची जी और सारे हिन्दी भवन को अपने भव्य व सरल और स्नेहपूर्ण व्यक्तित्व से आलोकित करनेवाले पं. हजारी प्रसाद द्विवेदी जी...आज लगता है कि ये सब अपनी राह पर चलनेवाले यात्री थे, जो किसी मोड़ पर आ मिले थे और शान्तिनिकेतन के वे चन्द खुशनुमा चैत के दिन सराय में बिताई हुई एक शाम थी, जिसके बाद सब यात्री अपनी-अपनी राह पर चल पड़े। शान्तिभिक्षु ने उसके बाद प्रव्रज्या त्यागकर किसी अत्यन्त कुरूप नेपाली लड़की से विवाह कर लिया, द्विवेदी काशी चले आये और वह अध्ययन, कलाप्रियता, एकान्त साधना का पथ छोड़कर दिनोंदिन दूसरे रास्ते पर निकल गये। बागचीजी ने अकस्मात् मोड़ लिया और उन्होंने दूर धरती के ही तटों को छोड़कर अथाह की ओर अपनी नौका मोड़ दी—सुशील बेन निकाल दी गयीं, राजनीति सिंह इटली चला गया और मैं...कैसी अजीब पगडंडियों और कैसे अजीब घुमावों से होता हुआ हाथों में अपनी बाँसुरी लिये हुए कहाँ आ पहुँचा, किन चरणों में मुझे आश्रय मिला, सार्थकता मिली, किन मृणाल बाँहों ने मुझे घेर लिया, किन गुलाबों के बीच में आकर मेरी यात्रा समाप्त हुई, किस नीलकमल में आकर मैं बँध गया!

पहले मुझे यह लगता था कि यह निखिल सृष्टि और उसके प्रत्येक जीवित प्राणी का जीवन-प्रवाह केवल एक तीव्रधारा है जो निरुद्देश्य, दिशाहीन, लक्ष्यहीन, योजनाहीन बस बहती चली जा रही है। पर अब ऐसा नहीं लगता। हर चीज़ का अपना गन्तव्य है। हर चीज की अपनी एक परिणति है। वह चाहे जहाँ भटके, चाहे जितने गलत मोड़ ले, चाहे जितने गलत द्वार जाकर खटखटाए, चाहे जितनी गलत बाँहों में आश्रय ग्रहण करे—पर जब तक वह वहीं नहीं पहुँचता, जहाँ उसे पहुँचना है, तब तक उसे चैन नहीं मिल सकता, नहीं मिल सकता, नहीं मिल सकता। और यह नहीं कि वह हमारा गंतव्य हमें बुलाता नहीं—वह बार-बार बुलाता है, पर कभी हम उसकी आवाज़ नहीं पहचानते। कभी यह पुकार हमारे द्वार खटखटाती है तो अन्दर हम उसके स्वागत के लिए तैयार नहीं रहते। कभी वह द्वार खटखटाती है तो हम किसी अन्य से बातें करने में मशगूल रहते हैं और वह बार-बार लौट जाती है, उसका निमन्त्रण बार-बार निष्फल जाता है, पर जिस दिन हम सुन लेते हैं उस दिन...उस दिन...

निशम्य गीतं तदनंगवर्धनम् व्रजस्त्रियः कृष्ण-गृहीतमानसाः

उस दिन उस आधी रात में मधुर वंशी के गान को सुनकर हमारे जन्म-जन्म के व्यवधान खुल जाते हैं—कौन है वह व्यक्ति, कौन है वह बन्धन, कौन है वह गृहकाज, कौन-सी है वह झूठी मर्यादा, कौन-सी वह झूठी लोकलाज, कौन-सा है वह निशीथ का भयावना वनपथ, कौन-सी है वह बाधा, जो हमें उस गान के स्रोत तक पहुँचने से रोक ले—वही तो हमारा है, जिसके लिए जन्म-जन्मान्तरों को पार कर हम यहाँ आये हैं—शून्य पथ से अनन्त ब्रह्मांडों के भैरवनाद में भी वंशी के मुधर बारीक स्वर की डोर पकड़कर तो हम चलते चले आये। अब जब प्रत्यक्ष वह सामने है तो क्या उसे छोड़ देंगे?

शान्तिनिकेतन जिसकी थाती है उस महाकवि ने इसी मर्म को पकड़ा था न। उसका एक निबन्ध कभी दूँगा तुझे पढ़ने को।

नीलाकाश के इशारे ने हमसे प्रतिदिन कहा है, "चलो उस उल्लास के धाम में तुम्हारा निमन्त्रण है।" सवेरे प्रभात किरण के दूत ने आकर द्वार पर धक्का दिया। "क्या है?" उत्तर—"तुम्हारा निमन्त्रण है। उदास दोपहरी में मधुप गुंजित वनच्छाया दूती बनकर आयी और झकझोर कर कह गयी, "निमन्त्रण है।" सन्ध्या मेघों में अस्तंगत सूर्य छटा में फिर दूत आया और कह गया, 'निमन्त्रण है।' आखिर इस दूत को इतना साज शृंगार, इतनी फूलमालाएँ, गौरव के इतने मुकुट क्यों? क्योंकि मेरे गन्तव्य ने मुझे बुलाया है? मेरे लिए सम्पूर्ण आकाश का रंग नीला

करके समस्त पृथ्वी के आँचल को श्यामल करके, समस्त नक्षत्रों के अक्षर उज्ज्वल करके यह बुलावे की पाती लिखी गयी है।...इन निमन्त्रणों का उत्तर नहीं देना है क्या? वह उत्तर यदि उसी की वाणी में नहीं लिखा गया तो क्या वह स्वीकृत होगा—इसी से मधुर स्वर में उत्तर गया—''मेरे हृदय के तार-तार में तुम्हारा निमन्त्रण बज उठा। रूप में बजा, भावना में बजा, कर्म में बजा। हे चिर सुन्दर, मैंने उसे स्वीकार कर लिया। मुझे ज्ञात है कि मुझे भी वैसे ही तुम्हें सन्देशा भेजना है जैसे तुमने भेजा है। जिस तरह तुमने अनिवार्य नक्षत्रों के दीप जलाकर अपने दूत के हाथ दिये हैं, मुझे भी वैसे ही दीप जलाने होंगे, जो कभी बुझते नहीं, ऐसी मालाएँ गूँथनी होंगी जो कभी सूखना जानती ही नहीं। मुझमें यदि सचमुच तुम्हारी 'शक्ति' है तो उसी शक्ति के ऐश्वर्य से ही तुम्हारे आमन्त्रण का उत्तर जाएगा।'' (सृष्टि-टैगोर)

शान्तिनिकेतन का ज़िक्र देखो तो कहाँ बहा ले गया।

अच्छा पुसनिया—अमित दुलार। यह पत्र लिख ही रहा था कि बीच में तेरा वह पत्र भी मिल गया जो तूने शान्तिनिकेतन से लौटकर सोमवार को कॉलेज में अपनी डायरी के एक पृष्ठ पर लिखा है। सारे खत पाने के बाद। अब तक तुझे वे दोनों अनूदित कविताएँ भी मिल गयी होंगी, जो इतवार को कान्ता ने स्टेशन पर जाकर तेरे घर के पते पर भेजी हैं। तेरे और सुमनजी के नाम साथ-साथ एक जैसे दो लिफ़ाफ़े गये हैं—घर के पते से—कल मैं सो रहा था तो कान्ता ने तुम्हें खत लिखा था—आज कान्ता तानकर सो रही है। अच्छा प्यार!

बृहस्पतिवार 13 फरवरी 58
रात डेढ़ बजे

कवि सम्मेलन से लौटा हूँ। शाम से अकस्मात् सर्दी बढ़ गयी थी। अभी लौट कर आया हूँ। और अजीब-सा एक विचार मेरे मन में शाम से उठ रहा है जिसे लिपिबद्ध कर डालना चाहता हूँ।

...शाम को अपनी फ़ाइल खोल कर बैठा सोच रहा था कि कौन-सी कविताएँ आज पढ़ी जायें। अकस्मात् यह सोच लिया कि परसाल इन्हीं दिनों वह कविता लिखी थी—''चैत का नशीला दिन'—'धूप में नहाये हुए नीले कमल-सा यह चैत का नशीला दिन मैंने बिताया नहीं केवल गुज़ार दिया!' और उस कविता से जो एक विचित्र-सी मनःस्थिति प्रारम्भ हुई थी—आम्र बौर के नीचे खड़े हुए

ममता में विभोर और उदास पर यह न जान पाना कि इस विभोर तन्मयता का नाम क्या है, इस उदासी में किसे पुकारा जाये, क्योंकि उस तन्मयता का लीला नाम क्या है यह तो मैं तब तक जान ही नहीं पाया था—उस मन:स्थिति की एक प्रकार से पहली कविता यह थी—'चैत का एक दिन'!—और दूसरी कविता चुनी ''अँजुरी भर धूप-सा मुझे पी लो''—क्योंकि इस कविता तक आते-आते जैसे मन ने अपनी तन्मयता का सम्पूर्ण अधिकार पहचान लिया है—नाम यद्यपि अभी तक नहीं जान पाया था, पर इतना जान गया हूँ कि ''जितना इन सबों का हूँ, उतना कुल मिला कर भी थोड़ा पड़ेगा मैं...'' उसके बाद जिस दिन मेरे कान में फुसफुसाया गया ''जानते हो तन्मयता का नाम क्या है?'' उस दिन से कविताओं का नाम-क्रम शुरू हुआ जो पावन अशोक वृक्ष वाली कविता से प्रारम्भ होकर अभी अन्तरंग केलिसखी वाली कविता तक पहुँचा है। बहरहाल, वे दोनों कविताएँ चुनी गयीं सम्मेलन में पढ़ने के लिए—चैत का एक दिन और अँजुरी भर धूप!...

इनमें से जब 'चैत का एक दिन' वाली कविता उतार रहा था तो अकस्मात्, मैं चौंक गया। उसमें मैंने आज से साल भर पहले यह एक उपमा क्यों दी थी ''बौर लदी नाजुक टहनी-सी उस देह की''...यह बौर लदी नाजुक टहनी का विचार मुझे क्यों सूझ गया था उस दिन! आम के बौर को तो जीवन में साल भर बाद आना था। यह सब क्या रहस्य है! और यह भी कि उस दिन किसी ने मुझे याद दिलाया कि मैंने अपनी एक कविता में 'दखिन पवन में झोके लेती डार की लहर बदन में' लिखा था उस लहर को जाना अब है पर लिखा कितने दिनों पहले था। तब मैं क्या 'दखिन पवन' के अर्थ जानता था? ऐसे ही मैं चौंका था जब मैं सूरदास पढ़ रहा था और अकस्मात् वह पंक्ति मेरे सामने आयी थी—''नील बसन फरिया कटि पहिरे, बेनी पीठि रुचिर झकझोरी!'' (पहली बार जब तुम्हें निकट से जाना था नीली साड़ी पहने थीं तुम!) और ऐसे ही उस दिन चौंका था जब 'गीत गोविन्द' में अकस्मात् मैंने पाँव में महावर लगाने वाली बात पढ़ी और अकस्मात् देखा कि गीत गोविन्द में भी बार-बार वेतसलता का वर्णन है। यह सब क्या लीला है? क्या सचमुच यह लीला ही है? वरना ऐसे कैसे होता कि शब्दों के अर्थ तो वर्षों बाद पता चलें पर मैं यह पाऊँ कि अरे यह शब्द तो कितने सटीक रूप से मैं अपने अनजाने में ही प्रयोग करता रहा हूँ। क्या सचमुच यह सब मैं नहीं लिखता हूँ—या लिखता भी हूँ तो मैं क्या लिखता हूँ इसका अर्थ मैं खुद बिल्कुल नहीं जानता। यह तो कोई महाशक्ति है जो मुझसे लिखवाती रहती है, उसी ने यह सारी भाषा मेरी कविता की गढ़ रखी है, मेरे शब्दों का अर्थ निश्चित कर रखा है और जब चाहती है धीरे से मेरी भाषा में चार नये शब्द जोड़ देती है और वर्षों

बाद मुझे खुद पता चलता है कि अरे इन शब्दों का अर्थ तो यह है। और वह भी तब जब वह महाशक्ति खुद उनके अर्थों को उद्‌घाटित करती है या उस सन्दर्भ को प्रकट करती है जिनमें वे शब्द अर्थवान हो उठते हैं। वरना इसका क्या कारण है कि मैं वर्षों पहले ऐसे शब्दों का इतना सटीक प्रयोग करूँ। इसके पहले भी मैंने तन की ही रूप गरिमा को लेकर कितनी ही कविताएँ लिखी थीं पर आम का बौर, नील-कमल, दखिन पवन...इनका कहीं भी कोई जिक्र नहीं आता! क्यों?

ऐसे ही मैं देखता रहा—एक दूसरा नाम है राधा!

मैंने एक छोटी-सी बड़ी मधुर रुबाई लिखी थी—

रख दिये तुमने नजर में बादलों को साधकर
आज माथे पर सरल संगीत से निर्मित अधर।
आरती के दीपकों की झिलमिलाती छाँह में
बाँसुरी रखी हुई ज्यों भागवत के पृष्ठ पर।।

अब इन चार पंक्तियों में बाँसुरी और भागवत तो है पर राधा नहीं है—नहीं है—क्योंकि तब तक तुम मिली ही नहीं थी। बहुत पहले लिखी थी मैंने यह रुबाई। तब तन्मयता ने अपना नाम ही नहीं बताया था। वह शब्द आता तो कैसे! उसके निकटतम उपमान आये, पर वह नहीं। और आया भी है तो एक बड़े ही अजब प्रसंग में—शायद सिर्फ़ एक कविता में आया है जिसकी शायद अन्तिम पंक्ति है—"राधा को आयी है अपने मोहन की याद" और उस कविता की प्रथम पंक्ति क्या है? बहुत ही आश्चर्य की बात है—उसकी प्रथम पंक्ति है—"आज खिला बेला, मेरा आँगन महका" यानी राधा के आगमन और बेले के खिलने का एक अनिवार्य सम्बन्ध हो जैसे। बेले जब तक नहीं खिलेंगे—राधा को याद नहीं आएगी—तब तक क्या बेले नहीं खिले थे? हाँ शायद नहीं! क्योंकि वह कविता आज से कम-से-कम नौ दस बरस पहले की होगी। तब तक बेले के फूल न खिले थे, न मुझमें उनकी चेतना या पहचान थी। इन चीजों को केवल chance element केवल आकस्मिक संयोग मात्र कह कर टाला नहीं जा सकता। वैसे मैं अगर किसी अन्तर्निर्मित लीला को जानता नहीं था तो यह तो मेरा अज्ञान है न! जिस दिन मान लिया कि देखो भारती! यह तुम्हारा अहंकार है कि यह तुम लिखते हो। यह कोई अज्ञात शक्ति है, कोई सरस्वती केष्टोनगर की, जो तुमसे लिखवाती है। उस दिन कैसा लगा होगा—क्या वैसा जैसा तुमने विस्मित विभोर, स्तब्ध होकर वह 'कुछ' कहा था!...मैंने जब तक नहीं जाना था—नहीं जाना था। पर जब से जान लिया है तब से एक बात ध्यान में आ रही है—क्या

बुद्ध को ज्ञान प्राप्त करके ऐसा ही लगा होगा!...और फिर एक बात हो तो chance element कहा जाय। यह कैसे होता है कि अक्सर दूरी पर जिये जाने वाले जीवन किसी तार से जुड़कर बिल्कुल एक-सा सुख-दुख एक ही समय पर भोगें। अभी पिछली बार वसन्त के पहले जब मैं अकस्मात् मानसिक रूप से यहाँ इतना विक्षुब्ध और खिन्न हो गया था और उसको कोई कारण हम और कान्ता नहीं समझ पाये थे, और बाद में जब उसका कारण मालूम हुआ तो कैसा अजब लगा था। जब ज्ञात हुआ कि समय और तिथि बिल्कुल एक थे—और वह सारी खिन्नता उपज तुझमें रही थी और आच्छन्न था मेरा सारा घर! अपने डॉक्टर भाई के खत को लेकर तू परेशान थी।

उससे भी अधिक अचरज की बात बताऊँ—10 की रात को भी मेरा मन बहुत उचटा हुआ था, मैं अपनी पिछली डायरी उलट कर देखने लगा। वह 10 फरवरी 57 जब मैंने मोटर चलानी सीख ली थी और किन परिस्थितियों में सीखी थी और उसके बाद वह 'चाँदनी में कोकाबेली' वाला खंड भी उसी दिन की पारसाल की डायरी में लिखा था। और मैंने वर्जिन मेरी की प्रार्थना लिखी थी और माँ मरियम का एक लोरी-गीत भी लिखा था। और अभी तेरे खत से ज्ञात हुआ कि ठीक उसी समय तू भी वही 10 फरवरी 57 वाली चीजें पढ़ रही थीं। यह केवल, केवल chance नहीं हो सकता।

14 फरवरी

शुक्रवार-दोपहर

तो क्या जिन लोगों ने यह कहा है कि दिशा और काल से निर्मित यह जगत मिथ्या है। दिक् (Space) और काल (time) का व्यवधान मात्र अज्ञान का व्यवधान है, जिस दिन हम अपने स्वरूप को जान लेते हैं। उस दिन यह दिक् और काल (space and time) हमारे अधीन हो जाते हैं। इनका कोई व्यवधान नहीं रह जाता। क्या वे लोग सच कहते हैं? अन्यथा इसका क्या explanation हो सकता है कि आज से आठ नौ वर्ष पहले जब मैं हिन्नी को, बेनू को, चन्दन को, आम्रबौर को, नीलकमल को, बेले के फूलों को वेतसलता के गुलाबों को जानता भी नहीं था—तभी से उन उपकरणों से अपनी कविता में एक नयी शब्द-सृष्टि की रचना कर रहा था, किन्तु जानता भी नहीं था इस सृष्टि का अर्थ क्या है?

तो क्या मैं नहीं रच रहा था वह शब्द-सृष्टि! क्या वह कोई अन्य शक्ति थी जो मुझसे उस सृष्टि की रचना करा रही थी ताकि वह अवतरित हो। और फिर तन्मयता बाद में स्वयं जब मुझे अपना लीला-नाम बताये तब अकस्मात् मुझे

बोध हो कि अरे! तो मेरी शब्द-सृष्टि का अर्थ यह है, और इसका प्रयोजन यह था!

टी.एस. ईलियट ने कहीं लिखा है—

"Time present and time past
Are both perhaps present in time future,
And time future contained in time past,
If all time is eternally present
All time is unredeemable.

What might have been and what has been
point to one end, which is always present,
Foot falls echo in the memory
Down the passage while we did not take
Towards the door we never opened
Into the rose garden
My words echo
Thus, in your mind."

यानी जो हम जी चुके हैं और हम जो जी रहे हैं और जो जिएँगे वह क्या एक सम्बद्ध इकाई है, एक-दूसरे में निहित और बकौल इलियट के क्या What might have been and what has been. all point to one end, which is always present.

यानी जो वर्तमान का क्षण है, जो हमारी वर्तमान स्थिति है, वही वह लहर शिखर है जो अगणित अतीत की छोटी-छोटी समय लहरियों से बना है। हम जितना जीते रहे हैं वह इसलिए कि वह हमें वर्तमान के चरम साक्षात्कार तक ले आये। इस नाते बचपन में देखा हुआ कैलाश का सपना वस्तुतः वर्तमान हिमशिखरों की यात्रा का आरम्भ था। वह यात्रा शुरू तो तभी हो गयी थी। और जो आम्रबौर का अर्थ उस सायंकाल को स्पष्ट हुआ वह एक वर्ष पहले ही ''बौर लदी नाजुक टहनी' रूप में काव्य में प्रतिष्ठित हो चुका था। क्या इलियट का यह कथन सत्य है कि My words, thus, echo in your mind.

और, अकस्मात् यह जानना कि समस्त सृष्टि जिसका अवगुंठन है, रेशमी घूँघट है (स्वर्णिम साड़ी का पल्ला, माथे पर पड़ा हुआ) उन अगणित अवगुंठनों के पीछे वह मुख किसका है? कौन है वह जो नीलकमल में झलकता है, आम्रबौरों

में महकता है, बेलों में खिलता है, वेतसलता के गुलाबों में जो चन्दन मस्तक को आश्रय देता है—वह चरम अन्तरंग कौन है? वह कौन है जानना कितना सुखद है। गौतम को जो नीरस ज्ञान मिला था वह इसकी तुलना क्या कर सकता है भला! आप उसे जानते जाइये फिर भी उस मुख की एक-एक भंगिमा में अनन्त उल्लास है और उस मुख पर एक-एक रेखा आती है, मिटती है, फिर आती है और आप उसे पकड़ कर भी नहीं पकड़ पाते। उसे सम्पूर्णतः ग्रहण कर लीजिये फिर भी वह सम्पूर्ण का सम्पूर्ण आस्वादन के लिए शेष बच जाता है!

पूर्णस्य पूर्णमादाय पूर्णमेवावशिष्यते।

शनिवार
प्रातःकाल
3 बजे

The Recognition

Before time came or the great moon was made,
We walked in a young forest bright with dawn;
Immortal dews made beautiful the glade,
And blue the dim waves brake beside the lawn

Before time came, I moved a scarlet hind,
And your while plumage shone with starry eyes:
Therefore in this dark land we are not blind,
And read each others souls without susprise.

wilfred Rowland childe.

20.03.1958

ईश्वर को धन्यवाद है कि इस पिछले हफ़्ते मैं बिल्कुल मौन नहीं हो गया, कम-से-कम वैसे छोटे बैरोमीटर से नपे पत्र तो लिखने में समर्थ बना रहा अन्यथा बृहस्पतिवार, जिस दिन अम्मा गयीं और उस घटना से कान्ता बेहद रोई और उसने तुझे स्टेशन पर खड़े-खड़े पत्र लिखा, उस दिन से जिस मानसिक स्थिति से गुज़रा हूँ उसमें मैं बिल्कुल ध्वस्त नहीं हो गया वह शायद इसीलिए कि मुझ

पर अदृश्य रूप से कोई 'शक्ति' छाया किये रही। इस बार की बीमारी में कान्ता को जो शारीरिक कष्ट रहा वो बताया भी जा सकता है पर ऐसा लगा जैसे बीमारी में उसका अपनी नसों पर कोई नियन्त्रण नहीं रहा, ज़बान पर कोई नियन्त्रण नहीं रहा। दिमाग़ उसका इतना कमज़ोर हो गया कि खुशी हो तो, गुस्सा हो तो, प्यार हो तो, दुख हो तो, जो भी भावलहर आये इस तरह उसे बहा ले जाये कि तुम उसका अनुमान नहीं लगा सकतीं। परसों तक तो मुझे ऐसा लगता था कि जैसे तिनके-तिनके चुनकर मैंने जो इतना प्यारा नीड़ बनाया था वो मेरे सामने एक-एक कण बिखर रहा है, और मैं विवश हूँ।

ऐसी स्थिति में सारा काम छोड़कर उसी में न लगता तो तुम समझ लो क्या कुछ हो सकता था। मुझ पर इस सब का कितना गहरा मानसिक स्ट्रेन पड़ा है यह तुम समझ सकती हो। इसीलिए इधर न कुछ पढ़ा, न कोई कविता लिखी। तुम्हें पत्र भी तो नहीं लिख सका। केवल शनिवार की रात्रि सोमवार और मंगलवार तथा बुधवार के वे चन्द घंटे जब मैंने पुरी-यात्रा के नोट्स पूरे किये वे ही इन त्रासदायक दिनों के एकमात्र सुखद समय खंड थे। उस अवधि में अवश्य सब भूल-भालकर मेरा मन चला जाता था सुदूर उस परदेसी धर्मशाला के उस साफ-सुथरे कमरे में, वहाँ से भाग जाता था समुद्र की लहरों की चादर ओढ़कर लीला-स्नान का अवर्णनीय सुख लूटने, भाग जाता था उस टूटी बस पर सामने वाली सीट पर अँजलि में गुलाब लिये प्रात: यात्रा करने। कोणार्क के उत्तुंग शिखर पर खड़े होकर सूर्य की अधूरी वेदिका की पुकार सुनने—"मैं अप्रतिष्ठित हूँ, मुझ पर सूर्य की प्रतिष्ठा करो" और लौट आता था ताक पर रखी राधाकृष्ण की मूर्ति के आगे, वेतसलता-सी राधा के सीमन्त को कुंकुमांकित करने...इस अजब-सी परिस्थिति को झेलते हुए भी मैंने यात्रा के जो नोट्स लिखे हैं उन्हें पढ़कर तुम झूम-झूम उठोगी, पर इसके अतिरिक्त जितना समय था वह अभी तक मैंने जितना जीवन जिया है उसका सबसे टॉर्चरस टाइम था।

तेरे पिताजी का पत्र आया है कि तुझे सिर दर्द होने लगा है। तुमने सिरदर्द की बात यहाँ क्यों नहीं लिखी? बोलो कौन-सी सज़ा दी जाये तुम्हें? नहीं, तुम्हारा सिरदर्द अब समाप्त होना चाहिए। क्या मान लूँ कि चन्दन का लेप भी असमर्थ हो गया? बालेश्वर का चन्दन भी? सिर का दर्द—मेरे विचार से तुम्हें बृहस्पतिवार की दोपहर तक रहा है। उसके बाद से तो सिरदर्द नहीं रहा न! लिखो।

मैं आज रात को लखनऊ जा रहा हूँ। कल दिन में वहाँ रेडियो पर एक परिसंवाद रिकॉर्ड कराया जाएगा जो 28 को प्रसारित होगा। उसका समय तुम्हें लिख दूँगा। इतवार को परसों सुबह आऊँगा। बस एक दिनभर लखनऊ में बीतेगा

इसलिए तुम्हारे घर शायद नहीं जा पाऊँगा।

अच्छा देखो तो कैसी अजब बात है जिन दिनों बाणभट्ट की आत्मकथा में डूबकर तुम्हारी बात महामाया से हुई और महामाया ने तुमसे वह वाक्य कहा, 'बाँधने में सफलता, पर सार्थकता मुक्ति देने में।' उन्हीं दिनों यहाँ मैं टैगोर की एक कविता पढ़कर चौंक गया था। वह कविता थी—

Why did the lamp go out?
I shaded it with my cloak to save it from
the wind, that is why the lamp went out.
Why did the flower fade?
I pressed it to my heart with anxious love,
That is why the flower faded.
why did the steam dry up?
I put a dam across it to have it for my
use, that is why the stream dried up
why did the harp string break?
I tried to force a note that was beyond its power,
That is why the harp String is broken.

जिस दिन मैंने यह कविता पढ़ी मैं चौंक उठा। यह तो जैसे एक बहुत बड़ा प्रश्नचिह्न मेरे सामने टैगोर ने लगा दिया था। क्या सचमुच इसका अर्थ ये है कि 'लगाव' नहीं वरन् पूर्ण 'अलगाव' ही रागात्मक सम्बन्धों की एकमात्र सार्थकता है। फूलों को आँचल मे मत बाँधो, दीपक को अँजुलियों की छाया में मत बाँधो, सरिताओं को बाँध बनाकर मत बाँधो, वीणा को संगीत लय में मत बाँधो...

टैगोर बहुत बड़े हैं। मैं बहत छोटा हूँ। पर जाने क्यूँ मन इस कविता से उद्वेलित तो हो उठा पर इसके सत्य को ज्यों-का-त्यों स्वीकार नहीं कर पाया। क्या दीपक इसीलिए बुझते हैं कि लगाव के कारण उन्हें आँचल से ढँककर उन्हें बाँधने की चेष्टा होती है? क्या वे इसलिए नहीं बुझते कि जिस स्रोत से उन्हें निरन्तर स्नेह-धार मिलनी चाहिए, अलगाव के कारण उन्हें वह स्नेह नहीं मिल पाता।

क्या फूल इसीलिए कुम्हलाते हैं कि उन्हें अँजुलियों में भरकर कोई वक्ष में दबा लेता है? क्या फूल इसलिए नहीं कुम्हलाते कि उनकी जड़ों को रस से सींचनेवाली हथेलियाँ शिथिल पड़ जाती हैं। क्या सरिताएँ इसीलिए सूखती हैं कि उन पर बाँध बनाकर उनका उपयोग करने का प्रयास होता है, उनके नीचे

की जो धरती है वह यदि ठोस और अच्छी न रहकर अकस्मात् नीरस रेतीली मरुस्थल की धरती बन जाय तो? क्या नदी फिर बह पाती है? क्या वीणा का तार इसीलिए टूटता है कि उस पर बहुत जटिल राग बजाया जाता है? यदि उसको किसी भी गीत लय में न बाँधा जाये तो तारों में जंग लग ही जाएगा। वीणा को भी धीरे-धीरे दीमक चाट जायेगी, घुन खा जायेंगे...

इसीलिए मुझको यह लगा पुसनिया! कि गुरुदेव ने इस कविता में केवल आधी बात कही है, केवल एक पक्ष रखा है। केवल मुक्ति, केवल अलगाव भी कल्याणकारी नहीं है; बन्धन की भी कोई सार्थकता है जिसकी टैगोर ने उपेक्षा की है।

लेकिन ये उपेक्षा केवल उनके काव्य की निजी विशेषता नहीं है। वे जिस अर्द्ध रोमांटिक छायावादी काव्यधारा के श्रेष्ठ पुरुष थे उस पूरी धारा से इसी अर्द्धसत्य को बार-बार खूब शब्दों में, चित्रों में सजा-सजाकर कहा गया है। इसका कारण यह था कि उस युग में बहुत-सी बातों और स्थितियों के लिए इतनी तीव्र सामाजिक वर्जना थी कि रागात्मक सम्बन्धों के विषय में बहुत-सी बातें स्वीकार करने में लोगों को हिचक होती थी। समाज का, पुराणपन्थी दृष्टिकोण का भय लगता था। अतः वे बार-बार यह कहते थे कि शुद्ध अनुराग केवल मानसिक है, केवल आत्मिक है, वो शरीर में नहीं बँधता, वो लौकिकता में नहीं बँधता, वो पार्थिवता में नहीं बँधता...उसे बाँधा कि वो समाप्त हुआ। हिन्दुओं का छुआछूत वाला रोगी धर्म जैसे मुसलमान के छूने से, ईसाई के छूने से, अछूत के छूने से, समाप्त हो जाता था, ठीक वैसा ही इनका अनुराग था—हथेली के छूने से, आँचल में ढँकने से, जटिल राग बजाये जाने से वो तुरन्त मर जाता था। फिर क्या वो प्यार केवल मृगतृष्णा है जो सुख में, दुख में, सामाजिक संघर्षों में, दैनिक जीवन में, मांसलता के चरम उन्माद में और सूक्ष्म आध्यात्मिक अनुभूतियों में समान रूप से पलता है, विकसित होता है, परिपक्व होता है। क्या ऐसा कोई अनुराग नहीं है जो दिव्य होने में मानवीयता का बहिष्कार न करता हो। जो सूक्ष्म होने के लिए स्थूल से पलायन न करता हो। अगर अनुराग केवल इसलिए है कि शालिग्राम की मूर्ति की तरह उसे अपने हृदय के एक कोने में हम स्थापित कर दें और उस कोने को सबसे अछूत बनाए रखें और सारी दुनिया के यथार्थ से अपने उस आराध्य को अलग रखें और डरते रहें कि यथार्थ ने इसे छुआ कि ये मरा—तो ऐसा अनुराग सिवा इसके कि पहले एक अनुष्ठान, फिर एक पाखंड और अन्त में केवल एक पथरीला बोझ मात्र रह जाएगा—नहीं बन्धु, एक उम्र थी जब इसी छायावादी भावुकता को मैं भी बहुत आदर्श मानता था, पर बाद में लगा कि यह केवल अर्द्धसत्य है। अनुराग को कहीं-न-कहीं सहयात्री बनना होता है। ऊँचे शिखरों,

गहरी घाटियों, घुमावदार पगडंडियों, कंकड़ीले कँटीले रास्तों पर यदि अनुराग साथ न चल सका तो—बस उस अनुराग के सपने देखिए, पूजा कीजिए और भूल जाइए! नहीं बन्धु ऐसा अनुराग उन लोगों के किस काम का जिनमें नैतिक साहस है, जिनमें निष्ठा है, जो तनकर खड़े हो सकते हैं, और जिनका आदर्श वो प्रभु है जो मुक्त होकर ब्रह्मलोक में नहीं बसा—बँधने के लिए धरती पर अवतरित हुआ। माखन चुराकर ऊखल में बँधने के लिए, बंसी बजाकर राधा में बँधने के लिए, सारथी बनकर युद्ध में बँधने के लिए, और मरते-मरते भी स्वेच्छा से गान्धारी के श्राप में बँधने के लिए।

लेकिन...

और यहीं पर जीवन की सबसे गहन जटिलता का सूत्रपात होता है, लेकिन क्या फिर मुक्ति की बात बिल्कुल झूठ है? नहीं यह भी उतना ही बड़ा अर्द्धसत्य होगा जितना यह कहना कि बन्धन बिल्कुल निरर्थक है। क्या ऐसा बन्धन जो सचमुच महान है हमको अधिकाधिक मुक्त नहीं बनाता। मुक्ति के क्या अर्थ? यही न कि जो हमारे व्यक्तित्व में सर्वश्रेष्ठ है, उत्तम है, महान है, वह बँधा न रहे, घुटा न रहे, कुंठित न रहे, वह मुक्त होकर विकास करे। पर वो विकास भी किसी-न-किसी बन्धन की अपेक्षा करता है। गंगा ब्रह्मा के कमंडल में बँधी थीं। वहाँ से मुक्त होकर जब धरती पर आयीं और निरन्तर विकास करने लगीं, प्रगति करने लगीं तब भी क्या दो बाँहों जैसे कूलों के बन्धन में नहीं बँधीं? और यदि दो कूल गंगा जल को न बाँधें तो क्या उनकी गति कल्याणकारी रह जाएगी? नहीं वही गंगा उमड़कर खेतों को, गाँवों को डुबोकर अन्त में अन्तहीन मैदानों में फैलकर लुप्त हो जाएँगी।

इसीलिए मेरे बन्धु, मैं नहीं मानता कि सार्थकता बन्धन में नहीं है। ऐसा बन्धन जो कुंठित न करे, विकास दे, अन्दर के श्रेष्ठतम को उभारे। मुक्ति के वास्तविक अर्थ हैं निरर्थक का परित्याग कर सार्थक से बँधना। इसीलिए न लीला-दर्शन में बार-बार कहा गया है कि केवल मुक्ति अर्द्ध उपलब्धि है, पूर्ण उपलब्धि तो है भक्ति—जिसमें हम अज्ञान से मुक्त होते हैं, ज्ञान से बँधते हैं। खंडित से मुक्त होते हैं, अखंड से बँधते हैं। मिथ्या से मुक्त होते हैं, सत्य से बँधते हैं।

इसके अर्थ ये नहीं हैं कि महामाया ने तुमसे गलत कहा। महामाया गलत नहीं कहतीं केवल उनके वाक्यों का कूट अर्थ होता है, रहस्यपूर्ण। वे इस प्रकार वाक्य बोली हैं न—'नारी की सफलता बाँधने में है, सार्थकता मुक्ति देने में।' इस चतुर वाक्य का जिसका मन अभी परिपक्व नहीं है वह यह अर्थ ले सकता है कि बन्धन और मुक्ति यहाँ दो विरोधी तत्वों के रूप में प्रस्तुत किये गये हैं। नहीं बन्धु! यहाँ महामाया के वाक्य का वास्तविक अर्थ इस प्रकार है—'नारी की सफलता

है पुरुष को अपने को बाँधने में—सार्थकता है जीवन की महानतम श्रेष्ठतम विकास प्रक्रिया से बाँधने में।' इसी दूसरे बन्धन को उन्होंने मुक्ति नाम से पुकारा है और ये क्रमिक अवस्थाएँ हैं। पहली अवस्था अनुराग की है। अपने से बाँधना और इस अवस्था को पूरा करने के बाद दूसरी अवस्था है उसे श्रेष्ठतम विकास की प्रक्रिया से बाँधना। बाकी के प्रपंचों से मुक्त कर देना। इस प्रकार ये दोनों बातें ही एक-दूसरे की पूरक हैं। दोनों ही सत्य हैं और जैसा अघोर भैरव ने उसी में कहा है 'सत्य सत्य का विरोधी नहीं होता पूरक होता है रे!'

फिर दायित्व यही रह जाता है बन्धुवर कि कहीं हम इन दोनों को पूरक न रखकर विरोधी तो नहीं बना डाल रहे हैं। कहीं हम अपने से इस तरह, इस स्तर पर तो नहीं बाँध रहे हैं कि वह जीवन की श्रेष्ठतम विकास प्रक्रिया से विच्छिन्न हो जायें—और कहीं मुक्त करने के नाम पर ऐसा तो नहीं कर रहे हैं कि वो नारी से, शक्ति से, योगमाया से, केलिसखी से—जो उसके बल का, प्रेरणा का, कल्पना का मूल उद्‌गम है उसी से पूर्णतया विच्छिन्न हो जाय, और धीरे-धीरे स्नेहहीन दीपक की तरह बुझ जायें...

अत: उस मुक्ति को भी बन्धन का बल दिये रहना और बन्धन को भी मुक्ति का संस्कार दिये रहना—यही धर्म मार्ग है। थोड़ा जटिल है, लेकिन तुम जानती हो कि सारी दुनिया सीधे-सादे सरल रास्ते और शॉर्टकट के पीछे दौड़ती है और भटक-भटककर कहीं नहीं पहुँच पाती। कुछ ही लोग होते हैं जो जटिल रास्ते अपनाते हैं और वही लोग हैं जो देर-सवेर सही पर तत्त्व तक पहुँच पाते हैं।

ओ मेरी सहयात्री! हमने सरल रास्ते नहीं अपनाये हैं, पर भटक-भटक कर भी हम खोएँगे नहीं। हमने जटिल राहें अपनायी हैं, हम देखेंगे कि जिन आपसी बन्धनों ने श्रेष्ठतम विकास-प्रक्रिया से विच्छिन्न करना शुरू किया उन बन्धनों को नूतन संस्कार देंगे, नयी दिशाएँ देंगे। जिन मिथ्या मुक्ति-धारणाओं ने हमें अपने वास्तविक बन्धनों से उन्मूलित करना शुरू किया उनको संशोधित करेंगे। फूलों में, काँटों में, पर्वत शिखरों पर, घाटियों में बिछी हुई पगडंडियाँ हमारी हैं। वे हमारी यात्रा में रस्सियाँ बनकर हमारे कदमों में उलझेंगी नहीं, हम उन्हें माला बनाकर अपने कुंठ में, कलाई में, बाँहों में, जूड़े में लपेट लेंगे।

क्यों?

है न मेरे साहसी बन्धु?

सोमवार 24.03.1958
3:30 बजे दोपहर

कल सुबह लखनऊ से आने पर कान्ता ने तेरा 20 तारीख का पत्र दिखाया, आज तेरा 22 वाला पत्र भी मिल गया। सुन बावरिया, यह सिर का दर्द तो हम दोनों को बेहद चिन्ता में डाल रहा है, किसी डॉक्टर से कन्सल्ट कर दवा लो। यह मेरा आदेश है। पत्र लिखने के बाद सबसे पहले यह काम हो जाना चाहिए और क्या दवा उसने बताई है और उससे लाभ है या नहीं यह जल्दी लिखो।

शुक्रवार की रात को कान्ता ने एक मेरा लम्बा पत्र तुझे घर के पते पर भेजा है। उसका अन्दाज़ा था कि शनिवार की आखिरी डाक से तुझे शायद घर पर मिल जाये उसमें मैंने महामाया के बन्धन और मुक्ति वाले प्रश्न को लेकर कुछ लिखा था और देख तो तेरे 20 मार्च को प्रात:काल 3 बजे पत्र में मुझे कुछ वाक्य पढ़ने को मिले...जिसमें सायुज्य या एकत्व के बन्धन, या एकोन्मीलन के बजाय, पृथक रहकर सायुज्य की तृष्णा से विकल रहना या उसी के नशे से प्रेरित रहने की बात कही गयी है।

निश्चित ही यह बात तेरे भीतर जो सूर्या उग आयी है उसने कही होगी। बन्धन की व्याख्या तो मैंने कर दी उसकी सार्थकता भी मैंने बता दी थी और उस बन्धन में भी जो महानतर बन्धन या मुक्ति की कल्पना है वह कैसे आये इसके लिए ये काम मेरी सूर्या! तेरे सोचने का है, मेरा नहीं। कल इन वाक्यों को तेरे पत्र में पढ़कर मैं चौंका तो था पर एक गहरा सन्तोष हुआ कि चाहे अभी ये आंशिक रूप में ही सही हो पर सूर्या का मस्तिष्क भी अपना दायित्व निभा रहा है, निष्क्रिय नहीं बैठ गया है—

बात यह है पुसिया कि तू बिल्कुल अयथार्थ, अव्यावहारिक, मात्र भावुक किशोरी रही है। अब कोणार्क यात्रा के बाद यह जो सूर्या तेरे भीतर उगी है उसने तेरे मन को प्रौढ़ बना दिया है। जानती है कि कच्चे मन में और पके हुए प्रौढ़ मन में मूल अन्तर क्या होता है? कच्चा मन अपने हर स्वप्न पर ज्यों-का-त्यों विश्वास कर लेता है, उसे ज्यों-का-त्यों पूरा करने को मचलता है; लेकिन प्रौढ़ मन का स्वप्न इतना छुईमुई नहीं होता—प्रौढ़ मन अपने हर स्वप्न को हर कल्पना को विभिन्न कसौटियों पर कसकर जाँचता है, परखता है, उसे वास्तविकता के अनुरूप ढालता है, उसे एक औचित्य प्रदान करता है। वह अपने delicate से delicate स्वप्न के आगे प्रश्नचिह्न लगाने में हिचकता नहीं है। क्योंकि वह कहीं-न-कहीं अपने स्वप्नों की इस सामर्थ्य पर विश्वास करता है कि वे व्यावहारिकता पर कसे जाकर भी, विभिन्न रूपों में बदले जाकर भी विनष्ट नहीं होंगे, और भी सुन्दर बनेंगे। सार्थक बनेंगे। इसीलिए सूर्या ने सायुज्य के स्वप्न में यह संशोधन किया है ताकि वह अधिक प्रेरणादायी बन सके। निरी तृप्ति निरा भोग न रहे—

अनुराग और विराग का वैसा पथ बन सके जिसके लिए भागवत में कहा गया है कि आग और घी की धारा एक साथ बहती है—भक्ति में!

पर मैं अपनी पुसनिया को भी जानता हूँ और उसके एक-एक लक्षण से अवगत हूँ—बहुत प्यार भी करता हूँ उसको—मैं जानता हूँ कि जब सूर्या अपनी इसी प्रवृत्ति के कारण उसकी इच्छाओं, कल्पनाओं, सम्भावनाओं, निर्णयों, शपथों और विचार पद्धतियों पर प्रश्नचिह्न लगाती होगी, उन्हें व्यावहारिकता की कसौटी पर कसती होगी, उनमें संशोधन प्रस्तुत करने का सुझाव रखती होगी, उसके लिए नये मार्ग, नये रूप, नये स्तर सुझाती होगी तो हमारी पगली पुसनिया रानी उससे खूब लड़ती होंगी, खीजती होंगी, उस पर, उसे कभी-कभी कायर आदि भी कहती होंगी, उसे दबाने की भी चेष्टा करती होगी, पर मेरी मधुर भावुक मित्र तुम उसे चाहे जो समझो पर एक बात तुम उस सूर्या से मेरी ओर से ज़रूर कह देना कि उसकी इन्हीं आदतों के कारण मैं उससे बेहद सन्तुष्ट हूँ। सन्तुष्ट हूँ कि अब तू प्रौढ़ हो रही है...और एक बात बताऊँ तुझे—जीवन-व्यापी सम्बन्ध, किसी भी स्तर पर, अगर चल पड़े हैं चाहे वे मित्र-मित्र के सम्बन्ध हों, चाहे दाम्पत्य हो, चाहे वात्सल्य के हों, चाहे किसी भी प्रकार के सम्बन्ध हों—जो केवल भावुक कैशोर्य के विस्फोट होते हैं वे बहुत जल्दी जीवन के दबाव में बिखर जाते हैं, पर ये जो प्रौढ़ मन के द्वारा धारण किये हुए सम्बन्ध होते हैं, सदा प्रश्नों की कसौटियों पर जाँचे हुए, भावुकता को भी विचार और यथार्थ की कसौटियों पर रखकर अनेक प्रकार के औचित्यों से एडजस्ट कर—वास्तविकता के रूपाकार में ढाले हुए—मेरी सूर्या जैसी विचारशील, चिन्तनमयी और प्रौढ़ता द्वारा परिष्कृत सम्बन्ध—वे अधिक स्थायी बन जाते हैं—चाहे किसी दिशा में हो, किसी भी स्तर के हों। इसीलिए मेरी अत्यधिक पवित्र, भावाकुल, विभोर मित्र! उस विचारशील, चिन्तनमयी, सहसा प्रौढ़ और परिपक्व हो जाने वाली लड़की सूर्या को रोको मत, उसे विचार करने दो, जहाँ भी चाहे वहाँ प्रश्नचिह्न लगाने दो, उसे रोको मत, दबाओ मत, वह एक नये प्रौढ़ स्थिति की अनवरत खोज में है—और समस्त जीवन में वह यथार्थ से एडजस्ट कर सके—तुम्हारे प्रति, मेरे प्रति और हमारे दोनों के परिवारों के प्रति भी अपनी समस्त निष्ठाओं का ईमानदार निर्वाह कर सके इसके लिए उसका प्रौढ़ होना अनिवार्य है। अगर हम या तुम उसे सदा उँगली पकड़कर चलाते रहे तो वह कभी भी खुद अपने पाँव पर न खड़ी हो पाएगी, कभी हमें सहारे के जरूरत के वक्त पर सहारा नहीं दे पाएगी। वैसे पुस्सी अगर तुम्हें ये भी लगे कि जो पथ उसने खोजा है उससे वो भटक रही है तो भी घबराओ मत—हो सकता है कोई नया घुमाव वो ले रही है। कल्याण के लिए ही होगा—उससे जिन सम्बन्धों के लिए तुम चिन्तित हो—उनको और भी स्थायी और गहरे

आधार मिलेंगे। इसका एक कारण है मेरी ओ भावुक पगली लड़की सूर्या के पास तो एक अद्भुत शक्ति है जो शक्ति तेरे और मेरे पास नहीं है। तूने उसके माथे पर लगी बिन्दी के रूप में एक धधकते सूर्य की आभा देखी है न। वह सूर्य उसे एक ऐसी दृष्टि देता है जिससे मुझे लगता है कि वह मुझसे भी आगे देख पाती है। मुझसे भी अधिक आलोकमय है, मुझसे भी अधिक ज्योतिर्मय है (मैं जानता हूँ कि उस दिन नोना को गुलाब सजाते देखकर तू खिन्न हो गयी थी। अब भला सूर्या के इतने विशेषण सुनकर मन-ही-मन तू मुझ पर बेहद नाराज़ हो उठी होगी—लेकिन जो वास्तविकता है सो है, चाहे तू सूर्या से जितनी भी ईर्ष्या कर) सूर्या की उस दृष्टि के कारण ही मैं तो जाने कितना आश्वस्त हूँ, कितनी अखंड आस्था मेरी उस लड़की पर है। यदि वह मार्गों को जाँचे-परखे, यात्रा का नक्शा बदले और बताये कि पहले हमने पूर्व जाने की सोची थी पर वास्तव में पहले पश्चिम जाना उचित है, या पहले हमने अमुक घाटी में से होकर जाना तय किया था पर अब बिल्कुल दूसरा पहाड़ी मार्ग ठीक रहेगा—तो तुझसे इतनी प्रार्थना मैं करता हूँ कि तू सूर्या पर अपना विश्वास मत खोना, उसे लांछन मत देना, उससे लड़ना मत, उसे दबाना भी मत : उससे हम दोनों का अकल्याण कभी नहीं हो सकता, उसका मार्ग अन्धकार नहीं पैदा करेगा, अधिकाधिक ज्योति देगा। वह जिसे सहयात्री चुनती है उस पर आँच नहीं आने देगी। साथ ही अपनी आन्तरिक निष्ठा को खोखली छायावादी मुक्ति के नाम पर वह विसर्जित भी नहीं करती और स्वप्न और यथार्थ दोनों का जहाँ निर्वाह हो सके और सायुज्य की विकलता और नशा भी बना रहे ऐसा कोई मार्ग खोज निकालने में यदि वह लगी है तो उसे लगी रहने दो—रोको मत—देखें वह इस अन्वेषण में कौन-सा अमृत-मार्ग खोज निकालती है...

एक बहुत बड़ा गुण मैंने सूर्या का जाना है। आज से नहीं वसन्त पंचमी से। वह मार्ग से भी अधिक मार्ग पर चलने वालों को महत्त्वपूर्ण मानती है। अधिकांश लोग पगडंडियों के दास बन जाते हैं, अनुगामी बन जाते हैं। उसमें इतना साहस है कि उसने एक बार वसन्त पंचमी पर मुझसे कहा था, 'सीधा मार्ग नहीं। मैं घुमावदार जटिल रास्ते अपनाऊँगी फिर भी अपनी निष्ठा को निष्कलंक बना लाऊँगी।' उसी दिन मैंने उससे कहा नहीं, पर मैंने मार्ग निर्देशन के सूत्र अपने हाथ में न रखकर उसके हाथ में दे दिये थे। मैंने मन-ही-मन सूर्या से कहा—'तुम्हीं अब मार्गों को जाँचो-परखो, घुमाव दो, बदलो, ग्रहण करो, छोड़ो, संशोधित करो—सब अधिकार तुमको सौंपता हूँ। क्योंकि जानता हूँ मेरी मित्र तेरे अन्दर दोहरा साहस है। अपने ग्रहण किये हुए सत्य मार्ग से जब तुझे दूसरे लोग हटाना चाहते हैं तो तुझमें प्राणप्रण से अपने निर्णय पर अटल रहने का साहस है'—पर साथ ही जब तू देखती है कि राह तुझे पराभूत कर रही है तब आलोक के, ज्योति

के विकास के लिए, महानतर उपलब्धि के लिए साहस पूर्वक उन मार्गों को छोड़ देने, यथोचित दिशाओं में मोड़ देने और नये संस्कार देने का भी अदम्य साहस है। न्यौछावर हूँ तेरे इस साहस पर। पिछले पत्र में जहाँ मैंने लिखा था कि पगडंडियाँ हमारे कदमों में रस्सियाँ बनकर न उलझें वरन् हम उन्हें कंठहार बनाकर लपेट सकें उस समय मेरे ध्यान में ओ सूर्या तू ही थी। सूर्या मार्ग-स्वामिनी है, मेरा क्षण-क्षण विश्वास उसी पर है। मैं यह जानता हूँ कि सूर्या यात्रा का कार्यक्रम बदल सकती है, उसका लक्ष्य नहीं है। यात्रा के साधन, उपकरण व नक्शा बदल सकती है—सहयात्रियों को ध्यान में रखकर—पर मूल निष्ठा वो नहीं बदलती। इसलिए यदि कोई संशोधन वह करना चाह रही है उसे करने दो। कोई पुनर्विचार वो करना चाह रही है तो करने दो।

यह मैं इसलिए भी और लिख रहा हूँ कि यद्यपि न तूने लिखा न सूर्या ने, पर मुझे ऐसा लगता है कि तेरे यह दोनों रूप भीतर-ही-भीतर आपस में झगड़ते रहते हैं और इसीलिए इधर तेरे सिर में दर्द रहता है। क्यों है न? नहीं मेरी अच्छी प्यारी मित्र मैं जानता हूँ कि तू जहाँ यह अनुभव करती होगी कि यह सूर्या जो भी कर रही है (चाहे कोई मार्ग अपना रही है, चाहे उसे छोड़ रही है) उसमें किसी भी हालत में यदि तुझे लगता होगा कि मेरा उससे कोई नुकसान हो रहा है तो तू बेचारी सूर्या से लड़ जाती होगी। ऐसा मत किया कर। एक बात का पूर्ण विश्वास है मुझे कि सूर्या की दृष्टि यदि प्रौढ़ नहीं होगी तो चाहे वह जैसा भी रास्ता अपनाये—वह जीवन व्यापी नहीं रह पाएगी और प्रौढ़ होने के लिए हर प्रकार के यथार्थ से उसे अपने स्वप्नों को, अपनी निष्ठाओं को सन्तुलित करने दो न! तुम क्या ये समझती हो कि सूर्या की निष्ठा, सूर्या की आस्था, सूर्या का स्वप्न इतना छुईमुई है कि यदि उसे वह अपने चारों ओर की—समाज की, परिवार की यथार्थ स्थितियों को सँभालते हुए, अपने जीवन के दूसरे दायित्वों को निबाहते हुए निष्ठा और स्वप्न को सुरक्षित रखना चाहे तो नहीं रख पाएगी? मैं ऐसा नहीं सोचता। हो सकता है वह अपनी पर्वत जैसी अडिग आस्था को यदि भवसागर में डाल दे—तब भी यदि घोर मन्थन उसके जीवनभर चलता रहे तो उसमें से 14 रत्न ही निकलेंगे—और यदि थोड़ा-बहुत विष भी निकला तो क्या तू अपने इस राजन को नीलकंठ नहीं मानती? क्या तुझे लगता है उस विष से तेरे राजन का तेज मर जाएगा! नहीं बेनोमा! नहीं बेनोमा! गुलाबों ने अमित अमृत दे रखा है मुझे, अब कोई नहीं मार सकता है मुझे और सूर्या भी अब अपने को नहीं मार सकती। न अपनी मूल निष्ठा को। जिस दिन ऐसा करेगी उस दिन भी तू कहीं जाएगी नहीं। उस दिन तू अपने राजन की बन्धन शक्ति को भी देख लेगी।

इसलिए अब सूर्या से लड़ना बन्द कर और उसे अपने मार्गों को एडजस्ट

करने दे और अगर राजन का स्नेह सूर्या पर एकाध डिग्री ज्यादा है तो मारे ईर्ष्या के जलभुनकर खाक मत होना। समझी चोर बिलैया!

कान्ता को दी हुई तेरी उस सूचना में मैं बहुत उत्फुल्ल था जिसमें तूने लिखा था कि तूने 3 घंटे खूब जमकर पढ़ा है और उसके बाद जाकर आमलेट खाया। राम! राम!! छिः आमलेट आदि खाने लगी तू? कब से? मैं तो तेरे पिताजी को लिखने वाला हूँ कि पुसनिया बिल्कुल मलिच्छ हो गयी है। सूर्या के कुसंग ने तुझे बिल्कुल बिगाड़ दिया है। ऐसा लगता है मुझे। अच्छा अब बिगड़ गयी तो बिगड़ गयी। खूब खाया कर और पढ़ा कर और अगर किसी अन्तर्द्वंद्व से सिर में दर्द होता है तो अब आज इस क्षण से वो नहीं होगा। यह मेरी आज्ञा समझ! पर वैसे तुझे एक तरीका बताऊँ। तू खूब सवेरे उठकर भरपेट खाया कर। मक्खन और स्लाइस—या और कुछ। और रात को सोते समय पाव भर गरम दूध में ईसबगोल (भूसा नहीं साबित) मिलाकर पिया कर। एक हफ्ते ये दोनों काम नियमित रूप से करके बताना। लगता है जितना नरिश्मेंट तेरे शरीर को मिलना चाहिए उतना तू नहीं दे रही है। सारी बीमारियों की जड़ केवल यह है कि हमारे शरीर को जितने पौष्टिक तत्त्व मिलने चाहिए, उन्हें देने में हम कमी करते हैं, लापरवाही कर जाते हैं। अनिच्छापूर्वक ही सही अगर दूध, मक्खन, फल, हार्लिक्स, ओवलटीन की प्रचुर मात्रा हम तय कर लें कि हम लेंगे ही—स्वाद का ध्यान न रखकर कर्तव्य का ध्यान रख—तो तू देखेगी कि अस्सी प्रतिशत रोग कभी नहीं आएँगे। फिर मेरी अच्छी पगलिया, तूने अपनी यात्रा का जो लक्ष्य चुना है क्या उसके प्रति तेरी ये जिम्मेवारी नहीं है कि तू अपने शरीर को स्वस्थ और निरोग रखे ताकि अपनी मंज़िल तक पहुँच सके। जो अपने को किसी महान लक्ष्य के प्रति अर्पित कर देते हैं उनका शरीर भी, मन भी, उसी लक्ष्य की थाती बन जाता है। व्यर्थ के अंतर्द्वन्द्वों से मन को जर्जर करना और लापरवाही से अपने शरीर को जर्जर करना दोनों ही उस लक्ष्य के प्रति कृतघ्नता और विश्वासघात नहीं है क्या?

यदि सूर्या कभी-कभी समस्त दायित्वों को निगाह में रखकर यह सोचती है कि रास्ते को एक उचित घुमाव दे दे, जरा-सा घूमकर यात्रा के आरम्भ बिन्दु पर पहुँचे तब तो तू उसकी जान खा जाती है बिना बात के—और खुद तेरी हरकतें ये हैं कि ख्वाहमख्वाह अपने मन और शरीर को जर्जर बनाकर नितान्त लापरवाही, गैरजिम्मेदारी और कृतघ्नता का परिचय देती है। नहीं मित्र! आज से ऐसा नहीं होगा न। तू अपने बारे में लापरवाही नहीं करेगी न! तू इतना समझ ले कि जहाँ तूने अपने तन-मन को ठीक किया तुरन्त यहाँ हम लोगों के घर पर रोग या उदासी की सारी छाया विलीन होकर धूप खिल जाएगी—ठीक तेरी हँसी की तरह।

अच्छा सुन, उस दिन लखनऊ में जब मैं सन्तो दीदी के यहाँ गया तो वे

चौके में बैठी अपने देवर को रोटी परस रही थीं। मुझे देखते ही आश्चर्य से भर गयीं और पहले प्रश्न पूछा—"कान्ता कैसी है?" इसका उत्तर मिलते ही अपने पीढ़े के पास से एक लिफ़ाफ़ा उठाकर मेरी ओर बढ़ाया—'सुनो बच्चन आज तो हमारी पुष्पाजी का खत आया है' उसी दिन आधे घंटे पहले उन्हें तेरा खत मिला था। फिर मैंने 10 तारीख वाली घटना उन्हें बताई तो वे आश्चर्यचकित रह गयीं। वे बोलीं कि 10 तारीख को तो उन्होंने भी हम तीनों को बेहद याद किया था और बोलीं कि मानिक को मैंने खत लिखा था उसमें ये पूछा भी था कि कान्ता इलाहाबाद में है या पुष्पा के पास कलकत्ते में? कहती रहीं कि वे कई दिन से निरन्तर हम तीनों की याद कर रही थीं। बाद में वे हाथ-पाँव धोकर जब आकर तख्त पर बैठीं तो दीवार से टिक कर पहला वाक्य उन्होंने कहा, 'ये कैसा अजब ट्राएंगल बन गया है बच्चन' मुझे भी पुष्पा की बहुत याद आती है।'

शाम को जब तेरे घर राजेन्द्र नगर जाने लगा तो राह में अमीनाबाद और गनेशगंज पड़ा। अमीनाबाद में ब्रह्मा भाई साहब के साथ बिताई हुई शाम याद आयी और बरबस हँसी आने लगी। चूड़ियोंवाली दुकान पर और विशेष रूप से तेरी वो शरारत जिसमें ब्रह्मा ने अकस्मात् अपने रिक्शे पर कान्ता को पाया। फिर गोमती तट पर बिगड़ी हुई मोटर को धकेलना, आलू बुखारे खाना, रात को उपन्यास के अध्याय की कॉपी करना, आदि आदि। लखनऊ स्टेशन पर मुझे पहुँचाने कान्ता और ब्रह्मा आये थे। फिर याद आयी तुम्हारी और कान्ता की अद्वितीय बस-यात्रा और शाम को सूखे मुँह, शिथिल बदन घर पहुँचना और जिस लॉन पर बैठे हैं, उस लॉन पर बैठकर अपने-अपने हाथ-पाँव धोना।

इस वर्ष ये लॉन और भी घना और हरियर है। जाड़े के सब फूल खत्म हो गये हैं सिवा कार्नेशन के। हाँ, एक और है—तेरा प्रिय हालीहॉक। यहाँ बँगले में, जिधर बख्शीजी रहते थे उधर एक ऊँचा सप्तपर्णी का पेड़ है। पिछले हफ्ते वो सारा पेड़ छोटे-छोटे फूलों से लद गया था। कैसी मादक गन्ध थी उनकी। सड़क तक गहरा नशा छा जाता था। अब फूल झर गये हैं। परसों तक लाल कोंपलें आ गयी थीं, अब हरीतिमा से लद गया है। पर कैसा मुलायम पारदर्शी रंग है उनका! आज सुबह बगल के बँगले में घने पेड़ पर कोयल बोल रही थी। जैसे तू करती थी उसी तरह कान्ता लॉन पर बैठी उस कोयल को चिढ़ा-चिढ़ाकर नकल उतार रही थी और तेरी याद कर रही थी।

अच्छा सुन! जो नया संकलन देना है उसका नाम मैं 'सूर्या' ही रख दूँ तो। क्या सूर्या बहुत चिढ़ जाएगी। ज़रा इस सम्भावना पर विचार करना और बहाने-बहाने उससे पूछ कर मुझे लिखना।

कौन-सी अब्स्ट्रेक्ट पेंटिंग मैंने की थी जिसे तूने कवर के लिए सजेस्ट किया

है। क्या तेरे पास है? ज़रा उसकी एक प्रतिलिपि करके भेज तो दे।

यदि सूर्या नाम रखा जाये तब तो मैं तुझसे कवर बनवा ही लूँगा। आयडिया मेरे पास है। एक कविता, बड़ी-सी सूर्या शीर्षक की—ज़रूर अन्त में जोडूँगा। और हाँ सुन, राधा वाले काव्य संकलन का नाम 'कनुप्रिया' रखें या 'केलिसखी' तू दोनों में से एक चुनकर तुरन्त बता। जो तू कहेगी वही नाम रखेंगे।

और मेरी पुसनिया सूर्या से लड़ना मत। अन्तिम लक्ष्य उसके सामने स्पष्ट है—हिमशिखरों की यात्रा! वो कहीं भी धूमिल नहीं पड़ रहा है यह मैं स्पष्ट देख रहा हूँ। अब अगर इस दृष्टि से कि उसका वह अन्तिम लक्ष्य ठीक-ठीक पूरा हो सके, वह अगर अभी कोई-भी नयी बात सोचती है—तो उसे सोचने दे न। तू क्यों चिन्तित होती है—सचमुच सूर्या छुईमुई नहीं है कि वह उसका आकार बदले और वह समाप्त हो जाये। मुझसे ज्यादा सूर्या को कोई नहीं जानता। तू और कान्ता भी नहीं। मुझे तो कोई चिन्ता नहीं है। वो नयी योजना बनाये तो, पुरानी योजना यथावत् रखे तो, पुरानी योजना में कोई संशोधन करे तो—अपना और सबका भला सोचकर ही करेगी। उसके विवेक पर अविश्वास क्यों करना।

अब कुछ बातें तुझे प्वाइंट रूप में भेज रहा हूँ : 1. कोई मार्ग, कोई सिद्धान्त, कोई धारणा, कोई भावना ऐसी नहीं है जिसके हम गुलाम हों। हम मार्गों के, सिद्धान्त के, धारणाओं के स्वामी हैं। वे हमारे विकास में सहायक होने चाहिए, बाधक नहीं। हम ज्यादा महत्त्वपूर्ण हैं, वे नहीं।

2. जो हमारे विकास में सहायक हो वही श्रेयस्कर है। जो भी कुंठित करे, मन में अन्तर्द्वन्द्वों उत्पन्न करे उसे तुरन्त छोड़ने को तत्पर रहना चाहिए। चाहे वह मार्ग—दूसरों ने हमारे लिए निर्धारित किया हो—चाहे हमने। चाहे वो मार्ग नया हो, चाहे पुराना।

3. हमारे मन में अगर ईमानदारी है, किसी के लिए अकल्याण की भावना नहीं है, तो हम अन्ततोगत्वा सही पथ ही ग्रहण करेंगे, इसमें अदम्य आस्था रखनी चाहिए। यदि कोई ग़लत तत्त्व भी हममें आ जाता है तो वह अपने आप नष्ट हो जाएगा।

4. जिसके मन में ऐसा अदम्य विश्वास है उसी का अनुराग स्थायी होता है। क्योंकि स्थितियों के बदलने से वह बदलता नहीं। ऐसा व्यक्ति चिन्तित नहीं होता—

तू चिन्तित क्यों है मेरी भोली मित्र क्या तुझे हम सबों की अकलुषता में अदम्य विश्वास नहीं है?

—भारती

25.3.58

कनु भी बिल्कुल पागल निकला। अभी तक उससे पूछो तो कहता है—"मैं अपने सारे जीवन को अँजलि में फूलों की तरह लेकर अर्पित कर देना चाहता हूँ।" पर जब उसकी अँजलि को देखता हूँ तो उसमें जीवन की जितनी पंखुरियाँ हैं उनमें से कोई ऐसी नहीं दीखती जो पहले ही से राधा को अर्पित न हो। कनु के चारों ओर जो संसार है वह जैसे राधन के ही अस्तित्व सूत्रों से बुना हुआ है।

आज कितने दिनों बाद चौक गया था—भीड़भाड़, शोरगुल, बिजली की जगमग, सैकड़ों परिचित, अपरिचित चेहरे। लग रहा है जैसे एक विराट् जलप्रवाह है जो मुझे बहाते ले जा रहा है। जान्सटनगंज और हीवेट रोड के चौराहे पर मैं अपनी प्रिय दुकान पर पान खाने उतरा हूँ। अकस्मात् ठिठक जाता हूँ। कौन है जो अपने अत्यन्त सुकुमार स्पर्श से मेरा माथा, मेरे होठ छू गया—इस भीड़ में! अरे! कोई नहीं, यह तो बेले की महक है। अच्छा, शुरू हो गया बेले का मौसम। कहाँ से आयी यह महक! राधन की देहगन्ध ने कहाँ से यह जादू का पाश फेंका है! बेले की उज्ज्वल राशियों ने कहाँ से मुझे पुकारा है?...पान की दुकान के पास और छोटे-से मन्दिर की देहरी पर माली बड़ी-कुन्द बेले की मालाएँ टाँगे बैठा है...मैं ठिठका खड़ा हूँ, और पीछे रिक्शे, मोटरें, ताँगे एक कतार में रुक गये हैं...मुझे कुछ समझ में नहीं आ रहा है। राधन ने पाश फेंक कर गति को बाँध दिया है क्या! महामाया! इस तरह समय को, दिशाओं को, मन्त्रों को बाँधती फिरती हो! अपनी सफलता (जो बाँधने में है) को बार-बार आज़माती हो क्या?

घर आया। साढ़े दस बज गये थे। पिछवाड़े इमली का विराट् वृक्ष कितना छितरा गया है। उसकी पतली उलझी डालियों के पीछे से कटावदार चाँद झाँक रहा है। कैसा लग रहा है यह चाँद! हाँ अब याद आया। पिछले साल जिस रात "लाल कनेर के फूल और लालटेन वाली नाव" लिखा था उस रात भी चाँद बिल्कुल ऐसे ही जाकर इमली की छितरी डालियों में उलझ गया था। अकस्मात् मुझे याद आया—इस बरसात में मैंने लाल कनेर की दो डालियाँ गाड़ दी थीं जो पनप आयी थीं। परसों नरसों मैंने अकस्मात् देखा कि उनमें पहले गुच्छे कलियों के आ गये हैं। कैसी प्यारी-प्यारी कलियाँ हैं। और हल्के हरे-हरे रंग की लम्बी गाँठों में से झाँकती हुई लाल पंखुरियों के रंगीन पतले डोरे!

अब इस रंगीन अनुराग के डोरों से इस आँगन में कैसा जाल बुना जा रहा है? महामाया! मुक्ति की बात करते-करते कैसे-कैसे जाल के बन्धन बुनती जा रही हो? इस छल से लाभ?

यह लिखते हुए अकस्मात् मन में टीस उठे वे लाल कनेर के गुच्छे जो पुरी के स्टेशन वाली सड़क के किनारे खिले थे। जिन्हें देखकर मैं चौंक गया था और अपना रिक्शा रुकवा कर तोड़ लाया था—सूर्या के लिए!

सचमुच जीवन की इस अंजलि में कौन-सी ऐसी पाँखुरी है जो राधन को अर्पित नहीं हो चुकी है!...मैं आज इतनी डुबान क्यों अनुभव कर रहा हूँ। जाने कैसी-सी लग रही है यह चाँद डूबने की बेला—क्या हुआ है आज?

आज एक नयी बात ज़रूर हुई है। कान्ता ने चौक जाते हुए अँगूठी की नाप देने के लिए वह अँगूठी निकाली थी जो मेरी वर्जिन मेरी की अँगुली में है—तीन नगों वाली। वह अँगूठी मैं आज घंटों पहने रहा। कनिष्ठिका को जकड़े हुए वह अँगूठी क्या मुझे अन्दर-ही-अन्दर डुबाती रही।

सूर्या से कोई क्या यह बताएगा कि वह चाहे जितने दूर का, घुमाव का, मुक्ति का, अलगाव का मार्ग चुने पर अन्ततोगत्वा वह मार्ग अँगूठी बन कर कनिष्ठिका में कस जाएगा—कसे रहेगा! फिर काहे का भय, काहे की चिन्ता। अदृष्ट जिधर ले जाता है—ले जाने दो! लौट कर फिर तो यहीं आना है! उसे कौन रोक सकता है!...

I am, you anxious one. Do you not hear me rush to claim you with each eager sense?

Dreamer, it is I who is your dream, But would you awake, I am your will, and master of all splendour...Rilke

बुधवार रात्रि 12:11 बजे

26.3.58

आज तेरा वह खत मिला जो इतवार को शुरू कर के सोमवार को पूरा किया—नीले कागज़ों वाला। बन्धन और मुक्ति के प्रश्न का समाधान पाकर लिखा हुआ। कैसी विचित्र चीज़ों का association कैसी चीजों से हो जाया करता है। जब पढ़ा कि चन्दन धूप में लिपटी हुई, सद्यःस्नाता, मुक्तकेशिनी सूर्या ने पूजा और आशीर्वाद भेजे हैं तो अकस्मात् याद आ गयी पुरी जाती हुई भीड़-भाड़ वाली एक्सप्रैस के सेकेंड क्लास का डिब्बा : एकादशी का चाँद ट्रेन के साथ-साथ नारियल के कुँजों और पोखरों पर दौड़ता हुआ—चाँदी के हिरन-छौने-सा दौड़ता हुआ अकस्मात् मुग्ध होकर रुक गया है—ट्रेन रुक गयी है, रुक गयी है पुल के नीचे बहती हुई नदी, रुक गयी हैं दो बड़ी-बड़ी नावें, रुक गयी हैं उनमें

सुलगती माँझियों की अँगीठियाँ; सब कुछ रुक गया है, महामाया के पाश में बँधकर...मगर महामाया खुद बही जा रही है—किसी अज्ञात दिशा की ओर—जो जितनी अपरिचित है उतनी की परिचित, जन्म-जन्मान्तर की पहचानी हुई दिशा जो बार-बार अपरिचित बन कर लुभाती है, खींचती है!

क्या ये नावें वे लालटेन वाली नावें हैं जो पहले सिर्फ़ छलावा लगने लगी थीं? कौन है जो मेरे जीवन में जो जो झूठा पड़ने लगता है उसे छू कर सच बना देता है, वास्तविक बना देता है!

लाल कनेर के फूल जो मृगतृष्णा लगते थे आज मेरे आँगन में फूल आये हैं। सच! कल उनमें कलियाँ आयी थीं, आज उनमें से कितने ही फूल खिल आये हैं, कैसा अद्‌भुत रंग है उनका! मैं दावे के साथ कह सकता हूँ कि ऐसे कनेर कहीं नहीं हैं सारे संसार में जैसे मेरे आँगन में खिले हैं।

और यह तो सच है, टैगोर लिखें या कोई लिखे—मेरे फूल नहीं मुरझा सकते—उनमें अमृत भरा है। मेरा सूर्य नहीं बुझ सकता उसे मेरी वधू ने अपनी उँगलियों से अपने माथे पर रचाया है। हम उस बिन्दु पर मिले हैं जहाँ बन्धन और मुक्ति परस्पर पूरक हैं, अग्नि और घृत जहाँ सहयात्री हैं। उस अजीब से पथ पर जहाँ फ़रद के फूल खिलते हैं, जहाँ समुद्र की जल चादर एक अवगुंठन है, जहाँ समुद्र की नीली लहरों में कचनार का हल्का नीला गुलाबी फूल तैरता हुआ मिलता है, जहाँ कोणार्क के वक्ष पर अंकित प्रस्तर की सजीव प्रतिमाएँ शताब्दियों से मौन रहती हैं, पर जिसके लिए वे स्थापित की गयी हैं उसको देखते ही मूक शिक्षा देने लगती हैं—उस रहस्यमय पथ पर कुछ नष्ट नहीं होता सिवा कलुष के, कुछ लुप्त नहीं होता सिवा मन की संकीर्णता के, कुछ समाप्त नहीं होता, सिवा अज्ञान के, कुछ घेरता नहीं सिवा एक विराट् कल्याण भावना के—जिसमें अपना भी व्यक्तित्व जैसे जाड़े में धूप खाते हुए फूल-सा निर्मल लगने लगता है!

—भारती

27.3.58

कनु ने जब सूर्या से कहा कि नहीं वह तो अब उसकी विवशता बन गयी है तो सूर्या को विश्वास नहीं हुआ, मगर सूर्या को क्या मालूम कि कनु का सारा संसार—दिशा और काल से बना हुआ, नाम और रूप से बना हुआ सारा संसार

बिहारी की उस पंक्ति की भाँति हो गया है—एकै रूप अपार, प्रतिबिम्बित लखिये जहाँ। वह सब जो सूर्या से प्रत्यक्षत:-अप्रत्यक्षत: सम्बद्ध नहीं—वह सब जैसे निरर्थक हो गया है। यदि यथार्थवाद की सीमाओं पर भी उसे विचार करना है तो उसमें भी मूलत: वह उसी प्रश्न को उठाता है जो सूर्या को मथता रहा है, जिसको आधार बना कर उसने धीरे-धीरे सूर्या को अन्धकार से खींच कर आलोक की देदीप्यमान पीठिका पर लाकर खड़े करने का प्रयास किया है। वह परिसंवादों में भी यदि बात करता है तो सामने से अकस्मात् अन्य दोनों सह लेखकों का चेहरा उसके सामने से हट जाता है और उसे लगता है वह यहाँ भी सूर्या से बातें कर रहा है, सूर्या को समझा रहा है कि यथार्थ से यदि हम असन्तुष्ट भी हैं तब भी यथार्थ को ठीक-ठीक समझे बिना, उसे साहित्य में उतारे बिना, कुरूपता, आस्था, असुन्दर का चित्रण किये बिना उसे बदलने या उसे जीतने का रास्ता कोई और नहीं है। उस समय कनु के सामने कुछ नहीं है—केवल है सूर्या का चेहरा—उस मन्दिर के शिखर पर खड़ी सूर्या का चेहरा—

क्या किसी स्थिति में आकर ऐसा हो जाता है कि हम जो भी बोलते हैं, जो भी लिखते हैं वह केवल एक के प्रति निवेदित होता है। चाहे उसमें पात्र कोई भी हो, शब्द कोई भी हों, पर हर शब्द जो सार्थक होता है उसका दुनिया के लिए कोई भी अर्थ हो, बोलने वाले के लिए उसका केवल एक अर्थ होता है—वह जो उसके हर शब्द का अर्थ है, उसके समस्त अस्तित्व का अर्थ है।

तो क्या एक नया सिद्धान्त बनाया जाये। लिखने वाला पढ़ने वालों या सुनने वालों के लिए नहीं लिखता। वह केवल उसके लिए लिखता है जिसे वह सर्वाधिक प्यार करता है। सारी दुनिया तो केवल उन दो की बातों को बाहर से सुनती है—अपने ढंग से उसका अर्थ ले लेती है। उर्दू में गीत का सर्वश्रेष्ठ प्रकार है ग़ज़ल-ग़ज़ल का अर्थ मालूम है क्या है? दो प्रियजनों की बातचीत! तो क्या सचमुच सारी कविता, सारा साहित्य दो प्रियजनों की बातचीत है। जो कनु राधन से नहीं कहता वह साहित्य नहीं बन पाता। जो भी कनु कहता है—किसी से भी—जब तक उसे राधन नहीं ग्रहण करती तब तक उसका कुछ अर्थ नहीं निकलता।

कभी कनु ने 'लाल कनेर के फूल' वाले लेख में कहा था—भाषा निरर्थक है क्योंकि हर व्यक्ति अपने में सर्वथा आबद्ध सत्ता है। एक की बात दूसरे तक पहुँच ही नहीं पाती।

आज कनु ने लिखा है : 'मेरी बात, चाहे मैं किसी से कहूँ जब तक राधन तक नहीं पहुँचती, निरर्थक है। उसमें क्या कहा गया यह उसे अर्थ नहीं देता। उसका राधन तक पहुँचना ही उसे अर्थ देता है। तो क्या भाषा की पूरी व्याख्या ही बदल जाएगी। भाषा केवल वह है जो कनु और राधन को जोड़े!...

कितने अक्षर हैं उस रहस्यमयी भाषा के जो कनु को राधन से जोड़ती है? लाल कनेर के फूल, बेला, गुलाब, चन्दन की धूप जो आज आलता के साथ आयी है, यह आँगन का बौर लदा आम, यह बरामदा, ये मसहरियों के श्वेत जालीदार कमरे, यह निकट आती हुई ग्रीष्म ऋतु, ये पतली मुलामय ककड़ियाँ, और हिन्नी की यह कुम्भकरनी नींद! क्या ये सारे संसार की सारी वस्तुएँ उसी भाषा के रहस्यमय अक्षर हैं? क्या ये सब वे शब्द हैं जो कनु ने उच्चरित किये हैं राधन् तक पहुँचने के लिए?

दूर कहीं कोई बगल के बँगले में गा रहा है, बड़ी दर्द भरी आवाज़ में—

''सुनता हूँ आवाज़ उसी की
कोई सदा दे, कोई पुकारे!''

यह क्या कनु की बात का उत्तर राधन दे रही है किसी और के कंठ से! क्या सचमुच राधन् दुनिया की हर पुकार में केवल कनु का स्वर सुनती है! वह गाता जा रहा है—

''बैठ नहीं सकते हैं पलभर
एक जगह पर दर्द के मारे!''

कनु की आदत है टहलते रहने की! टहलते रहने की! बैठ नहीं सकता पलभर! क्यों है यह आदत? हर टहलना, कदम उठाना और रखना सफ़र नहीं होता, यात्रा नहीं होती। यात्रा उस टहलने को कहते हैं जिसकी एक निश्चित दिशा हो। यात्रा वह है जिसमें गैरिक वसन धारण करने वाले साथ हों। वही यात्रा कहीं पहुँचा सकती है।

वही यात्रा दर्द को नया अर्थ देती है। केवल दर्द में भटकाती नहीं।

वह अर्थ है बन्धन को भी मुक्ति के संस्कार देना और मुक्ति को भी बन्धन का उपकरण बना देना।

वह यात्रा सरल नहीं होती, घुमावदार हो सकती है, देर में पहुँचा सकती पर—पर पहुँचा कर ही रहती है।

सूर्या इस रहस्य को जानती है। केवल सूर्या! प्रौढ़! यथार्थ दर्शिनी!...

सूर्या को अमित प्रणाम!

बृहस्पतिवार
27.3.58

रात्रि 11:11 बजे

28 मार्च 1958

स्थान : सीनेट हॉल, पच्छिमी बरामदा

समय : 9 बजे प्रात:

स्थिति : इन्विजिलेशन के दौरान डेस्कों की कतारों के बीच टहलते हुए, सोचते हुए।

आज से दो साल पहले, शायद तीन साल पहले—इसी पच्छिमी बरामदे में उधर पीछे की ओर—एक स्टूडेंट परीक्षा देते-देते अस्वस्थ हो गयी थी। कान्ता उन दिनों दूसरे हॉल में परीक्षा दे रही थी, पर दूसरे दिन मुझसे सुनकर कान्ता उस स्टूडेंट से हालचाल पूछने आयी थी।

उसे जो पीले मुँह, अपराधिनी-सी, कुंठित अर्धमूर्च्छित कुर्सी पर पीठ टिकाये पड़ी थी; उसे वर्षों बाद जब सूर्य मन्दिर के शिखर पर तनकर खड़े हुए, जगमगाते हुए, देदीप्यमान तेज से ज्योतिमंडल से आवृत्त मैंने देखा तो विजय गर्व से मेरा और कान्ता का माथा ऊँचा हो गया।

अब भला किसकी हिम्मत है जो मेरी मित्र को भय से आक्रान्त करेगा, कौन है जो उसे मलिन, पराभूत करेगा? वह तेजस्विनी है, ज्योतिर्मयी है।

आज से इन्विजिलेशन शुरू हो गया है। पहले दिन ही मैं घण्टों टहल-टहलकर सिर्फ़ सोचता रहा हूँ। कितनी बातें ध्यान में आयीं—याद आयी 'कोकाबेली : चाँदनी में' वाली ईवनिंग वॉक, उस दिन पहले दिन जब तूने अपनी कितनी-कितनी बातें बतायी थीं...याद आयी फाफामऊ के पुल पर मेरी उसी समय गढ़ी हुई एक लम्बी कहानी जो मैं एक साँस में कह गया था। याद आया उसके भी पहले का शिवकुटी की गंगा का रहस्यमय सिन्दूरी सूर्यास्त...कैसी अजीब रही है न ये यात्रा। अन्य यात्राएँ सूर्योदय से प्रारम्भ होती हैं—सूर्यास्त पर खत्म होती हैं। हमारी ये यात्रा शिवकुटी की गंगा के सूर्यास्त से प्रारम्भ हुई...सूर्या के उन्नत ललाट पर अलौकिक सूर्योदय इस यात्रा का मध्य है—और इस यात्रा की परिणति होगी मध्याह्न के प्रखर सूर्यालोक में!

सूर्यास्त? कभी नहीं होगा। अब क्या होगा! सूर्यास्त को तो ये विचित्र सहयात्री अपनी यात्रा के प्रथम चरण में ही पराजित कर आये हैं!...

मैं इन्विजिलेशन कर रहा हूँ और सोचता जा रहा हूँ इस बरामदे के बिल्कुल सामने बरगद के पासवाला फव्वारा है जिसमें कितने सारे नीलकमल खिले हैं नीलकमल कब और कैसे खिलने शुरू हुए थे यह नहीं याद आ रहा—सिर्फ़ याद आ रहा है दिल्ली में एक बड़े-से शीशे के सामने खड़ा हुआ मैं और कन्धे पर

झूलता हुआ पहला नीलकमल!

कुछ ऐसी स्मृतियाँ होती हैं जो याद आते ही मन इस कदर पिरा उठता है कि हाथ-पाँव में से जैसे किसी ने प्राण खींच लिये हों...पर उस दिन की बात आज काफ़ी दिनों बाद याद आयी है—उस दिन के इन्विजिलेशन की : आज इसीलिए इन्हीं पर लिखूँगा इन ब्लॉटिंग पेपर के टुकड़ों पर जो लड़कियों की कॉपियों में से गिर गये।

कैसे अजब होते हैं यात्रा के अप्रत्याशित घुमाव! कितने सुखद!

पहले से उनके बारे में सोचो तो क्या उनकी कल्पना भी की जा सकती है? क्या वे सम्भव लग सकते हैं?

लेकिन अपने आप ये घुमाव वहीं पर जाते हैं जहाँ अन्ततोगत्वा हमें पहुँचना है। तुझे मैं हेडोनिस्ट कहता हूँ ना, तू कहती है कि सीधा रास्ता व्यर्थ होता है जानाबूझा हुआ रास्ता भी व्यर्थ है—पन्थ रहने दो अपरिचित...पर मेरी प्रिय, ये प्राण अकेले नहीं रहेंगे न!...

—भारती

1 अप्रैल 1958
12:11 बजे दिन

चन्दनलता! पता नहीं क्या हो रहा है इधर। अक्सर अजीब-अजीब मूड्स जागते रहते हैं। कभी-कभी अजीब उदासी भी घेर लेती है। एक दिन शाम को ख्याल आ रहा था कि कैसे और किन परिस्थितियों में सिद्धार्थ ने सारा राजपाट और असीम सुन्दरी यशोधरा को छोड़कर सारथी को सारे आभूषण और मूल्यवान वस्त्र उतारकर दे दिये और उसके बाद वे घर नहीं ही लौटे। सत्य की खोज में उन्होंने अपने तन को तपस्या से सुखाकर काँटा-सा कर लिया। सोचते-सोचते पता नहीं क्यूँ आँख में आँसू आ गये। ओंठ बुरी तरह काँपने लगे और बिना बात के ही मैं बुरी तरह फूट-फूटकर रोने लगा। परसों रात को भी बहुत देर तक तकिए पर चुपचाप मेरी आँख से आँसू गिरते रहे और सोचता रहा कि पता नहीं जीवन के जिस गहरे सत्य को पाने के लिए मैं ज़िन्दा हूँ, जी रहा हूँ, संघर्ष कर रहा हूँ, प्यासा घूम रहा हूँ वो सत्य मुझे कभी मिलेगा भी कि नहीं। मैं जानता हूँ कि मेरी ये उदासियाँ मेरे या तेरे या किसी आदमी या किसी परिस्थिति के कारण नहीं होतीं। पता नहीं कौन-सी अनजानी राह कभी-कभी मुझे बुरी तरह पुकारने लगती है। जानता हूँ कि सारी दुनिया के रास्ते में और मेरे रास्ते में यही तो फ़र्क है—

मैं ज़िन्दगी से भाग कर बुद्ध की तरह केवल-केवल वैराग्य लेकर सत्य को नहीं पाना चाहता। ऐसा सत्य यदि मुझे कोई घर बैठे भी दे दे तो मैं उसे ठुकरा दूँगा। मैं तो ज़िन्दगी को सर्वांग—सम्पूर्ण जीकर उसमें डूबकर ही सत्य पाना चाहता हूँ। मैं उस सब से मुक्त होकर मुक्ति नहीं लूँगा। अगर बँधकर पोर-पोर बँधकर पोर-पोर बँधकर मुझे मुक्ति मिलेगी तभी उसका मेरे लिए कोई अर्थ हो सकता है। लेकिन जीवन में डूबने का वो कौन-सा मार्ग है—बँधने का वो कौन-सा मार्ग है। मैं उसे कैसे खोजूँ? और जो एक मार्ग मैंने जीने का अपना रखा है क्या वो मुझे सत्य तक ले जाएगा? या केवल भटका-भटका कर ही समाप्त कर देगा। कुछ भी हो, मैं तो लड़ता रहूँगा, जीता रहूँगा। कायरों की तरह जीवन से भागूँगा नहीं। ग़लत समझौते भी नहीं करूँगा। न अपने से, न तुमसे, न दुनिया से।

मेरे मित्र हैं न Father Extros जिनसे तू मिल चुकी है। पता नहीं कैसे, ईसाई होते हुए भी, उम्र में मुझसे 20 साल बड़े होते हुए भी अक्सर बिना मेरे कहे मेरे मन के द्वन्द्वों को न जाने कैसे समझ लेते हैं। अभी उस दिन मैडोना मेरी का एक सुनहरे बड़े से फ्रेम में जड़ा चित्र उपहार स्वरूप ले आये। उसमें मेरी की गोद में शिशु जीसस बैठे हुए हैं और तिरछा मुँह कर ऊपर की ओर देख रहे हैं—ऊपर दो देवदूत हैं—जिनके हाथों में क्रॉस है, भाले हैं, काँटे हैं। शिशु जीसस उनको देखकर थोड़े घबरा गये हैं और उनके छोटे-छोटे नन्हें-नन्हें पाँवों में से भय के मारे एक चप्पल खिसक गयी है। उन्हें लगता है कि ये क्रॉस, ये भाले, ये काँटे सब उन्हें झेलने हैं और घबराहट में आश्वासन के लिए मेरी के वक्ष से और भी चिपक गये हैं। और अपनी दोनों छोटी-छोटी हथेलियाँ उन्होंने मेरी के दायें हाथ पर रख दी हैं। मेरी ने बायें हाथ से उन्हें और निकट खींच लिया है और अपने दायें हाथ की उँगलियों से उनकी हथेलियों को बहुत हल्के-से आश्वासन के लिए दबा दिया है। जैसे भरोसा दे रही हों कि डरो मत मेरे बच्चे तुमको यह सब सहना है, क्योंकि समस्त संसार में बाकी सब लोग इसको नहीं सहना चाहते, इससे भागते हैं। अपने को बचाने के लिए इन सब काँटों को, भालों को, क्रॉसों को दूसरों के ऊपर फेंक देते हैं। लेकिन तुम एकमात्र हो जो सबके काँटे अपने माथे पर धारण करोगे। चरम मुक्त होते हुए भी उन काँटों से बँधोगे और समय पड़ने पर कीलों से सलीब में ठुक जाओगे। ताकि सारा संसार काँटों की जगह फूल पर चले। मेरी यह भी कहती हैं कि जब तुम सलीब पर टँग जाओगे और सारा संसार तुम्हें छोड़ देगा—अत्याचार से भयभीत होकर—असत्य से भयभीत होकर संसार सत्य को छोड़ देगा। उस समय भी मैं तुम्हारे पास रहूँगी मेरे शिशु! तुम डरना मत।

यह चित्रकला की दृष्टि से मुझे बहुत अच्छा नहीं लगा है, लेकिन इस नज़र से देखने पर अच्छा लगता है। उसे देखता हूँ तो मन उत्फुल्ल हो उठता है।

कल शाम को घर पर एक बहुत अच्छी अतिथि आयीं। एक फ्रेंच महिला हैं—शेरलॉत वॉदविल। वे पेरिस यूनिवर्सिटी में हिन्दी में डी.फिल्. कर चुकी हैं। उन्होंने विवाह नहीं किया। कुछ दिनों तक वे कैथलिक धर्म में भिक्षुणी की भाँति भी रही हैं। लेकिन अब उन्होंने भिक्षु धर्म छोड़ दिया है और कहती हैं कि साधारण जीवन में सहज रूप में रहकर ही मैं क्राइस्ट को पाना चाहती हूँ। यदि क्राइस्ट का अर्थ प्रेम है, परोपकार है, करुणा है, मानवता है—तो उसके लिए मैं विरागिन क्यों बनूँ। अब वे भारतीय जीवन में घुलना मिलना चाहती हैं और खूब अध्ययन भी करना चाहती हैं। आजकल सूफ़ी सन्तों का साहित्य पढ़ रही हैं। नौ-दस वर्ष पहले मुझसे हिन्दी सीखी थी। उसके बाद अब मिलने आयी हैं। शाम को दो-तीन घंटे बैठी रहीं फादर एकस्ट्रोस भी थे, वे एक फ्रेंच कवि पेगुइ के बारे में बताती रहीं कि उसने सबके प्रति विद्रोह किया। परम्परा के खिलाफ़, चर्च के खिलाफ़, राजनीतिज्ञों के खिलाफ़! क्योंकि उस कवि में एक अजीब फ़ायर थी और मिस वॉदविल जब फ़ायर शब्द का उच्चारण करती थीं तो खुद जैसे आग की लपट की तरह धधक उठती थीं। उनकी दृष्टि, उनके स्वर, उनका रोम-रोम जैसे एक अजीब-सी फायर से धधक उठता था। अपने देश से इतने दूर अजनबी लोगों में वे रह रही हैं। बिल्कुल अकेली। न पति, न बच्चे, न परिवार, न कोई मित्र मंडली। लेकिन तुझसे सच कहता हूँ कि मैंने कहीं भी एक कण भी फ्रस्ट्रेशन का आभास उनमें नहीं पाया। उनको देखकर कल से मुझे भी एक नया साहस, एक नयी शक्ति मिली है। एक हफ़्ते में वे कुर्सियांग चली जाएँगी वरना मई में जब तू आती उनसे तेरी भेंट मैं ज़रूर कराता।

ग्यारह बजे रात

आज बहुत स्वच्छ धुला हुआ गहरा नीला आकाश है और बेहद उजला पवित्र दुग्ध श्वेत हंस-सा द्वादशी का चाँद तैर रहा है।

पता नहीं क्यों इस हंस जैसे चाँद को देखकर मन कह रहा है कि तेरे मन में कहीं कोई चिन्ता, आशंका, दुविधा, त्रास, भय, खिन्नता—कुछ था जो कुहरे-सा छाया हुआ था वह आज शाम में बिल्कुल छँट गया है—आज तेरा मन शान्त है, द्विधाहीन है, निश्शंक है—आधी रात बजती हुई बँसी-सा मधुर और अनन्त राग में डूबा हुआ-सा हो गया है। मैं नहीं जानता कि क्या सचमुच तेरे मन में कहीं कोई संघर्ष या अन्तर्द्वन्द्व चल रहा था। अगर चल रहा था तो नहीं जानता कि वो क्या था पर फिर पता नहीं क्यों ये लग रहा है कि इस समय गुलाबों की पँखुड़ियाँ चन्दन मस्तक के स्पर्शों को समेटकर शीतलता में डूबी सो रही हैं—शान्त, निस्तरंग, निश्चिन्त! जैसी नींद इधर बहुत दिनों से नहीं मिल पायी थी। देखूँ यह अनुमान सच है या झूठ...

आज केवल ममता, बहुत मृदुल ममता अपनी छोटी-सी गुड़िया-सी अपने नन्हें-नन्हें सुकुमार विश्वासों को लेकर अपने नन्हे-नन्हे पंख पसार कर आसमान को नापने में थककर मेरी अँजलियों की मृदुल शय्या पर निश्चिन्त सोई हुई। हे ज्योति पंखिनी—असीम ममता।

साढ़े बारह बजे रात

रात के साथ-साथ चाँदनी भी और चटख हो गयी है। झर-झर खामोश झरती हुई चाँदनी में चमक रहे हैं बेले के फूल, चन्दन रंग के गुलाब, करोंदे के नये मुलायम फूल, आँगन के इन्द्रजाली आम की नयी कोंपलें, आँगन के लॉन और गुलाब की क्यारी के बीच माँग-सी सीधी श्वेत पगडंडी...

ये सारी चमक, ये सारी आभा कहाँ से आयी है? हिमाच्छादित शुभ्र श्वेत शिखरों से, अगस्त्य के दो उजले फूलों से?

बंदऊं पद नख, मनिगन जोती।
सुमिरत दिव्य दृष्टि हिय होती।।

बुधवार 2 अप्रैल, 58
रात 9 बजे से 3 बजे

कल था निरभ्र आकाश, और स्फटिक स्वच्छ चाँदनी। आज बादल है और छाया और आलोक की पल-पल परिवर्तित बेला है—और मैं आधी रात जाग गया हूँ और गुलाबों की क्यारियों में पानी देता हुआ मैं मेड़ पर बैठा हूँ : हल्का सुरमई अँधेरा मुझे घेरे हुए, गुलाबों के पौधों पर छाया हुआ है : हवा चलती है—नन्ही-नन्ही बूँदों से धुली हुई हवा, इन्द्रजाली आम की फलवती डालियों को आलिंगन में बाँध कर आती हुई हवा चलती है—और एक बादल का टुकड़ा उड़ जाता है : ढेर की ढेर क्वारी चाँदनी झरने की तरह झरने लगती है मेरे माथे पर, मेरे कन्धों पर फिसलती हुई मेरे अंग-अंग को भिगोने लगती है—...ये रुकेगी नहीं आज? कहीं नहीं रुकेगी? मुझे सम्पूर्णत: आत्मसात् करके ही दम लेगी? आज इसे हो क्या गया है? "चन्दन देखो ऐसे तो हमारा जी फिर बेईमान हो उठा!"...नहीं तुम रुको मत! आओ मुझमें अमित धैर्य है, अमित स्थिरता है आओ मैं स्थितप्रज्ञ होकर इस समय तुम्हें धारण कर लूँगा। उँगलियों के पोरों से, होठों की कोरों से, रोम-रोम के सजीव स्पर्श से तुम्हारे कण-कण की पागल प्यास बिना विचलित हुए पी लूँगा : देखो मैंने स्थिर, अविचलित तुम्हारी सारी प्यास पी ली है, तुम्हारी

सारी बेचैनी सोख ली है : अब हम और तुम पूजा के क्षण में जुड़ी हुई, आबद्ध अजुलियाँ हैं : ये बादल के अवगुंठन! फेंक दो इन्हें, पूजा का एकात्म किसी प्रकार का व्यवधान नहीं चाहता। आओ अंजुलियाँ पोर-पोर जुड़ जायें!..यह कौन गा रहा है!..मन्दिर हैं, घंटे बज रहे हैं, पूजा हो रही है...सहचरी! मेरी कण-कण अपनी। क्या नींद में ही मेरा हर संवेदन तुममें प्रतिध्वनित हो रहा था?

सुन आज एक बात बता। क्या उस दिन सपने में तूने कोणार्क का मन्दिर तो नहीं देखा था? या पुरी का?...घंटे बज रहे हैं, पूजा हो रही है।

नीचे तो ये हैं : गुलाब जो मेरे हैं, कण-कण मेरे। मेरी अंजुलि भर-भर के हैं। मेरी अंजुलियों के पूजा फूल हैं...ऊपर यह क्या माया है? यह बादल क्या तुम्हारे हैं? तुम्हारे रूखे उलझे चन्दन वासित केश! लाओ प्यार से इन रूखे उलझे बादलों को ज़रा परे हटा दूँ। यह चाँद का झूमर ज़रा ऊपर उठा दूँ। हाँ अब तुम्हारा माथा निर्बन्ध है। ऊपर आओ, माथा उठाओ...हाँ ऐसे!

यह किसका माथा है। यह क्या सूर्य की वेदिका है? प्रणाम! मेरे विनम्र प्रणाम! इन कलाकार उँगलियों के, शिल्पी उँगलियों के तुम्हें शत-शत प्रणाम ओ पूजा की वेदी!

बोलो ये उँगलियाँ किस देवत्व को, किस आलोक पुंज को प्रतिष्ठित कर दें? किस बन्धन को बिन्दु में ढाल दें—किस मुक्ति को आह्वान दें? बोलो—इन उँगलियों के पोरों पर आज किरणें मचल रही हैं।...''जय!'' नीचे आँगन से शत-शत अपरिचित कंठों की ध्वनि उठी ''जय!''...जय हो, इस मुक्ति में परिणत होने वाले बन्धन और बन्धन को आधार बनाने वाली मुक्ति-यात्रा में जय हो!

बन्धन और मुक्ति एक साथ! गुँथे हुए!

भागवत ने कहा है न—आग की धारा और घृत की धारा जहाँ एक साथ बहती हैं...एक में एक : गुँथी हुई! जय!

इतना लिख कर दूसरी क्यारी में ट्यूब लगाने गया तो देखा कि सारा दृश्य बदल गया है। बादल छँट चुके हैं। केवल कुछ बादल के टुकड़े इधर-इधर बिखरे हैं...और आँगन में अमरूद के पास जो एक नया नीम तीन साल से निकल आया है न उसकी डालियों में चाँद उलझ गया है...छिः कितना भूलने लगा हूँ। यह नीम का पेड़ मेरे आँगन में कहाँ है? यह तो तुम्हारी खिड़की के पास बाहर गली में उगा है। यह आसमान एक बहुत खुशनुमा हल्का नीला कमरा है जिसकी खिड़की के बाहर से नीम की डालियों के पीछे से चाँद झाँक रहा है : और ये बादल के टुकड़े हैं? पागल! ये रजनीगन्धा के श्वेत ताजे फूलों की ढेरियाँ हैं!

कौन दूर कहीं अपनी शय्या से उठा है आधी रात? कहाँ से गिर रही हैं ये ढेर की ढेर रजनीगन्धा की कलियाँ...झर झर झर झर...

कैसी कौतुकमयी है यह चाँदनी रात! दूर कहीं से मोर बोल रहे हैं। चाँदनी को दिन समझ कर शायद गवर्नमेंट हाउस में बसे मोर जाग गये हैं और बोल रहे हैं उल्लास में!

अब अलसाने लगी हैं पलकें, और अँगड़ाने लगा है तन। लाओ—मुझे दो अब मेरे गुलाबों का तकिया और मैं सो जाऊँ—निश्चिन्त।

सुबह मुझे बहुत ममता से जगाने आएगी एक प्रातः किरण तब तक सोने दो।

19.4.58

उस दिन जब पार्सल में रखने के लिए मैं श्री 'राधाचरितामृत' की पांडुलिपि सजा रहा था तो एक पृष्ठ पर मैंने पीपल के दो पत्ते सजाये। नयी कोपल के दो पत्ते : एक हल्का गुलाबी राधा के रंग का, एक कुछ-कुछ हरीतिमा की ओर उन्मुख—श्याम के वर्ण का। जब उन दोनों पत्तों को पृष्ठ पर कनु और कनुप्रिया के प्रतीक रूप में सजा चुका तो अकस्मात् याद आया भागवत का वह प्रसंग—

रामनिर्याणमालोक्य भगवान् देवकीसुतः
निषसाद धरोपस्थे तूष्णीमासाद्य पिप्पलम्।
विभ्रच्चतुर्भुजं रूपं भ्राजिष्णु प्रमया स्वया
दिशो वितिमिराः कुर्वन्विधूम इव पावकः॥

"बलराम का गमन देख प्रभु अपनी ज्योति
से दसों दिशाओं को आलोकित करते हुए
धूम्रहीन अग्नि के समान पीपल की
छाया में पृथ्वी पर मौन होकर बैठ गये...

यह प्रसंग क्यों याद आया? भगवान की मृत्यु का प्रसंग!

भागवतकार कहीं मिलें तो उनसे एक बात कहना चाहता हूँ—महापुरुष! मैं अति क्षुद्र हूँ तुम्हारे सम्मुख, पर एक बात साहसपूर्वक कहूँगा। तुम्हारे प्रभु की मृत्यु सागर तट पर पीपल की छाया में इसलिए हो गयी कि तुम तब तक राधा की पूर्ण परिकल्पना नहीं कर पाये थे। यदि कर लेते तो यह अध्याय नये ढंग से लिखा जाता! राधा आतीं—बड़े दुलार से कनु के कान में धीरे से कहतीं—देखो कनु सँभले रहना, मेरे सुहाग का अभिमान न टूटने पाये, तुम मरोगे नहीं—किसी भी व्याघ्र

से पराजित नहीं होगे और प्रभु को उनकी मुरली समेत राधा बचा लेतीं अपने अनन्त रास को सम्पूर्णता देने के लिए। सुनो भागवतकार, भागवत का यह नया अध्याय घटित हुआ है, इसका साक्षी मैं हूँ! तुम नहीं लिखोगे तो कभी मुझी को लिखना पड़ेगा।

एक बात तुमसे और कहूँ तो अन्यथा तो नहीं लोगे? तुमने तो प्रभु का सारा जीवन चित्रित किया है न! लेकिन क्या कारण है कि केवल वृन्दावन तक का ही उनका जीवन युग-युग तक रस धारा में आप्लावित होता रहा! बाद में जीवन को दर्शन ने अपनाया हो, नीति ने अपनाया हो पर रस-दर्शन ने उसे भुला दिया!
तुम्हें बताऊँ इसका कारण क्या है? मैंने इसे जन्म-जन्म तक जी कर जाना है कि कनु के जीवन का सारा दुख, संघर्ष, चिन्तन, अवरोध, कुंठा, निराशा भी तभी अर्थवती होती है जब राधा के सन्दर्भ में उसका मूल्य सिद्ध हो सके। उनके जीवन का रस तो राधा ही है, न!

जहाँ किसी भी परिस्थिति में कृष्ण मूक हुए तो लगता है राधा ने अपने सन्दर्भ की डोर ढीली कर दी है। राधा ने उनकी पीड़ा को अर्थ देना बन्द कर दिया है। और तभी उनकी मुरली भी या तो मूक हो जाती है या विकृत बोलने लगती है।

पर जब उनकी शक्ति उनके साथ हो तब तो वे मृत्यु के विषधर कालियानाग पर भी आरूढ़ होकर केलिपूर्वक मुरली बजाते हैं।

सुनो भागवतकार, उनकी मृत्यु तुमने चाहे जब दिखाई हो पर तुम्हारे कृष्ण तो उसी दिन निर्जीव हो गये जिस दिन वे अनामा राधन् को छोड़ कर द्वारिका चले गये थे!

भागवतकार! उनकी राधन् से उन्हें अलग कर निर्जीव और निरर्थक कर देने की गलती तुम्हें इस बार नहीं करने दूँगा। किसी हालत में नहीं करने दूँगा। यह जन्म-जन्म की भटकन क्या फिर दोहराई जाएगी?

और अगर कुछ देरे के लिए राधा भटकने लगे तो?

भटकने दो! यह तो उस बावरिया की प्रकृति है न? कुछ-कुछ न भटकती तो इतनी प्यारी क्यों लगती। भटक-भटक कर अर्थ खोजती है, अर्थ देती है, पर रस तो उसके भटकने में भी मिलता है!

रस के लोभी कनु—उसे कण-कण पीने को लालायित हैं—उसके भय सहित, उसकी भटकन सहित!

उस चरम प्यासी ने भी तो कनु को कण-कण पीने की ठान रखी है!

अँजुरी भर धूप-सा मुझे पी लो
कण-कण मुझे जी लो।
जियूँगी कनु
पियूँगी तुम्हें,
अनचाहना, अनपिया नहीं छोड़ूँगी—
पिया, मैंने तुम्हें पिया है—जी भर!

मैं जानती हूँ कि तुम वह सोम चषक हो जिसका स्वभाव ही विपरीत है। तुम्हें होठ से नहीं लगाती हूँ तभी तुम रीते-रीते से रहते हो। मेरे होठों से लगते ही तुम छलक-छलक उठते हो। जब तक पियूँगी तुम भरे-भरे रहोगे—जब भी होठों से अलग होगे—तुम रीत जाओगे—मैं क्या जानती नहीं हूँ।

मंगलवार, 22 अप्रैल, रात

तो राधन ने स्वप्न में कृष्ण का रूप धारण किया। और कहा 'सर्व धर्मान् परित्यज्य मामेकं शरणं ब्रज!' ऐसा कहते-कहते राधन् ने आश्वासन के लिए अपनी मृणाल बाँहें ऊपर उठाईं—और लो, राधन यह भूल ही गयी कि रूप तो उसने कृष्ण का धारण किया है पर वेश उसका हिम शिखरों की सहयात्रिणी वाला है और उस वेश में—आश्वासन देने ही के लिए सही—बाँह ऊपर उठाना ज़रा खतरनाक है। और जब ऐसा घटित हुआ तो सब ने मुस्कराकर मुँह मोड़ लिया मगर छौनू तो ठहरे लोभी जीव—बहुत भोलेपन का मुँह बना कर बोले—'बस बस अब तो इस वेश को कभी बदलो ही मत!' बेचारी राधन क्या जाने! वह थक गयी थी स्वप्न में सबको शरण देते देते बिना वेश बदले थककर सो गयी। बन आयी छौनू की!

छौनू को फूलों में गुलाब भाते हैं। उसकी एक-एक पांखुरी को माथे से छुला कर, पलकों से छुला कर उसके मध्यवर्ती परागवृत्त को एक-एक कण पीकर छौनू को छोटी-छोटी शिशुवत् अंजलियों में मसला हुआ गुलाब लेकर प्रगाढ़ नींद में सोते हुए मैंने देखा है।

उनकी इसी रुचि को जानकर तो सहयात्रिणी ने अपना वेश निर्धारित किया है: पर सहयात्रिणी के इस वेश निर्धारण के वर्षों पहले यह पक्तियाँ किसने लिखी थीं—कैसे लिखी थीं?

मेरी वाणी
गैरिक वसना
भूल गयी गोरे अंगों को
फूलों के वसनों में कसना...
मेरी वाणी
चन्दन शीतल
पीड़ा से परिशोधित उर में
उभरा एक नवीन धरातल...

'पीड़ा से परिशोधित उर में उभरा एक नवीन धरातल' इस पंक्ति से अकस्मात् याद आ गयी फ़ादर ऐक्स्ट्रास से हुई वो undeserved suffering वाली बातें जिनमें से एक बात आज अपने खत इनलैंड में मैंने बेनू को लिख भेजी है। उस खत को बन्द करने ही जा रहा था कि एक हरे पैड पर एक चन्दन के नाम खत मिला—

रात के बारह बजे हैं। दिन भर धूल भरी आँधी चली है। पेड़ पौधे सहमे थके सो गये हैं। चारों ओर सन्नाटा और गुप्प अँधेरी रात। दूज या तीज का चाँद रात की शुरुआत में दो घंटे के लिए उगा था और फिर इमली की टहनियों के बीच घोंसले में दुबक कर खो गया...अब सन्नाटा है सिर्फ़ पंखें की अनवरत सनसनाहट और मेरे माथे पर काँपती हुई एक लट!

रह रह कर मुझे उस चन्दन के नाम लिखे खत की बातें याद आ रही हैं। वैशाख की दोपहरी में रजनीगन्धा कक्ष की हल्की खुशनुमा नीलिमा गहरा उठती है—खिड़कियाँ दरवाज़े बन्द हैं और सीलिंग फ़ैन चल रहा है। गेरुआ साड़ी रह-रह कर फरफरा उठती है और गुलाब टीसने लगे हैं। वेतसलता अंगों पर एक ऐसा अजीब खुमार छाने लगा है, जो कण-कण, रोम-रोम को शिथिल बनाये दे रहा है, बेबस इतना बेबस कि मृणाल बाँहों में किसी को भर कर अपने कंठ तक खींच कर धीमे से विह्वल स्वर में उससे कहने की इच्छा हो रही है— "आओ—आ जाओ!"

'आओ! हंस से कह दो अपने पंखों से मुझे कण-कण, रोम-रोम ढँक ले। भ्रमर से कहो गुलाब की पाँखुरियों पर जो दो अक्षरों का छोटा-सा नाम लिखना चाहता है लिख दे। और मानसरोवर तुम?'

लाइमजूस ग्लिसरीन कितना महक रहा है। सरस्वती को नीबू के फूलों की माला पहनाई जाती है। लेकिन ऐसे? हाय कनु! तुम्हारी दुष्टता की कहीं कोई सीमा है? अँधेरी रात में चाँद का याद आना स्वाभाविक है। मुझे याद आ रहा है रजनीगन्धा कक्ष की खिड़की से आधी रात झाँकता हुआ चाँद, नीम की छितरी

डालियों में उलझा हुआ। चाँदनी की एक लम्बी चमकदार रुपहली पट्टी अन्दर खिले गुलाबों पर बिछ गयी है...रजनीगन्धा के सफ़ेद फूल तारों की तरह चारों ओर बिखरे हैं, तख्त पर, तकिये पर, फ़र्श पर, वेतसलता-सी काँपती देह पर...

याद आ रहा है रात के तीसरे पहर का पीला चन्दनी चाँद, करुण, रहस्यमय, जादूभरा—कोणार्क के रास्ते में नारिकेल कुँजों और केवड़े के झाड़ों पर चमकता हुआ...अँजुलियों में गुलाब!

याद आ रहा है आँगन में इन्द्रजाली आम से लेकर बरामदे तक फैली हुई चैत की बेहद चटख चाँदनी! और चाँदनी की एक धार बरामदे के बगल की दीवार और उसकी सीढ़ियों पर झर रही है। एक बहुत प्रबल आग्रह 'आज तो चाँदनी में गुलाब देखेंगे'—...वह पाँव जिनमें धनुष-सी दोहरी नदी लिपटी थी हल्की चाँदनी की प्रत्याशा में कैसा लग रहा है? जैसे ताम्बे का पिघला हुआ झरना—लाओ—यह पतली नदी-सा पाँव उसके समानान्तर बहने दो...लहर पर लहर...किसी ने हंस के पंखों पर अमिट अक्षरों में लिख दिया है—रा.धा.!

"बताओ कैसा लग रहा है?" —प्रश्न

"जैसे गुलाब पर बड़ा-सा भँवरा!" —उत्तर

भँवरा धीरे से जाना बगियन में

कहीं ठेस न लग जाये कोई
कहीं फूल न मुरझाये कोई
आज है चाँदनी रातें
मेरी यात्रा का साथी है दूर!

27.5.58
दिल्ली

पुस्सन!

दिल्ली की गर्म शाम इस गहरी शान्त बैठक में आ कर शिथिल पड़ गयी है। बन्धन ढीले कर पंखों के नीचे बैठ गयी है। पुरानी मूर्तियाँ, आधुनिक, रंगीन मूल्यवान पुस्तकें, दीवान-सोफ़ा और गद्दों के बीच...

यह बैठक अज्ञेय जी की है—केन्द्रीय दिल्ली से 16 मील दूर—सफ़दरजंग हवाईअड्डे से भी दो मील आगे...दिल्ली के आठ-दस चुने हुए लेखक इकट्ठे हुए हैं—मुझसे मिलने के लिए! और कार्यक्रम है—वात्स्यायन श्याम, अनाम, कम्बोज और जापान के जो रंगीन स्लाइड्स खींच कर लाये हैं, उन्हें प्रोजेक्ट करके

दिखाएँगे—और बाद में कुछ कविता पाठ!

छलकते शर्बतों के रंगीन गिलास, कपिला जी की झंकार-भरी हँसी, उन की मधुर चुटकियाँ। एक ऊँची मेज़ पर प्रोजेक्टर रखा गया है—सामने की दीवार पर प्रकाश का बड़ा-सा चौखटा खिंच गया है। स्लाइड लगी...यह क्या है—दीवारों पर रंगों का इन्द्रजाल उलझ रहा है—श्याम नील रंग...यह है श्याम देश—नीली लहराती नदी—चौड़ा पाट। नदी के किनारे घने नारियल और ताड़ के कुंज—और एक बड़ा विराट् पैगोडा—"यह उषा का मन्दिर है।" वात्स्यायन परिचय देते चल रहे हैं। नदी के तट पर सदियों से खड़ा हुआ प्राचीन मन्दिर। इस देश में जब सूर्य उगता है तो समुद्र और नदी के विशाल संगम पर स्वर्णपंखिनी-सी उड़ती हुई प्रथम प्रात:किरण सबसे पहले इसी मन्दिर के शिखर पर पड़ती है। यह उदित होती हुई सूर्या का मन्दिर है। अपने-अपने जाल लेकर सोनमछलियों की तलाश में जाते हुए माँझी पहले उषा के मन्दिर में अंजलि अर्पित कर अपनी नाव पानी में उतारते हैं!

चटाई पर एक तकिए की गद्दी पर बैठा हुआ मेरा उदास, थका हुआ मन—एक झटके से जैसे दिल्ली की भीड़भाड़-शोरशराबे से अलग हो जाता है! आज इस वेला में किस सुदूर नदी तट से—इस मन्दिर में प्रतिष्ठित प्रात: किरण ने, उगती सूर्या ने मुझे पुकारा है...प्राणप्रण से मुझे पुकारा है...

आज मुझे— नहीं कुछ दिशाकाल का भान
नहीं कुछ सीमाओं का ज्ञान...
मेरे प्राण उसके हैं जिसने मुझे इस अप्रत्यक्ष ढंग से पुकारा है!

अपनी जगह पर बैठे-बैठे मैं जैसे प्रार्थना की मुद्रा में हो गया हूँ। प्रणाम करता हूँ ओ नदी तट वासिनी श्याम की सूर्या! तुम्हें प्रणाम करता हूँ। तुम्हारी रूखी अलकें ही मेरा जाल हैं—तुम्हारी मृणाल बाँहें ही मेरी पतवार हैं—नीलकमल की पाँखुरियाँ ही मेरी छोटी-छोटी नावें हैं—तुमसे जो भी शब्द बोलता हूँ वही मेरा समुद्र गीत है और तुम्हीं से ये सारे उपकरण लेकर जिस महासागर में उतर रहा हूँ वह क्षणों की अथाह नीलिमा का महासागर भी तुम्हीं हो...और कौन है वह सोनमछली जिसे पाने मैं निकला हूँ?

...समय और दिशा का व्यवधान टूट गया है। यह शोर, गर्द, गन्दगी, बदबू से भरी हुई दिल्ली एक बूँद की तरह सिमट गयी है—खो गयी है।

दीवार पर एक के बाद एक स्लाइड बदल रही हैं, और मन उसी हरे-भरे नदियों, पगोडों और धान के खेतों के देश में गहरे और गहरे डूबता चला जा रहा है। अनगिनत पगोडों में केवल एक पगोडा छाया की तरह चल रहा है—

जिसे समस्त उपस्थित लोग नहीं देख पाते—देख रहा हूँ केवल मैं!

वह पगोडा छोटा-सा है, अँधेरे में डूबा हुआ—इडेन गार्डन के एक छोटे-से पोखरे के किनारे। पोखरे के पार, झुरमुटों में चाँद निकल रहा है—टेढ़ी-मेढ़ी पगडंडियाँ...अँधेरा...

"अँधेरा अब तक क्यों लगता था?"

"अभी तक सूर्या उदित नहीं हुई थी! पत्थर में कितने पहल करते हैं तब वह मूल्यवान हीरा बन पाता है। उनमें से सबसे तीखा, सब से उद्दीप्त पहल था सूर्या का—वह अभी तक नहीं तराशा गया था प्रात:किरण! अब वह पहल कट गया है—अब कभी अँधेरा नहीं आ सकेगा..."

...स्लाइडें बदल रही हैं। यह नदी में एक विराट् नौका चल रही है। 50 माँझी इधर और 50 उधर लाल मखमली पोशाकें पहन कर चला रहे हैं। यह महाराजा की नौका है—चन्दन की है क्या? उषा के मन्दिर तक जाएगी—सूर्या वधू को विदा करा कर लाएगी क्या?

सूर्या! ओ कालवधू! अपने माथे पर शाम की धूप का गैरिक पल्ला डाल लो, माथे पर रचा लो उगते सूर्य का कुमकुम बिन्दु। तुम्हें अभी आना है—प्रणाम करने!

किसे प्रणाम करने?

सूर्या—किसे?

...स्लाइड बदल गयी!

विराट् निर्जन में 500 फीट लम्बे शिलाखंड को काट कर बाईं करवट लेते हुए बुद्ध की विशाल प्रतिमा बनायी गयी है। आसपास घोर सन्नाटा, घने जंगल और सिर्फ़ एक लाल सूनी पगडंडी उसके बगल से जाती है।

—ये धान के खेत हैं—मीलों मीलों—और यह है सूखी ऊँची घास से घिरी गहरी झील... ये हैं शैव मन्दिर—अंगरकोट (अंगकोरवाट) के विश्वविख्यात शैव मन्दिर। एक-एक मन्दिर चार मील के घेरे में बना हुआ है। मन्दिर के विराट् शिखरों में चट्टानों में तराशे हुए, पाशुपत शिव की गम्भीर मुद्रा!

इतनी ऊँचाई से इन पत्थरों से झाँकते हुए ये विराट् शिव-मुख अपने इन पथरीले होठों से यह क्या कह रहे हैं?

क्या कह रहे हो नीलकंठ? बोलो हिमालयवासी! मुझे बुला रहे हो हिमशिखरों की यात्रा पर?

आऊँगा बन्धु! आ गया हूँ बन्धु!

फिर भटक क्यों रहा हूँ! क्यों, आखिर क्यों?

बर्फ़ में सहयात्रिणी के पगचिह्न दीखते क्यों नहीं?

मलयपवन लू की तरह झुलसा क्यों रही है?...

...पत्थर की तराश और घनी हरियाली के बाद अकस्मात् उड़ते रेशम के से रंग और एक अजीब सधी हुई कोमलता!

यह जापान है!

चौड़े सहन और नुकीली कटावदार छाजनों का स्वर्ण पगोडा। यह पगोडा सोने और लकड़ी का है। सैकड़ों वर्षों में चार बार आग से जल कर खाक हो चुका है। पर हर बार ज्यों-का-त्यों फिर बना कर खड़ा कर दिया जाता है। उस के नक्शे राष्ट्रीय संग्रहालय में सुरक्षित हैं।

और यह है तैंतीस हज़ार बुद्ध का पगोडा। यह बुद्ध का अवलोकितेश्वर रूप है—जो देवी रूप—नारी रूप हो गया है। उसकी पाँच सौ कांस्य मूर्तियाँ बनी हैं। उनके नीचे जल है। उसमें उनकी छाया है। अत: वे पाँच सौ मूर्तियाँ एक हज़ार हो गयी हैं। उनमें से हर मूर्ति की करुणा के तैंतीस रूप हैं अत: वह तैंतीस हज़ार करुणाओं का पगोडा है।

और यह हैं तारा के भवन, और ये हैं क्योटो के मन्दिर। और यह है निक्रमो की झील! यहाँ एक मन्दिर है देवी का—उसी के पास यह गहरी झील है। जापान की सबसे रहस्यमयी झील—पवित्र-गहरी-अथाह! और कैसा अद्‌भुत रंग!

निश्चय मानसरोवर यही है! यही है!

दर्शकों में से एक उसी समय कहता है, "यह है भारती की नीली झील!" मैं चौंक उठता हूँ। किसने कहा यह? किसकी वाणी से कौन बोल उठा इस समय! सब मुस्कुरा कर देखते हैं मुझे! मैं चुप हूँ...

स्लाइड बदली!

यह समुद्र है—गहरा नीला हरा मिश्रित! फेनोज्ज्वल लहरें...कहाँ हैं अंजलियाँ? कहाँ हैं गुलाब? लहरों तुम ढँके हो क्या उन्हें...दूर पर फ़ूजीयामा है। बर्फ़ ढँका ज्वालामुखी!

कैसे अजीब चित्र लिये हैं वात्स्यायन ने उस पर्वत के!

समुद्र से चालीस मील दूर है फ़ूजीयामा, लेकिन कैसी लुभावनी परछाईं उसकी नीले समुद्र लैगून में सो रही है!

और यह—हाय!

चेरी के गुलाबी फूलों से लदी एक डाल के बीच से फूजीयामा!

और यह...

सूर्यास्त में फ़ूजीयामा का सारा हिम सुनहरा गेरुआ हो गया है!

...स्लाइडें बदल गयी हैं और काव्यपाठ शुरू हो गया है।

सबसे पहले कीर्ति चौधरी—

शान्त शालीन स्वर में यह टैलेंटेड लड़की जो लाइनें पढ़ रही है वे कितनी अर्थमयी हैं—

"जिन क्षणों में मैं तुम में डूब कर जीती हूँ—जिन बातों को तुमसे निवेदित करती हूँ—जिन साँसों को तुम्हें समर्पित करती हूँ—केवल वही मेरा जीवन है—शेष सब मृत है—अर्थहीन है—उनमें मैं जीवित नहीं—मरी हुई रहती हूँ।"

उनकी पतली शालीन आवाज़ धूप की तरह छा गयी है। मैं इन पंक्तियों को सुन कर इतना उदास क्यों हो गया हूँ? क्यों आखिर?

काव्यपाठ के पूरे वृत्त के बाद अब वात्स्यायन सुना रहे हैं।

"अज्ञेय जी, पहले हाइकू के कुछ अनुवाद!"

सबकी माँग है। तुम्हें मालूम है न, हाइकू एक विशिष्ट प्रकार की जापानी कविता होती है। केवल सत्रह मात्राओं की दो या तीन पंक्तियाँ—जिनमें केवल एक बात कही जाती है : मात्र एक बात!

जैसे—*1.* *मैंने समझा झरी हुई पाँखुरियाँ*
डालों पर फिर लौट रही हैं!
यह तितली थी!

2. *डूबता सूरज! सूनी पगडंडी को*
नाप रही है डरौने की लम्बी
छाया!

3. *वसन्त की वर्षा में, सूनी सड़क*
पर चले जा रहे हैं बतियाते
एक छाता एक बरसाती!

वात्स्यायन ये हाइकू सुना रहे हैं, और मेरे दिमाग़ में एक पुरानी जापानी कथा घूम रही है। एक जापानी कवि ने अपने यहाँ कुछ अतिथियों को आमन्त्रित किया। प्रात:काल अपना कक्ष सजा कर उसने अपने लड़के से कहा, "बाहर का मार्ग साफ़ कर दो।" लड़के ने राह में कंकड़, कूड़ा, पत्ते चुनकर पिता को दिखाया--कवि असन्तुष्ट दिखा। लड़के ने मार्ग फिर बुहार दिया। पर कवि बोला, "अभी सफ़ाई नहीं हुई।" लड़के ने ला कर पानी छिड़का। कवि बोला, "अभी भी मार्ग ठीक नहीं हुआ।" लड़के ने फिर बुहारा, फिर पानी छिड़का और कपड़ा लेकर उसे पोंछ भी दिया। कवि फिर भी असन्तुष्ट रहा। बोला, "सफ़ाई नहीं हुई।"

लड़का बोला, "आप ही करें फिर।" वह उठा, उसने गुलाब लता से कुछ

गुलाब तोड़े। उन्हें बेतरतीबी से, लापरवाही से रास्ते पर बिखेर दिया और फिर गहरी साँस ले कर बोला, "अब रास्ते की ठीक-ठीक सफ़ाई हुई है—अब जो आने वाले हैं वे प्रसन्न मन से आ सकेंगे।"

जब जीवन की राह बिलकुल सूनी हो जाये—सब अनावश्यक उसमें से बुहार कर फेंक दिया जाये, तब गुलाब की पांखुरियाँ बिछानी ज़रूरी होती हैं ताकि आने वाला सत्य उन्हीं पर पग रख कर आ सके!

...फिर यह उदासी क्यों है? यह प्राणघातक उदासी! यह घनघोर अकेलापन!

...वात्स्यायन अब अपनी एक कविता पढ़ रहे हैं—"लौटे हुए यात्री का वक्तव्य"। कविता का स्वर कुछ तीखा है—पर बेहद सच—शुरू में वे कहते हैं—जहाँ गया—पाया कि जो नकली है वही गद्दी पर सब से ऊँचा बैठा है, आदि।

अन्त में सबसे मार्मिक बात है : जहाँ जाओ वहीं एक प्रश्न है—"क्या दोगे? कितना दोगे? कब तक दे सकोगे? देने के लिए क्या लाये हो!"

"यह कोई नहीं पूछता—क्या चाहते हो? क्या लेने आये हो? समर्थ हो उसे लेने में? लो यह गहनतम प्यार है—यह उज्ज्वलतम सत्य है।"

...मन बेहद कसक उठता है। बात ज़रूरत से ज़्यादा सच है।

मन बेहद कड़वा हो उठा है।

...लौट रहा हूँ।

11 बज गये हैं, सन्नाटा, अँधेरा, उदासी, बेहद अकेलापन!

ओ सूर्या! आस्था दो! गहनतम आस्था दो, कि जो हूँ वही बना रहूँ। जिधर चल रहा हूँ उधर चलता रहूँ!...उस यात्रा पर—जिसका न आदि है न अन्त...

31 मई 58
शनिवार, रात्रि 10 बजे

'बद्रीनाथ के मार्ग में, चाँदनी में भीगे निर्जन घनघोर ऊँचे शिखरों के बीच हरहराती हुई गंगा ने एक बड़ा-सा कटाव लेकर एक मीलों झील-सी बना दी है जिसके एक ओर पत्थर हैं—गोल-गोल चिकने...और एक ओर फेंक दी है रेती ही रेती जो चाँदनी में चमचमा रही है। यहाँ तीनों ओर नैनीताल से भी सुन्दर एक नगरी बस गयी है जिसकी अगणित पीली श्वेत नीली बत्तियों की छायाएँ गंगा में काँप रही हैं। चट्टानों पर मील भर चौड़ी गंगा जितने वेग, जितने गर्जन से बह रही है कि मैं आँख मूँद लेता हूँ तो लगता है पुरी के समुद्र तट पर बैठा हूँ और चाँदनी में महासमुद्र गरज-गरज कर पछाड़ खा रहा है।

पहाड़ों के कटान पर गंगा के किनारे-किनारे, अर्द्धवृत्ताकार एक इमारतों, भवनों और मन्दिरों का सिलसिला बनाया है गीता भवन गोरखपुर, देवी सम्पद मंडल तथा कलकत्ता बम्बई के कितने ही सेठों ने! बीचोंबीच एक बड़ा खूबसूरत घंटाघर-सा है अपनी यूनिवर्सिटी के सीनेट हॉल जैसा है। नीचे सारे नगर में कीर्तन, आरती, घंटे, रामलीला, कृष्णलीला, अरविन्द पाठ हो रहा है...धीरे-धीरे शान्त हो रहा है भक्तों का वन्दन स्वर और अब रह गया है केवल गंगा का गर्जन, और नीचे परमार्थ भवन के विराट् महल जैसे आँगन में रातरानी महक उठी है और मैं नीचे के एक Shelf में अपनी अटैची ताले में बन्द कर अपना बिस्तरा लेकर चढ़ गया हूँ सबसे ऊँची छत पर जिससे ऊँची कोई छत पूरी नगरी में नहीं है—यहाँ से दीख रहे हैं पर्वत के शिखर, दो मन्दिरों के कंगूरे और भरापूरा चन्द्रमा...साथ ला सका हूँ केवल दो लिफ़ाफ़े—एक कान्ता को लिखा है और दूसरा तुझे लिख रहा हूँ।

लखनऊ से लौट कर जब प्रयाग पहुँचा तो अकस्मात् मुझे लगा कि मुझे हरिद्वार बुला रहा है। क्यों? ठीक जैसे पुरी मैंने कभी नहीं देखी थी पर लगा था कि पुरी जाना मेरे लिए किसी का आदेश है। पता नहीं उसी अज्ञात अदृष्ट ने उसी तरह मुझे हरिद्वारा बुलाया। ताकि कान्ता मेरे दूजे अकस्मात् पलायन से चिन्तित न हो उठे अत: दिल्ली होते हुए आया। तुझे कार्ड डाल दिया था! दिल्ली जाते समय प्रयाग से और दिल्ली पहुँच कर लम्बा खत अज्ञेय के घर से आकर! हरिद्वार से आगे, ऋषिकेश के आगे भी यह स्वर्गाश्रम नगरी है वास्तव में इसने बुलाया है, यह यहाँ आकर मालूम हुआ। ठीक जैसे पुरी जाकर फ़रद के गेरुओं फूलों ने, सहयात्रिणी के वेश ने, मलय पवन और सफ़ेद फूलों ने, सूर्य बिन्दु ने यह बताया था कि वास्तव में पुरी यात्रा का क्या inner significance था मेरे लिए, वैसे ही यहाँ पहुँच कर गंगा ने बताया कि उसने मुझे क्यों बुलाया है। ज्यों ही यहाँ पहुँच कर ठहरने की व्यवस्था कर मैं स्नान करने गया तो रात के ९ बज चुके थे। पत्थरों पर पाँव रखता, हिमशीतल जल में जब उतरा तो जैसे माँ अपने छौने को वक्ष में चिपका लेती है, वैसे ही गंगा ने मेरे माथे को उजले लहर फेन की राशि से शीतल करते हुए ममता से कहा : क्या तुम भूल गये कि मैं तुम्हारी चिरपरिचित रसूलाबाद की आबद्ध अंजलित्रय वाली गंगा हूँ—वही द्रौपदी घाट की उदास चाँदनी भीगी नदी हूँ। मैंने तुम्हें इसलिए बुलाया कि वहाँ मेरा शान्त रूप देख कर तुम यह भूल गये थे कि यदि मेरे दिये हुए आशीर्वाद को झूठ करने के लिए कोई भी संकट खड़ा होता है तो मैं भी चुप नहीं रहती। देखते हो मेरे किनारे इन छोटे-छोटे गोल पत्थरों को! ये बड़ी-बड़ी चट्टानें थीं। मैंने सैकड़ों मील इनको अजस्त्र प्रवाह में बहा कर इनको यह गोल रूप दे दिया है शिव की पिंडी का रूप! क्या तेरे पिछले संकट

इन चट्टानों से भी बड़े थे? वे भी मेरे प्रवाह में बह कर शिव रूप हो जाएँगे। तेरे देखते-देखते हो गये कि नहीं?'' ''हाँ, माँ,'' मैंने भरे गले से कहा— ''तुम्हारी आबद्ध अंजलियों का आशीर्वाद अटूट है। यह मैंने भलीभाँति जान लिया है। अब शेष नहीं रहा उसे परखना किसी भी दिशा में!'' कह कर मैंने श्रद्धा से एक अँजुरी भर कर चाँदनी गंगा में चढ़ा दी। दूध की अंजलि दी जाती है न! दूध था ही नहीं! चाँदनी ही चढ़ा दी।

एक दिन मैंने मौन को गलत समझ कर, खीझ कर गंगा पर एक कविता लिखी थी जिसकी पहली पंक्ति थी ''उसी दिन की चाँदनी भीगी नदी-सी, बनो'', आज मैंने मन-ही-मन इसके लिए गंगा माँ से क्षमा माँगी।

रविवार प्रातः 4 बजे

इतना लिख पाया था कि रात के ग्यारह बज गये और सारे आश्रम की बिजलियाँ अपने आप बुझा दी गयीं और रह गयी केवल चाँदनी, रातरानी की महक और गंगा का गर्जन स्वर मैं सो गया। बहुत तड़के सुबह यहाँ शहनाई और घंटे बजा कर प्रथम जागरण चेतावनी दी गयी—जाग कर घंटाघर की ओर देखा— कै बजा था? ठीक 3 बजे प्रातः काल। बेला महक रही था, रातरानी सो चुकी थी, साधुगण अपने-अपने स्थान पर उठ कर बैठ गये। मैं फिर करवट बदल कर सो गया। चार बजे प्रभात फेरी के रूप में दो साधु घंटे और इकतारा बजाते हुए चारों ओर घूम रहे हैं—''जागहु मोहन प्यारे।'' और मैं जाग कर खत पूरा कर रहा हूँ। चाँदनी में पर्वत शिखर मौन खड़े हैं—हवा जंगलों को झकझोरती बह रही है। एक दक्षिणी यात्री कन्नड़ में कुछ गा रहा है! बहुत दिनों बाद मैं चाहता हूँ आज मन्द स्वर में दोहराऊँ—''कस्त्वं कोऽहम् कुत आयातः!''

मेरा मन बहुत शान्त है आज इस समय ! बहुत ही डूबा हुआ। रात कान्ता को जो खत पूरा किया उसमें रातरानी की गमक उसे आशीर्वाद स्वरूप भेज चुका हूँ। सहयात्री मेरी—हिमालय के ब्रह्ममुहूर्त की प्रातः समीरण, प्रभाती के भैरवी स्वर, गंगा की पावन लहर तुझे आशीर्वाद स्वरूप भेजता हूँ। एक दिन ऐसी ही बेला में कान्ता अकस्मात् सोते-सोते जाग उठी थी, गाने लगी थी, और बोली थी ''मैंने स्वप्न में देखा पूजा हो रही है, घंटे बज रहे हैं।'' मैंने उस दिन बताया था ''दो निरावृत अग्निशिखाएँ भी, अंजलि की भाँति जुड़ कर मन्दिर ही बनाती हैं।'' वह पूजा की अत्यन्त पवित्र स्मृति इस समय आशीर्वाद स्वरूप मुझे मिल रही है। और याद आ रहे हैं वे अगस्त्य के फूल जिन्हें कान्ता ने विशेष रूप से नारायण से मँगवा कर 5 मार्च की शाम को जगन्नाथ की पूजा की थी। याद आ रहा है उस सायंकाल का सिन्दूरी सूर्य, आँगन से उठता हुआ जय का स्वर और कान्ता का अत्यन्त विभोर, अत्यन्त विह्वल मूड! अच्छा! प्रणाम, स्नेह, आशीर्वाद

—भारती

5.6.58

बृहस्पतिवार : पूजन

प्रात: 8:11 बजे

इतने दिनों बाद एक बार फिर आज यह अपना छोटा-सा पूजाघर सुबह-सुबह चन्दन की धूप से सुवासित है, पूरब की खिड़की से धूप का जाल, सरस्वती की गैरिक ममतामयी लम्बी पतली लहरदार मूर्ति पर बिखरा हुआ है—बाहर धीरे-धीरे डोल रही है पीपल की डालियाँ और अन्दर चंचल पत्तियों की अगणित छायाएँ मेरे माथे पर, होठों पर, बाहों पर, कंठ पर, कन्धें पर, उँगलियों पर इन नीले पृष्ठों पर तितिलियों-सी नाच रही हैं। पत्तियों की छायाओं ने आज यह खेल क्यों रचा है? एक दिन मैंने इसी पूजाघर की दीवार पर अंकित एक छाया को एक नूतन संवेदन दिया था—उसी का प्रतिदान दे रही हैं क्या ये अगणित छायाएँ? या किसी दिन पीपल की दो नयी कोंपलें लेकर उनसे राधा और कृष्ण के गुलाबी और श्यामल देह वर्ण की व्यंजना की थी, उसका प्रसाद मिल रहा है यह? और हवा के हर झोकें में हरी तितलियों-सी निरन्तर फड़फड़ा कर ये पत्तियाँ कह क्या रही हैं?

यह पीपल, मेरे छोटे घर पर बुद्ध की आशीर्वाद भरी बाँह-सा झुका हुआ यह पीपल, एक अजीब-सी, तन्मय, विभोर, चरम साक्षात्कार की अमारात्रि का मूक साक्षी है। कैसे अजब क्षणों का साक्षी रहा है यह पीपल का वृक्ष! भागवत कहती है :

राम-निर्याणमालोक्य भगवान् देवकीसुत:
निषसाद धरोपस्थे तूष्णीमासाद्य पिप्पलम्।
विभ्रच्चतुर्भुजं रूपं भ्राजिष्णु प्रमया स्वया
दिशो वितिमिरा: कुर्वन्विधूम इव पावक:॥

सारी लीलाएँ समाप्त कर, अपने वंश को भी विलीन कर जब कृष्ण ने इस लीलाभूमि को त्यागने का निश्चय किया तब वे धूम्रहीन अग्नि की भाँति चारों दिशाओं को आलोकित करते हुए पीपल के ही वृक्ष के नीचे जाकर पद्मासन में बैठ गये थे। उस समय पीपल ही उन्हें क्यों याद आया। क्या जो उनके जीवन का गहनतम, पवित्रतम, उच्चतम था उसका साक्षी पीपल ही रहा है? और यही पीपल तो वहाँ भी मिला था न? और कैसे अजीब क्षणों में! मैं दिल्ली से घबरा कर चला आया था ऋषिकेश— वहाँ से स्वर्गाश्रम! कैसी अद्‌भुत थी वह स्वर्गाश्रम

की पहली रात। शनिवार था! उजली चाँदनी—चट्टानों पर बहती हुई गंगा, ऊँचे मौन पर्वतशिखर, दूर कहीं से कीर्तन और गीता पाठ की ध्वनियों के स्वर, नीचे, आँगन में महकती हुई रातरानी और बेले—उसके उज्ज्वल भवन की सबसे ऊँची, सबसे एकान्त छत पर बैठ कर मैंने दो पत्र लिखे। एक कान्ता को, एक पुस्सी को। कितना उमगा हुआ अनुभव कर रहा था मन! सुबह उठा तो मैं कपड़े और तौलिया लेकर चल दिया। यह कौन-सी पगडंडी है? पता नहीं! चलते चलो! उपनिषदों ने कहा है चरैवेति! चैरवेति! चलते चलो, चलते चलो!—कितने घने जंगलों में धंस रही है यह पगडंडी! गंगा के किनारे-किनारे! कभी बिल्कुल पास, कभी एक आध फर्लांग दूर! कैसी विचित्र पगडंडी है? कहाँ खींचे ले जा रही है मुझे? इसकी परिणति कहाँ होगी?

आगे चल कर बहुत घने जंगलों में भी एक छोटी-सी पहाड़ी चाय की दुकान! पूछने पर मालूम हुआ कि यह बदरीनाथ का सबसे पुराना रास्ता है। लगभग 60 साल पहले तक यही चालू था। फिर एक पुल बन जाने से यह अब छूट गया। बाद में यह मालूम हुआ कि किंवदंती यह है कि शंकराचार्य भी इसी पगडंडी से बद्रीनाथ गये थे। चारों ओर पहाड़ी वृक्ष हैं पर यही पगडंडी है जिस पर दूर-दूर पर पीपल और बरगद मिलते हैं। इसी पर मिलते हैं आदि बद्री, शत्रुन्धर : रामेश्वर के मन्दिर—जो निसन्देह दक्षिणात्यों द्वारा स्थापित हैं।

शंकर ने ही कहा था या शंकर के गुरु कुमारिल ने कि 'कार्य साधूँगा या शरीर छोड़ दूँगा!' मैं नहीं जानता पर इतना जानता हूँ कि आज इस पगडंडी ने जकड़ लिया है—खींचते लिये जा रही है—कार्य सम्पन्न करो या शरीर त्याग दो।

आज मन हो रहा है नहीं लौटूँ! नहीं लौटूँ! जब तक मेरे प्रश्नों का उत्तर नहीं मिलता तब तक नहीं लौटूँ। चलता जाऊँ! चलता जाऊँ!

कितनी दूर निकल आया हूँ मालूम नहीं। और इतनी खड़ी चढ़ाई पर मेरे पाँवों की तेजी तो देखो! यह कहाँ निकल आया हूँ? ओह यहाँ से देवप्रयाग को रास्ता मुड़ता है! बेहद थक गया हूँ। भूख भी लगी है। पर है क्या? पेट भर गंगाजल पीता हूँ और बैठ जाता हूँ। चट्टानों पर किसकी जड़ें फैली हैं? पीपल? तुम इस क्षण के भी साक्षी हो!

पता नहीं क्यों मेरे आँख में आँसू आ जाते हैं। अब नहीं लौटूँगा! कुछ भी तो नहीं है उस पीछे छूटे हुए जगत में सिवा दुख के, सिवा कचोट के, सिवा पीड़ा के! कपड़े किनारे रख—गंगा में उतर पड़ता हूँ। जल की बाँहों का शीतल आलिंगन! पर यह क्या! मन का सारा उद्वेग जैसे घुलता जाता है। मैंने माथा लहरों में डुबो दिया! पर यह क्या? यह तो लहरें नहीं हैं।—मेरा माथा जाकर बेले की

शीतल उजली राशियों पर टिक गया है। कहाँ है दुख? कहाँ है पीड़ा! कहाँ है त्रास? कितनी देर नहाता हूँ मुझे याद नहीं! मैंने नहा कर कपड़े सूखने डाल दिये हैं और किनारे पत्थर पर बैठा हूँ। किनारे की गीली रेत पर मैंने लिखा है रा. भा.! लिख कर मिटाया नहीं!

लौट रहा हूँ। डेरे पर वापस आने के पहले एक पुराना मन्दिर है। रामेश्वर महादेव का। चप्पलें नीचे उतार कर मैं ऊपर चढ़ गया। शान्त, निस्तब्ध, शीतल! नन्दी के पास टिक कर अंजलिबद्ध प्रणाम देते हुए मैं चुप खड़ा हूँ। तुम रामेश्वर महादेव हो न! समुद्र के अधिष्ठाता! लेकिन नहीं! तुम तो कुछ और भी पहचाने से लगते हो! ओह अब याद आया! तुम सुहागी की पहाड़ियों के महाकाल हो! तुमने अपनी आरती के समय मुझे पुकारा था—मैं काफ़ी दूर तक तुम्हारी पुकार पर चला गया था, लेकिन फिर जाने किसने मोहपाश डाल कर मुझे वापस खींच लिया था!

फिर आज—इतने दिनों बाद तुम यहाँ मिले हो इस निर्जन बियाबान एकान्त वन पथ पर!

मैं तुमसे कुछ नहीं माँगता पर मेरा गन्तव्य क्या है? बताओ न! बोलो! मेरा सत्य कहाँ है? जिस पर मैंने पाँव टिकाए हैं वह क्या निरा मोह है। केवल जगत है—क्षण-क्षण परिवर्तनशील, अनित्य, संसरणशील—क्या सब कुछ, सब कुछ अन्त में विषभरा सोने का घड़ा सिद्ध होना है?

काले पत्थर का पिंड गम्भीर है, शान्त! वाणी मूक है। केवल पिंड के ऊपर स्थापित घट में से बूँदे टपक रही हैं—टप टप टप टप...ये स्वच्छ श्वेत बूँदें हैं? नहीं तो! ये तो रजनीगन्धा की स्वच्छ श्वेत कलियां है—झर झर झर झर फ़र्श पर गिरती हुई...इन्हीं रजनीगन्धा की कलियों से ओ महाकाल! क्या तुमने भी आदि शक्ति को बाँधा था? क्या तुमने भी इनके कंठहार गूँथ कर पार्वती को पहनाये थे? क्या तुमने भी इनकी मेखला गूँथ कर कटि को घेरा था! क्या तुमने भी इनके कंगन बना कर कलाइयों में बाँधे थे—यह घट से गंगाजल की बूँदे झर रही हैं या रजनीगन्धा के फूल?

यह गंगा रजनीगन्धा की श्वेत जादूभरी कलियों की विराट् माला है जिसे प्रभु तुमने अपने मस्तक पर धारण कर रखा है! यह गंगा रजनीगन्धा की अटूट माला है जिसमें आबद्ध अंजलियाँ कभी नहीं खुल सकतीं। यह गंगा हंस-सी श्वेत है। मानसरोवर-सी तरल, हिरणी की आँखों-सी अकलुष! प्रणाम गंगा माँ। प्रणाम ओ गंगा को मस्तक पर धारण करने वाले शिव! प्रणाम!

मन का उद्वेग बहुत कुछ शान्त-सा हो गया है। पर अभी प्रश्नों की खरोंच

बाकी है। पर आज की—रामेश्वर की यह पूजा बहुत अजीब-सी रही है! क्या ले चलूँ इसके प्रसाद स्वरूप! बाहर मन्दिर के चबूतरे पर पता नहीं कब किसने बेले लगाये हैं। एक फुनगी बेले की मैं तोड़ लेता हूँ! इसे ले जाऊँगा!

आश्रम में पहुँच गया हूँ। सत्संग भवन में प्रवचन हो रहे हैं! कौन बोल रहा है यह! अधपकी दाढ़ी, अधपके केश, तपाये हुए तांबे-सा रंग, अजब-सी डूबी हुई ओज भरी वाणी! लगता है वह जनता से बातें नहीं कर रहा, श्रोताओं से नहीं बोल रहा—वह अपने मन के कुछ तार मात्र झंकार रहा है।

अकस्मात् बोलना छोड़ कर वह उठ खड़ा होता है। कमंडल उठा कर, खड़ाऊँ पहन कर चल देता है। मैं भी चल देता हूँ। सीढ़ियों पर उससे भेंट हो जाती है। मैं भी ठिठक जाता हूँ जाने क्यों वह भी ठिठक जाता है! मैं क्या बोलूँ? कुछ शिष्टतावश बोलना चाहिए! लगता है जैसे वह इस आशा में है कि मैं कुछ बोलूँगा! मैं कहता हूँ, ''महाराज आपसे मिलने की इच्छा थी!''

''मुझसे? मुझसे क्यों? जिससे तुम्हें मिलना है उससे मिलो, उसमें मिलो!'' फिर क्षण भर शान्त रह कर बड़ी पारदर्शी सूक्ष्म दृष्टि से देख कर उसी डूबे स्वर में कहता है, ''मिल नहीं चुके हो क्या? बेमिले हो!''

मेरा सारा शरीर रोमांचित हो उठता है। यह कह क्या रहा है? सचमुच वह सत्य मुझे मिल चुका है न! फिर मैं बार-बार उसे क्यों खोजता हूँ? खोज-खोज कर फिर पाने के सुख के लिए? उसे बार-बार खोज कर उसे नित नूतन रूप में पाने के लिए?

भागवत में रास के समय प्रभु अन्तर्ध्यान हो गये थे ताकि गोपियाँ उन्हें ढूँढ-ढूँढ कर फिर नये रूप में पायें , पाने की सुखानुभूति को फिर नयी तन्मयता से ग्रहण करें—जाने कहाँ पढ़ी थी ये पंक्तियाँ—

राधन को विश्वास
कि उसका सारा जीवन रास
कहीं भी जाय
कहीं भरमाय
पिया की लम्बी चन्दन बाँह खींच ही लेगी अपने पास
लौटेगी फिर-फिर बावरिया किसी क्षितिज को चूमके!

क्या सब बार-बार इसीलिए अकुला कर व्याकुल होकर खोजने लगते हैं ताकि पाने के सुख को नयी तन्मयता से प्राप्त करें?

(लौट कर ज्ञात हुआ कि वही रविवार पहली का दिन था जब सूर्या भी अकस्मात् बेहद गहरे गाढ़े अन्धकार में डूब गयी थी और फिर अपने आप उस

ग्रहण से मुक्त भी हो गयी। अनुभूति का एक स्तर ज़रूर इस निखिल ब्रह्मांड में ईश्वर की तरह व्याप्त है और जैसे कंकड़ी फेंकने से एक लहर जो उठती है वह फैलती हुई झील के सभी किनारों को छू लेती है, वैसे ही खोज की यह व्याकुलता, यह अनिश्चय का अँधेरा—यहाँ ही नहीं हर किनारे को फैल कर छू चुका है—मेरे अनजाने ही!)

दोपहर हो गयी! गर्मी वहाँ भी काफ़ी होती है। मैं अपनी दरी तकिया लाकर गंगातट पर बनाये गये एक नये सुन्दर मन्दिर के दालान में आकर लेट गया। सोता रहा। शाम को चित्त काफ़ी शान्त था। उठ कर नाव से उस पार गया। वहाँ एक मद्रासियों की छोटी-सी काफ़ी और मसाला डोसा की दुकान है। वहाँ कॉफ़ी पी। दो गिलास! ऐसी कड़ी कि वे मद्रासी भी चकित हो गये।

उसके बाद नहाने गया। चट्टानों पर कपड़े रख कर गंगा में खड़े होकर सूर्य को प्रणाम किया—सूर्य लाल था, सिन्दूरी रंग का! सूर्य बिन्दु को प्रणाम किया और अंजलियों को आबद्ध करने वाली गंगा में माथा डूबो दिया...असंख्य-असंख्य बेलों की शीतलता...साँझ के आलोक में पर्वतों के शिखरों की आभा बदल गयी है।

पर्वत के गुलाब शिखरों पर रजनीगन्धा की माला-सी झूलती हुई गंगा मुझे कभी भी मुक्ति न दे! पर्वतों के पाँव में लिपटी हुई यह धनुष-सी दोहरी नदी मुझे "बिल्कुल बींध दे!"

अँधेरा बढ़ रहा है। पर्वतों पर तिमिर छा रहा है—बीच में है उजली गंगा—माँग की रेखा-सी!

कौन है यह प्रदेश—मोतियन माँग सजाये, कुंकुम सूरज माथ रचाये! आज गंगा ने किसका वेश धारण कर मुझे सान्त्वना दी है? मेरे प्रश्न का इतना सूक्ष्म उत्तर दिया है गंगा ने!

तुम्हें प्रणाम ओ गंगा! ओ मेरी हिमालय यात्रा की एकान्त सहयात्रिणी! तुम्हारे चरणों में अनन्त प्रणाम!

दोपहर 2 बजे
12.6.58

पुसनी,

कल जब कान्ता ने अपने नाम लिखा तुम्हारा वह खत पढ़ कर सुनाया जिसमें तुमने उसे 'डेविड कॉपरफील्ड' के अपने impressions लिखे हैं तो कितनी यादें मेरे मन में कौंध गयीं। पर कल मेरी तबियत बहुत खराब थी, आँखें जल रही

थीं और मेरी पलकें भी ठीक से नहीं खुल पा रही थीं। पर पड़ा-पड़ा कितनी बातें इस उपन्यास के बारे में सोचता रहा। तुम कभी शोभा दीदी से पूछना, उन्हें परिषद् से पुरस्कार में किताबें खरीदने के लिए रुपये मिले थे तो मैंने डेविड कॉपरफील्ड खरीदने को कहा था। उस उपन्यास की बड़ी मधुर-तिक्त यादें मेरे मन में हैं।

मुझे उस उपन्यास की याद आते ही सबसे पहले याद आता है अपना पुराना घर! पुराने से मतलब अपना अतरसुइया वाला वह घर नहीं जिसमें तुम शादी के बाद कान्ता के साथ आयी थीं, बल्कि उसके दो घर पहले बायीं ओर टीन छाये चबूतरे वाला एक घर, जिसमें बनिये की एक दुकान थी, जिसमें पहले हम और मामाजी रहते थे। और जिसे बाद में हमारे चाचा ने अन्यायपूर्वक ले लिया। उस घर की बैठक, सीली, अँधेरी, मगर ठंडी! मैं बी.ए. द्वितीय वर्ष का विद्यार्थी। किताबें मेरे पास एक नहीं। अपने कोर्स की भी एक दो ही चार। शेष सारा काम लाइब्रेरियों के भरोसे। ज़्यादा लाइब्रेरियों की सदस्यता लायक पैसे नहीं। वहीं बैठ कर पढ़ो।

हिन्दी की एक प्रख्यात लाइब्रेरी है 'भारत भवन'। उसके लाइब्रेरियन मेरे घनिष्ठ दोस्त बन गये। उन्होंने कहा, "तुम एक किताब चुपचाप घर ले जाकर पाँचवें दिन लौटा जाया करो।" मुझे जैसे स्वर्ग मिल गया।

ऊपर एक आलमारी में दो-तीन सौ अँग्रेज़ी की किताबें रखी थीं। सबसे पहले उन्हीं पर छापा मारा मैंने।

डेविड कॉपरफ़ील्ड—मोटे, हल्के बादामी पुराने काग़ज़ों की एक परिचित गन्ध होती है अँग्रेज़ी किताबों में! चमड़े की जिल्द! बीच-बीच में कर्जे देने वालों से डर कर भागते हुए मिकाबर, घृणा उत्पन्न करने वाले यूरीया द्वीप, डेविड और डोरा के रेखाचित्र—मेरे पास तब साइकिल नहीं थी। चौक से पैदल यूनिवर्सिटी जाता था, पैदल आता था। पर सारी थकान भूल जाता था जब दो बजे डेविड कॉपरफ़ील्ड के पृष्ठ खोलता था। लगकर तीन दिन में खत्म कर डाला, फिर मन बेहद व्यथा तिक्त और शून्य...

समय बीतता गया...पर आज उसे पढ़े इतने वर्ष हो गये...बहुत कुछ ध्यान से उतर गया पर एक चीज़ दिमाग़ पर चन्दन अक्षरों में स्पष्ट रूप से अंकित है—उसकी अन्तिम पंक्तियाँ—

"And now, as I close my task, subduing my desire to linger yet, these faces fade away. But one face, shining on me like a heavenly light by which I see all other objects above them and beyond them all. And that remaims.

I turn my head, and see it, in its beautiful serenity beside me. My lamp burns low, and I have written far into the night; but the dear presence, without which I were nothing, bears me company.

O Agnes, my soul! so may thy face be by me when I close my life indeed; so may I, when realities are melting from me like the shadows which I now dismiss, still find thee near me, pointing upward."

ये पंक्तियाँ पता नहीं कहाँ मेरे मन में निरन्तर सजीव रही हैं। लेकिन इनके मर्म का साक्षात्कार मैं नहीं कर पाया था तब सबकुछ मेरे लिए शब्द थे, मात्र शब्द उनमें अर्थ तो बाद में प्रतिष्ठित हुआ। पिछले साल अपने जन्मदिन के कुछ दिनों पहले एक बहुत लम्बा पत्र लिखा था जिसकी अन्तिम पंक्तियाँ लगभग ऐसी ही भावना से लिखी गयी हैं। उन दिनों कान्ता तुम्हारे पास थी कलकत्ते में और मैं अकेला था। बेहद सूना लग रहा था अपना घर और फाटक के पास शिरीष के वृक्ष पर उगा हुआ था शुक्रतारा—बड़ी देर तक उसे देखता रहा और भीतर आकर तुम्हें खत लिखने बैठ गया। फाड़कर फेंका न हो तो उसकी अन्तिम पंक्तियाँ देखो। खत खुद मुझे अच्छा लगा था इसलिए उसकी प्रतिलिपि करा कर रख ली थी। डेविड कॉपरफ़ील्ड पर तुम्हारी प्रतिक्रिया सुनी तो वह खत निकाल कर पढ़ा—ओ मेरे द्वीप! अब मैंने तुम्हें पा लिया है, जीत लिया है, लम्बी बाँहों में घेर कर बाँध लिया है। मेरे चिन्तन में अब भी कहीं समुद्री खारापन है, मेरी गति में अब भी कहीं समुद्री यात्राओं का निरुद्देश्य भटकाव है। पर अब मैं तुम्हें पा गया हूँ। आकाश के नीले समुद्र में द्वीप की भाँति जड़े हुए ओ मेरे शुक्र! ओ उशनस्! अब मैं तुम्हें पा गया हूँ। अब इस स्थायित्व को पाना चाहता हूँ सारे संसार की विक्षुब्धताओं, असंगतियों, विषमताओं और वेदनाओं का अन्तर्निहित संगीत और सामंजस्य खोज निकालूँ।

पुराने अभ्यास से, पुराने अनुभवों और संवेदनों से अब भी कभी-कभी मन भटकने लगता है! ओ मेरे द्वीप अब भी मुझे भटकने दोगे क्या? बाँध लो, कस लो, मेरे एक-एक स्वप्न को, एक-एक अंग को, आत्मा के एक-एक संवेदन को—पूरी तरह बाँध लो। आशीर्वाद दो। अपने अस्तित्व के एक-एक कण से यह आश्वासन दे दो कि अब मैं पहुँच गया हूँ—वहाँ जहाँ के लिए अब मुझे भटकना नहीं है।

ओ बेले की उज्ज्वल राशियों, बड़े गुलाबों, रजनीगन्धा क्षणों से बने हुए द्वीप!

लगता है तुम डेविड कॉपरफील्ड पढ़ते समय वह खत भूल गयीं। वरना "O Agnes! O my soul!" वाली पंक्तियों की Spirit ज़रूर तुम्हें खत की बात

याद दिला देती। मुझे तो इतने दिनों बाद भी डेविड कॉपरफ़ील्ड का जिक्र पढ़ कर पहले उन पंक्तियों और फिर इन पंक्तियों का ध्यान आया!

परसों इस तारीख को मैंने 'ग्यारह सपनों का देश' उपन्यास के पहले अध्याय को लिखना शुरू किया और उसके प्रारम्भिक अंश जल्दी से उतार कर तुम्हें जन्मदिन के लिए उपहार स्वरूप भेज दिये थे। इस Chapter में भी अज्ञात रूप से यही Spirit ध्वनित हुई है। उसका जो पात्र है वह स्पष्ट रूप से भटक रहा है और कहीं पहुँचने को आकुल है। उसकी एक पंक्ति है—"क्या इस सफ़र में हमेशा भरी हुई भीड़भाड़ वाली जगमगाती हुई ट्रेन इसी तरह सूने स्टेशन पर उसे उतार कर चली जाया करेगी और वह छूट जाया करेगा—अकेला पटरियों के पास! क्या वह कहीं पहुँचेगा नहीं?"

...उपन्यास का यह पहला अध्याय तो प्रश्न प्रस्तुत करता है। इसका उत्तर?

उत्तर देना तो कभी मेरे वश में नहीं रहा। ठीक जैसे मैं केवल शब्द रचता हूँ—अर्थ कोई और है उसी प्रकार प्रश्न उठाना मेरे हाथ में रहता है—उत्तर सरस्वती के हाथ में—

...तुम्हें पैकेट में रखी परीकथा और उपन्यास का अंश टाइम पर मिल गया होगा—इसमें सन्देह हो रहा है क्योंकि डाक-हड़ताल चल रही है! अब तुम्हारा पत्र आये तो पता चले

20.6.58

बारिश का पहला दिन—

ऐसे अकस्मात् आयी बारिश, ऐसे अनचित्ते—जैसे मैं अपनी स्टडी में सर झुकाये तख्त पर बैठा लिख रहा होऊँ और कोई पीछे से अकस्मात् आ जाये—और अकस्मात् उसकी उपस्थिति मैं महसूस करूँ जब गुलाब की पांखुरियाँ पीठ पर हल्के सुकुंवार भार की तरह महसूस होने लगें—ठीक ऐसी ही आर्द्र आज की बारिश।

मैं सो रहा था—दोपहर में अचेत। अकस्मात् मेरी नींद खुली और बन्द कमरे में मुझे ऐसा लगा जैसे वातावरण में कुछ है नया, नया ताज़ा-ताज़ा—क्या है। खिड़कियाँ बन्द थीं। बाहर की आवाज़ आ नहीं सकती थी। भाग कर एक क्षण ध्यान लगा कर देखा। रोशनदान से ताज़ी भीगी धरती की बहुत सोंधी महक आ रही थी। ऐसी महक जो जेठ की लम्बी तपन के बाद पहली बौछार से ही उठती है। बारिश हो रही है क्या? मैं भागा-भागा बाहर गया। दालान भीग गया था, पीपल हरहरा रहा था—गुलाब की पत्तियाँ तक धुलकर खुश हो गयी थीं। फुनगियों

पर भीगते हुए, पंख फैला-फैला कर नहाते हुए बैठे थे नीलकंठ, सतमैये, और सन्देश ले जाने वाले चिरपरिचित काग।

थोड़ी देर में बारिश बन्द हुई। एक छोटी-सी काली चिड़िया लेंटाना के फूलों पर बैठ गयी। उसे फुलचुही कहते हैं। फुर्र से इस पर फुर्र से उस पर। पक्की हेडानिस्ट चिड़िया। मन में आया आवाज़ दे कर बुला लूँ—"री बावरिया भीग क्यों रही है—आ तुझे सारे फूल दे दूँगा। जितने आज तक खिले हैं, जितने सृष्टि के अन्त तक खिलेंगे सब तेरे...। लेकिन फिर उसके बाद इस डाल को छोड़ कर मत जाना...बोल मंजूर?" फुलचुही थोड़ी देर देखती रही, फिर नमस्ते करके भाग गयी बोली, "अभी नहीं, फिर आएँगे जी। अभी तो गुलाब खिले नहीं हैं। खिल जाएँगे तब लेकर आऊँगी। फिर नहीं जाऊँगी, कहीं नहीं जाऊँगी।"

आज बहुत दिनों बाद, जबसे पुराना मकान छोड़ा तबसे पहली बार छत पर बरसाती हवा का स्वाद ले रहे हैं। शाम हो गयी है और बादलों में लाली है—छत पर पीपल की हर पत्ती नाच रही है—थोड़ी देर में अँधेरा छा जाएगा और मन की सारी ईमानदारी खंड-खंड होकर बिखर जाएगी। लेकिन...बेले की राशियाँ, ताम्रवर्णी झरने के बगल में बहती हुई धनुष की प्रत्यंचा-सी तनी हुई रुपहली नदी, मानसरोवर की उत्ताल तरंगें...?

आज अपनी छोटी-सी मोटर की कमी बहुत महसूस हो रही है। वह होती तो आज शिवकोटी जाते। वहाँ दूर उस पार सिन्दूरी सूरज डूबता होता। बड़ी-सी बिन्दी-सा। हाथ अपने आप किसी को थपकी देकर कहते—इस पर कुछ लिखना ज़रूर! और जाने कितने दिनों बाद दूसरा चाहे लिखता या न लिखता—पर वे ही हाथ एक सूर्य प्रतिष्ठित कर देते—प्रदीप्त, कभी न बुझने वाला। एक सूर्य लिख देते, अमिट अक्षरों में।

आज अपनी मोटर होती तो फाफामऊ के पुल जाते और लकड़ी की पटरियों पर चलते हुए याद करते वह नन्हीं-सी मछली और राजकुमारी वाली परीकथा जो तुरन्त रचकर सुनायी गयी थी।

आज मोटर होती तो जाते हेस्टिंग्स रोड की उस वीरान सड़क पर जहाँ एक बार शाम को गये थे और ए.सी. पम्प गरम हो गया था और उसे ठंडा करने के लिए ठहर गये थे और दूर सूरज डूब रहा था और कान्ता ने कहा यह जगह कितनी अच्छी लग रही है। और कौन जानता था कि साल भर बाद हम लोगों को वहीं ज़मीन मिल जाएगी और ले ली जाएगी।

और आज अगर मोटर होती तो जाते—पहले द्रौपदी घाट की गंगा पर और फिर जाते रसूलाबाद की गंगा...

मन आज कुछ ताज़ा है। उड़ना चाहता है। उसें पंख लग आये हैं। हंस

बन गया है। मानसरोवर की कल्पना ही करके पंख डुबो-डुबो कर कुलेलें कर रहा है।

लहर पर लहर...
बादल मानो समुद्र की लहरें हैं...
लहरों में धुलते हुए समुद्री गुलाब...
लहरों की चादर ओढ़ कर जल क्रीड़ा करती हुई प्रातकिरन...

1.7.58

एक क्षण आता है जब भाषा भी गैर और परायी लगने लगती है, शब्दों से विश्वास उठने लगता है, मन सोचता है कि अगर अपने मन की बात इन शब्दों से कह भी दी जाये तो पता नहीं शब्द उसे समझेंगे या नहीं—समझेंगे भी तो उसे महत्त्वपूर्ण मानेंगे या नहीं। इसीलिए चरम पीड़ा से क्षणों में भाषा का आसरा छोड़ देना पड़ता है। मौन, केवल मौन या फिर रामायण की भाँति केवल इतना सोच कर चुप हो जाना पड़ता है कि—'सो मन सदा रहत तोहि पाहीं!' वह खुद बता चुका होगा। यदि वह नहीं कह सका तो कोई नहीं कह सकेगा।

बुधवार, 2 जुलाई 58
दिन 2 बजे

स्टेशन से लौटते हुए—चुप थे हम दोनों। कान्ता और मैं! चाँदनी बहुत चटख थी पर मन खिला हुआ नहीं था।

निश्चिन्त था?

सिविल लाइन्स में चुन्ना भइया तथा कई लोग मिले और मुझे तथा कान्ता को क्वालिटी में ले गये। लौटते समय सिविल लाइन्स में सन्नाटा था—घर पहुँचे। घर में इतना सूनापन, इतनी नीरसता और उचटन थी—कि मन बेहद पिरा गया।

मैं ऊपर जाकर सो गया। थका हुआ बेहद था। बेहद गहरी नींद आ गयी—बेहोशी। बीच में कब कान्ता ने दो बार जगा कर मुझे पानी पिलाया मुझे याद नहीं।

सुबह उठ कर नहाया—और नहाते समय एक दिन पहले का स्नान ध्यान में आया। बेहद याद आने लगा। साबुन के फेन में भीगे गुलाब; मानसरोवर और हंस का भीगना...खाना खाते समय अकस्मात् उन पंक्तियों का गाया जाना—

"ससिमुख लख जस रोवइ अन्हारा"...

नहा कर ताज़गी महसूस की। लीडर प्रेस गया। लौट कर 11 बजे आया। आकर मन बेहद उदास हो गया। जाने क्यों? सुबह की ताज़गी अकस्मात् समाप्त हो गयी। खाना खाने के बाद हम और कान्ता बातें करते रहे—सूर्या की—और उसके बाद मन बेहद उचटने लगा—इतना कि मैं एक तकिया दबा कर करवट बदल कर सोने की कोशिश करने लगा। कोई सज्जन बाहर आये और मेरी नींद उचट गयी।

बहुत घबराहट अनुभव कर रहा हूँ। इस समय हर चीज़ से मन उचटा हुआ है। जाने क्यों।

शाम 6 बजे

मैंने Latin American Poetry का संकलन निकाला—आज पता नहीं गैब्रियेला मिस्ट्राल की एक कविता पढ़ने की इच्छा हो रही है: क्या वही मेरी मन:स्थिति का दर्पण है इस समय? किन्तु क्यों?

पढ़ते समय यदि तुलसीदास की चौपाई में संशोधन किया जा सकता है—तो इस कविता के भी कुछ शब्द संशोधित मैंने कर दिये हैं अपने आप; पढ़ते-पढ़ते...

शाम हो आयी है अपनी स्टडी चारों ओर से बन्द कर नीली बत्ती जला कर धीरे-धीरे मिस्ट्राल की वह कविता पढ़ रहा हूँ :

The very earth will disown you.
It your soul barter my soul,
In angry tribulation
The waters will tremble and rise.
My world became more beautiful
Since the day you took me to you
When under the flowing mango tree
Together we stood without words
And love like the heavy fragrance
Of the flowering tree, pierced us.

The earth will vomit forth snakes
If you ever barter my soul!
Clouds will paint over my dwelling

The image of your new love.
Go to him like a thief, crawling
In the boweled earth to kiss him
When you lift his face, you will find
My face, disfigured by weeping.

God will not give you light
Unless you walk by my side.
God will not let you drink
If I do not tremble in water
He will not let you sleep
Except in the hallow of my arms.

If you go, you destroy my soul
As you trample the weeds by the road side.
Hunger and thirst, will gnaw you
Crossing the heights or plains!
And wherever you are, you will watch
The evening bleed with my wounds.
When you call another man
I will issue forth an your tongue
In hating, or singing, in yearning
It is me alone you summon.

If you go and die far from me
Ten years your hand will be waiting
Hollowed under the earth
To gather the drip of my tears.
And you will feel the trembling
Of your corrupted flesh,
Untill my bones are powdered
Into the dust on your face.

कविता को पढ़कर मन उसी तरह धुल गया है जैसे गहरी उमस के बाद आँधी से वातावरण धुलकर हल्का हो जाता है। नहीं...समुद्र की हहराती लहरों के नीचे, इन्द्रजाली आम की छाया में, रसूलाबाद की गंगा के तट पर, कोणार्क के शिखरों पर, जो पवित्र छन्द लिखा गया है वह अधूरा नहीं रह सकता।

गुलाब की बड़ी-बड़ी सुडौल पाँखुरियों पर सोने-चाँदी, सिन्दूर, चन्दन के रंगों से जो हंस, नीलकमल सूर्य और हिमालय के शिखर अंकित किये गये हैं वे कभी नहीं मिट सकते।

और हंसों ने बहुत गहरे उतर कर मानसरोवर के तल में जो लिख दिया है उसे कोई नहीं मिटा सकता।

और चलते-चलते जिसने हंस के उजले पंखों से क्वांरी पगडंडी को अभिषिक्त किया है, वह दूर नहीं जा सकता, नहीं जा सकता...

सुबह के धुँधलके जैसी उदासी अभी मन में शेष है, पर अखंड अटूट आस्था का सूर्य उदित होने लगा है क्या?

If you go you destroy my soul
as you trample the weeds by the roadside.

Saturday, 5.7.58

कल शाम से अजब हवा चल रही थी। नीम की छोटी-छोटी पत्तियों में हरे रेशम की-सी सरसराहट थी और पीपल तो सजीव स्वर बना हुआ था। लॉन की घास तक में हवा की लहरें थीं...और कुछ ऐसी सजीव, ऐसी चंचल थी कल शाम की हवा कि पर्दे तो पर्दे—तख्त की चादरें तक उड़-उड़ जाती थीं। काश कि गुलाब होते तो उनके मेजपोश तक उड़ा ले गयी होती कल की हवा!

क्यों इतनी पागल थी कल शाम की हवा? उसी हवा में कान्ता ने कार्यक्रम बनाया स्टेशन जाकर चिट्ठी छोड़ने का। देर काफ़ी हो गयी थी। आशा नहीं थी बाम्बे मेल के मिलने की, पर इस मदमस्त हवा में और कुछ नहीं तो घूम ही आएँगे—चल दिये!

इतिहास ने अपने को दोहराया। ठीक वैसे ही पुल पर चढ़ते-चढ़ते गार्ड की सीटी सुनायी दी, ऊपर पहुँचते-पहुँचते इंजन ने सीटी दी और प्लेटफ़ार्म पर उतरते-उतरते ट्रेन चल दी। हाथ में लिफ़ाफ़ा लिये लौट आये। ठीक उसी तरह बड़ा-सा चाँद रेल की पटरियों के ऊपर सिगनलों के बीच चमक रहा था, पर इतनी धूल उड़ाई थी इस बावरी हवा ने कि चाँद धुँधला था, पीला था, उदास था।

उस धूल की चादर से ढँके चाँद को देखकर मुझे एक बात याद आ गयी।

कालिदास ने कहीं लिखा है कि केलिकक्ष में वधुएँ अपने प्रिय से अपने को छिपाने के लिए—कक्ष में जलते हुए मणिदीयों पर चन्दन चूर्ण मुट्ठी भर-भर कर फेंकती हैं ताकि दीप का आलोक धुँधला पड़ जाये!

कौन है वह कालवधू जिसने हवा की मुट्ठियों से भर-भर कर चन्दन चूर्ण फेंका है चाँद के जगमग दीप पर ताकि वह धुँधला पड़ जाये? और क्यों फेंका है?

कालिदास की यह बात सोच कर मन बहुत मधुरा आया है। बहुत, बहुत!

मैं और कान्ता एक-दूसरे का हाथ पकड़े हुए खूब ज़ोरों से झुलाते हुए, लापरवाह अँधेरी सड़क पर हवा में फहराते हुए चले जा रहे हैं। और मन बेहद बेईमान हो उठा है। बेहद बेईमान—और देखिये कि कैसी अजीब-अजीब बातें याद आ रही हैं—याद आ रही है लाइम जूस की तेज़ महक! याद आ रहा है वह मानसरोवर का अन्दर-ही-अन्दर बहने वाला रस स्रोत—याद आ रही हैं सूर्या और कनु की बहुत मज़ेदार बातें—कनु की अत्यन्त रोचक इच्छाएँ और अपने मोहल्ले के अत्यन्त भद्र और मर्यादापूर्ण लोकगीत...और हवा के उन तेज़ झकोरों में माथे पर बाल फहरा रहे हैं, तन पर कुर्ता फहरा रहा है, कदम हवा में कुछ बहक-बहक कर पड़ रहे हैं—होंठ बातें कर रहे हैं पर मन—हाय मन तो अपने निचले होठ दबाकर बहुत शरारत से कह रहा है—"आ...ओ..." और कैसा मर्म भरा है यह 'आ ओ!' इसमें कोई भी—दूर वाले को अपने नज़दीक नहीं बुलाता न! अपने अन्दर रहने वाले को ही और अन्दर और अन्दर बुलाता है...'आ ओ'

कुछ दिनों पहले मैंने राधा सीरीज़ की एक कविता में लिखा था—

लो मेरे असमंजस
अब मैं उन्मुक्त हूँ
और मेरे नयन अब नयन नहीं हैं
प्रतीक्षा के क्षण हैं
और मेरी बाँहें बाँहें नहीं हैं
पगडंडियाँ हैं
और मेरा यह सारा हल्का गुलाबी
रुपहली धूप छाँव वाली
सीपी जैसा जिस्म
अब जिस्म नहीं है—
सिर्फ़ एक पुकार है!

तब मैं यह नहीं जानता था कि इतने शब्द और इतनी लम्बी-लम्बी पंक्तियाँ और इतने Complicated images देने की कोई जरूरत ही नहीं—यह सब एक छोटे,

बहुत छोटे से शब्द में व्यक्त हो सकते हैं— ('आ...ओ...')

कभी-कभी एक अव्यक्त स्वर गूँजता है पृष्ठभूमि में, और हमारा सारा जीवन, हमारे तन का प्रत्येक संचालन उसी अव्यक्त स्वर की लय पर चलते रहते हैं।

आजकल जैसे वह नीचे वाले होठों को दबाकर नशीले स्वरों में व्यक्त पुकार ही—एक अनहद नाद की तरह तन में, मन में, सोते में, जागते में, अंग-अंग में, रोम-रोम में गूँजती रहती है। जाने-अनजाने मन और तन उसी संगीत पर प्रतिक्षण थिरकता रहता है। कहीं बैठो, कहीं उठो, कुछ करो, कहीं जाओ सारे मन को, तन को कोई अदृश्य अँगुलियाँ तानपूरे की तरह झंकारती रहती हैं—आ ओ, आ ओ।

कैसी अजीब है यह पुकार! इसका उत्तर क्या एक क्षण में दिया जा सकता है। सारे जीवन का एक-एक क्षण, अन्तिम साँस तक—उसके भी परे—मृत्यु के पार जो अदृश्य रहस्य लोक हैं उनके भी परे जीकर इस पुकार का उत्तर देना है।

मन का एक-एक रेशा पागल हो रहा है। हवा पगला गयी है। "न जाने क्या मन-ही-मन सोच, लजा पगला-सी गयी बयार!" कितनी सार्थक हैं गिरधर की ये पंक्तियाँ!

यात्रा की एक दुबली-पतली सुनहरी नदी पर झुकी हुई, श्यामल गहरायी हुई मेघ घटा—मानसरोवर की अतल गहराइयों पर तैरते हुए निर्मल हंस—गुलाबों पर स्वर्ण पराग का एक वृत्त और उन पर छोटा-सा रुपहला शिखर कलश—कितने अधूरे-अधूरे चित्र हवा के झोकों में तितलियों की तरह पंख फड़फड़ाते उड़े जा रहे हैं—इन्हें पकड़ कर अपनी अँजुली में भर लूँ?

कैसे करूँ—अँजुली खाली कहाँ हैं अँजुली में तो ढेर-ढेर गुलाब की पाँखुरियाँ हैं।...

7.7.58

रविवार, रात 8:11 बजे

बेनूराम मधुरचन्द लो आज अनन्त ममता लो, बहुत-बहुत दुलार लो—बिटिया वाला—क्यों? तुम नहीं जानतीं, बड़ी पागल हो इतना भी नहीं जानतीं? ...बताऊँ? क्या बताऊँ पुसतूराम यह तो मैं भी नहीं जानता कि आज तुम्हारे लिए इतनी ममता क्यों जाग रही है—पर जाग रही है ज़रूर। आज तुम होती यहाँ, तो निश्चित है आज उँगली पकड़ कर तुम्हें बाज़ार ले जाता, तुम्हारे पसन्द के रिबन खरिदवाता,

एक सैंडिल दिलवाता, हाँ जी, लो लिखते लिखते एक बहुत Orginal Idea सूझा है। वह गैस भरे गुब्बारे होते हैं न जो हमेशा ऊपर उड़ते हैं—वैसे दो गुब्बारे खरीद कर तुम्हारी दोनों चुटियों में बाँध देता—तब क्या होता कि तुम्हारी दोनों चुटियाँ बिल्ली की दो पूँछ की तरह तनी हुई बराबर ऊपर उठी हुई रहतीं...कैसा मजा आता!

अच्छा सुनो—आज का पूरा कार्यक्रम! सुबह उठे। थोड़ी देर बगिया में घूमे घामे अखबार पढ़ा, फिर कपड़े पहने, आज इतवार था—कल तुम्हें पत्र मैंने और कान्ता ने लिखा था पर छोड़ नहीं पाये थे—सुबह 9 बजे दिल्ली Express पर late fee लगाकर उसे छोड़ने गये। वहाँ से लौट कर Coffee House में बैठकर घंटों ठहाके लगाये। लौटे बारह बजे दिन में।

आज इलाहाबाद का बेहद गरम दिन था। पहले इतनी कड़ी धूप किसी दिन नहीं थी जितनी आज थी। मजा आ गया बारह बजे दिन में लौटने का। लौटकर खाना खाकर बैठे थे कि सूर्यारानी का Express खत आया शुक्रवार का लिखा हुआ। मन प्रसन्न हो गया।

उसके बाद काम करने बैठे। राधा सीरीज़ वाली कविताओं में दो और लिखीं। सुनो उसकी Scheme बदल गयी थी। पर अभी नहीं बताते। दो-चार दिन में चार-पाँच कविताएँ पूरी कर उस Series को समाप्त कर देंगे। इसकी नयी कविताएँ भेजेंगे तब देखना नाच न उठो मारे खुशी के तो कहना। नीचे तुम नाच उठोगी-ऊपर गुब्बारे बीच में दोनों प्यारी-प्यारी चुटैयाँ। तुम्हारी कविताएँ लिखते-लिखते बज गये पाँच। छः बजे आज हम लोगों ने श्री गिरजाकुमार माथुर, श्रीमती शकुन्त माथुर, श्री बालकृष्ण राव, श्रीमती उमाराव, शान्ति जी आदि को छोटी-सी चाय पर बुलाया था। लॉन पर दरी बिछाई थी। उस पर कालीन बिछाया था। दो पंखे लगाये थे। अपना छोटा काला टेबिल लैम्प लगाया था। मज़ा आ गया। याद बहुत आयी—तुम्हारी नहीं पुसनमल सूर्याजी की बहुत याद आयी! अगर होती तो आज ठाठ से परिचय कराता—कैसा? जैसा किंकर दा से कराया था उनका...जाओ। तुम्हें मालूम ही नहीं!

जब पार्टी ख़त्म हो गयी सब मेहमान चले गये तब ज़रूर कान्ता कालीन पर लेटकर तेरी याद कर रही थी। पर मुझे तेरी तब भी याद नहीं आयी। क्यों आती? क्या मुझे और कोई काम ही नहीं। दिन भर बैठा-बैठा यही करता रहूँ? राम कहो!

आज का दिन बहुत खुशनुमा लग रहा है—अब जब रात को बैठकर लिख रहा हूँ। तेरे ख़त ने छू के चमका दिया इस दिन को।

सोमवार, सुबह 5 बजे
8.7.58

इतना लिख कर सो गया। 3-1/2 बजे होंगे कि बहुत मधुर संगीत से नींद खुल गयी। लगा पास ही कहीं दो-तीन लोग मिलकर बांग्ला में कीर्तन कर रहे हैं और मजीरा बज रहा है। कितना मधुर था वह स्वर। पर इतनी रात को कीर्तन कौन कर रहा है? मैं सपना तो नहीं देख रहा हूँ, पर धीरे-धीरे वह स्वर नज़दीक आता गया और निकट और निकट! लगता था कि मैं आँख मूँदे पड़ा हूँ—और स्वरों की मन्द लहरों पर बहता चला जा रहा हूँ। रहा नहीं गया, उठकर देखा बिल्कुल अँधेरी सुनसान सड़क पर दारागंज की ओर से दो व्यक्ति नंगे पाँव धोती और गंजी पहने चले आ रहे हैं। एक के हाथ में मजीरा, वह चंडीदास का कोई पद गा रहा है और दूसरा बीच में बहुत लय से केवल इतना गाता है—जय जय हरी...

गाते-गाते वे धीरे-धीरे दूर चले गये! बहुत अच्छा लगा। बहुत अच्छा। ठीक वैसा उस दिन लगा था जब पुरी के मन्दिर में हम लोग शाम को पहले दिन गये थे...

पवित्र भव्य, रहस्यमय!

अजीब-सी लहर में नहा कर सो गया। सुबह कान्ता ने जगाकर कहा, देखो तुम्हें एक चीज़ दिखाएँ। उठा। देखा...रेलवे लाइन के पार काली-काली घटाएँ जमा थीं। उनमें सूर्योदय हो रहा था। पर गोल सिन्दूर बिन्दु की तरह नहीं। हवा ने मेघों को कंघी से काट दिया था और मेघ की दो पट्टियों के बीच सूर्योदय एक लम्बी भरी पूरी प्रदीप्त सिन्दूर रेखा की तरह फैल गया था...

उसमें धुल कर मन हंस के पंखों-सा उजला गया...

हमारे छोटे-से मुहल्ले पर सोमवार की सुबह ने हल्का सुनहला रेशमी जाल फेंक दिया है। सब थम गया है। सब जाल में उलझ कर निश्चेष्ट, निस्पंद हो गया है। हवा बिल्कुल थम गयी है, पीपल की एक-एक पत्ती अपनी जगह इतनी स्थिर है गोया किसी ने रंग और तूलिका लेकर गुलाबों पर अंकित कर रक्खी हो। सभी छतों पर सोनेवाले निश्चेष्ट हैं। सामने वाले बँगले के बरामदे में बूढ़े मुकर्जी साहब आरामकुर्सी पर बैठे हैं जड़ प्रतिमावत्...

थोड़ी देर में सुबह अपना जाल खीचेंगी। देखेंगी कितनी चीज़ें फँसकर चली आयी हैं—केवल एक चंचल चमकने वाली छोटी परीकथा वाली मछली नहीं फँसी। वह पहले ही सचेत होकर निकल गयी है और लहरों पर नाचकर सुबह

को मुँह चिढ़ा-चिढ़ा कर कह रही है—"जाओ! जब तक लम्बी चन्दन डोर और बारीक दृष्टियों का जाल बुनकर नहीं लाती तब तक मैं फन्दे में आने वाली नहीं।"

अच्छा बेनूराम मधुरचन्द बहुत गपशप कर ली तुमसे, मीठी-मीठी बातें कर लीं...चिढ़ा भी लिया तुम्हें, अब धूप निकलने लगी है जाओ भागो जल्दी से मंजन करो, मेज़पोश बिछाओ मेज़ों पर, फिर नीचे चलकर बेले के ताज़े फूल चुनो और लॉन पर टहलो। कई दिन से गुलदस्ते नहीं बदले गये हैं—असल में अब तुम बहुत आलसिन हो गयी हो—कुछ नहीं करतीं—उठो लेंटाना के रंगबिरंगे फूल लाकर गुलदस्ते सजाओ...अच्छा जाओ तुम यह सब करो, मैं जाता हूँ सरस्वती की पूजा करने चुपचाप—जब मैं आँख मूँदे ध्यानमग्न होऊँ और पलकों की कोरों में थोड़ा-सा जल भी छलक आया हो—तब तुम धीरे-से आकर पास खड़ी होकर पूजा करना...थोड़ी देर बाद मैं तुम्हें देखूँ नहीं, जानू नहीं केवल धुँधला-धुँधला महसूस करूँ—पूजा में थोड़ा-सा विघ्न-सा पड़ता रहे, ध्यान बटँता रहे और यह विघ्न बहुत अच्छा लगे—ठीक जैसे तड़के सुबह की नींद में उस हरिकीर्तन के मधुर संगीत से हल्का-हल्का मीठा-मीठा विघ्न पड़ना कितना अच्छा लग रहा था। अच्छा पूजा खत्म हो गयी, अब थोड़ा-सा चन्दन सुलगाओ, चन्दन की ज्वाला में गुलाबों को मन्द मन्द आँजों! आँज लिया—अब सहयात्रिनी के वेश में गुलाबों को अपने पल्ले में कसकर बाँध लो और जाओ बैठकर मेरी जोगिया रेशमी जिल्द वाली कॉपी में एक गद्यखंड लिख आओ!

लिख लिया...धत् यह तुमसे किसने कहा था—पूरे पेज पर केवल दो बड़े बड़े अक्षर। बस इन दो अक्षरों में सारी भाषा खत्म। यह सब कुछ नहीं—जाओ ठीक से कुछ लिखो। अच्छा जाने दो दोपहर में जब मैं सो जाऊँगा, कुन्नो सो जाएगी तब तुम बैठकर चुपचाप उस छोटी-सी प्लास्टिक कवर वाली डायरी में लिखना...

आज यदि कुछ न लिखूँ तो भी क्या जो मन कह रहा है वह सूर्या तक पहुँच नहीं रहा होगा? प्रणाम और मस्तक के जाज्वल्यमान सूर्य प्रणाम! कभी छुपोगे तो नहीं? कभी अपनी ज्योति को मलिन तो नहीं होने दोगे? हिमशिखरों की यात्रा में ओ सूर्य तुम्हारे बिना हर कदम ग़लत पड़ सकता है न!

10.7.58

प्रयाग, 10 जुलाई बृहस्पतिवार : परसों मंगलवार से कुछ अजीब पगला देने वाला मौसम है। पता नहीं कहाँ-कहाँ किन-किन खेतों, खलिहानों, गाँवों, मैदानों में घनघोर वर्षा हुई है कि यहाँ खूब ठंडक हो गयी है। अब तो उस प्यारी छोटी-

सी छत पर कितनी ठंडी सिहरा देने वाली हवाएँ चलती हैं आज कल! और रात तीसरे पहर जब थोड़ी ठंडक होने लगती है और पीपल का हरहर राग और भी तीव्र होता है तब अकस्मात् नींद उचटती है पर खुमार बना रहता है और बरबस उन चीजों की याद आती है जो चरम अपनी हैं। मधुर उत्फुल्ल गुलाब, हिलोर लेता हुआ मानसरोवर और तारों के प्रकाश में भी जगमगाता हुआ सूर्यबिन्दु!

इन दिनों दिन में बराबर राधा सीरीज़ वाली कविताएँ पूरी करता रहा और रात में जब कभी सोने जाऊँ या रात को नींद उचटे और मन कुछ सोचने लगे तो केवल एक बात ध्यान में आती थी। सूर्या ने बहुत धीमे से, बहुत ममता से, बहुत समर्पण से मुझसे एक दिन पूछा था, "अच्छा बताओ तुम्हारा अपने भावी जीवन के बारे में क्या सपना रहा है?" मैं उस दिन कुछ भी नहीं बता पाया था...क्यों? शायद इसलिए कि कहीं-न-कहीं मन के अल्हड़ गर्व ने जागकर यह कहा था कि मैंने इतनी बार सूर्या के मन के सपनों को वाणी दी है—आज मेरी बारी है। अब मेरे मन के सपनों को मैं क्यों वाणी दूँ सूर्या उन्हें क्यों नहीं वाणी देती? अत: मैंने टाल दिया। मैंने कहा मैं अतीत या वर्तमान में रहने वाला प्राणी हूँ। मैं भविष्य के बारे में बहुत कम सोचता हूँ। लेकिन पगली सूर्या यह क्यों नहीं समझती कि मेरा मन दिन-रात और करता क्या है सिवा भविष्य के सपने बुनने के। यदि मेरे हाथ में भूल से तूलिका आ जाती है तो गुलाबों की घाटियों में अपना चाँदनी नहाया सपना ही चित्रित करता हूँ। और क्या किया है मैंने इन कविताओं में जो इधर लिखी हैं? पहले मैं सोचता था कि 'केलिसखी' की चरम अन्तरंग केलि की जो कविता समाप्त होती है वह मानो उनकी सायुज्य लीनता का चरम बिन्दु है पर अब इन कविताओं को लिख कर पता चला कि नहीं वह चरम बिन्दु नहीं वह तो आरम्भ बिन्दु है। उसके द्वारा उनकी यात्रा प्रारम्भ होती है। असली मंज़िलें तो उसके बाद हैं। और इन नई कविताओं में कनु की अन्तरंग केलिसखी उनके साँवरे तन को कण-कण लीन कर लेने के बाद उनके व्यक्तित्व के जितने आयाम हैं जैसे हीरे के सैकड़ों पहलू होते हैं—वैसे उनके व्यक्तित्व के जितने पहलू हैं उन सबमें केलिसखी अपने को अर्थ की भाँति गूँथ देना चाहती है।

सूर्या को कभी बताना चाहता हूँ कि यदि शब्द दे सकूँ तो बताऊँ कि यही मेरा सपना है। कनु की जीवनयात्रा का कोई क्षण, उसके व्यक्तित्व की कोई दिशा सूर्या की अन्तरंग एकमेकता से शून्य न छूट जाय! अस्तित्व की कोई दिशा न हो जिसमें सूर्या कनु की न हो। अस्तित्व का एक क्षण ऐसा न हो जिसमें सूर्या कनु के निकट न हो! निकट केवल कला में नहीं—सहयात्रिणी के वेष में, गुलाबों लदी, हिम मार्ग पर अगस्त के उजले कटावदार फूलों की छाप छोड़ती हुई। जहाँ-जहाँ कनु जाय—मन से, बुद्धि से, आत्मा से, तन से...चाहे जिस दिशा में चाहे

रजनीगन्धा कक्ष की अर्द्धालोकित तमिस्रा में चाहे इतिहासों के विराट् रणक्षेत्र में—पर सूर्या के मस्तक का सूर्य उसके सदा निकट हो उसके पथ को आलोकित करने के लिये।

यह कहना ग़लत होगा कि सूर्या इस स्वप्न का साक्षात्कार खुद नहीं कर चुकी है। एक दिन उसने स्वतः कनु की अकारण उदासी पर कहा था मै नहीं चाहती कि कनु जिन स्तरों पर जीवन जिये और उनमें से केवल एक स्तर मेरा हो। वहाँ भी कण-कण अस्तित्व की एक-एक दिशा एक-एक स्तर मेरा ही हो, मेरा ही—कनु उसमें अकेले क्यों रहे? क्यों रहे?...और वही तो, वही तो, इन कविताओं में दर्प से तन कर राधन् ने कहा—पर नहीं अभी नहीं बताऊँगा...वे कविताएँ स्वयं बताएँगी...कहो राजन्! अब कहाँ है तुम्हारा गर्व कि तुम, केवल तुम कनु और सूर्या के उस स्वप्न को समझते हो और उसे वाणी दे सकते हो। अभी अभी जब पिछला पृष्ठ लिखा जा रहा था तभी एक पत्र मिला—मलय चन्दन के बंगलाक्षर सम्बोधन वाला...और लो तुम्हें क्या मालूम था कि तुमने कविताओं में जो कुछ लिखा है वह उसका मर्म कोई बिल्कुल उसी दिन मंगलवार आठ को बैठकर इतनी दूर पत्र में लिख रहा था। भाव वही हो तो कोई बात नहीं—राजन् मेरे! शब्द तक कहीं-कहीं वही हैं जो तुमने लिखे हैं। अब तुम्हारा क्या? कोई वहाँ लिख रहा था और गुलाबों को प्रिय जो उसकी अँगुलियाँ यहाँ छूट गयी थीं वे यहाँ वही बातें लिख रही थीं।

इस पराजय पर, गर्व के इस टूटने पर भी तुम्हें गर्व नहीं है राजन्! तुम्हारी केलिसखी तुम्हारी कितनी अपनी है! तुम उससे पृथक अपने को मान कर चाहे कभी गर्व कर लो, चाहे अपने को उदास कर लो पर यह सब उसे फिर-फिर उपलब्ध करने का उपक्रम मात्र है अन्यथा अपने हर शब्द में, अपनी सम्पूर्ण गिरा में तुमने अर्थ की भाँति सिवा उसके और किसे पाया है? "गिरा अरथ जल बीचि सम कहियत भिन्न न भिन्न।"

नहीं अब कौन संशय हो सकता है? कहाँ का विषाद हो सकता है? अब मुझे काम में लग जाना है। मुझे कितना काम करना है। सूर्या की हर भंगिमा को उसके अस्तित्व के हर स्पन्दन को वाणी में उतारना है—कविताओं में, कहानियों में, उपन्यास में, एकांकी में! अब मुझे कोई असमंजस भी नहीं है। कोई असमंजस नहीं। जो अपनी चीज़ है यदि वह कभी टूटने छूटने को भी हुई तो मैं कहाँ गया हूँ कहाँ गयी है कुन्तल! सारी दुनिया से लड़कर खुद यदि सूर्या हिम्मत हारती होगी तो उससे भी लड़कर गंगाजल में आबद्ध तीसरी अँजलि को जीतने में देर नहीं होगी।

सूर्या तुम नीरव निशीथ में उस रजनीगन्धा कक्ष में तख्त पर काँपती हुई

बैठी हो। मेरी हर कृति, मेरा हर शब्द रजनीगन्धा के श्वेत मदालस फूलों की लड़ी है जिससे मैं तुम्हारे अस्तित्व का कण-कण बाँध रहा हूँ। तुम अँधेरे में उठ खड़ी हुई हो चुपचाप दूर जाने के लिए पर एक कदम भी नहीं चल पाई हो कि झर-झर झरझर झरती हुई कलियों ने बता दिया लम्बी चन्दन बाँहों को कि उठो और पाश बनकर बाँध लो, हर गति को, हर स्पन्दन को। हर साँस को, सूर्या की सम्पूर्ण नियति को उसके जन्म-जन्मान्तरों के जीवन को...

इस जाल के कितने फन्दे हैं। कभी आम्रवृक्ष के यक्ष मंजरीगन्ध गूँथकर बुनते हैं, कभी रजनीगन्धा की मालाएँ, कभी करौंदे की लड़ी, कभी चन्दन बाँहे और कभी सर्वनामों का अन्तरंग इच्छाओं का और कल्पित वार्ताओं का फन्दा!...

...कितना गर्व होता है किसी पर कण-कण अणु-अणु अपना साम्राज्य स्थापित करना...लेकिन राजन् यह तुम भूल गये हो कि तुम बन्दी शासक हो। तुम्हारे स्वप्न तक तुम्हारे नहीं, तुम्हारे शब्द तक तुम्हारे नहीं।

राजन! इस पराजय में, गर्व के इस टूटने में भी तुम्हें गर्व नहीं होता?

सूर्या के उस लिफ़ाफ़े के साथ एक उपन्यास का प्रथम अध्याय आया है। शीर्षक अनिश्चित, पर ऊपर रेखाचित्रों द्वारा उस उपन्यास में क्या विषयवस्तु हो इसका निर्देश कर दिया गया है। कितना सशक्त कितना अर्थवान है वह रेखाचित्र! अब क्या करोगे राजन्! इतना हुक्म तो स्टालिन ने भी अपने देश के लेखकों पर न चलाया होगा कि पहला अध्याय लिखकर विषयवस्तु को रेखाचित्र द्वारा व्यंजित कर भेज दे कि अब आगे उसी के अनुसार कथा पूरी करनी है। कहो राजन्! यूँ तो बहुत शेर बनते हो। मजाल है तुम्हारे लिखने की दिशा में कोई हस्तक्षेप कर तो दे—पर यहाँ अगर हस्तक्षेप ही नहीं, बिल्कुल हुक्म मिले तो भी मन का कण-कण पुलक उठता है। कितना अच्छा लगता है कि कोई सिविल लाइन्स जाये या न जाये—या जाकर कितनी देर रहने से लेकर उपन्यास में क्या लिखने तक पर बिल्कुल नादिरशाही शासन चलाये—

क्यों न अच्छा लगे यह शासन?

जन्म जन्मान्तर से इसी की प्यास में तो चलता आ रहा है न यह मन? और फिर मैं जो भी लिखूँगा, लिखता हूँ—वह तो सब शासन करने वाला जानता है उन्हीं शब्दों में उन्हीं प्रसंगों को उठाकर कभी-कभी तो उन्हीं शब्दों में!

सच अगर कोई मंगलवार का लिखा सूर्या का पत्र पढ़े और मंगलवार लिखी वे कविताएँ पढ़े तो उसे विश्वास नहीं होगा कि ये दो व्यक्तियों द्वारा इतनी दूरी पर बैठ कर लिखे गये हैं।

और उसकी धारणा है भी ठीक! वे दो व्यक्ति हैं कहाँ—वह दूरी भी केवल illusion है। केवल छल! बार-बार और प्यास से निकट आने का साधन मात्र—

सो मन सदा रहत तोहि पांही—एक-एक अक्षर सत्य है जी यह चौपाई....

14-7-58

हाँ तुम मुझे कुछ भी कहकर पुकार सकते हो भागवत कहकर, मुरली कहकर...राधन् कहकर मैं तुम्हारे लिए सब हूँ। सभी अब तुम्हारे लिए मैं हूँ मात्र मैं! तुम जिसे भी चाहो ग्रहण करो, पर केवल मेरे माध्यम से। यह सूर्या ने कहा था राजन से...जब बाहर दोपहर ढल चुकी थी और कमरे के अन्दर नीलिमा गहरा आयी थी और रैक के ऊपर रक्खी सरस्वती के बगल में रक्खे रजनीगन्धा के हार सुगन्ध बिखेरने की तैयारी करने लगे थे...तब...आज शाम से बेतहाशा पानी बरस रहा है और पता नहीं क्यों राजन अपने लॉन पर बरसते पानी में भीगते हुए, माली से बेले की नयी क्यारियाँ बनवाते हुए, रह-रहकर सूर्या का यह वाक्य याद कर रहा है। कारण मैं जानता हूँ। राजन् के मन में आज तीसरे पहर अकस्मात् दो साल पहले की एक बारिश का अपराह्न घूम गया है जब उस मकान के चौड़े बरामदे में तख्त पर वह बैठा था और तख्त के आगे एक मेज़ लगी थी और बगल में कुर्सी पर भागवत थी और बाहर रिमझिम कर पानी बरस रहा था—दूर-दूर तक और भीग रहा था आँगन, और भीग रहे थे तब तक अनपहचाने गुलाब और भीग रहा था इन्द्रजाली आम, और भीग रहे थे भागवत के पुराने पृष्ठ जो केवल एक बार खोले गये थे और फिर नहीं खोले गये—नहीं खोले गये—नहीं खोले गये...और मेज पर एक मायूस सिर टिका हुआ था और वही कोमल शंख वाले गले की चिरपरिचित मुद्रा...और बारिश में खूब भीगे हुए लॉन पर अपने पाँव के तलवे छपछपाते हुए उसने कहीं पढ़ी हुई कुछ लाइनें मन-ही-मन दोहराईं... "सिर्फ़ एक छाप छूट जाएगी आने की, रुकने की, चलने की...इस उदास बारिश की, पास-पास चुप बैठे गुमसुम दिन ढलने की!"...

राजन के मन को अकस्मात् झटका लगा। इस याद के लिए भी क्या सूर्या से अनुमति ले ली है। हाय रे! उसके मन की बेबसी! सच अब कुछ भी तो उसका मन सूर्या से पूछे बिना नहीं कर पाता—भागवत की याद भी नहीं! "कुछ भी चाहो पर केवल मेरे माध्यम से मेरे माध्यम से!" और फिर जैसे उसका मन चोट खाये शिशु की भाँति अपने बड़े-बड़े गुलाबों में मुँह छिपाकर सब भूल जाने के लिए आतुर हो गया। उमस भरी शाम को, उसकी अनमनी अनखाती बारिश को, उस दिन ढले की बारिश में जो आया था उसे भी...राजन के मन ने आँख में बहुत तरल उदासी भरकर गुलाबों से कहा, मुझे छिपाकर सब भुला दो—सच!

अब मुझे रजनीगन्धा, बेले और गुलाबों से रचा हुआ मेरा द्वीप मुझे मिल गया है—अब "झुकी मुँदी पलकों में पछाड़ खाते समन्दरों की असफल यात्राएँ मैं भूल जाना चाहता हूँ। सिर्फ़ इतनी बात याद रखना चाहता हूँ कि उन समुद्रों ने जहाज़ खेना न सिखाया होता तो मैं यूलिसिस इस गुलाब द्वीप तक नहीं पहुँच सकता था... और तब अकस्मात् राजन का मन बजाय विषाद और खिन्नता के एक अजब सान्त्वना और संतोष से भर भर उठा। पीपल के पत्तों से फिसलती हुई बड़ी-बड़ी बूँदे उसके माथे पर, उसके केशों पर, उसकी बाँहों पर, उसके होठों पर पड़ रही थीं। बरसो, ओ रसमसाती बूँदों—"ये माथा मेरा नहीं यह तो सूर्या का है। बरसो ये केश मेरे नहीं उसकी भटकती उँगलियों के हैं। बरसो ये बाँहें मेरी नहीं गुंजलक में कसकर अपने दंश के नीले चिह्न छोड़ जाने वाली नगरवधू की हैं। बरसों ये होठ मेरे नहीं इन्द्रजाली आम्रवृक्ष के यक्षों के जाल में उलझकर छटपटा रही सोन मछलियों के हैं!"

कभी-कभी जब मन अपनी अभिव्यक्ति के लिए शब्द नहीं पाता तो कभी पहले की पढ़ी हुई किसी कविता की कोई एक पंक्ति राजन् की सहायता के लिए आ जाती है। अब सूर्या की बात सोचते-सोचते अकस्मात् उसकी कहीं पढ़ी हुई शायद अंचल की एक कविता याद हो आई है—आज बरसते बादल दिन काटे न कटे, तुम न हरो तो कैसे मेरे मन की पीर छटे!

और राजन साहब जैसे हैं कि अब ये पंक्तियाँ याद आ गयी हैं तो अब लॉन पर, बरामदे में, ड्राइंगरूम में घूमते-फिरते, नहाते-खाते टहलते, पढ़ते-पढ़ते इन्हीं को दोहराये चले जा रहे हैं 'तुम न हरो तो कैसे मेरे मन की पीर छटे...'तुम' कौन? सूर्या-सूर्या और कौन?

और अकस्मात् राजन् को याद आयी अपने आँगन की एक धूप खिली दोपहर जब वह पहली बार अनुभव करने लगा था कि उसका मन एक ऐसे बारीक मगर अटूट जाल में उलझता जा रहा है जिससे वह कभी भी छूटना भी चाहेगा तो नहीं छूट पाएगा तो कोई ऐसे ही सहज में उसका मन थोड़े ही हार मान गया था। उसने आँगन में आरामकुर्सी से टिककर अधलेटी सूर्या से बहुत ही दबे हुए शब्दों में कहा था—पता नहीं क्यों तुम्हारी यह ममता मुझे बेहद कचोटती जाती है। कभी इसे खोना पड़ा तो! और सूर्यामती पर भी कैसी मज़ेदार प्रतिक्रिया हुई थी "अच्छा राजन् तुम्हें दुख होता है तो मैं यह नहीं चाहती! मैं कृतघ्न नहीं हूँ जाने दो मुझे। ड्राइवर गाड़ी रोको!" गाड़ी रुक जाती है। दरवाज़ा खुलता है और सूर्या यह जा वह जा...जाओ सूर्या कहीं भी जाय कहीं भरमाय..पिया की लम्बी चन्दन बाँह... खींच ही लेगी अपने पास...

...और अकस्मात् राजन को याद आता है कि परसों सूर्या ने यह गीत सीखा

होगा...आज उसका अभ्यास कर रही होगी क्या इस समय...और अकस्मात् घनघोर बारिश आ गयी और आज राजन् को उस कमरे में सोना पड़ रहा है जहाँ सूर्या ने अपनी माँग में हंस के उजले पंख धारण किये थे। क्या इस कमरे में नींद आ सकती है। एक क्षण को भी? कभी नहीं...कभी नहीं, कभी नहीं...राजन, अपना एक अधिकार मरते दम तक नहीं छोड़ूँगी। चाहे आजसे 20 बरस बाद भी तुम्हारे पास रहूँ तो रात भर ज़गाने का association ऐसा ही रहेगा—बिल्कुल ऐसा ही? "जगाओ सूर्या—इस कमरे में क्या आज रात भर सो सकूँगा? कदापि नहीं! ...खिड़की से दीख रहा है बगल का पोखर जो आज की बरसात से भर गया है। लहरा आया है। याद है यह पोखर? इसी के किनारे वाली सड़क से घूमे थे राजन तुम? किस दिन? जिस दिन पहली-पहली बार सूर्या ने तुमसे निकट होकर बातें की थीं। वह शरद की चाँदनी...और एक दिन और। जब तुमने पूछा था—"अक्सर बगल-बगल चलनेवाले एक-दूसरे से बात न भी करें तब भी वे एक-दूसरे के मन की बात समझते चलते हैं न?" और सूर्या ने एकदम खिल कर कहा था? "हाँ—कैसे समझ लेते हैं वे? सच बिल्कुल समझ लेते हैं।" सुनो सूर्या—राजन मन में कह रहा है—"उसी दिन दूसरे ही शब्दों में सही पर क्या बात वही नहीं की गयी थी जिसे बहुत दिनों बाद रामायण की चौपाइयों द्वारा कहा गया—"तत्व प्रेम कर मम अरु तोरा—जानत एक प्रिया मन मोरा—सो मन सदा रहत तोहि पाँही" ...और राजन साहब तो ठहरे राजन साहब! अंचल की पंक्ति के बाद अब ये चौपाई याद आ गयी तो इसी की रट लगी हुई है और मजाक ये कि आज बादल खूब गरज-गरज कर बरस रहे हैं तो आपने अपनी सुविधानुसार तुलसी की चौपाई को चुन लिया है और गुनगुना रहे हैं—घन घमंड नभ गरज़त घनघोरा जानत एक प्रिया मन मोरा...

सो जाओ राजन, सो जाओ। ये बादल तो रात भर बरसेंगे, यह हवा तो यों ही रात भर डँसेगी, यह फुहार तो रात भर तुम्हें खिजाएगी। कब तक जागोगे—मत इन्तज़ार करो कि अपने पालित हंस की सुकुमार गर्दन को सहलाने वाली रफ़ियन अँगुलियाँ तुम्हें थपथपा कर सुलाने आएँगी! मत इन्तजार करो कि मानसरोवर की बाढ़ आज तुम्हें डुबाने आएगी। मत इन्तज़ार करो कि आधी रात बेले फूलेंगे, मत इन्तज़ार करो कि सर्वनामों का खेल आज फिर दोहराया जाएगा। सोने की कोशिश करो। जानता हूँ कि मन की निकटता काफ़ी नहीं है। लेकिन सो जाओ राजन्। खिड़कियों से आती हुई हवाएँ तुम्हें नगरवधुओं की भांति डँस रही हैं। उन्हीं के दंश से मूर्छित होने का प्रयास करो...

बुधवार 16 जुलाई, रात 9 बजे

इतने दिनों के अवकाश के बाद काम का पहला दिन। कल दिन भर तबीयत कुछ अनमनी रही। इतनी विश्रामहीन छुट्टियाँ कभी नहीं बीतीं। अगर दिल्ली की दूसरी यात्रा के दो दिन ओखले में हिन्नी से बेनुआ की बातें करते हुए बिताये गये दिन : देवप्रयाग की राह में अपनी एकान्त सहयात्रिणी गंगा के साथ बिताये गये दिन और उन दिनों मानसरोवर के तट पर बिताये गये जादू भरे दिन यदि निकाल दिये जायें तो शेष क्या बचता है?...लेकिन सुनो, राजन् इसे इस दृष्टि से क्यों नहीं देखते कि अन्त में जो मानसरोवर के किनारे छह दिन और छह रातें बीती हैं केवल उन्हीं के लिए यदि तुम्हें एक जन्म अकेले रहना पड़ता तो भी क्या उन दिनों की उपलब्धि का मूल्य चुक सकता है?

कल अनमने दिन कुछ नहीं किया। सूर्या को पत्र भी नहीं लिखा। केवल दो कविताएँ सोमवार की रात को अनूदित की थीं कमिंग्ज की और कैथलीन रेन की। उन्हीं को बैठकर सजाता रहा और अन्त में कान्ता ने उन्हें अपने लिफ़ाफ़े में रखकर पत्र सहित तुम्हारे लिए भेज दिया। कल रात को बैठा-कुछ अच्छा भी लग रहा था। Golden treasury में कुछ कविताएँ पढ़ता रहा। एक बहुत अच्छी लगी एलिजाबेथ बैरेट ब्राउनिंग की एक सॉनेट आज उसे उतारूँगा, सजाऊँगा।

कल शाम तो बेहद उमस थी। इतनी उमस कि सफ़ोकेशन होने लगा था। आधी रात के बाद पानी बरसा और फिर तो ऐसा बरसा कि जब सुबह हुई तो ऐसा लगता था कि आसपास चारों ओर के बँगले, मकान, धुले हुए पेड़, भीगी सड़क, डालों में सहमी बैठी चिड़ियाँ, रेल की घुमाव लेटी हुई लाइन, उन लाइनों पर छाता लगाकर जाते हुए दो आदमी और खिड़की के छाजनों से टप टप टपकती हुई बूँदें जमकर अलसायी हुई—खुमार भरी...ये सब असली नहीं हैं—ऊदे ऊदे बादलों के रंगवाले किसी बहुत बड़े चीनी रेशम के पट पर किसी बूढ़े नीली आँखोंवाले चीनी चित्रकार ने अपनी तूलिका के अत्यन्त मृदुल संस्पर्शों से इन रहस्यमय अत्यन्त प्यारी फ़िगर्स और इस सारे लैंडस्केप को उभार दिया है।

और अपने सामने वाले सहन में अगली दीवार में गमलों के पास टिककर खड़ी अपनी सूर्या की एक गृहवधू मुद्रा जहाँ मुझे बेहद भा गयी थी—वहीं खोया-सा खड़ा हल्की रिमझिमाती बूँदों की जाली के पार भीगी सुनसान सड़क पर जाते हुए इक्का दुक्का पैदल यात्रियों, धीमे-धीमे जाते हुए रिक्शों और रेल लाइन पर अर्द्धवृत्ताकार घुमाव लेती हुई भीगी हुई हाँफ-हाँफ कर चलती हुई रेलगाड़ियों को घंटों देखता रहा...सोच नहीं रहा था कुछ! केवल उस दृश्य में धीरे-धीरे अपने को घुला देने का प्रयास कर रहा था। वह थका हुआ कुछ-कुछ अलसाया हुआ

शैथिल्प बहुत अच्छा लग रहा था—जैसे अक्सर सुबह सोकर उठने के बाद नींद पूरी हो जाने के बाद भी मानसरोवर से हार खाकर थोड़ी मीठी-मीठी थकान और सुस्ती में घुले हुए—करवट बदल कर फिर आँखें मूँदे-मूँदे किसी की दुलार भरी उँगलियों की भटकन अपने माथे पर बिखरी अलकों में अनुभव करना—और हिलना नहीं, कुछ बोलना भी नहीं, आँखें भी नहीं खोलना सिर्फ़ गुलाबों की मृदु गरमाई में घुलते जाना, घुलते जाना...भोर का यह मधुर सपना टूटा और कब मैं सचेत हुआ और कब कपड़े बदलकर रिक्शा बुलवाकर चला मैं, यह अब याद नहीं।...लौटकर आया तो अकस्मात् पिछले वर्ष की वे दोपहरें याद आयीं जब मैं लौटकर आता तो उम्मीद करता था कि मेरे आँगन में आज कचनार की कली ज़रूर खिली हुई मिलेगी! एक कली कचनार की दखिन पवन में झोकें लेती डार की लहर बदन में! और उसके बाद चाय कितनी अच्छी लगती थी। कभी-कभी कटहल के नीचे बैठकर दोपहर का खाना...आज भी लौटकर खाना खाया था और खाने के बाद बेहद सुस्ती आ गयी और सो गया।...पाँच बजे नींद खुली तो तबीयत बहुत भारी थी। बरसात की दोपहर को सोना इतनी देर में खाकर—सर भारी था और उठने पर इतनी झुंझलाहट थी कि किसी से लड़ पड़ूँ यही तबीयत हो रही थी। ...जैसे तैसे अपनी इस परम पावन इच्छा को दबाया और चाय पी। पर शाम को कहीं गये नहीं—लॉन पर बैठे माली से रात 9 बजे तक काम करवाते रहे। पानी दोपहर को बन्द हो गया था और उमस फिर हो गयी थी, पर उतनी नहीं जितनी कल रात थी।...शाम की डाक भी बहुत नीरस थी। धर्मयुग का एक नीरस अंक, दो साहित्यिक खत एक बेनोमा का पोस्टकार्ड कि रजिस्ट्री मिल गयी—बस और कुछ नहीं। बेहद गुस्सा आया यह पोस्टकार्ड मात्र पाकर पर खैर...और कुछ नहीं...एक नीलकंठ उड़-उड़कर पीपल की फुनगियों पर बैठ रहा है और मेरे Compound की दीवार पर ....परिचित नीलकंठ है क्या...मैं पहचानने की कोशिश करता हूँ...हाँ जी बिल्कुल याद आ गया हलो डियर नीलकंठ तुम्हीं मिले थे न उड़ीसा में—कोणार्क की सुबह...नारियल के कुँजों की ओर से नील पंख फैलाये बरगद की डाल पर बैठने जा रहे थे...तो डियर नीलकंठ किसकी तलाश में आये हो। सूर्या की? क्या उसने तुमसे अपना यही पता बताया था—हाँ उसका स्थायी पता यही है 'लौटेगी फिर बावरिया किसी क्षितिज को चूम के...यहीं जहाँ मैं खड़ा हूँ खोया-खोया-सा...यहीं गृहवधू भंगिमा में खड़ी जोगिया आँचल हलका फहराता हुआ...जागरण की रात की थकान, आलस और चेहरे पर प्रदीप्त उल्लास...यहीं मिलेगी, पर कुछ देर बाद आना...नीलकंड चला जाता है। पक्षी है न गीतों का शौकीन—सूर्या ने जो नया गीत सीखा है 'मोतियन। माँग सजाए वाला उसे सुनने आया था।...असल में नीलकंठ जी हैं न अभी पल्ले नहीं पड़े

हैं सूर्या के—बड़े आये हैं गीत सुनने। जब छह दिन लगातार खुशामद कराने के बाद भी सब कुछ वसूल करने के बाद भी गीत के नाम पर सूर्या जी पट्टी पढ़ा कर चल देंगी तो होश ठिकाने आ जाएँगे।...अभी तो वह सब नखरे देखे नहीं हैं। मुझे क्या? मुझे तो अब यह सब देखने ही होंगे...अब कहाँ छुटकारा है। पर नीलकंठ जी आप क्यों इस आफ़त में कूद रहे हैं बिना समझे बूझे! गीत वीत सुन पाना कठिन ही है आपका!...बीबी जी, बीबीजी, एक जरा-सा गीत सुनाने के लिये आप उनसे इतनी मनावन कराती हैं तो औरों पर क्या करती होंगी?...धत्...नीलकंठ जी महाराज हाथ जोड़ता हूँ जाइये—खामख्वाह मेरा मन कहाँ-का-कहाँ बहक जाता है।

20-7-58

कितने दिनों बाद कॉपियों और फाइलों में दबे हुए ये अपने प्रिय पीले कागज मिले जिसमें मैंने अक्सर कितनी प्यारी-प्यारी चीज़ें लिखी हैं। ऐसे ही काग़ज़ों पर मैंने आम्रमंजरी वाली तीनों कविताएँ लिखी थीं और इन्हीं के कोने पर मैंने वह प्यारी-प्यारी ड्राइंग बनाई थी—रूखी अलकों की सूनी माँग में आम का एक ताजा क्वाँरा हरा बौर...और साथ ही आज एक किताब में दबा हुआ मिला यह लम्बा श्यामल पत्ता और थोड़ी देर बाद मैंने पहचाना कि यह तो अशोक का पत्ता है। अशोक के लाल फूल और रजत मंजूषा में आम्र मंजरियों के साथ यह भी था पर यह एक पत्ता मैंने तोड़कर अपनी एक किताब में दबा दिया था—जहाँ पर कैथलीन रेन की वह प्यारी-प्यारी कविता थी Because I Love ...जिसका अनुवाद मैंने नहीं किया...सूर्य, चन्द्र, नक्षत्रों की अनन्त श्रृंखलाओं के सहारे चलने वाली इस जन्म-जन्मांतरों वाली लीला में कभी जन्म-जन्मान्तरों के पहले वाले सुदूर अतीत को याद करने में तो सुख मिलता ही है कभी-कभी मुड़कर निकटतम अतीत को चंद महीने पहले, चार वर्ष पहले हम कहाँ थे इसे भी देखने में कभी-कभी बहुत सुख मिलता है। और एक अज्ञात रोमांच हमारे रोम-रोम को कँपा जाता है यह देखकर कि हमने अपनी मंजिलें कितनी तेज़ी से पार की हैं, कितनी त्वरित गति से हमने अपने लक्ष्य को पहचाना है, कठिनाइयाँ भी अजीब-अजीब आईं कि लगा बस अब यात्रा छोड़ देनी होगी, अब सफ़र का अन्त है, अब अन्त है...लेकिन मस्तक पर चमकते सूर्य ने अन्ततोगत्वा सब अँधेरा हर ही लिया...अगस्त्य के फूलों ने हार नहीं मानी... नहीं ही मानी...और कैसी मज़ेदार बिल्कुल विपरीत दो भावनाएँ मन में जागती हैं—एक ओर लगता है कि जन्म-जन्मान्तर का यह

सारा व्यवधान बिल्कुल झूठा है, हमारे समस्त जिये हुए पिछले अगणित जनम क्षण हमारे इसी क्षण में अभी भी सजीव हैं—जो कदम्ब के फूल मैंने कई जन्म पहले, हज़ारों वर्ष पूर्व R. B. की वेणी में गूँथे थे वे अभी-अभी यमुना तट के किसी घाट की सीढ़ी पर गिरे हुए मिल जाएँगे—हज़ारों वर्ष पूर्व R. B. ने जहाँ बैठकर यमुना में अगस्त्य के उजले फूल डुबोए होंगे वहाँ अभी भी छोटी-छोटी वृत्ताकार लहरियाँ हिलकोरे लेकर शान्त नहीं हुई हैं—और जिन काले कजरारे बादलों को देखकर मैंने कहा था...'प्रिया हीन डरपत मन मोरा' वे बादल अभी भी बरसने वाले हैं—घिर रहे हैं घुमड़ रहे हैं...और कभी-कभी इसके बिल्कुल विपरीत भावना होती है। पिछले दो ही तीन वर्षों को मुड़कर देखने से लगने लगता है ओफ्फोह! हमने कितने-कितने जनम जिये हैं और उस समय से अब हम इतने बदल गये हैं जैसे हमारा हर दूसरे-तीसरे महीने नया जन्म हुआ हो!...अपने नीले कमरे की वह दोपहर जब बेनूराम अगस्त्य पुष्पों की कोर तक चारों ओर से ढँक कर बैठे थे—वह लगता है कितने जन्म पहले की बात हो। कितने जन्म पहले की बात लगती है अपनी टायफ़ाइड वाली बीमारी और उसमें लाये हुए नीले लतर वाले फूल!—कितने जन्म पहले की बात लगती है वह शाम जब मैं बेनोमा के साथ मरियम की मूर्ति के सामने खड़ा था...और कितने जन्म पहले की बात लगती है वह जब मैंने दिल्ली से कान्ता को वह पत्र लिखा था—चुटपुटिया बटनों के नाजायज़ फ़ायदे वाला...समय को अपने अलकपाश में बाँध लेने वाली कभी लिखकर पूछना चाहता हूँ कि योगमाया! यह अजब छल है तुम्हारा कि इतने जन्म-जन्मान्तर पहले घटा है वह मानो कल की घटना लगती है—और जो अभी कुछ महीनों पहले बरस दो बरस पहले घटा है वह लगता है जैसे जन्मों पूर्व की बात हो!...और कभी-कभी तो ऐसा भी लगता है कि जो कुछ जन्म-जन्मान्तर में जी चुके हैं वह सब इन्हीं दो चार-पाँच बरसों में दोहराना पड़ा है ताकि उसकी शृंखला फिर से जुड़ जाय—और जो कुछ पिछले चार-पाँच बरसों में मैंने किया है वह सारा-का-सारा कभी-कभी एक शाम में ही सारा-का-सारा—हमारा प्यारा मन दोहराता जाता है।...कल ही शाम की बात है। बॉम्बे मेल पर लिफ़ाफ़ा खत छोड़कर लौटे तो अपने कमरे में सोने गये। आजकल उस कमरे में सोते हैं जहाँ चौकोर मेज़ के ऊपर तीन चित्र टँगे हैं। पीछे का पोखर लबालब सड़क तक भर आया है और बहुत खुशनुमा लगता है। खिड़की से अँधेरे में पोखर की ओर चुपचाप देखता रहा। सड़क पर लगी बत्तियों से पोखर का हल्का पीला मटमैला प्रसार आलोकित था और उस पर बरसती हुई बूँदों का बहुत सुकुमार लहरीला आघात भी स्पष्ट दीख रहा था। कितनी Delicate लग रही थी। पोखर के जल में गिरती हुई वे बहुत नन्हीं-नन्हीं बूँदें—मुझे अकस्मात् उनके लावण्य

से याद आ गयी एक फूल गुलाल, अबरक, संगीत, नृत्य और रंगबिरंगी लाइटों वाली रात...और मुझे आधा काम छोड़कर थोड़ी देर के लिए रेडियो जाना था और कार बाहर खड़ी थी। और मुझे अपनी फ़ाइलें और बैग यहीं छोड़कर जाना था...कितनी Delicate थी वह शाम...और देखता रहा मैं अपलक पोखर की ओर और तेज़ झकोरा एक अज्ञात मगर बेहद ताज़ी बेहद सोंधी गीली-गीली महक से कमरे को भर गया...और अकस्मात् मुझे याद आ गये वे ताज़े बारिश में भीगे झाड़ी से खुद तोड़े हुए करौंदे और जल्दी-जल्दी उनकी गूँथी हुई माला। और साल भर बाद उसी दिन महावर से रचे वो उजले कटावदार पाँव...और देखता रहा मैं चुपचाप...बारिश तेज़ होती गयी और मुझे थोड़ी ठंड लगने लगी और मुझे लगा कि मैं बुखार में पड़ा हूँ और एक मृदुल नील ममता मेरे सिरहाने बैठ कर बालों में उँगलियाँ घुमा रही है...और धीरे-धीरे मुझे नींद आ गयी...और सोते-सोते मैंने सोचा कि अँग्रेज़ी में यदि मैं कविताएँ लिखता होता तो आज एक कविता लिखता जिसकी पहली पंक्ति होती—How delicately I have loved thee this dark rainy night पर जब सोते-सोते बिजली की अनवरत कड़क से नींद खुली और मैंने पाया कि घनघोर बरसात हो रही है और बाहर घुप्प अँधेरा है रह-रहकर बिजली चमकती है तो खिड़कियों से रहस्यमय नीले प्रकाश की एक भरपूर बौछार कमरे में आकर फिर बुझ जाती है...और नीला बिजलियों का वह उजाला वेग धीरे-धीरे मेरे रोम-रोम में पैठ गया और तब मेरे मन का एक-एक कण अपनी अन्तरंग केलिसखी को पुकार उठा आओ आ ओ...और मुझे एक बहुत प्यारी कविता याद आयी एलिजाबेथ बेरेट ब्राउनिंग की How do I love thee? Let me count the ways. 14 पंक्तियों की सानेट में उसने उन सब प्रकारों को गिना है जितने प्रकार से वह प्यार करता है। किन्तु मैं क्या गिन सकूँगा कि कितने प्रकारों से मैं प्यार करता हूँ—शायद नहीं ... शायद नहीं .... केवल इतना जानता हूँ कि एक क्षण एक ज्योतिर्मय तन्मयता के क्षण में वे सब प्रकार घुल-मिलकर एक हो जाते हैं जब एक निचला होठ किंचित् दबकर कहता है—आ ओ! ...

22-7-58
मंगलवार, प्रातः 3 बजे

मेरी गुड़िया बिटिया, मेरी दुलारी हम दोनों की जानप्राण, हम दोनों की अभिमान! तुझे कभी-कभी हो क्या जाता है? अभी शनिवार को तेरा शुक्रवार का लिखा पत्र मिला जिसमें तूने कविताओं पर अपना Reaction लिखा था और लिखा था

कि हाँ, तू सचमुच पगडंडी के कठिनतम मोड़ पर अडिग खड़ी है, तुझे कोई नहीं डिगा सकता यदि कोई भी चट्टान राह में आड़े आएगी तो तुझसे टकरा कर चूर- चूर हो जाएगी और तू इस बार इतिहास बनाते समय उसे अकेले नहीं छोड़ देगी। पढ़कर हम दोनों कितनी ज्योति, कितनी शक्ति, कितने विश्वास, कितने गर्व, कितने उत्साह में भर गये थे। तूने कन्नो से पूछा था कि अब कोबियाल का आगामी कार्यक्रम क्या-क्या लिखने का है क्योंकि हमको शिथिल नहीं होना चाहिये, हमें अभी बड़े-बड़े काम करने हैं—कोबियाल की आँखों में कितनी चमक, कदमों में कितनी दृढ़ता, माथे पर कितना दर्प, मुट्ठियों में कितना दृढ़ निश्चय उमड़ आया था उस दिन!..और कल शाम को तेरा 24 घंटे बाद शनिवार की सुबह का लिखा हुआ पत्र मिला जिसमें जाने कैसी थकान, निराशा, संशय, आकुलता थी। इस सीमा तक कि तू यह तक लिख गयी कि ''तुम दोनों यदि कभी अपने सत्य को उन क्षणों में जिये गये मेरे सत्य से अलग भी पाओ तो भी मुझे भुलावे में ही रखना...''

मुझे कितना झटका लगा ये पंक्तियाँ पढ़कर, कान्ता को कितना शॉक लगा तू समझ सकती है? मेरी बिटिया, मेरी ममता, बावरिया—हम दोनों यह तो तुरन्त समझ गये कि वहाँ हम दोनों से, अपने प्यारे हरे-भरे घर से, अपने सुन्दर परदों वाले जादू कमरे से इतनी दूर अकेली पड़ी, यान्त्रिक परिश्रम से थककर चूर, अकेले सब भोगती हुई कभी-कभी तू खीज जाती होगी, थककर चूर हो जाती होगी—सब तुझे निरर्थक लगता होगा—लेकिन मान लिया यह सब है पर फिर भी कहीं ऐसी बातें सोचते हैं? ऐसे अपने मन को दुखी करते हैं? नहीं मेरी दुलारी ने, मेरी सर्वस्व ने, हमारी पुसनुआ ने यह पंक्तियाँ नहीं लिखी हैं—यह उसकी थकान और शिथिलता और अकेलेपन की अकुलाहट ने लिखाई हैं—और वहाँ रहते हुए भी यदि हम दोनों को वह प्रतिक्षण अपने में नहीं पाती तो इसके अर्थ केवल इतने हैं कि अब भी हमने उसके मन के पात्र के अनुमाप में उसे निजत्व और ममता और विश्वास का अमृत नहीं दिया है। बूँद-बूँद उसे नहीं भरा है—तभी न अभी उसमें ऐसे एक आध बूँद संशय और अकुलाहट की गुंजायश हो जाती है कभी-कभी? हम दोनों अपने को एक-एक कण उसे देकर रीत गये फिर भी उसके मन के पात्र में कभी-कभी यह खालीपन झलक आता है, तो सिवा इसके कि हम दोनों लज्जित हों और तुझी से आशीर्वाद माँगे कि हमारी ममता को, हमारे आत्मदान को, हमारे सर्वस्वदायी मोह को, तुम और भी बड़ा और भी गहरा बनाओ बेनोमा! कि हम तुम्हारे मन पात्र की एक-एक कण सम्पूर्ति कर सकें—तुम हम दोनों को सम्पूर्णत: पाकर भी खाली-खाली न अनुभव करो। ... कल शाम को तुम्हारा पत्र पाकर ही कन्तो ने तुम्हें तुरन्त उत्तर लिख कर मुझे दिया कि मैं स्टेशन

जाकर छोड़ आऊँ। वह जा नहीं सकी क्योंकि दो जने उसी समय घर आये हुए थे। रास्ते भर मैं राजन से बातें करता गया। और राजन से मैंने घुमा-फिरा कर यह दोनों बातें पूछीं जो तेरे पत्र में थी—"क्या यह जो परम है, जो अर्थ है, जो सत्य है वह कभी किन्हीं क्षणों में हमें अनायास मिल जाता है और फिर जीवन भर हम उसे दोहराते रहते अपने मन की एकरसता भंग करने के लिए? ... या जीवन भर हम सत्य को पाते ही नहीं केवल खोज करते रहते हैं और वह हमें मिलता ही नहीं—या कभी-कभी मिलकर फिर खो जाता है ताकि हम उसकी खोज में भटकें!" राजन इन दोनों बातों को सुनकर पहले मुस्कराया फिर सहसा बहुत गम्भीर हो गया, उदास हो गया, आहत-सा जैसे उसे अन्दर कहीं चोट लगी हो—वह रिक्शे की पीठ से टिककर, पीछे सर फेंककर, आँख मूँदकर चुप बैठा रहा—जब स्टेशन के सामने वाला बड़ा चर्च आया और वहाँ रिक्शे ने घुमाव लिया तब वह धीरे-धीरे चोट खाये हुए स्वर में बोला—"पता नहीं मैं इन बातों के बारे में अपना विश्वास किसी को भी समझा पाऊँगा या नहीं—जब सूर्या जो मेरी अपनी वाणी, मेरा अपना अर्थ है उसी को मैं कभी-कभी पाता हूँ कि मेरी बात का अर्थ वह नहीं समझ पायी है!" इतना कहकर वह फिर चुप हो गया और बहुत देर तक कुछ नहीं बोला—स्टेशन से हम दोनों पैदल लौटे और चर्च के पास वह टहलते हुए अपने आप कहने लगा—"मैंने कई बार सूर्या को समझाया कि सत्य कोई खान में गड़ा हुआ सोना नहीं है जिसकी तलाश में हम जाते हों—सत्य कोई मेघ-दामिनी नहीं है जो चमक दमक कर बुझ जाय, सत्य कोई दूध पीता बच्चा नहीं है जो मेले ठेले में कुछ दूर तुम्हारी उँगली पकड़ कर फिर खो जाय—मैं कितनी बार सूर्या को समझा चुका हूँ कि सारी दुनिया के लिए सत्य क्या है मैं नहीं जानता और न खोज सकता हूँ। मैं अपना सत्य खोजता हूँ और हरेक को अपना-अपना सत्य खोजना चाहिये। और मैं जहाँ तक जान पाया हूँ मैं यही जानता हूँ कि सत्य हमसे बाहर कुछ नहीं है, सत्य की कसौटी हैं हम! जो दर्शन, जो विज्ञान, जो राग-विराग जो जीवन पद्धति हमको सम्पूर्ण बनाये, हमें सार्थकता दे वही सत्य है। और मेरी पूर्णता मेरा परम मेरा अर्थ है सूर्या... यदि संसार का बड़े से बड़ा तत्व आकर मुझसे यह कहे असल सत्य मैं हूँ, तो मैं कहूँगा अहा भाई ठहर जाओ पहले देख लूँ कि सूर्या और उसकी सम्पूर्णता और उसकी तन्मयता के क्षणों से तुम निर्मित हो या नहीं? यदि देखूँगा कि उसमें सूर्या नहीं है—तो निस्संकोच कह दूँगा कि तुम चाहे सत्य का जितना भव्य वेष धारण करो। पर तुम असत्य हो, नितान्त असत्य हो। क्योंकि कनु का इतिहास चाहे वह अठारह अक्षौहिणी सेनाओं से भरा पूरा हो पर राधन के बिना वह निरर्थक निकला ... और अन्त में कनु को उसे जीर्णवसन की तरह त्याग देना पड़ा।"

इतना कहकर फिर वह थोड़ी देर चुप रहा। फिर मेरे कन्धों पर बहुत विश्वास से हाथ रखकर बोला, ''मैंने एक बार सपना देखा कि हिमशिखरों पर देवदारुओं की एक घाटी में हम चले जा रहे हैं और शाम हो गयी है और मेरी सहयात्रिणी अकस्मात् रुककर मेरा हाथ पकड़ कर पूछती है—राजन, अब कहाँ मिलेगा सत्य? मैंने एक क्षण उसे देखा और कहा बावली लड़की मैं हूँ मेरा पथ है, मेरी सहयात्रिणी प्रतिक्षण मेरे साथ है इस स्थिति का चरम उल्लास, इसमें प्रतिक्षण मिलने वाली उपलब्धियाँ, गहनतम क्षणों की मूक निर्व्याख्या अनुभूतियाँ और इनके द्वारा निरन्तर निखरता हुआ हमारे निजत्व का परम अर्थ—क्या इसके अतिरिक्त कोई तुझे गतिविहीन, उल्लास रहित सत्य मिलता है? तो तू उसे खोज बावली! मुझे तो मेरा सत्य मिल गया! मेरे साथ मेरे पथ पर चलती हुई सहयात्रिणी ही मेरा सत्य है। मेरा अर्थ है, मेरी उपलब्धि है। वही मेरे यात्रा प्रवाह का विश्राम द्वीप है!''—इतना कहकर फिर वह मेरी ओर देखकर बोला, ''तुम लोग कलाकार हो, बड़े लोग हो—मैं केवल सहज मनुष्य हूँ—मेरे सामने राह साफ है। मुझे मेरे विश्वास से अब कोई नहीं डिगा सकता, मेरी सहयात्रिणी का रह-रह कर उभरने वाला असमंजस और अनिश्चय भी नहीं ... और उसका यह अनिश्चय भी इसीलिए उभरता है कि वह रह-रह कर भूल जाती है कि उसके अस्तित्व की चरम सार्थकता मेरे लिए है। ताकि मेरे पथ का हर क्षण सत्य की गहनतम अनुभूति का क्षण बन जाय इसीलिए वह मेरी सहयात्रिणी बनी है ताकि मैं पथ पर चलते समय इतिहास बनाते समय अकेले न छूट जाऊँ—इससे पृथक कौन-सी सार्थकता है, कौन-सा सत्य है उसका? नहीं! उसका सत्य मैं हूँ, मात्र मैं केवल मैं!'' राजन ने बहुत दर्प से कहा। मुझे बहुत प्यारा बहुत सात्विक और बहुत मधुर लगा। वह घुंघराली लटों वाला माथा, वह तनी मुट्ठी, वह लम्बी लहराती बांहें उसकी! मुझे बहुत शक्ति मिली, कन्तो को भी मैंने बताया तो उसे एक आश्वासन मिला। इसीलिये तुझे लिख रहा हूँ कि शायद उससे कुछ तुझे ज्योति मिल सके। हम दोनों जानते हैं कि तू अपनी शक्ति को पहचान चुकी है, पर चाहे सारी दुनिया के सामने तू अडिग चट्टान हो पर हम दोनों की गुड़िया बिटिया भी तो है न तू! इसीलिये रह-रह कर अबोध बच्चों की तरह मचल भी जाती है तू ताकि हम लोग तुझे दुलार से कण कण लाद दें। हैं न! सरचढ़ी गुड़िया! आ इधर चुपचाप लेट जा ... मेरी गोद में मैं तेरे माथे पर महाबालेश्वर का थोड़ा चन्दन मल दूँ। तू अभी ठीक हो जाएगी—आ!

22-7-58

बिटिया मेरी अपनी , मेरी बावरी गुड़िया,

शनिवार की शाम को तेरा शुक्रवार का लिखा जो पत्र मिला था उससे हम दोनों बहुत ही डूब-डूब गये थे, बहुत ही भर-भर गये थे। उसी समय स्टेशन जाकर घर के पते से तुम्हें एक Express delivery लिफ़ाफ़ा छोड़ा था लेकिन कल सोमवार को तेरा शनिवार का लिखा पत्र मिला जिससे हम दोनों बहुत चिन्ता में पड़ गये। कल सुबह तुम्हें कान्ता के एक पत्र तथा अपने एक पीले चाँदनी काग़ज़ पर लिखे गद्य खंड के साथ एक लिफ़ाफा तुम्हें डाल चुके थे पर कान्ता ने बहुत घबराकर उसी समय तुझे एक लिफ़ाफा बॉम्बे मेल पर डलवाया। आज सुबह मैं अलग से एक पत्र तुझे डाल चुका हूँ पर इस समय फिर लिख रहा हूँ क्योंकि मन थोड़ा चिन्तित है।

तुझे याद है न अपना शनिवार वाला ख़त जिसे सुबह उठकर तूने लिखना शुरू किया Golden Treasury निकाली और फिर अकस्मात् कितनी दुखी-सी हो गयी तू और सो गयी फिर और फिर तूने पत्र लिखा। तूने ऐसा ही बिल्कुल ऐसा ही घबराया हुआ पत्र एक बार इन छुट्टियों में कान्ता को लिखा था जब कान्ता दिल्ली में थी और मैं हरिद्वार में।

तुझे रह-रह कर क्या होने लगता है बिटिया! फिर तुम कभी-कभी मुझे दोष देती हो और खुद भटकने लगती हो! क्या बात है? क्यों तुम्हें ऐसा लगा उस दिन? कन्तो को भेज दूँ तुम्हारे पास?

मैं चाहता हूँ तुझे समझाकर लम्बा खत लिखूँ—पर मेरी रानी अब तू इतना कण-कण रोम-रोम हम दोनों को जाँच चुकी है पिछले चार-पाँच महीनों की जिस कठिन अग्निपरीक्षा से हम सब गुज़रे हैं उसकी भी क्षण-क्षण की मर्मान्तक वेदना की एकमात्र साक्षी रही है—फिर यह रह-रहकर संशय तुझे कहाँ से डसने लगता है। तुझे यह ध्यान कभी नहीं आता कि ऐसा सोचकर मुझे कितना लज्जित करती है। तू मानती है कि तेरे एक-एक क्षण की सारी जिम्मेवारी हम पर है और यदि तेरा हर क्षण असीम माधुर्य, तन्मयता, विश्वास, गहन निष्ठा और अद्वितीय तेज से भरा हुआ नहीं बीतता तो मुझे यह लगता है कि निष्फल है मेरा प्रतिस्थापित सूर्यबिन्दु निष्फल है हंस के उजले पंख जिनसे सूर्या का सीमन्त सुशोभित हुआ है, निष्फल है गुलाबों की घाटियों में तूलिका से चित्रित चाँदनी भीगे हिमशिखर! तूने ही कहा था न कि अभी लगता है इससे भी बड़ा समुद्र देखना है। उस समुद्र की उत्ताल लहरों को ओढ़कर निर्भीक क्रीड़ा कैसे करेगी बेनू, यदि अभी से महज़ अकेलेपन में इतना अकुलाने लगेगी। बोल तूने ही तो

लिखा था कि ... हमको तुमको अभी जीवन में बड़े-बड़े काम करने हैं— मुझे कितना उत्साह मिला था तेरी बात से कान्ता की बीमारी के पिछले चार-पाँच महीनों की सारी थकान मैं भूल कर तेरी बनायी हुई योजना को पूरा करने में तेरे बनाये हुए कार्यक्रम को पूरा करने में लग गया था! राजन कवियाल से कैसी कृतियाँ भिजवाई मैंने तुझे? उससे तुझे अनुमान नहीं हुआ कि सचमुच अपने जीवन को कितने गहरे कितने उदात्त अर्थ देने के लिए हम सब दृढ़ और निर्भीक आगे बढ़ रहे हैं। उससे क्या तुझे यह भान नहीं हुआ कि हम सबको अपने जीवन को पूजा फूलों की तरह पवित्र और ताज़ा और सुरभित रखना है, उसे मुरझाने नहीं देना है। उस पर संशय, क्लान्ति और शैथिल्य की छाप नहीं लगाने देना है। फिर तू रह-रहकर थकने क्यों लगती है पुसिया? क्या तू जन्मान्तरों की पगडंडी के कठिनतम मोड़ पर अडिग न खड़ी रहकर फिर इतिहास बनाने के लिए अकेले छोड़ देगी! बाबरी ... मैं जानता हूँ कि अकेलेपन से ऊबकर, घबराकर तू यह सब लिखती है। हम दोनों का वश चले तो क्या हम एक क्षण भी अपनी प्रिय को दूर परदेश में छोड़ दें। पर हम यह भी तो जानते हैं कि यह रास्ता हमारी प्रिय ने कुछ भले के लिए ही अपनाया है। किसी बड़े अर्थवान उल्लासमय भविष्य के लिए उसने यह संकटपूर्ण वर्तमान स्वीकारा है। इसलिए हम जानते हैं कि हमारी प्रिय हम दोनों के क्षण-क्षण दुलार के बिना वहाँ व्याकुल होती है पर हम यह भी जानते हैं कि उसमें भी वही वज्र बनकर सहने की शक्ति है जो हममे है क्योंकि हम सब का जीवन निरुद्देश्य संवेदनों, भटके हुए क्षणों की लक्ष्यहीन शृंखला न होकर एक गहरे अर्थ वाला जीवन है। उदात्त हिमशिखरों पर अपनी अनन्त यात्रा के पगचिह्न छोड़ जाने वाला जीवन इसलिए उसको पवित्र और तरोताज़ा और अपने ज्योतिर्मय भविष्य के लिए जो समुचित आधार बन सके— ऐसा उसे रखना हमारा गहन दायित्व है।

मैंने तुझे एक बार और लिखा था बेनुआँ, वर्तमान और भविष्य दो अलग-अलग वस्तुएँ नहीं हैं। वर्तमान के हर क्षण में हम जो जीवन जी रहे हैं वह अप्रत्यक्ष रूप से हमारा भविष्य बना रहा है। वर्तमान से बिल्कुल पृथक कोई अज्ञात अपरिचित भविष्य अकस्मात् आकाश से टपक पड़ेगा यह कैसे हो सकता है? इसीलिए मेरी अत्यन्त विद्वान जब पूछती है कि ''यदि वर्तमान में जिये हुए क्षणों के सत्य से पृथक् यदि कोई सत्य भविष्य में तुम पाओ भी तो भी ... पर बेनू यह कैसे हो सकता है? जो वर्तमान में प्रतिक्षण मैं जी रहा हूँ वही तो भविष्य का मेरा सत्य है। जब हम गुलाब के पौधे रोप रहे हैं, आज अगस्त्य के वृक्ष लगा रहे हैं, बेले की क्यारियाँ लगा रहे हैं, फरद के वृक्ष बो रहे हैं तो भविष्य में क्या उनके बजाय

बबूल और कीकर और सेंउड़ और नीम निकल आएँगे। यह तर्क कहाँ से सीखा है तूने? इतना रास्ता पार कर लेने के बाद दो साल में इतनी उथलपुथल भोग लेने के बाद अपने को बार-बार पहचान लेने के बाद फिर तू भूल जाती है। भूल भुलक्कड़ लड़की! राम-राम छि:।

तूने डेविड कॉपरफील्ड पढ़कर कान्ता को उसके सिनोप्सिस लिखे थे न! उसके अन्तिम पैरा का प्रभाव तुझ पर गहरा छूट गया था। याद है उसका वह वाक्यांश "All other passes and fades away...but that remains." तो वह जो शेष रहता है। अकाट्य है, अनश्वर है, अमर है, अप्रतिहत क्या उस सत्य को हम सब आज इसी क्षण नहीं जी रहे? फिर काहे का ताप काहे की चिन्ता, काहे की शंका! जब वर्तमान के हर कदम हम सत्य बो रहे हैं तो भविष्य हमारा असत्य कहाँ से होगा?—हे बुद्धिमती! अपनी इस बुद्धि का चमत्कार आप रह-रहकर क्यों दिखाती हैं?

अच्छा बेनू रजनिया मेरी! वह Mood तेरा नहीं आना चाहिए। यह मैं जानता हूँ कि आता भी है तो जल्दी ही चला जाता है। पर व्यर्थ है वह तो, आये ही क्यों? हमको काम करने हैं न? बड़े-से-बड़े। और यात्रा की कितनी तैयारियाँ करनी हैं तुझे सोच?—इस सब असमंजस सोच-विचार का समय कहाँ है हमारे पास!

अच्छा सुन! छोड़ इन सब बातों को! काम की बातें करें। तूने पूछा था पिछले पत्र में कि अब आगे लिखने का क्या-क्या कार्यक्रम है? शनिवार की शाम से मेरा मन उत्साहित था, मगर सोमवार से तेरा ऐसा पत्र पाकर मन चिन्तित हो गया। हाँ पिछले बृहस्पति को कान्ता ने अपने लिफ़ाफ़े में मेरा एक गद्यखंड रख कर तुझे भेजा नीलकंठ वाला इसी तरह के पतले सफ़ेद कागज़ों पर आड़ा-आड़ा लिखा हुआ। वह शनिवार को तुझे मिला? कल सुबह कान्ता ने एक लिफ़ाफ़ा छोड़ा है (सोमवार को) उसमें पीले चन्दनी काग़ज़ पर एक गद्यखंड भेजा है तुझे अशोक की पत्ती वाला। शनिवार की शाम को कन्तो ने Express खत भेजा था घर के पते पर और आज सुबह मैंने एक इनलैंड तुझे भेजा है। आशा है यह मिल गये होंगे।

आज दोनों वक्त की डाक आ गयी है पर तेरा इतवार या सोमवार का डाला कोई पत्र नहीं मिला उम्मीद है कल सुबह मिले!

उठ मेरी बिटिया। अपनी यात्रा की तैयारियों में लग न! कहाँ का खटराग लेकर बैठ जाती है। हम दोनों कहीं चले गये हैं जो तू यह सारी दुनिया का झमेला सोचकर उदास हो।

तुझसे थोड़े थोड़े नाराज़ बहुत-बहुत ममता से तेरे पत्र के बारे में राजन से मेरी जो जो बातें हुईं वह मैंने तुझे आज सुबह के खत में लिख भेजी हैं। राजन ने एक बात और बहुत प्यारी-सी कही पर उसे नहीं लिख रहा हूँ।

रविवार 26 जुलाई 58

बेनू मेरी छोटी-सी माँ बिटिया माँ—कल रात तुम्हारे लम्बे पत्र से सारी घटना जानकर—जानती हो मुझे कैसा लग रहा है? जैसे बहुत गहरी चोट खा कर प्रताड़ित छोटा-सा निरपराध बच्चा आँख में आँसू भरे बिल्कुल चुप जड़वत् हो जाता है न—जी भरकर रोता नहीं, पर अपनी पीड़ा का कारण भी नहीं जान पाता है—मगर बेहद पीड़ा होती है और अपराध कोई भी नहीं होता और इसीलिए मन इतना भरा-भरा होता है। इतना भरा हुआ कि अगर बेनोमा माथे पर आहिस्ते से भी हाथ फेरे तो वह फूट फूट कर रो पड़े ...

सिर्फ़ मेरा ईश्वर जानता है कि जिस दिन तुमने पहली-पहली बार अपने जीवन की सर्वप्रथम अनुभूति बतायी उस दोपहर से आज का दिन है और आज का क्षण कि मैं तेरी शपथ खाकर कहता हूँ कि मन में उस अनुभूति और उसके प्रेरक व्यक्तित्व के प्रति सिवा एक प्रगाढ़ ममत्व के और कोई भावना नहीं रही है। मैं तेरी शपथ खाकर इसलिए कह रहा हूँ कि अगर मेरे अनजाने में भी एक कण कुछ अन्यथा होगा तो मेरा मन तेरी शपथ नहीं खाएगा। नहीं खाएगा! नहीं मैंने खूब जाँच कर देखा सिवा एक प्रगाढ़ ममता के कोई भावना नहीं है—उनकी ओर से उपेक्षित होने पर भी, उनकी ओर से बहुत गलत समझे जाने पर भी, उनकी ओर से सारे परिवार में कान्ता के लिए एक कटुता उत्पन्न कर दिये जाने पर भी वह ममता मरी नहीं—केवल वह चोट खाकर चुप हो गयी बिल्कुल चुप! पहले मैं पत्रों में बराबर उस बारे में लिखता था। तुझसे बातें करता था—लेकिन उसके बाद मैं बिल्कुल चुप हो गया—बिल्कुल—मगर तू तो अपने प्रिय के मन को जानती है न, कण-कण पैठ कर जानती है—उस आहत मन की चुप्पी का अर्थ कहीं भी यह नहीं रहा कि उसमें कमी आयी हो। कभी तेरे प्रति उनके व्यवहार पर खीज भी आयी तो केवल ममता के सहज अधिकार वश पर उसके बाद वह खीज भी दूर हो गयी। रह गयी केवल चोट खाई हुई ममता की गहरी दर्दनाक चुप्पी। ... आज इस घटना को सुनकर फिर मन सिर्फ़ उसी दर्दनाक चुप्पी में और गहरे डूब गया है—चोट खाये हुए निरपराध बच्चे जैसे मेरे इस मन की चुप्पी को और कौन समझ सकता है बेनामा, सिवा तुम्हारे ... कल से आज तक मैंने

कुछ नहीं सोचा है कुछ नहीं केवल चुप लॉन पर, कमरे में टहलते हुए अनजान आशीर्वाद माँगे हैं तुमसे—तुमसे आशीर्वाद माँगा है कि मेरी सूर्या मेरी अपनी अपने प्रिय छौनू के जिस मन की एक लहर की एकछत्र शासिका है उस मन में कभी किसी दिशा से छोटापन न आये, संकीर्णता न आये सब कुछ सहकर चुपचाप सहकर गहरा बने, बड़ा बने—इतना बड़ा इतना बड़ा कि उसमें तू अपने जीवन की सम्पूर्ण दिशाएँ लेकर समा सके, तेरा कोई स्वप्न, तेरा कोई भाव बाधित न हो कभी—प्रभु हमें इतनी शक्ति हमेशा दे कि हम अपनी आत्मा के अभिमान के योग्य बन सकें। वह किसी भी परिस्थिति में किसी के भी सामने तनकर कह सके कि हमारे प्रिय के मन स्नेहवृत्त में कौन है जो समा नहीं सकता—वह तनकर सबके सामने सब घड़ी यह कह सके, "तुम उन्हें कितनी भी उपेक्षा दो। गलतफ़हमी दो, आक्रोश दो, घृणा दो—वे बदले में कभी कटुता नहीं देंगे। दूरी नहीं देंगे, घृणा नहीं देंगे—सब सहकर भी केवल ममता देंगे, कल्याण कामना देंगे, अपनत्व देंगे, ... देंगे।

मेरी आँख में आँसू भरे रहे हैं और मैं चुपचाप यही प्रार्थना करता रहा हूँ—चुपचाप बिना एक शब्द कहे!

और फिर कान्ता ने बहुत उदास सूखे मुँह मुझे सान्त्वना देनी चाही तो मुझसे आँसू रुक नहीं पाये और आँसू पोंछते हुए मैंने प्रार्थना की है कि मुझे आशीर्वाद दो मेरी छोटी-सी माँ! कि हम दोनों निस्संकोच कह सकें कि जितनी तू किसी की भी है या रही है, या आगे हो उसे एक कण कम किये बिना—उतना कुल मिलाकर भी थोड़ा पड़े—जितने हम तेरे हों—हम इतना सम्पूर्ण अपने को दे चुके हैं—उस सम्पूर्णता की चेतना हममें कभी कम न हो। सारी दुनिया के अनुराग, प्यार, ममता, स्नेह से पृथक यह जो हमारा स्नेह है, यह अद्वितीय रहे, यह किसी का स्थानापन्न न बने यह किसी को अपदस्थ न करे—यह सबको समाहित करता जाय, गहराता जाय....

आह बेनोमा काश कि तेरे समस्त प्रियजन तेरे इस प्रताड़ित निरपराध सहचर के मन की अथाह, अगस्त्य के फूलों की उजराई से भरी निर्मलता और उसके प्रिय गुलाबों की ममता भरी उदारता एक बार समझ लेते—केवल एक बार! इस सारे दर्द में केवल एक गहन आस्था है कि हमारी बिटिया माँ हमारे मन को समझती है। और इसीलिए उसे बार-बार सहना पड़ता है। यह हम सबकी परीक्षा बार-बार बार-बार क्यों हो रही है! हमारा रास्ता किसी के भी रास्ते को तो काटता नहीं—किसी को भी बाधित, वर्जित, बहिष्कृत नहीं करता—फिर यह क्यों? आखिर क्यों? मैं नहीं जानता—सिर्फ़ इतना जानता हूँ कि मैंने और कान्ता ने अपने को सम्पूर्णतया दे दिया है—एक-एक कण ... और आशीर्वाद दो हमारे इस आत्मदान

में कहीं छोटापन नहीं हो—कहीं सकीर्णता नहीं हो—मैं इतना और जानता हूँ कि तुमने जिस स्तर पर इसे स्वीकारा है वह किसी को बाधित, वर्जित, बहिष्कृत करके नहीं—शायद सारी दुनिया के प्रचलित रास्तों से यह हमारे जन्म-जन्मान्तर की पगडंडी कुछ अलग है—इसीलिए शायद इतनी तकलीफ़ है इतनी गलतफ़हमियाँ—

पर क्या इसीलिए इतना गर्व नहीं है, इसीलिए इतना गहरा अटूट विश्वास नहीं है। ... मैं नहीं समझ पाता, कुछ नहीं समझ पाता ... पर मन बेहद भरा हुआ है और चोट खाये हुए निरपराध बच्चे-सा मैं चुप तेरे पास आकर खड़ा हो गया हूँ इस क्षण, कि सारी दुनिया मुझे और कान्ता को ग़लत समझे पर हमारी छोटी-सी माँ हमारे मौन को भी समझ लेगी। चोट खायी हुई निरपराध ममता का मौन!

न! आकुलता नहीं अनुभव करता जैसी जनवरी में अनुभव की थी, कमज़ोरी का तो कोई प्रश्न नहीं है—दर्द क्षण-क्षण दृढ़ता और दृढ़ता दे रहा है—पर तकलीफ़ भी है बेहद तकलीफ!

आशीर्वाद दो बेनोमा मुझे भी, कन्तो को भी कि हमारा तुझे आत्मदान कभी किसी को बाधित न करे—वह अद्वितीय रहे, किसी का स्थानापन्न न बने, किसी को वह अपदस्थ न करे, चोट खाकर भी कटु न बने कृतज्ञ रहे, आस्थावान रहे और अटूट रहे—उदार रहे, गहरा रहे—सबको समाहित कर ले और बहुत बड़ा साबित हो—

28-7-58

शनिवार की शाम से लेकर आज सोमवार की सुबह—60 घंटे हो गये मेरा सर जैसे पत्थर का हो गया है। परसों शाम से यह सोच रहा हूँ कि यह भयानक अनुभव मुझे कभी एक बार और हुआ है पर कब यह याद नहीं कर पा रहा हूँ। अभी सुबह सोकर उठा ही था कि सामने की घुमावदार रेलवे लाइन पर से लखनऊ की ट्रेन गुज़री... अकस्मात् उसकी धड़धड़ाहट से जैसे मस्तिष्क पर कुछ आघात-सा हुआ और कुछ याद आने लगा ... आज से आठ-नौ साल पहले की बात है। मैं लखनऊ से लौट रहा था रात को 12 बजे के लगभग बहुत गहरी नींद से अकस्मात् चौंक कर जागा तो—कम्पार्टमेंट की बत्तियाँ बुझी थीं। घुप्प अँधेरा था और मेरा दिमाग़ बिल्कुल इसी तरह पत्थर—मैं बहुत याद करना चाह रहा कि क्या हुआ नींद में पर याद नहीं आ रहा था... चारों तरफ़ भयंकर शोर था, कम्पार्टमेंट में भी ... बहुत बाद में घंटे-डेढ़-घंटे बाद मुझे यह समझ में आ सका कि एक

छोटी-सी पुलिया के पास इंजन पटरी से उतर कर घूम कर 10 गज़ दूर जाकर खेत में धँस गया है, अगले दो डब्बे उलट गये हैं और जिस डब्बे में मैं पत्थर बना बैठा हूँ वह तिरछा अधर में लटका खड़ा है और ऊपर से एक बड़ा बक्स बिल्कुल मेरे सर के पास गिरा है पर मैं बाल-बाल बच गया ... उसके बाद कुछ हुआ नहीं हम लोगों को दिन में दो बजे, उधर से आकर रिलीफ़ ट्रेन ले गयी ... कोई मरा भी नहीं उस दुर्घटना में ... सिर्फ़ घायल हुए लोग ... पर उसके बाद मैं घर आ गया पर यहाँ आकर भी महीनों मुझे ऐसा लगता था जैसे मेरा सर बिल्कुल पत्थर का है—मैं देखता हूँ, सुनता हूँ, छूता हूँ खाता हूँ, सूँघता हूँ पर ये सारी संवेदनाएँ—देखे हुए दृश्य, सुने हुए शब्द, छुए हुए स्पर्श, भोगे हुए स्वाद और सूँघी हुई गन्ध आपस में घुलमिल कर एक विचार, एक मानसिक प्रक्रिया बनते हैं—पर यह नहीं हो पाता। मेरा दिमाग अन्दर से बिल्कुल पत्थर का हो गया है, ठोस पत्थर का—देखे हुए दृश्यों को अन्दर नहीं ग्रहण करता, शब्द अन्दर नहीं धँसते ... सब मस्तिष्क से टकरा-टकरा कर दूर दूर जाते हैं, चूर-चूर हो जाते हैं! ... वह पत्र पाने के बाद से बड़ी भयानक थी यह पीड़ा और मैं कुछ नहीं समझ पाता था कि क्या करूँ ... ऊपर मस्तिष्क था कि बिल्कुल जड़ पत्थर चट्टान और नीचे मन था कि बेहद भरा हुआ जिसके जाने कितने घाव पिरा-पिरा उठे हैं—भर-भर आये हैं और वह मन सिर्फ़ प्रार्थना कर रहा है, आशीर्वाद माँग रहा है ...परसों शाम जब कान्ता ने तार दिया तब तो मेरे मन में शब्द भी स्पष्ट नहीं हो पाये थे कि मन क्या प्रार्थना कर रहा है—कल जब उस जोगिया कवर की रेशमी कॉपी में से पीले, नीले राधाकृष्णी काग़ज़ फाड़ कर बेनोमा को लिखना शुरू किया तो उसके पहले तीन बार लिख-लिख कर पन्ने फाड़कर फेंक दिये थे ... लगता था जैसे शब्द पृष्ठों से टकरा-टकरा कर टूटते जा रहे हैं और कलम पत्थर की हो गयी है। और ... जब से मैंने होश सँभाला तब से मुझे लगता रहा है कि शब्द मुझे वरदान स्वरूप मिले हैं—लिखना मेरी आत्मा का धर्म है—लिखने के बिना मेरा व्यक्तित्व निरर्थक है—मैं पैदा हुआ हूँ कि वह लिखूँ—वह लिखूँ जो सूर्या लिखाये ... पर यह क्या हो रहा है मेरे शब्द पत्थर पर बूँदों की तरह बिखरते क्यों जा रहे हैं। क्या अब मैं कभी न लिख पाऊँगा! क्या जैसे गूँगों की वाणी छीन ली जाती है, अन्धों की भगवान दृष्टि छीन लेता है वैसे मुझसे लेखन शक्ति छीन ली गयी सदा-सदा के लिए। अब मुझे अपनी मर्मान्तक पीड़ा का पथरीला बोझ लाद कर घूमना पड़ेगा और बोझ दिनों-दिन बढ़ता जाएगा, बढ़ता जाएगा और उसके भार से मेरी एक-एक नस चिटक जाएगी। पर मैं कह नहीं पाऊँगा, व्यक्त नहीं कर पाऊँगा ... अब कभी नहीं... कभी नहीं ... कभी नहीं ... और कभी बरसों बाद, अगर मैं ज़िन्दा रहा तो मैं इन किताबों

को देखूँगा जो मेरी लिखी हुई हैं और बेहद कचोट से दर्द से सोचूँगा यह मैंने लिखी थी—देखूँगा और पढ़ूँगा 'ठेले पर हिमालय' का समर्पण पढ़ूँगा, कोणार्क और पुरी का लाल कॉपी में लिखा यात्रावृत्त पढ़ूँगा, केलिसखी वाली कविताएँ पढ़ूँगा, उपन्यास का अधूरा अध्याय—और चोट खाकर जड़वत् रख दूँगा उन्हें ... सूर्या! सूर्या! मेरे मन ने बहुत व्याकुल होकर पुकारा, पर गले में जैसे आँसू फँसे हुए थे ... मैं नहीं पुकार पाया ... नहीं पुकार पाया ... और मैं बहुत आकुल-सा अपने कमरे में टहलता रहा, टहलता रहा। अनजान ही मेरे हाथों ने दराज़ खोली, वह जोगिया रेशमी जिल्द वाली कॉपी निकाली और सामने थी एक कविता ... ऊपर का पूजाघर उस दिन साफ़ किया गया था और महीनों के अन्तराल के बाद सूर्यबिन्दु धारण कर R. B. आशीर्वाद लेने आयी थी और खिड़की से आती हुई किरणें उसकी लहराती छाया सामने की दीवार पर अंकित कर रही थीं ... और मेरे मन में लगा जैसे किसी ने अन्दर-ही-अन्दर कोई बहुत गहरा घाव है जिसके टाँके खोल दिये गये हैं और कुछ क्षण मेरी पलकों में जो आँसू छलक आये थे पर टपके नहीं थे उनके झिलमिल गीले परदे में तैर रहे थे—वह कॉपी, उसका पीला राधन के रंग का पृष्ठ, उस पर लिखी हुई चिरपरिचित हस्तलिपि वाली एक कविता सब जैसे उस आँसू की लहर में छायाओं की तरह तैर रहे थे .. धीरे-धीरे उन अक्षरों से शब्द बनने लगे और मैंने फिर वे पहले लिखी हुई पंक्तियाँ पढ़ीं ...

> *"क्या यह अँधेरा ही एकमात्र सत्य है?"*
> प्रश्न यह मैंने बार-बार दोहराया है
> उत्तर में कोई कुछ नहीं बोला—
> उत्तर में कोई कुछ नहीं बोला—उत्तर में ओ सूर्या!
> तुमको हर बार मैंने अपने
> कुछ और निकट, और निकट पाया है!

और लगा जैसे मन का वह घाव एकदम खुल गया है और टपकने लगा है ... और मैंने पाया कि टप से वह बूँद लाइनों के बीच में बिखर गयी। और लगा वह दिमाग़ पर जमा हुआ कठोर पत्थर कहीं पर, कहीं पर एक कण पिघला ज़रूर है। और उसके बाद लगा जैसे मैं आँखों में आँसू भरे चोट खाये हुए निरपराध बच्चे की तरह बेनोमा के पास जाकर खड़ा हो गया हूँ ... और फिर उन्हीं में से पृष्ठ निकाल कर मैंने जो पत्र बेनोमा को लिखना शुरू किया उसे लिखते-लिखते कितनी बार आँसू आये हैं, मैं कह नहीं सकता। मुझे बार-बार यह लगे कि मैं सचमुच अब सिवा इस चोट खाये हुए मौन के कभी कुछ नहीं कह पाऊँगा

... किसी दिशा में नहीं कह पाऊँगा। R.B. ने कहा है बार-बार कि जो सूर्य मेरे माथे पर प्रतिष्ठित किया है तुमने उसे तुम जीवन भर शब्दों में प्रतिष्ठित करते रहो कहानी में, कविता में, उपन्यास में ... पर फिर यह चोट खाया हुआ गहरा मौन क्यों है? क्यों है? ... उसके बाद जैसे सब लुट जाने के बाद राजश्री से उधार वस्त्र खंड माँग कर सम्राट हर्ष लौटते थे वैसे मैंने राजश्री से प्रार्थना की कि मुझे कुछ शब्द उधार दे दो... कुछ शब्द ... और थोड़े से शब्द राजश्री ने दिये और मैंने उससे वह पत्र लिखा बेनोमा को ... उन्हीं पीले नीले पन्नों पर। लगा शायद मन कुछ हल्का हो जाएगा ... पर लिख जाने के बाद लगा कि मैं अपनी विह्वलता का एक कण भी तो नहीं व्यक्त कर पाया ... हाँ जो आशीर्वाद माँगा है उसमें जो यह कहा कि मेरा प्यार किसी को बाधित नहीं करता, किसी दिशा को कुंठित नहीं... सबको समाहित करके भी और बड़ा बना रहता है—यह अक्षरशः सिंसियर था सिंसियर थी यह कामना कि काश कभी बेनो के प्रियजन अपने लिए हम लोगों के हृदय की अकलुष ममता पर विश्वास कर पाते! और उसके बाद मेरे आँसू नहीं थमे, नहीं थमे! ...आधे घंटे के लिए जैसे बरस कर आसमान साफ़ हो गया लेकिन फिर मन पर वही भारी जड़ निर्जीव पत्थर। ... सुबह उठा। सर में बेहद दर्द-सा था—दर्द क्या कहूँ उसे, उस संवेदना को कोई नाम नहीं दे पाता! बस एक बार उस यात्रा में अनुभव किया था उसका और फिर बरसों बाद अब! थोड़ी देर लॉन में टहलता रहा और लखनऊ से आने वाली गाड़ी को सूनी-सूनी निगाह से उस विराट् घुमाव को तेज़ी से गोलाकार चाल से पार करते देखता रहा और फिर लौट आया अपने उसी पूजाघर में जहाँ वह कविता लिखी थी—'सूर्या' और डेविड कॉपरफ़ील्ड निकाला इधर डेविड कॉपरफ़ील्ड निकालकर उसका अन्तिम पैराग्राफ पढ़ता रहा हूँ—all fades away–only that remains पर आज वह नहीं निकाला—आज निकाला वह अध्याय जिसका शीर्षक Agnes है। और बहुत कुछ कष्ट भोग लेने के बाद यहाँ तक कि डोरा को खो देने के बाद कॉपरफ़ील्ड वर्षों बाद Agnes के यहाँ एक शाम को बैठा है और वह जाकर पियानो के पास बैठ गयी है और कुछ पुराने गीतों की धुन बजा रही है ... और कॉपरफ़ील्ड ने कुछ नाम तब तक कमा लिया है और वह Agnes से कहता है कि मैं जो कुछ भी हूँ वह तुमने मुझे बनाया है। और Agnes की आँखों में आँसू आ गये हैं और उन आँसुओं के पार एक उदास शान्त मुस्कान है ... और कॉपरफ़ील्ड उस समय कहता है—

As you were then, my sister, my soul, you have ever been to me, ever pointing upwards, Agnes; ever leading to something better, ever directing me to higher things. ...And I am so grateful to you Agnes! for it, so bound to you, That there is no name the affection of my heart, I want you to know, yet dont know how to tell you, that all my life long I shall look upto you and be guided by you. What ever betides, what ever new ties you may form I shall always look to you, As I do now and have always done. You will always be my soul and my star. until I die, my dearest sister, I shall see you always before me, pointing upwards!"

मैं इन लाइनों को बार-बार पढ़ रहा हूँ। बार-बार, बार-बार और मेरे मन पर जैसे एक सन्तोष अवतरित हो रहा है। थोड़ी-सी शान्ति मिल रही है। मैं इन लाइनों को ऐसे पढ़ रहा हूँ जैसे पूजा के श्लोक पढ़ रहा हूँ।—"शब्द शब्द, शब्द...कर्तव्य, स्वधर्म, निर्णय, कर्म, दायित्व...पर मेरे कानों तक आते-आते सब बदल जाते हैं और मुझे केवल सुन पड़ता है—राधन् राधन् राधन्..." अपनी ही लिखी हुई यह पंक्ति मुझे याद आ रही है और मैं कॉपरफ़ील्ड की यह लाइनें बार-बार दुहरा रहा हूँ—... और जब मुझे चेतना होती है तो मैं पाता हूँ कि मेरा चेहरा आँसुओं से तर है बुरी तरह!

What ever betides, what ever new ties you may form, what ever changes may come, I shall always look to you, as I do now, and have always done. You will always be my soul and my guiding star, I shall see you always before me, pointing upwards.

what ever betides..............until I die..........my dearest sister................

और मुझे आशीर्वाद दो कि सारी दुनिया की रीति से पृथक् यह गंगाजल में आबद्ध अंजुलियों का अटूट ममत्व कभी छोटा न साबित हो, संकीर्ण न साबित हो, सबको समाहित कर ले— What ever new ties, sympathies loves, compromises, even mistakes...

सबको समाहित कर ले। गंगा की अदम्य वेगमयी धारा सबको पावन करती चले पर उसकी पावनता खुद सदा अद्वितीय बनी रहे, कभी मैली न हो ... मस्तक का सूर्य सदैव प्रदीप्त रहे—वह सबको प्रकाश दे जिसे जितनी ज़रूरत है, पर उसकी ज्योति कभी एक कण मन्द न हो, उसकी मर्यादा सदैव अपराजेय रहे ... अखंडित ... अटूट ... ओ मेरे मन अब तो शान्त हो जाओ ... जानत एक प्रिया मन मोरा ... Whatevar betides... until I die... Whatver... I die ...until I die...

"और उस पेड़ के नीचे बैठी हुई मैं अपनी दोस्त से कितनी बातें करती थी इधर की, उधर की, दुनिया भर की... और एक दिन एक उड़ते-उड़ते पंख

टूटा हुआ एक नीलकंठ मेरी गोद में गिर पड़ा... और हमने उसके मुँह में जल की बूँदे डालीं... ...और... और... उसने अन्त में दम तोड़ दिया। वहीं पेड़ के नीचे हमने उसे धीरे-से रखकर उसे ढाँप दिया... मरकर भी उसकी आँखें खुली थीं और वह मेरी ओर देख रहा था।'' I shall always look to you...until I die और जब अँजुरी भर धूप-सा मुझे जी लो, अब कण-कण मुझे जी लो और मैं थके हुए पंख लेकर गोद में गिर पड़ूँ—तब अपनी उसी अँजुरी में तुम मुझे नीलकमल की तरह एक-एक पंखुरी मूँद देना .. लेकिन तुम्हीं Whatever...Whatever, Whatever betides... तुम्हारे शब्दों में सजा लूँ साज आज मैं भी, रिमझिमाकर बरस लूँ... रीत जाऊँ... बीत जाऊँ... लेकिन जब तक मैं लिखूँ तब तक तन कर तुम यह किसी से भी कह सको... ''मेरे नीलकंठ का स्नेहवृत्त इतना छोटा नहीं है कि उससे कोई बाधित हो, वर्जित हो, कुंठित हो, निर्वासित हो... बोलो ओ मेरे अजब से जीवन! कितना जटिल है तुम्हारा प्रसार, कौन-कौन है उसमें... आओ मेरे नीलकंठ का स्नेहवृत्त सबको घेर लेगा सबको—सबको—मुझे आशीर्वाद मिला है सबकी प्रियजन बनो—सबकी—पर आत्मानं विद्धि अपने को जानती भी रहो'' ... बोलो ये उँगलियाँ कौन-सा सूर्य तुम्हारे माथे पर प्रतिष्ठित कर दें until I die my dearest sister, I shall always see you always before me, pointing upwards... pointing upwards ताकि इस बार इतिहास बनाते समय तुम अकेले न छूट जाओ...

सोमवार, रात 8 बजे
28.7.58

पुसनुआ गुड़िया,

तुझे कई समाचार देने हैं। पहला समाचार कि आज मैं बहुत खुश हूँ, बहुत खुश। तेरा शनिवार का खत मिला है जिसमें तूने सूर्या की बात को लेकर छौनूराम को खूब फटकारा है। दूसरी खबर कि कान्ता ने तेरा पत्र पाकर छौनू को खूब रगड़ा। छौनू राम बिल्कुल खीज गये। उनसे जवाब देते न बना। वैसे पूछो तो मैं छौनू के सोलह आने पक्ष में हूँ। अगर छौनू ने वे सहयात्री वाले वाक्य लिखवाये थे तो उसमें स्थिति तो सोचो। सूर्या ने अपने शनिवार वाले ख़त में ऐसी-ऐसी बातें लिखी थीं कि राजन् अपने सत्य को कभी कुछ अलग भी पाये तो सूर्या को भुलावे में ही रक्खे आदि। मैं राजन् की जगह होता तो सूर्या से दो महीने नहीं बोलता। फिर सोमवार, मंगल को सूर्या ने कुछ लिखा ही नहीं, बुध को भी

बस यूँ ही टालमटोल। और लिख दिया बस यूँ ही उदासी है बात कुछ नहीं। यह तो बाद में तूने लिखा कि घटना क्या थी और वह पुसिया के साथ घटी थी। उसे सुनकर तो मैं ही कितना दुख गया ... छौनूराम बेचारे की तो कल्पना ही कर सकती हो। सोयी हालत में छौनूराम खीज गये थे कि अगर सूर्या सच कह रही है कि कोई बात नहीं है और बिना बात के ऐसी हालत है तो उन्होंने वे वाक्य लिखवा दिये थे राजन से। यह बात तो सच है कि तुम और कान्ता दोनों जहाँ तक सूर्या का सवाल है उसका बेहद पक्षपात करती हो—(बात सच यह है कि पक्षपात तो मैं भी उसी का करता हूँ तुम दोनों पर मेरी अशेष ममता है पर जहाँ तक सूर्या का सवाल है अगर कभी यह प्रश्न आये कि मैं यह सारा लोक नहीं वरन् लोक-परलोक दोनों का प्रश्न हो तो मैं दोनों को छोड़ दूँगा। सूर्या रानी के एक संकेत पर— What a wounderful being! How strong! How deeply sincere she is–any ways डाँट खाकर छौनूराम की हालत देखने लायक थी। मज़ा आ गया आज! वैसे कन्तो ने राजन को फटकारा तो नहीं पर बड़ी मीठी चुटकियाँ लीं। कहिये पड़ गई न फटकार, शर्म तो आती न होगी ... और पुसिया मेरे पुराने मोहल्ले के मज़ेदार हरी मिर्च वाले लोकगीत गानेवाला राजन् सचमुच बहुत मुँहफट हो गया है। बिना मेरा भी लिहाज किये आप सर झटक कर बोले— ''कान्ता जी, असल में सूर्या जी की ऐसी फटकारें बहुत मीठी लगती हैं। ऐसी फटकारों के लिए अब मन तरसने लगा है। उन दिन सिविल लाइन्स को लेकर उन्होंने मीठी-मीठी झिड़की दी, उलाहना दिया तो रात भर मन बहुत ही मीठा-मीठा अनुभव करता रहा''—सच बहुत पाजी और प्यारा हो गया है राजन्। बेचारा पिछले हफ़्ते से मेरा उखड़ा हुआ मूड देखकर एकदम चुप हो गया था। आज मुझे खुश देखकर बहुत बहुत बेईमंटी के ख्यालों में डूबा-डूबा रहा है। ... अच्छा, पुसिया उधर जब तुझे वे कविताएँ पूरी करके भेजनी थीं तब काम करने का बहुत बढ़िया मूड बन गया था—पिछले 4 महीनों की कन्तो की बीमारी की सारी थकान उतर गयी थी और काम में लगने का जी चाह रहा था। पर एक तो पिछले सारे हफ्ते 'कविताएँ पाकर तू पचा गयी—शनिवार को जाकर तेरा ठीक ठाक Reaction मिला सोमवार को फिर तेरा शनिवार वाला अजब-सा ख़त मिला (जिसमें सूर्या की भी वे बातें तूने लिख भेजी थीं) और उनसे मन बहुत चोट खा गया और सारा हफ़्ता ऐसा गुज़रा और अन्त में जब वह घटना मालूम हुई तब तो हम दोनों का मन कितना दुख गया होगा तुम खुद सोच सकती हो।

मंगलवार, प्रात: 8 बजे

पुष्पा! किस व्यथा से हमने और कान्ता ने तुझे शनिवार को तार और रविवार को पीले-पीले पन्नोंवाला खत भेजा है! और किस मन:स्थिति में लिखा है मैंने

कल वाला वह पीस डेविड कॉपरफ़ील्ड वाला—Agnes वाला जो कान्ता ने अपने लिफ़ाफ़े में कल भेजा है तुझे लेकिन मेरी रानी बिटिया अगर बालेश्वर के साधु का कहना सच है कि 'दूसरा जन्म नहीं होता' तो मेरी दुलार अब इस जन्म में अगर हम इस तरह अपनी कार्यविधि में शिथिलता लाएँगे तो कैसे काम चलेगा। हफ़्ते के बाद महीने और फिर बरस के बाद बरस इसी तरह हम गँवाते जाएँगे और अपने जीवन का सर्वश्रेष्ठ कहीं कोने में पड़ा घुटता और सिसकता रहेगा और वह सब जो गौण है—जो प्राथमिक महत्त्व का नहीं है—वही हमारा सारा समय लेता रहेगा। सोचो न! कितना कम समय है और कितनी लम्बी यात्रा है और उसकी कितनी सर्वांग सम्पूर्ण तैयारी करनी है। और सोचो कि कितना समय हम सबका बीत गया! ... तेरे कलवाले पत्र में जितनी दृढ़ता, जितनी स्पष्ट दृष्टि, जितना सन्तुलन और जितना दृढ़ निश्चय है वह कभी-कभी अस्तव्यस्त क्यों हो जाता है? देखो पुसन् तुम्हें याद दिलाऊँगा तो तुम लिखोगी कि तुम्हें "यह याद दिलाने की जरूरत पड़ी यह मेरे लिए लज्जा की बात हैं—" पर तुम यह बार-बार भूल जाती हो कि चाहे मैं होऊँ, चाहे कान्ता, चाहे तुम— हम केवल अपनी निजी वैयक्तिक ज़िन्दगी नहीं जीते—हम अपनी एक-एक साँस में एक संयुक्त ज़िन्दगी जीते हैं—इसलिए अपनी एक-एक साँस का लेखा-जोखा हमें रखना चाहिए न! उसे बहकने तो नहीं देना चाहिये न! इसका मतलब यह नहीं कि हम समस्याओं को फ़ेस न करें—दूसरी जिम्मेवारियों को भूल जायें—पर एक Control और Main purpose जो जीवन का अब हम लोगों ने दृढ़ निश्चय करके निर्धारित कर लिया है, हमारे प्रत्येक क्षण का जीवन उसी ओर उन्मुख होना चाहिए न! हम तीनों में से किसी को भी अब अधिकार नहीं है कि हम अपने निर्धारित लक्ष्य को एक क्षण भी भूलें या जितने बड़े काम करने हैं उनको स्थगित करें। जब कभी मैं भी इसे भूलता हूँ तो तुम मुझे भी तो कभी स्नेह से कभी खीज कर समझा देती हो—पर खुद समझाती हो और खुद कभी-कभी भूल जाती हो! पर नहीं पुसन् अब Seriously अपने काम में लग जाओ—देखो कितना पढ़ना है, कितना लिखना है—कितनी मंज़िलें पार करनी हैं—कितना काम तुम्हें कबियाल से कराना है—जो कुछ पिछले कितने जन्मों में अधूरा छूटता आया है वह सब पूरा करना है हमें—और जन्म केवल यही है और कितनी जल्दी बीत रहा है—इसीलिए हम दोनों की जान-प्राण तुम्हें बार-बार यह याद दिलाने की ज़रूरत पड़ती है। कितने दिनों से तुम्हारा कोई पत्र ऐसा नहीं आया जिसमें तुमने हम सबके संयुक्त पथ की बात की हो—जिसमें तुमने भावी यात्रा की तैयारियों के बारे में अपनी प्रगति बताई हो या हमारी प्रगति पूछी हो—तुमने यह नहीं बताया कि अब तुम क्या लिखवाना चाहती हो! न तुमने छौनू के गुलाबों का नूतन समाचार

लिखा, न तुमने R.B. का कुछ हाल भेजा— ऐसे कैसे काम चलेगा? और ऊपर से कितनी मज़ेदार बात तुमने लिख भेजी कि चश्मा बन रहा है अत: अब तीन दिन तुम कुछ नहीं लिखोगी! क्या सचमुच तुमने इतवार, सोमवार और आज मंगलवार को कुछ नहीं लिखा है? ऐसा कैसे हो सकता है? मैं विश्वास नहीं कर सकता! अच्छा अब खत बन्द करता हूँ। सूर्या से कहना कि वह हफ़्ते में कम-से-कम दो खत तो तेरे लिफ़ाफ़ों में रखवा कर भेज दिया करें। इतनी गम्भीर लड़की होकर भी अपनी जिम्मेवारी भूल जाती है। भूल जाती है कि ज़िन्दगी के कठिनतम मोड़ पर खड़ी है वह!

13 अगस्त 1958

सूर्या जी,

ये पहला मौका नहीं है कि आप इस तरह से विचलित हुई हों पर हर बार जाने क्या सोचकर मैं चुप हो जाता रहा हूँ। मगर देख रहा हूँ कि यूँ चुप रहने से काम नहीं चलेगा...अब ये कौन-सी नई आशंका, कौन-सी चिन्ता आपके मन को फिर से कचोटने लगी है। आपको मैंने कई बार बहुत स्नेह से समझाया है कि लम्बे और जटिल रास्तों पर या तो चलने का स्वप्न छोड़कर, सरल और सस्ते रास्ते अपना लीजिए और या फिर निर्णय करके और हर तीसरे दिन निराशा और चिन्ता के गहरे समुद्र में गोते खाने की आदत छोड़िए। आप अकेली नहीं हैं जो सह रही हैं। आप हर बार ये समझने लगती हैं कि मैं बड़े सुख से हूँ, सन्तुष्ट हूँ, अकेला नहीं हूँ तो मैं तुम्हारे दुख क्या जानूँ। इस प्रकार मुझको मिस अंडरस्टैंड करने की आदत आपकी नई नहीं है। मैंने आम्र मंजरी वाली जो बात की थी उसे आपने जिस रूप में समझा उससे यह साबित होता है कि रह-रहकर आपके दिमाग़ पर कोई भूत सवार होता है। अब उस भूत को उतारने का कोई स्थायी इलाज करना होगा। चुपचाप अभी चलती चलिए, बहुत बचकानापन अब आपको शोभा नहीं देता। रोज़-रोज़ एक नया निर्णय और रोज़-रोज़ एक नई दुविधा! ... मैं अब इसकी अनुमति नहीं दे सकता। चुपचाप सीधे रास्ते चले चलिए। जरा से दुख, ज़रा-सी थकन ज़रा-सी ऊब से मर्माहत होकर हाय! हाय! करने लगना इससे सिर्फ़ आपका ही नहीं बिगड़ता, इससे मेरा भी सिर नीचा होता है, समझ गईं? या समझाने का कोई और तरीका ढूँढ़ा जाए।

आपको किसी दिन ये झक सवार हुई कि मैंने 9 तारीख भुला दी है ... और इस बात को लेकर आप खूब उदास होकर बैठी रहीं ... आपकी अक्ल और दूरदृष्टि और दूसरों के मन की बात जान लेने की इस अद्भुत क्षमता के आगे

नतशिर हूँ भवानी! इस दूरदृष्टि और परहृदय-गम्यता के आधार पर आप ज़रूर जीवन में पगडंडियों के मोड़ पर अडिग खड़ी रहेंगी—इसमें सन्देह नहीं ... हे बुद्धिपुंज! आप जरा कान्ता जी से पूछिए कि मैंने यहाँ से रविवार को प्रातःकाल स्टेशन जाकर मेल ट्रेन पर आपको एक एक्सप्रेस लिफ़ाफ़ा छोड़ा था। देवीजी, उसमें लाल कनेर की एक कली से आभूषित एक नीले काग़ज़ पर ज्याँ क्रिस्ताफ़ की कुछ पंक्तियाँ भेजी थीं। मैंने वो जो पंक्तियाँ छाँटी थीं और जो फूल चुना था वह 9 तारीख को ही बैठकर और यदि आपने ध्यान से उन पंक्तियों को पढ़ा होगा (जिसकी आपसे आशा कम है!) तो आपने पाया होगा कि उसमें एक फ्रेज़ का प्रयोग लेखक ने किया है 'Mystic marriage! 9 को ढूँढ़ा गया वो अंश और लाल फूल, 10 को भेजा गया और उसमें मिस्टिक मैरिज का उल्लेख ... और फिर भी आपकी उदात्त बुद्धि में यही आया कि 9 तारीख हम लोग भूल गए। तो सिवा इसके कि बेचारे हम लोग अपना माथा ठोंकें और कर भी क्या सकते हैं। मुझे वो दिन याद भी रहा और मैंने एक विनम्र उपहार भी आपकी सेवा में प्रेषित किया, फिर भी आपका यही आरोप है कि हम लोग 9 तारीख भूल गए... सूर्या जी, अब अगर मैं आपके सामने एक सूची पेश करूँ उन तमाम चीज़ों की जो आप भूल गईं तो? ...

यह सब सालभर बहुत किया आपने अब चुपचाप अपनी साधना में लगिए। जो जो बताऊँ पढ़ती-लिखती जाइए और जैसे बताऊँ वैसे अपनी पर्सनल और सोशल लाइफ़ में मूव करती जाइए। इतना काम आपको करना है और बिना बात के आप रोज़ एक-न-एक मान मनुहार शुरू कर देती हैं।

अच्छा जाइए बहुत डाँट खा चुकीं अब मेरा सम्मानपूर्ण प्यार लीजिए।

18 अगस्त 58
सायं 5 बजे

सारे आसमान में बादल छाये हैं, गहरे नीले जामुनी, गहरे नीले कमलों के रंग के—सिर्फ़ पश्चिम की ओर का क्षितिज खुला है और डूबता हुआ सूर्य—लच्छे पर लच्छे रेशमी सुनहरी छटा फेंक रहा है—पोखर पर, कदम्ब के पेड़ों पर, गुलाब की क्यारियों पर, लॉन पर, उस दिन के साक्षी पीपल पर, अपने छोटे से फूल बसे घर पर ... अजीब थी नीले आकाश से छनकर हरी पत्तियों पर बैठकर काँपती हुई सुनहली तितली-सी धूप ... ऐसे में चन्दन चूनर पहने सूर्या वधू ने किसी के हाथ सन्देसा भेजा है। सब कुछ जो अभी तक उदास, अर्थहीन लग रहा था।

अकस्मात् मुस्का उठता है, अर्थवान हो जाता है। इस लॉन पर अभी तक उदास बैठे हम दोनों दो खाली रीती सूनी अँजुलियाँ थे—अलग-अलग, शिथिल-अर्थहीन। अकस्मात हम दोनों जुड़ जाते हैं—उल्लास में एक-दूसरे से आबद्ध हो जाते हैं। अब हम दोनों अंजलियों से मिलकर एक मूर्तिमान प्रणाम बन गये हैं ... लो इस पूजा की शाम हम दोनों को स्वीकार करो ओ सूर्या!

20-08-1958

राजे,

कल कान्ता को उसके जन्मदिन पर मैंने हेवेलॉक Havelock Allis की लिखी किताब The Dance of Life भेंट की और समर्पण में लिखा—To my wife, my Flute, who provided the magic rhythm for the Rass dance of Radhan and Kanu ये किताब जब चुनी न, तो मेरे दिमाग़ में वो पंक्ति घूम रही थी—'राधन को विश्वास कि उसका सारा जीवन रास ... '' जीवन को रास मान लेने की कल्पना पर ही हैवेलॉक एलिस ने ये पुस्तक लिखी है और उस रास का मर्म अपनी कान्ता के अलावा जानेगा कौन? ... सच!—राधन कनु के जीवन का यह कालावधिहीन रास अपने में सबकुछ तो समाहित कर लेता है न! वह भी क्षण जब राधन ने आम्र मंजरी से माँग भरकर माथे पर पल्ला डालकर कनु की पगधूलि मस्तक पर धारण की है, और वो क्षण भी जब शिथिल होकर, घबराकर, बेसम्हार होकर, अकुलाकर उसका वो पल्ला माथे से खिसक गया है, बेंदी बिखर गई है और राधन ने घबराकर कहा है, कनु ढीली कर दो अपनी बाँहें, छोड़ दो मुझे, मेरा मस्तिष्क बिल्कुल खाली-खाली लग रहा है। वह भी क्षण जब राधन ने कहा है, डूबकर कहा है—पीपल के काँपते पत्तों को साक्षी देकर कहा है—मैं तुम्हारी हूँ—बिल्कुल तुम्हारी। किसी और की न हूँ और न हो सकूँगी। .. और वह भी क्षण जब राधन ने कहा है मलिन होकर जाने दो मेरा मन तुमसे दूर भागता है तो देखूँ कब तक भागता है, कहाँ तक भागता है—मैं वर्षों तुम्हें न देखूँ तो, तुम्हें किसी के हाथ संदेशा भी न भेजूँ तो, तुम्हारी बंसी चीख-चीखकर अपना हृदय चीरकर रख दे तब भी न आऊँ तो ...

अलग-अलग देखो तो ये क्षण एक-दूसरे के चरम विरोधी हैं, सर्वथा असंगत ... पर रास की गति में देखो तो, नृत्य की पद्धति में देखो तो सब एक वृत्ताकार लय में गुँथे हुए हैं ... अलग-अलग देखो तो बावरिया के कदम कभी पूर्व की ओर उठते हैं तो कभी पश्चिम की ओर ... कुल मिलाकर देखो तो बावरिया राधन सिर्फ़ अपने साँवरे के चारों ओर उल्लास से नाच रही है। खुद नहीं जानती

कब चन्दनी चूनर का पल्ला माथे पर है, कब कन्धे पर, कब नीचे ...

जाने भी कैसे? हर क्षण तो रास का क्षण है, हर गति तो नृत्य की गति है, हर दिशा तो उसे साँवरे से ही बाँधे रहती है ... बावरिया जब कहती है दूर चली जाऊँगी जाने दो—तब भी तो वह क्षण-क्षण पास ही आती है, लीन होती जाती है। चरम तन्मयता के क्षणों में सूर ने लिखा है न

'मानौ छाई घन घन अंतर्दामिनि।
घन दामिनि, दामिनि घन अंतर, सोभित हरि बृज भामिनि।
को गति गनैसूर मोहन संग काम विमोह्यो कामिनि ...

आह मेरी नियति, मेरी भविष्य, मेरी गंतव्य, मेरी संगिनी, मेरी चरम अँधकार भरे क्षणों की ज्योति, मेरी नितान्त लक्ष्यहीन भटकन के बीच अकस्मात् कूक उठने वाली मर्म पुकार ... मैं कैसे बता पाऊँगा तुझे कि मेरे जीवन का एक-एक क्षण रास बन गया है, मेरी वंशी की एक-एक फूँक तेरा नाम बन गई है—जब से तू मेरे पास है, मेरे साथ है, मेरे अन्दर है, मेरे चारों ओर है ...

... और ये रास बन जानेवाला जीवन कितना उल्लासपूर्ण है, कितना अनुशासन बद्ध इसमें किसी एक अविरल बहती हुई रसधारा में अपने को शिथिल मुक्त छोड़ देना पड़ता है—लेकिन साथ ही किसी एक जटिल लय पर अपने एक-एक अंग को एक-एक गति को कितनी कठोरता से साधना पड़ता है कि कहीं हमारा छोटा-सा व्यतिक्रम लय का उल्लंघन न कर जाय ... चाहे हम दूर जाएँ चाहे पास खिंचकर आये, पर हमारा हर चरण अपने साथी के चरण की गति के साथ-साथ गति करे इस विराट् रास में जीवन की हर वृत्ति का कैसा मार्मिक सन्तुलन रहता है ... हैवेलॉक एलिस ने इस ग्रन्थ की भूमिका में लिखा है—"This dance of life brings before us the tragic poise of life, the immence of peril, the call for the highest skill, and the utmost discipline. We are not content mearly to present the gaiety and revelry of life; the beauty of the dance is coupled with its seriousness and in our finest movements we aim to make it a sacred ritual, an act of worship ... "

... जानती हो ओ मेरी सूर्यावधू इस समय क्या इच्छा हो रही है ... पाँवों में लिपटी धनुष-सी तुम बैठी होतीं और मैं धीरे-धीरे ये पंक्तियाँ पढ़ता और इनमें डूबकर तुम साक्षात् पूजा बन गई होतीं ... और कुछ क्षण मैं चुपचाप बैठा रूखी अलकों में अँगुलियाँ उलझाए तुम्हारी तन्मयता को चुपचाप महसूस करता और फिर बहुत डूबे स्वर में कहता—''सुनो सूर्या ... शिव का नृत्य, कृष्ण का रास नृत्य, सृष्टि के आदि से आज तक सारे मानव इतिहास, मानवीय संस्कृति ने नृत्य

के प्रतीक से जीवन के गहनतम अर्थ खोजने के जितने भी प्रयास किये हैं .. वे सब हमारे लिए ही तो थे न! समस्त मानव इतिहास तो एक पौधा था—हम उसकी सबसे ऊँची डाल पर प्रस्फुटित होने वाले सबसे मूल्यवान पुष्प हैं न ... ये सभ्यता का, संस्कृति का पौधा इसीलिए धरती में पनपा, उससे रस उसने खींचा, हज़ारों वर्षों से उसने वर्षा, आतप, तुषार और अन्धड़ सहे ताकि अन्त में हमें उसकी सबसे ऊँची डाल पर फूलना है!...

सुनो सूर्या, हम इस समस्त प्रक्रिया के इस निखिल सृष्टि के गहन अर्थ हैं न! हमारा प्यार सिर्फ़ एक क्षण की उत्तेजना नहीं है, सिर्फ़ एक उम्र की माँग नहीं है, सिर्फ़ एक दैवयोग नहीं है, सिर्फ़ एक आकस्मिकता नहीं है ... हमारा प्यार सम्पूर्ण मानव चेतना के विकासक्रम की सर्वश्रेष्ठ परिणति है ... आज से लाखों-लाखों वर्ष पहले जब मनुष्य ने पहली बार प्यार की चेतना का प्रथम अनुभव किया होगा तब से आज तक यह हमारा ही प्यार है जो अबाध गति से विकसित और परिपक्व होता चला आया है। ... इतिहास की सारी धाराएँ, सारे सूत्र महज़ ताने-बाने थे। जिन्हें चन्दनी चूनर में बुनकर सुहागीन ने धारण कर लिया है, और सब मानवीय ज्ञान आरती का दीप है जिसे वो सजा रही है ... और तुम सुनते-सुनते एक अथाह विराट् प्रवाह में घुलती जातीं और अनुभव करतीं कि 'सीमा कैसी तुम तो दिग्वधू हो, कालवधू जो काल की अनन्त पगडंडी पर, अनन्त दिशाओं में जनम जन्मान्तर से मेरे साथ चलती चली आई हो और चलती चली जाओगी और इस यात्रा का आदि न अब तुम्हें स्मरण है और न मुझे ... और अन्त तो इस यात्रा का है ही नहीं मेरी सहयात्रिणी ...

लेकिन एक अजीब-सी बात है मेरी सहज मित्र! अगर हम केवल पक्षी होते तो हमारे बिना प्रयास के वसंत आते ही हमारे कंठ में गीत फूट पड़ते, अगर हम केवल कलियाँ होते तो हमारे बिना किसी प्रयास के हमसे सुगन्ध आ जाती, पराग फैल जाता, पाँखुरियाँ खिल जातीं। लेकिन मेरी सूर्या-संगिनी मनुष्य होने के नाते हमारे लिए एक जटिलतर परिस्थिति है। हमारे सामने एक कॉन्शियस, करेजियस च्वॉइस की अनिवार्य शर्त है। प्याले में भरकर यह सब हमारे सामने रखा हुआ है, पर प्रकृति या जीवन अधिक-से-अधिक हमें उस मोड़ पर लाकर खड़ा कर देता है। उसके बाद ये हमारे हाथ में है कि अपने गहनतम आन्तरिक अर्थ को हम खोज निकालें, या उसे बिना खोजे, बिना ग्रहण किए मुड़कर किसी और पगडंडी पर चले जायें...

कैशोर मुग्धता के बाद अब इतिहास ने जिस मोड़ पर लाकर हमें खड़ा कर दिया है अब वहाँ हमें बहुत गहरे उतरकर अपने जीवन के, अपनी हर साँस के, अपने प्यार के हर संवेदन के बहुत गहन अर्थ समझने ही होंगे। हमारी सुबह

की कच्ची धूप-सी सुकुमार, चन्दन सुगन्ध-सी सूक्ष्म सूर्या को गहरा बनना होगा, विद्वान बनना होगा, अध्ययनशील बनना होगा। और अपने जीवन के एक-एक क्षण को महारास के कठोर तम अनुशासन में बाँधना होगा। ये कठोर तपस्या है .. हाँ, लेकिन क्या हुआ—हमारा प्यार तपस्या ही तो है—हम एक-दूसरे के लिए तपकर ही तो निखरेंगे वरना हिमशिखरों की सर्वभक्षी बर्फ़ हमें एक ही क्षण में गला नहीं देगी ...

आओ, तुम्हारी अँजुलियों को अपनी अँजुलियों में लेकर पहली बार हमने कब पूजा की थी? तुम्हें याद है न? आओ—मेरी अँजुलियों में अपनी अँजुलियाँ दो! माथे पर पल्ला डाल लो! अब प्रार्थना करो कि सारी दुनिया से अलग हमारे प्यार की यह जो अजीब पद्धति है न—चरम उल्लास, चरम तन्मयता के बीच में कठोर अनुशासन, अध्ययन, गहराव और जीवन के अर्थ को आत्मसात करते चलने की अदम्य निष्ठा और अनथक परिश्रम हम कभी भी उससे विरत न हों क्योंकि समस्त मानवीय संस्कृति का जो श्रेष्ठतम है वह हममें प्रस्फुटित होना है—हम इसीलिए मिले हैं। हमारा विवेक कभी कुंठित न हो, हमारा मन कभी पृथक न सोचे, हमारे शरीर कभी अपने रहस्यमय जादू से रिक्त न हों! ...

... लो दूर किसी मन्दिर में आरती के घंटे बज उठे हैं और आँगन में अज्ञात परदेसी तीर्थयात्रियों की भीड़ बोल उठी है—'जय!'

लेकिन इस जय ध्वनि से स्पन्दित मात्र होकर हम संतुष्ट न हो जायें। सूर्यावधू आलस छोड़ो, छोड़ो ये भटकन का बाना। यह अनिश्चय की बेड़ियाँ, यह रह-रह घुमड़नेवाली कसकन की, रिक्तता की, दिग्भ्रम की वंचनाएँ! ओ मेरी प्रतिश्रुत संगिनी! अब इसके लिए कहाँ है समय? चलो उठाओ वे पुस्तकें, वे कलाकृतियाँ जिनमें युग युगों से मनुष्य ने अपने द्वारा उपलब्ध जीवन के अर्थ को शब्द दिए हैं, रेखाएँ दी हैं..... वे सब तुम्हारे हैं—प्रतीक्षा कर रहे हैं कि तुम उन्हें ग्रहण करो तो वे सार्थक हो जाएँ—तुम उन्हें ग्रहण करो तो वे मेरे लिए भी सार्थक हो उठें—बिना तुम्हारे सजीव स्पर्श के Everything sad and meaningless... you are my meaning -- You are my life -- you are my future ---अहा मेरी सुहागिन ने समस्त अर्थों को चन्दनीचूनर में टाँककर पहन लिया है और आरती लेकर मन्दिर के द्वार पर खड़ी है। हाँ—ये चन्दनी चूनर सदैव अर्थवान रहे, यह कभी 'जीर्ण वसन' न बने—यह आरती के दीप कभी स्नेहहीन न हों ... इनके आलोक में इतिहास का अर्थ आलोकित हो उठे—मैं उदास क्यों रहूँगा—मेरा रोम-रोम तन्मय है—विभोर अदम्य आशावान...

कैसी अजीब है न अपनी पूजा ... इसमें अपना एक-एक क्षण अर्पित कर देना पड़ता है, अपना पढ़ना-लिखना, अपना खाना-पीना, अपने आचार-विचार

से लेकर अपने तन के सारे जादुई संवेदन, अपने मन के रंगीन स्वप्न, अपने उल्लास का एक-एक कण ... सब इसके अनुशासन में बँध जाते हैं—अच्छा लगने लगता है आज्ञा पालन करना .... सौंप देना सम्पूर्णतः। और डुबा लेना दूसरे को सम्पूर्णतः। ... घन दामिनि, दामिनि घन अन्तर ...

21.8.58
THURSDAY, 9 P. M

कई दिन की लगातार उमस के बाद आज शाम को बहुत गहरे बादल घिर आये थे, ऐसे बादल जिन्हें बेनू बाबरी बावले बादल कहती है ... और शाम के 6 बजे थे और G. P. O. में चिट्ठी छोड़कर मैं लौट रहा था कि बड़े गिर्जाघर के पास बड़ी ज़ोर का पानी आ गया और मैं भीगता-भीगता घर लौटा। कुनिया बैठक में बत्ती जलाये Dance of life पढ़ते हुए मेरा इन्तज़ार कर कर रही थी और पहुँचते ही भीगे कपड़े बदलते-बदलते उसने बहुत खिन्न होकर बताया कि इस समय भी कोई पत्र नहीं आया!

कई दिन बाद आज ठंडक-सी हो गयी है और आजकल (यानी परसों अपने जन्मदिन से) कुनुआ ने डायरी लिखनी शुरू की है और आज की बारिश और ठंडक से उसे याद आ गयी है उस दिन विक्टोरिया मेमोरियल की बरसाती शाम की ... और ... साढ़े आठ बज गये हैं और हम दोनों उदास-से हो गये हैं क्योंकि इतवार की रात को लिख कर सोमवार को छोड़े गये पोस्टकार्ड और मंगल को भेजे गये तार के अलावा कोई समाचार नहीं है और मन निराधार-सा अनुभव करने लगता है बिना पत्र के! यह निराधारिता वैसी नहीं है ... जो निश्चल जर्जर बना जाय क्योंकि परसों के सूर्या वाले तार ने जाने कैसी जगमगाती शक्ति भर दी है कि मन अन्दर से धकधक आलोकित है ... और तार पाकर परसों मैंने जो क्राइस्ट वाला पीस और पूजावाली पत्तियाँ कल इन्हीं कागजों पर रास की व्याख्या वाला पत्र लिखा और आज शाम को G.P.O.जाकर छोड़ा हुआ कबीर के पदों वाला जो भेजा है उनमें और कुछ हो या न हो एक fire है ... जिसके लिए कान्ता ने किसी से पूछा था—हाँ उस fire को तुम धारण करती हो तो छाले तो नहीं पड़ते?

FRIDAY, 2 P. M

इतना शाम को लिख कर फिर एक बहुत मज़ेदार चीज़ लिखना चाह रहे

थे मगर जैसा अपने कल के खत में कुनिया ने तुम्हें लिखा था कि उसकी कुछ तबीयत खराब हो गयी है। वस्तुत: उसे कुछ वैसी ही Kidney की तकलीफ़ मालूम हो रही थी और कुछ-कुछ बुखार हो आया था। मैं बेहद चिन्तित हो गया। आज सुबह उठकर डॉ. बसु के यहाँ गया। उन्होंने लक्षण सुनते ही कहा यह तो लगता है फिर वही कष्ट हो गया। मेरे काटो तो खून नहीं ... ख़ैर उन्होंने Examin किया तो बोले नहीं केवल थोड़ा infection है किसी कारण से। और उम्मीद है दो-तीन दिन में ठीक हो जाएगा। दवा लेकर घर आये। मगर मन बहुत उदास-सा हो गया क्योंकि पिछले 4 महीने की मर्मान्तक यन्त्रणा बिल्कुल याद आने लगी। ...

यूनिवर्सिटी से लौटकर आये तो देखा मानिकलाल और चाय का डब्बा। मानिक वहाँ से होकर आया, कल शाम तक तुमसे मिला था—तो कितना आश्वासन मिला उससे सुनकर तुम्हारा हालचाल! तुम्हारा खत कल शाम तक तो आया ही नहीं था, आज सुबह भी नहीं आया। मानिक से मालूम हुआ कि मंगल का भेजा कान्ता का लम्बा लिफ़ाफ़ा तुम्हें कल बृहस्पति को मिला। बुध का भेजा और बृहस्पति का भेजा पत्र शायद आज मिल गये हों। देखें तुम्हारा खत आज शाम को भी मिलता है या नहीं।

कन्तो को कष्ट है और खाना खाकर सो गयी है पर खतों के अभाव में मानिक के हाथ भेजे तुम्हारे पर्चे को ही कितनी ललक से कितनी बार पढ़ती रही और सोने के पहले उसने तेरी भेजी चाय का एक प्याला पिलाया। आह पुस्सी! कहाँ से पाई यह चाय! तुर्श—राम रे! इतनी तुर्श कि होठ नीले पड़ जायें! मानसरोवर के किनारे की या तारघर के पास की तुर्शी! और वह घनघोर तुर्शी जो हारते समय या हराते समय अनुभव होती है, और वह तुर्शी जो तब अनुभव होती है जब बावरिया कन्तो अपने बाल धोकर सुखाये रहती है और ...

जानती है तू मानिक से जो जो तेरे समाचार मिले उसमें से सबसे खुशी मुझे दो समाचारों से हुई। एक तो यह कि तूने सुबह नाश्ता करके दूध पिया और दूसरे यह कि तूने सेब खरीदना शुरू किया। हाँ मेरी गुड़िया इस बार तुझे देखकर सच उछल पड़ें हम दोनों—ऐसा क्यों नहीं करती? तेरा शरीर तेरा कहाँ है वह तो हम दोनों की थाती हैं न! उसे खूब स्वस्थ, खूब सुगठित, खूब सुडौल होना चाहिये न! तभी तो तू इतना काम कर पाएगी! चाँदनी चूनर तभी तो सजेगी न उस पर।

शुक्रवार, शाम 6 बजे

इतना लिखकर अकस्मात् मुझे जाना पड़ा और लौट कर आया तो पाया

कि तेरा डायरी के पन्नों वाला 20 अगस्त का खत आया है और कान्ता ने उसके उत्तर में यह साथवाला ख़त लिख रखा है। सुन इसमें यह जो ऊपर स्वास्थ्य वाली बात मैंने लिखी हैन इसको कान्तों ने कैसे प्यारे शब्द दिये हैं—सच में सूर्या को बेहद तन से मन से गदराने की ज़रुरत है न!" ...

अच्छा जानती हो पिछले चार घंटे कहाँ बीते ... आज तुम्हारे तिवारी जी को विदा देने के लिए राजा मनुआ ने पार्टी दी थी शिवकुटी में ... वही बढ़ी हुई गंगा नदी डूबती साँझ वही गोष्ठी का वातावरण! और और वही बरगद की जड़ें और वही छत! जब सूरज गंगा की लहरों पर सिन्दूर बिखेर चुका तभी मैं वहाँ से लौटा। इस समय कैसा लग रहा होगा तुम समझ सकती हो ...

पर हर गम्भीर चीज़ में भी एक Comic aspect (ढूँढ़ निकालने की मेरी आदत है न! पर आज ढूढ़नी नहीं पड़ी। हम, लक्ष्मी नारायण लाल और रघुवंश नीचे उतर कर घूम रहे थे कि आज शिवकुटी का मेला भी तो था न तो एक नाव पर लाउडस्पीकर बज उठा—

ईंट की दुक्की, पान का इक्का कहिं जोकर का पत्ता है।

सुनो जी ये कलकत्ता है फिर तो हम लोगों ने उस गाने को खूब enjoy किया—आगे उसकी एक अमर पंक्ति मुझे उसी समय याद हो गयी—कहीं बनर्जी! कहीं मुकर्जी, कहीं घोस कहीं दत्ता है सुनोजी ये कलकत्ता है।

अच्छा हे कलकत्ता वासिनी तथा वहाँ बस कर हमारे इस प्यारे हमारे घर को भी अर्थहीन बनाने वाली, हमें दिन-रात अपने में डुबोये रखने वाली—(जाओ जी, इतनी स्तुति करने के बाद वरदान क्या माँगू समझ में ही नहीं आ रहा है—) अच्छा प्यार—

22-8-58

मेरी गुड़िया ने, मेरी अमित ममता ने, मेरी ज़िद्दी बिटिया ने चलने के पहले बड़े मान से, बड़े गुमान से, बड़े आग्रह से, बहुत मचलकर कहा था—इस बार हमें अच्छे खत मिलने चाहिए। लेकिन मेरी गुड़िया, तूने इतनी बातें मुझे सिखायीं, इन्द्रजाली आम के जाल में उलझकर, मानसरोवर की उत्ताल लहरों में प्रवाहित होकर, नील कमलों के द्वीप में अलसाकर, कोणार्क के शिखरों पर सूर्य की तरह आसीन होकर—कितनी बातें मुझे सिखायी, कितनी दिशाएँ मेरे सामने उद्घाटित कर दीं। कितने नये-नये शब्द मुझे दिये, मेरे पुराने शब्दों में कितने नये-नये अर्थ भर दिये... लेकिन बावरिया मेरी, न तो तूने मुझे अच्छे पत्र लिखने सिखाये, न

अच्छे तार देने। सच अच्छा या बुरा तो नहीं जानता पर जब भी पत्र लिखता हूँ तुझे, तो यह मानकर लिखता हूँ कि ये शब्द बिल्कुल नाकाफ़ी हैं, अयथेष्ट हैं मेरे अपने मन की बात समझाने को—ये शब्द मेरे मन के मर्म को व्यक्त नहीं करते—न! ये शब्द तो केवल इतना करते हैं कि मन के द्वार को धीरे-से, थोड़ा-सा खोल देते हैं और मचलते हुए बच्चों जैसे बेनोमा का हाथ पकड़कर खींचते हुए ले आते हैं और खुले हुए द्वार के पास लाकर उन्हें खड़ा कर देते हैं—ताकि बेनोमा अमित ममता में बिल्कुल मूक अन्दर प्रवेश कर मर्म को जानें—मर्म जो बिल्कुल मूक है, जिसके पास कोई वाणी नहीं है, कोई शब्द नहीं है,कोई शैली नहीं है—और यदि वाणी है तो ऐसी जिसे बेनोमा के कान नहीं सुन पाते, आँखें नहीं पढ़ पातीं जिसे केवल गुलाब, टीसते हुए गुलाब अक्सर समझ लेते हैं, अगस्त्य के उजले कटावदार फूल अक्सर समझ लेते हैं, ममता के बन्धन में कसकर जकड़े हुए दो पतले लहराते मृणाल अक्सर समझ लेते हैं ... सूर्य से आलोकित स्वर्ण मस्तक अक्सर समझ लेता है—कभी पहनी हुई और कभी उतारी हुई चन्दनी चूनर अक्सर समझ लेती है, आम्र मंजरी और हंस के उजले पंखों वाली माँग समझ लेती है ... क्योंकि वे सब तन्मयता की भाषा समझते हैं, तन्मयता जो राधन है, जो मौन है, जो डुबान है, जो राजन और सूर्या का चरम एकात्म्य है।

...मुझे याद आती है त्योरस्साल की एक बात—जिस पोखरे के किनारे हम लोगों ने अब घर लिया है उसे घेरकर उधर से एक प्यारी-सी सड़क आती है, हरी-भरी, सुनसान! एक उदास शाम थी और बेनू मेरे साथ थी। काफ़ी दूर साथ चलने के बाद भी हम मौन थे, बिल्कुल मौन! थोड़ी देर बाद मैंने पूछा—बेनू, क्या कभी-कभी ऐसा नहीं होता कि हम एक भी शब्द एक-दूसरे से न कहें पर फिर भी एक-एक बात एक-दूसरे के मन की समझ में आती रहती हैं। हम समझते रहते हैं, बोलते रहते हैं। बेनू, छोटी-सी बेनू ने आश्चर्य से कहा था—हाँ पर उनका मतलब था—अरे! यह भी तुम्हें मालूम है! बाबा रे! इनको सब बातें कहाँ से मालूम हो जाती हैं! हाँ जी देखो तो...

कभी-कभी साथ टहलने में इसकी अनुभूति भी हुई है। अक्सर बेनू के साथ घूमते-घूमते मैंने उससे अपने मन की एक भी बात नहीं कही है, और न बेनू ने अपने मन की कोई बात कही है—लेकिन जो एकमात्र बात दोनों के मन में साथ-साथ उठती रही है उसे वाणी नहीं दी है, नहीं ही दी है—पर उसके अलावा तमाम बातें की हैं, इधर की, उधर की, फूलों की, शाम की, पोखर की, कविता की, दुनिया भर की पर वही एक बात नहीं की है तो नहीं की है...

...गुड़िया मेरी, ममता मेरी, मैं अच्छे खत लिखना नहीं जानता, सचमुच

नहीं जानता ... मेरे लिए तो ये खत महज शब्दों की गलियाँ हैं और जब इन्हें लिखता हूँ तो तुम्हें चुपचाप मन बुला लाता है और तुम्हारे साथ इन शब्दों की फूल गलियों में मैं मौन साथ-साथ चलता जाता हूँ। और फूलों जैसे शब्द ऊपर से झरते रहते हैं और तुम्हारी रूखी वेणी में उलझ जाते हैं, तुम्हारे जादुई कन्धों पर फिसलते हैं, पाँवों पर बिखरते हैं, माथे पर, होंठों पर, आँचल में, बाँहों पर, अंजलियों में शब्दों के फूल-ही-फूल पर उनके बीच इतने अगणित संख्यातीत शब्दों के बीच मैं केवल मौन—बिल्कुल मौन—क्योंकि तुम्हारे प्रति मेरी अनुभूति का जो मर्म है उसे व्यक्त करने के लिए शब्द अभी बने ही कहाँ— ... या फिर मर्म—संगिनी मेरी... कभी-कभी पाता हूँ कि ये पत्र ऐसे हैं जैसे फूल-मार्ग पर टहलते-टहलते तुमसे तमाम बातें कर रहा हूँ, इधर की, उधर की, दुनिया भर की सिर्फ़ एक बात नहीं कह पा रहा हूँ वही बात जो मर्म की है—जो कहने की है—जो तन्मयता है, डुबान है, एकात्म्य है, सार्थकता है...

शायद इसलिए कि मेरे मन की गहनतम पर्तों में वह जो मर्म है, जो आकुलता है कभी-कभी व्यक्त होने को वह और कोई नहीं है—बेनू का मन है—सो मन सदा रहत मोहि पाहीं...और वह जो तुम्हारा मन है—उसे तुम्हें कैसे दूँ—शब्दों के द्वारा—वह लौट जाने के लिए थोड़े ही आया है...

और जबसे यह पहचान लिया है न, तब से अब यह चिन्ता नहीं रही है कि मेरे पत्र तुम तक मेरी मर्मानुभूति पहुँचा रहे हैं या नहीं! अब उन पत्रों का उपयोग दूसरा हो गया है। कभी-कभी राह चलते जैसे कोई फूल बड़ा आकर्षक लगा, कोई पत्ती मन को छू गयी, कोई दृश्य मन में बिंध गया तो तुरन्त धीरे-से तुम्हारा कन्धा छू मैं कहता हूँ—देखो बेनू, कैसा अच्छा है वह फूल और उसे धीरे-से तोड़कर तुम्हें दे देता हूँ, ठीक उसी तरह अगर कोई चीज मन को बहुत छू गयी, कोई अनुभूति मन को बहुत डुबो गयी, कोई शाम मन को बहुत रँग गयी तो इन पत्रों की हल्की उँगलियों से धीमे-से तुम्हें छू कर कहता हूँ लो यह चीज़, यह बात, यह शाम, यह अनुभूति मेरी आज की उपलब्धि है। इसे स्वीकार कर लो, इसे ग्रहण करो, इसका आस्वादन करो क्योंकि जो कुछ मुझे मिलता है, वह जब तक मेरी अकेली उपलब्धि रहती है तब तक वह मेरे लिए सार्थक नहीं हो पाती सार्थक तब होती है जब वह तुम्हारे द्वारा भी ग्रहण कर ली जाती है... सोमवार को यहाँ पहुँच हम दोनों को जो गहन उदासी, निरर्थकता व्याप गयी थी वह तार में तुम्हें ज्यों की त्यों भेज दी। अच्छी या बुरी ज्ञात नहीं! मंगल को दिन भर प्लेटफ़ार्म पर उमड़ आनेवाले तुम्हारे आँसू पता नहीं क्यों जीसस के पाँवों को धो जानेवाले मेरी के आँसुओं की याद दिलाते रहे—मंगल की शाम को उन पंक्तियों को 'स्टोरी ऑफ़ क्राइस्ट' में से ज्यों-का-त्यों उतारकर भेज

दिया—मंगल के तीसरे पहर सूर्या का जगमगाता हुआ चन्दनी तार पाकर मन जो अकस्मात् पूजा की-सी मन:स्थिति में विभोर हो गया और शाम अकस्मात् कैसे मन्दिर के अंतर्कक्ष की भाँति पावन और गहरी लगने लगी, वह तुम्हें उसी के साथ भेज दिया और कल—'डान्स ऑफ लाइफ़' की परिचयात्मक पंक्तियाँ पढ़कर अपनी पंक्ति 'राधन को विश्वास कि उसका सारा जीवन रास!' याद आ गयीं और उसके साथ जो-जो मन में आया तुम्हें लिख भेजा...

पता नहीं क्यों इधर जो बराबर तुमसे गहरी अनुभूतियों के अर्थ की खोज, संस्कृतियों की प्रगति की चरम उपलब्धि और सत्य की खोज में आतुर अपने मन, प्राण, विवेक की बातें करने का बराबर जी चाहता है। वह शायद इसीलिए कि जैसा मैंने अपने कलवाले—पत्र में लिखा है बेनू कि मुझे स्पष्ट लगता है कि हमारा अनुराग मानवीय संस्कृति ने आज तक जो भी प्रगति की है—उसका सर्वश्रेष्ठ प्रस्फुटन है—आज तक दार्शनिकों ने जो खोजा है, योगियों ने जो पाया है, कवियों ने जिसे गाया है, कलाकारों ने जिसे चित्रों में आँका है, मूर्तियों में ढाला है—वह समस्त मानवीय सत्य, वह सारा अलौकिक सौंदर्य, वह सारा सामाजिक शिवत्व—वह जीवन की गहनतम सार्थकताओं की समष्टि हमारे इस अनुराग में समाहित हो गयी है ...

... पर क्या हमने अपने-अपने व्यक्तित्व को इस योग्य बना लिया है कि वह पात्र बनकर इस निचुड़े हुए अमृत को धारण कर सकें और यह व्यक्तित्व ऐसी चीज़ है कि इसे एक बार बनाकर छोड़ नहीं दिया जा सकता—इसकी तो क्षण-क्षण की सम्हार, देखभाल रखनी पड़ती है, एक-एक क्षण का जिया जानेवाला जीवन इस व्यक्तित्व को बनाता—बिगाड़ता चलता है न! हर क्षण यह सोचना पड़ता है कि मेरा एक-एक कदम, मेरा एक-एक विचार, मेरा एक-एक काम, मेरा एक एक संवेदन इस उदात्त अनुराग, इस महानतम उपलब्धि के अनुरूप है न! यह अनुराग 'केवल साँवरे तन का नशीला संगीत' बनकर नहीं रहने के लिए है। यह तो इतिहास का अर्थ भी बनना है न! इसीलिए अक्सर केवल प्रणयोन्माद या मधुरतम ममत्व या तन्मयता के ही स्तर पर नहीं, वरन यह आवश्यक है कि विवेक के स्तर पर मार्मिकतम कलानुभूतियों के स्तर पर, ज्ञान के स्तर पर, दर्शन के स्तर पर, संघर्षों के स्तर पर, चिन्तन के स्तर पर, किसी भी स्तर पर जब मैं अपने सहयात्री को व्याकुल होकर पुकारूँ तो वह रिल्के की उस पंक्ति के शब्दों में तुरन्त उत्तर दे—''आय एम. यू. एंक्शियस वन.' यह नहीं कि किसी भी स्तर पर पुकार अनसुनी चली जाए—अन्यथा यह हमारे अनुराग की उदात्त विराट्ता और चरम अर्थवत्ता के प्रति विश्वासघात होगा—हम अपने को अपने उदात्त अनुराग के योग्य साबित नहीं करेंगे...

इस दिशा में हमारे सामने कितना बड़ा काम है। आज तक साहित्य में, दर्शन में, कलाओं में मानवीय जीवन की जो गहनतम, सुकुमारतम संवेदनाएँ और गहनतम अर्थ सुरक्षित हैं उन सबको जानना—न केवल जानना, वरन आत्मसात् करना और उन सबको आत्मसात् कर तब अपने इस अनुराग को धारण करने के योग्य बनना जो उन समस्त संवेदनाओं और सार्थकताओं और उपलब्धियों को अपने में समाहित कर फिर भी उनसे भी बड़ा है, उनसे भी श्रेष्ठ है ...

.... आरती का थाल हाथ में लिये सूर्या कभी-कभी घबराती है, शिथिल पड़ जाती है, अलसा जाती है—भटक जाती है—सोचती है 'बाबा रे! इतना बड़ा काम और इतनी जल्दी! मुझसे नहीं होगा! जाने दो छोड़ दो, मुझे!' लेकिन फिर जब उसे बताया जाता है कि देखो जन्म-जन्मान्तर में हमारे जो सम्बन्ध थे उन्हें इसी एक जन्म में कुछ ही वर्षों में हमने तेज़ी से दोहराया है और दोहराकर उनका अतिक्रमण कर गये हैं हम, तो सम्बन्धों की इस घुमावदार पगडंडी पर जब इतने आकस्मिक मोड़ लेकर हम यहाँ पहुँच सकते हैं तो यह जो सारी मानवीय ज्ञान, साहित्य और कला की चेतना है, यह क्या किसी और की है। यह भी तो हमारे ही पूर्व जन्मों के संवेदन हैं, हमारी ही पूर्वार्जित ज्ञान राशि हैं। उसे आज फिर समेटने में जब हमारा सहयात्री लग जाएगा तो देर कितनी लगेगी? और जो कमी रह जाएगी उसे तो सेनाओं को स्तब्ध खड़ा कर, इतिहास को स्थगित कर रूखे बालों में उँगलियाँ उलझाकर प्यार से समझाने के लिए तो कनु है ही न! ...

आओ मेरी सृजन संगिनी और जिस चन्दनी चूनर को तुमने माथे पर डाल रखा है उसके हर डोरे को पहचानो—देखो न मेरी प्यार! कि वह साधारण चूनर नहीं है। उसके ताने-बाने में मानव जीवन की श्रेष्ठतम उपलब्धियाँ और गहनतम संवेदनाएँ बुनी हुई हैं—उसका एक-एक तार अनन्त युगों का आन्तरिक सूत्र है।

लेकिन मेरी मर्यादा! बहुत कठिन है उसे सँवारकर रखना। एक-एक क्षण सजग रहकर उसकी सँवार करनी होती है मेरी अनुराग, वरना—'ये सुर नर मुनि सबही ओढ़ी-ओढ़ि के मैली कीन्हीं चुनरिया!' नहीं मेरी सूरज सुहागिन तुझे कभी यह न कहना पड़े—'मेरी चुनरी में पड़ि गयो दाग पिया!' सहज नहीं है मेरी संगिनी यह चुनरी ओढ़ना।

एक-एक क्षण अडिग-अविचल खड़े रहना पड़ता है इस 'तरवारि की धार' जैसे मार्ग पर कि कहीं आरती का थाल ज़रा भी डगमगा न जाए ... ज़रा भी काँपा पैर कि फिर लहूलुहान और अगर नहीं तो बस ज़रा से धैर्य की बात है कि हम पार हैं—

...भगति दुहेली राम की, ज्यों खाण्डे की धार... जो डोलै तो कटि परै, नहिं तो उतरै पार!... लेकिन मेरी संगिनी जानती है कि जन्म जन्मांतरों के इस

कठिनतम मोड़ पर चलना इस 'क्षुरस्य धारा पथ' पर चलना ही तो वास्तविक चलना है। वह भी क्या चलना कि जिसमें कुछ न हो!

भीजै चुनरिया प्रेम रस बूँदन
आरत साज के चली है सुहागिन
पिय अपने को ढूँढ़न
काहे की तोरी बनी है चुनरिया
काहे की लगी है फूँदन
चढ़िगे महल खुल गयी रे किवरिया
पीतम लागे झूलन...

25 अगस्त 1958

बीनू रजने,

कल दोपहर को तुम्हें इनलैंड लिखा था न उसके पहले ही से मेरे सिर में दर्द होना शुरू हो गया था। आज दोपहर तक इतना दर्द और इतनी बेचैनी रही कि क्या बताऊँ। रातभर ठीक से नींद भी नहीं आई। इस समय दर्द तो ठीक हो गया है किन्तु अभी लग रहा है जैसे शिथिल पड़ गया है एक-एक तन्तु। इस दर्द का कारण कुछ समझ में नहीं आ रहा। अब कल वैद्यजी से पूछूँगा। खैर छोड़ ये सब मेरे घमंड का अनुमान तू नहीं लगा सकती शाहजादी पुस्सनारा... जब मुझे यह मालूम हुआ कि कॉलेज में तू किस तरह बोली है, बता तो मुझे किसने बताया? तू अन्दाज़ लगा मैं नहीं बताऊँगा। हाँ, अगर उन्होंने तुझे रामायण गीता कहा तो क्या अचरज मेरी गुड्डी-सारी रामायण का सार तो चार पंक्तियों में है—बता कौन-सी? वही जिन्हें तू गाती है न—'जानत एक प्रिया मन मोरा' शरारती लड़की तू तुलसी के प्रिया शब्द को पिया बना लेती है। उनका अर्थ जो है उनके शब्दों को जो मनमाने घुमाव दे सकता है वो रामायण नहीं तो क्या है... और गीता... कर्म स्वधर्म निर्णय दायित्व। सब कनु के अधरों से निकलते हैं पर किसी के पास तक पहुँचते-पहुँचते बन जाते हैं—राधन राधन राधन! हाँ—वही क्या? कल इतिहास भी यही लिखेगा। डायस पर खड़े होकर अपने भीतर छिपी मेरी सूर्या के द्वारा प्रेरित बोलती हुई उस दुबली-पतली शुभ्र ज्योतिमंडिता विदुषी के रजनीगन्धा की कलियों जैसे शब्द... जानती है वे इस तरह सबको क्यों विमुग्ध कर गए... उन सबका अर्थ केवल एक था— जानत एक पिया मन मोरा... वही अव्यक्त संगीत था जो उस समय तेरी वाणी में, तेरी मुद्रा में कंकन किंकिनि नूपुर ध्वनि की तरह प्रतिध्वनित हो रहा था... आ मुझे अगस्त्य के उजले फूल दे...

मैं पूजानत हूँ।

वह जो उसने आज डायस से कहा है—वही, और भी परिपक्व होगा, परिमार्जित होगा, परिशुद्ध होगा, और तब उसे वह गैरिक वसन धारिणी विदुषी तनकर, आशीर्मुद्रा में हाथ उठाकर हिमालय के हंसोज्ज्वल शिखरों पर खड़ी होकर कहेगी—अपने सहयात्री के द्वारा खोजे हुए, पाए हुए, भोगे हुए, और शब्दों में बाँधे हुए सत्य को वह समस्त संसार को देगी। और देगी तीनों विद्वानों को।

आह कितने आशीर्वादों से ढाँक दूँ तुम्हें... मेरे अगणित आशीर्वाद आम्र मंजरी के कण हैं उजली पतली पगडंडी पर बिखरते हुए।

—भारती

बुधवार, 27 अगस्त 1959
रात 10 बजे

पुस्सी, मेरी गुड़िया—

आज तेरस का चाँद बहुत सुहावन लग रहा है, आसमान वैसे खुला है पर हल्के कपासी बादल इधर-उधर छितरे हैं, सब कह रहे हैं कि आज बहुत अच्छा मौसम है, पर मेरा मन पता नहीं क्यों अकस्मात् शाम से काफ़ी भारी हो गया है—बहुत दबा हुआ, घुटता हुआ-सा—क्यों? यह समझ में नहीं आता। परसों-नरसों जो सिर में दर्द हुआ था वह फिर उभरता प्रतीत हुआ। पर फिर वैसा हुआ नहीं।

राखी का त्योहार आ रहा है और तुझे जो अकेला सूना-सूनापन देनेवाला दर्द हो रहा है वो वाजिब है—पर मेरी गुड़िया तू विष्णु के लिए अब इतनी परेशान न हो। विष्णु यहाँ से बद्रिकाश्रम गया है और वहाँ से छोंग लिउंग मठ जाने का कार्यक्रम बना रहा है। यहाँ से कपड़े आदि कुछ नहीं ले गया, पर देव प्रयाग वह रह चुका है और काली कमलीवाले ट्रस्ट के मैनेजर बोस उसके परिचित हैं, उन्होंने उसका कुछ इन्तजाम कर दिया है। वो बद्रीनाथ में जिनके पास टिकेगा वे पंडा जी भी स्वामीजी के भक्त हैं और उन्होंने तथा अन्य लोगों ने वहाँ उसका स्वागत ही किया है। स्वामी जी ने आज अपने भक्तों को वहाँ लिखवाया है कि विष्णु को वहीं रोके रखें या फिर यहाँ वापस सच्चा आश्रम में भेज दें। मैंने भी पिताजी को अपने एक बहुत उच्च अफ़सर मित्र का पता दिया है जिनके द्वारा

वे कल लखनऊ से पुलिस वायरलेस का सहारा लेकर विष्णु को सन्देश भेज सकेंगे। परसों तेरे कोई ममेरे नाना हैं वे कपड़े और रुपए लेकर बद्रीनाथ जाकर उससे मिलेंगे।

मेरा खयाल है कि विष्णु लौट आएगा। यदि नहीं भी लौटता बेनू तो कुछ दिनों उसे वहाँ रहने से कोई हानि नहीं होगी। इस उम्र में उसे एक बार ऐसा अनुभव हो जाना उसके जीवनभर की परिपक्वता के लिए सहायक ही होगा। तुम देखोगी कि वह इससे बनेगा, बिगड़ेगा नहीं।

उसका रिवोल्ट पिताजी और अम्मा के प्रति तीव्र ज्ञात होता है। उस पर अभी किसी प्रकार का अंकुश या दबाव डालने से उसका उल्टा ही परिणाम होगा, पर धीरे-धीरे वह स्वस्थ, सन्तुलित, मेच्योर होने के रास्ते पर है। यूँ इस उम्र में किशोर लड़के अक्सर ऐसा रिवोल्ट करते हैं, पर वह उनके लिए आगे चलकर लाभदायक होता है। वह स्वस्थ है, सुरक्षित है, सही मार्ग पर है—आज नहीं तो कल आकर अपने काम-धाम पर लगेगा ही, तब तक का भटकना भी हानिकर नहीं होगा। वैसे जाते समय वो शायद स्वामी जी के लिए एक खत छोड़ गया है जिसमें उसने यह लिखा है कि 'सम्भवत: मुझसे कुछ अपराध हुए हैं जिनके परिमार्जन के लिए मैं कुछ दिनों अपने को संसार प्रवाह में छोड़ देना चाहता हूँ। किन्तु मैं अपना शरीर आपको तथा आश्रम को अर्पित कर चुका हूँ, अत: मैं अपना कोई अनिष्ट कहीं नहीं होने दूँगा।

बृहस्पति, प्रात: 5 बजे

पिताजी तो अब भी वैसी ही बातें करते हैं जैसे पहले करते थे, लेकिन पहले उनकी हर बात को मैं ज्यों-का-त्यों मान लेता था—अब सब चुपचाप सुनकर उसमें से कितना वास्तविक है और कितना वे हर तरफ़ हर एक की स्थिति बचाने के लिए कह रहे हैं इसमें से छानकर अब तथ्य ढूँढ़ने की कोशिश करता हूँ। उससे ऐसा लगा कि अम्मा ने उनसे काफ़ी कहासुनी की है और कहती सुनती रहती हैं। माँ का दिल है, उसका विचलित और क्षुब्ध हो जाना स्वाभाविक है। लेकिन विष्णु के सम्बन्ध में बहुत कुछ ऐसा है जिसके लिए पिताजी को दोषी ठहराना बेकार है। कोई भी बात रही हो अब वह चला गया है तो चला गया है। ईश्वर ने चाहा तो वापस भी आ जाएगा, पर जो घर में है उसे भी चौबीस घंटे का सुनाना न केवल व्यर्थ है, वरन् कहीं-न-कहीं अत्यन्त निर्मम भी है। लेकिन लगता है कि कहीं-न-कहीं दोनों के जीवन भर के पारस्परिक तनाव और फ्रस्ट्रेशन ने इतना गहरा रूप ले लिया है कि उसने अम्मा को इस दिशा में बहुत कटु बना दिया है। इससे महेश, सुरेश और शोभा पर कैसा अमंगल प्रभाव पड़ता होगा,

इसका ध्यान उन लोगों को ज़रूर रखना चाहिए... तुम्हें अलग कमरा मिल जाय और विष्णु लौट आय तो तुम कुछ दिनों के लिए वरन् मैं तो कहूँगा महीने, दो महीने के लिए अम्मा को अपने पास बुला लेना।

अच्छा अब सुनो, ध्यान से सुनो। वो कहानी Letters of an unknown woman एक बार नहीं, दो बार अनूदित हो चुकी है और दोनों ही बिल्कुल वर्थलेस और बेकार हैं। तूने बहुत अच्छी शुरुआत की है अब उसको जल्दी से पूरा कर डाल। करना ये है कि मेरी यह योजना है कि एक संकलन पाश्चात्य कहानियों का ऐसा निकलना चाहिए जिसमें आधुनिक जीवन की समस्याएँ, और उनसे उद्‌भूत गहनतम मानवीय अनुभूतियों का श्रेष्ठतम चित्रण हुआ हो। साथ ही उससे कहानियों के शिल्प के नवीनतम और विविध विकास का एक समवेत स्वरूप हिन्दी पाठक के सामने आ सके—लगभग वैसा ही काम जैसा मेरे पाश्चात्य कविताओं के अनूदित संकलन से सिद्ध होता है। यह संकलन भी आ जाएगा तो दोनों एक-दूसरे के पूरक हो जाएँगे। यह काम अब तुम्हें करना है। मैं जानता हूँ तुम मुझसे भी अच्छा अनुवाद करोगी।

मधुचक्र में कभी तुम खुद कुछ क्यों नहीं पढ़तीं? अच्छा सुनो अपने एक हस्तलेख के दस पृष्ठों का छोटा-सा लेख तुम देवसेना और ध्रुवस्वामिनी पर लिख डालो जल्दी से। उसमें प्वाइंट यूँ उठाओ कि छायावादी युग की एक प्रमुख प्रवृत्ति यह थी कि वह जीवन की बहुत-सी समस्याओं और यथार्थ परिस्थितियों का सामना नहीं करता था। अत: उनसे मुँह छिपाकर एक रूमानी ज्योतिमंडल अपने खंडित या कुंठित मनोवेगों के चारों ओर बुन लेता था, उसे ब्रह्म और माया के जाल से ढँक देता था और इसे कभी नहीं स्वीकार करना चाहता था कि वह हाड़-मांस का मनुष्य है। और उसके भी मन में प्रणय, लालसाएँ आदि मानुषिक तत्त्व हो सकते हैं। उसे तो जैसे सहज और मानवीय बनने से डर लगता था। प्रसाद की स्थिति इनमें ज़रा अलग थी। वे चले तो थे छायावादी भावभूमि से, लेकिन धीरे-धीरे वे उसका अतिक्रमण कर गए थे और कामायनी में आकर उन्होंने एक मानववादी दर्शन खोजा था, जिसमें इच्छा, ज्ञान और क्रिया का समन्वय हो। देवसेना उनके छायावादी काल की सर्वश्रेष्ठ कृति है जिसमें उन्होंने एक अशरीरी प्रणय की सुकुमार अभिव्यंजना की है। और ध्रुवस्वामिनी उनके बाद में विकसित हुए मानवीय धरातल को प्रतिष्ठित करती है। देवसेना में अपने प्यार को सारे विश्वव्यापार का अर्थ मानने का साहस है, एक कॉस्मिक अटैचमेंट है उसके प्यार में, पर वास्तविक जीवन में आकर वह परिणामहीन साबित होता है। ध्रुवस्वामिनी ने वह साहस और वह लोहा विकसित हो चुका है जिसके द्वारा वह अपने प्यार को समाज, रूढ़ि, परम्परा, शास्त्र, कुटुम्ब, नैतिकता की झूठी धारणाओं से हारने नहीं

देती... (तूने अपने भीतर की देवसेना और ध्रुवस्वामिनी दोनों को पहचाना है न)

प्रसाद के यहाँ इन दोनों में से प्यार तो किसी का कम गहन नहीं है, पर देवसेना जिसे कष्ट और तपस्या कहती है उसका प्रयोजन क्या है, यह नहीं समझ में आता? क्यों आखिर क्यों? वह जन्मभर के लिए अपने को और स्कन्द के जीवन को कुंठित करने पर उतारू है। क्यों? यह नहीं समझ में आता... इतना तक तो मैं बता रहा हूँ इसके आगे अब तू खुद सोचकर लिखना। तेरे भीतर बैठी जो मेरी सूर्या है उसको देखकर मुझे हमेशा ऐसा लगा है जैसे एक नई ज्योति उसकी आँखों में जलती रहती है। एक परम्परागत धारणा नारी के बारे में प्रचारित की जाती रही है कि वह जीवन की बलिवेदी पर सदा पशुओं की भाँति अपना प्राणदान देती रहे। बलि चढ़ने वाले ऐसे पशुओं तथा बलि स्वीकार करने वाले देवताओं दोनों के प्रति मैंने अपनी सूर्या में घोर अनास्था देखी है। तूने कहा था कि तू यह मानती है कि बलि स्वीकार करनेवाला देवता भी अन्ततोगत्वा कहीं-न-कहीं आदिम बर्बर पशु मात्र है, उससे अधिक कुछ नहीं। हाँ, सच है। समाज, रूढ़ि, परम्परा, शास्त्र, कुटुम्ब, झूठी नैतिकता जो कुछ भी इस प्रकार की बलि को, कष्ट को तपस्या मानता है वह अन्ततोगत्वा मनुष्य को मनुष्य नहीं बनाता उसे पशु बनाने में मदद देता है... प्रणय मनुष्य के भाव जगत का सर्वोत्कृष्ट प्रतिफलन है। वह यदि उसे तनकर खड़े होने, अपने विकास के सहज आधार को प्राप्त कर अपने सर्वश्रेष्ठ को विकसित होने में सहायता नहीं देता तो वह प्रणय या तो केवल क्षणिक मोह और उत्तेजना है, या केवल भयभीत मन की कुंठित रागवृत्ति... मैं अच्छी तरह खूब अच्छी तरह जानता हूँ कि तू स्वयं यही मानती और जानती है। उसे ही आधार बनाकर ये लेख पूरा करके तुरन्त भेज।

अब आपबीती सुनाऊँ। मैंने इतवार की शाम को तुझे लिखा था न कि मेरे सिर में बहुत दर्द हुआ तो सचमुच राजे दर्द बहुत तेज़ था। इधर कुछ यूनिवर्सिटी में ऐसा चक्कर रहा कि मेहनत भी दोहरी पड़ गई। तुझसे छिपाऊँगा नहीं जब थककर आता हूँ सिरदर्द होता है और सहारे की बहुत ज़रूरत होती है तो तेरी याद बहुत आती है। जब बहुत थका हुआ 3 बजे फिर दुबारा यूनिवर्सिटी जाना पड़ता था, लौटकर साढ़े पाँच बजे आता था तो रिक्शे से उतरते ही सबसे पहले निगाहें घर के सामने वाले बरामदे पर टिकती थीं जहाँ गमलों के पास तू गृहवधू मुद्रा में खड़ी रहती थी। आँखें बरबस आशा करती हैं कि हर शाम को लौटते समय तुझे वहीं उसी मुद्रा में खड़ी पाऊँ... मन को ये अभाव अब कितना कचोटने लगा है शब्दों में कभी बता भी नहीं पाऊँगा...

शान्ति आयी थीं। तीन बार उनसे भेंट हुई। पहले दिन शनिवार को हम

और कान्ता गए। उस दिन तो एक प्रकार से शोक संवेदना में ही गये थे। दूसरे दिन कान्ता की तबीयत ठीक नहीं थी। इतवार को मैं अकेले गया था, पर मेरे सिर में बेहद दर्द था। पाँच मिनट बैठकर चला आया। मंगलवार यानी परसों शाम को हम दोनों चौक गये थे तेरे पैकेट के लिए चीज़ें खरीदने। तब सन्तों यहाँ आई थी। हम दोनों को न पाकर खूब खीझकर उल्टे पाँव लौट गई। उधर सामान खरीदकर हम दोनों उनके घर गए तो जाते ही ख़ूब बरसीं। पता नही क्यों मुझे भी एकदम गुस्सा आ गया... खैर... चलते समय उन्होंने दो राखियाँ दीं, मैंने कोई प्रतिक्रिया भी नहीं दी।

लेकिन एक बात बताऊँ राजे हो सकता है तू उसके लिए मुझे दोषी ठहराए पर जो बात है उसे कहूँगा ज़रूर तुमसे... कहीं पर मन जो बहुत उद्वेलित हो उठता था उनके आने से, वो नहीं हुआ। उनका लड़का पप्पू मुझसे बहुत अटेच्ड रहा है। वो बीमार है—इससे तो मन थोड़ा दुखी हुआ। मैंने उनसे आग्रह किया है कि कुछ दिन पप्पू को हमारे पास भेज दें, पर बस उसके अलावा कुछ नहीं। मैंने तेरे लिए कविता लिखी थी न। मैं जितना सबका रहा हूँ उतना कुल मिलाकर थोड़ा पड़ेगा मैं जितना तुम्हारा हूँ... पर क्या ऐसा भी है कि शेष सब न केवल थोड़ा पड़ गया है वरन् फीका भी पड़ गया है। क्यों मेरी सर्वस्व? क्या होता जा रहा है मेरे मन को—'ना देखूँ और को, ना तुझ देखन देऊँ!'...

कल शाम मेरा मन बेहद भारी और उदास था, पता नहीं क्यों? जैसे एक बार अपनी छोटी-सी मोटर पर मैं, कान्ता और तुम मैक्फ़र्सन लेक जाकर ढाल पर बैठकर दुनियाभर की बातें करते रहे थे, वैसा कुछ करने की बड़ी इच्छा हो रही थी। मन क्यों इतना भारी हो गया था मैं नहीं जानता.... वैसे कल सुबह भी थोड़ा-सा दर्द था शाम तक रहा फिर ठीक हो गया। सच ऐसे क्षणों में तुम्हारे दूर रहने से न केवल परेशानी होती है वरन् कभी-कभी मन खीझने भी लगता है—पर खैर....

मेरी गुड्डी तुझे अनन्त आशीर्वाद—चन्दनी चूनर वाली तू अपने को जान गई है। धीरे-धीरे सब तेरी अन्तर्ज्योति को, तेरी आत्मशक्ति को, तेरी अकलुष पावनता को, तेरी अमित गहनता को जानें... उसके प्रति आदर और स्नेह अर्पित करें—तू सबकी प्रिय बने... सबको तेरी ज्योति मिले, सबको तेरा मंगल आशीष मिले। सबको तेरी छाँह मिले। ...जीवन की हर सीमा असीम की ओर उठी हुई उँगली बन जाय... तेरे जीवन की हर पीड़ा मैं नीलकंठ बनकर पी लूँ—तुझे केवल अमृत मिले... केवल मधु मिले... क्षुरस्य धारा—खांडे की धार जैसे, जीवन पथ पर तू कभी काँपे नहीं, कभी डोले नहीं—तेरे हाथ से कबीर का बताया हुआ सिन्ध्योरा कभी छूटे नहीं... जीवन के हर अन्धकार को तेरे मस्तक का सूर्य विदीर्ण

कर दे। तेरी चन्दनी चूनर पर परम्परा, रूढ़ि, भय, पलायन, झूठी धारणओं के कितने ही भुजंग लिपटे रहें पर उनका विष कभी तुझ पर व्यापे नहीं—जिन उँगलियों ने तेरे लिए करोंदे की माला पिरोई थी वे कभी तेरे सम्पूर्ण व्यक्तित्व में, जीवन में इतिहास के गहनतम अर्थ गूँथने में कभी पीछे न रह जाएँ...

लाओ थाली अब मेरे माथे पर तिलक कर दो—लाओ अब दे दो अगस्त्य के दो फूल—उन्हें माथे से लगा लूँ... बोलो अब तुम कौन-सा आशीर्वाद देती हो मुझे?

मैं हूँ
अपनी प्यारी-प्यारी
तुर्ष, कटु, लड़ाकू
मधुर-मधुर, बावरी,
विद्वान, भयाकुल,
और वज्र दृढ़-
संगिनी का
सदा सदा को।

30-8-58
शानिवार

''दे रही कितना दिलासा
सेज पर आकर ज़रा-सा,
चाँदनी पिछले पहर की पास में जो सो गई है!
रात आधी हो गई है!''

नींद ठीक 3.30 बजे सुबह अकस्मात् उचट गई है। उस घर में नींद खुलती थी तो खिड़की के बाहर पेड़ की छतनार डालियों में उलझा हुआ चाँद दीखता था—इस घर के शयनकक्ष की खिड़की से बाहर देखो तो लगता है कोई उलझाव नहीं, कोई व्यवधान है—मुक्त आकाश में—चाँद राजहंस-सा तैरता हुआ—नीचे दर्पण-सा चमकता ताल-पोखर जिसमें रह-रह कोई मछली उछल जाती है और चाँद की छाया सघनता से काँपती है—गरए चिकुर जलधारा जनु ससिमुख डर रोअए अन्हारा... मेरी नींद उचट गयी है और जाने क्यों मेरी अंजलियाँ अपने चन्दन धौत गुलाबों को खोजती हैं और मेरा माथा खोजता है अपनी परिचित घाटी को... और चारों ओर सूना है—और पोखर है और ऊपर चाँद है... कल राखी थी, शाम को बहुत तेज़ पानी बरसा था, आज आसमान खुला है, सिर्फ़ एक धुन्ध है उसमें

से चाँद कुछ धुँआ-धुँआ सा दीख रहा है... और मेरे अधसोए, अधजागे मन में कल राखी के दिन की घनघोर उदासी और अथाह अँधेरा अपने को एक बार दुहरा जाता है और मैं आँख मूँद लेता हूँ फिर... राखी का दिन है और थाल में कन्तो 3 राखियाँ (लल्ली की, पद्मा की, सन्तो की) सजा कर लाई है और रोली चावल है और कुछ गुलाब के ताजे फूल और मैं देखते ही खीज उठा हूँ—और फिर मैं न पूजा करता हूँ, न तिलक लगवाता हूँ, न राखी लेता हूँ... घर में मन इस कदर उचट जाता है कि कपड़े पहन कर चला जाता हूँ अपने बहुत पुराने दोस्त अमलेन्दु के यहाँ! वहाँ जाकर मालूम होता है वह भी नहीं है और मैं अकेला उदास कॉफ़ी हाउस की ओर पैदल लौटता हूँ। रास्ते में स्टेशन वाला चौराहा पड़ता है और हावड़ा से बाम्बे मेल आयी है। मैं अनमना-सा ठिठक जाता हूँ और जब तक उससे उतरने वाली एक एक सवारी चली नहीं जाती—वहीं गिरजे के सामने उदास खड़ा देखता रहता हूँ—यह गिरजे के पास वाली जगह मेरी चिर-परिचित है। यहीं पर खड़े होकर पिछली बार राजन ने मुझसे सूर्या की बातें की थीं... मैं उदास अकेला कॉफी हाउस में कॉफ़ी पी रहा हूँ और खिड़की से दीखता हुआ चर्च का शिखर नीले जामुनी बादलों की पृष्ठभूमि में उठा हुआ—मौन है, आहत है।... तीसरे पहर मैंने एक लम्बा खत कन्तो को डिक्टेट किया क्योंकि दर्द से मेरा सर जैसे फटा जा रहा था और... मन बहुत खिन्न है। खत लिख ही चुका था कि पुसन का खत आया बृहस्पति की सुबह का लिखा कि उसने राखी किसी को नहीं भेजी है। कपड़े बदल कर स्टेशन गया। खत छोड़कर घर लौटा 9 बजे। आते ही कान्ता ने राजश्री का तार दिया—

मैंने कुछ नहीं किया। चुपचाप तार भी उन्हीं तीन निष्फल राखियों के साथ थाल में रख दिया—और चुपचाप आकर लेट गया—दर्द कम था, पर फिर भी सर भारी था और सोने की कोशिश करने लगा...

सूनी कलाई... सूना कन्धा..... राजश्री नहीं तो कोई नहीं... 3.30 बजे नींद खुल गयी है और खिड़की से आती हुई पिछले पहर की चाँदनी खिड़की की जाली में से छनती हुई चौकोर शतरंजी खानों में मेरे चन्दन तन पर रुपहले जाल की तरह बिछ गयी है। मैंने आँख मूँद ली है और उस जाल के कसाव को महज़ महसूस कर रहा हूँ... सैकत वेला से टकरा कर, चोट खाकर पीछे लौटते हुए समुद्र की भाँति मन पीछे लौट रहा है... एक बरस पीछे... पारसाल... एक मेरी काले कवर की डायरी है—पिछले साल जिसमें लिखा करता था... उसमें लिखी हुई इसी प्रकार की एक सुबह की एक घटना मैं डायरी खोल कर पढ़ रहा हूँ...

डायरी का एक पन्ना...

एक व्यक्ति केवल एक व्यक्ति जानता है—वह रात के तीसरे पहर उगा हुआ—आम की डालियाँ हटा कर खिड़की की चिक में से झाँकता हुआ रुपहला चाँद जिसे पहले मैंने नहीं बेनो ने देखा था और देखते ही अपने ममतामय वक्ष में दुबके मेरे मुख को प्यार से अपनी दोनों पुरइन पात-सी हथेलियों में दुबका कर खिड़की की ओर मोड़ दिया...

और मैंने देखा वह अँधेरे पाख की एकादशी का पतला मगर उजला रुपहला राजकुमार हम दोनों को देख रहा था, पर उस कम्बख़्त की दृष्टि में आशीर्वाद नहीं था, ईर्ष्या भी नहीं थी, वर्जना भी नहीं थी, यहाँ तक कि कौतुक भी नहीं था—थी एक अजीब-सी लालसा और वह थोड़ी-थोड़ी ललचायी दृष्टि से बेनों की ओर देख रहा था और उस असीम ममता में सहभागी बनना चाहता था। मुझे बड़ा गुस्सा आया बड़े आये चन्दे गंदे! मैंने उठकर खिड़की का पर्दा खींच दिया। मिलना तो दूर देखने से भी वंचित हो गये।

हाँ, देखा सिर्फ़ प्रातः किरण ने। वास्तव में कब सुबह हो गयी इसका पता ही नहीं चला। वही पक्षी बाहर लॉन पर बोला जो हर सुबह होने के पहले घबरा कर सोते-सोते बोल उठता है, कुछ हवा भी चली। कुछ सर्दी भी बढ़ी फिर जब बेनो ने इसरार किया कि खींचकर कम्बल ओढ़ लो तो वह सर्दी के कारण नहीं वरन बेनो अपनी ममता को ज्योति की निगाहों से बचाना चाहती थी—बक़ौल उनकी प्रिय यामा के—करुणामय को भाता है तम के परदे में आना—ओ नभ की दीपावलियाँ तुम क्षण भर को बुझ जाना!

और यूँ भी खिड़की का मुँह मेरी ओर था, पर मेरा मुँह बेनो की ओर और खिड़की पर टँगे परदे के नीचे से झरते हुए उजाले और बेनों की अनावृत गुलाब-ममता के बीच मैं था और मेरी छाया बेनो को अन्धकार से ढँके थी। मैंने महसूस कर लिया था कि सुबह हो चुकी है और मेरी पीठ पर सुबह की हल्की रोशनी का स्पर्श ताजा शीतल स्पर्श फैल रहा था। बेनू ने मुझे रात भर दुष्टू कहा था। कहा था ''तूमि दुष्टू छेले!'' मैंने एक चतुर दुष्टता की। अकस्मात् उनके और खिड़की के बीच से हट गया। और बेले के ढेर के ढेर फूल सुबह की रोशनी में नहा उठे...प्रथम बार...

चोट खाकर पीछे लौटा हुआ मेरा मन... और सुबह हो गयी है। और अपनी उस छोटी-सी छत पर मैं टहल रहा हूँ जहाँ पीपल की पत्तियाँ सूर्या के सम्पूर्ण समर्पण की साक्षी हैं रेल लाइन ने एक विशाल घुमाव लिया है और उस घुमाव के ऊपर समानान्तर रूप से गहरे काले-काले बादलों की एक रेखा घूम गयी है और उन बादलों के नीचे की कोर जोगिया हो गयी है—सुबह के आकाश में... और ऊपर भोर हो जाने पर भी शुक्रतारा दमक रहा है। कितने दिनों बाद देखा

है शुक्र तुम्हें!...

इस चमकते हुए शुक्रतारे को देखकर बहुत दिनों पहले सुने हुए एक लोकगीत की पंक्ति याद आ गयी है—

ताल मैं चमकै उजरी मछरिया— रन चमकै तरवार
सभवा मैं चमकै पिय की पगहिया— सेजिया पै बिंदिया हमार
हाय रामा! सेजिया पै बिंदिया हमार....

कौन है जिसने इस अनन्त नभ की सेज पर प्रगाढ़ क्रीड़ा की है और आँखों में जागरण की लाली लिये रूखे केश सँवारती अंगड़ाई लेकर उठ गयी है मगर उसकी बिंदिया की छाप सेज पर छूट गयी है और शुक्रतारा बन कर चमक रही है!...

न मैं खुश हूँ न उदास न परिपूर्ण, न रिक्त... समस्त विशेषणों से रहित केवल 'हूँ' इस क्षण मात्र अस्तित्व—रसहीन शून्य...खिन्न...पर उदास नहीं...

1-9-58

कहौ पुसनूमल, आलसी राम! का हालसी है तोहार। कुछ कामधाम लिखाई पढ़ाई सुरू कियौ या अबहिन अपने छौनू मौनू के रोना लिये रोवता हौ! देखौ भइया जौन थोड़ा-बहुत पढ़बो लिखबो करबो धरबो ओही तुमरे के काम आइहै और निनार डट के जौन खाबो पीबो ओही अंग लागी—होओ ही से तोहार झुरान देह हरियाई, गदराई और तोहरे उन के ओही सुहाई। तौन दुनिया भर का आँचा-पाँचा, अर्राटा-फर्राटा जौन हमका लिखके भेजत हौ, सूर्या ऐसन किहिस और आर. बी. ऐसे ठुनकती रही—पर ई नाही लिख के भेजत्यू कि तू का का किहयौ। केत्ता पढ्यो, केत्ता लिख्यौ, का-का खायौ। बिनकोला के 'बोतल सिराय गई होय तो दुसरी लै आवौ और जम के पी. डारौ! तोहरे...राजन तो आजकल खूब विटामिन खात पियत हैं, बिनकोला पियत हैं, जम के फलौ खाय रहे हैं कि जब उनकी... ऊ उहां से आवै तो देखि कै वारी वारी जाँय!

देखो ऊ जौन कहानी तोके तर्जुमा करै के दीन गै रही, पूरी तर्जुमा कैके तुरत भेजौ न! पर पहले ओका भी छोड़ के ध्रुवस्वामिनी वाला लेख पूरा कै डारौ। जम कै लिख्यौ! और ऊ लेख में चाहौ तो वाणभट्ट कै आत्मकथा वाले अंशन का सामिल कै लिहयौ!

हाँ सुनौ, कल इतवार के दिन एक ठो एक्सप्रेस डेलीवरी आई रही—अह्हा! ओका पढ़ के मन फूल के कुप्पा है गवा! अब आपन हंसनी देई के हाल सुनौ—

तू सनीचर के लिखे रहयौ न ऊ वाली चिट्ठी और ओमा अपने... जी का खूब भड़काये रहयौ बमंड्री के लिए। तौन ऊ तो ठहरे चंदनवत्—सदा शीतल शान्त—हियाँ पता नै कौन जादू भवा कि तोहरी चिट्ठी आये के पहिलै—शनीचर की दुपहरिया के हंसनी देई का हाल बेहाल ह्वै गवा! 19 ता. से उनके तबियत गड़बड़ान रही तौन कल 31 ता. तक भैयन बोले उनसे कि देखौ अपने का काबू में रखौ नहीं तो ठीक न होई! तौन हंसनी रानी बेचरऊ जैसे तैसे अपने का काबू में रक्खे रहीं। सनीचर की दोपहरी में लगीं आपन पंख फड़फड़ावै और सत्तर रूप देखाँव तौ ऊ तोहरे थोड़ा-बहुत तो पिघले पर फिर जम के साथ लै गये अपने का। पर कोई कारन न जान पड़ा कि 12 दिन तक कुछ नै भवा और अकस्मात् काहे हंसनी व्याकुल होय लगी। जौन कल तोहार चिट्ठी पाय कै मालूम भवाँ कि कि हुँआ बैठे हंसनी को संकलप पढ़ के दै दिये रहयू!

अपने कामधाम में नाहीं लगत्यू-ऐही सब अटराग-खटराग करत हौ हुँआ बैठी बैठी!

आज राजनबाबू तोहरी R.B का चिढ़ावै के लिए सूर्या जी के नाम एक नीला लिफ़ाफ़ा भेजिन है तोहरे कालेज के पते पर—मिला? हमका दिखाइन रहा छोड़ै के पहिले!

हाँ सुनौ, तोहार तबीयत का का हालचाल है? कालेज से आवै के बाद जौन थकान औ सुस्ती रहत रही तौन अब ठीक भई या नहीं। देखौ आज है सोमवार-शुक्रवार, शनिवार, इतवार के जन्माष्टमी की छुट्टी है न, तौन ओही के संगे-संगे 6 दिन की मेडिकल लीव लैके दस रोज आय के आराम कै लेव! खूब खाव, खूब सोब, खूब पढ़ौ! फिर 13 अक्टूबर तक के लिए ताजी हुई जाबो! क्यों—का सोचत हौ तौन लिखो—

पिताजी के कौनो चिट्ठी पत्री आयी? उनका बराबर ख्याल रख्यो। अच्छा! घर का सारा हालचाल लिख रहयौ और अबकी लखनऊ जाव तो तँई अम्मा और सोभा दुइनौ का समझावै का जतन करौ कि पिताजी का पूरा-पूरा ख्याल रक्खैं। तुम्हें जौन खत कान्ता से लिखवाता रहा ऊ मिला?

अच्छा दुई चुटैया वाले आलसी राम, आओ अब बहुत चिढ़ाय चुके तुम्हें अब बहुत-बहुत दुलार लेव!

सोमवार 1 सितम्बर, शाम 3 बजे

WEDNES DAY

3 rd Sept. 58

Soorya

नहीं, यह नहीं मानता कि मन अशान्त है, या केवल कुस्वास्थ्य के कारण—लेकिन यह ज़रूर है कि आजकल रात को गहरी नींद नहीं आती। पिछले दिनों रोज़ रात को अजीब-अजीब सपने देखता रहा हूँ—कोई अशुभ या अमंगलकारी नहीं, पर कोई विशेष शुभ या मधुर भी नहीं। अधिकतर सफ़र, ट्रेन, स्टेशन, भीड़भाड़ और यात्राओं के स्वप्न। जिनमें कोई दुर्घटना नहीं, कोई क्लेश या संकट भी नहीं—फिर भी यात्रा में मन स्थिर नहीं रहता, न वैसी ही अस्थिर-चित्तता... कल रात से सपने भी नहीं देख रहा हूँ फिर भी गहरी नींद नहीं है—disturbed sleep होता केवल यह है सोते-सोते भी मन जैसे जगता-सा रहता है और मन की आँखों के आगे छोटे-बड़े पूरे-अधूरे कितने ही चित्र आते और चले जाते हैं... फिर आते हैं, चले जाते हैं। अन्त में केवल एक चित्र है जो बार-बार आता है और बेचैन कर जाता है... बेनोमा का गुलाबों में मुँह छिपाये हुए छौनू को अतुल ममता भरी दृष्टि से देखते हुए... कल भी और आज भी अन्तिम चित्र वही था और उसके बाद मन में बड़ी प्रगाढ़ शीतल, मधुराई छाई हुई थी और आज भी उठा हूँ तो सर में थोड़ा-थोड़ा दर्द है भारीपन है, पर बेहद मधुराई है, शीतलता भी है। लगता है बेनोमा ने रविार, सोमवार और मंगलवार की रात को बराबर मुझे अपने पास बुलाया है—और अन्त में सुबह होते-होते मुझे गुलाबों से आच्छादित कर दिया है—हाँ लगता है वो जो तुमने भेजा है वह सब मैं ग्रहण करता गया हूँ। तभी न अस्वस्थ और चिन्ता के बावजूद इतनी मधुराई में पगा हुआ है यह मन। नहीं सूर्या चिन्ता मत करो। मन बावरा ज़रूर है मेरा, पहले कभी इतना नहीं था अब हो गया है और होता जा रहा है। पर इसमें क्या मेरा कसूर है। सो मन सदा रहत तोहि पाहीं... अब जहाँ रहता है वहाँ के वातावरण, जलवायु, खानपान आचार-विचार का प्रभाव उस पर क्यों न पड़ेगा भला? पर चिन्ता क्यों करती हो मेरी सहजमित्र—मन और शरीर जनवरी से लेकर जुलाई तक जिस बुरी तरह थकता और घुटता रहा है उसका जो after effect है उसे जाते-जाते एक आध महीने लगेंगे ही! वैसे आजकल विटामिन B. Complex, Vinkola दोनों ले रहा हूँ। पहले से पैर और सर दोनों का दर्द बहुत घट गया है। जब क्लास लेकर लौटता हूँ तो तब ज़रूर थकावट बेहद लगती है और वह गृहमुद्रा सचमुच याद आती है। मैं करूँ तो क्या करूँ? पर सूर्या की वह गृहमुद्रा अगर एक क्षण को

मन को एक मधुर छलावा देकर ही दुलरा जाती है तो इसमें बुरा क्या है दुलार मेरी! आज डॉक्टर से पूछूँगा कि रात को गहरी नींद आये ताकि दिन तरोताज़ा बीते इसके लिए कोई दवा अगर दे सकें तो जल्दी ठीक हो जाऊँगा। तुम दूर रहकर भी एक काम कर सकती हो और वह बहुत ज़रूरी काम है। तुम अपना तनिक खाना-पीना नियमित रक्खो और काम में लगी रहो ताकि मन उधर से थोड़ा निश्चिन्त रहे। तुम यह समझ कर कुछ क्यों करती हो कि तुम अपने लिए कर रही हो? क्या उस जिस्म को अपना समझने का भ्रम कर रही हो क्या? इतना समझ लो कि गंगाजल में केवल तीन अंजलियाँ आबद्ध नहीं है—एक-एक कण आबद्ध हैं। तुम वहाँ स्वस्थ होकर देखो कि उसका क्या प्रभाव यहाँ तुम्हारी परम प्रिय चन्दन देह पर पड़ता है?

अच्छा सूर्या, हटाओ हारी-बीमारी तो लगी ही रहती है—तुम्हें मजेदार बातें बताएँ। मैंने तुम्हें लिखा था कि शुक्रवार को मेरी राखी का दिन बहुत ही बुरा बीता और राजश्री का तार जब मैं खत डाल कर स्टेशन से 9 बजे लौटा तब मिला, पर फिर मैंने न टीका कराया न कोई राखी धारण की—चुपचाप सो गया—उसके बाद दूसरे दिन से उचटते हुए मन के लगाने की मज़ेदार तरकीब सोची। शनिवार की शाम को एक उत्कृष्ट फिल्म आयी थी—Pandora and the flyine dutchman उसे देखने गये कान्ता के साथ, दूसरे दिन इतवार को एक चित्र देखने गये 'सीमा'—सोमवार को नागा—कल मंगल को फिर एक बहुत बढ़िया जापानी चित्र लगा है gate of Hell उसे देखने गये। बीच में सोमवार की शाम कैसे बीती बताएँ? एक मेरा बंगाली दोस्त है—अमल घोष। वस्तुत: मेरे दूसरे उपन्यास की दो कहानियाँ उसी की सुनाई हुई थीं और उसके साथ पहले मैं खूब घूमता था। बहुत बढ़िया दोस्त है मेरा। अब शाम को वह कॉफ़ी हाउस में मिला। मुझे अपने साथ ले गया Jhorh hill club। ... यह क्लब Anglo Indian का है उस दिन वहाँ Bumper Housie थी। पर घंटे भर बाद ही मैं चला आया। लेकिन जिन दिनों इलाहाबाद की anglo india को खूब अन्दर से देखता परखता रहा हूँ उन दिनों के कितने भूले बिसरे चेहरे उस दिन दीख पड़े। बच्चियाँ जो अब मरी चुरी माँ हैं। तरुणियाँ जिनके बालों पर अब सफेदी दौड़ने लगी है—और अन्दर से बेचारे बिल्कुल टूटे हुए खोखले—निर्धन दरिद्र ऊपर से लकदक लिपस्टिक, और नकली गहने... एक दफ़े पुसिया के साथ हम और कान्ता नीरा में खाना खाने गये। वहाँ एक Anglo Indian गायिका गा रही थी और सिगरेट पी रही थी—उसको देखकर पुसनी महारानी एकदम हक्का-बक्का हो गयीं, उन्हें दिल की धड़कन शुरू हो गयी। कहीं ऐसे किसी स्थान पर जाय तो धड़ाम् से चीख मार कर बेहोश ही हो जाय!

सुनो सूर्या! तुम्हारे साथ चौबीस घंटे रहती है मेरी बावरिया गुड़िया—उसमें थोड़ा ऐसा साहस क्यों नहीं भरतीं कि जीवन की कुरूपताओं और असंगतियों को तनकर आँख में आँख डालकर बिना कुंठित हुए देख सके—ज़रा-से में सिया सुकुँवारी का दिल बैठने लगता है।

अच्छा—आज 3 है कल 4 तक तुम वह सब काम खतम कर लोगी फिर देवसेना वाला लेख और अनुवाद! हाँ सुनो परसों के इनलैंड में मैंने पूछा था कि सितम्बर में छुट्टी लेने का तुहारा कार्यक्रम है या नहीं? यदि स्वास्थ्य ठीक न हो तो कोई बात नहीं। वैसे 5. 6. 7 सि. की जन्माष्टमी की छुट्टियों में क्या कार्यक्रम है?

अच्छा मधुरतम आशीष—

3-9-58

दिन बुधवार, समय रात 9 बजे, मौसम उमस भरा, स्थान अपना तीन तस्वीरों वाला बेडरूम, गर्मी बहुत होने के कारण अभी-अभी नहाया हूँ, बेनोमा को बहुत अच्छा लगने वाले मेरे भीगे, लाइमजूस ग्लिसरीन वाले बाल उमठे उभराये माथे पर झूल रहे हैं—और पंखे की हवा कन्धों पर, बाँहों पर, पीठ पर, गले पर... घुंघराले रूखे केशों के स्पर्श-सी सिहरा रही है... और खिड़की के बाहर अँधेरा है और पोखर में बिजली की एक सुनहरी रेखा तैर रही है...

क्या कर रही होगी मेरी गुड़िया इस समय? अपने तखत पर बैठी तकिये पर राइटिंग बोर्ड रखकर प्रिय को खत लिख रही होगी या स्टीफ़ेन ज्वॉग की कहानी में से वे वाक्य पढ़ रही होगी जहाँ उसने कहा है कि "उस क्षण से मैंने केवल तुम्हारे लिए ज़िन्दा रहना सीख लिया।" या लेटी-लेटी कोई स्वप्न जागते-जागते देख रही है, या सुबह, बहुत सुबह मुँह अँधेरे की कोणार्क की बस यात्रा दुहरा रही है मन में या पूनम के दिन मिली करौंदे की माला उलट-पुलट कर देख रही है? ... या अपने घर के बारे में सोच रही है या... पेपर बना रही है, होमवर्क देख रही है... या गुलाबों से धीरे-धीरे छौनू की बातें कर रही है... या सोने के पहले भाल के सूर्यबिन्दु को सँवार रही है... या खिड़की के बाहर अँधेरे में चुपचाप देख रही है उस दिशा में जिधर राजश्री और सूर्या हैं... या... क्या कर रही है मेरी मधुर मधुर केलि सखि बोल न... इस समय मेरा मन इतना तेरी ओर क्यों भाग रहा है? (मैं यह पूछ रहा हूँ और साफ़ देख रहा हूँ कि

सैकड़ों मील दूर बैठी मेरी गुड़िया तख़्त पर मुग्ध भाव से देख रही है अमित ममता भरे... और मैं पूछता हूँ क्या बात है री? तो कुछ नहीं कहती केवल किंचित् मुस्करा कर अपनी दोनों "चुटैया" हिलाकर झुलाकर कहती है—"बताऊँगी नहीं..." और थोड़ी देर बाद उसके दोनों होठ बिल्कुल नीलकमल मुद्रा में सिमट जाते हैं और फिर चुटकियाँ (उँगलियाँ और अँगूठे) धीरे-धीरे आगे बढ़ते हैं—बाबा रे अब खैर नहीं!) ...आज सच इस समय पता नहीं क्यों तबीयत हो रही है कि गुड़िया यहाँ होती तो उसे बहुत खिजाता। बचपन में एक जापानी गुड़िया हम लोग लाते थे। उसका पेट दबा दो तो बोलती थी 'टें!" अपनी गुड़िया का तो पेट ही मुट्ठी भर का है। इस समय टें बुलाने की तबीयत थी—(अरे कन्तो वाला टें नहीं, बचपन की जापानी गुड़िया वाला)। मेले-ठेले में एक गाँव देहात की बनी गुड़िया मिलती थी जिसके दो हाथों में टीन के दो छोटे-छोटे झाँझ कील से जड़े रहते थे। उसका पेट दबा दो तो झाँझे बजने लगती थीं और हम लोग बचपन में गाते थे—मेरी गुड़िया बड़ी सयानी, खाती लड्डू पीती पानी।

आ मेरी गुड़िया सँवर सजा, पेट दबे से झाँझ बजा
मेरी गुड़िया आती है, झम झम झाँझ बजाती है...

हाय गुड़िया तू क्या जानेगी कि आज इस समय तुझे कितना दुलार दे रहा हूँ मैं!... मेरी छोटी-सी गुड़िया, "मोहन की मुरलिया" की बात करके जिस बेचारी ने बचपन में भी ब्रह्म भाई साहब की मार खाई और बड़ी होकर भी उसी मोहन की मुरलिया के पीछे झपेटे में आ गयी... मेरी गुड़िया हिम्मतवाली, उसकी बात न जाती ख़ाली, आ तुझे अमित आशीष भरा दुलार कर लूँ... मेरा अमित दुलार अपनी गुड़िया की दो प्यारी-प्यारी छोटी-छोटी भूटानी आँखों को दो नन्हीं टेढ़ी-टेढ़ी कुटिल रूखी चुटैयों को, अपनी हँसती हुई गुड़िया के प्यारे-प्यारे उजले मोती-से दाँतों को... आज क्यों इतना दुलार वसूल कर रही है री? आखिर बात क्या है आज शाम—बताती क्यों नहीं?

10.9.58
हाथरस गुरुकुल

कभी तुम्हारी हिन्नी जब तुम्हारे पास थी मैंने उसे दो रवीन्द्र के गीत अनूदित करके भेजे थे। उनमें से एक गीत था—मेघों पर घिरते जाते हैं मेघ, गहराती जाती है नभ की बेला, ऐसे में क्यों छोड़ दिया है हाय! मुझको अपने द्वारे निपट अकेला... याद है—(R. B. बावरिया जो तब तक अपना नाम भी नहीं जान पाई थी—उसी

दिन उसने यह ठान लिया था कि इन पंक्तियों को लिखने वाली अँगुलियों पर उसका शासन होना चाहिये—वे अँगुलियाँ मेज़पोश सँवारने, अगस्त्य फूलों को अलताक से रँगने, गुलाबों पर चित्रांकन करने और सूर्य प्रतिष्ठित करने के लिए बनी है—)

आज उस लाइन की अकस्मात् याद आयी है—जानती हो क्यों—यहाँ जहाँ बैठा हूँ वह सचमुच अन्दर नहीं बाहर द्वारे की भावना जगाती है और यह आभास देता है कि आसपास मीलों के इस निर्जन सन्नाटे में मैं अकेला छूट गया हूँ—इन खेतों के बियाबान ऊसर के मीलों तक फैले सुनसान मैदानों के उस पार दूर कहीं नारिकेल और केवड़े की क्यारियों से घिरी एक छोटी-सी उड़िया कुटिया है तुम्हारी—सफ़ेद जालीदार अल्पना से रँगी दीवारें... (याद है तुमने कोनारक से लौटते हुए कहा था कि सबके लिये एक पक्का बड़ा-सा घर बनवा कर अपने लिए पीछे कुंजों से घिरी ऐसी स्वच्छ लिपी हुई झोपड़ी बनाएँगे जिसका फाटक और बरामदा गुरुदेव के श्यामली की तरह होगा।) सो इन मैदानों के पार पूरब दिशा में जहाँ 'मेघेर परे मेघ जमेछे' वहाँ कहीं उस कुटिया के एक हल्के नीले रजनीगन्धा कक्ष में तुम बैठी हो—और मैं यहाँ छूट गया हूँ बियाबान सुनसान निर्जन में!

सच कैसा अजीब लग रहा है यहाँ... बिल्कुल दूसरा देश हो जैसे... मीलों तक कोई बस्ती नहीं। बीच में गुरुकुल का अहाता दूर-दूर तक फैला हुआ आधे मील के घेरे में—नीचे धरती खूब नम है, हरी है ऊपर धूप खिली है आसमान आज स्वच्छ है और हवा कैसी गरज-गरज कर बह रही है—बबूल के पेड़ लहरा रहे हैं और सामने लगे हैं केले के गाछ और सफ़ेद उजले हंस-से कनेर और गहरे श्यामल धान के खेत जिनके हरे पौधे सीधे तने खड़े हैं, पर हल्के लहराते हुए "दखिन पवन में झोंके लेती डार की लहर बदन में"... कभी-कभी हवा का एक भुइयाँ लोट झकोरा उस खेत में से गुज़रता है और एक के बाद एक पौधा दबता है और फिर उठता जाता है। मालूम है कैसा लगता है उस समय R. B. बावरिया—'मोतियन माँग सजाये' वाला गीत अपने टन्नाते गले से गाकर ढिठाई से हारमोनियम की तमाम रीडों पर तेजी से अँगुली चलाकर सब स्वरों को अस्तव्यस्त कर दे।

आज 10 तारीख है। कल 9 थी और सूर्या को मेरा 8 का भेजा नीला काई वाला लिफ़ाफ़ा मिल चुका होगा। इस समय दिन ढल रहा है और अकस्मात् जाने कहाँ से आकर यह बरसाती पुरवैया एक तेज़ महक बखेर रही है, नीबू तो अभी फूले भी नहीं? यहाँ कहीं नीबू के गाछ भी नहीं हैं फिर यह ताजी खट्टी उन्मादक नीबू की महक कहाँ से आयी। आह मुझे याद आया! आज 10 तारीख है न,

आज इसी ढलते दिन की बेला में लाइमजूस ग्लिसरीन की महक मुझे डुबो गयी थी। आज यहाँ इस परदेश की बावली हवाएँ उस महक को याद कर रही हैं क्या?...

पर वह महक तो महज़ माला का तार है जिसमें सूनेपन के मनके गुँथे हुए हैं। सच कितना सूना-सूना और अकेला-सा महसूस कर रहा है मेरा मन इस समय—आर. बी. से पूछूँ तो वह कहेगी कि "कोबियाल, I am, You anxious one ये हरहराती हवा और धान के खेत ये मेरी सजीव उपस्थिति हैं। जो तुम्हें आच्छादित किये हैं, पर फिर भी जानती हो मुझे कैसा लग रहा है—जैसे ये सब R. B., ढीठ चंचल R. B. की अँगुलियाँ है जो बार-बार मेरे मन की तमाम रीडों को तेजी से छेड़ती हुई अस्तव्यस्त कर जाती हैं और मन की हर रीड से केवल एक स्वर निकलता है—राधन् राधन् राधन्...

सच मन दुखी नहीं है, न! बस इस समय अपनी R. B. बावरिया को बहुत तन्मय होकर बुला रहा है सिर्फ़ इसलिए कि वह आकर पास चुपचाप बैठ जाय और चैत के उस दिन की तरह कुछ नहीं केवल उसके सूर्य प्रतिष्ठित माथे पर बिखरे (उसी की तरह) हठीले एक कुन्तल को होठों से सँवार दिया जाय... बस बस केवल इतना .... इतना उजला कोमल पारदर्शी प्यार जितना उजला कोमल पारदर्शी यह सफ़ेद कनेर खिली धूप और झूमते बबूलों वाला यह दिन है...तुमसे इतना-इतना दूर, पर फिर भी एक-एक रेशे में तुम्हें बसाये हुए।

11-10-58

उँह होगा! बीमारी है, संकट है, एकरसता है, थकान है, कुरूप यथार्थ है, अप्रत्याशित संकट हैं, अनिश्चित आशंकाएँ हैं, लेकिन इन सबकी कौन परवाह करता है—इन सबके बीच प्रतिक्षण कदम-से-कदम मिलाकर चलने वाली अपनी सृजन संगिनी है, अपनी सूर्या है जो चुपचाप सिर्फ़ आँखों की, चमकदार अर्थ भरी आँखों से मौन सम्भाषण करते हुए हर क्षण साथ चल रही है—जिसे घबरा कर, चिन्तित होकर जिस क्षण मैं पुकारता हूँ तो उत्तर मिलता है I am, You anxious one! जिस क्षण मैं थकता दीख पड़ता हूँ उसी समय पुरी के जड़ाऊ कंगन से सजी एक पतली चम्पई कलाई मेरी हथेलियों में गुँथ जाती है। जिस समय सर में बेहद दर्द होता है उस समय बालेश्वर के चन्दन में महकती दो हथेलियाँ माथे पर, पलकों पर, होठों पर, बालों में भटकती हुई अंत में माथे को गुलाब की शीतल पाँखुरियों से ढंक देती हैं। जब पाँवों में बिल्कुल सूना-सा लगता है तो अकस्मात मन की

आँखों के आगे कौंध जाता है अपने पुराने मकान का बरामदा और कुछ-कुछ चाँदनी और कुछ-कुछ अँधेरा और अधसोयी, अधजागी उस नींद घाटी में एक पिघले ताँबे का झरना और उसके बिल्कुल समानान्तर बहती हुई रूपहली डोरी सी एक गोरी नदी। और जब एक-एक अंग शिथिल पड़ जाता है, सारा शरीर लस्त पड़ जाता है तब याद आती है अपनी छोटी-सी छत पर तेज़ हवा में झरझर काँपती हुई पीपल की पत्तियाँ जो साक्षी हैं उस निर्बन्ध, अवगुंठनहीन, उन्मुक्त क्षण की (बहुत विह्वल स्वर में कहा गया एक वाक्य मैं तुम्हारी हूँ केवल तुम्हारी...) और जब मन डूबने-सा लगता है बेहद थका-सा निराधार-सा नीरस-सा ऊबा-सा तब बाहर दूर तक फैले बियाबान में—धान के खेतों में झूमते कनेरों में खिली धूप में खेलती एक बावरिया R. B. नाम की पाजी लड़की जो अपनी आँखें ज़रा दबाकर होठ कँपा कर सारा बदन बेंत-सा लहराकर धीरे-से कहती है... आ... ओ... इसीलिये सब है बीमारी है, संकट है, कुरूप यथार्थ है, अप्रत्याशित संकट है, अनिश्चित आशंकाएँ हैं, लेकिन कौन करता है इन सबकी परवाह जब तक सूर्या मेरे साथ है, मेरी संगिनी, मेरी शक्ति, मेरी सार्थकता!...

मैं जानता हूँ कि मैं अपना नहीं हूँ। अपना रह नहीं गया। यूँ तो सबका हूँ पर जितना आजतक किसी का हुआ हूँ उतना कुल मिलाकर भी थोड़ा पड़ेगा मैं जितना उसका हूँ! इसीलिए निश्चिन्त हूँ। सारी दुनिया के लिये चिंता करके भी अपने लिये निश्चिन्त हूँ। अपने लिये क्यों चिन्ता करूंगा, क्या मेरी चिन्ता करने वाला कोई है नहीं? अपने को उसके हाथ में छोड़कर अपनी नियति और अपने कुशल क्षेम तक से निश्चिन्त हूँ। ... जब और जैसी ज़रूरत होगी वह खुद मेरी चिन्ता कर लेगा। मैं जानता हूँ कि मैं अपना हित अनहित उतना नहीं जानता जितना वह जानता है। मेरे पाँव थकें या चलें—उसके हैं। मेरा माथा दमके या मलिन हो, उसका है। मेरा मन डूबे या लहराये, उसका है।...

इस समय यहाँ मेरी कोई पुस्तकें नहीं हैं, पर बेहद इस समय पढ़ना चाहता हूँ वे पंक्तियाँ जो ब्रिएट्रिस ने दाँते से कहीं थीं.... उन्हें सूर्या के अक्षरों में पढ़कर कितना आश्वासन मिला था...

SATURDAY; 20th September

वाह रे भावुक शिरोमणि पुसनू चन्द्र—तुम्हें भी भगवान ने बड़ी फ़ुरसत से बैठकर बनाया था। कल शाम को मिला तुम्हारा बुधवार की रात का लिखा बृहस्पति को छोड़ा हुआ बेहद घबराया हुआ पत्र! हे भगवान पढ़ते ही हम दोनों के होश फाख्ता हो गये। और कैसी-कैसी बातें आपने उसमें करकमलों से लिखी थीं। "मैं कितनी छोटी और कमज़ोर हूँ... मैं भीड़भाड़ में क्यों खो गयी हूँ " आदि आदि! उसी

समय हमने और कान्ता ने पत्र लिख कर जाकर तुझे छोड़ा—एक लिफ़ाफ़ा घर के पते पर और एक कार्ड कालेज के पते पर। कालका जा चुकी थी। बाम्बे मेल पर छोड़ा, पता नहीं शनिवार को मिला या नहीं?... अच्छा महाप्रभु मान लो हम दोनों यहाँ बीमार पड़ जायें और किसी कारण तुम्हें आने में दो-चार-छ: दिन की देर ही हो जाए तो क्या हम दोनों के इलाज का तुमने यह तरीका सोचा है कि आप खुद वहाँ घबरा-घबरा कर बीमार पड़ जायँ। धन्य हो बुद्धिसागर! ऐसा इलाज भला काहे को कभी किसी ने सोचा होगा! अच्छा अब मैं समझा। वह जो मैंने उस खत में लिखा था कि मैं अपनी तबीयत का इलाज समझ गया हूँ। जब दूसरे बीमार पड़े रहते हैं तो मेरी तबीयत बेबस हो जाती है सँभलने के लिए! लगता है वही खुराक आपने पिलाई इस बार हम दोनों को कि आपने यह जानकर कि हम लोगों की तबीयत खराब है—सबसे आसान रामबाण औषधि यह ढूँढ़ी कि घबरा-घबरा कर खुद बीमार पड़ जायँ तो मज़बूरन हम दोनों को ठीक होना पड़ेगा। वाह रे वैद्यनाथ! चरक और सुश्रुत दोनों होते तो आपके पाँव पड़कर कहते कि हमें शिष्य बना लो और आप उसी प्रकार उनको ठुकरा देते जैसे रामानन्द जी ने जुलाहे कबीर को ठुकरा दिया था। आहा! आपकी महिमा कहाँ तक लिखूँ।...

और तुर्रा यह है कि अपने इसी चरम भावुकता भरे छुईमुई मन को लेकर आपने जो कार्यक्रम जीवन का बनाया है वह बिल्कुल राणाप्रताप, छत्रपति शिवाजी की बहादुरी से लेकर सुल्ताना डाकू और मानसिंह तक की बहादुरी को समाहित करने वाला है। अब आप ख्याल कीजिये कि राणाप्रताप तलवार लिये भीलों की सेना बटोरे अकबर पर आक्रमण की तैयारी कर रहे हैं—अकस्मात उन्हें याद आ गया कि पता नहीं बेचारों को घर की रोटी भी मिलती है या उसे भी बिल्ला उठा ले जाता है—बस इतना ख्याल आते ही महाराणा प्रताप के हाथ से तलवार छूट पड़ती है। वे सर थाम कर बैठ जाते हैं उनके माथे में बेहद दर्द होने लगता है और बेचारे भील लोग दौड़ते हैं, कोई एनासीन लाता है, कोई एस्प्रो, कोई सारिडान, कोई अमृतांजन!—धन्य हो राणा पुसनू प्रताप।...हे परम शूरवीर राजपूत! यह जो जीवन रूपी क्रूर कुरूप कठिन निरंकुश मुग़ल साम्राज्य है इसे आप ऐसे ही धैर्य और छुईमुई मन से जीतेंगे? अहा! आपकी सारी जीवन पद्धति विलक्षण है ...और कितनी जल्दी आपके मन में ज्ञान का उदय होने लगता है। एक थे ये सब सूरदास आदि। सारा जीवन जी लेने के बाद उनके मन में यह बोध आया कि वे बेचारे कुटिल हैं, छोटे हैं, पर आपको देखिये कि महज़ दो दिन आपको पत्र नहीं मिला और आप परिस्थितिवश नहीं आ पायीं कि आपके वैरागी निर्लिप्त मन में तुरन्त ब्रह्मज्ञान उपजा कि आप छोटी हैं कमज़ोर हैं—इतने गहन प्यार में भी निखर नहीं पातीं—दो किनारों के बीच में भरमाती हैं आदि आदि! धन्य हैं

आप? कितनी सन्त स्वभाव की...एक हमारी R.B हैं। उनको आप यह क्यों नहीं समझातीं! वे हैं कि अपना जीवन लक्ष्य उन्होंने बना लिया है कि जब कोबियाल मोशाई उन्हें बुलाएँगे—मुरली में स्वर भर तब वे नहीं ही आएँगी—केवल परिस्थितिवश ही नहीं ज़िद वश भी कोबियाल मोशाई बुलाते रहेंगे बुलाते रहेंगे—हारकर लौट जाएँगे तब वे रास्ते में आती हुई मिलेंगी चुटैयों में अशोक के फूल लटकाये और चेहरे पर ज़रा भी लज्जा हो समय पर न पहुँच पाने की—ऐसा कुछ नहीं—एक शरारत भरी मुस्कान—"कहो मोशाई! नहीं आ सके समय पर तो क्या करें? तुम्हारी तो आदत है जी! हमेशा बेढंगे समय पर बुलाने की!"—और जब कोबियाल बहुत नाराज़ हो जाएँगे, मुँह फेर लेंगे—तब वे कहेंगी—"क्या करें जी! तुम्हीं ने ही सिर चढ़ी जिद्दी मित्र बना रक्खा है और फिर अपने आप मिजाज़ खराब करते हैं!"

ऐसी एक R. B. हमारी क़िस्मत में बदी थी। वे हैं कि मस्त-हर हालत में मस्त—(क्योंकि कहीं गहरे में गहन विश्वास है कि करेंगे क्या कोबियाल मोशाई मेरा? लाख खीजेंगे, सर पटकेंगे—हार कर मनुहार करेंगे—विवश हैं बेचारे)

और एक आप हैं हमारे भावुक शिरोमणि बेनू सेठ कि ज़रा 4 दिन कार्यक्रम टालना पड़ा कि लगे गीता पढ़ने—"मैं छोटी हूँ! कमज़ोर हूँ!" नहीं विश्वास नहीं अपने पर! वाह रे विश्वास पुत्र! अनुकरणीय हैं आप! अब आगे से हम दोनों भी अपने पत्रों में इसी प्रकार के उदात्त श्लोक अंकित किया करेंगे।...

बहरहाल खत तो आपको दूसरा ही लिखने की सोच रहा था पर अभी शाम की डाक से जब कान्ता अपना पत्र लिख चुकी थी तब आपका पोस्टकार्ड मिला शुक्रवार का लिखा जिससे ज्ञात हुआ कि बुध को आपने पिछला पत्र लिखा था जो बृहस्पति को डाला था—बृहस्पति को आपको कन्तो के दोनों लिफ़ाफ़े मिल गये तो आप इतनी मुदित हो गयीं कि आपने कोई खत ही नहीं लिखा जाने क्या कन्तो के लिए बनाती रहीं दिन भर और पोस्टकार्ड छोड़ा सूचनार्थ—कहो भाईजान! तबीयत मेरी खराब हो और तोहफ़े बनाये जायें कान्ता के लिए? ठीक है—इस पर भी मन दुखी न हो तो क्या करें। इस समय मैं अत्यन्त दुखी और ईर्ष्या से धधक रहा हूँ। अत: आपको पत्र नहीं लिखूँगा, नहीं लिखूँगा, नहीं लिखूँगा...कृपया इस पत्र से यह न समझें कि आपको यह जो उपदेश दिया गया है इसके अर्थ यह हैं कि हम दोनों पत्र न आने पर परेशान नहीं होते। आप यह जान रखिए कि इस मामले में मेरी नीति 'पर उपदेश' वाली नीति है। हम दोनों तो एक दिन पत्र न आने पर किस तरह घबरा जाते हैं यह आपको क्या बतायें। फिर भी साहस, धैर्य आदि का उपदेश आपको इसलिए दिया कि आपको उपदेश पिलाना बहुत अच्छा लगता है। अगणित तरीकों में वह भी एक प्यारा-प्यारा तरीका है...जो उस

फूल का नाम है।

इसी के साथ कान्ता का एक पत्र आपके नाम घर के पते पर Express से जा रहा है।

21 सितम्बर 1958

पुस्सन, ममता मेरी!

ये इतना हारा-हारा हुआ-सा क्यों अनुभव करने लगा हूँ इधर? बीमार पहले भी हुआ, पहले कई बार, बहुत सीरियस भी—इससे कई गुना ज्यादा तकलीफ़-विपत्तियाँ भी आईं—इससे कहीं ज्यादा गहरी—पर इतनी अशक्तता, इतनी लाचारी पहले कभी अनुभव नहीं हुई। यह तन जो सूर्या से वलयित है—इतना थका हुआ-सा क्यों हो गया है? यह माथा जो महाबालेश्वर के चन्दन से चर्चित है इतना खाली-खाली क्यों लगने लगा है? यह मन जिसे हर क्षण आर. बी. रंगीन और उत्फुल्ल रखती है। इतना खिन्न क्यों हो गया है? सच, आज तो इतनी शिथिलता रही कि क्या बताऊँ। दिनभर शैथिल्य, रात को नींद बुरी तरह उचटी रहती है। सुबह उठता हूँ तो लगता है सर जैसे पत्थर का है।

आज सुबह उठकर अपनी डायरी लिखनी शुरू की। दो पृष्ठ लिखने के बाद पाया—इतनी थकान और उदासी भरी है कि क्या बताऊँ। लिखना बंद कर दिया। वैसे बात कुछ ऐसी नहीं है कि तू चिन्ता में पड़े। असल में फ़रवरी में फ़्लू के बाद से ही मेरा स्वास्थ्य काफ़ी गिर गया था। तब से इसका मौका ही नहीं मिला कि उसे सँभाल सकूँ। कान्ता की बीमारी ने तन और मन दोनों को थका दिया। इधर कुछ आराम करने की सोच रहा था कि अम्मा की बीमारी और वहाँ जाना, उन्हें लाना—ये सब बेहद गहरा स्ट्रेन पड़ गया—यह तो कहो भाग्य की बात है कि कुछ ही दिनों पहले आर्थिक प्रबन्ध हो चुका था—वरना कैसी मुसीबत होती यह समझ ही सकती हो। कोई बात नहीं बेनुमा तेरे आशीर्वाद से यह भी दिन, यह भी मन:स्थिति गुज़र जाएगी। वैसे कोशिश तो करता हूँ कि इन सबका प्रभाव अपने पर न पड़ने दूँ—पर तू खुद ही सोच, जनवरी से लेकर अब सितम्बर बीत चुका और कितने गहरे संकट मुझे एक के बाद एक भोगने पड़े हैं—मन कहीं इतना उदास-सा हो गया है कि मुझे देखकर मेरे भीतर बैठा छौनू जो सदा उत्साहित और उत्फुल्ल रहता है वह भी सुस्त-सा पड़ गया है। सच आज तो डायरी में कुछ ऐसा लिख गया मुझसे कि कन्तो तो बहुत नाराज़ ही है, तू भी यदि पढ़े तो मुझे बहुत डाँटे और मजे की बात यह है कि कल शनिवार को जो मैंने तुझे पत्र लिखा है कॉलेज मे पते पर उसमें उल्टा तुझे उपदेश

झाड़ा है।... खैर कोई बात नहीं जी ज़िन्दगी हर रस का आस्वादन करके ही तो इतनी परिपक्व बनेगी कि हिमशिखरों की यात्रा के लिए पूर्णतः उपयुक्त बन सके।... पुसिया—जरा सूर्या राजन् से कहना मुझे एक बहुत अच्छा खत लिखे गहन गम्भीर और ऐसा जो मुझे इस निराशा, निरर्थकता और थकान और ऊब से खींच कर उबार ले—मात्र भावुकता नहीं गहरे जीवन दर्शन के स्तर पर, इतिहास निर्माण के स्तर पर। इस समय मेरे लिए उससे बढ़िया कोई दवा नहीं होगी।... और तू भी ठीक-ठाक खत लिख न! कभी इक्ज़ाम के पेपर पर चार लाइन लिख भेजती है, कभी लिखती ही नहीं, कभी बस एक पोस्टकार्ड। हमको अपने सारे हालचाल लिख न बेनू! देख आज दिनभर तेरे खत की कितनी प्रतीक्षा की हम दोनों ने।

तेरे कमरे का क्या हुआ? पिताजी ने अनुमति दिया नहीं? शनिवार को मधुचक्र में गई या नहीं? इतवार कैसे बिताया? और कुछ उल्लेखनीय? अनुवाद आगे बढ़ाया? और प्रसाद वाला लेख?

—भारती

24.9.58

I have ever loved thee in hundred forms and times, ages after ages, in birth following birth...To move is to meet you every moment, fellow, traveller! It is to sing to the falling of your feet. He whom your breath touches does glide by the shelter of the bank. He spreads a reckless sail to the wind and rides the turbulant waters. He who throws his doors open and steps onward receives your greetings. He does not stay to count his gain or to mourn his loss; his heart beats the drum for his march, for that is march with you evry step fellow traveller! Let thy light play upon my voise and rest on my silence. Let it pass through my heart into all my movements. Let thy love like stars shine in the darkness of my sleep and dawn of my awakening. Let it burn in the flames of my desire and flow in all currents of my own love. Let me carry thy love in my life as a harp does its music and give it back to thee at last with my life.

SUNDAY NIGHT
28.9.58

हाँ पुसिया, तूने लिखा है न कि शुक्रवार की रात R. B. को बहुत हिचकियाँ आ रही थीं और शनिवार की सुबह वह गाना सीख कर उठी तो बहुत सुन्दर लग रही थी... उस दिन का हाल तुझे मेरे शनिवार की सुबह वाले पत्र से मिला होगा। शुक्रवार को दिन से ही मेरे पाँव में दर्द बढ़ रहा था। शाम को 'मधुमती' लगा था (पहला दिन) और हमने कार्यक्रम बनाया था कि हर हालत में उसे जाकर देखेंगे जरूर। चले भी, रिक्शा भी बुला लिया। पर जब लगा कि पाँव की तकलीफ़ बहुत बढ़ रही है तो लौट आये। फिर रात भर जो हाल रहा है उस दिन की पूछो मत और शनिवार को सुबह यह इच्छा हो रही थी कि कोई ऐसा इंजेक्शन लगा दिया जाय इस पैर में कि इसकी नसें एक-एक Cell बिल्कुल Dead हो जायें, संवेदनशून्य, दर्द का कोई अनुभव ही न हो—पर फिर मन को इस कायरता के लिए धिक्कारा और कहा कि दर्द है तो उससे भागना क्या? यही नहीं, बल्कि थोड़ी ज़िद आ गयी मन में तो उसी बेहद पिराते हुए पाँव को लेकर लॉन पर आधे घंटे टहला और फिर और गुस्सा आया तो सिविल लाइन्स चला गया, कॉफ़ी पी, युनिवर्सल में किताबें देखीं और शुक्रवार शनिवार वाला खत G. P. O. में छोड़ा और डेढ़ बजे घर लौटा। शाम को तेरा बुधवार की शाम को लिखा वह खत मिला जिसमें तूने विष्णु के वेलूर में भर्ती कराने के लिए पिताजी के खत का जिक्र किया था।

उसे पाकर हम दोनों तेरी परिस्थिति का अनुमान कर बहुत चिन्तित हो गये। कन्तो ने तुझे एक लम्बा पत्र कालेज के पते पर लम्बे पीले लिफ़ाफ़े में और एक खत घर के पते पर भेजा। उसे छोड़ने फिर कालका पर गया और प्रण कर लिया था चाहे कुछ हो जाए, चाहे पैर प्राणशून्य हो जायँ, चाहे गिर ही क्यों न पड़ूँ पर बैठूँगा नहीं बेंच पर... गाड़ी आने में देर थी और टहलता ही रहा, टहलता ही रहा... पर लौटा तो जो हालत थी कि बस... पर नतीजा अच्छा हुआ। आज कल के मुकाबले दर्द कम है।... शाम से फिर बढ़ने लगा है। शाम को अम्मा को देखने बहुत लोग आये आज इतवार था न तो बैठा ही रहा, कहीं गया नहीं। मैंने इलाज सोच लिया है। अगर इंजेक्शनों से यह साइटिका नहीं ठीक हुआ तो कौसानी जाकर पैदल पिंडारी ग्लेशियर की यात्रा करूँगा। अकेले। निरुद्देश्य। सूनी घाटियाँ, भयानक वन, निरुद्देश्य रास्ते, निगलने के लिए तैयार गुफ़ाएँ और सहयात्री

के बिना ज़हरीले लगने वाले अमृत शिखर, कुचल देने के लिए सन्नद्ध पहाड़ी, अनगढ़—इनके आगे साइटिका कै दिन टिकेगा? (खैर जी यह सब तो ज़मीन आसमान के कुलाबे हैं—यह सब कुछ नहीं होगा—होगा सिर्फ़ यह कि जब तक का यह भोग है भोग कर फिर इंजेक्शन वगैरह से मन को सन्तोष तो हो ही जाएगा कि कुछ कम हो गया है और जितना वश में था उतना इलाज कर लिया, फिर थका मन अपने कामकाज में लग जाएगा) जाने दो बिटिया रानी, तुम भी आजकल खत पाकर खीजती होगी कि क्या हो गया। जब देखो तब बीमारी उदासी, खिन्नता, तेरे शब्दों में 'उखड़े उखड़े खत,'' अपने मन को अपनी सूर्या तक से भी दूर ले जाने का प्रयास। हाँ मैं तेरे इस आरोप का अपराधी हूँ, सचमुच हूँ। मैं जानता हूँ कि तू वहाँ अकेली है, चिन्तित है, परिवार की समस्या को लेकर, उधर ब्रह्मा बीमार थे। विष्णु गायब था—अब विष्णु को कहाँ रक्खें क्या करें,—ऊपर से कॉलेज की इतनी मेहनत। मैं अक्सर सोचता हूँ कि किस तरह सूखे मुँह कालेज से थकी हारी तू लौटती होगी। अक्सर भूखी सो जाती होगी—उदास परेशान... ऐसे क्षणों में कितनी लज्जा आती है मुझे अपने ऊपर, कितना टीस उठता है मन। कहाँ कुरेद जाता है यह, मैं तुझे कभी नहीं बता सकता। अपनी बीमारी, अपनी खिन्नता, जनवरी से लेकर आज तक जो अजीब कष्ट इस वर्ष भोगना पड़ा है उसकी अनवरत् शृंखला, कुरूप यथार्थ, रोग, मृत्यु, पीड़ा सब चारों ओर है—फिर भी उसे मैं क्यों नहीं भूल जाता—हाथरस में जिस दिन सबसे ज्यादा चिन्तित था मैं—माँ को 103 बुखार था और वहाँ से लाना था उन्हें और सायटिका का अटैक हो चुका था मुझ पर। उस परिस्थिति में मैंने किसी से कहा भी नहीं था—उस दिन भी पता नहीं कहाँ से फ़ौलाद जैसा एक अदम्य विश्वास उमड़ कर बोला था—''रोग है, कुरूप यथार्थ है, पीड़ा है, उदासी है—लेकिन इन सबके परे, इन सबके बीच कोई और है—एक सूर्य बिन्दु से अभिषिक्त मस्तक पुरी के जड़ाऊ कंगन से वलयित एक आशीर्वाद में उठी हुई कलाई... सहयात्री के कदम और मेरे पदचिह्नों के बगल-बगल कदम बक़दम अगस्त्य के फूलों की कटावदार उजली छाप...'' जब वह है और वह सहयात्री मेरे हर कष्ट, हर पीड़ा का ज़िम्मेवार है तो मैं उदास क्यों हूँ, थका हुआ क्यों हूँ, तेरे शब्दों में ''उखड़े-उखड़े खत ''क्यों लिखता हूँ—मुझे भूल जाना चाहिये यह सब!

अच्छा बिटिया—भूल जाऊँगा यह सारा कष्ट, उदासी, थकान, सूनापन, अवसाद पूर्ण नैराश्य। ऐसा भी क्या है!

यूँ यह जानना हूँ कि आसपास बहुत-सी ऐसी चीज़ें हैं जो सामान्य स्थितियों में मुझे कितना मन्त्रमुग्ध कर लिया करती हैं। क्वार लग गया है और पौधों में

अक्सर सुबह ऐसे बड़े-बड़े गुलाब खिले मिलते हैं—जो और स्थितियों में मन को किस बुरी तरह पगला देते थे—अब पता नहीं क्यों सिर्फ़ टीस जाते हैं। एक गुलहज़ारा खिलता है। उफ एक-एक पाँखुरी में दो-दो धारियाँ। एक सफ़ेद उजली एक गाढ़ी नीली... ऐसा राधाकृष्णी रंग! छोटे-छोटे दो-दो लाल पंखुरियों वाले कंटीले पौधे के Kma फूल गुच्छे-गुच्छे अकस्मात् तीन दिन के अन्दर एक-एक डाल पर लद गये हैं... और रात को महकता है हरसिंगार और चमेली—और सुबह सूरज उगता है तो लाल टीके की तरह (कितना ढेर का ढेर सेन्दुर बिखर जाता है बादलों की नोक पर, कितना प्यार मिलता होगा इन बादलों को?) और शाम को अपने पीछेवाले पोखरे में सूरज डूबता है बिल्कुल शिवकोटी के सिन्दूरी सूर्यास्त की तरह पीठ पर एक हल्की थपकी—"आज डायरी में इस पर कुछ लिखना ज़रूर!")—और कल पूर्णिमा थी और छत पर ढेर की ढेर चाँदनी और पीपल की रुपहली किनार वाली पत्तियाँ और खामोश आशीर्वाद-सी झुकी डाल... ये सब, ये सब जिनमें पागल बना देने की ताकत थी आजकल कितनी बुझी हुई-सी लगती हैं—न सुख देती है न दुख—न गुदगुदाती हैं न कुरेदती हैं—लगता है जैसे अकस्मात् सूनी हो गयी हैं। ये सब तो होठ थे, अर्थ तो वह था जो इनसे ध्वनित होता था। जैसे अक्सर फ़िल्म में मशीन फेल होने पर पर्दे पर बोलते-बोलते अकस्मात् आवाज़ बन्द हो जाय केवल पात्र की तस्वीर दिखाई दे उसके हिलते होठ निरन्तर हिलते हुए पर निरर्थक, निरर्थक, निरर्थक क्योंकि उनमें निकलने वाले शब्दों की आवाज़ खो गयी है—ठीक वैसे ही लगते हैं आजकल ये गुलाब, ये हरसिंगार, गुलहज़ारे, पीपल की डाल, उगते-डूबते सूरज—निरन्तर हिलते, खिलते, चलते होठ—शब्दहीन, शब्दहीन, अर्थशून्य...

इस अजीब-सी सुनसान चुप निरर्थक शब्दहीन दुनिया में मैं कितना अकेला और दबा हुआ अनुभव करता हूँ अपने को और पाँव का दर्द और माथे की पीड़ा और पिछले कितने ही महीनों की थकान दुगुना हो जाती है और केवल एक इच्छा होती है कि एक इंजेक्शन लग जाय कि पाँव की, माथे की, एक-एक नस बिल्कुल जड़ हो जाय, संवेदनशून्य और क्यों ऐसा लगता है यह मैं नहीं जानता सिर्फ़ इतना जानता हूँ कि ये फूल, बादल, सूरज, पीपल पात यह सारे रंग रूप, सुगन्ध की दुनिया वैसी ही है जैसे रात के अँधेरे में दूर के मकान का झरोखा। वैसे यह अँधेरा अर्थहीन रहता है पर कहीं उस झरोखे के अन्दर एक दीपक जल उठे तो अकस्मात् कितने-कितने अर्थ खुल जाते हैं उस झरोखे के। उसमें से दीखने लगता है एक नीला कमरा, एक तख्त, दो ममताएँ और सो जा राजकुमारी का गीत... पर दीपक बुझते ही अँधेरा और झरोखा एक—अन्दर बाहर अधिकांश...

वैसे ही लगते हैं ये फूल, बादल, पीपल, पात—अँधेरे के झरोखे जिनके अन्दर का दीपक आजकल नहीं जलता—क्यों नहीं जलता? सचमुच नहीं जलता या यह महज़ मेरी थकान, उदासी, दर्द और अकेलापन है।

...जिसे अब मुझे भूल जाना चाहिये... और किसी के लिए नहीं तो अपनी मित्र के लिए उखड़े-उखड़े खत पाकर जिसका मन बुझ जाता है—भूल जाऊँगा बेनू—क्यों नहीं भूलूँगा—बहुत-बहुत परेशान करेगा पैर तो सिविल लाइन्स की लम्बी छायादार सड़कों पर मीलों टहलूँगा आजकल डूबते हुए सूरज की काँपती पीली धूप में पेड़ों के लम्बे तिरछे साये पड़ते हैं और एक अजीब अकेलापन पुकारता है—आओ-आओ आओ (कुछ लोग आओ कहते समय आँखों को हल्का दबाकर नीचे का होंठ अजब मारक ढंग से कुंचित कर देते हैं—वैसे नहीं!) इस अकेले के आओ कहने का ढंग बहुत दूसरा है। जब वह कहता है आओ तो एक असमंजस होती है उसके कहने में—केवल इन दो अक्षरों में कितनी बातें कह डालता है वह। कहता है—आओ भी ये पाँव ठिठक क्यों रहे हैं—? इन्तज़ार है किसी का?—आओ—मैं हूँ तो—मुझसे अपनी रिक्तता भर लो—ऐसा कहता है आम्रवृक्ष का वह निपाट अकेलापन जो लम्बी छायादार सड़कों पर खड़े होकर डूबते सूरज की पीली धूप में पड़ते लम्बे तिरछे सायों के पार से पुकारता है।...

भूलूँगा बेनुआ मेरी, मीलों टहल-टहल कर इस सायटिका के दर्द को भूलूँगा—यह भी क्या बात हुई भला इतने दिन हो गये और मैं अपनी बीमारी, घर की बीमारी, मुसीबत, और बिना बात की उदासियों को लिये बैठा हूँ...

मान लिया सुनसान है—दूर चारों ओर तक सूनसान है, फिर भी क्या हुआ? निचाट अकेलापन तो है जो पुकार रहा है—आओ आओ...

कौन जानता है यह निचाट अकेलापन ही पगडंडी का वह कठिनतम मोड़ हो जहाँ कोई नहीं या सबकुछ है जहाँ कोबियाल की आराध्य प्रतिमा है या एक है दर्द वही अपना है लौटकर हर बार चला आता है। कौन जाने, कौन जाने, कौन जाने— फिर भी आ ओ आ ओ आ ओ!... हाँ बेनोमा, भूलूँगा यह जड़ता, यह मन का बुझाव और घुमड़ता दर्द और थकान और नैराश्यपूर्ण अवसाद और तुझे लिखता रहूँगा ठीक से जमे-जमाए खत ताकि तू यह न कहे कि मैं सूर्या से भी मन को दूर लिये जा रहा हूँ।...

यूँ एक बात काश कभी सूर्या समझ लेती—मैं इस बात के लिए विवश हूँ कि अपने मन को अब सूर्या से हटा नहीं सकता, चाहकर भी! दूर रख नहीं सकता। मैं कभी न भी बताऊँ तो मेरे मन की कोई गति उससे दूर नहीं रह सकती। यदि कहीं सूर्या यह महसूस करती रही होगी तो यह भी मानती होगी कि मेरा

मन इतना अवसाद भरा क्यों है आजकल? तुझे बताना पड़ता है, उसे बताने की ज़रुरत नहीं पड़ती पुसिया। कभी उससे पूछना—

यूँ उसने कभी तुझसे यह नहीं बताया होगा कि पिछले एक-डेढ़ महीने से वह भी क्या-क्या सोचती रही है—किन लहरों में डूबती-उतराती रही है—पर मेरा मन बिना बताए एक-एक बात जानता रहा है गुनता रहा है—और मन की उदासी को इतना गहरा बना जाने में सूर्या जी उन गहन आत्मचिन्तनों का अंतर्द्वन्द्वों का भी हाथ है जो मुझे कभी नहीं बताए गये, शायद तुझे भी नहीं, पर जिन्हें मेरा मन एक-एक क्षण अनुभव करता रहा है।... तू कभी यहाँ आएगी तो उनमें से एक-एक बात तुझे बता दूँगा...

उनसे कुछ कहना मत। यह मेरे तेरे बीच की बात है—और शिकायतें करना मुझे अच्छा नहीं लगता—ठीक है अगर वे कहती हैं कि केवल मैं कसूरवार हूँ तो सर झुकाकर स्वीकार करता हूँ।

इस समय थका हुआ हूँ पूरे एक साल की कशमकश, जद्दोजहद, हारी-बीमारी का थका हुआ, अतः सूर्या जी से झगड़ूँगा नहीं—सब स्वीकार कर लूँगा जो उनके आरोप होंगे। उन्हें सन्तोष होना चाहिए। मेरा क्या मैं तो अर्पित हूँ। मुझे कसूरवार साबित कर ही उन्हें नैतिक सन्तोष मिले तो उनका हर आरोप सर आँखों पर... अच्छा जी छोड़ो हमारी R. B. बावरिया का हालचाल सुनाओ। आजकल पुसिया, अक्सर उसकी ही बात सोच कर होठों पर शरारत भरी मुस्कान भी आ जाती है। और थोड़े उदासी के बादल भी फटने लगते हैं—पिछले शनिवार को मैंने वह खत लिखा था न तुझे उपदेश वाला जिसे तू कहती 'चने जोर गरम जैसा मज़ेदार खत।

वह उसी की याद आने पर लिखा था। मस्त लड़की—दुनिया जाये भाड़ में—अपनी धुन की पक्की—"कोई काऊ में मगन कोई काहू में मगन हम वाही में मगन जासो लागी है लगन!" सो हैं हमारी R. B.। अच्छा उन्होंने आपके मास्टर साहब से जो गाना सीखा है 'आज रात जाग जाग' वाला सो वह कभी इस मर्त्यलोक के किसी प्राणी को उनके श्री मुख से सुनने को भी मिलेगा या नहीं? और तुमसे सीख-सीख कर उन्होंने क्या बनाया है हिन्नी राजन के लिए? जाने कब देखने को मिलेगा? जाने कब सुनने को मिलेगा... आजकल तो हर नया दिन एक अनिश्चित प्रतीक्षा अवधि का पहला कदम लगता है... सच ऐसा लगता है कि फूल, बादल, सूरज, पीपल पात सब अँधेरे के झरोखे हैं जिनके पीछे के दीपक ने अपनी रोशनी समेट ली है... सब फीके-फीके, बुझे-बुझे, उदास, मूक और अर्थहीन—R.B. बावरिया होती तो इन सब पर लापरवाही का हाथ फेरती जैसे

हारमोनियम की रीड पर—और सब अपने अगणित बेमेल स्वरों में बोल उठते—पर सबके बेमेल स्वर सम्मिलित होकर कितने सुरीले लगने लगते हैं उससे झंकृत होकर उस दिन Dance of life का एक वाक्य बहुत अच्छा लगा था "We change, world changes in accordance with the underlying organisation and in consistancy so conditioned by truth to the whole becomes the consistancy of life." इस वाक्य से हमेशा उसी का चेहरा सामने आ जाता है। जानता हूँ कि उसमें 'conditioned by truth to the whole' वाला तत्त्व है—''लौटेगी फिर-फिर बावरिया किसी क्षितिज को चूम के''—इसलिए उसकी inconsistancy बहुत मज़ेदार लगती है—'चने जोर गरम जैसी मज़ेदार।' गाना सुनिए पर आँख मूँदिए। गुलाब लीजिए पर आँख मूँदिए। पगडंडी के कठिनतम मोड़ पर खड़े होने का अटल अपराजेय व्रत लीजिए पर पेड़ का पत्ता भी खड़क जाय तो डर के मारे प्राण निकल जाएँ आपके। और बातें आपकी सुनिए या तो द्रौपदी का चीर अनन्त था या आपकी बातें? और क्या सर झटकार झटकार कर बातें करेंगी आप? हल्की फुल्की, नहीं, गम्भीर बातें। विषय वस्तु और शैली में आप किसी विशेष सम्बन्ध की कायल नहीं। मसलन् उपदेश देंगी वेदान्त का पर मुद्रा होगी आपकी मणिपुरी नृत्य की!... बचपन में आर्यसमाज में एक भजनीक चिल्ला-चिल्ला कर गाते थे—''पाई अपरम्पार... प्रभो... तुम्हारी माया!''... यह पंक्ति R. B. पर एक-एक शब्द लागू होती है...

लो बाबा तुरन्त दान महाकल्याण—उनकी प्रशंसा की कि तुरन्त फल मिला। ऐसा ज़ोर से दर्द उठा है कि बस... सुबह से कम था—अब देखें रात कैसी बीते... अच्छा पुस्सो राम! राम! चिन्ता मत करना बन्धु।

यह आल इंडिया रेडियो स्पेशल प्रोग्राम सर्विस है अभी आप ''साइटिका का दर्द और दुनिया भर का अल्लम ग़ल्लम!'' शीर्षक फ़ीचर सुन रहे थे। अचानक सचमुच का दर्द उठ आने के कारण आज का कार्यक्रम समाप्त होता है इस समय रात के साढ़े बारह बजे हैं कल आपसे हम फिर मिलेंगे—जय हिन्द...

FRIDAY
MORNING : 3 - 10 - 58

पता नहीं क्यों मन कल सुबह से इतना भरा-भरा-सा है। इतना चोट खाया हुआ-

सा है। इतना बेकल है। पाँव का यह दर्द और यह अकेलापन और मन की यह भयानक मायूसी—यह तो पिछले 20 दिनों से है—14 तारीख के बाद से जैसे एक अजगर-सा कुंडली मार कर मन पर में बैठ गया है... लेकिन यह बेकली कल से ही इतनी ज्यादा क्यों है?... क्या वजह है कि फूट-फूट कर रोने को जैसे मन हो आता है और रो नहीं पा रहा हूँ और सुबह से आँखें भी भरी हैं... और कल कई बार मैं जानता हूँ कि दिन में घूमते हुए, दोपहर में पाँव के दर्द से बेकल करवट बदलते हुए, शाम को डॉक्टर के यहाँ जाते हुए... कई बार मैंने पाया कि अपने आप आँसू पलकों में इकट्ठे हो आते हैं और अब टपके, अब टपके...

...और कैसी अजीब है मन की यह स्थिति, कि भागता है कि अगर कोई कड़ी-से-कड़ी बात कह दे, घन की चोट भी दे दे तो भी मन टूटेगा नहीं, बिखरेगा नहीं—लेकिन चोट खाये हुए बच्चे-सा यह मन हर गली में हर चौराहे पर, हर वीराने में हर सुबह, हर शाम, हर रात को सोने जाते हुए किसकी आँचल छाया ढूँढ़ रहा है जिसकी छाँह मिले—जिसकी बाँह का आवर्तन मिले, जिसकी गोद मिले, जिसके पतले ममता कम्पित होंठ पुचकार कर कहें—"आओ, तुमने बहुत दुख सहे मेरे बग़ैर सहे आओ अब मैं आ गयी हूँ!" और मेरा यह मन चोट खाये बच्चों-सा जब गुलाबों में छिपकर फूट-फूटकर रो ले—खूब रो ले और खूब शिकायतें करे—सिसक सिसक कर—"तुम क्यों नहीं आयी? क्यों नहीं आयी? मैं कुछ नहीं जानता? कोई भी वजह हो? कोई भी बात हो? कोई भी सीमा हो? कोई भी बन्धन हो? लेकिन जब दिन-रात मेरा तन-मन कण-कण सिर्फ़ एक दर्द में डूबी पुकार बना रहा, एक मुजस्सम इन्तज़ार बना रहा तुम्हारे लिए, तो भी तुम क्यों नहीं आयीं?" और गले में फँसते आँसू से बोझल आवाज़ में उससे झगड़ूँ, बेहद झगड़ा करूँ—चली जाओ तुम अब क्या चाहती हो।

जाओ जहाँ थीं अब तक। वही सबसे ज़रूरी है। मेरी ज़िन्दगी और मौत से भी ज़्यादा जरूरी है। अब मुझसे मत बोलो। नहीं हमें कुछ नहीं चाहिए। हमें अब कुछ नहीं चाहिए,"...

और अस्तव्यस्त आँचल और उलटे-पुलटे मेजपोशों में अपना थका आँसुओं से तर चेहरा और भी बेकली से छिपाते हुए रोते हुए कहूँ—"नहीं अब मुझे तुम्हारी ममता नहीं चाहिए!" और पुरी के जड़ाऊ कंगन वाली कलाई को दोनों हथेलियों में बेबसी से रोते हुए सिसकते हुए कहूँ—"रहने दो अपना स्नेह अपने पास!" और गुलाब की शीतल पँखुरियों को माथे पर बिखेरते हुए पलकों से प्यासों की तरह लगाते हुए बहुत नाराज़ होकर कहूँ—"जाओ ले जाओ अपने गुलाब के ये फूल। हमें नहीं चाहिए... नहीं चाहिए...

कैसा अजीब है यह, कि सुख में सबके होते हुए संगी-साथी... वह कौन है जिसे मन पागलों की तरह ढूँढ़ता है कि वह अगर सुख का भागी नहीं तो सारा सुख मिट्टी है? कौन है वह जिसे मन अपने अन्तरंग से अन्तरंग सुख को अर्पित करके ही उस सुख का आस्वादन कर पाता है—यहाँ तक कि हिन्नी भी यदि मिले तो उसी गोद में अर्पिता मिले।

कौन है, जिससे मन बार-बार यह सुनना चाहता है—"मैं सब हूँ! तुम्हारे लिए सब हूँ मुझे सन्तोला कहकर पुकारना चाहते हो? मुझे बीएत्रिस कहना चाहते हो? राधन् कहना चाहते हो मुझे? मैं हूँ! मुझमें सब समाहित हो गया है। तुम्हारे जीवन की समस्त परिधि मैं हूँ। मेरे बाहर कुछ नहीं कुछ नहीं, कुछ नहीं। जितने तुम मेरे हो उतने किसी के नहीं! किसी के नहीं, किसी के नहीं!

और कैसा अजीब है कि दुख में मन उसी को पागलों की तरह ढूँढ़ता है—चारों ओर देखता है देखो यहाँ मेरा क्या हाल हो रहा है! तुम कभी पूछ तो लो। तुमने क्यों छोड़ दिया है मुझे? तुम्हें ऐसा तो मैंने कभी नहीं जाना था? तुम कभी नहीं सोचती कि...

लेकिन फिर सोचने लगता कहूँ किससे यह सब? किससे? किससे?... किससे कहूँ कि तुम्हारा मन इतना ठंडा कैसे पड़ गया है। चन्दन माथे पर एक दुख की हल्की रेखा देखकर तड़प उठने वाला मन आज क्यों नहीं ललकता... और उसके बाद कितनी देर मैं ऐसा रहा मुझे याद नहीं, सिर्फ़ जब मेरा मन कुछ सँभला तो मैंने यह पाया कि इस अनवरत आकुल पुकार पर कोई नहीं आया है—आया है सिर्फ़ अँधेरा दरवाज़ों से, खिड़कियों से, रोशनदानों से अँधेरा आया है—दल का दल... गहरा अँधेरा और पूरे कमरे में भर गया है।

और उस अँधेरे में कैसी-कैसी घटनाएँ घटीं! पता नहीं सचमुच पता नहीं याद में...

उस अँधेरे में लगा कि बाहर सुबह हो गयी, पर अन्दर अभी अँधेरा है कुछ परदों की वजह से, कुछ कमरे के नीले होने की वजह से। और उस नीले कमरे के पतले अँधेरे में कालीन पर कोई अलसाया उनींदा पड़ा है और सर्दी बेहद है और रजाई का छोर उठाकर किसी ने मेरे ये दर्द भरे पाँव अन्दर खींच कर बाँहों से घेर लिये हैं... और लगा जैसे तलवों पर गुलाबों की-सी शीतलता बिखर गयी है और उन गुलाब पँखुरियों ने जैसे पाँव के दर्द को एक-एक कण चूस लिया। जन्म-जन्मान्तर से जिन हथेलियों को खोजता काल और दिशाओं की पगडंडी पर अनन्त काल से चला आ रहा था वे हथेलियाँ मिल गयीं। अब जन्म नहीं लेना है, अब अनन्त शून्य में इसी तरह अपनी हथेलियों में बन्द कमल को माथे के सूर्यबिन्दु से छुला कर ऐसे रहूँ—बन्द... स्थायी... लेकिन नहीं इस खिड़की

के पास चुपचाप अकेले सोचता रहता हूँ—धूप और तूफ़ान और बारिश और ओलों से एक-एक पाँखुरी मैली पड़-पड़कर गिर जाएगी। धूल में मिल जाएगी, कीचड़ में मिल कर कीचड़ बन जाएगी। और नहीं मिलेंगी वे हथेलियाँ जो इसे प्यार से दुलार से सहेज लें और नहीं मिलेगा वह सूर्याभिषिक्त माथा जिनसे लग कर यह अपनी जनम-जनम की सार्थकता पा सकेगा।

और ऐसे में मन कैसा अनाथ और कैसा मायूस और डूबता हुआ-सा अनुभव करता है और मानो जीने की इच्छा नहीं होती और सोचता हूँ—क्या करूँ, क्या न करूँ।

अभी कल शाम की बात है दिन भर पानी बरसा था—बादल झुके हुए, अँधेरा घिर रहा था और भीगी हुई सड़क सूनी थी और मैं छत पर खड़ा था—अकेला और भीगी काई लगी छत पर ठंडक थी और पाँव बेहद टीस रहे थे और पता नहीं खड़े-खड़े मन बेहद डूबने लगा—लगा जैसे यह ज़िन्दगी की शाम है—और लगा इसी तरह यहाँ खड़े-खड़े इस लम्बी सड़क को दूर तक फैले मैं देखता रहूँगा और कोई नहीं आएगा कोई नहीं आएगा और वक्त के सैलाब में यह तमाम उम्र यह फूल बसा उजड़ा-सा घर, यह दर्द करते पाँव, ये हिमशिखरों के सपने... ये सूर्या के मन्दिर की समुद्री चाँदनी ये सब डूब जाएँगे और कोई नहीं आएगा, कोई नहीं आएगा... और मुझे याद है एक दिन गज़दर आइस्क्रीम बार के लॉन पर शाम को बैठे माइक पर एक गीत सुनते-सुनते मेरी आँखों से चुपचाप आँसू बहते गये थे, बहते गये थे... ठीक वैसे ही कल शाम मैंने पाया मेरी पलकें, कपोल और कंठ आँसुओं से तर हो गया है... क्यों? पता नहीं? और मुझे बेहद सर्दी-सी लगने लगी, कँपकँपी छूटने लगी, पाँव बिल्कुल सूने से हो गये, लगा कि खड़ा नहीं रह पाऊँगा और दीवार का सहारा ले लेकर मैं आकर कमरे में बैठ गया और मन इस बुरी तरह बिखरने लगा था कि सोचा कुछ ख़त लिखूँ—एक सर्वेश्वर को लिखना शुरू किया—छोड़ दिया। एक जिज्जी को लिखना शुरू किया—छोड़ दिया—एक पुसिया को लिखा फिर उसे डायरी में दबाकर रख दिया—और फिर एक किताब पढ़नी शुरू की तो पाया अक्षरों और नज़रों के बीच आँसुओं का एक गाढ़ा परदा बार-बार खिंच आता है—और बगल के घर में रेडियो पर कोई बांग्ला गीत गा रहा था तो मुझे अकस्मात् याद आ गया गीतांजलि के एक गीत का अनुवाद कर मैंने एक बार तुमको भेजा था जब तुम लखनऊ में थी—

मेघों पर जमते जाते हैं मेघ
गहराती जाती है तम की बेला

ऐसे में क्यों छोड़ दिया है हाय!
मुझको अपने द्वारे निपट अकेला!

और मन अन्दर से फूट पड़ा कि किसी की गोद में छौने-सा फूट पड़ूँ—"तुमने कैसे इतने दर्द, इतनी मायूसी में भी मुझको अकेले छोड़ रखा है। सुनो तुम्हें ज़रा भी दया ममता नहीं। हवा के हर झोके पर चौंक उठता है। किवाड़ की हर आहट पर चिहुँक उठता है, आने जाने वाले हर रिक्शे की रहगुज़र पर इन्तज़ार से धड़कने लगता है, दूर पुलों पर गुज़रती रेलों की सीटी पर पगला उठता है—फिर कोई आया? नहीं कोई नहीं, कोई नहीं! रात को सोने लगता हूँ तो देर तक खिड़की के बाहर अँधेरे में लहराते पोखरे को देखता रहता हूँ। आँख में आँसू भरे, दर्द करते हुए पाँवों को एक शाल से ढँके।

और हे भगवान! कैसे अजीब-अजीब ख्याल आते हैं मन में। कभी-कभी सोचता हूँ अगर मेरे पाँव हमेशा के लिये ऐसे ही हो गये तो जड़, शून्य या बेहद पीड़ा भरे... तो क्या तमाम ज़िन्दगी इसी पलंग पर, इसी तरह उन्हें ऊनी शाल से ढँके लेटा-लेटा खिड़की के बाहर पोखरे, सड़क, रेलवे लाइन की ओर विकल उदास नेत्रों से देखता रहूँगा और बाहर सुबह होगी, दोपहर होगी, शाम होगी, रात होगी, कभी सूरज डूबेगा, कभी चाँद निकलेगा, कभी बादल उड़ेंगे, कभी रेलें गुज़रेंगी, कभी नीलकंठ उड़ते दिखाई देंगे—और अन्दर कमरे में सिर्फ़ मैं रहूँगा उसी हालत में पाँवों को ढँके चुपचाप पलकों तक आये आँसुओं को जबर्दस्ती रोके हुए किसी की निष्फल प्रतीक्षा करते हुए...और बरस-दर-बरस गुज़रते जाएँगे और उम्र घटती जाएगी और... एक दिन, एक दिन... एक दिन मैंने सोचा था या कहीं पढ़ा है यह लाइन जो बहुत मन को भा गयी थी कि मेरी यह ज़िन्दगी जो दिन भर कमल की तरह खिली रही, महकती रही, लहरों पर झूमती रही, उसे कोई अपनी दोनों हथेलियों में लेकर बड़े प्यार से आहिस्ते-आहिस्ते मूँद कर अपने सूर्यसिंचित माथे से लगाकर रख देगा और कमल बन्द हो जाएगा—दिन डूब जाएगा और फिर... पता नहीं कभी यह घटना घटी है या सिर्फ़ कल्पना है या यह छलावे छोड़ रही है।

और अँधेरे से याद आयी कि ट्रेन कहीं चलते-चलते रुक गयी है और बाहर एक पुल है एक छोटी नदी, नदी में रुकी हुई दो-चार नावें और तिरछा कटा चाँद...

अँधेरे से याद आयी कोणार्क को जाती हुई एक पतली घुमावदार सड़क... और अँधेरे से याद आयी केशों से, कन्धों पर, बाँहों पर, फिसल कर फ़र्श पर गिरते हुए रजनीगन्धा के श्वेत फूल टप-टप...

और अँधेरे में बाहर छत पर चिरन्तन चंचल पीपल की पत्तियाँ जो साक्षी थीं—मेरे कंठ में झूलती हुई रजनीगन्धा की दो पतली मालाएँ और एक वाक्य...और फिर जैसे आँसू नहीं रुके, नहीं रुके...। मन जैसे सागर तट पर पछाड़ खाती लहरों की तरह सिर पटक-पटक कर कहता था तुमने क्यों छोड़ दिया है मुझे? तुमने क्यों इस तरह अकेले छोड़ दिया है मुझे? कितना अँधेरा है, कितना दर्द है पाँवों में और कितनी दूर जाना है अभी और तुमने क्यों छोड़ दिया है? मैंने ऐसा क्या किया है कि मुझे बेकसूर यह दंड दो तुम?

लेकिन मैं कह किससे रहा था? वहाँ था कौन सिवा अँधेरे के, अकेलेपन के और मैं कह किससे रहा था। पागलों की तरह किससे शिकायत कर रहा था? किसी से नहीं—किसी से नहीं।

रविवार : रात दस बजे
5-10-58

ठीक भी है! क्या है! ऐसी क्या बात है कि बिना मिले रहा ही न जाए—चारों ओर सब निस्सार लगने लगे, जीना दूभर होने लगे—ज़िन्दगी में से हँसी, खुशी, रंग, लहर सब किसी से मिले बिना गायब हो जाय—यह भी कोई बात हुई कि एक-डेढ़ महीना अलग बीता नहीं कि उतावली होने लगी। एक-एक दिन काटना दूभर हो गया कि कब मिलें कब मिलें—लीजिए साहब अक्सर रात को नींद उचट जाती है गुलाबों का सपना देखते-देखते... नींद पूरी होती नहीं बस अजब-सी खीज दिन-प्रतिदिन बढ़ती जाती है वाह जी, यह भी कोई ज़िन्दगी है। नहीं! हमें संयम करना चाहिए न अपने मन पर! ठीक है! न तुमने आज्ञा दी, न हमारे मन ने; पर हम तो टूर में जहन्नुम घूमने जा रहे हैं—मन fresh भी हो जाएगा—यह दिन प्रतिदिन गहरे से गहरा होने वाला मोह हमें कम कर देना चाहिये—ज़िन्दगी में इतना किसी से भी नहीं बँधना चाहिए—चाहे वह बुद्धि हो, चाहे हृदय। अच्छा तो टा टा ... अब हम मिलेंगे 100 बरस बाद जब अक़्ल और दिल दोनों से पूरी तरह मुक्ति पा लेंगे!

कहिए कैसा लगा ऊपर का पत्र? बुरा लगा हो तो माफ़ कीजिएगा—ये मेरे शब्द नहीं हैं—ये शब्द तो एक परम विद्वान के हैं जिनका एक किसी के नाम लिखा हुआ शनिवार प्रातः का पत्र आज मेरे हाथ पड़ गया। उसमें ये वाक्य मुझसे बड़े मार्मिक, उदात्त भावनाओं वाले, त्यागमय और गम्भीर लगे। अतः थोड़े से संशोधन इधर-उधर कर आपको श्रद्धापूर्वक अर्पित कर रहा हूँ—त्वदीयं वस्तु

गोविन्दम् तुभ्यमेव समर्पये! इसके अर्थ ये नहीं हैं कि आपने ऊपर वाले वाक्य लिखे हैं—न... न—पर मैं क्या करूँ ये वाक्य मुझे बहुत अच्छे लगे अत: उस पत्र में से चुरा कर आपको भेज रहा हूँ। बात यह है कि इन वाक्यों में निहित उदात्त आदर्श इतना उदात्त है कि उसे मेरा साइटिका के दर्द और दस किस्म के दूसरे दर्दों से घायल व्यक्तित्व कैसे सँभाल पाता? इसलिए जैसे बहुत महँगी रकम आदमी सरकारी बैंक में जमा कर देता है वैसे ही ये मूल्यवान वाक्य आप अपनी बुद्धि के Bank Locker में जमा कर लें। कभी संसार के कल्याणार्थ बिना मूल्य वितरित कर दें—आपको मैं इसका कॉपीराइट देता हूँ।

अब चतुरचन्द ज़रा दिल पर हाथ रखकर यह बताओ कि बेचारी हमारी कुनिया को डराने धमकाने के लिए यह जो ऊपर वाला खत तुमने लिखा है कि तुम हम लोगों की आज्ञा लेकर, और पिता जी, माता जी की आज्ञा ले चुकी हो—South के टूर पर जा रही हो—और उसके बाद ही उसके उल्टी बात लिखी है—लीलाबन्धु—अपनी इन लीलाओं से आप हम दोनों को क्यों चमत्कृत करते हैं। हम तो पहले ही आपके विराट् रूप के आगे विनत हैं। प्रणत हैं—त्राहिमाम् प्रभो! अगर हमसे कोई कसूर हुआ हो तो आप क्षमा करें—वैसे तो आप ही के शब्द हैं—"तुम करोगे तो 'भोगोगे—"याद है न अपने श्रीवचन! तो वही सही—हमें 'भोगने' ही दें इन लीलाओं से तो चमत्कृत होकर हम सिवा इसके कि अक्ल के चौराहे पर गँवार देहाती की तरह मुँह बाये खड़े रह जायँ और अपनी राह भी न खोज पायें इसके अतिरिक्त क्या कर पाएँगे। धन्य हो राजीव लोचन! धन्य हो कमल बदन! धन्य हो महामहिम! भक्तों की कैसी-कैसी कठोर परीक्षा लेते हो? कैसा-कैसा भरमाते हो? कहाँ-कहाँ भटकाते हो? और जब बेचारे भटक-भटक कर अपनी ज़िन्दगी से आजिज़ आ जाते हैं तब आप कहते हो कि मैं क्या जानूँ, तुम्हीं 'भोगो'। अब आप South जाएँगे तो आपके श्रीवचन कैसे चरितार्थ होंगे कृपानिधान! पधारो! भव भव के भगवान! अब काफ़ी कठोर तपस्या करा चुके! जहाँ आना है वहाँ नहीं आएँगे बाकी काश्मीर से South तक भटकेंगे—क्या महाप्रभु! इस कलियुग में तुम्हारी भी मति मारी गयी है।

आप ही क्या? R. B. को लीजिए! तीन खतों में उनका आदेश आ चुका है कि alopane की गोली खाइए। यहाँ इस बेचारे मरीज़ ने उनको बार-बार लिखा—साफ़-साफ़ लिखा कि उसे क्या चाहिए और बार-बार कहा कि गुलाब पाक अब पहुँच जाना चाहिए अब पहुँच जाना चाहिए—वह तो भेजा नहीं गया—दवा से क्या होगा? मेरी किस्मत में सब एक से एक बन्दे हैं! आप सूर्या जी—R. B. कहाँ तक गिनाऊँ—और X. ray पाँव का? उससे क्या होगा? उन पावों में हिम शिखरों की अपराजेय यात्रा के चिरन्तन स्वप्न के अतिरिक्त और क्या

निकलेगा? बस वही स्वप्न पाँव के रक्त की एक-एक बूँद में बसा है। हाँ उस स्वप्न को मेरे अनजान में किसी ने बीच में कोई खरोंच पहुँचाई हो तो हो सकता है उसी का परिणाम हो यह सायटिका का दर्द और यदि नहीं तो जिस क्षण यह पुकार सुनूँगा कि अब यात्रा पर चल पड़ो उसी क्षण दर्द हवा हो जाएगा। देखो चतुर चन्द महाप्रभु! देखो तुम 9 ता. के बाद से, बल्कि खास तौर से 12, 13 से जो जो करते रहे हो, सोचते रहे हो वह सब मुझे मालूम है। तुम आओगे तो डायरी देखकर तुम्हें एक-एक बात न बता दूँ तो कहना!

अच्छा यह 12 ता. का उत्सव आ पड़ा! वरना आप आराम से 10 की रात को चल सकते थे। ठीक है इस बार जितनी कसर है सब किस्मत ने निकाल ली! राम-राम करके छुट्टियाँ आयीं तो उत्सव ने दो दिन और इन्तज़ार करा दिया।

आपका आदेश है कि प्यारा खत लिखूँ। खैर आपके जादू में भेड़ा बनी परम आज्ञाकारिणी कुन्तल देवी ने उसे पहले ही से प्यारा ख़त लिख रखा था—जो जा रहा है—जहाँ तक मेरा सवाल है तो जहाँपनाह! एक प्यारा खत आपको लिखा था जो आपके ऑफिस में लॉकर में बन्द पड़ा है। एक बहुत प्यारा मगर बेचारे दुखी और छौनू का विस्तृत हाल लिखकर आपको शुक्रवार को डाला था—ये दोनों मिले? उनसे कुछ प्रभु पसीजे? कुछ आर्त पुकार भक्तों की उन्होंने सुनी?

जाओ भक्त वत्सल! तुम भी खूब हो कान्ता हृदय-मोहन हारे। तुम्हारी कहाँ तक महिमा गायें।

खैर यह तो हुए शब्दों के प्यारे-प्यारे दाँव-पेंच और शब्दों की प्यारी-प्यारी बेमंटियाँ। अब कुछ सीधी सादी बातें...

तुम्हें काश्मीर की बात कान्ता ने तब लिखी थी जब तुम्हारे खत के अनुसार हमें लगता था कि "घर में सब शान्ति है। समस्या केवल विष्णु की है और वह तुम सुलझा चुकी थीं। बाद में जब तुमने घर का सारा हाल लिखा तब यह लगा कि ऐसी स्थिति में शायद तुम्हारे घर जाने से पिता जी को काफ़ी आश्वासन मिले—इसलिए काश्मीर प्रोग्राम का तो बाद के खतों में उल्लेख भी नहीं है। और ख़त में मैंने स्पष्ट लिखा है कि तुम आओ तो कुछ बातें इस बारे में भी बताओ कि घर के लिए क्या- क्या किया जाय, क्या न किया जाय, फिर एक खत मैंने शुक्रवार को डाला था। छौनू का सारा हाल लिखकर वह भी अब तक मिला होगा। पर छौनू की बातों को वैसे ही लिया करो जैसे छौनू लोगों की बातों को लेना चाहिए। जो मधुर-मधुर वाक्य मैंने संशोधित करके तुम्हें भेजे हैं वही उन्हें भी पिला दूँगा। उन कुनैन जैसे मधुर वाक्यों को पीकर उनका बुखार उतरेगा तो नहीं (क्योंकि छौनू बहुत घमंड से कहते हैं—मेरा बुखार कोई लड़कियों वाला बुखार है कि सुबह चढ़े तो शाम को उतर जाय और शाम को चढ़े तो सुबह को उतर जाय—

अब चढ़ गया सो चढ़ गया।) तो उनका बुखार तो उतरने से रहा पर हाँ ऊपर के वे मधुर वाक्य सुनकर उनके मुँह की वह मुद्रा बन गयी है जो कुनैन पीकर मरीज के मुँह की हो जाती है। अब उनकी यह बिगड़ी हुई मुद्रा 10-5, घंटे रहेगी—उसे देख रहा हूँ और मन-ही-मन हँस रहा हूँ...

यह क्या होने लगा है मुझे कि अक्सर जब शब्द हँसते हों होठ हँसते हों तो आँखें छलक आती हैं ख़ैर हटाओ—

अच्छा तुमने अपने कलवाले खत में यह नहीं लिखा कि विष्णु का तुमने क्या इन्तज़ाम किया। दो को उसे लेकर गरिया घाट गयी थीं? हो गया प्रबन्ध? अपने कमरे का प्रबन्ध क्या किया?

नहीं पुस्सी—डॉ. बाउज़ का नाम लेकर क्यों धमकाती हो—छुट्टी होते ही चुपचाप चली आओ हम और कान्ता दोनों बहुत थक गये हैं—

तुम जानती हो अम्मा का बुखार कल से फिर 102 हो गया है। पता नहीं इस बीमारी और परिचर्या से कब छुटकारा मिलेगा। कान्ता की बीमारी ही मैं झेल ले गया—सूर्या ने उस जाल में से बचा लिया हम दोनों को—पर अब पता नहीं अम्मा की यह बीमारी और साइटिका कब तक चले—सच अब जी ऊबने लगा है इस जीने की प्रक्रिया से—

एक Complication हो तो हो! अब अम्मा की इस बीमारी में 24 घंटे उनके लिए करते हैं। हम दोनों की जो हालत है सो तो तुम भी जानती हो—फिर भी अम्माँ संतुष्ट नहीं कभी-कभी What a thankless goal this life is सोचता हूँ तो कहता हूँ "भैयन जी जब तक नसों में रक्त की एक बूँद बाकी है अपने कर्तव्य पूरे करते जाओ तुम चाहे अन्दर से चूर-चूर हो जाओ ... तन से मन से ... पर इतना याद रखो कि इस तरह जिस दिन थककर तुम गिरोगे उस दिन यह मत आशा रक्खो कि ज़िन्दगी रुककर तुम्हें उठाएगी या सहेजेगी। उस दिन ज़िन्दगी का जुलूस आराम से तुम्हारे ऊपर से गुज़रता चला जाएगा ... कभी-कभी जी होता है अपनी 'गुलाबों वाली मेज़ पर माथा रखकर फूट-फूट कर रो लूँ तो जी हल्का हो जाय—कभी कभी जी होता है... जाने दो बन्धु! आओगे तो फिर बताऊँगा कि कितनी और कैसी बातें इधर मन में आती रही हैं।

पुस्सी एक बात है—जो और किसी से नहीं पर पुसिया और कन्तो ही से बता सकता हूँ—जितना सूर्या की कमी आजकल महसूस करता हूँ—उतनी कभी नहीं की थी—

पता नहीं क्यों पुसनू यह पत्र लिखना ऐसे ही शुरू किया था कि बिल्कुल चना जोर गरम (तुम्हारे शब्दों में) बन जाय—पर इतना उदास क्यों हो गया जी?

जहाँ तक दवा या एक्सरे का प्रश्न है मैं सूर्या की प्रतीक्षा में हूँ। उनके आने पर ही जैसा होगा कर लिया जाएगा।

MONDAY
6th October1958
Evening. 6 p. m.

कहाँ जाओ, कहाँ खो जाओ कि एक क्षण को सूर्याराजन् का अभाव भुलाया जा सके। कल इतवार की शाम को एक ड्रामा था—जगदीशचन्द्र माथुर का 'कोणार्क'। सोचा थोड़ी देर मन बहल जाएगा। कान्ता अम्मा को छोड़कर जा नहीं सकती थी। अकेले गये जाकर सबसे आगे की पंक्ति में बैठे... मुश्किल से नाटक शुरू भी नहीं हो पाया होगा कि देखो तो यह मन कहाँ पहुँच गया... एक लम्बा पतला गाँवों के बीच से गुज़रता हुआ मोटर का रास्ता। रात के ढलते पहर का चाँद, नारियल और केवड़ा और फ़रद के जंगलों पर तैरता हुआ और मोटर की अगली सीट पर ऊँघता हुआ मैं और मेरे बायें हाथ की अंजलि गुलाब समेटे और सुबह की ठंडी हवा माथे पर उन बालों को बिखेरती हुई जो उन पतली उँगलियों को विशेष प्रिय हैं!... और खट खट पत्थरों पर अपनी छाप छोड़ते हुए अगस्त्य के उजले फूल और उच्चतम शिखर पर बैठी हुई एक गैरिक वसना किरण... और चारों ओर मूर्तियाँ—मूतियाँ —और बीच में राजन का गम्भीर सधा हुआ अर्थवान स्वर... "हमारे पूर्वज अपने को रोगी बनाने, घुटने, झूठी मर्यादाओं के आगे अपने जीवन की वास्तविक सार्थकता की बलि चढ़ा देने में विश्वास नहीं करते थे, उनमें ओज था वे उदात्त थे। उनमें साहस था, वे ज्योतिर्मान थे, उनमें हृदय और मस्तिष्क और रूप का पूर्णतम सामंजस्य था"—और ऐसा लग रहा था कि हज़ारों साल से विशेष मुद्राओं में जड़ हो जाने वाली प्रस्तर प्रतिमाओं को अकस्मात् राजन की वाणी एक अर्थ देती चल रही है। राजन के माथे पर कितना तेज था उस समय—वह ज्वाजल्यमान तेज शक्ति....

और उसके बाद जैसे रेडियो में स्वर फेडआउट होते हैं, धीमे पड़ते हुए गूँजते हुए दूर कहीं खो जाते हैं वैसे ही लगता है जैसे दूर होती जा रही हैं वे मूर्तियाँ! दूर होते जा रहे हैं उन मूर्तियों के बीच अकस्मात् अपने जन्म-जन्मान्तर की सार्थकता को समझ लेने वाले दो सहयात्री और अन्तराल में हैं समुद्र की लहरों की पछाड़ और समुद्री झाऊ का हवा-संगीत...।

और धीरे-धीरे एक दूसरा स्वर उभरता है तेज़, तीखा, बेसुरा, अनवरत् चीख़ता हुआ, उछलता हुआ, कूदता हुआ, लक्ष्यभ्रष्ट, दिशाभ्रष्ट, असंगत स्वर संगीत का मिथ्या अभिनय करता हुआ—किसका है यह हृदयद्रावक कुरूप स्वर? कहाँ सुना था इसे? ओह अब याद आया! होटल के नीचे सड़क के किनारे पान की दुकान के पास एक कपड़ा बिछा है—चन्द लोगों की भीड़ इकट्ठा है और दो भिखारी गा रहे हैं। एक उनमें से जो प्रमुख है वह अन्धा है। पूछने पर मालूम होता है वह दसकटिया गा रहा है, गाते-गाते नाचने लगता है, उसकी बाँहें उठ जाती हैं, पाँव थिरकने लगते हैं, होठ आवेश में खुल जाते हैं—पर अन्धी आँखें के गहरे दो गट्ठे! ज्योतिहीन गन्दी भयावनी कारुणिक आँखें चारों ओर देख रही हैं।...

सड़क के किनारे का यह बाज़ारू मूल्यहीन, कुरूप भिखारी स्वर जो दयनीय है, असफल है, भिक्षुक है—अन्धा है।...

और वह अन्धा क्यों है? अन्धा कौन होता है? उपनिषद् ने किसी की व्याख्या करते हुए बताया है कि आँखें उसे नहीं देखतीं, आँखें उसके द्वारा देखती हैं। वह सूर्य है जो चक्षुओं में प्रतिष्ठित है—उसकी शक्ति से चक्षु देखते हैं अन्यथा आँखें बुझ जाती हैं। वह ज्योति है, उसके प्रतिष्ठित रहने से आँखों में दृष्टि रहती है अन्यथा केवल दो शून्य कोटरों में अन्धकार स्थित रहता है। वह अर्थ है, उसके प्रतिष्ठित रहने से ध्वनि शब्द बनती है, भाषा बनती है अन्यथा वह केवल अर्थ शून्य चीत्कार है!

आदित्य कस्मिन् प्रतिष्ठित इति चक्षुसीति कस्मिनु चक्षु : प्रतिष्ठित मिति... (बृहदारण्यक)

आखिर यह मेरी ज़िन्दगी क्या है। उन उदात्त चरम सुन्दर सजीव मूर्ति शृंखलाओं के बीच अपने सहयात्री को जीवन का चरम साफल्य, जन्मजन्मान्तर की यात्रा का मूल रहस्य समझाता हुआ राजन का गम्भीर सधा हुआ स्वर जिसके हर शब्द में आलोक पुंज आदित्य प्रतिष्ठित है... या सड़क के किनारे दयनीय, धूल में लिथड़ा हुआ, अन्धा, उद्भ्रान्त दसकटिया का स्वर कुरूप, कर्कश, बेसुरा...

मैं नहीं जानता, मैं सिर्फ़ इतना जानता हूँ कि अगर कभी भी वह जो मेरे शब्दों का अर्थ है—अगर वह पीछे हटा, वह जो मेरी आँखों का आदित्य है उसने अपने को राहु केतु से ग्रस्त हो जाने दिया, अगर वह जो जन्म-जन्मान्तर की यात्रा का लक्ष्य है—अगर वह मृगतृष्णा की भाँति ज़रा भी पीछे हटा तो उस क्षण मैं सड़क के किनारे धूल में लिथड़ा हुआ अपने शब्दों को रोज़गार और धन और सुरक्षा और प्रतिष्ठा और यश और मर्यादा के लिए बेचता हुआ दयनीय अन्धे भिक्षुक का स्वर नहीं बनूँगा, नहीं बनूँगा...

उस दिन अपनी आवाज़ को तोड़ दूँगा हमेशा के लिए। कोई उपयोग नहीं उस आवाज़ का जिसमें उनका अर्थ नहीं।

मैंने अभी तक जो लिखा था वह केवल अभ्यास था, उस अर्थ को प्रतिष्ठित करने की तैयारी थी—मैंने ठंडा लोहा की आखिरी कविता में लिखा था हर एक दर्द को नये अर्थ तक जाने दो... वह दर्द नये अर्थ तक पहुँच कर रहेगा। यदि वह नया अर्थ नहीं मिल सकता तो दर्द फिर इस आवाज़ को तोड़कर रहेगा और अगर नया अर्थ नहीं मिलता तो टूट जाने दूँगा इन अँगुलियों को। इस कंठ को, इस दृष्टि को...

अभी और कब तक? कब तक ओ मेरे सूर्य! ओ मेरे अर्थ! ओ मेरे आदित्य ओ मेरे जन्म-जन्मान्तरों के प्राप्य! ओ मेरे हर शब्द के प्राण और मेरी पगडंडी के हर कठिन मोड़ के अडिग सहयात्री अब और कब तक... अब देखो न कि मेरे शब्द बिखरने लगे हैं। मेरी उँगलियाँ कमज़ोर पड़ने लगी हैं, मेरे माथे का तेज बुझने लगा है—सुनो मेरे लक्ष्य क्या मुझे इसी तरह मिट्टी हो जाने दोगे?

बहुत दिनों पहले एक उर्दू का पद पढ़ा था—"आ मेरी कायनाते दिल, मेरी बहारे ज़िन्दगी आ कि मैं यह न कह सकूँ मुझको खुदा न मिल सका!"

हाँ सच है! मेरा खुदा, मेरा प्राप्य, मेरी पूर्णता, मेरा लक्ष्य और कौन है सिवा मेरी दृष्टि के सूर्य के, सिवा मेरे शब्दों के चरम अर्थ के, सिवा मेरे कठिनतम मोड़ों के एकान्त सहयात्री के। कब तक... कब तक आखिर उसके बिना मैं इसी तरह सड़क के किनारे धूल में लिथड़े अन्धे स्वर की तरह दिशाभ्रष्ट, लक्ष्यभ्रष्ट, कर्णकटु, कर्कश, कुरूप अर्थहीन चीत्कार की तरह डोलता रहूँगा—कब तक आखिर कब तक?

आखिर मेरा यह दर्द, मेरी यह आवाज़, मेरे तन और मन और मेरे अक्षर अक्षर की यह पुकार उस आदित्य तक, उस अर्थ तक पहुँच क्यों नहीं रही है? मैं क्या करूँ—वह क्यों इस तरह मुझे यहाँ मिट्टी में मिलने दे रहा है? क्यों इस तरह बिखरने दे रहा है?

सुनो ओ सूर्यबिन्दु मेरी आवाज़ तुम तक पहुँच रही है क्या? सुनो ओ अगस्त्य के उजले फूलों मेरी आवाज़ तुम तक पहुँच रही है? सुनो ओ! तुम सुन क्यों नहीं रहे हो?

20-10-58
रात दस बजे

पुस्सन,

तुम कह गयी थीं कि तुम्हें विस्तृत पत्र लिखा जाय। मगर तुम परसों गयी हो और आज रात को बैठ पाया हूँ लिखने।... असल में कल सुबह से 'शेखर' और 'नदी के द्वीप' उलटी पलटी, शाम को तीन से छह बजे तक रेडियो टॉक लिखी और आठ बज गये रेडियो—उसे पढ़ने। काम में लगे रहने से पैर का दर्द याद नहीं आया। लौट कर आये तब से लेकर आज दोपहर दो बजे तक खूब दर्द हुआ। फिर पड़े-पड़े ऊब गये तभी साही जी शुभ समाचार लेकर आये। फिर उनके साथ जगदीश जी के यहाँ गये। लौट कर आये तो कुछ लोग आये बिहार से मिलने। वे गये तो अब खाना खाकर लिखने बैठे हैं।

अच्छा, सबसे पहले उस दिन की घटना सुनो जिस दिन तुम गयीं। तुम्हें पहुँचाकर हम दोनों लौटे। बेहद सूना-सा लग रहा था घर। मैंने सोचा कान्ता को थोड़ा घुमा लाएँ—शायद थोड़ा मन बदले। सोचा टहलते-टहलते आत्मन के यहाँ चला जाय। जो बाहर निकले तो उस दिन रात की तरह साथ लग लिये श्री श्वान शिरोमणी टिम्मी राम जी! अब उनके उत्साह का यह आलम कि आप कभी सड़क के बायीं ओर चलें, कभी दायीं ओर, कभी बीच में! जहाँ से कदम्ब के पेड़ शुरू होते हैं न, वहाँ तक पहुँचे थे कि एक मोटर पीछे से आयी। उसी समय टिम्मी जी ने निश्चय किया कि सड़क पार की जाय बस, हम लोग चीखते ही रह गये कि मोटर के अगले मडगार्ड में उलझ कर टिम्मी ने बुरी तरह चीख मारी, तीन बार उल्टा पल्टा। मोटरवाला तो मोटर भगा ले गया। अब टिम्मी के पिछले दोनों पाँव लुंज, कमर सड़क से चिपकी हुई, अगले दो पाँवों के बल बैठकर कूँ-कूँ करते हुए चिल्ला रहा है। मैं दौड़ा, कान्ता दौड़ी, आसपास से दस-बीस लोग दौड़े। जैसे तैसे एक रिक्शा बुलाया। गोद में टिम्मी को लेकर हम दोनों चले डॉक्टर के यहाँ। कान्ता का रो-रोकर बुरा हाल। मैं भी अन्दर से बेहद परेशान—अब भला क्या बचेगा यह कुत्ता.. बच भी गया तो ज़िन्दगी भर के लिए लुंज... क्या होगा... पान की दुकान के पास रिक्शा पहुँचा ही था कि यह लो टिम्मी राम तो उठ बैठे और दुम हिलाकर मेरी गोद में दोनों पाँव जमाए—लगे मुँह चाटने का उपक्रम करने—उनकी सारी चोट हवा... और अब उनका नाटक देखकर हँसते-हँसते हम दोनों का बुरा हाल! रिक्शा लौटाया गया, घर आये... सबसे पहले कूद कर हमारी कहानी के नायक उतरे और सीधे चोरी करने रसोई की ओर भागे!...

इस ऐतिहासिक घटना के बाद तुम्हें बताया ही न कि कैसे रेडियो टॉक लिखी फिर कैसे दर्द झेलने पड़े थे कि साही जी आये और हम लोग जगदीश जी के यहाँ गये। जगदीश जी का वही कमरा जहाँ उस दिन अज्ञेय जी बैठे थे और तुम सन्त साहित्य वाली पुस्तक माँगने आयी थीं। जगदीश जी के यहाँ से लौटे तो बिहार से राजेन्द्र किशोर आये थे। वही राजेन्द्र किशोर जिनकी 'वैयक्तिक' उस दिन खाने के बाद तुम्हें पढ़कर सुनाई थी मैंने।

21-10-58

कल इतना लिखने के बाद सो गये। आज नवमी थी। दर्द वर्द का चक्कर भूलकर मेरे मन के भीतर बैठा बच्चा एक छौना जाग उठा। निकल पड़ा मेला देखने। जानसेन गंज के चौराहे से कोतवाली तक बिजलियों से कोना-कोना जगमगा रहा था। राम दल निकल चुका था और बेहद भीड़ थी। सैकड़ों लाउडस्पीकर एक साथ बज रहे थे। चहल-पहल, धूम-धड़क्का, रोशनी! मेरे मन में बैठा छौना मुझ पर पूरी तरह काबिज़—बहुत खुश! यह भी भूल गया कि मेरे पाँव में दर्द है। छौनू जी लगे भीड़ में आनन्द से घूमने, खेल-तमाशा देखने! पहले देखी रामचन्द्र जी की चौकी जो लीला के पश्चात् लौट रही थी। प्रभु सुन्दर रंगे-पुते, खपच्ची का धनुष लिये, पाँव तक पाउडर पोते, पाँवों में किरमिच के जूते पहने तनकर सिंहासन पर बैठे थे। पीछे रिक्शे पर सीताजी लौट रही थीं—किंचित् लजायी हुई—पर वैसे काफ़ी फैशनेबुल—इस बार बनारसी वगैरह नहीं—सीधे-सीधे नायलॉन की साड़ी पहने थीं।

भई, आप तो जानती ही हैं कि हमारे मन में कितनी श्रद्धा और आस्तिकता है—आप जैसे नास्तिक तो हैं नहीं हम। सो तुरन्त श्रद्धा से सर झुकाया और छौनू जी से प्रणाम कराया। अरे भई, पाउडर लगाये हैं तो क्या, खपच्ची का धनुष है तो क्या, किरमिच के जूते हैं तो क्या,—हैं तो भगवान! अपनी इस श्रद्धा भावना में तन्मय हो ही रहा था कि अकस्मात् जगत जननी जानकी देवी के रिक्शे पर रखा लाउडस्पीकर मधुर स्वरों में बोला, "ज़माना ये समझा कि हम पी के आये..." उसके बाद 'हुच्च'! मन को एक धक्का-सा लगा। हद है ये! राम, लखन, सीता के लिए यह ऐसी बात बक रहा है? फिर तुरन्त अपने शंकाकुल अज्ञानी मन को धमकाया। चुप रह। आये होंगे पीके। तुझे क्या करना है। भगवान ठहरे वह! उनकी लीला में हम मनुष्यों का क्या गुज़र? अतः पुनः श्रद्धापूर्वक सर झुकाया, छौनू जी को साथ लिया और आगे बढ़ लिये।

लोकनाथ के पास सुना कि एक विशाल 'राम तोरण' बनाया गया है। यानी फाटक—गये उसे देखने—सचमुच विशाल फाटक... इधर कृष्ण गोपिका, दूसरी ओर विश्वामित्र मनिका (हाँ भई, मेनका नहीं—'मनिका') और शेष फाटक में बड़े-बड़े अक्षरों में लिखा था 'रघुपति राघव राजा राम पतीत पावन सीताराम' (यहाँ भी पतित नहीं 'पतीत') राम की यश गाथा के बीचोंबीच ऊपर शीर्ष पर लिखा था—'पी. के. घोष ऐंड कम्पनी की चरखा छाप बीड़ी पीजिये।' आहा! चित्त प्रसन्न हो गया। देखिये—सुर, नर, मुनि, उमा, महेश तक रामकथा का मर्म नहीं जान पाये—लेकिन अब जाकर मालूम हुआ कि रामकथा का मर्मानुमर्म है —'चरखा छाप बीड़ी पीजिये।' ...कौन कहता है कि भारत में अध्यात्म की कमी है? चरखा छाप बीड़ी आध्यात्मिक नहीं तो क्या भौतिक है?... ज्ञान का भंडार बढ़ाकर अब हमारी अज्ञान दृष्टि 'विश्वामित्र मनिका' के चित्र पर टिकी। बरगद के पेड़ के नीचे मुनि विश्वामित्र बैठे थे और पेड़ से कुछ दूर झरने के किनारे 'मनिका' किसी क्लासिकल नृत्य की मुद्रा में अधखड़ी अधबैठी अपलक जनता की ओर देख रही थीं। गौर कीजिए, उनकी पीठ विश्वामित्र की ओर थी मुँह जनता की ओर... आप कहेंगी यह चित्र दोष था। नहीं साहब, दोष है आपकी बुद्धि में! आप न समझें तो कोई क्या करे। जनाब, इसके द्वारा दिखाया गया है कि अपने भारत वर्ष में कितनी उदात्त मर्यादा थी उन दिनों। अब 'मनिका' को देखिए, लुभाने आयी हैं विश्वामित्र को, पर यह हिम्मत नहीं कि उनकी ओर अपना मुँह कर सकें, सो मुँह जनता की ओर किये हैं... और यह देखिए विश्वामित्र! उनका भी मुँह जनता की ओर है। ऋषिवर बड़े प्रसन्न दीख रहे हैं। सवा सेर लड्डू खाने के बाद जब साधु महात्मा का चित्त बिल्कुल निर्वासनिक हो जाता है तब उनके दिव्य मुखमंडल पर जैसा प्रदीप्त तेज होता है वैसा ही तेज विश्वामित्र जी के चेहरे पर था—मनिका की ओर से सर्वथा अनिर्लिप्त, निश्चिन्त—भाव यह था कि अपन तो सन्तुष्ट हैं। अब तुम झरने के पास खड़ी होकर चाहे भरतनाट्यम दिखाओ, चाहे मणिपुरी, चाहे कत्थक, चाहे कुचिपुड़ी या कथकली—मेरी बला से—और इस प्रकार की दिव्य घोषणा कर मुनिवर उत्फुल्ल होकर जनता की ओर देख रहे थे। और हाँ जी वह उनकी दाढ़ी! उसका एक-एक बाल फड़क रहा था। सुना था युद्ध में वीरों के भुजदंड फड़कते थे। पर दाढ़ी के बाल फड़कते तो आज इस चित्र में ही देखे। मन बड़ा खुश हुआ—नया-नया ज्ञान मिला।

कहाँ है भारत जैसा देश, जहाँ हर तीज त्योहार उदात्त, अध्यात्म से परिपूरित हैं। हम साधारण जन जो दिन-रात अपने निजी जीवन में कभी घृणा, कभी प्यार, कभी निराशा, कभी वफ़ा, कभी बेवफ़ाई की समस्याओं में उलझे रहते हैं, उनके

लिए ऐसे ऋषियों मुनियों का दर्शन हृदय को कितना उदात्त बनाने वाला होता है—तुम क्या जानो जी!

इन्हीं उदात्त भावनाओं से भरे हुए हम भीड़भाड़ में घंटों घूमते रहे। कभी भीड़ के अन्दर उसके बहाव में, कभी भीड़ के बाहर फुटपाथ पर तटस्थ खड़े, भीड़ को निहारते हुए—हज़ारों बल्बों की रोशनी में निरन्तर बहती धार की तरह बहती भीड़—हज़ारों लोग, हज़ारों चेहरे। अच्छा लग रहा था। उनमें से किसी से कोई लगाव नहीं, कोई चेहरा जाना पहचाना नहीं—किसी आँख में अपनी छवि नहीं, किसी का हृदय आपके लिए धड़कने वाला नहीं। किसी का हाथ आपको छूने के लिए आगे बढ़ने वाला नहीं। किसी के पाँव आगे बढ़कर यह कहेंगे नहीं कि मैं तुम्हारे साथ हूँ। न, यह सब कुछ नहीं। यह तो बस भीड़ है। अपने में डूबी, अपने बहाव में आत्मलीन। उनमें से कोई चेहरा हँसते हुए आपकी ओर देख लेता है—उस हँसी का कोई अर्थ नहीं। कोई आपको घूरता है तो उस घूरने का भी कोई अर्थ नहीं। किसी का पाँव आपके पाँव के नीचे दब गया है उसका गुस्से से भरा चेहरा आपकी ओर मुड़ गया, कोई बच्चा भीड़ में से दो कदम आपकी ओर बढ़ आया... कैसा दिलचस्प लगता है ये सब! ये हँसता हुआ चेहरा, ये गुस्से भरा चेहरा, ये अपलक देखता चेहरा, ये सब आपकी ओर उन्मुख हैं, पर आपका अपना कोई नहीं, कोई नहीं! आपको किसी से लगाव नहीं, आपसे किसी को कोई लगाव नहीं। महज़ चेहरे... भीड़ की नदी में अबाध गति से बहते जाते हुए अगनित चेहरे! कभी आप चौंक उठते हैं—क्या आपको किसी ने पुकारा है? फिर आप आश्वस्त हो जाते हैं—नहीं, आपको किसी ने नहीं पुकारा!

और इस तरह हज़ारों-हज़ारों लोगों की भीड़ में अकेले, बिल्कुल अकेले... क्या किसी उपवन, किसी कन्दरा में इतना एकान्त मिलता होगा जितना इस हज़ारों की भीड़ में मिलता है। यह आधुनिक युग का तपोवन है... यह सोचते ही लो समझ में आ गया है कि विश्वामित्र क्यों अपना एकान्त तपोवन छोड़-छाड़ कर उस चरखा छाप बीड़ी फाटक पर आसीन हैं। ...असल में ज़माना बदल गया है। हर तपोवन पर मुहकमा जंगलात का कब्ज़ा है, हर हिमकन्दरा पर भाखड़ा नंगल बाँध बँध गया है। ऐसी हालत में बेचारे ऋषि मुनियों को चारा ही क्या है सिवा इसके कि भीड़ में आकर तपस्या करें। अभी कुछ सालों से हमारे देश में एक लहर आयी है कि साधु महात्मा अपने आश्रम को बेस बनाकर सेठों से चन्दा ले लेकर इलेक्शन लड़ने लगे हैं। मैं अक्सर नहीं समझ पाता था कि इनका भला यह क्या काम है? चुनाव! चन्दा! अब समझ में आया, बेचारे क्या करें। आश्रमों में अब एकान्त मिलता नहीं। पार्लियामेंट, असेम्बली, काउंसिल की भीड़भाड़ में कम-से-कम एकान्त तो मिलेगा।

यह सब खड़ा सोच ही रहा था कि लो पाँव टिसकने लगा। साइटिका को भी यह बर्दाश्त नहीं कि मैं उसके अलावा कहीं और ध्यान दूँ। जब और खड़े रहना असम्भव लगने लगा तो उस भवसागर से पार उतर कर रिक्शा किया और अपने घर पहुँचे। अँधेरे में से दूर से दिखाई दी अपने कमरे की धीमा-धीमा मन्द आलोक फेंकने वाली नीली बत्ती! अपने घर के भीतर दाखिल तो हो गया लेकिन यह क्यों लग रहा है कि कुछ ऐसा है मेरा जो अब भी बाहर सुनसान सड़कों पर या भीड़ भाड़ भरी शाहराहों पर व्याकुल भटक रहा है। कौन है वह? शायद मेरा एक अजीब-सा सैल्फ़ है। शायद वह मेरी आत्मा है। क्या खोज रही है वह? हर तरह से भरापूरा है मेरा यह फूल बसा घर। पर वह? क्या उस सैल्फ़ को अब तक कोई घर नहीं मिला। पंख टिकाने को कोई नीड़ नहीं मिला? आखिर क्या चाहती है मेरी वह आत्मा? हाँ, वह सच्चाई खोजना चाहती है—सम्पूर्ण अखंडित सच्चाई। एक ऐसा सत्य जिसने कहीं भी रंचमात्र भी असत्य से, पाखंड से, झूठे संस्कारों से, अपूर्णता से, छल से समझौता न किया हो? ऐसा दीपशिखा-सा, निष्पाप दीपशिखा-सा ज्वाजल्यमान हो, निर्भीक हो। प्रदाहक न हो, आलोक बिखेरने वाला हो। इंटरमीडिएट में था तो टैगोर की एक कविता प्रार्थना के रूप में हर बुधवार को कॉलेज में पढ़ी जाती थी—

Where the mind is without fear and the
head is held high;
....Where words come out of the
depth of truth;
Where the clear stream of reasnon
Has not lost its way into the heavy desert sand of dead habits
Where the mind is led forward by thee
into ever widening thought and action
into the heaven of freedom my father!
Let my country awake

और इस प्रार्थना को करने के बाद जब क्लास में जाता था, घर में आता था, समाज में मिलता-जुलता था तो पाता था हाय अपने इस प्यारे देश का सारा समाज इस प्रार्थना का बिल्कुल उल्टा है। कौन है जिसके मन में सैकड़ों प्रकार के झूठे भय नहीं हैं? झूठी सत्ता का भय... जो सबसे अधिक पाखंडी है वही इस समाज में सबसे निर्भीक है और जो सरल है, सहज है, निर्मल है वह सबसे अधिक भयग्रस्त है, सहमा हुआ है। लगता है जैसे अपने इस देश में जीवन का

एकमात्र मूल्य है—पाखंड। झूठी आदर्शवादिता का नकली चेहरा। नहीं, नहीं। अपने इस देश में न तो mind is free और न head is held high और words never come out of depth of truth वास्तव में तो सन्तों के शब्दों और हमारी कथनी और करनी में ज़मीन-आसमान का अन्तर पड़ गया है। हमारे शब्दों के कई-कई चेहरे हैं। हम कहते कुछ हैं—तात्पर्य कुछ और होता है। हम चाहते कुछ हैं—उचित किसी और चीज़ को ठहराते हैं। मैं चारों ओर जिसे देखता था पाता था कि उसका शब्द मर्यादा पुरुषोत्तम राम का मन्त्राभिषिक्त वाण नहीं है जो सीधे लक्ष्य को वेध दे। मुझे लगता था हर शब्द रावण है जिसके दस मुँह हैं और प्रत्येक मुँह आसुरी हैं और सचमुच clear stream of reason नहीं है कहीं, हमारे चारों ओर के जीवन में केवल 'मुर्दा आदतों का रेगिस्तान' है... उन मुर्दा आदतों से जो हमारे बाप दादों ने, हमारे बाप दादों के बाप दादों ने और उनके भी बाप दादों ने बनाकर छोड़ दी थीं। उन मुर्दा आदतों के रेगिस्तान में हमारे जीते जागते सपने, हमारे जीते जागते प्राण अगर अटक-भटक कर जान भी दे दें तो क्या, वह रेगिस्तान अपने को बदलेगा नहीं। चारों ओर झूठ, छल, पाखंड, प्रवंचना, नकाब और विडंबनाओं के अम्बार में अगर कोई चीज़ उपेक्षित थी तो वह थी मनुष्य की आन्तरिक सच्चाई... हर देवी माँ के आगे उस समाधि को बकरे की तरह काट देने में क्या हमारे परम वैष्णव देश में किसी को संकोच होता था? किसी को नहीं। हर आदमी जो सच्चाई की हत्या कर चुकता था, जिसके हाथ पर अभी कटी सच्चाई के दाग़ ताज़े होते थे वह वधिक अपना सर ऊँचा करके चलता था। हम उसकी जय जयकार करते थे। जो सच्चाई का जितना जघन्य वधिक होता था वह उतने ही तुमुल जयनाद का अधिकारी होता था।

पुस्सन मेरी! ऐसी स्थित में मैंने realise किया कि मेरे अन्दर एक आत्मा विकसती आ रही है धीरे-धीरे... जो अदम्य है, अजस्र है, अपराजेय है। जिसका एकमात्र धर्म बन गया है कि चाहे कुछ भी हो वह केवल वही स्वीकार करेगी जो सच हो, अखंड अविभाज्य सच्चाई! शेष जो भी अर्द्धसत्य है, असत्य से समझौता कर चुका है—जो मिथ्या है और केवल सत्य का मुखौटा लगाने का दम्भ भरता है उससे तुरन्त मेरी आत्मा एक बड़ा तीखा विद्रोह करती थी और सच्चाई के एक-एक कण के लिए इस तरह प्यासी भटकती थी जैसे स्वाती के लिए चातक.. ज्यों-ज्यों ज़िन्दगी आगे बढ़ी त्यों-त्यों मैंने पाया कि दुनिया इस कदर दूसरी और अलग-अलग-सी है कि हर आदमी मिथ्या से समझौते करना ग़लत नहीं मानता। हर आदमी अपनी आत्मा को सुला चुका है। और अगर मैं अपनी सच्चाई पर अड़ना चाहता हूँ तो दूसरे मुझे अचरज से देखते हैं, समझते नहीं।

मैं जान चुका हूँ पुस्सन! कि जो रास्ता मैंने चुना है वह नितान्त सूनेपन

का रास्ता है, बेहद वीरानगी और अकेलापन है उसमें... यह नहीं कि साथी नहीं मिले—मिले—लोग उस पर दीख पड़े साथ चलते हुए... लेकिन कुछ देर बाद पाया कि उनमें से हर कोई किसी-न-किसी अर्द्धसत्य को दुलराने के लिए मुझे छोड़कर पीछे रह गया। तन का, मन का सन्तोष एक चीज़ है—आत्मा का सन्तोष कोई अलग चीज़ है। वह सन्तोष मन को, तन को, बुद्धि को—सबको एक नया दिव्य आलोक देता है। पर वह सन्तोष केवल तन से, मन से या केवल बुद्धि से भी नहीं मिल सकता। वह मिलता है सत्य को सम्पूर्ण रूप से पाने और जीने में और यह जानने में कि तुम्हारे चारों ओर जो लोग हैं वे भी सच्चाई को खोज रहे हैं, सच्चाई को जी रहे हैं। अर्द्धसत्य और मिथ्याओं को नहीं जी रहे। वह सम्पूर्ण सत्य सबको समाहित कर ही सम्पूर्ण हो पाता है—तन को, मन को, बुद्धि को, समाज को... सम्पूर्ण इतिहास को! तभी न कनुप्रिया में अन्त में सम्पूर्ण सच्चाई को पाने, जीने और इतिहास के नये अर्थ गूँथने में दोनों की सार्थकता है।

मैंने परसों वाली अपनी रेडियो टॉक का अन्त किया था प्रतीक्षा वाली बात पर और तुमने आज के खत में पूछा है कि क्या मैं उस प्रतीक्षा का उद्देश्य जानता हूँ? क्या उसका अभिप्राय मेरे सामने स्पष्ट है?

हाँ पुस्सी, स्पष्ट था नहीं, पर जीवन में बहुत कुछ पाकर, बहुत कुछ खोकर धीरे-धीरे स्पष्ट होता गया है। मैंने धीरे-धीरे पाया है कि मैं एक ऐसी दुनिया में रह रहा हूँ जहाँ चारों ओर दीखने वाले लोग वस्तुतः वास्तविक नहीं हैं, छायाएँ हैं, प्रेत हैं, क्योंकि उनमें मनुष्य का आकार है, संवेदनाएँ हैं—पर फिर भी वे सच नहीं हैं, वे छायाएँ हैं। और ऐसे क्षण में यह तमाम ज़िन्दगी मुझे बिल्कुल उस भीड़ की तरह लगी है जिसमें अनगिन लोग हैं, अनगिन चेहरे हैं, अनगिन आवाज़ें हैं,अनगिन गतियाँ हैं... पर वे सब झूठी हैं उनमें से "मेरा सच" कोई नहीं, कोई नहीं, कोई नहीं... और इसीलिए इस भीड़भाड़ में भी एक अथाह अकेलापन विषाद की तरह मेरे प्राणों पर कुंडली मार कर बैठा रहा है।... और मैं भीड़ में घिरा हुआ, सबसे तटस्थ होकर प्रतीक्षा करता रहा हूँ, प्रतीक्षा करता रहा हूँ... प्रतीक्षा लेकिन किसकी प्रतीक्षा?

आज से वर्षों पूर्व यह लगता था कभी-कभी मेरे किशोर मन में, कि यह महज़ एक असफल प्यार की प्रतिक्रिया है। एक बहुत तीखे, बहुत पवित्र, बहुत गहरे प्यार के टूट जाने की प्रतिक्रिया है। लेकिन ज्यों-ज्यों उम्र बीतती गयी त्यों-त्यों यह जाना कि बात केवल यह नहीं है। अब जैसे प्यार नाम की चीज़ का अर्थ ही बदल चुका है। अब अगर प्यार को उस किशोर अर्थ में लूँ तो वह भी एक अर्द्धसत्य बन कर रह जाएगा। इसीलिए शायद उन पंक्तियों में T. S. Eliot ने कहा है—

"My soul be still, and wait
Without love...
for love would be love
of the wrong thing.

अब? उस सचाई को आत्मसात किये बिना अब प्यार भी धीरे-धीरे छाया लगने लगता है। जिस अंश में दो सहयात्री अपने में वैसी आत्मा जगाकर उसके द्वारा सम्पूर्ण अनावृत सत्य को आत्मसात करते चलते हैं। उसी अंश में उनका प्यार 'सच' वास्तविक और ठोस बनता चलता है। कितने गहन आत्ममन्थन, कितने विराट् चिन्तन, कितनी पैनी दृष्टि और कितने असीम साहस की माँग करता है ऐसा प्यार! और यदि सहयात्रियों में से एक भी आत्माहीन है, आत्मा को जगा नहीं पाया है, सम्पूर्ण सच्चाई के लिये गहनतम आस्था नहीं जागी है उसमें तो... तो कुछ नहीं है। केवल अनन्त प्रतीक्षा है, अकेलापन है, जन्म-जन्मान्तर का अकेलापन... इसीलिए कनुप्रिया के अन्तिम खंड में मैंने इस स्थिति को पगडंडी का कठिनतम मोड़ माना है और स्पष्ट कहा है कि इस विराट् सत्य को साथ-साथ यदि नहीं ग्रहण किया जाता, साथ-साथ इसे नहीं जिया जाता तो—आत्मा, अनात्मा, निर्णय, दायित्व, स्वातन्त्र्य, ये सब केवल शब्द साबित होते हैं—शब्द, अर्थहीन खोखले शब्द... और मैं इस भीड़भाड़ में कभी डूब कर, कभी अलग होकर प्रतीक्षा कर रहा हूँ कि वह विराट् सचाई कनुप्रिया वाली मुझमें अवतरित हो—

और मेरा एक-एक शब्द सार्थक हो सके। मैंने बार-बार यह महसूस किया है और तुमसे बताया भी है कि अपनी उम्र को देखते हुए मुझे जो यश मिला है वह मुझे और भी उदास कर जाता है क्योंकि मैं जानता हूँ कि अभी तक मैंने जो लिखा है वह केवल अभ्यास मात्र है। मुझे जो सचमुच लिखना है अभी उसका पहला अक्षर भी नहीं लिख पाया हूँ क्योंकि अभी मेरी आत्मा भटक रही है—

T. S. Eliot के शब्दों में "It is in waiting" प्रतीक्षा कर रही है।

तो यह हुआ तुम्हारे प्रश्न का उत्तर—मेरी प्रतीक्षा का अर्थ! अब कभी-कभी इन प्रतीक्षा की घड़ियों में एक अजब-सी आकुलता होती है। कनुप्रिया के अन्तिम खंड में एक वाक्य पता नहीं कहाँ से उदित हो गया था—"पगडंडी के कठिनतम मोड़ पर खड़ी होकर प्रतीक्षा कर रही हूँ कनु!" कभी-कभी यह भी जानने की प्रबल इच्छा होती है कि उसकी प्रतीक्षा के अर्थ क्या हैं। उस प्रतीक्षा के अर्थ वेणी में अग्निफूल गूँथने वाली अँगुलियों को इतिहास में नये अर्थ गूँथने का आह्वान देने के अर्थ, क्या तुम्हारी R.B. को मालूम है? क्या तुमने उससे कभी पूछा है? पर खैर जाने दो—यह इसलिए नहीं लिख रहा हूँ कि तुम बताओ। हर आदमी

जब तक अपना सत्य खुद तय कर नहीं पाता तब तक उसका मूल्य वह नहीं समझता! हाँ, मैं दूसरी बात कह रहा था। मैं यह कह रहा था कभी-कभी अजीब आकुलता होती है और मैं लिख जाता हूँ—

"जाने क्या होना है? सच है या टोना है?
या यह भी खोना है? छलना की एक लड़ी"

(अर्द्ध स्वप्न का नृत्य)

और कभी-कभी अदम्य आत्मविश्वास से कहता हूँ कि इस बार इतिहास बनाते समय मैं अकेला, असत्यों, छायाओं, पराजयों और असफलताओं-से घिरा—छूट कर नष्ट नहीं हो जाऊँगा—अच्छा है,प्रतीक्षा में यह उद्वेलन न हो तो उसका सुख ही क्या?

इतना ज़रूर जानता हूँ कि "पगडंडी के कठिनतम मोड़" पर घुमाव लेते हुए अपने सहयात्री में मैंने आत्मा का स्थिर तेज प्रज्वलित होते हुए पाया है। अपने अन्दर भी एक ऐसी शान्त दृढ़ता जो यह सूचित करती है कि कैशोर्य की स्वप्निल भटकन अब समाप्त हुई। अब चरित्र में वह चीज़ विकसित होने लगी है जिसे लोहा कहते हैं। इसीलिए मैंने पाया है कि मेरी आत्मा का विश्वास गहरा आया है—वह अटूट होने लगा है। उसका प्रमाण मुझे तुम्हारे अन्दर जागी नई चेतना से मिल रहा है—पिछले खत में तुमने लिखा है, "पहले सोचने के लिए विवश शेखर को जगाना होगा फिर भुवन के अनिश्चयों को सार्थकता प्रदान करने वाली रेखा को... और फिर इन सबको पीछे छोड़ अपने खुद के सत्य से साक्षात्कार करना है... क्योंकि मेरे कोबियाल को भाषा का मात्र अलंकरण नहीं करना है—उन्हें सृजन करना है, सृजन के नये आयाम खोजने हैं।" इससे अधिक अपनी प्रतीक्षा का अर्थ तुझे क्या बताऊँ—यही तो मेरे सम्पूर्ण मेरे जन्म-जन्मान्तर के अस्तित्व का अर्थ है न! अलंकरण मात्र नहीं—मेरे सहयात्री को मुझसे चाहिये कला-सृजन—सम्पूर्ण सत्य के साक्षात्कार के साथ कला-सृजन! उसे मेरे साथ हिमशिखरों की यात्रा करनी है—अदम्य, अपराजेय!

कभी-कभी तुमने एक प्रश्न बड़ी आतुरता से पूछा है—"तुमने इतनी-सी उम्र में इतना सब कैसे पढ़ डाला?" तुझे एक बात आज बताना चाहता हूँ पुस्सी! कि यह भ्रम कभी न करना कि मात्र पढ़ने से एक कण भी आत्मा का निर्माण होता है। यदि आत्मा में एक स्फुलिंग हम जगा लेते हैं तब तो पढ़ना उसे और भी प्रदीप्त करता है, पर यदि वह स्फुलिंग नहीं है तो सारा अध्ययन किसी काम नहीं आता। हमारे सिद्धों ने बार-बार कहा है कि पोथी ज्ञान से मुक्ति मिलती तो पोथी का भार लादने वाले गधे और घोड़े कब के तर गये होते।

नहीं पुस्सन, ज़रूरत होती है अपने प्राणपण की सारी ईमानदारी से अपने उस आत्मसत्य को प्यार करने की। बाणभट्ट वाली बात याद है न? वह जिसे अपना सत्य मानते थे उसके लिए महावाराह का त्याग करने में क्या हिचकते? किशोर अवस्था में हम जिसे प्रेम या प्यार समझते हैं वह नहीं—बल्कि सत्य के प्रति वह अटूट निष्ठा जिसे कबीर ने प्रेम कहा है। अपनी आत्मा के सत्य के लिए—"कबिरा यहु घर प्रेम का खाला का घर नाहिं!"

उसे, अपने सत्य-स्वरूप को जब हम जगा लेते हैं तो हमारे सामने ग्रन्थों के, व्यक्तियों के, घटनाओं के, स्थितियों के अर्थ आभासित होने लगते हैं। हमें बिल्कुल स्पष्ट न दीखे—पर कुछ संकेत, कुछ अस्फुट आभास अपने लक्ष्य के—वैसे ही दीखने लगते हैं जैसे घाटी के कोहरे में से हिमशिखर! लेकिन केवल उस संकेत और आभास पा लेने से काम नहीं चलता। उसके बाद हमें आश्रम वाली साधना नहीं, वरन दैनिक जीवन में प्रत्येक क्षण के जीवन में—गहरी साधना करनी पड़ती है। आत्मचिन्तन, अनुशासन, विचार और कर्म... केवल तब जाकर हमारी ज़िन्दगी के अन्तर्विरोध और विषमताएँ मिट पाती हैं। देख, पश्चिम के महानतम कवि टी.एस. इलियट की और पंक्तियाँ तुझे सुनाऊँ—

These are only hints and guesses.
Hints fallowed by guesses, and the rest
is prayer, observance, discipline,
thought and action.
The hint half guessed is incarnation
Here the impossible union of
spheres of existence is actual,
here the past and future
are conquered and reconciled.

(ये संकेत हैं और अनुमान हैं—
संकेत से लगाये गये अनुमान—और
शेष रास्ता है—प्रार्थना का, संयम का,
अनुशासन का, गहरे आत्म चिन्तन का,
निर्भीक कर्म का—
ये अधसमझे संकेत प्रभु के अवतरण के
संकेत हैं—
यही रास्ता है जिसमें अस्तित्व के सारे विरोधी स्तर घुलमिल कर

एक हो जाते हैं।
यहीं हम अपने अतीत के संस्कार
और भविष्य के अनिश्चयों को
जीत कर उन्हें वर्तमान में समाहित
कर लेते हैं)

आज विजयदशमी है। कल रात लिखना शुरू किया था यह पत्र और मन बेहद खुश था क्योंकि तूने लिखा था कि घर पर सबने तुझे खूब प्यार किया। मेरी सपन तू हमेशा इसी तरह प्यार से घिरी रहे। फिर आज सुबह लिख रहे थे कि बीच में तेरा वह पत्र मिला जिसमें टॉक सुनकर तूने पूछा था—अपनी प्रतीक्षा के तुम क्या अर्थ समझते हो! तो पूरा खत उसी ओर मुड़ गया। मैं नहीं जानता उत्तर दे सका हूँ या नहीं।

आज विजयदशमी है, मेरा अमित प्यार और आशीर्वाद ले। आज असत्य की पराजय और सत्य की विजय का दिन है न! ऐसी विजय जिसके आगे 14 वर्ष का वनवास भी प्रीतिकर लगने लगता है।

22-10-58
बुद्धवार

बुद्धवार यानी तेरा Lucky Day तो तब तो यह पर्व दुगना कल्याणकारी बन जाय तेरे लिए—अमित आशीष—

—भारती

FRIDAY 14 Nov. 58

इस समय सुबह 6 बजे हैं और खिड़कियों की राह ताज़ा कोहरा आकर मेरे माथे, मेरे बाल, मेरी बाँहें, गोल मांसल कन्धे और सूखे होठों को धीरे-धीरे अपनी ठंडी धुआँ-धुआँ उँगलियों से छू रहा है। चाय का प्याला हाथों में है पर एक घूँट पिया हुआ था पिलाया हुआ चाय का एक घूँट जैसे नस-नस में अभी तक तैर रहा है। सामने के कदम्ब की फुनगियों के सुनहली छटा की आभा खेल रही है और सड़क पर लोगों का आना-जाना शुरू हो गया है। रूखी आँखों, प्यासी पलकों का हल्का गुनगुना संवेदन मन को कचोट रहा है। राजन के तन को मन को, कण कण को—सूर्यास्त को सूर्या मन पर अब यादों में विक्षोम नहीं! हर याद एक ताज़गी है, हर याद एक ताक़त है, हर याद दूरी की नहीं वरन् सामीप्य की एक अनुभूति है। सामीप्य की भी नहीं वरन् एकात्म्य की हर याद टीस की तरह टपक उठती

है, हर याद यह याद दिलाती है—I am you anxious one!

नीचे लॉन पर पनसुतिया की फुनगियाँ ललाने लगी हैं। कलम किये हुए गुलाबों में नये कल्ले निकले हैं, नयी कलियाँ आने लगी हैं, बड़ी-बड़ी सुडौल, भरी-भरी। रंग जिनमें से फूटा पड़ रहा है। डाली की हर पत्ती ताज़ा हरीतिमा से नहा उठी है और सद्यःस्नाता-सी शबनम की बूँद-बूँद से सजी है। सब कुछ ताज़ा है, सुन्दर है, विभोर है, अनूठा है, सब कुछ सूर्या है! सब कुछ मैं हूँ।

हाँ ज़िन्दगी हर एक को एक बार सीमा पर ले जाती है हमको भी ले आयी। मुझे नदी के तट पर। जियो या मर जाओ। जो बहादुर हैं, जिनमें सत्य की निष्ठा है, जिन्हें महासागर के विराट्, सूर्य सी तेजस्वी, हिमशिखरों सी उज्ज्वल, गुलाब-सी कोमल, चन्दनी चूनर-सी पवित्र निष्ठा मिल गयी उन्होंने तन कर कहा—"हमारा गुलाब है ज़िन्दगी!" जीना! पल-पल अपने चरम सत्य को जानते हुए उसे पाते हुए, चरम तन्मयता के क्षणों में आत्मा के शरीर के बुद्धि के मन की पर्तों में उगते हुए सूर्य के तेज को आत्मसात् करते हुए जीना—ऐसा जीना जिसके लिए बड़े-से-बड़े लोग तरसते हैं। वह जीना हमारा है। बड़े से बड़े लोग जिसके लिए एक साहसपूर्ण क़दम लेने में हिचक गये और सदा के लिए कुंठा में डूब गये वह जीवन हमने जीया है क्योंकि हम उसी उदात्त स्तर के जीवन के लिये जन्म-जन्मान्तर से मरते आये हैं। अब मरण नहीं है। केवल जीवन है अनन्त जीवन—अकलुष प्रकाश—अजेय अभिमान हर क्षण अपनी राह बनाता हुआ—"यहाँ तो हर क़दम पर स्वर्ग की पगडंडियाँ छूनी।" जिधर हम चल रहे हैं उधर ही अमृत लोक है उधर ही हिमशिखरों की दिशा है।

FRIDAY 15 Nov.
9.30 P. M.

राजे! मेरे स्वपन, मेरे स्वाद, मेरे रस, मेरी तन्मयता, मेरे साफल्य तुम क्या कर रहे होगे इस समय? रात के साढ़े नौ बजे हैं और लम्बी तम घिरी सड़कों पर ठंडा कोहरा घिरने लगा है और शान्त हो गयी हैं मोटरों की आवाज़ें, थम गया है शहर का सारा शोरगुल—और उठ आया है चौथ का चाँद कदम्ब के शिखरों पर, टीसने लगा है यह सारा फूलबसा घर किसी की अनुपस्थिति से और हल्की नीली बत्ती का जादू भरा प्रकाश ढूँढ़ रहा है—राजन् को गुलाबों से सजाती हुई

तत्पर मृणाल बाँहों को, ढूँढ़ रहा है माथे पर चन्दन चूनर की उड़ान को ढूँढ़ रहा है पूजा में बँधी अंजलियों जैसे युग्म तन को ढूँढ़ रहा है मानसरोवर के गहरे श्यामल कगारों को डुबाने को, पराजय के क्षणों को—

तुम क्या कर रहे हो इस समय मेरे परम स्वाद कि यहाँ मेरा मन टीस-टीस आया है, रसमसा उठा है—रसभीना हो उठा है—गहरा आया है। तुमने क्या सूर्य बिन्दु की छाया दर्पण में देखकर गर्व से माथा उठा लिया है? तुमने क्या माथे के शीतोष्ण स्पर्शों से प्रज्वलित गुलाबों की पाँखुरियों को हौले से सहलाया है? तुमने क्या मानसरोवर की लहरियों को धीरे-से झंकार दिया? तुमने अपनी हथेलियों में अपने पालतू हंस की लम्बी लहरदार गर्दन रख कर उस पर होठ रखकर गुप्त मन्त्रणाएँ की हैं? तुमने क्या इस समय फिर साँवले कनुतन को गुलाब की लड़ियों से सजाया है? इस समय क्या कर रहे हो मेरे परम निजस्व! कि यहाँ मेरा तन-मन बेकाबू हुआ जा रहा है?

सब अच्छा लगने लगा है। एक-एक कण मन को साधे रखना भी और कभी-कभी अकस्मात् मचले हुए बच्चे की तरह बेकाबू हो जाना एक-एक संवेदन की बाँहें उठा कर प्राणपण से R. B. को बुलाना भी—सब अच्छा लगने लगा है।

सच इस बार की निश्चिन्तता, इस बार की दृढ़ता, इस बार का आश्वासन, इस बार के बन्धन की अटूटता, इस बार की परम एकात्म्य की मुद्रा में केष्टोनगर की सरस्वती का आराधन—कैसी अजब अनुभूति है कि क्या उसे कभी शब्द मिल सकेंगे। 'गूँगे का गुड़' ये शब्द बार-बार सामने आते थे पर क्या कभी इनकी वास्तविक प्रकृति समझ में आयी थी? इस बार गूँगे का गुड़ जाना है। "मूकास्वादन वत्।" डूबा हुआ है मन डूबा हुआ है एक-एक शब्द!

प्रणाम सूर्योदीप्त मस्तक प्रणाम! प्रणाम, हंस धारी मानसरोवर प्रणाम! प्रणाम—गुलाबों सजे श्यामल कनुतन की प्रतिच्छवि बसाने वाली पलकों प्रणाम!

प्रणाम में बँधी अंजलियों जैसे बन्धन का सुखद गुनगुना संवेदन अब भी नीली बत्ती के प्रकाश में दूध धुली शय्या पर बिखरा हुआ प्रतीत होता है।

चलो सोने की कोशिश करो मेरे मन! राज मेरे तुम्हें सपनों में मैंने कभी नहीं बुलाया! आज आओगे?

मंगलवार 25 नवंबर 58

रात 9 बजे

राज! तुम्हें क्या मालूम कितना सुख होता है यह जानकर कि कोई है जो एक छोटे से हल्के रहस्य भरे नीले कमरे में निष्कम्प दीपशिखा-सा प्रदीप्त है—इसलिए कि उसके अस्तित्व का एक-एक क्षण किसी के पथ का अलोक बन जाय। तुम्हें क्या मालूम कि कितना आश्वासन कितना सन्तोष, कितनी गहरी शक्ति मिलती है यह जानकर कि अब हमारा एक घर है—एक ऐसा घर जिसका एक-एक कण हमारा अपना है—जिस पर हमारा एकछत्र अधिकार है—ऐसा घर जो मात्र हमारे लिए है—जिसमें आनेवाला हर व्यक्ति हमारा अतिथि मात्र है! आह राज! तुम्हारे लिए जब कोई घर बनाएगा तब कहीं जाकर तुम यह सुख जानोगे! मैं तो आज ही से यह सुख जानता हूँ क्योंकि किसी ने मेरे लिए एक घर बसा दिया है। हल्के नीले कमरे में गूँजती हुई चन्दन की, गुलाबों की, रजनीगन्धा की, गेंदों की अस्फुट सीत्कारों और मृदुल गुनेगुने स्पर्शों की गमक! हंस के पंखों की व्याकुल फड़फड़ाहट और मानसरोवर की लहरों का कलकल!

गेंदे की लड़ों से सजी एक छोटी-से आलोक शिखा ऊपर जलती होगी झुककर ज्योति पलकों से देखती होगी एक मोतियन सजी माँग को एक सूर्यांकित प्रदीप्त माथे को। वह झुकी हुई अध्ययन में लीन होगी, अध्ययन इसलिए कि शताब्दियों पहले जिन आचार्यों ने अन्याय, रूढ़ि, अपूर्णताएँ, घुटन, कुंठा के विरुद्ध आवाज़ उठाई थी—साहसपूर्ण विद्रोही आवाज़—उस आवाज़ को हम केवल आवाज़ न रहने दें—हमारा जीवन उसका प्रतीक बने। अध्ययन कर रही होगी इसलिए कि यह शरीर भार नहीं है, यह मनुष्य जीवन की सर्वश्रेष्ठ उपलब्धि है—यह हमारे उच्चतम, श्रेष्ठतम, सुन्दरतम, सूक्ष्मतम की अभिव्यक्ति का सबसे मूल्यवान अक्षर है। यह शरीर समस्त तीर्थों का आगार है—समस्त मन्दिरों का सम्पुंजन है—चरम तन्यमता के क्षण में आबद्ध युग्म-तन-पूजा में बँधी हुई अंजलि के प्रतीक हैं जिसमें उसका वास है जिसे हम ईश्वर कहते हैं...अध्ययन कर रही है कि वह जाने कि हमारा मन कुंठाओं, भ्रमों, उलझनों के घायल पंख टूटे पंछियों का राज्यसत्ता पींजरा नहीं है—हमारा मन सूर्य हैं, हंस है, इच्छाशक्ति है, काम है...अध्ययन कर रही है कि सुहागिन चूड़ियों की खनक पर नाचती गंगा की लहरों की भाषा समझे—अध्ययन कर रही है उसके तन का, मन का, एक- एक संवेदन उसके कोबियाल के तन के, मन के, एक-एक संवेदन को तुरन्त आत्मसात कर ले—अध्ययन कर रही है। ताकि दो मन एक हों, दो तन एक हों, दो दृष्टियाँ एक बनें, लीला के लिए विभक्त व्यक्तित्व फिर एकाकार हो जायँ!

सजे हुए नील, अथाह गहरे राजन के कक्ष में रह-रहकर सुन पड़ते होंगे

पड़ोस के उदात्त रेडियो के स्वर परदों की कोर उठाकर झाँकते होंगे पास-पड़ोस के बच्चे, सुन पड़ते होंगे श्लोक पाठ... यह याद दिलाने को कि राज—तुम्हारे स्वामी का बचपन भी ऐसा ही बीता है। ऐसे ही हुआ है उनका अध्ययन शोरगुल, भीड़भाड़, बच्चे और झगड़ा झंझट! कैसे हो राज तुम एक क्षण भी ऐसा नहीं राजन् के जीवन का जिसका आस्वादन लिये बिना तुम छोड़ दो! अब जब साथ हो तब तो उसके हर क्षण पर तुमने अपना शासन कायम कर रक्खा है, लेकिन जब तुम साथ नहीं थे उसकी उम्र का जो हिस्सा तुम्हारी आज तक की प्रतीक्षा में बीता उसे भी तुम जान लेना चाहते हो—वह जानना भी केवल सुनकर नहीं—इस तरह उसे खुद जीकर!

कितनी शान्ति, कितनी ताक़त मिलती है यह जानकर ओ राजन्! कि अब तुम गृहहीन, निराधार नहीं हो—अब तुम्हारा भी घर है—सुन्दर, गहरा, सजीव! प्रतिक्षण तुम्हारे गहरे प्यार से बसा हुआ—कसा हुआ तुम्हारी ही यादों और प्रतीक्षाओं से...और तुम जो अपने घर से दूर यहाँ पड़े हो—वह निरर्थक नहीं—इसलिए कि कमाई कर अपने घर को भर दो—कण कण... आलोकित कर दो—

बुधवार, प्रातः 6 बजे

बाहर दूर तक कोहरा छाया है। हर चीज़ भीगी-भीगी-सी लग रही है सड़क, पेड़, रेल लाइन, आते-जाते, इक्का-दुक्का लोग, आसमान में सिन्दूरी धारियाँ। बाहर कहीं पर कभी-कभी छोटी चिड़ियों का चहकना लगता है जैसे गंगाजल में सुहागिन चूड़ियाँ खनक उठी हों।

न आईन न कानून, न वेद, न शास्त्र, न पंडित न मंडप...

इनकी हर चीज़ विलक्षण है सारी दुनिया से पृथक्! सारी दुनिया की यात्रा शुरू होती है घर छोड़कर। राजे ने अपनी यात्रा शुरू की है राजन के लिए एक घर बसा कर नीला, मानसरोवर की गहराई का आभास देने वाला घर!

कमाई से भर दो इस घर को राजन! नौलखा हार—एक नहीं अनगिन... किसे मिली है ऐसी सुरज सुहागिन। किसने पाया है ऐसा गुलाब युग्म कि जनम-जनम की यात्रा इस अपने घोंसले में आकर पंख समेट कर एकाकार होकर गहरी नींद में सो गयी है।

26-11-58

पुस्सूराज,

लो तुम्हारे लिए एक काम भेज रहा हूँ। ये दो बंडल हैं। एक में तो वे पत्र हैं जो पिछले दो-चार महीनों में रेडियो पर चीज़ें सुनकर या पत्रिकाओं में पढ़कर पाठकों की प्रशंसात्मक प्रतिक्रियाओं वाले हैं। एक फ़ाइल लाकर उनमें इनको

तिथियों के अनुसार File करती जाओ। अब आगे जो भी ऐसे पत्र आएँगे तुम्हें भेज दिये जाएँगे।

हाँ, अभी तक मैं इनका उत्तर नहीं देता था। तुम अगर चाहो या इनमें से जिनका उत्तर चाहो दे सकती हो।

दूसरा पैकेट उन पत्रों का है जो साहित्यिक आयोजन आदि से सम्बन्धित हैं। इनमें से किसका क्या उत्तर मैंने दिया है यह नोट कर दिया है। आगे से इन पत्रों के आते ही तुम्हें भेज दिया जाएगा। फिर तुम निर्णय मुझे भेज दिया करना। वैसा ही उत्तर भेज दूँगा।

अभी तीसरा पैकेट तुम्हें भेजने वाला हूँ। उसमें कुछ प्रस्ताव हैं मेरी कृतियों के प्रान्तीय भाषाओं में अनुवाद करने के सम्बन्ध में। उन पत्रों का उत्तर तुम वहीं से सीधे दे देना—लेकिन उन प्रस्तावों पर तुम जैन जी के यहाँ जाकर मिल कर विचार कर लेना। फिर जैसा वे सुझाव दें वैसा कर लेना।

परसों से यह सब काम निबटा रहा था क्योंकि खतों का ढेर बहुत हो गया था और पत्र व्यवहार में बहुत शिथिल हो गया था मैं! यह कोई अच्छी बात नहीं थी। सूर्या जी की नाराज़गी से मन डरता ही रहता है।

अच्छा अपनी थीसिस के काम के लिए हर पुस्तक के अनुसार अलग-अलग नोट्स लेते रहना। मैं आकर देखकर अलग-अलग बाँट दूँगा। शनिवार को अपना कमरा पुतवा लेना और इतवार को सामान ठीक करवा लेना। कृष्णा को अभी छुड़वाना मत। वह ठीक है देखती रहती है—बोलती कम है। यह सब अच्छे गुण हैं। सुबह के समय घंटे भर कमरा खोल कर धूप दिखा दिया करो और चन्दन बत्तियाँ सुलगा दिया करो। मगर जलती बत्तियाँ छोड़कर कॉलेज मत जाना।

सर में लगाने के लिये और कुछ तुम इस्तेमाल करो। वह वहाँ मेरे लिए रहने दो। तुम ब्राह्मी आँवला या ऐसा कोई लाभदायक तेल लाकर लगाती रहो। अगली बार हम दोनों ने तुम्हारे रूखे बाल देखे तो समझ लो!

बेडकवर तुम्हें अच्छा लगेगा। मिल तो वह भी रहा था जो यहाँ बिछा है, लेकिन यह तुम्हारे परदों से बहुत मैच करेगा इसलिए मुझे यही पसन्द आया। तख्त लगभग 6 इंच कटवा कर बिल्कुल बायीं ओर की खिड़की के लेवल का करवा लो और न्यू मार्केट से एक सुनहला या पीला frill लाकर इस बेडकवर में लगा लो। चारों ओर की ज़रूरत नहीं—दो ओर में या एक ओर में भी काम चल जाएगा। छोटी छोटी डोरमैट जो अभी तुम्हारे पास है, आँगनवाले दरवाजे के बाहर रख दो और गैलरी की तरफ़ एक साधारण-सी बड़ी डोरमैट डाल लो। गमले में पानी डाल दिया करो। जैन जी के यहाँ हो आना, इन्दु से मिल आना।

अपने कामधाम, अध्ययन, खाने-पीने में एक दिन भी ढील मत करना। इस

बार तुम्हारा स्वास्थ्य देख कर हम लोगों को अपने लिए भी कितना उत्साह जाग गया है कि कुन्नू राम भी दूध पीना शुरू कर रहे हैं। मुझे डॉ. बसु ने कैमीमिलो 200 दी है।

अच्छा... साथ वाला लिफ़ाफ़ा सूर्याजी को भिजवा देना।

28.11.58

दस्तानों का गीत

राज मेरे अंग-अंग की प्यास, मेरे जनम-जनम की साध, मेरी एक-एक साँस की डुबान, मेरे एक-एक शब्द का गूढ़तम मर्म राज मेरी! इस समय अपने जन्म-जन्म के प्यार की सारी अनुभूति संचित कर होठों से तुम्हारी माँग में धीरे-धीरे भर रहा हूँ! इस सुहाग से प्रदीप्त होकर आओ मेरे श्यामल कनुतन में, हंस की पाँखों में गुलाब माला-सी कस जाओ। आओ! आज इस क्षण मैं तुम्हें विह्वल होकर बुला रहा हूँ... आ... ओ...

हाय कैसी अधूरी अनुभूति थी आज! वे दस्तानें पहली बार पहन कर घूमने गया था। कितना मधुर, कितना सुकुँवार था उनका कसाव। अँगुलियों में जैसे पतली चपल अँगुलियाँ उलझी चल रही थीं। याद आ गया सुहागी से लौटते हुए अँगुलियों में अँगुलियों का सर्वप्रथम सम्पूर्ण उलझाव! कितनी दूर घूम आया पर सैकड़ों की भीड़ में सबकुछ निरर्थक था—सार्थक था केवल उन दस्तानों के माध्यम से अँगुलियों में अँगुलियों का उलझाव! मेरे श्यामल कनुतन के अंग-अंग से तुम्हें प्यार है न? फिर आज इन अँगुलियों को ही इतना क्यों दुलारा मेरे राज! इसलिए कि आजकल ये अँगुलियाँ ही कमाई कर अपनी वधू के लिये नौलखा हार जुटाने में लगी हैं? और हाय! कैसा कोमल-कोमल कसा-कसा था उन दस्तानों का स्पर्श! सबकुछ तो मेरी राज का वही अनुभूति देता है—अँगूठी हो तो, गुलाब हों तो, दस्ताने हों तो और मानसरोवर हो तो—कोमल, पर कसे हुए!

तीन दिन और तीन रातें मेरे राज ने बहुत विह्वल बिताई हैं न—आओ, आज अपनी राज को कण-कण रोम-रोम प्यार कर लूँ! आओ आज वैसी ही प्रगाढ़ नींद में डुबाकर सारी थकान हर लूँ—वैसी ही पनसुतिया की पत्तियों में दुबका हंस और मानसरोवर की अतल गहराइयों का परम आस्वादन पीते हुए चन्दन अधर। आओ पहले स्वर्णवर्णी झरनों की एक-एक लहर अपने होठों से झंकार दूँ अगस्त्य के फूलों को पलकों से पोंछ दूँ और धीरे-से अनजाने औचक अपने प्रिय नीलकमल

को देखकर रोम-रोम स्तब्ध हो जाऊँ! आह लिखते-लिखते अकस्मात् सालने लगती हैं अपने सद्यः खिले गुलाबों की बिल्कुल नयी खिली हुई गोलाई वाली पंखुरियाँ—इस शिशिर में अकस्मात् लालिमा छिटकाने वाली भरीपूरी पनसुतिया की पत्तियाँ!

अँगुलियों पर दस्तानों का कसाव मानो एक सुकुँवार बाँध है जो इन अँगुलियों से निःसृत शब्द निर्झरों को बाँध कर मर्यादित कर उन्हें दिशाएँ दे रहा है। विद्युतशक्ति दे रहा है। कितना अच्छा लग रहा है इस हल्के कोहरे वाली चाँदनी में खुली सड़कों पर घूमना। आज पूर्णिमा को दो रोज़ बीत गये इसलिए चाँद देर में उगा है...

पत्तियों में से, डालियों में से चाँदनी झर रही है। पोखर में चाँदनी तैर रही है सड़कों पर चाँदनी बिछ गयी है... राज मेरे यह सब तुम्हारा कसाव है न!

हल्की मृदुल पर अटूट गाँठों के फन्दे पर फन्दे, चारों ओर घूमती, थिरकती उलझती, लहराती, सिमटती उँगलियाँ।

क्या कर रही हो? तुम्हारा हर बुनना चाहे वह दस्ताने बुनना हो या सपने बुनना अन्ततोगत्वा ऐसा ही क्यों लगता है जैसे तुम श्यामल कनुतन के चारों ओर गुलाबों की लड़ियों के फन्दे डाल रही हो...

बुनो—कसो—जकड़ लो—यहाँ तक कि फन्दे, गुलाब की जड़ें कनुतन से अभिन्न हो जाएँ एक हो जाएँ आज उन्मुक्त अर्पित मेरा हर संवेदन मानसरोवर की गहराई में काँपती छायाओं-सा आकुल है...

लो! मुझे डुबाकर लीन कर, एक कर लो...
अब हम एक हैं
हम हैं मार्ग! हमीं मंजिल हैं
हम हैं साधन! हमीं साध्य हैं
हम हैं अँगुलियाँ! हमीं सितार हैं
हम हैं गायक! हमीं संगीत हैं
हम हैं लीला! हमीं अभिप्राय हैं
हम हैं—केवल हम हैं
सबकुछ हम में हैं...

1-12-1958

क्या बात है राज? आज क्या तुमने बहुत याद किया है, बहुत बुलाया है, क्या आज कामधाम करते-करते, सामान उठाते-धरते बहुत थक गये हो, क्या आज किसी से हमारी बातें करते रहे, क्या बात है, सुबह से इस तरह हर साँस में तुम क्यों बसे हुए हो, बोलो न?

देखो कल शनिवार था न, शुक्रवार की शाम तुम्हारा बहुत जल्दी में लिखा हुआ पत्र मिला। हम लोग थोड़े निश्चिन्त हुए और तीन दिन की उदासी टूटी, नुमायश गये। लेकिन शाम को जब तुम्हारा वो पत्र मिला जिसमें तुमने लिखा था कि तुम कितनी चिंतित थीं और तुम्हारा भेजा सूर्या का चित्र भी मिला। उसे पाकर मन बहुत ललक उठा कि देखो अकारण इतनी चिन्ता तुम्हें वहाँ हो गयी। यहाँ बुधवार की रात को क्या हुआ था यह तुम्हें कान्ता ने लिख ही दिया है पर मुझे एक बात का गुस्सा भी आया। जब तुम इतनी परेशान थी तो तुमने तार क्यों नहीं दिया। तुमने तार दिया होता तो हम और कान्ता पहली गाड़ी से ही राजन को भेज न देते।

लौटते वक्त एक किताब खरीदकर लाये। एक फ्रेंच लेखिका है, अभी इक्कीस वर्ष की लेकिन दो वर्ष पहले उसका एक उपन्यास बहुत प्रख्यात हुआ था। मुझे भी अच्छा लगा था। अब उसका यह दूसरा उपन्यास इस साल आया है। रात में पढ़ता रहा—मुझे अच्छा नहीं लगा राज! बिल्कुल अच्छा नहीं लगा। इसलिए नहीं कि उसमें परिपक्वता नहीं है, प्रौढ़ता नहीं है, आधुनिकता नहीं है... उसमें यह सब है राज... पर मैं क्या करूँ उसमें तुम नहीं हो! ईश्वर जानता है कि मुझे अब कोई कथा, कोई बात सार्थक नहीं लगती अगर उसमें तुम न हो। न ऐसी कथा पढ़ना, न ऐसी कथा लिखना दोनों ही अच्छे नहीं लगते। अगर तुमसे विच्छिन्न हूँ। 'तुम' से मेरा मतलब केवल तुम्हारा नाम रूप नहीं—पर वो सब जिसकी तुम प्रतीक हो मेरे लिए।

अब इसी कथा को लो। इसमें पेरिस की एक ऐसी छात्रा युवती की कथा है जो शरीर को, प्रेम को, नैतिकता को चरम indifference से लेती है—उस कथा में यथार्थ है, गहरी पकड़ है, Flashes हैं पर जो कुछ मेरी इस नयी पुस्सी में है वो नहीं है। यहाँ तक कि जो कुछ बेनुमा में है, सूर्या में है आर. बी. में है वह सबकुछ नहीं है। बताओ फिर वो कहानी मुझे कैसे अच्छी लगती। असल गें राज! किसी दिन तुम्हें बताऊँगा कि आधुनिक पाश्चात्य कथा साहित्य अकस्मात् इतना छिछला क्यों हो गया है, वहाँ का लेखक किस संकट से ग्रस्त हो गया है इसे विस्तार में बताऊँगा—उसी में तुम्हें यह भी बताऊँगा कि अस्तित्ववाद और

ये तमाम प्रवृत्तियाँ क्या हैं और क्यों हैं? कैसे पश्चिमी संस्कृति एक अन्धी गली में भटक गयी है जिसमें मनुष्य का श्रेष्ठतम उभर नहीं पा रहा है। (हालाँकि भारत की हालत उससे भी बदतर है) बहरहाल राज मेरी! वह फ्रेंच कथा मुझे अच्छी नहीं लगी क्योंकि उसमें तुम कहीं नहीं थीं।

मन कैसा अजीब है न मेरा। पर अपने निर्णयों में और मूल्यों में कितना दृढ़। लेकिन अगर आज कोई मुझसे पूछे आप अच्छे और बुरे साहित्य की मूल कसौटी क्या मानते हैं तो मैं निःसंकोच कह सकता हूँ। मेरी एकमात्र कसौटी है मेरी राज! उस पर मैं दुनिया की बड़ी-से-बड़ी साहित्यिक कृति कसकर फेंक सकता हूँ। जिसमें राज मेरी झलके वो अच्छा, जिसमें वो नहीं झलके—वो बुरा!

हाँ, तो सुबह उठा तो उसी उपन्यास का बुरा स्वाद था। जाने क्यों माथा याद कर रहा था अपने गुलाबों को। बहुत दिनों बाद गुलाबों की वैसी याद आयी थी—आज इतवार था और रिहर्सल सुबह 9 बजे रखा गया था। मैंने आज वो पोशाक पहनी जिसमें देखकर तुम्हारी निर्मला गुप्ता ने कहा था—हाय कैसे स्मार्ट लग रहे हैं। और उफ् उसके बाद जो तुम्हारी याद आयी है कि मैं क्या बताऊँ। नौ से एक बजे तक रिहर्सल हुआ है, पर उसका एक-एक क्षण मैं कहाँ जी रहा था क्या बताऊँ। उस याद में लालसा नहीं थी, चिन्ता भी नहीं थी—पर तुम्हें निकट पाने की कामना थी, बेहद थी—पता नहीं क्यों? लौटकर आया तो कान्ता ने देखकर बताया कि मुझे तो बुखार हो आया है। ज्यादा नहीं केवल सौ डिग्री। कुछ देर आँखें मूँदे पड़ा रहा। आँखें कड़वा रही थीं। कल के खत में मैंने तुम्हें लिखा भी है कि मैं थक जाता हूँ इधर। सुबह नौ बजे जाना, फिर लौट के आना, खाना खाकर फिर रिहर्सल के लिए जाना इस सब में मैं अब थककर चूर-चूर होने लगा हूँ। इसीलिए तुमसे पूछा है कि दीघा के समुद्र तट या दक्षिणेश्वर के गेस्ट हाउस का तुरन्त पता लगाओ। मैं आराम करना चाहता हूँ चुपचाप। सूर्या के पास! सुनो राज ऐसी थकावट के क्षणों में मुझे अपना नीला गहरे परदों वाला कमरा बहुत याद आता है। मन में आता है चुपचाप गेंदे की मालाओं की छाँह में पड़ा रहूँ और सितार पर कनु कोबियाल के बिखरे बालों में उलझनेवाली अँगुलियाँ थिरकती रहें... तुमने उस दिन घंटे भर तक सितार बजाया था न राज। अकारण नहीं बजाया था—मैं हर बार आराम करने के पहले कड़वाती पलकें मूँदने के पहले, सितार सुनना चाहता हूँ राज!

देखो बात कहाँ से कहाँ पहुँच गयी। हाँ, तो मैं थका था, टेम्प्रेचर था, आँख कड़वा रही थी, पर मैं उठा वह मास्को का एक जालीदार सफ़ेद प्लास्टिक का फ्रेम है न, उसमें सूर्या की वो फोटो लगायी जो तुमने कल भेजी है। आह! कैसी लग रही है तुम्हें क्या बताऊँ?—उसे लगाकर अपलक देखता रहा, उसे अँजुरी

भर धूप-सा पीता रहा, कण-कण जीता रहा—फिर उसे बेहद प्यार किया—उसकी उठी हुई ठुड्डी, उसका माथा, उसकी बेंदी, उसकी खिंची हुई कम्बु ग्रीवा—उसके होंठ, यहाँ तक कि कर्णमूलों के पास झूलते हुए उसके इयररिंग्स भी।

पर उसके बाद कुछ ऐसा हुआ कि मन एकदम उदास-सा होने लगा। हुआ यह कि मेरी अनुपस्थिति में परिमल वालों ने यह तय कर लिया था कि परिमल की अगली गोष्ठी मेरे घर पर हो। उसमें काफ़ी बड़े-बड़े लोग आने वाले हैं। आज लॉन पर तख़्त निकाला, कुर्सियाँ लगाईं, घर पर चाय बनाने का न सामर्थ्य था, न उत्साह। अत: एक होटल को चाय का प्रबन्ध दे दिया था, पर बाकी सबकुछ सेटअप करते हुए कितनी याद आयी है सूर्या की।

और द्विविध भावना थी। सजाते-वजाते ये भी भावना थी कि सूर्या के घर अतिथि आ रहे हैं, कोई कमी रह गयी तो वो कितना फील करेगी—पर यह भी भावना थी कि जब वही नहीं है तो यह सब, यह घर, किसके लिए है। यह नहीं कि वह मन से दूर है पर ऐसे अवसर पर जिसका घर है वह यह सब आयोजन आकर सँभाले। मुझे क्यों करना पड़ रहा है? मन अवसाद से भर गया। बहुत अधिक!

आनेवालों में से सबसे पहले थे तेरे छुटकऊ मास्टर साहब राम स्वरूप चतुर्वेदी। उनके आने से मन थोड़ा बदला। जानती है क्यों? परसों वे ज्ञानोदय वाला चैप्टर पढ़ने को ले गये थे। हम तीनों के बाद वे अपने सर्कल के पहले व्यक्ति हैं जिन्होंने पढ़ा। पढ़कर भूरि-भूरि बधाई दी। बोले इसके अन्तिम अंशों में तुम्हारी भाषा ने बिल्कुल नया मोड़ लिया है। तुम्हारा गद्य मशहूर है, पर जैसा गद्य तुमने इसमें लिखा है वह तो बेजोड़ है। मन को बहुत अच्छा लगा। प्रशंसा मेरी थोड़े थी—बताओ भला किसकी थी?

उसके बाद मूड काफ़ी अच्छा रहा। मीटिंग में बहुत लोग आये। मिस वॉदविल, पन्त जी, गिरिजाकुमार माथुर, डॉ. देवराज और परिमल के तमाम लेखकगण। गिरिजा कुमार ने अपना काव्य नाटक पढ़ा। मीटिंग खत्म होने पर लक्ष्मीकान्त वर्मा से बात करते-करते मैं बहुत दूर टहलने चला गया। माघ मेलेवाली, किलेवाली जो सड़क है न बिल्कुल अँधेरी-सी—उसी पर दूर-दूर... लौटा हूँ और तुम्हें लिखने बैठा हूँ...

टेम्प्रेचर इस समय भी लग रहा है। और कुछ नहीं ओवरस्ट्रेन के कारण है। कल विभागवालों से कहनेवाला हूँ कि रिहर्सल रोज़ लेना मेरे लिए असम्भव है। मैं अपने लेखन में भी नहीं लग पाया। वैसे जो उस दिन रूपरेखा बनाई थी, तब से सोच भी बराबर रहा हूँ—और तुम जानती हो कि जब आधी कहानी लिख जाती है मन में तब जाकर उसका पहला अक्षर काग़ज़ पर उतरता है। अब अगर

देखूँगा कि काम का बहुत भार है तो छुट्टी ले लूँगा। असल में कन्वोकेशन के कारण काम इतना बढ़ गया।

कल से मेरे मन में दो इच्छाएँ बहुत प्रबल जाग उठी हैं। एक तो ये कि पच्चीस तारीख को तू यहाँ आये तो यहाँ, अन्यथा अगर हम दोनों वहाँ जायें तो वहाँ—एक बढ़िया, ज़ोरदार पार्टी हम लोग करें—उसमें पच्चीस-तीस लोगों को बुलायें, छोटे-छोटे इन्वीटेशन कार्ड्स हाथ से लिखे जाएँ जिन्हें तू अपने नाम से जारी करे। पार्टी अगर यहाँ हो तो अपने लॉन को खूब कलात्मक ढंग से सजायें और अगर कलकत्ते में हो तो कोई दूसरा तरीका सोचेंगे पर यह इस बार ज़रूर होना ही चाहिए।

एक तो यह और दूसरी इच्छा यह है कि इस बार विश्राम करने के लिए दीघा या दक्षिणेश्वर जायें पर उसके बाद आठ-दस दिन जमकर अपने नीले अथाह घर में रहें और रहकर सुबह चाय पियें, सितार सुनें फिर जब तू अपने कॉलेज पढ़ाने जाय तब पहले अपनी लिखाई-पढ़ाई करें, फिर शाम को थोड़ी देर अकेले कलकत्ते की ज़िन्दगी देखें! लौटकर आयें तो उसी सपने के टुकड़े के अनुसार पीढ़े पर बैठकर ताज़े फुलके खाकर थोड़ी देर साथ घूमने जायें और फिर लौटकर गुलाबों और गेंदों की मालाओं के देश में खो जायें... मेरी बहुत इच्छा है कि लिखाई-पढ़ाई परदेश में ही किया करें? अपने नीले घर में रहकर कोई गहरी चीज़ लिखी जाय—बहुत इच्छा होती है इसकी। उस बीच में तू भी सहज रूप से अपने कामकाज में लगी रहे और चौरंगी वाला पेपर पूरा कर डाले।

अच्छा तुम्हें रजिस्ट्री पैकेट तो मिल ही गया होगा, उसमें कारोबारी लैटर्स के दो पैकेट थे, उनकी फ़ाइल तुमने बना ली होगी। कल एक आलोचनात्मक लेखों के संकलन के बारे में राजेन्द्र यादव का खत आया है। तुम्हें भेज रहा हूँ। तुरन्त लिखो इसका क्या जवाब दिया जाय? यदि समझती हो कि he does not deserve cooperation तो खूबसूरती से टाला जा सकता है—या जैसा तुम तय करो। उत्तर क्या लिखा जाय, यह बताकर खत वहीं फाइल में रख लेना...

अभी थर्मामीटर लगाया। अब ठीक है। असल में सिर्फ़ थकान थी।

अच्छा राज मेरे आज तुम्हारे कमरे की पुताई हो गयी या नहीं। लैंपशेड वगैरह के बारे में तो अपने पहले खतों में लिख ही चुका हूँ।

अपने भाई साहब के पास से हमारा रेज़र ले आयीं या नहीं? सुनो, इस बार हम आयें तो वहाँ से अपनी पसन्द के अच्छे जूते खरीदवा दो। यहाँ जितने देखे हमें अच्छे नहीं लगे। अभी तक हमें सूट का अच्छा कपड़ा नहीं मिला। वैसे हम सोचते हैं राज कि इस साल सूट नहीं बनवायें। त्योरसाल बनवाया ही था। पारसाल भी एक बनवाया था—दो हफ़्ते में यूनिवर्सिटी खुलेगी फिर चार हफ़्ते

जनवरी के—फरवरी से वसंत आ जाएगा। अब छह हफ़्ते के लिए सूट कौन सिलवाए। तुम यहाँ आओ या अगर हम वहाँ आयें तो एक अच्छा गर्म ऊनी शॉल हमें खरीद दो अपनी पसंद से। वह मेरे पास नहीं है। पर खरीदो मेरे सामने—मेरे कन्धों पर उढ़ाकर—देखकर कि वो फब रहा है या नहीं।

अच्छा राज! सुनो—मेरा आदेश! जिस दिन, जिस क्षण तुम बेचैनी अनुभव करो, खत न पाने से या किसी और कारण से—बेहिचक तुम तार दे दिया करो और अपने घर का ठीक-ठीक तार का पता लिखो—बहुत कंजूसी करके नहीं। उसी के कारण लगता है मेरा ऐक्सप्रेस टेलीग्राम भी मिसप्लेस हो गया है। कभी बहुत ज़रूरत समझो तो तुरन्त तार दो। पहली ट्रेन से पहुँच जाऊँगा ऐसा क्या है? एक रात की यात्रा है। फिर भी तुम वहाँ परेशान रहो—यह कोई बुद्धिमत्ता हुई—

राजे मेरे! खूब डूबी-डूबी रहना, खूब तरोताज़ा, अपनी लिखाई-पढ़ाई, अपने काम में लगी हुई—

तुम्हारा प्रत्येक कार्य—तुम्हारे जीवन का हर क्षण अब पूजा है न...

—भारती

WEDNES DAY : 3rd Dec
Morning 6 A. M.

राज! देखो अब ये सभी डाँट खाने के काम हैं न! तुमने लिखा है कि तुम्हें सार्त्र के बारे में मैंने कुछ नहीं लिखा! हाँ—नहीं लिखा और तुम इसी तरह अपनी पढ़ाई में लापरवाही करते जाओगे तो मैं जो लिखता हूँ वह भी नहीं लिखूँगा। क्यों तुमने पिछले हफ्ते भर नहीं पढ़ा? मैं मानता हूँ कि तुम अकस्मात् बहुत चिन्तित हो गये थे, मगर दोस्त अब यह नहीं होना चाहिये कि हम जो वायदा एक-दूसरे से करें उसके बीच में कोई भी दुश्चिंता व्यवधान बने! (हालाँकि, यह नियम मैं केवल तुम्हीं पर लागू कर रहा हूँ। मेरी खुद की हालत यह है कि एक दिन भी समाचार न मिलने पर कुछ भी अच्छा नहीं लगता! पढ़ना-लिखना तो दूर खाना-पीना बोलना बतलाना तक! लेकिन फिर भी शाबाशी दो मुझे कि बुधवार की रात को जैसा मैंने लिखा तुम्हें, अकस्मात् यहाँ इतना ऊब गया था—फिर भी देखो तुमने आदेश दिया था सूर्या जी के लिए कहानी का काम करने को वह मैं बराबर सोचता रहा।

बस उस दिशा में एक व्यावहारिक कठिनाई यह थी बन्धुवर कि रिहर्सल

के मारे नाकोदम थी। वक्त ही नहीं मिलता था—कल से उसका काम कुछ बाँट दिया है, अब समय मिलेगा—वहाँ तुम्हारा यह हाल है कि लगता है तुम शनिवार को भी लाइब्रेरी नहीं गये... है न डाँट खाने की बात!

अच्छा जाने दो... सम्राट हर्षवर्द्धन मृदु स्वभाव के हैं—वत्सल हैं—प्रियापालक हैं। जाओ तुम्हें क्षमा करते हैं, पर आगे से ऐसी गलती हुई तो एक हज़ार बमंटियों का दंड देंगे—सारी प्रजाओं के सामने—...

देखो सहयात्री जी, केवल सार्त्र नहीं मैं चाहता हूँ कि जैसे हम लोगों में इतनी जल्दी अपने जन्म-जन्मान्तरों की, युग-युगान्तरों की यात्रा की अधूरी विकट मंज़िलें चुटकी बजाते पार कर लीं और जहाँ से हमने अपनी यात्रा के पिछले चरण छोड़े थे वहीं से जोड़ लिये—ठीक वैसा ही इस दिशा में भी करना है। तुम जानते हो न सहयात्री जी कि हमारी यह यात्रा केवल क्षणिक वैयक्तिक संवेदनों की, केवल दो व्यक्तियों में सीमित अनुभूतियों की यात्रा नहीं है—राजन की कमाई के अनुसार यह यात्रा ऐसी है जिसकी जड़ें धरती और आकाश की हर पर्त में फैली हुई हैं... जिसमें हम सम्पूर्ण के साथ सम्पूर्ण को जीना चाहते हैं...''

इसीलिए बन्धु हमें यह जानना चाहिये न कि इस निखिल धरती की सभ्यता और संस्कृति का जो मर्म है—वही तो हमारा प्यार है! ये सारे युग हमारा ही जीवन जीते आये हैं। इन समस्त युगों ने धरती की तरह चक्कर काटे हैं। आकाश में इन समस्त युगों ने सूर्य के प्रकाश को, धूप को, पावस के जल को, रंगों को धीरे-धीरे पिया है—ये सारे युग हरसिंगार की जड़ें हैं जिन्होंने धूप को, रस को, रंग को, महक को धीरे-धीरे खींचा है ताकि अपनी नसों में से धीरे-धीरे उस एक फूल को विकसाएँ जो हमारे लक्ष्य पर पहुँचने का संकेत है...

इसीलिए सहयात्री जी युग-युगान्तरों में देश-देशान्तरों में—जितने चिन्तन विकसित हुए हैं—जितनी संस्कृतियाँ विकसित हुई हैं... वे सब हमारे प्यार के पूर्व संकेत हैं—हमारे प्यार की पूर्व पीठिकाएँ हैं। कुछ चिन्तन, कुछ कला निर्माण अधूरे रह गये क्योंकि वे हमारे प्यार की पूर्व पीठिका बनने से रह गये, कुछ कला निर्माण अपूर्ण रहे क्योंकि वे हमारे प्यार के युग-युग व्यापी अर्थ को किसी एक बिन्दु पर ग्रहण करने में असमर्थ रहे! (उदाहरण के लिए यही लो—महाभारत और भागवत में दी हुई कनु राधन् की गाथा—उसमें व्यास भूल गये कि जिसने गीता के द्वारा युग-युग के मानव अस्तित्व के अर्थ की व्याख्या करनी चाही और जिसने पूर्णचन्द्र की शरद रात्रि में मुरली होठों पर रखकर राधा को खींच बुलाया—दोनों एक ही प्रक्रियाएँ थी।)

तो सहयात्री मेरे ! हम लोग तय कर चुके हैं न कि अपने अगणित पिछले जन्मों में जितना अधूरा अग्रहीत, छूटता आया है उसे अब पूरा करना है—बहुत

तत्परता से! जिस्म ने, मन ने, बुद्धि ने, आत्मा ने... जो कुछ स्थगित कर दिया था वह सब एक-एक कर हम उठाएँगे और उसे पूरा करेंगे। सो! हमने अपने निजी प्यार के द्वारा समस्त इतिहास को, युग-युगान्तर को अर्थ देने का काम अगर अधूरा छोड़ दिया था तो उसे भी तो अब पूरा करना है! और उसमें देर नहीं करेंगे...

लेकिन यह काम बड़ा है न, बहुत बड़ा और इसे हम लोग, केवल हमीं लोग कर सकते हैं लेकिन जैसे पूजा में प्रवृत्त होने के पूर्व हम अपने को स्नान-आलेपन से शुद्ध कर लेते हैं न वैसे ही यह कर लेना होगा कि हमारा यह मन अब ध्रुवतारे की तरह स्थिर हो! परस्पर एक-दूसरे के लिए स्थिरता की समस्या नहीं रही अब, वह तो जन्म-जन्मान्तर से है और रहेगा—पर अब यह भी तय कर लेना है कि जीवन के और जितने व्यापार हैं वे सब ऊपरी सतह पर घटित होते रहेंगे पर अन्दर जो अन्तर्धारा है वह सदा इसी तरह निष्कम्प दीपशिखा की अखंड गति से प्रवाहित होती रहे अपने अर्थ को पूर्णरूप से हृदयंगम करने के लिए। उसमें बड़े से बड़ा तूफान बड़े से बड़ा भूडोल अब रंचमात्र भी वर्तुल भँवर न पैदा कर सके। तभी न हम इतना बड़ा काम कर सकेंगे। ''पगडंडी के कठिनतम मोड़ पर अडिग खड़ी हूँ। कनु मेरे!'' तभी न ये शब्द सार्थक होंगे।

तुममें इधर जो अमित धैर्य, अद्‌भुत संयम, अकुंठित जिज्ञासा, अर्थों की गहनतम चेतना जाग उठी मेरे मित्र! उससे मेरा रोम-रोम कितनी पुलक, कितने अभिमान का अनुभव करता है तुम्हें क्या बताऊँ! मन हर वक्त धूप के, रोशनी के, उजाले के परचम उड़ाता रहता है—हर वक्त संगीत के झरनों में नहाया रहता है—हर वक्त पूजा की पवित्रता में डूबा रहता है। एक लम्बी तूफ़ानी बरसाती प्रलयंकारी रात के बाद जब सुबह हो और सूरज की पहली किरण फूटे तब जैसा लगता है—वैसा ही लगता है आजकल हर क्षण और जानता हूँ कि अब हमेशा ऐसा ही लगेगा...

बात ये है सहयात्री मेरे! कि ये सभी युग-युगान्तर, ये सभी संस्कृतियाँ, ये सभी दर्शन-चिन्तन पद्धतियाँ ये सभी हमारे प्यार की प्रक्रियाएँ रही हैं न। बताओ किस तरह? ऐसे मेरे सहज मित्र! कि हमारा प्यार केवल एक तृष्णाकुल रोमांचक संवेदना नहीं है न—हमारा प्यार अपने अस्तित्व के गहनतम अर्थों को, उसकी सार्थकता को जानने का प्रयास है। उन स्तरों को जानने का प्रयास है जहाँ-जहाँ से उस प्यार की जड़ अपने लिए रस, रंग और अर्थद्रव खींचती है—उस फूल फल और पत्रों को जानने का प्रयास है जो इस प्यार के वृक्ष में विकसित होंगे। तो हमारा प्यार अपने अस्तित्व के गहनतम अर्थों को जानने का प्रयास है न और उसे पाकर फिर अर्थ को सम्पूर्णता से जीने की मधुर प्रक्रिया...

और यह प्रक्रिया सरल नहीं है सहयात्री! जहाँ हमने अपने प्यार को इस

व्यापक सन्दर्भ से विच्छिन्न किया, उसे गहराइयों और अर्थवत्ता से पृथक किया कि वह प्यार फिर आदिम अग्नि की भाँति मिथ्याजनक अनर्थकारी बनने लगता है। अतः उस आदिम अग्नि को निष्कम्प दीपशिखा तक ले आने की प्रक्रिया बहुत जटिल है और इसीलिए कबीर ने बार-बार कहा है कि "चढ़ै सो चाखै प्रेमरस गिरै सो चकनाचूर"—या "सीस उतारै भुई धरै तब पैठे घर माँहि!"

दुनिया के अधिकांश लोग 99 प्रतिशत लोग इन गहराइयों में, अर्थ के अन्वेषण की इन दुरूह घाटियों में नहीं उतरते। मानसरोवर में गहरे डूब कर मोती नहीं बटोरते हैं, केवल ऊपर तटवर्ती रेत, सिवार, घोंघा सीपी ही बटोर कर अपने को समृद्धशाली मानते रहते हैं और एक दिन पाते हैं कि उनके हाथ कुछ भी नहीं लगा। सिर्फ़ कनु राजन सूर्या जैसे लोग हैं जो शीश हथेली पर रख कर गहरे उतरते हैं और उन्हीं को वह मिल पाता है जो जीवन का चरम अर्थ है जो आलोक है, जो वास्तविक ज्ञान है!

अब तुम सोचो राज कि जिसे हम मानव संस्कृति कहते हैं वह निखिल मानव संस्कृति क्या है? जन्म-जन्म में केवल 'आहार, निद्रा, भय, मैथुन' है ऊपर उठकर अपने सही अर्थ खोजने का जो प्रयास हमने किया है उसी की समवेत उपलब्धि ही तो मानव संस्कृति है न! कौन जानता है कि सृष्टि के आदि में ज्ञानवृक्ष के फल खाने की जो आदम ईव की कथा है वह सूर्या की और राजन के ही अस्तित्व की आदिमावस्था नहीं थी! कौन जानता है वेदों के सूत्रों में व्यक्त प्रथम ताज़ी और अछूती लालसाएँ उन्हीं की नहीं थीं! कौन जानता है कि मिस्र के पिरामिडों में उत्कीर्ण अनुराग की कथाएँ उन्हीं की नहीं हैं,कौन जानता है कि उनकी जन्म-जन्म की उपलब्धि का एक ही नाम है "तन्मयता!"

इसीलिए मुझे तो हर क्षण लगा है राज मेरे! कि संसार का यह सारा कला निर्माण, ये सारी चिन्तन पद्धतियाँ, ये सारे छन्द, ये सारी भाषा, ये सारे इतिहास, ये सारी संस्कृति हमारी ही उस महायात्रा के अवशेष हैं—हमीं ने जन्म जन्मान्तर पूर्व ये पदचिह्न छोड़े हैं। हमारी मानव संस्कृति, हमारी ही गाथा के विभिन्न अध्यायों के नाम हैं!

तुम्हें ऐसा नहीं लगता राज?

जहाँ कनुप्रिया में यह आता है कि मैंने अपनी अलकों में समय की गति बाँध ली है... जहाँ यह आता है कि निखिल सृष्टि का अर्थ मैं हूँ, केवल मैं—'सृष्टिकर्ता' की इच्छा का, संकल्प का, सृजन का अर्थ केवल राधन् है—तो इससे क्या तात्पर्य है यह तुम समझ रहे हो न राज!

तो राज! सहजबन्धु मेरे! हमारा यह जीवन अपने समस्त पिछले जीवनों की श्रेष्ठतम परिणति है न! इसलिए अब हमें उन सबों की चेतना के समृद्ध जीवन

का एक-एक क्षण जीना है न! इसी से न मेरा तात्पर्य था जब मैंने लिखा था सम्पूर्ण को सम्पूर्णता के साथ जीना क्योंकि हमारा प्यार सम्पूर्ण मानवीय जीवन की गहरी से गहरी उपलब्धि को अनुभूति के एक चरम क्षण में साक्षात्कृत करता चलता है। तुम्हें ऐसा नहीं लगता—खूब बड़ा-सा, विराट्-सा खुला-खुला-सा ज्योतिर्मान-सा...

बोलो...

बस अब आज इतना ही—इसका ठीक-ठीक प्रत्युत्तर दो तो ज़रा जमकर मालूम पड़े कि हमारे राज ने भी कलम उठाई है—

5-12-58

For Mrs S. RAJAN

मालकिन, आज दो-तीन दिन से मुझे अपने घर की इतनी याद क्यों आ रही है? कहीं जाओ, कहीं आओ, कहीं उठो, कहीं बैठो... चारों ओर से सूर्या तथा आभा से मढ़े नीले गहरे परदों का अथाह संवेदन घेरे रहता है। अभी कल की बात है—रिहर्सल हाल में ध्रुवस्वामिनी, चन्द्रगुप्त, रामगुप्त, शिखर स्वामी अपने-अपने संवाद अभिनय में लगे थे... अकस्मात् सब शान्त होकर चुप हो गये—बिल्कुल सन्नाटा हॉल में... लेकिन मुझे कुछ मालूम नहीं—दो मिनट की इस अजीब-सी चुप्पी के बाद जब मैं खुद चौंक पड़ा तो पाया कि सारे पात्र एकटक अपने स्थान पर खड़े मेरी ओर देख रहे हैं, सारे छात्र मेरी ओर देख रहे हैं और मैं था कि पता नहीं क्यों खिड़की के बाहर खिले गेंदे के बड़े-बड़े फूलों में खो गया हूँ... और फिर जब किसी ने कहा, "देखिये—"...और तब मैं अचकचा कर खड़ा हो गया और मैंने स्वीकार किया कि पिछले दो-तीन मिनट मैंने कुछ नहीं देखा—कुछ नहीं सुना तो सब बहुत मन्द रहस्यमय ढंग से मुस्कराने लगे... और मुझे भी हँसी आ गयी... मालकिन, अपने इस मन को क्या करूँ, आजकल बार-बार अपने घर की याद में खो जाता है—जानती हो उस समय क्या याद आया था—गेंदे के उन फूलों को देखकर मुझे याद आ गयी थी बायीं खिड़की में रखी धूपदानी के चारों ओर लिपटी गेंदे की लड़ ऊपर की बत्ती से लटकती हुई गेंदे की वसन्ती लड़...हाय अपने घर की एक-एक चीज़ आजकल सालती रहती है! खिड़की परदों के छोर उठा-उठा कर छोटे छोटे अजनबी बच्चों का झाँकना! शाम सवेरे अकस्मात् आसपास के रेडियो का शोर, उदात्त स्वर में सुबह-सुबह पड़ोसी का श्लोक पाठ!

मालकिन कुछ बताओ न मुझे अपने घर की इतनी याद क्यों आ रही है? या तो यह है कि नीले झीने आवरण में लिपटा मेरा घर मुझे आजकल बहुत-बहुत बुला रहा है—या मालकिन, आजकल तुम्हें कहीं मेरी मदद चाहिये... या सिर्फ़ यह कि मैं आजकल बेहद थक जाता हूँ—मन से नहीं—तन से, परिश्रम से और उस हालत में उस प्रगाढ़ निद्रा की याद आती है जो केवल मानसरोवर के तीर ही अवतरित हो सकती है।

या एक बेचैनी है मन में कि "आये थे हरिभजन को ओटन लगे कपास" सोचा था आते ही आठ-दस दिन में अपनी कमाई का अच्छा खासा भाग पूरा कर लेंगे—लेकिन यहाँ सारी रूपरेखा बना ली है—दिन-रात उसके पात्र, कथानक आदि के बारे में सोचते रहते हैं, लेकिन इतना थक जाते हैं कि उसे उतार नहीं पाते कलम पर।.. फिर सोचते हैं अच्छा है—दस-बारह दिन पकती रहे चीज़ अन्दर तो क्या बुरा है?...

मालकिन एक इच्छा और मन में आती है। इस परदेस में रहकर तो कमाई करें ही लेकिन अपने घर में भी आकर काम करें। सुबह उठें। चाय पियें, अखबार पढ़ें, खतों का जवाब लिखें, फिर मालकिन को विदा दें घर के फाटक तक, लौटकर अपने लिखने-पढ़ने में लगें और 4 बजे तक लिखें-पढ़ें—और फिर आतुर प्रतीक्षा करें—और फिर चाय पर मालकिन से दिन भर के दुख-सुख की बातें करें और फिर घूमने निकल जायें—लौटकर आयें और कोई अच्छी-सी किताब पढ़ें—पढ़कर फिर अथाह नीलिमा के मानसरोवर के हिलकोरों में तन्मय होकर खो जायें...

ओह जागते-सोते अपना घर मुझे बहुत याद आता है, कितना याद आता है कि उसकी याद एक कसक बनने लगी है।

इस समय सुबह सात बजे हैं—पता नहीं वहाँ कैसा मौसम होगा...यहाँ कोहरा छाया है और कोहरे की पर्तों में हल्की सुनहरी धूप की जरतार जाली काँप रही है। सड़क पर गुज़रती साइकिलों, ठेलों की आवाज़ें अच्छी लग रही हैं और सूर्या के गुलाब जिस्म का हल्का गुनगुना स्पर्श साँसों में रह-रह कर घुल जाता है। आज इस समय पता नहीं क्यों मन बेसुध-सा है! खोया हुआ-सा है! आज इस समय मुझे तुम्हारे संग की ज़रूरत महसूस हो रही है मालकिन!

और कुछ नहीं—बस ऐसा लगता है कि गुलाब की पाँखुरियाँ नीचे फ़र्श पर चादर की सिलवटों में बिखरी पड़ी हों, रूखी अलकों में या कनु की लटों में भी उलझी हों एक आध, और पूर्ण परितृप्त तन-मन से बैठ कर कुछ घरेलू बातें की जायें—अपने काम-धाम की, अपने लिखने-पढ़ने की अपने घर-बार की।...

लो मुझे याद आ गयी पिछले वर्ष लगभग इन्हीं दिनों अपने रजनीगन्धा

कक्ष में उस चिरस्मरणीय सुबह जब रजनीगन्धा की कलियाँ सारे कक्ष में बिखरी थीं...और मैं सुबह की अलसाई खुमारी में उठने की चेष्टा करके भी लेटा था और तुम दीवार से टिकी मधुरिमा से छलकती हुई बैठी थीं और तुमने डूबे-डूबे स्वर में पूछा था—चाँद मेरे—अब क्या लिखोगे?...On that I had wings and could inmediately fly to my house, my small sweet, warm nest and fly back here next day. Oh! that my heart is full of sweet aching memory of my home–my deep blue home. Oh that I could immediately fly there......

6-12-58

कल शायद मेरा सबसे ज़्यादा थकान का दिन था। सुबह 9 बजे से कक्षाएँ, 1 बजे से रिकार्डिंग, 3 बजे से रात 8 बजे तक फ़ुल रिहर्सल, लौट कर आया तो चूर-चूर था। किस तरह इन तमाम कामधाम के बीच मेरा मन अपने गहरे नीलाभ, गन्धधूलि बसे, गुलाब लड़ सजे घर में उड़कर पहुँच जाता है यह मैं लिख चुका हूँ। वैसे रिहर्सल में अभिनेताओं तक ने महसूस किया कि बीच-बीच में देर तक मैं कहीं दूर चला जाता हूँ—ये वे समझते हैं—लौटा घर तो तन बेहद थका था, बेहद थका था मन भी! आतेही सूर्या का एक रजिस्टर्ड खत और एक तीन-चार को लिखा लिफ़ाफ़ा मिला। Oh since then what has happend to me. My every breath bursts forth in a divine song and my every moment is a dream of roses and my every action is a lyric. तब से मैंने कितनी बार क़लम उठाई है कि मैं उन खतों का जवाब लिखूँ पर वे लाजवाब हैं। I am simply living those Letters.. मैं अंजुरी भर धूप-सा उन्हें बार-बार पी रहा हूँ। कण कण उन्हें जी रहा हूँ। मैं उन ख़तों का उत्तर नहीं दे सकता। उन खतों का कोई उत्तर नहीं है। कम से कम शब्दों में तो नहीं ही है। उन शब्दों का उत्तर है मेरा तन, मेरा मन, मेरा जन्म-जन्म का अस्तित्व... और वह सब अब मेरा रहा ही कहाँ—वह तो तुम्हारा ही है सूर्या चाहे उसे अँजुलियों की दीपशिखा में वर्तिका बनाकर आलोकित करो—चाहे अपने परम आस्वादन के लिए उसे कण-कण आत्मसात कर लो, चाहे उसे गुलाबों पर छपा लो, चाहे उसे अगस्त्य के फूलों पर बिखेर दो।

उस दिन बुधवार (4 ता.) की दोपहर अकस्मात् मेरा मन इतना खुला-खुला विशाल-सा अपने जन्म-जन्म के अस्तित्व की सार्थकता को पुनः हृदयंगम करता हुआ-सा क्यों लगने लगा था भला? इसीलिये न कि कोई सन्देश अदृश्य पंखों की छाया मुझ पर किये हुए थे। उस दिन मैंने जो तुम्हें लिखा है सूर्या जिसमें

सार्त्र वाली बात उठाकर आगे कनु राजन् के जन्म-जन्मातर के सम्बन्धों का अर्थ मानव संस्कृति के बीज रूप में खोजने की बात की गयी है... आह! उस दिन मैं अनुभव कर रहा था कि दोनों (कनु राजन) अपने परम साक्षात्कार की डुबान की हंस मानसरोवर की मुद्रा में आबद्ध... दिशाओं की युगों की पगडंडियों पर निर्बाध रूप में चलते चले आ रहे हैं। और समय की वीथिका पर समय की कुंज गली में छूटी हुई उनकी परछाईं ही इतिहास है—संस्कृति है। और उस दिन से अपने को बहुत गहरे में फिर बहुत डूबकर पाया! कैसा अनुभव है यह सूर्या—तुम मुझे बार-बार मेरा निजत्व देती हो। हर बार उसे ऐसा निखार कर, बना कर कि हर बार वह मुझे कितना तरोताज़ा, कितना नये अर्थों से परिपूर्ण लगता है।

नहीं मैं जानता हूँ कि इतनी पंक्तियाँ लिख लेने पर भी मैं एक झलक भी उस चरम उल्लास, उस अद्भुत आलोक, उस मर्म संवेदन की नहीं दे पाया हूँ जो मैं हर क्षण जीता हूँ और कल से अकस्मात् नये स्तर पर उस जीने को फिर उपलब्ध कर रहा हूँ। नहीं मेरी संगिनी, मैं इस तरह आज तुम्हें कुछ नहीं बता सकता! आह इस अनुभूति की डुबान में जैसे महाकाल-सा हूँ। आओ इस हल्की लजीली नीली बत्ती से कह दो कुछ देर के लिए अपनी आँखें मूँद ले—आओ एक-एक पत्ती एक-एक गाँठ खोल कर श्यामल कनुतन को गुलाबों से आभूषित कर आज जी भर मुझे ले लो—पनसुतिया के कोमल कसे बन्धनों में हंस को बाँध कर आज उससे पूछ लो सृजन का अर्थ—मानसरोवर की अतल गहराइयों से कहो कि उमड़कर उन होठों पर शब्द बन जाय जो होठ कल से निसार होता है तन्मयता में... और पूजा में राजन और सूर्या की उलझी अँगुलियों से कहो कि कोणार्क की सारी कल्पना की रेखाएँ आज स्पष्ट कर दें—ओ मेरे प्रश्न! आज अपने उत्तर को ले लो—मैं और कुछ नहीं लिख सकता इस समय—काश कि इस समय में उसे देख सकता तुम पर्त-पर्त गाँठ-गाँठ के अन्दर निहित श्यामल कनुतन के मन को श्यामल कनुतन की मंजूषा में प्रतिक्षण प्रदीप्त दीपशिखा को—Ah! I cant write...all I can say is that Rajan is soorya and you soorya is more but Rajan.

इसमें दूरी का कोई महत्त्व नहीं...At this moment they are one. Body and soul.

एक-दूसरे के लिए निर्मित प्रत्येक अंश तन और मन का इस समय अपनी डुबान में घुल कर एक है ले लो मुझे—एक-एक कण आह! यह चरम सुख का संवेदन मेरा एक-एक कण पीपल के पत्ते-सा काँप क्यों रहा है? सितार के झंकारे हुए तार-सा यह शरीर, यह मन...

9-12-58

राज मेरे, सुरुज सुहाग के अखंड पुनीत तेजपुंज; मेरे दुख, मेरे सुख, मेरी विजय, मेरी हार, मेरी खोज, मेरी उपलब्धि, मेरी आराधना और मेरी तन्मयता, मेरे उदात्त विराग और मेरे गहनतम नशे और खुमार के चरम अन्तरंग संगी; मेरे अर्थ; मेरे जिस्म की पुकार और मेरी हर कल्पना के आधार और लक्ष्य; मेरे सबकुछ... आओ इस अखंड सुहागपर्व पर सब दूर कर दो... मुक्त कर दो गुलाब, मानसरोवर, रजनीगन्धा की लम्बी लहराती गोरी मालाएँ, मुक्त कर दो नख से शिख तक कंचनवर्णी दीपशिखा... हाँ ऐसे... ठहरो; वहीं रहो स्तब्ध निष्कम्प दीपशिखा-सी... ये आधी रात महकते गुलाब, देखो इन पर उलझी रूखी अलकें फैल गयी हैं... साँवर अँगुलियाँ... पनसुतिया की लाल पत्तियाँ किस आवेग में काँप रही हैं.. नहीं अभी हिलो मत, स्वर्णवर्णी झरनों को बहने दो, सीधे, आवेग-प्रवाह में काँपने दो... आओ आज अपने अधरों से तुम्हारे जिस्म को, मन को परत-परत को अखंड सुहाग दे दूँ। आओ कि मेरे अधरों का, पलकों का हर स्पर्श तुम्हें सिन्दूर सिक्त कर दे... आओ प्रारम्भ करें यहाँ से ये अगस्त्य के उजले कटावदार फूल! आओ इन पर अपनी पलकों से महावर लगा दूँ। देखो न मेरी आँखों में किसके अनन्त अनुराग की लाली है मेरे सबकुछ! वह लाली कितनी गाढ़ी है, कितनी प्रगाढ़! आओ इनसे इन पाँवों पर फूल बना दूँ—मेरा हर शब्द फूल है, महावर की लाल रेखाओं का गाढ़ा फूल—तुम्हारे चरणों पर चित्रित होकर उसे कैसा अर्थ मिल रहा है मेरे अस्तित्व!... प्यार मेरे, ये चरण कभी काँपे नहीं, कभी काँपेंगे भी नहीं! सत्य मेरे! ये ही चरण पगडंडी के कठिनतम मोड़ पर खड़े होकर, अडिग खड़े होकर अपनी विजय की घोषणा कर रहे हैं न! मेरे निजत्व! मैंने सबसे पहले इन्हें सजाया था न.. और सारे कमरे में बिखरी थी गुलाब की पंखुरियाँ... पंखुरियाँ.. गाढ़ी लाल गुलाबी...

आओ अब अपने अधरों की अँजुरी से इन स्वर्णवर्णी झरनों का रस घूँट-घूँट कर पियूँ। हाँ, इनमें नशा है। काँपता हुआ झँकारता हुआ तुर्श नशा! इन्हें मैं जितना पीता हूँ उतनी ही प्यास दुगुनी हो रही है मेरे अमृत स्रोत! कैसे अजीब हैं ये स्वर्णवर्णी! बिल्कुल ऊर्ध्वमुखी! अगस्त्य के फूलों जैसे उजले हिमशिखरों से फूटकर ऊपर लहराते हुए मानसरोवर में झरते हैं दिन-रात! मेरे अधरों की अँजुरी एक-एक अंगुल चढ़ान को घूँट बना कर पी रही है इन्हें! आह, ये इनकी धारा में बहते नीलकमल! सच, आवेश में काँपते कनु को इन्हीं की धारा में नील कमल बहाना इतना भला क्यों लगता है? ये दो झरने हैं या नीलकमल द्वीप...लेकिन

नहीं, असली नीलकमल तो खिलता है उन गोरे उजले ढलानों पर—वे ढलान क्या इन अधरों से अछूते रह जाएँगे! नहीं आज कुछ ऐसा नहीं जिन्हें अधर की अँजुरियाँ समेट नहीं लेंगी... आह! एक नशा तन-मन में महकने लगा है। मेरी साँसों में, निगाहों में, अंग-अंग में नशा उभर रहा है... इन नीलकमल के ढलानों में यह मधु कहाँ भरा हुआ है!...

...ठहरो रम्या! अब अधर निश्चेष्ट हैं और हवा में काँपती दीपशिखा-सी, अधरों की दीपिका में यह कौन सुलग उठी है? मानसरोवर की लहर-लहर को अपने उष्ण, आर्द्र, ज्वलन्त स्पर्श से कौन धधका रही है? गहरे, और गहरे, और गहरे...

यह इतनी गहरी प्रगाढ़ नींद कब आ गयी थी? जागकर देखा मानसरोवर अधर बन्धन में बँधा जाने कब सो गया था। जाने कब पाँखें समेट कर पनसुतिया के कुंजों में सो गया था हंस! शिथिल बन्धन में अधबँधी अधखुली सो गयी थी रजनीगन्धा की गोरी मालाएँ—

उठो मेरे अर्थ! अभी अधरों की यात्रा तो अधूरी छूट गयी है। धीरे-धीरे अधर अपनी ऊर्ध्व यात्रा पर बढ़ रहे हैं... मैंने धीमे-से हल्की लजीली नीली बत्ती जला ली है... और अपनी दीपशिखा की जलती मधुराई को पलकों से पी रहा हूँ... और लो अकस्मात् अधर सुलग उठे और गुलाबों की पाँखुरियाँ अब क्षत-विक्षत होते हुए काँप रही हैं—नहीं आज ममता से नहीं! पूरी अदम्य तेजस्वी प्यास से...और ये हैं घाटियाँ, ये हैं पहाड़ी तारघर, ये है पनसुतियाँ, ये हैं सूर्यबिन्दु! ठहरो यहाँ... यह स्थान पूजा का है... और यह है अपनी आम्रमंजरी पूरित पगडंडी : इस पर धीरे-धीरे चलो... यही वह मार्ग है जिसका हर चरण तीर्थ है, जिसका हर पग पूजा है।

मेरी पूजा से अभिषिक्त मेरी शक्ति उठो! आओ इसी तरह बन्धन में कसे कसे। उष्ण स्पर्शों से सजीव हम दोनों (?) नहीं—अब दोनों नहीं अब हम इकाई हैं... चलो युगल यह चरम एकात्म्य अब केष्टोनगर की सरस्वती की पूजा करेगा... आओ—धीरे-धीरे सीढ़ियाँ चढ़ो। ऐसे ही—मेरे वक्ष पर अपना शीश टेके, श्यामल कनुतन को समेटे, कसे... समानान्तर कदम-दर-कदम रखते हुए! प्यार मेरे! अब हमारे चलने की पद्धति बदल गयी है। एक जन्म में हम चले थे—

प्रभु पद रेख बीच विच सीता
धरति चरण मग चलति सभीता!

पर आदिशक्ति मेरी! अब तुम सभीत नहीं हो। अब सभीत क्यों होगी!

अब तुम कण-कण मुझे लीन कर चुकी हो। कण-कण मेरा संकल्प बन चुकी हो। अब मेरे पदरेख के बीच नहीं, वरन पदरेख अब एक हैं—मेरी भी, तुम्हारी भी! बोलो मेरी गैरिक वसना सहयात्रिणी!

हम सीढ़ियाँ चढ़ रहे हैं! सारे व्यवधान दूर कर, मुक्त, निष्कम्प, अकुंठित इस तरह ऊपर और ऊपर सीढ़ी-दर-सीढ़ी चढ़ते जाने में कैसी अनुभूति हो रही है मेरे निजत्व! जाना था कभी ऐसा सुख? कल्पित की थी कभी ऐसी क्रमिक ऊँचाइयाँ?

खुले हैं पट केष्टोनगर की सरस्वती के मन्दिर के! हंस और वीणा लिये एक हाथ आशीर्वाद मुद्रा में उठाए। मेरे सर्वस्व की प्रतिरूप-सी, प्रतिच्छवि-सी वे खड़ी हैं—आओ हम अपनी चिरपरिचित पद्धति में अपनी अँजुलियाँ उलझा लें... एक-दूसरे को बाँहों में घेर, एक-दूसरे के जिस्म की उष्णता में आवृत्त—एक-दूसरे को अपनी पलकों में मूँद कर हम पूजा में लीन हैं!

पर हम तुमसे कुछ माँग नहीं रहें हैं देवी माँ! तुमने सब कुछ तो हमें दे दिया। सब! उस दिन जब हम ठीक से तुम्हें जानते भी नहीं थे—ठीक से अपने को भी नहीं जानते थे... उस दिन एक ने शुभ्र श्वेत वसन में, एक ने गोटेदार वसन्ती आँचल से माथा ढँक कर तुम्हारी पूजा की थी न! याद करो दो साल पहले—जब बाहर खूब तेज़ सूखा धूल भरा अन्धड़ हरहरा कर बह रहा था... तब क्या हमें मालूम था? पर तुम्हें मालूम रहा होगा। पारसाल तुम्हारा ही तो पूजन दिवस था जब अगस्त्य के फूलों ने अपनी नीली मखमल बँधी सम्पत्ति की पहली किश्त पायी थी... तुमने हम दोनों को अपनी-अपनी चरम सार्थकता दे दी है।

अब हमें कुछ पता नहीं रहा—अब तो जो हमें बीजरूप में मिला है उसे अपनी हर साँस, अपने हर क्षण, अपने हर कदम में प्रतिफलित करना है... ताकि एक दिन उसका चरम अर्थ फूल बनकर हमारे जीवन की सुकुमारतम टहनी पर विकस आये। हम तुम्हें धन्यवाद देने आये हैं। यह हमारा व्यवधानहीन उष्ण आबद्ध चरम सौन्दर्य, चरम पवित्र चरम तन्मयता का एकात्म्य—इसे स्वीकार करो—यह समस्त सृष्टि का अर्थ है। यह हमारा एकात्म्य—यह हमारी जन्म-जन्म की प्यास, सारी सृष्टि का अर्थ है न? हमें आशीर्वाद दो कि हम अपने प्यार के विराट् अर्थों को कभी भूलें नहीं! हम जानते रहें देवी माँ कि हमारे ये गुनगुने साँवरे—सुनहरे जिस्मों के एकात्म्य, हमारे एक-दूसरे में अंजुलियों की तरह उलझे मन ही तो वह राग है, वह लय है, वह छंद हैं जिन्हें तुम अनन्तकाल से अपनी वीणा पर बजाती रही हो—और तुम्हारा नीर-क्षीर में विवेक करने वाला हंस ही तो वह

मेधा है जिससे हमने यह जाना है कि हमारे जीवन में वह जो चारों ओर से आलजाल बनकर हमें आच्छादित करना चाहता है वह सब निरर्थक, नीर है, शैवाल है, पंक है—सार्थक है केवल वह जो दुग्धधवल है—चाहे वह अगस्त्य के फूलों की उजराई हो, चाहे हंस के पंखों की!

आओ मेरे प्यार! अपनी पलकें खोलो। वे पलकें जो मेरे अधरों को विशेषप्रिय हैं... खोलो और अपनी पलकों में बन्द मुझे उन्मुक्त करो। आओ इसी प्रकार यहाँ मेरे पास बैठो... आओ इस खुलाव में बैठकर हम बातें करेंगे। बहुत दिनों से हमने बातें नहीं की हैं न! एक-दूसरे को घूँट-घूँट पीकर एक-दूसरे के मन को, जिस्म को, आत्मा को परत-दर-परत जीकर, पीकर अब हम परिशमित हैं, अब हम निष्कम्प हैं—अब हम परिशुद्ध हैं, पूजासिक्त हैं—आओ बातें करें मेरे परम तेज अपने जन्म-जन्म के अस्तित्वों की उस सृष्टि की जो हमने बनाई है।—उस अर्थ की जो हमने प्राण की तरह उस सृष्टि में फूँक दिये हैं...

...हम बातें कर रहे हैं... मुक्त, निर्व्याज, इस तिरछे दर्पण के सामने बैठे हुए। तुम्हें घेर कर मेरी हथेलियाँ अपनी चिर उपलब्धियों को आच्छादित किये हुए हैं, और एक-दूसरे के गुनगुने स्पर्श जाल में उलझे हम बातें कर रहे हैं...

और बातें हैं कि तिलिस्म की सीढ़ियाँ हैं जिनसे हम गहरे और गहरे अपनी अतीत स्मृतियों के जमींदोज़ तहखानों में उतर रहे हैं... और बातें सेतु हैं अनन्त काल के उच्छल प्रवाहों पर बने हुए जिनसे इस समय की अनन्त धार को हँसते-हँसते पार कर जाते हैं... कितना अच्छा लग रहा है सब भूलभाल कर परिशमित चित्त से धीरे- धीरे इस दर्पण के सम्मुख बैठकर बातें करना... बातें वो दर्पण हैं मेरे प्यार! जिनमें हम अपना वह चित्र देख रहे हैं, अपना वह विराट् रूप देख रहे हैं जो निखिल सृष्टि में, सम्पूर्ण इतिहास में व्याप्त है—वह रूप जो अतीत, वर्तमान और भविष्य को अपने में समाहित कर उनका अतिक्रमण कर चुका है... वह रूप जिसे समय क्षरित नहीं कर सकता—जिसे दिशाएँ बाँट नहीं सकतीं!... मेरे तन, मेरे मन, मेरे निजत्व, मेरे खुमार, मेरे रस! इस तरह अपने को जानना, अपने उस रूप को जानना—यही तो हमारे प्यार का चरम अर्थ है न! और एक-दूसरे को पाने की प्यास और एक-दूसरे में लीन होकर घुल जाना यही हमारे प्यार का परम आस्वादन है न!

जब मैंने कहा था मेरे परम! कि यह हमारा प्यार है जो समस्त सृष्टि का अर्थ है—यह हमारा प्यार है जो मनुष्य के अस्तित्व का परम अर्थ है, यह हमारा प्यार है जिसके लिए यह सारा इतिहास प्रवाहित हो रहा है, यह हमारा प्यार है जिसके लिए यह अखिल सृष्टि की लीला घटित हो रही है। जब मैंने यह कहा था मेरे सहज मित्र तो मैंने केवल कल्पना की मिठास अपनी बातों में घोलने

की कोशिश नहीं की थी—मैंने सच कहा था।

इसका रहस्य सुनोगी मेरी सृजन-संगिनी! अच्छा—आओ धीरे-से इस लजीली नीली बत्ती को भी विदा दे दें। अब अंधेरा है... महज़ एक-दूसरे को घेरे हुए एक दूसरे का बोध—और गुलाबों का स्पर्श श्यामल कनुतन में घुलता हुआ और हंस के पंखों की मृदुल चंचलता, निष्कम्प दीपशिखा में प्रतिगुंजित होती हुई।

अच्छा मान लो मेरी प्यार कि यह अँधेरा सृष्टि के आदि का अँधेरा है। अभी-अभी सृष्टि बनी है, पहाड़, घाटियाँ, चाँद, सूरज, जंगल, नदियाँ, पशु, पौधे... और सूरज अभी कच्चा है, और जंगल बहुत घने हैं और नदियों में बेहद सिवार है और पहाड़ों में दरारें हैं, गुफाएँ हैं... और नयी बनी सृष्टि पर घने कोहरे की पर्त छायी है और चतुर्दिक अँधेरा है... और वह अँधेरा माफ़िक पड़ता है आदिम सिंहों, चीतों, भेड़ियों, वन्यपशुओं के जो उस अँधेरे में अपनी आदिम भूख के सहारे भटकते हैं। एक-दूसरे को फाड़ खाते है। उनमें प्राण हैं, गति है शारीरिक संवेदन भी है, आहार, निद्रा, भय मैथुन भी है—पर उनमें एक बात नहीं है, उनमें अपनी चेतना नहीं है। वे अपने को जानते नहीं। वे केवल अन्ध आवेग में शिकार करते हैं, अन्ध आवेग में हत्या करते हैं, अन्ध आवेग में भयभीत होकर भागते हैं।... और तब उस आदिम सृष्टि में प्रथम बार मनुष्य की सृष्टि होती है और मनुष्य की सृष्टि होना है कि सारा परिप्रेक्ष्य जीवन का बदल जाता है। मनुष्य में और पशुओं में प्रमुख अन्तर यह है कि पशु सब करता है पर यान्त्रिक प्रवृत्तियों के वशीभूत करता है। मनुष्य जो करता है उसके अर्थ जानने की चेष्टा करता है, अपने अर्थ जानने की चेष्टा करता है—मनुष्यता का, मनुष्य की संस्कृति का, इतिहास का और क्या लक्ष्य रहा है, और क्या दिशा रही है सिवा 'अपने को जानना'...

और अपने मन में उस विशाल, विराट् प्यार को जगाना—उसको खोजना जिसके लिए तुम्हारा एक-एक संवेदन, एक-एक अंग बना है—उसके आलोक में ही तो अपने को और अपने समस्त जीवन को सही-सही जाना जा सकता है न मेरे परम ज्ञान!

तुम देखो—प्यार की आदिमतम कथा का अर्थ और क्या है? बाइबिल में कहा गया है कि प्रारम्भ में स्वर्ग में आदम और हव्वा थे। वे प्रकृति की भाँति, अन्य जन्तुओं की भाँति निर्द्वन्द थे—पर अपने से, अपने अर्थों से, एक-दूसरे के तन से, उसकी आन्तरिक लय से, उसके चरम आस्वादन से अनभिज्ञ थे। वे रहते थे—शायद मिलते भी हों पर अपने उस रहने और मिलने का उन्हें ज्ञान नहीं था। उसे जानते नहीं थे।

उन्होंने जिस क्षण ज्ञान वृक्ष का फल खाया उस दिन वे एक-दूसरे को जान गये। उसके लिए उन्हें सदा-सदा पीड़ा उठानी पड़ी, लेकिन उन्होंने 'जानने' का

पथ वरण किया... और अपने अस्तित्व के, अपने प्यार के अर्थ जान कर ही वे सार्थक हुए, वे पुरुष और पत्नी हुए—वे सृजनोन्मुख हो सके—

यह कथा धर्मपुस्तकों में जिस प्रकार मिलती है उसमें आदम और हव्वा को अपराधी बताया गया है। ऐसा लगता है कि धर्मपुस्तकें यह चाहती थीं कि आदम और हव्वा 'प्यार' को 'जानने' को अलग प्रक्रियाएँ बनाये रखें। प्यार केवल पशुओं की भाँति अन्ध प्रवृत्तियों से प्रेरित होकर एक-दूसरे के उपभोग तक ही सीमित रहे लेकिन उपभोग कर लेने के बाद भी वे एक-दूसरे को जानें नहीं!

लेकिन मनुष्य ने इसके विरुद्ध विद्रोह किया। यह तो पशु भी कर लेते हैं न मनुष्य तो अपने को जानना चाहता है। अपने प्यार को जानना चाहता है, उस सबकी सार्थकता समझना चाहता है। वह चाहता है कि उसका प्यार ही जानने की प्रक्रिया बन सके...

लेकिन निर्मित सृष्टि में केवल मनुष्य ही इस ओर उन्मुख था—वह प्रकृति की व्यवस्था का अतिक्रमण कर प्यार का वास्तविक रूप खोजने में सचेष्ट था... इससे धर्मपुस्तकें डरती थीं। वे मानती थीं कि प्रकृति देवताओं का निर्माण है यदि हमने उसका अतिक्रमण किया तो देवता क्रुद्ध होंगे। कितने ही दिनों बाद तक बनी रही यह प्रवृत्ति—समुद्र न पार करो वरुण क्रुद्ध होंगे—सेतु बना रहे हो तो नदी के देवता क्रुद्ध होंगे—नरबलि दो... लेकिन प्यार मेरे उस प्रथम अज्ञान के अँधेरे में वे हम-तुम ही तो थे जिन्होंने इस अन्ध परम्परा का डट कर तिरस्कार किया,देवताओं की परवाह नहीं की क्योंकि हम जानते थे कि हम हैं पुरुष और प्रकृति—हम हैं नियामक और नियम, हम हैं आकार और अर्थ—हम हैं प्रभु और शक्ति! हमने पहली बार मनुष्यत्व में अर्थ प्रतिष्ठित किये, उसे उसके अस्तित्व का मूल्य समझाया—प्यार करें—अपने को जानें...

अपने को जानकर प्यार करें, प्यार करके अपने को जानें! ज्ञानवृक्ष का फल निषिद्ध नहीं है—अन्धविश्वास, रूढ़ि, परम्परा, शास्त्र, देवता, गुरु, मन्त्र—जो भी उसे निषिद्ध बताते हैं वे भयभीत हैं; वे हमें पशुत्व के स्तर पर गिराये रखना चाहते हैं—पर प्यार मेरे! हम दोनों सन्नद्ध थे कि देवताओं ने फूल बनाये, फल बनाये, पक्षी बनाये पर हम अपनी चेतना सृष्टि बनाएँगे—उन फूलों का सौन्दर्य, उन पक्षियों के प्रतीकार्थ, चेतना, भावना, कल्पना, दर्शन, इतिहास, संस्कृति सब हमारा सृजन है—हम और तुम ही तो थे जिन्होंने प्यार किया और प्यार को और अपने को जानने की प्रक्रिया को एकात्म किया...

शताब्दियों बाद, सैकड़ों शताब्दियों बाद विद्रोही, सूक्ष्म दृष्टिवाले आचार्यों ने हमारे वास्तविक स्वरूप को पहचाना... और उन्होंने हमारी कथा को नये रूप में लिखा—उन्होंने लिखा—शिव की सिसृक्षा अर्थात् सृष्टि करने की इच्छा ही शक्ति है। शक्ति शिव की प्रिया है। शिव और शक्ति में कोई भेद नहीं। शक्ति

के बिना शिव कुछ भी करने में असमर्थ हैं। जैसे वृक्ष के बिना छाया नहीं, अग्नि के बिना धूप नहीं वैसे ही शक्ति और शिव अविच्छेद्य हैं। एक के बिना दूसरे की कल्पना नहीं की जा सकती!... ''शिव की नित्य तृक्यता संकुचित होकर अपूर्ण तृप्ति का रूप धारण करती है। यही रागतत्व है।''

प्यार मेरे! समस्त जड़ प्रकृति की पीठिका पर अकुंठित जिज्ञासा सी निर्द्वन्द खड़े होकर किसने इस राग-विराग की उद्घोषणा की थी—तुम्हीं ने न—रजनीगन्धा की कलियों से आबद्ध प्रकृति कौन था? तुम्हीं न?

यदि यह राग न होता, तो क्या मनुष्यत्व होता? क्या आज भी हम द्विपद पशुओं की भाँति आदिम गुफाओं में कच्चे मांस का भक्षण करने वाले राक्षस न बने रहते—पर नहीं हम दोनों ने इस व्यवस्था का अतिक्रमण कर कहा कि मनुष्य की पशुओं से विशिष्टता इसी बात में है कि मनुष्य अपने को जानने की चेष्टा में रहता है और पशु केवल अन्धप्रवृत्तियों से परिचालित। और हमारे उस अर्थ को खोजने वाले रागतत्त्व पर ही तो सारी मानव संस्कृति का विकास हुआ है। हमने तुमने उस सार्थक प्यार की उद्घोषणा सृष्टि के आदि में ही न की होती तो क्या आज सृजन होता? दर्शन होता? इतिहास होता? ज्ञान-विज्ञान होते? कला होती? सभ्यता होती? संस्कृति होती? नहीं मेरे अमित सुख! कुछ न होता अगर तुम न होतीं, और तुमने प्यार न किया होता!

जो भयभीत रहे, जो जड़ता और पशुत्व अन्धविश्वास और परम्परा, शास्त्र और देवता किसी का भी नाम लेकर अपने को खोजने और जानने की चेष्टा से विरत होकर डरते रहे उन्होंने बार-बार यह चाहा कि वे मानव संस्कृति के विकास को रोक लें—उन्होंने बार-बार चाहा कि हमें हटाएँ—

लेकिन हमने बार-बार अपने को प्रतिष्ठित किया। हमने बार-बार अपने अस्तित्व के अर्थों की उदात्त स्वर में घोषणा की—एक समय था जब हमने कहा—
''सत्यमेव जयति नानृतम् मा मैः''

—सत्य ही जीतता है झूठ नहीं—अतः डरो मत। एक समय था जब हमने और भी तीखे होकर कहा—''धर्म विरुद्ध कार्य करणीय हैं—धर्मविहित नहीं। वेद कुछ नहीं। किसी को कुछ नहीं गिनना चाहिये। नियम मोक्ष का बाधक है।''

धर्मशास्त्र ने कहा कि यह धारणा ज़हरीली है तो याद है तुमने तन कर क्या कहा था—

''ऊधो मन माने की बात!
दाख छुहारा अमृत फल तजि
विख कीरा विख खात।।''

प्यार मेरे! तुम्हारे इस गुलाब तन में जो एक अजीब-सा तुर्श स्वाद है वह

उन्हीं विद्रोहों का तो है जो जन्म-जन्मान्तर में तुमने किये हैं। तभी तो तुर्शी मुझे इतनी प्यारी है न!

केवल तुर्शी क्यों, इस शरीर में जितने आस्वादन हैं, जितना रस है, जितनी मधुराई है, जितनी आग है, जितना नशा है, जितना आलोक है, जितने गूढ़ मर्म हैं, वह सब कोई आज का है? वह सब क्या कोई हाड़-मांस का संवेदन है? नहीं कितने लाखों वर्षों की समस्त संस्कृति की चरमतम उपलब्धियों के रस से तुम्हारा यह जिस्म बना है न—इसका अर्थ तो मैं जानता हूँ प्यार मेरे!

इसीलिए जब अपने अधरों की अँजुरी से इसके नख से शिख तक एक-एक रोम का रस पीता हूँ तो मैं अपने दोनों के जन्म-जन्म की यात्रा को पूर्ण करता हूँ—तभी न मेरी सृजन-संगिनी तुम कहती हो—"यह निखिल सृष्टि मेरा ही लीलातन है तुम्हारे आस्वादन के लिए—" आह मेरे स्वप्न! यह लीलातन—पनसुतिया, गुलाब, बेला, रजनीगन्धा और अगस्त्य पुष्पों का बना यह जिस्म मेरा नशा है, मेरी उपलब्धि है—इसके एक-एक अंग को आत्मसात कर मैं जो दृष्टि पाता हूँ मेरी निष्ठा! वह सर्वकर्तृत्व की दृष्टि है—उसमें ज्ञान-विज्ञान, संस्कृति सबके अर्थों का रस सीझ जाता है मेरे परम आस्वादन!

उस दिन जब मैं उस लेख के बारे में बात करते हुए कह रहा था कि वे सिद्ध बिना अपनी शक्ति को सशरीर ग्रहण किये हुए पूर्णता नहीं पाते थे—तब तुम चाहती थी मैं उसे लिख डालूँ। चरम तन्मयता! तुम तो जन्म-जन्म से इसे जानती रही हो—मैं लिखूँ क्यों? केवल मन और तन से मिलकर ही पूर्ण होना होता तो यह पूर्णता हर गृहस्थ, हर विवाहित या शरीर उपभोग का सुख जानने वाले हर व्यक्ति को मिल चुकी होती।

पर नहीं! वह प्यार और होता है जिसका हर संवेदन, जिसका हर नशा, जिसकी हर तन्मयता साक्षात् ज्ञान होता है—नहीं प्यार सच्चे अर्थों में अपने को जानना है, अपने आराध्य को जानना है। उस तत्व के बिना जो भी प्यार है वह मिथ्या है, भटकाने वाला है—अधूरा तड़पते हुए कुंठित छोड़ देने वाला है—पूर्णता और मुक्ति देने वाला नहीं—इसीलिए न कहा गया है—

"जाने बिनु न होइ परतीती,
बिनु परतीति होइ नाहिं प्रीती।"

(और कहा गया है—"जानत तुम्हहि तुम्हहि होई जाई")

... आओ मेरे परम आस्वादन! पहले दिन सबसे पहले दिन मेरी अँगुलियों ने पूछा था न! बोलो, कौन-सा सूर्य तुम्हारे माथे पर प्रतिष्ठित कर दूँ? आओ

उठाओ अपना माथा—तुम्हें सुहाग दूँ। आओ यह निखिल मनुष्यत्व का अर्थ कुंकुम चूर्ण है इसे तुम्हारे माथे पर अंकित कर दूँ। यह तुम्हारा अखंड सुहाग है और मेरी नित्य तृप्तता और नित्य अतृप्ति भी...

आओ—एक-दूसरे की बाँहों में कसे—तन्मय, प्रदीप्त हम खड़े हैं—निखिल सृष्टि के नियामक की भाँति—उसके चरम अर्थ की भाँति!

आज तुम्हारा सुहाग-पर्व है न!

शनिवार 21 दिसम्बर 58
प्रात: 6 बजे

अपनी चरमतम डुबान के क्षणों में पता नहीं क्यों अक्सर मैंने पाया है कि मेरी रसविभोर दृष्टि के आगे तैर जाते हैं कुछ उदास, अनपहचाने चेहरे, कुछ घुटते हुए अपरिचित जीवन? क्यों?

क्या हमारा चरम मिलन, हमारा रमण मुक्ति का वह परम क्षण है जिसमें केवल हम मुक्त नहीं होते वरन हम उन सबको मुक्त करते हैं जो अपने जीवन में साहस, दृष्टि, संवेदना—किसी तत्त्व की कमी के कारण सत्य के द्वार तक पहुँच कर भी मुक्त नहीं हो पाये।

राजे!

क्या हमारे जिस्म वीणाएँ हैं जिन पर हमारी थिरकती हुई तन्मयता की अँगुलियाँ वे सारे राग पूरे करती दीखती हैं जो युग-युग तक अधूरे छूटते आये हैं!

प्यार!

अब हमारा प्यार अपने में पृथक एक द्वीप नहीं रहा न! वह सबसे सूत्रबद्ध—समस्त सृष्टि से आबद्ध है न!

जब हम वह समुद्र देखेंगे—बहुत बड़ा—तब लहरें केवल हमारा ही अभिनन्दन नहीं करेंगी—जितनी सीपियाँ मोती नहीं बना पाईं—वे सब उस क्षण सार्थक हो उठेंगी न! वे सब इस संसार के अगणित लोग जिन्हें हमने कभी नहीं जाना—जो घुट-घुट कर टूट गये, कुंठित होकर टूट गये—वे सब मुक्त होंगे... कितना अच्छा लगता है अपने प्यार का ठीक-ठीक अर्थ समझना!—

ओ प्यार मेरे!

—भारती

9.3.59

आज कितने दिन बाद सुबह—एक आशीर्वाद जैसी उगी। तन थका मगर परिशमित था, मन शान्त—विनत—पूजा में झुकी अंजलि जैसा। हरे लॉन पर, ओस भीगी घास पर, धूप सुनहरे कमल-सी, धीरे-धीरे अपनी पाँखुरियाँ खोल रही थी।

नीला आकाश किसी बुद्धिमान बच्चे की आँखों-सा भोला, निष्पाप मगर गहरा था, और उसमें काँपता हुआ सुबह का सिन्दूरी सूरज मानो बच्चे की आँखों में माँ के कुंकुम-अंकित माथे की वात्सल्य भरी छाया-सा था।

चारों ओर हवाओं में जैसे गिरजाघर के पास की हल्की सर्द शाम की छोटी-छोटी घंटियों के संगीत के तार गुँथे हुए थे, या सुबह की हवा राधन् की खिलखिलाहट-सी थी, यहाँ तक कि मेरा सारा तन एक प्रार्थना-सा बन गया है, मानो पाँव का सदा रहने वाला दर्द भी इस क्षण प्रार्थना की करुणा बन गया है, और सारा जीवन सप्तपदी के मन्त्रों-सा रंगीन, आशा भरा, पवित्र और अटूट मालूम पड़ रहा है।...

मैं नहीं जानता प्रभु है, या नहीं! पर किसी ने आज अनजाने मेरी आत्मा को इतना बल दिया है। जिसने दिया है वही मेरा प्रभु है...उसको मेरे प्रणाम-मेरा समर्पण!...

18.3.59

पुस्से,

प्रयाग पर गाड़ी से उतरकर हम दोनों रिक्शे पर कैसे आये होंगे, घर कैसा लगा होगा, अपना नीले घोंसले जैसा छोटा-सा कमरा, और आज दिन भर अपनी गुड़िया के बिना हम दोनों ने कितना और क्या-क्या महसूस किया होगा—यह तुम्हें क्या बताना! श्री छोटेलाल महोदय सुबह कन्तो से कह रहे थे—''बीबीजी जाय लागत हैं, तो कैसा लागत है भला—छह रोटी लै के खाय बैठ रहे, दुई खाय के उठ गये। सब उठाय के रख दिया।'' दोपहर को आत्मन् आये थे, सुबह विपिन तुम्हें पूछ रहे थे।

सुबह उठे। कल तो शाम से ही सर में बेहद दर्द था। सुबह भी सर काफ़ी भारी था। खुरपी लेकर बाग़ में लगे। स्वीट सुल्तान तथा बहुत से पुराने फूल पौधे उखाड़ कर फिकवाए, फिर चाय पी और कपड़े बदल कर निरुद्देश्य रिक्शे पर भटकने निकल गये Father Extross के यहाँ पर इच्छा मन की थी कि वे न मिलें—वही

हुआ। फिर गये the books दो किताबें खरीदीं एक mortain नामक प्रख्यात कैथोलिक दार्शनिक की Approach to God जिसमें उसने संसार भर के आधुनिक चिन्तन में 'प्रभु' व जीवन में किसी परम सत्ता के प्रति कौन-कौन से नये परिप्रेक्ष्य विकसित हुए हैं, इसका बहुत अच्छा विश्लेषण किया है। तुम्हें याद है उस दिन रात 10 बजे तक हम और साही साहित्य के उद्देश्य को लेकर उलझे हुए थे, और उसमें साहित्य से परे कोई परम कोई प्रभु है पर वह प्रभु स्वतः मूल्यहीन है इस पर बात कर रहे थे। सोचा शायद इस किताब में उस पर कुछ मसाला मिले। दूसरी किताब थी Tenesse Williams का एक नाटक "Cat on a hot tin roof" यह नाटक पहले मैंने पढ़ा था, पर अब इसकी सस्ती प्रति छपकर आयी है। मेरी इच्छा है अगली बार तुम्हें इस नाटक के बारे में बताऊँ। एक-बड़ी जटिल परिस्थिति में एक ऐसी लड़की की कथा है, जिसके अदम्य साहस को अटूट आस्था को देखकर अक्सर मुझे अपनी सूर्या की याद आती रही है। वहीं Books पर खड़े-खड़े उसका अन्तिम पृष्ठ खोला और Margaret का अन्तिम Dialogue पढ़ा—जिसमें वह समस्त संघर्ष के बाद टूट-टूट कर विजयी हुई है, और अन्त में ब्रिक से कहती है: Oh, you weak, beautiful people who give up with much grace. What you need is someone to take hold of you - gently, with love, and hand your life back to you; like something gold you let go off - and I can! I am determind to do it. am I not Baby!" (ओह तुम मन के इतने अच्छे और इच्छाशक्ति के इतने दुर्बल लोग! तुम लोग कितनी जल्दी हार मान लेते हो और ज़िद से हार मानने में भी कितना निबाहते हो! जानते हो तुम्हें काहे की इच्छा होती है—कोई तुम्हें आहिस्ते से कन्धे थामकर अपने पाँवों पर खड़ा कर दे और तुम्हारी ज़िन्दगी समेटकर वापस तुम्हारे सामने रख दे उस सोने के मानिन्द जो अनजाने तुम्हारे हाथ से बिखर गया था, और मैं यह कर सकती हूँ। मेरा अदम्य दृढ़ निश्चय है कि मैं कर सकती दूँ। है न बेबी!) और इसमें Baby शब्द से छौनू की याद?

इन वाक्यों को चुपचाप मन में दोहराते हुए मैं पैदल लौटा उसी क्लाइव रोड से जो! मुझे बेहद प्रिय है। मैंने पहली बार महसूस किया। इलाहाबाद में मौसम बदल चुका है। सेमल की डालें लद गयी हैं, कचनार फूले हैं और जाने कितनी तरह के पक्षी पेड़ों पर उड़ रहे हैं, बैठ रहे हैं, फिर उड़ रहे हैं। धूप तेज़ थी पर अच्छा लग रहा था—It was a sad, lovely, deep pain जिसे कह सकता हूँ चरम विश्वास की उदासी और धीरे-धीरे उदासी। एक शून्य निर्जनता में बदलती हुई।

घर लौट कर The outsider का एक अध्याय और समाप्त किया—जिसे कल

परसों शुरू किया था। उसके बाद खाना खाया (बिना ताश के) और मन-ही-मन तुमसे बातें करते-करते नींद आ गयी।

सोकर उठे तो एक अजीब घटना हुई। मेरे एम.ए. क्लास में एक सिख लड़का गुरुदासपुर से हिन्दी पढ़ने आया है। वह आया। चुपचाप बाहर खड़ा हो गया। मालूम हुआ कि वह दो बार आ चुका है। बात की। पता चला कि उसका आज पहला ही प्रश्नपत्र खराब हो गया। उसने बहुत तैयारी की थी और उसी अनुपात में वह बेहद चिन्तित था। वह आकर बोला मैं यहाँ किसी को नहीं जानता डॉक्टर साहब पता नहीं क्यों आपको मैं अपने बहुत निकट पाता हूँ। आप जैसा कहेंगे वैसा करूँगा, और उसके बाद रो पड़ा। बोला ''मेरा मन बिल्कुल जड़ हो गया है अब कभी नहीं पढ़ पाऊँगा। मैं सोचता हूँ, तो कुछ नहीं ध्यान में आता!'' और सर थाम कर बेचारा बैठ गया। आँख में आँसू। मैंने चाय मँगवाई। उसे चाय पिलाई। आधे घंटे उसे समझाया। जैसे-तैसे कुछ उसे आश्वासन मिला, वह चला गया। मैंने देखा जाकर भी वह दो बार सड़क पर ठिठका, लगा जैसे फिर लौटना चाहता है, अन्त में उसने हाथ झटकारे और तन कर चलने लगा। मुझे लगा हो सकता है, गलत अनुमान हो—कि उसका अनिश्चय दूर हो गया है, वह कल इम्तहान में बैठेगा। मन-ही-मन उसकी कल्याण कामना करते हुए लौटा और तुम्हारा यह ख़त पूरा करने में लग गया।

अच्छा कामधाम की बात! पानसरे की चिट्ठी आयी है, बम्बई से। उन्होंने कविताएँ बेहद पसन्द की। लेख अगले अंक के लिए माँगा है। लक्ष्मीचन्द्र जैन जी का पत्र आया है। उन लोगों ने घर बदल लिया है। तुम्हारे लिए लिखा है—''जानकर बहुत सन्तोष हुआ कि उनकी तबीयत अब ठीक है। अभी भी सेहत की सोचकर हैरानी होती है, आप लोग किस तरह अचानक यहाँ के लिए चल पड़े। अब उन्हें वहीं अपनी देख-रेख में अपने पास बुलाकर के रखिए।''

आज यह घर कैसा लगा है यह तुम कल्पना कर सकती हो How insipid we both have been feeling. सौर मंडल में से अगर सूर्य हट जाय तो सारे नक्षत्र निरुद्देश्य नभमंडल में भटक जाते हैं। वैसा ही रहा है यह घर आज दिन भर शिथिल, लक्ष्यहीन। इस घर का सबकुछ अपनी गुड़िया रानी के चारों ओर आवर्तित होता है। वही इस घर की धुरी है।

सोचा था आज दोपहर को इस्माइल के यहाँ जाकर कवर डिज़ाइन देखूँगा। पुरवार से फ़िल्म के लिए ख़त लिखाऊँगा, तेरी note book binding के लिए दूँगा

पर दोपहर को बेहद सर दर्द था। इस समय कम है पर पाँव में टिसकन है। डॉ. बसु से पूछकर कुछ Injections ले लूँ क्या?

इस समय छह बजे हैं। शाम, तुम्हारा पहला दिन घर में बीता होगा, दोपहर में खूब सोई होगी। क्या बहुत थक गयी थी? सब बच्चे तुम्हारे पहुँचने से खुश हो गए होंगे। रानी आनन्द शायद आये हों। उन्हें हम दोनों का प्यार कहना। महेश को दूसरे डब्बे में तो नहीं भेज दिया था?

पुस्सी! आज दवाएँ, अंडा दूध, फल, मक्खन में लापरवाही तो नहीं की? खाते समय महेश के साथ ताश खेला था? खाना खूब खाया न? अम्मा बेचारी ने अपने हाथ से मट्ठा माड़कर नैनू निकाल कर दिया होगा। खूब खुश रहीं न? देखो ऊधम मत मचाना और बहुत टें-टें मत बोलना। खूब आराम करना। Protenuel मिला?

—भारती

20.3.59

पुसनुआ मेरी,

रात के नौ बजे हैं, छोटेलाल दही लाने गया है, और हम अनमने से चुपचाप बैठे हैं। आज कुछ कान्ता की पीठ में दर्द-सा भी है। कल रात तुम्हारा तार मिला था, और शाम को उसके पहले ही हम दोनों एक लिफ़ाफ़ा तुम्हें छोड़ चुके थे। तार मिलने के बाद सुबह की डाक का इन्तजार कर 11 बजे एक पोस्टकार्ड तुम्हें छुड़वाया था, लेकिन आज तो कोई तुम्हारा ख़त मिला नहीं। लगता है, तुम 18 को सिर्फ़ तार भेज सकी! अब कल तुम्हारा ख़त मिले तो सारा हालचाल पता चले!...

कल दिन भर का हाल तो तुम्हें विस्तारपूर्वक लिखा ही था—आज का क्या लिखें? कल तो फिर भी कुछ गनीमत-सी थी आज तो How blank we both felt all the day. आज वैसे ही मैंने Translated poems वाली पांडुलिपि निकाली है। कल से उसमें जो अनूदित Poems घटानी-बढ़ानी हैं, उसमें लगूँगा और जून तक 6 पांडुलिपियाँ तैयार करने का कार्यक्रम पूरा करना है, हाँ पुस्सू—पारसाल इन्हीं दिनों जब मुझे flue हुआ था, उसके बाद तुम्हें D.H Lawrence की एक कविता का अनुवाद भेजा था? क्या उसे शामिल किया जाय? देखो तो तुम्हारी दोनों किताबें आज भी नहीं भेजीं? अच्छा कल भेज दूँगा। —हाँ, आज शाम को जब मैं civil lines में था, तब इस्माइल साहब घर आये थे। उन्होंने समाचार दिया कि बनारस से ज्ञानपीठ वालों का Trunk call Phone आया था। वे चाहते हैं कि मैं दो-तीन दिन के लिए बनारस आ जाऊँ ताकि वे किताब तुरन्त छाप दें। पर मैं जा नहीं सकूँगा, एक तो यूनिवर्सिटी की एक महत्त्वपूर्ण Meeting है—दूसरे जाने में और वहाँ तीन दिन रहने में कठिनाई होगी। कल उनसे फ़ोन से बातें करूँगा अगर अन्ततः आवश्यक होगा तो होली के बाद जाऊँगा। अभी तक लखनऊ से कोई उत्तर नहीं आया है कि मुझे वहाँ कब जाना है। वैसे बनारस जाकर 'सात गीत वर्ष' दो-तीन दिन में छपाना भी सम्भव नहीं क्योंकि उसकी भूमिका तो अभी लिखनी शेष है। उसके Cover के बारे में तो खैर चलते-चलते तुमने अपनी तरफ़ से निर्णय कर दिया, लेकिन भूमिका के बारे में अभी कुछ बातें ही नहीं हो पायी हैं।

यह तो हुई कामधाम की बात। अब अपना हालचाल बताओ! उम्मीद है कि कल वाला लिफाफ़ा तुम्हें आज बृहस्पत को किसी समय मिल गया होगा। क्या करती रहीं? अपना खाना-पीना, दवा, फल सब ठीक-ठीक ले रही हो न, वक्त से। देखो महेश को भी दूध अंडा देना शुरू कर दो।

कान्ता की पीठ और कमर का दर्द आज बहुत बढ़ गया है, और आज नीचे बिस्तरे लगवाए गए हैं, क्योंकि उससे सीढ़ी चढ़ा उतरा नहीं जा रहा है। पर चिन्ता की बात नहीं। खूब पानी पिया है। हो सकता है, सुबह तक ठीक हो जाय।

सुबह: 20 मार्च शुक्रवार

कान्ता का दर्द ठीक हो गया है, पर रात भर बेचैनी बहुत रही। लो—ठीक तीन बजे सुबह हम दोनों की नींद साथ-साथ खुली। कान्ता कह रही है कि उसी समय से उसकी आँखों के आगे तुम्हारा चेहरा है—

क्या तुमने उसे आज बहुत याद किया है?

अच्छा लो नियमित काम आज से आरम्भ कर दिया। एक बहुत लम्बी कविता translate की है। अब जा रहा हूँ, इस्माइल के यहाँ कवर डिज़ाइन देने, पुरवार के यहाँ Film वाले पत्र का उत्तर भिजवाने—लौट कर फिर काम करूँगा।

अब आज सुबह की डाक या शाम की डाक से तुम्हारा कोई समाचार मिले तो मन की चिन्ता मिटे!

भारती

Monday, 23-3-59
Morning 8:A.M

लीजिए, बहुत उन दिनों मुझे सुनाया जा रहा था कि आजकल तुम कुछ नहीं करते कुछ नहीं करते—अब आजकल भूत की तरह काम में जुटा हूँ। सुनेंगी! आप-गयी 17 को—18 को क्या किया यह लिख चुका हूँ। 19 को गया इस्माइल के यहाँ और 20 से काम पर जुटा—आज 23 तारीख है। जानती हैं 20, 21, 22 तीन दिन में कितना काम कर डाला—कमिंग्स, कैनेथ पैचेन, मिले, टी.एस. इलियट, एजरा पाउंड, रेने शार, क्लाद राय, आडेन, अन्टर मेयेर, येसेनिन, मायकोवस्की बर्तोल्त ब्रेख्त की 20 कविताएँ अनूदित कर डालीं। उनमें से कुछ तो 200 लाइनों तक की हैं।

अब पाश्चात्य नयी कविता वाली पांडुलिपि लगभग तैयार है—It is marvelous selection now.

इसके अलावा सुनिए—सात गीत वर्ष के 7 फ़र्मों का प्रिंट ऑर्डर एक रात में पढ़कर दिया—इस्माइल के यहाँ तीन बार जाकर कवर का sketching कराया—विभाग का काम किया—चाँदनी में केशव के साथ रात दो बजे तक घूमते रहे और...और...राजे के बारे में कितनी कितनी योजनाएँ बनायीं। अब न कहिएगा मैं काम नहीं करता हूँ।

—शनिवार को कान्ता ने एक लिफ़ाफ़ा express डलवाया था—मिला होगा—अच्छा अभी बस,

भारती

सोमवार : 23 मार्च, 59
रात 10 बजे

हाँ, पुस्से, तुम्हें मैं एक भी ख़त नहीं लिख पाया। यहाँ तक कि डॉ. ज़िवागो पर जो कुछ तुमने पूछा था, वह भी नहीं लिख पाया—लेकिन तुम खुश नहीं हो कि जितना काम कोई दूसरा एक महीने में करता उतना मैंने 20, 21, 22, तीन दिनों में कर डाला। सोचो ज़रा टी.एस.इलियट, रिल्के, एडिथ सिटवेल जैसे कवि जिनकी एक-एक पंक्ति से आदमी सर टकराता है, उनकी 20 कविताएँ तीन दिन में अनुवाद कर डालीं और जानती हो कि एक-एक कविता 100 लाइन तक की!—इस तरह भूत की तरह लग कर काम करने का Mood कितने वर्ष बाद आया

है, जानती हो जब मैंने थीसिस लिखी थी, और उन्हीं दिनों 'सूरज का सातवाँ घोड़ा' लिखा था, तब ऐसे काम करता था। तब भी इतना नहीं। पता नहीं कौन-सा उत्साह कौन-सी निश्चिन्तता अब मिल गयी है जिसने इतना अदम्य आवेग भर दिया है काम करने का। और इसी बीच में और काम भी करता रहा। इस्माइल का कवर, 'सात गीत वर्ष' के प्रूफ़...अब तो खुश हो मालकिन : अब मैंने काम करना शुरू कर दिया, अब आ जाओ अपने घर जल्दी से। हाँ यह ज़रूर है कि इतने दिनों की आदत छूटी हुई थी—तीन दिन खूब सर में दर्द हुआ, पेट खराब हुआ तो मैं दिन भर काम करके शाम को 4-4 घंटा सड़कों पर टहला-साइटिका के बावजूद—आज सर दर्द ग़ायब है....अच्छा, अब जितनी कविताएँ थीं सब Translate हो गयीं। अब आओ तुम तो Final press copy बनाकर कलकत्ते भेज दिया जाय।... पर इस बार Translation करते-करते कुछ बहुत दिलचस्प अनुभव हुए। टी.एस.इलियट की एक कविता थी न—What sea, what shore, what gray rocks, what is land... O my daughter! आह उसकी पहली दो-तीन पंक्तियाँ अनूदित ही की थीं, कि सारा कमरा एक विशाल बालू का तट प्रदेश बन गया है, जिस पर चाँदनी फैली है और हमारा जोड़ा एक साइकिल पर हँसता हुआ जा रहा है। और समुद्र के पानी का नमकीन स्वाद जैसे तत्क्षण पलकों पर, होठों पर उभर आया। जाकर लॉन पर टहलता रहा, हालाँकि कड़ी धूप थी।... लॉन आजकल पीपल के सूखे पत्तों से बिछा रहता है। और फिर जब उस पर चाँदनी बिखर जाए। आजकल मेरे यहाँ गुलाब नहीं हैं। क्यारियाँ में से गुलाब चले गए हैं। एक क्षण भी काम में से मन हटाकर गुलाबों की याद करो तो मन अकुला उठता है। ऐसी स्थिति में मुझको रिल्के की कविताएँ अनुवाद करनी पड़ीं। और रहा नहीं गया तो वह भी इस संकलन में शामिल कीं For you all day I shall feel roses-feel roses all. सोचो कैसा लगा होगा। हर पंक्ति उसकी अनुवाद करता था और अजीब-सा संवेदन अन्दर से जैसे रस की बूँद को बर्फ़ की तरह जमाता चलता था। उस कविता का अनुवाद करते समय एक बार फिर वह बात अच्छी तरह महसूस की जो करोड़ों बार महसूस करके फिर-फिर महसूस करता हूँ—वह यह कि मुझसे कोई मेरा सब कुछ ले ले—सबकुछ, लेकिन 'मुझे विश्व का सुख श्री केवल यदि ये पास रहें' ये मेरे गुलाब, क्यारियों में खिले हुए-मेरे थके हुए माथे, हारे हुए चरण, सूखे हुए होंठों क्षुब्ध मन को वह सब दे सकते हैं जो मेरी जन्म जन्मान्तर की उपलब्धि है। Baby, I did not send you the book you wanted वह रिल्के और बेनवेनुटा वाली पुस्तक क्योंकि इधर जब अनुवाद से थक जाता था, और कान्ता बेचारी अपने भार से अलसायी हुई कहीं पड़ी रहती थी, या सोती रहती और मैं बेहद अकेला और सुनसान अनुभव करता हूँ, तो उलट

कर उसके दो-एक पन्ने कहीं से पढ़ लेता हूँ। उसकी एक घटना पढ़कर बड़ा मज़ा आया। बेनवेनुटा के आमन्त्रण पर रिल्के बर्लिन गया है। तब तक वह पाठकों में ख्यात हो चुका है, और बेनवेनुटा के यहाँ संगीत के सम्बन्ध में कई लोग आये हुए हैं। रिल्के उन्हीं के बीच में है पर अपना नाम नहीं बताता। बातचीत रिल्के पर चल पड़ती है। वह कैसा है? कैसा होगा? कैसे बोलता होगा? कैसे वस्त्र पहनता होगा? और रिल्के साहब बहुत आनन्दपूर्वक उन लोगों को अद्‌भुत अद्‌भुत चित्र देते हैं। और बीच में से उठकर चले जाते हैं। जाने के बाद तमाम लोग बेनवेनुटा से पूछते हैं—'ये तुम्हारे मित्र क्या रिल्के को जानते हैं? ये क्या रिल्के के नगर के हैं? ये रिल्के को कब से जानते हैं।" बेनवेनुटा जी बहुत शान्ति से उत्तर देती हैं—"ये रिल्के को उस दिन से जानते हैं जिस दिन से रिल्के पैदा हुए थे"—"कैसे?" लोग पूछते हैं। "ऐसे कि ये खुद रिल्के हैं—" और, लोगों पर अप्रत्याशित वज्रपात!... और कुछ क्षण तो कितने सुकुमार हैं। जब पेरिस में बेनवेनुटा संगीत सीखने गयी और रिल्के कुछ दिन जाकर पेरिस में आकर रहे इसका आमन्त्रण देती है—उस समय पेरिस व रास्ते में रिल्के ने कुछ पक्तियाँ लिखीं—और पहली शाम रिल्के और बेनवेनुटा की। पेरिस पर सूरज डूब रहा था, और खिड़की पर खड़े वे एक गिरजाघर के उदास पुराने गुम्बदों पर उतरती शाम देख रहे थे, और उस समय का रिल्के का एक वाक्य—उस समय वह जो ईश्वर के बारे में, मानवीय भावना के बारे में कहता है सचमुच वह अद्वितीय है।

तुम्हारे अभी तक एक तार दो ख़त आ चुके है, शनिवार 22 की शाम तक तुमने यह तो लिखा कि तुम्हारा Temprature 98 है पर वज़न, भूख आदि? कहाँ इन्जेक्शन लेने जाती हो? क्या करती हो? तुम्हें कुन्तल के सब खत मिले। इतवार को Express मिला था? आज सोमवार को तुम्हारा पत्र नहीं आया। शायद कल मंगल को दो खत मिलें एक साथ। 31 मार्च को रेडियो पर मेरी रिकार्डिंग है। मैं या तो 29 को चलकर 30 को या 30 को चलकर 31 को पहुँचूँगा। कान्ता पूछ रही है कि क्या एक ख़त वह पिता जी को लिख दे तुम्हें 31 को बुलाने के लिए। पिछले दोनों खतों में तुमसे पूछा है मकान के लिए क्या करना है तुरन्त लिखो। आनन्द जी से पूछ कर। आज सुबह एक खत कान्ता का तथा तीसरे पहर एक लम्बे पीले लिफ़ाफ़ों में केवल होली कार्ड गया है तुम्हें।......

तुम्हें सब लोग बेहद पूछ रहे हैं—साही, आत्मन, कल मीटिंग में Miss Tripathi, शुक्लजी, रामस्वरूप, केशव के परिवार के सब लोग। आज किरण जैन का एक पत्र आया है। Redirect कर रहे हैं। आनन्द, रानी, शोभा, महेश को अमित प्यार।

भारती।

24.4.59

Baby dear, my child, you can not imagine the immense sadness of this evening, this evening of poornima. Today was my off day समझती हो किस sense में मैंने 20, 21, 22, 23 खूब जमकर काम किया आज छुट्टी मनाई। कल से फिर काम में जुटूँगा। बहरहाल इस समय सामने कान्ता लेटी हुई है, बाहर अद्‌भुत चाँदनी बिखरी हुई है, नितान्त सन्नाटा है सिर्फ़ हवा चलने से ढेर की ढेर पीपल की सूखी पत्तियाँ लॉन पर आ गिरती हैं। उनका शोर है, या दूर चौराहों पर जहाँ होलियाँ जली हैं, वहाँ बच्चों का शोर। और मेरा मन पता नहीं क्यों बेहद गुमसुम है। सुबह से। शायद चार दिन के अनवरत श्रम की थकान हो शायद—लेकिन एक सन्तोष है कि आज तुम्हारा शनिवार का इन्लैंड तथा उसके बाद सोमवार का लिफ़ाफ़ा मिला-यह जानकर कि हमारी अमरीकन भाभी, भाई साहब तथा बब्बूराम आ गए और बुआ को बब्बूराम काफ़ी तंग कर रहे होंगे और तूने प्यार और उल्लास में होली मनाई होगी। तेरे ख़त से यह भी मालूम कर सन्तोष हुआ कि परम धैर्यवान! सूक्ष्मद्रष्टा, उदारमना, महात्मा ब्रह्मदत्त अभी कम-से-कम तुझको अपने विद्वत्तापूर्ण परामर्शों की खुराक नहीं पिला रहे हैं। आज दिन भर पता नहीं क्यों कई बार आनन्द जी का भी ध्यान मुझे आया और शाम को लिफ़ाफ़े में जब लखनऊ में तेरी आनन्दयुक्त साइकिल सैर का हाल पढ़ा तो एक बहुत गहरा Remark करने की तबीयत हो आयी Can you imagine the remark, my dear naughty lady? पर उसके बाद फिर सब ज्यों का त्यों गुमसुम सुनसान।

वैसे आज का दिन शुरू भी अजीब ढंग से हुआ। बहुत देर में सोकर उठा। रात 10:30 तक तो घूमता घामता रहा। लौटकर बहुत देर तक तुझे इनलैंड लिखा जो आज सुबह छोड़ा उसके बाद एक अँग्रेज़ी चित्र देखा। उसकी एक आध बातें पता नहीं मन को कहाँ छू गयीं कि बहुत दिन बाद शायद बरसों बाद Picture में मैं सिसक-सिसक कर रोता रहा। तुमने शायद कहीं पढ़ा हो, सुना हो कि इंग्लैंड ने एक विश्वविख्यात जहाज़ बनाया था 'टाइटैनिक' उसमें 2000 यात्री सफ़र कर सकते थे। अपने में एक पूरा नगर था वह। और इंजीनियरों का कहना था कि संसार का कोई भी तूफ़ान, भँवर, इसे डुबो नहीं सकता। जब वह अपनी पहली यात्रा पर लन्दन से न्यूयार्क चला तो संसार के महानतम धनी, साहसिक, adventurist Tourists, और Painters उसके टिकटों को दूने-दूने दामों में खरीदकर उस पर joyride के लिए रवाना हुए। लेकिन दैवयोग था कि पहली ही यात्रा में वह जहाज़ एक आइसबर्ग से टकरा गया। उसमें मनुष्यों ने संकटकाल में किस तरह अदम्य साहस, अद्‌भुत दृढ़ता, कर्तव्यनिष्ठा, पारस्परिक स्नेह, सद्‌भाव

से उस संकट का मुकाबला किया। कितने प्रकार के लोग थे उस जहाज़ में छोटे-छोटे बच्चों की एक माँ, एक तरुण प्रेमी युगल, एक अकेला वृद्ध, जीवन को मात्र आमोद-प्रमोद में बिताने वाला एक शौकीन रईसजादा—चित्रकार, संगीतज्ञ, समुद्र के प्रति अजीब-सा रहस्यमय आकर्षण रखने वाला बूढ़ा कप्तान..........

......वे सब ऊपर के डेक पर आमोद प्रमोद उल्लास में लीन थे—और पहले तो उन्हें संकट की सूचना मिली और उन्हें विश्वास नहीं हुआ, और फिर जब जाना उन्होंने तो कितना गहरा, भय, अन्धकार दीखा उन्हें—लेकिन धीरे-धीरे उसमें से एक साहस, एक दृढ़ता उभरी And That was marvellous. And when everything failed them God, captain, science, sea gods–Then it was the element of love that rose in them and the love took so many forms–It was the love of the mother for the child, love of brother for the sister, love of body for the body, love of wife for the husband, love of Captain for his ship. love of the artists for the human life ---- ultimately it was the human love that came up to rescue them all.

तुमने देखा होगा, महसूस किया होगा कि अक्सर Picture देखते समय हम अपने को पात्रों की स्थिति में रख लेते हैं, and we begin living them. And how many characters were in that picture with whom I identified myself—माँ जिसने विराट् संकट की घड़ी में अपने बच्चे को बाँहों में समेटकर वक्ष से चिपका कर तमाम अज्ञात शक्तियों को चुनौती दी और जीत गयी—And I felt I was the mother and I would fight anybody even God–for the safety of my baby my own child. उसमें एक दूसरा छोटा बच्चा सोता रह गया, और माँ भीड़ में फँसकर लाइफ़बोट पर धकेल दी गयी और बच्चा अकेला अन्धेरे डेक पर लहरों से लड़ते हुए पुकारता रहा—and I was the child alone and frightened and calling for Benoma. Oh who can save me, who can give me light and love and glory except the MOTHER of the evening church. उसमें एक बूढ़ा व्यक्ति है, अकेला नितान्त अकेला—उसका कोई नहीं है, सिवा एक बहन के। लाइफ़बोट केवल चार-पाँच हैं—पहले उन पर स्त्रियाँ, बच्चे उतारे जाते हैं, फिर बीमार और अपाहिज-अन्त में एक बोट पर थोड़ी-सी जगह बच जाती है। 1500 व्यक्तियों की भीड़ आतुर है उन चार-पाँच सीटों पर कब्जा करने के लिए। वह बूढ़ा व्यक्ति टस से मस नहीं होता—लाउंज में मेज़ पर बैठा रहता है—उस भयंकर प्रलय रात्रि में अन्त तक वह नहीं हिलता जहाज़ का अगला हिस्सा डूब गया है। जहाज टेढ़ा हो गया है—रह-रह कर कमरे में कभी अलमारी टेढ़ी होकर गिरती है, कभी कमरे की तस्वीरें, पर वह चुपचाप बैठा ताश से Patience खेल रहा

है, अकेला बिल्कुल अकेला—आख़िरी लाइफ़बोट पर तीन सीट में से एक उसके लिए रखी जाती है—कप्तान उसे बुलाने आता है—लेकिन वहाँ पहुँचकर वह पाता है कि पहली लाइफ़बोट में एक लड़की है, जो बुरी तरह तड़प रही है, क्योंकि उसका प्रेमी डेक पर छूट गया है—उसे लाइफ़बोट पर जगह नहीं मिल पायी है।— वह बूढ़ा लाइफ़बोट की ओर बढ़ता है फिर लौट आता है, और वह अपनी जगह उस युवक को दे देता है, और चुपचाप डूबते डेक पर खड़ा हो जाता है, अन्त में सबको लाइफ़बेल्ट बाँधकर कप्तान समुद्र में बोट उतार देता है—उतरते हुए वह बूढ़ा कहता है कप्तान से—बच तो हम सब जाएँगे पर तुम साक्षी रहना कि मैंने संकट में भी भद्र पुरुष की तरह सौजन्यतापूर्वक हाथ मिलाया—मैं काँपा नहीं, डरा नहीं, विचलित नहीं हुआ, मैंने कोई छोटापन नहीं किया और यदि मुझसे पहले तुम देश पहुँचो तो कह देना मेरी बहन से कि वह लहरों से लड़ रहा है, शीघ्र आएगा, बिना तुमसे मिले कहीं जाएगा नहीं—

and felt myself the old man fighting with the waves alone and trying to reach the shore for Agnes, my sister. और उसमें एक तरुण couple था जब उसकी संगिनी को लाइफ़बोट में बैठाने कप्तान आया तो युवक ने हर प्रकार के झूठ बोलकर उस लड़की को समझाने की चेष्टा की कि वह चली जाय- उसके सामने अभी पूरी उम्र है, उसे इसका सहारा मिल सकता है—या उन्हीं की पुन: भेंट किनारे पर हो सकती है—But she stood up and refused to leave his friend और साफ़ कहती है कि We shall fight waves together, we shall reach the shore together, we shall win together, we spend youth and grow old together—और उसमें एक वायलिन बजाने वाला है। कप्तान उससे कहता है तुम वायलिन बजाते रहो Music soothes the nerves. पर उस भयंकर प्रलय रात्रि में 2000 लोगों के शोर में कौन सुनता है, वायलिन को। भीड़ उसे धक्के मारकर गिरा देती है, वह फिर उठता है, और वायलिन बजाता है—और कोई उसे नहीं सुनता—पर रात भर वायलिन बजाते-बजाते उसकी उँगलियाँ अकड़ जाती हैं और वह लाइफ़बेल्ट भी नहीं पहन पाता पर अन्त में कहता है— I have done the duty, all that I could do I have done but the night was dark and people were in trouble, not that they did not love the music but...

लेकिन यही एक पात्र नहीं बारी-बारी से कितने पात्र आये और I was each one of them, all of them. and everytime I wept and wept in thanks, in deep devotion, in victory. तुम आओगी तो तुम्हें पूरी कहानी उसकी सुनाएँगे।

तुमने लिखा है, तुम्हें नींद खूब आती है। यह बहुत ही अच्छा लगता है, बल्कि

पढ़ना फिर भी Strain डाल सकता है। खूब ठाठ से सोया करो बब्बूराम पहुँच ही गए हैं, खेला करो उनसे, उनको खूब प्यार किया करो (कहीं बब्बूराम तुझे Kidnap करके लखीमपुर तो ले जाने वाले नहीं हैं!) भाभी से गुपचुप रहस्य वाली बातें बतियाया करो और मस्त रहा करो। 30 या 31 को मैं आऊँगा तो खूब खिली हुई मिलना।

कल 'सात गीत वर्ष' की भूमिका लिखने की कोशिश करूँगा। उसकी डिज़ाइन इस्माइल साहब 28 मार्च तक देंगे। और तो सब लिख ही चुका हूँ। हाँ, 'गुनाहों का देवता' की फ़िल्म के लिए अग्रवाल को ज़रा कड़ाई भरा ख़त भेजा है। लिख दिया है कि इतने मूल्य पर कोई प्रश्न ही नहीं उठता। मैंने तो विमल राय के नाम के कारण प्रस्ताव पर विचार भी किया वरना 10,000/- का offer तो मैं पहले ही ठुकरा चुका हूँ। कृति के नये अंक में कनुप्रिया का विज्ञापन छपा है।

आनन्द जी से कहना आज मुझे पता नहीं क्यों उनका ख़्याल कई बार आया। बड़े भाई साहब को मेरा प्रणाम कहना और अमरीकन भाभी से कहना कि अब अगर कुछ दिन आकर इलाहाबाद रह जाएँ तो उनके ज्ञान का कुछ लाभ कान्ता उठा लें और उनकी उपस्थिति का कुछ लाभ मैं उठा लूँ—अगर वे आयें तो मैं उन्हें लखनऊ से इलाहाबाद हवाई जहाज़ से भी (उड़ा) ला सकता हूँ।

लो जी ख़त ख़तम करते-करते गुमसुमत्व ग़ायब!

TUESDAY 24TH 10 P.M.

11.5.59
सोमवार
रात 11.30

तो खत्म हुआ यह पहला दिन, राजे, और तुम्हारे आदेश के मुताबिक बैठकर लिख रहा हूँ, अपना रोज़नामचा। 11 बज चुके हैं, मसहरी नहीं लगवाई है, लॉन पर लैम्प जल रहा है, बगल की ताज़ी गुड़ी हुई गुलाब की क्यारी में ट्यूब लगा है जिसकी सोंधी महक उठ रही है और सामने पड़ी है, वात्स्यायन की नई किताब—

सुबह बहुत देर में उठे आज—धूप निकल आयी थी, और बदन चूर था बिल्कुल। चाय पी मगर थकान ज्यों की त्यों। घंटा भर इधर-उधर बीता तो कुक्की बोला आज जीजी चली गयीं तो सब उदास हैं। खैर रिक्शे की हड़ताल थी।

साइकिल निकाली–वात्स्यायन के यहाँ गए। उन्होंने भी साइकिल ली। हम लोग Coffee house गए, फिर यूनिवर्सल गए, फिर The books, फिर Bank और दोपहर एक बजे घर आकर खाना खाया और फिर सो गए। 6 बजे नींद खुली। 6:30 बजे वात्स्यायन जी आये। 8:30 बजे तक बैठे। 8:30 बजे कान्ता ने एक चिट्ठी लिखकर दी। उसे गए छोड़ने, साइकिल पर। Coffeehouse बन्द हो चुका था। 10 बजे लौटे। खाना खाकर अभी बैठे हैं।

बदन चूर-चूर है। पाँव का क्या हाल है न पूछो। दिमाग शिथिल है—अब सो जाऊँ तड़के सुबह उठकर लिखूँगा—उँगलियाँ जैसे काँप रही हैं।

मंगलवार, सुबह 12.5.59 प्रात: 8 बजे

देर तक सोकर उठा हूँ। उठते ही पाँवों ने घोषणा कर दी है, कि आज क्या हाल रहने वाला है। हटाओ जी, और बातें करो—

सुनो कल जानती हो, अज्ञेय जी से एक मज़ेदार कार्यक्रम बना है। शायद कोई ऐसा रास्ता निकल सके कि नेपाल, भूटान, सिक्किम और आसाम का उत्तरी क्षेत्र—यानी पूर्वी हिमालय का अन्तर्वर्ती भाग खूब घूमा जाय साल भर और उसमें यूनिवर्सिटी से Study leave भी मिल जाय और एक foundation से रुपया भी। काम अपनी Thesis से सम्बन्धित होगा। मज़ेदार स्कीम है। अगर कार्यान्वित हो गयी तो बड़ा आनन्द रहेगा।

अच्छा सुनो—यह Inland पाते ही इतने काम करो एक अर्ज़ी आर्यकन्या पाठशाला कॉलेज के लिए तथा एक अर्जी E.C.C. के लिए मेरे पास Under Registered cover भेज दो। देर मत करना। बाद में न मन में आये तो मत लेना। कोई विवशता थोड़े ही है। पर अर्ज़ी भेज देना—मेरे पास-मेरा आदेश है। और अखबारों में देखकर खुर्जा और मेरठ भी अर्ज़ी भेज दो तुरन्त।

अच्छा तुम्हारा क्या हाल है? आज तो थकान उतर गयी होगी। अब देखो तुम्हारा कार्यक्रम यह रहना चाहिए—

(खाने-पीने और दवा का विस्तार नहीं लिख रहा हूँ।) सुबह ज़रा तड़के उठकर मुँह हाथ धोकर नाश्ता करके प्रोटेन्यूल आदि लेकर थोड़ा-सा चेख़व का अनुवाद करो फिर सो जाओ। फिर उठकर नहाकर खाना खाकर थोड़ी Painting करो, फिर सो जाओ, फिर उठकर, शतरंज, खेलो नाश्ता करो अंडा दूध पियो फिर शाम को पार्क तक घूम आओ फिर लौटकर खाना खाओ लगभग 6:30, या 6 बजे फिर थोड़ा पढ़ो और सो जाओ। और पत्र किस समय लिखो? Any time, every time लेकिन डाक में ऐसे समय ऐसी जगह छुड़वाओ कि दूसरे दिन हम लोगों को मिल जाय। पेंटिंग पर दो-चार किताबें तुम्हें शीघ्र भेजूँगा-

अच्छा तुमसे वात्स्यायन ने जो रिक्शे पर कहा था न घूमते समय के किसी ऐसे मन के मीत के विषय में, जिसके साथ Artist साथ भी महसूस करे और जब चाहे तब अकेला भी--सुनो उसके बारे में अज्ञेय की बड़ी बढ़िया कविता उनके इस नये संकलन में है :—

उन्मत्त
सूँघ ली है, साँस भर-भर
गन्ध मैने इस निरन्तर
खुले जाते क्षितिज के उल्लास की

खा गया हूँ नदी तट की
लहरती बिछलन जिसे सौ बार
धो-धो कर गयी है अंजली वातास की
पी गया हूँ अधिक कुछ मैं
स्निग्ध है सहलाती हुई-सी
धूप यह हेमन्त की,

आज मुझको चढ़ गयी है
यह अथाह, अकूल, अपलक
नीलिमा आकाश की

मत छुओ, रोको, पुकारो मत मुझे
जहाँ मैं हूँ वहाँ से मत उतारो—
मुझे कुछ मत कहो।
मगर हाँ काँपें अगर डग तो
तुम्हीं, ओ तुम, तुम्हीं तुम रहो
जो हाथ मेरा गहो।

है, न बिल्कुल वही बात जो उन्होंने कही थी—और कितनी सच है।

बाबा रे पाँव की टिसकन अभी से बढ़ रही है दिन में क्या हाल होगा?

पुस्से—तुम खुश हो न। लिखो जल्दी से कि तुम्हे बुख़ार नहीं है, weight बढ़ा तुम प्रसन्न हो—लिखो तो मेरे मन को चैन आये-फिर देखो तो 11 जून तक काम कुछ न कुछ पूरा करूँ—

13.5.59
रात 3 बजे

बहन अजीज़न को हम वतन भाइयों का दस्तबस्ता सलाम कबूल हो। क्या ही सच कहा अज़ीमुल्ला खाँ ने कि "इस हसीन छोटी-सी लड़की को मामूली न समझें। वह हथेली पर सर लिये घूमती है। उसमें आग है आग!" और सैल्यूट मेरा कैप्टेन अजीज़ को–और Captain Aziz की आवाज़ सुनते ही मुझे याद आ गया लाल स्लैक्स और काली कमीज़ पहने दक्षिण के समुद्रतट की एक लड़की और अपने वह सपनीले दिन .... दिन भर आज कापियाँ जाँची, Markslips भरे और शाम को थक गए थे और पाँव में दर्द शुरू हो गया था। मगर 9:30 बजे कान्ता भी हाथ थामकर किसी तरह दास साहब के यहाँ गयी और मैं पाँव घसीटते पहुँचा रेडियो सुनने। तुम्हारे ड्रामे में अँग्रेज़ी छावनी के किसी लँगड़े भिखारी का ज़िक्र आता है न! आहा! मेरे पाँव की हालत ऐसी हो रही थी कि अगर उस समय मुझे वह रोल दिया जाता तो खूब निभाता उसे। ड्रामा सुनते समय दर्द छू मन्तर! सुनी अपनी दुलारी गुड़िया की कराहती आवाज़— 'मेरे सरताज' वाली। सुना अपनी बेनुआ की दर्दनाक फ़रियाद "मेरे हम वतन भाइयो—मैं तुमसे आँचल फैलाकर माँगती हूँ,"....सुनी अपनी राजे की कड़कती आवाज़ तात्या टोपे तक को डाँट बताती हुई। उन क्षणों में कितना प्यार, कितनी मिठास, कितने आशीर्वाद दिए हैं, तुम्हें कि अपना सारा दर्द भूल गया। मगर लौटकर आये तो बस क्या हाल था तुम्हें बता नहीं सकता। आज जैसा दर्द तो मैंने कभी जाना नहीं था। पहले सुनता था कि कुछ लोगों के पाँव कट जाते हैं ट्रेन के नीचे मगर वे बच जाते हैं? कल की पीड़ा से अन्दाज़ मिल गया कि वह मर्मान्तक वेदना कैसी होती होगी। करवट बदलना हो तो पहले हाथों से अपने पाँव उठाकर रखने होते थे और बस उसमें भी जो भयानक दर्द होता था कि-बस मज़ा आ गया राजे—अब सुनते हैं sciatica अपने असली रूप में शुरू हुआ है—चलो शुरू हुआ है तो अब देखिए आगे-आगे क्या होता है। बहरहाल काफ़ी देर करवटें बदलता रहा। लगभग 9:30 बजे थोड़ी बूँदाबाँदी शुरू हो गयी तो अन्दर आ गया। अपनी Study में। कुछ देर appendix form भरा नयी Markslips भरीं और अब तुम्हें खत लिख रहा हूँ। रात को तीन बजे होंगे।

धूल की आँधी के बाद कुछ बूँदें गिरी हैं। फिर भी उमस काफ़ी है और बहुत अकेलापन लग रहा है इस समय।

सुनो राजे, तुम्हारे जाने के पहले मैंने कहा था न कि मैं पद्मा जिज्जी के यहाँ जाऊँगा कुछ दिनों के लिए। इसलिए कि मन मेरा कलप उठा है, थक गया

है और चाहता है कोई ऐसी जगह ऐसा आँगन जहाँ कुछ दिनों के लिए भूल जाऊँ मैं कि मैं भी इतने उत्तरदायित्वों से लदा हुआ एक गृहपति हूँ—मैं छोटा-सा बच्चा बन सकूँ जहाँ, मेरा शैशव लौट सके—उत्तरदायित्वों से परे मात्र उल्लास भरा-सोचा था शायद जिज्जी के यहाँ जाकर वह मिल सके। मगर इस नितान्त निर्जन रात में अकेले बैठा सोच रहा हूँ कि कैसा अजीब है, कि एक दायरा मैं पार कर आया हूँ जहाँ अब लौट नहीं ही सकता। आज से चार-पाँच साल पहले किसी भी आँगन में जाकर शिशु बन सकता था—पर अब जैसे नियति की मुहर लग चुकी है। अब मुझे शैशव भी उन्हीं गुलाब की घाटियों में मिल सकता है जहाँ भाग्य ने शैशव और प्रौढ़ के बीच का नील सेतु बनाया है। वहीं आँगन है जहाँ सबकुछ मिल सकता है। या तो जो मिलना है वहीं मिलेगा या फिर कुछ नहीं। और कहीं भी भटकना फ़िज़ूल है। यह बँधाव इतना गहरा, इतना अजीब होता है यह मैं कभी जानता भी नहीं था। बेनोमा और सूर्या का जो घुलामिला आस्वादन है वही, केवल वही मेरी समस्त थकान को धो सकता है, और कुछ भी नहीं, कुछ भी नहीं। पहले के बँधावों में से भागकर खुल सकता था, लेकिन अब तो भागने के लिए भी उसी घाटी की निर्जन पगडंडियाँ हैं, उससे बाहर नहीं। .....हर बार जब इस बात को मन में नयी तरह से और गहरे में अनुभव करता हूँ तो तुरन्त अनायास सम्पूर्ण अस्तित्व व्याकुल हो उठता है मानसरोवर की अतल गहराइयों में डूबकर निखर आने को। इस समय नितान्त अकेला पाँव के दर्द से चूर, कुछ-कुछ थका और उदास और बेहद व्याकुल मानसरोवर की गहन डुबान का प्यासा मन बहुत भर आया है, पिरा आया है। अच्छा राजे, आशीष। पगडंडी पर बिछे हुए हंस पँखों का आशीष।

भारती

5.6.59

Baby, my own,

इस समय दोपहर ढल चुकी है, तीन बज चुके हैं। खाना खाकर, आराम कर तुझे लिखने बैठा हूँ। सदा की तरह छोटेलाल गायब है और चाय की सख्त जरूरत है मुझे!

कहाँ, से शुरू करूँ रोज़नामचा? अच्छा सुन कल रात तुझे पहुँचा कर लौटा तो सो गया। मुश्किल से आधा घंटा बीता कि बेहद आँधी और बादल बिजली। बिस्तरे, पलंग उठवाए, पंखा अन्दर लगाया। देर तक सोने की कोशिश करता रहा

और नींद नहीं आयी। कुछ सोच रहा था उस जागरण में—शायद नहीं! उस अधनींद में कुछ बेचैनी थी और मात्र एक दृश्य बार-बार कमरे में घूम-घूम जाता था—

दोपहर को खाना खाते समय चेरी ग्लास के रंगों की गुलाब के रंगों से तुलना करना और हस्ब मामूल वह विराट् तल जो दीघा के समुद्र की तरह दिन रात हरहराता हुआ दिमाग़ की पृष्ठभूमि में बना रहता है, वह जिसके समक्ष मैं हर क्षण अनुभव करता हूँ कि उस विराट् के उपयुक्त बनूँ! और इस वक्त मेरी घायल नींद एक विराट् अँधेरा था और वह तल उस अँधेरे में अहरह गरजता हुआ समुद्र जो मेरी नींद को क्षतविक्षत कर रहा था। अजीब बेचैनी थी।

...सुबह उठने के पहले एक अजीब सपना देखा। पता नहीं कौन-सा समुद्र है—अर्द्धवृत्ताकार, स्वच्छ, सफ़ेद बालूवाला उसका Beach और उसके किनारे अर्द्धवृत्ताकार एक कस्बा बसा हुआ है। उसमें मेरा एक तीन कमरोंवाला घर है, जिसमें मैं रहता हूँ, और मैं बूढ़ा हो रहा हूँ। मेरे माथे पर रेखाएँ पड़ आयी हैं जो बताती हैं, कि इस आदमी ने ज़िन्दगी का उतार-चढ़ाव देखा है, और मेरा चेहरा तीखा, नुकीला और अधिक तेज़ हो आया है, और मैं दोपहर का समुद्र नहाकर सफ़ेद चन्दन का एक टीका लगाता हूँ लेकिन शाम को सफ़ेद कमीज़ पैंट पहनकर घूमने निकलता हूँ और उस दिन शाम को मुझे वहीं अपने ही भाँति एक दूसरा कोई मिलता है, वृद्ध, सम्भ्रान्त और हम दोनों बालू पर घंटों बैठे रहते हैं। और हम दोनों अपने जीवन के दैनिक कुशल क्षेम की ही बातें करते हैं पर पता नहीं कहाँ बिना एक शब्द बोले हम दोनों के बीच एक अजीब Understanding का सूत्र बँध आया है, हम दोनों महसूस करते हैं कि हमने अजीब ज़िन्दगी जी है और हम हारे नहीं, अपने सत्य पर दृढ़ रहे, और अब सारी पीड़ाएँ और कष्ट ज्वार की भाँति उतर गए—शेष रहे हैं हम निर्विकार, अविचल, पके हुए! कौन था वह व्यक्ति? धीरेन्द्र जी, माखनलाल चतुर्वेदी इन दोनों के चेहरों का कुछ-कुछ आभास था उसमें? या यह जानने पर मेरे सचेत मन का आरोपण मात्र है—वह केवल अज्ञातवृद्ध था—तुम्हारे दोपहर के सपने के Father christmas की भाँति।

और उससे बातें करते-करते बहुत शाम हो आती है, और मैं अकुलाकर उठ जाता हूँ क्योंकि मुझे लगता है कि सूर्या से मैं कह आया हूँ कि मैं जल्दी लौटूँगा और मैं लौटता हूँ तो अजीब बात है—अजीब रास्ते से लौट रहा हूँ। शाम का वक्त है, शंख बज रहे हैं, और कालीघाट पर हुगली की धार है न वैसा ही रास्ता है—और नावों का वैसा ही अजीब-सा पुल बना हुआ है, और हर नाव पर पाँव

रखते ही, वह पानी में दबती है और उठ आती है, और धुन्धलका छा गया है, और उतना ही रहस्य भरा उदास वातावरण है, और लो सबसे अचरज की बात है कि सूर्या से मिलने भी जा रहा हूँ, और सूर्या साथ भी है।

और नींद खुल गयी तो बेहद गर्मी और सिर में दर्द था। खूब नहाए और नहाने के बाद लॉन पर गए तो देखा कि वह सिन्दूरी गुलाब जो तुम्हारी वार्ता के दिन खिला था, जिसे तुम तोड़कर सुखाना चाहती थीं, वह डाल पर ही सूख गया था। और लॉन पर चलकर चाय पीते-पीते तुम्हारा दोपहर वाला सपना याद आने लगा-एकनिष्ठता आदि को लेकर तुम्हारी उस वृद्ध से वार्ता और पता नहीं क्यों जब तुमने बताया था तब नहीं मगर अब याद कर मन थोड़ा उदास हो आया थोड़ा नहीं काफ़ी! लगा कि उस दिन कहीं पर मैं अपनी पीड़ा के अर्थ को तुम्हारे सामने स्पष्ट नहीं रख पाया था। और फिर सोचने लगा अपनी चलते समय की बात कि दृढ़ Metal को सही दृष्टि या Vision मिलना चाहिए और सूर्या का कहा हुआ एक वाक्य कि "मुझे किसी का कुछ नहीं लेना है, सिर्फ़ अपने राजन का लेना है, उनके व्यक्तित्व की छाप लेनी है—और कुछ नहीं—" मन कैसा अजब होता है, क्षण भर पहले तुम्हारा सपना याद कर उदास हो गया था, क्षण भर बाद सूर्या का वाक्य याद कर अजीब दृढ़ता महसूस करने लगा।

और तब मैं कॉफ़ी पीने गया, और हवा सुबह से बेहद तेज थी, हालाँकि गर्म कम थी और धूल बेहद थी और ऐसा लगा जैसे कल शाम अपनी बहनिया पर जो बेहद ममता भरी आकुलता छायी थी और बहुत दिनों बाद तुम गा रही थीं वह गीत-और बहुत दिनों बाद राज्यश्री वाली बात याद आयी थी और बहुत दिनों बाद नील कमल का अंकन—I felt sweet and strong और इधर वर्षों बाद अपनी परवाह करने, अपनी चिन्ता करने और अपने को सहेजने की वृत्ति जो लौटी है उसे महसूस कर अच्छा-सा लगने लगा। और मुझे अपने adolescense का एक बहुत पुराना अनुभव पता नहीं क्यों याद आया? बताऊँ तुम्हें वह अनुभव?

मैं शायद बी.ए. फाइनल में था या एम.ए.प्री. में। और बेहद आर्थिक कष्ट में था और मुझे दो ट्यूशनें करनी पड़ी थीं, और उनमें से एक घर ऐसा था कि मुझे उसके दरवाजे जाना अपमानजनक लगता था, और उसी दिन मेरे चाचा का एक कड़ा ख़त आया था मकान के किराये के लिए और अम्मा का भी एक अजीब ख़त आया था। और मैं बेहद कटु और बेहद अकेला अनुभव कर रहा था और अक्टूबर की रात थी और घर बिल्कुल सो गया था और अकेला मैं छत पर बेचैन टहल रहा था। और मुझे लग रहा था, यह जो दुनिया की परिधि है जिसमें मैं

आबद्ध हूँ उसमें सिवा ज़हरीली गैस और काँटों के कुछ नहीं है, और मैं तब तक रोज़ उपनिषद् और भागवत का पाठ किया करता था, और पहली बार मन ने तन कर कहा था, कि ईश्वर कुछ नहीं है, कुछ नहीं है, कुछ नहीं है—रात नौ बजे से सुबह 3 बजे तक मैं पागलों की तरह छत पर टहलता रहा और इतनी बेचैनी थी कि जिस एक अदृश्य शक्ति का ईश्वर का सहारा मेरे किशोर कच्चे मन को था वह भी आज टूट गया—पर मन में पता नहीं कौन-सा आहत अभिमान था कि ठीक है पर चाहे सर पटक दूँ चाहे जाकर जमुना में डूब जाऊँगा, पर रोऊँगा नहीं और समझ में नहीं आ रहा था क्या करूँ क्या करूँ क्या करूँ? और उसके बाद दूर चौक से घंटा घर में तीन का घंटा बजा-एक ठंडी हवा का झोंका आया और पता नहीं कौन जैसे एकदम एक चाहत का दरवाज़ा मन के आगे खोल गया। मन की कटुता अकस्मात् साँप के मन्त्र के आगे चढ़े हुए ज़हर-सी उतर गयी और सिर्फ़ इतना निश्चय किया मन ने कि ईश्वर है या नहीं-पर तुम इन सबसे बड़े हो, इन सबसे मूल्यवान हो, तुम मरोगे नहीं-घुटोगे भी नहीं, जियोगे- और अकस्मात् कैसे अजीब मधुर और दृढ़ निश्चय से मन आप्लावित हो आया और तीन बजे थे और लगा अँधेरे में बहती हुई हवा के ठंडे अदृश्य हाथ मेरे सारे हारे थके जागे बेचैन शरीर पर! अंग-अंग पर हवा हाथ फेरकर सान्त्वना दे रही है तुम जियोगे, तुम हारोगे नहीं, तुम इन सबसे बड़े हो, मूल्यवान हो- ईश्वर हो या न हो—

Baby, आज सोचता हूँ कि उस समय तीन क्यों बजे थे? और कौन थे वे हवा के हाथ जो समस्त शरीर को आश्वासन के मृदु आवरण में लपेट गए। और यह भी याद आता है कि एक बार शायद गज़दर्स में बैठे-बैठे मेरी आँख से आँसू चू पड़े थे, और तब किसी ने पूछा था "भगवान? क्या तुम्हारा भगवान मेरे सिवा कोई और है।" कितनी स्पष्ट मुझे याद है, आज भी सूर्या की वह मुद्रा। सो मेरी सबकुछ...मेरी दुलार! मैं अब बहुत आश्वस्त हूँ पता नहीं कहाँ। कष्ट, पीड़ा, ज्वार की तरह आकर उतर गए हैं। मैं भी हूँ, मेरा 'भगवान' भी है मेरी मूल्यवत्ता और सत्य के प्रति दृढ़ गति भी है। मेरी राज्यश्री बहन भी है, और जब इस निर्मम अन्धे भिखारी मेले में मैं अपना एक-एक कण, एक-एक सूत खो दूँ-लुटा दूँ तो मुझे लपेट लेने को मृदु वस्त्र देने के लिए बढ़ा हुआ उसका हाथ भी है। है न?

इस समय क्या कर रही हो राजे, अंडा, दूध, या Protinules ले रही हो? इंजेक्शन लगवाने जा रही हो? आज खूब आराम से सोईं? शोभा दीदी का हाथ कैसा है? पिताजी दिल्ली जयपुर कब जा रहे हैं?

अच्छा, प्यार!

भारती

रात 11 बजे

5 जून 59

My angel child,

असल में मेरा कसूर नहीं है, ये परम ज़िद्दी छौनू जी हैं न—तो कल तू यह पैड और वैसे लिफाफे खरीद कर लाई थी, तो मात्र बराबरी करने के लिए वे भी आज सुबह ये ले आये और मुझे दे गए। अब उसी पैड पर लिख रहा हूँ। यूँ सच बात तो यह है कि ये कागज़ लगते इतने अच्छे हैं कि यद्यपि मैं आज तीसरे पहर तुझे एक बहुत लम्बा ख़त लिखकर छोड़ चुका हूँ—जिसमें अपने सपने का हाल तथा आज सुबह से दिन भर का हाल लिख चुका हूँ और कान्ता भी सुमन गुर्जर के आने का तथा अन्य हालचाल लिख चुकी हैं—फिर भी इन काग़ज़ों को पाकर फिर तुझे लिखने का मन हो आया है।

वह ख़त लिखकर 4:30 की ट्रेन पर छोड़ने का मंशा था पर खत पूरा भी न हुआ कि ट्रेन निकल गयी। फिर आ गए कई लोग। कान्ता भी ख़त लिखने बैठी। अन्त में उसे स्टेशन जाकर छोड़ा। लौट कर खाना खाकर केशव के यहाँ गए और दो घंटे तक हम लोग टहल-टहल कर बातें करते रहे। केशव दिल्ली से लौटे हैं। और जानती है क्या समाचार लाये हैं। दिल्ली में अभी कनुप्रिया मार्केट में नहीं आयी है और मैथिलीशरण जी, दिनकर जी, बच्चन जी, सभी बेहद उत्सुक हैं उसके लिए। अभी ही जो अंश उसका 'नयी कविता' में निकल चुका है उसी को लेकर कनुप्रिया की चर्चा वहाँ बहुत अधिक हो रही है। सात गीत वर्ष उसके सामने मंदा पड़ गया है। आह, बावरिया कितना सुख होता है, यह देखकर कि सात वर्ष के राख और कोयलों के आगे कनुप्रिया के थोड़े से धधकते हुए क्षण करोड़ गुना मूल्यवान आँके जा रहे हैं।

केशव को छोड़कर लौटा अकेले, तो जानती हो क्या सोच रहा था? सोच रहा था कि कभी R.B. को एक आशीर्वाद दिया था, चिरकाल तक धूमायित होने से एक मुहूर्त का प्रज्वलित होकर ज्वलन्त रहना कहीं अधिक श्रेयस्कर होता है। कितना सच है! और फिर अकस्मात् याद आयी अपनी वह रिक्शे की बातचीत कि हंस परिधान से कोणार्क तक के बिन्दुओं को एक-सी तन्मयता के स्तर पर जीना कैसा अद्भुत अनुभव है। मोतियन माँग सजाने वाली राधा से लेकर स्वर्णवर्णी झरनों पर मोती रोलने वाली सूर्या तक कौन है जो धधकते हुए जीता है?

प्रातः 7 बजे
6 जून-59

[इतना लिखकर रात को सोया। बहुत ठंडी रात थी। बादल घिरे हुए थे और मेरे पीपल का एक-एक पत्ता तड़पती पनसुतिया की तरह था—हाँ, पुस्सू, याद आया—उस दिन एक लाल गुलाब खिला था जिसे तुम रखना चाहती थीं—वह यूँ ही रह गया, अपनी डाल पर सूखा। उसे कहो तो अब रख लूँ। अब भी धधके पत्थर के कोयले का-सा रंग तो उसका है ही!]

हाँ तो तुम्हें धधकते हुए जीने की बात लिखकर सोया था न—सुबह उठा तब भी वही बात दिमाग़ में घूम रही थी। देशान्तर की पांडुलिपि तैयार करते समय मैंने तुम्हें डी.एच. लॉरेन्स की कविताएँ सुनाई थी न, और तुम्हें यह भी बताया था कि उसके विद्रोह, उसकी आग और अदम्य शक्ति के प्रति आदर रखते हुए भी कहीं मैं उससे सहमत नहीं हो पाता, विशेष रूप से उसका वह सिद्धान्त जो तन्मयता में डुबान में भी एकात्म को अस्वीकारता है। फिर भी आज सुबह से बहुत इच्छा हो रही थी उसकी मृत्यु पर लिखे हुए एक एकांकी को फिर से पढ़ने की। टेनेसी विलियम्स ने उसकी मृत्यु पर एक बड़ा सुन्दर नाटक लिखा है—I rise in flames cried the Phoeanix फ़ीनिक्स उस काल्पनिक पक्षी को कहते हैं, जो मरता नहीं वरन मृत्यु के समय जल जाता है, और फिर उसी पंख में से उसका नया प्रतिरूप उठता है। चार वर्ष पहले जब वह एकांकी पढ़ा था तब बहुत अच्छा लगा था, उस एकांकी में सूर्यास्त के समय लॉरेन्स की मृत्यु चित्रित की गयी है और लारेन्स तथा उसकी जर्मन पुत्री फ्रीडा लॉरेन्स ही पात्र हैं-फ्रीडा लारेन्स अभी जीवित हैं यद्यपि उसकी अवस्था 85 वर्ष के आसपास है। आज सुबह उस एकांकी को फिर पढ़ा-वह एकांकी तो अब उतना अच्छा नहीं लगा लेकिन फ्रीडा लारेन्स ने उस एकांकी पर कुछ पंक्तियाँ लिखी हैं जो मुझे बहुत अच्छी लगीं थोड़ी-सी हैं सुनेगी—

This book has a beautiful Title. When I read this short play. I forgot that it was supposed to be Lawrence and me, it happens in that other world where creation takes place. the theme of it is the eternal Tension between man and woman. This was between Lawrense and me too. But the greater reality was something else. I wish I could say in convincing words what it was— it is difficult. what was it? It was so different from the ordinary every day being in love or marriage, which has its limits so soon. It was life in its freedom its limitless possibilities, that bound us together. It was living every moment, not only existing day by day all that happened was a new experience....

....when I think of him now after all these years, it is as if a kind wind blew on my flame of life to make it brighter.

इन पंक्तियों को पढ़कर मुझे लगा कि लॉरेन्स के मुकाबले में फ्रीडा ने उस तन्मयता के अर्थ को कहीं ज़्यादा गहराई से समझा था। वह लेखिका नहीं थी अपने को व्यक्त करना नहीं जानती थी (और इस नाते कोबियाल को अधिक सन्तोष और घमंड होना चाहिए क्योंकि तुम बताती थीं कि सूर्या के बारे में कहा जाता है कि उसके पास तगड़ा Expression है।) इन पंक्तियों का "living every moment" या "every moment was a new experience" से कितनी बातें दिमाग़ में घूम गयीं और अन्तिम वाक्य 'वह एक मृदुल झकोरा जिसने जीवन की दीपशिखा को हल्के से झकझोर कर और भी उद्दीप्त कर दिया। यह तो मुझे अभिभूत कर गया। याद आया एक Image एक सम्पूर्णतः उन्मुक्त दीपशिखा—और 'प्रत्यंचाओं, की मृदुल टंकारें उसे पूर्णतया कण-कण झकझोर कर प्रदीप्त करती हुईं!

और फिर एक और बात याद आयी। उस दिन रात को हम तुम और कान्ता बात कर रहे थे तो सत्य की खोज में हार जाने वाली बात पर तुम्हारा आवेश और बेहद गुस्सा और गहरी फटकार बल्कि धिक्कार और तुम्हारे शब्दों में अन्दर का उबाल! अब जब-जब उस बात को याद करता हूँ तो पहले अपने ऊपर हँसी आती है फिर तुम्हारे लिए बेहद ममता, आभार, कृतज्ञता और चरम दुलार भरी मुस्कान, और फिर याद आता है, तुम्हारा वह ताना 'क्या मुझे जीवन भर तुम्हारे लिए जाम्बवन्त का पार्ट अदा करना पड़ेगा?' और फिर हँसी आ जाती है, पर अन्त में छूट जाता है जो भाव मन में—वह जानती हो क्या है—वही जो तुम उस दिन बउदि के समर्पण वाली पंक्तियाँ पढ़ रही थीं—हाँ विस्मय विभोर

...सब जैसे हैं, मैं भी हूँ...

अच्छा, ले तू कह गयी थी कि एक दिन आराम करना सो कल शुक्रवार आराम का बिताया। आज शनिवार से काम शुरू होगा। अच्छा बता आगे तुझे क्या लिखता रहूँ। अपना रोज़नामचा तो लिखूँगा ही पर उसके अलावा अपनी बचपन की बातें लिखूँ? या जो रोज़ पढ़ता रहूँ? अच्छा तू क्या कर रही है Paintings या अनुवाद। देख अब की 11 जून को तू अविस्मरणीय क्षणों वाली परम्परा के संस्मरण लिखना शुरू कर दे—This is my earnest desire और इस 9 तारीख को मुझे कोई बढ़िया चीज़ मिलनी चाहिए। लिखोगी न!

–भारती

8.6.59

इतवार को कल इतनी कोशिश करके भी तुम्हें कुछ नहीं लिख पाया। कल से अकस्मात् सर का दर्द बेहद बढ़ गया है, और सारे शरीर में, खास तौर से पाँवों में इतनी कमज़ोरी महसूस हो रही है, कि लॉन पर भी टहलना कष्टप्रद लगता है। फिर भी कल ज़िद के मारे मैं दो-तीन घंटे साइकिल चलाता रहा, सुबह भी-शाम भी। आज भी सुबह से सर में दर्द वैसा ही है, कमज़ोरी ज़रूर कुछ कम है।

तुम्हें शुक्रवार और शनिवार को खूब लम्बे दो खत छोड़े हैं न, वे मिले होंगे और शकुन से मिला होगा कान्ता का खत और मालिश का तेल। अच्छा पहले तुम्हें शनिवार से आज तक का हाल लिख दूँ। शनिवार को शकुन को चीज़ें स्टेशन पर देकर घर लौटा तो खाने बैठा। रेडियो लगाया और आश्चर्य-गाना आ रहा था-हेरी मैं तो कब से खड़ी पन्थ निहारूँ...उस दिन रात काफ़ी ठंडी थी। बिना मसहरी के सोया। बहुत-बहुत गहरी नींद। मगर सुबह उठा तो बेहद कमज़ोरी थी इतनी जितनी कि कभी मुझे लम्बी बीमारी के बाद भी नहीं लगी। एक बात और थी बादल घिरा हुआ दिन था। ऐसा दिन जो अक्सर मुझे अकारण गम्भीर आत्ममग्न बना जाता है। और अब बताऊँ कि कल तुम्हें क्यों नहीं लिखा? कल दिन भर तुम मेरे साथ रहीं, जहाँ-जहाँ गया, वहाँ-वहाँ गयीं, पर तुम कुछ नहीं बोलीं मैं भी तुमसे कुछ नहीं बोला और मैं बराबर यह चाहता रहा कि मैं तुमसे कुछ कहूँ नहीं, मात्र तुम मुझे कण-कण ग्रहण करती चलो बिना एक शब्द बोले। और कल दिन भर ऐसा ही हुआ—

परसों मैंने तुम्हें लिखा था, कि सुबह उठते ही मैंने लॉरेन्स वाला नाटक पढ़ा और फ्रीडा लॉरेन्स की भूमिका पढ़ी—उसके बाद कल से राजे, मुझे इनाम दो न कि मैंने दो सम्पूर्ण नाटक खत्म कर डाले। एक शनिवार को एक कल इतवार को। पर देखो न। अपना यह मन भी तुमने बहुत खराब बना दिया है। हमेशा मनमानी करता रहता है। सोचा था दोस्तोयवस्की के उपन्यास पढ़ूँगा—मगर उसे भूलभाल कर नाटक पढ़ने में लग गया हूँ।

पर नाटक जो मैंने पढ़े—They were rather sad and left a depressing effect. आज सुबह से कॉपियों का बंडल तैयार करता रहा और बेहद सर में दर्द था...

यह तो हुआ रोज़नामचा.......

अब सुनो..........

आज सुबह से यह सोच रहा हूँ कि कल 9 तारीख है तुम्हें कुछ लिख

कर भेजूँ। पर बजाये लिखने के होता यह रहा कि मैं बराबर यह सोचता रहा कि इस बार की पीड़ा और आत्ममन्थन मुझे क्या दे गया इसको मैं गुनता रहा।

मेरी मन:स्थिति पूजा की नहीं रही है, इस बार—इस बार प्रश्नचिह्न की रही है क्यों? क्यों? यह अहैतुक त्रास, यह अकारण पीड़ा क्यों? मैंने जो अपराध नहीं किया उस की यन्त्रणा मुझे क्यों भुगतनी पड़ी?

तुमने उपनिषदों में नचिकेता की कहानी पढ़ी है। किस प्रकार अपने पिता के एक अधर्मकृत्य का विरोध करने पर उसके पिता ने नचिकेता को यम को दान कर दिया और कैसे जब नचिकेता यम या मृत्यु के समक्ष पहुँचा तो भी वह डरा नहीं दबा नहीं, उसने मृत्यु से आँख मिलाकर निर्भीकतापूर्वक पूछा कि.....

वैसे ही इस बार केवल एक दिन, मात्र एक दिन मेरा मन उदास हुआ था, सूर्या की बाँहों में सहसा बेहद भर आया था जिस पर सूर्या का कहना है कि उसे अन्दर से बेहद उबाल आ गया था पर शेष हर समय मैंने उस अहैतुक पीड़ा से आँखें मिलाकर निर्भीकतापूर्वक पूछा है क्यों? आखिर क्यों?

और आज 9 ता. के लिए कुछ खोजते हुए जब मैं एक Anthology उलट रहा था, तो मुझे कुछ बड़े सार्थक वाक्य मिले—एक वाक्य कीर्केगार्ड का था—उसने लिखा है—There is no rememberance more blessed and nothing more blessed to remember, than suffering overcome in solidarity with you, and that is the mystry of suffering अर्थात् उस क्षण से अधिक दिव्य स्मृति किसी क्षण की नहीं होती जब तुममें लय होकर मैंने पीड़ा को जीता है और शायद पीड़ा की सार्थकता यही है कि वह तुममें लय होने की प्रक्रिया में मेरे लिए कितनी शक्ति कितनी अदम्य विजय छिपी है, इसे बता जाती है।

सच है पुस्सन, मैंने कितनी बार आकुल होकर पूछा है, कि यह निरपराध यन्त्रणा मुझे क्यों मिलती है, क्यों भोगना पड़ता है, मुझे यह त्रास, क्यों सहनी पड़ती है यह वेदना और हर बार अकेले यह पीड़ा सहता रहा, अकेले यह प्रश्न पूछता रहा और कोई उत्तर नहीं मिला—मिलता भी कैसे—इस बार जब वह पीड़ा तुम्हारे साथ भोगी, तुम पीड़ा में सहभागिनी बनीं तुम्हारे साथ तुममें डूबकर सब वह यन्त्रणा सही और शान्त, अटूट अपराजेय होकर उस पीड़ा को जीता और उसे पराभूत किया। उसे पददलित किया। तब जाना कि यह पीड़ा इसीलिए मिली थी मैं अपने दोनों की एकल की शक्ति को अपने प्यार के इस Dimension को जान सकूँ। कई दिन तक मैं व्याकुल रहा हूँ, बेचैन रहा हूँ, विक्षुब्ध भी रहा हूँ, मुझे लगता रहा है, कि क्या इस समस्त व्यवस्था में कहीं न्याय और सार्थकता नाम की कोई चीज़ नहीं है? पर अब कोई दुख नहीं, कोई बेचैनी नहीं कोई त्रास नहीं कोई विक्षोभ नहीं। शायद इतनी गहरी यन्त्रणा न मिलती, जिसे इतना प्यार

किया उससे इतना दुख न मिलता और उसे तुम्हारे कन्धों का सहारा लेकर न जीता होता तो शायद यह न जान पाता कि हमारी तन्मयता का एक इतना सशक्त आयाम यह भी है। शायद यह यन्त्रणा ज़रूरी थी हमारे ममत्व की चरम फ़ौलादी दृढ़ता को उभार कर स्पष्ट करने के लिए।

आगे कीर्केगार्ड का एक वाक्य फिर पढ़ा—"यन्त्रणा हमारी सांसारिक आवाज़ों को कुचल देती है—मगर मुनष्य के अन्दर जो प्रेम की, अनादि तत्व की आवाज़ है—उसे वह दबा नहीं पाती। बल्कि शायद स्थिति बिल्कुल दूसरी है। असल में यह शाश्वतता की प्रेम की आवाज़ अकुलाती है अभिव्यक्त होने के लिए और ताकि यह ठीक-ठीक सुनी जा सके—यह यन्त्रणा का सहारा लेती है। वह यन्त्रणा पहले अन्य तमाम असंगत आवाज़ों को दबाकर एक दर्द भरी खामोशी ले आती है, और तब उस खामोशी में से यह शाश्वतता की आवाज़ हमें सुनाई पड़ती है।"

सच राजे, मैंने यह वाक्य तो आज पढ़ा है पर मैंने तुमसे उस दिन भी कहा था, शुक्रवार के खत में भी लिखा है कि मुझे बार-बार, हर क्षण निरन्तर एक आवाज़ सुनाई पड़ती रही है। किसी विराट् समुद्र के निरन्तर लहरोल्लास की-राजे इस समस्त यन्त्रणा की खामोशी को चीरकर आने वाली यह आवाज़ किस तरह की है यह मैं बार-बार अनुमान करता रहा। सच हमारी तन्मयता का यह Diamention हम अभी तक नहीं जान पाए थे—क्या इसी को जानने के लिए, इसी का बोध कराने के लिए यह गहन पीड़ा थी?

जानती हो राजे, उसके बाद मैं क्या सोचता रहा? यह पीड़ा तो बहुतों को मिलती है, शायद जो भी पैदा हुआ है, उसे यह यन्त्रणा मिलती ही है (यही शायद जन्म भोग है।) मगर क्या कारण है कि सबको यह पीड़ा माँजती नहीं। क्या कारण है कि दूसरे इस पीड़ा से विकृत हो जाते हैं, टूट जाते हैं, बिखरने लगते हैं, कटु हो जाते हैं, अनास्थावान हो उठते हैं—और नहीं तो Confused हो जाते हैं— इसका कारण यह है राज कि यह पीड़ा ही अपने में सार्थक नहीं है शायद; शायद वह चरम तन्मयता का आत्मसमर्पण भरा प्यार है, जो इस पीड़ा को सार्थक बनाता है। यह पीड़ा तभी सार्थक बनती है, जब हम उसके आगे टूटें नहीं उसको पार कर लें और उसे हम पार तभी कर पाते हैं जब हम चरम आत्मसमर्पणपूर्ण तन्मयता से प्यार में डूबकर इस पीड़ा को जीतते हैं—तभी हम इसके विष को शिव की भाँति पचा सकते हैं। वह प्यार की तन्मयता है शायद जो इस पीड़ा की खामोशी में से शाश्वतता के स्वरों को उभार लाती है।

मेरी दुलार! तुझे एक बात मालूम है? तू तो बहुत जल्दबाज़ है न? बहुत जल्दी नाराज़ हो जाती है, खासतौर से मुझ पर। तो उस दिन जब मेरी आँख

में आँसू आ गए थे कि पता नहीं मैं सत्य खोज पाऊँगा या नहीं तो तू एकदम उबल पड़ी थी—पर तुझे एक बात बताऊँ तूने जीसस के Crucifixion की कथा सुनी है न? उसकी पीड़ा कितनी भयानक थी? जिस पूरी जाति के लिए उसने ज्योति दी, प्यार दिया, ज्ञान दिया, उसी जाति ने उसे सलीब पर लटकाया, उसे अपना भारी सलीब ख़ुद कन्धों पर ढोना पड़ा और हर कदम के डगमगाने पर काँटेदार लोहे के कोड़ों की चोट और व्यंग्य में पहनाया हुआ काँटों का ताज और गन्दे यहूदी पुरोहितों का उसी के मुँह पर थूकना, और इस चरम निरपराध यन्त्रणा के क्षणों में उसके शिष्यों का भी उसे छोड़ देना।

तू जानती है कि जब उसके हाथ-पाँव में कीले ठोंक दिए गए और वध स्थल पर अँधेरा छा गया, और भीड़ लौट गयी और नरभक्षी पशु घाटियों में से रक्त सूँघकर हुँकारने लगे और हाथ-पाँव से खून के थक्के के थक्के टपक कर सलीब पर और चट्टानों पर बिखर गए और पीला पड़ गया, उसका चेहरा तब बहुत मर्मान्तक पीड़ा से कराह कर जीसस ने आर्त स्वरों में पुकारा था "My father My God? Hast thou forsaken me? मेरे प्रभु! क्या तुमने भी मुझे छोड़ दिया।" जीसस के अदम्य व्यक्तित्व से यह पीड़ा के आगे पराजय का स्वर? कितना दर्दनाक लगता है। कथा यह है कि थोड़ी देर तक यह कहकर जीसस चुपचाप रहा और फिर उसने नीचे विनम्र निगाहों से देखा और फिर बिल्कुल बदले हुए स्वर में सशक्त और आश्वस्त स्वरों में गहराए हुए, विक्षोभहीन स्वरों में उसने कहा God! Into thy hands I commend my spirit" "प्रभु! लो तुम्हारे हाथों में मेरी यह आत्मा अर्पिता है।" और इस वाक्य से लगता है कि उस यन्त्रणा के बीच में से कहीं उसने शाश्वतता की आवाज़ सुन ली थी—

हर इतिहासकार ने सलीब पर जीसस की यन्त्रणा के इन दोनों छोरों का वर्णन किया है। प्रारम्भ में उसका आर्तक्रन्दन-प्रभु! क्या तुमने भी मुझे छोड़ दिया- और अन्त में उसका परिशमन-"तुम्हारे हाथों में मेरी आत्मा अर्पिता है।" पर इन दोनों क्षणों के बीच का अनुभव किसी ने नहीं बताया? किसी ने यह नहीं लिखा कि वह कौन-सी घटना, कौन-सी बात, कौन-सी अनुभूति थी जिसने जीसस की इस चरम यन्त्रणा में से यह शक्ति और शाश्वतता का स्वर उभार दिया था। सब इतिहासकार इस प्रश्न पर मौन हैं। वे उस अन्तराल के क्षणों का रहस्य नहीं जानते—

लेकिन;

मैं जानता हूँ, मुझे मालूम है उस समय क्या हुआ था? तू भी जानती है। केवल तू भूल गयी है। अभी बताऊँगा तो तुझे उस समय की एक-एक बात याद आ जाएगी।

हर इतिहासकार यह बताता है कि जब सब चले गए तो भी एक ठंडी

चट्टान पर तीन मूर्तियाँ चुपचाप बैठी रहीं-एक थी वर्जिन मेरी उसकी माँ, दूसरी थी लज़ारस की बहन मेरी, और तीसरी थी बेथेलहेम की अनिद्य सुन्दरी मेरी मैगदालेन जिसने अपनी अलकों से जीसस के पाँव पखार कर कहा था-"मुझे ले लो—तन मन समेत ले लो, मैं तुम्हीं में आज से जी सकती हूँ।"

हुआ क्या था तुम्हें याद नहीं रहा? जीसस ने उस चरम निराशा और अन्धकार के क्षणों में आर्त स्वर से ऊपर देखकर प्रभु को पुकारा, कहा—क्या तुमने भी मुझे छोड़ दिया और उसका मन टूटने लगा-बेहद कष्ट सहकर भी जो नहीं टूटा था वह आकस्मात् टूटने लगा कि जिसके लिए उसने सब सहा वह भी चुप है—उसे अकेले छोड़ गया है। और वह अपने असह्य कष्ट में, अपने घायल मृतप्राय शरीर की, कीलों ठुके शरीर की और हारे मन की यन्त्रणा भोगता रहा—

और फिर उसने असहाय कष्ट से नीचे देखा

और देखा कि सब छोड़ गए हैं उसे, मगर फिर भी उसके साथ हैं तीन मूर्तियाँ एक ठंडी चट्टान पर आहत मौन मगर अविचल अडिग बैठी हुई—

उसकी माँ, वर्जिन मेरी, बेनोमा

उसकी बहन, लजारस मेरी जिसके सामने उसने मृत्यु को पराजय दी थी—बहनिया राजश्री और, और सूर्या मेरी मैगदालेन अलकों से जीसस के पाँव पखार कर कहने वाली—"मैं तुम्हारी हूँ मात्र तुम्हारी-पीपल के पत्तों की साक्षी है, मैं तुम्हारी हूँ केवल तुम्हारी, मुझे ले लो।"

और फिर उसने देखा कि वे तीनों तीन नहीं हैं—एक हैं, और दृढ़ है अटूट हैं, उसी चट्टान की भाँति और वे उसके साथ हैं, और उनकी हर साँस उसी शाश्वतता का स्वर है।

और तब उसने यह जाना—कि उसके प्रभु ने उसे छोड़ा नहीं, अन्त तक उसके साथ हैं वह-उसकी यन्त्रणा भी मात्र इसीलिए थी कि वह इस तत्व को पहचान सके-और उसने पहचाना-और तब-केवल तब वह निश्चिन्त होकर कह सका—लो तुम्हारे हाथों मेरी आत्मा अर्पिता है!

हर ईसाई चित्रकार जिसने यह दिखाया है कि सलीब से उतारने के बाद तीनों मेरी ईसा के सुन्दर आहत शरीर को सहेज रही हैं, उनमें से क्या किसी को यह कहानी मालूम है?

मैं नहीं जानता राजे तुम्हें इस 9 तारीख को क्या दूँ? क्या कहूँ तुमसे? लो आज इस समय अपनी यन्त्रणा में नहीं बल्कि आस्था, मर्यादा, समर्पण, गहराई और अपने ममत्व, अपने एकत्व, अपने प्यार, अपनी तन्मयता के इस उदास क्षण में एक, बन फिर शताब्दियों बाद वही वाक्य दोहराता हूँ :

My God! In thy hands I commend my spirit

Amen.

9th June' 59
9 P.M.

जाओ, भला 9 तारीख की शाम को कहीं ऐसा ख़त पहुँचाया जाता है। तू लिखती है, तुझे मेरे 5 के और 6 के ख़त नहीं मिले। उम्मीद है 8 की शाम तक मिल गए होंगे। मैं कितना उत्सुक था कि उनमें से किसी का उत्तर तो आज आएगा ही। कल भी 9 ता. के लिए बहुत लम्बा खत तुझे लिखकर कल रात 8 बजे मैंने और कान्ता दोनों ने स्टेशन जाकर छोड़ा है। अब पता नहीं वह भी तुझे आज 9 को मिला होगा या नहीं? और बुगलिया दी यह भी लिखना भूल गयी तू कि R.V. Singh हैं या नहीं मुझे कब आना है, क्या करना है? और राजे मेरी सावित्री तो मुझे जाने कब की, जाने कितनी बार मौत के मुँह से छीन लाई है—लेकिन ओ बेहोश, बदहवास तू यह क्यों भूल गयी चिट्ठी लिखते समय कि कल जब यह चिट्ठी पहुँचेगी तब 9 होगा—जा तुझे सात प्रत्यंचाओं का दंड मिलना चाहिए—

अब कितना लिखना चाह रहा था—पर जब तक यह न मालूम हो कि मेरे पिछले सारे पत्र तुझे मिल गए तब तक कैसे आगे लिखूँ? आशा तो है कि पिछले हफ़्तेवाले दोनों पत्र कल शाम मिल गए होंगे और कल एक लम्बा पत्र 9 के लिए तथा एक छोटा पत्र डाले हैं—दोनों मिल गए होंगे। आज G.P.O. जाकर एक पार्सल (रजिस्टर्ड) तथा उसी के साथ एक इन्लैंड छोड़ा था दोपहर में।

कल शाम तक का रोजनामचा जा चुका है तेरी सेवा में। कल कान्ता और मैं दोनों स्टेशन गए थे ख़त छोड़ने और वहाँ से चौक होते हुए लौटे थे। कल रात मैं सोया तो मेरे मन में यह क्षीण आभास था कि कल 9 है। जो 9 के लिए तुझे पत्र डाला था उसे लिखकर मन पता नहीं कितना-कितना पवित्र, पुनीत और प्रांजल हो उठा था। कल रात अच्छी हवा बहती रही। काफ़ी बादल थे। सुबह नींद खुली तो दिन काफ़ी चढ़ आया था। आँख खुलने के बाद जानती हो जब अधनींद में था तभी क्या देखा जानती हो बादलों की दो समानान्तर पर्तों के बीच से सूरज झाँक रहा था। और मेरी नींद पूरी तरह टूटी नहीं थी—मैंने फिर पलकें बन्द कर लीं और सच कहता हूँ मैंने कभी तेरे होठों पर ऐसी मोतिया हँसी नहीं देखी जैसी उस समय थी। और यह नहीं कि एक बार तेरा चेहरा आँख के आगे से चला गया। मैं अधजागा था, मगर पलकें मूँदे रहा और कितनी देर कितनी मिठास से तू हँसती रही मुझे याद नहीं। अभी तक मैंने सबसे मीठी हँसी अपनी जिज्जी की जानी है पर आज तेरी हँसी इतनी मीठी थी जैसी मैंने कभी किसी की नहीं जानी थी। इतना, इतना मधुर दिन मेरा कभी शुरू नहीं हुआ—

और फिर चादर लपेटकर मैं सो गया। और जब उठा तो बेहद कमज़ोरी

थी। ठीक वैसी ही जैसी रविवार को थी जिसके बारे में कल के लम्बे ख़त में लिख चुका हूँ। मन बेहद मीठा था, पर तन बेहद कमज़ोर। पुस्से यह कमज़ोरी इतवार से हो रही है बिल्कुल नयी तरह की है। सबसे ज्यादा असर तो इसका पाँवों पर होता ही है, मगर सारे शरीर को हिलाना डुलाना कष्टप्रद लगने लगता है। अभी तक यह होता था कि सुबह से पाँव ठीक रहते थे खाना खाते ही पिराने लगते थे। अब यह होता है कि सुबह से 2 बजे तक बेहद कमज़ोरी, खालीपन, दर्द रहता है, फिर कामधाम करने, घूमने साइकिल चलाने पर वह खालीपन खत्म हो जाता है, पर थकान बेहद आ जाती है। खैर—

सुन 9 बजे तक बैठा-बैठा बल्कि कुछ-न-कुछ कामधाम करता धरता एकदम से यह मन में आया कि साइकिल चलाऊँ। तो साइकिल उठाकर अरगल के यहाँ पहुँचा। और मज़ा यह आया कि लौटते समय साइकिल चैक हो गयी। अब मेरा क्या कसूर साइकिल है तुम्हारे मनभावने छोटे मास्टर साहब की। उन्होंने नया लाइसेन्स लिया ही नहीं। खैर भगवान की कृपा से जेब में रुपए थे। तुरन्त लाइसेन्स बनवाया तो जो इन्स्पेक्टर थे वे तुरन्त प्रणाम करके बोले—अरे भाई भारती जी के नाम से लाइसेन्स बनाओ। बस घड़ों पानी पड़ गया। पर वे खुद बोले—आप लोगों का लाइसेन्स डेलीगेसी से बनता है। आप चाहें तो रहने दें। मैं मन-ही-मन रामस्वरूप को सैकड़ों गलियाँ दे रहा था। पर बनवा ही लिया। हिम्मत यह भी न पड़ी कि उससे पूछूँ कि आप मुझे कैसे जानते हैं। जब तक लाइसेन्स बने तब तक इन्स्पेक्टर साहब मेरी साइकिल लेकर खड़े रहे और मुझे ज़बर्दस्ती कन्धे पकड़ कर अपनी कुर्सी पर बिठा दिया। अब नाटक का दूसरा सीन शुरू हुआ। अर्थात् जिन भी सज्जन की साइकिल पकड़ी जाय वे सीधे आकर मेरे सामने चिरौरी मिन्नत शुरू कर दें। एक देहाती ग्वाला पकड़ा गया उसने आव देखा न ताव चट से आकर मेरे पाँव की ओर हाथ बढ़ाया। अब मन-ही-मन खीज भी, हँसी भी—

घर लौटकर कुछ कामधाम शुरू किया—कान्ता तुम्हारे लिए 11 जून का पैकेट तैयार करने में लगी हुई थी। लक्ष्मी जी बेबी के कुछ कपड़े सिलकर लायी थीं। वे भी उस पैकेट में लग गयीं। इतने में क्या देखा कि बाहर थीं सुमन गुर्जर। वे आधे घंटे बैठी रहीं फिर अपने आप बोलीं आप लोगों ने अभी तक नहीं बताया कि ये चीज़ें किसके लिए हैं? फिर अपने आप बोलीं मैं बताऊँ किसके लिए है, परसों पुष्पा जी का जन्मदिन है 11 को फिर वह 3 बजे तक रहीं और मैं उनसे वैसी ही बातें करता रहा जैसी छोटी की भाभी ऊषा से करने में रस आता है। फिर दो बजे के आसपास वह पैकेट लेकर G.P.O. गया वहाँ से तुझे एक Inland भी लिखा। फिर Inter Board जाकर कॉपियाँ जमा की। अब कान पकड़ा कभी भूल कर परीक्षक न बनूँगा। वहाँ से गया A.I.R.

रेडियो में गिरजाकुमार ने आज ही पद्‌मावत की Recording पूरी की थी। उन्होंने बहुत आग्रह किया और मैंने पद्‌मावत के जिन अंशों को उन्होंने Music में Set किया था उन्हें बहुत ध्यान से सुना—और Flash back की तरह एकदम समय बरसों पीछे लौट गया...और फूलों के गहने और उड़ता अबीर गुलाल और पीली लाल रोशनियाँ और शान्ति वाला ज़री का लहँगा और "का सिंगार ओहि बरनौ राजा...ओहि का सिंगार ओहिक पै छाजा..." और सिर्फ़ एक लाइन जो दीघा ने झूठी साबित कर दी है—"बरनौं माँग सीस उपराहीं...सेन्दुर अबहिं पड़ा जेहि नाहीं"— और कनुप्रिया की पंक्ति-मुझे क्या मालूम था कि सम्पूर्ण के लोभी तुम भला प्रणाम मात्र को क्यों स्वीकारते.......

और उधर Recording बज रही थी, और इधर मैं पता नहीं कहाँ डूब चुका था और पहले कभी नहीं Mark किया था, आज जब वह पंक्ति आयी तो मैं चौंक उठा—"एक दिवस पून्यो तिथि आयी-मानसरोदक चली नहाई।" तो यह बात है—युग-युग से पद्‌मावत का मानसरोवर ही क्रीड़ास्थल रहा है। और फिर उसमें एक परिसंवाद है न जिसमें वासुदेवशरण अग्रवाल, द्विवेदीजी तथा डॉ. माताप्रसाद गुप्त ने भाग लिया है। उसमें द्विवेदी जी ने केवल दो पंक्तियाँ ली हैं, उनमें से भी एक शब्द—"कहा मानसर चाह सो पाई-पारस रूप इहाँ लगि आयी।" और उन्होंने समझाया कि यह मानसर ही वस्तुत: जायसी का प्रमुख आध्यात्मिक प्रतीक है और इसे पारस रूप कहा गया है। इस पारस रूप का एक अर्थ तो सादा है अर्थात् सबको छूकर अपने स्वरूप में समाहित कर लेने वाला पर केवल यही अर्थ नहीं है द्विवेदी जी ने बताया कि इसके दो अर्थ और हैं—

पारस रूप अर्थात् रस को प्राप्त कर लेने वाला। बिना इस मानसरोदक का अवगाहन किए वह जो रस है, जो तत्व है जो सत्य है—जो मर्म है, उसकी उपलब्धि नहीं होती। पारस रूप का दूसरा अर्थ उन्होंने बताया—पारसरूप अर्थात् वह जो पार अर्थात् भव के पार का स्वरूप है...

....यह सुनता रहा और बस मन कहाँ किस सशक्त स्तर पर सूर्या के उस प्यार के प्रति श्रद्धानत होता रहा जहाँ तन्मयता और चरम डुबान तथा उदात्त ऊँचाई और उज्ज्वल प्रकाश में कोई अन्तर नहीं। और फिर याद आये अपने अगस्त्य के फूल-क्योंकि जायसी ने लिखा कि वह मानसरोदक भी उन पाँवों को छूकर पवित्र हो जाता है—"भा निरमल तिन्ह पायन्ह परसे, पावा रूप-रूप के दरसे" और आज 9 थी न? सच कहता हूँ उजली पगडंडी पर कुंकुम बिखेरने के बाद मन-ही-मन मैंने सूर्या के पाँव झुककर छू लिये। शायद ऐसा विनिमय दूसरी बार था। एक बार तुझे याद होगा जब 11 मार्च को हावड़ा स्टेशन पर सूर्या तेरे साथ मुझे पहुँचाने आयी थी तो माथे पर पल्ला डालकर जब उसने मेरे पाँव छुए तो मैंने भी उतर कर उसके पाँव छू लिये थे। भा निरमल तिन्ह पायन्ह परसे...

और मन-ही-मन S.R को पगडंडी की कुंकुम रेखा दे, उसके पाँव छू मन कहाँ पर कितना शान्त, सशक्त, डूबा हुआ, शीतल, चन्दन सदृश हो आया यह मैं कैसे बताऊँ। मैंने पिछले तीनों ख़त में तुझे लिखा है न कि हर क्षण उस पछाड़ खाते हुए समुद्र की आवाज़ कानों में आती रहती है पर तुझे याद होगा कि बीच-बीच में कभी-कभी रात को अकस्मात् दो-एक मिनट को तमाम लहरों की ध्वनि रुक जाती थी—सहसा सन्नाटा छा जाता था, और दो मिनट तक मन अत्यन्त रहस्य भरे कुतूहल से भर जाता था कि अकस्मात् यह निनाद रुक क्यों गया? निश्चय ही उस क्षण मैं अपने मन-ही-मन अपने अनजाने ही सूर्या के पाँव छूता होऊँगा—तभी सब बिल्कुल शान्त हो जाता होगा—थम जाता होगा कि इस पूजा में बाधा न पहुँचे।

वैसे मन कहीं-न-कहीं यह ज़रूर चाहता था, कि आज तेरे ख़त में अगर मेरे शुक्र-शनि वाले खतों का जवाब हो तो कितना अच्छा हो पर देख तो—यह बट सावित्री की पूजा वाली बात इस मन:स्थिति से कैसे कहाँ मेल खा गयी है। और सुन तेरी इस बार सावित्री वाली बात से आज कैसी अजीब बातें याद आ गयी हैं—

तुझे मालूम है न कि रामायण की अपेक्षा मुझे महाभारत कहीं अधिक प्रिय है क्योंकि महाभारत ने विधिनिषेधों से ऊपर उठकर जीवन के कितने विराट् व्यापक रूप को ग्रहण किया है—सो तेरी सावित्री वाली बात पर याद आया (विशेष रूप से इस पर कि तूने लिखा है कि सावित्री बनने का निश्चय कर चुकी है।) तू जानती है कि जैसे वेदों का निचोड़ गायत्री मन्त्र बताया जाता है—वैसे ही महाभारत का एक श्लोक है बिल्कुल अन्त की ओर जिसे महाभारत का मर्म निचोड़ समझा जाता है और उस श्लोक की संज्ञा जानती है, क्या है?—उसे कहते हैं भारत सावित्री। और सावित्री अर्थात् सूर्या। महाभारत का उद्देश्य है सविता देवता अर्थात् सूर्य अर्थात् ज्योति की प्रतिष्ठा (याद है अन्धायुग की वह पंक्ति—"यह कथा ज्योति की है अन्धों के माध्यम से।") जो उस सविता को, सूर्य को, ज्योति को जो प्रतिष्ठित करे वह सावित्री सूर्या। सो यह श्लोक जो भारत सावित्री है, मानो इस तमाम दुख तिमिर की ज्योति है। व्यास ने सारी ज़िन्दगी को दुख-सुख, भोगत्याग, मृत्यु-जीवन, दिव्य, पाशविक, सभी परिप्रेक्ष्यों में जाँचकर जो मर्म पाया है वह यही श्लोक है—

वह श्लोक जानती है क्या है:

न जातु कामान्न भयान्न लोभाद् धर्मं त्यजेज्जीवितस्यापि हेतो:।।
नित्यो धर्म: सुख-दुखेत्वनित्ये नित्यो जीवो धातुरस्य त्वनित्य:।।

(स्वर्गा. 5/63)

अर्थात् काम से, भय से, लोभ से या मृत्यु के भय से भी धर्म को नहीं छोड़ना चाहिए। धर्म नित्य है। सुख-दुख-जीव और शरीर सब अनित्य हैं,

नित्ये है केवल धर्म—

और वह धर्म क्या है—इसी का विस्तृत स्पष्टीकरण महाभारत के सर्वश्रेष्ठ अंश गीता में किया गया है न? तुझे कई बार बताया है, कि कृष्ण ने संसार के चिन्तन में जो क्रान्तिकारी परिवर्तन उत्पन्न किया वह यही कि बराबर धर्म जो एक यान्त्रिक नियम समझा जाता था, जिसे बिना देश काल परिस्थिति और व्यक्ति का विचार किए दंड रूप में लागू कर दिया जाता था, उसे कनु ने इस अवैज्ञानिक, अस्वाभाविक, अप्राकृतिक, अमानवीय धारणा से मुक्त कर उस धर्म को कनु ने हर मनुष्य के हृदय का धर्म बना दिया। जिसे अपने प्राण से हृदय चाहे वही मनुष्य का स्वधर्म है। देख न राजे—धर्म के आगे मात्र 'स्व' जोड़ने से ही उसके अर्थ में कितना महान क्रान्तिकारी परिवर्तन आ गया। अब धर्म किसी जड़ नियम किसी परम्परा, किसी रूढ़ि, किसी विधि निषेध का अन्धानुसरण का नाम नहीं रहा स्वधर्म कहते ही अर्थ हुआ अपने अन्दर की जन्म-जन्म की प्यास को बुझाना अपने आत्मरूप का साक्षात्कार करना वही रस है वही पारस है, जायसी वाला वही मानसरोवर है—वही निरन्तर लहरें लेता है, हहरा-हहरा कर सैकत वेला पर पछाड़ें खाता है, उसी का निनाद हमे लगातार सुन पड़ता है—वही हमारा स्वधर्म है, जो हममें से उद्‌भूत हुआ है, हमारे प्यार की भाँति-पर हमी में से उद्‌भूत होकर जो स्वतन्त्र हो गया है, पृथक हो गया है, और विराट् हो गया है और अब फिर हम उसी का साक्षात्कार करना चाहते हैं, उसे उपलब्ध करना चाहते हैं। वही हमारा स्वधर्म है।

और केवल, केवल, केवल हमारा स्वधर्म ही हमें बचा सकता है। धर्म करोड़ प्रकार के हो सकते हैं दुनिया में जितने व्यक्ति हैं उतने ही धर्म हो सकते हैं—पर हमारे लिए केवल एक धर्म है—केवल एक—केवल एक—वह है स्वधर्म। कनु ने गीता में बार-बार कहा है कि उस स्वधर्म में ही मनुष्य को सत्य की उपलब्धि हो सकती है, उससे बाहर उसे सिवा भटकने के कुछ नहीं मिलना है।

परधर्म अर्थात् जो स्वधर्म नहीं है, वह कितना भी सरल, कितना भी व्यापक हो, लोकमान्य हो, शास्त्र सम्मत हो—पर कनु ने स्पष्ट कहा है कि वह 'परधर्म', भयावह होता है।' 'स्वधर्म' में चाहे मृत्यु ही मिले पर वह भी 'परधर्म की तुलना में श्रेयस्कर होती है।' स्वधर्मे निधनम् श्रेय परधर्मो भयावहः।

कभी-कभी ऐसा होता है कि हम जब स्वधर्म का आभास पाने लगते हैं, तो इतनी दुस्तर लगती है उसकी पगडंडी, इतना व्यापक लगता है उसका क्षेत्र, इतनी उत्ताल लगती हैं उसकी लहरें, इतना गहरा लगता है उसका तल—कि मन

घबराने भी लगता है कि क्या हम इसके बराबर हैं भी—मैं कभी-कभी बहुत विचलित होता रहा हूँ। पर ऐसी स्थिति में मुझे विनोबा की एक बात बहुत याद आती है—विनोबा ने शायद गीता प्रवचन में इसी स्वधर्म की व्याख्या देते हुए लिखा है—'स्वधर्म न हमसे बड़ा होता है, न हमसे छोटा वह वस्तुतः हमारे ब्यौंत भर का होता है।''—और यह बात बहुत सच है। संसार के अगणित धर्मों में से जो हमारा धर्म है जो स्वधर्म है, वह मात्र हमारे लिए है वह मात्र हमारे ही लिए बना है। हमारे अन्दर जो कुछ बीज रूप में छिपा है, मात्र उसी को दृष्टि में रखकर नियति ने हममें सारी शक्तियाँ बीज रूप में छिपा दी हैं। और हम जब अपने स्वधर्म पर ही दृढ़ रहते हैं तभी-तभी केवल तभी हमें वह सब मिलता है, जिसे हम सार्थकता, शान्ति, उपयोगिता, रस कहते हैं। उसके अलावा जो है वह सब भटकन है, छलना है, प्रवंचना है, मिथ्या है—

सारी ज़िन्दगी के विराट् कैनवास के एक-एक तार को बारीकी से जाँच कर व्यास ने पाया कि यह तमाम संसार अनित्यता का एक विराट् छायाजाल है। उसमें नित्य है, स्थायी है, मर्म है केवल हमारा स्वधर्म का साक्षात्कार। यही तो सूर्य है—सविता। इसी को धारण करने वाली सावित्री है न! राजे—अपने उसी स्वधर्म का निर्वाह करने के लिए ही तो जो सुहागिन हैं, वे वट-सावित्री का व्रत करती हैं। सूर्य को अर्घ्य देती हैं। वट को अपने कच्चे सूतों से बाँधती हैं क्योंकि वृक्षों में वट ही तो अक्षय है—उसका क्षय नहीं होता—वह अक्षयवट धर्म का, नित्य का प्रतीक है। क्या तुझे याद दिलाऊँ कि यमुना के तट पर वंशीवट ही तो है न?

मुझे याद आती है, एक शाम की बात 5 मार्च की शाम जब नीचे आँगन में जयध्वनि हो रही थी और मैंने पाँव छूकर सकुची हुई सूर्या का माथा उठा कर कहा था—"बोलो इन अँगुलियों से कौन-सा सूर्य मस्तक पर प्रतिष्ठित कर दूँ?" और माथे पर प्रतिष्ठित सूर्य को सविता को धारण करने वाली ही तो सावित्री है न! वह सूर्य वह सविता ही उसका स्वधर्म है न! हाँ—वह सूर्य जिसका प्रतीक है, वह 'सब', उससे न छोटा है न बड़ा-वह सब उसके ब्यौंत भर का है। वह सब मात्र उसी के लिए बना है और वह मात्र उसी के लिए। अँजलियाँ ठीक हँस के ब्यौंत भर की-गुलाबों का सेतु ठीक माथे के ब्यौंत भर का है। वह सब मात्र उसी के लिये बना है और वह मात्र उसी के लिए। अंजुलियाँ ठीक हँस के ब्यौंत भर की-गुलाबों का सेतु ठीक माथे के ब्यौंत भर का-एक-एक कण, एक-एक विचार, एक-एक शब्द, एक-एक भाव-दोनों एक-दूसरे का स्वधर्म-दोनों एक दूसरे के स्वरूप—

'सूर सुनहु तुम सम दोऊ जोरी, एक स्वरूप अनूप'

और कैसा अजीब है—आज सिन्दूर देकर पाँव छुए हैं मैंने सूर्या के, मगर आशीर्वाद लेने के बजाए देने की इच्छा हो रही है। सदा सब क्रम उल्टा-पुलटा चलता रहा है मेरे उसके बीच और अन्त तक वैसा ही चलता रहेगा-अमित रस है इसमें। सो ले आज अपनी सूर्या को आशीर्वाद देता हूँ—''सावित्री! तू और तेरा देवता सूर्य (सविता) सदा ही एकमेक रहें। एक-दूसरे के स्वधर्म रहें। एक-दूसरे की प्यास और एक-दूसरे की तृप्ति रहें। एक-दूसरे न रहें। एक रहें।''

17 जून, 1959
सायंकाल 6 बजे

राजे,

—भोर की वेला में, मेघाच्छन्न आकाश, ट्रेन की खिड़की से माथे पर टपकती बूँदें। दूर छूटते हुए प्लेटफ़ॉर्म का सिरा, उस सिरे पर धीरे-धीरे छूटती हुई एक उजली रेखा हाथ हिलाते हुए... दूर तक, दूर तक तुम्हारा दीखना और फिर ओझल हो जाना...विदा कई बार ली है, कई बार दी है—दो साल पहले तेरह जून को कलकत्ते जाती हुई पीली साड़ी में बिल्कुल मेमशाब पुसनिया को—हावड़ा प्लेटफार्म पर माथे पर पल्ला डाले सूर्या को,...पर इस बार तुम्हें विदा नहीं दी, न ली, मित्र इस बार...

लौटकर सीट पर लेट गया। खिड़कियाँ खोल दीं। कुछ देर लखनऊ के मकान, सड़क, गलियाँ पीछे भागते रहे—फिर अकस्मात् आ गयी, मटमैली, टेढ़ी-मेढ़ी गोमती, ऊँचे नीचे कगार, फिर वे भी छूट गए। फिर नींद डूबी आँखों में तेज़ी से घूम गया कल का पूरा दिन—गंगा दशहरा—वैदिक ऋचा की कल्पना से शुरू होकर रॉयल कैफ़े के धीर संयत आधुनिक संगीत में डूबनेवाला दिन। वह दिन, जिस एक दिन में संगीत से आरम्भ कर संगीत में परिणति पाने वाला हमारा जन्म-जन्म का अस्तित्व अपने को दोहरा गया। अपने जन्म-जन्म की सार्थकता शब्दों में ढलकर, काग़ज़ों में अंकित होकर, कुंकुम चूर्ण से मुद्रित होकर, सदा-सदा के लिए रूपायित हो गयी। और आँखों में घूम गए तारों की मेघाच्छन्न रोशनी में उभरते हुए गुलाब। शान्त मानसरोवर के तट, शरीर की अत्यन्त नशीली ढलानें—और कब नींद आ गयी याद नहीं।

नींद खुली तो रायबरेली गुज़र गया था। रास्ते के छोटे-छोटे स्टेशन जिन पर तेज़ धूप थी, सूखी धूल उड़ रही थी, छोटे-छोटे बच्चे टपके हुए आम और फरेंदा जामुन बेच रहे थे। मुँह हाथ धोकर बड़ी देर तक दरवाज़ा खोलकर पीछे भागते हुए खेतों और पेड़ों को देखता रहा। और तार के खम्भों का एक लम्बा

सिलसिला पीछे लखनऊ की ओर भाग रहा था, उनमें से किसी-किसी पर नीलकंठ बैठे थे—हर नीलकंठ से मैंने कहा कि अगर तुम वहाँ तक पहुँचो जहाँ से मैं आ रहा हूँ, तो कह देना उनसे कि जल्दी घर आयें—

घर पहुँचा तो मालूम हुआ कान्ता और केका सुबह स्टेशन गयी थीं मगर गाड़ी दो घंटे लेट थी। आठ बजे तक बैठकर दोनों लौट आयी थीं। कान्ता बोली उसने तुम्हें खत छोड़ा है जिसमें लिखा था, कि मेरे साथ तुम भी आ जाना। अत: केका रानी गयी थीं तुम्हें रिसीव करने...

बहुत देर तक बातें करते रहे। लखनऊ की सारी बातें बताईं और अपने तथा पी.एल.बी. के कॉन्ट्रेक्ट फ़ॉर्म्स दिखाए फिर खाना खाकर सो गए। बहुत गहरी नींद आयी। गर्मी आज यहाँ काफ़ी थी उठे तो पाँच बज चुके थे।

तुमने क्या किया? खूब सोईं आज? प्रोटीन्यूल, अंडे, फल, जूस आदि सब ले रही हो न? क्या हाल है, स्वनाम धन्य रानी का? उनका तनस्ताप और मनस्ताप कैसा है अब? बेचारी! सूरदास ने कहा है न 'जैसे स्वान काँच मन्दिर में भ्रमि भ्रमि भूकैं...

अच्छा सुनो, यहाँ आये तो मिला एक इनलैंड—सुमित्रानन्दन पन्त का अल्मोड़े से आया हुआ—उसकी कुछ पंक्तियाँ सुनो— "कनुप्रिया मैंने दो-बार पढ़ी।... आपका अन्धायुग और कनुप्रिया दोनों ही हिन्दी प्रगीति को बहुत आगे बढ़ाते हैं और आपके विकास पथ के मील के पत्थरों में हैं। अन्धायुग में व्यापकता है, कनुप्रिया में गहराई। कनुप्रिया हृदय को छूती है, अन्धायुग विचारों को उत्तेजना देता है। दोनों कृतियाँ दो रुपहले दर्पणों-सी हैं जिनमें आपकी काव्य चेतना की सुनहरी परियाँ मन को मोह लेती हैं। आपकी कला में समानान्तर दर्पणों की संगति है जिसमें आपके प्रिय विषय अनेक बिम्बों-प्रतिबिम्बों की सांकेतिक शोभा में प्रतिफलित हो मन को भीतर और भी भीतर ले जाकर निर्मल आनन्द में डुबो देते हैं। यह बात कनुप्रिया के लिए और भी लागू होती है, जिसमें मुझे कनुप्रिया रसबोध की तरलता के कारण और भी पसंद है।

...उसका रचनाविधान जितना सरल है उतना ही गहन भी। राधा और कृष्ण को आपने भाव, रस तथा अध्यात्म की परिदर्शता में अत्यन्त सफल अभिव्यक्ति दी है। आपकी यह कृति भारतीय रहस्यवाद को बिल्कुल नवीन कलात्मक परिमार्जन प्रदान करती है। अन्त में जब राधा समापन नामक खंड में, कृष्ण से कहती है कि तुमने मुझे ऐतिहासिक वास्तविकता में क्यों नहीं मूर्त किया। वहाँ वह आधुनिक युग के एक मार्मिक प्रश्न की ओर इंगित करती है, जिसका समाधान इस युग को राधाकृष्ण की परम्परा की सर्वांगीण परिणति के रूप में प्रस्तुत करना

है। मैं इस मार्मिक स्थल का उद्घाटन शब्दों में नहीं करना चाहता। उसके दर्शन प्रत्येक को कला का अवगुंठन हटाकर स्वयं करने होंगे। निस्संदेह हमारी सांस्कृतिक परम्परा में आपकी जो गहरी पैठ या अन्तर्दृष्टि है इससे आपकी कला में प्रौढ़ता आयी है। कनुप्रिया रस का मेघ है जो मर्म को अपनी मधुर फुहारों से छूकर उसे अनजाने ही रस प्लावित कर देती है।

आपको अन्धायुग और कनुप्रिया के लिए बधाई देना व्यर्थ समझता हूँ—आपसे और भी अनेक अमूल्य कृतियों की भविष्य में आशा रखता हूँ। 'सात गीत वर्ष' आजकल यदाकदा पढ़ लेता हूँ। नये काव्य का वैभव इसमें अपने स्वाभाविक रूप में प्रतिष्ठित हो गया है। मैं नयी कविता का आलोचक हूँ पर उससे अधिक उसका प्रेमी ही। आपका सुथरा शिल्प और व्यापक प्रतिभा उसे रससिद्धि प्रदान करेगी इसकी पूरी आशा मुझे है।" कहो—चित पुलकित हुआ? जानती हो ये ख़त पढ़ते समय क्या हुआ, मेरी अँजुलियों में गुलाब भरे रहे। मन वैसा ही शान्त सहज जैसा अपने कॉन्ट्रैक्ट फ़ॉर्म पर हस्ताक्षर के बाद लौटते हुए राह में था।

लो उसी तरह मेरे अन्तस्तल की शान्त सहज अनुभूति तुम भी ग्रहण करो—

बहुत शान्त, स्थिर बीता है—तुम्हारे नये जन्म का यह पहला दिन।

भारती

18 जून 1959

प्रात: 9 बजे

लो तुम्हारे राजन की एक मज़ेदार बात बताऊँ। कितने तरीके आते हैं उन्हें, सूर्या को ग्रहण करने के कल यहाँ बेहद गर्मी थी। (दिन भर का हाल लिखकर कल तुम्हें एक ख़त शाम को छोड़ा ही है, उसी में कान्ता का भी ख़त है और अपने ख़त में मैंने तुम्हें सुमित्रानन्दन पंत ने अल्मोड़ा से जो कनुप्रिया पर लिखकर भेजा है, उसकी प्रतिलिपि भी भेजी ही है!) बहरहाल रात 7:30 बजे 8 बजे के आस-पास कान्ता ने तेरी चूड़ियाँ पहनीं तेरा सेन्दुर लगाया, और कहा कि यह ख़त कल तो पहुँचेगा नहीं, चलो तार दे आयें। तार देकर ख़त छोड़कर लौटे तो सब दूकाने बन्द हो गयी थीं—गये क्वालिटी। कान्ता ने आइस्क्रीम मँगाई। मैं देखता रहा गौर से कि राजन क्या मँगाते हैं? राजन ने पूरा मीनू देखा और बोले—'विमटो।' मैं बहुत मन्द मुस्कराया वैसे ही जैसे कभी वास्त्यायन मुस्कराए थे। गजदर्स में पानी का अधपिया गिलास देखकर मैंने कभी S.R. के सामने राजन को विमटो पीते नहीं देखा। मगर S.R. के पीछे विमटो के अलावा कुछ नहीं मँगाया उन्होंने! और

उस विमटो को पीने का उनका ढंग देखती तुम? वास्तव में वह भी खूब हैं? खूब है S.R. भी मैंने किसी को किसी के तन-मन प्राण में इस तरह भिदते नहीं देखा। वेद की ऋचाओं से आधुनिक काफ़े का जीवन तक सब जैसे उन्हीं के एकात्म्य का साक्षी है क्या? लगता है जैसे उन सभी युगों का जो सर्वश्रेष्ठ रहा है वह उन्हीं की एकानुभूति है—उन्हीं की डुबान है—

अच्छा जाने दो उनकी बात! सुनो राजे, तीन दिन तो तुम पर Strain पड़ा—और कल, उम्मीद है कि तुम खूब सोयी होगी, खूब—अब आज सुबह से क्या कर रही हो? जहाँ तक मेरा सवाल है, तुझे बताऊँ? कल से प्रतिक्षण एक बड़ा मीठा संगीत बजता रहता है, और एक बड़ा मधुर स्पन्दन अपने को दुहराता है। अँग्रेजी Music की एक बड़ी Sober गत गहराई लिये हुए। Neera में भी अँग्रेजी संगीत था मगर उसमें प्रदर्शन था, आडम्बर था, Chearness थी। पर यहाँ लगता था वह संगीत था जो Sister Agnes और David coperfield के लिए परिणय के अवसर पर Church में बजा होगा—वह संगीत और उसकी लय में डूबी हुई तर्जनी का छोर जो कुंकुम रंजित है, और आहिस्ते से सूर्य को छू आता है और फिर चुप हो जाता है और फिर भटकता हुआ उजली पगडंडी पर एक स्पर्श छोड़ आता है। दिन-रात वह संगीत चारों ओर गूँजता है, और जन्मजन्मान्तर तक गूँजेगा। ...इसके पहले समुद्र का विशाल गर्जन अहरह सुन पड़ता था। अब लगता है जैसे समुद्र का ज्वार ...सप्तपदी के सरगम में बँध गया है जन्म-जन्म के लिए वह केवल Wild नहीं रहा Committed हो गया है। सात फेरे लगाकर सदा के किए परिणीय हो गया है..."क्या यह उमड़ता अमर्यादित व्याकुल ज्वार इन पतले होंठों में बँधकर सिमट जाएगा?" जब यह प्रश्न पूछा था मेरे मन ने—वह तभी उत्तर जानता था—तुम सच कहती हो कि Vaguely पहले तुम्हारे मन को आभास हुआ था पर Conscious level पर मेरे मन ने एक-एक कण पहचान लिया था।

कभी-कभी बैठता हूँ और सोचना चाहता हूँ, पिछले तीन-चार सालों की एक-एक घटना को छानकर वे क्षण बीन निकालना चाहता हूँ जब अपने प्राप्य को पहचाना था-तो पाता हूँ कि ऐसा है ही नहीं कि कोई घटना हुई हो, कोई बात हुई हो जब इसे पहचाना हो। लगता है यह पहचान किसी बाहरी वस्तु या तथ्य या स्थिति के कारण नहीं उमगी। यह पहचान अन्दर ही बसी थी। शायद मेरे जन्म लेने या सचेत होने के पहले ही से धीरे-धीरे अचेतन और अर्द्धचेतन की लहरें इसे उभार कर चेतन स्तर पर लाने के लिए सचेतन थीं, और जब वे चेतना के स्तर पर लायीं-शायद 22 सितम्बर को हेस्टिंग्स रोड की गंगा के तट पर तो उसकी Coincidence किसी घटना से नहीं थी, सिर्फ़ मुझे अपना सारा

मन उमड़ता हुआ लगा था—अर्पित होने के लिए—

अच्छा अब जल्दी से कुछ बातें कर डालें। तुमने चेक भुना लिया या नहीं? नहीं, तो यहाँ से जल्दी से तुम अपना रुपया मँगा लो। अभी सात दिन के फल, इंजेक्शन, अंडे का चाहिए, फिर आते समय का टिकट।

अच्छा घर का माहवारी बजट तो पिछली बार तुमने बना दिया था। जुलाई से बिल्कुल उसके अनुसार चलेगा, पर इस बार कुछ Bank account का भी तय कर डालो। उसे दो जगह तो हो ही जाना चाहिए। एक दैनिक खर्चे के लिए एक विशेष जो यथासम्भव जमा ही रहे। पर बैंक का हाल यह है कि "गरीब क्या नहाए और क्या निचोड़े?" बस याद आ रहा है अपनी प्रिय गज़ल का आखिरी शेर—ये मसायले तसव्वुफ, ये तेरा बयान गालिब।

तुझे हम वली समझते, जो न बादाख़्वार होता!

यानी ये रहस्यानुभूति के विषय, ये तेरी वर्णन शैली! ओ ग़ालिब! तुझे हम सन्त समझते अगर तू इस क़दर फुटानबाज़ न होता!

लेकिन इसके मतलब ये नहीं कि आप आये और मेरी फुटानबाज़ी पर सेन्सर बिठा दें। जी नहीं, आइए और कुछ ऐसा हिसाब-किताब बिठाइए कि मेरी फुटानबाज़ी भी बनी रहे और काम भी ठीक से चलता रहे और ये काम आपका है मैं क्या जानूँ आप कैसे करेंगी?

उहं! भला इस समय क्या बात हो सकेगी? एक बात मुश्किल से पूरी करता हूँ कि बस अँजुलियाँ गुलाबों को तलाशने लगती हैं, और छोन् की भाँति नहीं। सहज भाव से भी नहीं—बस राजन की भाँति-कसकर कठोर निर्मम कसाव-कठोर और कठोर और साथ-साथ पनसुतिया की पत्तियों को क्षत विक्षत करने की झकोर—आज बाग़ में बहुत चंचल हवा है।

अब इस समय कोई बात नहीं करेंगे—आ...ओ...

18 जून, 59 शाम

क्या आज दिन भर किसी कारण से तुम्हें बराबर मेरा ख्याल आता रहा है? क्या आज का दिन तुम्हारा ऐसा बीता है कि तुम्हें मेरी जरूरत पड़ी है, या आज के दिन घर में खूब चहल पहल रही है और उसके बीच सुखद स्मृति तुम्हें कचोटती रही है, या आज दिन भर तुम मेरे पत्र का इन्तज़ार करती रही हो, या आज तुमने दोनों का पारस्परिक अनुबन्ध पत्र पढ़ा है, और उस पर सोचती रही हो—या क्या कारण है, मुझे आज बराबर तुम्हारा ख्याल आता रहा है। कल यहाँ आकर एक

लम्बा-सा पत्र मैंने और कान्ता ने लिखकर तुम्हें छोड़ा लेकिन आज बकरीद के कारण Postal Holiday होगा, अत: Sorting नहीं हुई होगी और वह पत्र तुम्हें शायद कल ही मिले। कल रात कान्ता ने तुम्हें तार दिया है वह शायद आज मिल गया होगा। कल के पत्र में तुम्हें सुमित्रानन्दन पंत ने कनुप्रिया पर जो लिख कर भेजा है उसकी प्रतिलिपि भेजी थी। आज सुबह एक और लिफाफ़ा भेजा है, विस्तृत पत्र के साथ जिसमें कान्ता का भी पत्र है। लेकिन इतना ख्याल आता रहा है, दोपहर भर कि इस समय यह तीसरा पत्र लिख रहा हूँ।

तुम्हें दो-तीन मज़ेदार बाते बताऊँ। कल जब मैं लौटकर आया तभी कान्ता ने कहा कि तुम थके रहे हो मगर फिर भी दो-तीन दिनों में तुम्हारे चेहरे पर पता नहीं कौन-सी आभा लौट आयी है। शाम को मानिक आया उसने भी यही बात दोहरायी। आज सुबह वाला ख़त लिखकर G.P.O. छोड़ने गए। रास्ते में केशव के यहाँ रूके। केशव, सरोज, छोटी सभी बोले, 'भारती भाई आपको दवा शुरू किए दो ही दिन हुए मगर आपका चेहरा बदल गया है।' सिवा कान्ता के और किसको बताता कि यह असल में वह अन्दर की चरम शान्ति और स्थिरता की आभा है, जो उस अनुबन्धपत्र में पारस्परिक हस्ताक्षरों से अंकित हो गयी है। मुझे अभी एक बात और याद आयी, उस दिन तुमने ऐसी बातें की थीं और उसका मन जैसा वह कहती है कि उन बातों को कर के हल्का हो गया था, पर मेरा मन काफ़ी आहत-सा रहा। ऐसी स्थिति में अक्सर आहत होकर छौनू ने गुलाबों में अपनी अशान्ति भुलाई है पर उस रात गुलाबों का भी जादू नहीं चला। जाने कितनी बेकली से मेरी अँजुलियों ने उस कमल सम्पुट-सी आबद्ध अँजलि को कसकर ग्रहण किए रहना चाहा—शान्ति उसी से मिली थी। जानती हो आज सुबह से सोचता रहा हूँ कि कौन दूरदर्शी था जिसने ऐसे अनुष्ठान को पाणिग्रहण की संज्ञा दी थी। केशव के यहाँ से G.P.O. गया तो यही सोचता रहा— पाणिग्रहण की बात और ध्यान आने लगा एक विशेष मुद्रा पर वह मुद्रा इतनी मधुर इतनी सुकुँवार है कि उसे शब्दों में कैसे व्यक्त करूँ? और उसके बाद एक बहुत मज़ेदार बात मन में आयी। हिन्दी का एक शब्द होता है, सम्भ्रम! जो भावना सम्भ्रम में व्यक्त होती है वह न आदर में व्यक्त होती है, न सम्मान में, न श्रद्धा में। आदर और सम्मान हल्के पड़ते हैं। श्रद्धा में पूजा भावना अधिक होती है। पर आज एक विचित्र प्रकार की सम्भ्रम भावना मैंने अनुभव की। ऐसा होता है, कि जिसके प्रति व्यक्ति सारे समाज के सम्मुख अपनी आत्मा के सम्मुख, ईश्वर के सम्मुख एक आजीवन Conmmitment करता है उसके लिए यह चाहता है कि संसार के सारे व्यक्ति इस अपने जीवन साथी की कदर करें। जब दूसरे लोग उससे एक सम्भ्रमपूर्ण व्यवहार करते हैं तो जाने कहाँ पर मन सन्तुष्ट होता है। और मन अपने आप सबसे पहले पता नहीं कहाँ उससे एक बड़ा आदरपूर्ण

व्यवहार करने लगता है। और देखो तो आज सुबह कितनी मज़ेदार बात मन में आयी। मैं तुमसे आधे घंटे दुनिया भर की घरेलू बातें करता रहा और बराबर तुम्हें 'आप' पुकारता रहा। और उस 'आप' में एक कण Formality नहीं थी, पता नहीं कहाँ की चरम अन्तरंगता थी–मन का कौन–सा अंश कितना गहरा, सन्तोष पा रहा था और यह भी कि आज तुम्हें मैं याद भी करता हूँ तो आर.बी. के नाम से नहीं, सूर्या नाम से नहीं वरन जिस नाम से तुमने हस्ताक्षर किए हैं, सीधे सादे उसी नाम से। सारे व्यवधान चीरकर सीधे सादे पुष्पा भारती नाम को पूरा–पूरा पुकारने में अच्छा लग रहा था—मुझे याद है, लगभग सवा साल पहले एक बार किसी स्टेशन के Cloak room में सामान जमा करा रहा था, मैं। रसीद पर हस्ताक्षर कराने थे और मैंने तुमसे कहा था कि तुम्हारे पुष्पा भारती नाम से हस्ताक्षर करवा दूँ। पर उस पूछने में रस था, आतुरता थी, आग्रह था, आकांक्षा की, नये जुड़े परिणय सम्बन्धों की–सी मादकता थी लेकिन आज तुम्हें उस नाम से पुकारने में यह सब कुछ नहीं था मात्र एक सहज सुख था, एक अत्यन्त घरेलूपन की आश्वस्त निश्चिन्तता। वैसी ही जैसी एक दिन Royal cafe से लौटते हुए मैंने रिक्शे पर गुलाबों पर अँजुलियों में महसूस की थी। आज उनसे बहुत बातें की मैंने।

लो इतना लिख ही रहा था कि डाकिए ने आकर तुम्हारा पोस्टकार्ड दिया। मन कितना भर आया। तुमने भाई साहब की बात लिखी है, बब्बू का नमस्ते लिखा है—मैं तुम्हें कैसे बताऊँ कि आज सुबह जो ख़त भेजा है उसके हाशिए पर जब एक–एक को नमस्कार लिख रहा था, तो घर की कितनी यादें आकर दिमाग़ में घूम गयी थीं। एकदम घूम गया था भाई साहब के साथ बैठकर खाना, भाभी का खड़े होकर पंखा झलना, भाभी का खाने के साथ खीर रखना और मात्र भाई साहब के कारण मेरा इन्कार न कर पाना–खीर के बाद भाई साहब का आम खाने को कहना और मेरा 'न' नहीं कर पाना और सबसे मज़ेदार यह कि भाई साहब ने सुबह की जलेबी नहीं खाई थी और खाने के साथ उस प्लेट को भी जब आधा खत्म करने का हुक्म दिया तो बस पूछो मत। मगर पता नहीं जब भाई साहब और तुम्हारी बड़ी भाभी को पहली ही बार देखा था तो उनके लिए क्यों मन में आदरपूर्ण ममता जाग आयी थी, यह आज तक समझ में नहीं आता। उन दोनों को अपना बड़ा मान कर वैसा ही निबाहने में बहुत सुख मिलता है। फिर बब्बू राम की कितनी याद आयी। खास तौर से उनकी तीन बातें। एक तो पहली ही रात को चादर और चारपाई को लेकर उन्होंने मुझसे एक वास्तविक प्रतिद्वन्द्वी की तरह झगड़ा किया था—बड़ा मजा आया था उस दिन। फिर याद आयी उस दिन की जब भाभी हलुआ बना रही थीं, और बनरावत और बब्बू दोनों बम्बे के नीचे नंगधड़ंग नहा रहे थे, और बारी–बारी से दोनों बेमतलब चिल्ला रहे थे मामा जी!

चाचा जी! मामा जी! चाचा जी! और दोनों में Competition लगा हुआ था और सबसे मधुर याद बब्बू राम की आयी जब 11 को दोपहर में मैं सोया हुआ था तख़्त पर और तुम कहीं चली गयी थीं और बब्बू राम सोकर उठकर आये तो आहट से मेरी आँख खुल गयी। उन्होंने क्या समझा कि शायद तुम सबके डाँटने फटकारने से बच्चों की तरह आँख मूँदकर मैं लेट गया था और अब उनके आने पर मुझे कोई डर नहीं है, अतः मैं आँख खोलकर चुप्पे से देख रहा हूँ। उस समय बब्बू राम बहुत मधुर मुस्काए और उनकी मुस्कुराहट का अर्थ था "हाँ चाचा जी! मैं सब समझता हूँ, जैसे मैं मम्मी से डरता हूँ वैसे ही तुम बुआ जी से डरते हो। तभी न उनके सामने आँख मूँदे पड़े थे पर मैं तो दोस्त हूँ। मुझसे नहीं डरते हो।" पर इस मुस्कराहट के बाद बोले सिर्फ़ एक वाक्य-बहुत गद्‌गद होकर 'जग रहे हो चाचाजी' और बेहद दुलार में भरकर अपनी दोनों बाँहें फैलाकर लिपट गए-तख़्त पर चढ़ आये और दुबक कर सो रहे।

बब्बू के बाद याद आती है मुन्नी की (श्रद्धा) खास तौर से उसकी कहानी जिसमें सुदामा के यहाँ एक 'शिशीला' थीं और कृष्ण के यहाँ एक 'रुक्मिणी थीं और मुन्नी के अनुसार 'शिशीला' सुदामा की माँ थी और रुक्मिणी कृष्ण जी की। मेरे मन में उस समय तीव्र इच्छा हुई यह पूछने की कि रानी जिज्जी तेरे पापा की कौन हैं—पर बस एक दम ख्याल आया रानी जिज्जी की उस मूर्ति का जिसमें वह आनन्द जी को देख कर बाल बिखेरे, होठ सुजाए सीढ़ी से उतरती हैं और मेरे मन में वही आतंक छा जाता है, जो 'महल' चित्र में उस प्रेत सुन्दरी को देख कर मिस्टर वकील के मुँह पर छा जाता था।

फिर याद आयी अन्नू की, रेनू की, और शोभा की खास तौर से। देखो पुस्से शोभा के मामले में मैं आनन्द जी की बात से बहुत सहमत नहीं हो पाता। पुस्सी, शोभा को सँभाले रहो। उसकी Spirits न टूटने पावें। बड़े Delicate दौर से बड़ी suffering में से गुज़र रही है बेचारी! और हाँ देखो महेश से एक दिन अकेले भी मैंने बातें की थीं कि तुम अपनी health और खाने-पीने का ध्यान रखो। तुम्हारे सामने भी कहा था। तुम अभी पाँच-छह दिन वहाँ हो—अपने सामने उसके अंडे की व्यवस्था तो करा ही जाओ।

अच्छा राजे तेरा 9 का ख़त तो नहीं ही आया! Bearing भी हो गया होता तो अब तक आ जाता। कान्ता ने एक ख़त इतवार 14 को मानिक से छुड़वाया था, एक ख़त सोमवार को एक Advertisement की Cutting के साथ भेजा था। वह सब तुम्हें मिले?

इस ख़त के पहले तुझे 1. कान्ता वाला तार 2. मेरा 17 को शाम को लिखा ख़त जिसमें पंत जी के पत्र का उद्धरण है। 3. तथा आज सुबह का लिखा पत्र

18 जून मिलना चाहिए।

अब आप इस बार लम्बे पत्र भेजेंगी न? मैं बहुत इस बार आपसे विस्तृत पत्र चाहता हूँ। आप त्रिफला से आँखे धो लिया करें। अनुवाद करने और नया-नया पढ़ने में लगी रहें।

देखो—तुम्हारा मन, तुम्हारा स्वास्थ्य, तुम्हारा जीवन अब केवल तुम्हारा नहीं है न! मैं भी अपनी खूब परवाह रख रहा हूँ। सब दवाएँ नियमित ले रहा हूँ क्योंकि मेरा यह तन अब तुम्हारी थाती है मेरे पास राजे!

अमित प्यार

भारती

शनिवार 20 जून शाम 4 बजे

राजे जी!

कष्ट तो कल से अभी तक कम नहीं हुआ। कल तुम्हें दोपहर को लिखने बैठे थे—जब अज्ञेय का अँग्रेज़ी रिव्यू उतारने बैठे थे पर कष्ट के मारे अधूरा उतार कर भेज दिया था—शाम को कुछ दर्द घटा था, मगर रात से फिर वैसा ही हो गया है। दवाएँ सब यथावत् ले रहे हैं। खैर जी, देखा जाएगा—तुम चिन्ता मत करना-देखो मुझको अकेला पाकर यह दर्द कहाँ तक परेशान करता है? नहीं ठीक होता तो क्या? आज 20 तारीख है—आज से एक-एक दिन गिनूँगा। ज्यादा-से-ज्यादा 23 की सुबह तक—फिर यह मेरा क्या कर लेगा।

हाँ सुनो, पंत जी की जो सम्मति कनुप्रिया पर आयी थी वह तो मैंने पहले ही ख़त में लिख भेजी थी, कल आज्ञेय जी की सम्मति का अंश भेजा ही है, कल से कुछ बहुत Inportant ख़त आये हैं, जिनका उत्तर तुम आओ तो दिया जाय। धर्मयुग के सम्पादक श्री सत्यकाम विद्यालंकार का पत्र आया है कि वे 26 को स्वयम् पूना पहुँच रहे हैं—और 27 को मुझे साथ लेकर बम्बई आएँगे—और चाहते हैं कि अनूदित कविताएँ मैं लेता आऊँ वे अगस्त में धर्मयुग का विदेशी काव्यांक निकाल रहे हैं। उसके लिए चुनेंगे। पूना की महाराष्ट्र राष्ट्रभाषा प्रचार समिति का निमन्त्रण आया है कि 27 को उन्होंने महाराष्ट्री लेखकों की एक सभा बुलाई है, और वे लेखक विशेषत: नये लेखक और नयी कविता के लेखक मुझसे मिलना चाहते हैं। इन्दौर रेडियो का पत्र आया है कि 29 सितम्बर को वे कवि सम्मेलन में बुलाना चाह रहे हैं। इन सब पत्रों का उत्तर दे दिया है। हाँ, मामा वरेरकर का पत्र आया है बम्बई से कि मैं उन्हीं के पास ठहरूँ। वे वहाँ महाराष्ट्रीय

स्टेज मुझे दिखाना चाहते हैं। मौका अच्छा है राजे, मगर यह पाँव तो बेहद कष्ट दे रहा है, धुआँधार-कैसे सध सकता है। तुम आओ तो कुछ लोगों को तार भेजें—'ना' का कुछ को ख़त भेजें स्वीकृति का।

कल मैंने अपना ऊपर का पूजाघर साफ़ किया था, उसमें फ़र्श बिछाया। आज नीचे अपने कमरे की सफ़ाई की। बहुत गन्दा हो गया था। सारी फाइलें अस्तव्यस्त हो गयी थीं, कुछ समझ में नहीं आता था कहाँ क्या पड़ा है? आज पाँव खूब दर्द कर रहे थे पर ज़िद के मारे दोपहर 12 बजे तक सारा सामान ऊपर-नीचे करते रहे। कुछ ऐसी चीजें मिलीं जिनसे डूब-डूब गया मन एक मिली वह तुम्हारी कविता जो तुमने पारसाल अगस्त में कलकत्ते में लिखकर भेजी थी "अनबरसे बादल की गहरी चित्रप्रिया-सी, खिड़की के चौखटे फ्रेम में जड़ी रही मैं!" ओह कितनी बातें एकदम कौंध गयीं।...

फिर मिली लाल बहीवाली जो कॉपी तुमने बनवाकर दी थी जिसमें पारसाल गर्मियों में जाने के पहले तुमने कहा था कि कनुप्रिया का तीसरा खंड शुरू कर दो—मेरे सामने और यही तीसरे पहर का समय था और मैंने उसके कृष्ण की ओर से वक्तव्य की रूपरेखा और कुछ Points तैयार किए थे और तुम कहीं पर थोड़ा-सा अचकचाई थीं—तुमने यह तो कहा था कि यहाँ से यह बिल्कुल नया मोड़ ले रही है मगर बहुत दबी ज़बान यह कहा था कि कुछ विचारात्मक ज्यादा है—और वह बात मेरे मन में घुटती रही थी, और बाद में मैंने कहा कि नहीं यह अंश भी राधा की ही वाणी में रहेगा।........

...फिर ऊपर की फ़ाइलें सँभालते हुए वह अपनी राधाकृष्ण की कागजों वाली रेशममढ़ी कॉपी मिली। गेरुए रेशम की। उसके गीत उलटते रहे। ओह राजेः कभी तुम लिखो न कहीं कि कनुप्रिया के दौरान में ये गीत लिखे गए थे। सुनो, बहुत Poetic हैं वे गीत—"पिया के हज़ार नाम हैं! रोम-रोम रचे नाम अंग-अंग आँके हैं। बेनी में गूँथे हैं, कँगना में टाँके हैं।" इन पंक्तियों को पढ़कर लगा ही नहीं कि ये मेरी लिखी हुई हैं। उफ़ रे इनका माधुर्य—और फिर वह "चन्दन का अंगराग अंग-अंग डसता रहा। बेले का गजरा वह भुज भर कसता रहा।... तुमने क्या दूर कहीं मेरे गोरे तन को पोर-पोर नीले कमलों से सिंगार दिया..." बुगली! याद है अपनी Demand तूने लिखा था कि तू गीत सीखना चाहती है, और तुझे बहुत अच्छे Lyrics मिलने चाहिए और मेरे मन वाणी को तो एक संकेत चाहिए, Kidney Trouble के गहनतम दिन थे वे कान्ता के-मगर मन सारे कष्टों से पृथक हटकर कहाँ पर घुलकर ताज़ा हो आया। कहाँ पर कौन-सी मधुराई में डूबकर राधा की इन अनुभूतियों को मुखर करने लगा मैं आज तक सोचता हूँ तो अपने पर विश्वास नहीं होता। चार दिन तक लगातार चार गीत लिखकर भेजे थे। पाँचवें

दिन जब कान्ता की हालत बहुत ही खराब हो गयी तब तुझे स्टेशन पर जाकर Inland छोड़ा था। और फिर जब तू मई में आयी थी। तब ऊपर उसी पूजाघर में उसी कॉपी में पाँच को तूने पूजा की थी और पीपल की छाँह दीवार पर पड़ रही थी, और तूने कहा था आज तुम ज़रूर कुछ लिखोगे और मैंने कुछ पंक्तियाँ लिखी थीं— 'सूर्या'

"क्या यह अँधियारा ही एकमात्र सत्य है?"
जब-जब आकुलता से यह प्रश्न मैंने दोहराया है,
उत्तर में कोई कुछ नहीं बोला—
उत्तर में केवल ओ सूर्या!
तुम्हें मैंने अपने कुछ और निकट
और निकट पाया है!"

और आज मन में आया इसके नीचे एक लाइन जोड़ने की—देखें क्या बूझती हो? इसके बाद तो एक गज़ब की चीज मिली—अभी जिस दिन तू रिहर्सल को जाने वाली थी—2 जून की बात है। हम लोग सुबह-सुबह नाश्ते पर बैठे थे कान्ता थी, और तू थी और बहुत दिनों बाद R.B. थी—और मैं कुछ बहुत उल्लसित था, तो तूने पूछा था क्या बात है तो मैंने कहा कुछ नहीं एक काग़ज़ के टुकड़े पर चरम अपनों की ढलानें और उनकी ओर से हंसू की आतुर डुबान और फड़फड़ाते पँख बना दिए और ऊपर पीपल की एक पत्ती और वह कागज़ तुम लोगों की ओर बढ़ा दिया था। R.B. जो उस दिन लाज से दुहरी हो गयीं वह मुद्रा मुझे एक-एक रेख याद है। R.B. असल में हारी हुई-सी थीं उस दिन! और वह कागज़ मेरे हाथ पड़ा तो बस पूछो मत! अपनी ब्राह्ममुहूर्त की पूजाएँ किस कदर गूँज़ गयीं।

और सबसे अन्त में अपना अनुबन्धपत्र मैंने एक विशेष तरीके से आज सँवार कर रखा है। और उसके पहले कुछ वाक्यों पर निगाह दौड़ गयी..."आज...के दिन...केवल अतिशय भावना में नहीं...वरन भावना और चिन्तन के दोनों के स्तर पर अपने हृदय अपने चिन्तन, अपने परिवेश, अपनी प्रकृति, अपने अतीत, वर्तमान और भविष्य के हर सम्भावित पक्ष को खूब जाँच कर हम यह निर्णय लेते हैं..." तो मन बहुत सशक्त हो आया—बहुत-बहुत-बहुत-बहुत—

नहीं यह गलत लिख रहा हूँ। सशक्त क्यों? क्या अशक्त था? नहीं जी। बहुत भावना में डूबा था। इसे पढ़कर उस भावना की चरम तन्मयता के बीच कोई अत्यन्त ठोस Practical Truth के स्तर पर जहाँ हमारा एकात्म्य अब अडिग रूप से स्थापित हो गया है—और उसका उल्लास उभर आया।

22 जून सोमवार
3 बजे दोपहर

राजे जी,

बताओ तुम्हें क्या लिखूँ, कैसे लिखूँ। तुम्हारा बस बुधवार का लिखा पोस्टकार्ड हम लोगों को बृहस्पतिवार को मिला था उसके बाद का कोई समाचार नहीं। अब गुस्सा होकर लिखूँ, तो तुम सरे बाज़ार घोषित कर चुकी हो कि मुझ पर गुस्सा मत किया करो, चिन्तित होकर लिखूँ तो ख्याल आता है, कि पता नहीं तुमने शायद पत्र डाले हों, पर बृहस्पतिवार को Postal Holiday के कारण न निकले हों, या शुक्र और शनिवार के भी पत्र अब सोमवार की शाम की ही डाक से मिलें! सोमवार की शाम की डाक का इन्तज़ार करें तो शाम को 7 बजे के पहले डाक आती नहीं है। और अगर 4:30 की गाड़ी से ख़त न छोड़ दें तो तुम्हें दूसरे दिन मिलता नहीं। आज 22 है, वैसे तो आज रात को या अधिक-से-अधिक कल सुबह तुम्हें चल देना चाहिए ताकि 23 को पहुँच जाओ, हालाँकि वायदा तुमने किया था 22 को ही आने का।

तुमको पिछले खतों में पूना की स्थिति के बारे में भी लिख चुका हूँ कि कितने-कितने निमन्त्रण बम्बई और पूना से आये हैं। अपनी तबीयत का हाल भी लिख चुका हूँ। शुक्रवार से जो तबीयत खराब हुई है, तो वैसी ही चल रही है। कल शाम को दर्द कुछ धीमा था, मगर रात को फिर बेहद बढ़ गया और आज सुबह सर में भी बेहद हो रहा था और कुछ बुखार भी आ गया था मगर बहुत मामूली। इस समय सर का दर्द घट गया है, मगर पैर में वैसा ही है। पर चिन्ता की बात नहीं। शायद तीन-चार इंजेक्शन के बाद ठीक होने लगे।

सर का दर्द इस कदर है कि पढ़ने या लिखने के लिए भी गर्दन झुकाओ तो लगता है, सर टूट कर गिर जाएगा। हो सकता है जुकाम हो गया हो। इसीलिए तुझे लिख नहीं पाया, आज कुछ नहीं कर पा रहा हूँ। केवल तेरा वह वाला ख़त पचीसों बार पढ़ गया हूँ और मन नहीं भर रहा है। पी गया हूँ इसे बीसियों बार—

पुस्सू—तू कहती है कि लोगों को कनुप्रिया की Theme और पात्रों के बारे में कुतूहल है, मैं वात्स्यायन और पन्त जी की सम्मति के उद्धरण तुझे भेज ही चुका हूँ—लेकिन सुन यह बात केवल तू और कान्ता ही जानती है—कि कनुप्रिया का मात्र रूपान्तरण मैंने किया है—उसे तो एक-एक कण लिखा है, मेरी R.B. ने और

कभी तुम कनुप्रिया कैसे लिखी गयी, इस पर लिखना तो ज़रूर लिखना कि भारती जी को इसका श्रेय बेकार दिया जाता है असल में तो वे भी R.B. के ही हाथ के लिखे हुए एक कुंकुम अक्षर हैं। और उनके अपने एकात्म्य को R.B. ने समुद्र की रेत पर नहीं लिखा है—उनके अपने एकात्म्य को आधुनिक युग के संगीत की लय पर आधुनिक जीवन की भीड़भाड़ के बीच सहज, उन्मुक्तता, निर्भयता और परम आस्था के सुहाग, अक्षरों में लिखा है—अमिट अक्षरों में—

तबीयत ठीक नहीं है—पर इसको पढ़कर और सोचकर बहुत अच्छा लग रहा है—

अच्छा अब सर फटने लगा है—अब नहीं लिखूँगा—

कौन जाने कल सुबह सचमुच तू आ जाये। तुझे शनिवार का भेजा कान्ता का express कार्ड तो मिल गया ही होगा।

देखें आज शाम की डाक से तुम्हारे कौन-से पत्र मिलते हैं?

शनिवार 17.7.59
शाम 6 बजे

राजे,

कहो सात दिन के बाद आज का दिन कैसा बीता? हाँ, याद आयी होगी, लेकिन भरा-भरा निश्चिन्त मन नहीं था। कॉलेज में खूब मन लगा होगा।

मैं तो गाड़ी छूटने के बाद भी दरवाज़े पर खड़ा रहा। गाड़ी मुड़ी कि तुम ओझल हो गयीं। पर ज़रा दूर खिसक कर गाड़ी खड़ी हो गयी सिगनल नहीं था। बगलवाले डिब्बे में कोई बंगाली सज्जन बैठे थे। उनकी बहन ट्रेन छूटते ही आयी थी। देख नहीं पायी थीं। थोड़ी देर बाद वे उसी अँधेरे में पटरियों के बीच उनका नाम पुकारते-पुकारते आयीं। बहुत अच्छा लगा। मन हुआ ट्रेन अभी खड़ी रहे और मैं फिर लौटकर प्लेटफ़ार्म पर जाकर तुम्हें पुकार लूँ।

उसके बाद खाना खाया। खाना अच्छा था। दही मन लायक था मगर तरकारी में नमक अधिक था। खैर खाकर नवनीत लेकर बैठा और पढ़ना शुरू किया डॉ. रानाडे का लेख। बड़ी उत्कृष्ट चीज़ थी। देवगुरु बृहस्पति तथा उनके छोटे भाई संवर्त गुरुकुल से पारंगत होकर लौट रहे थे। राह में एक नदी पड़ी। केवट ने पार उतराई न लेकर उनसे पूछा: आज सौभाग्य से दोनों श्रेष्ठ ऋषि मुझे उपलब्ध हैं। मेरे मन में वर्षों से एक प्रश्न घूम रहा है, महाप्रभु बताएँ—प्रेम सत्य है या

मिथ्या।'

बृहस्पति बोले—'प्रेम मात्र मिथ्या है निषाद युग-युग से ऋषि यही कहते आये हैं।'

तुरन्त संवर्त बोले—'नहीं नारद ने कहा है, अन्य प्रेम मिथ्या हैं। भगवत प्रेम मात्र सत्य है। केवट कुछ कहे इसके पहले दोनों शास्त्रार्थ में उलझ गए और हफ़्तों नदी तट पर शास्त्रार्थ करते रहे। केवट उदास लौट गया।

ब्रह्मा की आज्ञा से दोनों भाई वन, नगर, प्रान्त देश घूमते रहे कि जीवन के मर्म का पता लगाएँ दोनों को समाधान न मिला पर उनके पांडित्य की ख्याति चारों ओर फैल गयी।

मरुत ने अपने यज्ञ का पुरोहित बृहस्पति को बनाना चाहा। बृहस्पति ने अस्वीकार कर दिया। तब संवर्त पुरोहित बने। महीनों यज्ञ ही चलता रहा किन्तु महावैश्वानर (अग्नि) ने प्रकट होकर हविग्रहण नहीं की। बृहस्पति भी आये उन्होंने भी पौरोहित्य किया पर महावैश्वानर प्रगट नहीं ही हुआ।

अन्त में धर्मराज ने आकाशवाणी की—"ये दोनों पुरोहित अतिवादी हैं। बृहस्पति प्रेम की सत्ता को अस्वीकृत करते हैं। संवर्त केवल भावप्रेम को सत्य मानते हैं। दोनों मार्ग असहज हैं। मैं एक पुरोहित भेज रहा हूँ जिसने मार्ग खोज लिया है। वह यज्ञ करे तो अग्नि देव प्रकट होंगे।

लोगों ने देखा कि धर्मराज का भेजा एक वृद्ध पुरोहित श्यामल शरीर धीरे-धीरे यज्ञमंडप के कोने में आकर खड़ा हो गया। बृहस्पति, संवर्त ने पहचाना उनका परिचित वृद्ध केवट—

केवट ने मार्ग पा लिया था। वह न प्रेम के मिथ्यत्व को मानता था—न प्रेम के केवल ईश्वरीय रूप को—

वह मानवीय प्रेम पर विश्वास करता था। यह कथा समाप्त कर मैंने फिर एक बार पाँव छूती हुई अपनी प्रिया की माँग छूकर आशीर्वाद दिया। और करवट बदल कर नींद में डूबा-डूबा परम अपनों पर हाथ रखकर गहरी नींद सो गया। कब बैरा आया थाली ले—गया उसने मुझे जगाने की कोशिश की, मुझे कुछ याद नहीं।

नींद में कुछ घटनाएँ टूटी-टूटी तौर पर याद भी आ रही थीं। वही अपर सर्कुलर रोड के चौराहे पर हमारी कान्ता की बस वाली घटना, और जाने राह में किसी स्टेशन पर लाउडस्पीकर बज रहा था या नींद में याद आ रहा था, जानती हो कौन-सा गीत वह जो हमने-तुमने कान्ता ने पहली बार साथ Picture देखा था—यह कहानी है दीये की और तूफ़ान की।

नींद खुली धनबाद से जब ट्रेन गुज़र रही थी। बगल वाले सज्जन भी जाग रहे थे। उन्होंने बताया कि बैरा जगाकर चला गया सुबह आएगा। पूछने लगे आप

कलकत्ता रहते हैं—मैंने कहा 'नहीं!' पूछने लगे " She lives at calcutta" मैंने कहा, "हाँ, She sereves here." बोले— यह तो बड़ा troublesome होता होगा—पर अच्छा है। अब तो कुछ दिन में सभी को ऐसा करना होगा। पुराना Family system नहीं चल सकता। फिर सोया तो नींद खुली मुगलसराय में। देखो तो—खूब भूख लगी थी। बिना मुँह हाथ धोये दो टोस्ट और चाय पी। फिर मुँह हाथ धोया। पान खाया। और पीछे मुड़कर विन्ध्य की पहाड़ियाँ देखता रहा। चुनार गुजर गया... मिर्ज़ापुर गुज़र गया...इलाहाबाद आ रहा था। ट्रेन की खिड़की पर खड़ा था और अक्सर बिल्कुल बगल की लाइनों पर तेज़ी से उल्टी ओर से आती हुई Goods Crack trains गुज़र रही थीं। उनके Cross करते ही उनकी गर्जना और हवा का थपेड़ा मुँह पर, माथे पर लगता था बड़ा मज़ा आता था—करछना...छिवकी...नैनी...जमुना का पुल और मटमैला पानी दूर तक फैला हुआ...अकस्मात् छिप गया दिन हो आयी रात और किले के उपर से बादलों में चौथ के चाँद की रुपहली कोर..."आज करवाचौथ है, सुहाग का व्रत-आज से रिसर्च का काम शुरू कर ही दूँ राजन्..." तुम्हारे ये शब्द कान में गूँजते रहे पुल पार हो गया और अपना शहर, अपना प्यारा इलाहाबाद...आज यूनिवर्सिटी खुलेगी, सब मिलेंगे-कैसा होगा लॉन? कैसे होंगे गुलाब के पौधे?

प्लेटफ़ार्म पर केका को लिये कान्ता खड़ी थी। घर आकर नहाकर यूनिवर्सिटी गए। मिले रघुवंश, जगदीश जी, ब्रजेश्वर जी, शुक्लजी, छोटे देवर (बेचारे पूछ रहे थे कि Form उन्हें मिल गया?) लौटकर खाना खाया और दो-तीन घंटे सोये। उठे, गुलाब बेला के पौधे लगाए-खत लिखा, अब जा रहे हैं कालका मेल में छोड़ने—

18th July 59

इतवार, सुबह लगभग 9 बजे बादल घिरे हैं, इलाहाबाद कम-से-कम आजकल खासा सुहावन है, नाश्ता करके तुम्हें लिखने बैठा हूँ, बोलो तुम क्या कर रही हो इस समय, अगर मेरी बात याद होगी तो For Whom the bell talls देखने की तैयारी कर रही होगी।

कल शाम कालका पर जाकर तुम्हें एक Express लिफ़ाफ़ा छोड़ा है घर के पते पर। इसमें कान्ता के दो ख़त हैं, एक मेरा जिसमें रास्ते का और यहाँ पहुँचकर शाम तक का सारा हाल लिखा है। शाम को ख़त लेकर निकला तो 7 बजे थे।

कालका मिलने की सम्भावना ही नहीं थी। सोचा चलो Bombay mail पर डाल देंगे। स्टेशन पहुँचे तो R.M.S. में टिकट ख़त्म थे। अब क्या करें? लौटे टेलीग्राफ आफ़िस आये। टिकट लिया। express किया उसे। लौटकर स्टेशन आये। 8 बजे थे। देखा ट्रेन आ गयी है—पर यह क्या, यह तो कालका है—मैंने पूछा नहीं था पर आज एक घंटे लेट है। मन खुश हो गया। गये, लिफ़ाफ़ा छोड़ा—लौटकर आये घर, तो देखा कोई गाड़ी खड़ी है। who can it be? देखा गिरजाकुमार, उनकी पत्नी और तुम उसे जानती होगी, राजनारायण बिसारिया खड़ा है। बिसारिया यहाँ रेडियो में आ गया है। मानव जी जयपुर जा रहे हैं—खड़े-खड़े चन्द बातें हुईं। मज़ेदार। गिरजाकुमार बहुत प्यार से तुम्हारे बारे में पूछ रहे थे।

डाक उल्टी-पल्टी। खंडवा में एक तुलसी समिति है। उसने 9,10,11 को तुलसी जयन्ती का आयोजन किया है। उसमें बुलाया है। 125/- देंगे वे—कुल मिलाकर। मेरा ख़्याल है दादा से मिल आऊँ। अच्छा अवसर है। बोलो? तुरन्त जवाब दो कि जाऊँ या नहीं? तुम्हारा उत्तर पाते ही स्वीकृति भेज दूँगा। वहाँ एक भाषण मात्र देना है। डाक में कलकत्ता के प्रख्यात प्रकाशक New Age Publishers ने एक प्रख्यात बांग्ला पुस्तक का अनुवाद भेजा है 'कितने अनजान रे', 'कतो अजाना रे'। उसका कुछ अंश रात सोते समय पढ़ा। बहुत अच्छा लगा। ख़त्म करके तुम्हें भेज देंगे। बहुत ही अच्छा लगा। डाक में सन्तो का कार्ड आया है कान्ता के नाम जिसमें लिखा है : 'घर आकर पुष्पा के ख़त की प्रतीक्षा की। न आना था सो न आया।' वह लिफ़ाफ़ा तो छोड़ ही दिया होगा। बाबा एक पोस्टकार्ड भी तुरत छोड़ दो। अपना पता भी उसमें लिखना न भूलना। Hurry up.

रिसर्च के लिए यह विषय तो पसन्द आया लेकिन बेबी तुमने जो Synopsis बनाई है, वह टुकड़ों में तो अच्छी लगी पर पूरी तरह पसन्द नहीं आयी। मोटे तौर पर रूपरेखा क्या होगी यह बताये देता हूँ फिर जैसे-जैसे काम करती चलोगी— देखता रहूँगा। ठीक कहती हो कि बिना जुंग को समझे तुम अपने विषय में गहरे धँस नहीं पाओगी—आज तुम्हें जुंग के बारे में बेसिक बातें देता हूँ—आगे जब खुद समझ लोगी तब discuss करेंगे।

मनोवैज्ञानिक सी.सी. जुंग ने संसार के साहित्य, पुराण आदि का अवगाहन कर यह माना है कि कुछ विशिष्ट character types हुआ करती हैं। आदिम पुराण गाथाओं में जिनके उदाहरण मिले हैं। उनके उसने कुछ लक्षण बताये हैं तथा उसका यह कहना है कि समस्त पुराण, इतिहास, गाथा, साहित्य (काव्य, उपन्यास, नाटक) में पाये जाने वाले चरित्र इन्हीं कुछ वर्गों के होते हैं। उनके मूल लक्षण तथा आधार प्रवृत्तियाँ एक-सी होती हैं। केवल उन्हीं लक्षणों तथा प्रवृत्तियों का

युंग तथा परिस्थितियों के अनुरूप (कभी उसके अनुसार, कभी उसकी प्रतिक्रिया में विकास होता चलता है) मसलन, जैसे उसने माना कि extrovert और introvert दो type होते हैं। extrovert कथानक में प्रवेश करता है। उसके सूत्र अपने हाथ में लेता है। और क्रियात्मक क्षेत्र में सजगता से सक्रिय हो उठता है। introvert उतने शीघ्र action में प्रवृत्त नहीं होता—वह तटस्थ रहता है और संकट के समय अपने मन में डूबकर अन्तर्मुखी हो जाता है, ऊहापोह करता है, विचार करता है—मूल्यांकन करता है। फिर character types कभी-कभी इन दोनों के मध्य के होते हैं, कभी-कभी प्रारम्भ में वे introvert होते हैं ज़िन्दगी उन्हें extrovert बना देती है। कभी आरम्भ में introvert होते हैं। कोई मानसिक आघात उन्हें extrovert बना देता है।

जुंग की ही भाँति Marx, Freud तथा Adler ने भी कुछ character types बताये हैं। आपको पहले इन चार प्रकार के व्यक्तियों के चरित्र वर्गीकरण का अध्ययन करना होगा। फिर संक्षेप में यह देखना होगा कि पश्चिमी तथा भारतीय साहित्य शास्त्र में जो चरित्रों के वर्गीकरण हुए हैं—नायकों के नायिकाओं के वे कहाँ तक मेल खाते हैं या उनसे कहाँ तक अलग हैं। इतना करके आपको 8 या 10 character types निर्धारित कर लेने होंगे। यह काम होगा प्रथम अध्याय का।

इसके बाद आपको हिन्दी के आधुनिक महाकाव्य उठाने होंगे—साकेत, प्रिय प्रवास, कामायनी तथा अन्य उपलब्ध महाकाव्य—पार्वती, तारकवध आदि। उनके जितने पात्र हैं, वे किस वर्ग के हैं? क्यों? किस वर्ग के हैं? क्यों? किस वर्ग के चरित्रों की प्रधानता है? क्यों?

फिर खंडकाव्य लेने होंगे—यशोधरा, द्वापर (मैथिलीशरण), पथिक, मिलन (रामनरेश त्रिपाठी), तुलसीदास (निराला), रश्मिरथी (दिनकर) तथा अन्य minor खंडकाव्य। उनके पात्रों का वर्गीकरण और विवेचना करनी होगी। फिर छोटे कथाकाव्य लेने होंगे—नहुष, पंचवटी, जयद्रथ वध and so many. उनमें यही विश्लेषण करना होगा।

फिर कुछ परिणाम और उपसंहार!

इसकी कार्य प्रणाली बहुत सरल है। कुल तीन किताबें Marx पर, दो किताबें Freud पर, एक किताब adler पर, एक जुंग पर। ये 10 किताबें सिद्धान्त की पढ़नी होंगी। उन्हें मैं तुम्हें आसानी से समझा दूँगा। इस सितम्बर-अक्टूबर में जब कहीं चलेंगे तो घंटा भर नियमित रूप से तुम उसी प्रकार राजन की बाँह पर चुटैया फहराकर, घुटनों पर हाथ रखकर बैठना जैसी उस चित्र में बैठी हो

और यह सैद्धान्तिक अध्ययन 13 या 14 दिन में पूरा कर लोगी और 10 basic character types निर्धारित कर लोगी ओर उनके अलग-अलग 10 डिब्बे बना लोगी।

फिर जयद्रथ वध से लेकर कनुप्रिया तक 51 महत्त्वपूर्ण महाकाव्य, खंडकाव्य और छोटी कथा-काव्य कृतियाँ छाँट लोगी और उनका द्विविध वर्गीकरण कर लोगी—

(एक) रूपानुसार—अर्थात्— महाकाव्य कौन हैं
खंडकाव्य कौन हैं

तथा अन्य

(दो) कालानुसार—अर्थात्— द्विवेदी युग के
छायावादी युग के
छायावादोत्तर युग के

फिर उनको पढ़ोगी और उनमें जितने चरित्र होंगे (उल्लेखनीय) उन हरेक का अलग-अलग कार्ड बनाओगी। उसमें उनकी चरित्रगत विशेषताएँ लिखोगी और जो दस डिब्बे बनाये हैं, उनमें से जिसके अन्तर्गत वह चरित्र होगा, उसका कार्ड उसी में डाल दोगी। इस प्रकार तुम्हारा basic material तैयार हो जाएगा और ऊपर की योजना के अनुसार हर अध्याय लिख डालोगी।

इस विषय में फ़ायदा यह है कि बहुत Pointed विषय है, सीमित पुस्तकें पढ़नी होंगी—कार्यप्रणाली बहुत mechanical और सरल है। मस्तिष्क पर ज़ोर नहीं पड़ेगा, भटकना नहीं पड़ेगा। पर साथ-ही-साथ विषय दिलचस्प है, रूखा नहीं। लगकर करोगी तो 18 महीने में थीसिस टाइप हो जाएगी। मेरा एक रिसर्च स्कॉलर character type in Social novel कर रहा है इसलिए मुझे भी कोई अतिरिक्त अध्ययन नहीं करना पड़ेगा।

लोढ़ाजी से भी चाहो तो discuss कर लेना। लेकिन पहले सितम्बर के अन्त तक निरन्तर पढ़कर दिखाओ तब अक्टूबर में छुट्टियों में काम शुरू कर पाएँगे वरना इस साल नहीं। लेकिन नहीं—जब मेरी राजे जानती है कि उसे खा-पीकर वज़न बढ़ाना है तो अब वज़न बढ़ाएँगे हैं न! और ख़ूब ख़्याल रखोगी अपना—बताओ न कितना बड़ा उत्तरदायित्व है उस पर। राजन बाबू अपने सब कुछ की ज़िम्मेदारी उस पर छोड़ गये हैं। कहते हैं अब मैं कुछ नहीं जानता। बहुत थक गया हूँ। तो इतनी बड़ी ज़िम्मेवारी और इतनी मीठी ज़िम्मेवारी सँभालने को हमारी मधुरिमा पीछे नहीं पड़ेगी—है न?

हाँ, तुम हावड़ा से लौटते हुए भवानीपुर होकर गयी थीं? वह दवा ले ली थी? it is order कि उसमें लापरवाही न हो। आज मुखर्जी से मिली! Ferradol की जगह क्या बताया? हाथ-पाँव के जलन के लिए क्या कहा? मूली-अदरक विमटो, ख़ूब लेती रहना और हाँ मृत संजीवनी सुरा ले आना, समझीं। कल मैं आकर रुपया नहीं निकाल पाया। आज इतवार है। कल सोमवार को रुपया निकालूँगा तब डॉ. बसु से मिलकर साहा की दवाएँ शुरू कर दूँगा।

बेहद ख़ूबसूरत पानी बरस रहा है राजे! दो घंटे से—भीग रहा है लॉन। भीग रहा है पीपल। भीग रही हैं मालती की, अंगूर की, गुलाब की लताएँ, भीग रही है खिड़की पर चढ़ी जैक मांटिया—तुम क्या कर रही हो राजे इस वक़्त? यहाँ आओ, मेरे पास बैठो—आओ उसी प्रकार घुटनों के बल पास बैठकर गोद में खुली किताब पर झुक जाओ। नहीं—यह चोटी पीछे नहीं आगे कर लो, मेरी बाँह पर बिखेर दो। और आओ हिलमिलकर कोई किताब पढ़ें। कौन-सी पढ़ोगी! कोई मीठी-मीठी उदास-सी हलके रंगोंवाली कहानी—कोई नर्म नाज़ुक कविता, कोई बहुत पवित्र, प्यारी कथा बहुत delicate क्षणों की—तुम पढ़ो मैं सुनूँ—या नहीं, तुम भाव विभोर सुनो—मैं कहूँगा—सुनो एक थी...पर यह क्या—तुम पास बैठी हो और कोहनियों से गुलाबों की खिलती पाँखुरियों की धड़कन धीरे-धीरे ऊपर चढ़ रही है—और हल्की मीठी खुमारी-सी छा रही है—साँसों में—पलकों पर...बताओ ऐसे में कोई क्या कहे? क्या बोले?...पानी बरस रहा है, मीठी है बूँदों की आवाज़ पौधों पर, पत्तियों पर, लतरों पर, पोखर पर...और याद आ रही है कमिंग्ज़ की कविता की वह पंक्ति 'कोई नहीं यहाँ तक बरखा बूँदों की हथेलियाँ भी इतनी नन्हीं नहीं होतीं जितनी तुम्हारी...और बरखा बूँदों की हथेलियों से भी नन्हीं हथेलियाँ मेरे घुटनों पर टिकी हुई हैं और सामने मेरी गोद में किताब खुली है, और किताब पर झुकी हुई है सूर्या और आम्रमंजरी पूरित माँग और चन्द रूखी हठीली लटें और मैं पढ़ रहा हूँ—पुस्तक नहीं—मैं पढ़ रहा हूँ वह माँग—वह हठीली लटें—वह नन्हीं, घुटनों पर टिकी हथेली...पानी बहुत प्यारा बरस रहा है—राजे! तुम क्या कर रही हो इस समय...

शनिवार 25.7.59
शाम 4 बजे

ठीक सात दिन! पिछले हफ़्ते शुक्रवार को अपने घर से चलकर आज के

दिन यहाँ पहुँचा था और बेहद गहरी नींद से सोकर ठीक इसी समय उठा था और चाय पीकर तुम्हें लिखने बैठ गया था। रास्ते का हाल और बृहस्पति—संवर्त की कथा। आज अभी-अभी धर्मयुग का जो सारा मैटर कल पूरा किया था, आज उसकी टाइप कॉपी ठीक की, final touches दिये। मेकअप के सुझाव लिखे, सम्पादक को ख़त लिखा, लिफ़ाफ़ा बन्द किया, एक चक्कर लॉन का लगाया और फिर उसे लिखने बैठे हैं जिसके लिए, जिसके कारण, जिसकी ओर से मेरा यह सारा लिखना-पढ़ना है।

सच राजे! तुमने कभी लिखा था कि मुझे प्यार करने के अनगिनत तरीके आते हैं। आते नहीं थे पता नहीं किससे जान लिये। लेकिन मेरी अभिमान, जानती हो तुम्हें प्यार करने का कौन-सा तरीक़ा मेरे व्यक्तित्व के एक-एक कण को तृप्त कर जाता है।, परितृप्त कर जाता है। तुम्हारे लिए कुछ भी लिखकर पूरा करने का सुख! तुम्हें हराकर जो तृप्ति मिलती है वही शायद लिखने में मिलती है। मेरी चरम सार्थकता, मैं कितने कितने-कितने शब्दों के प्रगाढ़ फूलपाश में जकड़ लूँ तुझे कितने-कितने बिम्बों में तुझे अंकित करूँ, कितने गीतों में तुझे गाऊँ, कितनी कथाओं में तुझे लिख डालूँ—मुझमें, कोबियाल में कौन-सी मृदुल आग है जो ये पनसुतिया, ये नीली धारीवाली गुलाब धधका देते हैं। और विशेषतया इस बार—इस बार कौन-सा आश्वासन, कौन-सी ताक़त, कौन-सा सन्तोष देकर भेजा है तुमने—जानती हो, जो भी मिलता है कहता है, "इस बार तुम लगता है जैसे उबर रहे हो, तुममें तुम्हारी अपनी ताक़त, अपना उत्साह, अपनी तुर्शी वापस आ रही है। और सब लोग क्या जानते नहीं कि वह मुझे कौन खींच लाया है उस लोक से...सब जानते हैं, आदरपूर्वक जानते हैं।

अभी कल की बात बताएँ। बड़ा मज़ा आया। कल मैंने ज्यों ही लेख ख़त्म कर पेन रखी कि तुम्हारा ख़त आया। वही इग्ज़ोरा के फूलों की कविता वाला। तुम्हें उसी समय इनलैंड लिखा, जिसमें लिखा था कि आज जा रहा हूँ सिविल लाइन्स में चहकने। सो कपड़े पहने, पहले गया तुम्हारा इनलैंड छोड़ने Bombay mail पर। वहाँ से लौटा तो कोई नहीं था सिविल लाइन्स में—मैंने साइकिल भगायी और गया चैथम लाइन्स। रघुवंशजी और रामस्वरूप बैठे खाना खा रहे थे छत पर। साढ़े नौ बज चुके थे। मुझे आते देखकर अचरज में पड़ गये। जब मैंने बताया कि मात्र आवारागर्दी के लिए आया हूँ तो पुलक उठे। बोले रामस्वरूप—"ओफ़्फ़ोह कितने दिन बाद हमारे भारती जी की real spirit लौटी है।" रघुवंश बोले, "अब लगता है तुम सारी यन्त्रणा से उबर रहे हो। तुम्हारा real mood लौट रहा है।" बस इस समय तो इतनी बात होकर रह गयी। आगे चली 'निकष' 'ज्ञानोदय' की बात। तो रघुवंश बोले, "चलो अगस्त-सितम्बर में हम लोग कलकत्ते हो

आएँ। घूम भी आएँगे।'' ज्ञानपीठ का काम भी कर आएँगे। तो मैं बोला, ''आप रामस्वरूप हो आइए—मैं तो मिल आया हूँ लक्ष्मीचन्द्रजी से।'' तो रघुवंशजी बहुत ममता से बोले—''चलो हो आओ। यह मूड जो लौटा है पक्का हो जाएगा। ताज़े रहोगे, काम करोगे, लोगों की दो साल से व्यापी चिन्ता मिटेगी।''

फिर छोटकऊ देवर ने लजाते-लजाते पूछा—पुष्पाजी को लिफ़ाफ़ा मिल गया था समय से। फिर बताते रहे कि कैसे उन्होंने phone किया, फिर ऑफिस बन्द था, फिर ऑफ़िस खुलवाया आदि...

सपन मेरे! मेरी प्रणामबद्ध अँजुलियों में सहेजे हुए सपन—अब धीरे-धीरे खिलो न—एक-एक पंखुरी—तुमने क्या पढ़ना शुरू किया? सुनो—मालिश करवाने का इन्तज़ाम करो, चाहे कितना भी देना पड़े नाउन को—यह थकान बैरिन हमारी योजनाओं के रास्ते में नहीं आनी चाहिए न! उपन्यास पढ़ो, कविताएँ पढ़ो, डूबो और जो मन में आये, लिखो। तुम्हें याद है 'ज्ञानोदय' में पहले दो-एक लेख निकले थे कविताएँ पढ़कर वैयक्तिक reactions—वैसे लिखो न! लिखो अपने impressions चाँदनी रातों में दीघा के समुद्र के, बचपन के, उन जाड़े की दोपहरियों के जब हम लोग कविताएँ पढ़ते थे, सुहागी की पहाड़ियों के! सपन मेरे! तन के मन के एक-एक कन के अमित दुलार से रचे चमन! अब लिखो न!

रिसर्च का वह विषय पसन्द आया, और इतना अच्छा लगा कि मैं युनिवर्सल जाकर जुंग की Psychological types पर विश्वविख्यात ग्रन्थ उधार ख़रीद लाया। उसमें तेरे काम का सारा matter हैं। शेष सब मैं धीरे-धीरे जुटा दूँगा। बस इस साल खूब लाल सेब-सी हो जा—अगले साल इस काम में जुटना और साल भर में पूरा कर लेना। सुन तू मृत संजीवनी सुरा क्यों नहीं ले आती। अच्छा आज कॉलेज से लौटते हुए ले आएगी न। बगुलिया आज तुम पर इतनी ममता, इतना दुलार क्यों उमड़ रहा है। ले इग्ज़ोरा के फूल तेरे बाग़ में खिले हैं उनकी एक-एक सींक चुनकर भेज रहा हूँ।

सुन ये इग्ज़ोरा खिलता है न तो एक-एक फूल में सौ-सौ सींकें होती हैं। अपने गुलाब जैसे पद्मावत के समय रहे होंगे उतने बड़े-बड़े गुच्छे!

रविवार, 26 जुलाई, 59
रात 9 बजे

आज से तीन दिन पहले बुधवार की रात 8 बजा होगा। सोमवार-मंगल को कविताएँ

वगैरह छाँटी थीं, सोचा था बुधवार अपनी संगिनी का lucky day है अत: उस दिन लिखना शुरू करूँगा। लेकिन उस दिन शाम तक पत्र न आने से मन कुछ उचट गया था। गया कालका मेल पर पत्र छोड़ा और लौटा....

लौटते समय विपिन साथ थे। सामने सड़क के सुदूर छोर पर चाँद निकल रहा था। पीला, थोड़ा कटा हुआ और बादल पीछे तीतरपंखी थी। और चाँदनी कहीं-कहीं धुँआ-धुँआ-सी बादलों के बीच झाँक रही थी और अच्छा लग रहा था साइकिल चलाना। हम लोग घर न जाकर कम्पनी बाग़ में एक पेड़ के नीचे सीमेंट की बेंच पर बैठ गये। और दुनिया भर की बातें उससे हो रही थीं। परिमल की, लक्ष्मीकान्त की, इसकी-उसकी...लेकिन उधर मेरी निगाह उठी और मैंने जो देखा उसे शायद कभी नहीं भूल पाऊँगा। चाँद बादलों में आधा निकला, ऊँचे-घने छतनार पेड़ों के ऊपर और विक्टोरिया के स्मारक का संगमरमर अँधेरे में साँवला और ऐसा लग रहा था। जैसे दफ़्ती की एक मीनार-सी काटकर खड़ी कर दी गयी हो, और जिन रंगबिरंगे कचनारों के नीचे हमने होड़ बद कर कलियाँ बीनी थीं, वे अँधेरे में चुप खड़े थे—और सारा दृश्य किसी जादू के लोक का लग रहा था और रहस्यमय लग रहा था चाँद। उसी क्षण जैसे बिजली की तरह यह बात मन में कौंध गयी...

पता नहीं वह बात, वह अनुभूति किन शब्दों में व्यक्त करूँ! उफ़ कितने आयाम हैं तुम्हारे प्यार के भारती-वधू! उस दिन जैसे किसी अनदेखे बन्द दरवाज़े की भाँति वह क्षण खुल गया और मैंने देखा तुम्हारे प्यार का सर्वथा नया आयाम...कैसे बताऊँ—

उस समय मुझे सचमुच लगा जैसे ये चाँद जहाँ जगमगा रहा है, वहाँ इन कटे-कटे बादलों के बीच से सीढ़ियाँ जाती हैं—कहाँ जाती हैं, ये नहीं मालूम—पर इनके बीच से सीढ़ियाँ जाती हैं—क्यों दीख रही हैं वे सीढ़ियाँ? स्पष्ट चाँदनी में चमक रही हैं। कहाँ ले जाती हैं वे सीढ़ियाँ? पता नहीं कहाँ? पर जहाँ ले जाती हैं कहाँ सब कुछ स्वच्छ रुपहला है पर सब अपार्थिव है धूमतरल है। वहाँ धुएँ में से ही एक दुग्ध धवल सेज सजी है और दीघा की एक मसहरी पर चारों ओर चार रजनीगन्धा की मालाएँ लटकी थीं वैसी श्वेत मालाएँ। (पर रजनीगन्धा की नहीं, जाने किस फूल की) चारों ओर छायी हैं लतरों की तरह—और तुम हो जूड़ा बनाये और जूड़े में लापरवाहही के सफ़ेद बेले की माला लपेटे—और सुगन्ध-सुगन्ध-सुगन्ध...और फिर और भी—बादलों की परतों के पार सड़कें हैं, राजमार्ग है, भवन हैं, मीनारें हैं, चन्दन-द्वार है और राज मेरे वह सब तुम हो! तुम हो वे राजमार्ग जिन पर मैं उस चाँद-लोक में चलता हूँ। तुम हो वह भवन जिसमें मैं रहता हूँ। तुम हो वह सेज जिस पर मैं सोता हूँ। तुम हो वह द्वार

जिसे मैं खोलता हूँ, तुम हो वह जादू जिसमें मैं डूबता हूँ...मैं विपिन से बातें कर रहा था, पर मैं उसके बगल में नहीं था। मुझे लग रहा था यह जो इस समय कम्पनी बाग की एक बेंच पर जो बैठा हुआ है। वह मैं नहीं हूँ—वह मात्र एक आदत है। वह मात्र एक लाचारी है—मैं वहाँ हूँ उन बादलों के पारवाली सड़कों पर तुम्हें चलता हुआ, उन चाँद डूबे भवनों में तुम्हें रहता हुआ, उन बेला परती सेजों पर तुम्हें सोता हुआ, उन चन्दन कपाटों में तुम्हें आहिस्ते से खोलता हुआ—सुगन्ध, सुगन्ध, निजी नशीली सुगन्ध—

यह तो हुआ बुध को—बृहस्पति, शुक्र को ख़ूब काम में लगा रहा। शनिवार को—यानी कल फिर गया तुम्हें कालका पर ख़त छोड़ने। शाम को 7 बजे थे। सारा आसमान साफ़ था...पूरब की ओर एक विराट् बादल—बाबा रे! काम-से-कम छह-सात मील बड़ा तो होगा—पता नहीं कहाँ से आकर जैसे नगर पर टिक गया था। और रंग उसका? धुनकी हुई रुई-सा, हंस के पंखों-सा, बर्फ़-सा श्वेत—और एकपरती नहीं था। लगता था जैसे सैकड़ों पर्त-दर-पर्त उस बादल में हों। मैं स्टेशन के अन्दर जाने के पहले एकटक खड़ा होकर देखने लगा—ऐसे बादल पहले कभी इस शहर पर आते ही नहीं थे। अब कौन भेजता है इन्हें?

और अब एक अजीब चीज़ उसमें। पर्त-दर-पर्त के बीच एक स्थान पर थोड़ा-सा हिस्सा जरा-सा गहराव लिये था। वहाँ पर छाया का ऐसा अजीब खेल था कि लग रहा था जैसे उतना-सा बादल वहाँ खुल गया है और पता नहीं ऊँचे-ऊँचे विराट् पहाड़ों की कोई घाटी गहरी घाटी दीख रही हो और मैं खड़ा-खड़ा देख रहा था कि इस घाटी में पता नहीं किस ढलान पर किसी देवदारु के नीचे लेटी हुई तुम अवसादी मुद्रा में मेरा इन्तज़ार कर रही हो—और दीघा के झाऊओं की छाया की भाँति तुम अपने स्लैक और शर्ट में हो और गुलाब मुझे बुला रहा है—ओह! उस समय अगर में बीच लाइन के खड़ा होता और ट्रेन भी आ जाती तो मुझे पता नहीं लगता—

और आधे घंटे प्रतीक्षा की। ट्रेन आयी, खत छोड़ा। लौटने लगे तो पुल से देखा बादल शाम को गहरे जामुनी रंग के हो गये हैं और सारे क्षितिज पर फैल गये हैं और उनमें मीनारें, किले, बारजे, बुर्जियाँ बन गये हैं और उन सबके पीछे कहीं सिन्दुर बिखरा है पर बहुत पोशीदा—छिपा छिपा—

क्या यह सब भाव अव्यक्त रूप में तुम आजकल भेज रही हो या इन विचित्र से अनुभवों से मन में आ रहा है कि सचमुच इन बादलों के पार कोई वास्तविक दुनिया बसी है और इस भौतिक दुनिया और उसके बीच खिड़कियाँ और दरवाज़े हैं जो शाम को सूर्यास्त के समय या रात को चन्द्रोदय के समय बादलों में झलकने लगते हैं और उस समय एक कदम हम अगर बढ़ा दें तो उन दरवाज़ों के पार

पहुँच जाएँ—

और जानती हो क्या लगता है?

जैसे बादल ऊपर उड़ते हैं, नीचे उनकी छाया समानान्तर दौड़ती चलती है—वैसे ही मैं प्रतिक्षण जन्म-जन्मान्तर से मात्र वहीं जीता आया हूँ तम्हें चलता हुआ, तुम्हें रहता हुआ, तुम्हें सोता हुआ, तुम्हें खोलता-मूँदता हुआ, तुम्हें जीता हुआ—और यह नीचे की ज़िन्दगी छाया है मात्र छाया—

नीचे की छाया उलझती है काँटों से, तैरती है पोखर पर, उड़ती है छतों-आँगनों पर उलझती है तारों में, टूटती है सीढ़ियों पर, भटकती है चरागाहों पर—

लेकिन ऊपर बादल हंस श्वेत बादल मात्र नीले गहरे अथाह मानसरोवर में तैरता रहता है—सदा तृप्त, सदा अतृप्त, सदा पहुँचा हुआ, सदा चलता हुआ।

राज! यह कैसा अजब-सा आयाम अपने प्यार का आजकल भेज रही हो—

....

....

....

....

....

....

लो तुम्हें विश्वास नहीं होगा! जातनी हो क्या हुआ। ऊपर का अन्तिम वाक्य पूरा लिखा भी नहीं था मात्र दिमाग़ में था कि बेहद गहरी नींद आयी—उसके पहले एक जम्हाई नहीं—ज़रा आलस नहीं, बस शायद 10 बजे होंगे रात के...कि एकदम जैसे किसी ने मन्त्र पढ़कर दो सेकेंड में सुला दिया हो। नींद खुली घंटे भर बाद जब हिन्नी ने आकर जगाया—प्यार! आज 26 तारीख है—क्या तुमने थककर सोने के पहले मुझे समूचा बुलाया—समूचा डूबो लिया—और अब जग गया हूँ तो फिर ज्यों-का-त्यों। कैसी जादू-निद्रा थी यह—साधारण नींद तो नहीं थी। सच बताना, क्या तुमने मुझे बुला लिया था?

और देखो ठीक आधो-आध चाँद कैसा अजीब निकल आया है। 12 बज रहे होंगे अब। तुम्हें याद है जायसी वाला शब्द 'रंगधारी'—जिसे गुलाबों पर अंकित करने का प्रयास इस बार राजन ने किया था। वैसी ही दो नीली धारियाँ डालती हुई बादल रेखाएँ बीचोंबीच उसके आरपार और उसके नीचे की नोक एक अथाह गहरे काले बादल में 5% डूबी हुई, और दिन भर भर पानी बरसकर धुल गया है। काफ़ी ठंडक है आज—और...

अब जाओ, उठो और ऐसे राजन की गोद में कोहनी टेककर, उनके कन्धे पर माथा टेककर बैठो—तुमसे कुछ मन की बातें करें : देखो मेरे प्यार, उस दिन

बुधवार को जब विपिन से पार्क की ठंडी बेंच पर बैठा बातें कर रहा था तो एक अजीब-सी feeling मन में आयी। वह यह कि मेरे अधिकांश मित्रों ने मन के स्तर पर जैसे evolve करना छोड़ दिया है। ज़िन्दगी की चन्द ऊपरी सतहों पर काफ़ी तीखेपन से महसूस करने के बाद अब जो हमारे अस्तित्व और अनुभूति का विराट् रहस्य है उसमें धँसना छोड़ दिया है। यही नहीं वरन यह भी कि वे उस ऊपर की सतह को ही final मान बैठे हैं और जैसे मिट्टी की ऊपरी सतहें सूखकर पपड़ा जाती हैं न, गहरे भीतर कहीं मिट्टी बराबर नम और सोंधी बनी रहती है—वैसे ही उनके हृदयों की अपनी सतहें सूखकर पपड़ा गयी हैं पर अन्दर अपने ही हृदयों में गहरे उतरकर उसकी आर्द्रता और नमी और सोंधापन को ग्रहण करने और fully realise करने का उत्साह और आस्था जैसे अब उनमें धीरे-धीरे समाप्त हो रहा है।

साहित्य में भी अक्सर अब वे मात्र ऊपरी बातों की चर्चा और विवाद करते हैं अन्दर का रस उनके हाथ से छूट जाता है।

तुम जानती हो मेरे मित्र मुझे कितना प्यार करते हैं, मैं अपने मित्रों को कितना प्यार करता हूँ--लेकिन लगता है कि कहीं अब मैं ज़रा अलग-सी पगडंडी पर चल रहा हूँ, और वे पुराने दस साल पहले ग्रहण किये गये रास्ते की लीक पीटते चले जा रहे हैं—

राजे, मेरी सब कुछ, मेरी एक मात्र अन्तरंग मित्र मेरी कला, मेरी उपलब्धि, मेरे जीवन का नशा, मेरी दृष्टि की गहराई—मैं नहीं जानता तुम्हारे टी.एस. इलियट ने क्या कहा है—कौन व्यक्ति है जो Suffer करता है। कौन व्यक्ति है जो लिखता है—सिर्फ़ इतना जानता हूँ कि मैं, मेरी कला, मेरा मन, मेरी दृष्टि सब कुछ तुम हो—वे हंस से उलझने वाली Ruffian उँगलियाँ हैं जो लिखती हैं, मैं नहीं--टी.एस. इलियट ने अगर ऐसा प्यार पाया होता तो वह भी यही कहता।

फिर मेरे सपन! टी.एस. इलियट ने जो कहा है उसका अर्थ एक दूसरे सन्दर्भ में माना जाया करता है। तुम जानती हो कि हमारे यहाँ कहा गया है कि कला में साधारणीकरण होता है। अर्थात् कला में अभिव्यक्त कलाकर का सुख-दुख, राग विराग मात्र उस व्यक्ति का नहीं होता—वह सभी व्यक्तियों का होता है। तभी तो कलाकार के द्वारा व्यक्त किये गये सुख में सब सुखी होते हैं, उसके दुख में सभी दुखी होते हैं—

अत: अनुभूति के दो स्तर हुए—एक तो हमारा सर्वथा Private जिससे किसी से कोई मतलब नहीं। एक वह जो हमारा होते हुए भी उस स्तर का है जहाँ वह केवल हमारा नहीं सबका है।

टी.एस. इलियट के कहने का तात्पर्य यह है कि कला की प्रक्रिया में हमारी

अनुभूति बिल्कुल निजी दुख-सुख की एकान्त निजता को तोड़ देती है और उस सीमा से मुक्त होकर केवल निजीपन से छूटकर सार्वभौमिक हो जाती है। इसी को उसने जो शब्दावली दी है वह थोड़ी-सी भ्रामक है। भ्रामक इसलिए कि T.S. Eliot के पहले बराबर यह कहा जाता था कि कला is an expression of your personality. और उसका विकृत अर्थ यह लिया जाता था कि कला की अनुभूति चाहे दूसरों के लिए सार्थक हो या न हो—यह केवल कलाकार के private व्यक्तित्व की अभिव्यक्ति मात्र है।

तो T.S. Eliot ने यही पूछा कि यदि ऐसा है तो वह कला उस पाठक को द्रवित क्यों करती है जो कलाकार से न तो परिचित है, न कलाकार के private व्यक्तित्व में कोई रुचि रखता है।

तब कला की इस सार्वभौमिकता को व्यक्त करने के लिए उसने यह कहा कि art is an escape from personality और जब उसने यह कहा कि man who create is different form man who suffers तो उसका मात्र अर्थ यही था कि कलाकार के ही व्यक्तित्व के दो पक्ष होते हैं एक बिल्कुल निजी स्तर पर भोगता है और दूसरा सार्वभौमिक स्तर पर create करता है।

इस प्रकार वह कलाकार अपने से बाहर कहीं भागकर मुक्त नहीं होता प्यार! वह अपने अन्दर ही मुक्त होता है—निजत्व से मुक्त नहीं होता वह मुक्त होता है 'पृथकत्व' से। जहाँ पर सार्वभौमिक अस्तित्व से पृथक है कटा हुआ है, उस खाई को वह कलासृजन में पाटता है। वह जीता है 'पृथकत्व' के स्तर पर सृजन करता है अभिन्नत्व के स्तर पर।

लेकिन तुम्हारे कोबियाल क्या करते हैं यह वे जानें और तुम जानो! पर इतना ज़रूर जानता हूँ कि टी.एस. इलियट ने अगर ऐसा गहन प्यार पाया होता—ऐसी पनसुतियाँ, गुलाब और अगस्त्य के फूल उसे मिले होते तो मेरी सपन! बात और realisation की होती—वह यह कि कलाकार पृथकत्व के ही स्तर पर जिये—एक चेतना का स्तर वह होता है जब हम हर क्षण जीते हैं तो व्यक्तिगत अनुभूतियों के ही माध्यम से विराट् को जीते चलते हैं। हम नितान्त निज में जीते हुए भी सर्व को जीते हैं—एक खंड को जीते हुए भी सम्पूर्ण को जीते हैं—केवल उसमें आवश्यकता होती है एक अजीब-सी दृष्टि की। उस दृष्टि को पाकर हम हर क्षण के पीछे के विराट्त्व को पहचानते चलते हैं हर निजी आवेग के पीछे के सम्पूर्ण सन्दर्भ को पहचानते चलते हैं।

याद है तुम्हें सूर्या! पिछले साल मैंने तुम्हें एक बार लिखा था कि क्या तुम अपने प्यार के व्यापक अर्थ पहचानती हो। क्या तुम जानती हो कि वस्तुतः वे हम दोनों ही थे जिन्होंने गुहामानव की चरम हिंस्र प्रवृत्तियों का अतिक्रमण कर सृष्टि के आदिम सूर्योदय में पहली बार यह जाना था कि एक-दूसरे का तन पूजा का साधन

है, भक्षण या पाशविक तृप्ति का नहीं! क्या तुम्हें मालूम है कि जन्म-जन्मान्तर में यह हमारा प्यार है जो वंशी की भाँति वट के नीचे तुम्हारा नाम बजाता रहा है।

जब हम यह पहचान लेते हैं मेरी सपन तो हमारी एक डुबान मात्र हमारे तन के 'पृथकत्व' की प्यास नहीं रह जाती वह विराट् के एकत्व की प्रतीक हो जाती है। हर हार हमारे तन का एक reflex मात्र नहीं रह जाती है—वह अपने पृथकत्व का सम्पूर्ण विसर्जन का प्रतीक बन जाती है।

हमारा सम्पूर्ण जीवन 'पृथकत्व' के स्तर का विसर्जन और सम्पूर्ण सत्य का साक्षात्कार बन जाता है—और फिर यह ज़रूरत नहीं रहती मेरे अभिमान कि हम जियें पृथकत्व से स्तर पर और लिखें उससे मुक्ति पाने के लिए—जीते हैं हम चरम एकात्म के उल्लास के लिए—लिखते हैं उस उल्लास को एक वाणी देने के लिए।

जब मैं कहता हूँ कि मैं तुममें जीता हूँ अनुक्षण, तुम्हें पाता हूँ। अनुक्षण, तुम्हें भोगता हूँ, तुम्हें सोता हूँ, तुम्हें खोलता हूँ, मूँदता हूँ, तुम्हें पीता हूँ, तुम्हें साँसों में लेता हूँ, तुम्हें चलता हूँ, तुम्हें लिखता हूँ—तो तुम उसका अर्थ समझती हो मेरी दिग्वधू, कालवधू? जब तुम मेरी बाँहों में होती हो तो मैं जानता हूँ कि मेरा पृथकत्व विसर्जित है मैं सम्पूर्ण में लीन हूँ—मैं जानता हूँ कि यह सूर्य चमकता है, यह पृथ्वी गन्धमयी है, यह जल बहता है, यह समीरण डोलता है, यह आकाश गहरा है क्योंकि ये सब मेरे निष्कम्प दीपशिखा वाले सुनहरे तन को आधार देकर सार्थक हैं क्योंकि यह उपभोग्य निष्कम्प दीपशिखा वाला सुनहरा तन ही सूर्य है, पृथ्वी है, जल है, समीरन है, आकाश है। क्योंकि गुलाब की मूल गोलाई के पास धड़कने वाली जो छोटी-सी सृष्टि है उसमें राग-विराग सुख-दुख की सम्पूर्ण चेतना है, ये जो पनसुतिया की पत्तियाँ हैं ये वाणी है—परा, पश्यन्ती, मध्यमा वैखरी चारों वाणियाँ—

राज मेरे! फिर यह सवाल कहाँ रहता है कि जो भोगता है वह और है, 'पृथक्' है, 'सीमित' है, 'अहम-बद्ध' है और जो लिखता है वह और है—नहीं राज मेरे, टी.एस. इलियट ने नहीं जाना है यह स्तर—जहाँ दोनों एक-दूसरे से सटे हुए विसर्जित हैं—लीन हैं—एक हैं—बिल्कुल एक जैसे कोबियाल + P.L.B.।

मंगलवार : 28 जुलाई, 59
शाम 6:30 बजे

यह पढ़कर कि 99.4 है, एक बार तो मन सिहर गया फिर सौ-सौ विश्वासों

ने उभरकर कहा कि नहीं यह कुछ नहीं है केवल temporary strain है। नहीं मेरे जन्म-जन्मान्तर! तुम ज़रूर ठीक हो गये होगे। temperature में class लेने तो नहीं गये। देखो तुम्हें शपथ दिलाने की ज़रूरत नहीं होगी। तुम खुद जानते हो मेरी कलम के एक-एक शब्द में खिलनेवाला वह तन कितना पवित्र, कितना रमणीय, कितना मूल्यवान है, तुम खुद जानते हो कि मेरे प्राण, मेरी हर साँस उसी तन में बसती है, तुम खुद जानते हो कि वह तन मेरी जन्म-जन्म की नियति है—मेरी एक मात्र आसरे! मैं तुम्हें वह तन सौंपकर आया हूँ। इस बार अपना सबकुछ तुम्हारे आसरे छोड़ आया हूँ—अपना स्वर्णवर्णी तन भी—अतः जानता हूँ तुम उस पर आँच भी न आने दोगे

• •

देखो अभी एक महीने कहीं भी जाओ—चाहे अपने घर से फोन करने भी जाना हो—तो रिक्शा करके जाओ। Livogene ले रहे हो न? वैद्यनाथ की किसी दुकान से लवणभास्कर चूर्ण ले आओ। सुबह कॉलेज जाते समय खाने के बाद खा लो पानी से। दो-तीन बजे खूब भूख लगेगी तब खाना जो ले जाती हो खाओ और लौटकर मृत संजीवनी सुरा (साधना औषधालय) एक खुराक ले लिया करो। बस अगस्त कट जाय प्यार! सितम्बर में तो तुम मुझे इस बार बहुत दिन बाद किसी पहाड़ पर ले जाकर हिमालय की हिममंडित चोटियों का दर्शन कराओगी न! ले चलो बेनो माँ। मैं तरस गया हूँ उनके लिए। कौसानी या किसी अन्य डाकबँगले के दालान में आराम कुर्सियों पर बैठकर चुपचाप बिना एक शब्द बोले दूर हिमालय पर शाम के सिन्दूरी सूरज का थके पंखों धीरे-धीरे उतरना—और धीरे-धीरे उतरकर टिक जाना मेरे सिन्दूर बिन्दु का मेरे कन्धों पर...और हिमालय की विराट्ता की ठंडी हिम छाया में धीरे-धीरे अपने हृदय का विराट् होते अनुभव करना—सुडौल हिमखंडों जैसे अपने गौर गुलाबों का हल्का तेज़ स्पन्दन अपनी बाँहों पर अनुभव करना—और अनुभव करना कि सृष्टि के आदि से करोड़ों वर्ष यह हिमालय धीरे-धीरे उठता रहा है एक-एक कण—आकाश की ओर—ताकि जन्म-जन्मान्तर बाद यह सूर्या के राजन के प्रगाढ़ प्यार की अनन्त ऊँचाई का परिमाप बन सके—और पहाड़ों घिरी अँधेरी रात में चीड़ की महकती डालियों में हवा के अनन्त गिटारों का धीरे-धीरे झंकारना—प्यार मेरे—देखो थको मत! तुम एक काम करो—देखो बिना किसी संकोच के। अगर प्रतिभा छुट्टी पर गयी हैं तो तुम Mrs. Bowess से कह दो कि अभी कुछ दिन तुम्हें उसके lecture classes न दें। कह देना कि एकदम से strain पड़ने से फिर उन्हीं लोगों को असुविधा होगी। अभी वे किरण जैन, सुकीर्ति में lecture classes बाँट दें। अगर ज़रूरत हो तो सिन्हा जी से भी यह बात निस्संकोच कह सकती हो। वह जो Symposium सोच रही

हो—वह भी अब नवम्बर में करने का कार्यक्रम रखो। इधर उसका भी strain बचा जाओ। कह देना कि पूजा की छुट्टियों में सभी बाहर रहेंगे—उसके पहले कलकत्ते का weather ठीक नहीं है और बाद में ही उस कार्यक्रम को रखिये।

(कल वह लिफ़ाफ़ा जिसमें 'कनुप्रिया' पर सम्मतियाँ, कान्ता का ख़त, मेरा एक लम्बा ख़त है। मेरे चपरासीराम ने भूल से रजिस्ट्री करा दिया—कॉलेज के पते पर। फिर कल ही तुझे एक इनलैंड घर के पते पर लिखा।)

उस रिसर्च के विषय से सम्बन्धित पुस्तक अभी महीने भर तक नहीं दूँगा तुझे। तब तक थोड़ी general किताबें उलट-पलट ले। C.E.M. Joad खत्म कर लो। फिर मेरे राज! मेरी इच्छा है कि प्रति दूसरे-तीसरे दिन तुझे खुद उस विषय के बारे में थोड़ा-थोड़ा लिखता रहूँगा। तेरा हर ग्रन्थ, तेरी हर पुस्तक, तेरा हर ज्ञान, तेरी हर तन्मयता—कौन है बता? जो भी हो—प्यार से उसे गोद में रख डूबी-डूबी उसी को पढ़। क्या है जो तेरा प्यार पाकर वह तुझे और सारी दुनिया को क्या नहीं दे सकता?

मैंने कल तुझे एक लम्बे (साहित्य कोश वाले) लिफ़ाफ़े में 'कनुप्रिया' पर आयी हुई नयी सम्मतियों की प्रतिलिपि भेजी है। आज सुबह माखनलालजी का लेख फिर पढ़ रहा था। राधन्! लगता है कनुप्रिया लिखने के बाद मैं एक बार नये ढंग से realise कर रहा हूँ कि जन्म-जन्मान्तर के प्यार के बाद इस जन्म जो तुमने जन्म-जन्म के अधूरे सपनों को अधूरा न छोड़ने की ठान ली है और दुष्टू! तुमने जो बेचारे छौनू की बाँसुरी चुराकार अपने गुलाबों में छिपा ली है उसके बदले में क़लम थमा दी है—तो एक बार नये ढंग से realise कर रहा हूँ कि तेरे इस प्यार की तेरी सौंपी हुई इस थाती की कितनी बड़ी जिम्मेवारी है मेरी! इस बार पिछले हफ़्ते भर से जो मैं पढ़-लिख रहा हूँ उसमें पहले जैसा मात्र टालने की भावना नहीं है—जल्दबाज़ी भी नहीं—एक अजीब thoroghness ठहराव, स्थिरता—जो लिखा गया है उसके meaning के एक-एक सूक्ष्म shade को गहराई से ग्रहण करना और जो एक भी वाक्य लिखूँ उसके हर पहलू, और हर अर्थ स्तर को पूर्णत: समझना; और जानती है यह ठहराव, यह जिम्मेवारी की भावना थकान-सा आतंक नहीं देती—यह अमित उल्लास भर रही है। अमित तन्मयता-बेहद खुशी-जैसे मेरी वधू, मेरी गृहस्वामिनी, मेरी भाग्य की निष्कंटक साम्राज्ञी का अभिमान ही इस बात पर टिका है कि मैं अपनी जिम्मेदवारी और अपनी नियति का पूर्ण प्रसार समझूँ।

• •

पर हाय मेरी केलि सखी, तू बड़ी ज़बर्दस्त अनुशासिका है। बाबा रे तेरा तानाशाही शासन! "ओ मेरे कोबियाल! यह ठकराव, स्थिरता, यह गहराई, यह

तीखी चोट तुम्हारे शब्दों में बाद में आएगी पहले यह तुम्हारी डुबान में आएगी। पहले केष्टोनगर की सरस्वती के वाहन हंस में आएगी। पहले यह सब तुम मानसरोवर के उत्ताल ज्वारों में डूबकर realise करोगे। तुम्हारी नियति, तुम्हारी गति, तुम्हारा चरम साफल्य है—तुम्हारा यह रजनीगन्धा के सुगन्ध से निर्मित तन! तुम्हारी कला का आधार है यह निष्काम निरावृत दीपशिखा! जो तुम हंस के पंखों से इस पर लिखोगे वही तुम्हारी कलम पर उतरेगा तुम्हारी दृष्टि में बसेगा। उसके बिना कुछ नहीं—कुछ नहीं मेरे कोबियाल।...शब्द...शब्द...शब्द राधा के बिना सब अर्थहीन रक्त के प्यासे शब्द...''

ऐसा शासन! ऐसी जकड़न! ऐसा घिराव चारों ओर से! क्यों प्यार कितने जन्मों से इसका अभ्यास करती आ रही हो। मशहूर यह करा रखा था कि तुम कभी द्वारिका नहीं गयी, तुम बेचारी भोली-भाली गाँव गँवई की छोरी तुम क्या जानो शासन करना, पर यह सब कब कहाँ सीखा?

बेचारा टी.एस. इलियट! मैं उसे कहाँ से बताऊँ कैसे उस तक यह बात पहुँचाऊँ कि बड़े भाई! तुम्हारे इस अनुज कवि का अनुभव बिल्कुल दूसरा है। उसने तो यह जाना है कि किसी एक स्तर पर वह जो जीता है वही एक-एक कण, एक-एक रेखा, एक-एक शब्द उसकी कला बन रहा है क्योंकि उसके जीवन के एक-एक सूत्र को कसकर नियन्त्रित करने वाली एक अत्यन्त कठोर (और अत्यन्त सुकुवाँर) सखी है उसकी। जो अपने रजनीगन्धा बाँहों के आश्लेष में उसे जन्म-जन्म के लिए जकड़े है। यदि उसमें डूबने में कोबियाल अस्थिर और चंचल और अनिश्चित हैं तो उनकी कला में भी वही बात है—और जिस दिन उनकी डुबान में मानस उन्हें स्थिरता और गहनता प्रदान कर देता है उस दिन से उनके कला-चिन्तन में भी वही तत्त्व आ जाता है। हाय! कोई भला जाने तो इस पर विश्वास करे?

और भला देखो तो! अभी जो कल तुम्हें लम्बा पत्र भेजा है, जो रविवार की शाम और रात को तुम्हारा express पाकर लिखा था—(इसी T.S. Eliot की बात पर) उसमें मैंने तुम्हें लिखा है कि लिखते-लिखते नौ-दस बजे के आसपास मुझे अकस्मात् इतनी गहरी नींद आ गयी कि मैं कह नहीं सकता—और राज मेरे उसके पहले न थकान थी, न नींद, पर अकस्मात् जैसे hypnotism से किसी ने मेरी चेतना खींच ली और मैं सच कहता हूँ उसी चरम ममता से दाहिनी बाँह में तकिया दबाकर अकस्मात् सो गया—घंटे भर बाद नींद खुली। वही इतवार की रात थी, शायद वही समय जब तुम्हें temperature.—सा था और मेरा शनिवार वाला express पढ़ते-पढ़ते तुम डूबकर सो गयी थी छोटे मधुर दाखों को चूसते हुए, दाहिनी चन्दन बाँह पर सर रखकर... हाय किसी को बताऊँ इन दिशा और

काल की दूरी की चीरकर हमारे प्यार के इन संवेदनों की बात—तो क्या कोई महसूस करेगा—कोई विश्वास करेगा—

हाय मेरे सपन कितना अच्छा लगता है यह जानकर कि यह सारी सृष्टि—यह दिशाएँ, यह काल, यह दूरियाँ, यह रास्ते, यह आकाश—ये नदियाँ—यह सब मात्र इसलिए बने हैं कि हम इनमें निरन्तर अपने प्यार की तन्मयता को realise करते चलें। हाय कितना सार्थक लगता है अपना सबकुछ—यह जानकर कि यह समस्त सृष्टि हमारे प्यार के संकल्प, हमारे प्यार की इच्छा का परिणाम है और उस संकल्प और इच्छा का एक मात्र अर्थ है—तुम—मेरे सपन मात्र तुम!

पर मेरे प्यार! मात्र इतने से सन्तोष नहीं है। इस बार फिर तुम्हें अपनी गोद में टिकाकर तुम्हारी घुँघराली रूखी वेणियाँ अपनी बाँहों पर बिखराकर एक नयी सृष्टि रचूँगा—शब्द-सृष्टि—विराट्, विशाल—जिसमें इस सृष्टि, इस भौतिक सृष्टि से भी सुन्दर अंशों में तुम्हें उतारूँगा—उसका एक-एक सूत्र तुम्हें बोलेगा। उसकी एक-एक राग तुम्हें गाएगी। उसका एक-एक मन्त्र तुम्हें उच्चारेगा, उसका एक-एक वाक्य तुम्हें गढ़ेगा। उसका एक-एक सर्ग तुम्हें खोलेगा।

तुमसे एक दिन पूछा था बोलो कौन-सा सूर्य इस माथे पर प्रतिष्ठित कर दूँ। वह काम हो गया। वह जाज्वल्यमान सूर्य, वह अनन्त दृष्टि, अनन्त ज्योति, अनन्त किरणों वाला अब तुम्हारी माँग की शोभा है तुम्हारे माथे का तेज—अब पूछना चाहता हूँ बोलो तुम्हारे माथे पर सूर्य नहीं—अब कितने सूर्यों के माथे पर, कितने देवताओं के भाल पर, कितनी पृथ्वियों के आँचल पर, कितने इतिहासों के प्रवाह पर कितने हिमालयों की उठान पर तुम्हें अंकित कर दूँ। तुम्हें छाप दूँ, तुम्हें लिख दूँ—बोलो मेरे सपन—मेरे अनन्त realisation! मेरे अनोखे स्वप्न बोलो न! अब तो अपनी हँसू-लेखनी के ठहराव पर शक्ति पर विश्वास आ गया न—बोलो-बोलो-

Thursday–7:30 PM

Thursday 30th July 59
10:30 A.M.

किताबें सामने मेज़ पर, बगल में रैक पर, सारे हॉल में, अगल-बगल कुर्सियों पर, राजन की उस गोद में जो सूर्या का शरणस्थल है-किताबें, किताबें, किताबें—

कैसी प्यारी Setting है अपनी राजे को याद करने, उसे प्यार करने की... लाइब्रेरी में बैठा हूँ। जो किताबें चार दिन पहले ले गया था उन्हें लौटाने और

नयी किताबें ले जाने। आओ, अपने सुहाग को बाँहों में समेट, गुलाबों में छिपा उसे दुलार लो–जानती हो वर्षों बाद–वर्षों बाद मेरा धुआँधार पढ़ने वाला मूड जागा है। जानती हो, परसों नरसों छह किताबें ले गया था। आज चार खत्म कर लौटाने लाया हूँ—दो घर पर आधी-आधी पढ़ डाली हैं। और जानती हो पढ़ने का तरीका क्या है? एक किताब उठाई आधी पढ़ी छोड़ दी। यूनिवर्सिटी से लौटा दूसरी उठायी आधी पढ़कर रख दी। रात को बैठे तो पहली वाली आधी जो खत्म कर छोड़ दी थी, उसे खत्म किया फिर दूसरी वाली में लगे। पढ़ने में कोबियाल वाली आतुरता है, राजन जी की रुचि, सूर्या का आज्ञापालन मगर छौनू जी की पद्धति। थोड़ा यह चखा, वह बिखराया, एक घूँट यह पिया और अन्त में डाँट खाकर सब खत्म किया।

घर आकर दो बजे दोपहर... पहले कभी-कभी पढ़ने बैठो तो याद आती थी, अपनी प्रवासिनी वधू और किताब उलट कर छाती पर रख लेता था और मन बह जाता था दूर-दूर-अब पढ़ने के बीच में नहीं-ज्यों किताब खोलो-त्यों ही याद आती है-नहीं याद नहीं आती-किताब खोलो कि लगता है कोई गाँठ चुप्पे से खोल रहे हो—और एक-एक वाक्य एक-एक पृष्ठ पढ़ो कि लगता है—अगस्त्य के फूलों से लेकर कुंकुम बिन्दु तक अपनी निरावृत दीपशिखा के एक-एक पोर को पी रहे हो। ज्यों-त्यों याद आती है, त्यों-त्यों और आतुरता से एक-एक वाक्य और शब्द और अर्थ में और संलग्न होने का उत्साह बढ़ता है। शब्दों से निर्मित केष्टोनगर की सरस्वती के इस सुकुंवार वाणी-तन को घूँट-घूँट पी लेने की प्यास दुगुनी बढ़ती है। सपन मेरे सपन! तुमने कई बार पूछा है, कि राजन तुम्हें प्यार करने के कितने तरीके आते हैं। राज तुम्हें अपनी यह सामर्थ मालूम है कि तुम्हें कितनी विधियाँ आती हैं, अपने तन को अपने मन को कितने-कितने रूपों में अपने lord, Master and all in all को अर्पित करने की।

हाय—यह हंस की उत्तप्त भार सँभाले गर्दन और ये सरस्वती के झूलते पाँव। उफ़ जानती हो। कितनी मुद्राओं में कितनी विधियों में अपने प्राप्य को पाकर अमित सुख पाया है। इस स्कैच को देख सब से पहले क्या विचार मन में आया। इस बार हंसारूढ़ केष्टोनगर की सरस्वती के झूलते पाँवों को उसी स्थिति में प्रत्यंचाओं से सिहरा दूँगा। सपन-मेरे मैंने जो परसों पत्र भेजा था, जिसका एक पृष्ठ छूट गया था जो कल भेजा है, उसमें तुम्हें लिखा था कि रविवार को कैसे लिखते-लिखते मुझे उसी समय नींद आ गयी थी जब तुम पत्र दुबका कर सो गयी थीं—और प्यार जानते हो सोमवार की रात जब तुमने यह स्वप्न देखा तो मैं क्या कर रहा था। सोमवार की रात लगभग बीत रही थी। शाम को खूब बारिश हुई थी मगर रात को बादल बिखर गए थे। मैं पढ़ते-पढ़ते सोया था। शाम को शान्ति

और बैकुंठ आये थे, और रातरानी हमारे यहाँ की गहगहा कर फूली थी। मेरी नींद late Night में खुली। और मैं उठ कर छत पर गया। उन्हीं साक्षी पीपल की डालियों के नीचे छींटदार चाँदनी में खड़ा हो कर दायीं ओर के बारजे पर झुककर नीचे खिली रातरानी को देख रहा था, और इतने में एकदम मुझे याद आया पिछले वर्ष जब सूर्या जून में आयी थी और उसने प्रथम बार कहा था निरावृत दीपशिखा की रजनीगन्धा लपटों सी कंठ में झूलते हुए "मैं तुम्हारी हूँ केवल तुम्हारी-मुझे ले लो सम्पूर्ण एक-एक कण मैं केवल तुम्हारी हूँ" और एक दिन मैंने आग्रह किया था कि इसी तरह भरपूर चाँदनी में छत के इसी कोने में उससे खड़े होने को जहाँ गुलाब से लेकर अगस्त्य के फूल तक चाँदनी में नहा उठे और उसके बाद-उसके बाद...

सपन—ये तन अब दो नहीं रह गए। सच नहीं रह गए। भला इस तरह एक संवेदन कहीं उसी समय दोनों को झंकार जाता है।

लेकिन ऐसा नशीला स्कैच! लाओ रफ़ियनों को छौनू हँसू दूँ बहुत दिनों से उन्होंने हँसू को छौनू स्थिति में नहीं पाया न—आओ प्यार! आज दूँ—

अच्छा, उठो, आओ बैठो अब, तुम्हें Account दूँ कि मैंने क्या-क्या पढ़ा। इधर बराबर सुनता रहा हूँ, कि एक अँग्रेज़ी समकालीन कवि नाटककार Christopherfry के पद्यनाटक बहुत सफल हुए हैं। उन नाटकों के नाम आदि से बहुत आकर्षण नहीं होता था, मगर सोचा कि लाओ पढ़ तो डालूँ। पढ़ा। मज़ेदार हैं। पुरानी कथाएँ उठाते हैं, पर उनको बड़े व्यंग्य परिहास से मखौल उड़ाते हैं—कहीं-कहीं बढ़िया Poetry है पर अधिकतर शेक्सपियर शैली का मज़ाक ही है। कुछ स्थलों पर बहुत ही मज़ा आता है—लेकिन—लेकिन उनमें गहराई नहीं। जिन मानवीय समस्याओं को कवि ने उठाया भी उनके प्रति उसकी आन्तरिक सहानुभूति नहीं—पता नहीं—जिन दिनों बर्नार्ड शा की बड़ी धूम थी उन दिनों भी मुझे वह कभी उतना बड़ा लेखक नहीं लगा—हमेशा Superficial लगा-वही दोष Christopher fry में भी है। आज शॉ की मृत्यु के दस वर्ष बाद वह Out of fashion होता जा रहा है। Christopher fry में शुद्ध परिहास है। वह न कभी बहुत चर्चित होगा और न एकदम out of fashion होगा—

Christopherfry के चार पद्य नाटक—The Firstborn, Thor with angels, venus observed और lady is not for burning पढ़े-एक आज और पढ़ डाला। Phoenix too frequent. यह अन्त वाला एक बार और पढ़ा था। यही सबसे मज़ेदार है।

लेकिन दो किताबें जो अधपढ़ी रखी हैं वे अच्छी किताबें थीं—एक थी C.M. Bowra की The creative experiment—जिसमें उसने यह बताया कि पिछली शताब्दी से कवियों ने काव्य के क्षेत्र में क्या सीमाएँ अनुभव कीं उन्हें तोड़ने के

क्या प्रयास किए—और उसके बाद उसने ग्रीस के कावफ्री रूस के पास्तरनाक और मायकोवस्की, फ्रांस के अयोलिनेयर, इंग्लैंड के इलियट और स्पेन के लोर्का और आलबर्ती के काव्यप्रयोगों पर लेख दिए हैं। बहुत गहरी किताब नहीं लेकिन परिचयात्मक अच्छी है, और कुछ काव्यान्दोलनों का रोचक इतिहास मिलता है।

दूसरी किताब भी इसी विषय पर है, पर बिल्कुल दूसरे सिरे से इसी समस्या पर विचार करती है। वह है Brooks की Modern poetry and tradition. पहली किताब में आधुनिक काव्य ने कहाँ-कहाँ परम्परा से विद्रोह किया और दूसरी किताब में अन्ततोगत्वा कहाँ पर परम्परा ने आधुनिक काव्य पर छाप डाली और किस-किस रूप में परम्परा को ज्ञात-अज्ञात रूप में आधुनिक कवि ने स्वीकार किया है इसका विवेचन है। पर अभी इसके कुछ ही पृष्ठ पढ़े हैं।

आज इन किताबों को लौटा कर एक किताब लाया हूँ। Experiments in Depth by Martin आह राजे, अभी उसका पहला ही Chapter पढ़ा है, पर मुझे लगता है कि it is going to be a real good mental food. बहुत दिनों से कोई ऐसी किताब नहीं पढ़ी जिसे पढ़ते ही लगे कि हाँ ज्ञान की, आत्म साक्षात्कार की यह खिड़की जो आज तक बन्द थी अकस्मात् खुल गयी और एक पूरी की पूरी दिशा जो अपने ही मन में थी पर अज्ञात थी अकस्मात् प्रकट हो गयी—आज से 5 वर्ष पूर्व जब मानव मूल्य वाले निबन्ध लिखे थे तब कुछ पुस्तकें पढ़ी थीं Personalism पर और Karl Jaspers की अस्तित्ववाद पर। तब से बुद्धि और ज्ञान की भूख बुझाने वाली कोई पुस्तक नहीं मिली थी। यह पुस्तक लगता है एक बहुत गहरी गुत्थी खोल सकेगी—

लेकिन-लेकिन-दुष्टू तुझे इस पुस्तक के बारे में नहीं लिखूँ। नहीं लिखूँगा इसमें तेरे, तेरे जनम-जनम के प्यार के बहुत प्यारे, प्यारे भेद खोले गए हैं—पर नहीं बताऊँगा तुझे—तू जब तक नहीं लिखेगी कि तेरा temp-normal ही रह रहा है, तू Strain नहीं ले रही है, नियमित खा पी रही है—लवणभास्कर और मृत संजीवनी सुरा पी रही है— और Weight घटा नहीं रही है।

(और छौनू कह रहे हैं जब तक वे फोटो नहीं आती तब तक उन्हें कुछ मत भेजो!)

अच्छा ए! अपने इन छौनू को तुम ले जाओ। परेशान कर दिया है। तुम्हें लिखा था न कि अपना Tooth Brush, जिभ्भी साबुन सब ट्रेन में छोड़ आये—आधा ख़त छोड़ आते हैं—और इनकी नयी हरकत सुनो। इतने दिनों से जो चश्मा था न मेरा अद्वितीय! उसे आप पता नहीं कहाँ खो आये।

इनका कोई इलाज भी तो नहीं है। गुलाबों के अलावा और किसी चीज़ की मार भी तो ये नहीं सह पाते—

31 जुलाई, 59

Baby, have you ever read anything about the Science of psycho-analysis as it developed in the 20th century, specially by Freud, Jung and Adler? जानती है यह क्यों पूछ रहा हूँ? इसलिए बुगलिया कि जो विषय तू character types का लेने जा रही है वह वस्तुत: इसी विज्ञान की एक शाखा है, विशेषत: जुंग की विचारधारा की। (मैंने तुझे एक किसी inland में लिखा भी था कि मैं जुंग की किताब (अभी उधार ही पर) ले आया हूँ!) आज तेरे सुहाग का, तेरे Lord का Lucky day है न—तो आज तुझे उनके बारे में कुछ बताना शुरू करूँ ताकि तुझे कल शनिवार को यथासम्भव मिल ही जाये।

शायद psychoanalysis और conscious, subconscious और unconscious minds के बारे में तो तू अपने education विषय में कुछ पढ़ चुकी हो— लेकिन Type theory को समझने के लिए —विशेष रूप से साहित्य में तुझे फ्रायड और जुंग के attitudes का मौलिक अन्तर समझ लेना चाहिए। तुझे ये तो मालूम होगा कि ये दोनों डॉक्टर थे और मूलत: मानसिक व्याधियों का इलाज ये किया करते थे। 19वीं शती में फ्रांस और जर्मनी से मेस्मरिज़्म और हिप्नाटिज़्म की विद्याएँ विकसित हुई थीं। जिनका उपयोग तब तक खेल-तमाशा दिखने में ही होता था, लेकिन उनके चमत्कारों से इतना आभास होने लगा था कि मनुष्य का मन जितना बाहरी चेतन व्यवहारों मे प्रकट होता है केवल उतना ही नहीं है, बहुत कुछ ऐसा भी है जो सामान्यत: अप्रकट रहता है न केवल दूसरों को वरन अक्सर अपने को भी। फ्रायड ने कुछ हिस्टीरिया के रोगियों का मनोविश्लेषण कर अवचेतन मन की खोज की, उनकी विभिन्न दमित प्रवृत्तियों आदि का पता लगाया...और उससे मनोविज्ञान के क्षेत्र में एक वास्तविक क्रान्ति आ गयी—सारे यूरोपीय चिकित्सा विज्ञान पर उसका प्रभाव पड़ा, साहित्य पर पड़ा, नैतिक धारणाओं पर पड़ा—वह सब तुम पढ़ चुकी होगी और अगर उसको फिर से ताज़ा करना चाहो तो C.E.M. Joad की पुस्तक का मनोविज्ञान वाला अध्याय फिर से पढ़ डालो—(आजकल पढ़ रही हो न उसे?)

चिकित्सा विज्ञान में दो प्रकार की मनोवृत्ति के लोग होते हैं। एक तो वे जो जब किसी रोगी की चिकित्सा हाथ में लेते हैं—तो रोग का पूरा निदान करने

के पूर्व ही चाहते हैं कि रोगी को अच्छा कर दें। इसी अभिप्राय से वे रोग की जाँच-पड़ताल करते हैं दूसरे वे होते हैं जो रोग का विश्लेषण करते-करते जब किसी विशिष्ट वैज्ञानिक रहस्य की सीमा पर पहुँचते हैं तो उसी के विश्लेषण में तल्लीन हो जाते हैं, और गहरे और गहरे उतरते जाते हैं और रोग और उसकी प्रक्रिया का अध्ययन ही उनका प्रमुख लक्ष्य बन जाता है—और अपने निष्कर्षों को वैज्ञानिक ढंग से प्रस्तुत कर वे अपना कार्य पूरा समझ लेते हैं—रोगी अच्छा हुआ या नहीं--या रोगी को अच्छा होना है—उसका क्या तरीक़ा हो—यह उनके ध्यान से ही उतर जाता है।....फ्रायड दूसरे प्रकार का था—जुंग पहले प्रकार का। फ्रायड जब वियेना में अपने प्रयोग और परीक्षण कर रहा था तब जुंग ज़्यूरिच में लगभग उन्हीं निष्कर्षों पर अपने अनुभव से पहुँच रहा था। जब उसने फ्रायड के अनुभव सुने तो उसने उनसे बहुत कुछ प्रभाव ग्रहण किया। कुछ दिन दोनों की पद्धति एक रही लेकिन धीरे-धीरे जुंग फ्रायड के तटस्थ वैज्ञानिक दृष्टिकोण को यथेश्ट न समझकर आगे के साधनों की खोज करने लगा और धीरे-धीरे उसने मानव मन के बारे में कुछ ऐसे तथ्यों की खोज की जो मुनष्य के आत्म-विश्लेषण और व्यक्तित्व निर्माण की दृष्टि से बहुत महत्त्वपूर्ण हैं। फ्रायड के सिद्धान्त पढ़ने के बाद हमारे सामने मनुष्य की बड़ी निराशाजनक तस्वीर आती है। अपने सचेतन मन के स्तर पर हम अपने को स्वतन्त्र, आत्मनिर्भर, बौद्धिक प्राणी समझते हैं—लेकिन फ्रायड के सिद्धान्त के अनुसार हम वस्तुतः अपने अवचेतन के हाथ में खिलौने मात्र हैं—एक यन्त्र जिसके कलपुर्जे सब अवचेतन मन में हैं—कोई अन्धी instinct, कोई दमित पाशव प्रवृत्ति, कोई कुंठित आवेश जो हमारे अवचेतन मन में जाकर छुप गया है वही वहाँ बैठकर सारे कलपुर्जे घुमाता है और हम मशीन की तरह उसी के इशारे पर चलने लगते हैं। हमारा तर्क, हमारी बुद्धि भी वस्तुतः उसी के अनुसार तर्क करने लगती है।

मनुष्य का यह चित्र बहुत निराशाजनक था। (तुझे यदि याद हो, बल्कि अब तो वह लेख विष्णुकान्त ने तुझे लौटा दिया है—तो उसमें मैंने फ्रायड के मनोविश्लेषण की इसी दृष्टि से कठोर आलोचना की थी कि वह मनुष्य की मनुष्यता पर विश्वास नहीं करता—उसके स्वतन्त्र चिन्तन को अस्वीकारता है) जुंग ने भी फ्रायड के इस निराशाजनक दृष्टिकोण को न केवल अस्वीकार वरन अपने रोगियों को गहरा मनोविश्लेषण कर उसने यह सिद्ध किया कि मनुष्य के मन में सृजनात्मक तत्त्व होता है निर्माणात्मक तत्त्व—जो इन बिखरावों, विभाजनों, अन्ध आवेशों, दमित अवचेतन प्रतिक्रियाओं के बीच में से निरन्तर आत्म निर्माण करता रहता है। इसीलिए उसने अपने मनोवैज्ञानिक खोजों का लक्ष्य केवल यह नहीं माना कि यन्त्र की तरह मनुष्य के अन्तर्मन के पुर्ज़े-पुर्ज़े अलग करके रख दिये

जायें—बल्कि उसने यह भी कहा कि इस विज्ञान का लक्ष्य है कि मनुष्य के उन तत्त्वों की भी खोज की जाय जो उसके व्यक्तित्व को गठते हैं, एकत्र करते हैं, और ऊँचे उद्देश्यों की ओर प्रेरित करते हैं, उसने माना कि मनुष्य के मन में एक integrative और creative तत्त्व होता है और वह सबसे महत्त्वपूर्ण होता है। उसने यह कहा कि यह तत्त्व हमारे सभी चेतन-अवचेतन को आनुपातिक रूप से नियन्त्रित करता हुआ हमारे व्यक्तित्व को ऊँचा उठाता है, हमें चरित्र बल प्रदान करता है। उसने कहा कि चरित्र वस्तुत: हमारे चेतन-अवचेतन उन attitudes का पुंज है जो संसार की समस्याओं के समक्ष हमारा व्यक्तित्व ग्रहण करता है। और इस चरित्र-निर्माण में हमारे व्यक्तित्व का creative और integrative तत्त्व प्रमुख रूप से सक्रिय हुआ करता है।

उसके यहाँ जो रोगी आते थे वे अक्सर मानसिक रूप से श्लथ, भ्रान्त, थके हुए, निराश, अव्यक्त भयों से प्रेरित, कुंठित, जीवन से विरक्त हुआ करते थे। फ्रायड क्या करता था कि उनकी बातें, उनके स्वप्न आदि का विश्लेषण कर, यह बता दिया करता था कि सम्भवत: अमुक प्रवृत्ति या अमुक दमित इच्छा या अमुक कुंठित आवेश इस मनोविकार का कारण है। और बस! इसके आगे फ्रायड निर्लिप्त रहता था। कैसे उसका सन्तुलन वापस आये इसके लिए फ्रायड के पास कोई मार्ग नहीं था।

जुंग ने यह कहा कि यह पद्धति संकीर्ण और एकांगी है। इसके दो कारण हैं, एक तो यह मनुष्य के सामने किसी निर्माणात्मक शक्ति का स्वरूप नहीं रखती दूसरे वह रोग का निदान करके छोड़ देती है, उसका कोई इलाज नहीं बताती।

जुंग ने यह कहा कि रोग का कारण यह नहीं है कि मनुष्य के अवचेतन में अमुक-अमुक प्रवृत्तियाँ हैं। क्योंकि कोई-न-कोई प्रवृत्ति तो वहाँ रहनी स्वाभाविक ही है। रोग का कारण यह है कि उन समस्त प्रवृत्तियों में से जीवन को विकास देने वाली मनुष्य के मन की जो सन्तुलनकारी निर्माणात्मक शक्ति है वह किसी कारण से शिथिल पड़ गयी है। इसलिए वह मनोविश्लेषण की एक नयी पद्धति अपनाने लगा जिसे reconstructive method कहते हैं। वह मन का विश्लेषण कर रोगी के मनोविकार खोजने के साथ-साथ उन तत्त्वों को प्रोत्साहन देता था या उन्हें नये रूप में प्रतिष्ठित करता था जो उसे जीवन जीने और उसके समक्ष तनकर खड़े होने और अपने श्रेष्ठतम का विकास करने के लिए तैयार करते रहे हैं और आगे कर सकते है।

फ्रायड ने कहा था कि मनोविकारों का ज्ञान यदि मनुष्य को हो जाय—जो उसके अवेचतन मन में बैठकर उथलपुथल मचा रहा है वह तत्त्व यदि सामने चेतन मन में उभरकर सामने आ जाय तो उसकी विकृत करनेवाली शक्ति समाप्त हो

जाती है। यह बहुत अंशों तक बिल्कुल ठीक बात है। इसने बहुत लाभ भी उस समय पहुँचाया। लेकिन जुंग ने जब यह पद्धति प्रयुक्त की तो एक बात देखी। उसने यह पाया कि अक्सर ऐसे विकृत व्यक्ति भ्रान्त, कुंठित होते हैं—उनमें जीवन के प्रति धारणाएँ गलत और आत्म-विनाश की ओर ले जानेवाली होती हैं लेकिन जब उनका विश्लेषण कर दिया जाए, उनके अवचेतन मन की गाँठों को खोलकर उन्हें उसके प्रति सचेत कर दिया जाय तो उनकी भ्रान्ति और उनका उद्देश्य समाप्त हो जाता है—वे शान्त पड़ जाते हैं लेकिन जुंग ने एक बात ओर लक्षित की। उसने यह देखाा कि वे अपने पुराने विकार से मुक्त हो जाते हैं लेकिन उनमें आगे के जीवन जीने के लिए भी न कोई उत्साह नहीं रह जाता है, न कोई सक्रियता—जुंग ने कहा कि यह इलाज तो कोई इलाज नहीं हुआ—उसका कारण उसने यह बताया कि फ्रायडियन पद्धति मनुष्य के जीने के अर्थ और अभिप्राय को नहीं उभार पाती। न केवल यह कि नहीं उभारती है, वरन उसे और भी कुंठित और आहत कर डालती है।

जुंग ने इसके तीन कारण बताए—

पहला तो यह (जो वह पहले कह चुका है) कि फ्रायड की पद्धति मनुष्य के आत्म निर्माणात्मक तत्त्व को न समझती है, न उसे महत्त्व देती है, और न उसका सम्यक अध्ययन करती है। वस्तुतः फ्रायड मनुष्य के विश्लेषण में वह पद्धति अपनाता है जो यन्त्रों पर लागू होती है। पर मनुष्य यन्त्र नहीं है। उसका अन्तर्मन महान तत्त्वों से समृद्ध और सशक्त है उन शक्तियों को जाग्रत करने की चेष्टा मनुष्य अपने चरित्र बल से स्वयं करता रहा है और जब वह शिथिल पड़ा है तो गुरु, आध्यात्मिक आचार्य, प्रियजन, दर्शन, सांस्कृतिक मूल्यों के प्रति भक्ति ने बराबर उसके इस चरित्र बल को उभारा है।

दूसरे यह कि फ्रायड प्रत्येक व्यक्ति को समस्त मानवता से बिल्कुल विच्छिन्न, मात्र अन्ध अवचेतन आवेशों द्वारा संचालित एक अन्धी मशीन मानता है। जुंग यह कहता है कि सृष्टि के आदि में भी मनुष्य समस्त सृष्टि का एक अंश रहा है। समस्त मानवता, समस्त काल-प्रवाह, समस्त प्रकृति, समस्त जगत से वह जुड़ा रहा है, उसी का एक अनिवार्य अंग रहा है। अतः जिन नियमों ने समस्त सृष्टि को संचालित किया है—मनुष्य का अन्तर्मन भी उन्हीं नियमों और तत्त्वों से संचालित होता है। फ्रायड ने मनुष्य को संचालित करने वाली मूलवृत्ति को बहुत विकृत यान्त्रिक और संकीर्ण बनाकर रखा है। फ्रायड मनुष्य की मूलवृत्ति Sex मानता है। जुंग उसे Libido कहता है। Libido की व्याख्या करते हुए जुंग कहता है—"This concept is synonymous with Psychic energy (आत्मशक्ति?). Psychic energy is the intensity of psychological process Its psychological value.—उसने यह भी माना कि यह Libido एक सृष्टिव्यापी शक्ति है—Cosmic रूप भी है इसका। सारी सृष्टि प्रक्रिया की सार्थकता, उसका मूल्य, और हमारे अन्तर्मन में घटित होनेवाली सारी मानसिक प्रक्रियाओं को अर्थवत्ता और उसकी मूल्यात्मकता—यही लिबिडो है। sex उसके रस का एक भौतिक पक्ष मात्र है पर अपने cosmic रूप में वह sex नहीं है वह समस्त सृष्टि में अपने एकात्म को खोजने की प्रक्रिया है। (राजे! अपने जयशंकर प्रसाद की कामायनी की 'काम' की कल्पना कितनी निकट है जुंग के—और देखो तो, न प्रसाद जुंग को जानते थे, न जुंग प्रसाद को!)

तीसरी बात जो जुंग ने बताई वह बहुत महत्त्वपूर्ण है। वह है collective unconscious की बात। जुंग ने यह कहा कि मनुष्य जैसे सारी सृष्टि से विच्छिन्न नहीं है वैसे ही अभी तक इस सृष्टि पर करोड़ों वर्षों से जो जीवन जिया गया है, मनुष्य ने जो जीवन के रहस्य जाने हैं—वह सब खो नहीं गये। हम सबों में संस्कार रूप में सामूहिक अचेतन के रूप में वे सब कहीं-न-कहीं गहरे दबे हुए हैं, संचित हैं। अत: न केवल इस जन्म में वरन पिछले समस्त जन्म-जन्मान्तरों में हम जो जीते आये हैं, जीवन के श्रेष्ठतम के अधिक-से-अधिक चरितार्थ करने की जो साधनाएँ करते आये हैं, निखिल सृष्टि से अपना एकात्म स्थापित करने की जो चेष्टाएँ करते आये हैं, उनमें जो हमें मीठी ओर कटु अनुभूतियाँ हुई हैं, जो साधन, जो पद्धतियाँ, जो मार्ग हमने खोले थे वे सब विनष्ट नहीं हुई हैं—ठीक जैसे इस जन्म की बहुत-सी घटनाएँ जो हम सचेतन स्तर पर भूल जाते हैं, वे अचेतन स्तर पर हमारे अवचेतन मन में संचित रहती हैं—वैसे ही आज तक मनुष्य के मानसिक स्तर पर जो महान संस्कृतियाँ विकसित हुई हैं उनकी श्रेष्ठतम उपलब्धियाँ मनुष्य मात्र के मन में कहीं गहरे अवश्य संचित हैं। यह किसी एक व्यक्ति के अवचेतन में नहीं वरन सबके अवचेतन में हैं। इसी को जुंग ने collective unconscious कहा है। जुंग ने यह भी कहा है कि मनुष्य का आत्मबल अक्सर अपने जीवन की विभिन्न समस्याओं का समाधान जब इस जन्म के चेतन अवचेतन से नहीं खोज पाता है तो वह अपनी जन्म-जन्मान्तरों की (मनुष्य मात्र का) इस संचित अवचेतन उपलब्धि से तत्त्व खोजता है और उनसे सार्थकता और जीवन का मूल्य पहचानता है। (जन्म-जन्मान्तर से कनु को प्यार करने वाली राधन् को तभी न उस दिन अपने नीले कमरे में अकस्मात् याद आ गया था—"तुम मेरा नाम नहीं जानते। बोलो, मैं कौन हूँ? मैं हूँ तुम्हारी शक्ति, तुम्हारी राधा!")।

सच राजे! जुंग की यह खोज शताब्दी की बहुत महत्त्वपूर्ण खोज मानी जाती है। उसने अपने चिकित्सालय में जब व्यक्तियों के मन का विश्लेषण किया, उनकी कल्पनाएँ उनके स्वप्नों का अध्ययन किया तो एक बड़ी विचित्र बात पायी। कुछ

अमेरिकन व्यक्तियों के स्वप्नों में कुछ geometrical patterns आते थे। वर्षों बाद जुंग ने जब अध्ययन किया तो यह देखा कि ये pattern हज़ारों वर्ष पूर्व संस्कृत के तान्त्रिक ग्रन्थों में मंडल के रूप में बने हुए मिलते हैं। इसी प्रकार मज़दूर, क्लर्क, सर्वथा अशिक्षित लोगों के dreams में ऐसे प्रतीक आते थे जो मध्यकाल के चीनी, जापानी, भारतीय, अरबी, यहूदी, इजिप्शियन, ग्रीक आध्यात्मिक सिद्धान्तों में मान्य रहे हैं। जैसे मछली का प्रतीक अपने यहाँ उस व्यक्ति के लिए प्रयुक्त हुआ है जो आत्म-रस में डूबकर शक्ति प्राप्त करता है जैसे मछली जल में डूबकर जल पीती है। यहाँ हमारे यहाँ मणिपद्म, कमल कुलिश, शिवलिंग, बाँसुरी, कमली, गाय, कच्छप (योग की अन्तर्मुखी कच्छप वृत्ति) आदि के पुराने योगपरक, तान्त्रिक या भक्तिपरक प्रतीक हैं—वे सब अक्सर ऐसे लोगों के स्वप्नों और दिवास्वप्नों में आते हैं जो कभी इस जन्म में इनसे परिचित हो ही नहीं सकते। इन Symbols को जुंग mythical symbols कहते हैं और वे यह कहते हैं कि अक्सर जब हमें आवश्यकता होती है तो है तो हमारे जन्म-जन्मान्तर के संचित सामूहिक अवचेतन में से ये Symbols ये प्रतीक उभरकर हमें सार्थकता, जीने का अर्थ, आत्मबल प्रदान करते हैं।

फ्रायड इनके इस महत्त्व से बिल्कुल परिचित नहीं था।

यहाँ तक जुंग की विचारधारा भली-भाँति समझ गयी न प्यार! क्योंकि जब जुंग Character types discuss करता है तो वह केवल मनुष्यों का मनोवैज्ञानिक वर्गीकरण मात्र नहीं करता, वह यह भी संकेत करता है जीवन की सारी समस्याओं के समक्ष मनुष्य की सारी चेतन अवचेतन शक्तियाँ और आत्मबल कितने प्रकार के सम्पुंजनों में प्रस्तुत होता है। How many attitudes can be towards life? और वह यह भी मानता है कि उतने प्रकार के चरित्र, उतने प्रकार के attitude हर संस्कृति में, हर युग में, हर देश में अनादि काल से होते आये हैं और हर युग की आवश्यकता के अनुसार उन्हीं के स्वरूप का विस्तार होता चला गया है। वेद में, पुराण में, इतिहास में, जन-गाथाओं में, अनुश्रुतियों में, साहित्य में (कथा, काव्य, नाटक में) बराबर वैसे चरित्र प्रकार (character type) रहे हैं और उनका निरन्तर विकास होता गया है वे निरन्तर जटिल से जटलतर और सूक्ष्म से सूक्ष्मतर होते गये। इसीलिए जब हम काव्य में, नाटक में, कथा में किसी पात्र का अध्ययन करते हैं तो उसके व्यक्तिगत मनोविज्ञान को सबसे विच्छिन्न करके नहीं वरन उसके typical pattern के अन्तर्गत अध्ययन करते हैं—इस व्यक्ति में जीवन के प्रति कौन-सा अनादि काल से चला आनेवाला character type अपने को चरितार्थ कर रहा है—कौन-सा अनादि प्रवाह अपने को व्यक्त कर रहा है

और साथ-ही-साथ यह भी कि उसे अपनाते हुए भी इसका निजत्व, इसकी मौलिकता, इसका नितान्त अपनापन इसमें कहाँ है?

शेक्सपियर की हैमलेट जो सारी स्थिति को देखकर एकदम प्रश्न पूछने लगा है—to be or not to be is the question? अगर खोजा जाय तो वही हैमलेट उपनिषदों में नचिकेता रूप में विद्यमान है जो यम के हाथ सौंप दिये जाने पर भी मृत्यु को स्वीकार करने के पूर्व प्रश्न पूछता है। हर पात्र का type विकसित होता आ रहा है और सारे पात्र कुछ arche type classes में विभाजित किये जा सकते हैं और उनके नये-पुराने mythical और psychical सन्दर्भों का विश्लेषण किया जा सकता है। इनमें जो collective unconscious का है और जो वर्तमान का है--यह सब।

इतना जान लेने के बाद अब जुंग ने जितने प्रकार के character types बताये हैं उनका वर्गीकरण तुम्हें बताएँगे...

लेकिन आज अब बस—इतना खूब अच्छी तरह पढ़ लो एक बार, दो बार, तीन बार—मैं जानता हूँ राज! कि तुम्हें समझने में कोई कठिनाई नहीं हो सकती। कितने प्रकार से तो तुम्हें अपने पास बैठाकर समझाया है—ठीक उसी चित्र की तरह इन हठीली रूखी घुँघराली वेणियों को अपनी बाँहों पर छितराकर गुलाबों का दबाव अपनी कोहनियों पर प्रतिक्षण महसूस करते हुए—

शब्द शब्द शब्द
मेरे लिए सब अर्थहीन हैं
यदि वे मेरे पास बैठकर
मेरे रूखे कुन्तलों में उँगलियाँ उलझाये हुए
तुम्हारे काँपते अधरों से नहीं निकलते
....
क्योंकि तुम्हारे द्वारा समझाया जाना
मुझे बहुत अच्छा लगता है
और सेनाएँ स्तब्ध खड़ी हैं
और इतिहास स्थगित हो गया है
और तुम मुझे समझा रहे हो....

आओ अब कसकर प्रत्यंचाओं को दुलार लो, अपने समस्त कनुतन को।

आओ अब अपनी प्यारी-प्यारी घरेलू बातें करें। बोलो तुम और क्या-क्या करती रहीं? तुम्हारा आज सुबह (यानी शुक्रवार 31 को सुबह) 28 की शाम का लिखा inland मिला था। उसके पहले सुबह एक लिफ़ाफ़ा छोड़ चुके थे जिसमें

मैंने तुम्हारी रेडियो टॉक की typed copy भेजी है, कान्ता का ख़त है, और उसी typed copy में मैंने तुम्हें instructions लिख दिए हैं कि इसमें कहाँ-कहाँ पर कौन-कौन से प्रसंग जोड़ने हैं। हाँ राज! तुमने तो उस समय यह कहा था कि Rilke Benvenuta वाली किताब उधर सुशील के कमरे में है। फिर यह हुआ कि तुम ख़ुद उसमें से छाँट लेना। तुम उसे मेरे सामने तो नीचे लायी भी नहीं थीं। न मिले तो चिन्तित मत होना। The Books से दूसरी प्रति लेकर भेज देंगे। बाद में यह मिल भी गयी तो एक छौनू जी को दे देना। अब इस इतवार को तो यह पत्र दो एक बार पढ़कर इसे अच्छी तरह समझ लेना और जो टॉक आज सुबह भेजी है उसे ठीक कर लेना। पूरी कर डालना—बाद में आराम करके चेख़व वाली कथा का सारांश 'ज्ञानोदय' के लिए लिख देना।

उम्मीद है तुझे अब तक सोमवार को डाला रजिस्ट्री ख़त, कॉलेज के पते पर मंगल को सुबह छोड़ा inland (घर के पते पर) शाम का छोड़ा लिफ़ाफ़ा (घर के पते पर), बुध को छोड़ा (under posting cetificate) लिफ़ाफ़ा कल बृहस्पतिवार को छोड़ा लिफ़ाफ़ा (जिसमें इधर मैंने क्या-क्या पढ़ा इसका पूरा विवरण है) और आज शुक्रवार को सुबह छोड़ा तेरी Talk वाला लिफ़ाफ़ा (घर के पते पर) इतना सब मिल चुका होगा। 28 की दोपहर (जैसे तेरे inland से पता लगा) तुझे पत्र नहीं मिले थे।

तारा बाबू का 'रायकमल' (हिन्दी अनुवाद) कलकत्ता, जनवाणी प्रकाशन से निकला है। उसे ख़रीद लो। छोटी-सी प्यारी पुस्तक है। अच्छी लगेगी। मोहन राकेश की कहानी कला की सीमाएँ ज़रूर हैं—जैसा तूने लिखा—"depth नहीं है, जीवन का संकीर्ण दृष्टिकोण है, कटु यथार्थ निराशापूर्ण''—पर forceful है—उसका force उसकी शैली की maturity वाला तत्त्व लेने की कोशिश करो मेरे सपन!

अच्छा...गुलाबों की एक भरपूर उमेठन—अब भागते हैं। कालका मेल catch करने....

हाँ, इस ख़त को पते ही चाहे postcard से—तुरन्त सूचित करना ताकि इसकी अगली किश्त तुम्हें तुरन्त भेज सकूँ—

शुक्रवार : 7 अगस्त, प्रात:काल 4 बजे

सपन, देखो तो भला, कल शाम घर आये, खाना खाया, सोचा थोड़ा पढ़ूँ

फिर तुम्हें जुंग के character types के बारे में लिखें, मगर जो लेटे तो इतनी गहरी नींद आँखों में छायी कि किताब खोली थी, उसके पन्नों के बीच में उँगली फँसाये ही सो गये। और देखो कि नींद खुली तो ठीक 3.30 बजे जब इधर से वे दोनों साधु मजीरा बजाते और गाते हुए निकले। सच, आज यह गुलाबों में आश्वस्त सोये हुए छौनू की नींद नहीं थी, यह तृप्त हुए शिथिल हुए राजन की भी नींद नहीं थी, यह नींद थी Lord की, master की, all in all की—यह जानकार कि उसका सर्वस्व उसकी बाँहों के घेरे में सुरक्षित है, उसके चरम अपने, उसके मानस उसके स्वर्णवर्णी झरने सब उसके अपने हैं—यह अजीब से सन्तोष की, सुख की गहराई हुई नींद थी। और नींद थी—अपनी वधू को पुस्तकों के पृष्ठ-पृष्ठ में पीकर, जीकर, पढ़कर, जानकर, पाकर, लेकर, परिपूर्ण हुए स्वामी की निश्चिन्तता की नींद।

उनके झाँझ-मँजीरा और गाने से नींद खुली, छत पर गये! हाय! पूरब का आकाश बिल्कुल जादू खेला का आकाश था। पानी परसों से खुल गया है। लाइनों के पार, जाने कितनी दूर क्षितिज के पास, गहरे धूमिल पेड़ों की पाँत के ऊपर नीले बादलों की लम्बी-लम्बी अछोर धारियाँ थीं। बाबा रे! इतनी लम्बी, इतनी गहरी नीली रंगधारियाँ इस सूर्या ने डाल रक्खी हैं बेचारे की बाँहों पर। और लगता है फिर अपनी ही करतूत देखकर पुलककर, लजाकर मुँह भी छिपा लिया है उन बाँहों में क्योंकि ढेर-का-ढेर सूरज-सिन्दूर बाँहों की उन धारियों के बीच बिखरा हुआ था—इस छोर से उस छोर तक। और काँप रहे थे पीपल पात और अजब-सी ठंडक थी हवा में और इतनी delicate इतनी पवित्र, इतनी सुकुमार थी यह बेला जैसे राजन की प्रणामबद्ध अँजलियों के बीच सूर्या की अँजुलियाँ—पुरी के मन्दिर में, जगन्नाथजी की मूर्ति के समक्ष...ओ मेरे प्रणय, मेरी उपलब्धियाँ, मेरी पूजा, मेरे तन-मन, मेरी सार्थकता—मेरे प्रणाम लो—मेरे परम गहराये स्वामी—मन के प्रणाम लो!

दोपहर 1 बजे : लो, ऊपर का लिखकर नीचे गये, चाय पी, लॉन पर टहले कि बांग्ला पढ़ानेवाले मास्टर साहब आ गये। उनसे, पढ़-लिखकर नहाया-धोया कि 9:30 बज गये। ज़ीरो पीरियड होता है। भागे गये। लौटकर आये 12 बजे। तुम्हारा बेहद गुस्सा भरा झुँझलाहट भरा पत्र मिला, बुधवार प्रातःकाल छह बजे का लिखा हुआ। सारी थकावट दूर होकर दिमाग़ बिल्कुल तरोताजा हो गया। दस विमटो एक ओर और तुम्हारे ख़त की चार लाइनें एक ओर! मज़ा आ गया। कुछ बच्चों को मैंने देखा है कि जब बहुत डाँट पड़ती है तो चुपचाप खाना खाने बैठ जाते हैं। सो, अपने चुपचाप मारे डर के खाना खाने बैठ गये। अब खाना

खाकर लिखने बैठे हैं।...देखो भइया, बात यह है कि जब चिन्ता हुई थी और तार दिया था तभी जानते थे कि अगर तुमने चिट्ठियाँ भेजी हैं तो तुम नाराज़ होओगी लेकिन इधर सब चिट्ठियाँ regular आ रही हैं सिर्फ़ तुम्हार शुक्रवार का ख़त और शनिवार का express गायब हो गया था और Monday का छोड़ा ख़त मिला बुधवार को इसलिए मन चिन्तित हो उठा था। नहीं, थोड़ा नहीं काफ़ी चिन्तित हो उठा था। देखो, तुम अगर ध्यान से सोचोगी तो एक बात और लगेगी तुम्हें...मैंने इतवार वाले ख़त में बार-बार तुमसे पूछा है कि तुम कुछ depressed हो, कोई तकलीफ़ है। तुम्हें कुछ शारीरिक कष्ट भी था और घर के लिए भी चिन्तित थीं। फिर तुमने आज लिखा भी है कि मंगल को भी उदास थीं। तो ऐसा करो कि वह अदृश्य शक्ति जो हम दोनों को अजाने ही एक-दूसरे की चिन्ता में चिन्तित कर देती है—तुम उस अदृश्य शक्ति को यदि उसका नाम प्रभु है तो उन्हीं प्रभु महोदय को एक इतनी ही तेज़ तुर्श तर्रार चिट्ठी लिखो—बेटा की अक़्ल ठिकाने आ जाएगी। कहेगा बस एक couple ऐसा बनाया-सो-बनाया अब कभी न बनाऊँगा। ख़ैर उससे कुछ बुरा न होगा क्योंकि अब भी हम दोनों-सा couple संसार में एक है, अद्वितीय है, तब भी एक रहेगा, अद्वितीय रहेगा। पर प्रभु महोदय को तो ज़रा मेमसाब के मिज़ाज का पता लग जाएगा।

नहीं राज, मेरे प्यार—तूने गुस्साभरी चिट्ठी लिखी, ठीक लिखी। तेरा गुस्सा होना नितान्त स्वाभाविक है। जब तू चिट्ठियाँ नियमित भेज रही है और वे नहीं मिल पा रहीं और हम लोगों को चिन्ता हो ही जाती है—और तू नहीं चाहती कि चिन्ता हो—तो तेरा गुस्सा होना तो बिल्कुल स्वाभाविक है प्यार! लेकिन तूने यह क्यों लिखा कि आप लोग गुस्सा होंगे? नहीं मेरी दुलार! तू गुस्से के क्षणों में मुझ पर गुस्सा नही करेगी तो किस पर करेगी। तेरे अन्तर्मन के छोटे से बड़े—हर स्पन्दन को तो मैं ग्रहण करता हूँ—तेरा गुस्सा कौन ग्रहण करेगा?

देख, उधर तेरा मन इस बात को सोच रहा है, अभी कल बृहस्पतिवार को सुबह मैंने जो चिट्ठी डाली है—गहरे नीले काग़जों पर उसमें भी तुमसे पूछा है कि शोभा, आनन्द, बड़ी भाभी किसी का कोई पत्र आया है या नहीं। मैं जानता हूँ मेरी baby मेरी फूल-सी baby को दो extremes में जीना पड़ रहा है—तूने सच लिखा है कि एक ओर माँ, भाई-बहन का चरम गुस्सा, चरम नाराज़गी और दूसरी ओर हम दोनों की अतिशय चिन्ता। ये extremes जानता हूँ कि कभी-कभी मन को झुँझला देते हैं, बहुत स्वाभाविक है। यह भी जानता हूँ कि यह extremes तेरे लिए केवल मेरे कारण हैं—इसीलिए हैं कि तूने अपने प्राणपण की बाज़ी लगाकार सँभाला है, सहेजा है। अगर तूने हाथ न गहा होता, उनका पथ न गहरा होता तो सारे घर की दुलारी गुड़िया सबसे अप्रिय और कटु न हो गयी

होती।...यह भी ख़ूब अच्छी तरह जानता हूँ कि मेरी संगिनी का मन बहुत बड़ा, बहुत sincere है। वह इतना sincere है कि उसके द्वारा अकारण भी किसी को चोट पहुँच जाती है तो मेरी राज का मन शत-शत करुणा से द्रवित हो उठता हैं इसीलिए बार-बार यह अनुभव करके कि उसकी वजह से उसको गुड़िया की तरह प्यार करने वाले दुख गये हैं—वह बेबस, उदास हो उठती है। वह जानती है उसका प्यार किसी को दुखाने के लिए नहीं है—फिर भी उसने अनजाने दुखा दिया है।

राजे, मेरे सपन—बहुत-सी बातों का समाधान सिर्फ़ समय होता है। धीरे-धीरे पता नहीं क्यों मुझे विश्वास है कि तमाम लोगों ने तेरी बहुत-सी बातों को समझा है—सहानुभूति से समझा है—शेष बातों को भी समझ लेंगे—इसलिए कि उनके मन का आन्तरिक प्यार मरा नहीं है, कम नहीं हुआ है—उनकी यह नाराज़गी भी प्यार की नाराज़गी ही है। वे समझते हैं कि जो पथ तू अपना रही है वह तेरे लिए कष्टप्रद है—इसीलिए वे नाराज़ हैं। दो बरस, चार बरस में अगर तू साबित कर सकी कि वह तेरे व्यक्तित्व को चमका रहा है तो वे भी उस पथ से शायद convinced हो जाएँ। और सच देख तो उनका यह गुस्सा तेरे प्रति नहीं है उतना, जितना मेरे प्रति है। तू तो इसलिए उनकी कोपभाजन है क्योंकि मुझसे अभिन्न है। समय सब ठीक कर देगा baby। शायद है कि कभी वे मुझे, मेरे स्नेह, मेरे समर्पण को भी rigt spirit में समझ लें। मैं पूरी कोशिश करूँगा इसकी—

अच्छा बेनू, और बताओ? बाबा रे! ऐसा ऐसा गुस्सा। मेरा तो अब तक मन काँप रहा है। तेरा ख़त आये बिना ही मैं थरथर काँप रहा था। अपने कल सुबह वाले गहरे नीलेवाले ख़त में कितना डर-डरकर लिखा है तुझे। अच्छा जाने दो। देखो मेरी पीठ ठोको। मैं बहुत sincerely बंगाली पढ़ने में लगा हूँ। हालाँकि बांग्ला के मास्टर साहब को देखते ही मेरे रूह फ़ना हो जाती है। कम्बख़्त इतना बक-बक करता है कि मगज़ खा जाता है अब देख तुझे अपना नाम लिखकर दिखाऊँ—'भारती'*। और दिखाऊँ 'सूर्या'*। और दिखाऊँ 'राजन'*। और दिखाऊँ देख पूरा वाक्य, वाक्य क्यों—कानों में कहा गया एक प्यारा-प्यारा वाक्य—तुमि आमार के? आमि तो जानि ना (तुम तेरे कौन हो? मैं तो नहीं जानता।) और देख 'कनुप्रिया-राधन'* और देखेगी—'पी.एल.बी'*। अच्छा अब ज़रा और गहरे वाले शब्द पढ़—'गुलाब, हंसू, मांसू'*। अभी संयुक्ताक्षर लिखना नहीं आता अत: 'अगस्त्य के फूल' नहीं लिख पाया।

बेनोमा, अब देखो इतना homework करके दिखा दिया, अब तो दुलार कर

---

*मूल पत्र में बांग्ला अक्षर हैं।

लो! बिना बात इतनी देर से ऐंठी हो और गुस्सा हो रही हो।

अच्छा चलो अब यह सब ख़त्म—अपना काम-धाम शुरू करो। पहले तुम्हें अपना final programme लिख दूँ। तुम्हें कल सुबह एक लिफ़ाफ़ा छोड़ा था, शाम को inland—उस inland में तुझे लिखा था कि इतवार को मैं शााम को express से खंडवा जा रहा हूँ। सोच रहा था कि कान्ता को ले जाऊँ। लेकिन अब अकेले जाने का तय है। कान्ता यहीं रहेगी। मैं भी बस दो दिन कुल आने-जाने और रहने में लगाऊँगा। परसों रविवार 9 को शाम को छह बजे ट्रेन पर चढ़ूँगा, सोमवार सुबह आठ बजे खंडवा पहुँचूगा। खंडवा में सोमवार दिन भर, रात भर तथा मंगल को दिन भर रहूँगा। मंगल को शाम को छह बजे उसी express से चलूँगा—और सुबह आठ बजे यहाँ आ जाऊँगा। बुधवार को सुबह आठ बजे आऊँगा तो तेरे कई पत्र मुझे यहाँ मिलेंगे। एक inland जो तू शनिवार को ही (कल के inland के अनुसार) खंडवा के पते पर डाल देगी मुझे मंगल तक ज़रूर मिल जाना चाहिए। बस, और मैं दो दिन—बराबर दादा से किसकी बातें करूँगा? बोल किसकी?—हाँ अपने ढंग से। और जब दादा कनुप्रिया की भूरि-भूरि प्रशंसा करेंगे, उसकी लाइनें दोहराएँगे तो मैं तन-मन, रोम-रोम से किसको पियूँगा?

अच्छा बाबू साहब, अब अपनी औक़ात पर आ जाइए, अपनी कापी-पेंसिल उठाइए और पास आइए और उसी तरह बैठिए और अपनी पढ़ाई-लिखाई में लगिए। चलिए, या दोनों चुटैयाँ घसीटकर पास बुलाऊँ। चलो और इस तरह विभोर होकर मत देखो, अपना चुपचाप पढ़ने-लिखने वाली बेबुआ की तरह कॉपी की ओर देखो...हाँ, पहले यह बताओ कि पिछले हफ़्ते कहाँ तक पढ़ा था? याद है!

पिछले हफ़्ते, हम लोगों ने यह समझा था कि जुंग का दृष्टिकोण फ्रायड से किस मामले में अलग है और वह किस प्रकार sex की जगह libido और unconcious के साथ-साथ collective unconscious तथा केवल यान्त्रिकता की जगह मनुष्य के मन के crceative force में भी विश्वास करता है।

यहाँ से jung के मनोविज्ञान की कई शाखाएँ हो जाती हैं। एक में एक उन बिम्बों और प्रतीकों का अध्ययन करता है जो आदिम काल से बार-बार अपने को दोहराते चले आए हैं और जो आज भी व्यक्ति के मनोविश्लेषण में, स्वप्नों में, विचारों में प्रकट होते रहते हैं। उन बिम्बों का क्या अर्थ है, वे कितने प्रकार के हैं, एक बिम्ब कितने रूप-अनुरूप ग्रहण करता है, जुंग ने इस दिशा में जो काम किया है उससे चिन्तन की एक सर्वथा नयी दिशा विकसित हुई है जिसे Philosophy of mythology कहते हैं।

अर्थात् हमारे यहाँ जैसे पुराण हैं, लोकगाथाएँ हैं जिनमें जो कथाएँ पायी जाती हैं उनमें कुछ इतिहास है और शेष जनता की कल्पना जो पीढ़ी-दर-पीढ़ी

जुड़ती गयी है अब उसमें जो प्रतीक आते हैं, बिम्ब आते हैं—जो पुराण पुरुष और mythological persons आते हैं, वे भारत की mythology में एक प्रकार से हैं, असीरिया बेबीलान में दूसरे प्रकार से, मिस्र और यूनान में तीसरे प्रकार से उपर उनका मूल तत्त्व एक है क्योंकि उनके पीछे की आदिम मनुष्य की अनुभूतियाँ लगभग एक-सी हैं फिर इससे एक और शाखा विकसित हुई जिसे philosophy of symbols कहते हैं—प्रतीक दर्शन। तुझे एक बात बताऊँ—तेरे काम की है—समस्त संसार में जुंग के विश्लेषणात्मक मनोविज्ञान पर सबसे बड़ा अधिकारी विद्वान जिसकी सारी दुनिया के दार्शनिक क़द्र करते हैं—जानती है, कौन है?—वह है फ्रीड़ा फोरहम—जुंग की आस्ट्रियन शिष्या। और उसके मनोविज्ञान ने अनुप्रेरित प्रतीक-दर्शन का सबसे बड़ा अधिकारी विद्वान कौन है—एक अमेरिकन अध्यापिका—Sussane K. Langer—जो कोलम्बिया विश्वविद्यालय के दर्शन विभाग की रीडर है। उसकी philosophy of mythology पर एक दूसरे दार्शनिक ने स्वतन्त्र रूप से काम किया है। वह दार्शनिक निस्सन्देह अपनी दिशा में जुंग से बहुत आगे निकल गया है—अर्नेस्ट कैरीज़र। कैरीज़र की मृत्यु अभी चार-पाँच वर्ष पूर्व हुई है। कल inland में तुझे लिखा है कि यूजीन ओनील को किताबें लौटाकर कैरीज़र की किताबें लाया हूँ पढ़ने के लिए ।

तो एक तो जुंग के मनोविज्ञान की यह धारा हुई। दूसरी धारा में वह मनुष्य अन्तर्मन जिसे वह psyche कहता है, उसका अध्ययन करता है। वह भी बहुत महत्त्वपूर्ण है पर मैंने पाया कि चाहे या अनचाहे psyche के अध्ययन में उसका भी दृष्टिकोण अपने गुरु फ्रायड की तरह बहुत यान्त्रिक-सा हो गया है। केवल आगे चलकर उसने अपनी इस गलती का परिमार्जन किया है जब individuation का सिद्धान्त प्रतिपादित करता है—मगर इस psyche और individuation के बारे में अभी रहने दो—उसको समझने के लिए पहले तुम उसके charcter types का सिद्धान्त समझ लो।

पहले यह समझ लो कि character से उसका क्या मतलब है। वह यह कहता है कि दो चीज़ें हैं—एक है बाहरी दुनिया और दूसरा है हमारा अन्तर्मन। बाहरी दुनिया में हम जीते हैं और जीने की प्रक्रिया में हम निरन्तर अपनी समस्त अन्तर्मन की प्रक्रिया को प्रयुक्त करते हैं बाहरी दुनिया के सन्दर्भ में। हमारा सोचना, विचारना, चाहना, पसन्द-नापसन्द करना, कुछ करने का निर्णय लेना, निर्णय स्थगित करना, भूलना, याद रखना, बन्धना, बन्धन तोड़ना। यह सब हमारा response है बाह्य जगत से अपने को, और बाह्य जगत को अपने से adjust करने की प्रक्रिया में। यह तो हमारे psyche के छोटे-बड़े हर दिशा में घटित होने वाले response हैं—ये एक दिशा में ग्रथित और सूत्रित होते हैं और इन्हीं का Sumtotal (कुल

जोड़) हमारा Character होता है।

सामान्य भाषा में character कई अर्थों में प्रयुक्त होता है। He has no character. He is characteristic. He is an interesting character. He is a character in himself—इन सभी वाक्यों में character के विभिन्न अर्थ हैं। जुंग का मतलब character से है—समस्त जीवन और जगत के प्रति हमारा आन्तरिक response और adjustment की पद्धति।

वैसे अन्ततोगत्वा जुंग तो इस नतीजे पर पहुँचा है कि दुनिया में जितने व्यक्ति हैं उतने प्रकार के characters हैं। हर आदमी का अपना एक निजत्व है। अत: उससे कहीं पर यह भी परिणाम निकलता है कि जितने व्यक्ति हैं दुनिया में उतने प्रकार के मनोविज्ञान हैं, क्योंकि जीने की उतनी ही पद्धतियाँ हैं, कोई भी पद्धति और प्रक्रिया बिल्कुल हू-ब-हू वैसी नहीं है जैसी कि किसी भी मनोवैज्ञानिक द्वारा परिकल्पित की जा सकती है। यदि यह बात मान ली जाय तो किसी प्रकार कोई भी वर्गीकरण व्यर्थ प्रतीत होता है, लेकिन जुंग स्वयं यह स्वीकार करता है कि यह वर्गीकरण न final है और न अवश्व आरोपणीय। वह यह मानता है कि कुछ प्रकार के लोगों की जीवन पद्धतियों और आन्तरिक चरित्र, प्रक्रियाओं के कुछ तत्त्व एक-दूसरे से मेल खाते हैं। उन्हें एक वर्ग में रखकर उनका विश्लेषण कर उनके आन्तरिक मनोविज्ञान को समझने में सुविधा होती है। अत: इस वर्गीकरण का अर्थ यान्त्रिक वर्गीकरण नहीं होना चाहिए और यह न मान लेना चाहिए कि उसने कबूतरखाने की तरह अलग काबुकों में अलग-अलग प्रकार के मनुष्यों को छाँट-छाँटकर भर देने की कोई पद्धति खोज निकलती है। वह केवल यह कहता है कि इससे कुछ मुख्य लक्षणों का ज्ञान मात्र होता है, उसके सहारे हम हर आदमी के मनोविज्ञान के सर्वथा विलक्षण, मौलिक और अद्वितीय लोक में प्रवेश पाने में समर्थ हो पाते हैं। एक ही वर्ग के दो चरित्र अपने जीवन के मूल्य, उद्देश्य, परिणति और उपलब्धि में बिल्कुल अलग हो सकते हैं। असाधारण मेधा वाला, कार्यनिष्ठ व्यक्ति डकैत भी हो सकता है, नेपोलियन भी हो सकता है, गाँधी भी हो सकता है। अत: जुंग का यह वर्गीकरण का सिद्धान्त किसी विशेष व्यक्ति की व्याख्या नहीं कर सकता—हर व्यक्ति की व्याख्या नहीं कर सकता—हाँ, हर व्यक्ति की मौलिक व्याख्या के लिए कुछ आधारबिन्दु अवश्य प्रदान करता है।

अपने वर्गीकरण का मूल आधार उसने यह माना है कि चरित्र का मौलिक रुख बाह्य वस्तु-जगत के प्रति क्या है? और इस दृष्टि से उसने यह माना है कि मूलभूत प्रकार दो होते हैं—आत्मनिष्ठ और वस्तुनिष्ठ। आत्मनिष्ठ के लिए उसने introvert और वस्तुनिष्ठ के लिए extrovert शब्द का प्रयोग किया है।

extrovert या वस्तुनिष्ठ व्यक्ति स्वभावत: बाह्य वस्तुजगत की ओर अत्यधिक

उन्मुख रहता है। चारों ओर की घटनाएँ, व्यक्ति, समस्याएँ, चर्चाएँ, उत्सव—इन सबमें उसको सदा रुचि रहती है। वह अपने चारों ओर के सक्रिय जगत से अलग होकर एक क्षण चुपचाप नहीं बैठ सकता। उसे लगेगा जैसे वह निर्वासित है, यदि उसे समाज की हलचल में डूबने को न मिले। लेकिन अपने अन्तर्जगत के आगे वह उतना ही निष्क्रिय, विमुख होता है। वह अन्दर झाँकना नहीं चाहता। आत्मा आदि जो कुछ हो वह उसे बस जाँच नहीं सकता—उसका अपना कोई जीवन-दर्शन नहीं कोई परम्परा, परम्परागत धर्म, कोई राजनीतिक पार्टी का कार्यक्रम बस इसी को वह मान लेता है।

आत्मनिष्ठ या introvert इसके विपरीत अपने अन्तर्जगत को महत्त्व देता है। वह सम्भव है बाहर की हलचल से थोड़ा आशंकित हो विमुख हो पर अपने अन्तर्जगत से डरता नहीं उसमें निश्शंक उतरता है, अपना खुद का जीवन-दर्शन खोजता है, बनाता है—बाहर की परम्परा, धर्म, church चाहे उसे माने या न माने।

अभी तक हम कहते रहे हैं 'आत्मनिष्ठ व्यक्ति' या 'वस्तुनिष्ठ व्यक्ति' पर यह शब्दावली वस्तुतः ग़लत है। कोई भी व्यक्ति पूर्णतः न आत्मनिष्ठ होता है, न वस्तुनिष्ठ। हरेक में इन दोनों प्रवृत्तियों का सम्मिश्रण होता है, कुछ में एक की प्रधानता होती है, कुछ में दूसरे की। जिसमें वस्तुनिष्ठता की प्रधानता होती है वह चेतन मन से तो संसार की गतिविधि से पूर्ण संलग्न रहता है, लेकिन उसकी आत्म निष्ठ प्रवृत्ति अचेतन में काम करती रहती है। नेपोलियन जैसे निरन्तर कार्यनिष्ठ योद्धा को भी कभी-कभी अवचेतन ग्रस्त कर लेता था। जो आत्मनिष्ठ होते हैं—उनका अवचेतन वस्तुनिष्ठता के स्वप्न देखता रहता है। बड़े ऐतिहासिक कार्य, क्रान्तियाँ, हम दुनिया उलट-पलट देंगे इसके ताने-बाने बुनता रहता है।

लेकिन यह द्वन्द्व यदि समझा न जाय तो कभी-कभी हानिकर होता है, पर अगर समझ लिया जाय तो व्यक्ति अपने आत्मबल से अपने चरित्र के कमज़ोर वाले पक्ष, अवचेतन वाले पक्ष को सशक्त बना सकता है। निरन्तर शिकार और डाका डालने वाले वाल्मीकि वस्तुनिष्ठ थे पर राम को पाकर उन्होंने अपने आत्मनिष्ठ दर्शन और काव्य को भी उबार लिया। जो आत्मनिष्ठ आविष्कारक मैदान में लेटा-लेटा चिड़ियों को देखकर हवा में उड़ने की अवचेतन कल्पना करता रहता था—उसने वस्तुजगत के यान्त्रिक नियम समझकर हवाई जहाज बना डाला।

अतः चरित्र सदा एक जड़ स्थिर वस्तु नहीं है, वह निरन्तर विकासशील हो सकता है और अधिकतर होता है। "in a continuous fluxo of adjustment and readjustment."

अतः अध्ययन करते समय यह कहना कि अमुक आत्मचिन्तन या वस्तुनिष्ठ है, यह अधूरा अवैज्ञानिक अतः असत्य कथन है। कहना यह चाहिए कि उसमें

इतनी प्रवृत्तियाँ ऐसी हैं, इतनी वैसी और उन प्रवृत्तियों का विकास इस दिशा में हो रहा है, दूसरी का इस दिशा में—दोनों प्रवृत्तियाँ इस प्रकार एक-दूसरे पर क्रिया-प्रतिक्रिया करती चल रही हैं—और पूरे चरित्र-विधान की दिशा इस ओर जा रही है।

यह इस वर्गीकरण का आरम्भिक बिन्दु मात्र है। इतना तो समझ गयी न प्यार! कोई कठिनाई तो नहीं हुई। अब इसके बाद इस वर्गीकरण के विस्तार में चलेंगे। थकी तो नहीं—आओ थोड़ी देर अवकाश! लाओ तब तक मैं अपने गुलाब देख लूँ। लो इन पर की रंगधारियाँ तो मिट गयीं। लेकिन एक बात है। इन पर के दाखाओं का रंग आजकल बहुत विलक्षण है। और देखो तो, अपने तारघर को कितने दिनों से भूला हुआ था मैं! तभी तो डाँट खाता हूँ अपनी राजे से। जब अपना तारघर है जो एक-एक क्षण, एक-एक संवेदन की ख़बर पहुँचाता है तो बेकार मैं सरकारी तारघरों में दौड़ता हूँ। अच्छा, अच्छा ये रफ़ियनजी कहाँ पहुँच रहे हैं—नहीं—चलो चुपचाप पढ़ो नहीं तो कस के चपत पड़ेगी—

हाँ, आगे जुंग ने यह कहा है कि यह जो हमारे आन्तरिक response की प्रतिक्रिया है इसमें psyche के चार functions होते हैं sensation, Thinking feeling, intuition। अब इसको उसने एक उदाहरण से समझाया है। देखो गुस्सैल जी, मुझ पर गुस्सा न होना यह मेरा नहीं उसका दिया उदाहरण है।

उसने उदाहरण यह दिया है कि मान लो P.L.B लौटकर शाम को घर आयी। थकी हुई कुछ देर आराम किया, चाय पी और जाकर छज्जे पर खड़ी हो गयीं। वहाँ देखा कि कुछ भीड़ लगी हुई है और एक व्यक्ति जो साइकिल पर जा रहा था—वह कपड़ों से धूल झाड़ रहा है पर उसकी साइकिल उधर गिरी है और उसका एक पहिया मुड़ गया है। लोग इकट्ठा हैं। इतना तो P.L.B ने आँखों से देखा कानों से शोर सुना...

लेकिन साथ-ही-साथ अब thinking process भी मन में चलने लगा—और जो तथ्य उन्होंने देखे उनकी संगति बिठाने लगी। साइकिल का मुँह ग्रेट स्ट्रीट की ओर है अत: लगता है यह व्यक्ति हैरिसन रोड से आ रहा था, सड़क पर ट्रक के पहियों के घिसटते हुए निशान बने हैं जिससे लगता है ट्रक ज़ोर से आ रहा था। कड़ा ब्रेक लगाना पड़ा। साइकिल वाला बायीं ओर है अत: ट्रक ग़लत साइड से आ रहा था। यह thinking process हुआ—अर्थात् sensation से देखने और सुने हुए शोर से जो बोध मिला उसके अंशों की संगति बिठाकर पूरे सन्दर्भों को परिचित्रित कर लेना।

पर मन नहीं रुकता। P.L.B. जी तुरन्त सोचती है। गलती ट्रकवाले की है। ये ट्रकवाले बहुत लपारवाह होते हैं। भीड़-भाड़ के समय तो कलकत्ते की सड़कों पर इतने बड़े ट्रक आने नहीं देने चाहिए। बेचारा साइकिल सवार। अब यहाँ पर

P.L.B. का मन एक ओर तो value judgements दे रहा है। क्या उचित है क्या अनुचित! कौन ग़लत है, कौन सही? दूसरी ओर उसमें रागात्मक प्रक्रियाएँ भी हो रही हैं—साइकिल सवार बेचारा। ट्रकवाला बदमाश—यह प्रक्रिया है feeling। Sensation की faculty ने केवल तथ्य जुटाये, Thinking ने उन तथ्यों की संगति बैठाकर पूरी स्थिति परिकल्पित की और feeling ने उनका सम्बन्ध भावना और मूल्यांकन से जोड़ा—पर यहीं पर इतिश्री नहीं होती।

अकस्मात् P.L.B. हट जाती हैं—छज्जे से और कमरे में बेचैनी से टहलने लगती हैं। उनकी समझ में नहीं आता कि यह बेचैनी किस बात की है धीरे-धीरे उन्हें याद आता है कि बात यह है कि दो दिन पहले वाले इनलैंड में उन्होंने यह लिखा था कि आजकल वे साइकिल पर घूमने जाते हैं और अक्सर साइकिल पर कालका या Bombay mail catch करने जाते हैं। देखो—इनको-ठहरे लापरवाह! गुलाबों के ध्यान में डूबे साइकिल चलाते हैं—उधर मिलिटरी की ट्रकें आती-जाती हैं। जाने इन्हें क्या सूझा है साइकिल चढ़ना। अब कहाँ-कहाँ P.L.B. डाँटे, कहाँ-कहाँ नाराज़ हों। तार कराने से साइकिल चलाने तक इनकी हरकतें अब असहनीय होती जा रही हैं। —इतने में छोटेलाल आता है। उसके हाथ में डाक है। ख़त से मालूम होता है कि वे ठीक हैं। उन्हीं ने तो लिखा है—तो हिन्नी के ख़त से यह भी मालूम हुआ कि साइकिल डॉ. बसु ने मना की है। P.L.B. ने सन्तोष की साँस ली, चिन्ता और गुस्सा ख़त्म हुए—बैठकर प्यारी-प्यारी चिट्ठी लिखने लगी।

अब मन की यह प्रक्रिया वर्तमान से भविष्य में और एक बिन्दु से दूसरे बिन्दु की ओर चिन्तन का प्रक्षेपण करती है। वह इस स्थिति के आधार पर दूसरी स्थितियों की कल्पना कर उसके प्रति react करती है। इसे Jung ने Intuition कहा है।

इस प्रकार हमारी सारी आन्तरिक प्रक्रिया Sensation, Thinking, Feeling और Intuition इन चार शक्तियों से अन्तर्ग्रंथित होती है। पहले तो जुंग यह मानता है कि चरित्र के चार प्रकार हो सकते हैं—Sensation प्रधान, thinking प्रधान, Feeling प्रधान, Intuition प्रधान। उनमें एक प्रधान होती है और शेष तीनों उसकी अनुवर्तिनी। जो sensation प्रधान मन से काम करता है उसका thinking, feeling intution ख़ास प्रकार से react करते हैं। इसी प्रकार शेष में भी होता है पर यह केवल कल्पित विभाजन है। होता है यह कि कुछ में sensation thinking और प्रधान होता है वे वस्तुनिष्ठ या extrovert होते हैं उनमें intution और reality होती है पर प्रधानता उनकी नहीं होती। वे गौण रहती है। जो आत्मनिष्ठ होते हैं उनमें feeling और intution प्रधान होते हैं—Sensation और thinking गौण होते हैं।

जब जुंग के वर्गीकरण का विस्तार आरम्भ होता है। चार प्रकार हमने देखे—

sensation प्रधान, Thinking प्रधान, Feeling प्रधान, Intution प्रधान। फिर वह मानता है कि इनके भी दो-दो रूप होते हैं extrovert और introvert अत: प्रमुख आठ प्रकार हुए—

1. Extroverted Thinking Type	2. Introverted Thinking Type.
3. Extroverted Feeling Type	4. Introverted Feeling Type.
5. Extroverted Sensation type	6. Introverted Sensation Type.
7. Extroverted Intutive Type	8. Introverted Intuitive Type.

अब इसका भी further विस्तार हो सकता है। अर्थात्

9. Extroverted Thinking Type

extra feeling type with feeling as next important function	Do Do with sensation as next important function	DoDo with intution as next important function

और फिर ये उपविभाजन भी दो हो सकते हैं—

1. Extroverted Thinking Type with Introverted Feeling
2. Extroverted feeling Type with Extroverted Feeling

इस प्रकार इन आठ वर्गों के छह-छह उपवर्ग हो सकते हैं और कुल 8 × 6 = 48 वर्ग होंगे। उनके क्या लक्षण हो सकते हैं इनका विस्तार पूर्वक विवेचन जुंग ने अपनी पुस्तक में उदाहरण दे-देकर समझाया हे।

तुम्हें राजे उलझन तो नहीं हो रही है। यह विस्तार तो बाद में हम-तुम बैठकर किताब से खुद पढ़कर समझ लेंगे। बस अभी वर्गीकरण का सिद्धान्त समझ लो।

पर साहित्य में जब अपने चरित्रों (पात्रों को संकलित कर) वर्गीकृत कर लोगी तब उनकी growth का अध्ययन करने में आनन्द आएगा। एक तो पहले उनका basic pattern क्या है इसे देखकर बताओगी कि वह किस वर्ग का चरित्र है। लेकिन साहित्य में चरित्र स्थिर नहीं रहते विकसित होते चलते हैं। अपने चरित्र के कमजोर पक्षों पर कभी विजय पाते हैं, कभी उनके शिकार हो जाते हैं, इस प्रकार जो उनमें महत्त्वपूर्ण चरित्र-पात्र होंगे उनके विकास और stand का अध्ययन करने में मज़ा आएगा।

एक और पक्ष है जिस पर किसी अगले पत्र में बताऊँगा वह है individuation की प्रक्रिया। जुंग यह कहता है कि प्रत्येक व्यक्ति संसार में अपना एक self लेकर पैदा हुआ वह और वह इस चरित्र पैटर्न में से गुज़रता हुआ अपने उस self को realise नहीं कर लेता तब तक वह चैन नहीं पाता। उसके व्यक्तित्व में integration नहीं आता, बिखराव बना रहता है। इसके लिए वह कैसे अपने अन्तर्मन में उतरता

है धीरे-धीरे उसमें से आदिम प्रतीक और Symbols उसके वास्तविक व्यक्तित्व को उभारने में सहायता देते हैं—कौन-से तत्त्व unconscious में हैं जो कभी उसके उस self को आह्लादित किए रहते हैं, कभी वह उनसे जूझकर उस self का उभार लेता है और अपने को पा जाता है। (आत्मानं विद्धि—अपने को जानो—आत्मोपलब्धि अपने को पाओ) वह प्रक्रिया बहुत ही रोचक है। और बहुत अंशों तक अपने मध्यकालीन योग और भक्ति-मार्ग की आत्म-साधना से मेल खाती है।

हम जब साहित्य के चरित्र प्रकारों का अध्ययन करेंगे तो उनके individuation process (व्यक्तित्व उपलब्ध करने की प्रक्रिया) में उनका अध्ययन करेंगे। उनके अन्तर्द्वन्द्व, उनकी अन्तर्दृष्टि, उनकी असफलता या सफलता का मूल्यांकन करेंगे—

अब समझ गयीं अपना काम। इन 48 प्रकारों को समझ लेना। 50 चुने प्रबन्ध काव्यों के पात्रों को चुन लेना। वर्गीकरण करना। और चुने हुए 50 प्रमुख चरित्र पात्रों का विस्तृत अध्ययन करना।

यह काम कुल दस महीने या अधिक-से-अधिक बाहर महीने का है। बोलो मेरे, प्यार! तुम समझ गई। कुछ भी तो कठिन नहीं है। एक तरह से समझ लो कि जिसे पुरानी आलोचनात्मक भाषा में चरित्र-चित्रण कहते थे, उसी का अध्ययन एक विशेष वैज्ञानिक दृष्टि से करना है। और राज—इस अध्ययन में हम बहुत कुछ सीखेंगे—बहुत कुछ जानेंगे जिसके आधार पर हमारी राज कितनी किताबें कितने अध्ययन प्रस्तुत करेगी और मेरा बहुत बड़ा सपना खिल उठेगा—

परसों 9 तारीख़ है। मैं भरे-भरे मन से सुबह प्रार्थना करूँगा। हमारी अंजलियाँ आबद्ध होंगी और जो बड़े काम हमारे सामने हैं उनके लिए हम शक्ति संचय करेंगे—

अच्छा—चलो अब डूबी-डूबी सो जाओ। आ...ओ।

FRIDAY : 14th AUGUST, 59,7 A.M.

अपने इस पूजाघर में पश्चिम की ओर एक छोटी-सी खिड़की है जिसमें से पोखरा दिखाई देता है। पारसाल जब दर्द बेहद था और मैं अकेला था और बेहद उदास था और बेहद अकुलाहट से मन तुम्हें पुकारता था और तुम नहीं आयी थीं और आयी भी थीं तो आने के तीन दिन बाद ही तुम घर जाने के लिए बेचैन हो गयी थीं—(बाद में तुमने स्वीकारा—बहुत महीनों बाद कि तुम्हारा मन यहाँ ज्यादा नहीं लगता था—) उन दिनों अक्सर इस खिड़की पर खड़े होकर

---

* तारांकित शब्द भारती जी ने बांग्ला में लिखे है।

चुपचाप मैं डूबते सूरज के सिन्दूरी रंग को देखा करता था।...तुम्हें बताना भूल गया। पिछले हफ़्ते जब तुम्हारी चिट्ठियों को आने में कुछ देर हुई थी और हम दोनों perturbed हो गये थे और घबराकर तार दिया था तुम्हें—उन दिनों जैसा लिख चुका हूँ कि critical हो गये थे और घबराकर तार दिया था तुम्हें—उन दिनो जैसा लिख चुका हैं कि critical पढ़ने में मन नहीं लग पाता था—यूजीन ओ नील के ड्रामे पढ़ता था और जब थक जाता था, तो खिड़की पर खड़े होकर चुपचाप पोखर की ओर देखता रहता था—

इस पोखर में एक मज़े की चीज़ mark की है मैंने। जब पानी भर आता है तो ढेर-के-ढेर पानी वाले साँप हमारे घर के पिछवाड़े पानी और घास में आकर पड़े रहते हैं। दिखाई नहीं पड़ते। पर गौर से देखिये तो कहीं पानी में एक स्पन्दन होता है, या कोई धारा हिलती दीख पड़ती है और तब आप देख पाते हैं कि एक काली या भूरी चीज़ पानी में कुंडली बदल रही है और वह साँप है। और उसके बाद आप थोड़ी देर में गिन सकते हैं कि कितने साँप हैं यहाँ और कहाँ-कहाँ छिपे हैं। अभी उस दिन की बात है कि पीछे आँगन में जहाँ मालती की लतर लगी है, मैं खड़ा हुआ था। धूप निकल आयी थी। मैंने चारों ओर की शान्ति में कुछ हरकत महसूस की। क्या था कुछ पता नहीं लगा। इतने में क्या देखा कि बाहर से एक बड़े साँप महोदय रेंगकर चहारदीवारी पर चढ़ने की कोशिश कर रहे थे और अपना फन दीवार की ऊपरी edge तक पहुँचाने में समर्थ हो गये थे। बिल्कुल मेरे निकट। एक हाथ की दूरी रही होगी बस! मैंने देखा कि धक् से हो गया जी! जहाँ पाँव थे वहीं गड़े रह गये। पर मन घबराया नहीं। सोचा देखें क्या होता है। सर्प भाई ने अपना फन दीवार पर जमाकर पूँछ उछाली और फिर पूरी तरह दीवार पर खड़े हो गये—बहुत बड़े थे भाई जी! उसके बाद उनकी निगाह मुझ पर पड़ी। दो बार झूमे और निर्णय लेते रहे कि क्या करें। फिर छपाक् से नीचे कूदे—पोखर की ओर नहीं—आँगन की ओर—और तेज़ी से रेंगकर करौंदे की झाड़ी के पास गड्ढा था उसी में मुड़मुड़ाकर बैठ गये। मैं देखता रहा कि अब ये महोदय क्या करते हैं। थोड़ी देर बाद उन्होंने गड्ढे में से फण निकाला और मेरी ओर देखते रहे और बहुत लोलुपता से अपनी काली दोहरी जीभ लपलपाते रहे! मैं भी खड़ा रहा, हटा नहीं थोड़ी देर बाद लगता है कि उन्होंने मन में यह सोच लिया कि यह व्यक्ति डरेगा—नहीं—निर्भीक तो क्या माना होगा, यह माना होगा कि बेशर्म है और ज़िद्दी है। पाँव जहाँ रख दिये तो रख दिये—अब इसे आँख दिखाना, जीभ लपलपाना बेकार है। उसके बाद लगता है मेरी बेशर्मी से दुखी होकर, गड्ढे में कोई बिल था उससे वे साँप भाई उदास अपने पोखरे में लौट गये। सोचता था यह घटना लिखूँगा लेकिन उन दिनों तुम्हारे ख़त खो गये थे (express वगैरह) तो तार दिया और फिर जब बेहद

डाँट पड़ी तो होश फाख़्ता हो गये।...कल खंडवा से आते-ही-आते एक ख़त (जो रास्ते में लिखा था जिसमें दादा और मेरा एक चित्र था) तुझे स्टेशन पर डाला और घर आकर तेरे सब ख़त (मंगल का लिखा, शोभा वाला ख़त पाकर जो तूने लिखा था) पाकर उनका विस्तृत उत्तर भेजा तुझे। कालका पर उसे छोड़कर जब लौटे तो सिविल लाइन्स में अकस्मात् देखा कि अपने कुछ मित्रों के साथ डॉ. राममनोहर लोहिया चले आ रहे हैं (जानती है उन्हें?) उन्होंने रोक लिया और कुछ देर उनके साथ coffee house में बीते। लौटे तो पाँव में काफ़ी दर्द था। तुझे खंडवा से ही लिखा था कि सोमवार को तीसरे पहर से पाँव में दर्द भी होने लगा था और मन बहुत अधिक उचट गया था। सो आकर पाँव दबवाये और सो गये। मन बहुत अच्छा तो नहीं ही था—शायद दर्द के ही कारण। पानी बेहद बरस रहा था। थोड़ी देर बहुत बेचैनी रही फिर नींद आ गयी। सुबह उठा। पाँव का सारा दर्द सिमटकर एड़ियों में आ गया था बेहद टिसकन थी। खड़ा हुआ तो खड़ा न हुआ जाय। अन्त में तकियों पर पाँव रख पश्चिम वाली खिड़की पर खड़ा हो गया। रात भर में पानी भर आया था और आज फिर साँप बिरादरी किनारे पर अपनी सभा जुटाए है। बहुत देर खड़ा उन्हें mark करता रहा कि कहाँ-कहो छिपे हैं वे—पाँव धीरे-धीरे कुछ ठीक हुआ, चाय पी, मुँह-हाथ धोया और तुम्हें लिखने बैठे।

2 P.M.

ऊपर जब लिखा शुक्रवार तो अकस्मात् याद आया कि आज तो अपनी पढ़ाई का दिन है। पिछले हफ्ते भी उसके पहले भी इसी दिन अपना character types वाला period पड़ता है। और तब तक मिला था केवल तेरा मंगलवार वाला लम्बा ख़त। तब आया थोड़ा-सा गुरुवाला गुस्सा। देखो इस लापरवाह प्रियाशिष्या को कि और सब लिखा इसने और जुंग वाले ख़त के लिए केवल एक पंक्ति लिख दी कि मिल गया! क्या! अरे मिल गया तो आपके समझ में आया कि नहीं आया, आपके सामने बात स्पष्ट हुई या नहीं हुई इसका कुछ उल्लेख नहीं, थोड़ी देर तक खूब गुस्सा हुआ तुम पर, पटक दी किताब और हाज़िरी का रजिस्टर कि नहीं पढ़ाते—जाओ और इसी गुस्से में चले गये यूनिवर्सिटी। वहाँ से लौटे तो सुबह की डाक में मेरी प्यारी-प्यारी राजे का एक छौनू-मौनू ख़त आया था—कॉलेज में बैठकर कुन्नो को और मुझे लिखा हुआ जिसमें उसने राबर्ट ब्राउनिंग की कविताओं का ज़िक्र किया और लिखा "Get grow together along with me, the last is yet to be." और उसने लिखा कि दो बार पढ़ने पर character types वाला वर्गीकरण समझ में आ गया। बस इतना पढ़ना था कि मन सौ-सौ उमंग से ललक उठा अपने तन-मन अपने जीवन प्यार को अगस्त्य के फूलों से पगडंडी

तक प्रत्यंचाओं की टंकारों से लाद-लाद देने को! अपनी हरीतिमा को, अपनी हरे परिधान में लिपटी ममता को, अपनी पोथी-पत्रा लेकर पढ़ने आयी हुई छोटी-छोटी, प्यारी-प्यारी, लाल-लाल रिबन बाँधे मुन्नी-मुन्नी बहनिया को गोद में बिठाकर उसे आगे का पाठ पढ़ाने को कि वह अपनी नन्हीं-नन्हीं हथेलियों में स्लेट थामे लिखती जाय—रा से राखी, और राधन् और राजन, और रास। और फिर पूछे मेरे गुरु, प्रभु! क से क्या होता है—तो लिखे—क से कंचन तन, क से कनु, क से कैरेक्टर टाइप। ...And so we begin our further lesson in character types of Jung. चलो, बन्द करो सब शरारतें और बैठो चुपचाप और ध्यान से सुनोगी इधर-उधर मन नहीं भटकाओगी तो सब समझ में आता चलेगा एक ही बार में। और अगर ध्यान इधर-उधर भटकाओगी तब एक बार फिर हंसारूढ़ होना पड़ेगा—सरस्वती का ही ध्यान इधर-उधर रहे तो विद्या भला एक बार में कैसे मिले?

अब इस बार तुझे व्यक्ति के psyche में, deep unconscious में रहने वाले कुछ ऐसी मनोभ्रान्तियों या जटिल भावों के बारे में बताना है जो व्यक्ति के चरित्र के sources और growth को बहुत प्रभावित करते हैं। प्रभावित नकारात्मक अर्थ में—यानी उसके चरित्र के पूर्णतया विकास को बाधित करते रहते हैं। जुंग ने इन तीनों को बहुत महत्त्वपूर्ण माना है क्योंकि उसका कहना है कि प्रत्येक मनुष्य चाहे वह introvert हो या extrovert हो—उसके अवचेतन में ये तीन मनोग्रन्थियाँ उसके Character को निरन्तर किसी-ने-किसी रूप में प्रभावित करती हैं। character के अर्थ प्रारम्भ में ही हमने बताया था कि हमारे पूरे व्यक्तित्व का हमारे परिवेश और जीवन के प्रति response। तो उसका कहना है कि जिसमें इच्छा शक्ति और दृष्टि होती है वे इन complexes को भी अपनी शक्ति बना लेते हैं और इनकी सीमाओं का अतिक्रमण कर केवल इनका शक्तिशाली तत्त्व ग्रहण करते हैं और जो ऐसा नहीं करते उनकी जीवन प्रक्रिया में अनजाने ही deep unconscious में से बार-बार ये उभर-उभरकर उन्हें बाधा पहुँचाते हैं। उनके जीवन की सहज प्राकृतिक गति में भँवरें उत्पन्न कर देते हैं। (जब हम प्रत्येक पात्रों का अध्ययन करेंगे तो पहले तो उन्हें वर्गीकृत करेंगे और देखेंगे कि इनमें से कौन extrovert हैं कौन inrtovert और उसमें भी कौन Thinking प्रधान है कौन feeling प्रधान आदि फिर हम देखेंगे कि प्रबन्ध काव्य या खंड काव्य में उनका चरित्र धीरे-धीरे कैसे विकसित हुआ है। इस विकास में, देखना होगा, कि जो भँवरें आती हैं उनमें कहीं ये जुंग द्वारा बताये complexes तो मूल में नहीं हैं?)

पर उन complexes को जानने के पहले जुंग द्वारा दी गयी complex की

व्याख्या समझ लेनी चाहिए। उसका तात्पर्य complex में ग्रन्थि या गाँठ या knot नहीं है। वह complex का मूल अर्थ बताता है com+plex अर्थात् साथ लिपटा हुआ। जैसे रस्सी में तुम देखती हो कि कई तागे एक साथ बँटे हुए मिलते हैं या अक्सर बिजली के तार में एक निगेटिव का तार और एक positive का तार साथ लपेट दिया जाता है—उसी प्रकार हमारे मन में ego के साथ कुछ भावनाएँ उसी भाँति लिपटी होती हैं बँटी हुई। entwined with ego. कभी-कभी वे स्वत: बहुत अदृश्य और सूक्ष्म होती हैं कि पता ही नहीं चलता और कभी-कभी बहुत प्रकट और स्थूल होती है कि उनका पता तुरन्त चल जाता है। कुछ लोग उनका कभी पता नहीं लगा पाते और उनके कारण कुंठित होते रहते हैं और कुछ लोग आत्म निरीक्षण कर उन्हें जान लेते हैं और उन पर विजय पा लेते हैं और या तो उन्हें उन्मूलित कर डालते हैं या जितना उनमें से उन्मूलित करने योग्य होता है उतना उन्मूलित कर डालते हैं और जितना उपयोगी होता है उसका उपयोग कर लेते हैं। Complex मात्र को जो भयानक या हानिकर समझते हैं यह ग़लत भावना है। ग़लत है उनके द्वारा बेसमझे-बूझे निर्देशित होना।

वैसे deep unconscious में कई भाँति के complexes होते हैं। लेकिन सारी जीवन प्रक्रिया में हमारे Character Type को प्रभावित करने वाले प्रमुखत: तीन complexes होते हैं। SHADOW Complex. PERSONA Complex और PARATICIPATION MY STIQUE Complex.

अब यह shadow complex बड़ी रोचक वस्तु है। तुम तो फ़ोटोग्राफ़ी करती रही हो, अपनी प्यारी-प्यारी शान्ती भाभी के खतरनाक फोटो चोरी-चोरी लेती रही हो अत: तुम इसे आसानी से समझ सकती हो। जब photo लेती हो तो निगेटिव पर पहले आकृति का छायांकन होता है। फिर उस negative से काग़ज़ पर उतरता है। काग़ज़ पर जो photo आती है वह कलात्मक और सुन्दर होती है, लेकिन negative पर जो छाया आती है वह उसकी सर्वथा विपरीत होती है। जहाँ photo में लाइट होती है वहाँ negative की छाया में darkness होती है।—हमारा व्यक्तित्व भी जो बनता चलता है उसमें हम पैदा होने के बाद अच्छे गुण विकसित करते हैं, हममें जो श्रेष्ठ है उसके विकास में तत्पर रहते हैं—लेकिन इस सब प्रक्रिया में हमारा एक पुराना, असंस्कृत, अपरिष्कृत, कच्चा, कमज़ोर या अनियन्त्रित self —कैमरे के negative की तरह छूटता जाता है। यह मनुष्य मात्र में होता है क्योंकि जैसे कलात्मक photo का भी negative होता ही है और वह वैसा ही होता है जैसे सभी negatives बिना निगेटिव के photo की कल्पना ही नहीं की जा सकती—

कैमरे का निगेटिव तो जड़ वस्तु है, हम जब उसे चाहते हैं reprint कर

लेते हैं, उसे retouch कर लेते हैं और जब चाहते हैं उसे छाप लेते हैं और कलात्मक photo निकाल लेते हैं। लेकिन हमारे व्यक्तित्व का यह negative (यह shadow) केवल जड़ नहीं होता। वह हमारे अच्छे और विकासमान self के साथ धागे की तरह बटा रहता है और अक्सर अपने की आरोपित करने की चेष्टा करता है। जब-जब वह अपने को आरोपित करता है तब-तब हम यह पाते हैं कि अपने विकास की राह में हममे शिथिलता आने लगती है, भय आने लगता है, असमंजस आने लगता है, सन्देह आने लगते हैं—इसके लिए कहा गया है—

"Broadly speaking the shadow is make up of the ego's positives. It is the something which comes between a man and his fulfillment : his laziness, his fickleness, his tendency to let things hide or to over do things, his cowardies, his rashness, his murkines, and smut. It is also the negative expressions of all those things that belong to us and which we have not dared to live. It is also much more than that; the dark background from which we have emereged, the primitive, the animal, the non-human."

इस उद्धरण के अनुसार हम पाते हैं कि यह shadow या negative तीन तत्त्वों का प्रतिनिधित्व करता है—1. कभी-कभी हमारे उच्चतर व्यक्तित्व के विकास की दिशा में हमारी कायरता, हमारा आलस्य, हमारी डाँवाडोलता, हमारा आवेश। 2. कभी-कभी ऐसी अतृप्तियाँ जो हममें छूट गयी हैं जिन्हें हमने पाप करके माना या जिन्हें ग़लत समझा और केवल दबाने को कोशिश की 3. और मनुष्य मात्र का विकास जिस पशु अस्तित्व से हुआ है उसकी नृशंसता, अमानुषिकता, बुद्धिहीनता, भय और पलायन!

यह shadow complex, बराबर जो साधक और चिन्तक, आत्मविश्लेषक और दृष्टा कवि, सन्त आदि रहे हैं उन्होंने पहचाना है। जुंग ने इसको एक वैज्ञानिक स्तर पर recognise किया है पर चीज़ यह बहुत पुरानी है। अद्वैतवादी दर्शन में बराबर जीव को अज्ञान की दशा में छायावेष्टित कहा गया है और बराबर माना गया है कि उसे इस छाया से मुक्त होकर आत्मस्वरूप का साक्षात्कार करना चाहिए। इसी छाया को The darkness माना गया है। 'तमसो मा ज्योतिर्गमय' इसी अर्थ में है। इसी को कबीर ने एक स्थान ने एक स्थान पर कहा है कि नई वधू छाया देखकर डर जाती है। 'छाया देख डराहि' और तुम्हें आश्चर्य होगा राजे बेनू कि तेरे T.S. Eliot ने इस बीसवीं शती में भी इसी की ओर संकेत किया है जब वह कहता है—

Between the idea

And the reality
Between the motion
And the act
Falls the shadow

Between the conception
And the creation
Between the emotion
And the response
Falls the shadow...(The Hollow Men).

अब इस shadow के प्रति क्या attitude होना चाहिए इसके बारे में दो मत हैं। एक तो तुम जानती हो शुद्धतावादियों (puritons) का मत है कि यह shadow बिल्कुल दबा दी जानी चाहिए। लेकिन जो अधिक मानवीय दर्शन है उनका यह कहना है कि यह shadow रह जाना स्वाभाविक है। धीरे-धीरे हमें इसे face करना चाहिए, इसके प्रति हमारा भय का रुख नहीं होना चाहिए। यह जानना चाहिए कि यह अक्सर रहती है, काफ़ी दिनों तक रहती है पर यह जानना चाहिए कि हम इस पर विजयी हो चुके हैं और पराजित होकर अब यह हमारी दासता स्वीकार कर चुकी है। जुंग ने भी यह कहा—"When the shadow is faced, it changes in character, prpgressively becomming more assimilable."... पर वह यह भी चेतावनी देता है कि अक्सर मनुष्य सचेतन स्तर पर अपनी shadow को अपने आदिम भय, अपने असमंजस, अपने negative aspect को जो उसे शिथिल बनाता चलता है—उसे face करने और स्वीकार करने में डरता है—"Facing the shadow is not a happy expereince. To some it brings a feeling of guilt, to others hopelessness, to all a heaviness of spirit, hard to bear." अर्थात् अपने इस छाया व्यक्तित्व को देखना कोई सुखद नहीं लगता। कुछ इसे देखकर ख़ामख्वाह अपराध भावना से ग्रस्त हो जाते हैं, कोई बिलकुल आशा खो बैठते हैं, उदास और भारी मन तो सभी हो जाते हैं—लेकिन फिर भी जैसा जुंग कहता है—"It is in facing and dealing with the shadow, understanding an conquring it that a man realises himself for the first time and with that realization may find a sense of community (समागम) with other, and come upon the great opening of the spirit."

तू इसे ठीक-ठीक समझेगी जब तू याद करेगी कि कनुप्रिया ने एक बार

तुझसे क्या कहा था—एक बार she had to face this negative shadow, कायरता, अपने उच्चतर साक्षात्कार से भागने की भावना असमंजस। और उसे पता नहीं चल पाता था कि यह आदिम भय कहाँ से आ रहा है जो उसे कनु के साक्षात्कार में लीन नहीं होने देता—

''कहाँ से आता है यह भय
जो मेरे इन हिमशिखरों पर
महासागरों पर
चन्दन वन पर
स्वर्णवर्णी झरनों पर
मेरे उत्फुल्ल लीला तन पर कोहरे की तरह
फन फैलाकर
गुंजलक बाँधकर बैठ गया है।''

और उसने विह्वल और उदास होकर पूछा था—

''सुनो मेरे बन्धु
अगर यह निखिल सृष्टि
मेरा लीला तन है
तुम्हारे आस्वादन के लिए
तो यह जो भयभीत है—वह छायातन
किसका है?
किसलिए है—मेरे मित्र?''

और बाद में जब उसने एक बार इसे face कर लिया तो जुंग के शब्दों में The shadow changed its character and become more assimilable." अगली ही कविता केलिसखी में फिर वह बावरिया राधन कहती है—

''भौर भय
आदिम तर्कहीन कालहीन भय जो
मुझे तुमसे दूर ले गया था, बहुत दूर—
क्या इसीलिए कि मुझे
दुगुने आवेग से तुम्हारे पास लौटा लावे....''

इसीलिए मेरे राजे बेनू, कनुप्रिया की वैष्णता तो इस shadow को भी

assimilate कर ले जाती है—न इससे पराजित होती है, न इससे भागकर छिपती है।

जुंग ने कहा है कि हमारा मन जब अपरिपक्व होता है, अच्छी तरह अपने वास्तविक स्वरूप को नहीं पहचानता, उलझा हुआ होता है तथा यह छाया—यह shadow personality भी बहुत ज़ोर बाँधकर हमें आच्छादित कर लेती है। लेकिन जब हमारी दृष्टि साफ़ हो जाती है, हमारा मन दृढ़ हो जाता है, हम अपने स्वरूप और लक्ष्य को जानने लगते हैं तो यह shadow अपनी ध्वंसात्मक शक्ति खोकर हमारे वशीभूत हो जाती है। राजे बेनू—प्रत्येक रससिद्ध द्रष्टा इस बात को जानता है। जानती है माखनलाल जी ने कनुप्रिया पर जो टिप्पणी भेजी थी उसमें इसी बात को किस प्रकार कहा है—वे लिखते हैं—"राधा आराधना का ही दूसरा नाम मुझे लगता है। सूरज जब शैशवावस्था में रहता है, उगता है तब तरु और मानव लम्बी छायाएँ पीछे फेंकने लगते हैं और जब अस्तोन्मुख होता है तब भी छायाएँ बड़ी हो जाती हैं। लेकिन सूरज जब मध्याह्न में होता है तब मानो वही छाया केन्द्र में, जड़ में लिपटकर छोटी हो जाती है। इसी तरह जब रस का वेग कच्चा रहता है या उतरा हुआ होता है तब यह अभागिन अन्धकार का प्रतिनिधित्व करती-सी छाया लम्बी होने लगती है : किन्तु जब रस ही ओतप्रोत होता है, हम रसस्वरूप रहते हैं—(रसो वै स:) तब अन्धकार, यह छाया मानो प्रार्थना करती है कि इस रसनगरी में दो चरणों के सहारे मुझे भी रहने दो!"

राजे बेनू! मेरी सपन जातनी है इस बात को कि अब जब से सूर्य-बिन्दु मध्याह्न पर है पूर्णत: अलोकित, जगमग, जाज्वल्यमान तब से छाया अब कभी भयभीत नहीं कर पाती—चरणों में लिपटी पड़ी है, अलकों में बँधकर पराजित है पहले जब रस का आवेग अपरिपक्व था तब कितनी भयावनी, कितनी मुखर लगती थी यह छाया!

But all the characters are not successfull in achieving this. Some never try-always fear. Some never try with their full heart and they never fully assimilate it. But some face it fearlessly and win it, because they have known a great love, which gives them vision and courage to know, themselves, मैंने एक बार अपनी बेनुआ को आशीर्वाद दिया था—'आत्मानं विद्धि' और अपने को जानकर छाया का पराजित होकर अपने को बदल देना। (वाल्मीकि का व्याध से महाकवि हो जाना)—अनिवार्य था—भयभीत बावरिया राधन का समस्त सृष्टि का अर्थ, शक्ति संकल्प बन जाना अनिवार्य था न!—

• •

दूसरा महत्त्वपूर्ण complex है PERSONA complex, यह shadow का बिल्कुल उल्टा है। shadow तो हमारी वह negative dark side हैं जो अपरिष्कृत

छूटी रह गयी है—पर persona हमारा यह रूप है जो हम अपने जीवन संघर्ष में कभी रक्षा के लिए कभी विकास के लिए आरोपित कर लेते हैं और फिर वह हमारा साथ ऐसा चिपक जाता है कि वह हानिकारक हो जाता है।

persona कहते हैं उस mask या चेहरा या मुखौटे को जो ग्रीक ड्रामों में लोग लगाकर अभिनय करते थे। अब भी जैसे रामलीला में कोई राक्षस का चेहरा लगाता है, कोई वानर का, कोई भालू का, कोई हनुमान का, कोई भालू का, कोई हनुमान का कोई जटायु का।

हम सभी अपने जीवन को जीते समय कभी-न-कभी कोई ऐसा रूप धारण करते हैं जो हमें उस समय आवश्यक लगता है चाहे वह स्वाभाविक और सहज न हो। सामान्य जीवन में रोज ऐसा होता है। हम दुखी हैं पर एक मेहमान आ गया तो जान-बूझकर एक प्रसन्नता, स्वागत और शिष्टता का चेहरा लगा लेना पड़ता है। हम खूब हँस रहे हैं बहुत informal mood में हैं पर अगर कोई विद्यार्थी आ गया तो हमें गम्भीरता की मुद्रा धारण कर लेनी पड़ती है। ये सारे-के-सारे persona जरूरी होते हैं जीने की प्रक्रिया में—आजीविकागत होते हैं कुछ persona —हम दूकानदार हैं तो ग्राहक पर चाहे जितना क्रोध आये पर एक विनम्रता और हँसमुखता का चेहरा बराबर लगाना पड़ता है। डॉक्टर को बराबर यह चेहरा लगाना पड़ता है कि मरीज़ से वह सहानुभूति से बोले, आशा दिलाए। पादरी को हमेशा यह चेहरा लगाना पड़ता है कि वह सीधे परमात्मा से सम्बद्ध है। सर्कस के जोकर को हमेशा हँसना-हँसाना पड़ता है वह भी उसका रोज़गारी चेहरा है। ऐसे चेहरे अपने आप भी आरोपित कर लेता है कभी-कभी व्यक्ति! मात्र अपनी श्रेष्ठता सिद्ध करने के लिए वे महिलाएँ जो दुनिया की हर चीज़ में दोष निकालने का चेहरा धारण कर लेती हैं। मात्र अपना स्वार्थ सिद्ध करने के लिए वे लोग जो दयनीयता का चेहरा बना लेते हैं। मात्र समाज मे लोकप्रियता प्राप्त करने के लिए वे लोग जो अपने को बहुत funny साबित करना चाहते हैं हर समय कोई-न-कोई ऐसी बात कहने की कोशिश में रहते हैं जो funny लगे। परिहासपूर्ण लगे। कुछ लोग मात्र रोब जमाने के लिए एक गम्भीर चेहरा बना लेते हैं।

इस प्रकार हमारा व्यक्तित्व ये जो चेहरे धारण करता है, जीवन प्रक्रिया में कभी-न-कभी ये आवश्यक होते हैं लेकिन जुंग का कहना है कि स्वाभाविक रूप में इन चेहरों को बराबर चेहरा करके ही मानना चाहिए। और केवल आपद्धर्म के रूप में इन्हें कम-से-कम अवधि के लिए स्वीकार करना चाहिए। ख़तरा तब होता है जब लोग अपने द्वारा धारण किए गये इन नकली चेहरों को ही अपना वास्तविक रूप मानने लगते हैं या अपने वास्तविक रूप को इन चेहरों के द्वारा दब जाने देते हदैं। जैसा वह कहता है—"If once a man starts identifying himself with the persona, then things go wrong." ऐसा आदमी धीरे-धीरे अपने सहज व्यक्तित्व से वंचित होकर असन्तुलित हो जाता है और उसका व्यक्तित्व बहुत कृत्रिम और निष्फल बन जाता है। इसलिए यदि हम अपने सहज स्वधर्म को मारकर कोई चेहरा आरोपित भी कर लें और अपने को विश्वास भी दिला लें कि यह चेहरा ही वास्तविक है तो उससे हमारा व्यक्तित्व और भी कुंठित, असन्तुलित और कभी-कभी ख़तरनाक हो जाता है। इसके लिए जुंग ने दो उदाहरण दिए हैं। एक व्यक्तिगत चेहरे का एक जातिगत चेहरे का—

जुंग ने एक उदाहरण लिया है कि स्त्री है जिसके इकलौता पुत्र है। अब अपने उस पुत्र की रक्षा और लालन-पालन के लिए वह एक मानसिक मुखौटा लगा लेती है कि वही उसका प्राणाधार है—वह माँ ही उसे समझ सकती है, शेष सारा संसार उस बच्चे को कहीं नुकसान न पहुँचा दे। —अब उस समय यह चेहरा वह धारण करती है जो अस्वाभाविक है क्योंकि जब बच्चा बड़ा होगा तो केवल माँ उसकी प्राणाधार नहीं कर सकती और न संसार उस बच्चे कर दुश्मन हो यह आवश्यक ही है। लेकिन बच्चा बड़ा होता है और माँ उस धारण किए हुए मुखौटे को उतार नहीं पाती। परिणाम यह होता है कि माँ का व्यक्तित्व दिनोंदिन असन्तुलित होता जाता है—और जुंग के शब्दों में—"Such an unbalanced woman will hold her son with claws of iron; fight off any other woman in his life, or if she can not fight her off she will try her utmost to poision their relationship." जुंग यह कहता है कि इसमें माँ का कोई evil intention नहीं है। अगर evilintiention होता तब बात शायद सरल होती—लेकिन स्थिति जुंग के अनुसार यह है कि— "The woman wholly identified herself with the Persona of the loving Moher, protecting her sons form all the rest of the evil world, and consequently the loving mother is, on the other side, a ravening shewolf a devouring mother, who secretly consumes the one whom she loves."

यह तो एक व्यक्तिगत उदारण हुआ। उसमें उस स्त्री ने उस समय की आवश्यकता के अनुसार यह चेहरा धारण किया कि सारा संसार हमारे बच्चे के खिलाफ़ है हमी उसे बचा सकते हैं। पर अवचेतन में यह Persona complex बनकर उसके उस सहज व्यक्तित्व को दबाकर बिल्कुल कुंठित कर देता है, जो माँ का सहज धर्म है कि अपने बच्चे की खुशी में खुश होना। वह उस Persona को ही वास्तविक समझकर जिस उद्देश्य से यह चेहरा उसने धारण किया था उसी उद्देश्य का बिल्कुल उल्टा कार्य करने लगती है अर्थात् सारी दुनिया में वही एक सबसे प्रबल शक्ति बन जाती है अपने बच्चे की प्रसन्नता को नष्ट करने के लिए।

लेकिन व्यक्तिगत जीवन के अलावा जुंग का कहना है कि कुछ जातीय

चेहरे—mask या communityPersona भी होते हैं। जिसे एक जाति या देश के लोग आपदद्धर्म के रूप में स्वीकारते हैं लेकिन बाद में वे उसे अपना वास्तविक स्वरूप मान लेते हैं तो उनका विकास अवरुद्ध हो जाता है। उदाहरण के लिए तू जानती है कि जब हमारे देश में बहुत से वेद विरोधी मतों का प्रचार हुआ और विधर्मियों के आक्रमण शुरू हुए तो हमारे हिन्दू आचार्यों ने जाति-पाँति, रोज़ी-रोटी, छुआछूत, समुद्र-यात्रा सबको बिल्कुल बाँधकर हम हिन्दुओं को एक conservative चेहरा लगा दिया। मूल में हमारा धर्म बहुत उदार और ग्रहणशील यहाँ तक कि बुद्ध को भी चौबीस अवतारों में गिना लेने वाला—लेकिन ऊपर से हमने एक चेहरा लगाया कि हम इतने अनुदार हैं कि म्लेच्छ की छाया भी पड़ जाय तो हमें स्नान करने की ज़रूरत है।

धीरे-धीरे हमने देखा कि यह जो conservatism रूढ़ि पूजा का चेहरा हमने लगाया वह हम हिन्दुओं की आन्तरिक उदारता को बिल्कुल ध्वस्त करने लगा। फिर हम इतना जकड़ते गये कि खत्री ब्राह्मण की छाया से और ब्राह्मण वैश्य की छाया से भागने लगा और हिन्दू धर्म को हम जो integration देना चाहते थे, हुआ उसका बिल्कुल विपरीत—हिन्दू धर्म ह्रासोन्मुख और जर्जर हो गया।

जुंग का कहना है कि यह MASK या PERSONA हमारे वास्तविक चरित्र के विकास को अवरुद्ध और विकृत करता है। इसे ग्रहण करना तो जीवन प्रक्रिया में कभी-कभी ज़रूरी होता ही है पर इसे ग्रहण करते समय भी हमें सचेत रहना चाहिए कि हमारा आन्तरिक सहज रूप इससे भिन्न है और जब भी हमें लगे कि यह हमारे सहज रूप को कुंठित कर रहा है तो हमें इस चेहरे को उतार देना चाहिए—यथासम्भव इस प्रकार के चेहरे लगाने ही नहीं चाहिए—और लगाना आवश्यक हो जाता है जीवन-प्रक्रिया में तो उन्हीं को वास्तविक मानने की भूल तो करनी ही नहीं चाहिए।

राजे तू थक तो नहीं गयी। थक तो गयी होगी थोड़ा बहुत ज़रूर। असल में यह जुंग महोदय जो है न, बिल्कुल यथानाम तथा गुण हैं। बस इन्हें जुंग चढ़ गयी तो समझाते ही चले जा रहे हैं। यह नहीं देखते कि इतनी देर हो गयी और R.B. अब थोड़ी-थोड़ी अलसाकर गोद में सर रखकर आँख मूँदकर डूबना चाहती है। आज तो इतनी अच्छी-अच्छी बातें पढ़ रहे हैं हम लोग कि अपने real अपने वास्तविक self अपने सहज स्वधर्म जिसे बार-बार पहचान चुके हैं उसी से सम्बद्ध सारी बातें हैं...बस अब एक छोटी-सी बात और रह गयी है और वह भी बहुत रोचक है। वह है PARTICIPATION MYSTIQE.

इसका नाम बहुत भारी भरकम है, पर है यह बहुत जानी-पहचानी चीज़।

SHADOW और PERSONA तो हर व्यक्ति के अपने निजी तत्त्व हैं पर यह तीसरी चीज़ उसके सामूहिक जीवन से आती है। हमारा एक निजी जीवन है पर हम उसे किसी-न-किसी समूह में जीते हैं। चाहे वह हमारा परिवार हो। चाहे जाति हो, चाहे बिरादरी हो, चाहे देश हो, चाहे हमारे अपने धर्म के लोग हों। हमारे अपने रोज़गार या समान रुचि के लोग हों। हमारी राजनीतिक पार्टी के लोग हों—पर हम उनके बीच में जीते हैं। वह समूह किसी विशेष स्थिति में विशेष रूप, धारण, विचार बनाया करता है। कभी-कभी तो यह चेतन स्तर पर होता है पर कभी-कभी इसका स्वरूप बहुत जटिल होता है। हमारे समूह, परिवार, दल या देश की व्यापक धारणाएँ हमारे Psyche में अवचेतन रूप से पैठी रहती हैं और हम उनके प्रभाववश अक्सर ऐसे निर्णय लेते हैं या ऐसी बातें करते हैं या वैसे विचार व्यक्त करने लगते हैं या ऐसी बातें सोचने लगते हैं जो हमारा सहज निजी व्यक्तित्व नहीं सोचता वरन हमारे अवचेतन में बैठा समूह या परिवार या देश या दल हमें वैसा सोचने या व्यक्त करने को विवश करता है। इसी को जुंग ने PARTICIPATION MYSTIQE कहा है।

अपने स्वतन्त्र चरित्र विकास में यह complex भी SHADOW और PERSONA की ही भाँति अक्सर बाधक होता है। होता यह है कि हम समझते हैं कि यह बात हम अपने ढंग से सोच रहे हैं—या इस निर्णय पर हम अपने रास्ते से पहुँचे हैं—पर वस्तुतः हम उसी परिवार या देश या दल या धर्म, या जाति की परिधि में कोल्हू के बैल की तरह घूमते रहे हैं और जहाँ से आरम्भ किया था वापस घूमकर वहीं पहुँच जाते हैं। इसके लिए जुंग कहता है—

"PARATICIPATION MYSTIQE generally begins with the family. When the human being first comes into the world he spends the period of babyhood and early childhood is becoming conscious. His ego gradually takes shape. But it does not mean that he is becoming a human being fully in his own way. For many years, he remains, as it more, still like a baby in the family womb. Instead of taking his own way,he tkes the way of his family. Instead of exercising his own judgement he fall back upon how the family will judge this matter. The result it that instead of working his own unique experiment in being and realising his own true self–the man is submerged in the faimily or any other collective life."

जुंग का कहना है कि यह केवल family से ही उपजा complex नहीं है, यद्यपि family वाला complex सबसे ज़्यादा शक्तिशाली अवरोधक तत्त्व होता है। लेकिन परिवार के अलावा स्कूल, कक्षा, दफ़्तर, धर्म गोष्ठी, मित्र मंडली, जाति,

कबीला, भीड़, राष्ट्र, राजनीतिक दल ये सभी इस complex को पैदा करते हैं और हमारी जीवन प्रक्रिया को अपनी परिधि में जकड़कर अपने जैसा बनाने की चेष्टा करते हैं। यहि हमारा निजी व्यक्तित्व इस सामूहिक परिधि में बिल्कुल बँध गया तो उसके शब्दों में—we are no more MAN, we are the mass.

जुंग ने यह भी बताया कि मानव व्यक्तित्व, चिन्तन, अनुभूति, कला और दर्शन सभी का विकास तभी हुआ है जब प्रत्येक मनुष्य को अपने निजी व्यक्तित्व के विकास की पूरी सुविधा हो। लेकिन अक्सर ऐसा हुआ है कि कभी जाति ने, कभी परिवार ने, कभी कबीले ने, कभी धर्म ने, कभी राष्ट्र ने, कभी संस्था ने अपनी सामूहिक उपलब्धि को प्रत्येक व्यक्ति पर अनावश्यक रूप से लादना ही चाहा है। ऐसी स्थिति में Mass Culture विकसित हुई है जो पहले शक्तिशाली दीखती है पर बाद में चूँकि उसके अन्दर के व्यक्ति अविकसित और अपरिपक्व रह जाते हैं अत: ऐसी संस्कृतियों का पतन हो गया है।

जिस परिवार ने इस सीमा तक PARTICIPATION MYSTIQUE पर बल दिया कि बहन को ज़रूरी था कि वह सगे भाई से ही शादी करे ताकि परिवार के बाहर का कोई तत्त्व कणमात्र न आ पावे—उस मिस्र के राजवंश को कोई ठीक से अब जानता भी नहीं—जिस धर्म ने रूढ़िपूजा चलाई वे धर्म मिट गये। हिटलर और मुसोलिनी ने फैसिज़्म और नाजीज़्म में व्यक्ति के निजी विकास को बिल्कुल समाप्त कर अपने शासन द्वारा निर्धारित साँचे में सारे राष्ट्र को ढालना चाहा, वे हार गये। जुंग का कहना है कि कम्यूनिज़्म भी यदि धीरे-धीरे व्यक्ति के निजी विकास को स्वीकार करेगा तो बचेगा अन्यथा वह भी नष्ट हो जाएगा—

अस्तु तो यह Participation Mystique आखिरी वस्तु है जो व्यक्ति के character formation में मिथ्या अंश उपस्थित कर उसे बाधित करती है। वह अक्सर बहुत subtle होती है पर इसे भी उसी तरह समझकर उन्मूलित किया जा सकता है। पर इसे उन्मूलित करने का अर्थ यह नहीं है कि व्यक्ति देश, या धर्म, या राष्ट्र, या समाज, या परिवार, या जाति का विरोध ही करे। नहीं—बल्कि इनके प्रति उनका रुख मानसिक दासता का न हो बल्कि बुद्धिसंगत दृष्टिकोण होना चाहिए। इनकी परिधि को, इसकी सीमा को यदि हम final और अनुल्लंघनीय मानकर उसी में बँधे रहते हैं तो हम न केवल अपने व्यक्तित्व वरन पूरी मानवीय संस्कृति के विकास में बाधा पहुँचाते हैं। कट्टर परिवार, कट्टर देश, कट्टर धर्म और कट्टर दल मनुष्य के इतिहास में घातक सिद्ध हुए हैं सहायक नहीं—

देखा प्यार, एक बात बहुत दिलचस्प लगती है कि यह पश्चिम का मनोविज्ञान जो फ्रायड से शुरू हुआ था इस आग्रह के साथ कि मनुष्य मूलत: पशुधर्मी है—आहार, निद्रा भय और मैथुन से ही नियन्त्रित होता रहता है—वह फ्रायड के

ही उत्तराधिकारी जुंग में आकर बिल्कुल बदल गया। देखा गया, सभी ने अनुभव किया कि फ्रायड का मनोविज्ञान मनुष्य के असंस्कृत self को चाहे explain कर ले पर मनुष्य के मनुष्यतत्व को, उसके श्रेष्ठत्व को Explain नहीं कर पाता। लेकिन जुंग ने यह प्रयास किया। जुंग कहता है कि मनुष्य की जीवन-प्रक्रिया की चरमतम उपलब्धि है। आत्मोपलब्धि अर्थात्—to be oneself अर्थात् हम जो हैं वास्तव में उसे realize करें। इसके लिए उसने कहा कि हमारे अन्दर जो हमारा श्रेष्ठतम self है वह Shadow, persona और Participation mystique से आच्छादित रहता है। धीरे-धीरे हम प्रौढ़ता तभी पाते हैं जब अपने इन मिथ्या व्यक्तित्वों से मुक्त होकर अपने अन्दर निहित वास्तविक व्यक्तित्व का साक्षात्कार करते हैं। इस प्रक्रिया में दो अवस्थाएँ मानता है वह—Differenciation and Integration, Differenciation में हम अपने व्यक्ति में धागे की तरह लिपटे हुए Shadow, Persona और Part Misique को अलग-अलक कर देते हैं और अपने वास्तविक रूप को उनसे पृथक करके देखते हैं। और फिर integration की अवस्था आती है जिसमें ये शेष तीनों प्रवृत्तियाँ पराजित हो चुकती हैं और हम उनसे नियन्त्रित न होकर मनमाने रूप में उन्हें नियन्त्रित कर अपने दैनिक जीवन में integration कर लेते हैं।

राजे, यहाँ हम पाते हैं कि अन्त में पश्चिम का यान्त्रिक मनोविज्ञान, मनुष्य को पशुधर्मा मानने वाला मनोविज्ञान मानो अपनी सीमाओं से पराजित होकर अध्यात्म की ओर बढ़ने लगता है। वस्तुतः जुंग का यह बताया रास्ता प्राचीन और नवीन आत्म-साक्षात्कार के ही रास्ते की नयी परिभाषा मात्र है।—देख न गीता में तेरे कनु ने यही तो कहा है—सबसे पहले वे देखते हैं कि अर्जुन शस्त्र रखकर बैठ गया है। वह अपने स्वधर्म से विचलित हो रहा है और उसके मन में वही Participation Mystique बाधक हो रहा है—वह कहता है—

आचार्याः पितरः पुत्रास्त चैव पितामहाः च
मातुलः श्वसुराः पौत्राः श्यालाः सम्बन्धिनस्तथा।।

और तब कनु अपने मित्र को सबसे पहले यही समझाते हैं कि स्वधर्म का विकास बड़ी चीज़ है। उसमें कोई जीवित वस्तु विरोधी सिद्ध नहीं होती। जिन्हें तू अपने सामने विरोध में खड़ा देख रहा है किसी एक स्तर पर, नैतिक स्तर पर या आध्यात्मिक स्तर पर ये सब स्तर पर ये सब पहले ही मर चुके हैं जड़ हो चुके हैं। तू तो केवल यह पहचानेगा कि ये एक स्तर पर मृत हैं बस—

यही नहीं, वरन् परिवार, मित्र, सम्बन्धी के अतिरिक्त भी अर्जुन के मन में जो मोह धर्म, शास्त्र, वेद, परम्परा के कारण उत्पन्न है उसके लिए भी गीता ने कहा है कि—भावानर्थ उदचाने सर्वतः सम्प्रभुतोदके तावान्सर्वेषु वेदेसु ब्राह्मणस्य विजाणतः।। अर्थात् जैसे भरे हुए सरोवर में से प्यासा मनुष्य केवल अपनी आवश्यकता

के अनुसार ही जल लेता है, वैसे ही वेदों में से ज्ञानियों को अपनी आवश्यकता के अनुसार ही लेना चाहिए।

इस प्रकार अपने Participation Mystique के प्रति उसके मोह को दूर कर फिर वे उसे PERSONA से मुक्त करते हैं—यह Persona मनुष्य के सहज self को वैसे ही आवृत्त किये रहता है जैसे धुआँ अग्नि को, मैल दर्पण को, झिल्ली गर्भ को—धूम्रेनाव्रियते वह्निर्यथादर्शो भलेन च, यथोल्बेनावृतो गर्भस्तथा तेनेदमावृतम्।।

और जब इन दोनों से मुक्त हो जाता है वह अब अन्त में उसी को shadow से उसकी (पूर्ववासना) या उसके (पूर्व कर्मबन्धन) जो छाया की भाँति साथ चलते हैं उनसे भी कृष्ण उसे मुक्त करते हैं...

यह तो आज से हज़ारों वर्ष पहले की गीता कहती है और देख तेरे T.S. Eliot क्या कहते हैं।

In order to arrive there,

To arrive where you are, to get from where you are not,

you must go by a way where there is no ecstasy.

अर्थात्—वहाँ (अपने सहज स्वरूप तक) पहुँचने के लिए, जहाँ तुम (अपने वास्तविक रूप में हो) वास्तव में हो, you have get away from where you are not—जिन बिन्दुओं पर तुम असल में नहीं हो (तुम्हारे छाया व्यक्तित्व, तुम्हारे चेहरे, तुम्हारे सामूहिक कुसंस्कार) उन बिन्दुओं से तुम्हें हटना पड़ता है—और यह मिथ्या बिन्दुओं से हटकर वास्तविक बिन्दु तक पहुँचने की प्रक्रिया बहुत साधनापूर्ण है (उसमें केवल हल्के-फुल्के सुख नहीं हैं—no ecstasy)।

और जब हम अपने उस वास्तविक self को पहुँच जाते हैं तो वह बिन्दु अजीब होता है—वहाँ चरम स्थिरता भी होती है और निरन्तर नृत्य की लय भी—तूने कल के ख़त में कुन्नो को लिखा ही है न कि मन अब अजब स्तर पर जी रहा है स्थिरता और dancing की लय—देख तेरा T.S. Eliot क्या कहता है—

...At the Still point, there the dance is,

But neithter the arrest nor the movement. And do not call it fixity, where past and future are gathered...Except for the point the still point.

There would be no dance, and there is the only dance.

हाँ मेरे प्यार, यही अपने स्वधर्म अपने वास्तविक रूप को पा लेने का बिन्दु है जहाँ एक गहन स्थिरता है (स्थिरता, जड़ता नहीं) और पल-पल चंचल नृत्य है उल्लास का, संसार के समस्त सौन्दर्यों का, उपभोगों का, और गहन स्थिरता

है एकात्म्य की।

और T.S. Eliot का यह अलौकिक 'नृत्य और स्थिरता' की समन्वित स्थिति क्या उस रास की स्थिति है जो तूने जमुना तट पर किया था—

शुक्रवार : 21 अगस्त 59, 5 बजे प्रात:

नींद खुल गयी है उसी साधु के झाँझ और गीत से। इतने दिनों से उसे सुनते आ रहे हैं। आज पहला दिन था कि उसका स्वर अकेला था। पता नहीं कहाँ था आज उसका साथी। वे दोनों साथ थे तो उनका स्वर पूजानत, मधुर और गूँजता हुआ-सा होता था। आज वह अकेला था तो इतनी ज़ोर से गा रहा था कि स्वर फट रहे थे और यह नहीं लग रहा था कि प्रार्थना के मन्द स्वरों में वह अपने मन की मधुराई किसी तक (भगवान तक) पहुँचाने की चेष्टा कर रहा है—वरन ऐसा लग रहा था कि सुबह मुँह अँधेरे के सन्नाटे में नितान्त अकेले चलते हुए उसे डर लग रहा है और ज़ोर-ज़ोर से गाते हुए वह स्वरों से ही अपने चारों ओर के सूनेपन और सन्नाटे को भरकर अपने को बहलावा देना चाहता है कि वह अकेला नहीं है—और जितनी ज़ोर से गाता है उतनी ही जोर से उसका सन्नाटापन उसे अजगर की तरह और चारों ओर से जकड़ता जा रहा है और उसके स्वर पूजा के न रहकर भयार्त स्वर बन गये हैं। सूनेपन, एकाकीपन से आहत, टूटे हुए, चोट खाये हुए उसके स्वर दूर से आते हुए घर के सामने से निकल गये। छोड़ गये एक बेचैनी। मैं उठा तो मन जैसे अशान्त-सा हो चुका था। पानी कल से खुल चुका है। आसमान साफ़ है। हवा में ठंडक है और खुश्की जैसे क्वार कार्तिक की। पीपल के पत्ते मन्द मरमर करते डोल रहे हैं और पश्चिम की खिड़की से चाँदनी का एक चौकोर टुकड़ा कालीन पर बिछा हुआ था। बेहद तेज़ चाँदनी है। और बच्चन की वे पंक्तियाँ याद आ गयीं—"दे रही कितनी दिलासा, आ झरोखे से ज़रा-सा, चाँदनी पिछले पहर की पास में जो सो गयी है। रात आधी हो गयी है।"

इन सबों में और मुझमें एक मौलिक अन्तर है। चोट खाकर इन सबों का मन मुखर हो उठता है—गायन में चीख-चीखकर वे अपने अकेलेपन को भुलाना चाहते हैं—मैं—मेरा मन अकेलेपन में, चोट खाया हुआ-सा चुप हो जाता है, बिल्कुल चुप, उसके बाद उसे घोंटकर मार डालो पर उसके मुँह से आवाज़ नहीं निकल सकती।

लो आज तो कोयल बोल रही है। वाह, सावन-भादों में वसन्त।

पाँवों का जो हाल था कल तुम्हें लिख चुके हैं। अभी सहज आज़माने के लिए नीचे गये कि दर्द तो इस समय नहीं है पर देखें और क्या हाल है? तो मज़ेदार हाल था। सीढ़ी से उतरा नहीं जा रहा था। पाँवों में जान नहीं थी। अभी से यह हाल है तो दिन का तो अल्लाह ही मालिक है। परसों प्रतापगढ़ गये थे तो कुछ नहीं खाया था—शाम को बनारस में खाया, फिर कल दिन भर का फ़ाका। कल शाम तो एक विमटो पिया, एक कोकाकोला पिया कि शायद भूख लगे—मगर कल दिन भर के फ़ाके के बाद अभी सुबह भी वही हाल। अच्छा है वैसे! शायद फ़ाके से हल्कापन रहे तो दर्द न हो।

हटाओ, जी, बोलो तुमने क्या-क्या किया कल पहुँचकर। टैक्सी वगैरह मिल गयी या रामपुरिया से गाड़ी मँगवानी पड़ी। फिर पीछे कालेज गयीं या घर। महेश का पहला दिन कलकत्ते में कैसा बीता? वह पहले कभी कलकत्ते गया था या नहीं? देखो उसकी हिम्मत बराबर बँधाए रहना। अजब-सी unbalanced होती है यह उम्र! वह तुझे इतना प्यार करता है तो तू अभी से उसको खूब भले संस्कार देती चल। हाँ, उसे sports का शौक़ है न! मैंने सुना है कलकत्ते में आये दिन match होते रहते हैं। घुड़दौड़ भी होती हैं। छौनू को तो तुमने कभी नहीं दिखाये, लेकिन महेश को श्याम के साथ भेज देना। निरामय यदि इतवार को खुला रहता हो तो उस दिन उसे दिखला दो और 26-27 को जन्माष्टमी की छुट्टियाँ हैं उस दिन जाकर रिपोर्ट ले लो और डॉ. मुकर्जी को दिखा दो। यदि ज़रा भी थकान महसूस करती हो तो मुझे तार दे देना मैं आकर यह सब करा दूँगा। अब कलकत्ते का इतना ज्ञान तो है ही। सड़के वग़ैरह तो तुझसे कहीं ज़्यादा मुझे याद रहती हैं।

अच्छा सुन, कल अल्टीमेट के अल्टीमेटम को एक पोस्टकार्ड डाला है। उनसे उनका हालचाल, घर का सारा हालचाल पूछा है। चाहता था उन्हें लिख दूँ कि आप बाहर कहीं चलना चाहें तो आइये—लेकिन पाँव का यही हाल रहा तो फिर छुट्टी लेकर मैं अपने घर ही आना चाहूँगा। और कहीं जा भी तो नहीं सकता। यही सोचकर उन्हें यह बात नहीं लिखी। हाँ, पिताजी को कान्ता क्या जवाब दे इसके लिए तुमने कुछ नहीं बताया है। तुरन्त एक छोटा-सा ड्राफ्ट-सा बनाकर भेज दो। जो तुम कहोगी वही लिख देंगे। मालती के ख़त का कोई जवाब नहीं दे रहे हैं। यही तुम उचित समझती हो न? दादा के ख़त का कोई जवाब अभी दोगी? या इधर समय न निकल पाये तो चिन्ता मत करना। फिर कभी इकट्ठे बैठेंगे तो लिख देंगे।

राखी पाकर बड़े भाई साहब का कोई ख़त आया? पद्मा की राखी और लल्लन का पत्र तो कल आकर मिला। लल्लन ने लिखा है कि पद्मा को Twins

हुए हैं (Double exposure वाली बात सोचकर हँसी आ रही है, पर जिज्जी से भला मजाक़ की जाती है कहीं? अभी बहुत तबीयत ख़राब है, दो एक दिन बाद उन्हें जवाब दूँगा। शान्ती को कान्ता ही लिख देंगी।

'कनुप्रिया' पर एक रिव्यू 'धर्मयुग' में निकला है। उसकी प्रति भेज रहे हैं।

7 A.M.

इतना लिखने के बाद कान्ता से फिर काफ़ी पाँव दबवाये और तब फिर लिखने बैठा हूँ। (भैयन बेहद सुस्त हैं—इसलिए वे बोल रहे हैं और मैं लिख रही हूँ) आज हम लोगों की पढ़ाई का दिन है—सम्भव है तू थकी हुई हो लेकिन फिर भी आओ थोड़ा बहुत पढ़ ले, ज्यादा strain तुझ पर नहीं डालेंगे। वैसे अब character types के सिद्धान्त के सम्बन्ध में सिर्फ़ एक बात रह गयी है जिसे आज तू समझ ले इसके बाद इसका सिद्धान्त पक्ष लगभग समाप्त हो जाएगा और फिर साहित्य में इसका प्रतिफलन कैसे हुआ है, इस पर बातचीत करेंगे। अभी तक हम लोगों ने दो बातों पर विचार किया है पहली तो यह कि Extrovert और Introvert कितने प्रकार के चरित्र वास्तविक जीवन में पाये जाते हैं और दूसरी बात यह कि उनमें से प्रत्येक व्यक्ति के चरित्र में भी किस प्रकार उसके वास्तविक 'Self' के साथ shadow, persona और Participation mystique के सूत्र बारीकी से गुँथे रहते हैं। या तो वे सूत्र उसके वास्तविक self को पराजित कर देते हैं या उसका वास्तविक self धीरे-धीरे इन सूत्रों से अपने को पृथक कर अपने को स्थापित करता है। और अपना साक्षात्कार करता है। यह सब तो प्रत्येक व्यक्ति की मनोवैज्ञानिक प्रकृति और उसके वास्तविक व्यक्तित्व के साथ जुड़े हुए मिथ्या अनुपयोगी छाया-तत्त्वों का अध्ययन हुआ लेकिन जुंग ने—जहाँ तक साहित्य, धर्म, दर्शन, कला और संस्कृति का सम्बन्ध है—एक और प्रकार के चरित्र बताये हैं। उन्हें वह archetype image कहता है।

ये archetype images वास्तविक जीवन में नहीं होते लेकिन साहित्य, कला और संस्कृति में मनुष्य का मन अनादि काल से से इनकी अवधारणा और कल्पना करता चला आ रहा है। क्यों उसने अनादि काल से ऐसे चरित्रों की कल्पना की है यह नहीं कहा जा सकता। लेकिन मनुष्य के इस सामूहिक अवचेतन में ये चरित्र उतने ही सजीव हैं जितने के वास्तविक जीवन के जीते-जागते हुए लोग। और समय-समय पर ये प्रत्येक युग में साहित्य, कला और संस्कृति में विभिन्न रूपों में प्रगट होते रहते हैं। उदाहरण के लिए जैसे एक वीर नायक की कल्पना है अर्थात् एक ऐसा व्यक्ति जो असीम बलशाली है किसी भी विघ्न-बाधा से पराजित होना नहीं जानता, थकता नहीं, जिसमें कभी-कभी अलौकिक बल और सिद्धियाँ

भी होती हैं। जो किसी जाति या कबीले या देश का नायक होता है और जिसे अपने व्यक्तिगत दुख-सुख की कोई चिन्ता नहीं होती, जो दिन-रात किसी देश या जाति को बचाने के लिए रात-दिन तत्पर रहता है। ऐसा वीर नायक वास्तव में न होता है और न हो सकता है लेकिन आदिम युग में लगता है कि जब छोटे-छोटे कबीलों में मनुष्यता विभाजित थी तब पारस्परिक संघर्ष हुआ करते थे और जो क़बीला दूसरे को पराजित कर देता था या तो उसे मारकर खा जाता था या उसे गुलाम बना लेता था। ऐसी हालत में कबीले वाले सदा डरे हुए रहते थे और अपने उस भय को मिटाने के लिए और अपने में आत्मविश्वास पैदा करने के लिए वे अपने कबीले के सरदार को ऐसे वीर नायक के रूप में परिकल्पित कर लेते थे जिसमें दिव्य शक्तियाँ होती हैं और जो किसी-न-किसी प्रकार उन्हें दूसरे कबीलों से पराजित होने से बचा सकता है। आदिम युग से आज तक जब भी मनुष्य पर सामूहिक संकट आये हैं तब मनुष्य ने आदिम युग से आती हुई वीर नायक की कल्पना का आश्रय लिया है। या तो पुराने इतिहास में से ऐसे जातीय नायकों को स्मरण करके उनमें अलौकिक शक्तियाँ चित्रित कर खोया हुआ आत्मविश्वास पाने की चेष्टा की है या वर्तमान व्यक्तियों में से ही किसी एक पर वीर नायक के ये सारे गुण आरोपित करने की चेष्टा की है। मुग़लकाल में इसके दो अत्यन्त रोचक उदाहरण मिलते हैं। अकबर के समय में ही तुलसीदास ने राम को स्मरण किया, उन्हें मर्यादा अवतार माना, असुरों से रक्षा करने वाला, समुद्र पर सेतु बना देनेवाला तथा साधनहीन होकर भी रावण को पराजित करने वाला चित्रित किया। यह दिखलाया कि यह राम अद्वितीय हैं, अपराजेय हैं उनमें कोई अवगुण नहीं, कोई कलंक नहीं है यह तो इस बात का उदाहरण है कि किस प्रकार संकट के समय एक पुराने ऐतिहासिक चरित्र को स्मरण कर उसमें वीरनायक के सारे गुण आरोपित किये गये। दूसरी ओर उसी अकबर और तुलसीदास के समय में राणा प्रताप का उदाहरण मिलता है। उस समय राजस्थान के सारे भील लोग राणा प्रताप के साथ थे और उनके जो लोकगीत आज तक प्रचलित हैं उनमें राणा प्रताप को एक दिव्य पुरुष माना गया है जो अदृश्य हो सकते हैं, लघुरूप धारण कर अकबर के महलों में घुसकर उसको अपमानित कर सकते हैं और फिर आगरे में उसकी तमाम सेनाओं को पराजित कर बिना एक भी ज़ख्म खाए हुए चले आते हैं आदि-आदि...।

यह तो archetype image का एक उदाहरण मात्र हुआ। ऐसे ही बहुत से उदाहरण मिलते हैं। तू पहले वाले character types से इन archetype का अन्तर समझ गयी है न! पहले वाले character types वास्तविक मानवीय चरित्र होते हैं जिनमें सचेतन (conscious) स्तर पर Thinking, sensation, feeling और Intuition

की प्रक्रिया घटित होती है तथा अचेतन या अर्द्धचेतन स्तर पर shadow, persona और Part. Myst. की मनोवैज्ञानिक प्रक्रियाएँ चलती रहती हैं। लेकिन ये archetype मनुष्य की सामूहिक अवचेतन (collective unconscious) की उपज हैं। और हर युग में साहित्य, कला और दर्शन में अपने को विभिन्न रूपों में व्यक्त करते रहते हैं। परिस्थिति और सन्दर्भ के अनुसार इन arche types का बाहरी रूप-रंग बदल जाय लेकिन इनका आन्तरिक स्वरूप और मौलिक प्रकृति वही रहती है।

ये archetypes कई होते हैं। उनमें से चार archetyps ऐसे हैं जिन्हें जुंग ने साहित्य, कला और धर्म में बहुत बार व्यक्त होते हुए पाया है। समस्त संसार के साहित्य और धर्म दर्शन में ये archetypes विविध रूपों में व्यक्त हुए हैं लेकिन इनकी आन्तरिक प्रकृति और इनसे सम्बन्धित कल्पनाएँ आश्चर्यजनक रूप से समान रही हैं। ये चार archetypes निम्नलिखित हैं—1. The wise oldman, 2. Magna mater, 3. The miraculous child, 4. The hero saviour.

व्यक्तिगत मनुष्यों के सपनों में, पुराणों में, लोकगाथाओं में, धर्म सम्प्रदायों में, बराबर एक ऐसे व्यक्ति की कल्पना की जाती रही जो अत्यन्त वृद्ध है और ज्ञानी है। उसके हाथ में संसार के समस्त रहस्यों की कुंजी है और वह दृष्टा है समस्त संसार को जो नहीं दीखता वह सब उसे दीखता है वह त्रिकालदर्शी है। साहित्य में, धर्म में, लोकगाथाओं में इतिहास में वह archetype विभिन्न रूपों में व्यक्त होता रहता है। कभी सृष्टि के निर्माता वृद्ध ब्रह्मा के रूप में, कभी संसार के शासक, आकाश के निवासी वृद्ध Zeus के रूप में, कभी किसी ऋषि, साधक, सिद्ध पुरोहित या पैगम्बर के रूप में, कभी किसी रहस्यमय वृद्ध जादूगर के रूप में यह archetypes संसार के साहित्य में चरित्र के रूप में अवतरित होता रहता है। यह व्यक्ति स्वतः कार्य नहीं करता केवल दूसरों को निर्देशित करता है और संकट के समय में व्यक्ति और जाति दोनों ही उस archetype की ओर आशा से देखते हैं। कभी-कभी यह archetype संसार के संकट में अपराधी पक्ष की ओर भी रहता है लेकिन वह अपने ज्ञान के नेत्रों से सब कुछ देखता रहता है अगर उसके साथी भ्रम में भी हों तो वह भ्रम में नहीं रहता। 'रामायण' में विश्वामित्र और वशिष्ठ और भारद्वाज उन्हीं wise old man की तरह हैं जो स्वयं घटनाओं में भाग नहीं ले रहे हैं लेकिन राम के पक्ष में हैं और उनका समस्त मर्म जानते हैं। दूसरी ओर महाभारत के भीष्म उन wise old man में हैं जो यद्यपि कौरवों के पक्ष में हैं लेकिन अपने ज्ञान नेत्र से कौरवों की पराजय अच्छी तरह जानते हैं तथा मन से पांडवों के प्रति उनकी शुभकामना है। wise old man का यह archetypes वास्तव में मनुष्य जाति के संचित ज्ञान का प्रतीक है। सिद्ध साहित्य में कबीर पन्थ, धर्म सम्प्रदाय तथा निरंजन पन्थ आदि के बारे में पढ़ते

हुए तूने काल पुरुष, आदि पुरुष, सत्य पुरुष, काल निरंजन, आदि की कल्पनाएँ पढ़ीं थीं—उन सभी कल्पनाओं में यह माना गया है कि कोई ऐसा पुरुष है जो त्रिकालदर्शी है और अनादि काल से चला आ रहा है वही प्रभु का भी प्रतीक माना गया है और गुरु का भी। ये सभी कल्पनाएँ wise old man के ही विभिन्न रूप हैं। वृद्ध व्यास की कल्पना, वृद्ध वाल्मीकि की कल्पना इसी archetype का प्रतिरूप है। 'मुद्राराक्षस' नामक नाटक में चाणक्य की कल्पना तथा शेक्सपियर के 'Tempest' में प्रोसपरो (prospero) की कल्पना भी इसी archetype के अन्तर्गत आती हैं।

दूसरा archetype है Magna mater। इसकी कल्पना किसी ऐसी महान स्त्री की कल्पना है जो देवी है, माता है, जगतजननी है, आदि शक्ति है, महिमामयी है, रहस्यमयी है। काली, दुर्गा, भवानी, शीतला, सती तथा मिस्र की Iris यूनान की Diana ईसाई मज़हब की Vergin Mary (धरती माता और भारत माता आदि की कल्पना इसी archetypes के अन्तर्गत आते हैं) यह मातृशक्ति ज्ञान का प्रतीक नहीं होती, बल्कि भावनात्मक शक्ति का प्रतीक होती है। हमारी आदिम भावावेश की शक्तियाँ इसमें प्रतिफलित होती हैं। या तो वह काली और दुर्गा की भाँति अमित शक्तिशाली और संहारकारिणी होती है या Vergin Mary की तरह अमित करुणामयी तथा क्षमाशीला होती हैं या सती की तरह अपने पति के गौरव के प्रति अमित निष्ठामयी, बलिदानमयी और आत्मसमर्पणशीला होती है। कभी-कभी शीतला मैया की भाँति उसकी कल्पना अन्धनिष्ठुरता के आधार पर भी की गयी है। वह ज्ञान का प्रतीक तो नहीं होती लेकिन अक्सर उसके प्रसाद, वरदान, या निर्देशन स्वरूप मनुष्य को ज्ञान, और परम तत्त्व की उपलब्धि होती है। कभी-कभी वह जाति की सामूहिक शक्ति की प्रतीक होती है। (जैसे भारत माता की कल्पना) यह archetype भी साहित्य में अक्सर अलौकिक देवियों के रूप में और कभी-कभी नायिकाओं के रूप में भी अवतरित होता है।

तीसरा arche type है Miraculous child का। यह कवि कल्पना में तथा धार्मिक कल्पनाओं में अक्सर नये भविष्य या नयी सम्भावना या मनुष्य की निष्कलुष अबोध चेतना के प्रतीक में आता है। भारतीय संस्कृति में बालयोगी शिव की कल्पना, कृष्ण के बालरूप की कल्पना, प्रलय के बाद वटपत्र पर सोनेवाले शिशु रूप नारायण की कल्पना तथा क्रिश्चियन धर्म में शिशु ईशू की कल्पना इसी प्रकार की archetype की कल्पना है। ऐसी कल्पनाओं में ऐसा पाया जाता है कि यह शिशु छोटा है तथा असहाय भी है। संहारक शक्तियाँ उसका विनाश भी करना चाहती हैं पर अन्त में वह नष्ट नहीं होता क्योंकि वह संकट, निराशा, प्रलय और अन्धकार में से नये भविष्य का प्रतीक होता है।

चौथा प्रकार Hero Saviour या वीर नायक का होता है। वीर नायक की कल्पना पर पहले विचार कर चुके हैं। वीर नायक में और wise old man में एक अन्तर होता है। wise old man ज्ञानवान होता है। उसके पास सभी रहस्यों की कुंजी होती है लेकिन वह स्वयं किसी कार्य में प्रवृत्त नहीं होता। जबकि Hero Saviour प्रमुखतः कर्मनिष्ठ होता है। अक्सर पुराणों में दोनों एक-दूसरे के पूरक रूप में एक साथ आते हैं। उदाहरण के लिए विश्वामित्र और राम इन दोनों में विश्वामित्र वृद्ध हैं, ज्ञानवान है किन्तु राम कर्मनिष्ठ हैं असुरों का संहार करते हैं। उस अवस्था में उन्हें दृष्टि विश्वामित्र से मिलती है, कर्म वे स्वयं करते हैं। इसी प्रकार का दूसरा जोड़ा जामवन्त और हनुमान का है—हनुमान कर्मनिष्ठ हैं किन्तु जामवन्त ज्ञानी और दृष्टा है। वीर नायक की कल्पना का आरोपण कभी-कभी आधुनिक जीवित चरित्रों पर भी कैसे किया जाता है इस पर हम विचार कर चुके हैं।

ये चार archetypes उसने प्रमुख माने हैं—होते और भी बहुत से हैं पर वे उतने व्यापक नहीं हैं। और काव्य में अधिकतर यही चार archetypes बार-बार अपने को दोहराते हैं।

Baby इन arche types को जान लेने के बाद अब character types के सिद्धान्तों से तुझे कुछ नहीं जानना है। आओ अभी तक जितना हम पढ़ चुके हैं और उसके सारांश पर विचार कर लें। हमने फ्रायड और जुंग के approaches में क्या अन्तर है यहाँ से बात प्रारम्भ की थी और यह पाया था कि जुंग का दृष्टिकोण अधिक व्यापक अधिक स्वाभाविक और अधिक गहरा है वह sex की जगह Libido तथा Personal unconscious के साथ-साथ collective unconscious के सिद्धान्त में विश्वास करता है। फिर हमने यह विचार किया था कि वह Thinking, Sensation और Intuition के आधार पर लगभग 48 प्रकार के चरित्र मानता है। इतनी बात हम लोगों ने पहले दो पत्रों में पढ़ी थी। पिछले पत्र में जो तुझे यहीं दिया था उसमें यह विचार किया था कि इन 48 प्रकार के चरित्रों में से सभी के self में अवचेतन स्तर shadow, Persona तथा par. myst. के तत्त्व होते हैं। और इनमें मुक्त होकर ही व्यक्ति अपने वास्तविक self को उभार पाता है तथा आत्मस्वरूप का साक्षात्कार कर सन्तुलित हो पाता है।

इसके बाद मुनष्य जाति के collective unconcious में से उभरकर आने वाले ये arche types दूसरे प्रकार के चरित्र प्रकार हैं। वो वास्तविक जगत में नहीं होते हमारी परम्परागत सामूहिक कल्पना में विद्यमान रहे हैं और जिनकी कल्पना या आरोपण कवि या लेखक कभी-कभी अपने जीवित व्यक्तियों पर कर देते हैं। ये साहित्य, कला तथा धर्म के क्षेत्र में परिकल्पित चरित्र हैं।

लो राजे! तुम्हारी Thesis का पहला प्रारम्भिक अध्याय समाप्त हो गया।

इसे यदि तुम चाहो तो अक्टूबर की छुट्टियों में हम लोग किताबें लेते चलेंगे उनकी मदद से तुम पूरा-का-पूरा लिख सकती हो। पिछले विषय में हम लोगों ने पहले पूरी Thesis की Synopsis बना ली थी लेकिन इस विषय में मैं एक-एक अध्ययन की रूपरेखा बनाते चलना ज़्यादा पसन्द करूँगा। मान ले कि तेरे इस अध्याय का शीर्षक है—'चरित्र प्रकार : सिद्धान्त और वर्गीकरण।'

अब इस अध्याय में तू कौन-कौन से point उठाएगी, किस क्रम से उठाएगी और उन सबके उपशीर्षक क्या होंगे इसकी synopsis बनाकर भेज। सिद्ध साहित्य के प्रारम्भ में विषय-सूची दी हुई है उसमें हर अध्याय की विस्तृत रूपरेखा उपशीर्षकों सहित दी हुई है। वैसी ही रूपरेखा बनाकर भेजो क्योंकि अब इस अध्याय के विषय में तुझे कोई नयी बात नहीं जाननी है।

इस पहले अध्याय के लिख लेने के बाद जिस विधि से तुम्हें कवियों और उनके ग्रन्थों की लिस्ट बनानी है तथा उनमें से जो पात्र चुनने हैं उसका संकेत पहले वाले ख़तों में मैं कर चुका हूँ। वैसे अब तू मुझे कलकत्ते बुलाएगी तो वहाँ उन मूर्खाचार्य श्री कृष्णाचार्य की मदद से वो काम मैं दो-तीन दिन में कर दूँगा (कवियों और ग्रन्थों की लिस्ट बनाने का) उनको पढ़कर पात्र छाँटने और वर्गीकृत करने का काम तुम करती रहना।

अच्छा अब जल्दी से पिछले तीनों पत्र तथा इस पत्र को पढ़कर जो कठिनाइयाँ तेरे मन में रह गयी हों उनको लिख भेज क्योंकि अब जुंग के सिद्धान्त से हटकर एक दूसरे approach से अगले हफ़्ते से बात शुरू करनी है। राजे सब समझ में आ गया है न! देखो आज इनती तकलीफ़ थी, इतनी कमज़ोरी महसूस हो रही है कि खुद तुझे नहीं लिख सका university भी नहीं गया क्योंकि आज तबियत बहुत सुस्त और depressed है। कल रात भी खाना नहीं खा पाया और आज भी सवेरे से केवल दो प्याले चाय पी। टोस्ट तक नहीं खाया गया। फिर भी राजे हमने पढ़ाई-लिखाई का काम बन्द नहीं किया, खुद ज़रूर नहीं पढ़ पाये। कल रात एक किताब लेकर लेटे तो थकान-सी आ गयी लेकिन आज शाम को सोचते हैं ज़रूर पढ़ेंगे। तुम चिन्ता मत करना। इस हफ़्ते तुम इन ख़तों को दोहराकर जो कठिनाइयाँ हों—उन्हें लिख भेजो उसके बाद आगे का काम करेंगे।

अच्छा राजे तुझे महेश के लिए क्या-क्या करना है, वह कल के पत्र में लिख चुका हूँ—तेरा रायबरेली वाला खत कल शाम की डाक से मिल गया हैं—देखें आज शाम को या कल सवेरे तथा कल शाम तक तेरे कौन-कौन से खत मिलते हैं—परसों तो इतवार पड़ जाएगा।

राजे, तुम नाराज़ मत होना कि मैंने अपने हाथ से क्यों नहीं लिखा? बेबी,

बहुत ही सुस्ती और weakness है, मैं मज़बूर हो गया। तुम नाराज़ मत होना। इसीलिए आज यूनिवर्सिटी नहीं गए कि शायद आराम करने से कुछ ठीक हो जाय। रात को दूर से ही बहुत ममता दी थी—शायद है कि तुम्हें कल या आज मेरा ख्याल आया हो?

अच्छा प्यार

पुसनिया—धर्मयुग के review की copy तक मेरा पत्र तुझे अलग से घर के ही पते पर जा रहा है आज ही। अच्छा आ तुझे दुलार लूँ—महेश को प्यार देना और केंका उसकी याद करती है कहना—तेरी कुन्नो

FRIDAY, 28th AUGUST, 59, 2 P.M.

S.R. आज मैं सचमुच तुमसे नाराज़ हूँ। आज शुक्रवार है, तुम्हारी पढ़ाई का दिन, तुमसे कितना आग्रहपूर्वक यह लिखा था कि तुम अपने पिछले चारों ख़त पढ़कर उन पर अपने प्रश्न और एक Tentative Synopsis ज़रूर भेज देना। तुम इतवार को तो बहुत शिथिल पड़ी रहीं, कोई प्रश्न नहीं था कुछ लिखने-पढ़ने का, सोमवार को तुमने इतवार वाला ख़त छोड़ा और उस दिन शायद busy रहीं X-ray आदि में। मंगल को सुबह वाला तुम्हारा ख़त जिसमें तुमने बुलाया और अपना गद्दा वगैरह मँगाया और bank account की बात पूछी, वह ख़त कल सुबह आया मगर उसमें पढ़ाई-लिखाई की कोई बात नहीं। बुध का ख़त आज शुक्र की सुबह की डाक से आया नहीं, अगर वह शाम की डाक से आये भी और उसमें Synopsis आदि न मिलना समझ में नहीं आ रहा है कि आगे की बात कैसे उठाऊँ। जब इतने पाँव के भयानक दर्द में आ ही गये तो बिना तुम्हें पढ़ाए जाएँ कैसे?

दूसरे, चित्त भी बँटा हुआ है। पता नहीं X-ray रिपोर्ट में तुम्हारी और महेश की क्या report आयी। पता नहीं क्यों मन में चिन्ता नहीं है इस बार। जब वैसी हालत थी तब तो हमारे प्यार ने एक-दूसरे को फूलों की तरह सहेज लिया, अब क्या? अब तो जल्दी-से-जल्दी पहाड़ चलकर आराम करना ही है। यह भी मेरा दावा है कि तेरे छौनुए के तेरे पास पहुँचते ही तुझे temperature नहीं रह सकता, नहीं रह सकता, नहीं रह सकता। मैंने अपने कल के पत्र में तुझे लिखा है कि मेरा पत्र पाते ही तू शनिवार को किसी समय एक ordinary तार करा दे—DOCTOR ADVISES RECHECKUP.

COME FOR WEEK RAJE. तो उस तार के साथ मैं medical leave की

अर्ज़ी सोमवार को दे दूँ और इन्तज़ाम करके आ जाएँ हम। यदि तुझे मेरा बुध की रात और बृहस्पति की दोपहर का लिखा कल कालका पर छोड़ा ख़त मिल गया होगा, तो सम्भव है कि तु इस ख़त के पहले यह तार करा चुकी हो। बैंक account के लिए भी तुझे लिखा है कि चिन्ता की बात नहीं है, आकर तुझे हिसाब समझाऊँगा। यह ज़रूरी है कि इन पुराने बिलों को निबटाकर Bill System बन्द कर देना पड़ेगा—लेकिन यह भी ज़रूरी है कि यहाँ केवल काम चलाऊ रुपया रखकर बाक़ी रुपया कलकत्ते के bank account में रहेगा तथा काम चल सकेगा—यहाँ बचत हो सकना मुश्किल है। ख़ैर आगे भी bills के लिए जो रुपया है इसका भी हिसाब आकर बताएँगे तुम्हें। नहीं किसी से माँग नहीं रहे हैं, इतना निश्चिन्त रहो।

तूने लिखा था अपने मंगल की सुबह वाले ख़त में कि बुध को जन्माष्टमी है—तेरा Lucky day और R.B. के स्वामी का जन्मदिन—तूने लिखा था कि R.B. को बुलाकर ख़त लिखवाएगी। आज अभी तक तेरा बुध का ख़त नहीं मिला है तो मन बड़ा बेचैन-सा है—उसमें शायद R.B. को ख़त, X-ray report, Synopsis आदि हों—मेरा तो जन्माष्टमी का सारा दिन बेहद तकलीफ़ में गुज़रा। इतना तीखा दर्द कम हुआ करता है मुझको जितना उस दिन था। दिन में कान्ता ने मेरे दर्द से घबराकर तुझे एक चिट्ठी लिखी थी कि छौनुए को बुला लो, ज़रूर बुला लो—फिर शाम को तेरा रविवार वाला पत्र मिला जिसमें temperature की बात थी और बुलाने की बात थी तो वह ख़त नहीं छोड़ा—रात को 12 बजे तक मैं वह ख़त कान्ता से लिखवाता रहा जिसे कल दोपहार में पूरा कर शाम को कालका पर छोड़ा।

राजे, कितने दिन हो गये हम लोगों ने अपनी 9 साथ नहीं मनाई। अभी कैलेंडर देख रहा था—9 इस बार तेरे lucky day पर पड़ रही है बुध को। इस बार साथ मनाएँगे। शान्त, पूजामयी, गम्भीर, विश्रामपूर्ण, आत्मचिन्तनमयी—दृढ़ निष्ठावान और पावन—अगर तू चल सकी तो गाँधीघाट चलेंगे। नहीं तो जहाँ मेरे गुलाब हैं वहीं गंगा है—

अच्छा अब एक प्राइवेट घरेलू बात करनी है बहुत ज़रूरी। देखो महेश को अगर liver trouble बताया है तो चिन्ता की कोई बात नहीं। X-ray की भी रिपोर्ट आ जाने दो। पहले भी तुम्हें लिखा था कि उस बच्चे को चिन्तित मत होने देना और अगर उसे कलकत्ते रहकर आराम मिल रहा हो तो रहने देना उसे वहीं जब तक रहना अच्छा लगे उसे। लेकिन बच्चे-तो-बच्चे होते हैं। कुक्की रहा यहाँ अकस्मात उसका जी उचटा तो उचट ही गया फिर। लेकिन चाहे बाद में महेश जाय चाहे इधर—एक बहुत ज़रूरी बात हैं। देखो राजे, अपने अनुबन्ध के बाद पहली बार छोटा भाई घर आया है बिना उसे रोचना टीका किये मत भेजना। अब छोटी-से-छोटी और बड़ी-से-बड़ी बात में हमें अपनी घर-गृहस्थी की मर्यादा निभानी

है न। तो उसका रोचना टीका, करना और P.L.B. से कह देना कि एक पजामें का longcloth और बिन्नी मिल्स की mercerised poplin के कुछ बहुत अच्छे रंग आते हैं उनमें से एक कुर्ते का कपड़ा लाकर दे देंगी। तू उसे भी थाली में ज़रूर रख देना। अगर मेरे आने तक उसका मन लगा रहा और वह वहीं रहा तब तो कोई बात नहीं मैं ही ला दूँगा।

तूने यह भी नहीं लिखा कि शोभा का, पिताजी का कोई ख़त आया या नहीं? ब्रह्मा का पोस्टकार्ड वहीं आकर देखेंगे। अब भेजना मत।

राजे, जैन दम्पति तो दिल्ली से आते समय न रुके, न उनका कोई पत्र आदि आया। वे कलकत्ते पहुँच गये होंगे। उन्हें एक inland कलकत्ते के पते पर डाला था। उसका भी कोई उत्तर नहीं। मैं काफ़ी खीज उठा हूँ। न वे पुस्तकें प्रेस में देते हैं, न कोई उसका प्रबन्ध करते हैं। एक साल हो गये agreement हुए—तय हुआ 9 किताबों का, छापी अभी तक उन्होंने तीन किताबें। रॉयल्टी अभी बनती नहीं और advance उनसे लें तो आखिर वह चुकेगा कैसे? इस बार तुम चलकर अपनी किताबों के बारे में साफ़ बात कर लो। बुध को जब मुझे बेहद दर्द था और तेरा ख़त भी नहीं आया था तो मैं इतना खीज उठा था कि चाहा कि उन्हें लिख दूँ कि मैं भर पाया—आप किताबें लौटा दें। फिर सोचा जैन जी इतना सरल, निश्छल, स्नेह करते हैं—एक बार उनसे जाकर बात कर ली जाय। अगर अभी तक वे पुस्तकें ठीक-ठीक छापते जाते तो सूर्या का bank balance ऐसी दशा में न होता। मेरा मन काफ़ी परेशान हो उठा है ज्ञानपीठ की सुस्ती से।

राज, इस बार पहाड़ पर चलकर सिर्फ़ कहानियाँ और उपन्यास लिखेंगे। दिसम्बर तक कम-से-कम तीन किताबों की पांडुलिपि तैयार हो जानी चाहिए। मैं जानता हूँ कि तुम पास रहोगी तो सब हो सकता है। "मुझे विश्व का सुख श्री केवल यदि तुम पास रहो।" दीघा की कुंकुम रंजित पगडंडी अगर कहानी शुरू करा सकती है तो अब अनुबन्ध पत्र के बाद का प्रत्येक सुहाग भरा दिन कितनी अनगिनत कहानियाँ दे जाएगा राज, जब हमारा घर अपनी सूर्या से आलोकित रहेगा—

अच्छा, आओ अब कुछ थोड़ी-सी पढ़ाई ज़रूर कर लें। मैंने पिछली बार भी लिखा था कि यह तो अपनी पूजा है। जैसे सूर्या का कौल है कि कैसा भी हो पर ब्राह्ममुहूर्त में एक बार अपनी पूजा किये बिना हम नहीं रहेंगे तो आओ यद्यपि तुमने बहुत लापरवाही की है फिर भी पढ़ेंगे। जानती हो कि जिस रात P.L.B. अपने स्वामी को अतृप्त छोड़ देती है उसके दूसरे दिन बहुत खीज-झुँझलाहट और कभी-कभी घरेलू झगड़े का दिन हो जाता है। इसलिए आज का दिन भी पढ़ाई के बिना नहीं छोड़ेंगे।

आओ बैठो—न आज तुम्हारी पीठ थपथपाएँगे, न गोद में बिठाएँगे, न प्यार

से पढ़ाएँगे—पर जो बता रहे हैं उसे समझ लेना बहुत जरूरी है।

अच्छा राजे पिछले पत्र तक हम लोगों ने character types के बारे में Jung के मनोवैज्ञानिक सिद्धान्त में जो कुछ ज्ञातव्य था उस पर विचार कर लिया। मन की चार दिशाएँ—Sensation, Thinking, Feeling और Intution. उनके—विविध Combinations और उसके आधार पर चरित्रों का वर्गीकरण। प्रत्येक चरित्र के अन्दर वास्तविक Self के अलावा Shadow, persona और Participation mystique और इनके अतिरिक्त चार-पाँच प्रकार के arche type images जिनके आधार पर धर्म, दर्शन और साहित्य में पात्र परिकल्पित किये जाते हैं। यह सब Jung ने अधिकतर वास्तविक जीवन और उसके व्यक्तियों का अध्ययन कर जाना था।

लेकिन साहित्य में चरित्र प्रकारों का अध्ययन करते हुए दो-एक और बातों पर हमें ध्यान रखना चाहिए। साहित्य में लेखक का वह काम नहीं होता जो मनोविश्लेषक का होता है। मनोविश्लेषक तो वास्तविक जीवन के पात्रों का यथातथ्य विश्लेषण मात्र कर उनका अध्ययन करता है। लेकिन साहित्यकार का काम दूसरा होता है। वह वास्तविक जीवन में से अपने पात्रों की प्रेरणा लेता है और बहुधा वास्तविक जीवन से मिले हुए प्रभावों को अपने ढंग से घटा-बढ़ाकर उनके आधार पर पात्र परिकल्पित करता है। वास्तविक जीवन और साहित्य में चित्रित जीवन के बीच में साहित्यसृष्टा का व्यक्तित्व होता है और वह व्यक्तित्व पारदर्शी शीशे की तरह होता हैं। नीले शीशे में से सफ़ेद ज्योति गुज़रती है तो दूसरी ओर सफ़ेद ज्योति की भी छाया नीली पड़ती हैं सफ़ेद नहीं जिस प्रकार नीले शीशे में से गुजरने से सफ़ेद ज्योति में शीशे का नीलापन जुड़ जाता है ठीक वैसे ही साहित्यकार के व्यक्तित्व में से गुज़रने के कारण वास्तविक जीवन के पात्रों में बहुत कुछ साहित्यकार के सृजन व्यक्तित्व का रंग और गुण जुड़ जाता है। अत: साहित्य में हम जिन चरित्र प्रकारों को पाते हैं वे होते हैं—Real character type + writers character type = The character of the literature.

अब लेखक यदि extrovert है तो वह जितने भी पात्र उठाएगा उनको एक extrovert दृष्टि से चित्रित करेगा। यदि लेखक introvert है तो जितने पात्र उठाएगा उन्हें introvert की दृष्टि से चित्रित करेगा। फिर उसमें भी जो लेखक Thinking प्रधान है वह उस दृष्टि से, जो Sensation प्रधान है वह उस दृष्टि से, जो feeling प्रधान है वह उस दृष्टि से, जो Intution प्रधान है वह उस दृष्टि से सभी पात्रों का चित्रण करेगा। उच्च दिशा में उसकी सफलताएँ और सीमाएँ भी होती हैं। extrovert स्वभाव का लेखक introvert characters का ठीक-ठीक चित्रण नहीं कर पाता है लेकिन extrovert characters को उनकी घटनाओं, क्रियाओं का समुचित चित्रण कर सकता है। introvert लेखक extrovert character के साथ अक्सर न्याय

नहीं कर पाता। जो लेखक extrovert है उसके introvert characters भी introvert की ओर खिंचे हुए दीख पड़ेंगे और जो introvert लेखक हैं उसके extrovert पात्र भी introvert की ओर झुकते नज़र आएँगे। इसीलिए कभी-कभी लेखकों के चरित्र-चित्रण में अस्वाभाविकता आ जाती है क्योंकि वे पात्र की अपनी वैयक्तिकता को नहीं समझ पाते और उसका मनमाना चित्रण कर डालते हैं।

जैसे लेखक का अपना व्यक्तित्व साहित्य में चरित्र के चित्रण को प्रभावित करता है वैसे ही और महत्त्वपूर्ण तत्त्व है जो साहित्य में character types के चित्रण को प्रभावित करता है। वह है युग व्यक्तित्व। जैसे लेखकों का व्यक्तित्व अलग-अलग होता है वैसे ही युग का व्यक्तित्व भी अलग-अलग होता है। कोई युग introvert अर्थात् आत्मचिन्तन, आत्मविश्लेषण, कल्पना, दर्शन, धर्मानुभूति इनको अधिक महत्त्व देता है—कोई युग extrovert अर्थात् राजनीतिक आन्दोलन, युद्ध, राष्ट्र-निर्माण, उद्योग व्यापार, अर्थोपार्जन, दिग्विजय इनको विशेष महत्त्व देता है। introvert प्रधान युग में हम साहित्य में उन चरित्र प्रकारों का विशेष महत्त्व पाते हैं जो introvert हैं और extrovert के युग में अक्सर extrovert पात्रों की प्रधानता होती है। extrovert युग में introvert पात्र गौण महत्त्वहीन हो जाते हैं और introvert युग में extrovert पात्रों का वही भाग्य होता है। युग extrovert है या introvert यह बहत-सी बातों से मालूम किया जाता है। उस युग की नैतिक धारणाएँ, धर्म, दर्शन, कला, जीवनयापन के ढंग, समाज-व्यवस्था—इन सबमें युग का introvert या extrovert रूप प्रगट हो सकता है। extrovert युग में अनुष्ठान प्रधान धर्म होता है—यज्ञ, तीर्थ, पूजा-पाठ, व्रत, मन्दिर-निर्माण—और introvert युग में रहस्यानुभूमि प्रधान धर्म होता है—भक्ति-भावना, आत्म-चिन्तन, उदारता, इतिहास में दोनों प्रकार के युग आते हैं और दोनों प्रकार के युग साहित्य और संस्कृति पर अपनी छाप छोड़ते हैं।

यहाँ तक तुम बात समझ गयी होगी। साहित्य में character types पर दो तत्त्व ही प्रभाव डालते हैं—1. लेखक का character types और 2. युग का character types। लेकिन एक बात इसके अलावा भी विचारणीय बच रहती है। एक जटिलता तब उभरती है जब हम यह देखते हैं कि आवश्यक नहीं कि extrovert युग में सब लेखक extrovert हो और introvert युग में सब लेखक introvert हों। अच्छा दिलचस्प साहित्य तब पैदा होता है जब extrovert युग में भी कोई introvert लेखक उभर आता है और introvert युग में कोई extrovert लेखक। और तब चरित्र प्रकारों का चित्रण दो विपरीत तत्त्वों से प्रभावित होने लगता है—युग का extroversion + लेखक का introversion या युग का introversion + लेखक का extroversion. ऐसी काव्य कृतियों या कथाकृतियों में बड़े दिलचस्प चरित्र प्रकारों का विकास होता है।

आज जो बात हमने पढ़ी वह बहुत छोटी-सी है पर बहुत सूक्ष्म पकड़ की है। मनोविश्लेषक और तुम्हारी दृष्टि में यही अन्तर होगा। तुम आलोचक हो analyst नहीं। psychologist नहीं। मनोविज्ञान तुम्हारे अध्ययन की आधारभूमि है। पर दृष्टि या approach नहीं। तुम्हारी दृष्टि 1. साहित्य चित्रित पात्र का व्यक्तित्व, 2. साहित्यकार का कला व्यक्तित्व, 3. युग का व्यक्तित्व इन तीनों पर विचार करेगी और तब चरित्र प्रकारों का अध्ययन प्रस्तुत करेगी—

राज, पहले अध्याय में हमने सिद्धान्त रूप में सारी Jung की psychology की बातें की हैं पर उसमें यह अंश परिशिष्ट में जोड़ा जाएगा क्योंकि यह स्पष्टीकरण तुम्हारी दृष्टि का होगा कि तुम अपनी Thesis में क्या दृष्टि अपना रही हो। यह बातें समझ में आ गयीं न।

तुम अपनी last चिट्ठी monday को छोड़ना। उसके बाद मंगल नहीं तो बुध तक मैं यहाँ से अवश्य चल दूँगा अपने घर के लिए। इतवार को एक ख़त और एक सोमवार को college से छोड़ देना—सोमवार को तो परीक्षाएँ शुरू हो जाएँगी। हाँ, राज तुम्हारे गद्दे के अलावा और क्या-क्या लाना है तुरन्त लिखो और तार (जैसा लिखा है) न किया होतो करा दो।

14.9.59 : सोमवार, 12 बजे दोपहर

राजे,

अभी कान्ता को, तुम्हारे कॉलेज के रास्ते में छोड़कर घर लौटा हूँ। धूप निकल आयी है। कमरा छोटेलाल ने ख़ूब साफ़-सुथरा कर रखा है। अच्छा लग रहा है—थोड़ी देर के लिए तुम दोनों को भी धता बताकर अपने कमरे का एकच्छत्र स्वामित्व। थोड़ी-थोड़ी धूप खिड़कियों में आ रही है और हवा में नीले पर्दे हिल रहे हैं।

अपने इलाहाबाद के घर में, अपने नीले कमरे में से अक्सर जब तुम थोड़ी देर को, या दिन भर को कहीं चली जाती थीं और उस कमरे में एक तुम्हारी छाँह-भावना बनी रहती थी, तुम्हारी एक सुगन्ध, तुम्हारा एक अतिरिक्त अस्तित्व—इस कमरे में इस समय वह भी नहीं है। यह मात्र मेरा कमरा है और इसमें ख़ुशनुमा धूप है और पर्दे हिल रहे हैं और हवा में हिल रही है सामने टँगी सूखी नीली अपराजिता की माला।

अपराजिता से एक बात ध्यान में आयी। उस साल जुलाई में जब तू कलकत्ते पहली बार आयी थी तो बहुत चिन्तित थी और हम दोनों ने लम्बा ख़त लिखा था तुझे और पहली बार भेजा था तुझे नीला फूल अपराजिता का। कितनी उलझनें,

कितनी मिथ्या भावनाएँ, कितनी छायाएँ, कितनी भ्रान्तियों में तेरा व्यक्तित्व उलझा हुआ था—लेकिन बस तुझे प्यार करने वाले मन को इतना अटूट विश्वास था कि इस व्यक्तित्व में यदि कण भर भी खरा सोना है तो उसे उभार लाने के लिए मैं अपना सब कुछ बाज़ी पर लगा सकता हूँ। किसी परोपकार की भावना में नहीं—जैसा कभी-कभी तुम misunderstand करती हो—वरन इसलिए कि वह कण भर सोना भी यदि बच सके तो मेरा सारा समर्पण, सारी तन्मयता सार्थक हो सकेगी। एक वह दिन है—और एक आज का दिन है—कितनी लम्बी यात्रा, कितने अजीब मोड़, कितने शिखर और कितनी घाटियाँ पार कर आये हैं। हम।

• •

कई बातें ऐसी थीं जो कल इतवार को, जाने के पहले मैं करना चाहता था। पर दुर्भाग्य से कल सुबह से कुछ ऐसा बातों का रुख बदल गया कि ज़रूरी बातें न हो पायीं और इधर-उधर की तमाम बातों में वक़्त बीत गया। रात बेहद थका था और सोता रहा—गुलाबों में विभोर होकर, वह सो लेना बहुत ज़रूरी था वरना यह सारा दो हफ़्ते का आराम समाप्त हो जाता। फिर आज सुबह थोड़ी बातें शुरू हुईं। वे केवल बीच का एक टुकड़ा थीं। उसके पहले की और उसके बाद की बहुत-सी बातें करना चाहता था मैं—ख़ैर अक्टूबर में—कोई जल्दी नहीं उनकी, क्योंकि वे बातें किसी immediate problem से सम्बद्ध नहीं हैं। हम तीनों के व्यक्तित्व के सम्यक् सन्तुलित निर्माण से सम्बन्धित हैं—और यह काम तो सारे जीवन भर का है।

• •

आज कलकत्ते के अप्रत्याशित लम्बे ठहराव का विदा दिन है। हर बार जब कलकत्ते से जाता था तो कुछ विशेष क्षण, या तुम्हारी विशेष मुद्राएँ, या कुछ विशेष बातें या घटनाएँ बेहद याद आती थीं—इस बार एक दूसरी भावना है। बहुत सहज भाव से यह पूरी ठहरने की अवधि और इस सब कुछ का समवेत प्रभाव मन पर छूट गया है। ऐसा नहीं, कि कुछ विशेष याद रहे और शेष भूल जाए। इसके अर्थ यह हैं कि इस बार का रहना सचमुच घर का रहना था—घेरलू ढंग से सहज! तेरे झगड़े भी इस घेरलूपन के अंग होकर आये थे। और उन झगड़ों के बाद की अतिशय आकुलता भी—

• •

इसीलिए राज, तुमसे एक शब्द भी वैसा नहीं कर रहा हूँ जो भावावेश का द्योतक हो। घरेलू विदा में आँसू नहीं होते, भावनाओं का पछाड़ खाता ज्वार नहीं होता —सिर्फ़ एक दृष्टि होती है एक-दूसरे के प्रतिसहज ममता, अखंड विश्वास, कल्याण भावना, प्रीति, आशीष और अधिकारवाली। यह दृष्टि उठती है एक क्षण एक-दूसरे पर ठहरती है और फिर उसी एक क्षण में जाने कहाँ पर मन को छूकर

अपने में सिमट जाती है। वह अत्यन्त मर्यादित संयमित, प्रौढ़ भावना वाली, बरसों साथ घर निभा चुकने के बाद की परिपक्व दृष्टि लो—

• •

जाने के बाद ख़ूब आराम करना। भरे-भरे निश्चिन्त मन और ख़ूब-ख़ूब सन्तुष्ट तृप्त तन का आराम—इसलिए नहीं कि तुम थकी हो—जानता हूँ कि इस बार थकी नहीं हो। हर बार का ठहरना दूसरे प्रकार का होता था। वह निरन्तर दौड़धूप के बीच का एक चुराया हुआ क्षण होता था—जो पहले की दौड़धूप (वास्तविक और भावनात्मक) और बाद की दौड़धूप के बीच sandwiched रहता था। पर इस बार का ठहरना सचमुच ठहराव था—अपने घर का सहज विश्राम—उसमें मेहनत भी थी तो वह strain वाली नहीं थी—

• •

आराम कर लो, थोड़ी देर सुस्ता लो। ऊबड़-खाबड़ घाटियों में से कठिन राह पर से गुज़रकर समतल ज़मीन पर आकर जैसा आश्वासन भरा आराम मन करता है। वह आराम थकान का द्योतक नहीं होता—वह मंज़िल के कठिन रास्तों को पार कर समतल भूमि पर पहुँचने के सन्तोष का सूचक होता है। आओ, यहाँ पहुँचकर थोड़ी देर वैसे बैठें जैसे चैत के उस नशीले दिन बैठे रहे कोमल पारदर्शी पवित्र प्यार भरे—मात्र होठों से अलकों को सँवार देनेवाला पवित्र दिन—जब यह मंज़िल मन के तारों को झंकार रही थी पर हम इसकी ठीक-ठीक आवाज़ सुन नहीं पाये थे—मात्र इसको महसूस किया जाता है।

• •

पर यह मंज़िल बीज रूप में उस अमित पावन क्षण में तब भी विद्यमान थी—अस्फुट।—अच्छा राज, आशीष लो—अमित आशीष।

16TH September 59
Wednesday 1:30 P.M.

बेहद तेज़ चाँदनी रात है पूर्णिमा है आज, और अपने पूजाघर में पश्चिम वाली छोटी खिड़की में से एक चौकोर टुकड़ा चाँदनी का झर रहा है। रात को शायद 1:30 या 2 बजे होंगे, अकस्मात् नींद उचट गयी है। हवा में ठंडक है, हालाँकि हवा बिल्कुल खामोश है यहाँ तक कि तुम्हारा पीपल तक खामोश है सिर्फ़ उसकी डालों में, अँधेरे में कुछ अदृश्य पक्षी पंख फड़फड़ा रहे हैं जिससे कभी-कभी एक आध पीपल का पत्ता टूटकर गिर जाता है, इतनी खामोश इतनी

खूबसूरत रात में भी रह-रह कर बेचैन हो उठने वाले इन पक्षियों को देखकर एक बहुत पुरानी ग़ज़ल याद हो आती है उसका एक शेर खास तौर पर—

बैठ नहीं सकते हैं दमभर एक जगह पर दर्द के मारे
सुनता हूँ आवाज़ उसी की कोई सदा दे, कोई पुकारे।

और यह ग़ज़ल मैंने एक बूढ़े पीर साहब से सुनी थी लगभग 15 बरस पहले मगर इस पाँव के साइटिका दर्द के पहले, शायद तुम्हें याद हो, मैं एक क्षण को भी कहीं चैन से बैठ नहीं पाता था और तब मेरे दोस्त लोग अक्सर मुस्करा कर कहते थे, बैठ नहीं सकते हैं दम भर एक जगह पर दर्द के मारे कैसी अजीब होती है वह उम्र कि यह यकीन कर लेता था मन कि हाँ सचमुच यही दर्द है, और मैं उस दर्द का मारा हुआ हूँ, और इसीलिए दम भर एक जगह पर बैठ नहीं पाता हूँ। यह नहीं जानता था उस उम्र में कि असल में दर्द जब आएगा तब इस कदर तोड़ देगा तन को, मन को, कि एक जगह पर हार कर थक कर बैठ जाओगे और तब तक उठने की ताब न रहेगी जब तक कोई सचमुच तुम्हें प्यार से पुकारेगा नहीं—

पता नहीं क्यों ये पंक्तियाँ लिखते-लिखते अकस्मात्, तबीयत हुई कि नीचे जाकर Browning उठा लाऊँ और उसकी कुछ कविताएँ पढ़ूँ खासतौर से A Womans Last word—All be as before love, only sleep. पता नहीं मैंने कभी ब्राउनिंग की पत्नी का चित्र नहीं देखा पर इस चटख चाँदनी में उसका धुँधला, सोनज़रद बीमार चेहरा मैं अनुमानित कर रहा हूँ, जिस पर एक अजीब-सी तरोताज़गी छा गयी थी ब्राउनिंग के प्यार के बाद कल्पना कर रहा हूँ कि पता नहीं किन हृदय विदारक झगड़ों के चरम पीड़ाजनक क्षणों के बाद पुनः आश्वस्त होकर ब्राउनिंग ने लिखी होंगी ये पंक्तियाँ— सचमुच ये लोग बड़े लोग थे। ब्राउनिंग हुआ, वदरिंग हाइट्स की लेखिका, एमिली ब्रान्टे हुई, कैसी अजीब रही हैं, इनकी जीवन गाथाएँ। इन्होंने समर्पण जब तक नहीं किया तो नहीं किया पर जब किया ओह तब! इनको वह पद्धति मालूम थी कि कैसे अपने को, बिना एक कण बचाए, बिना एक कण की कंजूसी किये, कैसे अपने को विशेष भाव से दे दिया जाता है और अपने को देते हुए भी मन में इस बात का भी अहं नहीं आने दिया जाता कि हमने अपने को दिया और कैसे दूसरे के चरम विशेष समर्पण को स्वीकार किया जाता है, और स्वीकार करते हुए भी अपने मन को अधिकार मद में नहीं बहने दिया जाता बल्कि मन को अधिकाधिक कृतज्ञ, विनम्र और भरा-भरा बनाया जाता है, कि हाँ, हमें यह विशेष समर्पण मिला है किसी का—हम उसके अधिकारी बनें—हवा चलने लगी है, और बोलने लगे हैं, पीपल के पत्ते

और आधी रात खामोश, बैठा हूँ मैं सोचता हुआ कि मैं कितना अभी कितना छोटा हूँ इन सबों से कितना अभाव, कितना अधूरापन है मेरे व्यक्तित्व में, मेरे अशेष समर्पण के भाव में। ...और अकेला, आधी रात यहाँ बैठा सोच रहा हूँ कि आज आधी उम्र बीतने को आयी, पर जिस विराट्ता का स्वप्न देखता रहा हूँ आज भी उस विराट्ता के तट पर खड़ा हुआ विस्मयहत, निरन्तर अपने स्वभाव और व्यक्तित्व की कमियाँ, महसूस करता हुआ बालक ही हूँ क्या?

कैसे आएगी वह घड़ी कि जिसे अपनी नियति की विधात्री माना है, उसे अपने को नि:शेष भाव से दूँगा-दे सकूँगा बिना मन में एक कण यह भाव लाये हुए कि मैंने अपने को दिया है। ओह! कोई अपने को कण-कण दे पर वह देना यदि यथास्थान ठीक-ठीक पहुँचने में असमर्थ हो! कैसा गहन होता है वह Torture वह यन्त्रणा जब मन अपने को नि:शेष भाव से दे-फिर भी महसूस करे कि वह अधूरा है, दोषभरा है, जिन अँजलियों ने उसे ग्रहण किया है, उनको उसने आहत कर दिया है—कब मैं बनूँगा उन अँजलियों के योग्य?

परसों जब यहाँ आया, 15 दिन के प्रवास के बाद तो अपना यह सदा आश्वासन देने वाला फूल बसा घर बेहद सुनसान लगा। यूनिवर्सिटी से लौटा, खाना खाने बैठा तो पहली बार महसूस हुआ कि घर बेहद सुनसान लग रहा है। ...केका ने यहाँ आते ही जो रोना शुरू किया है, वह आज तक बन्द नहीं हुआ। वह लड़की न खेलती है, न हँसती है, न ठीक से दूध पीती है, या तो रोती है या चुपचाप जिस तिस की ओर देखती है, उफ़ बच्चों की आँखों में भी इतनी उदासी हो सकती है, यह नहीं जानता था, बेचारे मन की बात कह नहीं सकते न! एकदम छोटा-सा मुँह निकल आया है दो दिन में-सो वह भी आकुल और घर बेहद सुनसान।

लेकिन शहर में बेहद सरगर्मी थी और दोस्तों में खासतौर से। इसका एक अजब कारण यह था कि एक दिन पहले यानी सोमवार की रात को रेडियो पर यह Announce हो चुका था कि आज भारती जी के आने की आशा थी, पर न वे आये हैं, न कोई समाचार है। रेडियो पर यह कैसे Announce हुआ इसकी भी रोचक गाथा है। यहाँ मेरी अनुपस्थिति में एक कवि गोष्ठी Arrange हुई। सोमवार की शाम को। उसमें दिल्ली, लखनऊ आदि से दस-बारह लोग आये। माथुर को उम्मीद थी कि मैं रविवार को आ जाऊँगा। अत: वे रोज़ रेडियो पर Announce कराते रहे कि भारती की स्वीकृति आ गयी है। वे आ रहे हैं, वे आ रहे हैं। यह घोषणा उन्होंने इतनी बार की कि जब मैं नहीं पहुँचा तो उन्हें श्रोताओं को Explain करना पड़ा कि मैं अभी आया ही नहीं हूँ—बहरहाल उसका नतीजा यह हुआ कि केवल विभाग के, या मित्र लोग नहीं वरन शहर के जितने

लोग मेरी शक्ल से वाकिफ़ हैं वे सब मुझे आँख फाड़-फाड़ कर देख रहे थे, कि मैं कल रात तक तो नहीं था इस समय कहाँ से आ टपका?

दोस्त लोग नाराज़ थे और नाराज़ से अधिक चिन्तित कि आखिर पाँव में ऐसी तकलीफ़ क्या बढ़ गयी कि मुझे छुट्टी बढ़वानी पड़ी और दिल्ली से सर्वेश्वर आये थे और वे सब परिमल की बहुत-सी समस्याएँ discuss करना चाह रहे थे और मैं था नहीं! खैर इस पृष्ठभूमि में मेरा अकस्मात् पहुँचना मज़ेदार रहा। मैं कल साढ़े तीन बजे शाम को जब coffe house गया तो वहाँ पन्द्रह-सोलह लोग इकट्ठे होकर मुझे Phone पर contact करने की योजना बना रहे थे।

आज सुबह से कितने लोग आये हैं—रघुवंश, जगदीश, लक्ष्मीकान्त, साही, सर्वेश्वर, जितेन्द्र जी और तुम विश्वास न करोगी शोभा दीदी! हम और रामस्वरूप बैठे थे कि देखा बाहर शोभा। मालूम हुआ कि उसकी यूनिवर्सिटी स्ट्राइक के कारण बन्द हो गयी, तो उसने पिता जी से कहा कि मुझे इलाहाबाद भेज दीजिए मैं वहीं पढ़ती-लिखती रहूँगी। पहले वे लोग राज़ी नहीं हुए बाद में यह सोच कर कि घर में रहेगी तो अम्मा से झगड़ा होता रहेगा पिता जी राज़ी हो गये। लेकिन पिता जी ने Instruct कर दिया था कि वह मेरे यहाँ न टिक कर होस्टल में टिके अत: वह वहाँ टिकी है। केका को देखने आयी थी। बहुत देर तक दीदी रही केका को खिलाती रही बातें करती रही और शाम को तीन बजे गयी। लेकिन उसके इतना खिलाने पर भी केका खुश नहीं हुई। थोड़ी-थोड़ी देर को चुप हो जाय-शोभा को अपलक देखे और फिर रोने लगे।

राजे, तुम्हें मंगल को शायद सुबह की ही डाक से वह local inland मिला होगा जो मैंने सोमवार अकेले बैठ कर लिखा था, और बड़ा बाज़ार डाकघर में छोड़ दिया था। उसी में थी वह चैत के नशीले दिन वाली कविता की याद जिसे थोड़ी ही देर बाद तुझसे सुन कर अकस्मात् चौंक गया था मैं। फिर बुध को यानी आज तुझे वह भी इनलैंड मिल गया होगा जो मुगलसराय पर लिख कर मैंने मिर्ज़ापुर पर डाला था। आज तेरा खत नहीं मिला शायद कल मिले। राज घर पहुँच कर कैसा लगा होगा? सुशील मम्मी शायद कृष्णा भी थोड़ी देर आकर तेरे पास बैठे हों। पर जब सब चले गए होंगे और छूट गया होगा केवल वह कमरा और नीली चादरवाला तख्त और वह दर्पण, और अपराजिता की माला और दीपशिखा—तब?

तुमने दवा ले ली होगी। उसे नियमित लेती रहना। खाना-पीना भी। खूब अच्छे मिलने चाहिए मेरे गुलाब और पनसुतिया-और चरम अपने—

इस बार अपना घर छोड़ते हुए ऐसी पीड़ा हुई है जैसी पहले कभी नहीं हुई थी। तुम इस तरह कभी झगड़ी भी नहीं थी और झगड़ कर जो ममता द्रवित

हो उठती है जो अजीब-सी प्रगाढ़ता मन में आ जाती है, वह किस तरह टीस रही है यह तुम्हें क्या बताऊँ? बस मन में बार-बार याद आता है टिकट बदलवाने के लिए Mrs. Bharati का इधर-उधर भटकना और ज्यों-ज्यों देर हो त्यों-त्यों मेरी अतिशय चिन्ता यह जानते हुए कि इस अतिशय चिन्ता से उनके स्वाभिमान को ठेस लगती है-क्योंकि न तो वे नन्हीं बालिका हैं, न पति पर निर्भर आश्रिता-लेकिन ईश्वर जानता है कि मेरी अतिशय चिन्ता इन दोनों स्तरों पर नहीं होती-वह तो अपने भाग्य के लिए चिन्ता है, क्योंकि वह केवल मेरी सहधर्मिणी नहीं मेरा सम्पूर्ण अस्तित्व और मेरी सम्पूर्ण सार्थकता है। याद आता है दो तारीख को सुबह मेरा नाराज़ होकर पैदल हावड़ा जाना और बारजे पर खड़े तुम्हारी चिन्ता! याद आता है एक प्रगाढ़ एकात्म्य जो हर झगड़े के बाद दृढ़-दृढ़तर-दृढ़तम होता जाता है—राज मेरे भाग्य!

कल सर्वेश्वर ने अपनी नवप्रकाशित पुस्तक 'काठ की घंटियाँ' दी। उसमें उनकी कहानियाँ, कविताएँ उपन्यास सब संकलित हैं। उनकी नयी कविताएँ तुमने पढ़ी हैं, उनके गीत शायद कभी नहीं देखे होंगे। लो उनके कुछ गीत भेज रहा हूँ—

सुहागिन की गीत

यह डूबी-डूबी साँझ
उदासी का आलम:
मैं बहुत अनमनी
चले नहीं जाना बालम।
ड्योढ़ी पर पहले दीप जलाने दो मुझको
तुलसी जी की आरती सजाने दो मुझको
मन्दिर में घंटे, शंख और घड़ियाल बजे
पूजा की साँझ, सँझौती गाने दो मुझको,
उगने दो पहले उत्तर में ध्रुवतारा
पथ के पीपल पर आने दो उजियारा
पगडंडी पर जल फूल दीप धर आने दो
चरणामृत जाकर ठाकुर जी का लाने दो

यह डूबी-डूबी साँझ उदासी का आलम
मैं बहुत अनमनी चले नहीं जाना बालम

यह काली-काली रात
बेबसी का आलम
मैं डरी-डरी सी
चले नहीं जाना बालम

बेले की पहले ये कलियाँ खिल जाने दो,
कल का उत्तर पहले इनसे मिल जाने दो
तुम क्या जानो यह किन प्रश्नों की गाँठ पड़ी
रजनीगन्धा से प्यार सुरभि का आने दो
इस नीम ओट से ऊपर उठने दो चन्दा
घर के आँगन में तनिक रोशनी आने दो
कर लेने दो मुझको बन्द कपाट ज़रा
कमरे के दीपक को पहले सो जाने दो

यह काली-काली रात बेबसी का आलम
मैं डरी-डरी-सी चले नहीं जाना बालम

यह ठंडी-ठंडी रात
उनींदा-सा आलम
मैं नींद भरी-सी
चले नहीं जाना बालम
चुप रहो ज़रा सपना पूरा हो जाने दो
घर की मैना को ज़रा प्रभाती गाने दो
खामोश धरा आकाश, दिशाएँ सोयी हैं
तुम क्या जानो क्या सोच रात भर रोयी हैं
यह फूल सेज के चरणों पर धर देने दो
मुझको आँचल में हरसिंगार भर लेने दो
मिटने दो आँखों के आगे का अँधियारा
पथ पर पूरा-पूरा प्रकाश हो लेने दो—

यह ठंडी-ठंडी रात उनींदा-सा आलम
मैं नींद भरी-सी चले नहीं जाना बालम

सावन का गीत

नीम की निबौली पक्की, सावन की ऋतु आयी रे

सर सर बहत बयरिया
उड़ि-उड़ि जात चुनरिया रे
खुलि-खुलि जात किवरिया उठँगी
घिरि-घिरि आत बदरिया रे

भुइयाँ लोटि-लोटि पुरवाई बड़ी-बड़ी बुँदिया लाई रे
नीम की निबौली पक्की सावन की ऋतु आयी रे

दादुर और पपीहा बोले
बोले आँचल धानी रे
खन-खन-खन चुड़ियाँ बोलें
रिमझिम रिमझिम पानी रे

डाल-डाल पर पात-पात पर कोइलिया बौरायी रे
नीम की निबौली पक्की सावन की ऋतु आयी रे

दिन-दिन नदिया बाढ़न लागी
छिन-छिन आस बिलानी रे
राह डगर सब पानी-पानी
नैया चली उतानी रे
बेदरदी परदेस बसे हैं हूक करेजवा छायी रे
नीम की निबौली पक्की सावन की ऋतु आयी रे

और इन दो गीतों के बाद एक कविता जिसे पढ़ा पहले भी है पर इस बार उसने बहुत सन्तोष दिया। बेहद आश्वासन-

आज पहली बार

आज पहली बार
थकी शीतल हवा ने

शीश मेरा उठा कर
चुपचाप अपनी गोद में रखा,
और जलते हुए मस्तक पर

काँपता-सा हाथ रख कर कहा—

"सुनो, मैं भी पराजित हूँ
सुनो, मैं भी बहुत भटकी हूँ
सुनो, मेरा भी नहीं कोई,
सुनो, मैं भी कहीं अटकी हूँ,
पर न जाने क्यों
पराजय ने मुझे शीतल किया
और हर भटकाव ने गति दी
नहीं कोई था
इसी से तुम हो गए मेरे
मैं स्वयम् को बाँटती ही फिरी
किसी ने मुझको नहीं मति दी।"

लगा मुझको उठा कर कोई खड़ा कर गया
और मेरे दर्द को मुझसे बड़ा कर गया
आज पहली बार...

Saturday 19TH September 59
4:00 P.M.

उफ्फोह बेबी, इस बार तो हद हो गयी व्यस्तता की। तुझे कल जो इनलैंड लेट फ़ी लगा कर छोड़ा है, उसमें भी लिखा था, आज सुबह 8 बजे से अभी 4 बजे तक धुआँधार काम में लगना पड़ा। परिमल की गोष्ठियाँ एक नहीं 4 गोष्ठियाँ, प्रतिदिन और तीन-तीन घंटे—'नयी कविता, निकष' आदि की समस्याएँ, हिन्दी साहित्य कोश की बैठकें, विभाग की मीटिंग, रिसर्च कमेटी मीटिंग, नये रिसर्च स्कॉलरों के विषय का चुनाव, यूनिवर्सिटी के Youth festival की central कमेटी की मीटिंग, रेडियो की ड्रामा कमेटी की मीटिंग, और आज हिन्दी परिषद के उद्घाटन की मीटिंग—ये सब डॉ. भारती के लिए रुकी पड़ी थीं और उनके

आते ही उन पर थोप दी गयीं। ऊपर से 50 खत यूनिवर्सिटी में और 50 घर पर आये पड़े हुए—फिर सर्वेश्वर दयाल सक्सेना से लेकर भगवती चरण वर्मा तक प्रयाग में डटे हुए जो सुबह-शाम भारती जी को खींच ले जाने को आतुर-15 तारीख की सुबह से इस समय तक कैसा समय गुज़रा है बस पूछो मत!

फिर भी राज, तुम्हें मिले होंगे 15 की सुबह मिर्ज़ापुर पर छोड़ा इनलैंड 16 की रात को लिखा 17 को सुबह छोड़ा लम्बा पत्र, कल 18 की रात को Bombay Mail पर छोड़े मेरे कान्ता के inland इस समय ऊपर के पूजाघर में हूँ और कह दिया है कि कोई भी आये, मौत भी आये तो कह दो राजन अपनी प्रिया से बातों में मशगूल हैं, उन्हें फ़ुरसत नहीं!

अच्छा बाकी बातें बाद में होंगी, पहले यह बताओ कि कल रात को तुम क्या कर रही थी लगभग 11 बजे। मेरी बेचैन प्यास मेरी मधुर आतुरता, तुम तक पहुँची थी या नहीं। चाँद निकल आया था, और अजीब ढंग की हवा चल रही थी, पीपल के पत्ते उफ़! किस कदर याद आया है, मुझे अपने कमरे का दर्पण, अपनी शय्या की गहरी रहस्यमय नीली चादर! कल पता नहीं क्यों राज, मुझे तुम्हारी बहुत ज़रूरत थी—अक्सर मैंने तुम्हें पुकारा है जब बहुत दुखी रहा हूँ, या जब बहुत थका रहा हूँ या जब बहुत प्यासा रहा हूँ—कल तुम्हें अपने पास चाहता था किसी अन्य कारण से नहीं, मात्र इस कारण से कि तुम्हारा उस समय दूर होना अस्वाभाविक था, उस समय मैं बहुत अधूरा अनुभव कर रहा था और कुछ नहीं उस समय मैं चाहता था कि तुम मेरे चारों ओर सुगन्धित बयार-सी लिपटी रहो-उतनी ही सूक्ष्म, उतनी ही, निकट उतनी अन्तरंग, उतनी ही अग्रहीत।

तुम्हारे इस घर में आजकल एक और बात है। पीछे की माधवी लताएँ ऊपर के पूजाघर की पीछे वाली खिड़की, बीच के Bedroom की खिड़की तक पर छा गयी हैं। नीचे सामने वाली चमेली की लतर आजकल लदी हुई है। शाम होते ही ऐसा लगता है जैसे सौरभ के झरने खिड़कियों की राह हर कमरे में झर रहे हैं। और मैं इतना व्यस्त रहा मगर फिर भी एक भी क्षण अकेला रहने पर यह तुम्हारा दुलारा हुआ सारा कनुतन टीस-टीस कर मुझे आकुल कर देता है। और फिर इस बार के झगड़ों ने और भी गज़ब किया है। सच तन की ही भाँति यह मन भी अजब होता है। तुम कहती थी न कि तुम्हें मिला सबकुछ था लेकिन 26 जून के निष्ठुर हंसू ने पता नहीं कहाँ पर तन के कण-कण को पूर्णत: अर्पित करा लिया—वैसे ही इस बार के झगड़ों ने मन को जैसे कण-कण परस्पर घुला मिला—लिया कितनी याद आती है वह दोपहर जब मैं अपने घर में बिल्कुल अकेला बैठकर तुम्हें इनलैंड लिख रहा था और धूप खिली थी कई दिन बाद और हल्की हवा में नीले पर्दे हिल रहे थे और मन में अजीब ठहराव था, सन्तोष था, घर

बसाने का सन्तोष, सुख और दुख। उतार-चढ़ाव, प्यार और मनुहार के बीच में अपने घर को गहरे अर्थ देने का सन्तोष—और फिर याद आती है वह शाम जब रामस्वरूप आने को और कहीं खाने चलने को कह गये थे और वे आये नहीं थे, और बहुत देर तक हम दोनों बैठ कर अस्तित्ववाद Freedom, Choice और कितनी ही बातों पर मगज मारते रहे और तख्त पर नहीं सोफ़े पर बैठे थे हम लोग और कैसा अच्छा लग रहा था और याद आती है, वह शाम जब अकस्मात् तुमने रोक लिया था और हिन्दुस्तान रेस्तराँ में खाना खाया था और बस की प्रतीक्षा करते-करते केका के बारे में कितनी बातें हो रही थीं और याद आ रही है WAR AND PEACE वाली शाम—और सूर्या की छवि याद आती है, इस बार तो बताओ कौन-सी छवि याद आती है? बूझो—याद आती है रीगल में A Farewell to arms में ऊपर से नीचे तक शोख नीले परिधान में सजी हुई इतनी उत्तेजक कि बरबस राजन ने गुलाब वहीं छीन लिए-आह! अपने घर की कैसी मीठी गहरी स्मृतियाँ हैं इस बार की।

राज, अपने उस घर में, कलकत्ते में, पिछली बार भी साथ रहे—पुरी में साथ रहे-दीघा में साथ रहे, हर एक ने अजब तन्मयता दी, अजब पवित्रता दी, पर इस बार के घरेलूपन ने जो ठहराव और निश्चिन्तता दी राज, उसकी मुझे कितनी जरूरत थी तुम्हें क्या बताऊँ? कितना अच्छा लगा था, मुझे उस दिन फायरिंग और टीयर गैस के बीच में से अपने घर के लिए दही खरीद कर लाना और कितना अच्छा लगा था जेब में रख कर चार गज़ फ़ीता खरीद कर लाना—राज, जब किसी समय सर्वथा असम्भव दीखने वाले स्वप्न चरितार्थ होने लगते हैं, और यह भावना होती है कि अरे यह सपना तो सच हो गया तो अद्‌भुत सुख मिलता है पर उससे भी गहरा और अकल्पनीय सुख तब मिलता है, जब हम अपने अनजाने ही उस सपने को सहज घरेलू स्तर पर जीने लगते हैं।

अच्छा जी अब थोड़ी-सी काम-धाम की बातें कर लें सुनो वात्स्यायन का 8 ता. का खत आया पड़ा था जिसमें उन्होंने अपने कनुप्रिया के Review का हिन्दी Version भेजा है, और लिखा है कि वे सितम्बर के अन्त या अक्टूबर के आरम्भ में नेपाल जा रहे हैं, क्या मैं चलूँगा? मैं उन्हें मनाकर रहा हूँ, क्योंकि दो कारण एक तो नेपाल जाने की बात सुनते ही मुझे एकदम रोमांच हो आया, बेहद मन गुदगुदा गया और मैं अन्दर-ही-अन्दर लजा गया जैसे-दूसरी बात कि नेपाल मैं तभी जाऊँगा जब मैं यथा इच्छा जहाँ चाहूँ घूम सकूँ। अभी जाऊँगा तो वात्स्यायन जी के साथ Indian Embassy पर आश्रित रहना पड़ेगा और खाहमख्वाह साहित्यिक बनकर रहना पड़ेगा। उसमें मेरा मन बजाय ताज़ा होने के उसी प्रकार घुटने लगेगा जैसे खंडवा में घुटने लगा था। अत: अभी तो अज्ञेय जी को यही

लिखे दे रहा हूँ कि जेब खाली है। फिर कभी चलूँगा। और सचमुच जाऊँगा अगर कभी कहीं से Scholarship वगैरह मिले और मनचाहा घूम सकूँ कोबियाल का लबादा उतार कर इस समय तो मेरे लिए सबसे जरूरी है अपनी पत्नी अपनी सहधर्मिणी अपनी संगिनी के साथ हिमालय की छाया में चुपचाप विश्राम करने और लिखने पढ़ने की।

दूसरा आमन्त्रण आया है मद्रास से। पारसाल कलकत्ते में Indian writers conference हुई थी न जिसमें साही गए थे उसकी इस वर्ष की बैठक मद्रास में हो रही है। 16 दिसम्बर से 20 दिसम्बर तक। उसमें single fare double journey का Concession मिलेगा और ठहराने आदि का प्रबन्ध। उसके लिए स्वीकृति भेज रहा हूँ फिर कार्यक्रम जैसा होगा वैसा बना लूँगा उसमें उन्होंने छह विषय भेजे हैं। और पूछा है कि आप किस विषय पर लिखेंगे। वह विषय तुम्हारे आने पर तय करेंगे और पहाड़ों पर हम दोनों वह लेख लिख लेंगे।

इसके अलावा दक्षिण भारत हिन्दी प्रचार सभा एक पत्रिका दक्षिण भारत निकाल रही है उसमें वे मेरा नाम संरक्षकों में देना चाहते हैं। उसकी अनुमति माँगी थी वह मैंने भेज दी। जलन्धर रेडियो पर सात गीत वर्ष की समीक्षा हुई थी उसकी Copy आयी है। बस तारीफ़ है मगर बुद्धिहीन प्रशंसा।

इस साल दो Research scholars और दिए गए हैं, मुझे। अब मेरे Under 6 विषय हो गए—

1. A Study of Realism in Hindi Fiction with special refrence to premchand.
2. Delineation of Hero in Hindi Novels.
3. Characrter types in Hindi social novels.
4. Character types in Hindi Drama.
5. Character types in Hindi short story.
6. A Comparative study of Hindi and Marathi Novels.

इन छह विषयों के अलावा सप्तपदी के सातवें और final चरण के रूप में एक सातवाँ विषय और है बताओ तो कौन-सा? कौन कर रहा है उसे?

आते ही इन नये विषयों की Synopsis भी तुरन्त तैयार करनी पड़ी क्योंकि उनके Submission की last date 17th April थी।

अच्छा यह तो हुई मेरी रिपोर्ट अब अपना विवरण दो—क्या-क्या किया तुमने? पॉपी दी से पुस्तकें लाई? अपने Ladies pant का कपड़ा लेकर सिलने को दिया? छोटी शीशी की दवा लाईं? Sunday को कोई Picture देखा? Saturday को कुछ पढ़ा था? अभी तक तुम्हारा केवल 14 की रात को लिखा

इनलैंड और 15 को मेरा सोमवार वाला इनलैंड पाकर लिखा लिफ़ाफ़ा मिला है, अत: विस्तृत हाल नहीं मिला है।

7 P.M.

राजे, इस समय की डाक भी निकल गयी और तुम्हारा कोई खत नहीं। बस वही 14 की रात को लिख कर 15 को छोड़ा inland और 15 की शाम को लिखा लिफ़ाफ़ा अभी तक मिला है। अब कल इतवार को कुछ नहीं मिलेगा और सोमवार का भी सारा दिन खाली जाएगा। सोचो कितना शून्य बीतेगा यह समय। तुम नाराज़ होओगी, कि अगर डाक की गड़बड़ी से दो-एक दिन खत न पहुँचे तो चिन्तित न हुआ करो। नहीं प्यार चिन्ता की उतनी बात चाहे न भी हो पर तुम्हें कैसे बताऊँ कि कितनी यन्त्रणा होती है, जो दिन खाली बीतता है। फिर इसलिए भी कि कल तुम्हें तुम्हारी पढ़ाई वाला खत भी नहीं भेज पाया हूँ अत: और मन खाली-खाली feel कर रहा है।

आज मैंने भारत भूषण को नैनीताल का प्रबन्ध करने के लिए पत्र लिख दिया है। कपड़े अपने दो-एक बनवाऊँगा अपनी पसन्द से चुपचाप ताकि They May be a pleasant surprise to you, हाँ, तुम्हारे Return Ticket के बारे में अभी पूछकर लिखूँगा। तुम्हें अगले हफ़्ते यह भी लिखूँगा कि तुम वहाँ से कौन-कौन-सी किताबें अपने लिए तथा मेरे लिए लेती आओ। शीला यदि साथ आने का कार्यक्रम बनाये तो एक दिन के लिए लेती आना क्योंकि आकर तुम एक दिन आराम करोगी तब यहाँ से चलेंगे। तुम्हारे और अपने ऊनी कपड़े कल निकलवा कर सुखाएँगे तब उन्हें धोने को देंगे। आज मामा जी आये थे। अम्मा का प्रबन्ध हो जाएगा। यहाँ उनका कोई बच्चा आकर रह जाएगा। मेरी छुट्टी पहली को पढ़ाकर 16 तक है। फिर 10 दिन की medical मिल जाएगी फिर दीवाली की 3 नवम्बर तक है। मैं एम.ए. तथा बी.ए. की दो Special classes इधर और दो उधर ले लूँगा, तो Course की भी कठिनाई नहीं रहेगी।

प्यार तुम खूब आराम कर रही हो। इस बार खूब भरी हुई हो, सहज हो आश्वस्त हो। हो न? अगर खत तुम्हें 2 बजे के पहले मिल जायें और सुशील जा सके और तुम्हारे सिर में दर्द न हो तो 3 बजे की मैटिनी में कोई मस्त गीतों भरी हिन्दी फ़िल्म देख आओ। वह ओ.के. वाला फ़िल्म आ गया हो तो देख आओ न, वह गाना शायद दुनिया न माने का है।

नलिन विलोचन को पत्र लिखा तुमने? एक जवाबी Inland लिफ़ाफ़े में रखकर उनसे कार्यक्रम अभी छुट्टी होने के पहले निश्चित कर लो।

शोभा उस दिन आयी थी, फिर दूसरे दिन आने को कह गयी थी, मगर अभी तक आयी नहीं। कल उसका पता लगवाएँगे कि वो होस्टल में है या चली गयी वापस।

राज दो दिन कैसे बीतेंगे बिना पत्र के?

Sunday : 20.9.59
6:00 P.M.

राजे, तुम नाराज़ चाहे हो, लेकिन मैं क्या करूँ कि मेरा मन उदास, शिथिल और अत्यन्त खिन्न हो जाता है, यदि तुम्हारे समाचार न मिलें तो। तुम्हारा केवल 15 की रात को लिखा लिफ़ाफ़ा अभी तक मिला है। राज इसमें अतिशय चिन्ता की बात नहीं, जानता हूँ कि तुम ठीक होगी, कहीं डाक की अव्यवस्था होगी, या तुम अतिशय थकी होगी अतः समय से नहीं लिख पाई मगर राज मैंने जैसे मेरे लिए साँसें लेना ज़रूरी है उससे बढ़ कर ज़रूरी है तुम्हारा प्यार पाना।

आज सर्वेश्वर वगैरह सब गये। दो तीन के अलावा सारी डाक आज निबटा दी। अब नितान्त खाली-खाली-सा लग रहा है। कल रात Bombay मेल पर जाकर तुम्हें Express delivery खत डाला है। आज इस समय शायद तुम्हें मिल गया हो। बहुत जरूरी खत है और उसमें बहुत-सी बातें लिखी हैं, और पूछी हैं।

इस बार अजीब-सी मनःस्थिति है। एक क्षण के लिए मन खाली हुआ कि कलकत्ते का घर टीसने लगता है। इस समय मैं यहाँ नहीं हूँ। दूर वहीं अपने छज्जे पर खड़ा हूँ। सामने फुटपाथ पर लोग बैठे हैं। बाजोरिया के लॉन पर बच्चे गेंद बल्ला खेल रहे हैं। सड़क पार की खिड़कियों में औरतों की सजी हुई छायाएँ आ जा रही हैं। छोटेलाल नीचे कोकाकोला लाने गया है, और तुम तख्त पर लेटी हुई हो इस असमंजस में कि इतनी थकान के बाद भी राजन् घूमने के लिए चलने को कह रहे हैं। जाऊँ तो मुश्किल, न जाऊँ तो मुश्किल। आह राज, इस बार पहली बार मैं इस इलाहाबाद में परदेसी हूँ। वहीं छूट गया हूँ कलकत्ते में अपने घर यहाँ बस जैसे तुम्हारा घर सँभाल रहा हूँ पर ज़रा बेमन से।

जब से आया हूँ एक अजीब बात हुई थी कि मुझे नींद बिल्कुल नहीं आती थी 15 की रात, 16 की रात उचटी-उचटी नींद अजब से टूटे-फूटे निरर्थक स्वप्नों में बीती। 16 की रात को मानिक ने आकर दिल्ली की बातें कीं तो बेहद क्रोध आ गया था। उसका सारा हाल कान्ता ने तुम्हें आज के साथ वाले खत में लिखा ही है।

तुम इस बात को जानते हो मेरे अन्तरंग, मेरे अभिमान कि दुनिया में किसी के प्रति अन्याय नहीं करना चाहता। मेरे अन्त:करण को खुद कितनी बेचैनी होती है अगर किसी के प्रति मुझसे जाने या अनजाने में अन्याय होने लगे। तुम मेरे अपने व्यक्ति हो। मुझसे अलग नहीं हो, तुम मैं हो इसलिए मैं सदा यह भी देखता रहता हूँ कि तुमसे भी जाने-अनजाने में अन्याय न हो जाय किसी के प्रति लेकिन मेरी संगिनी, मेरी सहधर्मिणी बताओ मैं क्या करूँ? क्या करूँ?

भारती

Wednesday 23.9.59
सुबह 8 बजे

नहीं, राजे मेरे सपन यह क्यों हुआ? तुम 18 की रात को इतनी व्याकुल क्यों हो गयी मेरी राज? देखो मैं तो यहाँ तुम्हारे लिए अपने को एक-एक कण सहेजकर रख रहा हूँ, फिर क्या बात है? कल मंगल को मैंने एक बहुत लम्बा प्यारा-प्यारा खत तुम्हें लिखा—Boris Pastarnqe और Rilke के बारे में और लम्बे सफ़ेद लिफ़ाफ़े में सहेज कर 5 बजे ही घर से चला गया ताकि इसे कालका पर छोड़ दूँ और वह तुम्हें तुम्हारे Lucky day बुधवार को मिल ही जाय। कालका मिल गयी। उस पर खत भी छोड़ दिया। लौट कर सिविल लाइन्स में केशव, लक्ष्मीकान्त साही मिले। उनके साथ बहुत दिनों बाद मस्ती की बातें करते-करते सिविल लाइन्स से पैदल घर आया। घर आकर देखा कि शाम की डाक से तुम्हारा 19 को कॉलेज में बैठकर लिखा हुआ लिफ़ाफ़ा आया है, जिसमें तुमने 18 की रात का हाल लिखा है। हाय मेरे राज! तुम पास होते तो कल तुम्हें मैं अपने को जैसे-जैसे अर्पित कर सकता हूँ, करके तुम्हें अभिभूत कर देता-कल किस कदर मैं बेकल रहा हूँ तुम्हें रोम-रोम, पोर-पोर भर कर आश्वस्त कर देने को।

नहीं मेरे सपन, मेरे दुलार दुनिया की कोई चीज़ ऐसी नहीं जो मेरे सम्बन्ध में तुम्हारे प्यार को चिन्ताकुल बनाये। Untill I die.... my dear sister Agnes and even beyond my death. पिछले जन्मों में कितनी बार मैं यही कह-कह कर जिया हूँ और मरा हूँ और फिर पैदा हुआ मात्र तुम्हें अपने को अर्पित करने के लिए। नहीं मेरी ममता, तुम रोई क्यों, क्यों रोई? ...और देखो न उस समय यानी 18 तारीख को ठीक साढ़े नौ बजे तो मैं मात्र तुम्हारे लिए प्लेटफ़ार्म पर खड़ा Bombay mail का इन्तज़ार कर रहा था उसके एक दिन पहले मैंने वह खत छोड़ा था जिसमें सर्वेश्वर की कविताएँ थीं। दूसरे दिन भी दिन भर परिमल, विभाग,

परिषद आदि के मारे नाक में दम रहा। शाम को भी पीछा नहीं छूटा तो तुम्हें जल्दी-जल्दी इनलैंड लिखा कान्ता ने भी लिखा और स्टेशन गया। कालका छूट चुकी थी। Bombay mail डेढ़ घंटा लेट थी। यदि सिविल लाइन्स लौटता तो फिर पीछा करना मुश्किल था। हाँ, उसके एक दिन पहले मानिक दिल्ली से लौटे थे और बीजी की बातें सुनकर मेरा मन बहुत क्रोधित था कान्ता पर क्योंकि तब तक यह स्प्ष्ट नहीं हुआ था कि कान्ता का वह खत दो साल पहले का लिखा हुआ था। मैं मारे गुस्से के घर पर कह आया था कि खाना नहीं खाऊँगा। लेकिन प्लेटफ़ार्म पर टहल रहा था तो अकस्मात् सामने दीखी Weighting machine और एकदम याद आया कि क्रोध में, दु:ख में किसी भी स्थिति में मुझे अपने तन और मन को बिगाड़ने का कोई हक नहीं है, यह तन और मन अब मेरा कहाँ रहा। और उसके बाद मैं एक बेंच पर बैठकर सोचता रहा कि अपना घर इस बार चरम प्यार से लेकर तेज़ तर्रार झगड़े तक की अनुभूतियों के कारण जितनी प्रगाढ़ ममता के बन्धन में कस गया है, उतना कभी नहीं कस पाया था। और फिर उसके बाद जैसे तुमने मुझे अपने समस्त अधिकार से डाँटा हो, और छौनू की तरह चुपचाप सर झुकाकर मैं उठा और स्टेशन के Refreshment room में गया फिर जाकर एक थाली खाने का आर्डर दिया। और जब पहला कौर तोड़ा तो शायद-शायद मेरे आँख में आँसू था—पर वह दुख का नहीं था राज, वह पीड़ा का नहीं था, वह उदासी का नहीं था—वह मात्र समर्पण का था वह आँसू यह कह रहा था कि मैं तो कण-कण तुम्हें अर्पित हूँ—कहीं देश में, परदेश में, घर में, बाहर में, रात में, दिन में, सुख में, दुख में, कहीं भी किसी भी स्थिति में मैं वही करता हूँ राज जो तुम्हारे प्यार की माँग है—तुम्हारे अनुबन्ध का अधिकार है—तुम्हारे द्वारा बहुत प्यार की जाने वाली लम्बी बरौनियों में उलझा हुआ वह एक आँसू उस समय यही कह रहा था—

उसी समय बैरा मक्खन गर्म कर के लाया और एक छोटा-सा चम्मच लाया। उस चम्मच के देखते ही मुझे अपने घर के विराट् विशाल चम्मच की याद आ गयी जो मैं केका का चम्मच कहकर तुम्हें चिढ़ाया करता था, और इस बात को याद कर मैं हँस पड़ा। खाना खा ही रहा था कि साढ़े नौ बज गये और ट्रेन आ गयी। उस खाना खाते समय तुम जानती हो मुझे क्या याद आ रहा था—सूर्या का वह स्वप्न कि वह बेल कर मुझे रोटी खिलाये और मेरी इस बात पर उसे वह अत्यन्त पाजीपने वाला लोकगीत सुनाना जिसमें बेलते समय गुलाबों का हवा में झूमना चित्रित किया गया था-और मन एक अत्यन्त, अत्यन्त, अत्यन्त प्रगाढ़ता से भर-भर उठा, वैसी प्रगाढ़ता जो इसी बार मेरे घर ने मुझे दी है, इसके पहले नहीं दी थी। ...मैं गया, चिट्ठियाँ छोड़ीं और लौटा तो पुल पर देखा दूर रेलवे

लाइनों के पार इंजन के धुएँ और सिगनलों के ऊपर चाँद उगा था—और जब लौटा घर रिक्शे पर तो मैं यहाँ नहीं था मैं यह सोच रहा था कि सूर्या ने सबसे पहले मुझे 'चाँद मेरे', कहकर कब सम्बोधित किया था। तो मुझे याद आया कि रजनीगन्धा रात की अजीब जादू भरी घड़ियों के बाद सुबह मैं अलसाया अपने तख्त पर लेटा था, बिस्तर की सिलवटों पर तकियों में, रजनीगन्धा के बिखरे फूल थे—और सूर्या ने पूछा था, चाँद मेरे अब तुम क्या लिखोगे? पर मेरे राज, उस दिन यह ठीक है कि मैं कान्ता पर बेहद क्रोधित था, यह भी ठीक है कि दिन भर मित्रों के कारण तुम्हें ठीक-ठीक पत्र न लिख पाया था, पर कहीं भी उदास तो नहीं था, फिर तुम रोये क्यों प्यार? नहीं तुम दुखी नहीं थे तुम मात्र अपने छौनुए को बुला रहे थे—तुम उमग कर कण-कण रोम-रोम उमग कर उसके समर्पण को स्वीकार कर रहे होगे!

तुम्हें 19 की शाम को जो खत express करके भेजा है, उसमें लिखा था कि जब मैं 18 को लौटकर आया तो तुम्हारे पीपल में हवा अजीब ढंग से चल रही थी। और...उस समय से अजब स्पन्दित था मन जो इतवार के तीसरे पहर बहुत गहरी नींद सोकर ठीक हुआ था। नहीं मेरे भाग्य, मेरी नियति, मेरे भविष्य, मेरे साफल्य! उदासी का आँसू अब तुम्हारी आँख में नहीं आ सकता। जिसके माथे पर सूर्य हो, माँग में कुंकुम रंजित आम्रबौर हो वह उदासी के आँसू नहीं बहा सकता।

आज बुधवार है, मेरे अपने तन-मन प्राण का Lucky day आज तुम्हें शाम को मेरा लम्बा सफ़ेद लिफ़ाफ़ा मिलेगा-Rilke और Pastarnak वाला। नहीं तुम उदास नहीं रह सकते—नहीं, मेरे सपन नहीं। मैं कितनी बार कह चुका हूँ कि ऐसा उदास रहना स्वामी के लिए असगुन होता है, अमंगलकारी होता है। उस 18 की रात भी तुम उदास नहीं थी आहत नहीं थी। मात्र मेरी बरौनियों में उलझे हुए समर्पण के आँसू को तुम गुलाबों में सहेज रहे थे, राज!

देखो न तुम्हारे लिए, केवल तुम्हारे लिए मैं तुम्हारे कनुतन को किस तरह सहेज रहा हूँ। देखो, कान्ता के खतवाले भ्रम का निवारण तीसरे दिन हुआ—मैं इतना गुस्सा था पर मैंने कहीं उससे अपने पाँव या अपने खाने पीने पर असर नहीं आने दिया।

आज 23 तारीख है। मुझे पूरी तरह मालूम है कि तुम्हें 19 की शाम को मेरा इनलैंड मिला होगा। तुमने उस दिन सिंधी से बातें की होंगी। इतवार को आराम किया होगा या पढ़ा होगा। express खत पाया होगा। सोमवार को मिला होगा मेरा इतवार को लेट फ़ी वाला खत। आज मिलेगा मेरा लम्बे सफ़ेद लिफ़ाफ़े वाला RILKE वाला खत मिलेगा। तुम आज खूब भरे-भरे होगे। आज तुम रात

को सूरज साज कर सोओगे—जिसका स्वामी एक-एक कण, एक एक रोम उसके प्यार में डूबा हो उसे काहे की चिन्ता, काहे की उदासी।

Tursday 24th September 59
6:00 P.M.

राजे प्यार,

कल सुबह लिखकर, लिफ़ाफ़ा बन्द कर के कचहरी में छोड़ते हुए यूनिवर्सिटी गये। लौटकर आये तो सुबह की डाक से तेरा इनलैंड मिला सोमवार की सुबह का लिखा। उसमें तूने Promise किया था कि रात को तू विस्तृत पत्र लिखेगी। उसका इंतजार करता रहा। आज दोपहर की डाक से मिला तेरा 21 की रात और 22 के दिन को लिखा, पीला हल्दिया, सजा-सजाया प्यारा-प्यारा खत। उसे पढ़ा बाद में जानती है सबसे पहले क्या ध्यान में आया? 22 को मैंने बहुत दिनों बाद तुझे सजी हुई चिट्ठी भेजी है। रिल्के वाली। और आज देखा तो तेरी भी यह चिट्ठी 22 को ही चली है। राजे, ऐसे तो तू बहुत चोर होती जा रही है। शुक्र (18) को स्टेशन से लौटकर पीपल में बहकती हवा में मेरी अकुलाहट तुझे तेरे दर्पण ने पहुँचा दीं-यह चिट्ठी सजाकर भेजने की बात किसने कही जाकर? हाँ मेरे भाग्य! मैं पिपल्यासव बराबर ले रहा हूँ। मैंने तो तुझे कल के खत में भी लिखा है, कि चाहे व्यस्तता हो या कान्ता के लिए कैसा भी Mood हो, लेकिन मैं तेरे कनुतन को एक क्षण के लिए भी उपेक्षित नहीं छोड़ता। यह भी लिखा था मैंने, कि इतनी व्यस्तता और कामधाम के बीच भी पाँव का दर्द नहीं हुआ। तेल ज़रूर पाँवों में नहीं लगाया था। लेकिन आज सूर्या जी का हुक्म आया है कि उनके ताम्र-निर्झर उन्हें A ONE मिलने चाहिए—सो आज ही तेल बनेगा और पाँवों की मालिश होगी। सुन सूर्या, ये तेरे राजन कैसे हैं। राम! राम छि:। बिल्कुल पत्नी के आज्ञाकारी। 'जो हुक्म सरकार' शैली के, छी! छी! ले इस पर याद आया कल सूर्या जी की शोख ननद आयी थीं शान्ता दीदी। खूब गहने वहने झाड़े हुए। मैं दोपहर में आकर खाना खाने बैठा था। आप आयीं। पति उसके रतलाम में रेलवे डॉक्टर हैं। अकेले आयीं। कान्ता अपने बीचवाले कमरे में थी। तो आप चिल्लाती हुई गयीं—"कहाँ है चुडैल की नानी! पेतनी।" फिर ऊपर जाकर कान्ता से बोली—"नीचे तेरे ननदोई आये हैं ज़रा ठीक से चल कान्ता को पाउडर वाउडर लगवा कर, काजल डलवा कर लाई—नीचे कान्ता आयी तो कोई नहीं। तो शान्ता दीदी खूब ताली बजाकर हँसी। फिर खाने बैठी तो खूब बंगालियों को गाली देती रहीं बोली कि कम्बख्तों को रोटी खाना नहीं आता।

चावल उबला वाला खाते हैं, जिसमें कोई गन्ध नहीं होती।'' फिर बताने लगी कि हम लोगों को और यू.पी. वालों को खोट्टा या हिन्दुस्तानी कहते हैं। तो बोली कि हमने अपने ससुराल सबसे कह दिया कि हमने इतिहास में पढ़ा है कि बंगाल में सब शूद्र थे तो पाँच ब्राह्मण कन्नौज से बुलाए गये। अब सब बंगाली ब्राह्मण उन्हीं खोट्टा हिन्दुस्तानी ब्राह्मणों की सन्तान हैं। फिर उसने कहा कि बंगाल में नववधू—

बिछुए नहीं पहनतीं केवल जब केका आने को होती है तब पहनती हैं। तो बोली कि हमने ज़िद की कि हमारे हिन्दुस्तान में सब बिछुआ पहनती हैं। हम ज़रूर पहनेंगे। उसके बाद उसने थोड़ी देर बाग उजाड़ा। फूल बटोरे और चली गयी। अब शायद यहीं रह कर साहित्यरत्न करेगी। कहती थी, ''डॉक्टर साहब आएगा तो हम बोड़दा से मिलाएगा। हम बोड़दा का बोई उसे दिखाया था।''

तुमने अपना लेख बहुत अच्छा लिखा है, यह भी सही कह रही हो कि Sensibility वास्तव में ऐसा शब्द है जिसका हिन्दी में हू-ब-हू अर्थ प्रकट कर सके ऐसा शब्द मिलना कठिन है, Sensibility शब्द जिस विशिष्ट अर्थ को प्रकट करता है वह शायद 'बोध' कहने से ठीक रहेगा—यद्यपि बोध शब्द भी सटीक नहीं है। तूने अपने लेख में कई मुद्दे अच्छे उठाये हैं, तेरी स्थापनाएँ भी मुझे अच्छी लगीं, गर्व है मुझे अपनी विदुषी पुसनिया पर—लेकिन तुम्हें एक और दृष्टि से बातें समझाना चाहता हूँ ए दुष्ट् यह मत समझ बैठना कि मुझे लेख में कमी लगी इसलिए ऐसा करना चाह रहा हूँ-नहीं मेरी प्राण! तुम जानती हो कि तुम्हें समझाना मुझे हमेशा ही कितना अच्छा लगता है।

तो सुनो तुम जानती हो कि जानने कि प्रक्रिया में (in the process of knowing) दो वस्तुएँ होती हैं। एक जानने वाला, एक वह जो जाना जाता है। दर्शन, साहित्य, संस्कृति, विज्ञान, कला, शास्त्र, ये मानव ज्ञान-विज्ञान की जितनी शाखाएँ हैं, इनमें हम जिस जगत में रहते हैं, उसे जानने का प्रयास करते हैं और फिर यह देखते हैं कि इसे हम पूरी तरह से तब तक नहीं जान सकते जब तक हम उस वस्तु को अपने सन्दर्भ में न जानें। और फिर यह भी कि इस वस्तु के अपने अस्तित्व के विकास के नियम क्या हैं? इस प्रकार जानने के कितने ही स्तर होते हैं। उदाहरण के लिए चन्द्रमा है। हम जानते हैं कि बृहस्पति में 8 चन्द्रमा हैं। एक प्रकार से हम यह बात जानते हैं। लेकिन जिस स्तर पर हम बृहस्पति के चन्द्रमा को जानते हैं उससे बहुत गहरा वह स्तर है जिस पर हम अपनी पृथ्वी के चन्द्रमा को जानते हैं। उससे हमें प्रकाश मिलता है, शीतलता मिलती है। लेकिन एक वैज्ञानिक-चन्द्रमा के अपने अस्तित्व, इतिहास और विकास के नियम भी

जानता है, वह और भी गहरे स्तर पर चन्द्रमा को जानता है, फिर इतना सब जानकर भी एक संवेदनशील व्यक्ति यह भी जानता है कि हमारे भावजगत में चन्द्रमा का वह भी रूप है जिसमें वह हमारे किसी प्रियजन की याद दिलाता है। वह यह भी जानता है कि युग-युगों से चन्द्रमा मनुष्य के भावजगत में एक और भी स्थान रखता रहा है। उसका चन्द्रमा का जानना और भी दूसरे स्तर का है। फिर जुंग यह भी खोजता है कि सृष्टि के आदिकाल से चन्द्रमा किसी एक विशेष वस्तु का प्रतीक बन कर मनुष्य के अवचेतन मानस में बसा है। और इन-इन रूपों में वह प्रतीक प्रकट होता है। एक कोई व्यक्ति इन सभी स्तरों पर चन्द्रमा को जानता है। और उसका जानना इन सबों से भिन्न प्रकार का होगा।

चन्द्रमा तो एक objective वस्तु है, और उससे हमारा जो सम्बन्ध है वह या तो पूर्णतया भौतिक जलवायु या भौतिक नियमों का सम्बन्ध है, जो मनुष्य की कल्पना से उद्‌भूत हुआ है। चाहे वह mythological symbol के रूप में पर अब हम ऐसी चीज़ों का उदाहरण लें जिनसे हमारे सम्बन्ध अधिक जटिल होते हैं, और परिणाम स्वरूप जिनको हमारा जानना या बोध और भी सूक्ष्म तथा जटिल स्तर का होता है। मसलन इतिहास। इतिहास से अभिप्राय स्कूलों में पढ़ाया जाने वाला इतिहास नहीं वरन वास्तविक मानवीय इतिहास जो सृष्टि के आदिकाल से घटित होता आ रहा है। आज भी घटित हो रहा है, कल भी घटित होता जाएगा। इतिहास से हमारा सम्बन्ध अजीब है। एक ओर वह एक ऐसी प्रक्रिया है जो हमारे जन्म के पहले से चल रही है, हमसे सर्वथा पृथक शक्ति है। हमारा उस पर कोई नियन्त्रण नहीं। हम उसको वैसे भी जान सकते हैं, जैसे हम अपने सर्वथा पृथक वस्तु चन्द्रमा को उसके विभिन्न पक्षों में जानते हैं। लेकिन हम जानते जिन सामर्थ्यों से हैं वे भी बहुत अंशों तक इतिहास से बनी हैं। हमारी दृष्टि हमारा विज्ञान, धर्म, शास्त्र, नैतिक दृष्टि सभी इतिहास से उद्‌भूत हुई हैं। अतः हम इतिहास को जानते जिस चीज़ से हैं वह भी कहीं-न-कहीं इतिहास का अंग है। फिर एक दृष्टि से देखें तो हम क्या हैं? हम भी तो इतिहास की प्रक्रिया के ही अन्दर हैं उससे बाहर तो नहीं? हम तथा हम जैसे लाखों व्यक्ति जो कर रहे हैं वही इतिहास है, हम जैसे लाखों व्यक्ति जो अतीत में कर चुके हैं, वही इतिहास बना तथा हम जो आज कर रहे हैं, वह कल के इतिहास में प्रभाव रूप में छूट जाएगा। अब चन्द्रमा जैसा सर्वथा भौतिक Objective वस्तु को भी हम अपने स्तर पर जान सकते हैं, और सूक्ष्म स्तर पर भी-पर इतिहास का हमारा 'जानना' और भी जटिल 'जानना' है क्योंकि उसे हम एक हमसे पृथक, अपने नियन्त्रण से परे वस्तु के रूप में भी जानते हैं, और उसके ही एक सक्रिय अंग के रूप में भी। और उसका जानना तटस्थ या निर्विकार भाव का जानना न रह

कर हम इतिहास के प्रति अपने समूचे व्यक्तित्व से React करते हैं, हमारा वह Reaction इतिहास के द्वारा दिये गये संस्कारों से प्रभावित भी होता है और फिर इतिहास को प्रभावित भी करने की चेष्टा करता है।

इस प्रकार तुमने देखा कि अपने चारों ओर जो कुछ है, उसके जानने के कई स्तर हो सकते हैं। इसको विद्वानों ने तीन अवस्थाओं में बाँटा है। एक तो है Awareness या सजगता। यह प्राथमिक अवस्था है। इसमें हमें घटनाओं, वस्तुओं, आदि का प्राथमिक आभास या परिज्ञान मात्र रहता है पर उसका गहरा परिचय या उसके सम्बन्ध में कोई निर्णयात्मक विवेक नहीं रहता। मसलन एक छोटा बच्चा भूख-प्यास, जलन, ठंड आदि से aware रहता है। पर उसके परिणाम उसके आन्तरिक नियमों की चेतना उसे नहीं रहती। दूसरी स्थिति होती है Consciousness (चेतना) इसमें हम जिस वस्तु को जानते हैं, उसका सारा Objective ज्ञान हमें होता है। उसके नियम, परिणाम, लक्षण हमें ज्ञात होते हैं। पर तीसरी स्थिति होती है Sensibility इसमें उस वस्तु का सारा ज्ञान हम आत्मसात कर लेते हैं, उससे हमारे व्यक्तित्व की संगति बैठ जाती है और हम उसके प्रति अपने पूरे व्यक्तित्व से react करते हैं-तटस्थ भाव से नहीं। वरन उससे Involvement महसूस करते हुए।

इन तीनों स्थितियों को तुम ऐसे समझो कि मान लो आधुनिक युग में नयी कविता का आन्दोलन है। अब उदाहरण के लिए यह लो कि एक सामान्य पाठक है। वह पत्र-पत्रिकाओं में नयी कविताएँ छपती देखता है। नयी कविता की कुछ Controvarcy के बारे में उसे सूचना है। कुछ नये कवियों का नाम जानता है। कुछ नयी कविता के ग्रन्थों का। बस। यहीं उसकी जानकारी समाप्त हो जाती है। वह नयी कविता के प्रति केवल aware है, सजग है। लेकिन वह यह नहीं बता सकता कि यह नयी कविता क्यों है? इसमें नयी के अर्थ क्या हैं?

इससे ज्यादा गहरी अवस्था है उसकी जो नयी कविता के सिद्धान्त समझता है। उसके बारे में यह विवेक रखता है कि कौन-सी कविता केवल रूप में नयी है पर विषय की दृष्टि से पुरानी। कौन कवि वास्तव में नया है, अनुभव, दृष्टि आदि की दृष्टि से और कौन केवल फ़ैशन या अनुकरण में नया है। ऐसे व्यक्ति में नयी कविता Consciousness है चेतना है, विवेकपूर्ण पर यह अनिवार्य नहीं कि वह इस नयी कविता को approve करता हो। पर उसके आन्तरिक सिद्धान्तों को जानता है।

तीसरी स्थिति होती है, उसकी जिसकी मानसिक प्रतिक्रियाएँ, वस्तुओं को देखने का ढंग, जीवन और जगत के प्रति दृष्टिकोण बहुत कुछ वैसा है जैसा नये कवियों का होता है। वह नयी कविता को पढ़ता है और उसके प्रति अपने समूचे व्यक्तित्व से React करता है। अपने को उसी भावप्रक्रिया की परिधि के अन्दर

मानकर......इस अन्तर को समझने में कठिनाई तो नहीं हो रही है? awareness, consciousness इन दोनों से गहरी स्थिति होती है sensibility की क्योंकि पहले दोनों केवल तटस्थ ज्ञान होता है—किन्तु इसमें जानने वाला अपने को 'जानी जाने वाली वस्तु' का अंग अनुभव करता है, और उसके प्रति अपने समूचे अन्तर और बाह्य से react करता है। अनुकरण नहीं करता पूर्णत: Respond करता है।

अब प्रश्न आता है आधुनिकता के बोध या आधुनिक बोध का। आधुनिकता क्या है? वस्तुत: इतिहास ने जो वर्तमान रूप लिया है, वही आधुनिकता है। धर्म, दर्शन, विज्ञान, समाज व्यवस्था, नैतिकता, आर्थिक व्यवस्था, इस सबके वर्तमान स्वरूप का समवेत तत्व ही आधुनिकता है, और यद्यपि यह आधुनिकता अतीत से ही उपजी है, पर अतीत से पृथक है, आज का धर्म, दर्शन, विज्ञान, समाज व्यवस्था, नैतिकता, अर्थव्यवस्था, सब कुछ अतीत से पृथक है—बाह्य रूपरेखा में आन्तरिक attitudes में—पर जहाँ तक इस आधुनिकता के प्रति हमारे ज्ञान और प्रतिक्रिया का सम्बन्ध है, आवश्यक नहीं कि हम चूँकि आधुनिक युग में उपजे हैं अत: हम आधुनिक हों ही। हो सकता है कि हम आधुनिक युग में उपजे हों पर अपने दृष्टिकोण में, अपनी अभिरुचि, में अपने रहन-सहन में, अपने तौर-तरीकों में हम पूर्णतया मध्ययुगीन हों। प्रश्न यह उठता है आधुनिक होने के लिए कि हमने आधुनिकता का बोध(या Sensibility) है या नहीं यदि नहीं है तो हम आधुनिक नहीं हैं, उदाहरण के लिए सुदूर हिमालय के छोटे से गाँव में रहने वाला एक किसान, हो सकता है, कि आधुनिक युग से पूर्णतया unaware हो। उसका सहन-सहन, तौर तरीका, धर्म, दर्शन, सब वही हो जो आज से 500 वर्ष पहले उसके पूर्वजों का है। उसके बाद की वह अवस्था होती है जब हम aware होते हैं पर पूर्णरूप से परिचित नहीं होते। हमने क़ैसर का नाम सुना है, रूस का नाम सुना है, कम्यूनिज्म का नाम सुना है। रोज़ अखबार की घटनाएँ पढ़ते हैं। वैज्ञानिक आविष्कारों से परिचित हैं। उसका इस्तेमाल भी करते हैं, उन पर कुछ तर्क-वितर्क भी कर लेते हैं, पर उसके विषय में हमारी कोई निर्णय-बुद्धि नहीं है। हम Modernity से aware हैं, पर Modern नहीं हैं।

ठीक इसके बाद की वह अवस्था है, जब हम Modernity के प्रति सचेत (conscious) होते हैं, यह जानते हैं कि Modern ideas, modern attitudes क्या हैं, पर उसके प्रति हमारा ज्ञान Objective होता है। हम उससे कोई आन्तरिक संगति नहीं अनुभव करते।

तीसरी स्थिति होती है, जब हम अपने को आधुनिकता नामक ऐतिहासिक स्थिति का अनिवार्य अंग मानते हैं, और अपने सम्पूर्ण व्यक्ति से उसके प्रति

Response देते हैं—और यही स्थिति Modern sensibility की स्थिति है।...

तुम्हें कठिनाई तो नहीं हो रही है प्यार, कठिनाई हो रही हो तो दोहराकर पढ़ लो-वैसे बात बहुत कठिन नहीं है।

अब प्रश्न आता है सहित्य का। देखना यह है कि हिन्दी साहित्य जो आधुनिक युग में लिखा गया, उसमें आधुनिकता का बोध है या नहीं है? है तो कहाँ तक? कब से आया उसमें? वस्तुतः कौन से तत्व हैं। जिनसे हम यह जान पाते हैं कि अमुक साहित्य में आधुनिकता का बोध है या नहीं। उदाहरण के लिए मुझे यह लगता है कि भारतेन्दु हरिश्चन्द्र से हिन्दी के इतिहास ने एक मोड़ लिया। पर भारतेन्दु से लेकर छायावादियों तक, हम वस्तुतः अभिरुचि attitudes आदि में बहुत कुछ मध्ययुग से बँधे रहे-पर Modernity से AWARE ज़रूर रहे और भारतेन्दु से प्रारम्भ होकर छायावादियों तक यह Awareness बढ़ती गयी।

छायावादियों के बाद प्रगतिवादी या Freudians में Modern times की Consciouness थी पर फिर भी उनमें Modern sensibility पूर्णतः Mature नहीं हो पायी थी पर उसके बीज पड़ चुके थे।

द्वितीय महायुद्ध के बाद से हमारे साहित्य में वास्तव में आधुनिकता का बोध प्रतिष्ठित हुआ है। अज्ञेय आदि के उपन्यास रेणु, राकेश आदि की कहानियाँ, नयी कविता, नयी आलोचना आदि में आधुनिकता का वास्तविक बोध है। we are for the first time really modern in our sensibility इसके अर्थ यह नहीं कि हम पश्चिम की नकल कर रहे हैं। नकल करना sensibility का परिचायक नहीं होता। आधुनिक होने के अर्थ यह हैं कि पहली बार हम यह अनुभव कर रहे हैं, कि हमारा वर्तमान परिवेश वातावरण, इतिहास क्या है, हम उसको वस्तुतः जी रहे हैं, उसके प्रति पूरे व्यक्तित्व से Respond कर रहे हैं, यह जो पिछले बारह वर्ष से हिन्दी साहित्य में एक नयी sensibility आयी है, जिसका प्रभाव कविता, कहानी, निबन्ध, नाटक सभी पर पड़ा है, उसी का मूल्यांकन करना, उसकी परख करना, यह सब मेरे प्यार को समझ लेना इसलिए भी ज़रूरी है कि जैसा मैंने उस दिन RILKE और पस्तरनाक वाले खत में लिखा था कि Modern sensibility विशेषतः literary sensibility का एक विशेष तत्व यह है—विघटन या केन्द्रहीनता की feeling और प्यार की केन्द्रीय भावना की तलाश—और जैसा मैंने कहा था कि सूर्या के माथे का बिन्दु ही मेरे लिए वह केन्द्र है जो सारी Modern sensibility की Quest या खोज की उपलब्धि है।

यह तो खैर हुई मेरी अखंड सौभाग्यवती सूर्या की बात—लेकिन तुम्हें भी modern sensibility की यह बात स्पष्टतः समझ लेनी ज़रूरी है, क्योंकि जिस विषय पर परिसंवाद का संयोजन तुम करने जा रही हो वह विषय तुम्हारे सामने

स्पष्ट होना चाहिए। इसके दो कारण हैं। एक तो यह कि इस परिसंवाद का career गत महत्त्व मेरे लिए उतना नहीं है, जितना यह कि मेरी P.L.B. सचमुच अपने पति के साहित्य क्षेत्र की अखंड स्वामिनी बने...

तुम वहाँ से Rilke Benvemata, chekhov in my life, Fundamentals of Indian art by S.N. Dasgupta (जो तुम इस बार लखनऊ से लाई हो), एक पुस्तक Philosophy in a new key (जो मैं छोड़ आया हूँ) इतनी किताबें लेती आना। बस-बाकी यहाँ से ले चलेंगे। तुझे इस बार WAR and PEACE आदि तो पढ़ना ही है तुझे Mythological symbols आदि के बारे में Modernity के बारे में बहुत-सी बातें बताऊँगा बहुत अच्छा लग रहा है सारा कार्यक्रम सोच-सोच कर...

राज, कल के खत में तुझे केले और अंगूर के लिए लिखा है न। ज़रूर लेती रहो। मैं खूब खा-पी रहा हूँ। लेकिन एक मज़ेदार बात बताऊँ। परसों शाम को Rilke Pastarnak वाली चिट्ठी छोड़ने गया न तो सोचा इधर एक आध पौंड वज़न बढ़ा होगा चलो वज़न लूँ। मशीन पर खड़ा हुआ। इकन्नी डाली। इकन्नी चली गयी पर टिकट आया ही नहीं। इधर से ठोंका, उधर से ठोंका। पर मशीन ने बस इकन्नी हजम खेल खत्म। बिल्कुल 'छोनूराम बुद्धू' बनकर लौट आये।

अच्छा राज, आज तो यह खत पूरा करते-करते मेल का समय बीत गया। अब इसे कल सुबह यानी शुक्र की सुबह छोड़ेंगे तो तुम्हें शनिवार की शाम को मिलेगा यानी तुम्हारी पढ़ाई के दिन— वैसे कल तुम्हें एक खत और लिखकर दिन में शाम को mail पर छोड़ेंगे। कान्ता ने एक खत आज सुबह लिखकर दिया था, और एक खत अभी शाम को लिखा है तेरा पीलावाला खत पाकर। वे दोनों खत अलग लिफ़ाफ़े, में जा रहे हैं क्योंकि यह खत ही काफ़ी बड़ा हो गया है।

तुम्हारे सोमवार वाले इनलैंड के fringe पर Sushil the great की दो पक्तियाँ हैं—"मैं यूनिवर्सिटी जा रही हूँ—भैया हम आपसे गुस्सा हैं।" सो सुशील द ग्रेट से कहना कि वे जल्दबाज़ी बिल्कुल न करें। न गुस्सा हों। मैं प्रयत्न में लगा हूँ।

अभी उस दिन जब अखबार में पढ़ा कि वेस्ट बंगाल असेम्बली में जूता पैजार हो गयी तो अपने ज़िन्दा अखबार उर्फ़ श्याम की बहुत याद आयी उस दिन श्याम से वह समाचार सुनने का मज़ा और ही होता।

29.9.59

तुम्हें कल शाम के इनलैंड में लिख चुका हूँ कि किस तरह शनिवार, रविवार और सोमवार की सुबह की डाक तक तुम्हारा 15 के बाद का कोई समाचार नहीं मिला था और मन इस चार-पाँच रोज की चरम व्यस्तता के बाद और भी खिन्न और खाली-सा अनुभव कर रहा था। कल शाम को तुम्हारा 17 की शाम और 18 की सुबह का लिखा इनलैंड मिला, तब मन एकदम से सप्राण हो उठा। तुम्हें कल के इनलैंड में लिखा था कि आज से पढ़ना शुरू करूँगा और तुम्हें पत्र लिखने के बाद ही पढ़ने बैठ गया। कहाँ, कब कितने रूपों में तुम्हारा सजीव स्पर्श मुझे विभोर कर जाया करता है, यह तुम भी नहीं जानते हो मेरे भाग्य! अब कल रात की ही बात लो! मैंने बोरिस पास्तरनाक की आत्मकथा पढ़ने को उठाई। छोटी-सी कृति है, लगभग 150 पृष्ठों की। कितनी सजीव, कितनी डूबी हुई शैली है। कुछ अंशों में डॉ. जिवागो की शैली से ज्यादा मँजी, ज्यादा कसी हुई पास्तरनाक का पिता रूस का प्रख्यात चित्रकार और कला-रसिक था। उसके यहाँ यूरोप भर के महान कवि और संगीतज्ञ एकत्र होते थे। पहले तीन अध्यायों में उसने अपने कैशौर्य में इन कलाकारों से भेंट का वर्णन किया है। वह मास्को से अपने दूर गाँव के घर जा रहा है और ट्रेन में उसके साथ एक लम्बा, गम्भीर विदेशी कलाकार यात्रा कर रहा है, वो उसके पिता का मित्र है। ट्रेन बीच में रुकती है उसका परिवार उतर पड़ता है। वह विदेशी उसी ट्रेन पर रह जाता है। विदा के रूमाल हिलते हैं। विदेशी और उसकी संगिनी ट्रेन में बैठे रहते हैं। ...कई अध्याय उसके बाद बीत गये हैं और पास्तरनाक अपने पिता का पुस्तकालय व्यवस्थित कर रहा है, उसके हाथ एक कविता की पुस्तक लगती है। वह उसे एक साँस में पढ़ जाता है। दूसरी पुस्तक उसी कवि की मिलती है वह उसे भी 'पी' जाता है। उसे अकस्मात् जाने क्यों यह आभास होता है कि हो न हो यह पुस्तकें उसी विदेशी की हैं, जो उसके पिता का मित्र था, और उनका सहयात्री। वह दौड़कर पिता के पास जाकर पूछता है, उसके आश्चर्य की सीमा नहीं रहती जब उसे ज्ञात होता है कि उसका अनुमान बिल्कुल सही है...and do you know baby, who was that foreigner poet? He was Rainer Maria Rilke...और उसके बाद, मैंने उलट कर देखा, वह आत्मकथा रेनर मारिया रिल्के की स्मृति को अर्पित है, राज, यह क्या इन्द्रजाल फैलाती हो तुम! चाहे किसी सूनी दोपहर में नितान्त अकेली बैठकर चैत का नशीला दिन याद करो—पर तुम उसमे अनजाने गुँथी रहती हो। चाहे सात समुद्र पार के किसी कवि की आत्मकथा उठाओ, और उसमें तुम मिल जाती हो अपने कोबियाल रिल्के के साथ बैठकर, महकते गुलाबों के मौसम में, उसकी रेलयात्रा में उसकी संगिनी बनकर!

तुमने एक बार पूछा था राज, मैं तुम्हें बोरिस पास्तरनाक के बारे में लिखूँ। पर अभी नहीं। इस अक्टूबर में हम लोग इन्हीं सब बातों पर एक-दूसरे में डूबेंगे। अभी तो तुम्हें केवल भेज रहा हूँ अपनी चरम आश्चर्य और उल्लास की अनुभूति कि कहीं भी हो, कैसे भी हो पर मेरे हर पढ़े हुए शब्द में, हर लिखे हुए शब्द में मेरे मोती बरसे गुलाब महक उठते हैं। सदा मुझे इसी तरह जकड़े रहो, इसी तरह Possess करना प्यार, मेरी हर साँस, मेरा हर क्षण, मेरी हर अनुभूति, मेरा हर शब्द...राज, एक बात बताऊँ, मेरी कितनी इच्छा है कि इस अक्टूबर की छुट्टियों में तुम भी एक महीने के अन्दर कोई एक काम पूरा कर डालो! या तो चेखव का अनुवाद या बचपन से लेकर अब तक के अपने छोटे-छोटे संस्मरण, या रिल्के बेनवेनुटा की कथा या कुछ! पढ़ने की चिन्ता उतनी नहीं। वह तो मैं अपने ढंग से तुम्हें पढ़ाता रहूँगा पर तुम कुछ लिखो! प्यार, अपनी घर गिरिस्ती का एक सपना तुम्हारे मन में था—एक-एक कण अपने स्वामी को सहेजकर रखने का। वह हसरत इस बार तुमने पूरी कर ली। अब एक सपना मेरा है, वह पहाड़ों पर क्या मेरी संगिनी पूरा करेगी? ...हमने तुम्हें बताया था कि जहाँ एक ओर तुम्हारे अनूठे राजन का प्यार दुनिया के तमाम प्यारों से ज्यादा delicate समर्पणशील, मधुराया हुआ है, वहीं वह बहुत गहरा और विस्तृत भी है, और निरन्तर अपने प्राणों की उपास्य प्रतिमा को गहरा और उदात्त बनाते चलने में, विश्वास करता है। मैंने तुम्हें यह भी बताया था कि दुनिया का सारा ज्ञान-विज्ञान, कला, दर्शन हमारे ही प्यार की अनन्त व्याख्याएँ और उपलब्धियाँ हैं और अपने प्यार को पूर्णतः समझने के लिए उन सबको पूर्णतः समझना अनिवार्य है। मुझे बार-बार याद आती है वह शाम जब तुम्हारे छोटे देवर खाने का कार्यक्रम बना कर चले गये थे और हम लोग उनके इन्तजार में कहीं नहीं गये थे और उसी सोफ़ा पर बैठकर Existentialism और freedom और Choice पर बातें करते रहे और मुझे अच्छी तरह याद है, मेरे हाथ मानसरोवर की लहरों में डूब उतरा रहे थे और हम लोग कहाँ-कहाँ की बातों में लीन थे! राज, ऐसी शामें मन को कहाँ पर भर जाती हैं, यह तुम जानती हो! मैं जानता हूँ कि तुम यह नहीं चाहती कि तुम्हारे स्वामी के जीवन का कोई पक्ष ऐसा हो जिसमें तुम उसकी सहयात्रिणी न हो। अभी तुम खूब आराम कर लो प्यार, फिर अक्टूबर में खूब तरोताज़े रहेंगे और एक-दूसरे में डूबने के लिए ज्ञान, विज्ञान, दर्शन, कला सब हमारे उपकरण होंगे हमारे प्यार के। चीड़ की मादक गन्धमयी छाया में हम अपने उस अस्तित्व का साक्षात्कार करेंगे जो इतिहासों में, युग-युगों में दर्शन, धर्म, साहित्य, कला के द्वारा बनता चला आया है। नहीं राज, हम अपने इस जन्म को ऐसे स्तर पर जिएँगे जैसे आज तक किसी ने नहीं जिया है। हम साधारण जीवन के भी हर क्षण को अपने गहनतम

अस्तित्व से पृथक नहीं रखेंगे। हमारी जीवन पद्धति ऐसी है जिसका स्वप्न बहुतों ने देखा पर जिसे कार्य में हम, केवल हम परिणत कर रहे हैं। और इसीलिए राज, मैंने तुमसे बार-बार कहा है कि हमारा प्यार हमारी नितान्त वैयक्तिक प्यास नहीं है, जो केवल हम-तुम तक सीमित है। वह तो प्रतीक है समस्त मानव जीवन की नियति का, मानव संस्कृति के श्रेष्ठतम प्रस्फुटन का। हमारा प्यार एक अजीब पद्धति है जिसमें हम तुम अपने नितान्त निजी, वैयक्तिक स्वधर्म की परिपूर्ति तो करते ही हैं, साथ ही साथ हम अपने प्यार में सम्पूर्ण सृष्टि के सत्य को आकार देते हैं। हम जी नहीं सकते बिना उसके क्योंकि वह हमारे निजी और सार्वजनिक जीवन का परम अर्थ है...! जानती हो, अज्ञेय जी ने 'कनुप्रिया' की जो हिन्दी रिव्यू भेजी है, उसमें एक बहुत मार्के की बात कही है! शब्द उसके कुछ और हैं, पर तात्पर्य उसका यह है कि "भारती ने राधा और कृष्ण की पुरानी कथा को उठाया है पर जो प्रेम का भावस्तर उन्होंने लिया है वह देशकालातीत है अर्थात् सार्वदेशिक और सार्वकालिक है—लेकिन विशेषता यह है कि वे उसे, आधुनिक युग के लिए प्रस्तुत करते हैं तो आधुनिक ढंग से आधुनिक सन्दर्भ में—और उसे आधुनिक युग के संदर्भ में चरम सार्थक बना कर रखते हैं।" फिर उन्होंने यह भी कहा है कि समस्या एक प्रकार से भारती के सामने पहले भी यह रही है लेकिन पहले भारती ने जब इसे उठाया है तो बौद्धिक होकर उठाया है। लेकिन 'कनुप्रिया' में पहली बार ऐसा लग रहा है कि वे इस समस्या के बाहर से खड़े होकर उसका तटस्थ विश्लेषण नहीं कर रहे हैं वरन् प्रथम बार उन्होंने इस समस्या को रागात्मक स्तर पर आत्मसात किया है। उन्होंने हृदय में धारण किया है इसे—जी कर, इसमें पैठ कर बोले हैं। ...हाँ, मेरे...उनका अनुमान बिल्कुल ठीक है। मैंने कितनी बार कहा है कि इसके पहले मैंने जो भी लिखा था वह भूमिका थी, वह खोज थी। तब तक मैंने तुम्हें पाया नहीं था, तुम्हारा अनुमान करता था, तुम्हारे स्वप्न देखता था, तुम्हारी खोज करता था, पर तुम मिली नहीं थी। अब जब तुम मिल गयी हो, तभी न, मैं अपने को पा सका हूँ, और अब सारे युग को मैं इस बात में मदद दे सकता हूँ कि वह अपने को पाए—अपनी आत्मा को खोजे, अपने सत्य को खोजे। अभी यह सारा आधुनिक युग आत्माहीन, दिशाहीन, विभिन्न दिशाओं में भटकता, चीखता, चिथड़े-चिथड़े होता हुआ दीख रहा है—उसमें आत्मा नहीं प्रतिष्ठित हुई है, वह अपनी नियति का साक्षात्कार नहीं कर पा रहा—क्योंकि वह आत्माहीन है आत्मा के लिए हमारे यहाँ कहा गया है, "सूर्य आत्मा जगत स्थलश्च" जगत की आत्मा सूर्य है। ...तभी न, उस दिन मैंने अपनी सृष्टि, अपनी शक्ति, अपनी योगमाया, अपनी पार्वती, अपनी सीता से पूछा था, बोलो ये उँगलियाँ तुम्हारे माथे पर कौन-सा सूर्य प्रतिष्ठित कर दें?' और जब वह सूर्य, वह आत्मा

उसके माथे पर प्रतिष्ठित हो गयी तो अकस्मात् वह सूर्या—जो विपरीत दिशाओं में भटकती घूमती थी—अपनी आत्मा पा गयी, अपनी सार्थकता की दिशा पा गयी। अब मैं उससे कहा रहा हूँ—सुनो सूर्या, जो हमारी आत्मा है वही जगत की आत्मा है, जो सत्य हम पाते हैं वह सबका है! आओ (जो आज तक समस्त संसार के ज्ञान, विज्ञान, दर्शन, धर्म, ने खोजा है, उस खोज के मूल में हम अपने प्यार, अपनी आत्मा, अपने सत्य को पहचानें! यह हमारी चरम डुबान की, हमारे मोतियों की, हमारी तित्ती नशीली खुशबू की उदात्त सार्थकता है) जिसे हम पहचानें।

आधुनिकता और आधुनिक युग के बारे में बहुत-सी बातें तुमने जानी हैं और आगे जानोगी पर एक बात यह जाननी सबसे ज़रूरी है राज कि आधुनिक युग की सबसे बड़ी Tragedy यह है कि उसका अधिकांश ज्ञान-विज्ञान केन्द्रच्युत है उसका सूर्य, उसकी आत्मा खो गयी है। फलस्वरूप उसकी अजब-सी गति है। जैसे धुरी से उतरा हुआ पहिया होता है न...तेजी से चलता है पर हर क्षण उसकी गति, दिशा भ्रष्ट होती चली जाती है। या जैसे अगर सौरमंडल से हम केन्द्रस्थ सूर्य को हटा लें तो क्या होगा? पृथ्वी, चन्द्र, शनि, बृहस्पति, मंगल, शुक्र, सभी ग्रह—उस केन्द्रीय आकर्षण से मुक्त होकर छिटक जाएँगे—या तो शून्य में निरुद्देश्य भटकेंगे या आपस में टकराकर चूर-चूर हो जाएँगे—वैसे ही इस युग का सारा ज्ञान विज्ञान मानो अपने केन्द्र सूर्य से रहित होकर छिटक गया है, या तो शून्य में निरुद्देश्य भटक रहा है या एक विज्ञान दूसरे विज्ञान से टकरा कर चूर-चूर हो गया है...और आधुनिक युग की इस Tragedy को चिन्तकों ने, साहित्यिकों ने बार-बार पहचाना—तुमने कभी W.B. Yeats का नाम सुना है? He was a Prominent modern English Poet जिसने टैगोर को नोबेल प्राइज़ दिलाने में मदद की थी। उसकी कुछ बहुत महत्त्वपूर्ण पंक्तियाँ हैं—

Things fall apart; The centre can not hold, mere anarchy is loosened upon the world, the blood drainnedtide is loosened everywhere, the ceremony of innocence is drowned, the best lack all conviction, while the worst, are full of passionate intensity... we are closed in, and the key is thrown. on our uncertanity.

अर्थात्—सब वस्तुएँ छिटक रही हैं। केन्द्र उन सबको hold नहीं कर पा रहा है। सारे जगत पर अनियम, अव्यवस्था छा गयी है। खूनी लहरें ज्वार पर हैं और निश्छलता डूब रही है। श्रेष्ठ लोग आस्थाहीन हो रहे हैं और नीच लोग उत्तेजित हैं। हम कटघरे में जैसे बन्द हो गये हैं...अनिश्चय में छोड़ दिये गये हैं और कपाट बन्द हो गया है...।

...बाद में लोगों ने, कवियों ने, दार्शनिकों ने, चिन्तकों ने बार-बार यह पूछने

की चेष्टा की है कि वह centre, वह केन्द्र क्या है, जिससे च्युत होकर, जिससे छूट कर यह समस्त युग विश्रृंखल हो रहा है—और हर महान चिन्तक अन्त में अब इसी ओर संकेत कर रहा है कि व्यक्ति के रूप में मनुष्य जब तक अपने स्वधर्म, अपनी सार्थकता को उपलब्ध नहीं करेगा तब तक इस संस्कृति के संकट का कोई समाधान नहीं है। और इस उपलब्धि के मार्ग का ही नाम प्यार है। मध्य युग का प्यार केवल वीरतापूर्ण रूपोपासना रहा हो, पर आज प्यार अपनी सार्थकता की खोज है, It is a searching and affirmation of our meaning, meaning of our existence as man—

...रिल्के उन कतिपय पश्चिमी कवियों में हैं, जो इस विश्रृंखलता के साथ विभ्रमित नहीं हुए, जिन्होंने प्यार की इस विराट् क्षमता और उसकी इस गहराई को पहचाना और प्रतिष्ठित किया। उसने यह माना कि The act, the sensibility, the experience of love, यदि गहरे स्तरों पर ग्रहण किया जाय तो वह एक ऐसा गहरा आन्तरिक सामंजस्य और आन्तरिक सम्पुंजन प्रदान करती है, कि इस बिखरते हुए युग के बिखराव से हम बचते हैं और बिखराव के इस अनन्त विक्षुब्ध महासागर में हमारा सम्पुंजित व्यक्तित्व एक द्वीप बन जाता है—जहाँ से फिर संस्कृति की नयी सृष्टि और मानव अस्तित्व की नयी खोज पुनः प्रारम्भ होती है। That is the meaning of the love of surya and Rajan...

इसीलिए मेरे प्यार! जब कल पास्तरनाक की आत्मकथा पढ़ते-पढ़ते रिल्के का प्रसंग आया तो मैं एकदम खिल उठा—मुझे लगा जैसे सैकड़ों मील दूर बैठकर इन पृष्ठों के बीच से तुमने अपनी बाँहें फैलाकर मुझे जकड़ लिया है...कस लिया है...गहरे और गहरे...जन्म-जन्मान्तर से अपनी सार्थकता की खोज और हमारे प्यार की पुकार इतने कल्प कल्पान्तरों बाद हमें एक-दूसरे के आश्लेष में खींच लाई है...हमने आभास पा लिया है अपने सत्य का...हम भूलेंगे नहीं एक क्षण को भी कि हम जिस गहरे स्तर पर जी रहे हैं वह हमारा दायित्व है। युग के तमाम लोग जिस विश्रृंखल, अर्थहीन, आत्माहीन, विश्वासहीन, पशुत्व के स्तर का जीवन जीते हैं...उनके बीच हम ही एक आशा की ज्योति हैं। हम भी मन्द पड़ जाएँगे तो उनका सूर्य बुझ जाएगा। हमारा प्यार, मात्र हमारी निजी प्यास नहीं है—समस्त जीवन, समस्त युग, समस्त इतिहास, समस्त मानव संस्कृति के प्रति हमारा दायित्व है। अगर हमारा प्यार नहीं है तो कहाँ रहता है सत्य? कहाँ रह जाता है दायित्व? कहाँ रहती है मनुष्य के पुनर्निर्माण और सार्थकता पाने की आशा?

इसीलिए न, हमारा प्यार, हमारी प्रातः डुबान को पूजा की संज्ञा मिली है...!

30.9.59

पुस्सन—

सिर बहुत भारी है—शायद हरारत है और मैं तुम्हें लिखने बैठा हूँ। बहुत दिन बाद ऊपर के कमरे में नहीं वरन् सूर्यावधु के प्यारे नीले कमरे में पंखा मँगवा कर दरी पर चटाई बिछा कर सोया हूँ। और सूर्या के इस नीले कमरे से सम्बद्ध कितने ही क्षण इस समय याद आ गये हैं। पारसाल जुलाई के अन्तिम दिन थे, और दोपहर में तुम्हारा ब्रश और रंग लेकर अपने गुलाब लिखे गये थे। शायद उसके एक दिन पहले की बात है। दोपहर में अपने इसी कमरे में राजन उन्मुक्त सो गये थे, और तुमने बैठ कर मेरी डायरी में दो पृष्ठ लिखे थे। और इसी कमरे में उन्हीं दिनों की बात है जब तुमने आग्रह किया था तो सफ़ेद कागज़ वाली बहीवाली कॉपी में मैंने 'कनुप्रिया' के इतिहास खंड की कुछ पंक्तियाँ नोट कीं।

और फिर मैं याद कर रहा हूँ इस बार की वह रात जब सूर्या और राजन अपने सहज भाव से इसी कमरे से उठ कर आधी रात जाकर आँगन में पड़े तख़्त पर बैठ गये थे—तारों के चन्दोवे के नीचे... वह भी कैसा पवित्र अनुभव था। और फिर याद आयी 30 जुलाई की दोपहर रक्षाबन्धन के दिन जब लखनऊ के लिए सब तैयारी हो चुकी थी और रिक्शा आ चुका था तब अकस्मात् इसी नीले कमरे की डुबान...

इतवार से, यानी नरसों से बेहद मन हो रहा है, तुम्हें एक लम्बा खत लिखने का, विशेष रूप से उस विषय पर जिस पर उस दिन परिमल में सुबह 8 बजे से दिन के दो बजे तक बौद्धिक संग्राम होता रहा। लेकिन उस विषय पर वाद-विवाद की शुरुआत कलकत्ते जाने के पहले ही की एक गोष्ठी में हुई थी, और पिछली दोनों गोष्ठी तथा इस गोष्ठी की बात कुल मिला कर इतनी लम्बी हो जाती है कि अब उसे लिखना सम्भव नहीं है। किसी दिन नैनीताल में झील में नाव खेते-खेते उस पर बात करेंगे। पर इस गोष्ठी ने एक खिन्नता मेरे मन पर छोड़ दी है। इसलिए कि मैंने तुमसे कहा था—शायद लिखा था, पिछली बार कि मुझे लगने लगा है कि विचारों के स्तर पर मेरे मित्र पीछे छूट रहे हैं—और चिन्तन का ऐसा मोड़ आ गया है जहाँ अब वे साथ नहीं हैं। यह बात इस बार की गोष्ठी में और भी स्पष्ट हो गयी थी। वास्तव में लक्ष्मीकान्त ने कुछ ऐतिहासिक स्थापनाएँ इधर प्रस्तुत कीं जो उत्तेजक तो बहुत थीं, किन्तु सतही, उनमें तथ्य भी कम था और गहराई तो बिल्कुल नहीं। वे भ्रामक भी थीं और जीवन के विराट् रूप को खंडित करने वाली भी। मैं यह भी जानता था कि लक्ष्मीकान्त उस पर ज़िद के कारण अड़ गये हैं। पर उन स्थापनाओं को लेकर काफ़ी Confusion परिमल के लोगों में फैल गया था, पिछली दो गोष्ठियों में मेरे और लक्ष्मीकान्त के वक्तव्यों

से यह बहस बहुत तीखी बिल्कुल विस्फोटक स्थिति पर आ गयी थी। इस बार की गोष्ठी में मैंने लगभग 1 घंटे तक बहुत विस्तार पूर्वक उन स्थापनाओं का विश्लेषण किया और इतना विस्तृत और तर्कपूर्ण था वह विवेचन कि उसके बाद कोई भी उनको काट नहीं पाया। जगदीश, गिरजाकुमार और परिमल के तमाम नये सदस्यों ने मुझे बेहद support किया—केवल साही ने और विपिन ने लक्ष्मीकान्त को deffend करने की कोशिश की पर यह उन्हें भी स्वीकार करना पड़ा कि कुछ मान्यताएँ लक्ष्मीकान्त की मूलत: गलत हैं। अन्त में लक्ष्मीकान्त बोले। बहुत gracefully मगर he realised that all his logic has failed and even Those two person who deffended him were not convined by him... पर तुम जानती हो कि मैं लक्ष्मीकान्त को एक विशेष आदर और ममता से मानता हूँ। इसीलिए इस साहित्यिक विवाद ने मेरी बात तो पूर्णत: स्थापित कर दी मगर इसकी थकान मुझ पर छूट गयी। उस दिन शनिवार की रात तो अनिद्रा में बीती ही थी—इतवार को भी बेहद सरदर्द शाम को महसूस हुआ। मैं दो घंटे घर पर आराम कर फिर लक्ष्मीकान्त के घर गया, वे मिले नहीं—शाम को coffee house में मिले। उनके साथ coffee पी-हँसे बोले तब रात को 9 बजे घर लौटे।

सोमवार को अपने विभाग में डॉ. बाबूराम का विदा समारोह था अत: दोपहर भर उसी में मरते खपते रहे। कल मंगल की दोपहर को तारा बाबू का एक नया उपन्यास लेकर बैठे—'सप्तपदी'। It is a very fine novel except for the last chapter लेकिन उसके बारे में कल तुम्हें इसलिए नहीं लिखा कि नैनीताल तुम्हारे पढ़ने के लिए जो पुस्तकें जाएँगी उनमें वह भी है। उसे पढ़ लो तो उस पर बात करेंगे। शरत से लेकर तारा बाबू तक इन पुरानी पीढ़ी के लेखकों में यह क्या बात है कि किसी एक बिन्दु पर आकर उनमें कायरता पर आधारित भावुक पलायन आ ही जाता है, पर उस एक बात को छोड़ कर तारा बाबू की यह कृति सचमुच बड़ी सशक्त है। तुम इसको और भी पसन्द करोगी क्योंकि तुमने एक बार अपने मनोनीत पति से पूछा था क्या तुम्हारे लिए मुझसे बाहर कोई ईश्वर है? वह प्रश्न अन्त में इस कृति का Basic प्रश्न है, लेकिन उसको उठाया जिस शान से तारा बाबू ने, उस शान से उसका निर्वाह अन्त में नहीं हो पाया है।

लो शाम की डाक भी आ गयी और तुम्हारा कोई खत नहीं। लगता है कि अब कल सुबह की डाक से आएगा। लगता है तुमने सोमवार की शाम को लिख कर मंगल की सुबह डाक में छोड़ा है। राजे, शेष सारी बातें और Programme और नैनीताल में कमरा रिज़र्व होने की सूचना आ गयी है, और घर का क्या इन्तज़ाम कर लिया है, यह सब लिख चुका हूँ। आज बुध है तुम्हारा Lucky day, दवावाला तेल दो दिन पहले बन चुका था, मगर तय किया था, मैंने

कि आज तुम्हारे Lucky day से लगाऊँगा। सो आज लगाया है। कल बृहस्पति को पढ़ाकर यूनिवर्सिटी बन्द हो जाएगी। परसों शायद तुम्हारा Function है। शनिवार को सुबह—वही स्टेशन और वही प्यारी मूर्ति अपनी बाबरिया की खिड़की से झाँकती हुई। क्या पहन कर आओगी राजे?

कालका मेल के छूटने के बाद सिविल लाइन में आकर रिक्शा किया। रिक्शे पर बैठना था कि जाने कहाँ की नींद आँखों पर छा गयी। पान खाने राह में उतरे तो खड़ा न हुआ जाये। घर आकर जैसे-तैसे खाना खाया (चूँकि इस बार भरे-भरे रहने का instruction न होकर खाना खाने का instruction था!) और सो गये। और लेटते ही नींद में जैसे कोई काँटा करकने लगा। नींद भी भरी हुई और नींद भी न आये। अपने गुलाबों के प्रति इस बार जो एक अजब प्रकार की स्वामित्व भरी ममता थी वह बार-बार हथेलियों को बेचैन कर रही थी और थोड़ी-सी टिसकन गर्दन पर भी ज़रूर हो रही होगी। क्योंकि वह प्यास भी लग रही थी और आतुरता भी।

सुबह उठते-उठते देर हो गयी। पर Freshness थी। यूनिवर्सिटी गये। वहाँ भी 'धर्मयुग' वाली खबर बेहद गर्म थी। क्लासेज़ लिये। लौट कर आये। और लौट कर आये तब अकस्मात् एकदम जैसे घर का सूनापन चेतना से फूट पड़ा। जाने क्यों रिक्शे में लौट रहे थे तो लग रहा था कि घर पर अपनी प्रतीक्षारत पत्नी मिलेगी, केका को बाँहों में सहेजे सोयी हुई, या गोद में लेकर चम्मच से दूध पिलाती हुई या पूजाघर में अस्तव्यस्त पड़ी हुई—और फिर मन नहीं हुआ अन्दर जाने का। घंटों लॉन पर टहलता रहा-नहीं राजे, अब अकेले रहने में कष्ट होने लगा है! मैं तुम्हें कैसे बताऊँ?

इस बार बस मैंने तुम्हें अपनी जो डायरी लिखी थी उसका सारांश बताया और कोई बात खुद नहीं की। और सारी बात दीपशिखा और कनुतन अपने आप करते रहे। और मेरे विचार में जितनी प्रगाढ़ स्पष्ट और महत्त्वपूर्ण बातें उन्होंने इस बार कीं वे तुम्हें बता चुकी होंगी कि अब सूर्या का दायित्व कितना बढ़ गया है। अब उसे अपना हर कदम हर बात, हर चिन्तन में अपनी मर्यादा का, प्रतिक्षण ध्यान रखना है तुमने यह भी महसूस किया होगा कि राजन का आदेश मान कर उसने जो कदम उठाये वे उसे और भी दृढ़ता और शान्ति दे गये। उन्होंने उसकी उलझनों को काटा और उसके अपने पथ पर उसे प्रतिष्ठा दिलाई और चारों ओर से स्नेह ही दिलाया। सूर्या ने इस बार स्वीकार किया कि वह अब Tensions से मुक्त है।

राजन को इस बात से बहुत सन्तोष है लेकिन प्यार अब तुम सूर्या से यह भी कहना कि जब वह सारे Tensions से मुक्त हो तब राजन को प्रगाढ़ प्यार

दे और Tensions में हो तो असमंजस Fluctuation द्विविधा और कभी-कभी खीज से उसका प्यार मैला होता रहे यह कोई बहुत श्रेयस्कर स्थिति नहीं है। अब यह निश्चय कर लो प्यार कि दुनिया का बड़े से बड़ा Tension अगर आये तब भी सूर्या का प्यार निष्कम्प दीपशिखा बना रहे। इसी में उसका गौरव और उसकी मर्यादा है। हज़ारों तूफ़ान, धूप, वर्षा, चाँदनी, हिमपात के बीच करोड़ों वर्ष से अपने हिमानी शिखर उठाये हुए हिमाचल को तुमने देखा था न! अब, मेरी वधू, तुम्हारा प्यार वैसा ही होना चाहिए। सूर्या को नया नाम मिला है न इस बार, पर सूर्या की और भी सफलता इसमें होगी कि उस नाम का सतीत्व, निष्ठा, दृढ़ता, प्रगाढ़ता, तन्मयता और उदात्तता तो ले, पर उसके पूर्वजन्म की चंचलता, और कुछ अंशों में स्वामी की आज्ञा का उल्लंघन कर मर्यादाहीनता और परिणामस्वरूप एक दुर्घटना इन अंशों से वह सदा मुक्त रहे। मैं जानता हूँ मेरी सूर्या उन अंशों में दक्ष-कन्या से ज्यादा बड़ी है। ज्यादा गहरी है। शिव ने सती को बनाया नहीं था उसके टूट जाने के बाद उसे कन्धे पर लेकर घूमे थे। मैंने अपनी सती को एक-एक कण बनाया।

महीने भर साथ रहने पर यह नहीं मालूम हो पाया था, तुम्हें कि अपने प्रिय के लिए कितनी प्यास गहरा आयी है। उनके साथ बँधी हुई गाँठें कितनी अटूट हो गयी हैं। उनके साथ लगाये गये सात फेरे कितनी दूर ले आये हैं तुम्हें-पर जब तीन दिन के लिए अलग हुई तुम तब तुम्हें दीपशिखा ने बताया...।

महीने भर तक हिमालय ने, उदात्त, महान, दृढ़ आदिम हिमालय ने तुम्हारी आत्मा को क्या दिया है—उस शाश्वत हिम ने तुम्हारे व्यक्तित्व को, प्यार को, Commitments को, यहाँ पर कौन-सी स्थिरता प्रदान की है, [अपने को एक-एक कण देकर अपने को पूर्णतया अर्पित करके। इसलिए मेरी सती मेरे कन्धों पर हाथ रखकर चलने वाली अटूट सहयात्रिणी है, मेरे कन्धों का भार नहीं। है न!]

इसे अब हिमालय से अलग जाकर धीरे-धीरे प्रतिदिन तुम Realise करोगी।... तुमने एक बात Mark की मैदानों में, पहाड़ियों में घाटियों में आँधी है, पानी, तूफ़ान, धूप, आते हैं—मौसम बदलता है, धरातल बदलते हैं पेड़-पौधे अपना रूप बदलते हैं, लेकिन इन तमाम परिवर्तनों और Tensions के बीच पृथ्वी ने एक हिमानी गोद ऐसी सुरक्षित रख छोड़ी है, जहाँ इन तमाम परिवर्तनों के बीच एक अखंड अपरिवर्तित शान्ति, अविचल अडिगता बनी रहती है। सृष्टि के आदि से आज तक वहाँ वैसी ही शीतल शान्ति है। ठीक वैसा ही मेरी सूर्या का मन होना चाहिए। चारों ओर तो मन का वह अंश रहे जो तमाम स्थितियों को भोगे, उनका सामना करे, उनका सुख ले, उनका संकट झेले—लेकिन मन के बीचोंबीच एक केन्द्रीय प्यार का शिखर ऐसा हो जो इन तमाम सुख-दुख, परिवर्तन,

tensions के बीच भी शान्त हो, अपरिवर्तित हो, अडिग हो, केवल अपने प्रिय के लिए हो—सम्पूर्ण समर्पित हो। उसे कुछ न व्यापे उसमें केवल उसका प्यार व्याप्त हो, केवल उसका स्वामी व्याप्त हो। हिमालय पहले लुप्त था, धीरे-धीरे कितने विस्फोटों के सहारे उठ कर स्थापित हो गया। ठीक उसी तरह मेरी सूर्या के मन में प्यार का वह शिखर इतने विस्फोटों के बाद अब उठ आया है। उसी प्यार के सदा दृढ़ और उदात्त Fluctuations और Tesions से परे शिखर बिन्दु का पूर्ण साक्षात्कार करना हमारी हिमालय यात्रा का उद्देश्य है न! बाहर भी उस हिमालय के दर्शन तुमने कर लिए और अन्दर भी! अब उसके सारे अर्थ अपने सारे जीवन में हर क्षण Realise करना है प्यार तुम्हें।

तुम्हारे पति ने, जब तुम्हारी सगाई ही हुई थी अनुबन्ध नहीं तभी आशीर्वाद दिया था 'अपने को जानो' और 'सबकी प्रिया बनो'। तुम्हें बार-बार यह शंका उठती रही है, कि यदि अपने रास्ते पर चलूँ अपने को जानूँ तो सबकी तो दूर अपनों की भी प्रिय न बन पाऊँगी। तुम फिर भी निष्ठावान बनी रहीं और desperate होकर चलती रहीं और सोचती रहीं कि चाहे कुछ भी खो दूँ पर अपने पथ से नहीं डिगूँगी फिर भी सब खो देने की आशंका तुम्हें अन्दर से कभी-कभी कचोट जाती रही।... लेकिन प्यार इस बार तुमने यह जाना होगा कि अभिभावकों से पहले जो ममता मिलती है उसमें ममत्व उनके अहम् की तुष्टि अधिक होती है—पर अब जब तुम अपने पति से युक्त, अपनी मर्यादा से उज्ज्वल, अपने पाये हुए सत्य से आलोकित हो—तब वे तुम्हें एक नये प्रकार की ममता देते हैं जो आदरपूर्ण होती है-जिसमें सचमुच कहीं उनकी किसी अवचेतन इच्छा की पूर्ति होती है। यह नये प्रकार की ममता तुम्हारे सत्य को बाधित नहीं करती। चाहे उसे स्वीकार न कर पाये अपनी सीमाओं के कारण, पर उसे आघात भी पहुँचाने में हिचकती है, क्योंकि तुम्हारे सत्य को, तुम्हारे निजत्व की, शक्ति का लोहा भी मानती है। राज मेरे, अपने रास्ते पर इतनी दूर चलकर तुम्हें जितनी पूर्णता मिली है, उससे करोड़ गुना बल और उमंग तुम्हें मिलनी चाहिए कि आगे का रास्ता चलने में अब उन असमंजसों, शंकाओं, चिन्ताओं को पूर्णतया छोड़कर निर्द्वन्द्व भाव से चलो। अब जो भी Tensions कभी आएँगी भी तो उनमें मन का अविचल अडिग हिमानी शिखर कभी स्पन्दित न हो। अपने पति की कसी लम्बी चन्दन बाँहों में सदा अपने सुहाग और समर्पण से प्रदीप्त रहो—गौरवमयी रहो। मेरा तरल प्यार अतृप्त-सदा अतृप्त प्यास भरा प्यार!

9 नवम्बर 1959
प्रात: 8 बजे

यद्यपि बहुत देर में कल रात सोया था, पर जितनी गहरी नींद आज आयी उतनी कई दिनों से नहीं आयी थी। बीच में अपनी नींद खुली, शायद ठीक जब पूजाबेला थी, क्योंकि साधु के मजीरे का स्वर दूर से आता सुनाई पड़ रहा था। सर्दी काफ़ी थी। कम्बल लपेटा और पलकें बन्द कर करवट ली तो पाया बाँहों में सूर्या बहुत गहरी नींद में अचेत सोई है, मैंने उनींदे हाथों से माथे पर बिखरी उसकी उलझी अलकें ठीक कीं, और एक क्षण उसे भोर के हल्के साँवले उजाले में देखता रहा। वह बाँहों में दुबकी थी मेरे वक्ष में शीश गड़ाये अत: उसका माथा, होंठ, पलकें सब मेरे माथे, होठ की तुलना में उष्ण थे, मैंने बहुत आहिस्ते से सुकोमल आशीर्वाद से उसकी दोनों पलकें दुलारीं, भौंहों के किनारे-किनारे होठों के हल्के स्पर्श चुम्बन दिये और फिर अपनी पनसुतियों की सुकुँवार उष्णता को बहुत देर तक प्रत्यंचाओं में बाँधे रखा। उसने अधनींद में ही अपनी बाँहों से अपने कनुतन को और भी घेर लिया। मैंने उसके मुख पर दायीं ओर के तिल को बहुत दुलारा और फिर बहुत प्यार से उसके जूड़े के नीचे गर्दन के गहराव को, उसके कन्धों की गोलाइयों को, उसकी चिबुक को बहुत-बहुत प्यार किया। और फिर पता नहीं क्या सूझा कि जहाँ वे लाल कर्णफूल पहुँचाए थे उन कणों की निचली कोरों को बहुत देर तक प्रत्यंचाओं में बाँधकर पीता रहा। फिर याद आये अपने गुलाब ममता भरे! उनकी ममता बेनू माँ वाली नहीं थी। अपनी गृहवधू अपनी केका मम्मी की अधिकार भरी घरेलू ममता थी। फिर मैंने अपनी गुलाबों की घाटी को थाहा। और धीरे-धीरे उस कोमल मधुवृत्त को लिया जिसमें मधु की मिठास भरी है! सूर्या पहले चौंकी फिर उसने कस कर बाँहों की जकड़न दूनी कर दी। और मैं स्वर्णवर्णी झरनों से नीचे की ओर बहता हुआ अपने अगस्त्य के फूलों तक जा पहुँचा। और सुनो आज मैंने देखा कि रात को सूर्या अपने बिछुए पहन कर सोई है। मैंने आज अपनी सूर्या के दोनों पाँवों की उँगलियों को एक-एक कर बहुत देर तक दुलारा। फिर तलुवों पर अपने होठों से वृत्त बाँधकर अपनी जिह्वा से लिखा राधन्! और फिर अपने गुलाबों को अँजुलियों में लेकर सूर्य बिन्दु पर अपने होंठ टिकाये देर तक पड़ा रहा। दीपशिखा का विचित्र उष्ण एकात्म्य कनुतन को अपने में घुला रहा था। और मैं घुलता गया—घुलता गया...फिर धीरे-धीरे आँख खुली तो पाया सामने पीपल की पत्तियों पर सुनहरी धूप पड़ने लगी है और नीचे उठकर गये तो पाया अपनी पनसुतिया की ऊपरी पत्तियों पर लाली आ गयी है।

बहुत पवित्र, बहुत मधुर, बहुत स्थिर, बहुत गहरा शुरू हुआ है, तेरा सुहाग पर्व। जितनी मधुराई अनुभव की है इस समय वह अभी तुझे लिख दे रहा हूँ सुबह ही। दिन में आज तेरे पत्र आएँगे तो शाम को फिर लिखूँगा। काश कि आज तुझे वह रजिस्ट्री मिल जाय!

चलो आओ अपनी केष्टो नगर की सरस्वती की पूजा करें। आओ मेरी भाग्य! मेरी नियति! ...आओ...आज की हमारी पूजा में हिमाच्छादित शिखरों की शान्त, दृढ़ गहराई है—उदात्त और पवित्र...

10 नवंबर

आज रात भर कैसे विचित्र सपने देखते हुए बीती है। मैंने देखा कि मैं वर्षों के अपने पुराने अतरसुइया वाले मकान में हूँ। पर वह मकान दो हिस्सों में है ऊपर के हिस्से में मामा-मामी जी और नीचे के हिस्से से मैं और मेरी गृहस्वामिनी सूर्या। और कान्ता भी है। पर सपना तो सपना, कान्ता का चेहरा आदतें बहुत कुछ माँ जैसी। उन्हीं की तरह वह बराबर या तो Social work में लगी रहती है या Market करती रहती है। सूर्या को मैं बेहद प्रतिक्षण प्यार करता हूँ पर मन एक बात से खीजा हुआ है कि यह सूर्या अपना इतना समय भाभी जी, कभी कान्ता के साथ Marketing और कभी अपनी सहेलियों में बिताती है और मुझे बहुत कम समय देती है, मुझे बहुत खाली-खाली-सा लगता है। फिर क्या देखता हूँ कि जो खूबसूरत-सी The Books वाली दुकान है, वह Coffee house हो गया है। पर उसमें मेज़ कुर्सी नहीं वरन् चटाइयाँ बिछी हैं और सूर्या मुझे Coffee पिलाने ले जाती है। वहाँ बड़ा Informal Atmosphere है, और वह दीवार से टिक कर लेट जाती है। I became eager to sit closer to her, with in the folds of her arms पर यह सम्भव नहीं है तो शान्त बैठा कॉफ़ी पीता हूँ। मेरे चेहरे पर बेहद सन्तोष और तस्कीन है और वह मुझे अपलक देख रही है और बेहद ममता और सन्तोष है उसके मुख पर और खूब बड़ी-बड़ी-सी लग रही है वह और फिर जाने कैसे सपने में देखता हूँ कि घर लौटा हूँ तो ताला बन्द है घर में और भाभी जी ऊपर से मुस्करा कर कहती हैं, ''वो तो कान्ता के संग बाज़ार गयी हैं।'' I feel very lonely. इतने में जानती हो कौन आता है निर्मला गुप्ता। मैं उनसे सूर्या की हल्की मधुर शिकायत करता हूँ और कहता हूँ कि सूर्या जी को इस तरह बराबर दूर-दूर नहीं रहना चाहिए। निर्मला गुप्ता मुस्कराती हैं और फिर बिल्कुल बड़ी बहनवाले गर्व से कहती हैं, उसके बराबर भाग्यवान कोई है भी तो नहीं

इसीलिए इठलाती फिरती है। नींद खुली तो साधुओं की झाँझ का स्वर पास से गुज़र रहा था...सुबह फूट रही थी।

कल शाम बहुत आश्वस्त होकर सोया था। कल की अपनी तिथि बहुत ही मधुर बीती थी। सुबह उठे थे लगभग इसी वेला और उठने के पहले अपनी सम्पूर्ण दीपशिखा के एक-एक कण को किस तरह घंटों डूबकर प्यार किया था नख से शिख तक वह तुम्हें कल लिख चुका हूँ। मन बेहद प्रसन्न और खिला हुआ था सुबह से ही। तुम्हें अपनी प्रात:काल की पूजा का सारा हाल नीले कागज़ पर लिख कर कल ही प्रथम बार लाल हुई पनसुतिया की एक पत्ती रखकर लिफ़ाफ़ा बन्द किया और खाना खाकर यूनिवर्सिटी गये। मन बेहद हल्का, खिला-खिला था। बहुत Fresh। कल पहली बार M.A. Classes थीं। लड़कों से बहुत infomally बातें की और खूब हँसाते रहे उन्हें। लौटकर आये घर तो तुम्हारा 3 का लिखा Inland 6 तक नहीं मिला (अब क्या मिलेगा?) उस समय थोड़ी देर के लिए मन एकदम चिन्तित हो गया। क्योंकि यदि वह नहीं मिला तो गया कहाँ। उसी डाकघर में कान्ता के Inland के साथ छोड़ा था। फिर पता नहीं 7 को तुम्हें कुछ मिला या नहीं, 5 की रात को कान्ता ने Inland लिखा था और मैंने सुशील को एक पोस्टकार्ड, वह 6 की सुबह कचहरी में छोड़ा था। फिर 6 की शाम को कालका पर एक Inland छोड़ा था late fee लगाकर। 7 को एक रजिस्ट्री कराई थी कि तुझे 9 तक मिल जाय और 7 की ही दोपहर को एक Express खत डाला था कि इतवार को मिल जाय। उसमें तेरे विचार-आरम्भ की रूपरेखा वगरैह थी। वह भी पता नहीं मिला या नहीं। इतवार को एक पत्र लिख कर late fee लगाकर खुद Bombay Mail पर जाकर छोड़ा था। बल्कि इतवार को तो बहुत ही मज़ा आया। तुझे खत लिखने बैठे। मुश्किल से दो पेज लिख पाये थे कि साही साहब आ गये, साही साहब अभी गये भी नहीं थे कि Miss वॉदवील आ गयीं। थोड़ी देर बाद बालकृष्ण राव और उमाराव। इतने मेहमान बैठक में बैठे थे कि केशव की अम्मा और उषा आ गयीं। और इन सब के अतिरिक्त केशव मिश्र। जी घबरा गया। जैसे-तैसे आठ बजे ये लोग गये। कालका का समय तो निकल गया था। फिर भी खत जल्दी-जल्दी पूरा कर स्टेशन भागे कि शायद Bombay mail मिल जाय। साइकिल भगाते स्टेशन पहुँचे तो मालूम हुआ कि Bombay mail 3 घंटे लेट है यानी रात 12 बजे आएगी। फिर घर वापस आये। खाना खाया। ऊनी कपड़े पहने तो 11 बजे स्टेशन जाकर खत छोड़ा इस उम्मीद में कि शायद 9 को अगर रजिस्ट्री न मिले तो मेरा यह पत्र ही मिल जाय। उसके बाद कल सुबह बहुत fresh। बहुत मधुर मिली थी अपनी सूर्या बाँहों में सोती हुई तो मैंने तुम्हें नीले कागज़ वाला खत लिख कर G.P.O. में डाल दिया था।

दोपहर को तुम्हारा 6 का Inland पाकर मन चिन्तित हुआ। एक inland कान्ता ने लिखा स्कूल के पते पर एक Inland मैंने लिखा घर के पते पर और R.M.S. में छोड़ते हुए गये लीडर प्रेस। R.M.S. में फिर छोड़ा है देखें तुम्हें साथ मिलते हैं या नहीं? लीडर प्रेस से लौटा शाम को 6 बजे तो मिला कनुप्रिया का तार–उफ़! राजे मैं तुमसे कह नहीं सकता मुझे कैसा लगा। सुनो अगर मेरा Inland जो तुम्हें घर के पते पर चिन्तित होकर डाला है, वह तुम्हें मिला तो तुम देखना उसमें मैंने कहा है कि अगर खत मिल रहे हों या नहीं भी मिल रहे हों तो तुम तार कर देना। इतना लिखकर फिर मैंने लिखा कि एक अरसा हो गया तुमसे कोई प्यारा–प्यारा तार पाये हुए। ओह मेरी आत्मा! मुझे क्या मालूम था कि उस समय 1:00 बजे जब मैं यह वाक्य लिख रहा था उस समय वह तुम्हारा प्यारा–प्यारा तार 500 मीलों की दूरी पारकर उड़ता चला आ रहा था। मेरे राज! हर अभाव को इस जादू–तरीके से भर देना किस जन्म में सीखा था तुमने? दोपहर के Inland से एक शैथिल्य जो आ गया था अकस्मात् छू मन्तर हो गया। फिर सिविल लाइन लौटा और कितना जी खोल कर हँसा हूँ कल! लौटा और खाना खाकर लेटा तो लगा कि यह सारा दिन हँसता खिलता कमल था, उसे हथेलियों में प्यार से लेकर मूँद दिया और उसकी पंखुरियों में दुबक कर लेट रहा। कल सर्दी काफ़ी थी। चादर लपेट ली और कब सूर्या आ गयी कब उसने निरावृत्त दीपशिखा की ममता भरी गरमाई में अपने कनुतन को लपेट लिया और मुझे नींद आ गयी मुझे याद नहीं। याद सिर्फ़ इतना है कि मेरा माथा पनसुतियों के पास था, और एक हाथ में गुलाब थे और एक बालों में उलझा हुआ। फिर जो सपना देखा और कैसे जागा यह ऊपर लिख चुका हूँ।

कल ही यह पैड लाया था, जानती हो क्यों? कल दोपहर के इनलैंड में तुमने लिखा था कि गुलाब बहुत अच्छे हो गये हैं। और तभी से राजन की हथेलियों की भरपूर रंगधारी जो उन पर बन जाती है उसकी मुझे बेहद याद आ रही थी। ये कागज़ कुछ–कुछ उस रंग के लगे अतः इन्हें ले आया। और कल से और भी खुला–खुला उजला–उजला लग रहा है। जानती हो क्यों? अपना कमरा White Wash हो चुका होगा। और शायद तुमने 9 की सुबह की पूजा मेरे नये धुले उजले कमरे में की होगी। आह राज! उस कमरे के उस दर्पण में प्रतिच्छायित दीपशिखा की लहरें! बिखरे मोतियों वाला वह मज़ेदार क्षण। पिछली बार की लड़ाइयाँ और जिस दिन मैं लौटा हूँ और तुम और कान्ता शिक्षायतन गयी थी। और पहली बार धूप निकल आयी थी, और साफ़–सुथरे कमरे के खुशनुमा पर्दे हिल रहे थे और मैंने तुम्हें Inland लिखकर छोड़ा था, और खंडवा में धूमधाम के बीच की आकस्मिक उदासी और अपने घर भागकर पहुँच जाने की आतुरता

और फिर तुम्हारा राखी पर आना पर मेरे मन का प्यासा छूट जाना और भागकर अपने घर पहुँचना—ओहे गिन्नी! अपने घर के-लिए अपनी गिन्नी के लिए मैं कनुप्रिया के 57 पृष्ठ के अन्तिम पैरा का 'अधैर्य' ही बना रहूँगा। लाख-लाख बार कण-कण पा लेने पर भी मैं 'अधैर्य' ही बना रहूँगा। क्या करूँ सपन!

हाँ तुम्हें एक बात बताना भूल गया। कल रात सोने के पहले मुझे एक बात याद आयी। अपने इसी पूजा-घर में से पारसाल शायद अगस्त में मैंने 9 ता. को सूर्या को Jean Christopher में से एक Paragraph लिख भेजा था जिसमें Mystic या spiritual marriage की बात थी। आज सुबह एक वर्ष के बाद वह paragraph निकाल कर पढ़ा।

"Their souls met and mingled. Grazia who had smilingly surrendered to the sweet tness of living, was awakened from her slumler by christophers moral energy, she used to read very little, but now she began to be curious about new ideas, and soon came to feel their attraction. The wealth of the world of modern ideas, which was mot unknown to her though she had never came to adventure in it alone, no longer frightened her now because she had a companion and guide. This new mystic marriage was much more fruitful for christophe: for Grazia brought for him as dowry-the rarest treasure Joy. The Joy of the soul and the body Light.

लेकिन प्यार मेरे, अत्युक्ति की बात नहीं, मैं जानता हूँ कि सूर्या के परिणय ने मुझे जो दिया है वह कभी कहीं किसी ने नहीं पाया होगा। जब मैं कहता था कि ये सब मेरे पास केवल शब्द हैं, अर्थ तुम हो तो मैं झूठ नहीं कहता था। इन पिछले 30 घंटों को जो जी चुका है वह जीवन में क्या पा चुका है इसका अनुमान कोई भी नहीं कर सकता जो ऐसे 30 घंटे जी न चुका हो। मैं अभिमान और अतिशयोक्ति की बात नहीं कहता लेकिन अपनी दीपशिखा का ही आलोक सृष्टि के आदि से आज तक अद्वितीय है और अपने गुलाबों का आश्वासन, अपने अगस्त्य के फूलों की पवित्र उजलाई, अपनी रजनीगन्धा की मालाओं का घेरा अपने दाखों की मृदु उठाने, अपने स्वर्णवर्णी झरनों का अदम्य प्रवाह, और अपनी पनसुतिया की उष्ण ममता-राज काश! कभी तुम जान पातीं कि राजन को उनमें क्या मिलता है, जो मिलता है उसे व्यक्त करने के लिए joy बहुत नाकाफ़ी शब्द है। बहुत नाकाफ़ी।

जो कुछ मिलता है, उसके लिए मैं सदा 'अधैर्य' बना रहूँगा 'प्यास' बना रहूँगा 'लालसा' बना रहूँगा—लाख-लाख बार पीकर भी आतुर बना रहूँगा आह राजे, लिखते-लिखते कहाँ-कहाँ, कैसा-कैसा संवेदन जागने लगा यह तुम्हें बता

नहीं सकता। नहीं अब सूर्या से कह दो न, समझा दो न, राज कि अलग रहना ठीक नहीं है। प्रतिक्षण अपनी सूर्या के लिए अधीर, अतृप्त—लेकिन यह अतृप्ति भी पहले जैसी नहीं है। तुम खुद जानती हो, बता चुकी हो कि पहले कहीं अन्तर्मन इस बात के लिए आतुर रहता था कि कहीं हम एक-दूसरे को आगे न मिलें तो! पर अब एक-एक कण यह जान चुके हैं कि हम एक-दूसरे को दिये हुए हैं, एक-दूसरे के द्वारा ग्रहीत हैं, सहेजे हुए हैं, उसकी तृप्ति, सन्तोष, धैर्य और स्थिरता भी अद्‌भुत है।

जानती हो, जबसे तुमने लिखा है, कि कमरा White wash हो रहा है, और लिखा है कि गुलाब अच्छे हो गये हैं, तो मन हर क्षण पास उड़ आने को हो रहा है। जाओ राज, अपने परदेश वासी को ऐसे तरसाना भी बहुत असगुन होता है। तुम्हें क्या मालूम?

अच्छा प्यार! शायद शनि और रविवार को कमरा ठीक-ठाक करने में लगे रहे होगे। उम्मीद है कि नये स्वच्छ पुते हुए कमरे में तुम्हें मेरा 6 का भेजा Inland तथा 7 शनिवार को डाला Express मिला होगा। कहीं 9 को मेरी रजिस्ट्री और रविवार को जाकर डाला पत्र भी मिल गया हो तो क्या कहना! आज मंगल को अगर पहुँच गये होंगे तो मेरा 9 की सुबह नीले कागजों वाला खत और मेरे कान्ता के Inland भी मिल गये होंगे।

सुबह यह पत्र लिखने बैठा था। बीच में जाकर Classes लीं। अब लौटकर पूरा किया। 3 बज रहे हैं। इसे जाकर G.P.O. में छोड़ आऊँ और अपनी सारी films Print होने दी हैं, उनके Prints ले आऊँ। और तब तक शायद शाम की डाक आ जाय और तेरा 7 का, 8 का या कल 9 का छोड़ा पत्र मिल जाय!

11 नवम्बर बुधवार 1959
2 बजे

सर्दी काफ़ी बढ़ गयी है, यहाँ हवा में ठंडक है, आसमान स्वच्छ नीला है। धूप अच्छी लगने लगी है, हवा बराबर चलती रहती है, और खिड़की के बाहर दीपशिखा के चरम समर्पण की साक्षी इस पीपल की टहनी—अपने सौ-सौ पत्तों के पंख फड़फड़ाकर काँपती रहती है। मैं सुबह खाना थोड़ा-सा खाकर जाता हूँ, लौटकर दोपहर में दूध अंडा पीता हूँ।

आज बुद्ध है, तुम्हारा Lucky day तो आज कार्यक्रम यह बनाया था कि अभी तक जाड़े के फूल डहेलिया, Flox वगैरह लगाये नहीं है, आज उनकी पौध

लाएँगे और क्यारियों में लगवाएँगे। सुबह अपने पीछे के आँगन में जहाँ उस रात सप्तपदी के बाद कनुतन और दीपशिखा अनन्त आकाश और नक्षत्रों से आशीर्वाद लेने गये थे— वहाँ क्यारियाँ बनवा कर अपना परमप्रिय फूल स्वीट पी लगवाया। यूनीवर्सिटी से लौटे तो आशा थी कि शायद आज डाक से तुम्हारा कोई पत्र आये। पत्र आया, 9 की सुबह जल्दी में लिख कर छोड़ा हुआ। जिससे मालूम हुआ कि तुम्हें Express खत और शायद चलते-चलते पाँच की रात का इनलैंड और 6 की शाम का मेरा इनलैंड भी मिल गया। उम्मीद है अब तक इतवार को बॉम्बे मेल पर छोड़ा रजिस्ट्री वाला, सोमवार को सुबह ऐसे ही नीले कागज़ पर लिखा तथा चिन्तित होकर लिखा इनलैंड भी मिल गये होंगे। लेकिन प्यार! तुम्हारा इतवार का डाला Express खत यहाँ नहीं आया। क्या करें इस गड़बड़ी का। इलाहाबाद में आम शिकायत है यह खैर, तुम्हारा खत पढ़ा और खुरपी लेकर खुद पौधे लगाने बैठे। यहाँ बगल में दास बाबू वाले मकान में एक बहुत बड़ा बंगाली परिवार आकर ठहरा हुआ है। उसमें एक तरुण दम्पति और उनकी एक बहन, तीनों लॉन पर बैठकर ग्रामोफ़ोन बजा रहे थे एक बांग्ला गाना मधुराये भारी पुरुष कंठ का— बहुत ही अच्छा लग रहा था। गाने के बोल तो भूल गये। अर्थ यह था कि खोल दो माँ, ये सोने के फाटक खोल दो बाहर जाने दो मुझे। तमाल के नीचे उसकी बंसी बज उठी है। अब मैं शिशु नहीं रही राह नहीं भूलूँगी माँ! मुझे जाने दो। जैसे तुम मेरी परवाह करती हो वैसे ही मुझे उसकी परवाह करनी पड़ती है। मैं बच्चा नहीं रही, अबोध नहीं रही तो क्या, वह तो बिल्कुल बच्चा है, बिल्कुल अबोध है माँ। तुम्हें क्या मालूम, मैं नहीं जाऊँगी तो वह अपनी राह भूल जाएगा माँ! खोल दो माँ ये स्वर्ण-कपाट। मैं भागती चली जाऊँ। बहुत देर हो गयी है।...मैं फूल के पौधे लगा रहा था और नवम्बर की दोपहर में तुम्हारे Lucky day पर यह गीत पता नहीं कौन-सा रस घोल रहा था—इतना सुकुँवार प्यार तुम्हें देने को मन हो आया वही चैत के नशीले दिन वाला अत्यन्त सुकुमार प्यार! यूँ यह भी जानता हूँ कि इन तीस घंटों में P.L.B को जो मिला है, उनमें तो सूर्या प्रधान थी, केका मम्मी थी, सती थी, बहनिया नहीं थी। पर लगभग बरस भर बाद राधन बावरिया भी घुलमिल कर लौटी थी। इसीलिए, शायद इसीलिए इस बार सूर्या को सती को केका मम्मी को वह तार दिलाना पड़ा।...

गीत वह बन्द हो गया पर दोपहर अब भी रस में भीगी हुई है। पीपल की पत्तियाँ चंचल हैं।...

जानती हो कल क्या हुआ, कल मैं एक Album लाया और अपने नैनीताल के सब Prints लाया और अलबम सजाता रहा। हाय रे! वे Moments! घोड़े,

नावें, बत्तखें, फूल गुलदाउदी के और जीना अपनी प्रिया में डूबे हुए... album लगाकर सो गया।

और जानती है, आज फिर एक सपना देखा। कल का सपना तो तुझे कल लम्बे बादामी लिफ़ाफ़े में गुलाबी कागज़ों वाले खत में लिख चुका हूँ। आज का सपना बताऊँ। मैंने क्या देखा कि एक विराट् समुद्र है पर वह उत्ताल और विक्षुब्ध नहीं है। नौकुचिया ताल की तरह गहरा और रहस्यमय है। हम लोग एक बहुत बड़े मकान में ठहरे हैं जिसमें दो फ़्लैट हैं, एक में हम लोग रहते हैं, दूसरे Flat में और कोई लोग हैं। उस मकान के आगे बहुत बड़ा लकड़ी का डैक है, जो समुद्र में धँसता जाता है, रात हो गयी है, और मैं अपनी जर्किन पहने हुए हूँ और तुम एक स्विमिंग सूट पहने हो। और हम लोग समुद्र में तैरने जा रहे हैं। लकड़ी के तख्तों पर चल रहे हैं और तख्ते चरमरा रहे हैं—अमित उमंग अंग-अंग में भरी है। इतने में साधुओं का मंजीरा सुन पड़ा और नींद खुल गयी।

मैं तो हर रात इस तरह कभी सपने नहीं देखता था—क्या रोज़ सोते समय तुम बुला लेती हो सपन!

प्यार
भारती

14 नवंबर 1959
7:30 बजे शाम

नहीं प्यार अब मुझे इन बातों पर आश्चर्य नहीं होता। उस दिन 7 तारीख को प्रातः जब आँख खुलने के पहले कनुतन ने अपनी दीपशिखा को भरपूर चाहा—तो मैं पहले जानता था कि या तो यह संवेदन वहाँ से माँगा गया है, या अब यह संवेदन वहाँ जाकर प्रतिध्वनित होगा। इसीलिए कल जब तुम्हारा रजिस्टर्ड पत्र मिला तो सब समझ में आ गया। दोनों दिन के सपने मैंने लिख ही दिए हैं तुम्हें और अब वही बात पढ़ रहा हूँ तुम्हारे खत में। हम दोनों एक-दूसरे को कितना अधिक समझते हैं यह शायद हम दोनों भी जानते ही नहीं हैं।... पर अब लगने लगा है कि ज्यादा दिन एक-दूसरे को एक-दूसरे से दूर रखना अन्याय होगा। राज, हर छोटी से लेकर बड़ी चीज इस तरह भीतर तक झंकार जाती है कि बस पूछो मत।... नहीं, नहीं लिखूँगा वह बात कि तुम्हारा पत्र पढ़ते हुए कैसा-कैसा लग रहा था...

तुम्हारा खत पढ़ा घूँट-घूँट पिया और उसके बाद कल शाम बिल्कुल उड़ा-उड़ा फिरा। जानती हो, पहले तो चाय थी अध्यापक कक्ष की। उसमें गया। खूब चहकता रहा। वहाँ से गया सिविल लाइन्स फिर शाम को तुम्हारे छोटकऊ देवर को लेकर गया नुमायश। लौटा रात को साढ़े नौ बजे।

हाँ राज, सोमवार या मंगल को मैं तुम्हारे परिसंवाद में पढ़े जानेवाले अपने लेख का सारांश लिखकर भेज दूँगा। बाकी सबके तो आ गये हैं न। देखना तुम्हारे संयोजकत्व में कितना शानदार होगा यह परिसंवाद। कलकत्ता झूम उठेगा। लेकिन सपन मेरे, तुम अपने वक्तव्य के लिए नर्वस क्यों होते हो? तुम तो हिन्दी के इतने लोगों को देख चुके हो, सुन चुके हो, मुझे पूरा विश्वास है कि उनके मुकाबले में तुम बहुतों से बहुत अच्छा बोल सकते हो। तुम खुद जानते हो कि कलकत्ते में सेंगर आदि को अगर तुम्हारे फ़ोल्डर आदि का मैटर लिखने को दिया जाता तो वे इतना स्पष्ट, इतना टू द प्वाइंट लिखकर दे सकते थे क्या? देखो राज तुम्हारे प्रिय के घर का उसके मित्रों का वातावरण ही ऐसा है, जिसमें तुम विवाह के बाद से रह रही हो कि बहुत कुछ, जो दूसरे लोग दर्जनों किताबें पढ़कर समझेंगे, वह तुम स्वयं सहज ही जानती और समझती रही हो। नहीं राज, तुम तो बिल्कुल बुगलिया हो। मैंने जो तुम्हें लिखा है की 'टू द मॉडर्न पोयट्री' पढ़ने के लिए वह इसलिए नहीं कि उससे तुम्हें कुछ मैटर लेना है, बल्कि इसलिए कि उससे तुम्हें खुद सोचने के लिए प्रोत्साहन मिलेगा। वैसे तुमसे सच कह रहा हूँ, कि जो तुम्हें लिखना है, उसके लिए जितना तुम जानती हो और जितना तुमने अपने पत्र में लिखा है वह मॉडर्न सेंसेबिलिटी का अर्थ स्पष्ट करने के लिए यथेष्ट है। केवल अपने सभी प्वाइंट्स को तुम्हें थोड़ा रीअरेंज करना होगा। देखो तुम्हारे लिए तुम्हारे वक्तव्य के पाँच उपशीर्षक बना दें।

* भूमिका
* साहित्य बोध से तात्पर्य
* हिंदी में आधुनिक साहित्यबोध का सूत्रपात और विकास
* हिन्दी समीक्षा में आधुनिक साहित्यबोध पर दृष्टिपात और विभिन्न मत
* उपसंहार

अच्छा प्यार, अब तुम्हारे परिसंवाद की बातें खत्म। अब तुम जानो और तुम्हारा यह संयोजन जाने। अब बोर हो गये हम। उठिए, ज़रा ये बिजली बन्द कीजिए और देखो आज चौदहवीं का चाँद तुम्हारे पीपल में कैसा उलझा है...

भारती

बुद्धवार 18.11.59
4 बजे सुबह

रात लगभग बीत चुकी है। पर अभी भोर नहीं फूटी है। किस कदर तेज, चाँदनी खेतों पर फैली है, और ठंड से हाथ ठिठुर रहे हैं। खेतों के पार चमक रही है वह सड़क जिस पर उस दिन (पारसाल) तेज़ी से दौड़ते स्कूटर पर अलीगढ़ गये थे सूर्या को पत्र छोड़ने। अभी थोड़ी देर में आएगा अलीगढ़ भी और वह पतला लम्बा छाया हुआ प्लेटफ़ार्म और R.M.S. का कमरा। याद आ रहे हैं हाथरस की धूप में झूमते खिले कनेर।

7 A.M–इतना लिखकर लेट रहा हूँ। सर्दी बेहद थी। चादर लपेटी। राज, जब अक्सर अपनी दीपशिखा की ज़रूरत होती है, और कनुतन अकेला होता है तो बेहद तकलीफ़ होती है। वैसी तकलीफ़ आज महसूस हुई, और मन थोड़ा-सा उदास हो आया। अभी नींद खुली तो खुर्जा पर गाड़ी खड़ी हुई थी, बैरे ने कई बार आकर पूछा, 'चाय लाऊँ' पर मन इतना सुस्त हो गया था दीपशिखा के बिना कि चाय नहीं मँगाई। तुम मेरी जगह होतीं तो मेरी तकलीफ़ समझतीं। तुम्हें क्या? तुम्हें कैसे बताऊँ कि अकेले रहना कहाँ पर किस तरह अक्सर कचोट जाता है। जाओ हटो, अब हम कभी तुमसे कुछ नहीं कहेंगे।

11 A.M.

नयी दिल्ली—9 बजे गाड़ी पहुँची। उतरकर सीधे सर्वेश्वर के यहाँ गये। सर्वेश्वर ऑफ़िस जा चुके थे। सामान रख कर मुँह हाथ धोकर कपड़े बदल कर वात्स्यायन को Phone किया वात्स्यायन भी नहीं थे कपिला मिलीं। 1 बजे उनके यहाँ खाने जाना है। उसी समय अज्ञेय भी मिलेंगे। शान्तिप्रसाद जी के बँगले पर Phone किया—वे दिल्ली में हैं पर अभी कहीं गये हैं। आधे घंटे बाद फिर फ़ोन करूँगा।

जानती हो इस समय कहाँ बैठा हूँ Regal के पास नयी दिल्ली का मशहूर Restaurant है, Tea house वहाँ बैठ कर दो अंडों का ऑर्डर दिया है। ताकि हमारी पल-पल अनुशासन रखने वाली मलिका कहीं दुबला पाकर नाराज़ न हो, और मजेदार बात बताऊँ। शक्तिनगर से वात्स्यायन का घर बेहद दूर है। निकले तो सोचा Taxi करूँ। बस तुरन्त ध्यान आया अपनी गृहवधू की सौम्य सुन्दर आतंककारी मुद्रा का—मारे डर के चुपचाप बस में बैठ कर 30 नये पैसे का टिकट लेकर यहाँ चल आया हूँ। यूँ गृहवधू ने जो बस पर बिठाया तो मारे खीज के उनका एक अनुशासन तोड़ दिया। बस में दर्जन आधा दर्जन मालती परुलकर भरी हुई थीं। मैंने अपनी साँस नहीं बन्द की—

रात 9.30 बजे

लो प्यार—जो मुझे आशा थी वही हुआ। यहाँ जिन J.C. Jain से बात हुई जो बेनेट कोलमैन के General Manager हैं, उन्होंने मेरे सामने यह बन्धन रखा कि धर्मयुग के सम्पादक को वर्ष में केवल एक पुस्तक लिखने की अनुमति मिल सकती है 240 पृष्ठों की वह भी छपाने के पूर्व उसे अनुमति लेनी होगी—

मैंने प्रेमपूर्वक लंच पर अंगूर खाते हुए उन्हें हाथ जोड़ कर कहा कि मैं धर्मयुग के लिए बिल्कुल अनुपयोगी साबित होऊँगा—आप कोई दूसरा आदमी खोज लें।

He never expected it वे बोले मैं रमा जी से ज़रा बातें कर लूँ। मैंने कहा आप बातें करें मैं चला। और मैं उठ गया चलते-चलते रमा जी ने कहा भारती जी कल सुबह आपसे Phone पर बातें करना चाहूँगी। मैंने Phone no. दे दिया और चला आया।

इस सबमें 4 बज गये। लौट कर वात्स्यायन के यहाँ पहुँचा। गर्म कॉफ़ी पी, ठहाके लगाये, कपिला जी को सारी वार्ता सुनाई और आनन्द मनाया।

वधू मेरी—जिस कलम से कनुप्रिया लिखी है, उस कलम को उठाने के लिए J.C. jain से अनुमति माँगूँ It is impossible. वो अपने हज़ारों रुपये अपने पास रखें। मुझको अपनी पत्नी का प्यार और अपने परिवार में बहुत सुख है। तुम्हें याद है वे दिन जब मैं अक्सर गुनगुनाता था—कुछ न हुआ न हो। मुझे विश्व का सुख श्री केवल यदि तुम पास रहो!—

कल यहाँ से शाम को चलूँगा—परसों 20 को प्रात: 8 बजे तेरे घर पहुँच जाऊँगा—तुझे 15 इतवार को छोड़ा मेरा लम्बा पत्र मिल गया होगा—अच्छा अब सोने जाता हूँ।

भारती

19.11.59

प्यार,

तुझे कल विस्तार से इनलैंड में लिख चुका हूँ कि किस प्रकार यहाँ आकर शान्तिप्रसाद जी और J.C. jain से बातें हुईं। कैसे J.C. Jain ने लिखने पर कुछ restriction की बात की और कैसे मैंने उनसे कह दिया कि यह मुझे स्वीकार नहीं। आज रमा जी से लगभग दो घंटे बातें हुईं। बातों से लगा कि शान्तिप्रसाद जी मुझसे बेहद प्रभावित हैं, और इस इंकार ने उन्हें और भी Impresse किया। वे रमाजी से यह कह रहे थे कि तय कर लो लेकिन J.C. jain बिल्कुल भड़क

गये हैं, और वे घबराये हैं कि ऐसे तेज़ आदमी से कैसे निभेगी और वे बन्धन पर Insist कर रहे हैं। मैंने बहुत आदर और स्नेह से रमा जी से यह कहा कि J.C. jain का सन्तोष आवश्यक है। मेरा उद्देश्य आपके लिए सहायक ही होना है, अतः आप जिस और आदमी को उचित समझें उसे रखें बेहतर हो कि किसी Creative writer को न रखें। फिर वे दो घंटे तक तमाम बातें करती रहीं। मुझे सन्तोष है क्योंकि इससे यह इंकार भी अब कोई उनके मन पर ऐसा प्रभाव नहीं छोड़ जाएगा जो उन्हें Uncomfortable हो क्योंकि उन लोगों का व्यवहार बहुत ही ममतापूर्ण रहा है। पर J.C. jain से सहमत न होते हुए भी वे लोग J.C. पर पूर्णतया depend करते हैं अतः वे समझते हैं कि ऐसे दो आदमियों का साथ निभना कठिन है।

आज दोपहर अज्ञेय जी से भी बहुत देर तक बातें हुईं। उन्हें अपने विषय की रूपरेखा समझा दी। अब वे अपना Central thought भेज देंगे।

मैंने परसों तुझे प्रयाग से पत्र भेजा था साथ ही भँवरमल सिन्घी को भेजा था उसमें अपना Central thought लिख भेजा था। उन्हें Phone करके कह देना कि भारतीजी दिल्ली में अज्ञेय से मिल लिये और अपने लेख का Scope और Content उन्हें बता दिया है। अब वे वात्स्यायन से तथा आगे के लोगों से माँगें।

आज अज्ञेय जी से बहुत-सी बातें हुई। वे भी धर्मयुग वाले इंकार से पूर्णतः सहमत हैं। वे कहते हैं कि J.C. jain की काफ़ी शिकायत Times of India के लोग करते हैं। आपका उससे निभना असम्भव है। बाद में जाकर कटुता बढ़े इससे क्या लाभ?

20 नवम्बर, शुक्रवार
शाम 6 बजे इलाहाबाद

इसे कल लिखा पर छोड़ नहीं पाये। आज सुबह यहाँ आकर तुझे एक तार दिया है कि Returned today Rejected Dharmyug's proposal on the point of freedom of writing.

आकर तेरे 15,16,17 के खत मिले। बहुत मन भरा-भरा रहा। तुरन्त यूनिवर्सिटी जाना पड़ा और वहाँ शुक्र की चाय थी, शाम को 5 बज गये। लौट कर तेरा कल यानी 19 का खत मिला कि तुझे सोमवार वाला और इतवार वाला छोटा खत-नहीं मिले। मन चिन्तित हो गया। तेरी शिथिलता की बात सुनकर भी। एक लिफाफ़ा तुझे कॉलेज के पते पर जा रहा है, जिसमें मेरा और कान्ता का खत है।

कल तुझे एक Express खत छोड़ देंगे सब समाचार विस्तार में लिख कर। कॉलेज में जो खत तुझे छोड़ रहे हैं वह तो अब शायद तुझे सोमवार को ही मिले।

पता नहीं बुध को जो inland मैंने दिल्ली से छोड़ा था वह तुझे मिला या नहीं?

5.12.59

नहीं, जो बात जैसी है, वैसी ही लिखूँगा। मात्र मन समझाने के लिए यह क्यों कह दूँ कि दीपशिखा दूर है तो भी उसकी दूरी torture नहीं करती। नहीं राज, दीपशिखा की दूरी torture करती है। कल गाड़ी चलने के बाद सब अपनी-अपनी सीट पर सो गये। मैं भी लेट गया और लेटते ही पिछले 24 घंटों के संवेदन एक खुमार बनकर छा गये। गुलाबों में माथा छिपाकर सोयी हुई अचेत बेसुध रात, सुबह की पूजा दिन भर की नयी-नयी संवेदन प्रक्रियाएँ और एक गहरा आश्वासन! और ज्यों-ज्यों कालका मेल भागती गयी त्यों-त्यों मन और, और, और, दृढ़ निश्चय से कहता गया—'मुझे समझाओ मत S.R., बहलाओ मत S.R., मैं नहीं रह सकता हूँ अपने गुलाबों से दूर यह एक दृढ़ सत्य है, उससे कैसे भागूँ असम्भव है। और मैं सो गया कि मैंने एक अजीब सपना देखा। कालका मेल तेज़ी से भागती हुई लकड़ी के एक सुन्दर पुल पर से गुज़र रही है। नीचे एक खूब चौड़ी नदी है जिसका पाट सुनहरी गुलाबी बालू का है। मैं खिड़की से मुँह निकाले पीछे देख रहा हूँ—एक प्लेटफ़ार्म की ओर आगे अकस्मात् पुल टूट जाता है, और कालका मेल crash कर जाती है—मुझे होश नहीं है, पर बेहोशी में देखता हूँ कि जहाँ गिरा हूँ वहाँ की बालू लाल हो गयी है। नदी के पास एक स्थान पर केशव का सारा परिवार बैठा है।

वे लोग आते हैं। मुझे स्ट्रेचर पर ले जाते हैं। मैं छोटी को पास बुलाकर कहता हूँ, छोटी! एक बात मेरे मन की कर दोगी। छोटी आँसू भरकर कहती हैं—"कर दी है। बच्चा भइया ने बहुत डाँटकर लिखा है पुष्पा को कि इन्हें अकेले क्यों भेज दिया था। वे लोग आ रहे हैं। कान्ता भाभी डॉक्टर बुलाने गयी हैं।" इतने में एकदम सवेरा होने लगता है, और सूरज की लाली दिखती है—तो मुझे लगता है, जैसे मैं लॉरी पर जा रहा हूँ, पहाड़ी रास्ता है भीभताल का-इतने में ट्रेन रुकी। बैरा आया। खाना अच्छा था। खाकर फिर लेट गया। और याद आया कि किस अधिकार से तुमने filmfare लेने को मना कर दिया था। मन जाने कहाँ

आश्वस्त हो आया। नहीं, मैंने जिसके हाथों में अपनी नियति सौंपी है वह मेरे क्षण-क्षण के निर्माण के लिए सचेत है।

फिर लेटा, अपनी दीपशिखा को पाने की चाह की, और सोते-जागते रात बीत गयी। मुगलसराय पर सवेरा हुआ तो Inland लिखकर प्लेटफ़ार्म पर गया मगर Post box नहीं मिला। मिर्ज़ापुर पर वह Inland छोड़ दिया पर अब वह तो सोमवार को ही मिलेगा तुम्हें।

यहाँ सब ठीक मिला। अम्मा ठीक हैं। माली आता रहा। क्यारियाँ लॉन सब ठीक हैं। आज सब Cheques जमा कर दिये। सोमवार को रुपया निकाल कर सबको दे दूँगा। अम्मा पूछ रही थीं कि पुष्पा का जलसा कैसा रहा। बोलीं केका तो खूब खुश होगी अपनी सगी अम्मा को पाकर। पूछ रही थीं "पुष्पा कब आएगी।" तेरे लिए अचार डालना चाह रही हैं।

आज department में धर्मयुग वाली बात बता दी। लोग उदास भी हैं खुश भी। वैसे सब कह रहे थे कि हम लोगों को साल भर से यह लग रहा था कि आप इलाहाबाद से थक गये हैं।

यहाँ यूनिवर्सिटी का समाचार बहुत अच्छा नहीं है। 28 को यहाँ बहुत गहरी हड़ताल और बड़ा उपद्रव हुआ। फलस्वरूप यहाँ वाइस चांसलर, ट्रेज़रर, कार्यकारिणी के कई सदस्य तथा कई अध्यापकों ने गवर्नर के पास अपना इस्तीफ़ा भेज दिया है। उनमें से हमारे विभाग में रामस्वरूप जी ने भी इस्तीफ़ा दे दिया है। हालाँकि ये इस्तीफ़े मंजूर नहीं होंगे—लड़कों ने भी क्षमा माँग ली है, लेकिन फिर भी स्थिति है तो दुखदायी ही। अभी तो रामस्वरूप छुट्टी लेकर कानपुर गये हैं। सोमवार को आकर क्लास लेंगे। रामकुमार जी भी चिन्तित थे।

रामकुमार जी को appointment letter दिखाया। सब विस्तार से पूछते रहे। फिर बोले, बड़ा भारी काम है। आपके हाथ में है, यह हिन्दी का सौभाग्य है। फिर बोले, चिन्ता मत करो दो साल की छुट्टी लेकर जाओ। छुट्टी मिलने में दिक्कत नहीं है। अगले हफ्ते V.C. से बात करेंगे। मैंने उनसे कह दिया है कि दिसम्बर और शुरू जनवरी में M.A. classes का Course करा दूँगा तब जाऊँगा। अभी दोस्तों से भेंट नहीं हुई है। शाम को होगी।

राजे, यहाँ आकर देखा देशान्तर और मानवमूल्य के प्रूफ़ आये पड़े हैं। उन्हें पढ़कर भेज रहा हूँ। एक चीज़ और आयी है उसे भी बता दूँ, नहीं तो बाद में तुम अनुशासन कठोरतम बना दोगी। श्यामलता का पत्र आया है— वह बेहद भारी वाले कागजों में है अतः भेज नहीं रहा हूँ। आकर ले लेना। तात्पर्य यह है कि वे जनवरी में कानपुर लौटेंगी तब एक हफ्ते के लिए कानपुर बुलाना चाहती हैं। शब्द हैं—"फूलों में गुलाब एक से एक दिखाएँगे। और मौसमी फूल तो होंगे

ही। मछलियों का शौक होगा तो एक बिल्कुल नयी गोल्डफिश देख लीजिएगा। और कैक्टस तो हैं ही। कुछ स्विट्जरलैंड से मँगाये हैं। सब मिला कर कहने का मतलब यह कि आप बोर नहीं होंगे।''

जवाब—जैसा आप अनुमति दें वैसा भेज दूँ। हाय रे बेचारे पति की दशा!

हाँ, प्यार सुनो—बंगाली लेखकों के पते, लोकमान्य वाले मैटर की कॉपी। ये दोनों चीज़ें तुरन्त भेज दो यूनिवर्सिटी के पते से। उसी में लिख देना कि घर के पते पर कौन-कौन खत डाले हैं। मैं अभी लक्ष्मीचन्द्र जी को भी एक खत लिख रहा हूँ एक सिन्धी जी को। अपना लेख यहाँ से मंगलवार को रजिस्ट्री से भेज दूँगा। अज्ञेय, नामवर और द्विवेदी जी को पत्र भेज दो लेख मँगाने के लिए।

तुम्हें क्या मालूम कि अभी वह सफ़ेद प्लास्टिक की डिब्बी निकाली डाक टिकट के लिए तो मन कैसा होने लगा?

तुम्हें क्या मालूम, तुम्हें क्या मालूम राजे—

तुम्हें क्या मालूम कि परसों शाम को कोबियाल की आँखों में जो आँसू थे, कितनी अकुलाहट के थे। नहीं मैं कैसे कह दूँ कि दीपशिखा के बिना torture नहीं होता—

खूब, खुश रहना। खूब पढ़ना, Pictures देखना— इस बार खूब जमकर normal ढंग से रह लो।

अच्छा—अब शेष, रात को विस्तार से—

भारती

6 दिसंबर 59
रविवार : 1 बजे दोपहर

तुम्हारा प्रिय अजीब-सी मन:स्थिति में है, प्यार! कल से कम-से-कम पचास बार मैं वह पंक्तियाँ दोहरा चुका हूँ, जो समुद्र स्वप्न की आखिरी पंक्तियाँ हैं :

'अब इस क्षण तुम केवल एक भरी हुई पकी हुई गहरी पुकार हो, सब त्यागकर मेरे लिए भटकती हुई।... न, कुछ भी मुझे समेट नहीं पा रहा है, यह अपना नगर, ये अपने मित्रों की ममता, ये अपने पेड़ पौधे, ये अपनी किताबें, यह अपना उजला सफ़ेद पूजाघर...इस समय इच्छा हो रही है कि मेरे तन और मन का एक-एक कण बोल सकता तो सहस्र वाणियों में बोलता—केवल तुम, केवल तुम, केवल तुम!

ऐसा हो क्यों रहा है मैं नहीं जानता। उदासी का भी सुख होता है पर

मैं उदास नहीं हूँ। इलाहाबाद से एक मोह था। हर बार चाहे इलाहाबाद से दूर जाऊँ चाहे पास आऊँ लेकिन इलाहाबाद अपनी ममता में समेटे रहता है। पिछले कुछ दिनों से यह नगर बेगाना लगने लगा है। इस बार वह बात और भी लगी है। जब सब चारों ओर का टूटा-सा लगे, तमाम जमीनें पाँव तले से खिसकी हुई लगें, जब बिल्कुल अव्यवस्थित शून्य में अपने को पाऊँ तब किस कदर अपने को अभागा मानता हूँ कि अपनी नियति की संगिनी, अपनी जन्म-जन्म की संगिनी—क्यों मेरे पास नहीं है। बस सिर्फ़ एक इच्छा होती है, इस अथाह प्रवाह में तुम्हारा हाथ पकड़े रहूँ, बस और कुछ नहीं, कुछ नहीं। तुम्हें याद है, 15 जून की वह शाम जब तुम्हीं ने मेरे पाँव तले का सारा आधार तोड़ दिया था, तमाम Commitments. तोड़ दिये थे, सबसे मुक्ति चाही थी—और मैं घर लौटा था, तो अथाह शून्य में निराधार—फिर भी उस रात मैंने तुम्हारा ही हाथ-हाथों में लेकर रात काटी थी। कितना अकेला कितना सुनसान अनुभव कर रहा था मैं! वह सुनसान भी तुम्हीं से मिला था, पर उसमें भी मैं एक रात नहीं जी सका था बिना तुम्हारे पाणिग्रहण! के!

मैं नहीं जानता क्यों, लेकिन आजकल यह लग रहा है, कि प्रतिदिन प्रतिरात्रि प्रतिप्रहर प्रतिक्षण तुम्हारा मेरे पास होना आवश्यक है। मैं कारण नहीं समझ पा रहा हूँ। वह कारण यह नहीं है कि तुम्हारी किसी बात से यह भावना उपजी है कारण शायद यह है कि ज्यों-ज्यों सारी दुनिया को Face कर रहा हूँ त्यों-त्यों यह लगता जा रहा है कि मेरा अर्थ केवल तुम हो। तो मैं तुमसे दूर क्यों हूँ? पहले इस दूरी का औचित्य साबित करने वाली कितनी ही बातें याद कर लेता था यह भी कि इससे तुम पकोगी, यह दूरी हमारा या तुम्हारा निर्माण करेगी। पर अब सब दलीलें बेकार साबित होती हैं। वह जो सर्वग्राही, गहन प्यास है, वह एक-एक क्षण मुझे मथ-मथ कर यही कहती है कि तुम अकेले क्यों हो? क्यों हो? क्यों हो?

लेकिन यह क्यों? क्या यह केवल एक सामान्य पति की अधिकार भावना मात्र है। क्या यह एक सामान्य प्रेम की पार्थक्य प्रतिक्रिया मात्र है। क्या यह एक सामान्य प्यास नहीं है। तुमने सप्तपदी पढ़ी है न! कृष्णेन्दु ने रीना से कहा था कि वह उसके लिए अपना ईश्वर छोड़ देगा, और वह ईसाई हो गया। लेकिन क्या कृष्णेन्दु ने अपना ईश्वर छोड़ा था? नहीं! उसने मन का कोई कोना समर्पित करने से चुराकर रख लिया था। और जब रीना नहीं मिली तो वह उसी कोने को द्वीप बना कर उस पर टिका रहा और अन्त में तारा बाबू ने दिखाया है, कि वही कोना अन्ततः कृष्णेन्दु को यह सिद्ध करता है कि उसकी सप्तपदी, उसका विवाह तो प्रभु से हुआ था।

लेकिन मेरी सपन, तुम उसकी बात सोचो जो सचमुच अपना सब कुछ, अपना भविष्य, अपनी नियति, अपनी आत्मा, अपना प्रभु, अगस्त्य के फूलों पर तोल चुका है, उसके लिए तो तुमसे मिली हुई किसी भी स्थिति में केवल तुम हो जो उसके लिए एकमात्र आश्रय हो। you are the value of all his values. आह राजे यह आकुलता इस बार की बेहद उत्कट है। I want you all-and every moment with me, arround me, near me, in me.

मैं उदास नहीं हूँ तुम्हें छोड़कर लेकिन मैं बेहद अधूरा, हर क्षण अधूरा अनुभव करता हूँ, क्या करूँ सपन? मेरा वश नहीं! मैं बेहद बेचैनी अनुभव कर रहा हूँ।

9:30 रात

और शाम आयी, और—और ज्यादा उदास कर गयी। मानिक आये, रघुवंश जी आये लेकिन मन जो उचटा तो बुरी तरह उचटा। क्या करूँ, क्या न करूँ। पूजाघर में बैठा न जाये। किस बुरी तरह याद आते रहे वे 30 घंटे... अन्त में कपड़े पहने और एक Picture देखने चले गये पिक्चर थी The wind cannot read.

नहीं राजे, ज़रूर आज भाग्य को मेरे साथ पूरी दुश्मनी निभानी थी। वह तस्वीर देखकर मन की कचोट, मन की आकुलता बुरी तरह बढ़ गयी। नहीं प्यार, नहीं। चाहे दुनिया इधर की उधर हो जाय, चाहे एक बार तुम भी नाराज़ हो जाओ पर मैं तुम्हें इस जन्म में दूर नहीं रख सकता, नहीं रख सकता, नहीं रख सकता। यह प्यार, आखिरी जन्म है। इसमें मैं कोई risk लेने को तैयार नहीं हूँ, अच्छा या बुरा, दरिद्रता या वैभव, अन्धकार या आलोक लेकिन I will not live a single day without your living touch, I will not sleep a single night without your arms.

No, No, No I will not live alone...I can not live alone...

...अच्छा आओ तुम्हें बतायें आज हुआ क्या? सुबह मैं उठा कि लक्ष्मीकान्त आये। उनसे कुछ देर बात करने के बाद आत्मन के यहाँ गये। वहाँ मिल गये पाठक जी। वे सब लोग धर्मयुग के प्रस्ताव से खुश थे, और उनका कहना था कि आप एक बार बांग्ला गुजराती, मराठी और अँग्रेज़ीवालों को भी दिखा सकेंगे, कि सामान्य पाठक के लिए भी बड़ी चीज़ कैसे प्रस्तुत की जा सकती है। उसके बाद जितेन्द्र जी से कॉफ़ी हाउस में मिलना था। उन्हें तुम्हारे परिसंवाद का चित्र दिया Points दिये। अगले रविवार अर्थात् 13 दिसंबर के लीडर में लेख लिखेंगे। वहाँ से लौट कर आया। सामने एक बूढ़े अध्यापक रहते हैं, फ़िलासफ़ी के एन.सी. मुकर्जी। वे अपने बरामदे में टहल रहे थे अकेले। मैं यूँ ही उनके पास चला गया।

वे बैठ कर धर्म, ईश्वर, आत्मा और बुद्धिज़्म और वैष्णविज़्म पर बातें करते रहे। और मैं बात करता रहा कि मनुष्य जिस पूर्णता की कामना करता है, वह सिवाय प्यार के और कुछ नहीं है...और मैं बहुत सामान्य मनःस्थिति में था...और कोई खास बात नहीं थी...

लौटते हुए उनके फाटक के पास मैं रुका। फाटक खोला कि पास की क्यारी में से गुलाबों की बेहद नशीली खुशबू आकर मेरे माथे पर बिखर गयी—बस प्यार, वह क्षण था कि जैसे मेरे एक-एक रोम को सौ-सौ अकुलाहटें डस गयीं। क्या हुआ मुझे उस क्षण यह मैं नहीं जानता—सिर्फ़ इतना जानता हूँ कि घर आकर मैंने अपने डब्बे में से पुरी वाला सिन्दुर रँगा रूमाल निकाला और उसमें मुँह छिपाकर कितनी देर तक सिसकता रहा। क्यों, मैं नही जानता। कोई विशेष चिन्ता नहीं पर न जाने क्यों, मस्तिष्क में भी केवल कुछ अधूरे स्मृति चित्र, कुछ बातें, कुछ क्षण कभी-कभी आ जाते थे, पर उनमें कोई संगति हो मैं नहीं जानता।

सबसे ज्यादा, सबसे ज्यादा मुझे याद आया उस रात जब बहुत दिनों बाद रजनीगन्धा की मालाओं से दीपशिखा को सजाया था तब प्यार के एक बड़े ममता भरे क्षण में रजनीगन्धा की कली के दो श्वेत खंड तुम्हारे माथे पर चिपका दिये थे वे श्वेत कली खंड बार-बार आँसू बनकर भीगी पलकों के आगे घूम जाते रहे। और फिर वह चित्र धूमिल पड़ गया और एकदम एक दूसरा चित्र याद आया। पारसाल जब वसंत पर बीमारी में तुम्हें घर लाये थे और गाड़ी नहीं आ सकी थी, और टैक्सी लेकर आये थे और तुम्हें गोद में सँभाल कर टैक्सी में बिठा रहे थे तो पड़ोस की कोई औरत आयी और उसने मुझसे पूछा, "बहूजी बीमार हो गयी हैं, इन्हें देस ले जा रहे हैं, क्या? रामजी जल्दी आराम कर दें।"

और फिर सारे चित्र मिट गये सिर्फ़ रह गयी कंठ में माला बनकर लिपटी हुई दीपशिखा...पीपल की साक्षी...तुम्हारी हूँ...और जाने क्यों हर चीज़, हर स्मृति चित्र जाने कहाँ और क्यों आँसू बन-बन कर पलकों में आता रहा और मैं पागलों की तरह रूमाल पर माथा टिकाये सिसकता रहा। कहता रहा—"मैं क्यों रहूँ, मैं अकेले क्यों रहूँ? मैं क्या इतना अभागा हूँ? मगर क्यों? मगर क्यों?"

उसके बाद दोपहर को सो गया सोकर उठा तो मैने बताया न कि मानिक आये, रघुवंश जी आये। खाना आज 5.30 बजे ही खा लिया और Picture चले गये।

भाग्य की बात कि यह तस्वीर भी आज ही देखनी थी। जानती हो, इसका शीर्षक एक जापानी कविता से लिया गया है। तेज़ हवा में, पतझड़ में कलियों की पाँखुरी-पाँखुरी बिखरी रही है—उस पर कहा गया है—नोटिस लगा था कि 'फूल मत तोड़ो'।

मगर हवा को पढ़ना तो नहीं आता! आह! और कहानी भी कितनी delicate थी, कितनी मार्मिक! सन् 42 में युद्धकाल में जब जापानियों ने बर्मा पर कब्ज़ा कर लिया था और असम पर हमला कर दिया था तब दिल्ली में कुछ अँग्रेज़ अफ़सर जापानी सीखने के लिए आये ताकि उन्हें जापानी कैदियों की देखभाल के लिए रखा जाय। उन कैदियों को जापानी पढ़ाने के लिए एक जापानी अध्यापक (कैदियों में से ही चुनी गयी एक जापानी लड़की) उस लड़की के प्रति एक अफ़सर-शिष्य अकस्मात् ममता अनुभव करने लगा। बस राज, उसके बाद की कथा तुम मत पूछो। कैसे सारी सेना उस अफ़सर के विरुद्ध थी, कैसे वह छुट्टियों में अपनी 'गुरु' को लेकर जयपुर गया, ताजमहल दिखाने आगरा गया। कैसे और किस प्रकार कुछ भी हो पर रात में वह लड़की (साबीशी उसका नाम था)—उसे अपनी बाँहों में सर रखकर ही सुलाती थी—खुद तकिये पर ज़रा ऊँचे और उसे अपनी बाँहों का तकिया देकर—कैसे उसे माइकेल ने लाकर एक engagement ring दी—कैसे विवाह के विचार पर बेहद रोई, बेहद रोई और अन्त में खुद ही उसने माइकेल को सजाया। फिर कैसे दिल्ली में उसने एक flat बिल्कुल जापानी ढंग से सजाकर माहकेल से कहा कि यह तुम्हारा घर है, अब मुझसे और कुछ नहीं होगा—मैं पहले गृहिणी हूँ—

और अकस्मात् युद्ध आ जाता है, और जब वह हज़ारों मील दूर जापानियों के द्वारा कैद होकर मलाया में पड़ा है तो साबीशी All India Radio से जापानी में समाचार पढ़ती है और वह जापानियों के बड़े-से-बड़े अत्याचार मात्र इसी आसरे झेल जाता है कि रोज़ उसे साबीशी की आवाज़ रेडियो पर सुनने को मिल जाती है। और फिर जब वह लौटता है...नहीं राजे, मैं कितने-कितने क्षणों पर अकुला उठा हूँ, यह तस्वीर देखते-देखते मैं तुम्हें क्या बताऊँ!

मैं अब याद कर रहा हूँ कि फ़िल्म देखते-देखते मैं कितनी बार बोल उठा था—no Raje no. I will not leave you alone, I cannot live alone. I will not take any risk. Don't be cruel, Don't leave me alone...

मैं नहीं जानता मेरे आसपास के किसी दर्शक ने सुना होगा तो क्या सोचा होगा। भाग्य से मैं ऊपर Balcony में बैठा था जहाँ seats बहुत भरी हुई नहीं थी।

मैं इतना जानता हूँ कि शायद रात 8.30 बजा होगा, मुझे अकस्मात् हॉल में इतनी गर्मी लगने लगी, इतनी अधिक कि मैंने कोट के सारे बटन खोल दिये, फिर बाहर आकर 5 मिनट बरामदे में खड़ा रहा तब फिर अन्दर गया—अच्छा जाने दो, बताओ तुम क्या करती रहीं? शनिवार को तुमने खत लिखा होगा जो शायद मुझे कल सोमवार को मिले। आज मैंने थोड़ी देर देशान्तर और मानव मूल्य के प्रूफ़ भी देखे। देख लिये ज़बर्दस्ती पर मन नहीं लग रहा था। चाहा लेख ही

fair करने में लगूँ पर आँखें बेहद कड़ुवा रही थीं—उसी रूमाल में लिपटी-सो गयीं।

हाँ, जब सोकर उठा तो कल्पना का नया अंक देखा। उसमें एक साहित्यधारा नाम का स्तम्भ निकलता है, जिसमें पिछले माह छपी कविताओं, लेखों, कहानियों, की समीक्षा रहती है। मेरी वह कविता थी न—नहीं, वह नहीं जो कुछ मैने जिया—बल्कि वह सब-वह सब जिसके द्वारा मैं जिया गया—उसी कविता से वह लेख शुरू हुआ है—"अब तक की नयी कविता में, अपवादों को छोड़कर कवि का अहम् ही सर्वोपरि लक्षित होता रहा है, इसके कारणों में वर्तमान युग की परिस्थितियों में कवि का अन्तर्मुख हो जाना ही है। किन्तु बहिर्मुखता भी आवश्यक है, क्योंकि अपनी इसी अन्तर्मुखी प्रवृत्ति के कारण कवि जहाँ भाव स्तर पर ऊँचा उठा है वहीं वह अति बौद्धिकता के कारण, कविता को कविता न रहने दे पाने से फिसला भी है। ऐसे में जब हम पाते हैं, कि कवि, सायास प्राप्त वस्तु को नहीं, अनायास जो मिला, जो स्वतः उद्‌भूत है—उसी को स्वयम् में जीवित तथा रचित देखता है, तो प्रसन्नता होती है। फिर वह उपलब्धि भले ही उसके अहम् के विश्लेषण से हुई हो—उसमें सब अपनी स्थिति को देख सकते हैं। कल्पना में धर्मवीर भारती की कविता 'वह जो' उक्त अहम् विसर्जन की प्रारम्भिक चेष्टा मात्र नहीं है, वरन है उस विसर्जन का तटस्थ बोध और गरिमा।"

राज, जानते हो आज यह पढ़कर मन को कैसा लगा? तुम्हें याद है न वह कविता मैंने किस रात को लिखी थी! 8 मार्च की रात को तुम तीनों ऊपर के कमरे में सोये थे और मैं अकेला नीचे अपनी स्टडी में और 3 बजे प्रातः मेरी नींद खुल गयी थी, और अपने परिणय की प्रथम वार्षिकी के ब्राह्ममुहूर्त में मैंने यह कविता लिखी थी। जिन पंक्तियों का संकेत इस लेख में है—

नहीं, वह नहीं जिसे मैंने ही चाहा, अवगाहा उगाहा
जो मेरे ही अनवरत प्रयासों से खिला
बल्कि वह जो अनजाने ही किसी पगडंडी पर अपने-आप
मेरे लिए खिला हुआ मिला!

हाँ, मेरे जन्म-जन्म के प्राप्य—मैंने अपने जीवन की जो रूपरेखा, जो मानचित्र सोचकर समझ कर विचार कर बनाये उन्हें सदा नियति स्लेट पर खीची लकीरों की तरह पोंछ गया, बिगाड़ गया—लेकिन जब मुझे सूर्या! तुम मिलीं तो मैंने देखा कि तुम्हारे माथे पर, तुम्हारी शरारती तेज़ आँखों में, तुम्हारे होठों की लकीरों में अनायास मेरा जीवन, मेरा भाग्य, मेरी जन्म-जन्मान्तर की उपलब्धि खिली हुई

है। पता नहीं कब से तुम उसे अपने व्यक्तित्व में सहेजे हुए हो—न जाने किस अनन्तकाल से—

उस दिन 8 की सुबह मैं यही तो अनुभव कर रहा था, मुझे मेरी नियति ऐसे ही तो मिली! अपने समस्त अहम् को विसर्जित कर पूर्णत: अर्पित हो जाने की कितनी पूजामयी पवित्र भावना थी उस दिन प्रात:। आज तक वह सुबह बीती नहीं है—मेरी अन्तिम साँस तक वह सुबह बीतेगी नहीं।

इसीलिए बार-बार मैंने यही पाया है राज कि तुम, तुम्हारा प्यार, तुम्हारा प्रतिक्षण मेरे पास रहना यह केवल मेरे अहम् की प्यास नहीं है, यह security की बात भी नहीं है, यह मेरे अस्तित्व की चरम सार्थकता है। इसीलिए मैं इसके बिना न केवल यह कि जी नहीं सकता, मैं जीना भी नहीं चाहूँगा। जियूँगा तो अपनी चरम सार्थकता से प्रतिक्षण आवेष्ठित जीवन जियूँगा—नहीं तो रिरियाता हुआ, भूखा-प्यासा, अधूरा, विकलांग, कुंठित, अपूर्ण जीवन नहीं जियूँगा—उसे अस्वीकार कर दूँगा।

ज्यों-ज्यों जीता गया हूँ पिछले तीन वर्षों में इसे अधिक-से-अधिक Realise करता गया हूँ। तुम प्रतिक्षण, मेरे पास मुझमें डूबी रही हो, तब भी—जब तुमने कभी दूर जाना चाहा है, तब भी, जब तुमने तन को मन को चरम रस से भर दिया है तब भी, जब तुमने कभी बेहद कष्टप्रद बातें की हैं, मन को आहत किया है तब भी; दुख में, सुख में—तुम्हारे पास अपने घर में-या तुमसे दूर भटकते हुए—मैंने केवल एक सत्य जाना है—गहरे और गहरे और गहरे जाना है—वह यही है कि मेरे तमाम अस्तित्व की अर्थ तुम हो केवल तुम—केवल तुम—केवल तुम मेरे तमाम मूल्यों की मूल्य तुम हो—केवल तुम केवल तुम!

भारती

8.12.59

आओ राज, यहाँ सर्दी कुछ ज्यादा है, कम्बल अपने पाँवों पर डाल लो, कोबियाल से टिक कर बैठ जाओ, चाहो तो अपनी भटकती उँगलियों को अपने अत्यन्त प्रिय घुँघराले कनुकेशों में भटकने दो...और-और एक कविता सुनो कविता तुम्हारे कोबियाल की नहीं है, किसी अँग्रेज़ी कवि की भी नहीं है, अँग्रेजी में लिखने वाले एक भारतीय कवि की है, उसने कविता का शीर्षक कुछ और दिया है, लेकिन मैं इस कविता का शीर्षक देता हूँ: 'पाणिग्रहण, अच्छा राज सुनो

I have sought your hand
As the bird seeks its nest
In fear of pursuit and death,
And spoken to it with my soul
In the language of blood–
The only speech we may understand
In this world of words and books.

But at night your hand is a storm
And mine a bird in its grip
I should like to fly its grasp,
Yet I relish the stroke upon stroke
And utter Exhaustion at the end
So that I might lie
Tired like a child on its mother's breast

In the dark our hands may search
The answers to enigma of face
And flesh, and beauty and love;
In an age of hands and hands
Our two hands freed from the anguish
Of seeking, may give shape
To a god-our anchor of hopes.

What we could not hold
to each other with eyes and lips
May be achieved through the joy
Of hands sailing like a ship
Your hands moves softly and slow
On the calm sea of my hand
seeking no shore beyond this eager flesh.

राज, अभी सुबह की डाक से, एक पत्रिका मिली जिसमें यह कविता है और तब से इसे पाँच-छह बार पढ़ चुका हूँ। राज, कल पूजा का दिन है न, सूर्या का सुहाग पर्व है न इसीलिए तुम्हें भेज रहा हूँ कि उसे सुना देना। और उसे

याद दिलाना उस शाम की जब सुहागी की पहाड़ियों पर अजब-सा सूर्यास्त, महाकाल की आरती, आदिम आग की लपटें, और घना अन्धकार जी लेने के बाद लौटते हुए गाड़ी में किसी के भटकते हुए भयभीत, सहमे हुए, आश्रय खोजते हुए हाथों ने उसके हाथों के घोंसले में आश्रय खोजा था। वह पहला दिन था राज, जब सूर्या के स्वामी ने समर्पण का निश्चय कर लिया था, नहीं निश्चय उसने नहीं किया था वह जन्म-जन्मान्तर की सहमी हुई खोज, आतुर समर्पण रक्त में तैरता हुआ, नसों में प्रवाहित होता हुआ उसके हाथों को धीरे-धीरे खींच ले गया था उसकी सूर्या की अँजलियों में—

और फिर सूर्या को याद दिलाना उस 15 जून की रात की जब सूर्या ने पगलियों की तरह सब तोड़ देना चाहा था और उसके स्वामी के चिन्ताग्रस्त हाथों ने सूर्या के हाथों को ग्रहण कर रात बिता दी थी।

और उसके बाद सम्मिलित हाथों ने अनुबन्ध पत्र पर हस्ताक्षर कर सदा के लिए बन्धन अटूट कर लिया था।

हाँ राज, इस कविता को पढ़कर यह सब सोचता रहा कि अब एक क्षण भी उन हाथों के सजीव स्पर्श के बिना जीना असम्भव लगा करता है। हँसू के सात परिधान तुम्हारे पास हैं पर आठवाँ परिधान जो बिल्कुल हँसू के परिमाप का है वे हैं सूर्या की आतुर अँजुलियाँ। उनके बिना सब निरर्थक, बेस्वाद, मूल्यहीन लगता है, मैं क्या करूँ?

और इस 9 को यह भी स्पष्ट कहना चाहता हूँ कि मैं अपने मन को मारूँगा नहीं, अधूरा नहीं जियूँगा। अब तक का सारा जीना तैयारी मात्र था, अब सचमुच जियूँगा।

और किसी के लिए कुछ हो आदर्श हो, ईश्वर हो—मेरे लिए सब कुछ वह है जिसका मैं हूँ। और उसके बिना मैं कुछ नहीं हूँ मेरे जीवन का प्रतिक्षण कुछ भी नहीं है।

हाँ, राज, उन हाथों को अर्पित हूँ एक-एक कण! उन हाथों में मेरी नियति है, मेरा भविष्य! उन हाथों को मैं एक क्षण अलग करने की बात ही नहीं सोच सकता।

कल 9 है। कल सुबह माँगूँगा उन हाथों को। अपने माथे पर, अपनी पलकों पर, अपने होठों पर, अपने कन्धों पर, दाखों पर, हंस के पंखों में, ताम्रवर्णी झरनों पर सम्पूर्ण कनुतन पर। उस दिन से जब मान्सू से अलग हुआ हूँ-मेरे तमाम अस्तित्व का एक-एक कण किस तरह टीस रहा है, किस तरह अकुला रहा है, किस तरह पिरा रहा है—जैसा पहले कभी नहीं अनुभव किया था।

सूर्या से कहो—सहमे हुए आकुल हाथों को अपने हाथ में ले ले। नहीं उससे

कहने की कोई जरूरत नहीं। उसके हाथ ही अपनी भाषा में आज 8 को कह देंगे कि वह अब अपने प्रिय को अकेला नहीं छोड़ेगी। नहीं छोड़ेगी। नहीं छोड़ेगी।

10 दिसंबर 59
शाम 4 बजे

राज, नहीं जानता कि कल 9 की शाम की—4 बजे से शाम 6 बजे तक की अनुभूति तुम तक पहुँची या नहीं, नहीं चाहता कि वह अनुभूति तुम्हें कभी हो, इतनी उदासी, इतना अवसाद, इतना सूनापन—मैं समझ नहीं पा रहा था कि मुझे हो क्या रहा है! सुबह तुम्हें 9 वाला खत लिखा था उसी में लिखा था इस बार की पूजा चरम restlessness की पूजा थी, मन ने देवता से तन कर पूछा था कि उसका प्राप्य, उसका अभिन्न दूर क्यों है? एक-एक कण बेहद तृषित था बेहद प्यासा था। यूनिवर्सिटी से लौटकर सुबह की डाक से कोई पत्र न पाकर मैंने इनलैंड लिखा। और उसके बाद कुछ शिथिलता लगी तो कम्बल ओढ़कर लेट गया। बीच में लक्ष्मीनारायण लाल आये। उनसे बातें की। मन फिर उचट गया। क्या करूँ क्या न करूँ। कितनी चीज़ें पढ़ने की कोशिश की मगर बेकार! साइकिल उठाई और बहुत दिन बाद, छह-सात माह बाद The Books गये।

—उस लता वृक्षों से आच्छादित इतनी सुन्दर लगने वाली दुकान ने बस उदासी से मेरी ओर देखा और मुँह लटका कर बैठ गयी। अन्दर गया। सामने किताबें थीं। हज़ारों लाइन में सजी हुई रंगबिरंगी। पर हर किताब ने मेरी ओर उपेक्षा से देखकर कहा जाओ लौट जाओ दोस्त ज़िन्दगी का सत्य किताबों में नहीं है। जो कुछ है भी, वह उसे नहीं मिलता जो अपने सशरीर सत्य से पृथक होकर इधर-उधर भटकता फिरे। दो-एक किताबें खोलीं पहले हर वाक्य हर अक्षर मानो खिड़की-सा हुआ करता था जिसके पीछे से जाने कितने सत्यों का विस्तार झलक जाता था—अब हर शब्द, हर वाक्य मुझे देखकर फटाक से अपने दरवाज़े बन्द कर लेता है—हर शब्द पास जाते ही जैसे छुई-मुई-सा मुँद जाता है—और मैं उसके बाहर उपेक्षित अस्वीकृत चुपचाप मर्माहत-सा खड़ा रह जाता हूँ। इस तरह हर अलमारी के सामने, हर पुस्तक के हर शब्द के द्वारा अस्वीकृत होकर मैं बार-बार चोट खाकर दो घंटे खड़ा रहा। और प्यार, तुम क्या कभी उस भयानक अथाह अकेलेपन का अनुमान लगा सकते हो जिसे तुम न भरो तो दुनिया का सारा ज्ञान, विज्ञान, धर्म, दर्शन जिसे न भर सकें!

आह, राज! अपने 7 को, 8 को, 9 को छोड़े लम्बे पत्रों में मैंने जो आकुलता लिखी है कल शाम को जान पाया कि वह आकुलता उससे करोड़ गुनी अधिक

मर्मान्तक है। पत्रों में मैं कुछ भी नहीं लिख पाया हूँ।...मैं नहीं जानता कि सचमुच बुखार था या केवल मानसिक उद्वेग—लेकिन वहाँ खड़े-खड़े जब मुझे लगा कि मेरा माथा और पलकें जल रही हैं—पाँव सूने पड़ने लगे हैं तो मैं बाहर आया और दुकान के मालिक श्री मुकर्जी के पास बैठ गया। उन्होंने भी Mark किया और बोले Are you feeling exhausted? Did you come direct from university? उन्होंने चाय पिलाई, कुछ देर बातें कीं, फिर जाने दिया।

घर आकर देखा, बुखार नहीं था। नहीं मेरे सपन! तुम इस बार की मेरी व्यथा को जिस क्षण समझ लोगी फिर तुम कभी ऐसा वाक्य लिखना तो दूर सपने भी नहीं सोच सकोगी कि "अभी उन लोगों से कहने की जल्दी न करो। एक साल और दूर रहना ही पड़े तो रह लेने दो।" घर लौटकर आया तो तुम्हारा सोमवार का लिखा पत्र मिला। जिसमें तुमने इतवार के प्रोग्राम और कुंथा जी से हुई बातचीत का हवाला लिखा था। जानता हूँ मेरे अभिमान! तुम्हें अभी जीवन में जाने कितना जाने क्या-क्या सम्मान और Recognition मिलना है। वह सब मिलेगा मेरे प्राण, सब मिलेगा तुम्हें। मैंने साल भर से यह बराबर चाहा है कि तुम्हें अच्छी Administrative लाइन की ओर किसी तरह लाया जाये। पर मेरे प्यार—तुम्हें अपने प्रिय के लिए केवल दारुण यातना सहनी पड़ी है, मैं अपना कोई भी स्वप्न तो नहीं चरितार्थ कर पाया। फिर भी मेरे प्यार तुम जानते हो कि हमने जब जो चाहा है उसके लिए कहाँ से कैसे रास्ता निकल आया है यह ईश्वर ही जानता है। पर मेरे भाग्य! जब मैं अब इतना विवश पाता हूँ अपने को कि यहाँ, सूर्या! तुम्हारे इस घर में कण-कण तुम्हारी गन्ध और रूप से बसे इस पूजाघर में, इतनी यन्त्रणा के दिन-रात बीतते हैं, तो प्यार, उस विराट् अपरिचित, कठोर नगर में मुझे तुम अकेले छोड़ दोगी? चाहे मैं उस विशाल भीड़-भाड़ वाले सूनसान में कुचल जाऊँ? मई तक किसी तरह काट लूँगा राज लेकिन फिर? नहीं मेरे दुःख-सुख की एकान्त संगी मैं जानता हूँ तुम कोई-न-कोई रास्ता निकाल लोगी तुम मुझे अकेले नहीं छोड़ोगी। तुम सिर्फ़ नासमझी में ऐसी बातें कर लेती हो पर जब अवसर आता है तो तुम वही करती हो जो तुम्हारे सिन्दूर की मर्यादा है।

... याद है तुम्हें दीघा के उस दम्पत्ति की जो हमारे साथ गया था। पति दृष्टिहीन था, हर क्षण हर कदम उसे अपनी संगिनी के कन्धे पर हाथ रखना आवश्यक था।...मैं जानता हूँ कभी-कभी उसकी संगिनी के कन्धे दुखने लगते होंगे। कभी-कभी वह चाहती होगी अकेले—कदम-दो-कदम चलना! पर मात्र इसी से कभी क्या वह अपने ऊपर निर्भर पति को समुद्र के विक्षुब्ध किनारे पर अकेले छोड़कर आ सकती है? नहीं प्यार नहीं! मैं जानता हूँ, कभी नहीं! वैसे घर के अपने चिरपरिचित शयनागार में एक क्षण के लिए छोड़ भी दे, मगर बाहर-

समुद्र की विक्षुब्ध लहरों के पास तो वह अपनी बाँहों में जकड़ कर, गुलाबों में छिपाकर, रजनीगन्धा से बाँधकर, दीपशिखा से लपेटकर रखेगी! मैं जानता हूँ। मैं अच्छी तरह जानता हूँ। तुम चाहे जो लिखो, चाहे जो कहो उससे क्या होता है।

हाँ प्यार मेरे, चिट्ठियाँ यहाँ कुछ देर में आ रही रही हैं। देखो न 5 की छोड़ी चिट्ठी 8 की सुबह मिली। 7 को छोड़ी चिट्ठी 9 की शाम को मिली। प्यार मेरे-तुम्हारे परिसंवाद, तुम्हारी Report से सब प्रसन्न हैं। कहाँ मन तृप्त होता है तुम्हें क्या बताऊँ! तुमने अपना परिपत्र और समाचार की कतरनें तथा चित्र पिताजी को तथा आनन्दजी को भेजे या नहीं? भेज देना प्यार! और दादा को भी। दादा को ज़रूर भेज देना। और मेरी राजे एक काम और करो कल्पना के सम्पादक बद्रीविशाल पित्ती को एक पत्र लिख दो जिसमें अपना छापा परिपत्र भेज दो और यह लिखो कि हम इसकी एक संक्षिप्त रिपोर्ट आपके पास प्रकाशनार्थ भेजना चाहते है। आशा है आपकी सांस्कृतिक टिप्पणियों में स्थान पा सकेगी। यह भी लिख देना कि इस परिसंवाद की पूरी रिकॉर्डिंग आल इंडिया रेडियो ने की है तथा तमाम बंगाली लेखक भी शरीक हुए। जिन लेखकों ने भाग लिया वे भी बहुत सन्तुष्ट थे। वगैरह—और देखो, पहले तुम ढील दे रही हो और बाद में तुम्हीं किचकिच करोगी। कह दिया तुमने कि उन महोदया को प्यारा सा जवाब दे दूँ। बिना प्यारा-सा जवाब दिये तो उनकी चिट्ठी का ऐसा टोन है कि बस मैंने तो मारे डर के दो-चार सिर्फ़ ऐसे वाक्य तुम्हें लिखे जो बिल्कुल harmless थे। असली वाला अंश तो लिखा ही नहीं कि यहीं आकर देखो ताकि जितना गुस्सा हो उसका दुगुना प्यार कर लो। उन्होंने लिखा है कि कानपुर में उनका कितना जी ऊबता है—क्यों ऊबता है? वे शाम को थककर आती हैं तो चाहती हैं या तो मेरे द्वारा सुझाई किताबें उन्हें मिलें या फिर उन्होंने लिखा है कि मैं कानपुर जाऊँगा तो वे मेरे दिलबहलाव के लिए क्या-क्या उपाय करेंगी। अब बताओ यह सब तो तब है जब मैंने दो साल से उन्हें कोई खत नहीं लिखा। और उसकी भी शिकायत जानती हो किन शब्दों में है? "आखिर ऐसी भी क्या नाराज़गी जो दो साल से नहीं उतरी। कैसे उतरेगी जानूँ तो?...

बहरहाल मेरे प्यार! मैं जाऊँगा तो बम्बई पर अकेले एक साल नहीं काट सकूँगा। झूठी बातें नहीं करता। यों यह बात केवल भावुकता नहीं, Practical level पर भी कर रहा हूँ कि तुम्हारे लिए शिक्षायतन से भी बेहतर जगह का प्रबन्ध होगा मेरे गर्व! बेनेट कोलमैन करेगा तो ठीक नहीं तो राज मेरे, मैं खुद कुछ-न-कुछ कर ही लूँगा। मैं अपने मन की जैसे यह बात जानता हूँ कि जिस क्षण तुम अकेले नहीं रह सकती हो उस दिन तुम्हारे पास आने में दुनिया की कोई चीज़ कैरियर से लेकर ईश्वर तक बाधक नहीं हो सकता। वैसे ही तुम्हारे

मन को भी खूब जानता हूँ तुम इधर-उधर की मूर्खतापूर्ण बातें करो तो उससे क्या आता-जाता है।

मेरा स्वास्थ्य ठीक है प्यार! खाना, नाश्ता, अंडे सब ठीक ले रहा हूँ। केवल सुबह सर में दर्द ज़रा रहता है और उसका कारण मुझे मालूम है। आजकल रात की नींद बेहद disturbed रहती है, बेहद तृष्णाकुल। यह नहीं कि मन किसी विशेष चिन्ता या आशंका से ग्रस्त रहता है अतः नींद नहीं आती। होता सिर्फ़ यही है कि बिना दीपशिखा के उष्ण आश्लेष के, बिना बाँहों और गुलाबों के बीच माथा टिकाये, बिना रजनीगन्धा कसाव के अब नींद नहीं आती। आ नहीं सकती। या तो वे अब जीवन की अन्तिम श्वास तक मुझे अकेले नहीं छोड़ेंगे—या फिर मुझे जब तक जितनी रातें अकेले छोड़ेंगे तब तक मुझे ऐसी आकुल अनिद्रा में रात-रात जाग-जाग अपनी Nerves को थका डालना होगा... सुबह उठता हूँ तो तुम्हें जो प्रिय है वह चन्दन चेहरा कितना प्यासा, बासी थका हुआ लगता है इसे तुम देखकर ही जानोगी प्यार!

राजे, कल जब The books में खड़े होकर चाय पीकर लौटने लगा तो बुरा लगा कि कोई भी किताब नहीं ले चल रहा हूँ। तो एक किताब खरीदी आधुनिक जर्मन लेखों पर। घर आकर तुम्हारा खत पाकर सोचा कि इसके कुछ पृष्ठ पढ़ डालूँ। एक लेख था 'रिल्के ऐंड नीत्शे' उसमें एक उद्धरण पढ़ा—"only he can be an artist who has a religion of his own, an original view of his infinity" मैंने कभी-कभी तुमसे शिकायत के स्वर में कहा है कि तुमने पाणिग्रहण किया है मेरा, मगर तुम favour ज्यादा करती हो मेरे 'कोबियाल' रूप का। मगर राज, कोबियाल भी एक भी पंक्ति नहीं लिख सकता अगर वह उस Religion पर दृढ़ न हो जो उसने स्वीकार किया है, तुम जानती हो कि उसकी Infinity अनन्तता, उसकी सार्थकता, उसका धर्म, उसका ईश्वर उसकी दीपशिखा है। वह किसी आत्मा को, किसी सौन्दर्य को उस दीपशिखा के भराव उसके उतार-चढ़ाव उसकी चरम तृष्णा से पृथक नहीं मानता। वह उसकी प्रभु है, उसकी अनन्तता उसकी सार्थकता!

हाँ मेरे राज, तुम क्या समझ सकोगी कि कैसे उसी दीपशिखा की मन्द उष्णता में पक कर ही मेरा हर शब्द सार्थक हो पाता है। उस दीपशिखा की हंसबिद्ध गति, उसकी हंसारूढ़ लय ही मेरे लेखन की एक-एक पंक्ति की गति और लय है। उसकी दोनों हथेलियों को छूकर ही मैं सत्य को छू पाता हूँ—उसके एक-एक कण को दुलार कर ही मैं होठों पर वाणी पाता हूँ। उसकी उद्दीप्त आग में तप सिक कर ही मैं परिपक्व हो पाता हूँ।

उसके बिना मेरी हर रात तो मर्मान्तक है ही, कोबियाल को भी हर पुस्तक अस्वीकार कर देती है, हर ज्ञान मुँह फेर लेता है, हर शब्द अपने द्वार बन्द कर लेता है—प्यार मेरे! उस पीड़ा का अनुभव करने की कोशिश करो मेरे भाग्य! जो मुझे कल हुई होगी—अपनी दीपशिखा के अभाव में! उस पीड़ा का अनुमान करने की कोशिश करो मेरी अनन्तता! जो मुझे हर रात, हर दिन, हर क्षण सालती रहती है—दीपशिखा से अलग रहकर!

तुम्हीं उसका अनुमान कर सकती हो प्यार! सिर्फ़ तुम्हीं! राज मेरे!

भारती

11 दिसंबर 59 शुक्रवार
9 बजे रात

मैं जानता था मुक्ता, मेरी प्यार, मैं जानता था। तुम्हारा खत आने के पहले ही मैं जानता था। तुम कलवाला मेरा खत उठाकर देखो। यानी वह खत जो मैंने दस को लिखा है जिसमें नौ की शाम का The books वाला अनुभव लिखा है, उसी में मैंने लिखा था कि सूर्या बावरिया है। कहे चाहे जो कुछ लेकिन उस पर प्रतिक्षण आश्रित अपने सर्वस्वार्पित पति को एक क्षण अकेले नहीं छोड़ेगी। पगलिया है। जो बातें बोल जाती है उनका अर्थ समझती नहीं पर जिस क्षण जानेगी कि अकेले छूटने की बात मात्र से उसके प्रिय को कितनी दारुण यन्त्रणा है तो सारी दुनिया के समक्ष तन कर खड़ी हो जाएगी और अपने प्रिय को चतुर्दिक रजनीगन्धा की मालाओं से कसकर रखेगी!

तुम्हें लिखा था मेरी सपन! आज आठ रातें बीत गयीं मुझे एक दिन भी ठीक से, नींद नहीं आयी है। आज शायद नींद आये। राज मेरे, आज तुमने बाँहें फैलाकर, मेरे तन पर हाथ रखकर आठ बार शपथ खाई है कि तुम मुझे अकेला नहीं छोड़ोगी। you will not live one day without my living touch, I will not sleep one night without your arms...

मैं जानता हूँ इस शपथ में अब कोई व्यतिक्रम नहीं होगा। तुम अपने माथे के सेन्दुर के लिए, अपनी माँग की लाली के लिए कभी अमंगल नहीं सोच सकतीं। तुम जानती हो कि तुम्हारा प्रिय तुम्हारी बाँहों में कसकर सोये बिना जीवित नहीं रह सकता। तुम जानती हो, इसे अच्छी तरह जानती हो कि तुमने जो पति वरा है वह केवल भावुकतावश ऐसी बातें कभी नहीं कहता—कहता तभी है जब वह अनिवार्यता बन जाती है—वह एक सत्य बन जाता है। उसने तुमसे कभी एक शब्द,

कुछ नहीं कहा—लेकिन जिस दिन उसने जान लिया कि वह केवल तुम्हारे लिए बना है, उस दिन उसने हेस्टिंग्ज़ रोड की गंगा को साक्षी करके वह बात कही और फिर वह बात उसके जीवन में पत्थर की लकीर हो गयी। उसने एक-एक कण तुममें जिया पर किसी Commitment का आग्रह नहीं किया लेकिन जब उसने जान लिया कि अब विधिवत् पाणिग्रहण और अनुबन्ध की वेला आ गयी तो उसने एक क्षण की देर नहीं की। My destiny, O! responsible mother of my child you know your husband very well–you know him deepest, you know him completely. तुम जानती हो कि अब उसके तन-मन आत्मा प्राण की गहराई से यह बात उठी होगी—तभी, केवल तभी उसने तुमसे इतनी आकुलता से यह कहा कि मुझे अकेला मत छोड़ो। मैं जी नहीं सकूँगा। मैं नहीं जी सकूँगा।

मैं जानता या कि जैसे "wind can not read" वाला चित्र देखकर मैं कह रहा था कि नहीं यह जन्म आखिरी है, मैं कोई Risk नहीं लूँगा—वैसे ही मैं जानता हूँ कि मेरी पत्नी तू थोड़ी चंचल चित्त है, कभी-कभी बहकी बातें भी सोच लेती है, कह भी देती है—पर वह सब इसीलिए कि तुझे अत्यन्त परिपक्व शान्त गम्भीर मनवाले अपने पति पर बहुत भरोसा है। तुम जानती हो कि साँवले समुद्र से अथाह अछोर मेरे मन की हर धार को तुम अपने में समेटने की सामर्थ्य रखती हो। तुम अब अच्छी तरह जानती हो कि तुम अपने प्रिय की हाथ-पाँव, दृष्टि, श्वांस-सब हो गयी हो। तुम जानती हो कि वह अपनी प्यारी परिणिता के बिना एक रात नहीं काट पा रहा है। वह नहीं काट पाएगा वह छीज जाएगा। बिखर जाएगा। जी नहीं पाएगा। उसकी प्रिया इसे मन-ही-मन जानती है और इसीलिए बहुत गर्विता भी है। मैं जानता हूँ उसके इसे भरे-भरे गर्व को अभिमान को! इस सुहाग की प्रगाढ़ लाली का उसको कहाँ पर कितना अभिमान है यह मैं जानता हूँ। वह यह भी जानती है कि कितने-कितने तरीकों से उसने अपने चरम मुक्त स्वभाव के अत्यन्त उच्छृंखल वेग वाले, किन्तु बेहद प्यारे पति को धीरे-धीरे कितने सूक्ष्म रेशमी अटूट बन्धनों में कसा है। एक-एक साँस उसकी कस ली है, यहाँ तक कि अब वह उससे दूर रहकर जी नहीं सकता। वह जानती है इसे!

इसीलिए, मुझे मालूम नहीं था कि सोमवार वाला पत्र तुम्हें मिला कि नहीं मिला, या तुमने उसे पढ़कर क्या सोचा पर मैं यह जानता था कि यद्यपि तुमने लिखा है, कि अभी एक साल तुम दूर रहो—पर यह बात व्यर्थ है। तुम जिस दिन अपने पति के मर्म को चीर देनेवाली व्यथा जान लोगी उस दिन एक क्षण दूर नहीं रह सकती। सात पहाड़ों और समन्दर को लाँघकर दौड़कर अपने पति को अपनी बाँहों में समेटकर सुला लोगी। इसे मेरा मन सदा अन्दर से जानता रहा है, वही मन जिसने 15 जून की रात को पाणिग्रहण करके सुलाया था मुझे!...

इस बार पहली बार 1 को तुमने इस तरह मुझे चाहा है, इस तरह मुझे पाया है। सुनो, तुम्हें पुरुष के मन का, पति के मन का एक चोर बताऊँ! वह बहुत चाहता है कि उसकी निशानी उसके बच्चे को उसकी माँ एक-एक कण सहेज कर रखे लेकिन वह हर क्षण यह भी कहीं-न-कहीं चिन्तित रहता है कि उसको मिलने वाली निधि में से एक कण भी कम न हो। क्या तुम नाराज़ हो जाओगी अगर मैं तुम्हें यह बताऊँ कि मैं हर ओर से, प्रत्यक्ष या अप्रत्यक्ष बहुत उदार होते हुए भी किसी एक बिन्दु पर बेहद Posessivhusband हूँ। मैंने अकसर सोचा है कि यह अतिशय Posessiveness अच्छी है या बुरी! नहीं कभी निर्णय कर पाया-सिर्फ़ इतना जान पाया कि तुम्हारे लिये-अपनी पनसुतिया, अपने गुलाब, अपनी दीपशिखा के एक-एक कण के लिए यह चरम प्यास तो है ही-बेहद Possessiveness भी है! तुम क्या इससे नाराज़ हो!

मैंने इस बार कलकत्ते से आकर बहुत बार सोचा कि उस दिन की अपनी बहुत विह्वलता में कही गयी केका सम्बन्धी वे तमाम बातें जो हिन्दुस्तान रेस्तराँ से लौटकर कही थीं—उस दिन एक बात नहीं कही थी! वह आज सुन लो! इस समस्त संसार में जहाँ कहीं जितना भी मैं हूँ—मेरा अंश है—मेरा प्रसार है—वह सब अगर तुम नहीं ले लेतीं, अगर वह सब मैं तुम्हें अर्पित नहीं कर देता, और मुझे विश्वास नहीं हो जाता कि वह तुम्हारा हो गया है, एक-एक कण तुम्हारा हो गया है तब तक मैं सुख से नहीं जी सकता। मुझे अन्दर-ही-अन्दर कुछ अभाव कचोट-कचोट कर खोखला बनाने लगता है। केका चूँकि मेरा अंश है, इसीलिए उस पर तुम्हारा एकच्छत्र अनुशासन, एकछत्र अधिकार होना मेरे जीने के लिए जरूरी है वरना मेरा वह अंश अगर तुम्हारे द्वारा अनधिकृत रह जाता तो मैं अन्दर-ही-अन्दर कहीं पर छीजता रहता। I can not live one moment being posessed by you completely my whole existense must be possessed by you otherwise I will not be able to live. And now you know it very well...

12 दिसम्बर, शनिवार 1959
सुबह 6 बजे

हाँ मुक्ता! साबीशी ने जो कहा था ''यह तुम्हारा घर है—मैं इसकी गृहिणी हूँ''—उसका अर्थ जितना साबीशी के लिए था मुक्ता के लिए उससे भी बहुत अधिक है। वह अपने प्रिय को जानती है। वह जानती है कि पर्दे, मेज़, कुर्सी से लेकर फूलों तक वाला यह घर अब उसके प्रिय के वश का नहीं रहा। वही आकर

सजाएगी तभी वह सजेगा, वही आकर बसाएगी तभी वह घर बसेगा। साथ ही वह यह भी जानती है कि उसका प्रिय यह कभी नहीं मानता कि उसके गृहिणीत्व का दायरा केवल इतना है। मुक्ता का एक बहुत बड़ा घर है जिसमें उसका प्रिय प्रतिक्षण वास करता है। और अगर मुक्ता उस घर को भी न सँभाले तो उसका प्रिय वहाँ भी बेबस हो जाता है। वह भूल ही जाता है कि उसका वैसा भी कोई घर है—वह घर है—शब्दों का महल, कल्पना का, Ideas का, चिन्तन का ज्ञान विज्ञान का—वह घर उसके प्रिय ने न जाने कितनी साध से जब वह किशोर था तभी से अपनी पहली कमाई के पहले वेतन से बनवाना शुरू कर दिया था ताकि मुक्ता आएगी तो वह इस घर को मुक्ता को सौंपकर निश्चिन्त हो जाएगा। अपने उस घर के लिए उसके प्रिय ने अपनी खाने खेलने की उम्र में खाया खेला नहीं कपड़े नहीं, बनवाये, कॅरियर के पीछे नहीं दौड़ा, I.A.S., P.C.S. में नहीं बैठा A.I.R. का Offer नहीं लिया—मात्र इसलिए कि एक-एक ईंट खुद कन्धों पर रखकर वह अपनी परिणिता, अपनी वधू, अपनी प्रतीक्षित आगन्तुका के लिए यह महल बनाता रहा है और अब जब वह आ गयी है तो उसने सब उसके हाथों सौंपकर यह कह दिया है कि लो सब तुम्हारा है—सब सँभालो। ये सेज यह प्यारी छत, ये रजनीगन्धा की छड़ियाँ, ये दर्पण, ये चादरें, ये तकिये और इनके परिवेश में पलने वाले, अंकुरित होने वाले, विकसित होने वाले चिन्तन, शब्द, कल्पनाएँ और विचार भी! हमारा घर—हम दोनों का घर बहुत बड़े अर्थों वाला है पुष्पा! उसमें हमारी सेज हमारी तन्मयता, हमारे परिधान केवल प्रतीक नहीं हैं, न केवल साधन हैं किसी विराट्ता तक पहुँचने के! वे स्वयं विराट्ता हैं, वे स्वयं सार्थकता हैं वे स्वयं Great Ideas हैं, वे स्वयं Rhythm of life हैं—लेकिन साथ-ही-साथ हमारे घर की नींव, ईंटें, द्वार, झरोखे, छत और सहन बहुत बड़े विचारों और मूल्यों की हैं। वे विचार वे मूल्य ही हमारा प्यार है, हमारी शय्या है। इसलिए मेरी वधू, तुम कितने बड़े कितने मूल्यवान घर की स्वामिनी हो—तुम इसे समझती हो न? क्या उस घर को एक दिन, एक शाम, एक क्षण के लिए भी तुम अव्यवस्थित अनियंत्रित छोड़ सकती हो? नहीं प्यार, मैं तुम्हारा पत्र आने के पहले ही जानता था कि तुम नहीं छोड़ सकती अकेले सिर्फ़ यह कि तुम कहीं-न-कहीं अत्यन्त नाज़वाली ज़िद्दी और थोड़ी बिगड़ती और सिर चढ़ी पत्नी हो जो हर क्षण अपने पति के मुँह से यह सुन लेना चाहती है कि वह कितनी मूल्यवान है।

देखो प्यार—एक बात और आज खूब अच्छी तरह समझ लो, यह नहीं कि तुम इसे समझती नहीं हो—खूब भली-भाँति समझती हो लेकिन फिर-फिर मेरे मुँह से कहलाना तुम्हें अच्छा लगता है न! तो सुनो। देखो हमने अपना घर, अपनी गिरिस्ती अपना वैवाहिक जीवन बिल्कुल एक-दूसरे बिन्दु से प्रारम्भ किया है,

जिस बिन्दु से आज तक कभी किसी ने प्रारम्भ नहीं किया, देखो मैंने तुम्हें 10 तारीख वाले खत में लिखा था कि श्लीगेल ने लिखा है, कि Every artist must have his own religion he has his own idea of inftinity हाँ प्यार और इस अनन्तता को, अपने अस्तित्व की इस सार्थकता को अपनी पत्नी और परिवार के प्रसंग में कलाकारों ने जितनी तरह से देखा है मैं उस सबसे असहमत हूँ। या तो वे लोग हुए जिन्होंने यह माना कि उनका यह प्यार अत्यन्त तन्मय प्यार केवल हाड़-मांस का प्यार है, और वह अनन्तता में बाधक है। फलस्वरूप जब वे अनन्तता की ओर चले तो उन्होंने इस प्यार से विदा ले ली। और माना कि वे एक उलझन में उलझ गये थे, अच्छा हुआ उससे मुक्त होकर अब वे किसी बहुत विराट् तत्व की खोज में जा रहे हैं। कबीर थे जो बोले कि नारी तो मैंने भी की—"लेकिन जब जानी तब परिहरी नारी बड़ा विकार" तुलसी के साथ और भी पीड़ाजनक घटना हुई कि उनकी संगिनी ने ही उनके मन में एक गलत भावना जगा दी कि उनका रत्ना के प्रति प्यार और उनका राम—ये दो अलग चीज़ें हैं। उनका प्यार तो 'अस्थिचर्ममय देह' का प्यार है और वह संसार में उलझाने वाला है—वही राम में होता तो उन्हें पार लगा देता।

...नहीं मैं इसे नहीं मानता। तुलसी ने माना और सदा-सदा के लिए अपनी प्रतिभा को एक विचित्र खोखले आडम्बरयुक्त मर्यादावाद से आच्छादित कर लिया। लेकिन प्यार ने विचित्र ढंग से बदला लिया तुलसी से। उनका नायक उनका मर्यादा पुरुषोत्तम नायक राम जीवन भर अपनी उसी अस्थिचर्ममय देहवाली पत्नी के लिए वन-वन भटकता रहा, वानरों और पशु-पक्षियों तक से दया और सहायता की भीख माँगता रहा। और जब बार-बार अपमानित होकर भी उसकी पत्नी उसे मिली तो भी वह क्या उसे रख सका? कापुरुषों की भाँति मिथ्या अपवाद के कारण उसने उसे निर्वासित कर दिया और अश्वमेध यज्ञ के समय सोने की सीता का ढोंग रचना पड़ा उसे! रत्नावली ने अपने पत्नीत्व को अनन्तता से अलग माना, तुलसी को अपनी बाँहों में अहर्निश न सुलाकर जिस प्रवंचक अनन्तता की ओर भेजना चाहा उसका परिणाम भोगना पड़ा उस अनन्तता को और उस राम को!

इसलिए पुस्सन-मैं यह नहीं मानता कि मेरे लिए मेरी वधू से पृथक, कोई दूसरी अनन्तता है, Yor are everything, you are my god, my eternity, my truth, my meaning, my value.

कुछ लोग ऐसे भी रहे हैं, जिन्होंने अपनी संगिनी को अपनी वधू को विकार नहीं माना, लेकिन साधन माना। यह माना कि उनका इस जीवन का यह लौकिक प्यार व्यर्थ नहीं है। यह अभ्यास है किसी अलौकिक प्यार का! लेकिन उन्होंने माना कि जिस क्षण इस लौकिक प्यार के क्षणों में वह अलौकिक प्यार जागता है, उस

क्षण हम अतिक्रमण कर जाते हैं अपनी वधू की बाँहें फिर हमें नहीं बाँधती। हम उनमें से होकर किसी विराट् को पाते हैं। वे बाँहें, वह प्यार केवल द्वार है जिसमें से होकर हम विराट् तक पहुँचते हैं। वह सेतु है जिससे हम दूसरे वाले, बड़े वाले सत्य को उपलब्ध करते हैं। और जैसे द्वार और सेतु पीछे छूट जाते हैं, वैसे ही हमारी संगिनी हमारी वधू पीछे छूट जाती है। हम आगे बढ़ जाते हैं, किसी अनन्त की बाँहों में किसी विराट् की बाँहों में! O my dear bride! मुझे हमेशा से यह दर्शन बड़ी बेईमानी का दर्शन लगा है। उपयोगितावादी, स्वार्थपरक कि मानो तुम्हारी संगिनी एक सीढ़ी है जिस पर पग रखकर ऊपर चढ़ने के लिए तुम प्रयुक्त करते हो। सूफ़ियों ने यह चीज़ मानी थी कि लौकिक प्रेम प्रतीक है यह साधन है आध्यात्मिक प्रेम का और जायसी अन्त में पद्मावती को चिता के अतिरिक्त और क्या दे पाये?

इसीलिए राज मेरे यह सब कुछ मुझे सन्तोष नहीं देता। मैं जानता हूँ कि as an artist I have a different Idea of infinity, a different religion in which my dear wife is not a symbol or door or bridge to any god or any other infinity no–she herself is god. She is infinity there is no god or infinity without her. there is no god or infinity except her. SHE IS GOD FOR ME.

प्यार मेरे! यह जान लेने के बाद तब तुम समझ सकते हो कि तुमसे छूटकर तुमसे दूर रहकर मुझे कैसी पीड़ा होती है, मुझे कैसा अजब किस्म का सूनापन व्यापता है। नहीं प्यार, यह मत सोचो कि साधारणत: जो अलगाव की पीड़ा अभी तक मैं महसूस करता था यह उसी का एक तीखा रूप है, नहीं मेरे अर्थ, तुमसे दूर रह कर मैं अपने अर्थ अपनी सार्थकता से दूर हो जाता हूँ। अपने self से दूर हो जाता हूँ सब कुछ से दूर हो जाता हूँ। अपने Religion से अपनी infinity से दूर हो जाता हूँ। एक अथाह शून्य मुझे निगलता प्रतीत होने लगता है, मेरे हाथ, मेरे पाँव, मेरी आँखें, मेरा चिन्तन मेरी भाव प्रक्रिया, सब मुझसे कहने लगते हैं तुम कल्पना करो मेरे प्यार, इस बार तुम्हें छोड़कर आये आज ठीक आठवाँ दिन है। ये आठ रातें कितनी भयंकर यन्त्रणा में बीती होंगी तुम कुछ समझने की चेष्टा करो मेरे सपन, यह केवल हर बार के अलगाव की तरह का अनुभव नहीं है राजे! तुमसे दूर होकर मैं सबसे दूर हो जाता हूँ।

क्योंकि प्यार मेरे, मैं उनको शरीर और आत्मा में विभाजित नहीं करता you are you—जब मैं तुम्हें चाहता हूँ तो तुम्हें चाहता हूँ। दर्शन का बड़े से बड़ा विचार, संस्कृति का बड़े-सा बड़ा मूल्य और तुम्हारा प्यार ये दो अलग चीज़ें नहीं हैं।

तुम्हारे पास विष्णुप्रिया थी न! उसका एक वाक्य तुमने शायद दादा को लिखा था 'वे रहें सब के मैं उन्हीं की रहूँ। मेरे भाग्य मुझमें मुदें तो खुलें सबमें!'' लेकिन राज मेरे चैतन्य के लिए उनका 'सब' उनकी अनन्तता उनका प्रभु कोई और था—

विष्णुप्रिया नहीं थी। लेकिन मेरे लिए तो जो कनुप्रिया है वह मेरे लिए सब है। वही मेरे लिए इतिहास है—वही मेरे लिए नियति है। उसके अतिरिक्त मेरे लिए प्रभु कोई नहीं सब कोई नहीं तुम हो तो मेरे लिए प्रभु है, इतिहास है, सब है, इसीलिए वधू मेरी यदि मेरे भाग्य तुममें मुँद गये तो सबमें सबके भाग्य मुँद जाएँगे प्यार! यदि मेरे शब्द तुम्हारे प्रत्यंचा जकड़े अधरों में मुँद गये तो मेरे लिए सारे शब्द सारी पुस्तकों में मुँद जाएँगे। हर पुस्तक का हर शब्द मेरे छूते ही छुईमुई की तरह मुँद जाएगा। जिस रात तुम्हारी बाँहों में नहीं सोता उस दिन हर ज्ञान मेरे लिए अपने द्वार बन्द कर लेता है, तुम्हें लिख तो चुका हूँ 9 की शाम का The books का अनुभव। राज मेरे I can not bear such experiences any more It is better to die than to experience the torture of loneliness and meaning lessness...

पर मैं जानता हूँ कि तुम अपने प्रिय के जीवन के लिए, उसकी सार्थकता के लिए Unconcrned नहीं हो सिर्फ़ कभी-कभी बचपने की-सी बातें सोचने लगती हो और जिस क्षण यह जान लेती हो कि अपने पति के लिए कहाँ-कहाँ पर किस-किस स्तर पर तुम क्या-क्या दायित्व ले चुकी हो, कहाँ-कहाँ पर कौन सा Commitment तुमने अपने प्रिय से करा लिया है और खुद कौन-सा commitment कर चुकी हो तो तुम्हें एक क्षण की देर नहीं लगती है दौड़ कर इन चन्दन बाँहों में छिप जाने में, दुबक जाने में!

हाँ, मेरे सपन—साबीशी ने कहा था कि लो यह तुम्हारा घर है। अब मैं गृहिणी हूँ, मुझसे और कुछ न होगा।'' लेकिन मुक्ता। तुम्हारे लिए घर का वह अर्थ तो है ही जो साबीशी के लिए था लेकिन उससे भी बहुत विराट् अर्थ उसके साथ-साथ संलग्न है। your home for your husband is not an ordinary house. It is also the home of ideas, it is the house of god it is the home of eternity– it is the house of truth, it is the house of values, it is the house of your husbands religion, and you are his religion, you are his meaning his life he dos not live for anything except you - you - and you!

इसीलिए ओ मेरी सहधार्मिणी! तुम अपनी गृहस्थी और अपने दाम्पत्य जीवन की प्रकृति अच्छी तरह समझ लो। तुम मेरी सच्चाई हो, मेरी दीपशिखा मेरा मानसरोवर, मेरे स्वर्णवर्णी झरने, मेरे गुलाब, मेरी पनसुतिया, मेरा सूर्यबिन्दु—ये सब मेरे सत्य हैं, चरम सत्य, ये सेतु नहीं है, ये प्रतीक भी नहीं है, ये सचमुच हैं, यहीं हैं! इनसे बाहर इनसे पृथक मेरे लिए 'सत्य' 'अर्थ' 'प्रभु' 'सर्व' कुछ भी नहीं है—I can not live falsehood - you know your husband very well- when he says something he means it.

इसीलिए आओ, अब सच्ची गृहिणी की तरह बैठो और समझ लो कि तुम्हें अब सिर्फ़ गृहिणी होना है। इसके अर्थ साबीशी की तरह यह नहीं कि ''और कुछ मुझसे नहीं होगा। मुक्तावधू तुम्हारे लिए यह शब्दावली दूसरी तरह की होगी—''मुझे अब गृहिणी होना है और इस तरह होना है जैसे आज तक कोई गृहिणी नहीं हुई। लो, यह तुम्हारा घर है, यानी मेरा घर है, यानी तुम्हारे सत्य, तुम्हारे प्रभु, तुम्हारी अनन्तता, तुम्हारी सार्थकता का घर है। नहीं मैं उस मूर्ख गृहिणी की तरह नहीं हूँ जिसने कहा था—'अस्थिचर्ममय देह मम जामें ऐसी प्रीति, जो होती कहुँ राम में तौ हरती भव भीति!' नहीं मेरे प्रिय यदि मेरी यह देह तुम अस्थिचर्ममय समझ कर लेते तो मैं तुम्हें वरती ही नहीं। मैं जानती हूँ कि मेरी यह देह ही हर रात तुम्हारे लिए 'राम' बन जाती है।'' याद है मैंने उस शाम जब गज़दर्स; के लॉन पर तुमसे कहा था कि सिवा प्रभु के मेरी व्यथा कोई नहीं जानता। तो तुमने तुरन्त कहा था और तुम्हारा प्रभु कौन है? और बस उसी एक प्रश्न में मेरा उत्तर छिपा था, उसी एक क्षण से मेरी भटकन समाप्त हो गयी थी मेरे प्यार!

मेरी अभिमान! केवल साथ रहने को दुनिया के हर पति-पत्नी साथ रहते हैं, केवल साथ सोने को हर पति-पत्नी साथ सोते हैं, केवल घर बसाने को सब घर बसाते हैं, हर औरत गृहिणी बनती है पर इन सब चीज़ों का जो अर्थ तुम्हारे लिए है वह बिल्कुल अलग है। सारी दुनिया तुम्हारे प्रिय से पूछ सकती है कि अत्यन्त साधारण दाम्पत्य भाव को तुमने यह अर्थ क्यों देना चाहा है? एक अत्यन्त साधारण गृहिणीत्व को तुम ऐसे स्तर पर क्यों प्रतिष्ठित कर रहे हो? क्योंकि वे नहीं जानते कि तुम्हें पाकर ही मैं दाम्पत्य के गार्हस्थ्य के, गृह के सही अर्थ जान पाया हूँ। अब तक अर्द्धसत्य, आडम्बर और मिथ्या को जीता आया था। अब जब मुझे सत्य मिल गया है तो मैं तन्मय होकर उसी को क्यों न जियूँ।

जब चारों ओर की दुनिया मिथ्या, विकलांग, अधूरी खंडित जी रही है, उस समय तुम जानती हो कि तुमने ऐसा पति वरा है जिसमें अपने विश्वासों, अपने जीवन दर्शन, अपने प्यार, अपने सत्य और अपने Commitment को अन्दर-बाहर एक होकर जी सकने का साहस है। और मैं यह भी जानता हूँ कि तुमने बराबर मेरे साहस को समर्थित किया है मेरा साथ दिया है। तुम्हीं तो हो वो हर अर्थ में राह दिखाने वाली ज्योति दिखाने वाली, मेरी दीपशिखा हो। घर को उजाला करने वाली! यह भी जानता हूँ कि मेरे बहुत से सपने रहे हैं, जिनको मैंने केवल देखा है, अनुमान किया है, वाणी देने की चेष्टा की है पर तुमने जब तक उनको नहीं समझा-नहीं समझा—लेकिन जिस क्षण समझ लिया है, उस क्षण से तुम मुझसे कहीं ज्यादा साहसी, व्यावहारिक, कुशल और तेज़ रही हो। मेरे सपनों को आकार

दिया है! इसीलिए मैं जानता हूँ कि इस बार अब किसी शाम अनन्तता जैसी बिछकर कहोगी-आओ यह तुम्हारा घर है—मैं अब गृहिणी हूँ। पर साबीशी की तरह यह नहीं कहोगी कि अब मुझसे कुछ नहीं होगा।'' मैं जानता हूँ, मेरी प्रिया कहेंगी ''लो प्यार अब मैं गृहिणी हूँ और अब मैं वह सब द्रुतगति से कर डालूँगी जो मुझे अपने जीवन में करना है, अब मुझसे वह सब हो सकेगा जो अभी तक नहीं हो पाया। मेरे गृहिणीत्व का अर्थ निष्क्रियता नहीं है। न मैं निष्क्रिय रहूँगी, न तुम्हें रहने दूँगी। तुम भी काम में लगो, मैं भी लगूँगी। वरना इस गृह की कोई सार्थकता नहीं। यह भी समझ लो कि तुमने बेढब पत्नी वरी है। वह सब क्षेत्रों में तुम्हारे समकक्ष रहेगी। तुम जिन मूल्यों के स्तर पर आधुनिकता को गहराई से साहसपूर्वक जीना चाहते हो—वैसे ही वह भी जिएगी। हर क्षेत्र में तुम्हारा जीवन Share करेगी।

मुक्ता! मेरी राजे! तुम्हारे द्वारा सँवारे, सजाये इस घर में रहना मेरे लिए क्या साबित होगा, यह तुम देखना! साथ ही तुम्हारे जीवन की भी हर दिशा कितनी प्रौढ़ता से विकसित होगी—यह भी देखना! बस अब अकेला मत छोड़ो! आ जाओ।

14th December, 59 Monday 2 p.m.

एक बात नहीं है सती राजे, कि मैंने कोई भी आश्वासन अपने मन को देने से छोड़ दिया है, यह कि अगर अभी हम लोग कुछ दिन के लिए अलग हैं तो स्वेच्छा से हैं। यह कि 'यह थोड़े दिन का अलग रहना भी हमको पकाकर एक दूसरे के योग्य बना रहा है—यह कि ओ मेरे मन, किसी तरह अपने काम में लगो, यह कि बस अब वह दिन दूर नहीं है कि एक रात भी हम दूर रहें मानस की गहराइयों से...सब समझा चुका हूँ... धुआँधार काम में भी लगने की कोशिश की-मगर मैं क्या करूँ मेरे एकमात्र अन्तरंग मित्र! कि उस दिन, 4 दिसम्बर की रात को कालका मेल पर Train Crash का स्वप्न देखकर उचटी हुई नींद जो उचटी तो आज तक नहीं आयी। सच ऐसा तो मैने कभी नहीं जाना था। आज 10 रातें बीत गयीं पर क्या मजाल कि किसी दिन सचमुच नींद आयी हो। कितनी disturbed, कितनी बेचैन नींद होती है। खाने में, पीने में किसी प्रकार का व्यतिक्रम नहीं कर रहा। दिन भर में मीलों चल लेता हूँ। पाँव में कहीं दर्द नहीं शरीर में कहीं शिथिलता नहीं लेकिन भौंहों से लेकर पीछे गर्दन तक सर का सारा ऊपरी हिस्सा हर वक्त लगता है जैसे अन्दर-ही-अन्दर जमकर पत्थर हो गया है।

नहीं राज, तुमने लिखा था, तुम्हारा आदेश था तो एक दिन भी अपने कामों में ढील नहीं दी। छोटे-मोटे जितने काम निबटाने थे सबमें लगा हूँ। सारी डाक निबटा दी। मद्रास ने एक रिपोर्ट मुझसे माँगी थी वह भेज दी, मानवमूल्य और देशान्तर के तमाम प्रूफ़ निबटा दिये, रेडियो के दो काम करने हैं उनके लिए किताबें पढ़ लीं, राजस्थान अकादमी की किताबों को पढ़कर उन पर नम्बर देने थे वह भी कर लिया लेकिन चाहे दिन में 8 घंटे काम करके सोओ, लेकिन जाने मन आकुल—व्यथित और...और जाने कैसा प्यार!

कई बार सोचा कि आज दीपशिखा को उसका कनुतन दे दूँ, दे दूँ पूरी तरह—मगर हर बार पाया है कि मेरा माथा अपनी चिरपरिचित बाँहों और गुलाबों के बीच टिका है, मगर नींद नहीं आयी है बल्कि हर बार पाया है कि मैं सिसक-सिसक कर उसी तरह व्याकुल हो उठा हूँ जैसा आने के पहले 3 दिसम्बर को हो उठा था। हर बार मेरा मन चीत्कार कर उठा है—No! I want you not in imagination not in dreams why are you not near me I can't live alone I can't! I can't! I can't!

रात की ही बात बताऊँ तुम्हें! तुम्हें कल एक घर पर इनलैंड छोड़ा है। उसमें लिखा है कि यहाँ युनिवर्सिटी में जो कुछ हुआ है उससे मन बेहद खिन्न था, बेहद खिन्न—हम लोग कभी नहीं जानते थे कि अपनी यूनिवर्सिटी का यह भी रूप हो सकता है। बन्द तो हो ही गयी है, लड़कों को notice मिल गयी है, कल सुबह तक सब हॉस्टल खाली हो जाएँगे, और कल शाम से हर हॉस्टल में पुलिस कब्ज़ा कर लेगी। हम लोग कोई भी यूनिवर्सिटी में नहीं जा सकते, अध्यापक भी केवल अधिकारीगण C/V.C यानी, रजिस्ट्रार और विभागों के अध्यक्ष, हर विभाग का एक क्लर्क और एक चपरासी। हर विभाग का दफ्तर उसके अध्यक्ष के घर पर अभी लगेगा, यूनिवर्सिटी में नहीं। अभी तीन-चार दिन तो यही स्थिति रहेगी उसके बाद शायद अध्यापकों को Passes मिल जायें। लड़कों के संरक्षकों के पास पत्र जाएँगे कि अगर वे आश्वासन दें कि उनके लड़के Strike में भाग नहीं लेंगे तभी उन्हें यूनिवर्सिटी अहाते में घुसने दिया जाएगा। अब शायद तीन जनवरी से ही क्लासेज़ लगें अगर लौटने पर लड़कों ने उपद्रव न किया तो। हम लोगों को अभी दो-चार दिन यहाँ रहना ज़रूर है—लेकिन उसके बाद चाहें तो इजाज़त लेकर कहीं जा सकें वैसे अभी ही किसी को कहीं काम पड़ जाय तो V.C. special दे देगा।

मैं तो तुम्हारे पास अपने घर था उन दिनों, लेकिन यहाँ जिस तरह उपद्रव लड़कों ने किया था उसे देखते हुए शायद यह सब अवश्यम्भावी था और बेचारे V.C.के सामने कोई चारा नहीं रहा था लेकिन फिर भी यूनिवर्सिटी को इस हालत

में देख कर मन कहीं पर बेहद दुख गया...देखो केका मम्मी तुमको यह मालूम है या नहीं कि किसी किस्म का दुख, अवसाद, पीड़ा मन को हो उन क्षणों में तुम्हारी बेहद ज़रूरत महसूस होती है, संगिनी। हर क्षण ऐसा लगता है, जैसे मन अकस्मात् बूढ़ा-बूढ़ा-सा हो गया है, और तुम्हारे कन्धों पर टिककर चलना या मेरा सुख, मेरा दुख, मेरा हर क्षण मेरी हर साँस जब तक तुम्हारे द्वारा Share न की जाय तब तक मन कहाँ पर कैसे निष्प्राण अनुभव करता रहता है— प्यार इसे बताने के लिए अब मेरे पास शब्द नहीं रहे।

कल रात लौटा तुम्हें इनलैंड kala पर छोड़कर—और अकस्मात् मन और तन बेहद अकुला उठा। बेहद चटख चाँदनी थी और जैसा मैं लिख चुका हूँ कि रात को बत्ती जहाँ बुझाई कि झरोखे से अजब किस्म का भय, सूनसान, अकेलापन और आहत कर जानेवाला अवसाद झरने लगता है कमरे के अन्दर। कल रात जाने क्यों देख कर अकस्मात् मुझे याद आ गया अपने मल्लिक लेन वाले हल्के नीले कक्ष के बाहर का नीम और उसकी डालों के उलझे चाँद की बहुत दिन बाद याद आयी और याद आये खिड़की के नीचेवाले बन्द पल्ले और ऊपरवाले खुले और याद आयी चाँदनी की दूध धवल सफ़ेद धारीदार लम्बी Strip जो खिड़की में से मेरे गुलाबों के गुच्छों पर तनकर पड़ रही थीं आड़ी-आड़ी—और एकदम से याद आयी टप-टप-टप झरती रजनीगन्धा की कलियाँ और याद आया वह क्षण जिस दिन पहली बार मैंने अनुभव किया कि वह विराट् प्रकृति कौन है जिसमें समय, दिशा, क्षण अनुभव सब बँध जाते हैं।...

और फिर याद आया उस दिन बुधवार को तुम्हारा थककर सो जाना हम दोनों का फूलकटरे जाकर फूल लाना और आधी रात S.R. का कंगन पहनना, फूलपाशों मे बँधना और बहुत भर कर कहना कि राज! अब तुम भर गये हो यह Delicacy तुम कितने दिन से भूले हुए थे...यह इतनी याद रजनीगन्धा की कल रात क्यों आ रही थी? चाँदनी तो आजकल रोज़ इतनी स्वच्छ खिलती है। मन इतना आकुल ज़रूर किसी-न-किसी कारण से होगा। रजनीगन्धा के लिए...

और मैंने, अपनी प्यारी-प्यारी वधू के पत्रों की files देखी। 13 दिसम्बर 1958 कोई खास बात नहीं। तब क्यों ऐसा है? फिर यूँ files उलटता रहा। 13 दिसम्बर 58 कोई-नहीं। और अकस्मात् 14 दिसम्बर 58 के पत्र से मालूम हुआ कि प्यार 13 दिसम्बर 58 की रात तो अपनी रजनीगन्धा रात थी।... उचटे यह मन और यह कनुतन! राजे! तुम समझती हो तुम्हारे बिना यह अब जी सकता है। राजे कितनी-कितनी दारुण पीड़ा इस बार हर क्षण मैं भोग रहा हूँ मैं तुम्हें, कैसे बताऊँ यह कैसे बताऊँ!

4 P.M.—लिखते-लिखते थोड़ी नींद-सी आ गयी, उठा हूँ। सर बेहद दर्द

कर रहा है सोते-सोते जाने कितने सपने देखे होंगे और एक भी याद नहीं रहा। बस इतना याद है कि शान्तिनिकेतन का वह पीला पलाश देखा था जो 9 को हम लोगों ने देखा था। पर वहाँ कौन था हम लोग क्यों हैं वहाँ यह कुछ याद नहीं। यह भी याद आ रहा है कि मैंने एक बहुत पतला ट्रेन का पुल देखा है...लो एक स्वप्न खंड तो याद आ गया...हावड़ा का प्लेटफ़ार्म है लेकिन वह काठगोदाम वाले प्लेटफ़ार्म की तरह थोड़ा घुमावदार है। वहाँ से ट्रेन चलती है तो एकदम एक पुल पड़ता है। पतला मगर बेहद खूबसूरत आकर्षक, शान्त और खुशनुमा। वह पुल भी मुझे याद आ गया। मिर्ज़ापुर जाते हुए एक टोंस का पुल पड़ता है। वही पुल सपने में हावड़ा के पास है...मैं ट्रेन पर हूँ कालका का IInd Class का डिब्बा मगर उस बार का जब पहली बार 14 दिसम्बर को तुम दोनों विदा देने आयी थी उस बार बड़े बाज़ार के पास से जब अपनी गाड़ी गुज़री थी और स्वर्णवर्णी झरनों ने कस लिया था और सफ़ेद ऊनवाले परिधान से आह्लादित अपने गुलाबों पर अँजुलियाँ थीं। सो उस दिन भी मैं अकेले लौटा था—ट्रेन चल दी है। मैं दरवाज़े पर खड़ा हूँ। ट्रेन घुमाव लेती है तो भी मैं खड़ा रहता हूँ बदन आगे झुकाए। अकस्मात् तुम सूर्या हो जाती हो-माथे पर पल्ला डालकर-मैं ज़ोर से कहता हूँ साथ आ जाओ अकेले कैसे छोड़ूँ तुम्हें। तुम वहीं खड़ी हाथ जोड़ती हो इतने में मेरे अनजाने ही ट्रेन पुल में से गुज़रने लगती है—और धीमी होने लगती है—और मैं तुम्हें देखने के लिए और आगे झुकता हूँ कि इतने में पुल का एक लोहे का गर्डर मेरी कनपटियों पर ज़ोर से लगता है फिर मैं बेहोश हो जाता हूँ—तुम्हें याद है उस आदमी की जो चीना पीक पर हम लोगों के साथ गया था? वह आदमी उतर कर तुम्हें बुलाने जाता है, और मेरे सर पर प्लास्टर की पट्टी बाँध दी गयी है। मैं सर उठाना चाहता हूँ पर सर बेहद भारी है। चलना चाहता हूँ तो पाँव नहीं उठते। ट्रेन का गार्ड कहता है सर की चोट से पाँव भी अभी काम नहीं करेंगे। फिर जाने कैसे वह कालका मेल Upper India बन जाती है। और मैं शतेन्द्र जी के स्कूटर पर बैठकर अलीगढ़ स्टेशन गया हूँ S.R. को पत्र छोड़ने और स्टेशन पुरी का है, और उस पर खूब गुच्छे-गुच्छे लाल कनेर खिले हैं... और मेरे सर में बेहद दर्द है! फिर क्या होता है मुझे याद नहीं।

लो ऐनासीन खाई है, अब कुछ दर्द ठीक है। राजे, तुम अपने स्वास्थ्य की परवाह वहाँ रख रही हो न! मेरी चिन्ता मत करना। यह सर दर्द केवल अनिद्रा के कारण है और कुछ नहीं! बाकी सब मेरा स्वास्थ बिल्कुल ठीक है। काम भी ठीक कर रहा हूँ। देखो जानती हो देशान्तर के 11 फ़र्मे पढ़कर भेज दिये। और उनसे अन्दाज़ लगाया कि देशान्तर लगभग 600 पृष्ठ की पुस्तक होगी। सोचो डिमाई साइज़ के सात गीत वर्ष वाले कागज़ के 600 पन्ने। कितनी शानदार किताब

आएगी। जिस दिन वह पुस्तक आएगी उस दिन गुलाबोत्सव मनाएँगे, क्योंकि तुम जानती हो उसकी सबसे प्रिय कविता मुझे वही है—For you, to day, I will feel rosesed

लो शाम की डाक आ गयी इसी का इन्तज़ार कर रहे थे। पर यह क्या? कल इतवार 13 का Late fee लगा कर छोड़ा हुआ तुम्हारा लिफ़ाफ़ा तो आज सोमवार की शाम को आ गया पर 11 और 12 को छोड़े हुए पत्र क्या हुए? तुम्हारा Latest पत्र 9 की रात को केका ममी का लिखा हुआ और 10 को सुबह छोड़ा हुआ 11 की शाम को मिल गया था। उसके बाद यह खत मिला। बीच का एक या दो खत ज़रूर होगा (जिसमें—जैसा इस खत से मालूम होता है तुमने खाली समय में वाली कविता का Reference दिया है) शायद Sorting में देर हो गयी हो और वह कल मंगलवार को मिले। यह कालका पर डाला था इसलिए जल्दी मिल गया हो।

अच्छा भागूँ और इसे अभी G.P.O या कचहरी में छोड़ दूँ, क्योंकि शाम 7 बजे पाठक जी आने वाले हैं। हाँ राज, ज़मीन के बारे में मैंने पाठकजी से कह दिया है कि S.R. यहाँ आये तो आप पहले उनसे बात कर लें। पाठक जी is waiting for you.

देखो अब सर दर्द ठीक है तुम्हारा खत पाकर-अब रात को इनका उत्तर लिखूँगा—या कल जब मेरे इतवार को मिले Express का भी उत्तर आ जाएगा। सुशील को भी कल लिखूँगा।

Wednesday 3 p.m.
16TH Dec 59

कल तुम्हें क्वालिटी में बैठकर एक inland लिखकर शाम को G.P.O में डाला इतने दिनों में पहली बार कल सुबह कुछ मन हल्का था। तुम्हारा इतवार को लिफ़ाफ़ा तो सोमवार को मिला था और कल सुबह शुक्रवार और शनिवार को लिखे खत भी मिले थे। मन एक बार बेहद आश्वस्त और कुछ-कुछ खुश हो आया था। लिखा है कल के इनलैंड में तुम्हें कि कल सूट सिलने को दिया धुलने को कपड़े दिये दोपहर को कॉफ़ी हाउस में हँसे खूब, लेकिन शाम होते-होते फिर वह खुशी गायब होने लगी और जिस समय inland लिखा तब तक चुपचाप अकेले क्वालिटी में चाय पीकर जब घर लौटे तो उसी तरह की परेशानी और अकुलाहट। कल पूर्णिमा थी और तुम्हारे रेडियो वाले जो प्रेमीजन हैं हिन्दी का

प्रचार ही जिनका व्यापार है, उन्होंने कल तुम्हारे छोटे देवर को खाने पर आमन्त्रित किया था। वहाँ गये और रात 11 बजे लौटकर आये। भयानक तेज़ चाँदनी थी। पता नहीं क्यों बेहद सुस्ती थी। और पलकें बेहद किसकिसी लग रही थीं। सोचा कि अभी सो लें तुम्हें सुबह लिखेंगे। पर नींद नहीं आ रही थी। दोपहर को दो-तीन किताबें खरीदी थीं उनमें से Traucer's sagan का एक छोटा उपन्यास शुरू किया। बिल्कुल मशीन की तरह उसे पढ़ते गये। उसके पात्र, परिस्थितियाँ, संवाद, घटनाएँ सब सामने से गुज़रते गये लेकिन वैसे ही जैसे तुम्हें ख्याल होगा दीवाली में एक बहुत बड़ा कंदील मिलता है, जिसके बीच में दिया...है चारों ओर कटे कागज़ों की आकृतियाँ एक खपच्ची के घेरे पर चिपकी रहती हैं। उस घेरे को नचा दिया जाता है तो यन्त्रवत् उन आकृतियों की परछाइयाँ नाचती चली जाती हैं। 60 पृष्ठ पढ़ गया और आँख की किसकिसाहट और बढ़ गयी। ज़बर्दस्ती बिजली बुझाकर लेट गया।

And What a night! not a trace of sleep not a trace of dream पहले तो पूरी नींद नहीं आती थी तो टूटे साबित खंडित शुभ-अशुभ किसी किस्म के सपने आते थे। कल कुछ नहीं। केवल बेहद किसकिसाती बन्द पलकें और बस यह feeling कि हमें नींद नहीं आयी हुई है, हम जाग रहे हैं। सुबह 5 बजे ही नींद बिल्कुल खुल गयी। जैसे-तैसे 6.30 बजे। नीचे आकर लॉन पर टहलते रहे। सर इस कदर भारी था इतना दर्द था कि तुम्हें बता नहीं सकते। तीन प्याले खूब गर्म चाय पी तब जाकर कुछ राहत मिली।

आज दो चिट्ठियाँ मद्रास छोड़नी थीं। उनके लिए सुबह R.M.S गये तो स्टेशन पर अपना Weight लिया कि देखें घटा तो नहीं। तो पाया कि Weight बिल्कुल नहीं घटा है, वही 1 मन 36 सेर। पर लौट कर आये तो भी सर में दर्द वैसा ही था। फिर देशान्तर के नये प्रूफ़ पढ़े। तुम्हारी लोकमान्य वाली Report हमने टाइप करने को दी थी। वह टाइप होकर आयी थी उसे Correct किया। फिर खाना खाकर थोड़ा सोने की कोशिश की। अब सोकर उठे। दिन में नींद तो आयी नहीं बीच में दो-तीन लोग आते रहे अन्त में उठ ही गये।

इस समय सर में दर्द कुछ कम है। अंडा-दूध नाश्ता खाना सब Regular ले रहे हैं, पर राजे सचमुच इस कनुतन के समस्त संवेदन दीपशिखा से बिछुड़ कर इस तरह असहयोग कर देंगे इसके लिए मैं क्या करूँ। सच बात है प्यार, परसों रात कुछ ठंड कम-सी थी। मैंने अपनी दीपशिखा को उसके कनुतन को देना चाहा मगर बेचैनी जो थी वह बनी रही।

तुमने गृहदाह पढ़ते-पढ़ते मन की हार की बात लिखी थी न राज मेरे यहाँ तुम्हारे पूजाघर के कोने में तुम्हारा सितार रखा है न, आओ तो तुम्हें दिखाएँगे उसके

पास एक महत्त्वपूर्ण चीज़ तुम्हारे लिए रख छोड़ी है। राज मैंने शनिवार को जो तुम्हें विस्तृत खत Express से भेजा था न जिसमें मुक्ता को, केकामम्मी को उसके घर का सारा Conception समझाया था। उसे लिख कर ऐसा लगा था जैसे कुछ अंशों में अपनी बात तुम तक ठीक-ठीक पहुँचा सका हूँ। तुमने अपने शुक्र के खत में लिखा है कि तुम उस सत्य को प्यार करती हो जिसे तुम्हारा या मेरा प्यार realise करता है। और जब तुम्हारा दूर रहना उसके Realization में बाधक होता प्रतीत हो रहा है तो तुम दूर क्यों रहोगी?

यह तो है ही प्यार, पर उससे भी बढ़कर तुम्हें मैंने समझाया है अपने उस लम्बे पत्र में कि for me that infinity, that truth, that god, is nothing seperate than our love. for me in a very strange way that love and my Deepshikha are one. मैं इसे शब्दों में तुम्हें नहीं समझा सकता प्यार केवल पाणिग्रहण से ही समझा सकता हूँ। तुम्हें उस Hands वाली कविता की दो पंक्तियाँ विशेषत: लिखी थी कि I have sought your hand... and spoken to it with my soul in the language of blood the only speech we may understand in this world of words and books. नहीं प्यार जब भटकते हुए रफ़ियन अपनी प्रत्यंचाओं से लेकर हंस और ताम्रवर्णी झरनों तक भटकते हुए रक्त की एक-एक उद्दीप्त बूँद से बातें करेंगे तब उन्हीं को समझ में आ सकेगा।... लेकिन तुम्हें समझाना क्या है, मेरी नियति! तुम्हें मालूम है।

सुनो कुछ घरेलू बातें और सूचनाएँ-लक्ष्मी जी को आज सुबह तुम्हारा लोकमान्य वाला सन्देशा कह दिया। वे स्वयं तुम्हें खत लिखेंगी। आत्मन् ने भी 'उल्ली' का पता नोट किया है और एक खत तुम्हें लिखेंगे।

कल लक्ष्मीचन्द्र जी का विस्तृत खत आया है। हर खत में नीचे, वे लिखते थे, आपका लक्ष्मीचन्द्र इसमें लिखा है आपका भाई बहुत खुशी हुई और...

अच्छा सुनो तुम्हें कल के Inland में भी लिखा है कि सम्भव हो तो 21.22.23 की Medical leave ले लो और तुम लोग 19 शनिवार को चलकर 20 को सुबह आ जाओ। फिर चाहोगी तो घर रहेंगे चाहोगी तो खजुराहो चलेंगे। और लो खुश हो जाओ पत्नी रानी इस सुझाव पर कि चाहोगी तो तुम्हारे स्वामी का जन्मदिन तुम्हारे मायके में अपने चिरपरिचित Royal cafe में मनायें। जैसा तुम चाहोगी। क्या यह नहीं हो सकता कि 3 दिन की Medical leave अभी ले लो और 4 दिन की जनवरी या फ़रवरी में-लेकिन प्यार, तब तो और भी छुट्टी लेनी ही होगी। क्योंकि अकेले जाते मैं मर जाऊँगा। यहाँ तुम्हारे घर में अकेले रह कर यह हाल है, वहाँ परदेश में क्यों मुझे मरने भेजती हो अकेले वहाँ settle

कर लें फिर मई तक के लिए लौट जाना! उस बीच में बीस-पच्चीस दिन वहाँ काम करके फिर मैं Tour के लिए चला आऊँगा। होली अपने घर कलकत्ते में बिताएँगे और मई में फिर वहाँ सब साथ आ सकेंगे 20 को सुबह कालका से?

Thursday 17 November 59
2 p.m.

कल दिन भर बेहद सर में दर्द था न राज, तुम्हें कल के खत में लिखा भी था। कल का खत लिख कर उसमें कान्ता के लिए 17 का सन्देश लिखकर रख कर मैंने जाकर R.M.S में छोड़ा। साथ ही एक Inland शिक्षायतन के पते पर भी छोड़ दिया। एक तो आजकल पत्र आ तो सभी रहे हैं, पर देर में आते हैं। अतः तुम्हारे सोमवार, मंगल के पत्र अभी बृहस्पतिवार की सुबह की डाक तक से नहीं आये हैं, शायद शाम तक आयें सो एक तो कल कोई पत्र नहीं मिला था, सर में दर्द बहुत था, कॉफ़ी पी और बहुत दिन बाद लीडर प्रेस की ओर गये। वहाँ लीडर के स्टाफ़ पर अपना पुराना मित्र अमलेन्दु है और भारत और लीडर में अपने पुराने संगम के ज़माने के तमाम मित्र हैं सब मिले। थोड़ी देर के लिए दोनों अखबारों का काम बन्द कर सब आ जुटे और संगम के ज़माने के संस्मरण दुहराये जाने लगे। वह नन्दिनी बत्रा और मादाम जनेस्ते वाला ज़माना। अमलेन्दु मेरे उन दिनों के बहुत जिगरी दोस्त रहे हैं। वहाँ से 8.30 बजे लौटा। घर आया तब भी सरदर्द ज्यों का त्यों था। अन्त में Francois sagan का एक novel खरीद कर लाया हूँ, Those with out shadows, उसे पढ़ना प्रारम्भ किया। उसके शुरू में तो मन नहीं लगा था लेकिन कल ज़बर्दस्ती पढ़ता गया और अन्त में उपन्यास लगा। रात को ही खत्म किया। उसने मन पर और गहरी उदासी की छाप डाल दी। तुम्हें पता नहीं याद है या नहीं एक बार मैंने इसी लेखिका के बारे में तुम्हें लिखा था। यह अभी कुल 24 वर्ष की है। पाँच वर्ष पहले इसका पहला novel छपा था जब यह कुल 19 वर्ष की थी। It was very frank and very powerfull. उसका समस्त संसार की भाषाओं में अनुवाद हुआ। इसका दूसरा उपन्यास था That certain smile. उसके बारे में मैने तुम्हें लिखा था कि वह उपन्यास witty है, तेज़ है, रोचक है मगर उसमें मेरे प्यार तुम नहीं हो कहीं भी इसलिए मुझे वह निरर्थक लगा, मूल्यहीन लगा। उसके पात्र एक मूल्यहीन निरर्थक जीवन जी रहे हैं, और उसी में वे सन्तुष्ट हैं। पर यह कृति Those with out shadows उससे आगे की चीज़ है। इसमें भी हर पात्र मूल्यहीन जीवन जीते हैं, लेकिन हरेक के मन में इस बात की गहरी कसक है, कि वे ऐसा जीवन क्यों जी रहे हैं। उनकी बेबसी, उनकी आत्मप्रवंचना की पीड़ा उनका disillusionment उनकी अव्यक्त वेदना को लेखिका ने बहुत अप्रत्यक्ष और बहुत कुशल ढंग से उभारा है। निश्चित रूप से लेखिका mature हुई है, और उसमें गहराई भी आने लगी है। बहुत रात गये जब novel खत्म किया तब सर और भारी हो गया था और पलकों का तो यह हाल था कि लग रहा था कि उनमें अन्दर जख्म हो गये होंगे। पुतली के डोलने में तकलीफ़ हो रही थी। मैंने बिजली बुझाई अपनी S.R. की liking के अनुसार कनुतन को उन्मुक्त कर लेट रहा—और कल विचित्र बात हुई सपन! थोड़ी देर बाद S.R. बैठ गयी स्वर्णवर्णी झरने प्रवाहित कर और उसके बाद मैं कैसे सोया हूँ, जानती हो, वह बैठी ही रही। मैंने पलकों के बीच में मानसरोवर के छोर ले लिये और बाँहें फैला कर चरम अपनों को घेर लिया। पलकें बिल्कुल शीतल हो गयीं। और मैं छौने की तरह औंधा गुड़ीमुड़ी सो गया। शायद दो या तीन घंटे नींद आयी होगी पर बेहद गहरी नींद। उठा तो सवेरा होने लगा था और S.R. उसी तरह बैठी थी और रफ़ियन बार-बार कनुतन पर भटकते हुए घने घुँघराले बालों को दुलरा रहे थे।

और पलकें उसी तरह मानसरोवर की छोरों को जकड़े हुए थीं। पर इस तरह शान्त हो चुकी थीं जैसे उन्हें किसी ने अमृत से सींचा हो। सर में दर्द भी बिल्कुल नहीं था। (अब इधर तीसरे पहर या शाम को भी न हो, तब है!)

मैं उठा। बहुत देर तक lawn में टहलता रहा। उसके बाद सच-सच बता दूँ। चालाकियाँ कीं। फिर कल लिखा था न तुम्हें कि लक्ष्मीचन्द्र जी का पत्र आया है। उन्होंने S.P. Jain, Rama Jain आदि को एक-एक पत्र लिख देने को कहा था। वे पत्र लिखे और उसके बाद तुम्हारे छोटकऊ देवर आ गये। उनके साथ अपना Radio लेकर सिविल लाइन्स गये। उसकी कैबिनेट का नाप दिया फिर Coffee पी और वहाँ से अपने विभाग के आफ़िस गये। वहाँ कुछ कामधाम निबटाये। घर आये। खाना खाकर देशान्तर के प्रूफ़ पढ़े। अब खत लिख रहा हूँ। O my bride! it was the only sweet morning in the last so many days. और शायद-शायद इसका एक अचेतन कारण यह भी हो सकता है कि परसों के पत्र में और कल के पत्र तथा inland दोनों में तुम्हें लिखा है कि 21, 22, 23 की leave का प्रबन्ध यदि हो सकेगा तो 20 को ही सुबह We will be in each other's arms.

19.1.60
3 बजे शाम

सोचा था कि, अकस्मात् पहुँच कर दादा को चौंका दूँगा, लेकिन 10 बजे खंडवा पहुँचा और 9 बजे ही मेरी दुलारी आज्ञाकारिणी पत्नी का तार पहुँच चुका था। यद्यपि उन्होंने तार खोला नहीं था पर वे यह समझ गये थे कि मेरे नाम तार आया है तो मैं आनेवाला होऊँगा।... प्यार, कल दिन भर का हाल लिखकर तुम्हें 4 बजे स्टेशन पर छोड़ दिया था इनलैंड, वह आज शाम को ज़रूर मिल जाएगा। स्टेशन पर काफ़ी लोग आये थे, पाठकजी, जगदीश, रघुवंश, विपिन, रामस्वरूप गिरजाकुमार, शकुन्त, शान्ति वैकुंठ, कुछ विद्यार्थी, और देखो Please नाराज़ न होना, कुछ छात्राएँ भी। गाड़ी चल दी तो मैं बैठकर सोचने लगा कि इस समय 5 बजे हैं तुम शायद जैन जी के यहाँ होओ—फिर अकस्मात् मैं सीट पर बैठ गया और याद आने लगा मुझे खुर्दा रोड से पुरी तक का रास्ता जब Compartment में हम लोगों के अलावा एक कोई सिख लेखक था, पर तुमने कतई मुझे नहीं allow किया कि मैं तुमसे दूर बैठूँ और उससे बातें करूँ। How much I pine to be possessed every moment, O my destiny! जब अपने ख्यालों में से थोड़ा उबरा तो देखा कि उस Compartment में एक गुजराती मंडली travel कर रही है। बम्बई के जस्टिस देसाई मिसेज़ देसाई, जो मांटेसरी पद्धति की सबसे बड़ी कार्यकर्ता हैं, और बम्बई के Finance minister मिस्टर मेहता की पत्नी। डरो मत dear और Pocessor—तीनों वृद्धाएँ थीं मगर बेहद भली और बहुत Cultured. यह जान कर कि मैं धर्मयुग का सम्पादक होकर बम्बई जा रहा हूँ, बहुत बातें करती रहीं। बम्बई के बारे में बड़ी सूचनाएँ देती रहीं। तीनों गुजरातिनें थीं, और उन्होंने मुझसे Promise किया है कि हफ्ते भर में मैं Settle हो जाऊँ तो वे एक उत्सव करेंगी जिसमें वे P.E.N.की Secretrsry Mrs. Sophia Wadia, K.M. Munshi, गुलाबदास ब्रोकर और अन्य गुजराती लेखकों को मुझसे मिलाएँगी वे तीनों बम्बई की बड़ी Social workers हैं और मुझसे उत्तर प्रदेश की महिलाओं के जीवन के बारे में सवाल पूछती रहीं। तीनों प्रयाग और काशी में स्नान करने गयी थीं। थोड़ी देर तक बातें होती रहीं फिर शंकरगढ़ आया जहाँ पिछली बार चाँद देखकर मैंने तुझे लिखा था। बहुत, बहुत कोशिश करके भी मैं खुश नहीं रह सका, थोड़ा उदास हो गया। एक किताब पढ़नी शुरू की पर धीरे-धीरे बहुत दिनों पहले पढ़ी एक लाइन बार-बार याद आती रही alone, alone all, all alone, alone on wide wide sea. अँधेरा बिल्कुल समुद्र-सा लग रहा था and I felt very alone. तुमसे झूठ नहीं बोलूँगा मुझसे खाना नहीं खाया गया और मैंने नहीं खाया।... रात बेहद सर्दी थी। नींद भी नहीं आयी। सुबह इटारसी आया तो चाय पी। खंडवा आया तो याद आया कि तुम नाराज़ होगी तो झट से amosan और dettol से gargle किया, calcium tablets लीं, livogene और ताज़ा खाना खाया तुम्हें कल के inland में लिखा था कि सर्दी लग जाने से गर्दन में थोड़ा दर्द था- तो वहाँ slones liniment लगाया। सब चीज़ें मैं साथ लाया हूँ—और बताऊँ क्या साथ लाया हूँ अपनी सूर्याजी के सारे खत allbum और पुरी वाला मेजपोश और...

इस समय खाना खाकर धूप में बैठे हैं। दादा, ब्रज भइया सभी पूछ रहे हैं, कि परिवार क्यों नहीं आया? राजे, अच्छा हुआ ऊनी कपड़े ले आया इधर इस बार काफ़ी सर्दी है। आज दादा से धर्मयुग की scheme discuss की। उन्हें बहुत पसन्द आयी।

सुबह से सर थोड़ा भारी था—शायद रात भर न सो पाने से। एक एनासीन ले ली है। राजे, देखो मैं कितना ध्यान रख रहा हूँ। एक-एक दवा सुबह से ले ली है। खाना भी ठीक से खाया। फल भी लिये। प्यार, तुम खूब ध्यान से खा पी रही हो न। और अपने काम में भी लगना। मैं पहुँचते ही स्थिति देखकर सब लिखूँगा। दादा बहुत चाहते हैं, कि तुम जल्दी से जल्दी मेरे पास पहुँच जाओ।

और राज, गुलाबों के लिए जो इस बार तुम बता रही थी, वह ज़रूर कर लेना। मालिश भी खूब कराना, बाँहों में भी। मैं इस बार बम्बई में S.R. को Sleeveless ही पहना कर रखूँगा। और आते ही तुम्हारा परिचय यहाँ की Best women workers से कराऊँगा। पर भतीजे, तुम्हारा तो मन भरेगा नहीं सिर्फ़ नारी कार्यकर्ताओं से मिल कर। खैर और यहाँ के Local लोढ़ा आदि को भी खोज रखूँगा।

फल और दवाएँ दोनों बहुत ज़रूरी हैं। मेंहदी, कालीघाट के मूर्तिकार इन दो पर तुरन्त काम करना शुरू कर दो।

राजे—आज रात तो ट्रेन में कटेगी। कल बम्बई में पहले दिन शाम को Guest house या होटल के कमरे में दफ़्तर से थका हुआ लौटूँगा अकेले तो?

Wednesday 20.1.60

प्यार,

इस टेबिल पर बैठकर सबसे पहला लिखने वाला काम कर रहा हूँ, यह Inland लिखना! तुम्हें कल खंडवा से एक Inland भेजा था, तुम्हारा तार तो मेरे पहुँचने के पहले ही पहुँच गया था। अब आज तुम्हें बताऊँ कल खंडवा में

मेरी तबीयत काफ़ी खराब-सी हो गयी थी। रात को ट्रेन में सर्दी लगी थी—गले में दर्द-सा था। मगर मेरी तारीफ़ करो कि मैंने इतना ध्यान रखा अपना कि आज बिल्कुल दुरुस्त हूँ। Elcosin ली। dettol से गरारे किये। फिर खूब गरम कपड़े पहनकर धूप में बैठा। शाम को भाग्य से रिज़र्वेशन मिल गया। इलाहाबाद वालों ने दिल्ली तार कर दिया था वहीं से seat reserve आयी थी। खंडवा से 7 बजे चले। 9 बजे भुसावल पर खाना आया। उससे दो गिलास गर्म पानी मँगवाया। खाने के बाद Amosan के गरारे लिये। फिर खाने के बाद थोड़े फल भी खाये फिर सो गये। थोड़ी बहुत नींद आयी। खुली नींद 5 बजे के आसपास तब मालूम हुआ कि गाड़ी कल्याण पर खड़ी है जो बम्बई का उपनगर है, पर बम्बई से 33 मील दूर है। तब से लाइन के पश्चिम और बम्बई के तमाम उपनगर दीखते रहे और पूरब की ओर पहाड़ों की लाइन और उन पर रंग उजराता सूरज! अच्छा लगा प्यार! उस समय सूरज की लाली का दीखना। और उससे भी शुभ बात बताऊँ। जब बम्बई स्टेशन पर गाड़ी रुकी और सामान रखा गया और कार चली तो बताओ सामने क्या था—मेरी दिग्वधू, मेरी प्रिया, मेरी अखंड सुहागिन का सौभाग्य बिन्दु—नहीं, उसे प्रणाम नहीं किया, उसे प्रत्यंचाओं से दुलार भी नहीं किया—उसे बाँहों में समेटकर माथा अपनी प्रिया का झुकाकर उसके सौभाग्य बिन्दु को पहली बार हंस के मुख में दे दिया।

प्लेटफ़ार्म पर कई लोग आये थे। धर्मयुग और नवभारत टाइम्स के Sr. editors और एक वहाँ के श्री बालकृष्ण अग्रवाल—J.C. Jain ने कल इन लोगों को कह दिया था, और वहाँ के प्रख्यात और निकटतम होटल Astoria में रहने का इन्तज़ाम भी कर दिया था। एक बड़ी-सी हरी स्टेशन वैग भी लेने आयी थी। होटल में पहुँच कर मैंने देखा कि जिस कमरे में सामान रखा जा रहा है, उसके पीछे एक सुन्दर balcony है। और Astoria के अहाते में एक सुन्दर पीपल का पेड़ है और उसकी डाल उस बालकनी पर झुक आयी है। आह प्यार एकदम इस अजनबी नगर में घना अँधेरा छा गया, और रह गयी केवल एक छोटी-सी छत और वह पीपल की डाल और उसके नीचे रजनीगन्धा की मालाओं के सहारे बोलती हुई दीपशिखा मैं तुम्हारी हूँ केवल तुम्हारी-मुझे ले लो मेरे स्वामी...लोग कमरे में बैठे थे। मैंने मुँह हाथ धोया, कपड़े बदले, नाश्ता किया और 9:30 बज गये। देखा कि मेरा वह कालावाला नया Pen खंडवा में छूट गया है। अब क्या करूँ? पेन के बिना कोई काम नहीं हो सकता। प्रेस की गाड़ी लेने आयी तो जाकर सबसे पहले Pen खरीदा—नाम है Enaco बहुत सुन्दर है। आया Times of India. बाबा रे! Building है कि पूरा शहर। बहुत ज़ीट हाँकती थीं शिक्षायतन की-आओ भतीजे-शिक्षायतन तो इसके एक हॉल में आ जाएगा।—

आहा! लो मेरे प्यार यह ख़त लिखते-लिखते सबसे पहली डाक मेरे नाम जानती हो, किसकी आयी है। एक लम्बा पीला लिफ़ाफ़ा राजे का, बेनोमा का, देशान्तर के Contract form के साथ। कल 10 बजे तुमने छोड़ा है, यहाँ 12.30 बजे मिल गया। आह मेरे प्यार अपनी सौ-सौ बाँहें फैलाकर समेटे हो तुम मुझे इतनी दूर परदेस में भी—

हाँ, तो आये यहाँ। आते ही मालूम हुआ कि एक Meeting हो रही है जिसमें J.C. Jain. आर्ट डाइरेक्टर, illustrated के editor Femina की सम्पादिका, Filmfare के सम्पादक हैं— तुरन्त वहाँ ले जाया गया। J.C. ने बहुत आदर से सबसे मेरा परिचय कराया। मीटिंग में layout वगैरह discuss हो रहा था। फिर मैं अपने कमरे में आया। यहाँ सब sub editor का बुलाकर परिचय किया। यहाँ एक officers lunch room है। दोपहर को सब officers उसमें साथ Lunch लेते हैं। J.C., सब बड़े bosses और editors. मैं अब जा रहा हूँ, वहीं Lunch लेने। अभी दो एक दिन Astoria में रहूँगा, फिर सब लोग लगे हैं कोई अच्छा इन्तज़ाम हो जाएगा। खंडवा से मैं एक Water Bottle खरीद लाया हूँ। उसमें से Boiled water पीता हूँ। आज तबीयत बहुत ठीक और चुस्त है। J.C. का व्यवहार बहुत अच्छा है। उस meeting में लगा कि उससे निभने में दिक्कत नहीं होगी। लो लंच के लिए बुलाने के लिए बटलर आ गया है।...

2 P.M.

यह बहुत अच्छा है। यहाँ रोज़ सब officers लंच officers room में लेते हैं। यानी कुल 7 आदमी Gerneral manger, और Art directors और 5 ediotrs. Illustrated weekly नवभारत Times etc. के लंच english होता है— यानी आज का मीनू था, सन्तरे का रस, मटर का शोरवा, उबले सेब क्रीम के साथ, पालक का दूध में उबाला हुआ साग, समूचे उबले आलू मसाले के साथ, सलाद, फलों का मीठा हलुआ-सा, फल और कॉफ़ी—यह लंच रोज दफ्तर में लेंगे। बाकी सब चीज़ें अंडे वगैरह नाश्ते में लेंगे। डिनर शाम को लेंगे। यह खाना हल्का और बहुत अच्छा रहेगा। office 9.30 से लगता है। 1 से 2 बजे तक लंच की छुट्टी 4.30 बजे छुट्टी। आज ही यहाँ के Art directors और Illustrated के editor से दोस्ती हो गयी है।

प्यार मेरे तुम्हें बहुत ही जल्दी आना है। लगता है यहाँ कमरा वगैरह इसी हफ्ते में ठीक हो जाएगा।

क्यों सूर्या, अब ज्ञानपीठ से मेरे Contracts वगैरह भी तुम्हीं कराया करोगी? इतना allround posession अच्छा प्यार मन कहाँ भर आता है, तुझे क्या बताऊँ?

खत धर्मयुग के ही पते पर भेजती रहो। सीधा मेरे पास आता है।

20 जनवरी बुधवार 1960

9.30 बजे रात, बम्बई की पहली शाम, टिका हूँ, Astoria Hotel में। यहाँ टिकने का इन्तज़ाम किया है, J.C. ने हालाँकि मुझे यह बिल्कुल अच्छा नहीं लग रहा है, सिवा इसके कि एक पीपल का पेड़ इस खिड़की से झाँक रहा है। यह कमरा Double bed room है। और पता नहीं कैसे Couples टिकते होंगे इसमें जिनके लिए यहाँ दो beds बिछे हैं। जानती हो शाम से मुझे कौन-सी बात खाये जा रही है। मैने एक पलंग पर अपना बिस्तर बिछवा दिया है। और बिछाने के बाद बिना सूर्या के वह इस कदर मुझे डसने वाला लग रहा है कि मैं अब तक उस पर कदम नहीं रख पाया हूँ। और यह खत भी लिखना है तो दूसरी वाली पलंग पर बैठकर लिख रहा हूँ जो किसी की नहीं है—प्यार ये चीज़ें मन को कहाँ पर चीर जाती हैं, अब, तुम्हें क्या बताऊँ? यूँ केवल यही नहीं, वैसे भी आज दिन भर के बाद इस समय बेहद मन उचट रहा है। यहाँ कैसे रहूँगा मैं? ओ राज! ओ राज! ओ राज... तुम्हें ऑफ़िस में बैठकर सबसे पहला Inland, लिखा था। उसमें सुबह यहाँ आने के बाद से ऑफ़िस में Lunch लेने तक का हाल लिखा था, लंच के बाद मैं गया नीचे सारा प्रेस देखने, सारा Printing process देखने, लाइब्रेरी देखने, Art section देखने और काफ़ी लोगों से दोस्ती कर ली। खास तौर से Art section का director गोन्धलेकर और Illustrated weekly का editor Raman दोनों ने बहुत स्नेह से स्वागत किया और बातें करने के बाद उन्होंने कहा कि आप धर्मयुग ऐसे निकालेंगे तो आप जो भी मदद चाहेंगे हम देने को तैयार हैं! शाम को 5 बजे मैं वापस आया। आने के पहले Marine drive पर होटल के कमरे देखने गया। बाबा रे! या तो वे खाली नहीं हैं। और खाली भी हैं, तो उनके बेहद दाम हैं। अब परसों कुछ लोगों ने कुछ समाचार देने को कहा है। देखें क्या इन्तज़ाम होता है। लौटकर अपने कमरे में आये। दो अंडे पोच और चाय ली। फिर शाम को थोड़ा पैदल भटकने चले गये। एक जगह पान खाया 9 बजे लौटे, खाना मँगवाया। हाँ राजे, बम्बई में ज़रूर खूब भूख लगती है, वरना जैसा खाना था वह मैं घर पर इतना तो नहीं खा सकता था। उरद की दाल, रोटी, चावल, आलू-मटर और भिंडी, यहाँ तक कि Pudding भी खा गया। कैलशियम Tablets भी ले ली थीं।...और उसके बाद—A Sense of deepest loneliness is setting upon me!

अब मैं कुछ नहीं लिख पाऊँगा। आज दीपशिखा से कहना कनुतन को एक-एक रोम पीकर सोये। ओ राज! ओ राज! ओ राज!

21 जनवरी बृहस्पतिवार
प्रात: 6 बजे

बहुत सुबह नींद खुल गयी। दो रातों का ट्रेन का जागरण था अत: काफ़ी देर तक नींद आयी लेकिन फिर चार-पाँच घंटे सो गये। कनुतन 'उन्हें' दे दिया था। सम्पूर्ण। वैसे बम्बई में सर्दी है। रात कम्बल अन्त में ओढ़ना पड़ा था। सुबह उठकर एकदम याद आयी एक पुरानी बात। बाईस हैमिल्टन रोड में एक दिन मैं और बेनुआ बहुत सुबह उठ गये थे। कान्ता सो रही थी। हम दोनों उठकर आँगन में गये। कटहल की छाँह में से होते हुए इन्द्रजाली आम तक और एक सफ़ेद गुड़हल खिला था। उसे लाकर सरस्वती को अर्पित किया था। प्यार इस परदेश के सुनसान एकान्त निवास की पहली सुबह तुम्हें भेज रहा हूँ।

तुम्हें 18 को इलाहाबाद स्टेशन पर 9.30 बजे Inland डाला था, खंडवा में 19 को जाते ही तार मिला था, मैंने उस दिन दोपहर को भी एक Inland डाल दिया था। कल 20 को Join करने के घंटे भर बाद मैंने एक तार दिया है तुम्हें और एक Inland छोड़ा है। अब सुबह यह छोड़ रहा हूँ शाम को दूसरा पत्र छोड़ूँगा। तुम्हारा 19 को सुबह छोड़ा लम्बा, देशान्तर के Contract वाला लिफ़ाफ़ा मुझे 20 की दोपहर को ही मिल गया उसका उत्तर कलवाले Inland में दिया है।

21 JAN. THURSDAY
8:00 P.M.

राजे प्यार, कल तो तुम्हारा लिफ़ाफ़ा मिल गया था, जो तुमने 19 को सुबह छोड़ा था देशान्तर के Contract form के साथ, आज तुम्हारा कोई खत नहीं मिला। उम्मीद बहुत थी, अब शायद कल मिले। तुम्हें मेरे सब खत मिल रहे हैं न?

देखो मैंने एक Inland 18 की शाम को इलाहाबाद से डाला था। फिर एक Inland 19 को खंडवा से डाला था। कल 20 को Join करने के बाद तुम्हें एक तार डाला था express और एक Inland डाला था, सारा विस्तृत हालचाल लिखकर। और आज दोपहर को एक लिफ़ाफ़ा डाला है।

अच्छा सबसे पहले तुम्हें एक सन्तोष का समाचार दें कि आज Astoria से चले आये। तुम्हें याद होगा कि जुलाई में जब पहली बार तुमने पाँव के इलाज के लिए बुलाया था तब नीरा के सामने हम लोगों को एक सज्जन मिले थे

शिवकुमार शर्मा। कानपुर में उनका बहुत बड़ा Business है। बम्बई में उनकी दूकान है। उनका छोटा भाई उसी दूकान पर रहता है। पर शिवकुमार ने अपने लिए एक बड़ा-सा Furnished कमरा ले रखा है जिसके साथ एक छोटा-सा kitchen और एक bath room attached है, उनका एक नौकर भी Permanently यहाँ रहता है, और सुबह-शाम खाना बनाता है। उनका छोटा भाई खाना खाने यहीं आता हैं। शिकुमार कभी-कभी बम्बई आते हैं तो इसमें ठहरते हैं। अन्यथा खाली पड़ा रहता है।

शिवकुमार By chance परसों यहाँ आये हैं। उन्हें आज मालूम हुआ तो शाम को आकर सब सामान ले गये। अब इस समय उन्हीं के कमरे में बैठकर लिख रहा हूँ। अब इन्तजाम यह रहेगा कि जब तक कोई जगह नहीं settle होती, यहाँ रहूँगा। 15 दिन बाद वे फिर एक आध हफ्ते के लिए आएँगे। दोपहर का खाना तो ऑफिस में लेते हैं। नाश्ता, तीसरे पहर की चाय और रात का खाना नौकर मन मुताबिक बना देगा। फल भी लाया करेगा। कपड़े धोकर Press कर दिया करेगा और सुबह अंडा दूध बना देगा।

यह कमरा colaba में है, अच्छी जगह। ऑफ़िस से एक मील। बसें 6 पैसा लेती हैं, टैक्सी 10 आना। शिवकुमार कह रहे हैं कि अगर कोई 3 कमरे का Flat लिया जाय तो एक कमरा वे उसमें इसी प्रकार लेकर छोड़ देंगे। share कर लेंगे। Flat या कोई अच्छा कमरा अब शायद आठ-दस दिन में मिल जाय। शर्मा का भाई यहाँ की बहुत खोज ख़बर रखता है। और भी कई लोग खोज रहे हैं।

कल यहाँ के business manager P.K. Roy से भेंट हुई। जिसको खत लिखने को लक्ष्मीचन्द्रजी ने कहा था। बहुत भला और बहुत अच्छा आदमी है। बंगाली है। मिदनापुर का है। उसने भी आज या कल में कुछ इन्तज़ाम कर देने को कहा है। वैसे अब 15-20 दिन और ज़रूरत हो तो मार्च तक यह कमरा और यह नौकर तो है ही। वैसे इस Colaba area में अगर कोई बड़ा अच्छा कमरा मिल गया तो यह इन्तज़ाम रखेंगे कि रहेंगे उसमें, और खाना दिन का ऑफ़िस में और रात का यहाँ खा लिया करेंगे। जब मेरी प्यारी-प्यारी पत्नी आएगी तब खाने का इन्तज़ाम बदल लेंगे। अब दस-बारह दिन में कुछ ठीक-ठीक प्रबन्ध हो जाएगा।

अच्छा बेटा, यहाँ बम्बई में मई में लगभग 50 हिन्दी अध्यापकों की जगहें खाली हो रही हैं। अब हफ्ते भर के अन्दर ज़रा मैं तीन-चार Principals से मिलूँगा। दूसरी बात कि तुम यहाँ आओ। किसी नज़दीक वाले College में इन्तज़ाम करने की सोच रहे हैं। और यदि इन्तज़ाम होने में देर भी हुई तो कई मज़ेदार

काम हैं। उनके अलावा तुम्हें दो काम करने हैं। एक तो यहाँ J.J School of Arts के Commercial section में तुम्हें कुछ दिन Sketches, illustrations वगैरह बनाना सिखाऊँगा। वह यहाँ से बिल्कुल नज़दीक है, और Flat या कमरा हम लोग लेंगे इसी area में। बम्बई में किसी भी स्थान से समुद्र दो मील से ज्यादा नहीं है खूब साफ़ और खूब खुला हुआ नगर है। भूख तो खूब लगती है, प्यार यहाँ। तुम आकर छह महीने में अपना weight बढ़ा कर दिखा दोगे तो तुम्हें dancing सीखने की भी इजाज़त दिला देंगे।

यहाँ से हर दो मील पर समुद्र है, और यहाँ से दस-बारह मील दूर चारों तरफ़ बहुत ही सुन्दर-सुन्दर जगहें हैं। 3, 4 महीने में तुम plan बनाओगी तो गाड़ी भी ले लेंगे, नहीं तो हर 5 मिनट पर चारों ओर यहाँ से सैकड़ों बसें जाती रहती हैं। जब जहाँ चाहेंगे उड़ चलेंगे। यहाँ तो एक feature लिखना है तो प्रेस की गाड़ी प्रेस का Phorographer लेकर हम दोनों पति-पत्नी कहीं भी जाकर Photos लेकर आ सकते हैं।

अच्छा, अब शेष हाल कल तुम्हारा पत्र आने पर लिखेंगे। तुमने कल्पना को कुन्था जी वाला मैटर भेज दिया या नहीं? अभी मैंने लक्ष्मीचन्द्रजी को केवल तार दिया है पहुँच कर Join करने का कल उन्हें खत लिखूँगा।

2 ज., प्रातः 8 बजे,

यह खत कल रात लिखा था। आज सुबह छोड़ रहे हैं।

22.1.60

सूर्या प्यार,

तुम्हारा बादामी लम्बा लिफ़ाफ़ा परसों मिला था और बहनिया वाला खत आज। राजे तुझे मेरे सब खत मिल रहे हैं या नहीं।

देख! इस खत में तूने लिखा है, कि तुझे 18 वाला Inland मिल गया। उसके बाद तुझे 19 को खंडवा से एक Inland छोड़ा है। 20 को यहाँ Join करने के बाद तुझे express तार दिया है। फिर 20 को एक विस्तृत inland भी छोड़ा है। 21 को एक लिफ़ाफ़ा छोड़ा है चौकोर-आज अभी सुबह तुझे लिफ़ाफ़ा छोड़ा है, जिसमें Astoria छोड़कर शर्मा के कमरे में जाने का हाल लिखा है, और उसमें Astoria वाले पीपल का एक छोटा-सा पत्ता भी रखा है।

इनके अलावा सम्पादक का एक पत्र श्रीमती पुष्पलता शर्मा, शिक्षायतन कॉलेज के पास भी गया है।

राज यह सब मिला तुझे?

तुझे कल और आज के लिफ़ाफ़े में सब delails लिखे हैं कि यहाँ रहने और खाने का अब अच्छा Temporary इन्तज़ाम हो गया है। कानपुर वाले जो शर्मा एक बार नीरा पर मिले थे उन्हीं का एक कमरा है, साथ में किचेन है, नौकर है, खाना अच्छा बनाता है। शर्मा कभी-कभी बम्बई आते हैं, वरना कमरा खाली रहता है, नौकर रहता है। उसमें अभी आ गया हूँ, आठ-दस रोज़ में अपना कमरा या Flat ढूँढ लूँगा वरना जब तक चाहूँगा तब तक यहीं रहूँगा। शेष हाल लिफ़ाफ़े में लिखा है।

लो Who has come?

अज्ञेय जी!

आये हैं, Little Ballet के साथ दो-चार दिन रहेंगे यहाँ। सामने बैठे हैं।

अच्छा प्यार—शेष रात को

22.1.60 शाम 4 बजे

Saturday 23th January 60
4:00 P.M.

तो तुम्हें सच-सच बता दूँ—प्यार—आज शनिवार है, दोपहर को half day था। लौटकर खाना खाकर दो घंटे लेटा हूँ, फिर खूब चाय पी है तब इस लायक हुआ हूँ कि तुम्हें लिख सकूँ। सुनो, सच बात यह है कि आज शायद चौथी रात है या पाँचवीं, पर मुझसे तुम कसम ले लो कि मुझे एक रात भी नींद आयी हो, आधे, घंटे के लिए भी पलक झपकी हो। आँखें लाल हो आयी हैं, सर पर जैसे ठोस पत्थर रखा हो। और कौन-सी ऐसी चीज़ है जो मुझे बुरी तरह चीर न जाती हो। यों कोई तकलीफ नहीं। खाना यहाँ शर्मा का नौकर खूब अच्छी तरह बनाता है। दूध, अंडा, फल, शाम को पूड़ी, दिन को English lunch सब ठीक चल रहा है— मगर मन इन विशाल इमारतों, इस समुद्र, इस भीड़, इस बेहद खुशनुमा रौनक के बीच न सिर्फ़ छटपटा रहा है, न सिर्फ़ व्याकुल है, बल्कि बेहद चीत्कार उठा है, विक्षुब्ध यहाँ तक कि सब तोड़-फोड़ कर, छोड़छाड़ कर भाग आने की सीमा तक। कल, तुमसे बताऊँ, तुम्हें एक पत्र सुबह छोड़ा था। लिफ़ाफ़ा, पीपल की पत्ती वाला। उसके बाद Inland तुम्हें वहीं दफ्तर में बैठकर लिखा था और Inland लिखते-लिखते देखा कि अज्ञेय आये हुए हैं। अज्ञेय जी को बिठाकर थोड़ी बात कर चलने के लिए तैयार हुआ। तुम्हारा Inland मोड़कर बन्द कर जेब में रखा और अज्ञेय जी से कहा मैं आता हूँ। कहाँ जा रहा था, पता नहीं। थोड़ी

देर बाद देखा कि मैं J.C. Jain के office के सामने खड़ा हूँ। और मन-मन यह कह रहा हूँ। I don’t want all this. Leave me. I will go back...क्यों यह feeling आयी, नहीं जानता हूँ, फिर उसके बाद Inland राह में छोड़ता हुआ अज्ञेय जी के साथ घर आया, शर्मा जी चेतन और कई लोग साथ थे। थोड़ी देर बैठकर अज्ञेय जी पर झल्लाता रहा कि आपने बम्बई आने का समर्थन क्यों किया था। फिर घूमने निकले। समुद्र के पास एक रेस्तराँ है NAPOLI जिसमें Espresso Coffee मिलती है। वहाँ अज्ञेय जी ले गये। कॉफी आयी। पहला घूँट लिया कि सारा नीरा रेस्तराँ और उसके तमाम associations ज़हर की तरह चीरते गले में उतर गये। उसके बाद ईश्वर जानता है मैं एक घूँट कॉफ़ी नहीं पी सका। वात्स्यायन जी ने पूछा तो मैंने कह दिया कि नीरा की Espresso Coffee पी चुका हूँ। यह पी नहीं जा रही है। अज्ञेय जी उस समय कुछ नहीं बोले। थोड़ी देर बाद बोले अगर आपका अभी Tour पर जाने का इरादा न हो तो इन ‘लोगों’ को बुला लीजिये। चाहे हफ्ते भर को। मैं क्या जवाब देता। सिवा इसके कि बहुत खीजकर बोला कि अभी सत्यकाम ही नहीं आये कि कुछ स्थिति मालूम हो।

ओह राज, तुमने लिखा है, कि तुम पत्नी होते तो यह जानते कि अब अकेले नहीं रहा जा रहा है। मैं कहता हूँ, प्यार तुम बिना किसी के राजन् या बिना किसी के छौने हुए नहीं जान सकते कि यह भयंकर उचटाव जो मेरे मन में आया है वह कैसा है। यहाँ क्या नहीं है? सम्मान, आराम, यहाँ तक कि अज्ञेय, शर्मा आदि के कारण अभी तक कोई शाम मित्र विहीन नहीं बीती है, लेकिन मैं सिर्फ़ Lonely ही नहीं मैं क्या feel कर रहा हूँ, तुम्हें बता नहीं सकता। It is all crushing me.

आज शर्मा कानपुर लौट जाएँगे। कल से कमरे में अकेले मैं रह जाऊँगा। 4 फरवरी को तीन-चार दिन के लिए वे लौटेंगे, फिर वापस चले जाएँगे। कमरे और flats ढूँढ़ने में अभी सात-आठ-दस रोज़ लग सकते हैं। लेकिन यह तुम्हें लिख रहा हूँ कि सत्यकाम परसों आ रहे हैं। उनके आने पर अगर कार्यक्रम बना कि मैं Tour पर चला जाऊँ तो मैं तुरन्त via Nagpur वाली Mail से अपने घर आऊँगा-अपने दर्पण वाले शयनकक्ष में। अगर कार्यक्रम यह बना कि मुझे अभी डेढ़ दो महीने बाद Tour पर जाना है तो इस समय मैं लिख रहा हूँ कि तुम्हें वहीं तुरन्त आना पड़ेगा। I will die, if I have to remaim here alone even for one month. और अगर दुनिया के किसी भी सही या गलत कारण से तुम छुट्टी नहीं ले सकोगी। तो मैं तुमसे सच-सच कह रहा हूँ, कि मैं यहाँ से चला आऊँगा चाहे ये लोग छुट्टी दें या नोटिस दें या मुझे इस्तीफ़ा देना पड़े।

ओह प्यार, कल शाम किस कदर मैं उद्विग्न रहा हूँ—अज्ञेय जी तो लौट

गये अँधेरी आठ बज गये थे। घर आया खाना खाया। शर्मा तथा अन्य लोग मेरा मूड देखकर बहुत चिन्तित थे। ज़बर्दस्ती खींच ले गये एक Picture में। English Picture मैं मारे ऊब के interval से उठ आया। घर आया। कुछ नहीं सूझा क्या करूँ—अकेले होता तो शायद बहुत बुरी तरह सिसक कर फूट पड़ता पर शर्मा थे साथ। अन्त में Album निकाला। और शर्मा को अपने दो-चार Photographs दिखाये और उस बहाने कितनी बार सूर्या के हर चित्र देख कर चित्र के क्षणों को पकड़ने की कोशिश करता रहा। मगर बेहद घबराहट थी। रात को दो बज चुके थे, और आँख में नींद नहीं चौथी रात का जागरण था। तीन-साढ़े तीन बजे शायद नींद आयी होगी सिर्फ़ दो-चार मिनट को तो एक अजब क्षण का सपना देखा। देखा कि एक घर है। उसका दरवाज़ा है। दरवाज़े के पास ज़ीना है। तुम लम्बा स्कर्ट और Striped blouse पहने खड़ी हो। बहुत स्मार्ट, कमर पेटी से कसी हुई। और कहीं जाने के लिए दरवाज़ा, खोलती हो। बिल्कुल उसी क्षण मैं दफ्तर से लौटकर आता हूँ। तुम जाना स्थगित कर मेरे कोट के बटन खोलने लगती हो तब तक मैं जूते उतार देता हूँ। तुम जीने की सीढ़ी पर बैठकर मेरा कोट अपने कन्धों पर डाल लेती हो मोज़े मेरे पाँव से खींच कर उतारती हो। बस वह तीन-चार मिनट की नींद भी अकस्मात् टूट जाती है। और इस कदर आकुलता और याद कि मेरे समझ में नहीं आता कि करूँ तो क्या करूँ? जाकर छज्जे पर खड़ा हो गया। नीचे ही colaba की प्रमुख सड़क है। चार बजे ही सैकड़ों लोग मेले में जा रहे थे और double deckar bus चलने लगी थी अकस्मात् छज्जे पर खड़े-खड़े मैंने सामने नजर उठाई कि देखूँ—सामने बाजोरिया की पीली बिल्डिंग में क्या हो रहा है। तो अकस्मात् देखा कि अरे यह कोई मैं अपने प्यारे जतीन्द्र मोहन avenue वाले घर के छज्जे पर थोड़े ही खड़ा हूँ। जाने किस परदेश में हूँ।

9 p.m.

लो तुम्हें यह लिख ही रहा था कि शर्मा आये एक तिवारी को लेकर। वे तिवारी कोई film producer थे। मुझसे किसी film का कुछ काम कराना चाहते थे। चार-पाँच हज़ार देना चाहते थे। मैं झल्लाया हुआ था। मैंने झिड़क दिया। अपना-सा मुँह लेकर चले गये।

लेकिन इस समय कुछ मन शान्त है शाम को समुद्र-तट पर एक होटल में एक कमरा देखा है। अच्छा लगा। कल इतवार दो-चार कमरे और देख कर न होगा उस समुद्र-तट के कमरे में चले चलेंगे। तुम्हें वह जगह अच्छी लगेगी। बिल्डिंग के सामने की सड़क शान्त है और समुद्र में पालदार नावें हैं, छोटे रँगे-चुँगे स्टीमर हैं और अहाते में कुछ फूल लताएँ भी हैं। flats और कमरे भी समुद्र तट पर ही देख रहे हैं। छह-सात दिन में कमरा या flat न मिला और Tour

का Programme न बना तो यही कमरा ले लेंगे और एक बार कनुतन और दीपशिखा अपने कमरे के सामने के दर्पण में अपने को देखेंगे और समुद्र को।

शाम को थोड़ी देर यहाँ की kwality में बैठे। ओह, कितनी Modern, कितनी सारी सजावट हैं उसकी-राजे यह बम्बई यूरोप का एक टुकड़ा है। यहाँ जो जी एकदम अकुला उठा है वह शायद इसीलिए कि यही जगह है जहाँ लखनऊ के Royal Cafe के आधुनिक वातावरण में किये गये पवित्र अनुबन्ध का हर अक्षर वास्तव में पूरी तरह साक्षात्कृत किया जा सकता है। और फिर भी यहाँ तुम क्यों नहीं हो? क्यों नहीं हो? क्यों नहीं हो?

on the sea beach,
with my dear wife
soon very soon!

Sunday 24th Jan. 60
2 p.m. Afternoon

प्यार, यह इनलैंड कल लिखा था, मगर कल रात पूरा हुआ। आज इतवार को सोचा था सुबह छोड़ेंगे पर अच्छा हुआ इसे नहीं छोड़ा। तुम बहुत चिन्तित हो जातीं इसे पाकर। कल शनिवार की रात नींद आयी। बात यह है विस्तार से तुम्हें यह इनलैंड लिखकर लगा कि अपनी बेचैनी अपनी संगिनी अपनी अन्तरंग मित्र अपनी सर्वस्व को सौंपकर थोड़ा खुला-खुला अनुभव किया। आज सुबह काफ़ी देर तक सोये। असल में एकदम मन घबरा जाने के कई कारण आ गये थे। एक तो मैंने मौलिक गलती की कि मैं सूर्या को छोड़कर अकेले आया। मेरा ख्याल है एक पति वाली जो हेकड़ी होती है कि नहीं! अकेले जाऊँगा सब इन्तज़ाम ठीक कर अपनी कामायनी को लाऊँगा। उसके जोश में चला तो आया लेकिन मैं सारी दुनिया का इन्तज़ाम देख लूँ पर मेरी हालत यह है कि मैं अब अपना इन्तज़ाम खुद नहीं कर सकता। जब मुझे अपने गले में खुद sloan's liniment लगाना पड़ा, खुद निकाल कर कपड़े पहनने पड़े, खुद बिस्तरे ठीक करने पड़े यहाँ तक कि सोते समय खुद कनुतन को सम्पूर्णतः देना पड़ा—तो मेरा मन बहुत अकेला बहुत अनाथ और बहुत आकुल-सा अनुभव करने लगा।

फिर शर्मा के कमरे में आ तो गया पर मेरी आदत कभी नहीं रही कि मैं किसी दूसरे के कमरे में रहूँ। My room can be shared only by my wife and my bed can be shared only by my wife and my destiny is commanded by her and her alone इसलिए सारा दिन दफ्तर में और सारी सुबह-शाम और रात भी एकान्त न मिल पाना। इससे मैं बहुत छटपटा गया।... फिर मैं चाहता था कि तुरन्त तुम आओ, पर सत्यकाम के न आने के कारण कार्यक्रम नहीं निश्चित हो पाता था कि मैं Tour पर जाऊँ या रहूँ। यदि आते ही निश्चित हो जाता कि अब दो महीने रहना है तो कोई बात नहीं तुरन्त तुम्हें तार दे देता और Strand में कमरा बुक कर लेता, मगर पता नहीं सत्यकाम के आने पर मेरा Tour का कार्यक्रम बन जाये। इस अनिश्चय ने और परेशान कर दिया।...पर अब मन थिर है। कल शायद सत्यकाम आएँगे। अगर Tour का तय होता है तो ठीक, नहीं तो तुम्हें आना है इस कमरे का निश्चय है कि 12 मार्च तक यह कमरा बिल्कुल मेरे disposal पर रहेगा। नौकर खाना बनाएगा। शर्मा कानपुर जा रहे हैं, और लौटेंगे भी तो वे अपनी आढ़त के कमरे में ठहरेंगे। लेकिन तुम तो मेरी मन:स्थिति जानती हो कि इस arrangement से मुझे सन्तोष नहीं हो सकता है। यह निश्चित है कि मुझे सूर्या की गृहस्थी स्थायी तौर पर तुरन्त बसानी है और सूर्या को अब शीघ्र आना है। पर यहाँ कमरे और flat ढूँढ़ना काफ़ी श्रमसाध्य है। और मेरा अधैर्यवान स्वभाव जो होना है वह तुरन्त होना है, उसमें देर नहीं होनी चाहिए। पर आज सुबह शर्मा के साथ बम्बई की विभिन्न localities देखने गये कि कहाँ मकान लेना ठीक होगा।... वैसे Suburbs में यहाँ अच्छे flats मिल जाते हैं पर local trains से आना पड़ता है उसमें घंटा डेढ़ घंटा सुबह और घंटा डेढ़ घंटा शाम को लगता है। अपनी गाड़ी हो तब भी इतना ही वक्त लगता है। वह प्रबन्ध ठीक नहीं होगा। यहाँ जो areas मुझे पसन्द हैं उनमें flats देखे। दो फ़्लैट पसन्द आये। पर 300 से कम का कोई flat नहीं मिल सकता और 300 में जानती हो कितना मिलता है—एक Bedroom एक drawing room एक रसोई, एक bathroom। यह ज़रूर है कि ये चारों चीज़ें बहुत ही सुन्दर और Modern. गैस की फ़िटिंग। और दो एक flats ऐसे भी हैं जिनमें से समुद्र दीखता है। अभी इन्तज़ाम यह सोचा है दो कमरों का यह flat लेकर एक कमरा शर्मा को दे देंगे एक तुम्हारा रहेगा। शर्मा कभी-कभी आएँगे वरना वह भी अपने drawing room का काम देगा। bathroom का दरवाज़ा दोनों कमरों में अलग-अलग खुलता है। अत: कठिनाई न होगी। शर्मा का नौकर रसोई में रहेगा और खाना बनाया करेगा। रसोई भी काफ़ी बड़ी है। नौकर तो उनका रहेगा, खाने का expense उनसे share कर लेंगे। घर का मन लायक खाना मिलेगा। वह नौकर कुछ मेरा taste समझ रहा है। room अपना बिल्कुल अलग रहेगा, अत: कोई disturbance नहीं होगा। बारजा खूब बड़ा और सुन्दर है उस पर बीस-तीस गमले रख सकते हैं ऐसे दो

flats आज देखे हैं, और कल परसों और देखेंगे। नहीं मेरी वधू, तू आएगी तो अपने निश्चित शान्त और बहुत Modern घर में आएगी।

इसी सिलसिले में एक चक्कर आज बम्बई का लगाया। प्यार सौन्दर्य में इसमें और कलकत्ते में कोई तुलना नहीं है मैं, स्पेनी या नार्वीजियन समुद्री नगरों को कभी-कभी फ़िल्मों में देखता था। आज बम्बई को घूम कर देख कर लगा कि यूरोप का कोई टुकड़ा देख रहा हूँ। यह बम्बई एक द्वीप पर बसा है जो केवल एक तरफ़ देश से जुड़ा है। और पहाड़ियाँ हैं अतः ऊँचा-नीचा है। याद है, तुम्हें, मैं कहता था कि मैं किसी ऐसी जगह जाना चाहता हूँ जहाँ पहाड़ हो, समुद्र तट पर। आओ प्यार यहाँ वही है। और उन पहाड़ियों पर नैनीताल-सी ऊँची-नीची घुमावदार सड़कें, और उनके दोनों ओर बँगले। और पहाड़ के शिखरों पर Hanging garden और खुले हुए बोगन बोलिया से छाये हुए रेस्तराँ समुद्र से हज़ार मील ऊँचे नीचे समुद्र देखो बम्बई का Map इस प्रकार का है कोई स्थान ऐसा नहीं कि वहाँ से दो मील से ज्यादा दूर समुद्र हो।

और प्यार यह समुद्र किनारे की सड़कें, सड़कों के किनारे कितने सुन्दर प्यारे रेस्तराँ, बिल्कुल इस लायक जिनमें sleeveless ब्लाउज़ पहने रजनीगन्धा की मालाओं जैसी बाँहों को अपने arms में उलझा कर अपनी Fashionable flirt पत्नी को लेकर जीवन को एक-एक कण पिया जा सके!

अच्छा देखो राजन इन तमाम इन्तज़ामों में लग रहे हैं अब दतचित्त होकर—तुम जल्दी से उन्हें खत तो लिखो विस्तृत। Dont write to भैयन। हर खत में भैयन! भैयन भैयन के मारे और मेरा मन उचट गया था।

अच्छा तुम्हें मेरे सब खत मिल गये होंगे। मुकर्जी से मिल लीं? weight लिया उस feature का, तथा अन्य Matter तुरन्त भेजना शुरू करो।

Tursday 26.1.60
3 p.m. to 5 p.m.

कल तुम्हें सिर्फ़ एक छोटा-सा inland डाला था वह भी पेंसिल से क्योंकि फाउंटेन पेन कल सुबह किसी ने जेब से उड़ा दिया था। देखो प्यार गुस्सा मत होना लेकिन जबसे बम्बई में आया हूँ दो फाउंटेन पेन छौनूराम जेबकतरों को भेंट कर चुके हैं। एक तो जो कालावाला पेन उन्होंने खरीदा था इलाहाबाद में वह तो आते-ही-आते ट्रेन पर उड़ गया। एक उन्होंने यहाँ आकर खरीदा, 12 रु. का enacho, वह कल ग़ायब हो गया। अब पेन जेब में न रखकर bag में रखता हूँ। मैं कल

जब सूर्या का लम्बा खत मिला तो जैसे साँस आयी इन पसलियों में। तुमने वह खत इतवार को पूरा कर Explanade पर डाला था न—मैंने भी शनिवार को एक बहुत विस्तृत inland तुम्हें लिखा फिर छोड़ा नहीं, रविवार को ऐसे ही काग़ज़ों पर दूसरा लम्बा खत लिखकर लिफ़ाफ़ों में दोनों रखकर G.P.O जाकर छोड़ा क्योंकि यहाँ G.P.O. से इतवार को भी डाक निकल जाती है। उन दोनों Inland लिफ़ाफ़े से तुम्हें मेरी मन:स्थिति का अन्दाज़ लगा होगा। देखो, मेरे प्राण मेरी आत्मा, तुमसे भला छिपाने से क्या फ़ायदा, तुमसे हंसू से लेकर मेरे मन की अन्दर-से-अन्दर तक की तह की कौन-सी प्यास छिप ही सकती है—देखो तुम्हें बता दूँ साफ़-साफ़ कि मैं यहाँ बहुत घबराया हुआ, बहुत ऊबा हुआ, बहुत उचटा हुआ, बहुत उदास और बहुत अकुलाया हुआ हूँ। मैंने तुम्हें झूठ लिखा कि मुझे शनिवार 23 को नींद आयी...मैं तुमसे कैसे बताऊँ कि जबसे इस बम्बई में आया हूँ, कोई रात ऐसी नहीं है जिसमें घंटे भर से ज्यादा नींद लगी हो और अगर नींद भी लगी है तो कैसे अजीब सपने देखे हैं, मैंने। मैंने पिछली बार कलकत्ते से इलाहाबाद आकर अपने पूजाघर में जो अनुभव किया था वह लिखा था तुम्हें, पर इस Torture का कोई मुकाबला नहीं है। मैं अभी तक डरता था कि तुम नाराज़ होगी कि तुमने मुझे शपथ देकर भेजा है कि मैं अकुलाऊँ नहीं, अकेला नहीं अनुभव करूँ, मगर मैं क्या करूँ, अपनी सारी अन्तरात्मा से कहाँ तक लड़ूँ जो अब अपने परिवार से दूर नहीं रहना चाहती है, जो एक कटे हुए, तड़पते हुए जिस्म का- सा अनुभव करती है।

आज Republic day की छुट्टी थी। सुबह से गये थे Marine drive पर कमरा देखने। लौटकर खाना खाया तो एकदम आँखें निदियारी हो आयीं। सोचा शायद आज दिन में नींद पूरी हो जाये। दो बजे लेटा, डेढ़ घंटे करवट बदलकर उठ गया। वही पथराया सर कड़वाती आँखें। तुम्हें लिखने बैठा हूँ। और इसे पूरा कर अभी G.P.O. में जाकर डालूँगा।

साबीशी! मैं बहुत थका हुआ हूँ, प्यार! तुम पास रहती हो तो जाने कहाँ की बिजली दौड़ी रहती है, सारे व्यक्तित्व में। तुमसे जहाँ छूटा तो सारी पिछले वर्षों की भयानक थकान जाने कहाँ से आकर अंग-अंग पर छा जाती है। अब मैं अपनी ज़िन्दगी के सूत्र खुद नहीं, सँभाल सकता। पिछले छह दिनों में और तमाम एहसास मुझे हुआ, इस विराट् नगर में आकर, इस नये पद पर आकर-पर एक अहसास मुझे बहुत स्पष्ट फिर हुआ कि अब मैं अगर एक-एक कण, एक-एक क्षण तुम्हारे द्वारा सँभाला हुआ हूँ, नहीं तो मैं अब जी नहीं सकता! और जानती हो शनिवार के लिखे इनलैंड में तुम्हें अपने मन की सारी हालत लिखी थी, और उसी लिफ़ाफ़े वाले खत में फिर इतवार को सुबह बम्बई के Hanging garden वगैरह देखने का हाल लिखा था। उसी दिन Hanging garden में एक अजब-सा विचार आया। तुमने अपने मन की एक दिन की बात लिखी है न, मैं भी बता दूँ। मैंने तुम्हें बताया था राज कि जब से अपना अनुबन्ध हमने लिखा और जबसे उसे जीना शुरू किया तब से मुझे अपनी ज़िन्दगी कितनी सार्थक और मूल्यवान लगने लगी है। हर क्षण लगता है कि मेरे जीवन का एक-एक क्षण, एक-एक क्षण किसी की साँसों का अभिन्न अंग है। लेकिन यहाँ आकर जाने क्यों मैं बहुत अकेला अनुभव कर रहा था, छूटा हुआ अनुभव कर रहा था, और आज तुम्हें बताऊँ जिस दिन पीपल की पत्ती मैंने तुम्हें भेजी थी, उस दिन मैं बहुत रोया था कि मैं चाहे जो कहता, पर तुमने क्यों नहीं ज़िद की कि तुम मुझे अकेले नहीं भेजोगी। चाहे यहाँ आकर हम महलों में रहते या footpath पर पड़े रहते चाहे अँग्रेज़ी लंच खाते, चाहे सूखी रोटी खाकर दिन काटते, तुम साथ क्यों नहीं हो, तुमने अकेले क्यों छोड़ दिया। और यहाँ समुद्र किनारे एक पहाड़ी है मालाबार हिल, उसके सबसे ऊँचे शिखर पर एक रेस्तराँ है। उसकी भी तीसरी मंज़िल पर खुली छत पर नीचे हज़ारों फ़ीट नीचे समुद्र को मैं देखता रहा और तब वह विचार आया—I will die if I am left alone! I will die! I will die!

लेकिन मैं क्या करूँ कि इतवार की रात भी मुझे दुगुनी बेचैनी रही! तुमने लिखा है कि मैं हंसू को दुलार लूँ—तुम्हें क्या मालूम मैंने क्या-क्या नहीं किया इतवार की रात अपना अनुबन्ध कितनी बार पढ़ा, अपना allbum कितनी बार देखा—डायरी लिखने बैठा—लेकिन मेरे प्यार, नतीजा क्या हुआ—लो तुम्हें बता दूँ—सोमवार को मुझे हरारत हो आयी। थर्मामीटर नहीं था अत: Temparature नहीं लिया पर उस दिन लंच नहीं लिया! वैसे अब कुछ नहीं है, कल ही शाम तक ठीक भी हो गया।

और कल की शाम! बाबा रे, ऐसी भयानक भीड़ और शोर की तो मैं कभी कल्पना भी नहीं कर सकता। यहाँ होली, दीवाली, ईद, क्रिसमस, कोई भी त्यौहार ज़ोर से नहीं मनाते। केवल दो त्यौहार ज़ोर से मनाये जाते हैं। जन्माष्टमी और Republic day। उफ़ यह सारा का सारा बम्बई बेहद शानदार इमारतों से भरा हुआ है। कलकत्ते की Park street तो यहाँ की छोटी-से-छोटी सड़क के समान साफ सुथरी है। वे तमाम इमारतें रोशनी से सजी थीं, और 5 मील के घेरे में पचास-साठ लाख की भीड़ थी। और यहाँ अजब रिवाज़ है। Republic day को छोटे बच्चों से लेकर बड़े-बड़े सफ़ेदपोश लोग तक कागज़ की पिपहरियाँ बजाते हुए निकलते हैं। उफ़ कान के पर्दे फाड़ डालने वाला वह असह्य शोर—और मैं और

भी अकुला उठा कि क्या करूँ? कहाँ भाग जाऊँ? भीड़ का यह हाल कि यहाँ से रात को G.P.O. तक जाना चाहता तो नहीं पहुँच पाता।

फिर क्या करता—जब से आया हूँ जैन जी को कुन्था जी को कोई खत नहीं लिखा था कल उन्हें विस्तृत खत लिखा। सत्यकाम जी से भी final बात management से कल हो गयी। कल रात 2:30 बजे तक किसी तरह उस शोर में उन लोगों को खत लिखता रहा। राजे, मुझे सब बातें इन लोगों की ठीक लगीं पर एक बात मुझे बहुत ग़लत लगी है। इन्हें बिना किसी Flat का इन्तज़ाम किये मुझे यहाँ नहीं बुलाना चाहिए था। जब से मैंने स्वीकृति दी थी तभी से अगर ये मकान खोजते तो मैं आराम से आता और तुम आकर घर का इन्तज़ाम कर देती। और फिर चली आती। वैसे अब इन्तज़ाम घर का हो रहा है, तीन-चार जगहें देखी हैं। यहाँ जो भी जगह लेनी होती है कम-से-कम छह महीने का agreement होता है। अत: ज़रा देखभाल कर रखेंगे। तुम आओगी तो देखकर अपना घर finally लेना। set up करने में देर नहीं लगेगी, क्योंकि अधिकतर घर furnished हुए मिलते हैं। अभी 12 मार्च तक शर्मा का यह कमरा है। शर्मा कानपुर चले गये हैं उनका नौकर खाना बनाता है। Kitchen अलग है, उसी में वह सोता है। bath इसी में attached है कमरा राजन के जतीन्द्र मोहन avenwe वाले कमरे के बराबर है। डनलप पिलो के गद्दे का एक तख्त है, बेंत का सोफ़ा सेट है और परदे लगे हैं, सिर्फ़ शाम को शर्मा का छोटा भाई जो कालबादेवी में अपनी आढ़त पर रहता है, वह शाम को खाना खाने आता है। बाकी मार्च 12 तक यह कमरा अपना ही है।

लेकिन मैं फरवरी के पहले हफ्ते के अन्त तक घर का इन्तजाम करवा लूँगा। वैसे यह भी नितान्त एकान्त और अपने full posession में है। फिर भी मैंने जैन जी को स्पष्ट लिखा है कि यह बात मुझे अच्छी नहीं लगी है। लेकिन वे बेचारे क्या करें? काम तो यहाँ Benette coleman वालों को करना चाहिए था। पर J.C Jain का जो पहले रुख था, उसे देखते हुए जितना लक्ष्मीचन्द्र जी मेरे लिए insist कर गये वही बहुत है। खैर मेरी वधू, यह तो तुम्हारे स्वामी की शान है कि चलो ऐसे संकट में भी उसे किसी का अहसान नहीं लेना पड़ा यानी बेनेट कोलमैन का। शर्मा बेचारे की कोई बात नहीं—मित्र लोग तो सदा हम दोनों को हाथों हाथ सँभालते आये ही है।

शर्मा की याद होगी शायद तुम्हें, नीरा के सामने एक बार ये मिले थे और अपनी business के सिलसिले में Minerva में ठहरे थे। तुम्हें एक बात बतायें। बहुत मज़े की। उन दिनों मैं अकेला अपने घर गया था। कान्ता की बीमारी और तुम्हारे बारे में शायद इनकी बात रामस्वरूप से हुई हो या जो बात हो—मैंने इनसे

यह नहीं कहा कि तुम आ रही हो, लेकिन परसों नरसों से कई कमरे जो मिल रहे थे इन्होंने यह कहकर disapprove किये कि आपके अकेले के लिए ठीक हो लेकिन पुष्पा जी को आना है, आपकी Mother को अगर आना हुआ तो यह कमरा decent नहीं रहेगा। आज marine drive पर एक बहुत खूबसुरत कमरा था, उसमें Bath attached था, facing sea लेकिन kitchen नहीं था। इन्होंने मना कर दिया कि इसमें Kitchen नहीं है और आप एक बार सह ले जायें पर मेरा कमरा रहते हुए मैं पुष्पा जी आदि को होटल में खाकर तन्दुरुस्ती नहीं बिगाड़ने दूँगा! नन्दन की तुम्हें याद नहीं होगी। वह निकष में हमारा छिटपुट काम करता था। एम.ए. में था। तब तुम रिसर्च करती थीं और 22 हैमिल्टन रोड में वह आता था। वह यहाँ lecturer है। और भी कई लोग हैं। कीर्ति चौधरी और उसके पति भी यहाँ transfer होकर आ गये हैं। ये लोग सब तुम्हें literary nucleus बनाने में बहुत सहायता देंगे। तुम आ जाओ तो काम शुरू करें। मामा वरेरकर को मैंने Phone किया था। वे दिल्ली में हैं। आ जायें तो stage वाली बात भी सोचें। यहाँ dance सीखने के बहुत अच्छे साधन है, भारतीय भी और विदेशी भी!

देखो प्यार, यह विवाह की मर्यादा भी कैसी अजीब होती है, कहाँ-कहाँ पर बाँधे रहती है। तुमने चलते समय कहा था कि ज़रूरत समझो तो श्यामलता को Phone कर लेना। शनिवार तक मकान के लिए कुछ देखभाल मैं नहीं कर पाया था। Mood बहुत खराब था, बेहद उचटा हुआ। सोचा उसे Phone कर उसके यहाँ का Guest room ही ले लूँ—फिर सोचा नहीं, बस Phone भर कर दूँ और उसके Business manager कोई मकान ढूँढ़ दें—फोन के पास गया, Directory उठाई, नम्बर ढूँढ़ा—नम्बर मिलाया और ज्यों ही उधर से आया कि Yes J.K. House! तो जाने क्यों Phone रख दिया। मन ने कहा नहीं। तुम्हारे सामने किसी से मिल लूँ। बोल लूँ—तुम्हारे पीछे नहीं। चुपचाप चला आया। शर्मा बहुत पूछते रहे क्या बात हुई। मैंने कहा Phone मिला नहीं engaged था। मैं जानता हूँ कि कोई Motive न हो पर मिलने पर वह हँसती बोलती भी तो वह मुझे अशोभन लगता—क्योंकि तुम नहीं हो।

अच्छा अब तमाम घरेलू बातों का जवाब—हाँ कमीज़ें, बुशशर्टें यहाँ बहुत अच्छी मिलती हैं, लेकिन प्यार मेरे मुझे खुद लेने को मत कहो। मेरा मन यूँ ही दुखा हुआ है, उदास है। अपने लिए कुछ भी अकेले खरीदने जाऊँगा तो कितना Torture होगा यह तुम्हें खुद समझ लेना चाहिए। तुम्हें जिस दिन आना होगा, तुम्हें Receive करने स्टेशन जाऊँगा केवल उस दिन एक अच्छी शर्ट खरीद लूँगा—बाकी शर्ट तुम आकर खरीदना। रहा गले के लिए रेशमी मफ़लर्स का तो प्यार तुमसे एक बात बता रहा हूँ—देखो, केवल तुम्हीं तक रहेगी—इलाहाबाद अम्मा

को मत लिखना! मैंने तुम्हें लिखा था कि गले में सर्दी लग गयी है—Sloans liniments लगाने से दर्द कम हो गया। हाँ प्यार, लेकिन मैंने एक बात तीन दिन से Mark की है। दोनों गलों में वे गिल्टियाँ ज्यों की त्यों कायम हैं, जैसी बीमारी में थीं और दायीं ओर की गिल्टी अब भी काफ़ी कड़ी है। उसी की वजह से दायीं ओर गले की नस या muscle में थोड़ा तनाव है। उसके लिए मफ़लर से कोई लाभ नहीं। तुम आओगी तो गिल्टियाँ किसी बहुत अच्छे डॉक्टर को दिखा देना। चिन्ता मत करना प्यार! तुम्हारी बाँहों के गहराव में इस गले को रात भर सोने की आदत है न! बस वही उसकी असली दवा है।

कटिया भी मत लो। यहाँ 15 दिन बाद केवल शर्ट या बुश्शर्ट ही पहनी जा सकेगी। वैसे मेरा पूरा office airconditioned है अतः चाहूँ तो बहुत हल्के कपड़ों का कोट पहन सकूँगा। तुम आना। यहाँ का मौसम और स्थिति देखकर जैसे कपड़े सोचना बनवा देना। कटिया भारी पड़ेगी उसे अगले साल बनवाएँगे।

मैंने तुम्हें शायद पहले या दूसरे दिन के खत में लिखा था—प्यार तुम्हारे पास एक नीला Sleeveless ब्लाउज था न! वैसे दो ब्लाउज तुम आज ही कपड़े लेकर तुरन्त बनवा लो। यहाँ तुम्हें वैसे ही रखूँगा और तुम्हारे लिए दो एक चीज़ें देख रखीं है। हाँ प्यार सुनो मेरी जो तीन नगों वाली अँगूठी है, वह लेती आना। यहाँ कई दिन से उसके बिना बहुत बुरा लग रहा है। मैंने एक कमीज़ भी यहाँ अपने लिए देखी है। तुम आकर खरीद देना। एक Portfolio भी देखा है। वह भी खरीद देना।

हाँ तुमने जो शीला से जिस French painter के बारे में बात की थी वह Tolouse Lautice है न? उसके जीवन पर एक बहुत सुन्दर उपन्यास लिखा गया है, Merelin Rouge वह Pocket book में निकला है। उसे पढ़ लो बहुत सुन्दर है। हाँ प्यार वैसा Matter देने से बहुत अच्छा रहेगा। तुम लिखोगे सपन? अपने feature तुमने तैयार किये? तुम्हें धर्मयुग सम्पादक का पत्र मिला होगा कॉलेज के पते पर? हाँ राज अपने लिफ़ाफ़े पर airmail मत लिखा करो air mail तो कलकत्ते की सारी डाक आती ही है।

अच्छा दफ़्तर की और सब स्थिति लिख चुका हूँ। कल सत्यकाम ने आकर Join किया और आते ही उन्होंने कहा कि 1 फरवरी को ही नवनीत में चले जाएँगे। इसके मतलब कि पहली से पूरा जिम्मा मेरा। यह ज़रा कठिन स्थिति आ गयी है। इसका लाभ भी है और हानि भी। हानि यह है कि यहाँ 6 हफ़्ते पहले तक का मैटर चला जाता है। यानी 7 मार्च तक का धर्मयुग Planned हो चुका है। 13 मार्च यानी होली के अंक से मुझे मैटर देना है जो इसी हफ़्ते देना चाहिए। अभी मेरा अपना मँगाया मैटर आने में महीना भर लगेगा। इस बीच में जो मैटर

पहले से यहाँ पड़ा है उसी में से देना होगा और वह बहुत अच्छा मैटर नहीं है। फ़ायदा यह है कि उनके रहने से थोड़ा बन्धन रहता और मेरे होते हुए उन्हें भी बड़ा संकोच होता। अब निस्संकोच अपनी planning में हम-तुम लग सकते हैं।

और स्थिति यह है कि मैं 500 लेकर आया था। जिसमें से 85 खर्च हुआ है। 415 बचा हुआ है। दो ही दिन तो होटल में टिका बाकी शर्मा ने कुछ भी वैसा खर्च नहीं होने दिया। अब देखूँ, पहली को lunch आदि का कुछ payment करना हो या नहीं। पहली को शायद 10 दिन की तनख्वाह का चेक भी मिले। वह account यहाँ खोल दूँगा। अभी वहाँ के account से भेजने की ज़रूरत तो नहीं लगती। अभी तो 10 ही दिन की तनख्वाह मिलेगी तो उसका जैसा account बनाओगी वैसा सोच लेंगे।

ओ प्यार! अब कितने दिन हमें ऐसे काटने हैं। तुम कब छुट्टी लोगी! तुम्हें क्या मालूम कि अपनी जिन लम्बी बरौनियों को तुम इतना प्यार करती हो, वे खत खत्म करते-करते आँसुओं से भर आयी हैं, और मुझे इस समय खत बिल्कुल Hazy दीख रहा है। मेरे गुलाबों ने भी मुझे छोड़ दिया है। तुम तो दो घंटे अलग नहीं रहते प्यार! तुम भी...

28.1.60

प्यार! आज कैसा अजब-सा दिन बीता है। कल शाम तुम्हें एक विस्तृत पत्र लिखकर 9 बजे रात को गया G.P.O. छोड़ने। परसों 26, यानी Republic day को भी बहुत विस्तृत खत लिखकर छोड़ा था।

कल तुम्हारा लिफ़ाफ़ा मिला था, जो तुमने इतवार वाला मेरा खत पाकर लिखा था। उससे पता नहीं क्यों मन बहुत आश्वस्त था कल मैंने पहली बार रात को तुम्हारे हंसू को बहुत स्नेह दिया। सुबह भी उठा तो मन बहुत शान्त था। दफ़्तर में आज काफ़ी काम किया। शाम को साढ़े तीन-चार बजे तुम्हारे 27 को लिखे दोनों Inland मिले और मानिक का खत मिला। तब से कितना मन घबराया हुआ है, कितना परेशान है तुम्हें क्या बताऊँ! उसी समय G.P.O. जाकर वहीं बैठकर एक Inland छोड़ा है तुम्हें, और सुशील को एक तार दिया है।

देखो प्यार, तुम्हें उस इनलैंड में भी लिखा है, और फिर लिख रहा हूँ— तुम्हें अपने सोहाग की शपथ है तुम ऐसी हालत में अकेले यात्रा मत करो। तुम जैन जी को तुरन्त फोन करो। अगर वे आ रहे हैं तो उनके साथ चली आओ।

अगर नहीं तो do not come alone! मुझे तुरन्त एक तार दफ़्तर के पते पर Dharamvir Bharati, editor, Dharmayuga, Times of India Bombay! और एक C/o Sharma & co 395 Kalbadevi Bombay 2 के पते पर दे दो! Raje sick. come immediately. और मैं चला आऊँगा। कल परसों मैं अगले 3 हफ़्ते का Schedule बना दूँगा ताकि बहुत आसानी से एक हफ़्ते की छुट्टी मिल जाय—मैं आकर तुम्हें ले आऊँगा।

राज देखो यह तुम्हारे स्वामी की आज्ञा है। तुम इसका उल्लंघन नहीं करोगी। जो उँगलियाँ सिन्दूर बिन्दु रोज़ लगाकर अपने स्वामी की मंगल कामना करती हैं, मैं उन्हीं अँगुलियों से कह रहा हूँ कि वे तार करा दें तुरन्त—

वैसे मैं तुम्हें शायद 26 के या कल 27 के खत में जहाँ रह रहा हूँ उसका भी पता लिख चुका हूँ। उसमें शायद एक ग़लती हो गयी है। यह इमारत Bella court (बेलाकोर्ट नम्बर एक है दो नहीं।) बेला कोर्ट नम्बर एक के पहले तल्ले पर कमरा नम्बर दो बी (2बी) है। यहाँ का प्रमुख मुहल्ला कोलाबा है, जिसकी प्रमुख सड़क है Kolaba causeway कोलाबा काज़वे। उस कोलाबा काज़वे पर एक दायें हाथ पेट्रोल पम्प है (यदि सीधे स्टेशन से आयें तो) उसी के आगे चार-पाँच इमारतों का समूह यह बेलाकोर्ट है। उसकी सामने वाली इमारत पर बड़े-बड़े अक्षरों में दिव्यांग लिखा है।

राजे, तार करा दो मैं आकर ले जाऊँगा मुझे कोई कठिनाई नहीं होगी प्यार—तुम्हें देखो शपथ है, अकेले मत आओ ऐसी हालत में—

और कोई भी स्थिति हो। किसी भी प्रकार की मुझे तार करा दो—छुट्टी मिलने में मुझे कोई कठिनाई नहीं है।

मेरा मन बहुत घबरा रहा है—तुम तुरन्त विस्तृत पत्र भी लिख दो।

28.1.60

अभी-अभी तुम्हारे कल 26 के छोड़े हुए दोनों Inland मिले हैं। मानिक का लिफ़ाफ़ा भी। मैं बहुत चिन्तित हो गया हूँ। यह क्या कर लिया तुमने? तुरन्त लिखो।

देखो तुम्हें अपने सुहाग की कसम है तुम जरा भी Strain मत लो। मेडिकल लीव ले लो। और previlege भी। और मुझे तार कर दो। मैं एक गाड़ी से आकर तुम्हें ले जाऊँ।

Please!

देखो मैं तुमसे हाथ जोड़कर प्रार्थना कर रहा हूँ, छुट्टी लेकर मुझे तुरन्त तार कर दो। Journey का strain अकेले मत लो! न वहाँ, अकेले रहो—

तुम्हें क्या मालूम जबसे पत्र मिले हैं, मैं कितना...मुझे क्या हो रहा है। सुनो तुरन्त तार कर दो—Raje sick come!

अभी office से निकलते हुए दोनों इनलैंड और मानिक का लिफ़ाफ़ा मिला। यहीं G.P.O. में बैठ कर उत्तर लिख रहा हूँ।

सुना है 28 को वहाँ से शान्तिप्रसाद आ रहे हैं। फ़ोन करके पूछो अगर लक्ष्मीचन्द्र जी आ रहे हैं तो उन्हीं के साथ firstclass की seat book करा कर चली आओ—First class न reserve हो सके तो Second ले लो पर अकेले मत आओ।

मुझे तार कर दो। This is an order.

अगर तबीयत नहीं सुधरी तो भी तार कर दो—

29.1.60

राज,

कल तीसरे पहर से जबसे तुम्हारे दोनों, 27 ता. वाले Inland और मानिक का खत मिला है, तुम्हारी बीमारी का पता चला है, तब से कौन-सा ऐसा क्षण है जो मैं भयंकर यातना में नहीं बिता रहा हूँ। मैंने उसी समय एक Inland वहीं G.P.O. में बैठकर लिखा, एक तार सुशील को दिया और एक Inland फिर शाम को सात-साढ़े सात बजे जाकर G.P.O. में डाला। तीनों में तुमसे हाथ जोड़कर तुम्हें शपथ देकर प्रार्थना की है कि तुम तुरन्त मुझे स्वास्थ्य का हाल दो ठीक-ठीक और मुझे एक तार करा दो Raje sick come Immediatly प्यार मुझे पाँच-छह दिन की छुट्टी मिलने में कोई दिक्कत नहीं होगी। मैं तुम्हें कैसे बताऊँ मैं यहाँ किस कदर चिन्तित हो उठा हूँ।

मैंने कल तुम्हें लिखा भी है कि वैसे परसों तुम्हारा सोमवार वाला खत पाकर मन पता नहीं क्यों बहुत घबरा आया था। मैंने तुम्हें आने के लिए लिख ही दिया था। सोचा तुम हफ़्ते भर में आओगी तब तक धर्मयुग का काफ़ी काम निबटा दें और खूब Free हो जायें, कल दिन भर खूब बहुत-सा काम कर डाला। सत्यकाम जी भी आये थे वे अपने साथ एक मेरा चित्र खिंचवाना चाहते थे। वह भी खिंचवा लिया दिन भर तमाम Painters और यहाँ के लोग मिलने आते रहे। खतों का जवाब दिया। और 4 बजे एक सज्जन आये खूब स्वस्थ अधेड़ से और चपरासी बाहर उन्हें देखते ही उठ खड़ा हुआ। वे आकर बैठ गये। मैं समझा

कोई बेनेट कोलमैन का business manager वगैरह होगा। मैंने अफ़सरी ढंग से उनसे बात शुरू की—

yes what can I do for you: वे सज्जन बिल्कुल संजीदा बैठे रहे और बोले—first thing that you can do is that you may publish my stories if you like them and secondly If you are free on Sunday. I will like to invite you for lunch. कहते हुए उन्होंने दो कहानियाँ मेरी ओर बढ़ा दीं। मैंने देखा तो उन पर लिखा हुआ कृशन चन्दर! He was the famous urdu writer कृशन चन्दर!

मुझे बहुत खुशी हुई। I was thrilled. मैंने मुर्दों का गाँव इसी आदमी की कहानियों से प्रेरित होकर लिखा था। फिर उससे बहुत heart to heart बातें होती रहीं। About abstract art, about propaganda and art. पहले दिन एक आदमी ऐसा मिला जिससे इलाहाबाद वाले स्तर पर बात हो सके।

इतने में steno typist ने लाकर खत दिये। खत खोला पढ़ा। दोनों तुम्हारे inland और मानिक का लिफाफा। पढ़ते ही मेरा चेहरा फक हो गया। कृशन चन्दर बोले some bad news from home? मैंने कहा "yes wife is not keeping good health!" बोले मैंने बम्बई भर में सुन रखा है कि भारती जी एकदम उचटा हुआ-सा feel कर रहे हैं—call your family soon फिर उठ खड़े हुए बोले—अच्छा आप तुरन्त उन्हें खत लिख दें—और चले जायें छुट्टी लेकर या किसी के साथ बुलवा लें!

मैं सब छोड़-छाड़ कर G.P.O. गया। तुम्हें खत लिखा, सुशील को तार भेजा। घर आया। बस लगा कि क्या करूँ? फिर दूसरा Inland लिखा और फिर जाकर G.P.O. में छोड़ा। यहाँ कीर्ति चौधरी के पति ओंकारनाथ श्रीवास्तव रेलवे में हैं—Hindi officer. वे दोनों शाम को आये—नौकर से कहलवा दिया कि नहीं हैं। थोड़ी देर समुद्र तट पर गया और फिर वहाँ एक मिनट नहीं बैठा गया। घर आया। आजकल यहाँ मेरे पास दो ही चार किताबें हैं—इस बार सोनम ने जो पुस्तक अपने कोबियाल को दी है वह हर क्षण मेरे तकिये के पास रहती है। उसे किस वहशत से बेतहाशा प्यार किया और फिर तकिये में सर गड़ाये बड़ी देर तक बसों की घरघराहट सुनता रहा और तकिया भीगता रहा।

रात भर एक पल को आँख झपके तो कभी gentleman चरम अपनों को दुलारें, कभी माथा गुलाबों को दबायें कभी, कभी प्रत्यंचाएँ बड़ी सुकुँवारिता से दाखों को लें—कभी इन्द्रजाली आम और 17 अप्रैल वाली मसहरी की शुद्ध बहनिया वाली नींद याद आये। कभी पूजाघर की वह रात जब मैं बहुत शान्त था और सूर्या बहुत आकुल जब मैंने चाँदनी चूनर ओढ़ाई थी और K.M.Q का टीका!

1 बजे उठ गया और फिर घंटों अँधेरे कमरे में टहलता रहा। ओ प्यार!

ओ प्यार! तार तुम्हें अर्थात् सुशील को कल रात को मिल गया होगा इनलैंड आज शाम तक दोनों मिल जाएँगे।

I am impatiently waiting for your telegram.

ओ राज! ओ मेरे दुलार! ओ मेरे भाग्य!

मैं क्या करूँ! तुम मुझे तुरन्त तार दो छुट्टी में कोई कठिनाई नहीं है।

29th January Friday 60
Morning 8:30 a.m.

9.2.60

अभी कुल 15 घंटे हुए हैं तुम्हें काशी एक्सप्रेस पर सवार कराये हुए, अभी शायद तुम इटारसी पहुँची होगी, शायद खाना खा चुकी होगी—ओ राज आज उसी चौके में खाना खाने बैठा तो याद आ गयी। उस दिन रात का खाना-खाया जब दीपशिखा रसोई में निष्कम्प आलोकित हो रही थी।... फिर भी मैंने कोशिश करके भरपेट खाना खा ही लिया। आज 9 को कोशिश की कि अकेलापन भी महसूस न करूँ। पर क्या करूँ तुमसे कहा था न कि काम का भार अब बिल्कुल कम हो गया है आज दफ़्तर में कोई काम भी नहीं था, और रह-रहकर मन कितना कैसा अनुभव करता रहा क्या बताऊँ? फिर आया नन्दन का Phone—उसने एक और जगह बताई सोमैय्या विद्या विहार यह जगह बिलकुल Times of india से आधे मील की दूरी पर है। वहाँ भी आज application भिजवा दी। और चार application type करवाई हैं, जो इन्दु प्रकाश पांडेय जी से पूछकर कल भिजवा दूँगा। आज सुशील का भी खत आया था वह भी भेज रहा हूँ। किशन जी आज वापस आ गये हालाँकि हमसे भेंट नहीं हो पाई। वे पीछे ही खाकर चले गये। रामफेर कल सुबह काशी एक्सप्रेस से घर जा रहा है। आज बस कुछ नहीं लिखूँगा नहीं अपनी उदासी की बात भी नहीं—तुम्हें क्या मालूम जिस टैक्सी पर रफ़ियन ने हँसू से बातें की थीं। उन टैक्सियों पर चढ़ते अब कैसा लगता है—जिन कोलाबा की दूकानों में खरीदारी की थी उन्हें देखकर क्या लगता है—और कैसा लग रहा है इस कमरे में—रामफेर उस नौकर के साथ अभी ही स्टेशन चला गया है और सारा घर अकेला है।

Oh! देखो डॉक्टर को दिखा दिया आज। उसने केवल Tablets बताई हैं, वह ले रहे हैं। नाश्ता खाना—बहुत मन कचोटने पर भी नियमित खा लिया था—विटामिन भी। तुम लापरवाही मत करना।

राजे! जल्दी आने की योजना बनाओ।

Please.

बुधवार 10.2.60

बजे हैं ग्यारह। खिड़की बन्द रहने की अब क्या ज़रूरत है, सो खुली है, गर्मी आज बेहद है सो पंखा चल रहा है और तुम्हारा कनुतन आज प्रिया (कनु) सेंट से खूब महक रहा है। जानती हो क्यों—आज का दिन बहुत ही अच्छा बीता—और शाम को शान्ति प्रसाद जी के यहाँ खाने गया था और बहुत बढ़िया सिल्क का कुर्ता और ठाठ से राजन कोबियाल गये थे। अच्छा बताऊँ खुश क्यों था कल रात तक बेहद उदास और एकदम अकेला घर रसोई, स्नानगृह, अपना कमरा सब बेहद काट रहे थे। तुम्हें खत लिखा, उसमें मालती परूलकर और सुशील का खत लिखकर छोड़ दिया आज सुबह दफ़्तर जाते हुए। दफ़्तर पहुँचे। ऑफिस में बैठे और बैठते ही स्टेनो ने लाकर दिया एक तार मुझे अपनी आँखों पर भरोसा न आया। तार था सूर्या का—kanta received: am feeling responsibily. आखिर 8.30 बजे तुम पहुँची होगी। 10 बजे मुझे यहाँ तार मिल गया। मन बेहद खुश हो गया। बस यह लगा कि अभी-अभी भी तुम केवल डेढ़ घंटे की दूरी ही पर तो हो। बस मन बेहद प्रसन्न हो गया।

अब दूसरी समस्या काम दफ्तर में यकायक बिल्कुल कम हो गया है। करूँ तो क्या? एक तो तुम्हारी दूसरी application रजिस्ट्री से भेजी। तुम्हें कल लिखा है कि दूसरे कॉलेज में भी जगह खाली है—फिर सोचा क्या करें? आज वीरेन्द्र से कुछ बहुत Intimate टोन में बातें कीं ताकि वह भी आश्वस्त हो जाये। इतने में एक सज्जन आ गये उनसे मराठी लेखकों से मिलकर उनका और हिन्दी वालों का एक अच्छा संगठन बनाने की योजना बनाई। और इस तरह लंच तक का समय गुज़ार दिया।

लेकिन lunch के समय एकदम मुझे यह याद आया कि तुम लोग अपने घर में खाना खा रहे होगे और मुझे अकस्मात् वे दिन याद आ गये जब बीमारी के बाद अपनी स्टडी में हम लोग चाइनीज़ चेकर खेल-खेल कर दोपहर का खूब खाना खाते थे और फिर वहीं छोटेलाल से कहते थे, तौलिया लाओ—आज Lunch पर केवल मैं, illustrated के सम्पादक, नवभारत टाइम्स के सम्पादक और गोन्धलेकर जी थे—आराम से हँसी मज़ाक हो रहा था—पर मुझे बार-बार लग रहा कि आज खाते समय तुम भी मुझे बेहद याद कर रही हो।

फिर मुझे ख्याल आया कि आज तुम्हारा lucky day है। तुम्हारे lucky day

को मैंने join किया था आज से कुछ और शुरू किया जाये। क्या किया जाये? यहाँ आकर पढ़ाई का सूत्र और किताबों से सम्पर्क टूट गया है। अभी तक किताबों की दूकानें भी नहीं देखीं। वीरेन्द्र और अपने chief हरिमोहन को साथ लिया और 2 बजे से 4 बजे तक यहाँ की best book shops देखते रहे। राजे मन खुश हो गया। इलाहाबाद तो दूर कलकत्ते में भी Modern literature पर इतनी अव्वल किताबें नहीं मिल सकतीं। लगभग 250 की किताबें चुनीं और अपने management को लिख दिया। कल शाम तक किताबें liabrary में आ जाएँगी। कल लिखूँगा तो यहाँ की तीन सर्वश्रेष्ठ liabraries की सदस्यता का कार्ड Times of India की ओर से मुझे मिल जाएगा। Royal Asiatic Society, Petit Institute और भारतीय विद्या भवन—आज प्यार लगा जैसे मुझे हाथ-पाँव वापस मिल रहे हों जल्दी आ जाओ सपन—नौकरी हो या नहीं अपनी रिसर्च पूरी करेंगे और इतना काम कराएँगे तुमसे कि तुम भी कहोगी कि साबीशी की गृहस्थी साधारण नहीं है।

लौटे 5 बजे, तो दो-तीन किताबें अपने लिए भी लेते आये। आकर थोड़ी देर आज पढ़ा Jung की एक पुस्तक है Modern man in search of a soul. आज शान्तिप्रसाद जी के यहाँ dinner था—उसके बाद नीरज जी का काव्यपाठ। मैंने अपना सिल्क का कुर्ता निकाला, सिल्क की सदरी, (धोबी आज कपड़े दे गया, सब ठीक हैं) और ठाठ से सेंट लगाकर गया। ज़रा 10 मिनट देर हो गयी थी। मैं इधर बैठा। खाना खत्म होते-होते शान्तिप्रसाद जी उठकर आये और मेरी मेज़ के सामने खड़े हो गये—बोले, मैं आप ही को ढूँढ़ रहा था इतनी देर से। क्या हाल हैं? फिर बड़ी देर तक बड़ी ममता से बातें करते रहे। तमाम लोग अचरज से देख रहे थे। मैंने उनसे पूछा लक्ष्मीचन्द्र जी के बारे में तो मालूम हुआ शायद वे नहीं आएँगे। (प्यार, उनके यहाँ के हाल लिखो!)

दावत के बाद मैं कविता पाठ सुनने नहीं रुकना चाहता था। कैसे भागूँ? क्योंकि Main gate पर श्रियांसप्रसाद जी खड़े थे। अन्त में मैंने पकड़ा रतनलाल जोशी को। कहा, आप बड़े भाई हैं। उद्धार कराइए। वे भी इसी ताक में थे। निकाल ले गये। टैक्सी करके घर आया—

आज दो बातें और भी अजीब हुईं। मैं लौट रहा था ऑफिस से—किताबें अपने लिए खरीद कर, तो एक लड़की दीखी कुछ खरीदती हुई Bobbed hair-एक लहर उसके कन्धों और कमर में। एकदम लगा कि इसे भी देखा है। सोचा अच्छा अपनी याददाश्त की फिर परीक्षा लें—मिनट भर में याद आ गया यह वह लड़की थी जो चीना पीक पर मिली थी बेहद Forward-बेहद बातूनी-मुड़कर देखा तो उसके companion भी दीखे जिन्हें हम लोग South Indian समझ रहे थे। बस प्यार एकदम जैसे बम्बई के उस फुटपाथ पर नैनीताल उग आया हो।

एकदम याद आ गयी तमाम-तमाम बातें और वे हिमोज्वल पर्वत श्रेणियाँ—

दिन में एक अजब बात और हुई। किताबें खरीद रहे थे तो वीरेन्द्र बोला—एक किताब मैंने रिल्के पर यहाँ देखी थी फिर वह कहीं-नहीं देखी मैं उसके पीछे पागल-सा ढूँढ़ रहा हूँ—मैंने मुस्करा कर कहा—Rilke and Bewenta वह एकदम लपट गया। बोला मैं जानता था कि हिन्दी में कोई आदमी अगर उस किताब को समझ सकता है तो केवल तुम—

No body know to give himself as completely as Rilke

Take me Soorya

लो इस क्षण दीपशिखा का प्राप्य कनुतन—पूर्णत: वैसा है जैसा उसे दीपशिखा चाहती है—

ले लो

बृहस्पतिवार—11.02.60
8:30 a.m.

राज, कल यह खत लिखकर सो गया। और एक बहुत मजेदार सपना देखा। समुद्र देखा। लेकिन पुरी वाला नहीं। दीघा वाला। लेकिन देखा कि दीघा का पीला Beach पक्का बन गया है, और सैकड़ों मील तक किनारे-किनारे बहुत चौड़ी पक्की सड़क है जिसमें समुद्र की ओर वैसी Railing है जैसी फाफामऊ के पुल पर थी जिस पर मैंने तुम्हें मछली वाली कथा सुनाई थी। सड़क के इधर तुम्हारा यानी सूर्या राजन केका का घर है उसमें बेहद किताबें भरी हैं और कैक्टस हैं, और देश-विदेश की मूर्तियाँ हैं और आमने-सामने दो कमरे हैं और बीच में आँगन सा है जिसमें लतर छायी हुई है— और इधर मैं हूँ उधर सूर्या। सूर्या बहुत व्यस्त है एक टाइपराइटर पर बैठी दो-तीन लेख एक साथ पूरा करने में लगी है, बगल में फोन है उस पर बातें करती जा रही है उसे कई पत्रों के लिए कई तरह की चीज़ें लिखना हैं—और मैं अपने कमरे में बैठा अपनी किसी आगामी किताब के प्रूफ़ पढ़ रहा हूँ।

खिड़की से समुद्र दीख रहा है, और तुम हँसोगी मेरा सपना सुनकर कि उस समुद्र में देश-विदेश की संस्कृतियाँ पालदार नावों में तैर-तैर कर सामने से गुज़रती जा रही हैं जैसे दशहरे के जुलूस में चौकियाँ गुज़रती हैं। और तुम और हम उनमें से अच्छा लगता है उसके बारे में बातें भी कर लेते हैं—

राज आज तुम कलकत्ते पहुँच जाओगी आज तुम्हें वह वाला खत मिलेगा जो कल मैंने तुम्हें छोड़ा है—सुशील का खत रखकर—

अच्छा प्यार

विटामिन की गोलियाँ ले लीं, नाश्ता ले लिया अब दफ़्तर की तैयारी—जाओ अब खिड़की की ओर मैं नहीं देखता।

Thursday 11 february
दोपहर

जो पत्र कल रात को लिखा था, और आज सुबह पूरा किया, वह सुबह G.P.O. में छोड़ते हुए ऑफ़िस आये। 3 अप्रैल के अंक के लिए एक चित्र चुना था 'अनुराग' एक नये चित्रकार पद्मशाली का। उस पर गीत गोविन्द का एक छन्द देना था। तुम्हें लिख चुका हूँ, कि कल बहुत-सी किताबें खरीदवाई हैं। उनमें से एक गीत गोविन्द भी था। उसमें से छाँटा एक प्रसंग, कृष्ण सखी से कहते हैं—

"मैं बैठा हूँ, यहीं और सखि! राधा से जा कहना—
कब तक निठुर! और उत्पीड़न मुझको है यह सहना?"

और तब सखी कहती है—राधा से—

तब विरहे वनमाली
पल-पल आकुल आली
मधुपों की गुनगुन से मूँदे कानों को हैं रहते
रात-रात भर सुधि पीड़ा में हैं, आँखों से बहते!

और इन पंक्तियों (विनयमोहन शर्मा वाले अनुवाद से) को उतारते-उतारते मन इस मेज़ पर ही कैसा हो आया तुम्हें क्या कभी बता सकता हूँ। एकदम याद आ गये हैमिल्टन रोड वाले वे आम्रमंजरी माँग में भरने वाले दिन!

आज तुम्हें और कुछ नहीं लिखूँगा! मन बहुत पिरा आया है। यह अलग रहने का निरपराध दंड पता नहीं क्यों मिल रहा है मुझे!

11.2.60
बृहस्पतिवार, शाम 5 बजे

लो, राज आज का दिन भी मुँदने को आया। दोपहर भर आज दफ़्तर में किताबें

उलट-पलट कर पढ़ता रहा। काम यूँ ही मुख्तसर-सा था। तुम्हें खत लिखने की कोशिश की मगर आज मन जाने क्यों उन दिनों की बेहद नशीली याद में खोया था जब मैं flu में पड़ा था, और तुमने टैगोर की जो किताबें रंग कर मुझे दी थीं, उन्हें पढ़ा करता था, और खूब धूल भरी हवा चलती थी, आज तुम कलकत्ते पहुँच गयी होगी। कैसा लग रहा है राज अपने तनमन सर्वस्व को इतनी दूर अकेले छोड़कर? नहीं मैं दवाएँ भी खा रहा हूँ। पढ़ भी रहा हूँ, कल रात सोया भी (और वह समुद्र वाला सपना भी देखा लेकिन क्या करूँ सपन—अब अकेले रहना एक दारुण यातना है।)

तुम सोचो उसी कोलाबा की सड़क से गुज़रते कैसा लगता होगा? तुम सोचो उसी रसोईवाली मेज़ पर खाते कैसा लगता होगा तुम सोचो वहीं ऊँचा स्टूल अब भी उसी कोने में रखा है।

तुम सोचो वही लिफ़्ट अकेले मुझे लेकर ऊपर-नीचे आती-जाती है। तुम सोचो अपनी किताबों वाली attachy खोलता हूँ तो सामने सूर्या का डब्बा मिलता है।

मैं कैसे इस कमरे में रह रहा हूँ—इसे कैसे बताऊँ।

अच्छा जाने दो—सुनो मानव मूल्य के तमाम फ़र्मे छपकर आ गये हैं। उसकी भूमिका कल लिखने की कोशिश करूँगा। 8 पेज लिखना है। तुम होतीं तो तुम्हें dictate करता। तुमने कहा था न कि बोलकर लिखाने की आदत डालो। इससे शुरू करता।

तुम्हारा तार तो कल कैसे मिला था यह लिख ही चुका हूँ। इलाहाबाद से शायद ही खत छोड़ पायी हो। इलाहाबाद के खत चौथे दिन मिलते हैं आज कलकत्ते से कोई छोड़ा हो तो शायद कल मिले।

राजे तुम मेहंदी वाला लेख तुरन्त भेजो और भैरवी वाला भी—

तुम्हें कल सवेरे एक खत सुशील और मालती का खत रखकर भेजा था। एक खत आज भेजा है सुबह—एक इस समय यह भेज रहे हैं—

मन नहीं लग रहा है राज!

तव विरहे वनमाली!

घर पर कैसा था सब? केका को ले गयी हो?

शनिवार : 13 फरवरी, 7 बजे शाम

शहनाई बैंड, बंदनवार, गवर्नर, मिनिस्टर, करोड़पतियों की भीड़ थी आज जैन

जी के यहाँ की बारात में। उसमें बैठे-बैठे एकदम याद आयी कि शाम हो रही है और फिर रात आएगी और कल इतवार है, पूरा दिन और पिछले हफ़्ते यही शनिवार था जब हम लोग विहार लेकर जा रहे थे और गाड़ी बीच में रुकवाई थी क्योंकि तुम्हें तकलीफ़ बढ़ रही थी। और वहाँ से लौटे थे तो मैं भागा गया था, बन्द होती दूकानों में से चीजें खरीदने। और इतवार को तुम सुस्त थी दिन भर पर सोमवार को...और यह याद आयी कि मैं सबको छोड़-छोड़ कर घर भागा। उन्हीं की एक गाड़ी पहुँचाने आयी थी और पहले चौपाटी, फिर नेपोली फिर रीगल पर तीन बार गाड़ी रुकवाई कि उस घर में पाँव कैसे रखूँगा—फिर सोचा कि अभी नहीं तो आधे घंटे बाद उसी घर में जाना है-तो इतनी बेबसी लगी—इतनी कुंठा लगी कि मैं क्यों अकेला हूँ क्यों, क्यों, क्यों—कि तुम को बता दूँ, कि रीगल से घर तक अकेली सूनी गाड़ी में सिसका नहीं बस किसी तरह चुपचाप रूमाल रखे रहा।

मैं खुद नहीं जानता क्यों पर कल भी रात को उनके यहाँ के डिनर से लौटकर रात को तुम्हें inland लिखने बैठा तो फूट-फूटकर एकदम रुलाई आ गयी। मैं जानता हूँ कि अभी तुम गयी हो, तुम्हें छुट्टी माँगने और लेने में कुछ दिन लगेंगे। फिर तुम आ जाओगी। नौकरी की भी यहाँ कठिनाई ऐसी नहीं लग रही है। एक कॉलेज में तुम्हारे सामने तुम्हारे बाद और दो कॉलेजों में अर्ज़ी गयी है। और भी कुछ इन्तज़ाम सामने आ गये हैं। वह न भी होगा तो मेरी इच्छा है कि तुम अभी चुपचाप रिसर्च पूरी करो Royal Asiatic society की लाइब्रेरी में तुम्हारे लायक तमाम किताबें हैं। मैंने Catalogue मँगवा कर देखा है। फिर अपने मन को बार-बार समझाता हूँ कि ये दस-बारह-बीस दिन किसी तरह काट लो-किसी तरह काट लो-मगर पता नहीं क्यों इस बार की यन्त्रणा असह्य है। हर बार लगता था तुम दूर हो—इस बार लग रहा है। जैसे कोई मेरी आँख, मेरे होंठ, मेरी उँगलियाँ एकदम चीरकर बदन से हर क्षण अलग कर रहा है।

पहले कमबख्त दफ्तर में काम था। इस कदर कि दम मारने की फ़ुर्सत नहीं मिलती थी। अब वहाँ भी काम बहुत हल्का है। और हर चौथे घंटे पर एक डाक आती है। and it is another torture.

जिस दिन तुम गयी हो उसके दूसरे दिन जब इलाहाबाद से सूर्या ने तार दिया है—kanta recived am confident of responsibility बस शायद उस दिन मन कुछ थिराया था, मैं किताबें खरीदने गया था, लाया भी था, पढ़ी भी थी। बस उसके दूसरे दिन से फिर वही दहशत। वही बेचैनी!

कल रात के इनलैंड में भी कुछ नहीं सिर्फ़ बेहद रुलाई आ गयी थी। कल का तुम्हें पूरा हाल लिखूँ तब आगे की बात करूँ। कल शांतिप्रसाद जी के यहाँ डिनर था। कल दिन भर तुम्हारे पत्र की बहुत प्रतीक्षा थी पर फिर ध्यान आया

कि अगर बुध को तुमने इलाहाबाद से कोई खत भेजा होगा तो वह तो यहाँ तीन दिन बाद मिलेगा। बृहस्पति की रात को ही लिखने का मौका मिलेगा कलकत्ते से सो वह शायद शुक्रवार को पड़े तो शनि की शाम को आएगा अब और सोमवार को मिलेगा मुझे। फिर भी बिना खत के मन बेहद उदास था। एक खत लक्ष्मीचन्द्र जी का आया था, और इस संकट में भी वक्त निकालकर उन्होंने लिखा और बहुत प्यार से लिखा तो मन बहुत भरा हुआ था। पता नहीं क्यों आजकल कहीं से भी स्नेह मिले तो मन बहुत टूटने लगता है। रो पड़ने का जी चाहता है।

शाम को उनके बँगले पर गये तो पाया कि बम्बई के चुने हुए 50 आदमी बुलाये हैं उन्होंने। आते ही वे मुझे यहाँ के गवर्नर श्री प्रकाश और चीफ मिनिस्टर चव्हाण से मिलाने ले गये और शान्ति प्रसाद जी ने दोनों से मेरी बहुत तारीफ की। तमाम लोग बड़ी ईर्ष्या की दृष्टि से देख रहे थे। उसके बाद यहाँ के बड़े-बड़े फिल्म प्रोड्यूसर्स, सेठ, आदि भी थे—पर बैठे-बैठे मुझे अकस्मात् यह लगने लगा कि जैसे मुझे बेहद गर्मी लग रही है। बेहद। मैं Times of India के Chief editor नानपुरिया के बगल में बैठा हुआ था। एकदम उठ खड़ा हुआ—वहाँ से आऊँ कैसे? तो यहाँ J.C. जैन के बाद सबसे प्रमुख अफ़सर P.K. Roy मुझे खुद अपनी गाड़ी पर छोड़ने आये। आकर थोड़ी देर मैं कमरा बन्द कर तुम्हारे कनुतन को नितान्त उन्मुक्त कर Full speed पर पंखा खोलकर पड़ा रहा। फिर बाथरूम में जाकर खूब मुँह धोया तब आकर बैठा तुम्हें कल रातवाला इनलैंड लिखने—मगर लिखने में चार लाइन भी नहीं लिख सका कि पता नहीं क्यों बहुत फूट पड़ा एकदम से। उसके बाद उसे ज्यों का त्यों बन्द कर पता लिख दिया और उसी समय रात 9 बजे जाकर बस स्टैंड वाले डाकघर में छोड़ दिया।

G.P.O. नहीं गया—बताऊँ क्यों? अच्छा बता दूँ। कल जब उनकी कोठी से P.K. Roy की मोटर में लौट ही रहा था तो पाँव में दर्द-सा मालूम पड़ा। रात बस के अड्डे वाले Post box तक गया तो मालूम हुआ मैं घंटे भर तक पड़ा रहा हूँ, क्योंकि 11.30 बज चुके हैं। लौटा तो चार महले पर लिफ्ट बिगड़ गयी। 2 महला चढ़ा हूँ तो पाँव जैसे पत्थर के थे। लौटकर पड़ा रहा—इतनी बेचैनी थी कि टहलता रहा।

पर चिन्ता मत करना। आज विटामिन की मात्रा दुगुनी कर दी है। और आज दर्द भी नहीं है। हो सकता है, कल केवल थकान वाला हो।

कल रात फिर मुझे सुबह 4 बजे तक नींद नहीं आयी। स्वप्न भी नहीं सिर्फ़ एक-एक क्षण याद आते रहे और वह भी असम्बद्ध उस दिन रसोई में दीपशिखा के साथ खाना खाना, वह कोने का ऊँचा स्टूल, उस दिन शनिवार को जब तुम अस्वस्थ थीं तो तुम्हारा थके-थके डगमग स्नानगृह से आना। उस दिन टैक्सी पर नेवी वाला area घूमते हुए रफ़ियनों की दुस्साहस भरी शरारत, विहार

लेक की बगल वाली घाटी कोलाबा की छोटी-छोटी shopping, वह काले फ्रिलदार ब्लाउज में शान्त सौम्य मगर बेहद आकर्षक दीपशिखा और सबसे ज्यादा उस दिन रसोईघर में रफ़ियनों का हंसू को बेहद तंग करना और अकस्मात् तुम्हारा चकित रह जाना...और...ये चीज़ें याद आती थीं तो आश्वासन नहीं मिलता था—एक तेज़ औज़ार-सा जैसे पूरे शरीर को तलवे से माथे तक चीरता चला जाता था 4 बजे तक नींद नहीं आयी। उसके बाद काफ़ी ठंड-सी हो गयी थी—पर मुझसे कुछ ओढ़ा नहीं गया—फिर नींद आ गयी तो 8 बजे उठा। उठा तो सारे बदन में दर्द था। गर्म पानी करा कर नहाया। थोड़ी-चुस्ती आयी। फिर ऑफ़िस गया।

आज शनिवार था और एक Managerial conference थी। वहाँ से लौटे तो तुम्हारा वह Inland मिला जो तुमने गाड़ी में लिखा था और लिफ़ाफ़े में रखकर भेजा था। उस Inland ने जैसे रही-सही ताकत भी छीन ली। तुम इतनी विह्वल हो—क्यों मेरी नियति? यह सब बातें क्यों बार-बार सोचा करती हो? क्यों अपने सुहाग से प्रदीप्त होकर तेजस्विनी क्यों नहीं हो?

तुमने बुश्शर्ट दर्जी को देने की बात लिखी थी। घर आकर पहला काम वही किया। मगर जब नाप दे रहा था तो उसने पूछा कितनी लम्बी रहेगी—जैसे instinctively मैंने बायीं ओर मुड़कर पूछा—कितनी लम्बी रखें? —और तुरन्त conscious हो गया-और फिर जाना कि अकेले खड़ा हूँ—फिर मन इतना डूबने-सा लगा कि सर का तेल लेना था, Tooth paste लेना था, लाइफ़बॉय लेना था कुछ नहीं लिया आकर कमरे में पड़ रहा। तबीयत बेहद सुस्त थी—शायद रात भर के जागरण से। feverish-सा लग रहा था। दो बजे थे। 4.30 बजे उनके यहाँ बारात में जाना था। थोड़ी देर लेट रहा। नींद नहीं आयी बस तुम्हारा Inland दिमाग़ में घूमता रहा—कितनी बातें सोचीं फिर जैसे एक बात बार-बार बहुत व्याकुल बहुत विह्वल होकर तुमसे पूछता रहा—तुम अपने कोबियाल की चन्दन बाँहों में निर्द्वन्द्व क्यों नहीं हो? अपने छौने को गुलाबों में दुबका कर निश्चिन्त क्यों नहीं हो? अपने राजन को अपने तन में गहरे बहुत गहरे धार कर निश्चिन्त क्यों नहीं हो?

उसके बाद जैसे इस कमरे का अकेलापन मुझे खाने दौड़ने लगा। उठकर कपड़े बदले और समय से पहले ही बारात में चला गया।

लौटकर आया हूँ, तो लिख रहा हूँ!

10.30 बजे

खाना खा चुका हूँ। आँखें आज बेहद कड़वा रहीं हैं। शायद कल के जागरण से, शायद अपने अकारण रह-रह कर बह उठने की हरकत के कारण!

अभी शाम को कुछ लोग आये थे। दिल्ली के नवभारत टाइम्स के सम्पादक

अक्षय कुमार जैन, तथा अन्य लोग। वे लोग बता रहे थे कि कल मेरे अकस्मात् उठकर चले आने से श्रियांस प्रसाद जी, रमाजी आदि बहुत चिन्तित थे। उनको यह लगा कि मैं किसी बात का बुरा तो नहीं मान गया हूँ। तुरन्त मैंने रमा जी को Phone किया। वे सचमुच चिन्तित थीं। पूछ रही थीं सुना आज भी आप चले आये—मैंने कह दिया कि कल से मेरी तबीयत कुछ खराब है।

आँखें बहुत कड़वा रही हैं, और पता नहीं नींद आएगी या नहीं। गुलाब होते तो दुबक कर सो जाता। आधे घंटे बाद ताज़ा जागता तो अपना प्राप्य वसूल करता। पहले याद कर लो कल्पना कर लो तो चैन मिल जाता था—पर अब नहीं अब नहीं अब नहीं—पता नहीं कितने हफ़्ते और यह यन्त्रणा सहनी है।

और राज! नाराज़ न होना! तुम क्या समझती हो कि मैं अपने को समझाने की चेष्टा नहीं करता—मगर क्या करूँ! इस बार का अलग होना बहुत Torture some है। मैं नहीं चाहता था, तुम जाओ। मैं तुम्हें कैसे बताऊँ कि मैं अलग नहीं रह सकता—यह क्या मेरे बस की बात है! नींद खुल गयी है। बेहद चटख चाँदनी है। पता नहीं किसके फ्लैट में बम्बा खुला हुआ है, और धड़धड़ पानी गिर रहा है। शायद है कि उसी पानी की आवाज़ से नींद खुल गयी है—शायद...और नितान्त सन्नाटे में वह धार जैसे सीधे मेरी कनटपटियों पर गिर रही है...

मैं नहीं जानता क्यों पर लगता है तुम अगर और ज़्यादा मुझे दूर रखोगी तो मेरी nerves इतनी Weak होती जा रही हैं, कि समझ में नहीं आता। इस समय यह पानी की आवाज़, ऐसा लग रहा है जैसे मेरी कनपटियों पर हथौड़े पड़ रहे हैं—तुम साथ रहती हो बड़ी-से-बड़ी हथौड़े की चोट जैसे पानी की बूँद लगती है।

जब से नींद खुल गयी है, बस बैठा हूँ। खिड़की बन्द कर दी है, पंखा नहीं चला रहा हूँ, क्योंकि पाँव में दर्द होने लगेगा। कल भी इतवार है तुम्हारा कोई पत्र नहीं मिलेगा।

ओ राज!—What to do?

Sunday 14th feb. 60
5:00 p.m.

Today is sunday-all the day I have felt extremely blank and restless—दिन में लेटा तो नींद भी नहीं आयी। तुम चिन्ता मत करना पर तुमसे छिपाऊँगा नहीं कि पाँव में दर्द हो रहा है। उतना नहीं जितना होता था—पर थोड़ा-थोड़ा।

हालाँकि यह जानता हूँ कि यह मात्र mental है। कल से injection लेने की चेष्टा करूँगा। मैं तुम्हें शुक्रवार रात को लिखे Inland और कल शनिवार की रात को लिखे आज सुबह छोड़े लिफ़ाफ़े में विस्तार से लिख चुका हूँ कि इस बार अकेले छूट जाना कितना Torture लग रहा है। किसी हालत से मन को समझा नहीं पा रहा हूँ। तुम्हारा इलाहाबाद से भेजा तार पाकर मन कुछ निश्चिन्त था, लेकिन कल तुम्हारा गाड़ी में लिखा, लिफ़ाफ़े में रख कर भेजा इनलैंड पाकर मन बहुत अकुला गया है।

जानता हूँ कि तुम शीघ्र छुट्टी लेकर आ रही हो। पर अब हर रात हर शाम, हर घटना, हर बात किस तरह हर क्षण चीरती रहती है, यह तुम्हें कल रात को लिखे आज सुबह छोड़े पत्र में लिख चुका हूँ।

लिख चुका हूँ कि किस तरह 10 को डिनर से और कल बारात से अकस्मात् उठ कर चला आया। छोटी-सी बात याद आयी कि गाड़ी में सिसकता हुआ लौटा हूँ। आज सुबह 8 बजे ही श्रियांस प्रसाद जी ने गाड़ी और आदमी भिजवा कर पूछा कि तबीयत ठीक है या नहीं—जैनेन्द्र जी, दिनकर जी आये हैं—फिर जैनेन्द्र जी कोलाबा में ही ठहरे थे-आये—थोड़ी देर के लिए मुझे साथ ले गये। वहाँ शान्ति प्रसाद जी भी चिन्तित थे उन्होंने मुझे अलग बुलाकर कहा कि मैंने J.C. Jain से कहा है कि भारती जी अगर कोई अच्छा flat किसी शान्त जगह में चुनें तो वह Bennet colmman की ओर से खरीद लो और उन्हें दे दो—हल्के किराये पर। श्रियांस प्रसाद जी बोले—flat ही नहीं बांग्ला टाइप कोई जगह Worli आदि में मिले तो वह मैं Personally तुम्हारे लिए खरीद लूँ—

ओ मेरी आत्मा, मेरी हर क्षण की चरम डुबान, और मेरी सार्थकता, मैं कैसे किसी को बताऊँ कि यह मेरी उपजी हुई अकुलाहट, बेचैनी, किसी घर के होने-न-होने से नहीं है—बल्कि इस चरम जघन्य अपराध के कारण है जो तुम्हें अलग छोड़कर खुद अलग रहकर मैं अपने प्रति और तुम्हारे प्रति कर रहा हूँ।

राज, देखो शायद कल सोमवार को तुम्हारे शनिवार और शुक्रवार को डाले हुए खत मिलें—तुम यथाशक्ति आ जाओ—छुट्टी लो या Resign करो—It seems I will break into peices, disintegrate अगर आने में कोई देर हो तो मुझे बुला लो—पर नहीं अब आ जाओ। अपना घर बसाओ अपने काम में लगो—

आह सपन! मालूम होता कि इतना Torture है अब अलग रहना तो तुम चाहे मुझसे हर क्षण लड़-लड़ कर डालती पर मैं तुम्हें अब नहीं जाने देता!

ओ राज—I am more lonely and sad and helpless than a lonely child. तुम डाँटोगी, नाराज़ होगी, चिन्तित भी होगी। पर मैं क्या करूँ, डाँट लो, नाराज़ हो लो!

Monday 15 February
5:00 p.m.

ओ प्यार, आज लग रहा है, जैसे मैं ज़िन्दा हूँ। तुम्हारे चार खत आज अभी शाम की डाक से एक साथ मिले। वह जो तुमने इलाहाबाद से लिखा था, जिसमें श्यामलता का खत था, वह जो तुमने 12 को सुबह इनलैंड छोड़ा है कॉलेज का सारा हाल लिखकर, वह जो तुमने 12 की शाम को छोड़ा है पिताजी वाला Inland रखकर और वह जो 13 की सुबह छोड़ा है दादा का खत रखकर। दादा वाला खत उन्हें छोड़ दिया। पिता जी वाला इनलैंड बन्द करके छोड़ने जा रहा था, कि अकस्मात् ख्याल आया कि उस पर बम्बई की मुहर होने से वे यह न समझें कि तुम खत लिखने के बाद यहाँ आ गयी हो। अत: उसे इसी में रखकर भेज रहा हूँ, तुम वहाँ से भेज दो।

अच्छा राजे, सुनो! तुम्हें लगता है मैंने अपनी असावधानी से कहीं दुखा दिया है जो तुम लिखती हो कि तुमने घर से adjust करने के लिए कहा नहीं आदि। प्यार मेरे—मैं जानता हूँ, तुमने नहीं कहा—मैंने जब कहा था कि तुमने जैसे चाहा मैं adjust करता गया तो तुम उस बात के शब्दों पर न जाओ प्यार! तुम अच्छी तरह से जानते हो कि अनुबन्ध पत्र तो हमने 16 जून को बाँधा लेकिन जाने कितने जन्मों से जब हमारे तार जुड़े तो हमारे मन एक होकर बोले हैं—हमारे तन एक होकर उमगे हैं। जब मैं कहता हूँ, तुमने जैसा चाहा तो तुम प्यार यह क्यों नहीं सुनते कि मैं कह रहा हूँ, कि जैसा मैंने चाहा। ओह मेरे प्यार! तुम्हीं हो न हर शब्द जिसके पास तक आते-आते सुन पड़ता था—राधन्! राधन्! राधन्! नहीं मेरी मानवती, मेरी मनुहारवती—ऐसे आहत नहीं होते।

मैं जानता हूँ कि घर के मामले में कभी-कभी मैं बहुत Touchy हो गया हूँ—यह मैंने नहीं देखा कि तुम कितना बड़ा कितना गहरा Stand ले रही हो—छोटी-छोटी ऊपरी बातों पर रूठ गया हूँ—पर राज मेरे जब कभी कहीं बड़प्पन का, सहिष्णुता का, मौका आया है तो क्या तुम्हारा स्वामी तुम्हारे माथे के गौरवबिन्दु से छोटा साबित हुआ है।

और फिर दुनिया में केवल एक, केवल एक केवल, एक व्यक्ति होता है जिसकी दी हुई तन और मन दोनों की चोटें सिर्फ़ उसके प्रति दुगुना Passion जगाती हैं—ऐसा मान नहीं। याद है उस दिन बिहार लेक से लौटकर अन्दर-अन्दर चोट खाई हुई दीपशिखा दुगुने प्यार से उमग रही थी न—वैसे ही मैं जान रहा हूँ, कि मेरी स्वामिनी का मन कहीं चोट खा गया है, पर दुगुने प्यार से उमग रहा है।

मैं मान क्यों कह रहा हूँ। चोट खानेवाली बात क्यों कह रहा हूँ? जानती हो। इसलिए कि तुमने लिखा है, कि घर की कोई बात तुम मुझ पर नहीं आने देना चाहती हो। अकेले तुम उसे झेलने में समर्थ हो। मैं जानता हूँ मेरी भाग्य तुम्हारी अदम्य शक्ति जानता हूँ। पर प्यार तुम हम दोनों को (यानी हम एक का) अनुबन्ध उठाकर देखो लो अपनी सप्तपदी का छठवाँ अभिलेख पढ़ो नहीं ऐसे नहीं, आओ यहाँ बैठो—लाओ गुलाब मुझे दो एक बार मुँह उठाओ अपनी प्रत्यंचाएँ खूब जी भरकर पी लो—हाँ, अब नहीं, अभी नहीं, अपनी रसवन्ती को पी लो—तृप्त होकर पी लो—हाँ अब पढ़ो प्यार "हमारी सम्पूर्ण नियति चाहे वह आर्थिक, पारिवारिक, भावनात्मक कैसी भी क्यों न हो वह सम्मिलित नियति होगी। हम यह कभी नहीं कहेंगे कि वह समस्या या उपलब्धि मात्र तुम्हारी है, या यह समस्या या उपलब्धि मात्र मेरी नहीं"

हाँ, मेरे प्यार—कहीं कभी अगर भूल से मैं बिना किसी Motive के कोई गलत वाक्य कह बैठा तो उसका दंड सिर्फ़ यह है कि जिस होंठ से कहा है उस पर इतना ज़ोर का नील कमल कि छह दिन तक मैं घर के बाहर न जा सकूँ—बस—

प्यार—अब देखो निश्चिन्त होकर यह समझ लो कि सुख या दुःख—प्यार या कष्ट जो भी है किसी एक का नहीं है कोई समस्या, कोई संकट, कोई मुसीबत किसी एक को नहीं झेलनी है। नहीं राज—मैं जानता हूँ, कि शादी के पहले तुम्हें अमित सुख मैके से मिला है, अमित दुख भी। दोनों तुमने अकेले झेले हैं। पर अब नहीं। अब सुख मिलता है तो वह भी आधा मेरा है। और दुख मिलता है, तो मेरे प्यार वह भी मेरा है—

बात समझ रहे हो न लो-हंसू को ले लो। आओ-आओ, अब थोड़ी देर बाद बात करेंगे—नहीं यह सब हटा दो—नहीं काला मेजपोश भी नहीं जो इस बार एक बिल्कुल नया ढंग तुमने बताया था, वह...

अच्छा यह Inland पिता जी को भेज दो। छुट्टी मैं चाहता हूँ तुम जल्दी ले लो फिर बताओ क्या कार्यक्रम है। घर होकर आओगी? हो आओ। तो अभी तुम Inland के जवाब का इन्तज़ार करोगी। इनलैंड का जवाब आ जाये तब मुझे लिखो। तब घर कैसे जाना है यह मैं लिखूँगा। फिर मायके से यहाँ आ जाओ। आते समय क्या-क्या लाना है वह भी लिख दूँगा। वैसे सच बात यह है कि मुझे एक-एक दिन कैसे बिताना पड़ता है मैं जानता हूँ, फिर भी मैके जाना जरूरी है। हाँ, अगर वे नहीं बुलाते हैं, या अन्यथा रुख लेते हैं तब यहाँ आओ यहाँ से मैं तुम्हें साथ लेकर चलूँगा। अगर वे समझ कर स्नेह से बुलाते हैं तो जाओ

उस हालत में भी मैं चल सकता हूँ, साथ! इनलैंड का जवाब आने पर जैसा तय करो वैसा तुम्हारा स्वामी (तुम्हारा प्यार, तुम्हारा मालिक, तुम्हारा सुहाग) करेगा—

अच्छा मेरी आधुनिका, अब थोड़ी-सी घर की बात सुनो देखो तुमसे मैंने कहा था कि मैं कान्ता को रुपये भेज रहा हूँ फिर तुम सब बचे रुपये क्यों दे आयीं? अच्छा सुनो मैंने 145 का Pay bill दस्तखत करके भेज दिया है। वह वहाँ मिल जाएँगे। 100 T.M.O. करवा दिये। तुम 65 मेरे पास छोड़ गयी थी। उसमें से 23 खर्च हो गये। किताब लाया, और जाने काहे में खर्च हो गये। बहरहाल 30 बचे थे 75 मुझे धर्मयुग के किसी पुराने लेख के मिले। वे 100 वहाँ भेज दिये-5 टैक्सी आदि के जेब में पड़े हैं। बैंक से कुछ नहीं निकाला। कल बुश्शर्ट आदि की सिलाई दूँगा तो निकलवा लूँगा। तुम मुझको लौटती डाक से कलकत्ते का सारा हिसाब लिख भेजो। दादी और सुशील का कितना देना है? डाकखाने में कितने रह गये हैं तुम एक ब्लाउज़ (सफ़ेद) मेरी अटैची में छोड़ गयी हो। क्या उसका नाप ठीक है? उससे यहाँ Blouse बनवाये जा सकते हैं? सही-सही लिखना मेरे एकमात्र सुख!

अच्छा मानव मूल्य और साहित्य की भूमिका भेजनी है। पर प्यार तुम रहती हो तो तुम में डूबकर दुनिया का हर काम हो जाता है, तुम नहीं रहती तो कुछ नहीं होता!

तुम छींट का जो कपड़ा छोड़ गयी हो उसका क्या करें? काला पर्दा...आएगा तो उधर लगा देंगे। प्यार तुम गुस्सा मत हो तुम्हारे उस ब्लाउज के नाप से कुछ ब्लाउज बनवा लें—मेरे प्यार—बनवा लेने दो! देखो मैं बहुत आजिज़ी से कह रहा हूँ।

अच्छा अपने नाखूनों को ध्यान से रख रही हो न। देखो मेरे पाँव में ज़रा सा दर्द हुआ मैंने Injections ले लिये। तुम मुकर्जी से मिल लो—मेरे जीवन!

मैं शीला और पॉपी दी को अलग से खत लिखवा दूँगा। तुम अपना Matter जल्दी भेजो—चौरंगी, कालीघाट, मेंहदी।

ओ प्यार

एक दिन भी नींद नहीं आयी है, नहीं आती है—मेरे Passion! मैं क्या करूँ—

17.2.60

प्यार,

आज सारा दिन बीत गया और तुम्हारा कोई ख़त नहीं। यूँ आज लगभग एक हफ्ते के बाद थोड़ा व्यस्त दिन था। सुबह से पता नहीं क्यों सर में भी थोड़ा दर्द था। दोपहर 12.30 से 5 बजे तक तो काफ़ी तेज़ रहा। डॉक्टर से कहा तो वह उसका कारण अनिद्रा बता रहा था। कल भी तुम्हें लिखा है कि Sleeping Pills नहीं लूँगा मैं। तुम्हें मेरे सब खत मिल रहे हैं न! कल तुमने लिखा था weight लेने को सो उसी मशीन पर weight लिया था जब कल तुम्हें ख़त छोड़कर G.P.O से लौट रहे थे। लो wight भेज रहे हैं—उसमें लिखा है You will enjoy peaceful life. अब पता नहीं यह मीना कुमारी के लिए लिखा है या मेरे लिए। तुम्हें परसों वाले ख़त में मायके के बारे में Details में लिख दिया है और कल Previledge leave के बारे में तथा जो रमा जी से बातें हुईं वे सब—

आज प्रेस से लौटा तो पैदल लौटा। सोचा शायद पैदल चलना कुछ कम हो गया है इसलिए पाँव में और सर में थोड़ी तकलीफ़ है। तो लौटते समय रास्ते में कई किताबों की दुकानें पड़ती हैं। उनमें से एक में चला गया और एक ऐसी किताब मिली मुझे जो मैं बहुत दिनों से खरीद कर अपने पास रखना चाह रहा था।

तुम्हें याद है मैंने एक एलबम जगदीश के यहाँ से लाकर तुम्हें दिखाया था—रोदाँ Rodin का। जिसमें दो हाथ जुड़े थे The Cathedral वह मशहूर मूर्ति थी।

अब वह वहाँ मिली और मैंने खरीद ली।

प्यार—हर एक सौन्दर्य खंड कलाकृति अधूरी है जब तक मैं तुम्हें बाँहों में घेरकर उसे न देखूँ। प्यार जल्दी आ जाओ—I feel so desolate

तुमने लखनऊ वह inland भेज दिया। देखें उसका जवाब कब तक आता है।

अच्छा प्यार—सर दर्द बढ़ रहा है—तुम्हें रात को या नींद आ गयी तो सुबह लिखेंगे।

चिन्तित मत होना—

आज जा रहा हूँ यह ख़त छोड़कर थोड़ी देर समुद्र तट पर बैठूँगा देखूँ कुछ दर्द कम हो—

Wednesday 17.2.60
7 p.m

बृहस्पतिवार
18.2.60
प्रातः 7 बजे

अजब-सी सुबह है आज की भी! भारी, गाढ़ी, नीरस और अरुचिकर! बहुत सुबह नींद खुल गयी है। कल रात 9 बजे ही बिस्तर पर लेट रहा था। तुम्हें कल रात छोटा-सा ख़त छोड़ा है—छोटा-सा इसलिए कि कल जैसा सर में दर्द हुआ वैसा मैंने कम अनुभव किया है। ख़त में लिखा भी तुम्हें—और जानती हो—पहले दर्द होता था सर में तो आगे माथे में कनपटियों में होता था—कल पहले ज़रा गर्दन की उसी नस में तनाव आया—मैंने सोचा गले के कारण होगा कि सर में पीछे की ओर—गर्दन के ऊपर से लेकर Back skull में उफ़ कैसा दर्द था क्या बताऊँ। तुम्हें ख़त लिखकर गया G.P.O तक पैदल कि शायद चलने से कुछ ठीक हो—तो उल्टे चलने से बायें पाँव में दर्द होने लगा। समुद्र जाने का इरादा था वह भी छोड़ा—G.P.O से टैक्सी करके घर लौट आये। खाना खाया और लेट रहे।

नींद आज रात की अजीब रही—पलकें बेहद कड़वा रही थीं, सर भारी था, लेटते ही नींद आ गयी। पर होता क्या रहा रात भर कि हर घंटे भर बाद एकदम ज़रा-सी कोई ध्वनि हो और मैं एकदम घबरा कर उठ जाऊँ और फिर आधे घंटे तक बहुत बेचैनी-सी रहे और फिर नींद आ जाये। सुबह खूब तड़के नींद बिल्कुल उचट गयी और उचटी इस तरह कि बायाँ पाँव टखनों के पास बुरी तरह टिसक रहा था। शायद कल रात खूब चलने के कारण। उठ बैठा और अब तुम्हें लिख रहा हूँ!

एक मज़ेदार बात सोच रहा था अभी। 16 जून को परिणय के बाद एक मनःस्थिति आयी थी—पहले सूर्या आती थी तो बूँद-बूँद पी लेने की चरम आतुरता रहती थी, क्योंकि मन के अन्दर कहीं एक आशंका थी कि पता नहीं अगली बार का आना कैसा आना होगा, फिर जुलाई में। अगस्त में वहाँ जाना। टिकना, रहना सब बहुत स्वाभाविक रहा, उसमें आवेश नहीं था—अब आना नितान्त स्वाभाविक है, रहना नितान्त स्वाभाविक है पर जाना या अलग रहना कितना भयानक अस्वाभाविक लगता है। नहीं-परिणय के बाद यह अलग रहना पता नहीं क्यों अब बहुत तोड़ने लगता है मुझे।

मानव मूल्य और साहित्य की भूमिका नहीं भेजी अभी तक। उनके दो तार आ चुके हैं। All values are valueless my love! मैं क्या करूँ? आज उन्हें तार दे रहा हूँ कि भूमिका अगले हफ़्ते भेजूँगा।

आज सुबह से वही रोदाँ का album बार-बार देखता रहा हूँ। एक मूर्ति

है The Eternal Idol याद होगा बेनोमा तुम्हें पीछे झुकी बैठी है और छौनू + राजन + कोबियाल घुटने टेके गुलाबों के पास माथा रखे—

ओ राज—अब मैं कुछ नहीं लिख पा रहा हूँ, सिर्फ़ उस Sculpture का रेखाचित्र भेज रहा हूँ और बाकी मेरी मन:स्थिति तुम समझ लो—

राज—अलग होने का इतना torture तो कभी नहीं अनुमान किया था—

राज हम अपने गुलाबों में दूर नहीं रहेंगे—हम नहीं रह सकते।

Tuesday: 7 p.m.
23th Feb

प्यार तुम्हारा आज कोई भी पत्र नहीं मिला। हो सकता है कल दो साथ मिलें। आज मंगल है और तुम्हारा आदेश था कि आज रात मैं मानव मूल्य की भूमिका लिख डालूँ। आज ऑफ़िस से मुझे गंगाधर गाडगिल का Phone आया और वहाँ से उनके ऑफ़िस चला गया। वहाँ से हम लोग कॉफ़ी पीने चले गये और आज इतने दिनों बाद जी खोलकर हँसे। उनसे लक्ष्मीकान्त परिमल, कॉफ़ी हाउस की बातें होती रहीं। आज रात तुम्हारी भूमिका पूरी कर दूँगा—तुम वहाँ जागोगी मगर सपन मेरे-जब मैं भूमिका पूरी कर लूँगा और उसका आखिरी अक्षर लिखकर आराम करना चाहूँगा तब?

इधर दो-तीन दिन ऑफ़िस में काम भी काफ़ी रहा और थोड़ा मैं घर में जितना Torture और anger अनुभव करता रहा उसी बीच में कुछ रतनलाल ने बदतमीज़ी की जिससे मेरा क्रोध दुगुना हो गया। खैर P.K. Roy तथा अन्य लोगों ने रतनलाल जी से शायद कहा क्योंकि कल से वह बड़े खुशामदी tone में है—पर है वह आदमी प्रतिभा अग्रवाल ही। परसों मैंने लक्ष्मीचन्द्र जी को बहुत विस्तृत पत्र लिखकर यहाँ की सारी स्थिति की सूचना दी है।

राज मैं चाय बिल्कुल कम कर देना चाहता हूँ क्योंकि पिछले पाँच-छह दिन से मुझे बिल्कुल भूख नहीं लग रही और रात को नींद तो बिल्कुल नहीं आ रही। विटामिन की गोलियाँ ले रहा हूँ। पाँव में दर्द अब कम है पर सर का हाल कभी-कभी वैसा ही हो जाता है।

आज मंगलवार हो गया है, पता नहीं पिता जी ने Inland का कोई जवाब दिया या नहीं। बृहस्पतिवार को शिवरात्रि है। शिवरात्रि को सती राजे को क्या करना है, वह कल के इनलैंड में लिख दिया है। तुम्हारा कार्यक्रम जल्दी बने तो मेरे मन को धीरज बँधे।

शाम का वक्त है, रोज वही बम्बइया हवा चलती है—ठंडी—मगर मैं अब कहीं नहीं जाता—आज यह Inland अभी शाम को 7 बजे लिख रहा हूँ, इसे छोड़ने G.P.O. जाऊँगा। मैंने यह जो 3 रुपये का फाउंटेन पेन लिया था यह तो सरकंडे की कलम हो गया है। इससे लिखा भी नहीं जाता।

अभी एक कलम भी लाऊँगा क्योंकि इस इनलैंड पर इसकी जो लिखावट आ रही है वह देखकर क्रोध छूट रहा है—

राजे तुम्हारा कोई प्यारा अच्छा खत क्यों नहीं आ रहा है? मैं एक तो इधर Tortured हूँ, उधर बहुत खाली-खाली भी लगने लगता है। मैं तो सोच रहा हूँ कि पिता जी का उत्तर जल्दी आये तो कार्यक्रम बनाओ तुम!

आज गाडगिल से बहुत-सी बातें होती रहीं। art, symbol, human values, problem of communication को लेकर। अगले सप्ताह के बाद वे लोग एक छोटी-सी गोष्ठी करने जा रहे हैं, जिसमें गुजराती, मराठी लेखकों के सामने मुझे Post war Hindi literature पर बोलना होगा।

अच्छा राजे—मेरी हर रात कैसी कटती है तुम जानती हो पर आज रात जब मुझे लिखना है तुम दूर, रहो यह अब मुझे बहुत चीर रहा है—पता नहीं क्यों यह अस्वाभाविक ज़िन्दगी जी रहा हूँ मैं!

शिवरात्रि : 25.2.60
रात 9 बजे

कब, कौन-सी छोटी-सी बात मन के गहरे-से-गहरे स्तर को कुरेद कर वह हाहाकार भरी यातना जगा देगी जो तुम्हारे बिना एक क्षण भी नहीं शान्त हो पायी! कैसी शाम बीती है, मैं जानता हूँ—लौटकर आया। लक्ष्मीचन्द्र जी को विस्तृत Inland लिख रहा था कि किशन जी के Radio पर बजा—आज सजन मोहे अंग लगा लो जनम सफल हो जाये—ऐसी लागी है लगन-कैसी जागी है अगन मैं हूँ जनम जनम की दासी...और पता नहीं क्यों एकदम मन भर आया। तुम्हें कल बहुत विस्तृत खत लिखकर लम्बे लिफाफे में भेजा है—परसों कोई खत नहीं और कल भी तुम्हारा खत नहीं आया—आज भी कोई खत नहीं आया—सारा ऑफ़िस बन्द था—केवल तुम्हारे खत के कारण मैंने अपना कमरा खुलवाया—अपने क्लर्कों को बुलाया दिन भर बैठा। फिर भी खत नहीं तो बस क्या दिल हुआ तुम्हें क्या बताऊँ। लौटते समय एक Inland डाकघर में छोड़ा एक तार सुशील को दिया। सिर्फ़ एक आशा थी कि हो सकता है शेष office बन्द था आज की सारी डाक

न बँटी हो! आज 9 ता. से 25 तक 16 दिन हो गये हैं, किसी दिन भी नहीं सोया हूँ, आँखें सिन्दूर जैसी रक्तिम हो रही हैं। ऑफ़िस से आया बदन बेहद टूट रहा था। लेट गया। घंटे भर आँख लग गयी—फिर उठा। बड़ी देर तक India gate पर टहलता रहा। कितना नितान्त अकेला कितना निराश्रित सा महसूस कर रहा था, दो घंटे टहलता रहा। कल शाम से पाँव में भी थोड़ी टिसकन थी ज्यादा नहीं। उसके बाद लौटने लगा केवल तुम में, केवल तुम में डूबा—ख्याल आया 3 दिन से ज्यादा हो गये तुम्हें weight टिकट नहीं भेजा गया। weight लिया। नाराज़ न होना कितना निकला बताऊँ 8 स्टोन 13 पौंड!

परसों मंगल की रात को तुम्हारे आदेशानुसार मानव मूल्य की भूमिका रात को जागकर शुरू की थी। उसका हाल लिख चुका हूँ। पर आज मन इतना चिन्तित है कि concentrate नहीं हो पा रहा। कल तुम्हारे खत मिलेंगे तो कल पूरा करूँगा कल कोई समाचार नहीं मिला तो सुशील के तार का इन्तजार करूँगा और...ओ राज : कितना आशंकित है यह मन! आज सर बिल्कुल पत्थर की तरह भारी है। आज समुद्र के किनारे दुखते पाँवों को लेकर टहलता हुआ यही सोच रहा था, कि पता नहीं पिछले जन्मों में कौन-सा भयानक पाप किया था जो इस बार सूर्या से एक क्षण भी अलग रहने की यह दुर्दान्त यातना सहनी पड़ रही है। मन को समझा लो पर इस तन को क्या करें। सूर्या के आते ही गुलाब-सा खिलने लगता है—अलग होते ही घुन लग जाता है। डॉक्टर कहता है ताज्जुब है आपका Body उधर खूब Vetamin B Imbibe कर ले गया—अब इतना Vitamin दे रहे हैं, वह लेता ही नहीं—किसे बताऊँ—कौन समझ सकता है कि इस सारे अस्तित्व की सारी सार्थकता सारी ताकत सिर्फ़ एक है, सूर्या, सूर्या, सूर्या—

और पहले अकेले रहो तो चरम सुख के क्षण आकर मन को आश्वासन देते थे अब हर जिया हुआ क्षण अपने को दोहराने के लिए इस तरह क्रन्दन करता है, इस क़दर Torture से कराहता है कि बस—तुम्हें क्या मालूम कि एक शोकेस में लगे हुए एक काले मेज़पोश ने दो क्षण के लिए मुझे मुर्दा कर दिया—देखकर एकदम लगा पाँव जवाब दे गये—

आज शिवरात्रि है। दो बरस पहले आज के दिन तुम्हें एक Packet में आम्र मंजरियाँ, अशोक के फूल, एक album, चाँदी का शीशफूल भेजा था, आज इस शाम का और पिछली तमाम शामों का—हर दिन के हर क्षण का हर साँस का दुख भेज रहा हूँ। मन बहुत दुखा रहता है, हर समय इस तरह अकेले—निराश्रित से रहकर फिर भी आज आशीष लो—तुम्हारा सौभाग्य अखंडित रहे S.R.!

काश! कि तुम्हें मालूम होता कि यह अपने चरम प्राप्य से अलग रहने वाली अतृप्त ज़िन्दगी हर क्षण मुझे अन्दर-अन्दर कहाँ से छीजने को, क्षरित होने

को बाध्य करती है। मुझे अन्दर-अन्दर सब बिल्कुल खाली-खाली-सा लगता है। यह तो ठीक ही सदा तुमसे कहता रहा हूँ कि मैं इसको-उसको, अपने लक्ष्य को, अपने निकटतम सम्बन्ध को, अपनी गहरी-से-गहरी आस्था को केवल तुम्हारे माध्यम से कह सकता हूँ, केवल तुम्हारे माध्यम से प्यार कर सकता हूँ, पर मैं अपने को क्या करूँ, केवल-केवल-केवल तुम्हारे माध्यम से पा सकता हूँ। तुम यहाँ नहीं हो तो मैंने अपने को खो दिया हैं। I am living in a vast void. मैं चारों तरफ़ से घबरा कर बहुत ही ज्यादा घबराकर हाथ-पाँव फेंक रहा हूँ—and I find nothing, nothing, nothing, यह बेहद यातना की स्थिति है। राज नींद खुल गई है, और लगता है, पाँव के अँगूठे से लेकर भौंहों तक एक विराट् सूनापन अन्दर-ही-अन्दर तेज़ औजारों से कुरेद-कुरेद कर खोखला कर रहा है।

तुम्हारा पत्र न मंगल को मिला, न बुध को, न बृहस्पति को। यह रात खत्म होते शुक्र लगेगा—शायद लग चुका हो—शाम को सुशील को Express तार दिया, राज 9 बजे तक मिल गया होगा।

पता नहीं पिताजी का कोई उत्तर आया या नहीं? पता नहीं क्या उत्तर आया राज—लिखो मेरी पूजा, मेरे अस्तित्व, मेरी नियति—लिखो! मैं भी आ जाऊँ—तुम्हारे साथ वहाँ चलूँ—वहाँ से साथ यहाँ चले आयें।

ओ राज! पता नहीं मैं अपनी सारी आकुलता, सारे समर्पण, सारी वेदना ममता के साथ इस क्षण अपने गुलाबों के पास पहुँच रहा हूँ या नहीं?

कितनी घबराहट है इस क्षण!

7.4.60

राज,

तेरा तार मिला। चिन्ता क्यों करती है बावली! जब तू कहकर गयी है कि मैं कुछ दिन हर चीज़ को फौलाद की तरह सख्त होकर झेलूँ और बिल्कुल निश्चिन्त रहूँ तो फिर तुझे भी अब चिन्ता की क्या बात! दया, ममता, सहिष्णुता, सब करके जब नहीं काम चल सका तो अब दोष हमारा नहीं है। मैं वज्र की तरह दृढ़ हूँ परसों शाम को जो बातें शर्मा के सामने हुईं वह कल के लिफ़ाफ़े में लिख चुका हूँ। तब से बिल्कुल चुप हूँ। अपने काम में नियमित रूप से डूबा हुआ। छोटेलाल नाश्ता, खाना सब तैयार कर देता है। अब बस, यह सोचना है कि वनस्थली या कौन-सी जगह वह रह सकेगी। केका को यदि हम रखें तो क्या इन्तज़ाम होगा। पर यह सब तेरा विस्तृत खत पाने पर तय होगा।

तभी यह भी मालूम होगा कि इलाहाबाद में क्या बातें हुईं। कल अम्मा

का एक कार्ड आया था। वह तेरे पहुँचने के पहले का था जिसमें उन्होंने केका का जन्मदिन मनाने के लिए लिखा था।

अम्मा को कल रुपये भेज दूँगा तथा आत्मन् को लिख दूँगा कि सारा प्रबन्ध कर दें। मानिक की चिट्ठी दिल्ली से आयी थी। उसने कुछ रुपये माँगे थे। उसे भी कल रुपये भेज दूँगा। उसे खत लिखकर यहाँ के हाल का संकेत कर दिया है।

कल वाले खत में तुझे सुशील और नयना झवेरी का खत रखकर भेजा है।

मानव मूल्य और साहित्य का पार्सल आज भी नहीं आया। शायद कल आये। घर में तो 10 अप्रैल का धर्मयुग पहुँच गया होगा। क्या बातें हुईं?

तुमने अगर चिन्ता की तो मैं हारा हुआ अनुभव करूँगा तुम ठाठ से हँसो, खाओ, घूमो! We have to make and live our life for our Kanu and R.B. for Soorya and Rajan. ये तमाम चीज़ें हो-होकर खत्म हो जायें यह तो हमारे लिए अच्छा ही है।

नेमिचन्द्र जी के यहाँ कई अतिथि आये हैं अत: वे घड़ी नहीं ला सके। सुमित्रा जी चली गयी हैं। बाद में भेज दूँगा। या एक डेढ़ महीना बिना घड़ी के काट लो।

नया समाचार, मालती परुलकर ने किसी अभागे को विवाह के लिए राज़ी कर लिया है। उनका बहुत उल्लूपन का खत आया है, बधाई माँगते हुए। अभी जवाब नहीं दिया। दें या नहीं दें झवेरी के निमन्त्रण में जाऊँ या नहीं। अगर शनिवार तक तुम्हारा पत्र नहीं मिला (इसकी अनुमति देते हुए) तो नहीं जाएँगे।

देशान्तर की भूमिका और आस्कर वाइल्ड का कवर भी अगले हफ़्ते भेज देना हैं। तुम कर सको तो चौरंगी वाला लेख लखनऊ में कर लो।

आज नन्दन और इन्दुप्रकाश पांडेय दोनों का Phone आया था। कल तुम्हारी अर्ज़ियाँ भेज दूँगा।

अच्छा, आज उन्हें प्रत्यंचाएँ ढूँढ़ रही थीं जो उत्तम जैन को बहुत पसन्द हैं! आज ऑफिस में बराबर केवल उन्हीं की उजराई छायी रही

बृहस्पतिवार, 7.8.60

9 अप्रैल 60 रात 2 बजे

सूर्या रानी! आज 9 थी न! दिन भर-दिन भर सिर्फ़ एक ख्याल रहा सिर्फ़ एक ख्याल! बताओ क्या! क्या किसी ने कभी अपनी संगिनी का सहारा इस क़दर चाहा होगा जितना मैं चाह रहा हूँ।

शिखरकुंज—airconditioed कमरा सामने धर्मयुग की तमाम फ़ाइलें और मैं और भाई (लक्ष्मीचन्द्रजी) और चाँद भरपूर निकला हुआ और रात 11 बजे हुए और बताओ हम लोग किस की बातें कर रहे थे? 'पुष्पा' की! नहीं पुष्पा जी की! अभी लौटा हूँ वहाँ से। वे night plane से दिल्ली गये।

अब सारा किस्सा सुनो! कल शाम तुम्हें इनलैंड डाला था और उसके बाद गये शिखरकुंज लक्ष्मीचन्द्रजी से मिलने। कल फ़िल्मफ़ेयर का उत्सव था जिसमें नासिर आये थे। लक्ष्मीचन्द्र जी ने बताया कि टोनी अभी भी ठीक नहीं है। भाभी जी उसके साथ दिल्ली में हैं। लक्ष्मीचन्द्र जी एक दिन के लिए आये हैं। फिर दिल्ली लौट जाएँगे उनसे विस्तार से बातें होती रहीं धर्मयुग के लिए इतने में 8 बज गये। 9 से उत्सव था रीगल में कोलाबा रीगल यहीं है। मैं जल्दी से घर आया। कपड़े बदल कर रीगल गया। वहाँ गया तो गोन्धलेकर की सीट मेरे बगल में थी। दूसरी ओर की सम्पादिका Femina की सीट थी। अचरज की बात बताऊँ गोन्धलेकर ने पूछा—'आप दूसरा पास क्या किया?' मैंने कहा लौटा दिया—तो वे बोले—"आप बहुत careless हैं। आप अभी पुष्पालता जी को काहे को कलकत्ते भेजा। अभी ठीक होने को तो आया नहीं!"

उत्सव शुरू हुआ। item कई एक थे शंकर जयकिशन आर्केस्ट्रा, वैजयन्ती का, पदमिनी रागिनी का, कमला लक्ष्मन का नृत्य और मुकेश का गीत—बताओ कौन—वही जो सरोज ने होली पर पूने में गाया था। रात दो-ढाई बजे उत्सव ख़त्म हुआ। और लौटकर आया तो—scenes. उफ़ रे! राज पता नहीं कहाँ पर इन nerves को तुम लोहा बनाकर गयी हो कि ये चटख नहीं जाती। सुबह 8 बजे से रात 2 बजे का मेहनत का Strain और उसके बाद 4 बजे तक secnes—

कल रात (कहूँ 2.30 बजे रात) सोने गया। अभी तक जैसे स्तब्ध था, जड़ था, आँसू भी सूख गये थे, संवेदना भी खत्म हो गयी थी। पर कल रात पहले दिन सोने गया तो बेनोमा को याद कर बेहद रोया। बेहद रोया उन हथेलियों को याद कर जो मेरे माथे को खींचकर गुलाबों में दुबका लेती थीं, बेहद रोया याद कर उन उँगलियों की जो बहुत दुख के क्षणों में प्रत्यंचाओं को दाखे दे देती थीं—मैं जानता हूँ कि मैं अकेला नहीं हूँ मैं जानता हूँ कि हर क्षण मेरी ताकत, मेरी निष्ठा, मेरा प्रदीप्त सिन्दूर बिन्दु वाला माथा, मेरे रफ़ियन्स मेरे गुलाब मेरे साथ हैं, लेकिन फिर भी मैं तुम्हें कैसे बताऊँ कि सामान्य स्थिति में भी अब मुझसे एक दिन एक रात, एक सुबह, एक शाम, अकेले नहीं जी जाती। फिर जब चतुर्दिक torture हो तो और भी मन कलपता है। पर इस याद में कहीं भी बेकली वैसी नहीं थी जानता था कि तुम मेरे काम से मेरे लिए दूर हो!

नींद खुली शायद सुबह 8.30 बजे। बेहद सर भारी था और दफ्तर में जाकर

देखा कि बुखार है। रास्ते में लिफ़्ट से उतरते समय बगल वाले अग्रवाल मिले। बोले कि हम लोगों के लायक जो हो सो बताइएगा। office में मैंने नेमिचन्द्र जी को भी बुलाकर स्थिति समझा दी। वे और उषा भी बेहद चिन्तित थे।

आज half day था लेकिन आज ही रात को लक्ष्मीचन्द्र जी जा रहे थे तो एक उन्हें Report बनाकर देनी थी। कुछ Extra काम भी था। 5 बजे तक दफ़्तर में रुके। कई बार सोचा तुम्हें छोटा-सा खत लिखकर डाल दूँ पर यही तय किया कि विस्तार में ही लिखूँगा। 5 बजे घर आया। नहाया। नहाकर सारी files लेकर 6 बजे कारमाइकेल रोड गया। लक्ष्मीचन्द्रजी Wait कर रहे थे बहुत चिन्तापूर्वक क्योंकि मैंने उनसे संकेत कर दिया था कि मैं इस बार कान्ता के बारे में एक deffinite निर्णय लेने जा रहा हूँ।

पहले चाय पी, फिर उन्हें Air Ticket लेना था तो गाड़ी पर खामोश आये। फिर वे भी बहुत stressed रहे हैं। 15 मिनट कहीं समुद्र तट पर बैठना चाहते थे। मैं India gate ले आया। उन्होंने दूर से तुम्हारा Flat भी देख लिया। वे केका को देखना चाहते थे पर आये नहीं।

लौटकर फिर कार माइकेल रोड गये। रमा जी, उनसे और शान्ति प्रसाद जी से धर्मयुग के बारे में बातें हुईं। वे सब कह रहे हैं कि वीरेन्द्र को हटा दो। रात साढ़े दस-ग्यारह बज गये थे। फिर रमा जी शान्ति प्रसाद जी तो सोने गये, हम और लक्ष्मीचन्द्र जी बैठे फिर मैंने details में काफ़ी बातें उन्हें बताईं। Kidney trouble से लेकर अब तक की। मैंने पाया कि वे सारी बातें पहले से खूब समझते हैं। फिर उन्होंने बहुत संकेत में यह बताया कि he also had to suffer this and still suffering this–but this came at a very advanced age जब बच्चे बड़े हो चुके थे and all that. पर इस बात से वह पूर्णतया सहमत थे कि अगर कान्ता से बचने का कोई रस्ता है तो यही कि उससे अलग होकर उसे अपनी individuality बनाने दिया जाये। अभी तो उसका व्यक्तित्व और चरित्र नाम की चीज़ है ही नहीं। जब तक वह मुझ पर Dependent रहेगी वह कभी नहीं बनेगी! कान्ता को अलग करना न केवल भारती के लिए अब अनिवार्य है बल्कि कान्ता के भी निर्माण के लिए वही एक रास्ता बचा है।

और उसके बाद अकस्मात् उन्होंने पुष्पा जी की बात करनी शुरू की! चाँदनी रात थी, वे चिन्तित थे पर मेरे लिए बेहद दुखी और बेहद सहानुभूतिपूर्ण और ममता भरे! मैं रात को डेढ़ बजे लौटा! उन्होंने रात का Plane cancel किया— अब सुबह जाएँगे। (जाओ यह सब नहीं बताता कि उन्होंने 'पुष्पा जी के लिए कैसी-कैसी प्यारी बातें कहीं)

बेहद सर घूम रहा है आज पाँच दिन हो गये और एक रात सोया नहीं

हूँ। आज बिल्कुल जरूरत महसूस हो रही है, माथे की इन फटती हुई नसों को कोई सुला दे!

तुमने लिखा था, कि 11 को तुझे कलकत्ते पत्र डाल दूँ, इसलिए आज यह कलकत्ते के पते पर डाल रहा हूँ।

Sunday

राज, आज भी office खुलवाया है दो घंटे के लिए। वहाँ से कालकादेवी जाऊँगा—शर्मा को बुलवा कर जो sepration agreement लिखवाना है, उसका draft बनवाऊँगा वनस्थली या किसी और जगह रहने का क्या प्रबन्ध हुआ यह पूछूँगा और फिर तुम्हें लिखूँगा। बहरहाल इस हफ़्ते मैं सारे प्रबन्ध कर दूँगा। अब मेरी nerves जवाब दे चुकी हैं। काश कि तुम होती तो...

चिन्ता न करना राज!

गर्व करना कि final decision लेते हुए भी तुम्हारे छौने, तुम्हारे भैया तुम्हारे राजन् के मन में किसी के लिए क्रोध नहीं है, बदले की भावना नहीं है, केवल यह है कि ठीक है मेरा, प्यार, मेरी ममता मेरी दया, मेरी सहानुभूति अगर किसी के व्यक्तित्व को बिगाड़ती चली गयी तो अब उसे अपने व्यक्तित्व को अलग से स्वतन्त्र होकर बनाने का अवसर मिले। मैं यह भी नहीं चाहता कि वह अलग होकर realise करे कि उसने क्या खोया—बल्कि यह कि वह अलग होकर यह Realise करे कि उसके सामने वास्तविक ज़िन्दगी है—और उसे जीने के लिए तमाम उम्र पड़ी है वह matare बने और अपने व्यक्तित्व का निर्माण करे!

मैं दो साल तक उसे रहने पढ़ने का खर्च दूँगा और उस बीच में उसे अपने लिए एक Carrier या Space ढूँढ लेनी होगी। केका का जो प्रबन्ध ठीक होगा वह कर दिया जाएगा। वनस्थली या और संस्थाएँ जुलाई में खुलेंगी। तब तक यहाँ पूने के पास एक अच्छे Hill Station पर विनोबा भावे के एक छोटे भाई का आश्रम है naturopathy और समाज सेवा का उसमें जाकर स्वास्थ्य लाभ करेगी और रहेगी। जुलाई से उसे वनस्थली या कहीं और भेज देंगे। तब केका का कोई प्रबन्ध करना पड़ेगा।

उसने मेरे व्यक्तित्व, मेरे प्यार, मेरी ममता, मेरे आत्मदान, मेरी सहिष्णुता, मेरे धैर्य को केवल अपने को बिगाड़ने में ही लगाया इसमें मैं अब क्या कर सकता हूँ। प्यार तो स्वाती की बूँद है। सर्पमुख में पड़ कर विष बनता है—सीपी ही उसे ग्रहण कर मोती बनाती है।

यह निर्णय बहुत निष्कपट, बहुत निश्छल, प्रतिशोधहीन मन से ले रहा हूँ, इसका सन्तोष है। अगर यह निर्णय लेते हुए कहीं भी, मेरे मन में कटुता होती तो!

बस मेरी, अंजुलियों में अगस्त्य के फूल दे दो। मेरी पलकों को भी—निरन्तर जागरण से वे कड़वा रही हैं

O MY SOUL! O MY Truth!

Monday 11th April

राज! कल यह खत पूरा कर आज सुबह डालने चला तो याद तो आया कि कहीं तुम आज लखनऊ से चल न दो! ऑफ़िस में पहुँचा तो तुम्हारा केवल एक Inland था। वह जो तुमने मेरा पहला खत पाकर लिखा था। तो जाकर तुम्हें एक तार दिया—Wire Programme. Finally decided to send her to Banasthali Forever. लखनऊ के पते पर। तार देकर लौटा तो तुम्हारे तमाम खत मिले। सारा घर का हालचाल मिला। देखो आनन्द जी की साली ने अपना Stand लेने में इतनी देर लगाई पर मेरी साली ने पहले ही रास्ता अपना लिया। यही अक्ल कहीं आनन्द जी की साली में एम.ए. में आ गयी होती तो कितना अच्छा होता। असल में जीजा जीजा की Quality पर बात होती है।

अच्छा साहब—आपने मेरी रजनीगन्धा की मालाएँ नहीं छूने दीं-जानते हो! तुम्हें मेरा दूसरा इनलैंड मिला होगा तो तुमने पढ़ा होगा कि मैंने तमाम चीज़ें छोड़कर बृहस्पति के inland में अपनी रजनीगन्धा की अनावृत sleeveless मालाओं को ही याद किया था। अच्छा लीजिये मैं भी नयना झावेरी के झाँसे में नहीं आया! नहीं गया उनके यहाँ! बराबर!

अभी आत्मन और अम्मा के खत आये हैं। आह! आत्मन और अम्मा दोनों ने मेरी प्यार के लिए क्या लिखा है ! ओ जादूगरनी!

अम्मा खूब रोई है, और कह रही है, पुष्पा मुझे रोते-रोते छोड़कर गयी मैं उसे रख पाती किसी तरह! आत्मन ने लिखा है पुस्सी के प्यार का एक कण भी तुम्हें मिलता तो उसके लिए ऐसी कितनी कीमतें चुकाना कुछ भी नहीं है। इस प्यार को कभी Betray किया तो मेरा विश्वास दुनिया के तमाम Truth से उठ जाएगा। ऐसे ही किसी प्यार के लिए मैं भी जीवित हूँ।

बाद में क्या स्टैंड लेंगे यह जैसा तू कहेगी! पर अभी it will finish. I am tired of it. शर्मा ने इस समय बेहद firm और समझदारी का Stand लिया है। तुम्हें याद है हमें कोई-न-कोई अनजान ईश्वर सदा सहारा दे जाता है क्योंकि हम दोनों अपने सत्य के लिए हैं। शेष बातें रात को विस्तार से लिखेंगे।

सोमवार 25 अप्रैल 60
4 बजे शाम

राजे, आज इतने दिनों बाद मन को जैसे अपने गुलाब मिल गये हों। आज पहले तो मिला तुम्हारा लाल स्याही से लिखा इनलैंड तभी मैं समझ गया कि श्री मान्सू कुछ पाजीपन के mood में हैं। उसके बाद लिफ़ाफ़ा मिला जो वेनवेनुटा ने मेरा बुद्ध का खत पाने के बाद लिखा था, तो एकदम मन पुलक उठा। आज इतने दिन बाद यहाँ लग रहा है, जैसे मैं ज़िन्दा हूँ। आज जैसे सड़कें गुन्जान है, शाम हवादार है। और बच्चू अब जिगर थाम के सुनो क्या हुआ। वह पत्र पढ़ा बार-बार पढ़ा बार-बार पढ़ा फिर पढ़ा, सारा काम रोककर पढ़ा और देखा क्या कि lunch का समय हुए आधा घंटा बीत गया। अब बड़े असमंजस में कि जाऊँ कि न जाऊँ। खैर गया कि द्वार खोलकर झाँकूँगा। अगर लोग खाना शुरू कर चुके होंगे तो लौट आऊँगा। द्वार खोला तो रंग और खुशबुओं से सर घूम गया। देखा सब लोग बैठे हैं, और in addition to them 6, 7, बहुत सुन्दर लकदक girls कौन हो सकते हैं ये?

मेरे पहुँचते ही जैन बोले—आइये आपका इन्तजार था—ये हैं Dr. Bharati आदि आदि। एक-एक मोम की पुतली ने उठकर प्रणाम किया। पर ये लोग कौन हैं?

जब मैं बैठने लगा तब जैन ने हल्के से कहा—और भारती जी ये हैं सिनेमा स्टार्स। अब मैंने पहचानना शुरू किया। एक निरूपा राय थी, एक नई तारिका लीला नायडू थी, एक कामिनी कौशल थी, एक माला सिन्हा थी—पर एक को मैं नहीं पहचान पाया! जब सब लोग कुर्सियों पर बैठे तो एक-एक भद्र पुरुष के साथ एक-एक भद्र महिला बैठी। मेरे साथ वही जिसे मैं पहचान नहीं पाया था। पास बैठने पर मैंने गौर से देखा। बेहद जड़ाऊ गहने, बेहद भारी साड़ी, बिल्कुल लगता था कि इसकी अजब हवस है, इन चीज़ों की। और उसके taste में मुझे बिल्कुल उमा भटनागर की झलक लगे। तब मैंने और गौर किया और पाया वैसे ही नजाकत से देवी जी बार-बार पल्ला ढँक रहीं हैं। यह कौन लड़की है?

तब उसने मुझसे बात करना शुरू किया। मैंने पता नहीं क्या उलटा सुल्टा जवाब दिया कि वह बत्तीसी खोल कर हँस पड़ी। in a flash I recognised her. वह थी दिल देके देखो की नायाब नायिका आशा पारिख। अब तो मैंने खूब-खूब बातें कीं। उनको उस दिन का सारा हाल बताया कि कैसे सर में दर्द था तो हम सब उसका Picture देखने गये। देख कर सर दर्द रफ़ा हो गया। तो रामन ने कहा, 'इसलिए कि बहुत entertaning था' तो मैंने कहा नहीं इस डर से दर्द

हवा हो गया कि अगर फिर हुआ तो फिर ऐसी फ़िल्म देखने आना पड़ेगा। इस पर वह खूब हँसी। बोली अब तो आपको अगले फ़िल्म दिखलाने ही पड़ेंगे। ताकि फिर सर दर्द हो। फिर बताती रही कि मुझे लिखना नहीं अच्छा लगता सोचना अच्छा लगता है। फिर मैंने पूछा धर्मयुग पढ़ती हैं, तो बोली अब पढ़ूँगी!

आज जैन मुझसे पता नहीं क्यों विशेष प्रसन्न था। लीला और निरूपा और आशा से मेरा बार-बार विस्तृत परिचय कराया।

अब बेटा बताओ। नयना झावेरी से बचाने चली थीं यहाँ एक और मगरमच्छ मुँह फाड़े बैठा है! आज बहुत खुश हूँ प्यार...

तुम कहती हो सिर्फ़ मेज़पोश वाली बात मुझ तक पहुँची। तुम्हें नौ-दस-ग्यारह वाला पत्र मिला ही नहीं! लखनऊ वाले पत्र यहाँ 12 को मिले तब तक मैंने पाया उसी दिन मैंने भी यहाँ वही सपना देखा है।

ओ राज—तुममें, सिर्फ़ तुममें, सिर्फ़ तुममें जी रहा हूँ। एक-एक पल, एक-एक साँस—तुम्हें क्या मालूम!

राजे मेरी दीपशिखा मुझको A 1 मिलेगी न ! देखो मैं यहाँ अपना पूरा ध्यान रख रहा हूँ।

9 मई 60 दोपहर

कल इतवार को दो इनलैंड तुम्हें छोड़े हैं। एक सुबह से 12 बजे तक कमरा साफ़ करने के बाद—एक शाम को सात बजे।

कल रात सोने गया तो सम्पूर्ण कनुतन दीपशिखा को अर्पित होने को आकुल था—कल आठ की रात थी। सूर्या मिले तो पूछना—did she felt.

सुबह उठा तो सबसे पहले पूजा की। बहुत शान्त बहुत अविचल।

सारा क्षोभ भूलने की चेष्टा की। ईश्वर को धन्यवाद दिया कि उसने मेरी विकट परीक्षा ली और मुझे यह साबित करने का अवसर दिया कि सारी यन्त्रणाएँ मेरे प्यार के अदम्य विश्वास के सामने नगण्य थीं। यन्त्रणाएँ आयीं और पराजित हुईं। इन तमाम यन्त्रणाओं ने मेरे पवित्रतम विश्वासों को और भी प्रतिष्ठित किया। बिना इन यन्त्रणाओं के मैं भी यह नहीं जानता था कि मेरे गुलाब, मेरी पनसुतिया, मेरे स्वर्णवर्णी झरने, मेरे अगस्त्य के उजले कटावदार फूल, मेरा सूर्यबिन्दु, मेरी आम्रमंजरित पगडंडी—मेरे लिए क्या है।

धन्यवाद दिया उन सबों को जिन्होंने यन्त्रणा दी, धन्यवाद दिया उन सबों को जिन्होंने गालियाँ दीं, धन्यवाद दिया उन सबों को जिन्होंने कृतघ्नता की,

धन्यवाद दिया उन सबों को जिन्होंने मर्म पर आघात किये। बिना उन सबों के मैं अपने अटूट बन्धन की चरम अटूटता कैसे आज़माता?

बहुत से भ्रमजाल टूटने आवश्यक थे। बहुत से चेहरों की असलियत सामने आनी थी। बहुत से झूठे रंग उतरने थे। अभी उतर गये अच्छा हुआ। इन दोस्तों पर यकीन कर, आगे चल कर कोई बहुत बड़ा धोखा खाता तो ज्यादा पछतावा हाथ आता।

सबसे लड़ लिया। सबके मुकाबले में अपराजेय अपने प्यार को लेकर अटूट अजेय खड़ा हूँ। अब एक चीज़ को और जीत रहा हूँ, आज से—अपने अन्दर की कटुता को। जो चरम मृदुल चन्दनगन्धी नीलकमल मेरी सूर्या के नशे में डूबा रहने वाला मन है न—वह सूक्ष्म जो हज़ारों मील के अन्तर पर उसकी खबर मिनटों में पा लेता है—अब अपने सूर्या के गौरव उस मन को तैयार करना है कि आठ-दस दिन बाद जब रजनीगन्धा की मालाओं में कसे, जब पनसुतिया में भिंचे, गुलाबों में छिपे तो मात्र उन्हीं का हो—मात्र उन्हीं का।

आज से अपने अन्दर के बिखराव, कटुता, खिन्नता, शिथिलता को भी जीतूँगा—

9th May 11 p.m.

राजे, सच कहता हूँ इस कनुतन को जितना दीपशिखा का अनुशासन भाता है, उतना मुझे भी नहीं। मैंने सुबह ही कहा था कि शाम को आज चाहे एक बार के लिए सही पर टेम्परेचर को उतरना होगा कि दीपशिखा को स्वस्थ भाव से पा सके—और लो 9:30 बजे मैंने देखा-टेम्परेचर 98.4 था। 9:30 से 11 तक अपनी दीपशिखा में डूबा रहा हूँ उन्मुक्त भाव से और 11 बजा है—और अब अकेला हूँ और लो टेम्परेचर फिर 99.8 है।

तुम्हें दिन को एक लिफ़ाफ़ा छोड़ा है जिसमें लिखा है, कि कल रात से सुबह की पूजा तक में क्या feel किया, क्या माँगा। कल दफ़्तर गये थे, तुम्हारी प्रिय सफ़ेद Honey Tone वाली कमीज पहनकर गये थे। लंच पर रामन ने कहा आज तो भारतीजी एक्टर बनकर आया है। हीरो! कल दफ्तर में बहुत शान्त काम करते रहे पर एक मज़ेदार बात हुई जिसने मुझे अपने गुलाबों के प्रति बहुत अधिक आसक्त और उदास बनाये रखा। मैंने अपनी केबिन के लिए दो चित्र मँगवाये थे जिन्हें जड़वा कर टाँगना चाहता था। एक तो जामिनी राय का था जिसमें हरिन था—मृगछौना छौनू—और एक वह पहाड़ी (कांगड़ा कलम वाला) चित्र जिसकी

अनुकृति धर्मयुग में आ चुकी है। ज़ाहिर है कि इन दोनों चित्रों का बेहद association अपने गुलाबों से है। मैंने महीने भर पहले ये चित्र चुन लिये थे पर अभी तक जड़कर आये नहीं थे। कल केशवानी ने आकर कहा कि आप चलकर अपने चित्रों के frame छाँट लें उसके साथ गया और बम्बई की सर्वश्रेष्ठ फ्रेम शॉप पर दो घंटे में दोनों के उपयुक्त फ्रेम चुने। All the time I lived in my roses.

शाम को घर आया। खूब नहाया। नहाकर कुछ खत लिखे। सर्वेश्वर को। रघुवंश को। रामस्वरूप को। जगदीश को। कोई bitterness या खीज नहीं। इस बात का दुख भी नहीं कि तुम लोगों ने मित्र होते हुए भी क्या समझा। केवल यह feeling कि मैं अपने में अपने सत्य पर दृढ़ हूँ। जो मेरी राह है वही जियूँगा। इसलिए कि वह मेरा स्वधर्म है। वही जी सकता हूँ। हरेक के प्रति आभारी हूँ कि उसने मुझे अपना लोहा, अपनी ताकत, अपनी निष्ठा, अपनी ईमानदारी जाँचने का मौका दिया। और लिखने के बाद ईश्वर से बिना किसी कटुता के प्रार्थना की कि अपने जीवन में ये अभागे जो कर नहीं पाये—जिन सत्यों के लिए तन कर खड़े नहीं हो पाये जहाँ इन्होंने शीश झुका दिये और टूट गये उसका समवेत frustration है जो पिछले कितने वर्षों से निकल रहा है—बार-बार मेरे खिलाफ़! मैंने प्रार्थना की कि ये लोग अपने कुंठा जाल से मुक्त हों।

मंगलवार, 7. 6. 60
शाम 7 बजे

राजे,

परसों इतवार को तुम्हें विस्तार में सारा हाल लिखकर पंजाब मेल पर खत छोड़ा था। तब तक मैं शर्मा जी के यहाँ था। उस भयंकर कांड के बाद इतवार को कान्ता गयी इलाहाबाद। कल (सोमवार) को मैंने दूसरा खत विस्तार में लिखकर तुम्हें छोड़ा है।

कल शाम से इस घर में जहाँ केवल मैं हूँ और सूर्या की स्मृतिगन्ध—लग रहा है जैसे मैं आदमी हूँ। कितने दिनों से वह भयानक उत्पात मुझे पंजों में दबोचे हुए था। कल रात को दीपशिखा से समन्वित कनुतन सचमुच सोया। गहरी नींद गुलाबों में निश्चिन्त। कल शाम को देर तक बम्बई की अँधेरी सड़कों पर घूमा। रात को कितने दिनों बाद स्वाद लेकर खाना खाया। आज सुबह उठा तो लगा जैसे ताज़गी नाम की कोई चीज़ होती है।

कल बुध है तुम्हारा lucky day कल से पढ़ाई शुरू करूँगा और पूजा भी। आज कितने महीने बीत गये मैंने 15 मिनट भी बैठकर आत्म चिन्तन नहीं किया।

सपन! वह आत्मा जो केवल सूर्या के लिए है—वह सुकुमारतम अनुभूतियाँ जो रजनीगन्धा की कलियों की फिसलन पर तन्मय हो उठती हैं—वे सूक्ष्मतम संवेदन जो पनसुतिया की पत्तियों की खनक में प्रत्यंचाओं की प्यास पहचान लेते हैं—वे अत्यन्त delicate शब्द जो केवल केलिसखी के लिए हैं—वे एक कण भी इस तमाम उत्पात से क्षत-विक्षत नहीं हुए इससे बड़ी हमारी जीत और क्या हो सकती है।

आज दफ़्तर में तुम्हारा घर पहुँच कर लिखा हुआ पहला खत मिला। और उसी के बाद मिला देशान्तर का सारा प्रूफ़ और शिकायत कि आप बहुत विलम्ब कर रहे हैं। आज उनका काम करूँगा और जैसे 9 मार्च को मानवमूल्य की भूमिका लिखी थी वैसे ही 16 जून को और जो कुछ करूँगा, सो तो करूँगा ही लेकिन देशान्तर की भूमिका उसी दिन भेजूँगा। ओ राज! शायद यह पगडंडी का आखिरी और सबसे कठिन मोड़ है लेकिन नतमस्तक हूँ अगस्त्य के फूलों के प्रति जो अडिग खड़े हैं।

कल से लगता है जैसे कोहरा-सा हट गया हो और मेरा जो जीने का वास्तविक स्तर है, वह लौट रहा हो। बम्बई की इन भीड़भाड़ की सड़कों में जहाँ परसों तक हर चेहरा मुझे सन्देह से घूरता लगता था उन्हीं सड़कों पर कल से कितनी चीज़ें मिल रही हैं, जो सूर्या का सन्देश हर क्षण देती हैं। कल सड़कों पर घूमते हुए मैजेस्टिक होटल के द्वार पर रातरानी खिली हुई मिली। दूसरे घर पर माधवी खिली थी। और आज सुबह के आसमान पर सिन्दूर बिखरा हुआ दीखा।

और सबसे बढ़कर आज कुछ जापानी कविताएँ पढ़ीं—लो सुनो ये तमाम कविताएँ केवल चार-पाँच लाइनों की होती हैं—

When dawn comes
With the flicker flier
Of sunrise
How sad the helping each other to
Put on our clothes.

और दूसरी सुनोगी:

Though I try to hide it
My love
Ends by showing in my face
To such an extent that people ask
"Are you thinking about something"

और एक और सुन लो—क्योंकि यहाँ बादल आने लगे हैं और सफ़ेद चिड़ियों की कतारें दीखती हैं—

The wild geese returning
Through the misty sky
Behold they look like
A letter written
In faint ink!

और जापानी कविता की इस किताब के पीछे जापानी शब्द दिये हैं, सूर्या के लिए जानती हो क्या शब्द हैं—कोईशी (KOISHI) सूर्या के मन में राजन के लिए जो भाव हैं, उसके लिए शब्द हैं: कुराकु (KOURAKU) लेकिन एक शब्द अद्‌भुत मिला—IMO (और जानती हो इसी एक शब्द के दो अर्थ हैं, बहनिया और सूर्या—इसको पढ़ कर स्तब्ध रह गया। लेकिन अब KOISHI ही अच्छा लगता है—IMO केवल कभी-कभी)

Sunday 1:00 p.m.
12th June 60

आज से बम्बई में मानसून शुरू हो गया। सड़कों पर पानी भरा है। हवा में ठंडक है। और झरोखे से आने वाली हर बूँद का छींटा कनुतन को पागल बना रहा। शाम से केवल दो लाइनें हैं जिन्हें मैं ग्रामोफोन के आहत रिकॉर्ड की तरह दोहरा रहा हूँ—"... गरजत घोरा...मन मोरा"

और केवल चार-पाँच पाँच चीज़ें हैं जिन्हें बूँदों के इस अर्द्धपारदर्शी जाल के पीछे बहुत-बहुत प्यासी निगाहों से ढूँढ़ रहा हूँ। ओ राज! ओ राज! ओ! आज अभी केवल दस-बारह दिन हुए हैं, तुमसे पृथक हुए, और चार-छह दिन हुए हैं जब मैं फिर से जीवित-जीवित सा—आदमी-आदमी-सा अनुभव करने लगा हूँ—और इसी बीच में किस तरह अस्तित्व का एक-एक कण आकुल हो उठा है अपने अर्द्धांश के लिए मैं कह नहीं सकता। राज! तुम अपना कार्यक्रम तुरन्त लिखो—तुम कब तक लखनऊ रहोगे कब कलकत्ते जाओगे। Please : तुरन्त लिखो।

कल शनिवार का सारा दिन और रात कैसी बीती यह तुम्हें लिखकर आज सुबह लिफ़ाफ़ा छोड़ा है। आज सुबह उठकर अम्मा को एक पत्र लिखा और देशान्तर की भूमिका के लिए कुछ Points सोचते रहे। बदलियों भरा दिन था

आज और सारा शरीर एक-एक कण बुरी तरह टीस रहा था रजनीगन्धा मालाओं की जकड़न के लिए। फिर थोड़ी देर के लिए बाहर निकले। सारा बाज़ार बन्द था। बड़ी-बड़ी इमारतें जैसे मुझ भटकते हुए को बहुत तरस से देख रही थीं। मैं लौटकर आया। खाना खाया और चूँकि कल रात एक मिनट नींद नहीं आयी थी बीच-बीच में उठकर तुम्हें खत लिखा था—अत: लेटे और लेटते ही नींद आ गयी। 5 बजे तक बहुत गहरी नींद आ गयी।

सोकर उठे तो देखा कि अनजाने न जाने कब दीपशिखा ने अपने सम्पूर्ण कनुतन को सर्वथा उन्मुक्त ग्रहण कर लिया है। बहुत अलसाया हुआ मन था। इच्छा थी कि S.R. हो और चाय बना लावे और इसी तरह मैं लेटा-लेटा अलसाऊँ और चाय पियूँ। उस समय कनुतन की सहज स्थिति को जरा भी बदलने की इच्छा नहीं थी। लेकिन...खैर चाय मँगवाई और एक किताब निकाली जो S.R. खरीद कर रख गयी थी—RILKE'S Letters to Benvenlvta...और पहला ही टुकड़ा जो पढ़ा—Dear dear soul, so deeply am I moved at times that it seems you must be present. This morning I rose, I spoke to you as though there were but you... Walking in great pure silence is almost beautiful. Soon we shall walk like that together, shall take it upon our two selves to outrage the Jack jaws with our irrepressibl exuberance.

और यह टुकड़ा पढ़कर मन को सान्त्वना नहीं मिली जैसे अपनी सौ-सौ प्यासों में और धधक उठा वह!...उलटते गये पृष्ठ के बाद पृष्ठ और उसके बाद एक दूसरा टुकड़ा मिला उसे कई बार पढ़ा, कई बार पढ़ा—इसलिए कि उसमें जिस स्थिति की बात रिल्के ने बेनवेनुटा को बताई है वह बहुत कुछ, बहुत कुछ मेरी स्थिति से मिलती-जुलती है—लेकिन बस मिलती-जुलती है बिल्कुल वही नहीं है।

उसने शुरू किया है, कि किस तरह एक ओर उसके शैशव के स्वप्न, युवावस्था के विचित्र कटु अनुभव (His first marriage broke after a very bitter quarrel, और कला के प्रति उसके गहन दायित्व के निर्वाह ने उसको न केवल थका दिया वरन चूँकि वह कलाकार और व्यक्ति के रूप में अपने को किसी विराट् दैवी शक्ति का माध्यम मानता रहा अत: किसी बहुत अधिक इस्तेमाल किये गये अस्त्र की भाँति वह 'worn and broken' अनुभव करता है।

इतना बताने के बाद तब वह असली बात पर आता है : And then you see there was the matter of ugliness. I could not shirk from it in my art. for it was not my task to be aloof from things, but rather to enter inside them. I did have the inwardness to feel that I was inside even the ugly.

यह है जो रिल्के ने ugliness के बारे में लिखा है। इधर दो दिन से मैं कभी-कभी सोचता रहा—यह भयानक, अकल्पनीय, दुर्दान्त, उद्भ्रान्त ugliness जो मुझे पिछले साल से रह-रह कर भोगनी पड़ी है What has it done to me या यों कहूँ कि how I have reacted towards it? क्योंकि यह हमारे तुम्हारे जीवन का एक बहुत विचित्र अनुभव रहा है!

सोचता रहा तो मैंने पाया कि मेरी सबसे बड़ी गलती शुरू से यह रही कि I refused to believe that this ugliness existed. कुछ मेरा आन्तरिक सौजन्य और भद्रता जो सहसा अकारण दूसरे को बुरा और पतित मानना अनुचित समझती रही-कुछ उस लड़की की अतिशय गोपनीयता की अदम्य क्षमता, और कुछ मेरी make believe की कमज़ोरी-मैंने यह स्वीकार ही नहीं करना चाहा कि यह ugliness है—या उस ugliness को उसके नितान्त अनगढ़ भ्रष्ट और गिरे हुए रूप में समझना ही नहीं चाहा। कभी उसे पागलपन कभी उसे कुछ और समझ कर मन को छलावा देता गया।

लेकिन जिस दिन उसे जाना उस दिन उसे जिस रूप में जाना वह ऐसा था कि उसमें Rilke की तरह "enter करके अपनी सारी strength rally करके—to dissuage it from any awareness of its taint" यह सब सम्भव नहीं रह गया था। क्योंकि this ugliness was not a self decaying inactive ugliness. It was virtually an all out war declared against me and she used all my love and sympathy and kindness as her deadliest weapon aganist me-she wanted to make me totally incapable to love, to think, to deepen and to mature. उसका प्रयास यह था कि वह ugliness सौ-सौ छेदों में से धँस कर मुझे अन्दर से चूर-चूर कर दे मेरे अन्दर जो कुछ सर्वश्रेष्ठ है, जो कुछ तुम्हारा है, जो कुछ जन्म-जन्मान्तर से तुम्हारे लिए बनता आया है उसे वह सदा-सदा के लिए बंजर, अनुर्वर, निष्फल और निष्प्राण बना दे।

राजे, जिस दिन तक गुलाबों को नहीं जाना था, जिस दिन तक अगस्त्य के फूलों को नहीं जाना था उस दिन तक लगता था कुछ खोज रहा हूँ। उस दिन तक लगता था कि तमाम कटु और मीठी अनुभूतियों में से गुजर कर किसी विशिष्ट अभिप्राय के लिए बन रहा हूँ। पाँव में लिपटी धनुष सी दोहरी नदी से जो प्रत्यंचाओं जैसी प्यास पायी थी, अनजानी क्वाँरी पगडंडियों पर भटक-भटक कर जो दिशाएँ पायी थीं, रात-रात आँधियों में घूम-घूम कर जो अपने घुँघराले बालों में उलझी हवा की अँगुलियाँ महसूस की थी, पनसुतिया की पत्तियों में जो होठों की खनक पायी थी, घाटियों में जो मान्सू की गहरायी पायी थी और अनजाने, बिल्कुल अनजाने रंग-रंग के गुलाबों के प्रति जो चरम आसक्ति पायी

थी, साँझ के अकेले तारे के प्रति जो ममता पायी थी, रजनीगन्धा की महक के प्रति जो अजीब आकर्षण पाया था, अगस्त्य के उजले कटावदार फूलों के प्रति जो एक अनुरक्ति पायी थी—वह सब क्यों था, एक-एक कण मुझमें किसके लिए विकस रहा था...यह मैं तब तक नहीं समझ पाया था, जब तक इन्द्रजाली आम की छाया में किसी ने प्रत्यंचाओं को अनजाने समेट नहीं लिया, तब तक नहीं महसूस कर पाया था जब तक झर, झर, झर अनगिन रजनीगन्धा की कलियाँ आधी रात के सन्नाटे में फ़र्श पर नहीं गिर पड़ीं-तब तक नहीं जान पाया जब तक पीपल की डाल की साक्षी में दीपशिखा ने लहरा कर आवेष्ठित नहीं कर लिया।

यह जान लेने के बाद कि कर्म स्वधर्म स्वातन्त्र्य दायित्व-ये सब शब्द, शब्द मात्र हैं, इनका अर्थ केवल एक है—'केवल तुम, केवल तुम, केवल तुम!' यह जान लेने के बाद लगा जैसे इतने भटकाव के बाद वह मिल गया जिसके लिए मैं था, जिसके कारण मैं हूँ, जिसको पाकर ही मैं, आगे रह सकता हूँ—जिससे अलग होकर या विछिन्न होकर न मैं रह सकता हूँ—न जी सकता हूँ—न मेरा कोई अर्थ है न अभिप्राय, न सम्भावना न अस्तित्व!

और तभी सहसा उभर आयी यह ugliness अपने सौ-सौ छलावों में, सौ मुखौटे धारण कर, सौ रूपों में, सौ-सौ बोलियाँ बोलकर इसने कहाँ-कहाँ कैसी-कैसी यन्त्रणाएँ देनी चाही हैं और दी है, कहाँ-कहाँ कैसे-कैसे भरमाना चाहा है, आज जब साबीशी के इस कमरे में जिसे इस बार किसी और ने नहीं सबसे पहले साबीशी ने आकर सजाया और सँवारा—जब इस कमरे में आज बादलों से घिरा, बूँदों से आहत बैठा सोचता हूँ उस भयानक यन्त्रणा के नाटक को जो पिछले तीन महीने से यहाँ घटित हुआ तो अपने प्यार की ताकत पर सचमुच अचरज होता है कि उसने किस तरह सौ-सौ बाँहों में भरकर मुझे टूटने और चूर-चूर होने से बचा लिया—

But what do I feel about this ugliness?

अपने मन को बहुत analyse करता हूँ, तो दो बातें पाता हूँ। एक तो feeling स्थिति की अनिवार्यता के औचित्य को लेकर है—अगर इतनी भयानक ugliness को झेलकर हमारा प्यार हमारी पावनता, हमारा प्रांजल स्वच्छ विश्वास, हमारी सुकुमार सौन्दर्यानुभूति विस्तारों के पार इस हद तक एक-दूसरे में डूबकर जीने की शक्ति यह सब अगर नितान्त अक्षुण्ण रहा और Ugliness की यह पिघली ज्वाला का ज्वार हमारे लीला कक्ष के बन्द द्वार से वापस लौट गया तो इसने हमको आत्मबोध ही दिया है, हमको यही बताया है कि वस्तुतः हम क्या हैं—कितने गहरे, कितने अविच्छिन्न ढंग से संयुक्त हैं, अपने अर्थ से हम केवल उसी में जीते हैं—केवल उसी में जी सकते हैं अन्यथा नहीं! और जब यह सोचता हूँ,

तो सोचता हूँ कि यह stage आनी आवश्यक थी इस प्रक्रिया में से हमें अभी ही गुजर लेना अच्छा था। और यह feeling कोई कटुता या पछतावा नहीं छोड़ती।

लेकिन एक feeling और आती है—एक व्यक्ति जिसके प्रति मैं नितान्त sincere और ईमानदार और truthful रहा, जिसकी अगणित कमज़ोरियों के बीच से मैंने जिसे अपना अकलुष स्नेह और निष्कपट ममता देकर जिसे बनाना चाहा, उसने मेरे प्रति यह विश्वासघात किया क्यों? और क्यों वह तुल गया इस बात पर कि जो मुझमें अच्छा सशक्त, सुकुमार और सूक्ष्म है, उसे नष्ट कर ही दे! और क्यों ऐसा हुआ कि मेरा सारा प्यार, सारी स्वच्छता, सारा अकलुष विश्वास उसकी बुराई को ही उभारता गया। This leaves a feeling of tragic wonder in me.

लेकिन एक भावना और है। जब यह लगता है कि यह ugliness फुफकार कर मेरे अन्दर के उस तमाम श्रेष्ठ, सुकुमार, सूक्ष्म और गहन को नष्ट कर देने पर तुल गयी थी जो केवल तुम्हारा है, जन्म जन्मान्तर से जाने कितने-कितने मूल्य चुका कर जिसे केवल तुम्हारे लिए अपने में सँजोता आया हूँ—उन सबको कुंठित करने और कुचल देने पर तुल गयी थी (कहीं पर कुछ भी अनुभव करने या सहमत असहमत होने के बाद शान्ति ने कम-से-कम यह तो स्पष्ट लिखा कि उनके विकास में बाधक होने की कोशिश मत करना) जब यह अनुभव करता हूँ कि she knew that she is destroying me she went on with it तब मेरे मन में एक तीव्र आक्रोश की भावना छूट जाती है—an indomitable anger against her.

And consequently I do feel that there is no question of making experiments in mercy and broad mindedness, my first concern is never to allow her again to come near me and inflict injuries on me.

But what of that? why to bother about things that no more matter to me!

मुझे इस बात का न केवल सन्तोष है वरन बहुत बड़ी प्रसन्नता है कि जो कुछ superficial था भूसे की तरह वह सब मेरी ज़िन्दगी से निकल गया। केवल वह जो बीज है, एक मात्र तत्त्व है—वह एकमात्र बिन्दु जिस पर मैं अब पाँव टिकाये हूँ—वह एक मात्र सूत्र जो मुझे समस्त जीवन से—स्वयं अपने जीवन से जोड़ता है केवल वह एक बीज, वह एक तत्त्व, वह एक बिन्दु वह एक सूत्र शेष रह गया है। मिट्टी में, अँधेरे में, नमी में obscurity में बीज पड़ा रहता है तो शायद इसलिए कि उसके ऊपर के गैर जरूरी छिलके गलकर निकल जायँ ताकि अंकुर फूट सके...

मैं सोचता था, अभी इसमें कुछ समय लगेगा, हालाँकि मैंने बहुत कड़े दिल

से अपने को तैयार कर लिया था कि उसकी अवधि परीक्षा भी दे लूँगा—लेकिन कोई प्रभु है अवश्य—वह नहीं चाहता था, कि अपनी पहली 16 जून मैं दुचित्तेपन में द्विविधा में मनाऊँ या मुझे उस दिन सिवा अपने प्राप्य, अपने लक्ष्य, अपने केन्द्रबिन्दु अपने अस्तित्व सूत्र के अलावा कहीं और एक कण भी देना पड़े। तुमने लिखा था (जो सबसे पिछला इनलैंड तुम्हारा आया था, मेरा शुक्रवार वाला तार पाने के बाद 4 जून का लिखा हुआ) कि 16 को मैं समुद्र में जाऊँ नाव करके और किसी और को न ले जाऊँ—मात्र सोचूँ, आकलन करूँ...सो यहाँ वह भयानक मानसून है, कि समुद्र में नाव ले जाने को कोई तैयार नहीं होगा—मगर मेरा साबीशी का कमरा ही अब बिल्कुल एकान्त और खामोश और undisturbed है।

और इस कमरे से जैसे जादू-सा करके किसी ने वह सब पोंछ दिया है जो अशुभ, विस्मरणीय, अग्राह्य था। रह गये हैं, केवल वे चरम पावन क्षण जो मात्र साबीशी के हैं।

उन चरम पावन क्षणों से घिरा हुआ, रजनीगन्धा की मालाओं से हर क्षण बसा हुआ, जकड़ा हुआ भी प्यासा बहुत महसूस कर रहा हूँ। कभी-क़भी किन्हीं क्षणों में यह प्यास Torture भी करने लगती है, पर कुल मिलाकर यह अनुभव ज़रूर होता है कि सब जो जीवन के चारों ओर व्यर्थ का कोहरा और दिग्भ्रम था उसको चीरकर अब जिस धरती के टुकड़े पर पाँव हैं, वही मेरा गन्तव्य था।

और रिल्के के पत्रों का एक वाक्य पिछले दो दिनों में लगभग 100 बार पढ़ चुका होऊँगा—Dear my hands no longer feel themselve to be hands when they touch each other—they seek to achieve their mysterious destiny of being hands only in yours your dear hands.

हाँ, सपन! ये हाथ अब केवल तुम्हारे हाथों में अपना अर्थ पाते हैं। उनसे विच्छिन्न होकर they are dead. याद है तुम्हें पुरी के मन्दिर में सर्वप्रथम ये हाथ उन अंजलियों से घिर गये थे—4 तारीख की ही शाम को। पिछले वर्ष 16 जून के एक दिन पहले जब तुमने दुनिया भर की बेकार निरर्थक बातें की थीं तब केवल इन हाथों ने उन अंजुलियों में छुपकर दुबककर (रात भर निश्चेष्ट) अपनी सारी बात कह दी थी।

इनकी mysterious destiny जिन अंजुलियों में पूर्ण होनी थी, उन अंजुलियों में इन हाथों को सौंप कर मैं अब दायित्व से मुक्त हूँ। वे हाथ इन्हें जहाँ चाहेंगे ले जाएँगे। Why should I bother.

जिन हाथों में अपनी नियति सौंप दी है, कितना आवश्यक है उन हाथों का माथे पर एक शीतल स्पर्श जो सारी थकान दूर कर दे। कितना आवश्यक है

दीपशिखा का एक प्रगाढ़ आवेष्ठन जो उस सारे कलुष और अन्धकार की रेखाओं को पोंछ दे जो इन पिछले संघर्षों में कहीं-कहीं खरोंच की तरह लग गयी हैं।

तुमने कहा था कि मैं 16 जून को शान्तचित्त सोचूँ। पिछले जीवन पर! नहीं! For me the life began from last year 16th June. मैं तभी अनुभव कर रहा था कि पिछली ज़िन्दगी जो झूठी है वह एक दिन जीर्ण वसन की तरह उतरनी है। उसके उतरने की प्रक्रिया शुरू हो गयी थी। इसीलिए मैंने स्पष्ट पूछा था S.R.से कि all that is husk–if it leaves me, will you stand by me!

दिशा और काल के अनन्त प्रसार और प्रवाह में—समस्त व्यवधानों और अनावश्यक उलझनों से मुक्त एक-दूसरे को ग्रहण कर परस्पर आबद्ध, अडिग और अटूट खड़े रहना यह कितनी बड़ी उपलब्धि है, अपने प्रथम परिणय वर्ष की। किसने इतने कम दिनों में इतना प्रगाढ़ एकात्म्य, इतने भयानक विरोधों और ugliness को पराभूत कर पाया होगा—

लेकिन यह उपलब्धि हममें झूठे अहंकार की सृष्टि नहीं कर रही है। We are humble and bowd down before God who has stood all the time with us in this ordeal. लो अपनी अंजुलियों में अपने के ये दोनों हाथ लो और सर ढँककर माथा झुकाकर प्रणाम करो-कृतज्ञता से उस प्रभु को जो इन तमाम परीक्षाओं में हमारे साथ रहा है!

तुम्हें याद है किसी पिछले जन्म में ऐसा हुआ था कि तुम्हारे कोबियाल ने श्लोक के दो चरण लिखे थे और उसके बाद तीसरा चरण अधूरा छूट रहा था। कोबियाल उठ कर चले गये और लौटकर आये तो पाया कि स्वयं प्रभु ने वह तीसरा चरण पूरा कर दिया है। राज! गंगाजल में आबद्ध तीसरी अंजुलि जब झूठी पड़ने लगी तो स्वयम् प्रभु ने आकर अपनी अंजुलि को तीसरी अंजुलि बना दिया और शेष दोनों परस्पर आबद्ध अंजुलियों को अपनी विराट् अंजुलि में ले लिया।

O my soul! O my passion! O my all in all ! मुझे सम्पूर्णतः लो और अपने में डुबो लो राज!

गुरुवार 16 जून 1960

प्रणाम—मगर हाथों से नहीं! मान्सू को हंसू से। पनसुतिया को प्रत्यंचाओं से! गुलाबों को अपने सम्पूर्ण अस्तित्व से! दीपशिखा को विस्तीर्ण चन्दन बाँहों से, और सुलझी लहराती अलकों को—उनकी माँग को मोतियों से! महकते मोतियों से!!

क्योंकि आज सुबह से उठा हूँ तभी से सारे तन-मन प्राण केवल एक संवेदन

दुहरा रहे हैं—एक-एक कण अपनी मुक्ता को सूर्या को लेने का संवेदन! लेने का संवेदन देने का नहीं। लेने का-स्वामित्व भरा, अधिकार भरा!

आज सुबह बहुत देर तक एक स्वप्न देखा। एक छोटा-सा घर है। बहुत कुछ अपने अतरसुइया वाला घर मगर कुछ-कुछ बम्बइया-फ्लैट सा उसका रूप हो गया है। उसमें मामा जी और मामी जी के साथ हूँ, और साथ है केवल S.R. and the fun of it is कि flat छोटा है और मेरे और S.R. के लिए कोई अलग कमरा नहीं निकल पाता। और सोचो कैसी delicate, मधुर मगर funny स्थितियाँ आ रही होंगी। मेरा ख्याल है सुबह 3 बजे से 5 बजे तक तो यह स्वप्न चलता रहा and it left me very sweet and पिपासु!

उसके बाद आँख खुली। कितनी ललक से आज मैंने दीपशिखा को बहुत प्यास भरा, बहुत माधुर्य भरा, बहुत स्वामित्व भरा और बहुत आशीर्वाद भरा प्यार दिया है, सर्वांग सम्पूर्ण! उठा, नहाया, कपड़े बदले और पूजा करने बैठा। लेकिन पूजा का केवल एक मन्त्र था—केवल एक अनुष्ठान था, केवल एक विधि थी। मुँदी पलकों के आगे दीपशिखा के कितने-कितने क्षण क्रम में सामने से गुज़रते गये। आम्रमंजरी वाली वह दोपहर जब gentleman, ruffian, हंस और मानसरोवर के नामों की प्रथम discovery हुई थी। उसके एक दिन पहले अनजाने, व्याकुल प्रत्यंचाओं का अपने लक्ष्य को खोजना-पाना और पुनः अचेत सो जाना। पीपल की साक्षी में दीपशिखा का वह वाक्य। पहली-पहली हार। केष्टोनगर की सरस्वती की पूजा के लिए दीपशिखा का एक-एक कदम साथ मिला कर चढ़ना।

अपने नीले अध्ययन कक्ष में दीपशिखा के सात फेरे, S.R. के मायके में, चरम अपनों का अप्रत्याशित आह्लाद, 26 जून का राम-रावण संघर्ष, कलकत्ते में तुम्हारे यहाँ परिधान का अकस्मात् असफल होना और मोती! T.D. singh के यहाँ का बड़ा-सा दर्पण! पीपिंग रेस्तराँ की लाल केप वाली शाम, नागपुर बम्बई मेल के II Class का डिब्बा और ईगतपुरी की खूबसूरत पहाड़ियाँ और रेडियो का वह शरारती बेमौका (या ठीक मौके का) गीत—ये मैंने पूछा आपसे...

मेरी पूजा के इन तमाम मन्त्रों का इन तमाम अनुष्ठानों का अर्थ एक ही था।

मन जाने कहाँ पिराया हुआ, आश्वस्त गहराया हुआ और मधुर है। मैंने तुम्हें एक खत परसों सुबह छोड़ा है, जिसमें Rilke के पत्र का ज़िक्र है। लम्बा पत्र। आशा है, वह आज तुम्हें मिल जाएगा।

आज 16 जून को पूजा तो कर चुका और कार्यक्रम अभी नहीं बन पाये हैं। यह निश्चित है कि आज एक चीज़ खरीदूँगा, पर वह तुम्हें भेजूँगा नहीं। वह तो राजन से कहूँगा तुम्हें स्वयं पहनाएँ।

एक कार्यक्रम और चाहता था। समुद्र में नाव ले जाने की जो बात तुमने लिखी थी वह तो पूरी नहीं हो सकती क्योंकि बेहद तूफ़ान है। और चिन्तन की भी कोई बात नहीं वह तो जैसे किसी को कुछ देर के लिए राहु ने ग्रस लिया हो वैसे ही मेरा मन उस अमंगल छाया ने थका-सा दिया था।

लेकिन राज फिर भी तो देखो कि मैं अपने उसी चरम एकात्म्य में जीता रहा हूँ। हाँ तो कार्यक्रम चाहता था किसी बहुत प्रिय जन के साथ यह शाम किसी रेस्तराँ में बिताना। सो अकस्मात् कल तीसरे पहर एक फ़ोन आया। उस पर से आवाज़ आयी, ''कैसे हो भइया तुम! सुबह से तीन दफ़े फोन कर चुकी!'' मालूम हुआ कौशल्या जी आयी हैं। बेदी के यहाँ ठहरी हैं। आठ-दस दिन रहेंगी। बोलीं—''इलाहाबाद से जी बहुत ऊब गया तो सोचा कहाँ जाऊँ। बम्बई आयी हूँ कि तुमसे भी बातें कर जी हल्का होगा। इलाहाबाद में रहते हुए भी बरसों से नहीं मिल पायी।'' इस बार दिल्ली में भी राकेश ने बताया था कि बहन जी बहुत बीमार हैं और तुम्हारी बहुत याद करती हैं, और तुमसे मिलना चाहती हैं। आज शाम थोड़ी देर के लिए उनके घर जाऊँगा उन्हें लेकर आऊँगा और किसी अच्छे रेस्तराँ में उन्हें entertain करूँगा। I wanted to celebrate this evening. वह चीज़ खरीदते समय भी उनको साथ ले लूँगा!

बाकी सोचा था, कि आज भूमिका लिखूँगा। सो वह आज शाम को ज़रूर लिखूँगा। देखो तुम्हारे खत नहीं मिले। मन बहुत परेशान था फिर भी कितने काम निबटाये मैंने? कॉपियों पर Signature किये। mark list बनाई। Examinations report बनाई। सब packets भिजवाये। देशान्तर के 16 फ़र्मों का final proof पढ़कर भेजा। 'गुनाहों का देवता' का revision किया। देशान्तर के प्रूफ़ भेज दिये। उपन्यास की revised script तथा देशान्तर की भूमिका, Oscarwild का flap matter आदि आज भेजूँगा। साथ ही 'मानव मूल्य' की प्रतियाँ भी आज सबको भेजूँगा। बोलो अपनी पूजा की इतनी ये विधियाँ मन भायीं तुम्हारे!

हाँ, राज! आज की एक बात तो तुम्हें बताना ही भूल गया। सुबह वह सपना देखकर उठा उसके बाद मुँह हाथ धोने बाहर जाने लगा तो एक विचित्र बात देखी। सारा आकाश खाली था। केवल दो बादल थे। एक उजरी बदली—एक बड़े साँवले बादल में जैसे दुबकी हुई हो। बहुत शुभ शकुन था राज!

हाँ और आज के कार्यक्रम का सबसे मीठा अंश भी तुम्हें बताना भूल गया। मैंने वह सद्य:स्नाता राधा वाली Painting जड़वाई थी। उसे एक Mat board पर लगवा कर अपनी cabin में लगवाना चाहता था। एक महीना बीत गया Mat board ही नहीं मिली, कल आ गया। उसे कटवा लिया और आज सुबह दफ़्तर

पहुचूँगा तो मेरे सामने वह तस्वीर टँगी मिलेगी। अधिक-से-अधिक लोग यही कहेंगे न कि इनसे office में भी नहीं रहा जाता। कहने दो। कैसे मधुर गुलाब हैं उस Painting में। How can I live without them for one moment.

अच्छा राज, अब ऑफ़िस जा रहा हूँ। आज सुबह नहाकर तुम्हारा प्यारा वाला कुर्ता पहना था। जोगिया रंग का। जिससे तुम मुझे कालका Mail पर पहचानती थी। इस समय खाकी कोट और Brown पैंट पहनकर ऑफिस जा रहा हूँ। जिसमें S.R. कहती है मैं Prince लगता हूँ।

O.K.

आज का पहला खत...
आज के शेष खत भी लिखूँगा।
16 जून 9:30 बजे प्रात:

16 जून बृहस्पतिवार 60

4 बज गया। सुबह उठकर पूजा करके तुम्हें अपनी प्यारी-प्यारी S.R. की प्यारी डायरी के पीले गुलाबी पन्नों में एक 16 की प्रात: का पत्र लिखकर वह लिफ़ाफ़ा G.P.O में छोड़ते हुए दफ़्तर आया।

उसमें तुम्हें लिखा था कि आज दफ्तर में अपनी केबिन में Mat board आ गया है। और अपनी सद्य:स्नात गुलाबों वाली कांगड़ा Painting सामने लगी हुई मिलेगी।

आकर देखा तो अभी mat board fix हो रहा है। मैंने Order दिया कि आज 4 बजे के पहले हो जाना चाहिए। और 2 बजे Lunch से लौटा तो R.B. सामने धुली, ताज़ी, शीतल, लजायी हुई मिली।

इस समय मैं ठीक एक साल पहले जी रहा हूँ। S.R. के मायके का कमरा है। तख्त है। मैं बैठा लिख रहा हूँ, अपना अनुबन्ध पत्र और तुम उतार रही हो। गर्मी है, बाहर गरम हवा है। और दो ढाई घंटे बाद मैं S.R. के साथ Royal cafe जाऊँगा। ओ मन! ओ आत्मा! ओ प्राण! ओ मेरे तन की एक-एक संवेदना की सार्थकता—क्या कोई ऐसा क्षण है जो मैं तुमसे अलग जीता हूँ? क्या कोई ऐसा क्षण कभी रहा है जो तुम्हारे लिए नहीं जिया है?

आज एक साल हो गये। पूरे एक साल। कितनी मज़ेदार परीक्षाएँ दी हैं हमने इस एक साल में। अगर परिणय के तुरन्त बाद हमें केवल सुख सुविधा, सफलता और सबकुछ मनचाहा मिलता तो शायद हम खुद अपने अनुबन्ध की

अटूटता और अपने प्यार की अमूल्यता को इतनी गहराई से न जान पाते। अगर शुरू में सबकुछ मीठा मिलता और बहुत आगे जब हम मिठास के ही गुलाम हो चुके होते तब कहीं चतुर्दिक कटुता मिलती तो हम शायद हक्का-बक्का स्तब्ध, किंकर्तव्यविमूढ़ रह जाते।

लेकिन बहुत कठोर परीक्षा लेते हो राज! पर खुश हो न कि तुम्हारा कोबियाल कच्चा नहीं है। मैं तो इस समय एक साल पहले की S.R. के मायके की गर्म दोपहर की हवाओं में जी रहा हूँ—लेकिन यहाँ बम्बई के वर्तमान में घनघोर, मूसलाधार पानी बरस रहा है। और मुझे एक मज़ेदार शाम याद आ रही है। शायद तुम तब T.D. singh के घर में नहीं गयी थी बरसात के दिन थे और उन दिनों तुम बेहद चिन्तित थी—On account of Dear rival. मैं निरंजन में कोई चित्र देखने गया था। खूब पानी बरस रहा था। चित्र खत्म होते ही रिक्शा करके स्टेशन गया था। खड़े-खड़े Inland लिखा था—Your companion is of a different metal. he will not let you bend down. पर संगिनी मेरी ! मैं जानता था कि मेरी संगिनी भी दूसरी metal की है और वह मुझे झुकने नहीं दे सकती।

आज के दिन जहाँ सुबह के खत में इतने मीठे-मीठे क्षण याद किये हैं वहाँ आओ आज पिछले एक साल के कुछ वे प्यारे-प्यारे मीठे और तेज़ तुर्श क्षण भी याद करें जब हमारे अनुबन्ध के पहले ही वर्ष हम दोनों ने प्यारे-प्यारे झगड़े भी किये हैं। याद है कलकत्ते में इस बार हम लोग नैनीताल जाने से Back neck and all पर मेरा आहत स्वामित्व! नैनीताल जाते समय कैसा तना हुआ था मैं। और लौटते समय इसलिए कि तुम इतने दिन लखनऊ क्यों ठहरोगी!

पर सबसे अच्छा और सबसे मोटा झगड़ा—अजीब-सी भयानक स्थितियों में था उस दिन का जब तुमने मुझे सज़ा न देकर श्री हंसू जी को प्रताड़ित किया था। आह राज! उस दिन की खतरनाक स्थिति को तुम पता नहीं अब भी समझ पायी या नहीं। जो कुछ उसने तुम्हारे जाने के बाद किया। वह उसी समय करने को उतारू था and I could seuse it. और मेरे तन का मन का रोम-रोम इस बात के लिए प्रतिश्रुत था कि अपनी वधू पर कोई आँच नहीं आने दूँगा!

आज एक और बहुत शुभ काम हुआ। कहानी अंक निकल रहा है न! जबसे मैं आया हूँ, यह एक तरह से मेरा आयोजित प्रथम विशेषांक होगा। आज उसके प्रूफ़ ग्लास पर देखे हैं। परसों वह छपेगा। Oh Raje! It is as beauitiful and sweet and delicate and of a good standared as it should be-on 16th June. आज दिन भर मन, भरा-भरा रहा है। बहुत सशक्त।

अच्छा प्यार! यह आज का दूसरा खत है। एक खत सुबह ऑफिस आते समय G.P.O में छोड़ा था—

आज अभी मानव मूल्य की प्रतियाँ, 'गुनाहों का देवता' का नया संस्करण देशान्तर के शेष प्रूफ़ भेज दिये। भूमिका रात को लिखूँगा।

16th June 5:00 p.m.

गुरुवार 16 जून, रात 1 बजे

आज का यह तीसरा खत है, मुक्ता! एक खत तुम्हें सुबह लिखा था पीले गुलाबी काग़ज़ों पर पूजा करने के बाद। एक खत दोपहर को लिखा था दफ़्तर से, सामने अपने गुलाबों की तस्वीर Fix हो जाने के बाद। इन दोनों खतों में तुम्हें सारा 16 का कार्यक्रम लिखा था और लिखा था कि कौशल्या जी आयी हैं (अकेली) माटुंगा में ठहरी हैं। और शाम उन्हीं के साथ बिताऊँगा तथा S.R. के लिए आज कुछ खरीदूँगा।

बहरहाल आज दफ़्तर जाने तक का हाल तुम्हें सुबह के पत्र में और दफ़्तर से लौटते समय का हाल दूसरे पत्र में लिख चुका हूँ।

अब सुनो 5 बजे दफ़्तर से उठा तो पानी बरस रहा था। सोचा पहले जो चीज़ खरीदनी है वह खरीद लूँ तब घर होकर कपड़े बदल कर माटुँगा जाऊँ। गये बाज़ार, जब चीज़ पसन्द आयी निकाले तो देखा कि छौनूराम रुपये निकलवाना ही भूल गये। खैर चेकबुक थी। टाइम्स ऑफ इंडिया का यहाँ अद्भुत रोब है बम्बई में चीज़ पसन्द की। पैकेट बनवाया। घर आये।

आह राज—उस समय तुम्हारा न होना बहुत कष्ट दे गया। तुमसे कई दफ़े कहा है कि बड़ी बातें तो जहाँ हैं वहाँ हैं पर छोटी-छोटी बातों में कुछ मेरे मन की ऐसी हसरतें या अरमान (हालाँकि यह हल्का और बदनाम शब्द है, होते हैं जिनका न पूरा हो पाना मन को साल जाता है। कल सारे दिन यह नहीं लगा कि आज तुम दूर क्यों हो। लेकिन शाम को वह चीज़ लेकर घर लौटा और उसे तुम पर सजाकर देखने की जो अदम्य अभिलाषा थी उसकी आपूर्ति ने मन को काफ़ी कचोट दिया। खैर नहाया, कपड़े बदले और माटुँगा चला। उसके पहले छोटेलाल को साथ ले गया और उसे धूपबत्तियाँ और रजनीगन्धा के बहुत से फूल दिये। कहा कि मैं लौटकर आऊँ तो कमरा बन्द कर इन्हें खूब सुलगा देना।

पहले इरादा हुआ बस करूँ! पर टैक्सी खाली गुजरी तो रहा नहीं गया। जानता था कि और किसी दिन फिजूलखर्ची पर डाँट पड़े पर आज 16 जून को सूर्या नहीं कुछ कहेगी। बस मन ने कहा कि बेटा मौका मिला है आज जी भर के फिजूलखर्ची कर डालो। टैक्सी पर माटुँगा गये। वहाँ कौशल्या जी उर्दू के

प्रख्यात लेखक राजेन्द्रसिंह बेदी के यहाँ ठहरी हैं। बेदी साहब मिले बहुत प्यार से। फिर उन्हें जाना था कहीं वे चले गये। उसके बाद मैं और बहिन जी बैठे। पहले तो इधर-उधर की बात होती रहीं। कुछ मैं असमंजस में रहा कि बात करूँ या न करूँ कुछ वे नहीं समझ पा रही थीं। लेकिन उन्होंने बार-बार बात करनी चाही और तब मैंने उन्हें संक्षेप में सारी बात बताई। शादी के पहले अश्क वाली बात से लेकर इस बार के चायवाले Scene तक। She was wonderstuck. हम लोग बाहर निकल गये। सूनी सड़कों पर टहल कर मैं उन्हें सब बताता रहा, फिर पानी बरसा हम लोग भीगकर घर लौटे। फिर उसी कमरे में खाना मँगा लिया गया। अन्त में मैं 12 बजे वहाँ से उठा।

उन्होंने फिर मुझे कैसी अजीब बातें बताईं। खैर इलाहाबाद में कान्ता के पूर्व षड्यन्त्र और केशव के मनोमालिन्यपूर्ण प्रचार के कारण तस्वीर का जो बिल्कुल उल्टा पहलू था जिसका आभास आत्मन् के खत में था वह तो उन्होंने बताया ही—बल्कि उसका रूप जितना आत्मन् ने लिखा था उससे भी कहीं अधिक गम्भीर था। उसमें केवल केशव नहीं, बल्कि साही, जगदीश, पाठक जी सभी ने बहुत Active हिस्सा लिया। लेकिन बाद में मेरे कड़े रुख का भी बहुत तेज असर हुआ।

इसके अतिरिक्त भी उन्होंने कई बातें बताईं। She told me that there have been very horrible scandels prevalant about Kanta which never came to my ears. और वे यद्यपि यह तो कहती रहीं कि, "भारती तुमने जितनी बातें बताई हैं उनमें मैं यकीन करती हूँ, क्योंकि तुम बता रहे हो और मैं जानती हूँ, कि तुम क्या हो। लेकिन बहुत से लोग, शायद अधिकांश इसमें विश्वास करने से इंकार कर देंगे। लेकिन तुम बताओ कि तुमने क्या रास्ता सोचा है?" मैंने कहा बहिनजी, अब मुझे उसके साथ तो नहीं ही रहना है। वह अलग रहना चाहे अलग रहे। शादी करना चाहे शादी करे Service करना चाहे Service करे।" बहिन जी बोलीं, "अच्छा मैं सोचूँगी कि क्या करना चाहिए। और तुमसे दो-तीन दिन बाद विस्तार से बातें करूँगी।" 12 बज गये थे। पानी घनघोर बरस रहा था। मैंने टैक्सी की, और लौट आया।

पर मुझे एक बात का आश्चर्य हुआ कान्ता के साथ अश्क के सम्बन्ध की सारी बात सुनकर न तो उनके चेहरे पर शिकन आयी, न उन्होंने उसे Contradict किया। केवल चलते समय दो बातें कहीं—

तुम विश्वास रखो कि आज की सारी बातें केवल मुझ तक रहेंगी। शादी के पहले तुमने मुझसे कहा था, कि मैं आपकी जैसी लड़की चाहता हूँ। मुझे बहुत लज्जा है कि तुम्हें यह suffer करना पड़ा।"—

दूसरी बात उन्होंने कही कि अब मैं इलाहाबाद जाऊँगी तो पता चलेगा कि

वहाँ वह कौन-सी नयी conspiracy कर रही है और क्या बातें फैला रही है!'' फिर टैक्सी चलते समय बोलीं—''अच्छा भइया! तुम घबराना मत। हिम्मत मत हारना। हर तरह से मुझ पर विश्वास करना।'' अभी वे 15 दिन रहेंगी। और चार-छह दिन बाद मिलने आएँगी।

Saturday 18tn June
8:00 p.m.

राज,

आज यह दूसरा दिन है जब मुझे यह Terrible depression सहना पड़ा है। नहीं जानता यह केवल mental है या केवल Physical, या दोनों। होता यह है कि पाँव बिल्कुल सुन्न पड़ जाते हैं, और बायें हाथ में अजीब-सी उमेठन होती है, सर बिल्कुल भारी हो जाता है, घंटे भर तक बेहद बेचैनी होती है क्या कहें क्या न कहें और फिर अगले घंटे बिल्कुल निर्जीवता छा जाती है। बेकल-सा इस कमरे से उस कमरे में टहलता हूँ या बिल्कुल निष्प्राण-सा पड़ा रहता हूँ।

यह दूसरा दिन है—जब ऐसा हुआ। मुझे पहले दिन यह हुआ था, मंगल यानी 14 ता. को, 13 की शाम को तुम्हें तार डाला था। 14 की सुबह वह खत तुम्हें छोड़ा है जो 12 को शुरू किया था जिसमें ऊपर मानसून में मेरे गुलाबों और Bleeding heart की पत्ती का चित्र बनाया था और रिल्के के पत्रों के अंश discuss करते हुए तुम्हें लिखा था ताकि 17 को तुम्हें अवश्य मिल जाये। उस खत को छोड़कर ऑफिस गये और तुम्हारा कोई पत्र तब भी नहीं मिला तब शाम को लौटते हुए एक Inland Express छोड़ा था।

उस दिन खूब पानी बरस रहा था। यहाँ मराठी लेखकों की ओर से उस दिन पास्तरनाक पर एक शोकसभा आयोजित की गयी थी पर लौटते-लौटते मुझे लगा कि मैं टैक्सी पर ही कहीं सो न जाऊँ। Extreame weakness थी। Phone कर दिया कि नहीं आ सकूँगा। आकर पड़ा रहा। बिल्कुल मूर्च्छना-सी। दो घंटे पड़ा रहा। Temperature तो खैर अक्सर रहता ही है। पर उस समय केवल 99 था। शाम होते-होते लगा जैसे अन्दर बेहद बेचैनी है। बाहर निकला। पानी बन्द हो चुका था। कुछ देर बहुत आकुल सा घूमता रहा। घूमते-घूमते एकदम आकुलता खत्म हो गयी और फिर वही depression और weakness और बायें हाथ में इतनी उमेठन कि उसको दायें हाथ से दबा-दबाकर चलते रहे।

उसके बाद बुध को, 16 यानी बृहस्पति को, 17 को शुक्रवार को बिल्कुल तबीयत ठीक रही। आज सुबह भी तबीयत बिल्कुल ठीक थी। Fresh थी। काफ़ी काम किया। मगर ऑफिस से लौटे तो फिर वही स्थिति-बेहद बेचैनी। बहुत देर

तक इस कमरे से उस कमरे में टहलते रहे फिर खाना खाया। खाने के बाद बहुत depression रहा। घंटों लेटे रहे। न नींद आयी, न उठा गया। 5 बजे उठकर कई बार चाय पी और तब लिखने बैठे। अब इस समय तबीयत ठीक है।

कल सुबह दफ़्तर जाते समय तुम्हें वह Inland छोड़ा है जो 16 जून को रात को एक बजे कौशल्या जी से मिल कर आने के बाद मैंने लिखना शुरू कर सुबह खत्म किया था। तुम्हें प्रतिदिन नियमित एक पत्र भेज रहा हूँ। 14 को 2 खत गये हैं—एक तो सुबह का लिफ़ाफ़ा Rilke के letter वाला और उसी दिन शाम को पत्र न पाने पर express inland फिर दो खत 16 को गये हैं। एक सुबह पीले गुलाबी कागजों पर पूजा करने के बाद! और एक ऑफ़िस में लिखा था— गुलाबों वाली painting सामने टँगने के बाद। बाकी रोज़ एक खत डाला है।

तुम्हारा 10 का खत अभी तक नहीं मिला। 11 और 12 का खत 15 को मिले थे। और कल 17 को दोनों तार—सूर्या का बधाई वाला और राजे का Nothing to worry वाला। कल ही वह लिफ़ाफ़ा भी मिला जिसमें तुमने लिखा है कि पिता जी ने रात को मेरा तार receive किया था—और जिसमें तुमसे तमाम घरेलू बातें पूछी हैं।

अच्छा पहले घर बार की बातें कर डालें। देखो चश्मा लेकर अब क्या करेंगे यहाँ खूब पानी बरसने लगा है। धूप अब दो महीने तक नहीं दीखेगी। जूता या Sandle भी नया लेना बेकार है। बारिश में पाँव मेरे बहुत अधिक ऐंठने लगे हैं। अत: आजकल वह जूता बिना फीतेवाला जो इस जाड़ों में इलाहाबाद में लिया था उसे पहनकर जाते हैं, और मोज़े पहन लेते हैं। यहाँ लोग आजकल gum Boot पहनते हैं। जूतों के ऊपर घुटनों तक काले रबड़वाले। पर वह मुझे बहुत बेहूदे लगते हैं। वह मैं नहीं पहनूँगा।

आजकल यहाँ सर्दी है अत: जो कोट बनवाकर लाया था वे यहाँ अब काम आ रहे हैं। तुम्हें लिखना भूल गया था 10 तारीख से जबसे पानी बरसा ऑफ़िस में मुझे Lunch के बाद तेज़ Temprature हो जाता था। मैं वहीं कुछ Tablet वगैरह ले लेता था। 13 ता. से मैंने कोट पहनकर जाना शुरू किया तो आराम मिलता है।

अब रही दवा की बात। लवण भास्कर और पिपल्यासव मैं मँगाना चाहता था। मगर मेरा चपरासी छुट्टी पर गया था। शाम को लौटने के बाद मेरी जैसी हालत रहती है कि बस पूछो मत। सोमवार को आएगा चपरासी तब उससे मँगवाएँगे। किसी डॉक्टर से Check up करवाना चाहते हैं, पर किससे करवायें कुछ समझ में नहीं आता।

एक बात तुमसे आज स्वीकार लूँ, कि तुम्हारा कनुतन काफ़ी विद्रोही हो रहा है। और उसने धैर्य छोड़ रखा है। वह एक दिन भी दीपशिखा के बिना रहने को तैयार नहीं है। इतनी गिरावट-सी, इतनी भयंकर थकान-सी मंगल की शाम को और आज शाम को लगी कि मैं कह नहीं सकता।

वैसे मेरा खाना-पीना बहुत नियमित चल रहा है। अंडे, फल ले रहा हूँ। लेकिन कभी-कभी जैसे सब चीज़ से नितान्त अरुचि हो जाये वैसा लगता है। I feel guilty and completely broken-living one moment without S.R.

एक भावना और आजकल मेरे मन को कभी-कभी बुरी तरह कचोट जाती है। मैं अपने सरल विश्वास और भलमनसाहत में इतना मूर्ख क्यों बनता रहा कि पिछले 3 साल से एक-एक क्षण कान्ता को यह किलेबन्दी करने का मौका मिलता गया। Why did I not detect her evil game three years ago and destroy it then and there?

मैं जानता हूँ कि तुच्छता उसने की है, disloyal वह रही है, नुकसान उसने मेरा किया, वायदे सारे उसने तोड़े दाम्पत्य जीवन का सारा advantage उसने उठाया।

और स्वास्थ्य मैंने खोया, शान्ति मैंने खोई और सारी दुनिया सवाल मुझसे पूछने को आतुर है। मैंने तुम्हें Rilke वाले खत में भी लिखा है Rilke ने Ugliness के प्रति Christion pity वाली बात लिखी है— मैं वैसा नहीं सोच पाता। I am full of a burning hatred for it with a feeling of -यह तीखी इच्छा कि काश मैं इसका बदला ले पाता।

कितने-कितने दृश्य याद आते हैं, और मेरा मन उबाल खा उठता है। मेरे मन ने इतनी तीखी क्रोध भावना पहले कभी नहीं अनुभव की।

केवल एक बात जो इस पिछले दो-तीन महीनों में मेरे सामने धीरे-धीरे स्पष्ट हो गयी थी कि she is not a foolish woman. she is very clever. very brutal and she is all out aganist me with all the weapons that a woman can use aganist any one.

और इसका भी मुझे दृढ़ निश्चय है कि Possesion और jelousy केवल एक नगण्य अंश मात्र थे—there is something very sinster in her जो मुझे बिल्कुल तोड़ देने को कटिबद्ध था और जब उसके सारे हथियार पिछले चार साल में आजमाये जा चुके और फिर भी मैं आहत, क्षत-विक्षत मगर अपराजित बच गया तब उसने अपना आखिरी और सबसे भयानक दाँव खेला तुमको अस्त्र बनाकर मुझे मारने का।

तुम उस दिन इतनी नाखुश हो गयी हंसू वाली बात पर—लेकिन और जो भी कारण रहा हो, वह रहा हो पर उस दिन अपने सारे प्राणों को बाज़ी पर लगाकर

मैंने आज़माना चाहा था, कि वह जो Pose करती है वह सच है या झूठ। Is it that she feels really that her love has been taken away or it is just a mask. उस दिन तुमने पूरी बात न सुनी न मैं बता सका पर मैंने उस दिन देखा कि Some where she has a complete disdain for me एक वास्तविक—गहरी बैठी हुई शत्रुता। She does not want love! यह तो उसने केवल एक mask लगा रखा है कि उसे प्यार नहीं मिलता प्यार नहीं मिलता। वस्तुतः वह at rest है, खुश है अन्दर-ही-अन्दर कि प्यार नहीं मिलता। ताकि वह शान्ति से मेरे विरुद्ध Plan कर सके। इसीलिए जो भयानक scenes हम सबको थका डालते हैं—उसको छूते ही नहीं—that is all drama. a planned drama.

कि किसी ने मेरे इतने गहरे स्नेह को drama करके लिया—कि किसी ने मुझे एक प्रकार से prositute किया—कि किसी ने धोखा देकर तुम्हारी Pity जगा कर मुझसे पितृत्व लिया—This Makes me burn with not only anger but with active hatred.

तुमने अपने किसी खत में लिखा है, कि उसकी नियति उसके हाथ में दे दी गयी है चाहे बनाये या बिगाड़े। पर मैं इतना तटस्थ नहीं हो पाता। मन की चरम कामना यह होती है कि एक बार उसे वह दिखा सकूँ कि दूसरे की नियति बिगाड़ने वाला जब अपनी नियति बिगड़ते देखता है, तो उसे कैसा लगता है। उसकी नियति को वैसे ही बिगाड़ कर दिखाऊँ...

जिस दिन मन कुछ गिरा हुआ-सा होता है, कनुतन थका-थका-सा होता है, उस दिन यह गुस्सा मन को अन्दर-ही-अन्दर खाने लगता है। यह भी जानता हूँ कि जैसा तुमने तार में कहा था Truth and honesty will win पर मैं सत्य और ईमानदारी के जीतने मात्र में Interested नहीं हूँ। वह तो है ही। पर मैं असत्य और बेईमानी का मुँह कुचलने में ज़्यादा Interested हूँ।

हर कचोट जो कनुतन सह रहा है, हर दर्द जो कनुतन को होता है, हर क्षण जो अलगाव का बीत रहा है—that is making me more and more angry and revengeful to that loveless, inhuman. disloyal girl.

कान्ता के पहुँचने के बाद अम्मा के दो Inland आये थे। तब तक मैं उन्हें details नहीं लिख पाया था। उनको रुपये भेज दिये और कुछ details लिखे—इस बार उनका बहुत चिन्ता भरा कुछ खीज भरा खत आया है। कान्ता को बड़ी गालियाँ लिखी हैं उसमें लेकिन वे जितना समझ सकती हैं, उतना ही न...पर यह मैं जानता हूँ सपन कि तमाम दुनिया में इस वक्त केवल-केवल वह जो मेरी आत्मा है प्राण है, वधू है, संगिनी है—उसके अतिरिक्त मेरे प्रति जो भयानक अन्याय उस औरत ने किया है, उसे कोई नहीं समझ पा रहा है।

लेकिन सब यह समझ गये हैं, कि इस बार मैंने भी हथियार उठा लिए हैं, चुनौती स्वीकार ली है, और अब अपने व्यक्तित्व के अनुरूप he will fight to the last. और यह भी वे जानते हैं कि जब मैं चुनौती स्वीकारता हूँ तो तभी जब integrity और truth पर मैं होता हूँ—इसीलिए माँ, आत्मन, कौशल्या किसी ने एक बार भी यह वाक्य नहीं कहा कि उसे माफ़ कर दो—यही कहा कि उसे अलग Set up करके Independent करने का तरीका शीघ्रतम सोचा जाय!

अच्छा आज मन बहुत उत्तेजित है। Temp भी है। सर भी दर्द कर रहा है। बाकी हाल कल इतवार को लिखूँगा। कल तुम्हें देशान्तर की भूमिका भी भेजूँगा।

पब्लिक सर्विस कमीशन के form भेज दूँगा। रजिस्ट्री से। इधर केवल एक खत तुम्हारा redirect होकर आया है। वह भी परसों भेज दूँगा। शीला का है।

राज! तुमसे कितने खतों में तुम्हारा कार्यक्रम पूछा। इस बार स्पष्ट पूछता हूँ, कि क्या मैं लखनऊ आऊँ या मैं कलकत्ते आऊँ।

Sunday 11 a.m.

राज! कल रात 11 बजे तक यह साथवाला खत पूरा किया। पानी बरस रहा था और काफ़ी सर्दी थी। 12 बजे रात के बाद Temperature नहीं रहा मगर बेचैनी बहुत थी। ख्यालात कोई नहीं थे—मन blank-सा था लेकिन नींद नहीं आ रही थी। 3 बजे मैंने फिर लाइट जलाई और एलबम उठा लाया और बहुत देर तक वे दोनों चित्र देखता रहा जो पारसाल S.R. ने कलकत्ते में खिंचवाये थे। फिर पता नहीं क्यों बहुत रुलाई आयी। शायद 5 बजे जब कौए बोलने लगे थे तब नींद आयी होगी। 9 बजे छोटेलाल ने जगाया। चाय पी। नहाये धोये।

तुम साथ वाले पत्र से घबराना मत। गुस्सा तो मेरे मन में उसके लिए बेहद है, और ज्यों-ज्यों समय बीतता है, वह गुस्सा बढ़ ही रहा है, घटता नहीं।

तुम बिना Purturbed हुए सिर्फ़ अपना कार्यक्रम लिखो—लखनऊ से क्या भाभी के साथ कलकत्ते जाओगी या क्या करोगी। तब उसी के अनुसार मैं कार्यक्रम बनाकर तुम्हें लिखूँगा।

हाँ, एक बात रह गयी। मैंने लिखा था, कि मैंने 6 ता. को Weight लिया था, 9 स्टोन 2 पौंड था। अभी इस खत को छोड़ने G.P.O. जा रहा हूँ। रास्ते में Weight लूँगा—

पुनश्च—राजे! यह क्या मुसीबत तुमने लगा दी। छोटेलाल को तुमने खत

भेजा था, मैंने उसको सुना दिया। बहुत खुश हुआ। पर वह वाला अंश नहीं सुनाया था, जिसमें तुमने पाँव दबाने के लिए लिखा था।

बाद में वे खत ले गये। किसी से पढ़वाया होगा। अब रोज़ रात को गर्म पानी से पाँव धोता है। यहाँ तक गनीमत है। कल से कड़वा तेल लगाकर हींग के पानी से धोता है।

मुझे कड़वे तेल से भी घिन है, और हींग से भी। क्यों सता रही हो ख़ाहमख़ाह।

Wednesday, 22nd June
4:00 p.m.

राज!

यह लखनऊ की डाक भी बहुत Uncertain है— उन्हीं छींटदार कैलेडियम की पत्तियों की तरह। अब देखो कि सोमवार को तुम्हारा 17 तारीख का खत मिला था। पन्द्रह, सोलह के खत नहीं मिले। कल मंगल को यहाँ एक All India P.E.N. की ओर से बोरिस पास्तरनाक की मृत्यु पर एक शोकसभा थी। उसमें बोलने वाले केवल 4 थे। अँग्रेजी से निसिम एज़ेकिल, मराठी से गंगाधर गाडगिल, गुजराती से गुलाबदास ब्रोकर और हिन्दी से?

कल ऑफ़िस में बेहद काम था। बहुत थक-सा गया था। फिर दिन भर डाक आयी और तेरा कोई पत्र नहीं बहुत मन बुझ-सा गया। 4.30 बज गये। मैंने टैक्सी मँगवाई जब बैग हाथ में ले लिया, तभी ये डाक, एकदम चार पत्र तुम्हारे। मैंने क्या किया कि उन्हें खोला नहीं। केवल डाक मुहर देखी। 15-16 का और दो 18 के। मन एकदम खुश हो गया। न कहीं थकावट न कहीं बुझन! लेकिन उन चारों को खोला नहीं! और केवल-केवल महसूस करता रहा कि इनमें क्या होगा?

पता नहीं तुम्हें कभी R.B. उन दिनों की बात बताई या नहीं जब मैं अपने गुलाबों को उन्मुक्त रूप से नहीं जानता था।... I only felt Them...कितना delicate, कितना भीगा और कितना Warm था वह एहसास यह मैं कभी बता नहीं सकता। मैं जानता था—जैसे जन्म जन्मान्तर से जानता था कि वे क्या हैं? लेकिन फिर भी उस व्यवधान को ज्यों का त्यों रहने देकर मात्र एक अनुमान और अनुभव की चरम सुकुमार संवेदना में भीगे रहने की तन्मयता मुझे कहाँ किस तरह उल्लसित रखती थी। बरसों बाद शायद दो-तीन बरस बाद वही उल्लास वैसी ही नाजुक अनुभूति कल शाम को हो रही थी। पौने पाँच बजे वे चारों पत्र मुझे मिले और

पौने छः बजे Meeting में गया। दूसरा वक्ता मैं था। पहले थे निसिम एजेकिइल। बताओ मैं क्या बोला होऊँगा? तुम्हें याद है Dr. Zhivago मुझे कब कहाँ और किसने दी थी, और क्या लिखा था उस पर?

एक बात, बहुत बढ़िया बात गाडगिल ने अपने भाषण में कही थी Freedom के बारे में। विशेष रूप से यह कि Not only Pasternak was free from the soviet ideology but that he was free from the anti soviet feeling. और इस बात को लेकर उसने freedom पर कुछ बहुत प्यारी बातें कही थीं। वे बातें लिखूँगा तुम्हें अभी तो शायद यह खत मिलते-मिलते तुम कलकत्ते चल पड़ी हो।

हाँ, तो वहाँ से चला। सीधे घर नहीं आना चाहता था और सारे खत तुरन्त खोलकर पढ़ना भी नहीं चाहता था, अजब-सा याद आ रहा था वहाँ से सीधे चलकर एक नये रेस्तराँ में गुम। वह नानकिंग है न जहाँ चीनी खाना खाने गये थे—उसके सामने एक Alibai restaurant है। उसमें जाकर Pinlapple रस पिया। The restaurant is A1.

घर आकर खत पढ़े। मजा आ गया। खासतौर से कौशल्या के Phone को मालती पारूलकर का Phone समझने वाली बात से।

अच्छा सुनो कल 21 थी। कल तुम्हें कोई खत नहीं लिख पाये थे। 18 की रात और 19 की सुबह पूरा कर एक लिफ़ाफ़ा तुम्हें 19 इतवार को ही छोड़ा था। 20 को अम्मा को विस्तृत खत पूरा करने के बाद तुम्हें एक Inland छोड़ा था। आज यह पत्र तुम्हें लखनऊ डाले दे रहे हैं। 24 को तुम Sure कलकत्ते जा रही हो?

लो अभी-अभी 20 का इनलैंड भी मिला जो तुमने Medical College से डाला। उफ़ बहुत चिन्ता सिर से उतर गयी। अच्छा—अब अगला पत्र तुम्हें कलकत्ते में मिलेगा,

सारी बातें जो तुमने लिखी हैं, उनका उत्तर उसी में दूँगा।

शोभा को अमित आशीष

Sunday 26 june
8:00 a.m.

उफ! जैसे-तैसे करके यह सुबह हुई है। बरसती हुई कई रातों की याद है पर आज की-सी रात! अब जाकर पता लगा है कि बम्बई की बरसात कितनी घनघोर होती है। पता नहीं किसने शायद Edna st. vincent mellay ने कहीं लिखा है कि all the night the fingers of rain tapped on our window panes. लेकिन

बाबा रे! कल रात की बारिश और कल रात की गरजती हवा। खिड़कियों को तोड़ रही थी, और What you call howling. It was howling like wild wolves.

कल धूपबत्तियाँ मँगवाई थीं। Three roses. उन्हें सुलगाया था, सारा कमरा नम था बाहर की बौछार से और उसमें गुलाबों की बहुत भीनी, बहुत नाजुक महक गुँथी हुई थी। मैं डरा हुआ था। बहुत बार बरसात का, अँधेरी बरसात का अनुभव हुआ था। कभी चरम प्यास और, बेहद पागल, उन्मत्त आवेश जागा था। कभी छौने की तरह गुलाबों में दुबक कर सो गया था। पर आज रात, पता नहीं क्यों ये भयानक हहराती हवाएँ डरा गयीं।

यह डर वह कमज़ोरी वाला डर नहीं है। यह अजब-सा डर है, सूर्या के बिना ऐसी रात गुज़ारने का। मैंने बहुत बार रामायण पढ़ी और हर बार ताज्जुब किया कि तुलसी ने प्रिया हीन डरपत मन मोरा! क्यों लिखा है। 'डरपत' क्यों लिखा? लेकिन राज! सूर्या कहाँ पर कैसे सूक्ष्म स्तरों पर अपने स्वामी की शक्ति है, इसे Possitively कई बार Realise किया है—negatively कल पहली बार! कल पहली बार मन यह सोच रहा था कि दूर पर रहकर भी तुमने जो अपने अमित अटूट अदम्य सुहाग से मुझे चारों ओर से घेर रखा है, अगर आज वह आवेष्ठन न होता सपन तो सच ये हवाएँ मुझे निगल जातीं, ये ज़हरीली बौछारें मुझे क्षत-विक्षत करके फेंक देतीं—यह अन्धकार मुझे पीस डालता। केवल तुमने पता नहीं कितने सतीत्व के दर्प में मृणाल बाँहों से घेर कर मुझे बचा रखा है।

27.6.60

राजे,

आज सोमवार को अभी दिन में 10 बजे तुम्हारा लखनऊ से 23 को भेजा हुआ Express खत मिला है। सारे रास्तों में पानी भरा है। सान्ताक्रूज़ के रास्तों में भी।

मैंने कल इतवार को ऑफ़िस खोला था और ऑफ़िस जाते समय तुम्हें एक लिफाफ़ा भेजा था। बेहद पानी बरस रहा था। दफ्तर पहुँचा तो मालूम हुआ झा साहब भी नहीं आ सके थे और चपरासी भी नहीं आ सका था। दोनों परेल में लाइन डूब जाने के कारण रुक गये थे। अकेला मैं था और हवलदार लेकिन काम करना था, क्योंकि तुम्हें कल लिखा था कि इधर इस हफ़्ते में अगले तीन हफ़्तों के Schedule बना देना चाहता हूँ, ताकि एक हफ़्ते की छुट्टी ले सकूँ और लौटूँ तो तुरन्त अगले हफ्तों के ठीक-ठीक Schedule बना सकूँ।

दफ्तर में सामने वाली सद्यःस्नाता कनुप्रिया के बुलाते हुए, टीसते हुए गुलाब

निरन्तर कचोटते रहे पर मैं काम करता गया। 1 बजे बेहद भूख लगी लेकिन कैंटीन बन्द थी और बाहर इतना घनघोर पानी बरस रहा था कि टैक्सी लेकर कहीं जाकर खाना खा सकूँ, यह असम्भव था। कॉफ़ी या चाय भी उपलब्ध नहीं थी। अन्त में चुपचाप काम करता रहा। 5 बजे उठकर घर आया तो देखा बुखार चढ़ा हुआ है। शर्मा घर पर ही थे। आजकल अक्सर यहाँ रहते हैं, (तुम्हें लिखना भूल गया, उनको एक लाख का घाटा हो गया है, और बहुत परेशान हैं वे!) पर मैंने शर्मा को बुखार के बारे में कुछ बताया नहीं क्योंकि मेरा एक दूसरा स्वार्थ था। मैं तुम्हें उनकी गद्दी से ट्रंककाल करना चाहता था। गया और वहाँ 10 तक बैठा रहा मगर बम्बई की तमाम लाइनें खराब थीं। शर्मा वहीं रोक रहे थे लेकिन 26 जून की रात थी और मैं साबीशी के ही कमरे में सोना चाहता था।

लौट आया। यकीन मानो एक तो बुखार दूसरे भयानक घनघोर वर्षा और तीसरे चरम आकुलता! सुबह हो गयी पर एक क्षण पलक नहीं झपकनी थी, सो नहीं झपकी। मुझको एक बात रह-रहकर याद आती रही। मुझे उस बार वह बुखार आया हुआ था। जब मुँह में छाले हो गये थे। तुम पहले चली गयी थीं फिर मेरे बम्बई आने के पहले आयी थी उस समय S.R. ने उस बुखार और कमज़ोरी में ही कनु से अपना पूर्ण प्राप्य माँगा था और फिर मैं तुरन्त ठीक हो गया था।

सुबह 6 बज गये तब नींद आयी और अभी 10 बजे डाकिये ने निरन्तर बेलकौल दी तब नींद खुली। इस समय Fever बिल्कुल नहीं है। केवल सुस्ती है। पानी अब भी बरस रहा है।

ऑफिस जा रहा हूँ। छुट्टी लेने के पहले इतने काम निबटाने हैं:—

1. धर्मयुग के कम-से-कम अगले 4 हफ़्ते के Schedules बना देने हैं।
2. कॉपियाँ पैक करके भेजनी हैं।
3. Flat के बारे में कम्पनी कुछ निर्णय ले रही है। उसे जानकर तद्नुसार इन्तज़ाम करना है।
4. दो विशेष बातों के बारे में तुरन्त कुछ करना है पर उन बातों के बारे में तुम्हें विस्तार से तब लिखूँगा जब तुम्हारा कलकत्ते पहुँच जाने का खत आ जाएगा। पिछली बार खत के खो जाने से चिन्ता हो गयी थी। उस बीच में तुम-1. मेरा कमरा ज़रा ठीक कर दो। रजनीगन्धा के फूल बराबर रखो ताकि आऊँ तो उनकी महक बसी हुई मिले।

2. डॉ. मुखर्जी से तुरन्त मिलो और स्वास्थय का बहुत ख्याल रखो। तुम जानती हो कि जिसने मेरी जान तक लेने में संकोच नहीं किया उसे जवाब देने का एकमात्र तरीका है—अपने को तन मन से सम्पूर्ण बना कर रखना।

3. रुपये तुम्हें कितने चाहिए तुरन्त लिखो। देखो मेरा मन मत दुखाना।
4. इस सारे प्रसंग के बारे में किसी से भी बात करते समय बहुत Cautious रहना और खूब Cheerful रहना।
5. अम्मा का कोई भी पत्र आये तो मुझसे Consult करके जवाब देना।

मैंने जो विस्तृत खत लिखा था, उसके उत्तर की प्रतीक्षा कर रहा हूँ। यह खत अभी Office आकर पूरा किया है। अभी-अभी तुम्हारा गाड़ी पर बैठकर लिखा हुआ Inland मिला है। जिसमें शोभा की भी लाइनें हैं। आज अम्मा के खत का इन्तजार है। तुम्हें रात को विस्तार से लिखूँगा—ज्यों ही यहाँ का काम निबटा मैं छुट्टी ले लूँगा। I hope within this week. अगर पहले मालूम होता कि भाभी साथ नहीं जा रही हैं, तो मैं अभी तक छुट्टी पर होता—

28th june Tuesday 1960
8:00 a.m.

पानी, पानी, पानी, पानी—मन खीज उठा है—बम्बई के इस पानी से। हर रद्दी-से-रद्दी चीज़ में कभी कोई अच्छाई निकल आती है पर यहाँ इस पानी में कोई sense नहीं कोई system नहीं। न तो अपने कलकत्ते की तरह बादल घिरते दल-के-दल उमड़ते ताड़ों के पेड़ों के बीच से कजराते दीखते हैं न घुमड़ते हैं—न बिजली चमकती है, बस नमी और बरसात। दीवारों पर नमी के बड़े-बड़े चकत्ते पड़ गये हैं, और बिस्तरे नम हो गये हैं, और बदन टूटता रहता है, भूख ग़ायब हो गयी और मन खीजा रहता है। यह हालत शायद यहाँ सभी की हो गयी होगी क्योंकि अपने कोलाबा में Electric house के मोड़ पर एक गिरजाघर है न उसके बोर्ड पर हर बार लिखा रहता था, Be Good. या He died FOR you. पर कल से उसने बोर्ड लगाया है cheer up खाक कोई Cheer up होगा...

खैर कुछ भी हो—एक तो मेरा Mood इसलिए भी Off हो गया कि इस समय तबीयत ठीक नहीं है। पर खैर कैसी भी हो जी तोड़कर परसों से लगा हूँ कि दो-तीन हफ़्तों का काम जल्दी-से-जल्दी खत्म कर दूँ ताकि जल्दी-से-जल्दी छुट्टी लेकर उड़ सकूँ। तुम्हें कल सुबह—लखनऊ से भेजा Express inland मिलने के बाद एक Inland लिखा था जो ऑफ़िस में जाकर पूरा किया और उसी समय छोड़ दिया। दिन में लगता है फिर थोड़ा temperature रहा होगा। क्योंकि दिन में बिल्कुल भूख नहीं लगी—बेहद बदन शिथिल रहा, कॉफी कड़वी लगी, Lunch खाया नहीं गया—मगर मैं काम में अनवरत लगा रहा क्योंकि जल्दी-

से-जल्दी सब पूरा करना है।

फिर मेरे दुर्भाग्य से यहाँ आजकल मामा वरेरकर आये हैं, जो चार बार Phone कर चुके हैं मुझे घर बुलाने के लिए। अब इस भीगते पानी में जाऊँ तो बस बंटाढार॥ न जाऊँ तो कहेंगे बदमाश है, घमंडी है, बहाना बनाता है। अमृता प्रीतम आयी हैं worli seaface पर ठहरी हैं। उनके दो खत और दो जबानी संदेशे आ चुके हैं। खुदा खैर करे, सूर्या जी तो एकदम लाल पीली हो जाएगी वह खत पढ़ कर और ताकि वे हों अत: उसके कुछ वाक्य उद्धृत कर रहा हूँ, my dear friend. I saw the story number. what a beautiful method you have of presenting every thing will you please take some time, some afternoon to come to my place. I have to discuss a few autobiographed essays with you. I need not add that hot cup of coffee is also waiting for you. इन social calls के अलावा literary circle has discovered me और वह भी मुसीबत शुरू हो गयी है। तुम्हें याद है कलकत्ते में जो All India writers conference हुई थी। दूसरे साल वह मद्रास में हुई थी जिसमें हम रामस्वरूप आदि सब जाने वाले भी थे। अब सन् 61 में वह बम्बई में हो रही है। यहाँ वाले मुझे उसके secretariat में होने को कह रहे हैं। अभी मैंने टाल दिया है। I want only one thing at present to complete the work here and come running to my Mansoo—O every day without it is a torture every evening without it is a trgedy. आज एक अपेक्षाकृत अनजान नये कवि विनोद चन्द्र पांडेय का नया संकलन सफ़ेद चिड़ियाँ आया है: उसकी कुछ मजेदार कविताएँ सुनोगी।

1. नदीतट

तुम्हारे शृंगार को
वह नदी की फुनगी वाली
घास ला दूँ
सच कहो
इस तृप्त क्षण
क्या सुन सुखी होगी
सुना दूँ।

2. उसके हाथ

उसके छोटे नरम हाथ
समय ने सब जगह भरी वय

रहने दिया इन्हें
बचपन के साथ

ये सफ़ेद गुलाब के जोड़े
ये हाथों में पड़े
इनकी बन्द मुट्ठियाँ
दो समुद्री कौड़ियाँ

3. अपने से

गोपनीय, एकान्त में
दुहराए ख़याल-सी
बदन से ब्लाउज़ उतारते
यह बिल्कुल अपनी बात
किसी से प्यार की
क्या कभी जूड़ा गिराते
रात बत्ती बुझाते
कहने का मन हुआ है,
बात प्यार की

4. वी.आई.पी. (very important person, यह phrase मिनिस्टर वगैरह के लिए प्रयुक्त होता है जिनके आने पर खास प्रबन्ध होते हैं :—)

राजे आ रही है कल इस शहर में
म्युनिसिपैल्टी की मोटरें
सब सड़कें धो दें
ये उजड़े-उजड़े पेड़
पत्तियाँ पहनें
बिजलीघर कुछ ज्यादह तेज़
इन, स्ट्रीट लैम्पों को
बिजली भेजें
रेस्ट्राँ सिनेमा किताब वाले
अपना आकर्षण नया कर लें
उदासी पर कल से लग जाएगा प्रतिबंध
जिसे रोना है, अभी रोले

राजे आ रही है कल इस शहर में

(P.S.) इसमें केवल एक शब्द, 'चंचल', जो व्यक्तिवाचक संज्ञा थी बदल कर 'राजे' रख दिया गया है!

Sunday evening
3rd july 60

आह राजे, अगर तुम जानते तुम उस Thrill को जो 1500 मील के पार से तुम्हारी आवाज़ को पीकर, उसमें डूबकर मिलता है। कितनी बार उस आवाज़ के कितने प्रकार के रसों में डूबा हूँ। बहुत पहले 22 हैमिल्टन रोड में जब बीमार पड़ा था और मेरे कमरे में बहुत से लोग बैठे हुए थे और तुम आयी थीं और बरामदे में आकर तुमने कुछ कहा था और मुझे लगा था जैसे मन के हर चौराहे पर गिरजाघर हैं और उनमें शाम को प्यारी घंटियाँ झनझना उठी हैं। और फिर इस आवाज़ की वह बदहवास तर्ज याद है, आ जाओ...आ जाओ! उसके बाद उसी अनजान मुग्ध आ जाओ का सचेत शरारत भरे काँपती पनसुतियों वाले 'आओ' में बदलना! याद है इस आवाज़ का बहुत आतुर मन्द स्वर पर कान में कहना—'सुनो! तुम मेरे हो केवल मेरे केवल मेरे! याद है मुझे इस आवाज़ का...उफ़ कितने-कितने संवेदन हैं इस आवाज़ के जो मुझे कभी बेहद मिठास देकर आश्वस्त कर जाते हैं कभी बेहद उन्माद देकर बेहद नशे से पागल बना जाते हैं। ओह प्यारू—ओह रापनू मगर आज की-सी आवाज़ का संवेदन मैं जानता हूँ कि तुम थोड़ी-सी अप्रस्तुता रही होगी इस फ़ोन के लिये, थोड़ी-सी गुस्सा रही होगी कि मैं 26 को नहीं पहुँचा फिर पहली को नहीं पहुँचा—मगर तुम्हारी आवाज़ मेरे प्यार! फ़ोन पर सादी थी और बेहद मीठी! इतनी मीठी इतनी सादी जैसे सूर्या की वह गृहवधू मुद्रा जो...तुम दो बार फोन पर हँस दी खिल-खिला कर ओह राजे! मुझे क्या मिल गया मैं तुम्हें कैसे बता दूँ! बस उस हँसी पर सिर्फ़ यह मन हुआ कि गुलाबों को अर्पित कर दूँ—और बिछ जाऊँ।

मैंने शुक्रवार को परसों तुम्हें एक Inland office में लिखकर डाला है वह शायद कल शनिवार को तुम्हें नहीं मिला। परसों शुक्रवार को मेरा चल देने का इरादा था। Pay मिल गयी थी। दीपावली अंक (यानी 16 अक्टूबर के पहले तक के सारे अंकों का Schedule बना लिया था) यदि मैं जुलाई के अन्त तक भी in her magesty's Service रहूँ और बम्बई न आऊँ, तो कोई काम न रुके। उसके

बाद गया P.k. Roy से मिलने। उन्होंने सूचना दी कि आज ही रात यानी शुक्रवार की रात को शान्ति प्रसाद जी आ रहे हैं। और जो चीज़ें उन्हें आते ही तय करनी हैं। उनमें आपके flat का सवाल प्रमुख है। दूसरे P.K Roy ने याद दिलाया कि 15 अगस्त का अंक विशेषांक होगा। उसी समय लौटकर तुम्हें इनलैंड लिखा। शुक्रवार की शाम को घर लौटा तो तबीयत ठीक थी। मगर खाना खाने के बाद से पाँव में अकस्मात् वही शून्यता वाली हालत आ गयी। बुखार नहीं था मगर अजब कमज़ोरी-सी और सुस्ती-सी थी। छोटेलाल रोज़ तो पाँव दाब ही देता है। परसों मजबूरन तेल और गरम पानी से पाँव की मालिश करवाई। पानी बेहद बरस रहा था और मन अनिच्छित रुक जाने के कारण बेहद खिन्न था 12 बजे, 1 बजे, 2 बजे और मुझे नींद ही न आये। मन बहुत ही खिन्न था और पाँव में काफ़ी दर्द था। सुबह बहुत देर में उठा और दफ्तर गया। जाते ही काम में लगा। 11 बजे P.K.Roy से Phone पर पूछा तो मालूम हुआ कि कल भयानक बारिश के कारण उनका हवाई जहाज़ यहाँ नहीं उतर सका तो उसे पूना की ओर मोड़ दिया गया। अब 12 बजे वे आएँगे। 12 बजे Office बंद हो जाता है। तब तक वे पूना से नहीं आ पाये थे। तीसरे पहर आये होंगे। अब कल सोमवार को उनसे भेंट होगी।

खैर कल शनिवार को एक काम और निबटाया कॉपियाँ पैक करके, उनका बिल बनाकर Examiner's report भर कर भेजीं। फर्नीचर का किराया चुकाया। लेकिन कल दोपहर से फिर काफ़ी दर्द हो गया और कुछ हरारत भी! शाम को ऊषा के यहाँ कहलाया तो उसने इन्दर को भेज दिया। डॉ. इन्दर आये। दवा उवा कुछ नहीं दी। हँसते बोलते रहे। बहाने-बहाने तुम्हारी बातें करते रहे। आधे घंटे बाद उठे तो बोले यहाँ season ठीक नहीं है, कुछ दिन Tour कर आइये। शाम को अकस्मात् एक Express delivery आयी। मैं दौड़ा। सोचा घर के पते पर Express delivery तुम्हारी ही हो सकती है। पैकेट था। देखा ज्ञानपीठ ये आया है। खोला तो होश फाख़्ता हो गये मालूम हुआ कि वह प्रूफ़ और भूमिका misplace हो गयी है। जल्दी प्रूफ़ पढ़कर भूमिका पूरी कर भेजिये।

आज सुबह से मन बेहद परेशान-सा था। पहले प्रूफ़ पढ़े फिर भूमिका लिखने की सोची लेकिन दोनों से मन उचट गया। टेम्परेचर देखा। हरारत नहीं थी। पानी तो खैर यहाँ Non Stop बरस रहा है। टैक्सी मँगवाई कालबा देवी गये। शर्मा सो रहे थे 10 बजे तक। Trunk call book कराई। खैर, तीन घंटे बाद जब Exchange ने कहा कि इस नाम का वहाँ कोई नहीं रहता तब मैंने कहा कि ऊपर रहती हैं। उन्हें बुलवाइये तब उस Exchange वाले ने फिर चतुर्वेदी जी से बात की तब तुम आयी रूठी-रूठी, उत्कंठित, उत्कंठित, प्यारी-प्यारी।

हमारा प्यार काँटों के रास्ते चल कर भी गुलाबों में ही जिया, अंगारों में से गुज़र कर भी चन्दन में ही बसा-इसका हमें बहुत घमंड है। आज बहुत इच्छा थी अपनी प्रिय Story of christ पढ़ने की पर वह है नहीं सूर्या की एक किताब उसकी सेज पर पड़ी हुई है। आजकल भारतीय कविता : 53 उसकी एक कविता प्यारी लगी। उड़िया की कविता है—

दुर्मद नदी की भँवरों में
छलाँग लगता है, एक फूल
एक तेजस्वी फूल फूल वह साहस का!

उन्मत्त तूफ़ानों के होंठ चूमता है।
एक पत्ता
हरा पत्ता—पत्ता वह विश्वास का!

अन्धकार की लतर पर
अंकुरित एक कली
कली वह आलोक की!

इतवार 17 जुलाई
रात 11:25

ठीक 12 घंटे हुए तुम्हें आँख से ओझल हुए! पता नहीं शीशे की खिड़की के पीछे मेरा हिलता हुआ हाथ दीखा था या नहीं, पर जब जहाज़ लौटा और उड़ान भर रहा था तब भी मैंने तुम्हें देखा था। कितना-कितना मन को कहाँ पर मज़बूत और भरा-भरा और उल्लसित बना गया है, इस बार का साथ रहना!

बड़ी देर तक खिड़की से झुककर नीचे कलकत्ते को देखता रहा! दीखा हावड़ा ब्रिज और याद आयी रजनीगन्धा रात वाले प्रवास के बाद लौटते हुए हैरिसन रोड के पास अपने स्वर्णवर्णी झरनों का कसाव! बड़ी देर तक नीचे धीरे-धीरे पीछे सरकते हुए हरे-भरे धुले नम अपने कलकत्ते को देखते रहे।

पता नहीं क्यों इस शहर को मैंने बहुत मन से चाहा है। बरसों पहले जब रिसर्च स्कॉलर की तरह भटकते हुए वहाँ पहुँचा था, तभी से वह शहर मुझे बहुत प्यारा रहा है। और अब तो उसके कितने ही चौराहे कितनी ही सड़कें, कितने

फुटपाथ, मेरे बहुत प्रिय और परिचित हो गये हैं। यहाँ बैठा हूँ। सैकड़ों मील दूर इस अत्यन्त गन्दे देहाती उजड्ड शहर पटने के एक मात्र महँगे एयरकंडीशंड होटल में—मगर लगता है अभी-अभी बाहर जाकर खड़ा होऊँगा तो बाजोरिया की बिल्डिंग के नीचे ताश खेलते हुए कुली कबाड़ी दीखेंगे या पेट्रोल पम्प पर खड़ी हुई टैक्सियाँ।

जहाज में सिवा मेरे और कोई हिन्दुस्तानी यात्री नहीं था। और मेरे बगल में बैठा था उन देवी जी का बाप—जो अमरीकन कविता पढ़ रही थी। नींद आ रही है या नहीं—यह तुमने पूछा था न सो थोड़ी देर बाद एक बड़ी ही सुन्दर नदी पड़ी। लाल रेत में मटमैली लहरें लेती हुई—उसे देखते-देखते नींद आ गयी। काफ़ी देर बाद Air hostess ने जगाया। ब्रेकफ़ास्ट दिया। थर्ड रेट। नहीं, था अच्छा पर Air hostess रद्दी थी। मुँह पर मुहाँसे, दो-दो मसे, हँसती थी तो मसूड़े दीखते थे—अतः ब्रेकफास्ट रद्दी लगा। नहीं खाया। फिर सो गया।

पटना आया—थू थू! कैसा सड़ियल हवाई अड्डा! मक्खियाँ भिनक रही थीं। कहाँ-कहाँ के गन्दे गोरखे टीन का बक्सा और कथरी गुदरी लिये काठमांडु जाने को बैठे थे? और बिहारी नौकर चाकर—चेहरे पर मूर्खता लिखी हुई थी। घंटे भर बाद वहाँ से बस चली। साथ के सारे अमेरिकन आकर Republic Hotel में ठहरे। यही यहाँ एक ठीक-ठाक होटल है। पर Calcutta, Delhi के हिसाब से कूड़ा। पर यहाँ मेरे बगल में नेपाल के प्रधानमन्त्री के भाई बी.पी. कोइराला टिके हुए हैं। दूसरी ओर काठमांडु जाने के लिए तैयारी करने वाली एक अमेरिकन छम्मो टिकी हुई हैं।

3 बजे होटल आये। नहाकर गहरा नाश्ता आदि लेते-लेते 5 बज गये। उसके बाद से नलिन विलोचन शर्मा, नर्मदेश्वर प्रसाद, रा.सि.कश्यप शिवचन्द्र शर्मा, दिनकर जी से मिलकर अभी 11 बजे लौटकर आये।

कल दिन में Museum जाना है, यूनिवर्सिटी में बुलाया है। शाम को 5 बजे मैंने कुछ लेखकों को बुलाया है, 7 बजे यहाँ साहित्य सम्मेलन के हॉल में मेरे सम्मानार्थ गोष्ठी है। परसों जो भी पहली ट्रेन मिलेगी उससे चल दूँगा।

तुमने आज कोई पिक्चर देखी?

अच्छा अब सोने जा रहा हूँ—प्यार प्यार प्यार प्यार...

Punjab mail
20th July morning

राज,

आज सुबह 4 बजे पटना से चलकर इस समय मुगलसराय में चाय का इन्तज़ार कर रहा हूँ। कल तुम्हें सुबह पटने से (तीसरा) खत डाला था। यह चौथा है।

कल सुबह पटने में तुम्हें खत लिखने के बाद पहले बिहार के रिसर्च इंडस्ट्रीयल सेंटर में गया। गज़ब का काम हो रहा है वहाँ। उसकी स्कीम बनाई। दोपहर को खाना खाया नर्मदेश्वर प्रसाद और शान्ता सिन्हा के साथ। बहुत मज़ा आया। बहुत अच्छा लगा। उसके बाद Museum गये। वहाँ से बहुत सामग्री ली। शाम को 5 बजे एक गोष्ठी कोबियाल के सम्मान में थी बिहार लेखक कांग्रेस की ओर से जिसमें दिनकर, हंसकुमार तिवारी, केदारनाथ मिश्र प्रभात, नलिन विलोचन शर्मा और बहुत से अन्य लेखक थे। लौटकर आये, रात 11 बजे तक लोग मिलने आते रहे उसके बाद बिस्तर सँभाला। होटल का हिसाब चुकाया। मालूम हुआ कि उसका Manager (जो लखपती है।) भारती जी का पाठक है।

अभी मुगलसराय पर यह गाड़ी आकर रुकी तो एकदम एक चीज़ बुरी तरह मन को कचोट गयी। पारसाल राखी पर तुम लौटी थी—इसी गाड़ी से इसी रास्ते से तो कान्ता और मैं और केका प्रतापगढ़ पर आये थे और बनारस तक साथ आये थे। खूब पानी बरसा था और बनारस के पहले भदोही के पास सूरज डूबने से आसमान का रंग अजीब जादू भरा हो गया था—बनारस पर उतरकर रात को दशाश्वमेध गये थे। वहाँ एक पत्ते की डलिया में तीन दीपक बहाये थे। राज! कभी-कभी ऐसे क्षण जब तीन के एकत्व की बात के बहुत सुकुमार क्षण याद आते हैं जिन क्षणों पर मैंने अपने सहज मन से विश्वास किया था तो मन दुख भी जाता है। काश, कि आादमी की ज़िन्दगी में ऐसे छल और प्रवंचनाएँ उसकी आस्था झकझोर न जाया करें तो कितना अच्छा हो।

सामने के प्लेटफ़ार्म पर बाम्बे मेल आयी खड़ी है। इलाहाबाद जाने के लिए। इस गाड़ी के भी कैसे associations हैं। मात्र इसलिए कि यह कालका से घंटे भर बाद छूटती थी यह गाड़ी तुम्हारी favorite थी। बहुत कम ऐसा होता था कि तुम कालका से आने दो।

राज इस बार इस Tour पर निकल आना बहुत अच्छा हुआ। तुम्हारे कोबियाल से लोग कितनी आशाएँ लगाएँ हैं, क्या-क्या लिखवाना है, तुम्हें कोबियाल से, यह इसी बार मालूम हुआ। या यों कहूँ कि याद आया। पिछले साल भर से उस लड़की की गन्दगी का सामना करते-करते पता नहीं कहाँ पर मन कैसा उद्विग्न रहने लगा था। पर अब लगता है, अपने गहनतम प्यार के क्षणों के आगे मान्सू में डूबे जूही के फूलों के आगे बाकी सब नगण्य है। केवल उन फूलों की गन्ध

में पगे एक-एक गन्ध से कोबियाल की सोनम को सजाना सँवारना है।

गाड़ी चल दी। खत पूरा नहीं हुआ। अब प्रतापगढ़ पर छोड़ूँगा।

हाँ राज, एक बात कल ख्याल आयी थी शरद देवड़ा के लिए 50 तुमने इन रुपयों में से निकाल लिए थे या नहीं? मैं कल account slip देख रहा था उनमें कुछ उल्लेख नहीं था। दूसरे कलकत्ता (चौरंगी) वाला लेख पूरा करके रखो और चेखव वाला अनुवाद भी। मेरे पहुँचते ही भेजना है, आलमारी ले आयी या नहीं? सुशील को ममता देना—

शीला को... (अच्छा बाबा त्योरी मत चढ़ाओ उसे कुछ नहीं!)

Camp Lucknow
21st. July 60

राज प्यार!

कल सवेरे पटने से चलते समय तुम्हें मुगलसराय पर खत लिखा था जो, यहाँ आकर छोड़ा। उसके पहले पटने से 3 खत छोड़े थे। लखनऊ पहुँचे करीब दो बजे। घर पहुँचे। पिता जी बैठक में सो रहे थे। जगाया, एकदम उठे। चकित हुए फिर बहुत प्रसन्न हुए। सामान रखवा आया। महेश ऊपर सो रहा था। शोभा दीदी यूनिवर्सिटी गयी थी। पिता जी ने अम्मा को पुकारा। देखो कौन आया है। अम्मा आयीं। पहले जल्दी-जल्दी यह बातें हुईं कि कलकत्ते में क्या हाल है। फिर मैंने अपना बहुत अव्वल काम किया। पटने से एक रुद्राक्ष और तुलसी का बना एक बहुत प्यारा Vanity bag लिया था। वह तुरन्त निकाला और अम्मा जी के हाथ में रख दिया। अम्मा जी बहुत प्रसन्न हुईं। मैंने कहा कि बम्बई आप आइएगा तो यही पर्स लेकर चलिएगा। (क्षमा करना as a कोबियाल मुझे सब observe करना पड़ता है।) वे इस बात पर इतनी प्रसन्न हुईं और इतनी लजाईं कि अन्दर जाकर ब्लाउज़ पहन आयीं। फिर तुरन्त चाय बनी, मठली बनी और उस बीच में पिताजी की गप्पाष्टक छिड़ी। उसका सारांश यह था कि देबू गढ़वाल जाय या न जाय, शकुन्तला हिन्दी में क्या लिखें, शोभा लॉ करे या रिसर्च करे, महेश ओवरसियरी में जाय या B.Sc में सुरेश Pure Botony ले या agriculture ले, इस सबका निर्णय केवल इस बात पर टिका है कि भारती जी क्या परामर्श देते हैं। मैं मन-ही-मन बहुत आनन्द लेता रहा और अन्त में हर बात में दो बिल्कुल उल्टे परामर्श दिये और पिता जी से कहा दोनों ही परामर्श अच्छे हैं। पिता जी भी इससे पूर्णतः सहमत दीखे कि दोनों परामर्श बहुत ही अच्छे हैं। बहरहाल

यह सब घरेलू बातें होती रहीं और आपको भी यह मानना पड़ेगा कि इन बातों में आपके जीजा जी से शोभा के भाई साहब ज्यादा पटु हैं!—उसके बाद नहा धोकर मैं रेडियो गया। वहाँ गिरजाकुमार भी आये थे। सर्वेश्वर भी यहीं आ गये हैं। बिसारिया यहाँ थे। लक्ष्मीचन्द्र जी भी आ गये थे। रात 12 बजे तब तमाम लोग साथ रहे। भगवती बाबू, यशपाल, गिरजाकुमार, सर्वेश्वर, लक्ष्मीचन्द्रजी, और तमाम लोग। बड़ा मजा आया। खूब ठहाके लगे। फिर वे लोग जीप पर मुझे घर छोड़ गये। सबसे मैंने अदबदा कर बताया कि मैं कहाँ ठहरा हूँ। एक बात—लोग न सिर्फ़ यह कि उस सम्बन्ध की कोई बात नहीं करते बल्कि काफ़ी यह साबित करने में लगे हैं कि बस वे मेरा स्नेह और मैत्री चाहते हैं, और कुछ नहीं। They were genuinely happy to see me after such a long time.

12 बजे घर लौटा तो शोभा दीदी, अम्मा, पिताजी, महेश सब इन्तज़ार कर रहे थे। अम्मा बेचारी ने रात 12 बजे ताजी पूड़ियाँ सेंकी। मैं भगवती शरण सिंह (Director information) के यहाँ खा आया था पर मारे डर के फिर खाया। बड़े ठसके से मेरा इन्तज़ाम कमरे में हुआ। शोभा दीदी सेवा में तत्पर रहीं (लेकिन मैं उन लोगों में से हूँ जो सेवा को केवल सेवा मानते हैं—not like back neck and all.)। सुबह नींद भी नहीं खुली थी आसपास के छह-सात लेखकगण मिलने आये। फिर नहा धोकर यशपाल के यहाँ गये, भगवती बाबू के यहाँ गये। अब Information office में बैठे हैं और तुम्हें लिख रहे हैं। यहाँ से नागरजी और सन्तो के यहाँ जाएँगे। दोपहर को 1.30 बजे रॉयल काफ़े में शानदार लंच है। लक्ष्मीचन्द्र जी, गिरजाकुमार, नागर जी, जोशी जी, भगवती बाबू तथा अन्य।

अच्छा Ta! Ta! इस तुम्हारे मायके में तुम्हारी बिल्कुल याद नहीं आ रही है। झूठ सफ़ेद झूठ।

29 जुलाई शुक्रवार
प्रात: 9 बजे

बाबा रे! यहाँ आते ही कितना काम पड़ा हुआ मिला। डाक, मैटर, ले आउट, आर्टवर्क, Advertisement. अगस्त विशेषांक, और इसके अलावा प्रेस और बम्बई के तमाम लोगों का मिलने आना-जाना, घर का, धोबी का, राशन का, सफ़ाई

का, मकान मालिक का काम, इसके अलावा आकर मालूम हुआ J.C. आ गये हैं, P.K.Roy जापान जा रहे हैं। हमारा Photo squad प्रतीक्षा कर रहा है कि मैं आते ही निर्देश दूँ तो वे लोग निकलें फिर शर्मा जी, उषा सब लोग व्यग्र कि इलाहाबाद में कुछ अन्यथा तो नहीं घटित हुआ आदि आदि... (हे देवी जी, यह सब इसलिए लिख रहा हूँ कि कल और परसों दिन भर जी जान लड़ाकर भी पत्र लिखकर पूरा नहीं कर पाया अत: आप आटी पाटी लेकर बाल बिखेर कर, सोलह सिंगार बिगाड़ कर कोपशय्या पर न जा लेटें कि एक दिन खत का नागा क्यों हुआ! राजे प्यार!)

अच्छा सबसे पहले एक surprise news लो! मैंने तुम्हें लिखा था, कि प्रयाग से जिस दिन सुबह चला हूँ, उसके पहले रात में लौट आयी थीं। सुबह उठते ही Mood भी बहुत मेरा upset था, और कई जगह जाना यानी Return visit देना ज़रूरी था और लौटकर जल्दी-जल्दी किताबें रखीं तो नाथ सम्प्रदाय वाली किताबें नहीं रख पाये। लेकिन कल रात किताबों की पेटी खोली तो एक अचरज हुआ। देखा कि पता नहीं कहाँ मेरे बिलकुल अनजाने, मन अज्ञात रूप से तुम्हारी इच्छा का पालन कर रहा था, हाथ उन किताबों को उठा-उठा कर रखते जा रहे थे। नाथ सम्प्रदाय, Obscure Religious cult. यहाँ तक कि योगिसम्प्रदाया विष्कृति भी उन किताबों में रखी हुई है। मैं कल ये किताबें, मानव मूल्य, देवराज का निबन्ध, राजन का अफ़सरी वाला Photo सब तुम्हें रजिस्ट्री से भेज दूँगा। बेहद खुशी हुई यह देखकर प्यार! मैंने तुमसे कभी कहा था कि अब मेरे वश में यह नहीं है कि मैं कुछ भी अपने (निजी) मन का कर सकूँ। यह तन तो हमारे अनजाने ही एक-एक क्षण दीपशिखा के संवेदन जीता रहता है और मन तुम्हारी एक-एक इच्छा पर नाच जाता है।

यहाँ पहुँच कर मंगल की रात को ही मैंने तुम्हें पत्र लिखा था, जो बुध की सुबह दफ़्तर जाते हुए छोड़ा था। परसों रात नहीं लिख सका जो कल सुबह छोड़ता। आज दफ़्तर जाने के पहले यह लिख रहा हूँ अभी रास्ते में छोड़ दूँगा। आज से दफ़्तर का काम normalise हो जाएगा और शायद आज शाम से अपनी पढ़ाई-लिखाई का काम शुरू हो जाये। वैसे कल से करना चाहता हूँ क्योंकि कल तुम्हारे स्वामी का Lucky day है।... फिर भी कल बहुत थके होने पर भी सोने के पहले मैंने, किताबें उठाईं। तुम जानती हो कि टॉलस्टाय और दोस्तोयवस्की मेरे बहुत प्रिय लेखक हैं। इन्हें कितनी बार बार-बार पढ़ा है।

रास्ते में टालस्टाय की लम्बी कहानियों का एक संकलन खरीदा था। उन कहानियों को बहुत पहले पढ़ डाला था कल फिर शुरू किया। पहली कहानी खत्म कर डाली (यानी 50 पेज की है।) उसके बाद Aldous Huxlay ने एक

संकलन किया है। Peraminal Philosophy नाम से। जिसमें संसार के महानतम चिन्तकों की कृतियों का संकलन है। उसे उलटते पलटते रहे। पहला ही पृष्ठ जो खुला तो मन बहुत डूब गया। चीन के प्रख्यात विचारक कन्फ़्यूशियस का उद्धरण था—

Truth means the fullfilment of our self; and moral law means following the law of our being. truth is the begning and the end (substance) of material existence. without truth there is no material existence. It is for this reason that the moral man values truth.

Only those who are their true selves in the world can fulfil their own nature; only those who fulfil their own nature can fulfil the nature of others only those who fulfil the nature of other can fulfil the nature of things. those who fulfil the nature of things are worthy to help mother nature in growing and sustaining life...

राज, पढ़कर ऐसा लगा जैसे मेरी बाँहों में मेरा सत्य, मेरा चरम आत्म कसा हुआ है।...

मन अन्दर से इसलिए भी खुश कि तुम्हारा इनलैंड मिला था जिसमें तुमने लिखा था कि तुमने भी पढ़ना शुरू कर दिया है और Lady chatterley's शुरू किया है। अब पढ़ना और अपने राजन के योग्य बनना शुरू कर दिया है न मेरी सपन ने तो मन अन्दर से बहुत भरा-भरा रहता है : लो अब तुम भी कन्फ़्यूशियस के ये वाक्य पढ़ लो—

It matters not what you learn; but when you once learn a thing, you must never give it up untill you have mastered it. It matters not what you enquire into. but when you enquire into a thing you must never give it up until you have thoroughly understood it. It matters not what you try to carry out, but when you once try to carry out a thing you must never give it up, until you have done it thoroughly and well.

प्यार! इन वाक्यों को मैं जानता हूँ कि तुम बिना पढ़े ही follow करती रही हो। there is an iron in my dearest companion's personality which I have loved from the very begining. इस समय इन एक-दो वर्षों के अन्दर हमारे प्यार की जो परीक्षा ली जा रही है, उसमें मेरी संगिनी अपने को कितना योग्य और गहरा बनाकर मेरे प्यार की मर्यादा निभाएगी, हंसू का सम्मान निभाएगी, हंसू की लाज रखेगी और गुलाबों का माथा ऊँचा रखेगी यह मैं जानता हूँ।

कल शोभा दीदी का खत मिला। उसे साथ भेज रहा हूँ। सुनो! उसे एक

स्नेह भरा खत लिख दो। अच्छा तुमने तो वहाँ पिता जी को जिस मकसद से जैन जी के सामने तार दिलवाया था यहाँ लखनऊ में तो और भी मज़ा आया। मैं घर पर ठहरा ही था। भाई साहब तथा भाभी जी को भी यह मालूम था। और उन्हें घर ले जाने कार्यक्रम भी बनाया था, मगर फ़ुर्सत नहीं मिली। शोभा दीदी अपने आप जाकर मिल आयीं। उस दिन शाम को rival ने एक गाड़ी का इन्तज़ाम कर दिया था। उसमें लक्ष्मीचन्द्र जी, भाभी जी, गिरजाकुमार को बिठाकर घुमाता रहा। उन्होंने पूछा गाड़ी किसकी है— मैंने कहा सूर्या के मायके की!

उम्मीद है तुम्हें मेरा बुध की सुबह डाला हुआ खत मिल गया होगा। लोढ़ा के यहाँ से नौकर आया या नहीं? तुम मुखर्जी से मिलकर टॉनिक ले आयीं? English Picture इतवार को देख आना तथा 'अंगार' और 'क्षुधितपाषाण' भी देख आना। चेखव वाला अनुवाद और कलकत्ते वाला लेख तुरन्त भेज दो। सुनील जाना को Phone कर रजनीगन्धा वाला feature तथा चौरंगी की Photo तैयार कर भेज दो।

ओहो 11 बज गये—अब दफ्तर भागूँ।

19th August 1960
10:00 a.m.

कल तुम्हारा इनलैंड मिला और उसमें जब वह घटना पढ़ी जब तुम पथरी की जाँच कराने भाभी के साथ डॉक्टर के यहाँ गयीं, तो पूरी घटना पढ़ने के पहले ही मन में एक बहुत पुरानी अनुभूति दुहराने लगी। उस दिन रात को जब छोटकऊ मास्टर साहब ताश खेलने आये थे और S.R. ने शरारत में एक बात कह दी थी, और मैं बुरी तरह upset हो गया था। उस बात को याद कर बहुत देर तक हँसता रहा। कल काफ़ी काम निबटाये। परसों यानी 17 की रात को तुम्हें एक विस्तृत पत्र में इलाहाबाद में क्या-क्या हुआ था इसका विस्तृत हाल लिखा था क्योंकि वे दोनों खत जिसमें यह लिखा था तुम्हें मिले ही नहीं थे। वह खत कल सुबह छोड़ा। कल एक बहुत लम्बा खत भाभी जी को लिखा क्योंकि चलते-चलते लखनऊ में उनसे थोड़ी-सी बात हुई थी, और वे स्थिति ठीक समझ सकीं या नहीं मैं नहीं जानता, लेकिन इलाहाबाद में क्या हुआ यह उन्हें बता देना आवश्यक था। साथ ही रमा जी को भी यहाँ का सारा हाल विस्तार में लिखा।... बहुत से लोगों को खतों का जवाब देना बाकी है। उनमें से कुछ आज कुछ कल निबटाएँगे। इलाहाबाद के Income tax office से एक enquiry आयी हुई है। वह

लखनऊ भेज रहा हूँ, कि उसका क्या जवाब देना चाहिए। तबीयत अब लगभग ठीक है। यहाँ एक नया flat देखा है 500 का। एक हॉल है जितना बड़ा अपने इस flat का हॉल है। एक स्टडीरूम है वह भी हॉल के ही बराबर है, एक बेडरूम है, दो बाथरूम है। काफ़ी बड़ी Balcony है। उम्मीद है पहली सितम्बर से वह मिल जाएगा। सितम्बर में S.R. को आना है, अतः तब तक उसका घर ठीक कर दूँगा।...

इस बार S.R. से एक खास बात करनी है, आने पर इसीलिए करनी है कि बहुत-सी बातें उसे केवल शब्दों में कहने या लिखने से समझ में नहीं आतीं। जब हल्के दुलार से रूखी बिखरी अलकों को उलझाते-सुलझाते हुए उससे कहा जाये तब वह बात अपने गहनतम मर्म के साथ उसके मन में उद्भासित हो जाती है। वैसे उसने एक बहुत आकुल प्यारा पत्र मुझे लिखा था कि वह कुछ ऐसा देना चाहती है अपने स्वामी को, कुछ ऐसा जो केवल माँ, केवल बहन, केवल पत्नी नहीं दे सकती।... मैं समझता हूँ इस प्यास को। न केवल समझता हूँ वरन अगर कभी S.R. अपनी File उठाकर वह पत्र पढ़े जो रजनीगन्धा रात के बारे में इलाहाबाद आकर मैंने उसे लिखा था तभी वह पाएगी कि उन कलियों के बन्धनों के टूट-टूट कर झर जाने के लिए मैंने क्या लिखा था तो वह पाएगी कि हम दोनों ने सदा शब्द, समय, स्थान के व्यवधान को चीरकर हमेशा एक सत्य जिया है, एक बात बोली है, एक सपना देखा है। पर उससे बतानी है, एक पद्धति! कि वह जो वह देना चाहती है अपने स्वामी को, वह किसी रूप स्वप्न मात्र के रूप में नहीं होता है। उसका एक ठोस विधान है, जो क्रमिक रूप से साक्षात्कृत होता है। उसको समझाना चाहता हूँ कि हमारे यहाँ जब भगवान ने भी अपने को देना चाहा है तो किसी अरूप अदृश्य कल्पना के रूप में नहीं वरन उनको एक ठोस आकार एक स्वरूप ग्रहण करना पड़ा। सीमित और फिर वह स्वरूप भी अकस्मात् नहीं प्रकट हुआ वरन जैसे चन्द्रमा अपनी कलाएँ पूर्ण करता जाता है, वैसे ही एक कला दो कला और धीरे-धीरे सोलह कला सम्पूर्ण हो जाती है। इसी तरह S.R. से कहना चाहता हूँ, कि मेरी परम शक्ति! तुम जो भी दोगी उसके सम्पूर्णतः देने की चरम आकुलता है और सदा रहेगी, सम्पूर्णतः दे देने पर भी रहेगी पर वह दिया जाएगा धीरे-धीरे अंश दर अंश। अगर पहली कला नहीं दी गयी तो क्रमशः सोलह कला में देर ही लगेगी। लिखकर, पढ़कर, अपने को स्वस्थ रखकर, अपने को कोबियाल की योग्य वधू बनाने का देना सम्पूर्ण देना हर छोटे-से-छोटे दैनिक जीवन के कामों में ही प्रारम्भ होकर सम्पूर्णता तक पहुँचता है। वह किसी एक विशेष क्षण का देना नहीं है वह हमारे द्वारा जिये गये प्रत्येक क्षण का देना है। और वह देना हम अभी इसी क्षण नहीं शुरू करते तो उतनी

ही देर उसमें होती जाती है।

वह देना ऐसा है कि पूर्णत: देकर भी उसकी पूर्णता कहीं बाधित नहीं होती। 'पूर्णस्य पूर्णमादाय पूर्णमेवावशिष्यते' पूर्ण को पूर्ण दे दिये जाने पर भी पूर्ण बचा रहता है। इसीलिए S.R. ने जन्म-जन्मान्तर में कितनी बार अपने स्वामी को सम्पूर्णत: दिया है। लेकिन सम्पूर्ण देने की वही आकुलता दुगुनी-तिगुनी होकर बच गयी है। लेकिन यह सब S.R. को वैसे ही बताऊँगा तभी वह समझ सकेगी।

Sunday 21st. August. 1960

कल शाम की-सी बेगानगी और उचटाव इधर कितने ही दिनों में अनुभव नहीं किया था। शुक्र की शाम को मेरी तबीयत काफ़ी भारी थी जुकाम बहुत ज़ोर का अकस्मात् हो गया और जानती हो कि जुकाम का पहला दिन बहुत तकलीफ़देह होता है। अत: परसों शाम को आकर भी कहीं नहीं गये। जल्दी सो भी गये। कल सुबह देर में उठे। ऑफ़िस गये। ऑफ़िस से जल्दी लौट आये क्योंकि शनिवार था। खाना खाकर सो गये। नींद खुली तीसरे पहर चार बजे। देखा क्या कि दिन बिल्कुल सूखा है, और हल्की धूप कमरे में आ रही है, और अजब रूखापन है चारों ओर क्वार के दिनों का-सा।... और अकस्मात् मन बेहद बुरी तरह उचट गया एकदम क्वार के कितने ही दिन याद आये और...।

...याद होगा राज तुम्हें कि उस साल S.R. लौटी थी लेकिन उसका जी इलाहाबाद में अच्छा नहीं लगा था, और वह मायके चली गयी थी। बीच में मुझे Radio recording के लिए जाना था, और उन्होंने मुझे बुलाया था। मैं लखनऊ गया। जीजी को देखने गया। उसके बाद वहाँ गया। वे गायब थीं और सन्तो के यहाँ गयी हुई थी। फिर शाम को लौटा तो आँगन में वे कंकन किंकिनि नुपुर धुनि, करती हुई घूम रही थीं। तीसरे पहर उन्हें लेकर नई बस्ती गया था, और रास्ते में गोमती का एक पुल था और शाम हो रही थी और यही क्वार के दिन थे। और फिर याद आया कि क्वार के दिन थे और दुर्गा पूजा शुरू हो गयी थी और रात को कितनी-कितनी दूर हम लोग घूमते हुए निकल गये थे कैसे अजीब रास्ते ढूँढे थे उस दिन कितने सुनसान रास्ते और कैसी रहस्यमयी जगहें! और फिर याद आया कि क्वार के दिन थे और तुम कलकत्ते में थी और मेरे पाँव में बेहद दर्द हुआ करता था और मैं अपनी खिड़की से पूजाघर की खिड़की से नीचे पोखरे में छपछप करते हुए साँपों को देखा करता था और एक दिन एक बहुत बड़ा पनियल साँप उछाल मार कर आँगन में कूद आया था, और मैं हटा नहीं

बहुत देर तक वह मुझे और मैं उसे देखता रहा और फिर वह लौट गया था...और शायद उसी साल की बात है, जब ज्ञानोदय के धारावाहिक उपन्यास का अन्तिम अध्याय लिखा गया था...मीठा विश्वास भरा।

और यह यादें आते ही मन बेहद उदास और बेहद उचाट हो गया। यह एक सर्वग्रासी उदासी जो पहले अक्सर घेरती थी वह उचटाव जो पहले अक्सर घेरता था, कल बहुत दिनों बाद आया—लेकिन एक तीखे दंशन के साथ आया। I needed you yesterday evening. not to talk, not to speak, not to love. just to take your hands in my hands and feel and feel that I am. That I am not meaningless. That as long as you are—I have a meaning.

उठकर मुँह हाथ धोया, चाय पी, देखा साढ़े चार-पाँच के लगभग समय होगा—धूप धीमी पड़ चुकी थी, शनिवार की शाम थी अत: काफ़ी चहल-पहल थी। मेरे समझ में नहीं आ रहा था क्या करूँ। यह शाम बम्बई में होना खल गया। चाहने लगा कि यह शाम कलकत्ते की होती तो चुपचाप कालीघाट पर जाकर बैठता या इलाहाबाद की होती तो फादर एक्ट्रास के यहाँ जाता चर्च में बिताता या...सूनी कॅन्टूनमेन्ट की सड़कों पर सूरज डूबना देखता। और यह ख्याल आते ही मन और पता नहीं कहाँ डूबने-सा लगा कि वह इलाहाबाद अब कभी-कभी लौटकर नहीं आएगा। उस इलाहाबाद लौटकर जाने का ख्याल ही अब मेरे मन को अवसाद से भर देता है। तुम्हें वे खत मिले ही नहीं जिसमें मैंने इलाहाबाद के अनुभव लिखे थे।

और मन के इस गहन उचटाव का आखिर करूँ तो क्या? कपड़े पहने और Strand Book Stall चला गया। बड़ी देर तक किताबों में उलझा रहा। एक किताब मिली रिल्के की कविताओं का दूसरा खंड। वह ले आया। दूसरी एक किताब के शीर्षक और उसके परिचय ने और अधिक उदास कर दिया अत: उसे भी ले आया। वह किताब थी 'Dante Called you Beatrice' लेखक Paul Potts जो लिखता बहुत दिनों से रहा है लेकिन जिसकी यह पहली किताब छपी है और यह पुस्तक एक प्रकार से उसकी आत्मकथा है जिसमें उसने यह बताया है कि बचपन से उसके सपने क्या रहे हैं और किन-किन अनुभवों से गुज़र कर उसका लेखक व्यक्तित्व और उसका कृतित्व बोध पनपता रहा। और इस पुस्तक का पहला Paragraph ही बेहद मन को छूने वाला है :

This book is an attempt to call a woman, while I was standing on her carpet, asking her to marry me. just what kind of a man it was who loved her, and what other love he had, beyond his love of her. Had she but wanted my love, she would have had to share it with my love for all the poor and each of the lonely. और इस अत्यन्त आकर्षित और प्रभावित करने वाले प्रारम्भिक Paragraph के अन्तिम वाक्य भी अजीब थे—Part of the reason why during many parts of my life I have been very lonely is that I love more deeply than many people (or writers) do. Love is my poetry I have no other.

किताबें खरीद कर घर लौटा लेकिन कल घर बेहद कचोट रहा था। नहीं रुक सका। फिर लौट गया। समुद्र किनारे एक बहुत सुनसान जगह देखी है मैंने, बहुत सुनसान—वहाँ चला गया। आसमान वहाँ बेहद विस्तृत है और समुद्र कुछ औसत से ज्यादा उन्मत्त! और वहाँ मैं पिछली बार एक बार गया था और बहुत अच्छा लगा था और कल समुद्र किनारे की उस अजब सूनसान भयावनी-सी सड़क पर चलता चला गया...और एक अजब जगह पहुँचा जहाँ नीचे कुछ छोटे-छोटे मन्दिर बने थे। तुम जानती हो ऐसी जगहें अक्सर मेरा मन एक अजीब व गहराई हुई शान्ति से भर उठता है लेकिन कल अकस्मात् और भारी हो आया और कुछ अजीब उचटाव बढ़ता-सा गया। राह और सूनसान होती गयी। यहाँ तक कि दो फ़र्लांग में केवल एक आदमी सोचो बम्बई की भयानक जनसंकुलता में यह स्थान कैसा लग रहा होगा। रुक कर उनसे पूछा। उन्होंने बताया यह श्मशान भूमि है-जो अँधेरे में मन्दिर से लग रहे थे वे छोटी-छोटी समाधियाँ थीं। इसके आगे झाड़ियाँ थीं—टीले थे और वह रास्ता एकदम बियाबान जंगल में खो जाता था। मैं चलता गया। भयानक उजाड़ था। बढ़ते-बढ़ते कुछ छोटी दूकानें दीखीं फिर कुछ बस्ती दीखी और फिर एक और अजब दृश्य दीखा—एक बहुत बड़ा परिसर था बहुत बड़ा पक्के पुराने घाटों से घिरा—बरगद के पेड़ों से छाया हुआ पीपल से छाया हुआ—बहुत बड़ा चौकोर। दूर बहुत दूर—उसके दूसरे किनारे पर सैकड़ों दिये जलते हुए तैर रहे थे, जिनकी लपलपाती हुई भयानक छायाएँ पानी में काँप रही थीं...और आगे बढ़ा तो देखा चारों ओर बहुत पुराने मराठे किस्म के मकान हैं फूलमाला, दीपक आदि बिक रहे हैं। पता लगा कि इस बड़े भारी तालाब को बानगंगा कहते हैं और अमावस्या को लोग इसमें स्नान कर दीपक सिराते हैं!... और जाने किन-किन रास्तों से जाने किन-किन बसों पर चढ़ता हुआ कल बहुत देर में घर लौटा और बिना एक शब्द कहे बिना एक बात बोले—बिना पनसुतिया मान्सू लिये चुपचाप अपने गुलाबों को हथेलियों में दबाये-दबाये सो गया। बहुत गहरी नींद आयी जैसे कहीं सहमा हुआ-सा हो मन!

आज सुबह उठा तो देह हल्की पिरा रही थी, पर सिर हल्का था मन गम्भीर था भारी नहीं। आज गया कालबादेवी शर्मा जी से मिलने। वे 3 लाख की जमानत पर छूटे हैं। वहाँ से लौटा तो कई लोग आ गये फिर खाना खाकर सो गया।

काफ़ी सोया और अभी जागा हूँ तो चाय पीकर तुम्हें लिखने बैठा।

आज सोकर उठा हूँ, और मन में एक अजीब इच्छा उठी है। ऐसी इच्छा जो इधर लगभग डेढ़ साल से नहीं उठी थी। आज इच्छा हो रही है कि जैसे पहले बहुत R.B. से गीत कभी-कभी सुनता था वैसे ही गीत सुनूँ—कोई-सा भी—मोतियन माँग सजाये, चन्दन अपने अंग लगाये तुम क्या जानो कैसे ओ जी बावरे पिया! आज रात जाग...या...उठे मंजरियों के नीचे पिया को बरबस प्राण पुकार...नहीं कुछ दिशा काल का ध्यान, नहीं कुछ सीमाओं का ज्ञान, न जाने किधर बहे जा रहे चाँदनी की लहरों पर प्राण...

कितने दिन हो गये सपन! कितने दिन हो गये राज! वह भयानक आरोप, राक्षसी यन्त्रणाएँ, अमानुषिक दृश्य, हृदयहीन अकृतज्ञताएँ। वह जो कोबियाल का सहज सरल विश्वासों, भोली संवेदनाओं, प्यारी उदासियों का जीवन रहा है, वह जो तुम्हारा प्यार रहा है जैसे मिट्टी की भारी परत को तोड़कर फिर अंकुरित होना चाह रहा हो।... और आज जाने क्यों बहुत दिन बाद शायद छह-सात बरस बाद निराला और पंत को फिर से पढ़ने की इच्छा हो आयी—और निराला का एक गीत पढ़ा जिसके सौन्दर्य पर कभी ध्यान नहीं गया था।

मौन रही हार
प्रिय पथ पर चलती
सब कहते श्रृंगार!

कण-कण कर कंकण, प्रिय
किण-किण रव किंकिणी,
रणन-रणन नूपर, उर लाज,
लौट रंकिणी,

और मुखर पायल स्वर करें बार-बार,
प्रिय पथ पर चलती सब कहते श्रृंगार!

शब्द सुना हो, तो अब
लौट कहाँ जाऊँ?
उन चरणों को छोड़, और
शरण कहाँ पाऊँ?-

बजे सजे उर के इस सुर के सब तार—
प्रिय पथ पर चलती सब कहते श्रृंगार!

...अच्छा राज! बस! आज पता नहीं कैसा-
सा उदास-सा, प्यारा-सा, प्यासा-सा,
सुकुमार-सा मन हो रहा है!

और लो! इस खत को बन्द कर अकस्मात् वही किताब Dante Called You Beatrice उलटने पलटने लगा। अभी उस अध्याय तक नहीं पहुँचा हूँ, मगर इन वाक्यों ने जैसे एकदम पकड़ लिया।

If a poem is not a prayer it is not a poem. If a revolution is not personal it is not a revolution at all.

When I speak of you all the words in the language are smiling.

All Those things which as a little boy I thought I would find for every body inside the love of God-and all those thing that as a young man I knew I would find in revolution, I did actually find for my self in your love.

No children, no actual children are living because of my love for you.

But into this language will go some beauty out of the mind of a man. And it is the beauty of your body, which is the star of my darkness.

I hope this love of mine for you and this love of yours for me will be loved by all the honest and poor and lonely decade. after decade, for a very long time; and I hope that it will be hated by bullies for an equal period.

और सुनाएँ—राजे—बहुत अच्छी लगी है, यह पुस्तक—ओह इसका एक-एक वाक्य हीरा है—

Not yet my wife, my bride for ages!
To way to live is to be able to love!
The road I travelled birth after
Birth was the way to your front door.
Every thought in my heart was a wedding ring on your finger.
My heart is a church in which you are always being married.
My love of freedom is the line of marriage in your palm.
My hatred of bullies is the birth cetificate of our child.
Your kindness is my republic, your goodness my sword.

The effect the beauty of your body had on my mind, was the effect the warmth of the sun has on the earth. It quite simply brought things to life, and made them grow.

राजे !...

22.8.60

सुनो, यह मैंने पहली बार आज महसूस किया कि यहाँ बम्बई में भी तीसरे पहर सूरज ढलता है और धूप खिड़की में से तिरछे होकर पड़ती है और एक अलसायापन-सा सब पर छाने लगता है। तुम कितनी-कितनी दूर हो और आज इस बेला में मेरा वह बहुत पुराना प्यारा-प्यारा अलसाया-सा मूड लौटा है, तुमसे ढेर-ढेर-सी नॉन्सेन्स बातें करने का। न, गम्भीर बातें करने का सुख। मात्र तुमसे बोलते हुए अपनी आवाज़ सुनने का सुख, और मुझसे बोलते हुए तुम्हारी आवाज़ सुनने का सुख। आवाज़ मानो तुम्हारी पतली मृदुल अँगुलियाँ हैं, मेरे माथे और मेरे बालों से खेलती हुई, आवाज़ जैसे एक सहमा हुआ लजीला संकोच है, बाँहों में, कन्धों पर, ओठों पर, पलकों पर छाया हुआ... आज बहुत दिनों बाद याद आ रही हैं वे नवम्बर-दिसम्बर की अलसायी हुई सर्द दुपहरियाँ, जब तुम मुझसे रिल्के की कितनी-कितनी कविताएँ सुन-सुनकर खोई-खोई-सी रहती थीं। पर आज कविताएँ भी नहीं सुनाऊँगा। नहीं, कुछ नहीं, कुछ नहीं सिर्फ़ तुम्हारी सुदूर उपस्थिति की मन्द-मन्द आँच में हल्के-हल्के सीझते हुए बहते जाना किन्हीं ख्यालों में भी नहीं, केवल खुले नीले आसमान में हल्के बादल के टुकड़े की तरह!

24 अगस्त, 60

लो दोस्त! वह भी किस्मत में नहीं बदा था। तुम्हें परसों सुबह तीन बजे इतना लिखकर ज़रा पीठ टेकी थी कि आँख लग गयी और जब जागे तो मालूम हुआ कि जिस अलसायेपन को मैं मन की लौटी हुई मस्ती समझ रहा था वह तो बुखार की भूमिका थी। उठा तो अंग-अंग टूट रहा था और कमर और पीठ में दर्द। टेम्परेचर भी रहा होगा पर एक तो थर्मामीटर मिला नहीं, दूसरे सोचा हटाओ, क्या चिन्ता करना, सुबह तक ठीक हो जाएगा। सुबह ख़ूब नहाये, नतीजा यह हुआ कि ऑफ़िस से लौटे तो सर फटा जा रहा था, और पलकें तक जल रही थीं। जैसे-तैसे तुम्हारा खत पढ़ा और आँख मूँदकर लेट रहे। सर तो भारी था ही, खत पढ़कर मन भी बहुत भारी हो आया।

इस समय औचक आँख खुल गयी। सुबह होने वाली है। बदन हल्का

है। दर्द नहीं है, टेम्परेचर एक-आध पाइंट हो तो हो वैसे तो रात-भर बेहद बेचैन बीती है। पर यहाँ बम्बई में तीन बजे के आसपास भोर फूटने के पहले आजकल समुद्र भी बिलकुल खामोश हो जाता है और हवा बहुत भारी होकर जैसे इमारतों पर टँग जाती है, मन इस कदर घुटने लगता है कि तुम्हें बता नहीं सकता। एक दिन शायद नौ या दस को सुबह इसी वक्त बैठकर तुम्हें खत लिखा था। आज भी वही वक्त है। सारा बम्बई पड़ा सो रहा है, केवल समुद्र जाग रहा है, हवा जाग रही है, मैं जाग रहा हूँ। इक्की-दुक्की गाड़ियाँ कभी-कभी बीस-पच्चीस मिनट बाद खड़खड़ गुज़र जाती हैं। जाने क्यों इसी समय उस दिन यहाँ खड़े-खड़े यह ख्याल आया कि तुम कहीं वहाँ से चल न पड़ी हो। आ न रही हो। यहाँ तब कि एक दिन तो मैं स्टेशन भी गया कि...

तुम्हारा मन कभी-कभी इस कदर उदास हो जाता है, यह स्वाभाविक ही तो है। आज चार साल हो गये, तुम्हें लड़ते-लड़ते-लड़ते-लड़ते। कितनी-कितनी चीज़ें छूटीं, फिर मिलीं बदलीं। उनको अजब रूपों में देखा। बीच में बीमारी और प्रवास, मेरी अपनी यन्त्रणा अलग। लेकिन सिर्फ़ एक बात सोचो। एक बहुत छोटी-सी बात। क्या यह सारा संघर्ष स्टैंड जो कुछ तुम्हें दे गया, जो कुछ हम दोनों को दे गया, उसके लिए क्या इससे भी अठगुनी, दसगुनी, सौगुनी कीमतें दूसरों को नहीं चुकानी पड़ीं और फिर अकसर उन अभागों को कुछ नहीं मिला है! जो कीमतें हमें चुकानी पड़ीं, चाहे वह प्रवास हो या बीमारी, चाहे वह नासमझ लोगों का अनजान में या ईर्ष्यालु लोगों का जान-बूझकर किया गया प्रवाद हो, क्या उस सबने धीरे-धीरे हममें अपने स्टैंड को पहचानने और उसके योग्य बनने की क्षमता नहीं दी? हाँ मेरी संगिनी! मैं भी उदास रहा हूँ। यही नहीं, अक्सर टूटने-टूटने की सीमा तक पहुँचा हूँ। लगा है मैं रोशनी के एक कण के लिए किस क़दर अकेले लड़ रहा हूँ। सिवा तुम्हारे सबने छोड़ दिया है। यहाँ तक कि उस ईश्वर ने भी जो सबका साथी रहा है, जिसने वह सब देखा है, यहाँ वह घुटन, वह यन्त्रणा जिसे बाहर वाले कभी समझ नहीं सकते। लेकिन फिर बहुत अन्तर्मन्थन के बाद पाया है कि नहीं, हमारा प्रभु हमें भूला नहीं है। इतना कष्ट, इतनी विडम्बना देते हुए भी हमें पता नहीं किन अदृश्य हाथों से अनजाने सँभाल लेता है। हमें याद दिला देता है कि हमारे व्यक्तित्व की परीक्षा हो रही है...फिर कई बार ऐसा हुआ कि मैं अन्दर से बहुत खिन्न या उदास हुआ हूँ, यह सोचकर कि जिन्हें इतनी अन्तरंगता, इतने सच्चे और गहरे मन से मैंने चाहा, सचमुच प्यार किया उन्होंने (केवल उस लड़की की ही बात नहीं वरन् मेरे इन कितने मित्रों ने भी) मुझे कभी एक बार भी समझने की कोशिश नहीं की। उन्होंने मुझे क्या दिया—उफ़, जो मैं कभी अपने भयानक शत्रु को भी देने की हिम्मत

नहीं कर सकता! मन बेहद कटु रहा, बहुत कटु। लेकिन और कोई जाने या न जाने, तुम जानती हो कि मेरा मन कटु होकर, किसी भी स्थिति में कटु होकर सुख नहीं पाता। उनके प्रति भी नहीं जिन्होंने मुझे समूल नष्ट कर देना चाहा। इसीलिए जब उनके प्रति अपने मोह और उसकी प्रतिक्रियाओं से उबरकर जाँचा-परखा तो हमेशा यह पाया कि वे कटुता के नहीं, तरस के पात्र हैं। जो लोग खुद जीवन में मुल्य चुकाने का साहस नहीं कर पाते वे बहुत कुछ समझने में असमर्थ होते हैं। कभी दूसरे को वे सबकुछ दाँव पर लगाकर कोई स्टैंड लेते और कुछ पाते हुए देखते हैं जिसको पाने में वे असफल रहे हैं तो उनकी अमूर्त कुंठा सम्पूर्णतः विद्रोह कर उठती है। वे अपने चरम एकान्त में अपनी आत्मा के समक्ष हीन अनुभव करते हैं, और फिर बेमानी चीख-चिल्लाहट, शोर-शराबे से अपने को एक नकली सुकून देने की कोशिश करते हैं। हमने या तुमने वह पीड़ा क्या भोगी होगी जो उस क्षण उन बेचारों को भोगनी पड़ती है। अपनी उस चरम पीड़ा को भुलाने के लिए वे एक अफ़ीम खोजने की कोशिश करते है। तुम उदास क्यों होती हो प्यार! तुम शुक्रगुज़ार क्यों नहीं होतीं कि हम या तुम ज़रा कमज़ोर होते और जीवन-भर के लिए अन्तरंग अनुभूतियों के स्तर पर विभाजित व्यक्तित्व, झूठ और आत्मदंशन के उस यन्त्रणा-चक्र में पड़ जाते जिसमें ये बेचारे हैं तो क्या होता?

मेरे! असल में एक बात मैंने और जानी है। आदमी की सामर्थ्य में यह होता ही नहीं कि वह ज़िन्दगी दो विरोधी तरीकों से जिये। ज़िन्दगी जीने का एक ही तरीका है, एक और सिर्फ़ एक—टु बी ट्रू टु योरसेल्फ एंड टु बी ट्रू टु क्वेस्ट ऑफ योरसेल्फ फ़ार कम्प्लीटनेस। जब कभी हम उससे पृथक् कोई भी बचाव-का शॉर्ट कट खोजने की कोशिश करते हैं वहीं हम जीवन की पगडंडी छोड़ देते है। झूठे पलायनों और समझौतों में जीने की बात सिर्फ़ बात है। वस्तुतः वह जीना नहीं होता। उसमें हम मानसिक आत्महत्या कर लेते हैं, और बाकी सारा जीवन एक शव का धारा के वेग में बहते जाने सरीखा होता है, धारा को चीरकर अपनी गति से बढ़ने वाले ज़िन्दा तैराक की प्रगति जैसा नहीं। हाँ, अक्सर उदास मैं भी हुआ हूँ, मगर दूसरी बात पर। जब कभी संकट के क्षणों में हमें यह अहसास होता है, कि जीवन की जिस नदी में लहरों को चीरते हुए हम तैरकर आगे बढ़ रहे हैं, उसमें शायद दो ही चार तैराक हैं, बाकी तमाम केवल शव हैं जो निश्चेष्ट बहते चले जा रहे हैं तो मन पर एक अजीब खिन्नता-भरी उदासी अक्सर छा जाती है। पर वह उदासी एक दूसरे किस्म की होती है। यहाँ आने के शायद दूसरे या तीसरे दिन मैंने तुम्हें अपने एक खत में कन्फ़्यूशियस के कुछ वाक्य लिखे थे, (पता नहीं वह पत्र तुम्हें मिला भी या नहीं, उसी में चौरंगी

वाली दूकान पर पता लगाने के लिए किताबों की लिस्ट भी थी)। उन वाक्यों को इधर मैंने बार-बार पढ़ा है—Truth means the fulfilment of our self, and moral law means the law of our being. Truth is the substance of material existence. Without truth there in no material existence. It is for this reason that the moral man values truth.

इस कसौटी पर कसी तो अकसर वे चीजें, जिन्हें चारों तरफ़ के तमाम कितने ही लोग चीख-चीख कर नैतिकता के नाम पर प्रचारित करते हैं, अन्दर के सत्व से रहित, खोखली और एक मिथ्याडम्बर से कायरता और आत्मवंचना पूर्ण समझौता साबित होती हैं। क्यों उन्हें कभी यह ख्याल नहीं आता कि उनकी कसौटी ग़लत है। उस एक झूठी नैतिकता के नीचे कितनी गलाज़त और कितना ज़हर पनपता रहता है।

लेकिन एक बात और! कम-से-कम तुम गवाह हो कि मैं कहीं-कहीं अपने प्रति बहुत निर्मम हूँ—बहुत, इस सीमा तक कि उससे कभी-कभी मैंने अपना नुकसान भी कर डाला है। इस प्रसंग में भी मैंने अकसर बहुत निर्ममता से स्वयं अपनी चिन्तना को चीर-फाड़कर अलग रख दिया है, और यह जाँचने की कोशिश की है कि कहीं यह मेरा निजी दुराग्रह तो नहीं है, अपने किसी नितान्त निजी मोहावेश में सारे दायित्वों की बलि तो नहीं चढ़ा रहा हूँ। तुम गवाह हो कि ऐसे क्षणों में मैंने अपने को अपने से चीर फेंका है और बिना किसी रू-रियायत के अपने को तह पर तह उधेड़कर जाँचा है और हर बार मैंने पाया है कि अपने को, अपने सत्य को झुठलाकर हम चारों ओर की दुनिया के प्रति उसके सन्दर्भ में अपने कर्तव्यों और दायित्वों के प्रति भी ईमानदार नहीं रह सकते।

अपने को झुठलाकर हम दुनिया का कोई भला कर सकते हैं यह केवल भ्रान्ति है अपने वास्तविक स्व का साक्षात्कार करके ही हम दुनिया का भी भला कर सकते हैं, उसके बिना न तो हम अपने चारों तरफ़ के परिवेश को ठीक-ठीक समझ सकते हैं न अपने दायित्वों का निर्वाह कर सकते हैं। इसीलिए अपने स्व के सत्य को दुनिया की किसी भी कीमत पर न झुठलाना—यह हमारे लिए एक सामाजिक दायित्व भी है। आगे के वाक्य तो और भी मार्मिक हैं—Only those who are their absolute selves in the world can fulfil their own nature, only those who can fulfil their own nature can help and inspire others to fulfil their nature.

इसीलिए मेरे प्यार! हम अपनी सच्चाई पर दृढ़ रहें यह हमारी तमाम समाज और दुनिया के प्रति तिरस्कार की भावना नहीं है बल्कि यह एक प्रकार की निष्ठा है जो हम अनजाने में सबके लिए स्वीकार करते हैं, अपने समवेत अस्तित्व के

लिए। गहरे में कहीं हमारा जीवन सबके जीवन से ज़रूर सम्बद्ध है। मूल स्रोत कहीं अतल गहराई में सबका सम्बद्ध है। हम अपने स्वयं को कुंठित और पंगु बनाकर, अपने जीवन को विषाक्त और मिथ्या बनाकर निखिल संसार के विष और मिथ्या को बढ़ाते हैं। और हर कीमत पर अपने जीवन को सत और निष्ठावान, मधुर और गहरा बनाकर निखिल संसार में व्याप्त असत्य, कटुता और छिछलेपन को कम करते हैं।

सत्य हमारा अपने का साक्षात्कार तो है ही, साथ-ही-साथ वही साक्षात्कार हमसे बाहर जिये जाने वाले समस्त जीवन को अर्थ और अस्तित्व प्रदान करता है। इसीलिए सत्य जिसका आधार है वह सारी कर्म-शृंखला पवित्र है। यही नहीं, बल्कि केवल वही जीवन पवित्र है जिसके मूल में सत्य है, शेष सब विषमय है। कालमय है, जीवन का नाम धारण करता हुआ भी मृत्यु है। अपने सत्य के प्रति वंचना कर हम संसार के प्रति भी घोरतर अपराध करते हैं।

इसीलिए न मैंने बार-बार तुझे बताया है कि इस तरह न उदास हुआ कर मेरी ताकत! तू इतना क्यों नही समझती कि हम जिस चीज़ के लिए लड़ रहे हैं, जिसके लिए एक स्टैंड ले रहे हैं, उसके अर्थ बहुत गहरे हैं, बहुत व्यापक। होता यह है पगली, कि जब हम पूरे परिवेश में अपने जीवन, अपने सत्य, अपनी निष्ठा, अपने स्टैंड को छोड़ देते हैं, केवल उसे नितान्त तात्कालिक या नितान्त सतही सन्दर्भों में देखते हैं, खंडित रूप में, तो अजीब-अजीब भ्रान्तियाँ आकर हमें उदास बनाने लगती हैं। वे भ्रान्तियाँ, वे गलत नजरिये, वे निराधार आशंकाएँ हमारे चतुर्दिक् फैले हुए असत्य और अँधियारे से उपजती हैं और हमारे अन्दर उभरने के लिए लड़खड़ाती, प्रयास करती हुई ज्योति को कुटिलता से दबा देना चाहती हैं। वे अँधेरे में खुद कुलबुलाने की आदी—यह नहीं चाहतीं कि उजियाला हो और जीवन जिया जाये!

दोस्त उदास होने से कैसे काम चलेगा? कब तक काम चलेगा? परिस्थितियाँ, परिवेश, लोग, किंवदन्तियाँ, परम्पराएँ, अनुश्रुतियाँ, विरोध, परामर्श, मैत्री का मुखौटा लगाये दुश्मनियाँ और नैतिक अभियानों का मुखौटा लगाये कुंठाएँ, झूठे भय, नासमझ हित-चिन्ताएँ हमें हर बार बाध्य करेंगी कि हम चीज़ों को सतही, तात्कालिक सन्दर्भ में देखें, झूठे समझौतों और नकली चेहरों वाली ज़िन्दगी जियें। लेकिन हमारे एक-दूसरे के प्रति अर्पण का तकाजा है कि हम हर समय यह जानते रहें कि ये तमाम चीज़ें एक ही असत्य की अनेक प्रतिकृतियाँ हैं और इन सबके जाल को काटने का एक ही तरीका है—अपने सत्य को जीना। और यह अपने सत्य को जीना केवल अपने लिए नहीं है। अप्रत्यक्षत: वह इनके लिए भी है, क्योंकि सबकी मुक्ति का मार्ग यही है, कि सत्य, मात्र सत्य बेलौस और

निडर भाव से जिया जाये।

प्यार मेरे! क्या तुम्हीं ने कितनी बार डूबकर यह नहीं कहा कि तुम्हारे माथे का सूर्य-बिन्दु अन्धकार मात्र के विरुद्ध एक ज्योतिपूर्ण शपथ है। फिर थकान और उदासी कैसी? हमारे तमाम समर्पण में थकान का हक है सिर्फ़ जागरण-थकी पलकों को, लाज-पगे शब्दों को। बोलो, अब तो उदासी नहीं है? खूब गहरे में मधुरा उठी हो न, विभोर, गहरी सलज और उत्फुल्ल!

देखो, तड़के लिखना शुरू किया था, दिन भर बीच-बीच में आरम्भ कर लिखते रहे, शब्द-शब्द में तुम्हें महसूस करते हुए, और लो, आज टेम्परेचर भी नहीं है! अब खुश! लेकिन अब इसी समय जाकर खत जी.पी.ओ. में छोड़ने का लालच रोककर चुपचाप आराम करूँगा। कल सुबह छोड़ूँगा खत! सोमवार को दिन भर खत न मिले तो नाराज़ न होना। बोलो, इस समय क्या कर रही हो? उदास तो नहीं हो न! आज भवानीपुर की तरफ़ गयी थी क्या? रजनीगन्धा के फूल लायी हो क्या? यहाँ बम्बई में तो रजनीगन्धा के उन फूलों को तरस गये। न वह खिलाव, न वह महक, जानती हो, ऊपर से यहाँ उन पवित्र श्वेत फूलों को पीले, नीले, गुलाबी, जोगिया रंगों में रँग कर बेचते हैं! काश किसी तरह हर तीसरे दिन वहाँ से तुम रजनीगन्धा के फूल भेज सकती। रजनीगन्धा से कुछ याद आया—क्या? मैं इस वाक्य को पढ़ने के बाद की तुम्हारी मुद्रा प्रत्यक्ष देख रहा हूँ। भृकुटि टेढ़ी, मन गद्‌गद—क्यों, है न!

30.8.60, 9:00 p.m.

सूर्या रानी भी खूब हैं। हाय रे तुनुकमिजाज़ी और हाय रे रूठना। यानी पिछले हफ़्ते केवल एक दिन का नागा हुआ बुधवार का और उस पर क्या महीन-महीन तराश हुई है।... उधर खत मेरे ले गया उनका एक प्रेमी पोस्टमैन और ताना मुझे सुनने को मिला कि तुमने वहाँ का कुछ हालचाल और निर्णय नहीं लिखा। फिर उसके बाद श्रीमती जी को लम्बे खत में वहाँ का सारा हाल फिर लिखा तो 'महामहिमामयी' रूपगर्विता (अम्मा जी के शब्दों में) ने भागमान को यह भी नहीं लिखा कि वह खत उन्हें रफियनगत (यानी हस्तगत) हुआ या नहीं? हाय रे घरेलू प्रेमद्वन्द्व!

अच्छा छोड़ो। सूर्याजी को एक किस्सा सुनाने की तबीयत होती है। जब मलकये मुअज्जमा को जहाँगीर के दिल की और महलों की सल्तनत मिल गयी तो बाबू जहाँगीर जी पर एक बन्दिश लगाई गयी वह यह कि उन्हें 9 प्याले से

ज्यादा शराब नहीं मिलेगी। श्री जहाँगीर महोदय बहुत चौंके और उन्होंने बड़ा विद्रोह आदि करने की कोशिश की मगर जब आर्डिनेन्स पास किया गया उस समय मान्सू खाँ पहरे पर थे तो जहाँगीर का कुछ बस न चला। उन्होंने नूरजहाँ जी का हुक्म माना और मान्सू खाँ को मोतियों की माला बख्शीश चढ़ाई।... मगर जब शाम का दरबार खत्म हुआ और अपने कमरे में आये तब क्या करें। कमरे के बाहर बैंड वाले धीमी-धीमी गत में बैंड बजा रहे थे। और जहाँगीर साहब कब 9 प्याले पी गये उन्हें याद ही नहीं रहा। अब बार-बार माँगें मगर श्रीमती नूरजहाँ जी बिल्कुल पुलिस दारोगा के पोज़ में अडिग! अन्त में जहाँगीर ने उनके हाथ में बड़ी जोर से चुटकी काटी। पहली बार मल्काए मुअज्जमाँ बोली-"उई!" दूसरी बार बोलीं "आय" तीसरी बार बोली—"ए नौज! तुझपे खुदा की मार पड़े!" मगर जब उसने कुछ नहीं किया और और चौथी बार फिर बाबू जहाँगीर ने नील कमल बनाना चाहा तो बेगम ने अपना भरपूर हाथ जमाया! अब क्या था! उस बहादुर मुगल और उस बहादुर मुगलानी में छिड़ गयी।

बाहर बैंड वाले ताड़ रहे थे। यह क्या गजब हुआ। बाबा रे सुल्तान सुल्ताना में जंग! अब क्या होगा। उन्हें कुछ न सूझा सिवा इसके कि अपना बैंड, ढोल, नफीरी पटक-पटक कर लगे ज़ोर-ज़ोर से रोने-चीखने, जमीन पर लोटने बाल नोचने!

घबरा कर सुल्तान एवं उनकी क्रुद्ध रूपगर्विता, बाहर आये। बेचारे बैंड वालों को और कोई तरीका न सूझा इस विश्वयुद्ध को बन्द करने का। खैर युद्ध तो बन्द हुआ मगर रूपगर्विता कोपभवन में! "मेरी तो इज्जत दो कौड़ी की हो गयी रियाया के सामने। अब तो मैं नहीं मानूँगी, नहीं मानूँगी, नहीं मानूँगी, जब तक कि वो मेरे पाँव को हाथ लगाकर माफ़ी नहीं माँगेंगे।"

तहलका मच गया। अब कैसे होगा? राजकाज चौपट। नूरजहाँ राजकाज देखती थी सलाह देती थी सो उधर अलग पड़ी है, और बाबू जहाँगीर दस्तखत करते थे सो कहते हैं कि जब तक मान्सू खाँ को बेदर्दी से हुक न कर दिया जाएगा तब तक उनकी उँगलियाँ दस्तखत नहीं करेंगी। अब क्या हो!

अन्त में बड़े-बड़े वज़ीर मसलन उनके हिन्दू वजीर अगस्त्य पंडित, गुलाब, नूरजहाँ की घनिष्ठ सहेलियाँ पनसुतिया, दाखा रानी, सब सलाह करने बैठे और एक हल सोच निकाला। नीचे चश्मबाग में नूरजहाँ जी चहलकदमी करने निकलें और ऊपर छज्जे पर श्री जहाँगीर जी विराजमान हों। सूरज निकलने का वक्त हो और जहाँ जहाँगीर जी के माथे की छाँह पड़ रही हो। नूरजहाँ को टहलाते हुए लाया जाये और जब उनके कदम से माथे की छाँह छू जाय तभी श्री जहाँगीर

जी कहें—'मेरा माथा तेरी कदमबोसी कर रहा है।' बहरहाल यही हुआ और जब नूरजहाँ जी टहलती हुई वहाँ आयीं तभी ऊपर से जहाँगीर जी ने आह भरकर गाना गाया—

गुलाबों को देखने को निगाहें तरसती हैं

तुम्हारी क़दमबोसी के लिए राहें तरसती हैं... आ... आ... आ... (यानी तान लेकर)

बस इतना सुनते ही नूरजहाँ का गुस्सा हवा, मुस्कराहट...और नूरजहाँ जी ने ज़रा होठ मोड़कर ऊपर देख कर कहा आ...ओ।

कहावत है, कि अक्लमन्द के लिए इशारा ही काफ़ी होता है। मगर यह शर्त पुरुषों के लिए है। स्त्रियाँ चाहे अक्लमन्द न हों (और शतप्रतिशत नहीं होती हैं।) पर उनके लिए इशारा काफ़ी होता है। इशारा समझ जाएँगी।

।। या देवी सर्वभूतेषु क्षमा-रूपेण संस्थिता।।
।। नमस्तस्यै नमस्तस्यै नमस्तस्यै नमो नमः।।

30.8.60

ओ राज! आज का भी दिन बीत गया और सूर्या का कोई खत नहीं। बस 18 बजे रात का लिखा 15 को छोड़ा खत शनिवार 16 को मिला था।... आज की शाम कुछ देर तो अच्छी बीती, काफ़ी बादल से थे और बूँदाबाँदी हो रही थी। आज पहली बार बम्बई में बादल की गड़गड़ाहट और बिजली का कौंधना दीख पड़ा। साबीशी के कमरे के सामने एक बड़ी बालकोनी है। उस पर कुर्सी डालकर कुछ देर पढ़ते रहे। एक किताब खरीदी थी Poetry of this age. सान्ताक्रुज हवाई-अड्डे पर पिछली बार से पहले जब कलकत्ते गये थे तेरी बीमारी में। उसका पहला अध्याय पढ़ा। मगर जाने क्यों मन बहुत-बहुत उदास-सा हो आया। इसलिए कि अपनी कुर्सी के साथ मैंने एक दूसरी बहुत नाजुक कुर्सी खरीद कर डलवाई है बालकोनी पर और उसकी seat मेरी कुर्सी की seat से ज़रा कम है, ताकि मेरे पढ़ते समय अगर साबीशी बगल वाली कुर्सी पर बैठे तो उसकी बाँहें मेरे घुटने को आराम से घेरे रह सके, और गुलाब... और किताब से उठकर निगाह उधर गयी और फिर मुझसे नहीं पढ़ा गया, थोड़ी देर टहलता रहा। बिजलियाँ चमक रही थीं।

सोचता रहा कई बातें। सबसे पहले दिमाग में आयी एक बात साबीशी ने एक पत्र में लिखा था कि "मैं तुम्हें बता नहीं सकती कि मैं तुम्हें कौन-सा प्यार

देना चाहती हूँ। मैं केवल माँ होती तो अपने छौने का, केवल बहन होती तो...केवल सामान्य पत्नी होती तो तुम्हारे दैनिक सुख-दुख...। सोचता रहा कि साबीशी को यह बता दूँ कि वह जिस प्यार की बात सोचती है, वह इन तमाम सम्बन्धों को समाहित करता है। माँ बनकर, बहन बनकर, पत्नी बनकर और यह सब एक साथ बने रहकर ही वह प्यार किया जा सकता है। माँ, बहन, पत्नी, मित्र, प्रेरणा, प्रिया, सखी, शिष्या, Glamour girl— सब-सब घुल-मिलकर फिर एक वह प्यार बनता है, जिसका पाना मानो भगवान का पाना होता है। जिसके लिए किसी ने कहा था—

आ मेरी कायनाते दिल मेरी बहारे ज़िन्दगी
आ कि मैं यह न कह सकूँ मुझको खुदा न मिल सका।

और जानता हूँ, कि इसीलिए उस बहुत से पहलू वाले हीरे का अगर एक भी पहलू नहीं चमकता तो मन कसकता रहता है—मसलन सारे मन का भरे-भरे रहते हुए भी इस बगलवाली कुर्सी का खाली रहना...

यह मन तो बहुत ही निरंकुश शासक है न इस तन का। एकदम पाँव टीसने लगे और खड़ा नहीं हुआ गया। छोटेलाल खाना खिलाकर बाहर गया था। आकर लेट गया। छोटेलाल आया तो उससे पाँव दबवाये, फिर पानी गर्म करा कर पाँवों को तेल नमक से धोया। तब कुछ राहत मिली। फिर उठा, बत्ती जलाई—और पढ़ा तो नहीं पर बहुत देर तक एक चित्र देखता रहा।

हाँ, उस चित्र की बात सुन लो क्योंकि वह मेरे लिए एक नया thrill है। जो अभी तक जीवन में नहीं मिला था। इस समय पिछले 50 वर्षों के तमाम Painter में से तीन Painter सबसे बड़े माने जाते हैं अमृता शेरगिल, जार्जकीट और हुसैन। अमृता शेरगिल के चित्र तो अब Classics बन गये हैं, जार्जकीट का चित्र 1500-2000 से कम का नहीं मिलता। हुसैन के चित्र भी 800-1000 के मिलते हैं। शेरगिल की मृत्यु हो गयी, जार्ज कीट अब सीलोन में रहते हैं केवल हुसैन यहाँ हैं।

हुसैन से एक दिन भेंट हुई जिन दिनों बद्री विशाल पित्ती आये हुए थे। उन्होंने डिनर दिया था लॉ बैला में जहाँ एक स्पुटनिक नामक स्पेनी नर्तकी आयी हुई थी वही लोला नृत्य के लिए। वहाँ हुसैन भी मौजूद थे। प्रौढ़, बड़ी-सी दाढ़ी, बहुत सीधे और हँसमुख। मालूम हुआ कि उनका स्टूडियो साबीशी के नये Flat के बहुत पास है कई दिन हुए एक शाम को उधर टहलते हुए गया। भूलाभाई देसाई का बहुत सुन्दर बँगला Modern Art Institute बन गया है। उसी में चित्रकला विभाग में हुसैन का स्टूडियो है। बड़ी शान्त जगह सामने समुद्र, न

भीड़-भाड़ न शोर लॉन पर ग्रासकटर मशीन चल रही थी और लगा कि सदियों बाद कटे लॉन की घास की महक और इस मशीन की खर्र-खर्र सुन पड़ी।

एक चित्र था हुसैन का। ले आया कि धर्मयुग में छापूँगा। बहुत ही सूक्ष्म, बहुत प्यारा और कमाल का। मगर मालूम हुआ कि फ़ोटोग्रैव्योर में यह छप नहीं सकता इतना बारीक है। तीन दिन वह सामने दफ्तर में रखा रहा और मेरे दिमाग पर छाता गया मन में धँसता गया—I can't part with it. आज दोपहर को हुसैन का Public Relation officer चित्र वापस लेने आया तो मेरे अनजाने मेरे मुँह से निकल गया—"I will Purchase it at any cost I want to keep it in my wife's bedroom." उसने अचरज से मुझे देखा और कहा, 'अच्छा मैं हुसैन से phone पर पूछ लूँ। उसने हुसैन से पूछा—पहले वे हिचकिचाए फिर मालूम हुआ कि Chief editor wants for his wife's bedroom तो हँसकर बोले, 'ठीक फिर कह दीजिये कि Painting उन्हें नहीं बेगम साहबा को दे रहा हूँ—जो मुनासिब समझें दे दें।

अब मैं और पशोपेश में पड़ा। P.R.O. ने दिखायी अपनी File कि उस पेंटिंग के लिए चेक काउन्सुलेट से 1100 की बात हो रही थी। फिर Phone किया हुसैन बोले—700-500-300 जो वो देना चाहें दे दें। मैंने 100 की उसी समय चेक दे दी और कहा बाकी 600 या जितना और होगा—बेगम आकर निबटाएँगी खुद!

उसके बाद एकदम खबर फैली कि मैंने हुसैन की Painting खरीदी है। गोन्धलेकर जी भी देखने आये। सबने कहा कि बहुत सस्ती मिल गयी। मालूम हुआ कि हुसैन ने किसी से कहा था कि मुझे नया एडिटर बेहद भाया है। उस आदमी में दिल है जो कम लोगों में होता है। अभी वह पेंटिंग घर नहीं लाया हूँ। उसे Frame होने दूँगा।

पहली बार अपनी ज़िन्दगी में असली महान Painter की Painiting खरीदी है, साबीशी के लिए। यह कितना बड़ा घमंड है। गहने खरीदूँगा उसके लिए, चीज़ें पहले खरीदी हैं, उसके लिए, साड़ियाँ खरीदी हैं, पर इतना घमंड कभी नहीं हुआ था।

Wednesday 9:30 P.M

31.8.60

क्या बताएँ यार, एक चीज है जो लगता है, मुझे इस ज़िन्दगी में कभी न आएगी। तुम्हारे डर के मारे एक आध बार उसे आजमाया था लेकिन मेरे लिए मुमकिन

नहीं वह चीज़। वह है बस पर चढ़ना। वह मुझे कभी नहीं आएगा। आज शाम को बहुत हिम्मत करके चढ़े और फल भुगता। आज पारसी new year के कारण half day था। नये Flat के लिए तमाम चीजें खरीदनी थीं लेकिन आसपास में नहीं थीं। अत: घर आकर फिर Croford market गये। काफ़ी देर तक चीजें ढूँढ़ीं। खरीदीं। टैक्सी में लेकर लौटे। टैक्सी से सब सामान उतर आया पर एक बहुत खूबसूरत चीज खरीदी थी जो छोटेलाल उतारना भूल गया और Taxi उसे लिये दिये लौट गयी। शाम को फिर एक चीज लेने जाना था। दिन भर में 10 टैक्सी के खर्च हो चुके थे और चीज़ गायब हुई अलग से। सोचा चलो इस बार बस से चलें। बहुत हिम्मत करके बस स्टैंड में खड़े हुए। क्यू में बिल्कुल सामने एक बम्बइया पारसी नवयौवना थी जो निस्सन्देह अपनी खोपड़ी में शुद्ध गरी का तेल डालती होगी। तुम जानते हो दोस्त कि उस लड़कियों के अत्यन्त प्रिय तैलपदार्थ की खूशबू से मुझे पैदायशी घृणा है। फिर भी सोचा चलो आदमी घर गिरस्ती के लिए सारा जीवन खपा देते हैं, मैं S.R. के ताने से बचने के लिए दो मिनट गरी की खुशबू सह लूँ तो क्या ऐसी बड़ी बात है, सो सहते रहे (यूँ उस सहने के पीछे एकनिष्ठता के अलावा एक रहस्य और है डियर बाल उसके अच्छे थे और जिस angle से मुझे दीख रहे थे उस angle से कन्धे बहुत सुडौल दीखते थे— लेकिन बस विश्वास करो केवल कन्धे। क्योंकि पीछे खड़ा था न क्यू में पर हाँ जैसे थाली के एक चावल से सारे चावल जाने जाते हैं वैसे ही कन्धों की सुडौलता से...समझे न) बहरहाल जैसे-तैसे गरी के तेल की खुशबू सहकर बस पर सवार हुए। वह दो पल का मिलन विरह में परिणत हो गया क्योंकि वे नारिकेल सौरभ विभूषिता कन्धामयी किसी दूसरी बस में चढ़ने वाली थीं। विरह में आदमी की सुधबुध खो जाती है। यह कवियों का वचन नितान्त यथार्थ है, क्योंकि आपेरा हाउस का टिकट लिया पर आपेरा हाउस कहाँ और कब उन कन्धों के बीच से फिसल गया यह मालूम ही नहीं पड़ा। जो route था उसमें आपेरा हाउस से चल कर फिर वह बस दो मील दूर जाकर रुकती थी। सो साहब आपेरा हाउस के लिए बैठकर चर्चगेट के पास उतरे। अब पछताए क्या होत है। टैक्सी की शरण लेनी चाही तो उसने शुद्ध खण्डिता नायिका की तरह भौं चमका कर हाथ मटका कर कहा "जाओ, जाओ, जिस चटकनी भटकनी बस पर सारी शाम गुज़ारी उसी के पास जाओ न! बहरहाल क्या करते। आज गणपति विसर्जन के जलूस निकल रहे थे। अत: टैक्सियाँ इधर आने को तैयार ही नहीं होती थीं। अन्तोगत्वा श्रीमती एस.आर. को कोसते-कोसते लगभग 6 मील पैदल घिसते हुए घर लौटे। कान को हाथ लगाया कि बाबा चाहे कलह हो चाहे गृहयुद्ध, चाहे ताने मिलें मैं बस पर नहीं चढ़ने का—बस!

तो आजकल ये ये मज़े उड़ रहे हैं। साली साहिबा के साथ डिनर, और लंच और घुमक्कड़ी। ओ.के.। हम भी देखेंगे! आज ही लोला को Phone करेंगे।... अच्छा बेटा यह बताओ कि कल रात लिखकर आज सुबह जो खत तुम्हें छोड़ा था वह मिला। वही जिसमें नूरजहाँ जहाँगीर वाली कहानी लिखी थी तुम्हें। तबियत हरी हुई उसे पढ़कर। भतीजे, अगर अकेले यहाँ रहकर कनुतन का प्रत्येक क्षण का दंशन सहकर 9 बजे से 5 बजे तक एक से एक कूढ़ मगज़ सहकारियों से जूझकर फिर बम्बई में 20, 20 मील का चक्कर लगा कर 100 Flat देखने पड़ते और एक-एक flat के लिए 5,5 हाउस agent पिछले 15 दिन से सुबह शाम रात 12 बजे तक घेरे रहते फिर flat मिलने पर सुई से लेकर हाथी तक का इन्तज़ाम करना पड़ता तब पूछता दाखों को मसल के कि क्या हाल हैं? तुम तो बेटा गये थे सिरिफ एक वार्डरोब लेने कि उसने देखते ही तुम्हें तिड़ी किया चलो-चलो आये हैं वार्डराब लेने। 'उनको' भेज देना। उनकी गारंटी के बिना नहीं देंगे। यहाँ तक कि भाभी को दिखाने बेटा तुम अस्पताल ले गये तो वहाँ उन्हें तो देख लिया गया तुमको उसने भी भगा दिया—"जाओ...जाओ- नये-नये मरज चले हैं। यह मरज़-वरज़ कुछ नहीं। उनके पास जाओ—

सोचो—और मैं हूँ कि अकेले वार्डरोब ही नहीं हर प्रकार की चीज़ का इन्तज़ाम करना पड़ रहा है। और अकेले—फ़कतदम अकेले। यहाँ तक कि अगर अकेले न होते तो कम से कम बस पर कोई याद तो दिला देता कि आपेरा हाउस उतरना है।

अच्छा हटाओ! घर गिरिस्ती बहुत ज़हमत की चीज़ होती है। अब यह सोचो कि आज यहाँ आये इतने दिन हो गये अभी तक खूँटियाँ ही नहीं गड़ पाईं कि कपड़े टाँगूँ। क्या करूँ यह जगह कोलाबा की तरह market तो है नहीं। फिर दो एक से कहा कि मिस्त्री चाहिए तो उनके समझ में ही नहीं आया आज 7 दिन बाद इतना मालूम हो पाया कि मिस्त्री को इस बेहूदे बम्बई में सुतार कहते हैं। अब कल चारों तरफ़ पूछूँगा कि सुतार कहाँ मिलता है।

Paul Potts की कुछ लाइनें तुम्हें लिखी थीं। उसका एक बहुत प्यारा वाक्य और पढ़ने को मिला।

The ideas running excitedly through one's mind into one's body. as one is making love to a woman who both loves and is loved by you, are liable to be exactly the same as those experienced by a genuinely holy person when kneeling before the blessed sacrament of the CHURCH.

Monday 5.9.60
12:00 p.m. Midnight

मेरे बल!

मेरे विश्वास! मेरे जीने की एक मात्र सार्थकता, मेरी ईमान, मेरे धर्मकर्म की संगिनी—मेरी प्यास, मेरा नशा!!

आज यह मन इसी तेरे समुद्र की तरह हहरा-हहरा कर आकुल है तुझे बाँध लेने को! क्यों यह मैं खुद नहीं जानता। वैसे तेरा यह समुद्र तो 3,4 दिन से बिलकुल पागल है। यह मकान है, इस के बाद सड़क फिर मकानों की कतार, फिर सड़क और फिर समुद्र है लेकिन उफ़ शाम ढली, गाड़ियों का शोर शान्त हुआ कि समुद्र की वह रहराहट सुन पड़ती है, जैसे खिड़की पर लहरें टूट रही हों। पर यह तो कई दिन से सुन रहा हूँ आज चन्दन बाँहों में बहुत-बहुत कस लेने की पी लेने की डूब जाने की चरम आकुल प्यास क्यों है? जाने क्यों कल साबीशी के कमरे में पहली बार वे फूल लगाये न लाल कमल के तो जाने क्यों ऐसा लगा गोया आजकल मेजपोश बिछे हुए हैं, और आज लाल कमल मुरझाये देखे तो यह लगा कि क्या इस बार गुलाबों और पनसुतियों को बहुत मुरझा दिया है।

ओ मेरे चरम उन्माद! आज तुम्हें इतना क्यों चाह रहा है, यह सारा तन मन!

या तो आज सूर्या को मेरी बहुत-बहुत ज़रूरत है! बहुत! मगर क्यों?

कैसा अजीब है कि कभी-कभी ऐसी रातों में मन जन्म और इससे पहले के जन्म और जन्म-जन्मान्तरों के पहले के जाने कौन से सुख, जाने कौन से वायदे, जाने कौन से घाव जाने कौन से सुख दीपशिखा के मधुरतम सम्वेदन याद करना चाहता है। एकदम जैसे अपने चारों ओर की दुनिया का भौतिक घेरा टूट जाता है। और जाने कौन-कौन से जिये हुए अनन्त जीवन का क्षितिज दीखने लगता है—आज कुछ-कुछ लग रहा है, उस रजनीगन्धा रात की शाम जैसा जब मेरे हाथ में टैगोर की 'मालाकार' थी और मैं उसमें से पढ़ता जा रहा था, पढ़ता जा रहा था—और समय बँध गया था और दिशाएँ डूब रही थीं और टूट गयी थीं रजनीगन्धा की मालाएँ और डूब गये थे, सारे नाम और रिश्ते—और रह गयी थी केवल मेरी दिग्वधू कालवधू—

और कालान्तर में कितनी और चीजें जुड़ीं जो कितनी आज मन को गुदगुदा रही हैं। याद आ रही है, गर्मियों की रात वह नीला कमरा और अपनी विचित्र सप्तपदी। याद आ रही है गृहवधू की मुद्रा! याद आ रही है वह उपद्रव और riots और गोली आदि की वह शाम और मेजपोश लाने की बात। और सब-सब भूल गया। याद आ रही है, चीना पीक अँधेरी झील में तैरती हुई नाव, याद आ रही है 16 जून की शाम, याद आ रही है कालीघाट की सावित्री की मूर्ति

का सिन्दूर। आज पता नहीं क्यों कितने-कितने दिनों बाद मन इतना खुला हुआ उजराया हुआ-सा है।

दिन में ऐसा नहीं था। आज दिन में तबीयत बहुत सुस्त थी। लंच के समय घर लौट आया था, और सो गया था। 4 बजे उठकर फिर ऑफ़िस गया। वहाँ से घूमता रहा। आज उषा नेमि के यहाँ खाना खाकर उन्हीं के साथ 'परख' देखने का कार्यक्रम था। रात 12 बजे पिक्चर खत्म हुई यह Flat वहाँ से बहुत दूर है। डॉक्टर कमल अपनी गाड़ी में घर छोड़ने आयी मुझे। अकेली यहाँ से लौटी। पिक्चर हाउस उधर कोलाबा की सैनिक बस्ती में था, बड़ा प्यारा, शान्त बिल्कुल गाँव जैसा—

ओ प्यार! ओ प्यार! ओ प्यार! How tenderly my whole existence is love sick for you this night. और कितनी किताबें अभी उलटीं और हर वाक्य जो प्यारा लगा जैसे तुम्हें मेरे अंग-अंग में जगा गया। हर शब्द जो प्यारा लगा जैसे तुम्हें छू गया।

और इस समय सब खो गया है। खो गयी है यह रात यह चाँदनी नहाये पेड़! खामोश हो गया है समुद्र—केवल एक तुम्हारा चेहरा है, चारों ओर एक तुम्हारा चेहरा है केवल उस समय का जब छौनू अपने गुलाबों को प्रत्यंचाओं में कसे बेहोश होता है, और तुम ऊपर से उसे बाँहों में समेटे ममता से देखती हो, झुकती हो—और तुम्हारा चेहरा है जब तुम सुहाग से भरकर पाँव छूने झुकती हो—और तुम्हारा चेहरा है जब तुम पनसुतियों से हंसू को अमित दुलार कर बहुत कृतज्ञता से निगाहें उठाकर देखती हो—

ओ प्यार! आज क्या कर रहे हो तुम इतनी दूर बैठकर!

Sunday 9: p.m.
11 SEPTEMBER 60

लो राजे, आज लिख डाला यह निबन्ध राव साहब की पत्रिका के लिए। देखो तो मन कहाँ पर किस तरह किसके अधीन हो जाता है, इसे कभी-कभी चेतन स्तर पर हम भी नहीं जानते। इस निबन्ध को 9 की रात से कल रात तक तीन बार लिखने बैठे मगर एक पृष्ठ लिखकर आगे लिखा ही न जाये। कुछ समझ में नहीं आये।

उसके बाद किया यह कि उठाया यह पैड जिस पर S.R. को पत्र लिखता हूँ। उस पर लेख लिखना शुरू किया और देखो सपन कि कलम बेझिझके इस

तरह चलने लगी मानो रूठी बैठी हो कि जब तक दुनिया की हर चीज S.R. के नाम पत्र की भावना से नहीं लिखी जाएगी तब तक कलम चलेगी ही नहीं। उफ़ रे किसी का जाना-अनजाना तानाशाही नियन्त्रण। पहले सुनते थे सब कुछ कृष्णार्पण होता था— काम क्रोध मानादिकम् तस्मिन्नेव करणीयम—अब सब कुछ S.R. र्पणम्'

आज स्टेनो को बुलाया था उसे लेख टाइप कराने दे दिया। (टाइप हो गया है) कल इसे भेज दूँगा। कल S.R. के लिए दूसरी चीज़ लिखूँगा। A.I.R. के लिए एक वार्ता लिखी है। और मंगल को record करानी है। वह कल सोमवार को पूरी करूँगा। परसों बुधवार को सुबह की ट्रेन से पूना जाऊँगा वहाँ शाम को अखिल महाराष्ट्रीय राष्ट्रभाषा प्रचार सभा के हिन्दी दिवस पर Preside करना है कोबियाल मोशाय को। बुधवार की रात को ही आने की पूरी कोशिश करूँगा।

अच्छा बता तुझे मेरे सब पत्र मिले? छह-सात का एक साथ गया था। 8 का इनलैंड। 9 का लिफ़ाफ़ा—ओ राज इस बार 9 को बहुत प्यारा, अलसाया, हल्का खिला हुआ—मूड रहा! फिर 10 शनिवार यानी कल तुझे एक express inland घर पर छोड़ा था ताकि आज इतवार को मिल जाय।

कलकत्ते में इस बार आऊँगा तो एक सज्जन से मिलने की बहुत इच्छा जाग गयी है। वे हैं उड़िया के प्रख्यात लेखक सोची राउत राय। उन्होंने अपनी कई कहानियाँ और कविताएँ भेजी हैं। एक उनकी कविताओं के अँग्रेजी अनुवादों का संकलन निकला है। तू सुनेगी तो एक सुनाऊँ उनमें से—

The night ends;
A night of fragrant flowers;
But as the sun draws his bow,
We will bar him love,
And blow out the lamp of day.

The light of dawn
Dimmed behind the clouds of hair,
A day shut out
A fragrant nigt, detained,
For you and me.

In the dark of unbraided Coils,
Entangled,

I lose my way;
Lighter knocks to return baffled
From the portals of a dusky land.

On the twin hills of your rounded breasts,
Entrenched shall I lie,
Carnation lips riddled with bite,
We shall sip the honey dew,

Our mingling breaths would raise a storm,
And rear an army of clouds;
From behind the walls of your heaving breasts
We shall fight the intruding sun.
Sweat beads from tired limbs
Blending with musk and lotus dust,
A torrent of unloosed hair
Showering petals of rose;

The sweet jingle of your bangles,
The ghilly calling
A midnight of unafastened hair,
Bar the mornings in road;
You and I
Shall hold the night Prisoner,
And Barricade the break of the day.

इसे पढ़कर मुझे 22 हैमिल्टन रोड की सुबहें कितनी याद आती रहीं।

अब लेख भी पढ़ लो—

''ये लोग! ये लोग अपने को भारतवासी कहने में शर्माते हैं! इनका तन देशी है पर मन विदेशी। इनका सोचना, समझना, लिखना-पढ़ना, रीतिरिवाज़, बातचीत सब विदेशी है। वे रहते कलकत्ते में हैं, पर साँस लन्दन और पेरिस में लेते हैं। तुम उन्हें जानते नहीं भारती!

अपने स्वभाव के अनुसार तारा बाबू उत्तेजना में बोल रहे थे। हमेशा उत्तेजित होने पर उनकी आवाज़ में एक चोट खाया हुआ सात्विक गुस्सा होता है। वह गुस्सा इस समय भी था और वह चोट इस समय भी कसक रही थी। (आप

उनसे सहमत हों या असहमत पर आप इससे कभी इंकार नहीं कर सकते कि वे उन थोड़े से खरे लेखकों में हैं जिन्होंने अब भी अपने 'हृदय' पर अपने मर्म पर कोई कड़ा आवरण नहीं चढ़ने दिया है। चाहे समकालीन घटनाएँ हो या मूल्यों का संघर्ष, किसी की भी चोट लगने पर उनका हृदय पूरी तीव्रता से झंकार उठता है।)

उनके कमरे का वातावरण मुझे सदा बहुत पवित्र और बहुत अपना-सा लगा है। नीचे बिछे फर्श पर उनके पास बैठकर उनसे बातें सुनना मेरे लिए पिछले 12 वर्षों से एक बहुत गहरा और मीठा अनुभव रहा है। इस बार मद्रास कॉन्फ्रेंस के बाद उनसे पहली बार भेंट हुई थी। चर्चा उनके अध्यक्षीय भाषण को लेकर चली और आधुनिकता के प्रश्न पर टिक गयी थी। अपनी पीढ़ी के अधिकांश लेखकों की भाँति अपने साहित्य में आधुनिकता लाने के लिए बहुत हद तक वे ज़िम्मेदार थे और अपनी पीढ़ी के अधिकांश लेखकों की भाँति वे समकालीन नयी पीढ़ी की आधुनिकता से असन्तुष्ट थे।

उनके लिए मेरे मन में एक अजब-सा श्रद्धाभाव है। भारत के सर्वश्रेष्ठ जीवित कथाकार के रूप में तो है ही, उससे बढ़कर उनके उस अत्यन्त भावतरल, निष्कपट, द्रवणशील व्यक्तित्व के लिए है जिसे कितने घात-प्रतिघातों के बीच मैंने ज्यों का त्यों देखा है। लेकिन अब कई बार ऐसा हुआ है, कि उनकी बातों से मैं अपने को सहमत होने की स्थिति में नहीं पा सका हूँ। इस समय भी वे कह रहे थे, पर मेरा ध्यान बायीं ओर की दीवार पर टँगी पेंटिंग पर था जिसमें छोटे लाल फूलों वाला काँटेदार पौधा बना था। कभी कहीं मैंने आधुनिकता का प्रतीक काँटेदार कैक्टस का पौधा परिकल्पित किया है और वही बात मुझे याद आ रही थी। पर लौटते समय टैक्सी में बैठा उस भाषण की प्रतिलिपि उलटने-पलटने लगा तो उसका एक वाक्य मज़ेदार लगा—

"Every fad and fashion in England and rest of the western world induced sympathetic symptoms in the progressive sections of our country after anything between a decade and a country of its vogue in origine. The hula hoop has its intellectual, literary political and philosophical counterpart...शाम हो चुकी थी और श्याम बाज़ार का वह हिस्सा जगमग, रौशन, रौनक अफरोज़ लग रहा था, और मैं थका हुआ टैक्सी की खिड़की से बाहर देखते हुए मन से सिर्फ़ एक 'इमेज' बना रहा था—नयी कविता एक हूला हूप है। हम सब तमाम नये कवि अपने-अपने छोटे-छोटे 'हूला हूप' लिये खड़े हैं: गिरजाकुमार जी, शमशेर भाई, रघुवीर सहाय, नरेश, सर्वेश्वर और बेचारा मैं भी। पर इनके साथ तीन बड़े-बड़े हूला हूप हैं। तार सप्तक, नयी कविता पत्रिका और

नकेन के सम्पादकों के पास जिसमें हम सबके हूलाहूप समा जाते हैं। एक, दो, तीन...संक्रान्ति काल में से आधुनिकता उदित होती है और सब बदन मोड़-मोड़ कर हूलाहूप नचाने लगते हैं।

थोड़ी हँसी आयी और फिर तुरन्त लगा। राम! राम! कैसी बुरी कल्पना कर रहा हूँ। तारा बाबू का क्या बिगड़ेगा मेरी तो जान चली जाएगी। पर इमेज दिमाग में बैठी सो बैठी। रास्ते भर सोचता रहा कि आधुनिकता क्या सचमुच हमारी पुरानी कमर में पड़ा नया 'हूलाहूप' है?

घर आया तो मरीज़ की तीमारदारी, और सुशील और श्याम की लच्छेदार बातों में सब भूल गया। शायद अगले दिन दोपहर की बात है जब 'नीरा' के सामने लंच के लिए सेंगर जी का इन्तज़ार करते-करते बगल में अपनी प्रिय बुक स्टॉल में बुद्धदेव बसु द्वारा सम्पादित 'कविता' पत्रिका का शतांक देखा जो अँग्रेजी में निकाला गया है। उसे लेते ही तुरन्त निगाह पड़ी ज्योतिर्मय दत्त के लम्बे लेख पर जो शायद उस अंक की सबसे महत्त्वपूर्ण कृति है।

'कविता' बांग्ला की आधुनिक नयी कविता की प्रतिनिधि पत्रिका है, जिसका सौवाँ अंक विशेषांक के रूप में प्रस्तुत किया गया है। अधिकांश बांग्ला तथा कुछ अन्य भाषाओं की कविताओं का अँग्रेजी रूपान्तरण। इस अभिप्राय से कि विदेशों को इस आन्दोलन का परिचय मिल सके। ताराबाबू का वाक्य सुना था तो उससे सहमत नहीं हो पाया था, लेकिन तरुण लेखक, कवि समीक्षक ज्योतिर्मय का लेख ज्यों-ज्यों पढ़ता गया, त्यों-त्यों लगा कि तारा बाबू का कथन नितान्त निराधार हो ऐसी बात तो नहीं है।

लेख मूलतः बांग्ला नयी कविता पर है, स्वयं नयी बांग्ला कविता पर तो लेखक के विचार चौकानें वाले हैं ही अगर उसने उसके आधार पर नयी कविता मात्र पर जो कहा है वह कम चौंकाने वाला नहीं है। दत्त मोशाय की स्थापना यह है कि समस्त भारतीय इतिहास में बंगाली जाति सबसे असफल जाति रही है। "संस्कृत के महाकाव्यकारों तथा दिल्ली के मुगल सम्राटों द्वारा समान रूप से उपेक्षित हुई फिरंगियों द्वारा सन्देह की दृष्टि से देखी गयी जिन्होंने स्वाधीनता का सौदा किया, उनके द्वारा बंगाली जाति से दुर्व्यवहार हुआ—अन्ततोगत्वा आधुनिक युग में बंगाली ने कविता को संसार के विरुद्ध प्रतिकार के रूप में अपनाया लेकिन यह भी प्रतिकार का ऐसा माध्यम है, जहाँ बाहरी व्यक्ति उस सफलता का ठीक-ठीक आकलन नहीं कर पाता अतः यह प्रतिकार भी ले देकर उसी को अन्दर आहत करता रहा।"

अगर आप दत्त मोशाय की यह स्थापना हृदयंगम कर लें तो लेख की शेष स्थापनाओं और कविता का यह शतांक विशिष्टांक निकालने का अभिप्राय भी समझ

में आ जाएगा। आगे यह बताया गया है कि अँग्रेज़ी भाषा का हमारा अज्ञान ही नहीं वरन ज्ञान भी किस प्रकार अनुवाद के लिए एक व्यवधान बन गया है। लेकिन भलाई केवल इतनी है कि हमारी कविता उस अर्थ में पूर्वीय नहीं है जिस अर्थ में चीनी या फ़ारसी कविता है। (शायद दत्त मोशाय का संकेत लिंपो और उमर खैयाम की कविता की ओर है क्या?)

लेख में ज़रा-सा ध्यान देकर पढ़ने पर बहुत मनोरंजक बातें मिलेंगी लेकिन उन्हें नज़रअन्दाज़ भी कर दें तो एक बात तो स्पष्ट है कि लेखक एड़ीचोटी का पसीना एक कर पाश्चात्य पाठक का ध्यान अपनी ओर आकर्षित करने के लिए परेशान है। कोई भी तर्क जो इसमें उपयोगी हो सकता है, कोई भी वकालत जो इसमें काम आ सकती है वह उसने छोड़ी नहीं है। उसने शुरुआत ही की है, यह कहकर कि "हमें हमारे देशवासियों ने उपेक्षित किया ओ तुम बाहर वालो तुम हमारे काव्य स्वर सुनो!" फिर उसने भाषा की दीवार पर दुःखी होकर पुकारा है "सुनो विदेशी सुनो क्या मेरा अनुवाद तुम तक पहुँचता है।" और अन्त में एक चतुर सेल्समैन की तरह उसने कहा है कि चीनी और फ़ारसी कविता के पीछे तुम पागल हुए पर हमारा माल ट्राई करके देखो 'हमारा माल तो उन अर्थों में पूर्वीय नहीं है। वह पश्चिमी मानस के लिए अधिक ग्राह्य है।

और ज्यों-ज्यों मैं लेख पढ़ता गया, मुझे लगा कि कम से कम कुछ लोगों पर ताराबाबू की वह आलोचना ज़रूर लागू होती है। इन्होंने अपनी पुरानी और इन्हीं के शब्दों में 'आहत' कमर पर आधुनिकता को हूलाहूप की तरह ग्रहण किया है, और उसे नचा-नचा कर यह कह रहे हैं कि हमें देखो हम आधुनिक हैं। न सिर्फ़ यह कि हम आधुनिक हैं, वरन ओ विदेशी बिरादर एशिया की अन्य जातियों के मुकाबले में कविता में हमारी आधुनिकता तुम्हारे स्वाद के ज्यादा माफ़िक है और यही नहीं वरन हमें सहारा दो क्योंकि भारत में भी दूसरों के पास तो और बहुत कुछ है, हमारे पास तो दिखाने के लिए कुछ नहीं है सिवा अपनी काव्याधुनिकता के!

हाँ सच बात है, कि ऐसे लोग हैं जो रहते कहीं हों साँस पेरिस और लन्दन में लेते हैं। पर इतना ज़रूर है कि ऐसे लोग किसी भी समय, किसी भी जीवन्त संस्कृति के लिए खतरे का कारण नहीं होते। वे केवल रोचक अध्ययन और कुछ अंशों में दया के पात्र भी होते हैं। यदि हमारी संस्कृति की गति अवरुद्ध है या वह अन्दर से रुग्ण है तो मैं यह नहीं मान पाता कि अवरोध के मूल कारण ऐसे लोग या ऐसी प्रवृत्तियाँ हैं। मुझे बराबर यह लगा है, कि रोग का मूल कारण कुछ और है। ऐसे लोग तथा ऐसी प्रवृत्तियाँ केवल उस रोग के बाहरी अभिव्यक्त

लक्षण (Symptoms) हैं। तन्त्र के मूल कारण क्या हैं यह मैं यहाँ नहीं दोहराऊँगा—('मानवमूल्य और साहित्य' के कई अध्यायों में विस्तार से इस पर बात कर चुका हूँ, 'एक भव्य अतीत का अनिश्चित भविष्य' 'निर्माण परक दायित्व और राष्ट्र : हाथी दाँत की भारतीय मीनारें) लेकिन देखना यह है कि इन लक्षणों की परिणति आखिर कहाँ होती है?

मुझे एक समानान्तर प्रवृत्ति याद आती है, बंगाल से भी और सुदूर पूर्व जापान की। जापान एशिया का शायद सबसे अधिक पाश्चात्याच्छन्न देश है। जहाँ तक कला और काव्य का प्रश्न है, जापान का नाम लेते ही हमारे सामने हल्के रंगों के सुकुमार चित्र, काग़ज़ की खूबसूरत कन्दीलें, गीशा कन्याओं की लम्बी मृणाल बाँहों में झूलते फूलदार किमोनो का चित्र उभरता है–और याद आती हैं हाइकू कविताओं का अत्यन्त सूक्ष्म सुकुमार भावनाएँ—लेकिन यह सब बीता हुआ जापान है। आधुनिक जापान में भी एक अजब प्रकार का कुंठाग्रस्त संकट आया था—खासतौर से वहाँ के बुद्धिजीवियों में जिसके स्वर बहुत कुछ दत्त मोशाय के स्वर से मिलते जुलते थे। उनकी इस प्रवृत्ति के बारे स्वयं एक पाश्चात्य समीक्षक ने बहुत स्पष्ट ढंग से लिखा है :

"जापानी विश्वविद्यालयों में जापानी साहित्य का विभाग आज सबसे नगण्य और छोटा विभाग रह गया है। प्रतिभाशाली तरुण अधिकतर पश्चिमी परम्पराओं और साहित्य के अध्ययन में लगे हैं, और उनकी साहित्यिक पत्रिकाओं में लेकान्ते दे लिजले के प्रतीकों पर या जेम्स नाक्स पाल के पत्र व्यवहार पर सूक्ष्म अध्ययन वाले लेख भरे रहते हैं। साथ ही यह भी ज़ाहिर है, कि ये अत्यन्त विद्वत्तापूर्ण लेख कभी बाहर वाले नहीं पढ़ेंगे, स्वयं लिजले या पाल पर काम करने वाले विशेषज्ञ भी उन्हें उठाकर नहीं देखेंगे—यह स्थिति इन जापानी बुद्धिजीवियों के मन में एक शेष संसार से कटे हुए नितान्त अकेले होने की भावना उत्पन्न कर देती है। कुछ जापानी तो इधर अपने को एशिया के अनाथ कहने लगे हैं। और इसे शिकायत के स्वरों में कहते हैं, कि जापान शेष एशिया से सांस्कृतिक स्तर पर कट गया है, मगर जिनके लिए कटा वे पाश्चात्य राष्ट्र उसके साहित्य और अध्ययन को अपनी संस्कृति का अंग मानने को तैयार नहीं हैं।" (जेनाल्ड कीन—नो लांगर ह्यूमन की भूमिका)।

इसी प्रसंग में कीन ने एक दुखद घटना का उल्लेख किया है कि एक अन्तर्राष्ट्रीय लेखक सम्मेलन में एक जापानी कथाकार का नाम इराकी, बर्मी, लेबनानी लेखकों के साथ था। वह बजाय प्रसन्न होने के उदास हो गया क्योंकि उसे लगा कि उसका नाम विलियम फाकनर अनबटो मोराविया के साथ न रखकर उसे ख्यातिहीन अज्ञात अजनबियों के बीच डाल दिया गया।

और जब यह कुंठा अपनी सीमा का अतिक्रमण करने लगती है तब अक्सर बड़े ही करुण परिणाम सम्मुख आते हैं। जापान के श्रेष्ठ आधुनिक उपन्यासकार ओसायु दाजाइ के लिए तो यह कुंठा प्राणघातक सिद्ध हुई। वह निरन्तर इसी प्रकार उन्मूलित विच्छिन्न और नितान्त अकेला अनुभव करता रहा। एक बार सन 35 में उसने आत्महत्या का असफल प्रयास किया लेकिन उससे बच गया लेकिन 13 बरस बाद अन्त में फिर वह बहका और उसकी लाश टोक्यो की एक बाह्य झील में तैरती हुई मिली। दाजाइ अपने समकालीनों में सर्वाधिक संवेदनशील था इस कुंठा की तीव्रतम प्रतिक्रिया उस पर होनी स्वाभाविक थी। कलकत्ते से टोक्यो तक साहित्य केन्द्रों में यह जो आधुनिकता का एक गलत मूल्यबोध उभरता दीखता है वे केवल उधर ही सीमित हो यह बात नहीं। उसकी छाया आपको इधर बम्बई, दिल्ली, बगदाद और बेरूत में भी मिल जाएगी। वस्तुतः साम्राज्यवाद के शिखर उपनिवेशों में यह मानसिक गुलामी का अवशिष्ट प्रभाव छूट जाना कुछ अस्वाभाविक नहीं और हर नई चीज को पश्चिम का समझ कर उससे भड़कने वाला आचार्य टाइप कट्टरपन्थी और एशिया में ही अपने को अनाथ समझने वाला और पश्चिम की करुणमान मनुहार करने वाला यह असन्तुष्ट आधुनिक दोनों ही मानसिक गुलामी से उत्पन्न एक गलत मूल्यबोध के शिकार हैं। ये दोनों ही दृष्टिकोण अपने चरम रूप में मात्र आत्मघाती हैं।

अचरज मुझे बिल्कुल नहीं हुआ जब ज्योतिर्मय दत्त के लेख के अन्त तक पहुँचते-पहुँचते मैंने पाया कि आत्मघात या आत्महत्या की बात उनकी विचारधारा को काफ़ी आच्छन्न किये हुए है। वे लिखते हैं कि—''आधुनिक कवि से सबसे बड़ा उपहार जो हमारी कविता को मिला है वह है मृत्यु का बोध!'' उनकी स्थापना है कि पश्चिम तो ग्रीक संस्कृति के उत्तराधिकार और ईसाई धर्म के कारण ट्रैजेडी, मृत्यु, और वेदना से पूर्व परिचित था मगर हम मृत्यु को सदा 'वासांसि जीर्णानि' का परित्याग मानते रहे। संस्कृत या बांग्ला कवि में जीवनानन्द दास के पहले कभी आत्मघात का उल्लेख नहीं मिला। जीवनानन्द के पहले शानदार मृत्यु की परम्परा मिलती है पर अकारण अर्थहीन मृत्यु की चेतना उन्हीं ने दी।

जीवनानन्द दास रवीन्द्रोत्तर काव्यधारा के महानतम व्यक्तित्व हैं, लेकिन बांग्ला काव्य को मूल्यबोध के स्तर पर उनकी देन प्रमुखतया यह है ऐसा शायद अधिकांश बांग्ला लेखक भी मानने को प्रस्तुत न होंगे। लेकिन ज्योतिर्मय दत्त के तर्कों से इतना अवश्य स्पष्ट होता है कि सांस्कृतिक अनाथत्व की भावना, अपनी भूमि से विच्छिन्न होने की भावना अन्ततोगत्वा आत्मघात या मृत्यु की चेतना को प्रश्रय देती है।

कुंठा साहित्य के क्षेत्र में कोई वर्जित वस्तु है ऐसी तो बात वही कह सकेगा

जो सृजनप्रक्रिया और सृजन की मनोभूमि से बिल्कुल अपरिचित हो—लेकिन यह भी बिल्कुल सच है कि किसी भी कुंठा का गहन से गहन अनुभव करने के बाद कलाकार उसका अतिक्रमण करने में समर्थ हो जाता है, तभी जीवन्त साहित्य की रचना हो पाती है। अगर उन कुंठाओं से कोई भी कृतिकार या साहित्यान्दोलन मुक्त नहीं हो सका तो उसमें चाहे जितनी सक्रियता हो पर वह निरर्थक होती है ठीक हुलाहूप में बलखाते तन की तरह जिसमें बल हैं, घुमाव हैं, लोच हैं, तड़प हैं, उत्तेजना है—पर सच पूछो तो कुछ भी नहीं है।

ऐसी कुंठाएँ या इनसे मिलती-जुलती कुंठाएँ बंगाली के अलावा हिन्दी में तथा अन्यत्र भी हैं पर जैसा मैंने कहा कि इनसे ग्रस्त लोग या प्रवृत्तियाँ हमारी संस्कृति के अवरोध या विकृति के कारण नहीं हैं वे केवल उस अवरोध या विकृति के परिणाम या लक्षण मात्र हैं। लेकिन इस प्रकार की बहुविध कुंठाओं के बावजूद भारतीय भाषाओं में नये साहित्य में जीवन्त सृजन हो रहा है। अत: ऐसी कोई खतरे की या आशंका की बात भी नहीं लगती। हमारे जीवनदायी तत्व अधिक मात्रा में हैं, यह भी निश्चित बात है, लेकिन जागरूकता की यह माँग है कि कभी-कभी आधुनिक साहित्य चिन्तन भी ईमानदार आत्मपरीक्षण करता चले।

3.11.60 बृहस्पतिवार
रात 8 बजे

नहीं राज, सिर्फ़ गुस्सा होने की बात नहीं, मेरे लिए यह कितने दंश कितनी मर्मान्तक पीड़ा कितनी ग्लानि कितनी अवमानना की बात है कि कभी तुम्हारे अर्द्धचेतन मन ने भी यह उमस में सही अनुभव किया कि मेरी बाँहों का चरम-तम कसाव भी तुम्हें व्याप नहीं रहा! और तुम भीग-भीग कर भी उमस में पड़ी रहीं और बुखार चढ़ा लिया। नहीं राज सिर्फ़ गुस्सा नहीं हूँ। वेदना की काली लकीर, गहरी लकीर माथे पर खिंच आयी है।...मैंने तुम्हें लिखा था कि उस दिन मेरा गला खराब हो गया था। क्यों हो गया था इसके कई अनुमान लगा चुका हूँ। आज सुबह उठा तो दायीं ओर गर्दन में दर्द था जैसे ठंडक लगी हो और हल्की हरारत थी। ऑफ़िस में बेहद थकान रही। बुखार बढ़ गया। 4 ही बजे घर लौट आया। आँखें जल रही थीं। आते ही छोटेलाल ने दिया तुम्हारा 1 ता. का पत्र जिसमें तुमने 30 की रात की सारी घटना लिखी। पढ़ते ही अंग-अंग रोम-रोम बिल्कुल शीतल हो गया। बस मुँह से सिर्फ़ यही निकला "टूट जायें ये बाँहें जिनके घोरतर कसाव में भी तुम उल्लसित नहीं हुईं। मेरे रहते हुए, कंठ

में मेरा मंगलसूत्र पहने हुए भी तुमने इतना छोटा किया मन को, इतना कष्ट दे दिया दीपशिखा को कितना आहत कितनी अवमान की यन्त्रणा मुझे चीर गयी उस क्षण तुम्हें क्या बताऊँ? खत रख दिया! थोड़ी देर Bedroom में जाकर रो लिया...!

लिखना बहुत कुछ चाहा, इतना-इतना सहेज देने पर भी तुम इस कदर अस्तव्यस्त हो इसका दंड मैं अपने को ही दूँगा राज! दीपशिखा को दी हुई यन्त्रणा से कनुतनवंचित नहीं रह सकता। काश कि तुम एक-एक पल सचेत रहती इस तथ्य से कि 'तुम' तुम नहीं हो—तुम मैं हो। कि अपने मन को ढील देकर तुम मुझे ढीलती हो, कि अपने तन को कष्ट देकर तुम मुझे घाव देती हो। जाने तुम्हारा यह अहम् का संस्कार कब मिटेगा कि दीपशिखा तो कनुतन का अंश है पर तुम्हारा मन तुम्हारा है। काश कि तुम याद कर सकतीं कि लम्बी सूनी छायादार सड़कों पर चाँदनी में चलते हुए, मैंने दीपश्खिा का उष्ण स्पर्श भी तब नहीं जाना था, मगर मन का एक-एक स्पन्दन मेरे मन में बजता और झंकृत होता था। तुम अचरज से पूछती थी। आपने यह बात कैसे जान ली? काश कि तुम याद करतीं कि जब मेजपोश हरे नहीं थे और छौनू ने अपने गुलाबों को जाना भी नहीं था तब मन की धड़कनें गुलाबों की शीतलता मेरे माथे तक पहुँचाती थीं। ओ राज! इतना सब होते हुए भी क्यों ऐसा हुआ कि तुमने उस दिन यह अनुभव किया कि इस चरम कसाव में भी तुम ढीली हो?

... नहीं बेनुआ होती तो मैं समझाता सौ तरीकों से, R.B. होती तो मैं नज़र अन्दाज कर जाता, बावरिया है। सूर्या को नहीं। सूर्या के मन का एक-एक-कण मेरा है, केवल मेरा, नितान्त मेरा, हर क्षण मेरा, हर पर्त में मेरा है, हर अनुभूति में मेरा...मेरा...मेरा...केवल... केवल...केवल...मेरा। दीपशिखा मैं नजरअन्दाज नहीं कर सकता। ठीक है तुमने उन चीज़ों को कष्ट दिया जो मेरी हैं—उससे मुझे कितनी यन्त्रणा पहुँचती है यह तुम तभी Realize करोगी जब तुम्हारी चीज़ों के साथ यहाँ वही व्यवहार किया जाय! कहाँ है तुम्हारा मन वहाँ—वह तो मूर्ख यहाँ है मेरे पास! वह जो एक भ्रान्ति है न, बार-बार परेशान करने वाली जिसे तुम अपना मन कहती हो—उसकी ऐसी की तैसी। इस तरह की मूर्खताएँ अब नहीं चलेंगी। मैं कह रहा हूँ सूर्या प्यार कि कनुतन को बहुत-बहुत-बहुत कड़ा दंड दूँगा, अगर तुमने यह आदत नहीं छोड़ी तो। फिर मुझसे कुछ मत कहना। स्वामी के रूप में मैं बहुत-बहुत-बहुत कठोर शासक हूँ।

सोमवार 14 नवम्बर 1960
रात 9 बजे

पता नहीं, बेगम को शेरो-शायरी से शौक है या नहीं वरना उनका कल का खत पढ़कर एक शेर खिदमत में पेश करता। कल उन्होंने लिखा है जुल्फे परीशां कुछ-कुछ सँवरने लगी हैं—trial and error method से— और अब वे बकौल एक पुराने गीत के लट उरझी-सुरझा जा रे बालम, का तराना कभी नहीं छेड़ेंगी। खैर साहब—

तो शेर अर्ज है—

तू और आराइशे ख़मे काकुल!
मैं और अन्देशहाय इरो दराज़!

बेगम अचरज से होठों पर उँगली रखकर पूछेंगी—"ऐ नौज! क्या-क्या कठिन अल्फ़ाज़ हैं—मेरा तो सर दुखने लगा जाने क्या कहते हैं"—सो सरल अल्फाज़ में माने हैं—

तू, और अपने बालों की खम खाई हुई लटों की सँवारे (कर रही है)

और मैं बेचारा दूर दराज़ के अन्देशे में कि हाय अब 'कहीं इन काकुलों के और दो सौ चाहने वाले न पैदा हो जायें' परेशान हुआ जा रहा हूँ—

और इस तरह ज्यों-ज्यों तेरे गेसू काबू में आते हैं मेरा दिल बेकाबू होता चला जाता है। डर है कि कहीं सब काम छोड़कर आना न पड़े कि वे सँवारे गेसुओं पर तो मोतियों की मुहर लगी थी अब इन सँवारे हुए गेसुओं पर भी जा के मोती ताले लगा जाऊँ।

ससुराल के प्रदेश वाले, ससुराल के आसपास वाले अगर अनोखे न हुए तो लुत्फ़ ही क्या? अब ये बिर्जभूमि के जो मालिश करने वाले हैं जो रोज़ आकर मालिश करते हैं इन्होंने आज सुबह एक कमाल किया। अपने साथ अपने एक साथी को लेते आये। वे महोदय नेपियन सी पर किसी सेठ की मालिश करते हैं। रात उत्सुकतावश देखने चले आये कि ये नये सेठ कैसे हैं कौन हैं। फिर साहब मुझसे कहा गया कि मैं फैसला दूँ, कि दोनों में से कौन अच्छा मालिश वाला है। एक ने बायें पैर पर ज़ोर आज़माइश शुरू की दूसरे ने दायें पर फिर मैंने दोनों को डाँटा तो एक सज्जन चुपचाप अपने रास्ते लौट गये। बाद में मालूम हुआ कि दूसरे वाले बेकार हैं—वे चाहते थे कि सेठ अगर दोनों से मालिश करायें तो अच्छा है। बहरहाल मालिश से फ़ायदा बहुत हुआ है—

भारती

15.11.60

क्राइस्ट और कृष्ण

लेखक—विक्टर गोलैंक्ज़

हाँ, तो तुमने पूछा है कि क्या मैं व्यक्ति रूप में क्राइस्ट को उपास्य मानता हूँ या नहीं?

यह सवाल हमेशा मुझे कठिनाई में डाल देता है। मैं दिन भर अपने पढ़ने के कमरे में बैठा अपने तमाम गुज़रे हुए जीवन पर विचार करता रहा—और अन्त में फिर वही अवतारवाद का सवाल मेरे मन में उठ आता है, जिस पर मैं ऑक्सफ़ोर्ड में विद्यार्थी काल में सोचता रहता था। क्या किसी एक व्यक्ति में प्रभु की सम्पूर्ण सत्ता या अंश अवतरित हो सकता है? प्रभु है क्या?

पर मैं यह बताऊँ कैसे? मैं जानता नहीं सिर्फ़ कुछ महसूस करता रहा हूँ पर अपने उस अनुभव को शब्द कैसे दूँ?

ऊपर की पंक्तियाँ लिखने के ठीक एक हफ्ते बाद सोमवार की रात को मैं अपनी खिड़की के सामने खड़ा था। रात हो चली थी और पलकों पर नींद छायी हुई थी। बत्ती बुझा दी मैंने और खिड़की से सर बाहर निकाल कर सामने के फूल कुंजों की ओर देखा—और हल्की फुहार, धरती की सोंधी महक और पत्तियों की हरियाली की नहाई हुई सुगन्ध मेरे माथे पर बिखर गयी। और एक बार फिर मेरा मन नमित हो आया—अक्सर ऐसे क्षणों में हो आता है—एक गहरी मीठी पूजा भावना और आभार की अनुभूति से। मैं जाकर लेट रहा और अँधेरे में पड़ा सोचता रहा। नहीं सोचता नहीं रहा। भाव खुद ब खुद आते रहे—

कि मैंने हमेशा महसूस किया है कि एक विराट्, अद्वितीय, जीवन्त आशीर्वाद पूर्ण, आनन्द चेतना हर चीज़ के पीछे है। हर चीज़ में बसी है। अन्तर्यामी है। कि मैंने हमेशा महसूस किया है कि जीवन शक्ति और आनन्द चेतना हर चीज़ में है—मेरा तात्पर्य प्रत्येक वस्तु में पत्थर के टुकड़ों, कुर्सियों, काग़ज़ के पन्नों में तथा उनमें भी जो चेतन जीवित प्राणी हैं—कि जब इस अलग-अलग चेतन और तथाकथित जड़ वस्तुओं से जब मैं मिलता हूँ, इनसे मेरा सम्बन्ध जुड़ता है तब मैं उससे साक्षात्कार करता हूँ, अपने को उसमें घुलता मिलता हुआ, अनुभव करता हूँ जो परम आनन्द चेतना है—विराट् और परे।

कि मुझमे एक अनिवार्य प्रेरणा है, मेरी जरूरत है न केवल उसमें घुलने-मिलने की वरन उसके प्रति पवित्र पूजाभाव रखने की। या शायद यह कहना ग़लत है कि कोई ज़रूरत महसूस करता हूँ, पूजा करने की और तब पूजा करता हूँ।

पूजा मेरा स्थायी भाव है। मेरा समूचा जीवन पूजा के बोध से परिपूर्ण रहा है, मेरा समूचा व्यक्तित्व सारी सृष्टि के प्रति साकार पूजा रहा है।

कि धार्मिक भाषा में बोलूँ तो मैंने प्रभु का साक्षात्कार सृष्टि के माध्यम से किया है। प्लेटो की भाषा में बोलूँ तो साकार असीम वस्तुओं के माध्यम से निराकार असीम भाव को पाने की चेष्टा की है। और क्राइस्ट (चाहे इतिहास का हाड़ मांस का व्यक्ति क्राइस्ट, या हमारे मन में बसने वाला क्राइस्ट—इस पर अभी विचार करूँगा) मेरे लिए साकार का चरम रूप है।

कि क्राइस्ट मेरे लिए सर्वोपरि साकार ससीम है—एक पार्थिव व्यक्ति, जिसकी प्रकृति मानवीय है—पर इस प्रकार मानवीय जैसी कि किसी अन्य एक व्यक्ति मानव की नहीं हो सकती। उसकी प्रकृति वह है जो मनुष्य का सत्य है—वास्तविक प्रकृति यानी इसको दूसरे शब्दों में कहें तो यह कह सकते हैं कि हमारा, हममें से हरेक का स्वभाव वह होना चाहिए—मूलत: वही है जो क्राइस्ट का था—उसके अतिरिक्त जो कुछ है, वह भ्रम है या विकार है। कि इसीलिए मैं क्राइस्ट की पूजा करता हूँ दूसरे ढंग से। इस तरह गोया वह बहुत अन्तरंग, बहुत घनिष्ठ, बहुत जिगरी दोस्त है, जैसा ब्लेक की कविता में जीसस ने कहा है—"मैं कोई सूदूर का ईश्वर नहीं हूँ!

मैं तुम्हारा भाई हूँ तुम्हारा मित्र

तुम्हारे अन्दर मैं बसा हूँ और मेरे अन्दर तुम... लो हम एक हैं।..."

तो यह मेरी धारणा है अवतारवाद की। यह किसी शास्त्र से अनुमोदित है या नहीं-नहीं जानता। नितान्त मेरे मन से महसूस की हुई है, और इस आधार पर इसकी आलोचना भी हो सकती है। वह तो तुम्हें खुद जाँचना होगा कि आलोचनाएँ ठीक हैं या नहीं। तुम यह समझ लो कि मैं जो कुछ कहता रहा हूँ, उसका सारतत्व मात्र इतना है, कि परम का साक्षात्कार करने के लिए मुझे किसी असीम साकार माध्यम की आवश्यकता है। क्राइस्ट वह है। और क्राइस्ट वह मेरे लिए है। 'मेरे लिए'।

और अगर तुम पूछो कि "फिर क्राइस्ट ही क्यों? कृष्ण क्यों नही? या अन्य कोई अवतार क्यों नहीं?"

तो मेरा जवाब बहुत सीधा-सा है, सोचो कि एक लड़का लन्दन के एल्गिन एवेन्यू में पैदा हुआ। धीरे-धीरे उसका मानसिक विकास यहाँ के संस्कारों में हुआ, जीसस के उपदेश उसके मन का सत्य बनते गये, क्राइस्ट का व्यक्तित्व उसकी पूजा भावना का लक्ष्य बनता गया, क्राइस्ट के जीवन और मरण की गाथा उसके मन में श्रेय और कल्याण का प्रतीक बनती गयी। अत: यदि मेरे लिए मेरा निजी

कोई एक साकार अवतार होना है—परम को पाने के लिए तो वह क्राइस्ट ही हो सकता है, पर मैं अगर भारतीय होता तो श्रीकृष्ण मेरे लिए वही होते जो क्राइस्ट हैं। संसार में अगणित क्राइस्ट अवतार हैं पर हर व्यक्ति के लिए इसका अपना एक निजी रूप है प्रभु के अवतार का। वह उसका अपना निजी है उसके अतिरिक्त और कोई रूप उसके लिए नहीं हो सकता—पर दूसरे के लिए उसका अपना निजी रूप है दूसरा—

इस तरह क्राइस्ट शायद एक नहीं अनेक हैं; जो हमारे क्राइस्ट न हों पर फिर भी हमारे क्राइस्ट हैं।

(टिमोथी के नाम पत्र)

यह तुम्हें इसीलिए भेज रहा हूँ, कि इस लेखक के मन की बातें मेरे मन के बहुत क़रीब हैं।

—भा.

Wednesday 16th Nov.
4:00 p.m.

रजुए,

आज तेरा Lucky day था न, तो सुबह से बड़ा पावन, बहुत गहरा-गहरा सा मन था। इधर, जाने की तैयारी में तमाम अगले अंकों की Scheduling कर रहा था, तो 25 दिसम्बर का Schedule करता रहा। सोचा वह तुम्हारे उनका जन्मदिन है। कोई Piece उनके मन के अनुकूल शामिल किया जाय। अपनी प्रार्थना पुस्तक में से यह Piece चुना। और आज सुबह अनुवाद करके अभी यहाँ दिन में टाइप करवा लिया तुझे भेज रहा हूँ।

तुझे अपने परसों रात लिखे कल सुबह छोड़े हुए पत्र में लिख चुका हूँ कि इस हफ़्ते इलाहाबाद नहीं जा रहा हूँ। इस बीच में J.C. Jain छुट्टी पर चले गये और P.K.Roy दिल्ली गये हैं, वे आयें तो छुट्टी लूँ। इस बीच में धर्मयुग की Scheduling कर ली अतः काम की भीड़ अब नहीं है। पत्रों में से भी बहुतों के उत्तर चले गये। अब पत्रों का हमला भी समाप्त है। बल्कि इधर Strangely enough केशव तथा एक आध अन्य लोगों के पत्र आये हैं जिसमें केवल धर्मयुग की बात है और पूछा गया है कि मेरा स्वस्थ्य कैसा है! What kind of a people they are!

हाँ तुझे कभी ठेले पर हिमालय की बात बताते हुए मैंने कहा था कि एक

पं. रुद्रनारायण शुक्ल हैं जिनके साथ हम लोग कौसानी आदि गये थे। वे कल प्रयाग से यहाँ आये हैं। उनसे मिलकर मन को बहुत राहत मिली। वे कल भी मिले शाम को, आज भी आये पर खूब हँसते-हँसाते रहे, घर और ज़मीन तक की बातें कीं, पर उसकी कहीं बात नहीं छेड़ी। वे यहाँ से मद्रास जा रहे हैं। उन्होंने मुझसे यह कहा है, कि मैं पूरी ज़मीन न बेचूँ आधी वे ले लेंगे आधी पड़ी रहने दूँ।

अभी डाक से लल्ली का खत आया है। वह 14 नवम्बर का लिखा है यानी मेरा खत मिलने के पहले का। उसमें सूचना है, कि कान्ता अपनी माँ के यहाँ चली गयी है। उनकी माँ ने कहीं बहुत दूर घर लिया है। कान्ता अपनी नौकरी की कोशिश कर रही है। नौकरी करने के बाद अलग रहेंगी। शेष खत बिल्कुल ठीक है। केवल यह लिखा है कि दिल्ली में लोग धर्मयुग के सम्पादक की बहुत तारीफ़ कर रहे हैं।

आज सुबह की डाक से तेरे दो खत मिले शनिवार, रविवार का लिखा और सोमवार का लिखा। सोमवार वाले पत्र में तूने लिखा है कि तू अब मेरा कार्यक्रम पाने के बाद ही पत्र लिखेगी। सो अभी तो यहीं हूँ सपन!

हाँ, तेरे सोमवार के पत्र में सूर्या की एक बात भी जिसके लिए उसे डाँट पड़नी है। तूने लिखा है, कि सूर्या ने तेरे यहाँ शब्दकोश उठाकर देखा राजन के नाम के अर्थ देखे तो प्रार्थना की—फिर अपने नाम के अर्थ देखे तो प्रार्थना की कि वह जीवन भर यही बनी रहे। इसका क्रम न टूटे। उसे एक बात याद दिलाना कि राजन के लिए प्रार्थना करना उसका हक है—उन्हें जो चाहे वह बना सकती है। पर उसके लिए क्या हो क्या न हो, वह कैसी बने कैसी रहे इसका निर्णय करने वाली वह मूर्ख कौन होती है। इसका निर्णय तो उसके स्वामी करेंगे न। यह तो उनका मन है कि कब वह क्रम जारी हो या कब टूटे—

डॉक्टर मुखर्जी ने क्या कहा? Check up कराया या नहीं। Please get it done immediately मैं सुबह रोज़ मालिश करा रहा हूँ और सुबह अंडा दूध तथा तीसरे पहर दफ़्तर में मट्ठा ले रहा हूँ। कल नेमि से कहूँगा जायसवाल का पता लगाने को। दादी से कह देना मैं लिखूँगा उन्हें। तुम्हें मेरे शुक्र की रात, शनि के दिन और इतवार की रात, सोम की रात (जो कल डाला है।) सब पत्र मिल गये न?

16th Dec. 60

बहुत दिनों बाद अपना पुराना सुबह के 3 बजे का रहस्यमय समय! नहीं जानता कि तुम इस समय क्या कर रही हो—जाग रही हो? सो रही हो? सपना देख रही हो? या इसी तरह जागकर बैठ गयी हो? आज रात सोया था तो अजब ढंग से! जैसे कभी-कभी बहुत आजिज़ी से बहुत प्यास के क्षण में, बहुत समर्पण के क्षण में मांसू के पास माथा रखकर ओंठों में पाँखुरियाँ लेकर सो जाता हूँ, न! वैसे ही सोने की कोशिश की थी आज रात! और अभी 3 बजे नींद खुल गयी! वैसे नींद खुलना क्यों कहूँ क्योंकि सच पूछो तो नींद इस बार जिस दिन से लखनऊ से इलाहाबाद गया हूँ उस दिन से सिर्फ़ एक दिन शनिवार को यहाँ बम्बई में आयी है, और मेरा Weight भी हमेशा तभी घटता है जब नींद ग़ायब होती है, तुम्हारे बगैर तुम्हारे होने पर भी सोता कम हूँ—पर ईश्वर जाने क्यों वह जागरण कण-कण को भरे रहता है! राजे! मुझे कष्ट है बहुत जल्दी आ जाओ प्यार!

हाँ, तो अभी नींद खुली तो पाँव के दर्द के बावजूद जाकर छज्जे पर खड़ा हो गया, फिर स्टडी में आया, बत्ती जलाई और बैठ गया। एकदम जैसे यह सुबह मन के कई तारों को छेड़ गयी। सबसे पहले ख्याल आया कि हो न हो यह अपनी चिरपरिचित 3 बजे की वेला है। थोड़ी देर बाद किसी घड़ी ने 3 के घंटे बजाये। और उस बीच में केवल तन पर लिपटी रही नर्म-गर्म अपनी दीपशिखा तब उसका यह नाम नहीं रखा गया था और कानों में आती रही एक बहुत मुलायम प्यारी आवाज़, "अच्छा बताओ तो कै बजे हैं? और फिर घड़ी उठाकर लजाते हुए लैंप जलाकर देखना कि कै बजे हैं। और फिर विह्वल होकर कनुतन को कस लेना!

और फिर याद आयी उसके भी पहले की कुछ सुबह जब तुम्हें जाना नहीं था, पर इतना मात्र जाना कि अभी तक जो कुछ जाना है, वह वह नहीं है जिसके लिए मैं प्यासा हूँ जो कुछ मेरा 'जानना' है। ऐसी सुबहें बहुत बार आयी हैं। पर थोड़ी ही-सी ऐसी हैं, जो दिमाग़ पर अपनी छाप छोड़ गयी हैं। एक बार की बात है बहुत-बहुत पहले की तुम्हारे छौनुए की जब उसने हाईस्कूल पास किया था। इम्तहान हो जाने के कुछ दिनों बाद एक ट्रिप का इन्तज़ाम हुआ और हम लोग इलाहाबाद से कुछ दूर एक थरवई स्टेशन गये। बीस-पच्चीस लड़के और साथ में मिस्टर गौड़। सुबह का वक्त, गर्मी के दिन। गर्मी की भोर बहुत सुहानी लगती है न, मैं अकेले नितान्त अकेले निकल गया था। दूर तक रेलवे लाइन के पार। एक धूल भरी पतली सड़क की दोनों और खेतों की मेड़ें। उन मेड़ों पर नुकीली कँटीली पत्तियों की झाड़ियाँ बाद में मालूम हुआ कि वे झाड़ियाँ

केवड़े की हैं। केवड़े की झाड़ियों वाली उस पगडंडी पर दूर तक चलता गया, एक अजब-सी खुशी थी जैसे पगडंडी अपनी मिल गयी और एक अजब-सी गहरी कचोट कि कुछ जो होना चाहिए नहीं है।

सुख में, दुख में जिन्हें प्यार समझा है उस समय, उसमें भी और जिस झूठे परिणय को परिणय माना उसमें भी वह अभाव कि पगडंडी तो मिल गयी है, पर जो इस पर चलकर पाना है, या जिसे इस पर चलते समय हर क्षण साथ पाना है वह नहीं मिला है यह कचोट बहुत गहरी होती गयी। ज्यों-ज्यों दिन बीतते गये यह गहराती ही गयी। समझ नहीं पाता था इसका अर्थ—पर 'ठंडा लोहा' में जब लिखा था कि उस 'दर्द' के बारे में जो आ ही जाता था या 'नया रस' में लिखा था कि आलिंगन में भी मन में प्रश्न चिह्न उठने की बात—तो आज सोचता हूँ, यह वही कचोट थी जो रह-रह कर टीसती थी कि यह तुम छायाओं से उलझे हो—यह सब तुम्हारा चरम सत्य नहीं है:

बरसों बाद। वैसी ही कच्ची पगडंडीनुमा सड़क वैसी भोर हो, वैसी केवड़े के झाड़ों की पातें दोनों ओर मगर बाँहों में तुम, सामने चन्द्रमा-पुरी से कोणार्क की ओर और तब जाना था कि इस क्वारी पगडंडी में सिन्दूर नहीं भरा गया था यह कचोट उसकी थी। बाँहों में मेरी चरम उपलब्धि नहीं थी—जो प्यास उस केवड़े वाली पगडंडी पर उस भोर में जानी थी वह बरसों बाद वैसी ही केवड़े की पगडंडी पर अपनी परिणति को पहुँची और वह पगडंडी ले गयी कोणार्क जहाँ शिखर-पर-शिखर-पर-शिखर और उन पर तुम गेरुए सिन्दूरी रंग में लिपटी दैदीप्यमान माथे की सुहागिन बेंदी सी-सूर्या-प्रथम बार कोणार्क के देश में सूर्या का नामकरण—और उस दिन जो कुछ मन में जागा उसने खोल दी समस्त अर्गलाएँ, वर्जना और असमंजस की, और सूर्या ने लाइमजूस ग्लिसरीन की महक में लिपटे समर्पण से भर-भर दिया अपने स्वामी को...

इस बार इलाहाबाद गया तो जब बुध का दिन था, तो तुम देखना मैंने लिखा था कि फ़ादर एक्स्ट्रास आये थे। उनके साथ फ़ादर भट्ट और फ़ादर बैपटिस्ट भी थे। उन्होंने बहुत संकेत और बहुत स्नेह से एक बात कही थी, वे जानते हैं कि मैं कितना Sincere और honest रहा हूँ, और चाहे कोई कुछ कहे पर जो Stand मैंने लिया है वह मैं न लेता तो अपने साथ बेईमानी करता। मैंने उनसे एक बात पूछी क्योंकि उस बात पर हम लोग अक्सर बात करते रहे हैं कि अक्सर भले और ईमानदार आदमियों को undesrerved suffering क्यों भोगनी पड़ जाती है। निरपराध यन्त्रणा। उसका कभी कोई सन्तोषप्रद समाधान उनकी मेरी बात से नहीं निकल पाया लेकिन आज सुबह अकस्मात् ख्याल आया कि undeserved क्यों?

अगर मेरा प्राण तुम हो और मैंने इसे नहीं जाना इतने बरसों तो जो suffering मिली वह undeserved क्यों हुई? और जिस दिन जान लिया कि मेरे सारे अस्तित्व का अर्थ हो केवल तुम केवल तुम केवल तुम, उसी दिन से फिर क्या बाहर की बड़ी-से-बड़ी चीज़ बड़े-से-बड़ा आघात, बड़े-से-बड़ा प्रवाद क्या रत्ती भर यन्त्रणा पहुँचा सका? बिल्कुल नहीं। हाँ थकान ज़रूर दे गया। सो थकान तो जो पुरुष के भाग्य में है—दुख भी थकान छोड़ जाता है और कहते थोड़ी मीठी लज्जा आती है कि हमारा सुख भी थकान ही छोड़ जाता है। यन्त्रणा तो तब तक की थी जब तक जाना नहीं था, कि मैं जनम-जनम से किसके लिए भटकता रहा हूँ। और जब जान लिया कि यह आखिरी जनम है, और पाना तुम्हें है और पाने के बाद फिर जनम नहीं होना है, तब किस तरह सब कुछ हंसू के द्वारा मसले हुए जूही के फूलों-सा मीठा बन गया।

पर इसके बाद का realisation बहुत तीखा और मर्मान्तक है। वह यह, कि यह जान लेने के बाद इसके लिए चतुर्दिक जूझ लेने के बाद अब अलग बिताने वाला हर दिन, हर पल, हर क्षण अपने को बेईमानी लगता है, अलग जीने का हर क्षण मेरी अन्तरात्मा को अन्दर से धिक्कारता है मुझे लानत भेजता है। और तुम जानती हो कि ऐसी मन:स्थिति में न मुझसे खाया जाता है, न पिया जाता है, न सोया जाता है, न सोचा जाता है, और मैं इसके लिए मजबूर हूँ। ईमानदारी से जो महसूस करता हूँ वह फिर चाहे कुछ हो महसूस करता हूँ।

हर बार अलगाव में कई प्रकार की पीड़ाएँ होती थीं बहुत प्यार के बीते हुए क्षणों की कचोट, वर्तमान अलगाव की प्यास, और आगे की प्रतीक्षा की चरम बेताब आकुलता अब यह सब नहीं अब केवल एक बुनियादी उचट है कि यह अलग रहना बेईमानी है, पराजय है, मेरे समस्त अस्तित्व के अर्थ की हत्या है और इसीलिए हर क्षण इस अचेतन धिक्कार और ग्लानि से घिरा मैं बेहद छटपटा रहा हूँ—न खाया जाता है, न पिया जाता है, और पाँव में दर्द आदि जो कुछ तुम्हारे कनुतन की पीड़ाएँ हैं वे तो मन का शासन हर क्षण मान कर चलती ही हैं। जाने कितनी गहरी है, यह यन्त्रणा कि तुम्हारे सदा-सदा के लिए अपने चन्दन को घेर कर बँध जाने में अब केवल दस दिन की देर है, मगर एक-एक क्षण काटना भारी पड़ रहा है, बहुत-बहुत-बहुत यन्त्रणा है।

हाँ, मन लगता है तो केवल वह करने में जो अपना जीवन इस 25 दिसम्बर से शुरू होगा उसकी तैयारी करने में तुम्हारा घर तुम्हारी थीसिस और मेरा लिखना और मेरी सन्तानें! जितने क्षण इसकी तैयारी में बीतते हैं मात्र उनमें मैं ज़िन्दा लगता हूँ—शेष बहुत यन्त्रणा के हैं।

लो बज गये 5! सुबह हो गयी और याद आया कि यह तुम्हारे Lucky day बुधवार की सुबह है। 5 बजे हैं। पाँव बहुत दर्द कर रहे हैं, जाकर थोड़ी देर सो लूँ, फिर 6:30 बजे मालिश वाला आकर मालिश करेगा। तुम क्या कर रही हो राज! अपने छौनुए को कैसे बाँहों में घेरकर रखोगी अपने स्वामी पर कैसे नौछावार होकर रहोगी इसका सपना देख रही हो। ओ राजे! अब नहीं सहा जा रहा है वरना मैं इतना छटपटाता नहीं।

❑ ❑ ❑

णाणं
पयासयं
वीर नि.सं. 2470
भारतीय ज्ञानपीठ
ई.सन् 1944